Standardwörterbuch

Türkisch – Deutsch

Vollständige Neuentwicklung
2002

Ernst Klett Verlag
Barcelona · Budapest · London · Posen · Sofia · Stuttgart

PONS Standardwörterbuch Türkisch - Deutsch

Bearbeitet von: Dr. Alev Tekinay, Hülya Tas, Dr. Elisabeth Görg,
Dr. Birgit Klausmann-Molter

Neubearbeitung 1998

Bearbeitet von: Biray Demirel-Türk, Naim Türk, Mehmet Havlaci, Aysun Bektas,
Ursula Holpp, Hanife Içten, Gregor Vetter
unter Leitung und Mitwirkung der Redaktion PONS

Neubearbeitung 2002:
Bearbeitet von: Gregor Vetter, Michael Reinhard Hess
Türkische Kurzgrammatik: Gülsüm Yilmaz

Warenzeichen
Wörter, die unseres Wissens eingetragene Warenzeichen darstellen, sind als solche gekennzeichnet. Es ist jedoch zu beachten, dass weder das Vorhandensein noch das Fehlen derartiger Kennzeichnungen die Rechtslage hinsichtlich eingetragener Warenzeichen berührt.

3. neu bearbeitete Auflage 2002 – Nachdruck 2003 (1,03)

© Ernst Klett Sprachen GmbH, Stuttgart 2002
Alle Rechte vorbehalten

Internet: www.pons.de
E-Mail: info@pons.de

Projektleitung: Andrea Ender
Einbandgestaltung: Ira Häußler, Stuttgart
Logoentwurf: Erwin Poell, Heidelberg
Satz: Dörr + Schiller GmbH, Stuttgart
Druck: Clausen und Bosse, Leck
Printed in Germany
ISBN 3-12-517295-0

bağrışma *s* 1. *Verbalsubstantiv zu* **bağrış-mak** 2. Geschrei *nt*

Bei türkischen **Verbalsubstantiven** wird auf das entsprechende Verb hingewiesen.

kastetmek (-der) *vt* 1. beabsichtigen (*-i* etw) 2. meinen, sagen wollen (*-i ile* etw mit etw) 3. es abgesehen haben (*-e* auf jdn)

Zu den Verben werden in Klammern die jeweiligen **Fälle** bzw. **Präpositionen und Postpositionen** für beide Sprachen angegeben.

önüne *prep* vor (*-in akk*)
rağmen I. *prep* trotz (*-e gen*) ...

Zu den **Postpositionen** bzw. **Präpositionen** werden in Klammern die Fälle des Bezugswortes angegeben.

Die Verwendung der Stichwörter im Satzzusammenhang wird durch mehrere Hinweise deutlich gemacht, und zwar durch:

dizmek (-er) *vt* 1. (*in einer Reihe*) aufstellen (*-i -e* etw auf etw) 2. (*Perlen*) auffädeln (*-i* etw) 3. (*Text*) setzen (*-i* etw)

- zusätzliche **Erklärungen**

atmasyon *s* (*fam*) Angeberei *f*
mikrop (-bu) *s* 1. Mikrobe *f* 2. Krankheitskeim *m* 3. (*pej vulg*) miese Ratte *f*

- Kennzeichnung von **Stilebenen**, die von der Standardsprache abweichen: *fam*: Umgangssprache, *vulg*: vulgäre Sprache, *pej*: abwertend

yelpaze *s* 1. Fächer *m* 2. (*fig: Vielfalt*) Bandbreite *f*, Palette *f*
çene *s* 1. Kinn *nt* 2. (*fig*) Geschwätzigkeit *f*
...

- Kennzeichnung von **übertragenen Bedeutungen** *(fig)*.

saha *s* 1. Bereich *m* 2. (MATH) Fläche *f* 3. Spielfeld *nt* 4. (PHYS) Feld *nt*

- und **Sachgebietsangaben**.

Inhalt

Türkisch-Deutsch

Hinweise zur Benutzung	V
Betonung und Aussprache des Türkischen	XI
Türkische Silbentrennung	XIII
Im Text verwendete Abkürzungen	XIII
Wörterbuchteil: Türkisch-Deutsch	1–264
Türkische Kurzgrammatik	265
Zahlwörter	292
Zeitangaben	293

Deutsch-Türkisch

Hinweise zur Benutzung	III
Regelmäßige deutsche Substantivendungen	VII
Im Text verwendete Abkürzungen	VIII
Wörterbuchteil: Deutsch-Türkisch	1–312
Unregelmäßige deutsche Verben	313
Redewendungen für den Alltag	318

Hinweise zur Benutzung

1. Schriftarten

Blauer Fettdruck	für alle Stichwörter
Halbfettdruck	für die türkischen Beispielsätze und Wortverbindungen, in denen das Stichwort vorkommt
Magerdruck	für die deutschen Übersetzungen
Kursivdruck	für Erklärungen und Definitionen, für Markierungen der Stilebene, für Synonyme und andere Zusätze und für grammatische Angaben
KAPITÄLCHEN	für Sachgebietsangaben
Beispiel:	

> **açık** (**-ğı**) **I.** *s* Defizit *nt,* Fehlbetrag *m* **II.** *adj* **1.**(*nicht geschlossen*) offen, geöffnet **2.**(*nackt*) bloß **3.** geräumig **4.**(*Wetter*) heiter; (*Himmel*) klar **5.**(*Farbe*) hell **6.**(*hell, deutlich*) klar **7.**(*Stelle*) offen **8.**(*öffentlich*) publik **9.**(*fig*) deutlich, eindeutig; ~ **bırakmak** (*offen lassen*) auflassen (*-i* etw); ~ **çek** (FIN) Blankoscheck *m;* ~ **fikirli** aufgeschlossen; ~ **havada** im Freien; ~ **hava tiyatrosu** Freilichttheater *f;* ~ **hava müzesi** Freilichtmuseum *nt;* ~ **saçık** (*fam: Kleidung*) freizügig; (*schamlos*) obszön; **açığa çıkarmak** enthüllen (*-i* etw), entlassen (*-i* jdn)

2. Stichwortanordnung – Makrostruktur

Alle Wörter sind **alphabetisch geordnet.**

Im türkisch-deutschen Teil des Wörterbuchs stehen in der alphabetischen Reihenfolge *o* vor *ö, u* vor *ü, ı* vor *i, c* vor *ç, s* vor *ş* und *g* vor *ğ.*

So findet man zum Beispiel **yozlaşmak** vor **yön**, **buzul** vor **bücür**, **fıtık** vor **fidan**, **turuncu** vor **turunç**, **tesviyeci** vor **teşbih** und **magazin** vor **mağara**.

Stichwörter mit kleinen Anfangsbuchstaben stehen bei ansonsten gleicher Schreibung vor solchen mit großen Anfangsbuchstaben.

> **bodrum** *s* Keller *m;* ~ [*o* **zemin**] **katı** Untergeschoss *nt*
> **Bodrum** *s türkische Stadt an der Ägäisküste*

Orthographische **Varianten** eines Worts werden mit einem Hinweis auf die geläufigere Form angegeben.

> **lanetlemek** *vt s.* **lanet etmek**

3. Aufbau der Wörterbuchartikel – Mikrostruktur

Römische Ziffern kennzeichnen unterschiedliche Wortarten bzw. grammatische Kategorien eines Stichworts.

Arabische Ziffern kennzeichnen verschiedene Bedeutungen des Stichworts innerhalb einer Wortart bzw. grammatischen Kategorie.

Die **Beispielsätze** zu allen Wortarten und Bedeutungen des Stichworts stehen am Ende des gesamten Artikels. Bei den Beispielsätzen werden verschiedene Wortarten oder Bedeutungen nicht durch Ziffern gekennzeichnet.

> **arka** I. *s* **1.** Rücken *m* **2.** (*Rückhalt*) Schutz *m* **3.** Rückseite *f* **4.** Fortsetzung *f* **5.** (Stuhl)lehne *f* II. *adj* hinter(r, s), Hinter-; ~ **arkaya** hintereinander, nacheinander; ~ **dingil** Hinterachse *f*; ~ **fon** (INFORM) Hintergrund *m*; ~ **kapı** Hintertür *f*; ~ **koltuk** Rücksitz *m*; ~ **lambası** Rücklicht *nt*; ~ **plan** Hintergrund *m*; ~ **taraf** Rückseite *f*; ~ **tekerlek** Hinterrad *nt*; ~ **üstü düşmek** auf den Rücken fallen; **arkada** hinter, hinten; **arkadan** von hinten, hinterher; **arkasına** hinter (*-in akk*), dahinter; **arkasına bakmak** sich umschauen; **arkasına düşmek** verfolgen (*-in* jdn); **arkasına yaslanmak** sich zurücklehnen; **arkasında** hinter (*-in dat*), dahinter; **arkasından** hinter ... hervor, hinter ... nach (*-in dat*); **arkasından ağlamak** nachweinen (*-in* jdm); **birine arkasını çevirmek** jdm den Rücken kehren; **arkasını dönmek** sich umdrehen; **arkaya** nach hinten

4. Tilde

Die **Tilde** ~ ersetzt in Wortverbindungen, Beispielsätzen und Redewendungen das Stichwort in unveränderter Form.

Erscheint das Stichwort jedoch mit einer Endung oder im Wechsel mit großem Anfangsbuchstaben, wird es ohne Tilde voll ausgeschrieben.

> **sınav** *s* Examen *nt*, Prüfung *f*; ~ **vermek** eine Prüfung ablegen; **sınavdan kaldım** ich bin durchgefallen

5. Erklärende Zusätze – Kommentierungen

Mit Hilfe erklärender **Zusätze** werden Bedeutung und Anwendung eines Wortes näher bestimmt:

in Klammern stehende kursive Zusätze für Synonyme der deutschen Übersetzung, für ergänzende Angaben und Erklärungen und für typische Subjekte und Objekte

> **düşmek (-er)** I. *vi* **1.** (ab-, herab-, hinunter)fallen (*-den -e* von etw auf etw) **2.** stürzen **3.** (*Temperatur, Preise*) fallen, sinken **4.** (*Flugzeug*) abstürzen **5.** (*Blitz, Geschoss*) einschlagen (*-e* in etw) **6.** (*Gelegenheit*) sich bieten **7.** (*fam*) landen (*-e* in etw) **8.** (*sozial*) herunterkommen **9.** verarmen **10.** (*Pflicht, Aufgabe*) zukommen (*-e* auf jdn) **11.** angebracht sein, passen (*-e* zu etw) **12.** (*sehr lieben*) verfallen sein (*-e/-in üstüne* jdm); **hasta/yorgun** ~ krank/müde werden; **birinin arkasına** ~ hinter jdm her sein II. *vi* (*subtrahieren*) abziehen (*-i -den* etw von etw)

in Klammern stehende gerade gedruckte nähere Erklärungen, die bei der Übersetzung auch weggelassen werden können

> **içki** *s* **1.** (alkoholisches) Getränk *nt* **2.** Alkoholkonsum *m*; ~ **fabrikası** Brennerei *f*; ~ **içmek** (etwas Alkoholisches) trinken

Stilangaben

> **atmasyon** *s* (*fam*) Angeberei *f*
> **mikrop (-bu)** *s* **1.** Mikrobe *f* **2.** Krankheitskeim *m* **3.** (*pej vulg*) miese Ratte *f*

6. Grammatische Angaben

Für jedes Stichwort ist die **Wortart** angegeben.

Alle deutschen Substantive sind mit einer **Genusangabe** versehen.

Deutsche **Substantive** in der Übersetzung, die wie Adjektive dekliniert werden, werden so dargestellt:

Gute(s) *nt*	(das Gute, ein Gutes)
Beamte(r) *m*	(der Beamte, ein Beamter)
Angestellte(r) *mf*	(der Angestellte, ein Angestellter, die/eine Angestellte)

Bei türkischen **Verbalsubstantiven** wird auf das entsprechende Verb verwiesen.

> **bağrışma** *s* **1.** *Verbalsubstantiv zu* **bağrışmak** **2.** Geschrei *nt*

VIII

Bei türkischen Substantiven, die in einer grammatischen Form das natürliche **maskuline und feminine Geschlecht** bezeichnen, werden bei der deutschen Übersetzung beide Formen berücksichtigt.

> **kütüphaneci** *s* Bibliothekar(in) *m(f)*

Für die türkischen Substantive und Adjektive sind, wenn nötig, nach dem Stichwort in Klammern Hinweise auf folgende **Besonderheiten bei der Deklination** angegeben:

- Bei Substantiven und Adjektiven, die mit **t, k, p** bzw. **ç** auslauten, wird angegeben, ob der Konsonant bei Antritt einer mit Vokal beginnenden Endung hart bleibt oder zu **d, ğ(g), b** bzw. **c** erweicht:

ceket (-ti) *s* Jacke *f*	cketi „seine Jacke" / „die Jacke" (Akkusativ)
kilit (-di) *s* Schloss *nt;* …	kilidi „sein/ihr Schloss" / „das Schloss" (Akkusativ)
kök (-kü) *s* 1. Wurzel *f* …	kökü „seine/ihre Wurzel" / „die Wurzel" (Akkusativ)
gök (-ği) I. *s* Himmel *m* …	göğü „sein/ihr Himmel" / „den Himmel"

- **Ausfall des Vokals der zweiten Silbe** bei Antritt einer mit Vokal beginnenden Endung:

akıl (-klı) *s* 1. Vernunft *f* …	aklı „seine/ihre Vernunft" / „die Vernunft" (Akkusativ)

- **Verdoppelung des letzten Konsonants** bei Antritt einer mit Vokal beginnenden Endung:

hak (-kkı) *s* 1. Recht *nt* …	hakkı „sein/ihr Recht" / „das Recht" (Akkusativ)

- Substantive, die **nicht der Vokalharmonie gehorchen:**

hal (-li) *s* 1. Lage *f*, Zustand *m* …	hali „seine/ihre Lage" / „die Lage" (Akkusativ)

- Bei Substantiven, die mit einer **Possessivendung** auslauten, wird darauf hingewiesen, dass in der Deklination immer ein **-n-** zwischen Wortstamm und Fallendung eingefügt wird:

göktaşı (-nı) *s* Meteor *m*	göktaşını „den Meteor" (Akkusativ)

- Auf Vokal auslautende Substantive, bei denen bei Antritt einer mit Vokal beginnenden Endung **kein -y-** zwischen Wortstamm und Endung tritt:

ecza (-aı) *s* Arznei *f*, Arzneimittel *nt*	eczaı „die Arznei" (Akkvusativ) / „seine/ihre Arznei"

Bei türkischen **Substantiven, deren Stamm sich in der Deklination stark verändern**, wird die Form mit der Possessivendung der 3. Pers. Sing. als eigenes Stichwort mit einem Verweis auf die Grundform angegeben. Beispiele:

> **hakkı** (-nı) *s Possessivform zu* **hak** sein/ihr Recht *nt*
> **zehri** (-ni) *s Possessivform zu* **zehir** das Gift von ...

Deutsche **Adjektive** werden in ihrer unflektierten Form angegeben. Adjektive, die keine unflektierte Form haben, werden nach dem Muster *erste(r, s)* aufgeführt.

Bei türkischen **Verben** werden Kausativ-, Reflexiv- und Passivformen mit angegeben.

> **eksiltmek** *vt* **1.** *Kausativ zu* **eksilmek** **2.** reduzieren, verringern (*-i* etw)
> **kötüleşmek** *vr* **1.** *Reflexiv zu* **kötülemek** **2.** sich verschlechtern, sich verschlimmern
> **sürüklenmek** *vi* **1.** *Passiv zu* **sürüklemek** **2.** (auf dem Wasser) treiben **3.** (*auch fig*) sich hinschleppen

Bei türkischen Verben mit einsilbigem Wortstamm wird der **Aoristvokal** wie folgt angegeben:

bilmek (-ir) *vt* **1.** wissen (*-i* etw), ...	der Aorist lautet: **bilir**
binmek (-er) *vt* **1.** aufsteigen (*ata* aufs Pferd)	der Aorist lautet: **biner**

Ebenso wird bei Verben, die mit dem Hilfsverb **-etmek** zusammengesetzt sind, darauf hingewiesen, dass das *t* zu *d* erweicht und der Aoristvokal ein *e* ist. Beispiel:

kaybetmek (-der) *vt* verlieren (*-i* etw/jdn)	der Aorist lautet: **kaybeder**

Bei den Verben sind die **Fälle** bzw. die Satzerweiterungen mit **Postpositionen** bzw. **Präpositionen** in beiden Sprachen nach der Übersetzung in Klammern angegeben. Zur Kennzeichnung der Fälle werden für das Türkische die Endungen angegeben und für das Deutsche die Abkürzungen für „jemanden", „jemandem", „jemandes" bzw. „etwas". Beispiele:

yakarmak *vi* anflehen (*-e* jdn)	birin**e** yakarmak jemand**en** anflehen
kovalamak *vt* **1.** (*Flüchtenden*) nachjagen (*-i* jdm) ...	birin**i** kovalamak jemand**em** nachjagen
çullanmak *vt* **1.** (*fam*) sich stürzen (*-in üstüne* auf jdn) ...	birin**in üstüne** çullanmak sich **auf** jemanden stürzen

| **soruşturmak** *vt* 1. ausfragen, befragen (*-e -i* jdn über etw) … | birine bir şeyi soruşturmak
jemande**n** **über** etwas ausfragen |

| **evlenmek** *vi* heiraten (*ile* jdn) | biri **ile** (*o* biriy**le**) evlenmek
jemande**n** heiraten |

In derselben Weise wird auch auf Nebensatzerweiterungen hingewiesen:

| **üşenmek** *vi* zu faul sein (*-meye* etw zu tun) | şehre git**meye** üşeniyor.
er ist zu faul in die Stadt **zu** gehen. |

Bei den **Verhältniswörtern (Postpositionen bzw. Präpositionen)** wird in Klammern angegeben, in welchem Fall das Bezugswort in der jeweiligen Sprache steht. Dabei sind für das Türkische die türkischen Fallendungen angegeben und für das Deutsche die Abkürzungen *akk* für Akkusativ, *dat* für Dativ, *gen* für Genitiv und *nom* für Nominativ. Beispiele:

| **rağmen** I. *prep* trotz (*-e gen*); … | yağmur**a** rağmen
trotz **des** Wetter**s** |

| **önüne** *prep* vor (*-in akk*) | dolab**ın** önüne
vor **den** Schrank |

| **tarafından** *prep* (*beim Passiv*) von (… *dat*), seitens (… *gen*) | hükümet tarafından
von **der** Regierung |

XI
Aussprache und Betonung des Türkischen

Die meisten Buchstaben des türkischen Alphabets werden wie im Deutschen ausgesprochen. Abweichend davon werden folgende Buchstaben ausgesprochen:

c stimmhaftes **dsch** wie in „Dschungel"

ç stimmloses **tsch** wie in „tschüss", „Klatsch"

e meist sehr offen wie **ä**

ğ 1. kommt nie am Wortanfang vor.
   2. wird am Wortende oder vor einem Konsonant nicht ausgesprochen. Statt dessen wird der vorangehende Vokal gedehnt: sağ („gesund") wird ausgesprochen wie deutsches „sah", dağlar („Berge") wird ausgesprochen wie „dahlar"
   3. wird zwischen zwei dumpfen Vokalen (a, ı, o, u) ebenfalls nicht ausgesprochen: Die beiden Vokale werden getrennt aber ohne Stimmabsatz dazwischen ausgesprochen: dağa („auf den Berg") wie „daa"
   4. wird zwischen zwei hellen Vokalen (e, i, ö, ü) wie deutsches j ausgesprochen: eğer („wenn") wie „ejär"

h 1. am Silbenanfang wie deutsches **h**
   2. am Silbenende wie ein schwaches deutsches **ch**

ı wird etwa so ausgesprochen wie das e in „laufen"

j stimmhaftes **sch** wie in französischen Fremdwörtern „Journalist", „Gage"

r ein gerolltes Zungenspitzen-R, am Wortende ein stimmloses, „geriebenes" Zungenspitzen-R

s immer **stimmloses s** wie in „Fass"

ş wie deutsches **sch** in „Schule", „lasch"

v wie deutsches **w**

y wie deutsches **j**

z immer **stimmhaftes s** wie in deutschem „singen", „Hase"

Weitere Besonderheiten der türkischen Aussprache:
- Doppelkonsonanten werden anders als im Deutschen aber ähnlich wie im Italienischen *gelängt* ausgesprochen: anne („Mutter").
- Doppelvokale werden nicht als Langvokal ausgesprochen, sondern jeder Vokal wird für sich ausgesprochen, jedoch ohne Stimmabsatz dazwischen: saat („Stunde"). Dies gilt auch für zwei verschiedene aufeinander folgende Vokale: Jeder Vokal wird für sich ausgesprochen, ohne Stimmabsatz zwischen ihnen aber auch ohne dass die beiden Vokale zu einem Diphthong (wie im Deutschen: „ei", „au", „eu") verschmelzen: daire („Kreis").

Betonung:

Im Türkischen ist der Unterschied zwischen betonten und unbetonten Silben geringer als im Deutschen. Die Betonung ist eher durch eine höhere Tonlage als durch größere Schallfülle gekennzeichnet. Die Schallfülle verteilt sich fast gleichmäßig über alle Silben, während einzelne Silben durch eine höhere Tonlage betont sind.

Die meisten türkischen Wörter werden auf der letzten Silbe betont: (Der Apostroph , steht vor der betonten Silbe): arka'daş („der Freund"). Tritt eine Endung an, so verschiebt sich die Betonung auf die Endung: arkadaş'lar („die Freunde"), arkadaşlar'da („bei den Freunden").

Es gibt allerdings einer Reihe unbetonter Endungen, bei deren Antritt die Silbe vor der Endung betont wird; die wichtigsten sind:

XII

- die Endung für das Hilfsverb „sein" und die Endung -dir: ev'deyim („ich bin zu Hause"), has'tadır („er/sie ist krank").
- die Negationsendung -me/-ma/-mi: 'gelmiyorum („ich komme nicht"), 'gelme! („komm nicht!").
- die Personalendungen bei Gegenwart, Aorist, Futur, Vergangenheit: geli'yorum („ich komme"), ge'lirim („ich komme gewönlich"), gele'ceğim („ich werde kommen"), 'geldim („ich kam"), gel'mişim („ich soll gekommen sein").
- Die Endung -le/-la („mit"): ara'bayla („mit dem Auto").
- die Endung -ce/-ca: 'bence („meiner Meinung nach")
- Die Gerundiumendung -ken/-kan: gel'irken („während ich/du/er/sie kam")

Ausnahmen bilden auch folgende Wörter:
- viele Fremdwörter, die die uprüngliche Betonung beibehalten haben – 'radyo („Radio"), 'taksi („Taxi").
- Ortsnamen, die auf der ersten oder vorletzten Silbe betont werden: 'Ankara, Al'manya. Bei diesen Wörtern bleibt die Betonung auch bei Antritt einer Endung erhalten: 'Ankarada („in Ankara").
- viele Adverbien, die auf der ersten Silbe Betont werden: 'ancak („nur"), 'şimdi („jetzt"), 'burada („hier").

Neben der Wortbetonung gibt es auch eine Satzbetonung. Eine wichtige Erscheinung ist dabei, dass oft das Subjekt eines Satzes mit steigendem Ton akzentuiert wird.

XIII

Türkische Silbentrennung

Die Silbentrennung erfolgt im Türkischen nach Sprechsilben, z. B. *as-tar, ıs-pa-nak, prog-ram*.

Im Text verwendete Abkürzungen

Abk.	Abkürzung *kısaltma*	jdn	jemanden *birini*
adj	Adjektiv *sıfat*	jds	jemandes *birinin*
adv	Adverb *zarf*	JUR	Recht(swissenschaft) *hukuk*
AGR	Landwirtschaft *tarım*	*konj*	Konjunktion *bağlaç*
akk	Akkusativ *-i hali*	*m*	männlich *eril*
ANAT	Anatomie *anatomi*	MAR	Schifffahrt *gemicilik*
AUTO	Auto und Verkehr *otomobil ve trafik*	MATH	Mathematik *matematik*
		MED	Medizin *tıp*
BIOL	Biologie *biyoloji*	MIL	Militär *asker*
CHEM	Chemie *kimya*	MIN	Mineralogie, Bergbau *mineraloji, madencilik*
COM	Handel und Wirtschaft *ticaret ve ekonomi*	MUS	Musik *müzik*
dat	Dativ *-e hali,*	*nom*	Nominativ *yalın hal*
-de	birinde / bir şeyde *bei jemandem / in etwas*	*nt*	Neutrum, sächlich *cinssiz*
		num	Zahlwort *sayı*
-den	birinden / bir şeyden *von jemandem / von etwas*	*o, od*	oder *veya*
		pej	pejorativ, abwertend *aşağılayıcı*
-e	birine / bir şeye *jemandem / einer Sache*	PHILOS	Philosophie *felsefe*
		PHYS	Physik *fizik*
etc.	et cetera *ve saire*	*pl*	Plural, Mehrzahl *çoğul*
etw	etwas *bir şey(i)*	POL	Politik *politika*
f	feminin, weiblich *dişil*	*präp*	Postposition / Präposition *ilgeç / ön ilgeç*
fam	umgangssprachlich *konuşma dili*		
		pron	Pronomen *zamir*
fig	übertragen, bildlich *mecazi*	RADIO	Rundfunk *radyo*
FILM	Film, Kino *film, sinema*	REL	Religion *din*
FIN	Finanzwesen *maliye*	*s*	Substantiv, Hauptwort *isim*
FOT	Fotografie *fotğrafçılık*	*s.*	siehe *bakınız*
gen	Genitiv *-in hali*	*sing*	Singular, Einzahl *tekil*
GEOG	Geographie *coğrafya*	SPORT	Sport *spor*
GEOL	Geologie *jeoloji*	TECH	Technik *teknik*
GRAM	Grammatik *gramer*	TELE	Telefon *telefon*
HIST	Geschichte *tarih*	THEAT	Theater *tiyatro*
-i	birini / bir şeyi *jemanden / etwas*	TV	Fernsehen *televizyon*
		TYP	Druckwesen *matbaacılık*
ile	biriyle / bir şeyle *mit jemandem/etwas*	*u.*	und *ve*
		u.Ä.	und Ähnliches *ve benzeri*
-in	birinin / bir şeyin *jemandes / einer Sache*	*vi*	intransitives Verb *geçişsiz fiil*
		vr	reflexives Verb *dönüşlü fiil*
INET	Internet *internet*	*vt*	transitives Verb *geçişli fiil*
INFORM	Informatik *enformatik*	*vulg*	vulgär *kaba dil, argo*
interj	Interjektion, Ausruf *ünlem*		
jd	jemand *biri*		
jdm	jemandem *birine*		

A

A, a s erster Buchstabe des türk. Alphabets
AB s Abk. von **Avrupa Birliği** EU f (die Europäische Union); ~ **Adalet Divanı** der Europäische Gerichtshof; ~ **Komisyonu** die Europäische Kommission; ~ **üyesi** (**ülke**) EU-Mitgliedsstaat m; ~ **vatandaşı** [o **yurttaşı**] EU-Bürger(in) m(f)
aba s grober Wollstoff m; **abayı yakmak** (fam) verknallt sein (-e in jdn)
abanmak vr sich lehnen (-e an etw)
abanoz s Ebenholz nt
abartma s 1. Verbalsubstantiv zu **abartmak** 2. Übertreibung f
abartmak vt übertreiben (-i etw)
ABD s Abk. von **Amerika Birleşik Devletleri** USA pl (die Vereinigten Staaten von Amerika)
abes I. s Unsinn m II. adj zwecklos, nutzlos
abi s 1. älterer Bruder 2. Anrede an eine männliche Person
abide s Denkmal nt, Monument nt
abiye s Abendkleid nt
abla s 1. ältere Schwester f 2. Anrede einer jüngeren Person an eine ältere Frau
abluka s Blockade f; ~ **etmek** blockieren
abone s 1. Abonnement nt 2. Abonnent(in) m(f); ~ **olmak** abonnieren (-e etw)
abuk sabuk adj (fam: unvernünftig) dumm
acaba adv (in Fragen) etwa, vielleicht; wohl
acayip (**-bi**) adj seltsam
acele I. s Eile f, Hast f II. adj 1. dringend, eilig 2. überstürzt; ~ **etmek** sich beeilen, überstürzt handeln; **acelem var** ich habe es eilig; **acelesi yok** das hat noch Zeit
aceleci adj 1. ruhelos 2. hektisch
acemi I. s 1. Anfänger(in) m(f), Neuling m 2. (pej) Dilettant(in) m(f) II. adj unerfahren; ~ **er** Rekrut m
acenta s Agentur f; (COM) Vertretung f
acı I. s Kummer m, Leid nt, Schmerz m II. adj 1. (fig) bitter 2. (Essen) scharf; (Worte) hart; ~ ~ heftig, bitterlich; ~ **çekmek** [o **duymak**] leiden; ~ **marul** Zichorie f; ~ **patlıcanı kırağı çalmaz** Unkraut vergeht nicht; ~ **vermek** Schmerzen zufügen, wehtun (-e jdm)
acıklı adj 1. (Geschichte) herzzerreißend, rührend 2. (Person) traurig, betrübt

acıkmak vi Hunger bekommen [o haben]
acı(laş)mak vi 1. bitter werden 2. (Fett) ranzig werden
acıma s 1. Verbalsubstantiv zu **acımak** 2. Mitleid nt, Erbarmen nt
acımak vi 1. bedauern, bemitleiden (-e jdn) 2. (nachtrauern) bereuen (-e etw) 3. (Augen, Wunde) brennen, wehtun
acımasız adj erbarmungslos, grausam
acısız adj schmerzlos
acıtmak vt 1. Kausativ zu **acımak** 2. wehtun (kolunu jdn am Arm)
acil adj 1. baldig 2. dringend 3. (MED) akut; ~ **durum** Notfall m; ~ **müdahale gücü** schnelle Eingreiftruppe f; ~ **yardım** Krisenhilfe f
aciz adj unfähig, hilflos
acyocu s (Börsen)spekulant(in) m(f)
aç (**-çı**) adj 1. hungrig 2. notleidend; ~ **karnına** auf nüchternen Magen
açgözlü adj gierig
açgözlülük s Gier f
açı s 1. (MATH) Winkel m 2. Gesichtswinkel m; **dik/dar/geniş** ~ rechter/spitzer/stumpfer Winkel
açık (**-ğı**) I. s Defizit nt, Fehlbetrag m II. adj 1. (nicht geschlossen) offen, geöffnet 2. (nackt) bloß 3. geräumig 4. (Wetter) heiter; (Himmel) klar 5. (Farbe) hell 6. (hell, deutlich) klar 7. (Stelle) offen 8. (öffentlich) publik 9. (fig) deutlich, eindeutig; ~ **bırakmak** (offen lassen) auflassen (-i etw); ~ **çek** (FIN) Blankoscheck m; ~ **fikirli** aufgeschlossen; ~ **havada** im Freien; ~ **hava tiyatrosu** Freilichttheater f; ~ **hava müzesi** Freilichtmuseum nt; ~ **saçık** (fam: Kleidung) freizügig; (schamlos) obszön; **açığa çıkarmak** enthüllen (-i etw), entlassen (-i jdn)

> Die Türkei wird heute zu Recht oft als **açık hava müzesi**, als großes Freilichtmuseum, bezeichnet. Altertümer aus acht Jahrtausenden können hier bestaunt werden. Interessant für Touristen sind vor allem die West- und Südküste mit antiken Stätten wie Troja, Ephesus, Pergamon oder Aspendos und Perge.

açıkça adv freimütig, unverblümt
açıkgöz adj (fam) gerissen, pfiffig

açıklama s 1. *Verbalsubstantiv zu* **açıklamak** 2. Erklärung *f*, Erläuterung *f*
açıklamak *vt* 1. erläutern (*-i* etw) 2. bekannt geben, enthüllen (*-i* etw)
açıklık (**-ğı**) s 1. (*Deutlichkeit*) Klarheit *f* 2. (*Aufrichtigkeit*) Offenheit *f* 3. Öffentlichkeit *f* 4. Spalt *m*, Öffnung *f*
açıksözlü *adj* (*freimütig*) offen
açılış s (*Geschäfts-*) Eröffnung *f*; ~ **töreni** Eröffnungsfeier *f*; ~ **saatleri** Öffnungszeiten *fpl*
açılma s 1. *Verbalsubstantiv zu* **açılmak** 2. Coming-out *nt*, Outing *nt*
açılmak *vi* 1. *Passiv zu* **açmak** 2. (*Knoten, Naht*) aufgehen, sich auflösen 3. (*Wetter*) sich bessern 4. (*Zimmer, Fenster*) hinausgehen (*denize* aufs Meer) 5. (*Farbe*) hell(er) werden 6. (*Schiff, Mensch*) sich vom Ufer entfernen
açlık (**-ğı**) s 1. Hunger *m* 2. (*fig*) Armut *f*; ~ **çekmek** Hunger leiden; ~ **grevi** Hungerstreik; **açlıktan ölmek** verhungern
açmak (**-ar**) I. *vt* 1. öffnen, aufmachen; (*Datei*) öffnen (*-i* etw) 2. (*Licht, Radio*) anmachen, anschalten (*-i* etw) 3. (*Wasserhahn*) aufdrehen (*-i* etw) 4. (*Tür*) aufschließen (*-i* etw) 5. (*Paket, Koffer*) auspacken (*-i* etw) 6. (*Geschäft*) eröffnen (*-i* etw) 7. (*Brunnen, Grube*) graben (*-i* etw) II. *vi* (*Blüte*) aufgehen
ad s 1. Name *m* 2. Hauptwort *nt*, Substantiv *nt* 3. Ansehen *nt* 4. Ruhm *m*; **adı çıkmış** verrufen; **adı geçen** betreffend; **adını kötüye düşürmek** im Verruf bringen (*-in* jdn); **adım ...** ich heiße ...; **adınız ne?** wie heißen Sie?
ada s Insel *f*
adaçayı s Salbei *m*
adak (**-ğı**) s Gelübde *nt*
adale s Muskel *m*
adaleli *adj* muskulös
adalet (**ti**) s 1. Gerechtigkeit *f* 2. Justiz *f*; **Adalet Bakanlığı** Justizministerium *nt*
adaletli *adj* gerecht
adaletsiz *adj* ungerecht
adam s 1. Mann *m* 2. Mensch *m*; ~ **başına** pro Kopf; ~ **olmak** den Kinderschuhen entsteigen; **birini** ~ **yerine koymak** große Stücke auf jdn halten
adamak *vt* geloben (*-e -i* jdm etw); **kendini bir şeye** ~ sich einer Sache widmen
adamakıllı *adv* (*fam*) 1. (*tüchtig*) gründlich 2. (*genau*) sorgfältig
adamcağız s (*fam*) der Ärmste
Adana s Stadt in Südostanatolien
adaptör s (TECH) Adapter *m*
adaş s Namensvetter *m*
adatavşanı (**-nı**) s Kaninchen *nt*
aday s Kandidat(in) *m(f)*
adaylık (**-ğı**) s Kandidatur *f*; ~ **statüsü** (POL) Kanditatenstatus *m*
adet (**-di**) s 1. Stück *nt* 2. Zahl *f*, Anzahl *f*
adet (**-ti**) s 1. Gewohnheit *f*, Angewohnheit *f*; (*Sitte*) Brauch *m* 2. (*Menstruation*) Regel *f*; ~ **bezi** Damenbinde *f*; **adetten kesilme** Menopause *nt*, Wechseljahre *pl*
adeta *adv* sozusagen, quasi
adıl s Fürwort *nt*, Pronomen *nt*
adım s Schritt *m*; ~ ~ Schritt für Schritt; ~ **atmak** einen Schritt machen, die ersten Schritte machen
adi *adj* 1. (*üblich*) gewöhnlich 2. (*pej*) gewöhnlich, ordinär
Adıyaman s *christliche Metropole in Südostanatolien*
adil *adj* gerecht
adlandırma s 1. *Verbalsubstantiv zu* **adlandırmak** 2. Benennung *f*, Bezeichnung *f*
adlandırmak *vt* benennen, bezeichnen (*-i* jdn/etw)
adli *adj* gerichtlich; ~ **tıp** Gerichtsmedizin *f*
adliye s 1. Justiz *f* 2. Gerichtsgebäude *nt*; **Adliye Sarayı** (*Gebäude*) Gericht *nt*
adres s Adresse *f*; ~ **sahibi** Adressat *m*
Adriyatik (**denizi**) s Adria *f*
aerobik (**-ği**) s Aerobic *nt*
aerodinamik (**-ği**) I. s Aerodynamik *f* II. *adj* aerodynamisch
af (**-ffı**) s 1. (*Verzeihung*) Entschuldigung *f* 2. (JUR) Begnadigung *f* 3. (POL) Amnestie *f*; ~ **dilekçesi** Gnadengesuch *nt*
afacan s Schlingel *m*, Schelm *m*
afallamak *vi* (*fam*) aus allen Wolken fallen
aferin *interj* bravo!
afet (**ti**) s Katastrophe *f*
affetmek (**-der**) *vt* 1. verzeihen (*hatasını* jdm seinen Fehler); 2. (*Strafe*) erlassen (*-i* etw); **affedersiniz!** entschuldigen Sie!, Verzeihung!
afiş s Plakat *nt*
afiyet (**-ti**) s Wohlbefinden *nt*; ~ **olsun!** guten Appetit!
Afrika I. s Afrika *nt* II. *adj* (*Art*) afrikanisch
Afrikalı I. s Afrikaner(in) *m(f)* II. *adj* (*Her-*

kunft) afrikanisch
afrodizyak (**-kı**) *s* Aphrodisiakum *nt*
afyon *s* Opium *nt*
agrandisman *s* (*eines Fotos*) Vergrößerung *f*
agulamak *vi* (*Baby*) lallen
ağ *s* 1. Netz *nt* 2. (INFORM) Netzwerk *nt,* Netz *nt;* ~ **adaptörü** (INFORM) Netzadapter *m;* ~ **adresi** (INET) Webadresse *f;* ~ **bilgisayarı** NC *m* (*Netzwerk-Computer*); ~ **erişimi** (INET) Netzzugang *m;* ~ **erişim protokolü** (INET) Netzzugangsprotokoll *nt;* ~ **kartı** (INFORM) Netzkarte *f;* ~ **yöneticisi** Netzwerkadministrator *m;* **geniş alan ağı** (INET) WAN, Wide Area Network *nt*
ağa *s* 1. Meister *m,* Chef *m* 2. Großgrundbesitzer *m*
ağabey *s* 1. älterer Bruder 2. *Anrede an eine männliche Person*
ağaç (**-cı**) *s* 1. Baum *m* 2. Holz *nt;* ~ **gövdesi** Baumstamm *m;* ~ **kesimi** Abholzung *f;* ~ **kurdu** Holzwurm *m*
ağaççileği (**-ni**) *s* Himbeere *f*
ağaçkakan *s* Specht *m*
ağaçlandırmak *vt* aufforsten (*-i etw*)
ağaçlık (**-ğı**) **I.** *s* Hain *m* **II.** *adj* baumreich
ağarmak *vi* 1. (*Tag*) anbrechen 2. (*Haar*) weiß werden 3. (*Farbe, Stoff*) verbleichen
ağda *s* Enthaarungspaste *f*
ağdalı *adj* zähflüssig
ağıl *s* 1. Pferch *m* 2. (ASTR) (Licht)hof *m*
ağır *adj* 1. (*auch fig*) schwer 2. (*Worte, Kritik*) scharf 3. langsam 4. (*träge*) schwerfällig 5. schwerwiegend, gewichtig 6. (*Wetter*) schwül; ~ ~ (*langsam*) bedächtig; ~ **basmak** ins Gewicht fallen; (*Person*) sich durchsetzen; ~ **ceza mahkemesi** Schwurgericht; ~ **hasta/yaralı** schwer krank/verletzt; ~ **iş** Schwerarbeit *f;* ~ **işiten** schwerhörig; ~ **sakat** Schwerbehinderte(r) *mf;* ~ **sıklet** (SPORT) Schwergewicht *nt*
ağırbaşlı *adj* besonnen, würdig
ağırbaşlılık (**-ğı**) *s* Besonnenheit *f,* Würde *f*
ağırlamak *vt* bewirten (*-i jdn*)
ağırlaşmak *vi* 1. sich verschlimmern 2. (*Gewicht*) zunehmen 3. sich verlangsamen 4. (*Mensch*) reif werden
ağırlaştırmak *vt* 1. *Kausativ zu* **ağırlaşmak** 2. erschweren (*-i etw*) 3. verlangsamen (*-i etw*) 4. verschlimmern (*-i etw*)
ağırlık (**-ğı**) *s* 1. Gewicht *nt* 2. Langsamkeit *f* 3. Trägheit *f,* Schwerfälligkeit *f* 4. Schwere *f* 5. Schwierigkeit *f;* **brüt** ~ Bruttogewicht *nt;* **safi** ~ Nettogewicht *nt;* ~ **noktası** [*o* **merkezi**] Schwerpunkt *m*
ağız (**-ğzı**) *s* 1. Mund *m* 2. (*bei Tieren*) Maul *nt,* Schnauze *f* 3. (*Mundart*) Dialekt *m* 4. (*von Fluss, Gewehr*) Mündung *f;* ~ **dolusu** Mund *m* voll; ~ **dolusu sövmek** (*fam*) wie ein Rohrspatz schimpfen; ~ **kavgası** (*fam*) Streit *m;* ~ **kokusu** Mundgeruch *m;* **ağızdan nefes verme** Mund-zu-Mund-Beatmung *f;* **ağzı kulaklarına varmak** über das ganze Gesicht strahlen; **ağzı sıkı** (*verschwiegen*) diskret; **ağzım sulanıyor** mir läuft das Wasser im Munde zusammen; **ağzına kadar** bis an den Rand (voll); **birinin ağzını bile açtırmamak** jdn nicht zu Wort kommen lassen; **ağzını havaya açmak** leer ausgehen; **birinin ağzını kapatmak** jdm den Mund zuhalten; **birinin ağzını sulandırmak** jdm den Mund wässrig machen; **ağzını tutmak** sich zurückhalten, verschwiegen sein
ağızlık (**-ğı**) *s* 1. (*von Zigarette*) Mundstück *nt* 2. Brunnenrand *m*
Ağlama Duvarı (**-nı**) *s* Klagemauer *f*
ağlamak *vi* 1. weinen 2. (*trauriges Ereignis*) beklagen (*-e etw*)
ağlamaklı *adj* weinerlich
Ağrı Dağı (**-nı**) *s* Ararat *m*

> Eine Attraktion Ostanatoliens ist der 5.137 m hohe Berg **Ağrı Dağı** (Ararat); Archäologen und Bibelforscher vermuten hier den Landeplatz der Arche Noah.

ağrı *s* 1. Schmerz *m* 2. Wehen *pl;* ~ **hapı** Schmerztablette *f;* ~ **kesici** Schmerzmittel *nt*
ağrılı *adj* schmerzhaft
ağrımak *vi* wehtun
ağrısız *adj* schmerzlos
ağtabaka *s* Netzhaut *f*
ağustos *s* August *m*
ağzı (**-nı**) *s Possessivform zu* **ağız** sein/ihr Mund *m*
ah **I.** *interj* ach!, ach so! **II.** *s* Seufzer *m*
ahali *s* Bevölkerung *f*
ahbap (**-bı**) *s* Freund(in) *m(f)*
ahbaplık (**-ğı**) *s* (enge) Freundschaft *f*
ahdetmek (**-der**) *vt* geloben (*-e etw*)
ahenk (**-gi**) *s* Harmonie *f*
ahenkli **I.** *adj* harmonisch **II.** *adv* einträchtig
ahenksiz *adj* unharmonisch

ahenksizlik (-ği) s Missklang *m*, Disharmonie *f*
ahır s Stall *m*
ahize s (Telefon)hörer *m*
ahlak (-kı) s 1. Ethik *f* 2. Moral *f* 3. Charakter *m*
ahlakçı s Moralist(in) *m(f)*
ahlaki adj 1. moralisch 2. ethisch
ahlaklı adj anständig, gut erzogen
ahlaksız adj 1. unmoralisch 2. unanständig 3. schlecht erzogen
ahmak (-ğı) I. adj (*fam*) dumm, blöd II. s Dummkopf *m*
ahmaklık (-ğı) s (*fam*) Dummheit *f*
ahret (-ti) s Jenseits *nt*
ahşap (-bı) adj hölzern
ahtapot (-tu) s Krake *m*
ahududu (-nu) s Himbeere *f*
AİDS s Aids *nt;* ~ **hastası** aidskrank
AİDS'li s Aidkranke(r) *mf*
aile s 1. Familie *f* 2. Ehefrau *f;* ~ **doktoru** Hausarzt, -ärztin *m, f*
ait adj zugehörig, betreffend; **bu bana ait** das gehört mir; ~ **olmak** (*Besitz*) gehören (*-e* jdm)
ajan s 1. Spion(in) *m(f)*, Agent(in) *m(f)* 2. (*com*) Agent(in) *m(f)*
ajans s (*Nachrichten, Presse*) Agentur *f*
ak (-kı) adj 1. weiß 2. (*fig*) rein, unbefleckt; ~ **pak** sauber
akademi s Akademie *f*, Hochschule *f*
akademik adj akademisch
akanyıldız s Sternschnuppe *f*
akarsu s fließendes Gewässer, Fluss *m*, Bach *m*
akaryakıt (-tı) s Brennstoff *m*, Kraftstoff *m*, Treibstoff *m;* ~ **göstergesi** Benzinuhr *f*
akasya s Akazie *f*
akbaba s Geier *m*
akciğer s Lunge *f;* ~ **amfizemi** Lungenemphysem *nt;* ~ **iltihabı** Lungenentzündung *f;* ~ **kanseri** Lungenkrebs *m*
akçaağaç (-cı) s Ahorn *m*, Erle *f*
Akdeniz s Mittelmeer *nt*
akdetmek (-der) vt 1. (*Sitzung*) abhalten (*-i* etw) 2. (*Vertrag, Frieden, Ehe*) schließen (*-i* etw)
akgürgen s Buche *f*
akıbet (-ti) s 1. Ende *nt* 2. Schicksal *nt* 3. Resultat *nt*
akıcı adj (*auch fig*) flüssig
akıl (-klı) s 1. Vernunft *f* 2. Gedächtnis *nt* 3. (*Intellekt*) Geist *m* 4. (*Verstand*) Intelligenz *f*, Klugheit *f* 5. Rat *m*, Ratschlag *m;* ~ **almaz** unvorstellbar; **birine** ~ **danışmak** jdn um Rat fragen; ~ **erdirecek gibi değil** es ist nicht zu fassen; ~ **ermez** rätselhaft; ~ **hastası** geisteskrank; ~ **hocası** Ratgeber(in) *m(f);* **birine** ~ **vermek** jdn beraten, jdm einen Tipp geben; **akla sokmak** sich einprägen (*-i* etw); **akla yakın** sinnvoll; **akıldan aus dem Gedächtnis**; **aklı almamak** nicht begreifen können (*-i* etw); **aklı başında** vernünftig; **aklı başında olmamak** nicht recht bei Sinnen sein; **birinin aklını çelmek** jdn überreden; **aklına dank ediyor** (*fam*) es dämmert ihr/ihm; **aklına gelmek** in den Sinn kommen (*-in* jdm); **aklına koymak** sich etwas in den Kopf setzen; **aklında bir şey olmak** etwas im Sinn haben; **aklında tutmak** (*im Gedächtnis*) behalten (*-i* etw); **aklından çıkmak** (*dem Gedächtnis*) entfallen (*-in* jdm); **birinin aklını başına getirmek** jdn zur Vernunft bringen; **aklını toplamak** Vernunft annehmen; **aklını kaçırmak** [*o oynatmak*] den Verstand verlieren, durchdrehen; **aklını yormak** sich den Kopf zerbrechen
akıllanmak vi Vernunft annehmen
akıllı adj 1. klug, intelligent 2. vernünftig
akılsız adj 1. unvernünftig 2. unüberlegt
akılsızlık (-ğı) s 1. Dummheit *f* 2. Unvorsichtigkeit *f*
akım s 1. (*elektrischer*) Strom *m* 2. (*fig*) Strömung *f*
akın s 1. Invasion *f* 2. (MIL) Streifzug *m* 3. (*von Menschen*) Zustrom, Andrang *m;* ~ **etmek** (*Menschen*) strömen
akıntı s 1. Fließen *nt* 2. (*Fluss, Meer*) Strömung *f*
akış s 1. (*Fließen*) Fluss *m* 2. (*Ablauf*) Lauf *m*
akışkan adj 1. flüssig 2. gasförmig
akıtmak vt 1. *Kausativ zu* **akmak** 2. (aus-, ein-, ver-)gießen (*-i* etw)
akide s (REL) Lehre *f*, Dogma *nt;* ~ **şekeri** Bonbon *nt*
akis (-ksi) s 1. (*Echo*) Widerhall *m* 2. Widerschein *m*
aklı (-nı) s *Possessivform zu* **akıl** sein/ihr Verstand *m*
akli adj geistig, rational
akmak (-ar) vi 1. (*fig*) fließen 2. ausströmen 3. rinnen

akordeon *s* Akkordeon *nt*, Ziehharmonika *f*
akort (**-du**) *s* (MUS) Akkord *m;* ~ **çalışmak** im Akkord arbeiten; ~ **etmek** (*Instrument*) stimmen; **akordu bozuk** (*Instrument*) verstimmt
akraba I. *adj* verwandt II. *s* Verwandte(r) *mf;* hısım ~ Verwandtschaft *f;* **kayırıcılığı** Vetternwirtschaft *f*
akrabalık (**-ğı**) *s* Verwandtschaft *f*
akreditif *s* (FIN) Kreditbrief *m*
akrep (**-bi**) *s* 1. Skorpion *m* 2. Stundenzeiger *m*
Akrep (**burcu**) *s* (*Sternzeichen*) Skorpion *m*
akrobat (**-tı**) *s* Akrobat(in) *m(f)*
aksak (**-ğı**) *adj* (*hinkend*) lahm
aksamak *vi* hinken
aksan *s* Akzent *m*, Tonfall *m*
aksatmak *vt* 1. *Kausativ zu* **aksamak** 2. behindern (-*i* etw)
aksesuar *s* Accessoires *pl*
aksetmek (**-der**) *vi* 1. sich spiegeln (-*e* in etw) 2. widerhallen 3. (*fig*) bekannt werden (-*e* jdm)
aksırmak *vi* niesen
aksi *adj* 1. entgegengesetzt, gegensätzlich 2. unangenehm 3. barsch, schroff; ~ **gibi** unglücklicherweise; ~ **gitmek** danebengehen; ~ **halde** [*o* **takdirde**] andernfalls
aksi (**-ni**) *s Possessivform zu* **akis** das Echo von ...
aksilik (**-ği**) *s* 1. Missgeschick *nt* 2. Entgegengesetztsein *nt* 3. Unfreundlichkeit *f*
aksine *präp* entgegen (-*in dat*)
aksiyon *s* 1. Aktie *f* 2. Aktion *f*
akşam I. *s* Abend *m* II. *adv* am Abend; ~ **ezanı** Abendgebetsruf *m;* **dün** ~ gestern Abend; **bir** ~ eines Abends; **bu** ~ heute Abend; ~ **üstü** [*o* **üzeri**] am Abend; ~ **yemeği** Abendessen *nt;* ~ **yemeği yemek** zu Abend essen; **akşama** noch vor Abend; **akşama doğru** gegen Abend; **akşama kavurup sabaha savurmak** (*fam*) von der Hand in den Mund leben
akşamcı *s* 1. Nachtschwärmer(in) *m(f)* 2. Nachtarbeiter(in) *m(f)*
akşamki *adj* abendlich
akşamları *adv* abends
akşamleyin *adv* am Abend
aktarım *s* Transfer *m;* ~ **hızı** (INET) Übertragungsgeschwindigkeit *f*
aktarma *s* 1. *Verbalsubstantiv zu* **aktar-**

mak 2. (*an Zug*) Anschluss *m*, Umsteigen *nt* 3. Transfer *m* 4. Übermittlung *f* 5. (COM) Übertrag *m;* ~ **yapmak** umsteigen
aktarmak *vt* 1. transferieren (-*i* etw) 2. (*weiterleiten*) übermitteln (-*i* etw) 3. umladen (-*i* etw) 4. zitieren (-*i* etw) 5. (*Organ*) verpflanzen, transplantieren (-*i* etw)
aktif *adj* aktiv, tätig
aktifleştirmek *vt* aktivieren (-*i* etw)
aktör *s* Schauspieler *m*
aktris *s* Schauspielerin *f*
aktüalite *s* Aktualität *f*
aktüel *adj* aktuell
akupunktur *s* Akupunktur *f*
akü *s* Batterie *f*, Akkumulator *m;* ~ **doldurma aleti** Ladegerät *nt*, Ladestation *f*
akümülatör *s s*. **akü**
akvaryum *s* Aquarium *nt*
akyuvar *s* weißes Blutkörperchen *nt*
al *adj* rot
ala *adj* 1. bunt 2. (*Augen*) hellbraun 3. sehr gut, prima
alabalık (**-ğı**) *s* Forelle *f*
alabildiğine *adv* (*fam*) unentwegt, unbeirrt
alabora *s* (*eines Schiffes*) Kentern *nt;* ~ **etmek** zum Kentern bringen (-*i* etw); ~ **olmak** kentern
alaca *adj* (*fam*) bunt, gescheckt; ~ **bulaca** bunt; (*fig*) zusammengewürfelt; ~ **karanlık** Dämmerung *f*, Halbdunkel *nt*
alacak (**-ğı**) *s* Guthaben *nt;* ~ **ve verecek** Soll und Haben *nt*
alacaklar *s* (COM) Außenstände *pl*
alafranga *adj* nach europäischer Art; ~ **tuvalet** Toilette *f* mit Kloschüssel
alaka *s* 1. Interesse *nt* 2. Beziehung *f* 3. Zusammenhang *m*
alakart *adv* à la carte
alakok *adj* (*Ei*) weich gekocht
alamet (**-ti**) *s* 1. Zeichen *nt* 2. Merkmal *nt*
alan *s* 1. (*Bereich*) Feld *nt*, Gebiet *nt* 2. Fläche *f* 3. (*offener*) Platz *m* 4. (INET) Domain *f;* ~ **ücreti** (*Golf*) Greenfee *nt*
alarm *s* Alarm *m;* ~ **teçhizatı** Alarmanlage *f*
alaturka *adj* nach türkischer Art
alaşım *s* (CHEM) Legierung *f*
alay *s* 1. (*Spott*) Hohn *m* 2. (MIL) Regiment *nt* 3. (*Festzug*) Umzug *m* 4. (*Menschen-*) Menge *f;* **biriyle** ~ **etmek** sich über jdn lustig machen; **birini alaya almak** jdn auf den Arm nehmen

alaycı adj höhnisch, spöttisch
alaylı adj ironisch
alazlamak vt (ver)sengen (-*i* etw)
albay s Oberst m
albeni s Anziehungskraft f
albenili adj charmant
albüm s Album nt
albümin s (MED) Eiweiß nt
alçak (**-ğı**) adj 1. niedrig, niedere(r, s) 2. (*pej*) niederträchtig 3. leise 4. (*seicht*) flach 5. (MUS) tief 6. klein, von kleiner Statur; ~ **basınç** (METEO) Tief nt; ~ **sesle** leise, mit leiser Stimme; ~ **uçuş** Tiefflug m; ~ **uçuşla** im Tiefflug
alçakgönüllü adj bescheiden
alçakgönüllülük (**-ğü**) s Bescheidenheit f
alçaklık (**-ğı**) s 1. Niedrigsein nt 2. Gemeinheit f, Niedertracht f
alçalmak vi 1. sich senken, sinken 2. (*fig*) sich erniedrigen
alçaltmak vt 1. *Kausativ zu* **alçalmak** 2. (ab)senken (-*i* etw) 3. erniedrigen (-*i* jdn)
alçı s Gips m; **alçı** (**sargı**) Gipsverband m; **alçıya koymak** in Gips legen (-*i* etw)
alçılamak vt (ver-, ein-)gipsen (-*i* etw)
aldanmak vi 1. sich irren, sich täuschen 2. hereinfallen (-*e* auf etw)
aldatıcı adj 1. betrügerisch 2. trügerisch 3. illusorisch
aldatma s 1. *Kausativ zu* **aldatmak** 2. Betrug m 3. Irreführung f
aldatmaca s Täuschungsmanöver nt
aldatmak vt 1. *Kausativ zu* **aldanmak** 2. täuschen, betrügen (-*i* jdn)
aldırış s: ~ **etmemek** keine Beachtung schenken (-*e* einer Sache)
aldırmak vt 1. holen lassen (-*i* jdn) 2. abtreiben (*çocuğu* das Kind)
aldırmamak vi nicht beachten (-*e* etw)
alelacele adv hastig
alelade adj durchschnittlich, mittelmäßig
alem I. s 1. (Welt)all nt 2. (*fam*) Remmidemmi nt II. pron 1. alle 2. (*fam*) die Leute, die anderen
alenen adv öffentlich, in aller Öffentlichkeit
alerji s (MED) Allergie f
aleni adj öffentlich
alet (**-ti**) s 1. Gerät nt, Instrument nt 2. Werkzeug nt; **birini bir şeye** ~ **etmek** jdn für etw instrumentalisieren
aletli cimnastik s Geräteturnen nt
alev s Flamme f; ~ **almak** Feuer fangen

Die **Aleviler** (die Aleviten) werden von den Sunniten, der Hauptkonfession des Islams in der Türkei, nicht als Gläubige im Sinne Mohammeds anerkannt. Zwischen Sunniten und Aleviten kam es in osmanischer Zeit häufig zu Kämpfen, die die Aleviten meist verloren, da sie zahlenmäßig unterlegen waren. Dennoch hatten sie stets großen Einfluss in der Türkei, da aus ihren Reihen viele Dichter, Musiker und Denker hervorgingen. Aleviten sind Anhänger von Mohammeds Schwiegersohn Ali. Er gilt als Held und wird 'Gottes Löwe' genannt. Für die Aleviten ist Mohammed zwar ein Prophet, aber die weltoffene Art Alis entspricht eher ihrem Glaubensverständnis. Im Gegensatz zu den Sunniten legen die Aleviten keinen großen Wert auf äußerliche Riten: Sie praktizieren keine Ritualgebete ('namaz'), kennen kein Fastengebot und pilgern nicht nach Mekka. Dagegen ist ihnen die innere Religiosität wichtig. Anders als die Sunniten pflegen sie auch Musik und Tanz als Formen der religiösen Kontemplation.

alevlendirmek vt 1. *Kausativ zu* **alevlenmek** 2. (*Feuer*) schüren (-*i* etw)
alevlenmek vi 1. in Brand geraten, sich entzünden 2. (*fig*) sich verschärfen
aleyhinde präp zuungunsten (-*in* gen), gegen (-*in* akk)
aleyhtar I. s Gegner(in) m(f) II. adj gegen ... eingestellt, ...-feindlich, anti-...; **Batı aleyhtarı** antiwestlich
aleykümselam interj Grüß Gott!
alfabe s Alphabet nt; ~ (**kitabı**) Fibel f
alfabetik (**-ği**) adj alphabetisch
algı s Empfindung f, Wahrnehmung f
algılamak vt (*wahrnehmen*) erkennen (-*i* etw)
alıcı s 1. Kunde m, Kundin f 2. (*einer Postsendung*) Empfänger(in) m(f) 3. (*Gerät*) Empfänger m
alık (**-ğı**) adj (*fam*) dumm, bescheuert
alıkoymak vt 1. behalten (-*i* etw) 2. abhalten (-*i* -*den* jdn von etw) 3. (*reservieren*) aufheben (-*i* etw)
alım s 1. Kauf m 2. Attraktivität f; ~ **gücü** Kaufkraft f
alımlı adj attraktiv, charmant
alımlılık (**-ğı**) s (*Zauber*) Reiz m
alın (**-lnı**) s Stirn f; ~ **teri** (*fig*) große Mühe; ~ **yazısı** (*fam*) Schicksal nt
alındı s (*Quittung*) Beleg m

alıngan *adj* (*leicht gekränkt*) überempfindlich

alınmak *vi* **1.** *Passiv zu* **almak 2.** übel nehmen (*-e/-den* etw)

alış *s* Kaufen *nt;* ~ **fiyatı** Kaufpreis *m*

alışık (**-ğı**) *adj* gewohnt (*-e* an jdn/etw)

alışılagelmiş *adj* gebräuchlich, üblich

alışılmadık (**-ğı**) *adj* außergewöhnlich

alışılmamış *adj* ungewöhnlich, ungewohnt

alışılmış *adj* gewohnt

alışkanlık (**-ğı**) *s* Angewohnheit *f,* Gepflogenheit *f*

alışkın *adj* gewöhnt (*-e* an etw)

alışmak *vt* sich gewöhnen (*-e* an jdn/etw)

alış(tır)ma *s* **1.** *Verbalsubstantiv zu* **alış(tır)mak 2.** Gewöhnung *f* **3.** Übung *f*

alıştırmak *vi* **1.** *Kausativ zu* **alışmak 2.** trainieren, schulen (*-i* jdn) **3.** (*in eine Tätigkeit*) einführen (*-i* jdn) **4.** gewöhnen (*-i -e* jdn an etw)

alışveriş *s* **1.** (*Geschäft*) Handel *m* **2.** (*Verhältnis*) Beziehung *f* **3.** Einkaufen *nt;* ~ **yapmak** [*o* **etmek**] Besorgungen machen, einkaufen

alim *s* Gelehrte(r) *mf*

alkalik sıvı *s* Lauge *f*

alkış *s* Applaus *m,* Beifall *m*

alkışlamak *vt* applaudieren (*-i* jdm)

alkol (**-lü**) *s* Alkohol *m;* ~ **duvarı** Promillegrenze *f;* ~ **miktarı** Alkoholgehalt *m;* ~ **testi** Alkoholtest *m*

alkolik (**-ği**) **I.** *s* Alkoholiker(in) *m(f)* **II.** *adj* alkoholabhängig

alkollü *adj* alkoholisch; ~ **içkiler** Spirituosen *pl*

alkolsüz *adj* alkoholfrei

Allah I. *s* Gott *m* **II.** *interj* mein Gott!; ~ **aşkına!** um Gottes willen!; ~ **belasını versin!** verdammt!; ~ **bilir** weiß Gott; ~ **hakkı üçtür** aller guten Dinge sind drei; ~ **kısmet ederse!** so Gott will!; ~ **rahatlık versin!** schlafen Sie gut!; **Allaha ısmarladık** auf Wiedersehen!; **Allaha şükür!** Gott sei Dank!; **Allahtan** zum Glück!

allahlık (**-ğı**) *adj* harmlos, unbedarft

allahsız *s* Atheist(in) *m(f)*

allık (**-ğı**) *s* Rouge *nt*

almak (**-ır**) *vt* **1.** nehmen (*-i* etw) **2.** (*bekommen*) erhalten (*-i* etw) **3.** kaufen (*-i* etw) **4.** (*Gehalt*) beziehen; (*Gewinn*) erzielen (*-i* etw) **5.** (*Spiel*) gewinnen (*-i* etw) **6.** (*auf Tonband*) aufnehmen (*-i* etw) **7.** (*Platz, Stadt*) einnehmen (*-i* etw) **8.** heiraten (*-i* jdn) **9.** (*Mieter, Schüler*) aufnehmen (*-i* jdn) **10.** (*Nebel*) verhüllen, bedecken (*-i* etw) **11.** (*verstehen*) erfassen (*-i* etw) **12.** (*Geruch*) wahrnehmen (*-i* etw) **13.** (*aufnehmen können*) fassen (*-i* etw) **14.** (*Zeit*) beanspruchen (*-i* etw) **15.** (*Maßnahmen*) ergreifen (*-i* etw)

Alman I. *s* Deutsche(r) *mf* **II.** *adj* (*Art*) deutsch; ~ **Dili ve Edebiyatı,** ~ **Filolojisi** Germanistik *f*

Almanca I. *adj* (*Sprache*) deutsch **II.** *s* Deutsch(e) *nt* **III.** *adv* auf Deutsch

Almancı *s pej* Deutschtürke, -kin *m, f*

Die in Deutschland lebenden Türken haben sich durch ihren Kontakt mit der westlichen Kultur oft so weit verändert, dass sie sich in ihrer alten Heimat nicht mehr ganz zu Hause fühlen. Die Türken in der Türkei nennen sie daher manchmal **Almancılar** (Deutschländer). In dieser abfälligen Bezeichnung kommt ein gewisser Tadel an die von den Türkeitürken als arrogant empfundene Wesensart der Deutschtürken zum Ausdruck.

Almanya *s* Deutschland *nt*

Almanyalı I. *s* Deutsche(r) *mf* **II.** *adj* (*Herkunft*) deutsch

alnı (**-nı**) *s Possessivform zu* **alın** seine/ihre Stirn *f*

alo *interj* (TELE) hallo!

Alp Dağları (**-nı**) *s pl* Alpen *pl*

alt I. *s* (*Boden*) Unterseite *f* **II.** *adj* untere(r, s); ~ **alta** untereinander; ~ **dizin** (INFORM) Unterverzeichnis *nt,* Subdirectory *nt;* ~ **etmek** besiegen (*-i* jdn); ~ **kültür** Subkultur *f;* ~ **sınıf** Unterklasse *f;* ~ **taraf** Unterseite *f;* **altını çizmek** unterstreichen (*-in* etw); **altta kalmak** (*besiegt werden*) unterliegen

altbilinç (**-ci**) *s* Unterbewusstsein *nt*

altçene *s* Unterkiefer *m*

altdudak (**-ğı**) *s* Unterlippe *f*

alternatif I. *adj* alternativ **II.** *s* Alternative *f*

altgeçit (**-di**) *s* Unterführung *f*

altı *num* sechs; ~ **yüz** sechshundert; ~ **bin** sechstausend; ~ **köşeli** sechseckig; **altıda bir** ein Sechstel *nt*

altıgen *s* Sechseck *nt*

altın I. *s* Gold *nt* **II.** *adj* golden; ~ **anahtar her kapıyı açar** Geld regiert die Welt; ~ **babası** (*fam*) stinkreich; ~ **madalya** Goldmedaille *f;* ~ **madeni** Goldgrube *f*

Zum **altın**, dem Gold, haben die Menschen in der Türkei oft mehr Vertrauen als zum Geld. Goldschmuck wird der Braut zur Hochzeit geschenkt. Goldmünzen schenkt man zur Geburt eines Kindes. So ist es nicht verwunderlich, dass der Gedeckte Basar in Istanbul das größte Goldhandelszentrum der Welt ist. Berühmt ist die Türkei auch für ihren Goldschmuck, den sie in die ganze Welt exportiert.

altına I. *präp* (*Richtung*) unter (*-in akk*) II. *adv* darunter
altıncı *adj* sechste(r, s); ~ **olarak** als sechste(r,s); **altıncısı** sechstens
altında I. *präp* (*Ort*) unter (*-in dat*) II. *adv* darunter
altından *präp* unter ... hindurch (*-in dat*)
altınlamak *vt* vergolden (*-i etw*)
altışar *num* je sechs; ~ ~ in Sechsergruppen
altızlar *s* Sechslinge *pl*
altlık (**-ğı**) *s* Unterlage *f*, Untersetzer *m*
altmış *num* sechzig
altmışlı *adj*: ~ **yıllar** die sechziger Jahre
alto *s* 1. Alt *m* 2. Bratsche *f*
altüst etmek *vt* durcheinander bringen/werfen; (*Plan*) umwerfen (*-i etw*)
altyapı *s* Infrastruktur *f*
altyazı *s* (FILM) Untertitel *m*
altyazılı *adj* (FILM: *mit Untertiteln*): **Türkçe** ~ mit türkischen Untertiteln
alüminyum *s* Aluminium *nt*; ~ **kâğıdı** [*o* **folyo**] Alufolie *f*
alyans *s* Verlobungsring *m*
alyuvar *s* rotes Blutkörperchen *nt*
Alzheimer (**hastalığı**) *s* (MED) Alzheimer *m*
ama I. *konj* aber II. *s* Blinde(r) *mf*
amacıyla *präp* zwecks (... *gen*)
amaç (**-cı**) *s* (*Ziel*) Zweck *m*; **bu amaçla** dazu, zu diesem Zweck; **amacına ulaşmak** sein Ziel erreichen
amaçlamak *vt* beabsichtigen, bezwecken (*-i etw*)
amaçsız *adj* ziellos
aman I. *s* Gnade *f* II. *interj* Hilfe!; ~ **Allahım!** lieber Gott!; ~ **ne güzel!** das ist aber schön!; ~ **yarabbim!** du meine Güte!
amansız *adj* erbarmungslos
amatör *s* Amateur *m*
ambalaj *s* Verpackung *f*; ~ **kâğıdı** Packpapier *nt*; ~ **talaşı** Holzwolle *f*; ~ **yapmak** einpacken (*-i etw*)
ambalajlamak *vt* verpacken (*-i etw*)
ambalajsız *adj* unverpackt
ambar *s* Lager *nt*
ambargo *s* Embargo *nt*
amboli *s* (MED) Embolie *f*
ambülans *s* Krankenwagen *m*
amca *s* 1. Onkel *m* (*väterlicherseits*) 2. (*fam*) Anrede für Männer, die älter sind als man selbst
amele *s* Arbeiter(in) *m(f)*
ameliyat (**-tı**) *s* Operation *f*; ~ **etmek** (MED) operieren
ameliyathane *s* Operationssaal *m*
amer *s* Magenbitter *m*
Amerika I. *s* Amerika *nt* II. *adj* (*Art*) amerikanisch; ~ **Birleşik Devletleri** die Vereinigten Staaten von Amerika
Amerikalı I. *s* Amerikaner(in) *m(f)* II. *adj* (*Herkunft*) amerikanisch
Amerikan I. *s* Amerikaner(in) *m(f)* II. *adj* (*Art*) amerikanisch
Amerikanca *adj* (*Sprache*) amerikanisch
amfi(**teatre**) *s* Amphitheater *nt*
amfetamin *s* Amphetamin *nt*
amfizem *s* (MED) Emphysem *nt*
amin *interj* Amen!
amino asit (**-ti**) *s* Aminosäure *f*
amir *s* Chef(in) *m(f)*, Vorgesetzte(r) *mf*
amiral (**-li**) *s* (MAR) Admiral *m*
amiyane *adj* (*Ausdruck*) deftig
amma *interj* emotionale Verstärkung bei Ausrufen; ~ **da küstahlık ha!** (*fam*) so eine Frechheit!
amme *s* Allgemeinheit *f*, Öffentlichkeit *f*
amorti I. *s* 1. Amortisation *f* 2. kleinster Losgewinn *m* II. *adj* amortisiert; ~ **etmek** (*Schuld*) tilgen (*-i etw*)
amortisman *s* (FIN) Amortisation *f*
amortisör *s* Stoßdämpfer *m*
amortize *adj* amortisiert; ~ **etmek** amortisieren (*-i etw*)
amplifikatör *s* Verstärker *m*
ampul (**-lü**) *s* Glühbirne *f*; (MED) Ampulle *f*
amyant *s* Asbest *m*
an *s* Augenblick *m*, Moment *m*; **her** ~ jeden Augenblick
ana I. *s* 1. (*regional*) Mutter *f* 2. Muttertier *nt* II. *adj* (*in Zusammensetzungen*) Haupt-, Grund-, Ur-; ~ **bellek** (INFORM) RAM *nt* (*Random Access Memory*); ~ **bina** Hauptgebäude *nt*; ~ **cadde** Hauptstraße *f*; ~ **fikir** Grund-

gedanke *m;* ~ **konuşmacı** Hauptredner(in) *m(f);* ~ **kuzusu** Muttersöhnchen *nt;* ~ **mil** Kurbelwelle *f;* ~ **postane** Hauptpostamt *nt;* ~ **risk** Hauptrisiko *nt;* ~ **sayfa** [*o* **giriş sayfası**] (INET) Homepage *f;* **anadan doğma** angeboren; (*fig*) splitternackt; **anasının gözü** durchtrieben, schlitzohrig

anababa *s* (*fam*) Eltern *pl;* ~ **günü** Tag *m;* der Auferstehung (*fam*) Tohuwabohu *nt*
anadil *s* 1. Ursprache *f* 2. Muttersprache *f*
anadili (**-ni**) *s* Muttersprache *f*
Anadolu *s* Anatolien *nt*
anaerkil *adj* matriarchalisch
anafor *s* 1. Gegenströmung *f;* (*Strömungs-*) Wirbel *m* 2. (*fam*) illegaler Gewinn; ~ **yapmak** (*Wasser*) wirbeln
anahtar *s* Schlüssel *m;* ~ **deliği** Schlüsselloch *nt;* ~ **destesi** Schlüsselbund *m;* ~ **kelime** [*o* **sözcük**] (INFORM) Kennwort *nt,* Suchwort *nt*
anahtarlık (**-ğı**) *s* Schlüsselbund *m*
anakara *s* Erdteil *m*
analık (**-ğı**) *s* 1. Mutterschaft *f* 2. Stiefmutter *f*
analist (**-ti**) *s* (COM) Analyst(in) *m(f)*
analiz *s* Analyse *f;* ~ **etmek** analysieren (*-i* etw)
analog I. *s* Analogon *nt* II. *adj* (INFORM) analog
analoji *s* Analogie *f*
analojik *adj* (TECH, PHIL) analog
anamal *s* Kapital *nt*
ananas *s* Ananas *f*
anane *s* Tradition *f*
ananevi *adj* traditionell
anaokulu (**-nu**) *s* Kindergarten *m;* ~ **öğretmeni** Kindergärtnerin *f*
anarşi *s* Anarchie *f*
anarşist (**-ti**) I. *s* Anarchist(in) *m(f)* II. *adj* anarchistisch
anason *s* Anis *m*
anatomi *s* (MED) Anatomie *f*
anavatan *s* Heimatland *nt*
anayasa *s* Grundgesetz *nt,* Verfassung *f;* ~ **mahkemesi** Verfassungsgericht *nt*
anayasal *adj* das Grundgesetz betreffend, verfassungsmäßig; ~ **düzen** (POL) Grundordnung *f* (*eines Staates*)
anayurt (**-du**) *s* 1. Heimatland *nt* 2. Urheimat *f*
ancak *adv* (*doch*) dabei; (*bloß*) erst; (*nur wenig*) kaum, lediglich, nur; (*einräumend*) indes(sen)

andırmak *vt* erinnern (*-e -i* jdn an etw/jdn)
android *s* Androide *m*
anestezi *s* (MED) Betäubung *f,* Anästhesie *f*
angaje *adj* engagiert; ~ **etmek** engagieren (*-i* jdn)
angajman *s* Engagement *nt*
angarya *s* Zwangsarbeit *f*
anı *s* 1. Erinnerung *f* 2. Gedächtnis *nt*
anıklık (**-ğı**) *s* Veranlagung *f*
anırmak *vi* (*fam*) schreien
anıt (**-tı**) *s* Denkmal *nt,* Ehrenmal *nt*
anıtkabir (**-bri**) *s* Mausoleum *nt;* **Anıtkabir** das Mausoleum Atatürks
anıtsal *adj* monumental
ani *adj* plötzlich, schlagartig
aniden *adv* plötzlich, unerwartet
animasyon *s* Animation *f*
anjin *s* Angina *f*

> Im Jahre 1923 machte Mustafa Kemal, der spätere Atatürk, das kleine Provinzstädtchen **Ankara** zur Hauptstadt der neu gegründeten Republik Türkei. Ankara löste Istanbul als Hauptstadt ab und wurde zum Symbol der an Europa orientierten demokratischen Türkei. Als Zentrum Mittelanatoliens auch geografisch günstig gelegen, entwickelte sich die Stadt in den letzten 70 Jahren zu einer Millionenmetropole. Von der Einwohnerzahl her ist Istanbul die größte Stadt der Türkei, gefolgt von Ankara und Izmir.

anket (**-ti**) *s* Umfrage *f*
anlam *s* Bedeutung *f;* (*Sinn*) Zweck *m*
anlamak *vt* verstehen (*-i* jdn/etw); (*Sachverhalt, Fehler*) erkennen, einsehen (*-i* etw)
anlamlı *adj* ausdrucksvoll; (*vielsagend*) bedeutungsvoll
anlamsız *adj* 1. bedeutungslos 2. sinnlos
anlamsızlık (**-ğı**) *s* Sinnlosigkeit *f*
anlaşılır *adj* verständlich
anlaşılmak *vi* (*Absichten*) sich zeigen, klar werden
anlaşılmaz *adj* unbegreiflich, unverständlich
anlaşma *s* 1. *Verbalsubstantiv zu* **anlaşmak** 2. Verständigung *f* 3. (*Übereinkunft*) Abmachung *f* 4. Abkommen *nt*
anlaşmak *vr* 1. *Reflexiv zu* **anlamak** 2. einig werden, sich einigen (*-de* über etw) 3. sich verstehen (*ile* mit jdm)
anlaşmazlık (**-ğı**) *s* Unstimmigkeit *f,* Mei-

anlatı nungsverschiedenheit *f*
anlatı *s* 1. Erklärung *f* 2. Erzählung *f*
anlatım *s* 1. *Verbalsubstantiv zu* **anlatmak** 2. Ausdruck *m*, Stil *m*
anlatmak *vt* 1. erzählen (*-e -i* jdm etw) 2. erklären (*-e -i* jdm etw)
anlattırmak *vi* 1. *Kausativ zu* **anlatmak** 2. erzählen lassen (*-e -i* jdn etw) 3. (*Schüler*) abhören 4. (*Lektion*) abfragen (*-i* etw)
anlayış *s* 1. Auffassungsgabe *f* 2. Verständnis *nt* 3. Mentalität *f*; **bir şeye/birine ~ göstermek** für etw/jdn Verständnis haben
anlayışlı *adj* verständnisvoll
anlayışsız *adj* verständnislos
anma *s* 1. *Verbalsubstantiv zu* **anmak** 2. Erinnerung *f*; **~** Gedenkstätte *f*
anmak (**-ar**) *vt* 1. sich erinnern, denken (*-i* an jdn/etw) 2. erwähnen (*-i* jdn/etw)
anne *s* Mutter *f*; **~ baba** Eltern *pl*; **Anneler Günü** Muttertag *m*
anneanne *s* Großmutter *f* (*mütterlicherseits*)
anneciğim *s* (*Anrede*) Mama *f*
anonim *adj* anonym; **~ şirket** Aktiengesellschaft *f*
anons *s* Durchsage *f*; (TV) Ansage *f*; **~ etmek** ansagen (*-i* etw)
anormal *adj* abnorm, anomal
ansızın *adv* (*plötzlich*) auf einmal
ansiklopedi *s* Enzyklopädie *f*
ant (**-dı**) *s* Schwur *m*, Eid *m*; **~ içmek** [*o* **etmek**] einen Eid leisten
Antarktika *s* Antarktis *f*
anten *s* 1. Antenne *f* 2. (*von Insekten*) Fühler *m*
antepfıstığı (**-nı**) *s* Pistazie *f*
antibiyotik (**-ği**) I. *s* Antibiotikum *nt* II. *adj* antibiotisch
antidemokratik *adj* antidemokratisch
antifaşist (**-ti**) I. *adj* antifaschistisch II. *s* Antifaschist(in) *m(f)*
antifriz *s* Frostschutzmittel *nt*
antik *adj* antik
antika I. *s* Antiquität *f* II. *adj* (*fam*) komisch
antikacı *s* Antiquitätenhändler(in) *m(f)*
antikacılık (**-ğı**) *s* Antiquitätenhandlung *f*
antikite *s* Antike *f*
antikomünist (**-ti**) I. *adj* antikommunistisch II. *s* Antikommunist(in) *m(f)*
antikor *s* (MED) Antikörper *m*
Antil Adaları (**-nı**) *s* Antillen *pl*
anti-laik (**-ki**) *adj* anti-laizistisch

antimilitarist (**-ti**) *adj* antimilitaristisch
antioksidan(t)lar *s* (MED) Antioxidanzien *pl*
antipati *s* Antipathie *f*
antiseptik *adj* antiseptisch *m*
antlaşma *s* 1. *Verbalsubstantiv zu* **anlaşmak** 2. Abkommen *nt*, Pakt *m*
antlaşmak *vr* sich gegenseitig (eidlich) verpflichten
antre *s* (*Flur*) Eingang *m*
antrenman *s* Training *nt*; **~ yapmak** trainieren; **~ yaptırmak** trainieren (*-e* jdn)
antrenör *s* Trainer(in) *m(f)*
apaçık *adj* glasklar
apandis *s* Blinddarm *m*
apandisit *s* Blinddarmentzündung *f*
apansızın *adv* ganz plötzlich, mir nichts, dir nichts
apartman *s* Mietshaus *nt*; **~ dairesi** Apartment *nt*, Etagenwohnung *f*
apar topar *adv* (*fam*) Hals über Kopf
apaş *s* (*fam*) Rowdy *m*
apayrı I. *adj* grundverschieden II. *adv* vollkommen voneinander getrennt
aperitif *s* Aperitif *m*
apse *s* Abszess *m*, Geschwür *nt*
aptal *adj* dumm, blöd
aptallaşmak *vi* 1. verdummen 2. (*fig*) ganz verdattert sein
aptallık (**-ğı**) *s* Dummheit *f*
aptes *s* 1. *rituelle Waschung im Islam* 2. Stuhlgang *m*; **~ almak** die rituelle Waschung vornehmen; **~ etmek** (*Toilette*) austreten

> **Aptes** ist die rituelle Waschung, die der gläubige Muslim vollzieht, um sich für religiöse Handlungen wie das Gebet oder das Fasten zu reinigen. Diese Waschung ist besonders nach dem Essen, dem Gang zur Toilette, dem Geschlechtsverkehr und der Menstruation notwendig.

aptesane *s* Abort *m*; (*fam*) Örtchen *nt*
ar *s* Scham *f*
ara *s* 1. Abstand *m*, Zwischenraum *m* 2. Mitte *f* zwischen zwei Punkten 3. (*Verhältnis*) Beziehung *f* 4. (*Zwischen*)zeit *f* 5. Unterbrechung *f*, Pause *f*; **~ bozmak** Unruhe stiften; **~ bulmak** vermitteln; **~ güverte** Zwischendeck *nt*; **~ sokak** Querstraße *f*; **~ vermek** unterbrechen (*-e* etw); **arada bir** [*o* **sırada**] ab und zu; **aradan çok zaman geçti** es ist

schon lange her; **araları açılmak** sich entzweien; **aralarında** untereinander; (*unter vielen*) darunter; **araya eklemek** (INFORM) einfügen (*-i* etw); **araya girmek** dazwischenkommen, sich einschalten
araba *s* 1. Auto *nt* 2. Wagen *m*, Karren *m* 3. (Wagen)ladung *f*; ~ **sigortası** Kraftfahrzeugversicherung *f*; ~ **vapuru** (Auto)fähre *f*
arabacı *s* Kutscher *m*
arabirim *s* (INFORM) Schnittstelle *f*, Interface *nt*
Arabistan *s* Arabien *nt*
arabozucu *s* Unruhestifter(in) *m(f)*
arabulucu *s* (*zwischen Gegnern*) Vermittler(in) *m(f)*
aracı *s* Unterhändler(in) *m(f)*, Vermittler(in) *m(f)*
aracılık (**-ğı**) *s* (*einer Mittelsperson*) Vermittlung *f*
araç (**-cı**) *s* Mittel *nt*
Araf *s* Fegefeuer *nt*
aralamak *vt* (*Tür*) anlehnen, halb öffnen (*-i* etw)
aralık (**-ğı**) I. *s* 1. Zwischenraum *m*, Abstand *m* 2. (*Öffnung*) Spalt *m* 3. (*Spanne*) Spielraum *m* 4. schmaler Durchgang *m* 5. (*fig*) günstige Zeit *f* II. *adj* halb offen
aralık (**ayı**) *s* Dezember *m*
ara(lık)sız *adj* (*unablässig*) rastlos
arama *s* 1. *Verbalsubstantiv zu* **aramak** 2. Durchsuchung *f*; ~ **kurtarma köpekli tim** Hundestaffel *f*; ~ **motoru** (INET) Suchmaschine *f*; ~ **yapmak** (*im Internet*) suchen, recherchieren
aramak *vt* 1. suchen (*-i* jdn/etw) 2. durchsuchen (*-i* etw) 3. sich sehnen nach (*-i* etw) 4. fragen nach (*-i* jdm)
aranjman *s* (MUS) Arrangement *nt*
aranmak *vi* 1. *Passiv zu* **aramak** 2. alles duchsuchen
Arap (**-bı**) I. *s* 1. Araber(in) *m(f)* 2. (*fig*) Schwarze(r) *mf* II. *adj* 1. arabisch 2. (*fig*) dunkelhäutig
Arapça *adj* (*Sprache*) arabisch
arapsabunu (**-nu**) *s* Schmierseife *f*
arasına I. *präp* (*Richtung*) zwischen (*-in akk*); **evle bahçenin** ~ zwischen das Haus und den Garten II. *adv* dazwischen
arasında I. *präp* 1. (*Ort*) zwischen (*-in dat*) 2. unter (*-in dat*); **evle bahçenin** ~ zwischen dem Haus und dem Garten; **öğrencilerin** ~ unter den Schülern II. *adv* dazwi-

schen, darunter
arasından *präp* zwischen ... hindurch [*o* hervor]; **evle bahçenin** ~ **geldi** er kam zwischen dem Haus und dem Garten hervor
arasıra *adv* ab und zu, gelegentlich
araştırıcı *s* Forscher(in) *m(f)*
araştırma *s* 1. *Verbalsubstantiv zu* **araştırmak** 2. Forschung *f* 3. Studie *f* 4. Recherche *f*
araştırmak *vt* 1. erforschen, untersuchen (*-i* etw) 2. recherchieren (*-i* etw)
arayış *s* 1. *Verbalsubstantiv zu* **aramak** 2. Suche *f*
arayüzey *s* (INFORM) Schnittstelle *f*, Interface *nt*
arayüz *s* (INFORM) Schnittstelle *f*, Interface *nt*
araz *s* Symptom *nt*
arazi *s* 1. Gelände *nt* 2. Grundstück *nt*; ~ **arabası** Geländewagen *m*; ~ **çöküntüsü** [*o* **çukuru**] (GEOG) Senke *f*
ardı (**-nı**) *s Possessivform zu* **art** die hintere Seite von ..., der hintere Teil von ...
ardıç (**-cı**) *s* Wacholder(strauch) *m*
ardıçkuşu (**-nu**) *s* Drossel *f*
ardiye *s* 1. (*Depot*) Lager *nt* 2. Lagergebühr *f*
arena *s* Arena *f*
argo I. *s* Slang *m* II. *adj* (*Stil*) salopp
argüman *s* Argument *nt*
aritmi *s* Herzrhythmusstörungen *fpl*
arı I. *s* Biene *f* II. *adj* echt, rein; ~ **balı** Bienenhonig *m*; ~ **kovanı** Bienenstock *m*
arıcı *s* Imker(in) *m(f)*
arıza *s* 1. Defekt *m*, Störung *f* 2. Gebrechen *nt* 3. (*von Gelände*) Unebenheit *f*
arızalı *adj* defekt
arife *s* Vorabend *m*
Arjantin *s* Argentinien *nt*; **Arjantinli** Argentinier(in) *m(f)*
ark (**-kı**) *s* Bewässerungsgraben *m*
arka I. *s* 1. Rücken *m* 2. (*Rückhalt*) Schutz *m* 3. Rückseite *f* 4. Fortsetzung *f* 5. (*Stuhl*)lehne *f* II. *adj* hinter(r, s), Hinter-; ~ **arkaya** hintereinander, nacheinander; ~ **dingil** Hinterachse *f*; ~ **fon** (INFORM) Hintergrund *m*; ~ **kapı** Hintertür *f*; ~ **koltuk** Rücksitz *m*; ~ **lambası** Rücklicht *nt*; ~ **plan** Hintergrund *m*; ~ **taraf** Rückseite *f*; ~ **tekerlek** Hinterrad *nt*; ~ **üstü düşmek** auf den Rücken fallen; **arkada** hinter, hinten; **arkadan** von hinten, hinterher; **arkasına** hinter (*-in akk*), dahinter; **arkasına bakmak** sich umschauen; **ar-**

arkadaş

kasına düşmek verfolgen (*-in* jdn); **arkasına yaslanmak** sich zurücklehnen; **arkasında** hinter (*-in dat*), dahinter; **arkasından** hinter ... hervor, hinter ... nach (*-in dat*); **arkasından ağlamak** nachweinen (*-in* jdm); **birine arkasını çevirmek** jdm den Rücken kehren; **arkasını dönmek** sich umdrehen; **arkaya** nach hinten

arkadaş *s* Freund(in) *m(f)*, Kamerad(in) *m(f)*; ~ **olmak** befreundet sein (*ile* mit jdm)

arkadaşça *adj* freundschaftlich, kameradschaftlich

arkadaşlık (**-ğı**) *s* Freundschaft *f*, Kameradschaft *f*; ~ **etmek** befreundet sein (*ile* mit jdm); (*begleiten*) Gesellschaft leisten (*ile* jdm)

arkalık (**-ğı**) *s* 1. (Rücken)lehne *f* 2. (*am Fahrrad*) Gepäckträger *m*

arkasız *adj* 1. ohne Lehne 2. (*fig*) schutzlos

arkeolog *s* Archäologe, -login *m, f*

arkeoloji *s* Archäologie *f*

arkeolojik *adj* archeologisch

Arktika *s* Arktis *f*

arma *s* 1. Wappen *nt* 2. (MAR) Tafelwerk *nt*

armağan *s* Geschenk *nt;* ~ **etmek** schenken (*-e -i* jdm etw)

armatör *s* Reeder *m*

armonika *s* Mundharmonika *f*

armut (**-du**) *s* Birne *f;* ~ **ağacı** Birnbaum *m;* ~ **ağacından uzak düşmez** der Apfel fällt nicht weit vom Stamm

Arnavut (**-du**) I. *s* Albanier(in) *m(f)* II. *adj* albanisch

Arnavutluk (**-ğu**) *s* Albanien *nt*

aroma *s* Aroma *nt*

arpa *s* Gerste *f*

arpacık *s* 1. (MED) Gerstenkorn *nt* 2. (*am Gewehr*) Korn *nt*

arpalık (**-ğı**) *s* Pfründe *f*

arsa *s* (Bau-)Grundstück *nt*

arsız *adj* 1. schamlos 2. unverschämt, frech 3. (*Kind*) unartig

arsızlık (**-ğı**) *s* Unverschämtheit *f*, Frechheit *f*

arşiv *s* Archiv *nt*

art (**-dı**) I. *s* 1. Rücken *m* 2. Raum *m* hinter etwas 3. Fortsetzung *f* II. *adj* hintere(r, s); ~ **arda** hintereinander; ~ **bölge** Hinterland *nt;* ~ **düşünce** Hintergedanken *pl*

artakalmak *vi* 1. überleben 2. übrig bleiben

artalan *s* (INFORM) Hintergrund *m;* ~ **rengi** Hintergrundfarbe *f*

artı *adv* plus; **iki ~ iki dört eder** zwei plus zwei ist vier

artık (**-ğı**) I. *s* 1. Überbleibsel *nt* 2. Übermaß *nt* II. *adv* 1. jetzt 2. endlich III. *adj* übrig geblieben; ~ **değil** nicht mehr; ~ **ürün** Abfallprodukt *nt*

artıkyıl *s* Schaltjahr *nt*

artırım *s* Sparen *nt*

artırma *s* 1. *Verbalsubstantiv zu* **artırmak** 2. Vermehrung *f* 3. Versteigerung *f*

artırmak *vt* 1. *Kausativ zu* **artmak** 2. (*steigern*) erhöhen, vermehren (*-i* etw) 3. (*Kenntnisse*) erweitern (*-i* etw) 4. zu weit treiben (*-i* etw)

artış *s* 1. (*Zuschlag*) Aufschlag *m* 2. (*Steigerung*) Erhöhung *f* 3. (*Zunahme*) Vergrößerung *f* 4. Zunahme *f*, Zuwachs *m;* ~ **oranı** Zuwachsrate *f*

artist (**-ti**) *s* 1. Künstler(in) *m(f)* 2. Schauspieler(in) *m(f)*

artma *s* 1. *Verbalsubstantiv zu* **artmak** 2. Vermehrung *f*, Zuwachs *m*

artmak (**-ar**) *vi* 1. sich vermehren; (*zunehmen*) wachsen, sich erhöhen 2. übrig bleiben

arya *s* Arie *f*

arz *s* 1. Offerte *f* 2. (GEOG) Breite *f;* ~ **ve talep** Angebot und Nachfrage

arzu *s* 1. Wunsch *m* 2. Lust *f* 3. Begierde *f;* ~ **etmek** wünschen; **başka bir arzunuz var mı?** haben Sie noch einen Wunsch?

arzulamak *vt* sich sehnen nach (*-i* jdn/etw)

arzulu *adj* (*begehrend*) begierig

as *s* Ass *nt*

asabi *adj* nervös, Nerven-

asabiyet (**-ti**) *s* Nervosität *f*

asal *adj* Grund-; ~ **sayı** Primzahl *f*

asalak (**-ğı**) *s* Schmarotzer *m*, Parasit *m*

asalet (**-ti**) *s* Adel *m*

asansör *s* Aufzug *m*, Fahrstuhl *m*

asbest (**-ti**) *s* Asbest *m*

asbestli *adj* asbesthaltig

aseton *s* Nagellackentferner *m*

asfalt (**-tı**) I. *s* Asphalt *m* II. *adj* asphaltiert

asgari I. *adj* mindester(r, s), Mindest- II. *s* Minimum *nt;* ~ **ücret** Mindestlohn *m*

asık (**-ğı**) *adj* (*Gesicht*) finster; ~ **suratlı** mürrisch

asıl (**-slı**) I. *s* 1. Grundlage *f*, Basis *f* 2. Abstammung *f*, Herkunft *f* 3. (*Ursprung*) Entstehung *f* 4. (*Kern einer Sache*) Substanz *f* II. *adj* 1. fundamental, grundlegend 2. ei-

asılı

gentliche(r, s) **3.** ursprünglich **III.** *adv* hauptsächlich; ~ **konu** Hauptthema *nt;* ~ **sayılar** Grundzahlen *pl;* **aslı astarı yok** *(fam)* aus der Luft gegriffen

asılı *adj* **1.** hängend **2.** frei schwebend; ~ **kalmak** hängen bleiben; ~ **olmak** [*o* **durmak**] hängen

asıllı *adj* aus ... stammend, -stämmig; **Türk** ~ türkischstämmig

asılmak *vi* **1.** *Passiv o Reflexiv* **asmak 2.** aus Leibeskräften ziehen (*-e* an etw) **3.** *(fam)* belästigen (*-e* jdn)

asılsız *adj* **1.** gegenstandslos **2.** unbegründet

asır (**-srı**) *s* **1.** Jahrhundert *nt* **2.** Zeitalter *nt*

asi I. *s* Rebell(in) *m(f)* **II.** *adj* rebellisch

asil *adj* edel

asilzade I. *adj* adelig **II.** *s* Adlige(r) *mf*

asimilasyon *s* (POL) Assimilation *f*

asistan *s* Assistent(in) *m(f)*

asit (**-di**) *s* (CHEM) Säure *f;* ~ **yağmuru** saurer Regen

asitli *adj* säurehaltig

asker *s* **1.** Soldat *m* **2.** Militär *nt;* ~ **kaçağı** Deserteur *m;* **askerden kaçmak** desertieren

askeri *adj* militärisch; ~ **diktatörlük** Militärdiktatur *f;* ~ **hastane** Lazarett *nt;* ~ **kuvvetler** Streitkräfte *fpl;* ~ **polis** Militärpolizei *f;* ~ **rejim** Militärregierung *f*

askerlik (**-ği**) *s* **1.** Militärdienst *m* **2.** Wehrdienst *m*

askersizleştirmek *vt* entmilitarisieren (*-i* etw)

askı *s* **1.** (*an einem Kleidungsstück*) Träger *m* **2.** Kleiderbügel *m* **3.** (*einer Garderobe*) Haken *m* **4.** (*einer Bekanntmachung*) Aushang *m;* **askıda** (*fig*) in der Schwebe

askılı *adj* mit Träger versehen, Hänge-; ~ **çanta** Umhängetasche *f*

asla *adv* überhaupt nicht, keineswegs, niemals

aslan *s* Löwe *m;* ~ **payı** Löwenanteil *m;* **aslanın dişini sökmek** jdm den Wind aus den Segeln nehmen

Aslan *s* (*Sternzeichen*) Löwe *m*

aslanağzı (**-nı**) *s* (*Pflanze*) Löwenmaul *nt*

aslı (**-nı**) *s* *Possessivform zu* **asıl** die Grundlage [*o* Basis] von ...

aslında *adv* (*genaugenommen*) eigentlich

asma I. *s* **1.** *Verbalsubstantiv zu* **asmak 2.** Weinrebe *f* **II.** *adj* Hänge-; ~ **kilit** Vorhängeschloss *nt;* ~ **köprü** Hängebrücke *f;* ~ **kütüğü** Weinstock *m;* ~ **yaprağı** Weinblatt *nt*

asmak (**-ar**) *vt* **1.** (an-, auf)hängen (*-i* etw) **2.** (*Arbeit*) liegen lassen (*-i* etw) **3.** (*fam*) blaumachen, schwänzen (*okulu* die Schule)

Asor Adaları (**-nı**) *s* Azoren *pl*

asosyal *adj* asozial

aspirin *s* Aspirin *nt*

asrı (**-nı**) *s* *Possessivform zu* **asır** das Jahrhundert von ...

astsubay *s* Unteroffizier *m*

ast *s* Untergebene(r) *mf*

astar *s* **1.** (*Kleider-*) Futter *nt* **2.** (*Farbe, Verputz*) Grundierung *f*

astarlamak *vt* (*Kleidung*) füttern (*-i* etw)

asteğmen *s* Leutnant *m*

astım *s* Asthma *nt*

astımlı I. *adj* asthmatisch **II.** *s* Asthmatiker(in) *m(f)*

astroloji *s* Astrologie *f*

astronom *s* Astronom(in) *m(f)*

astronomi *s* Astronomie *f*

astronomik *adj* astronomisch

astronot (**-tu**) *s* Astronaut(in) *m(f)*

astropikal *adj* subtropisch

Asya *s* Asien *nt*

Asyalı I. *s* Asiat(in) *m(f)* **II.** *adj* (*Herkunft*) asiatisch

aş *s* Essen *nt*

AŞ *s Abk. von* **Anonim Şirket** AG *f* (*Aktiengesellschaft*)

aşağı I. *adv* nach unten, hinunter **II.** *adj* **1.** untere(r, s) **2.** (*Wert*) niedrig **3.** gemein; ~ **görmek** unterschätzen (*-i* jdn/etw); **birinden** ~ **kalmak** hinter jdm zurückstehen; ~ **sınıf** (*sozial*) Unterschicht *f;* ~ **yukarı** ungefähr, etwa; **Aşağı Saksonya** Niedersachsen *nt*

aşağıda *adv* unten

aşağıdaki *adj* **1.** unten befindlich **2.** (*in einem Text*) folgende(r, s)

aşağılamak *vt* beleidigen, herabsetzen (*-i* jdn/etw)

aşağılayıcı *adj* beleidigend, entwürdigend

aşağılık (**-ğı**) **I.** *s* Minderwertigkeit *f* **II.** *adj* minderwertig; ~ **kompleksi** Minderwertigkeitskomplex *m*

aşağısı (**-nı**) *s* Unterseite *f* (*von etw*); **aşağısında** unterhalb (*-in gen*)

aşağıya *adv* nach unten, herunter, hinunter; ~ **doğru** abwärts

aşama *s* **1.** (*Stadium*) Etappe *f* **2.** Rang *m*, Grad *m*

aşçı *s* Koch *m;* ~ **kadın** Köchin *f*

aşçıbaşı (-nı) s Küchenchef m
aşçılık (-ğı) s 1. Kochkunst f 2. Beruf m eines Kochs
aşevi (-ni) s Gaststätte f
aşı s 1. Impfung f 2. Impfstoff m; ~ **kâğıdı** Impfpass m
aşıboyası (-nı) I. s Ocker m II. adj ockerfarben
aşık (-ğı) I. s 1. Liebhaber m 2. Barde m, Volkssänger m II. adj verliebt; **birine ~ olmak** sich in jdn verlieben

> Eine wichtige Figur in der türkischen Kultur ist der **aşık** (wörtlich 'Verliebter'), ein Barde, der zur 'saz', der türkischen Laute, improvisierte und selbst gedichtete Lieder in der Sprache des Volkes singt. Die oft mystischen Gesänge der 'aşıklar' haben die Innerlichkeit des türkischen Volkes entscheidend mitgeprägt. Ihre Lieder sind aus vielen Jahrhunderten bis heute überliefert. Der letzte große 'aşık' war der 1973 verstorbene blinde Sänger Aşık Veysel.

aşılamak vt 1. einimpfen; (MED) impfen (-: jdn) 2. (AGR) propfen, veredeln 3. (eine Krankheit) anstecken (-e -i jdn mit etw)
aşın(dır)ma s 1. Verbalsubstantiv zu **aşın(dır)mak** 2. Abnutzung f 3. Erosion f
aşındırmak vt 1. Kausativ zu **aşınmak** 2. (abnutzen) strapazieren, verschleißen (-i etw) 3. (aushöhlen) auswaschen (-i etw) 4. (CHEM) ätzen (-i etw)
aşınmak vr 1. sich abnutzen 2. sich aushöhlen 3. sich abtragen 4. sich abreiben
aşırı I. adj extrem, übermäßig II. adv zu viel; ~ **gitmek** zu weit gehen; ~ **sağcılık** Rechtsextremismus m
aşırıcılık (-ğı) s Extremismus m
aşırılık (-ğı) s Übermaß nt
aşırmak vt 1. (fam) klauen (-i etw) 2. hinüberbringen (-i etw)
aşikar adj einleuchtend, offenkundig
aşina adj vertraut (-e mit etw)
aşiret (-ti) s (Volks)stamm m
aşk (-kı) s 1. Liebe f 2. (fig) Eifer m; ~ **mektubu** Liebesbrief m
aşketmek (-der) vt (Hieb) verpassen (-e -i jdm etw)
aşkın präp mehr als, über (-i akk); **kırkı ~ bir adam** ein Mann über vierzig
aşkına präp um ... willen (-in gen), für (-in akk)

aşmak (-ar) vt 1. überschreiten (-i etw) 2. (fig) übersteigen, übertreffen (-i etw) 3. (Gebirge, Gewässer) überqueren (-i etw) 4. (Hindernis) überwinden (-i etw)
at (-tı) s Pferd nt; ~ **kılı** Rosshaar nt; ~ **kuyruğu** (auch Frisur) Pferdeschwanz m; ~ **yarışı** Pferderennen nt; **ata binmek** reiten; **atla** zu Pferde
ata s (Stamm)vater m

> Mustafa Kemal **Atatürk** wurde im Jahre 1881 in Thessaloniki (damals Osmanisches Reich) geboren. Nach Abschluss seiner Militärausbildung kämpfte er im Ersten Weltkrieg als Kommandant erfolgreich für das Osmanische Reich. Nach der Gründung der Türkischen Republik konnte er mit seinem großen Reformwerk beginnen. Kemal Atatürk starb am 10. November 1938. Der Einfluss Atatürks ist heute noch deutlich in der Türkei erkennbar. Als politische Richtung hat der Kemalismus nach wie vor große Bedeutung.

ataerkil adj patriarchalisch
atak (-ğı) I. adj draufgängerisch II. s Attacke f
ataklık (-ğı) s Kühnheit f
atalar s Ahnen mpl, Vorfahren mpl
atama s 1. Verbalsubstantiv zu **atamak** 2. Ernennung f
atamak vt (ernennen) berufen (-i -e jdn zu etw)
atardamar s Arterie f, Schlagader f
atasözü (-nü) s Sprichwort nt
ataşe s Attaché m

> **Atatürk Orman Çiftliği**, Atatürks agrarisches Mustergut nahe Ankara, wurde Vorbild für die türkische Landwirtschaft bis zum heutigen Tag. Mit seiner Agrarreform konnte Atatürk beweisen, dass bei entsprechendem Know-how aus Steppe fruchtbares Land werden kann. Der **Atatürk'ü Anma Gençlik ve Spor Bayramı** am 19. Mai ist in der Türkei ein gesetzlicher Feiertag zum Gedenken an den ersten Präsidenten der Republik Türkei, Mustafa Kemal Atatürk; zugleich ist dieser Feiertag auch der Tag der Jugend und des Sports.

ateist (-ti) I. s Atheist(in) m(f) II. adj atheistisch
ateizm s Atheismus m
atelye s Atelier nt, Werkstatt f

ateş s 1. Feuer nt 2. Fieber nt 3. (fig) Begeisterung f; ~ **almak** in Brand geraten; (Schuss) losgehen; ~ **etmek** schießen (-e auf jdn); **ateşe dayanıklı** feuerfest; **ateşe vermek** in Brand stecken (-i etw)
ateşbalığı (-nı) s Sardine f
ateşböceği (-ni) s Glühwürmchen nt
ateşçi s Heizer m
ateşkes s Waffenstillstand m
ateşleme s 1. Verbalsubstantiv zu **ateşlemek** 2. (AUTO) Zündung f; ~ **fitili** Lunte f, Zündschnur f
ateşlemek vt 1. in Brand stecken (-i etw) 2. (TECH) zünden (-i etw) 3. (Kessel) heizen (-i etw)
ateşlenmek vr 1. Passiv zu **ateşlemek** 2. in Brand geraten 3. (fig) sich ereifern 4. Fieber bekommen
ateşli adj 1. mit Feuer 2. fieberhaft, fiebrig 3. (begeistert) feurig, temperamentvoll; ~ **silah** Schusswaffe f
atfetmek (-der) vt 1. zurückführen auf (-i -e etw auf etw) 2. (Blick) richten (-i -e etw auf jdn)
atık I. adj verunreinigt, Abfall- II. s Abfall m, Müll m; ~ **gaz** Abgas nt; ~ **kâğıt** Altpapier nt; ~ **su** Abwasser nt
atılgan adj 1. impulsiv, aktiv 2. kontaktfreudig 3. unternehmungslustig
atılganlık (-ğı) s 1. Kühnheit f 2. Unternehmungslust f 3. Kontaktfreudigkeit f
atılım s 1. (Schwung) Elan m 2. ungestümer Angriff m
atılmak vi 1. Passiv zu **atmak** 2. rasch erwidern 3. sich stürzen auf (-e jdn/etw)
atılış s (Elan) Schwung m
atım s Schuss m
atış s Wurf m; ~ **rampası** Abschussrampe f
atışma s 1. Verbalsubstantiv zu **atışmak** 2. Streit m
atışmak vi 1. sich streiten (ile mit jdm) 2. aufeinander schiessen
atıştırmak vt 1. (Essen) hinunterschlingen (-i etw) 2. (Regen) nieseln
atik (-ği) adj flink, behände
atkı s 1. Halstuch nt 2. (an Schuhen) Spange f
atlama s 1. Verbalsubstantiv zu **atlamak** 2. Sprung m; ~ **tepesi** Sprungschanze f
atlamak vt 1. springen (-e auf etw, -den aus/über etw) 2. (auslassen) übergehen; (versehentlich) weglassen (-i etw)

Atlantik Okyanusu (-nu) s Atlantik m
atlas I. s 1. Atlas m 2. Atlasseide f II. adj aus Atlasseide
atlatmak vt 1. Kausativ zu **atlamak** 2. (Gefahr) überstehen (-i etw) 3. (lästigen Menschen) abwimmeln (-i jdn)
atlayış s Sprung m
atlet (-ti) s 1. Leichtathlet(in) m(f) 2. Unterhemd nt
atletik (-ği) adj athletisch
atletizm s Leichtathletik f
atlı s Reiter(in) m(f); ~ **araba** Pferdewagen m
atlıkarınca s Karussell nt
atmaca s Habicht m
atmak (-ar) I. vt 1. werfen (-i -e etw in/auf etw) 2. wegwerfen (-i etw) 3. (Brief) einwerfen, verschicken (-i etw) 4. (Salz) dazugeben (-i -e etw zu etw) 5. (Schrei) ausstoßen (-i etw) 6. (Kugel, Pfeil) abfeuern, (ab)schießen (-i etw) 7. (Termin) verschieben (-i -e etw auf etw) 8. hinauswerfen (-i jdn) 9. verbannen (-i jdn) 10. (Unterschrift) daruntersetzen (-i etw); (Datum) daraufsetzen (-i etw); **laf** [o **söz**] ~ anquatschen (-e jdn); **silah** ~ einen Schuss abgeben; **birine bir tokat/tekme** ~ jdm eine Ohrfeige/einen Fußtritt geben II. vi 1. (prahlen) angeben 2. (Stoff, Farben) ausbleichen 3. (Morgen) grauen 4. (Herz) pochen
atmasyon s (fam) Angeberei f
atmosfer s Atmosphäre f
atom s Atom nt; ~ **bombası** Atombombe f; ~ **çekirdeği** Atomkern m; ~ **enerjisi** Atomenergie f; ~ **gücü** Atommacht f; ~ **reaktörü** Kernreaktor nt
atomik adj atomar
atölye s Atelier nt, Werkstatt f
av s 1. Jagd f 2. Jagdbeute f; ~ **eti** Wild nt; ~ **sahası** Wildbahn f; ~ **tüfeği** Jagdgewehr nt; ~ **yatağı** Jagdrevier nt
avanak (-ğı) adj (fam) leichtgläubig
avanaklık (-ğı) s (fam) Leichtgläubigkeit f
avans s 1. Abschlagszahlung f, Vorschuss m 2. (SPORT) Vorgabe f; ~ **vermek** vorgeben; (fin) vorauszahlen
avanta s (fam) Reibach m
avantaj s Vorteil m
avantajlı adj vorteilhaft
avare I. s Landstreicher m II. adj untätig
avaz avaz adv aus vollem Hals
avcı s Jäger m; ~ **uçağı** Jagdflugzeug nt

avize *s* Kronleuchter *m*
avlak (**-ğı**) *s* Jagdrevier *nt*
avlamak *vt* 1. jagen (*-i* jdn/etw) 2. (*auf der Jagd*) fangen (*-i* etw) 3. übervorteilen (*-i* jdn)
avlu *s* Hof *m*
Avrasya *s* Eurasien *nt*
Avrupa *s* Europa *nt;* ~ **Konseyi** Europarat *m;* ~ **Parlamentosu** das Europaparlament; ~ **Tüneli** Eurotunnel *m*
Avrupai *adj* (*Art*) europäisch
Avrupalaşma *s* Europäisierung *f*
Avrupalılaştırmak *vt* europäisieren (*-i* jdn/etw)
Avrupalı I. *s* Europäer(in) *m(f)* II. *adj* (*Herkunft*) europäisch
avuç (**-cu**) *s* Handfläche *f;* **bir ~ ...** eine Hand voll ...; ~ **açmak** betteln; ~ **içi kadar** winzig klein; ~ **dolusu** massenweise; **avucunu yalamak** das Nachsehen haben; **avucunun içi gibi bilmek** wie seine Hosentasche kennen; **birini avucunun içine almak** jdn um den kleinen Finger wickeln
avuçlamak *vt* eine Handvoll nehmen
avukat (**-tı**) *s* 1. Rechtsanwalt, -anwältin *m, f* 2. Verteidiger(in) *m(f)*
avunmak *vr* 1. *Passiv zu* **avutmak** 2. sich trösten 3. sich ablenken lassen
avuntu *s* 1. Trost *m* 2. Ablenkung *f*
Avustralya *s* Australien *nt*
Avustralyalı I. *s* Australier(in) *m(f)* II. *adj* (*Herkunft*) australisch
Avusturya *s* Österreich *nt*
Avusturyaca *adj* (*Sprache*) österreichisch
Avusturyalı I. *s* Österreicher(in) *m(f)* II. *adj* (*Herkunft*) österreichisch
avutmak *vt* 1. *Kausativ zu* **avunmak** 2. trösten (*-i* jdn) 3. beschwichtigen (*-i* jdn) 4. (*vertrösten*) hinhalten (*-i* jdn)
avutucu *adj* tröstlich
ay I. *interj* oh!, ach! II. *s* 1. Monat *m* 2. Mond *m;* ~ **ışığı** Mondschein *m;* ~ **modülü** Mondfähre *f;* ~ **tutulması** Mondfinsternis *f;* ~ **yıldız** (*türkische Fahne*) Halbmond und Stern; **küçülen/büyüyen** ~ abnehmender/zunehmender Mond; (**bugün**) **ayın kaçı?** den Wievielten haben wir (heute)?
ayak (**-ğı**) *s* 1. Fuß *m* 2. (*vom Tier*) Pfote *f,* Huf *m* 3. Sockel *m* 4. (*einer Leiter*) Sprosse *f;* (*einer Treppe*) Stufe *f* 5. (*Gangart*) Tempo *nt:* ~ ~ **üstüne atmak** die Beine übereinander schlagen; ~ **bağı** ein Klotz am Bein; ~ **basmak** betreten (*bir yere* einen Ort); ~ **bileği** Fussgelenk *nt;* ~ **freni** Fußbremse *f;* ~ **parmağı** Zehe *f;* ~ **üstü** zwischen Tür und Angel; **ayağa kalkmak** aufstehen; **ayağını burkmak** sich *dat* den Fuß vertreten; **ayağını yorganına göre uzatmak** sich nach der Decke strecken; **ayakta durmak** stehen; **ayakta kalmak** (*a. fig*) sich auf den Beinen halten
ayakkabı (**-yı**) *s* Schuh *m;* ~ **boyası** Schuhkrem *f;* ~ **fırçası** Schuhbürste *f;* ~ **mağazası** Schuhgeschäft *nt;* ~ **numarası** Schuhgröße *f*
ayakkabıcı *s* Schuhmacher *m,* Schuster *m*
ayaklanma *s* 1. *Verbalsubstantiv zu* **ayaklanmak** 2. (*Aufstand*) Aufruhr *m;* (POL) Erhebung *f*
ayaklanmak *vr* 1. sich auflehnen; (POL) rebellieren 2. (*Patient*) aufstehen; (*Kleinkind*) laufen können
ayaklı *s* mit Füßen [*o* Beinen]; ~ **kütüphane** wandelndes Lexikon; ~ **lamba** Stehlampe *f*
ayaklık (**-ğı**) *s* 1. Tritt-, Fussbrett *nt* 2. Pedal *nt* 3. Stelze *f*
ayaktakımı (**-nı**) *s* Gesindel *nt,* Pöbel *m*
ayakyolu (**-nu**) *s* (*fam*) Klo *nt*
ayar *s* 1. (TECH) Einstellung *f* 2. (*eines Edelmetalls*) Feingehalt *nt* 3. Ortszeit *f* 4. (*Standard*) Normalgewicht *nt;* ~ **edilebilir** justierbar; ~ **etmek** (TECH) einstellen; (*Uhr*) stellen (*-i* etw)
ayarlamak *vt* 1. einstellen (*-i* etw) 2. regeln (*-i* etw); **kendini bir şeye göre** ~ sich auf etw einstellen
Ayasofya *s* Hagia Sophia *f*
ayaz *s* 1. trockenes kaltes Winterwetter *nt* 2. eisiger Wind *m*
aybaşı (**-nı**) *s* 1. Menstruation *f* 2. Monatsanfang *m*
aybı (**-nı**) *s* *Possessivform zu* **ayıp** seine/ihre Schande
ayçiçeği (**-ni**) *s* Sonnenblume *f*
aydın I. *s* Intellektuelle(r) *mf* II. *adj* 1. hell, klar 2. gebildet 3. glücklich, fröhlich
aydınlanma *s* 1. *Verbalsubstantiv zu* **aydınlanmak** 2. Beleuchtung *f* 3. Aufklärung *f;* **Aydınlık Çağı** (*Zeitalter*) Aufklärung *f*
aydınlanmak *vi* 1. *Reflexiv o Passiv zu* **aydınlatmak** 2. hell(er) werden 3. (*fig*) klar werden
aydınlatıcı *adj* erhellend, lehrreich
aydınlatma *s* 1. *Verbalsubstantiv zu* **aydınlatmak** 2. Beleuchtung *f* 3. Aufklärung *f*

aydınlatmak vt 1. beleuchten (-i etw) 2. (fig) (auf)klären (-i jdn/etw)
aydınlık (-ğı) I. adj (hell) klar II. s 1. Helligkeit f 2. (fig) Klarheit f 3. Lichtschacht m
ayet (-ti) s Koranvers m
aygır s Hengst m
aygıt (-tı) s 1. Apparat m 2. (Organe) System nt
ayı s 1. Bär m 2. (fig) Grobian m
ayıbalığı (-nı) s Robbe f, Seehund m
ayıgülü (-nü) s Pfingstrose f
ayık (-ğı) adj 1. nüchtern 2. (fig) ruhig und klar denkend
ayıklamak vt 1. auslesen (-i etw) 2. (Tier) ausnehmen (-i etw) 3. (Gemüse) putzen, schälen (-i etw)
ayıklık (-ğı) s 1. Nüchternheit f 2. (fig) klares Bewusstsein nt
ayılmak vi wieder zur Besinnung kommen
ayıp (-ybı) I. s Schande f II. adj 1. ungehörig 2. (empörend) ungeheuerlich III. interj pfui; ~ **etmek** Ungehöriges tun; ~ **olmasın!** nichts für ungut!; **ayıbını örtmek** beschönigen (-i etw)
ayıplamak vt 1. tadeln (-i etw) 2. kritisieren, bemängeln (-i etw)
ayıplı adj 1. mangelhaft 2. unanständig
ayıpsız adj 1. makellos 2. anständig
ayırmak vt 1. trennen (-i -den jdn/etw von jdm/etw) 2. (auseinander halten) unterscheiden (-i -den etw von etw) 3. (einteilen) gliedern (-i -e etw in etw) 4. loslösen, abtrennen (-i -den etw von etw) 5. (reservieren) zurücklegen (-i -e etw für jdn) 6. zuteilen (-i -e etw jdm)
ayırt etmek vt unterscheiden; (sondern) trennen (-i -den etw/jdn von etw/jdm)
ayırtı s Nuance f
ayırtmak vt 1. Kausativ zu **ayırmak** 2. (Zimmer) bestellen, buchen (-i etw)
ayin s (religiöse) Zeremonie f
aykırı adj 1. abartig 2. widersprechend
aykırılık (-ğı) s (Widerspruch) Gegensatz m
aylak (-ğı) adj (untätig) müßig
aylarca adv monatelang
aylık (-ğı) I. s (Monats)gehalt nt II. adj monatlich, Monats-; ~ **abonman** Monatskarte f; **üç** ~ **hamile(dir)** sie ist im 3. Monat schwanger
aylıkçı s Gehaltsempfänger(in) m(f)
ayna s Spiegel m
aynasız I. adj ohne Spiegel II. s (fam: Polizist) Bulle m
aynen adv genauso
aynı adj (identisch) gleich, der-, die-, dasselbe; ~ **anda** im selben Augenblick; ~ **boyda** gleich groß; ~ **cinsten** gleichartig; ~ **kapıya çıkmak** (fam) Jacke wie Hose sein; ~ **şekilde** gleich, gleichermaßen, ebenfalls; ~ **zamanda** (zugleich) gleichzeitig; **... değil** ~ **zamanda ...** nicht nur ... sondern auch
aynıları (-nı) s pl dieselben pl
aynılık (-ğı) s Identität f
aynısı (-nı) pron (substantivisch) der-, die-, dasselbe
ayol interj 1. he! hör mal! 2. Mensch! 3. nanu! wieso!
ayraç (-cı) s (Satzzeichen) Klammer f
ayran s türkisches Joghurtgetränk
ayrı I. adj getrennt, separat, einzelne(r, s) II. adv 1. verschieden, anders als 2. (jeder für sich) getrennt, einzeln; ~ ~ getrennt
ayrıca adv 1. außerdem 2. (einzeln) getrennt 3. nebenbei
ayrıcalı adj privilegiert
ayrıcalık (-ğı) s Vergünstigung f, Privileg nt
ayrık (-ğı) I. s 1. Ausnahme f 2. (Haar)scheitel m II. adj 1. getrennt 2. (Finger) gespreizt 3. (Haar) gescheitelt
ayrıksı adj extravagant
ayrılık (-ğı) s 1. Trennung f 2. Spaltung f 3. Unterschied m 4. Isolierung f
ayrılıkçı I. s Separatist(in) m(f) II. adj separatistisch
ayrılıkçılık (-ğı) s Separatismus m
ayrılmak vr 1. Passiv zu **ayırmak** sich trennen 2. sich unterscheiden (-den von etw) 3. weggehen, abreisen (-den aus etw) 4. auseinander gehen 5. (aus einer Gemeinschaft) austreten (-den aus etw) 6. (sich gliedern) sich teilen (-e in etw)
ayrım s 1. Unterschied m, Verschiedenheit f 2. Unterscheidung f
ayrımcı adj diskriminierend
ayrımcılık (-ğı) s Diskriminierung f
ayrıntı s Detail nt
ayrıntılı adj ausführlich
ayrışma s (CHEM) Zersetzung f
ayrışmak vi (CHEM) sich zersetzen
Ayurveda s Ayurveda m
ayva s Quitte f; ~ **jölesi** Quittengelee nt
ayyaş s (fam) Säufer(in) m(f), Trinker(in) m(f)

az I. *adj* 1. gering 2. wenig II. *adv* selten; ~ **buz değil** (*lobend*) das ist beachtlich!; ~ **çok** (*einigermaßen*) mehr oder weniger; ~ **gelişmiş** unterentwickelt; ~ **kaldı** [*o* **kalsın**] beinahe, fast; ~ **kalorili** kalorienarm
aza *s* 1. Mitglied *nt* 2. (*anat*) Organe *nt*
azalmak *vi* abnehmen, sich vermindern
azaltmak *vt* 1. *Kausativ zu* **azalmak** 2. vermindern, verringern (-*i* etw)
azamet (**-ti**) *s* 1. (*Pracht*) Größe *f* 2. Stolz *m*
azametli *adj* prächtig; (*hochmütig*) stolz
azami I. *s* Maximum *nt* II. *adj* maximal
azap (**-bı**) *s* (*Pein*) Qual *f*
azar *s* Tadel *m*, Rüge *f*, Schelte *f*
azar azar *adv* nach und nach, allmählich
azarlamak *vt* tadeln (-*i* jdn)
Azerbaycan *s* Aserbaidschan *nt*
Azerbaycanca I. *adj* (*Sprache*) aserbaidschanisch II. *s* (*Sprache*) das Aserbaidschanische *nt*
Azerbaycanlı I. *adj* (*Art*) aserbaidschanisch II. *s* Aserbaidschaner(in) *m(f)*
Azeri I. *adj* (*Art*) aserbaidschanisch II. *s* Aserbaidschaner(in) *m(f)*
azgın *adj* 1. (*wütend*) rasend 2. zügellos 3. (*Wunde*) schwärend
azgınlık (**-ğı**) *s* 1. (*Wut*) Raserei *f* 2. Zügellosigkeit *f*
azıdişi (**-ni**) *s* Backenzahn *m*
azıcık *adv* (*fam*) ein bisschen
azık (**-ğı**) *s* Proviant *m*
azılı *adj* aufsässig
azımsamak *vt* unterschätzen (-*i* etw)
azınlık (**-ğı**) *s* Minderheit *f*, Minorität *f*
azıtmak *vi* (*fam*) zu weit gehen
azim *s* (*Tatkraft*) Entschlossenheit *f*
azimli *adj* energisch, tatkräftig
aziz I. *s* Heilige(r) *mf* II. *adj* lieb, teuer

> **Aziz Petrus Kilisesi**, die erste christliche Kirche der Welt, liegt versteckt in einer Höhle nahe bei Antakya, einer Stadt an der syrischen Grenze. In diesem Gebiet der Türkei gibt es vereinzelt Dörfer, in denen ausschließlich Christen leben.

azlık (**-ğı**) *s* 1. (*Mangel*) Knappheit *f* 2. Seltenheit *f*
azmak (**-ar**) *vi* 1. (*wütend werden*) toben 2. (*Krankheit*) sich verschlimmern 3. (*Pflanzen*) wuchern
azman I. *s* Monstrum *nt* II. *adj* (*riesengroß*) ungeheuer
azmetmek (**-der**) *vi* fest entschlossen sein (-*e* zu etw)
azot (**-tu**) *s* Stickstoff *m*
azotlu *adj* stickstoffhaltig
Azrail *s* Todesengel *m*

B

B, a *s* zweiter Buchstabe des türk. Alphabets
baba *s* Vater *m*; ~ **hindi** Puter *m*
babaanne *s* Großmutter *f* (*väterlicherseits*)
babacan *adj* 1. gutmütig 2. (*fig*) ungeniert
babacığım *s* (*als Anrede*) Papa *m*
babalık (**-ğı**) *s* 1. Vaterschaft *f* 2. Stiefvater *m* 3. (*als Anrede*) Väterchen *nt*
Babıali *s* die Hohe Pforte
baca *s* Schornstein *m*, Kamin *m*; ~ **temizleyicisi** Schornsteinfeger *m*
bacak (**-ğı**) *s* 1. Bein *nt* 2. (*von Tier, Möbel*) Fuß *m* 3. (*Kartenspiel*) Bube *m*
bacanak *s* Schwager *m* (*Mann der Schwester der Ehefrau*)
badana *s* Tünche *f*; ~ **etmek** [*o* **yapmak**] anstreichen; ~ **fırçası** (*zum Streichen*) Pinsel *m*
badanalamak *vt* tünchen, anstreichen (-*i* etw)
badem *s* 1. Mandel *f* 2. *eine kleine Gurkenart*; ~ **ağacı** Mandelbaum *m*; ~ **ezmesi** Marzipan *m*; ~ **şekeri** gebrannte Mandel
bademcik (**-ği**) *s* (ANAT) Mandel *f*; ~ **iltihabı** Mandelentzündung *f*
Baden-Württemberg (**Eyaleti**) *s* Baden-Württemberg *nt*
badminton *s* Federball *m*
badya *s* (*Zuber*) Bütte *f*
bagaj *s* Gepäck *nt*; ~ **deposu** Gepäckaufbewahrung *f*; ~ **kuponu** Gepäckschein *m*
bağ *s* 1. (*Stoff*) Band *nt* 2. (*fig*) Band *nt* 3. Binde *f* 4. Weinberg *m*
bağa *s* Schildpatt *nt*; ~ **gözlük** Hornbrille *f*
bağbozumu (**-nu**) *s* Weinernte *f*, Weinlese

bağcı

f

bağcı *s* Winzer(in) *m(f)*
bağcılık (**-ğı**) *s* Weinbau *m*
bağdaş *s* Türkensitz *m*, Schneidersitz *m;* ~ **kurmak** sich im Schneidersitz hinsetzen
bağdaşık *adj* einheitlich
bağdaşmak *vi* harmonieren (*ile* mit jdm)
bağıl *adj* 1. (MATH) relativ 2. (*Gewicht*) spezifisch
bağımlı *adj* abhängig
bağımlılık (**-ğı**) *s* Abhängigkeit *f*
bağımsız *adj* 1. frei, unabhängig 2. selbständig
bağımsızlık (**-ğı**) *s* 1. Unabhängigkeit *f* 2. Selbständigkeit *f*
bağır (**-ğrı**) *s* Brust *f*
bağırmak *vi* 1. schreien 2. rufen 3. brüllen 4. anschreien (*-e* jdn)
ba(ğı)rsak (**-ğı**) *s* Darm *m;* ~ **solucanı** Bandwurm *m*
ba(ğı)rsaklar *s* Eingeweide *pl*
bağış *s* 1. (*Gabe*) Spende *f* 2. Vergebung *f*
bağışık (**-ğı**) *adj* (MED) immun
bağışıklık (**-ğı**) *s* Immunität *f;* ~ **sistemi** Immunsystem *nt*
bağışlamak *vt* 1. schenken (*-e -i* jdm etw) 2. (*Schuld*) erlassen (*-e -i* jdm etw) 3. verzeihen (*-e -i* jdm etw)
bağlam *s* Kontext *m;* (*Text*) Zusammenhang *m*
bağlama *s* 1. *Verbalsubstantiv zu* **bağlamak** 2. Verbindung *f* 3. *ein türkisches Saiteninstrument*
bağlamak *vt* 1. anbinden (*-i -e* etw an etw) 2. befestigen, ankuppeln (*-i -e* etw an etw) 3. schnüren (*-i* etw) 4. (*Krawatte, Schürze*) umbinden (*-i* etw) 5. verbinden (*-i* etw) 6. (INFORM) eine Verbindung herstellen (*-e* mit etw) 7. (*Lohn*) aussetzen (*-e* jdm) 8. (*Kruste, Ruß*) bilden 9. (*fig*) fesseln (*-i -e* jdn an jdn)
bağlanma *s* 1. *Verbalsubstantiv zu* **bağlanmak** 2. Verbindung *f*
bağlanmak *vr* 1. *Passiv zu* **bağlamak** 2. lieb gewinnen (*-e* jdn) 3. (*Arbeit*) beginnen (*-e* mit etw)
bağlantı *s* 1. (*Gas-, Wasser-, Telefon-*) Anschluss *m* 2. Beziehung *f* 3. Kontext *m* 4. (TELE) Verbindung *f* 5. (INET) Link *m*, Hyperlink *m;* ~ **noktası** (INET) (Hyper)link *m;* (INFORM) Port *m*
bağlantısız *adj* offline
bağlaşık (**-ğı**) *adj* verbündet

bakımlı

bağlaşmak *vr* sich verbünden (*ile* mit jdm)
bağlı *adj* 1. (*an-, fest-, zu-*) gebunden 2. anhänglich 3. (*abhängig*) bedingt 4. (*treu*) ergeben 5. zugetan
bağlılık (**-ğı**) *s* 1. Verbundenheit *f* 2. Treue *f* 3. Abhängigkeit *f*
bağnaz **I.** *s* Fanatiker(in) *m(f)* **II.** *adj* 1. fanatisch 2. borniert
bağnazlık (**-ğı**) *s* Fanatismus *m*
bağrı (**-nı**) *s* Possessivform zu **bağır** seine/ ihre Brust
bağrışma *s* 1. *Verbalsubstantiv zu* **bağrışmak** 2. Geschrei *nt*
bağrışmak *vi* schreien, brüllen
Bahama adaları (**-nı**) *s* Bahamas *pl*
bahane *s* Ausrede *f*, Vorwand *m;* ~ **etmek** vorschützen (*-i* etw)
bahar *s* 1. Frühling *m* 2. (*fig*) frische Blätter und Blüten; ~ **nezlesi** Heuschnupfen *m;* ~ **yorgunluğu** Frühjahrsmüdigkeit *f*
bahar(at) (**-tı**) *s* Gewürz *nt*
baharatlı *adj* gewürzt, pikant
bahçe *s* 1. Garten *m* 2. Gärtnerei *f*
bahçıvan *s* Gärtner(in) *m(f);* ~ **makası** Gartenschere *f;* ~ **pantalonu** Latzhose *f*
bahis (**-hsi**) *s* 1. Erwähnung *f* 2. Wette *f* 3. (*Thema*) Punkt *m;* ~ **tutuşmak** wetten; **bahse gir(iş)mek** wetten; **bahse girelim mi?** wetten (dass)?; **bahse var mısın?** wetten (dass)?
bahriye *s* Marine *f*
bahriyeli *s* Marinesoldat *m*
bahsetmek (**-der**) *vi* 1. sprechen, erzählen (*-den* von jdm/etw) 2. handeln (*-den* von etw)
bahsi (**-ni**) *s* Possessivform zu **bahis** die Erwähnung von ...
bahşiş *s* Trinkgeld *nt*
baht (**-tı**) *s* (*fam*) Schicksal *nt*
bahtsız *adj* unglücklich
bahtsızlık (**-ğı**) *s* (*fam*) Pech *nt*
bakan *s* Minister(in) *m(f)*
Bakanlar Kurulu (**-nu**) *s* (POL) Kabinett *nt*, Ministerrat *m*
bakanlık (**-ğı**) *s* Ministerium *nt*
bakıcı *s* Pfleger *m*
bakım *s* 1. Instandhaltung *f* 2. Pflege *f* 3. Gesichtspunkt *m* 4. (*fig*) Standpunkt *m* 5. (*tech*) Wartung *f;* **bakıma muhtaç** pflegebedürftig
bakımından *präp* hinsichtlich (*-in gen*)
bakımlı *adj* gepflegt

bakımsız *adj* ungepflegt, verwahrlost; (*Garten*) verwildert

bakınmak *vi* sich umschauen (*nach allen Seiten*)

bakır I. *s* Kupfer *nt* II. *adj* kupfern

bakış *s* 1. Blick *m* 2. Betrachtung *f*; ~ **açısı** Blickwinkel *m*

bakışmak *vi* sich anblicken

bakire I. *s* Jungfrau *f* II. *adj* jungfräulich

bakkal *s* Lebensmittelgeschäft *nt*

bakla *s* dicke Bohne *f*, Saubohne *f*; **baklayı ağzından çıkarmak** (*fam*) die Katze aus dem Sack lassen

baklagiller *s pl* Hülsenfrüchte *fpl*

baklava *s* eine türkische Blätterteigpastete

bakmak (**-ar**) *vi* 1. zuschauen 2. schauen (*-e* auf/in etw), anschauen (*-e* jdn/etw) 3. beaufsichtigen, aufpassen (*-e* auf jdn) 4. (MED) behandeln (*-e* jdn) 5. (*Familie*) ernähren (*-e* jdn) 6. (*fam*) gucken (*-e* auf jdn/etw) 7. sich kümmern (*-e* um jdn/etw) 8. pflegen, versorgen (*-e* jdn/etw); **bakalım** schauen wir mal; (*bei Aufforderung*) mal; (*im Fragesatz*) denn, wohl; **bak hele!** sieh mal an!

bakteri *s* Bakterie *f*

bakteriyolijik *adj* bakteriologisch

Bakü *s* Baku *nt*

bal *s* Honig *m*

balayı (**-nı**) *s* Flitterwochen *fpl*; ~ **seyahati** Hochzeitsreise *f*

balcılık (**-ğı**) *s* Imkerei *f*, Bienenzucht *f*

balçık (**-ğı**) *s* 1. Lehm *m* 2. Schlamm *m*

baldır *s* 1. Unterschenkel *m* 2. Wade *f*; ~ **kemiği** Schienbein *nt*

baldırıçıplak (**-ğı**) *s* Rowdy *m*

baldız *s* Schwägerin *f* (*Schwester der Ehefrau*)

bale(t) (**-ti**) *s* Ballett *nt*

balerin *s* Ballettänzerin *f*

balgam *s* (*Auswurf*) Schleim *m*

balık (**-ğı**) *s* 1. Fisch *m* 2. (*Sternzeichen*) Fische *pl*; ~ **avı** Fischfang *m*; ~ **lokantası** Fischrestaurant *nt*; ~ **tutmak** fischen, angeln

balıkçı *s* 1. Fischer(in) *m(f)* 2. Fischhändler(in) *m(f)*; ~ (**dükkanı**) Fischgeschäft *nt*; ~ **limanı** Fischereihafen *m*; ~ **yaka(lı kazak)** Rollkragen(pullover) *m*

balıkçılık (**-ğı**) *s* Fischerei *f*

balıkyağı (**-nı**) *s* Lebertran *m*

balina *s* Wal *m*

Balkan *s:* ~ **ülkeleri** Balkanländer *nt*; **Balkanlar** der Balkan

balkon *s* Balkon *m*

balmumu (**-nu**) *s* Wachs *nt*; ~ **heykeller müzesi** Wachsfigurenkabinett *nt*

balo *s* Ball *m*

balon *s* 1. Ballon *m* 2. Glaskolben *m*

balsam *s* Balsam *m*

balta *s* Axt *f*, Beil *nt*; ~ **girmemiş** [*o* **değmemiş**] [*o* **görmemiş**] **orman** Urwald *m*

baltalamak *vt* 1. (*Wald*) abholzen (*-i etw*) 2. (*Haus*) in Brand stecken (*-i etw*) 3. (*Sache*) lahm legen, sabotieren (*-i etw*)

Baltık Denizi (**-ni**) *s* Ostsee *f*

balya *s* (*Stoff-*) Ballen *m*

balyoz *s* schwerer Schmiedehammer *m*

bambu *s* Bambus *m*

bamteli (**-ni**) *s* 1. (*fig*) wunder Punkt *m* 2. (MUS) dicke Basssaite *m*

bamya *s* (*Fisch*) Okra *f*

bana *pron* mir; ~ **kalırsa** meiner Meinung nach

banal *adj* banal

bandaj *s* Verband *m*

bandıra *s* (*Schiffs-*) Flagge *f*

bando *s* (MUS) Kapelle *f*

bank (**-kı**) *s* (*Sitz-*) Bank *f*

banka *s* (FIN) Bank *f*; ~ **hesabı** Bankkonto *nt*; ~ **müdürü** Bankdirektor(in) *m(f)*; ~ **soygunu** Bankraub *m*

bankacı *s* Bankangestellte(r) *mf*

bankacılık (**-ğı**) *s* Bankwesen *nt*

bankamatik (**-ği**) *s* Bankautomat *m*, Bankomat *m*

banker *s* Bankier *m*

banknot (**-tu**) *s* Banknote *f*, Geldschein *m*

banko *s* (*Spiel-*) Einsatz *m*

bankomat (**-tı**) *s* Bankomat *m*

banliyö *s* Vorort *m*; ~ **treni** Nahverkehrszug *m*

banmak (**-ar**) *vt* eintauchen (*-i -e etw in etw*)

bant (**-dı**) *s* 1. Binde *f* 2. (*Band*) Streifen *m* 3. Tonband *nt* 4. Klebestreifen *m*; ~ **genişliği** (INET) Bandbreite *f*; **yara bandı** Pflaster *nt*

banyo *s* 1. (*Tätigkeit*) Bad *nt* 2. Badezimmer *nt* 3. Badewanne *f*; ~ **etmek** (*Fotos*) entwickeln (*-i etw*); ~ **ettirmek** baden; (*Fotos*) entwickeln lassen (*-i etw*); ~ **teknesi** Badewanne *f*; ~ **yapmak** baden

bar *s* 1. Bar *f* 2. (*Nachtlokal*) Bar *f* 3. ein anatolischer Volkstanz; **çikolatalı** ~ Schokoriegel *m*

baraj s Staudamm m, Talsperre f; **yüzde on barajı** (POL) Zehnprozenthürde f
baraka s Baracke f
barbar I. s Barbar(in) m(f) II. adj barbarisch
barbunya s 1. rote Meerbarbe f 2. eine rötliche Bohnenart
bardak (**-ğı**) s 1. Becher m 2. Glas nt; **bardaktaki fırtına** Sturm im Wasserglas
barfiks s (SPORT) Reck nt
barınak (**-ğı**) s Obdach nt, Unterschlupf m, Unterkunft f
barındırmak vt 1. Kausativ zu **barınmak** 2. beherbergen, unterbringen (-i jdn)
barınmak vi eine Unterkunft finden (-de in etw/bei jdm)
barış s 1. Friede(n) m 2. Versöhnung f 3. (JUR) Vergleich m; ~ **antlaşması** Friedensvertrag m; ~ **müzakereleri** Friedensverhandlungen pl
barışçı adj friedlich; (Person) friedliebend
barışmak vr sich versöhnen (ile mit jdm/etw)
barışsever adj (friedliebend) friedlich
barış(tır)ma s 1. Verbalsubstantiv zu **barış(tır)mak** 2. Aussöhnung f
barıştırmak vt aussöhnen, versöhnen (-i jdn)
bari adv 1. wenigstens, mindestens 2. dann ... wenigstens
barikat (**-tı**) s Barrikade f
bariton s Bariton m
bariyer s 1. Barriere f, Schlagbaum m 2. Sperre f
bariz adj klar, offensichtlich
barkod s Strichkode m; ~ **okuyucu** Strichkode-Lesegerät nt
barlam s Seehecht m
barmen s Barkeeper m, Barmixer m
baro s Rechtsanwaltskammer f
Barok s Barock nt/m
barometre s Barometer nt
barparalel s (SPORT) Barren m
barut (**-tu**) s Schießpulver nt
basamak (**-ğı**) s 1. (einer Leiter) Sprosse f 2. (fig) Sprungbrett nt 3. Stufe f 4. Trittbrett nt 5. (MATH) Stelle f
basbayağı adj 1. gewöhnlich, normal 2. mittelmäßig
bası s 1. (TYP) Abdruck m 2. (TYP) Druck m
basık (**-ğı**) adj 1. flach 2. niedere(r, s), niedrig 3. (Nase) platt
basım s 1. (TYP) Druck m 2. Typografie f

basımcı s Drucker(in) m(f)
basımcılık (**-ğı**) s (Gewerbe) Buchdruckerei f
basımevi (**-ni**) s (Werkstatt) Buchdruckerei f
basın s (Zeitungswesen) Presse f; ~ **özgürlüğü** Pressefreiheit f; ~ **toplantısı** [o **konferansı**] Pressekonferenz f
basınç (**-cı**) s (PHYS, TECH) Druck m
basınyayın s 1. Presse f und Rundfunk m 2. Kommunikationswissenschaft f; ~ **organları** Massenmedien ntpl
basil s Bazillus m
basit adj 1. (unkompliziert) einfach 2. (auch Mensch) primitiv 3. (einfach) schlicht
basitleşmek vr sich vereinfachen
basitleştirmek vt 1. Kausativ zu **basitleşmek** 2. vereinfachen (-i etw)
basitlik (**-ği**) s Einfachheit f
Bask (**-kı**) s Baske, -skin m, f; ~ **Ülkesi** Baskenland nt
basketbol (**-lü**) s Basketball m
baskı s 1. (TYP) Auflage f 2. Zwang m, Druck m 3. (TYP) Druck 4. (als Werkzeug) Presse f 5. (Druckabzug) Exemplar nt; ~ **aracı** Druckmittel nt; ~ **harfleri** Druckbuchstaben mpl; ~ **hatası** Druckfehler m
baskılık (**-ğı**) s Briefbeschwerer m
baskın s 1. Überfall m 2. Razzia f 3. Invasion f
basma I. s 1. Verbalsubstantiv zu **basmak** 2. bedruckter Baumwollstoff 3. Überflutung f II. adj gedruckt
basmak (**-ar**) I. vt 1. pressen, drücken (-i -e etw auf etw) 2. (Buch, Zeitung) drucken; (Münzen) prägen (-i etw) 3. überfallen (-i jdn) 4. (Fieber) befallen (-i jdn) 5. (fig) überfluten (-i etw) II. vi 1. treten (-e auf etw) 2. drücken (-e auf etw) 3. (Alter) erreichen (ellisine sein fünfzigstes Lebensjahr) 4. (Dunkelheit) hereinbrechen
basmakalıp (**-bı**) adj 1. trivial 2. (Ausdruck) abgedroschen 3. schablonenmäßig (hergestellt)
basso s 1. Bass m 2. Bassist m 3. Basstuba f
bastırmak vt 1. Kausativ zu **basmak** 2. drücken (-i etw) 3. (Aufstand) niederschlagen (-i etw) 4. überflügeln (-i jdn) 5. (Zorn) überwinden (-i etw) 6. (Gefühl) unterdrücken (-i etw) 7. (Durst, Feuer) löschen (-i etw) 8. (Dunkelheit) hereinbrechen
baston s Spazierstock m

basur (**hastalığı**) *s* Hämorrhoiden *fpl*
basübadelmevt (**-ti**) *s* Auferstehung *f*
baş I. *s* 1. Kopf *m* 2. (*fig*) Haupt *nt* 3. (*Zwiebel-, Knoblauch-*) Knolle *nt* 4. (*Vieh*) Stück *nt* 5. (*fig: Führungs-*) Spitze *f* 6. (*fig*) Anfang *m*, Beginn *m* 7. (*fig*) Gipfel *m* II. *adj* oberste(r, s), Haupt-; ~ **ağrısı** Kopfschmerzen *mpl*; ~ **aşağı** kopfüber; ~ **başa** unter vier Augen; ~ **belası** (*fam*) Plage *f*; ~ **döndürücü** Schwindel erregend; ~ **dönmesi** (MED) Schwindel *m*; **bir şeyle** ~ **edememek** mit etw nicht fertig werden; ~ **göstermek** sich zeigen, auftreten; ~ **kaldırmak** (*rebellieren*) sich auflehnen (*-e* gegen jdn); ~ **oyuncu** Hauptdarsteller *m*; ~ **yemek** Hauptspeise *f*, Hauptgang *m*; ~ **üstüne!** zu Befehl!; ~ **vurmak** sich wenden (*-e* an jdn); (*auf ein Mittel*) zurückgreifen (*-e* auf etw); ~ **yastığı** Kopfkissen *nt*; **başa çıkılamaz** unüberwindlich; **başa çıkmak** fertig werden (*-e* mit etw); **başı belada olmak** in der Patsche sitzen; **başı kıçı belli olmamak** weder Hand noch Fuß haben; **başım ağrıyor** ich habe Kopfschmerzen; **başım dönüyor** mir ist schwindlig; **benim de başımdan geçti** davon kann ich ein Lied singen; **başına gelmek** widerfahren (*-in* jdm); **başına vurmak** zu Kopf steigen (*-in* jdm); **başından atmak** sich vom Halse schaffen (*-i* etw); **başından beri** von Anfang an; **başını dinlemek** ausspannen; **başını sallamak** nicken; **başını uçurmak** enthaupten (*-in* jdn); **başta** (*vor den anderen*) voran; **başta gelmek** (*an der Spitze stehen*) führen; **baştaki** (*leitend*) führend; **baştan** von Anfang an, noch einmal (von vorne); **baştan aşağı** von oben bis unten; **baştan çıkarmak** verführen (*-i* jdn); **baştan savmak** (*abwimmeln*) loswerden (*-i* jdn)
başak (**-ğı**) *s* Ähre *f*
Başak (**burcu**) (**-nu**) *s* (*Sternzeichen*) Jungfrau *f*
başarı *s* Erfolg *m*, Gelingen *nt*; **başarılar dilerim!** viel Erfolg!
başarılı *adj* erfolgreich
başarısız *adj* erfolglos
başarısızlık (**-ğı**) *s* Misserfolg *m*; **başarısızlığa uğramak** missglücken
başarmak *vt* erfolgreich ausführen (*-i* etw); **başardım** ich hab's geschafft
başbakan *s* Ministerpräsident(in) *m(f)*; ~ **yardımcısı** Vizekanzler(in) *m(f)*

başçavuş *s* Feldwebel *m*
başdüşman *s* Erzfeind(in) *m(f)*
başhekim *s* Chefarzt, -ärztin *m, f*
başhemşire *s* Oberschwester *f*
başka I. *adj* andere(r, s), sonstige *pl* II. *adv* (*außerdem*) sonst III. *präp* außer (*-den dat*); **başka?** noch etwas?; ~ **biri(si)** jemand anders; ~ **bir şey** etwas anderes; ~ **bir şey de var mı?** sonst noch etwas?; ~ **bir yerde** sonstwo; ~ **bir zaman** ein andermal; ~ **çare kalmadı** es bleibt keine Wahl; ~ **çare yoksa** notfalls; ~ **hiç kimse** niemand anders; ~ **türlü** anders
başkaları (**-nı**) *pron* (*Plural*) andere
başkası (**-nı**) *pron* 1. ein anderer 2. etwas anderes
başkalaşmak *vr* sich verändern
başkalaştırmak *vt* verändern (*-i* jdn/etw)
başkalık (**-ğı**) *s* Abweichung *f*, Anderssein *nt*
başkan *s* 1. Chef(in) *m(f)* 2. Oberhaupt *nt* 3. Präsident(in) *m(f)*, Vorsitzende(r) *mf*
başkanlık (**-ğı**) *s* 1. (*Leitung*) Führung *f* 2. Vorsitz *m* 3. Präsidentschaft *f*; ~ **adayı** Präsidentschaftskandidat(in) *m(f)*
başkent (**-ti**) *s* Hauptstadt *f*
başkomutan *s* Oberbefehlshaber *m*
başkomutanlık (**-ğı**) *s* Oberbefehl *m*
başkonsolos *s* Generalkonsul *m*
başkonsolosluk (**-ğu**) *s* Generalkonsulat *nt*
başkumandan *s* Oberbefehlshaber *m*
başkumandanlık (**-ğı**) *s* Oberbefehl *m*
başlamak *vi* anfangen, beginnen (*-e* mit etw)
başlangıç (**-cı**) *s* Anfang *m*, Beginn *m*, Start *m*; ~ **noktası** Ursprung *m*
başlangıçta *adv* am Anfang
başlıca *adj* hauptsächlich; ~ **sebep** Hauptgrund *m*
başlık (**-ğı**) *s* 1. Kopfbedeckung *f* 2. (*Überschrift*) Titel *m* 3. Brautgeld *nt* (*Geldbetrag des Bräutigams für die Brauteltern*) 4. Sprengkopf *m* 5. (INFORM) Header *m*
başmakale *s* Leitartikel *m*
başöğretmen *s* (*Schule*) Rektor(in) *m(f)*
başörtü(sü) (**-nü**) *s* Kopftuch *nt*
başparmak (**-ğı**) *s* 1. Daumen *m* 2. große Zehe *f*
başpiskopos *s* Erzbischof *m*
başrahibe *s* (*eines Klosters*) Oberin *f*
başrol (**-lü**) *s* (*auch fig*) Hauptrolle *f*

başsağlığı (-nı) *s* Beileid *nt*
başsağlığı dilemek *vi* sein Beileid aussprechen (*-e* jdm)
başşehir (-şehri) *s* Hauptstadt *f*
başucu (-nu) *s* 1. Zenit *m* 2. oberster Teil von etwas 3. (*eines Bettes*) Kopfende *nt*
başvurmak *vi* 1. sich wenden an, aufsuchen (*-e* jdn) 2. (*Mittel*) zurückgreifen auf (*-e* etw)
başvuru *s* 1. Anfrage *f* 2. Bewerbung *f*
başyazar *s* Schriftleiter(in) *m(f)*
başyazı *s* Leitartikel *m*
batak (-ğı) I. *s* Moor *nt*, Sumpf *m* II. *adj* 1. sumpfig, morastig 2. (*fig*) verloren
bataklık (-ğı) *s* Sumpf
bateri *s* Schlagzeug *nt*
baterist *s* Schlagzeuger(in) *m(f)*
Batı *s* 1. (*politisch*) Westen *m* 2. Abendland *nt*, Okzident *m*; ~ **Anadolu** Westanatolien *nt*; ~ **Avrupa** Westeuropa *nt*; ~ **Hint Adaları** Westindische Inseln *fpl*
batı I. *s* 1. Westen *m* 2. Westwind *nt* II. *adj* westlich, West-
batıcı I. *adj* westlich [*o* europäisch] gesinnt II. *s jd*, der westlich gesinnt ist
batıl *adj* wertlos; ~ **inanç** Aberglaube *m*
batılı *adj* westlich, West-
Batılı kuvvetler *s* Westmächte *pl*
batılılaşmak *vi* sich verwestlichen, sich europäisieren
batırmak *vt* 1. *Kausativ zu* **batmak** 2. (*hinein-*) stechen (*-i -e* etw in etw) 3. (*ein-*) tauchen (*-i -e* etw in etw) 4. (*Schiff*) versenken (*-i* etw); (*wirtschaftlich*) ruinieren (*-i* jdn) 5. (*Geld*) versickern lassen (*-i* etw)
batış *s* Untergang
batmak (-ar) *vi* 1. (*Sonne*) untergehen 2. (*Schiff*) sinken 3. versinken 4. (*Wort*) kränken (*-e* jdn) 5. wirtschaftlich ruiniert werden 6. (*Geld*) versickern
battaniye *s* Wolldecke *f*
bavul *s* Koffer *m*
Bavyera I. *s* Bayern *nt* II. *adj* (*Art*) bay(e)risch
Bavyeraca *adj* (*Sprache*) bay(e)risch
Bavyeralı I. *s* Bayer(in) *m(f)* II. *adj* (*Herkunft*) bay(e)risch
Bay *s* (*vor dem Nachnamen*) Herr *m*
bayağı I. *adj* 1. (*durchschnittlich*) gewöhnlich 2. (*pej*) ordinär, vulgär II. *adv* beinahe, ziemlich
Bayan *s* (*vor dem Nachnamen*) Frau *f*, Fräulein *nt*; **Bayanlar, Baylar!** meine Damen und Herren
bayat *adj* 1. faul, verdorben; (*Brot*) altbacken, nicht frisch 2. (*überholt*) alt
baygın *adj* 1. bewusstlos, ohnmächtig 2. (*Duft*) leicht und angenehm
baygınlık (-ğı) *s* Bewusstlosigkeit *f*, Ohnmacht *f*
bayılmak *vi* 1. das Bewusstsein verlieren, ohnmächtig werden 2. (*fig*) schwärmen für (*-e* für jdn/etw) 3. (*fam: Geld*) herausrücken (*-e -i* jdm etw)
bayıltmak *vi* betäuben (*-e* jdn)
bayındırlaştırmak *vt* urbanisieren (*-i* etw)
bayır *s* 1. Hang *m* 2. Hügel *m*
bayırturpu (-nu) *s* Meerrettich *m*
baykuş *s* Eule *f*
bayrak (-ğı) *s* Fahne *f*, Flagge *f*; ~ **koşusu** Staffellauf *m*
bayram *s* Fest *nt*; ~ **günü** Feiertag *m*, Festtag *m*
bayt *s* Byte *nt*
baytar *s* Tierarzt, -ärztin *m*, *f*
baz *s* (CHEM) Base *f*; ~ **istasyonu** Mobilfunkstation *f*
bazen *adv* ab und zu, gelegentlich, manchmal
bazı *adj* manch(e, r, s), manche *pl*; ~ **defa** manchmal; ~ **insanlar** gewisse Leute
bazıları (-nı) *pron* manche *pl*; **bazısı** manche(r, s)
bazilik(a) *s* Basilika *f*
bazuka *s* Panzerfaust *f*
be *interj* (*vulg*) he! Mensch!
bebek (-ği) *s* 1. Baby *nt* 2. Puppe *f*; ~ **arabası** Puppenwagen *m*; ~ **beklemek** ein Kind erwarten; ~ **önlüğü** Lätzchen *nt*; ~ **tulumu** Strampelhose *f*
beceri *s* (*Geschicklichkeit*) Fertigkeit *f*
becerikli *adj* geschickt, gewandt
beceriklilik (-ği) *s* Geschicklichkeit *f*, Gewandtheit *f*
beceriksiz *adj* ungeschickt, unbeholfen, linkisch
beceriksizlik (-ği) *s* Ungeschicklichkeit *f*
becermek *vt* 1. bewältigen, fertig bringen (*-i* etw) 2. (*ironisch*) anrichten, sich leisten (*-i* etw)
bedava I. *adj* kostenlos II. *adv* gratis, umsonst
bedbin I. *s* Pessimist(in) *m(f)* II. *adj* pessimistisch

bedbinlik (-ği) *s* Pessimismus *m*
beddua *s* Fluch *m;* ~ **etmek** verfluchen (*-e* jdn)
bedel *s* 1. (*Gegenwert*) Preis *m* 2. (*Gegenleistung*) Ersatz *m*
bedelli askerlik (-ği) *s in der Türkei:* Militärdienst mit Loskaufoption
beden *s* 1. Körper *m* 2. (*Kleidung*) Größe *f* 3. (ANAT) Rumpf *m;* ~ **eğitimi** Gymnastik *f*
bedeni *adj s.* **bedensel**
bedensel *adj* körperlich, physisch
beğeni *s* Geschmack *m*
beğenmek *vt* 1. mögen, gern haben (*-i* jdn/etw) 2. (aus)wählen (*-i* jdn/etw)
bej *adj* beige
bek (-ki) *s* (SPORT) Verteidiger *m*
bekar I. *s* Junggeselle *m,* Jungesellin *f* II. *adj* unverheiratet, ledig
bekaret (-ti) *s* Jungfräulichkeit *f,* Unschuld *f*
bekçi *s* 1. Aufseher(in) *m(f),* Wächter(in) *m(f)* 2. Wärter(in) *m(f);* ~ **köpek** Wachhund *m*
beking *s* Backpulver *nt*
bekleme *s* 1. *Verbalsubstantiv zu* **beklemek** 2. Warten *nt;* ~ **kuyruğu** Warteschlange *f;* ~ **odası** Vorzimmer *nt,* Warteraum *m;* ~ **salonu** Wartesaal *m*
beklemek *vt* 1. warten (*-i* auf jdn/etw) 2. erwarten (*-i* *-den* etw von jdm) 3. bewachen (*-i* etw)
beklenmedik *adj* unerwartet
beklenti *s* (*Hoffnung*) Erwartung *f*
bekleyiş *s* Erwartung *f*
Bektaşi *s* Mitglied eines Bektaschi-Derwischordens
bektaşiüzümü (-nü) *s* Stachelbeere *f*
bel *s* 1. Lende *f* 2. (*Tier-*) Rücken *m* 3. Taille *f* 4. (*Berg*) Sattel *m* 5. Spaten *m;* ~ **ağrısı** Kreuzschmerzen *mpl;* **belden aşağı** (*fig fam: unfair; schlüpfrig*) unter der Gürtellinie; **belden aşağı kötürü** [*o* **inmeli**] querschnittgelähmt; ~ **suyu** Sperma *nt*
bela *s* 1. Plage *f,* Pest *f* 2. Verhängnis *nt;* ~ **okumak** verfluchen (*-e* jdn); **belayı davet etmek** den Teufel an die Wand malen
Belarus *s* Belarus *nt,* Weißrussland *nt*
Belçika I. *s* Belgien *nt* II. *adj* (*Art*) belgisch
Belçikalı I. *s* Belgier(in) *m(f)* II. *adj* (*Herkunft*) belgisch
belde *s* Ort *m,* Ortschaft *f*
beledi *adj* städtisch
belediye *s* Gemeinde *f,* Kommune *f,* Stadtverwaltung *f;* ~ **başkanı** Bürgermeister *m;* ~ **dairesi** Gemeindebezirk *m;* (*Gebäude*) Rathaus *nt;* ~ **meclisi** Gemeinderat *m;* ~ **otobüsü** Stadtbus *m;* ~ **reisi** (Ober)bürgermeister *m;* ~ **seçimleri** Kommunalwahlen *pl*
belediyecilik (-ği) *s* Kommunalpolitik *f*
beleş *adj* (*vulg*) gratis, kostenlos
belge *s* 1. (*Urkunde*) Dokument *nt* 2. Bescheinigung *f* 3. Ausweis *m*
belgelemek *vt* bescheinigen, belegen (*-i* etw)
belirgin *adj* genau, bestimmt
belirlemek *vt* 1. (*festsetzen*) bestimmen (*-i* etw) 2. definieren (*-i* etw) 3. präzisieren (*-i* etw)
belirli *adj* 1. ausdrücklich, bestimmt 2. (*deutlich*) verständlich
belirmek *vi* 1. erscheinen, in Erscheinung treten 2. sich herauskristallisieren 3. eindeutig werden
belirsiz *adj* 1. unbestimmt 2. undeutlich 3. ungewiss 4. (*fig*) verschwommen
belirsizlik (-ği) *s* Ungewissheit *f,* Unbestimmtheit *f*
belirteç (-ci) *s* Umstandswort *nt,* Adverb *nt*
belirti *s* 1. Abzeichen *nt* 2. Kennzeichen *nt* 3. (*Zeichen*) Mal *nt* 4. (MED) Symptom *nt*
belirtme *s* 1. *Verbalsubstantiv zu* **belirtmek** 2. Klarstellung *f;* ~ **durumu** Akkusativ *m*
belirtmek *vt* 1. (*festsetzen*) bestimmen (*-i* etw) 2. verdeutlichen (*-i* etw) 3. zum Ausdruck bringen (*-i* etw)
belkemiği (-ni) *s* 1. (*auch fig*) Rückgrat *nt* 2. Wirbelsäule *f*
belki *adv* vielleicht, wahrscheinlich
bellek (-ği) *s* 1. Gedächtnis *nt* 2. (INFORM: *eines Computers*) Speicher *m;* **ana** [*o* **rasgele erişimli**] ~ (INFORM) RAM *nt* (*Random Access Memory*); **sadece okunabilen** ~ (INFORM) ROM *nt* (*read only memory*); ~ **kapasitesi** (INFORM) Speicherkapazität *f;* ~ **kaybı** [*o* **yitimi**] Gedächtnisschwund *m;* **belleğe geçirmek** (*Daten*) speichern (*-i* etw)
bellemek *vt* 1. (*im Gedächtnis*) behalten (*-i* etw) 2. auswendig lernen (*-i* etw) 3. (*Acker*) umgraben (*-i* etw) 4. (*meinen*) glauben
belleteç (-ci) *s* Gedächtnisstütze *f*
belli *adj* 1. bekannt 2. bestimmt 3. deutlich 4. genau; ~ **başlı** hauptsächlich; ~ **etmek** zu erkennen geben; ~ **etmemek** sich nichts anmerken lassen; (*nicht zeigen*) verheimli-

bellilik chen; ~ **olmak** sich zeigen; ~ **olmaz** man kann nie wissen; ~ **oluyor** man merkt es
bellilik (-ği) s Deutlichkeit f, Gewissheit f, Klarheit f
bembeyaz adj schneeweiß
ben I. pron ich II. s Muttermal nt
bence adv meiner Meinung nach; ~ **hava hoş** von mir aus
bencil I. s Egoist(in) m(f) II. adj egoistisch
bencillik (-ği) s Egoismus m, Selbstsucht f
benek (-ği) s (*Tupfen*) Fleck(en) m; (*Tüpfelchen*) Punkt m
benekli adj gefleckt
beni pron mich; ~ **sokmayan yılan bin yıl yaşasın** wer mir nichts tut, soll lange leben
benim I. interj (*mit Betonung auf der der ersten Silbe*) ich bin es! II. pron mein(e); ~ **bir arkadaşım** ein Freund von mir; ~ **fikrime göre** nach meinem Ermessen; ~ **için** meinetwegen; ~ **için farketmez** das ist mir egal, von mir aus; ~ **tarafımdan** meinerseits; **benimki** der, die, das meinige; **benimle** mit mir
benimsemek vt 1. sich aneignen (*-i* etw) 2. Anspruch erheben (*-i* auf etw)
beniz (-nzi) s Gesichtsfarbe f; **benzi atmak** (*Gesicht*) sich verfärben; **beti benzi uçmak** blass werden, erbleichen
bensiz adv ohne mich
bent (-di) s Damm m, Deich m
benzi (-ni) s Possessivform zu **beniz** seine/ihre Gesichtsfarbe
benzemek vi 1. (*gleichen*) ähneln (*-e* jdm/einer S) 2. aussehen (*-e* nach etw); **bir şeye benziyor** das kann sich sehen lassen
benzer I. adj ähnlich II. s 1. Doppelgänger(in) m(f) 2. (*Gegenstück*) Pendant nt
benzerlik (-ği) s Ähnlichkeit f
benzersiz adj einzigartig
benzeş adj 1. ähnlich 2. gleichartig
benzeti s 1. Gleichnis nt 2. (*Nachahmung*) Nachbildung f
benzetme I. adj (*nachgeahmt*) falsch II. s 1. (*Nachahmung*) Fälschung f 2. (*als Stilmittel*) Vergleich m 3. Verwechslung f 4. Verbalsubstantiv zu benzetmek
benzetmek vt 1. vergleichen (*-i -e* jdn/etw mit jdm/etw) 2. verwechseln (*-i -e* jdn mit jdm) 3. nachahmen (*-i* etw) 4. (*fig*) übel zurichten (*-i* jdn)
benzeyiş s Ähnlichkeit f
benzin s Benzin nt; ~ **almak** tanken; ~ **de-**

posu Tank m; ~ **bidonu** Benzinkanister m; ~ **doldurmak** (AUTO) auftanken; ~ **istasyonu** Tankstelle f; ~ **miktarı** Benzinstand m; ~ **pompası** Benzinpumpe f
benzinci s Tankwart(in) m(f)
beraat (-tı) s Freispruch m; ~ **etmek** freigesprochen werden; ~ **ettirmek** freisprechen
beraber adv gemeinsam, zusammen, miteinander
berabere adj (SPORT) unentschieden; ~ **kalmak** unentschieden spielen
beraberlik (-ği) s 1. (*Zusammensein*) Gemeinschaft f 2. Vereinigung f 3. (SPORT) Unentschieden nt 4. Solidarität f
berat (-tı) s (HIST) Bestallungsurkunde f
Berat Gecesi (-ni) s *die Nacht der Berufung Mohammeds zum Propheten*
berbat adj 1. miserabel 2. schlimm; ~ **etmek** (*fam*) vermasseln (*-i* etw)
berber s Friseur m; ~ **salonu** Friseursalon m
berduş s (*fam*) Penner m
bere s 1. Baskenmütze f 2. Quetschung f
bereket (-ti) s 1. (*vom Boden*) Fruchtbarkeit f 2. (*fig*) Segen m 3. Überfluss m; ~ **versin** glücklicherweise
bereketli adj 1. fruchtbar 2. reichhaltig 3. üppig
berelemek vt (MED) quetschen (*-i* etw)
Bergama s Pergamon nt
beri I. präp seit (*-den*), dat II. adv hierher III. adj diesseitig; **kısa zamandan/uzun zamandan** ~ seit kurzem/seit langem IV. s *die dem Sprecher nächstliegende Seite*
beri(de) adv diesseits
berisinde präp diesseits (*-den gen*)
beriye adv her
berrak (-kı) adj 1. (kristall)klar 2. durchsichtig 3. hell
besbelli adj 1. klipp und klar 2. offensichtlich
besi s 1. Ernährung f 2. (AGR) Mast f; **besiye çekmek** mästen
besin s 1. Nahrung f 2. Nahrungsmittel nt; ~ **maddeleri** Lebensmittel ntpl; ~ **zehirlenmesi** Lebensmittelvergiftung f
besleme s 1. Verbalsubstantiv zu **beslemek** 2. (TECH) Zufuhr f 3. (*pej*) Pflegekind nt
beslemek vt 1. ernähren (*-i* jdn) 2. (*Kind*) füttern (*-i* jdn) 3. (*Gefühle*) hegen (*-i* etw) 4. (*unterhalten*) versorgen (*-i* jdn) 5. (*Tiere*) züchten (*-i* etw) 6. mästen (*-i* etw)
beslenme s Ernährung f

beslenmek vi 1. *Passiv zu* **beslemek** 2. sich ernähren
besleyici *adj* nahrhaft
besleyicilik (**-ği**) *s* Nährwert *m*
besmele *s Name des Ausspruchs 'bismillah'*

> **Besmele** ist die Bezeichnung für die religiöse Beschwörungsformel 'bismillah ir-rahman ir-rahim' ('im Namen Allahs, des Allmächtigen, des Allerbarmers'), die der fromme Muslim vor jeder wichtigen Handlung ausspricht, um sich Gottes Segen zu versichern. Der Schriftzug dieses Spruchs wird auch gerne als Aufkleber ans Armaturenbrett oder an die Windschutzscheibe des Autos angebracht, um sich so mit Gottes Hilfe vor Unfällen zu schützen.

beste *s* Komposition *f*
besteci *s* Komponist(in) *m(f)*
bestelemek *vt* komponieren (*-i* etw)
beş *num* fünf; ~ **yüz** fünfhundert; **beşte bir** ein Fünftel *nt;* **beşer** je fünf
beşgen *s* Fünfeck *nt*
beşik (**-ği**) *s* Wiege *f*
beşinci *adj* fünfte(r,s)
beşme *s* (*einer Drehbank*) Bock *m*
beter *adj* schlimmer; ~ **olmak** schlimmer werden
beti benzi uçmak *vi* erblassen
betimsel *adj* beschreibend
beton *s* Beton *m*
betonlamak *vt* betonieren (*-i* etw)
bey *s* 1. Herr *m* 2. (*Anrede nach dem Vornamen*) Herr *m* 3. (*fig*) Führer *m* einer Gruppe 4. (*Kartenspiel*) Ass *nt*
beyan *s* 1. Aussage *f* 2. Erklärung *f;* ~ **etmek** angeben, anmelden (*-i* etw)
beyanat (**-tı**) *s* Äußerung *f*
beyanname *s* 1. Bekanntmachung *f* 2. Formular *nt*
beyaz *adj* weiß; ~ **altın** Weißgold *nt;* ~ **bira** helles Bier *nt;* ~ **ekmek** Weißbrot *nt;* **Beyaz Rusya** Weißrussland *nt,* Belarus *nt;* ~ **şarap** Weißwein *m;* ~ **zehir** Rauschgift *nt*
beyazımsı *adj* weißlich
beyazlanmak *vi s.* **beyazlaşmak**
beyazlaşmak *vi* weiß werden
beyazperde *s* (Film)leinwand *f*
beyazpeynir *s* Schafskäse *m*
beyefendi *s* (*Anrede ohne Namen*) gnädiger Herr
beygir *s* Gaul *m*

beygirgücü (**-nü**) *s* (TECH) Pferdestärke *f*
beyhude *adj, adv* erfolglos, zwecklos, umsonst
beyin (**-yni**) *s* Gehirn *nt;* ~ **göçü** (*Abwanderung von Wissenschaftlern*) Braindrain *m;* ~ **kanaması** Gehirnblutung *f;* ~ **sarsılması** Gehirnerschütterung *f;* ~ **sektesi** Gehirnschlag *m;* ~ **tavası** (*als Gericht*) Hirn *nt;* ~ **yıkama** Gehirnwäsche *f;* **beynine sokmak** (*fig*) sich einprägen; **beyni sulanmış** (*Mensch*) verkalkt
beylik *adj* (*Worte*) abgedroschen
beyni (**-ni**) *s Possessivform zu* **beyin** sein/ ihr Gehirn *nt*
beysbol (**-lü**) *s* Baseball *m*
bez *s* 1. (Baumwoll)stoff *m* 2. Wischlappen *m* 3. Drüse *f;* ~ **parçası** (*Lappen*) Fetzen *m*
bezdirmek *vt* 1. *Kausativ zu* **bezmek** 2. lästig fallen (*-i -den* jdm mit etw)
beze *s* 1. Baiser *nt* 2. Drüse *f* 3. Drüsenschwellung *f*
bezelye *s* Erbse *f*
bezemek *vt* schmücken (*-i* etw)
bezgin *adj* 1. gedrückt 2. verdrießlich
bezginlik (**-ği**) *s* (*Verdruss*) Unmut *m*
bezmek (**-er**) *vi* satt haben (*-den* etw)
bıçak (**-ğı**) *s* Messer *nt;* ~ **kesiği** Messerschnitt *m*
bıçaklamak *vt* erstechen (*-i* jdn)
bıçkı *s* Säge *f*
bıkkın *adj* überdrüssig
bıkkınlık (**-ğı**) *s* Überdruss *m*
bıkmak (**-ar**) *vi* überdrüssig sein (*-den* einer S), satt haben (*-den* etw); **bıktım** ich bin es leid
bıldırcın *s* Wachtel *f*
bırakmak *vt* 1. lassen (*-i* etw/jdn) 2. bleiben lassen (*-i* etw) 3. loslassen (*-i* etw/jdn) 4. zurücklassen, verlassen (*-i* etw) 5. überlassen; (*Aufgabe, Amt*) übergeben (*-e -i* jdm etw) 6. weglassen; (*Thema*) überspringen (*-i* etw) 7. weggehen (*-i* von jdm) 8. Schluss machen (*-i* mit etw); (*Gewohnheit*) aufgeben (*-i* etw) 9. (*Bart*) wachsen lassen (*-i* etw) 10. (*Schüler*) nicht versetzen (*-i* jdn); **bırakın ben gideyim** lasst mich gehen
bıyık (**-ğı**) *s* Schnurrbart *m;* ~ **altından gülmek** schmunzeln
biber *s* Pfeffer *m;* **dolmalık** ~ Paprikaschote *f;* **dövülmüş** ~ gemahlener Pfeffer; (**yeşil**) ~ Paprika *m;* ~ **dolması** gefüllte Paprikaschoten *pl*

biberiye s Rosmarin m
biberlik (-ği) s Pfefferstreuer m
biberon s (Säuglings-) Flasche f
biçare adj bedauernswert, erbärmlich
biçerdöver s Mähdrescher m
biçim s 1. Verbalsubstantiv zu **biçmek** 2. Art f, Weise f 3. Form f, Gestalt f 4. Typ m 5. (von Kleidung) Schnitt m 6. Mähen nt
biçimlendirmek vt bilden, formen (-i etw)
biçimsel adj formal, formell
biçimsiz adj 1. schlecht passend 2. unfein
biçimsizlik (-ği) s 1. Formlosigkeit f 2. Missbildung f
biçmek (-er) vt 1. (Gras) mähen (-i etw) 2. (zu)schneiden (-i etw) 3. (Preis) festsetzen (-i etw)
bidon s Kanister m
biftek (-ği) s Beefsteak nt
bigudi s Lockenwickler m
bikini s Bikini m
bikir asması (-nı) s wilder Wein m
bilakis adv vielmehr, im Gegenteil
bilanço s Bilanz f
bilardo s Billard nt
bildiri s 1. Angabe f 2. (öffentl.) Bekanntmachung f 3. (Ankündigung) Meldung f 4. Mitteilung f 5. Nachricht f
bildirme s 1. Verbalsubstantiv zu **bildirmek** 2. Mitteilung f 3. Verkündigung f; ~ **kipi** Aussageform f
bildirmek vt 1. Kausativ zu **bilmek** 2. bekannt geben (-i etw) 3. mitteilen (-e -i jdm etw)
bile adv 1. schon 2. sogar 3. (mit Verneinung) nicht einmal 4. selbst wenn; ~ ~ mit voller Absicht, wissentlich
bileği s Schleifwerkzeug nt; ~ **taşı** Schleifstein m
bilek (-ği) s Handgelenk nt
bilemek vt (schärfen) schleifen (-i etw)
bilerek adv wissentlich
bileşik (-ği) I. adj zusammengesetzt II. s (CHEM) Verbindung f; ~ **faiz** Zinseszins m; ~ **kelime** [o **sözcük**] (Wort-) Zusammensetzung f
bileşim s 1. Verbalsubstantiv zu **bileşmek** 2. (CHEM) Präparat nt 3. (CHEM) Verbindung f 4. Zusammensetzung f
bileşmek vi 1. (CHEM) sich verbinden (ile mit) 2. zusammengesetzt sein
bilet (-ti) s 1. Eintrittskarte f 2. Fahrkarte f, Fahrschein m; ~ **almak** eine Eintrittskarte kaufen, eine Fahrkarte lösen; ~ **gişesi** Fahrkartenschalter m; (THEAT) Kasse f
biletçi s Schaffner(in) m(f)
bilezik (-ği) s Armband nt
bilfiil adv de facto, faktisch
bilge I. s Weise(r) mf II. adj weise
bilgelik (-ği) s 1. Weisheit f 2. Gelehrsamkeit f
bilgi s 1. (Anweisung) Belehrung f 2. (Wissen) Kenntnis f 3. Information f 4. Benachrichtigung f; ~ **alışverişi** (INFORM) Informationsaustausch m; ~ **çağı** Informationszeitalter nt; ~ **otoyolu** (INET) Datenautobahn f; ~ **toplama** Recherche f; ~ **toplamak** recherchieren; ~ **vermek** informieren, benachrichtigen (-e jdn)
bilgiç (-ci) s Besserwisser m
bilgilendirici adj informativ
bilgilendirmek vt informieren (-i jdn)
bilgili adj gelehrt, belesen
bilgin s Gelehrte(r) mf, Wissenschaftler(in) m(f)
bilgisayar s Computer m; ~ **arızası** Computerfehler m; ~ **destekli** computergestützt; ~ **merkezi** Rechenzentrum nt; ~ **oyunu** Computerspiel nt; ~ **programı** Computerprogramm nt, Software f; ~ **virüsü** Computervirus m
bilgisiz adj ungebildet
bilgisizlik (-ği) s 1. Unwissenheit f 2. Ignoranz f
bilhassa adv 1. besonders, insbesondere 2. absichtlich
bilim s Wissenschaft f; ~ [o **ilim**] **adamı** Wissenschaftler(in) m(f)
bilimkurgu s Sciencefiction f; ~ **filmi** Sciencefictionfilm m
bilimsel adj wissenschaftlich
bilimsellik (-ği) s Wissenschaftlichkeit f
bilinç (-ci) s Bewusstsein nt; **bir şeyin bilincinde olmak** sich einer Sache bewusst sein
bilinçaltı (-nı) s Unterbewusstsein nt
bilinçlendirmek vt 1. Kausativ zu **bilinçlenmek** 2. birini bir şey konusunda ~ jdm etw bewusst machen
bilinçlenmek vi sich bewusst machen (bir şey konusunda etw)
bilinçli adj bewusst
bilinçsiz adj 1. unbewusst 2. ohnmächtig
bilinen adj bekannt, geläufig
bilinmeyen adj unbekannt, nicht geläufig

bilinmez *adj* undurchsichtig, unergründlich
bilirkişi *s* 1. Kenner(in) *m(f)* 2. Sachverständige(r) *mf*
bilişimci *s* Informatiker(in) *m(f)*
billur I. *s* Kristall *m* II. *adj* aus Kristall
bilmece *s* Rätsel *nt*, Quiz *nt*; ~ **oyunu** Puzzle *nt*
bilmek (**-ir**) *vt* 1. wissen (*-i* etw), kennen (*-i* etw/jdn) 2. (*Sprache*) können (*-i* etw) 3. verstehen (*-i* etw) 4. erkennen (*-i* etw); **bildiğim kadarıyla** so viel ich weiß; **bildiğime göre** meines Wissens; **bildiğinden şaşmamak** sich nicht beirren lassen
bilmemezlik *s:* **bilmemezlikten gelmek** ignorieren (*-i* etw)
bilmeyerek *adv* unwissentlich
bilmez I. *s* Ignorant(in) *m(f)* II. *adj* unwissend, ungebildet
bilmezlik (**-ği**) *s* Unkenntnis *f*, Ignoranz *f*
bilye *s* 1. Murmel *f* 2. Billardkugel *f*; **bilyeli yatak** [*o* **rulman**] Kugellager *nt*
bin *num* Tausend *nt;* ~ **kat** tausendfach; ~ **misli** [*o* **katı**] tausendfach, tausendmal so viel; ~ **defa** [*o* **kere**] tausendmal; ~ **türlü** tausenderlei
binde bir I. *s* Promille *f*, Tausendstel *nt* II. *adv* äußerst selten
bina *s* Gebäude *nt*, Bau *m;* ~ **yöneticisi** Hausverwalter(in) *m(f)*
binaen *präp* auf Grund von, wegen (*-e dat*)
binbaşı (**-yı**) *s* Major *m*
bindirmek *vt* 1. *Kausativ zu* **binmek** 2. verladen (*-i* etw) 3. prallen (*-e* auf/an etw), fahren (*-e* gegen etw)
binek *s:* ~ **arabası** Personen(kraft)wagen *m;* ~ **atı** Reitpferd *nt*
biner *num* je Tausend
binici *s* Reiter(in) *m(f)*
binicilik (**-ği**) *s* (*Reitkunst*) Reiten *nt*
bininci *adj* tausendste(r, s)
binlerce *num* zu Tausenden, tausende von …
binmek (**-er**) *vt* 1. aufsteigen (*ata* aufs Pferd) 2. (*Fahrzeug, Flugzeug*) einsteigen (*-e* in etw)
biositler *s* Pestizide *ntpl*
bir I. *num* eins II. *art* ein III. *adj* 1. vereint, gemeinsam 2. einzig, allein 3. gleich, identisch IV. *adv* 1. einmal 2. nur, allein, bloß; ~ **buçuk** eineinhalb, anderthalb; ~ **defa** [*o* **kere**] einmal; ~ **türlü** einerlei; (*Verstärkung bei Negation*) überhaupt nicht; ~ **katlı** einstöckig; ~ **ağızdan** einstimmig; ~ **an önce** so bald wie möglich; ~ **araya gelmek** zusammenkommen, sich treffen (*ile* mit jdm); ~ **aşağı** ~ **yukarı dolaşmak** (*fam*) auf und ab gehen; ~ **bu eksikti!** auch das noch!; ~ **çırpıda** (*fam*) im Nu; ~ **daha** noch einmal; ~ **daha asla** nie wieder; ~ **dakika** einen Moment; ~ **de** außerdem; ~ **defada** [*o* **kerede**] (*mit einem Mal*) auf einmal; ~ **hayli** (*ziemlich*) recht; ~ **kere daha** (*nochmals*) noch einmal; ~ **parça** ein Stück, ein wenig; ~ **süre** [*o* **müddet**] eine Zeit lang; ~ **sürü** eine Unmenge von; ~ **şey** etwas; ~ **şey değil** keine Ursache!, nichts zu danken!; ~ **taraftan** einerseits; ~ **varmış** ~ **yokmuş** es war einmal; ~ **yana** abgesehen von
bira *s* Bier *nt;* ~ **fıçısı** Bierfass *nt;* ~ **şişesi** Bierflasche *f*
birader *s* 1. Bruder *m* 2. (*Anrede*) mein Lieber
birahane *s* Bierlokal *nt*
biraraya *adv* zusammen; ~ **gelmek** zusammenkommen, sich treffen (*ile* mit jdm)
biraz *adv* 1. ein bisschen 2. ein wenig, etwas; ~ **önce** (*soeben*) gerade; ~ **sonra** bald darauf
birazdan *adv* bald
birbirinden *pron* voneinander
birbirine *pron* zueinander; ~ **geçirmek** zusammenfügen; ~ **girmek** aufeinander losgehen; ~ **karıştırmak** durcheinander bringen; ~ **uymak** zusammenpassen; ~ **uymayan** unvereinbar, inkompatibel
birbirini *pron* einander
bircinsten *adj* homogen
birçok (**-ğu**) *adj* mehrere, viele
birden *adv* 1. auf einmal 2. zugleich
birdenbire *adv* (*plötzlich*) auf einmal
birer *adj* je ein(e); ~ ~ einzeln
bireşim *s* Synthese *f*
bireşimli *adj* synthetisch
birey *s* Individuum *nt*
bireyci *s* Individualist(in) *m(f)*
bireycilik (**-ği**) *s* Individualismus *m*
bireysel *adj* individuell
bireysellik (**-ği**) *s* Individualität *f*
biri (**-ni**) *pron* (*jemand*) einer
biricik (**-ği**) *adj* einzig
birikinti *s* 1. Anhäufung *f* 2. Pfütze *f;* ~ **gölcüğü** Stausee *m*
birikmek *vi* 1. sich häufen 2. (*Leute*) sich versammeln 3. sich summieren

biriktirmek vt 1. *Kausativ zu* **birikmek** 2. anhäufen, ansammeln (*-i* etw) 3. (*aus Liebhaberei*) sammeln (*-i* etw) 4. (*Geld*) sparen (*-i* etw) 5. speichern (*-i* etw) 6. (*Wasser*) stauen (*-i* etw)
birim s Einheit *f*
birinci adj 1. erste(r, s) 2. primär; ~ **devre**, **yarı** erste/zweite Halbzeit; ~ **sınıf** erstklassig; ~ **olarak** als erste(r, s); **birincisi** erstens
birisi (**-ni**) *pron* jemand, eine(r)
birkaç (**-çı**) adj einige, wenige, ein paar
birleşik (**-ği**) adj 1. vereinigt 2. zusammengesetzt; **Birleşik Arap Emirlikleri** die Vereinigten Arabischen Emirate; **Birleşik Krallık** das Vereinigte Königreich (Großbritannien)
birleşmek vi 1. sich verbinden (*ile* mit jdm/ etw) 2. sich verbünden, sich zusammenschließen (*ile* mit jdm) 3. (*Wege, Meinungen*) zusammentreffen 4. einig werden
Birleşmiş Milletler s die Vereinten Nationen *fpl*
birleştirme s 1. *Verbalsubstantiv zu* **birleştirmek** 2. Verbindung *f;* ~ **çizgisi** Bindestrich *m*
birleştirmek vt 1. *Kausativ zu* **birleşmek** 2. vereinen, vereinigen (*-i* etw) 3. verbinden, zusammenfügen (*-i* etw)
birlik (**-ği**) s 1. (REL) Einheit *f* 2. (*Eintracht*) Einigkeit *f* 3. (*Organisation*) Gesellschaft *f* 4. Truppe *f* 5. Verein *m;* ~ **olarak** einstimmig; ~ **olmak** einig sein
birlikte adv gemeinsam, miteinander
birliktelik (**-ği**) s Zusammenleben *nt,* Zusammenhalt *m*
birtakım adj eine Menge, einige
biseksüalite s Bisexualität *f*
biseksüel I. adj bisexuell II. s Bisexuelle(r) *mf*
biseksüellik (**-ği**) s Bisexualität *f*
bisiklet (**-ti**) s Fahrrad *nt;* ~ **yarışçısı** Radrennfahrer(in) *m(f);* ~ **yarışı** Radrennen *nt;* **bisiklete binmek** Rad fahren; ~ **sürücüsü** Fahrradfahrer(in) *m(f);* ~ **turu** Radtour *f*
bisikletçi s 1. Radfahrer(in) *m(f)* 2. Fahrradhändler(in) *m(f)*
bisküvi s Keks *m*
bisküvit (**-ti**) s Biskuit *m*
bismillah(**irrahmanirrahim**) *interj* im Namen Gottes (des Allerbarmers)!
bit (**-ti**) s 1. Laus *f* 2. (INFORM) Bit *nt;* ~ **pazarı** Flohmarkt *m*

bitaraf adj unparteiisch
bitek (**-ği**) adj (*Boden*) fruchtbar
bitik (**-ği**) adj 1. ganz erschöpft 2. erledigt, ruiniert; **işi** ~ es ist aus mit ihm
bitirmek vt 1. *Kausativ zu* **bitmek** 2. beenden (*-i* etw) 3. (*Buch*) auslesen (*-i* etw) 4. vervollständigen (*-i* etw) 5. verbrauchen (*-i* etw) 6. (*fig*) fertig machen (*-i* jdn)
bitişik (**-ği**) adj (*angrenzend*) anliegend
bitişikte adv nebenan
bitişmek vi aneinander grenzen
bitki s Pflanze *f,* Gewächs *nt*
bitkibilim s Botanik *f*
bitkibilimci s Botaniker(in) *m(f)*
bitkibilimsel adj botanisch
bitkin adj erschöpft, erledigt; (*stärker*) ruiniert
bitkinlik (**-ği**) s Erschöpfung *f*
bitkisel adj pflanzlich; ~ **yağ** Pflanzenöl *nt*
bitlenmek vi Läuse bekommen
bitli adj verlaust
bitmek (**-er**) vi 1. (*zu Ende gehen*) aufhören 2. (*Frist, Vertrag*) ablaufen 3. (*Ware, Geld*) ausgehen 4. (*Haare, Gras*) wachsen 5. (*fam*) verrückt sein (*-e* nach jdm) 6. (*fam*) geschafft [*o* kaputt] sein
bityeniği s (*fig*) Haken *m*
biyografi s Biografie *f*
biyoloji s Biologie *f*
biyolojik adj biologisch; ~ **ürün** Bioprodukt *nt*
biyoteknoloji s Biotechnologie *f*
biz *pron* wir
bizaka s (Nackt)schnecke *f*
Bizans s Byzanz *nt*
Bizanslı I. adj byzantinisch II. s Byzantiner(in) *m(f)*
bizce adv unsererseits
bizden *pron* von uns
bize *pron* (*dat*) uns
bizi *pron* (*akk*) uns
bizim *pron* unser, uns(e)re; ~ **gibiler** unsereiner, unsereins; ~ **için** unsertwegen; ~ **tarafımızdan** unsererseits
bizzat adv persönlich; ~ **kendisi** er/sie höchstpersönlich
blazer s Blazer *m*
blok (**-ku**) s Block *m;* ~ **dışı** blockfrei; ~ **dışı ülkeler** blockfreie Länder *pl*
blokaj s (COM) Sperre *f,* Haushaltssperre *f*
bloke adj gesperrt; ~ **etmek** blockieren (*-i* etw)

bloknot (-tu) *s* (*Schreib-, Notiz-*) Block *m*
blöf *s* Bluff *m*; ~ **yapmak** bluffen
blucin *s* Jeans *pl*
blues *s* Blues *m*
bluz *s* Bluse *f*
BM *s* Abk. von **Birleşmiş Milletler** UN *pl* (*die Vereinten Nationen*)
boa (yılanı) *s* Boa *f*
bobin *s* 1. Spule *f* 2. (*Draht-*) Rolle *f* 3. Aufspuler *m*
bocalamak *vi* 1. (*torkelni*) taumeln 2. unsicher werden 3. (*bei Entschluss*) wanken
bocurgat (-tı) *s* Winde *f*
bodrum *s* Keller *m*; ~ [*o* **zemin**] **katı** Untergeschoss *nt*
Bodrum *s türkische Stadt an der Ägäisküste*
bodur *adj* klein und stämmig, untersetzt
Boğa (burcu) (-nu) *s* (*Sternzeichen*) Stier *m*
boğa *s* Bulle *m*, Stier *m*; ~ **güreşçisi** Stierkämpfer *m*; ~ **güreşi** Stierkampf *m*
boğaz *s* 1. (*Kehle*) Hals *m* 2. Meerenge *f* 3. (*Gebirgs-*) Pass *m* 4. (*fam*) *zu ernährendes Familienmitglied* 5. (*fam*) Essen und Trinken; ~ **ağrısı** Halsschmerzen *pl*; ~ **hapı** Halstablette *f*; ~ **iltihabı** Halsentzündung *f*; **boğazım ağrıyor** ich habe Halsschmerzen
Boğaziçi (-ni) *s* Bosporus *m*; ~ **Köprüsü** *die erste, 1973 erbaute Bosporusbrücke*
boğazlamak *vt* (jdm) die Kehle durchschneiden (*-i* jdm)
boğmaca *s* Keuchhusten *m*
boğmak (-ar) *vt* 1. erwürgen, erdrosseln (*-i* jdn) 2. ersticken (*-i* jdn) 3. ertränken (*-i -e* jdn in etw) 4. (*fig*) überhäufen (*-i -e* jdn mit etw); ~ **kemikleri** Fingerglied *nt*
boğucu *adj* erstickend
boğuk (-ğu) *adj* 1. (*Stimme*) heiser 2. (*Schall*) dumpf
boğukluk (-ğu) *s* Heiserkeit *f*
boğulmak *vi* 1. *Passiv zu* **boğmak** 2. ersticken 3. ertrinken (*-e* in etw)
boğuşmak *vi* raufen (*ile* mit jdm)
bohça *s* Bündel *nt*
bohçacı *s* Hausiererin *f*
bohçalamak *vt* bündeln (*-i* etw)
bok (-ku) *s* (*vulg*) Scheiße *f*; ~ **soyu** (*pej vulg*) Kotzbrocken *m*; **siktiri boktan** (*vulg*) rattenschlecht
boks *s* Boxen *nt*; ~ **eldiveni** Boxhandschuh *m*; ~ **maçı** Boxkampf *m*
boksör *s* Boxer *m*

boktan *adj* (*vulg*) beschissen; ~ **herif** (*vulg*) Scheißkerl *m*
bol (-lü) *s* Punsch *m*
bol *adj* 1. (*weit*) groß 2. (*fig*) reichhaltig, reichlich 3. (*Kleidungsstück*) weit; ~ ~ ausgiebig, in Hülle und Fülle; ~ **şanslar!** viel Glück!; ~ **keseden yaşamak!** auf großem Fuß leben
Bolivya *s* Bolivien *nt*
bolluk (-ğu) *s* 1. Überfluss *m* 2. (*eines Kleidungsstücks*) Weite *f*
bomba *s* 1. Bombe *f* 2. Granate *f*; **bombalı suikast** Bombenanschlag *m*
bombacı *s* Bombenleger(in) *m(f)*
bombalamak *vt* bombardieren (*-i* etw)
bombardıman *s* Bombardierung *f*; ~ **etmek** bombardieren
bomboş *adj* ganz leer
boncuk (-ğu) *s* Glasperle *f*

> Besonders in ländlicher Gegend ist alter Volksglaube in der Türkei noch sehr lebendig. Um sich vor dem unheilvollen bösen Blick ('nazar') zu schützen, benutzt man ein **boncuk**, eine blaue Glasperle, die ein blaues Auge symbolisiert. Wer in eine neue Wohnung zieht oder ein Geschäft eröffnet, bekommt es von Freunden geschenkt, auf dass Glück und Wohlstand mit ins Haus ziehen. Es wird wie unser Hufeisen über den Eingang gehängt.

bonfile *s* 1. Filet *nt* 2. Schnitzel *nt*
bonmarşe *s* Kaufhaus *nt*
bono *s* 1. Bon *m*, Gutschein *m* 2. (*Wertpapier*) Wechsel *m* 3. Versicherungspolice *f*
boot etmek *vt* (INFORM) booten (*-i -den* etw von etw)
boot sektörü (-nü) *s* Boot-Sektor *m*
bora *s* Orkan *m*, Sturm *m*
borazan *s* Trompete *f*
borç (-cu) *s* 1. (FIN) Schuld *f* 2. (FIN) Darlehen *nt* 3. (COM) Soll *nt* 4. Pflicht *f* 5. (*moralische*) Verpflichtung *f*; ~ **etmek** Schulden machen; ~ **yemek** (*fam*) auf Pump leben; **borcum ne kadar?** was bin ich Ihnen schuldig?
borçlanma *s* 1. *Verbalsubstantiv zu* **borçlanmak** 2. Verschuldung *f*
borçlanmak *vi* Schulden machen (*-e* bei jdm)
borçlu I. *s* Schuldner(in) *m(f)* II. *adj* 1. verschuldet 2. (*verpflichtet*) schuldig

borçsuz *adj* schuldenfrei
bordo *adj* weinrot, bordeauxrot
bornoz *s* Bademantel *m*
borsa *s* Börse *f;* ~ **endeksi** Börsenindex *m;* ~ **rayici** Börsenkurs *m*
borsacı *s* Börsenmakler(in) *m(f)*
boru *s* 1. Rohr *nt* 2. Röhre *f* 3. Trompete *f* 4. Horn; ~ **hattı** Pipeline *f;* ~ **kerpeteni** Rohrzange *f*
boruçiçeği (**-ni**) *s* 1. Glockenblume *f* 2. Winde *f*
Bosna-Hersek (**-ği**) *s* Bosnien-Herzegowina *nt*
bostan *s* 1. Gemüsegarten *m* 2. Gärtnerei *f;* ~ **korkuluğu** Vogelscheuche *f*
boş *adj* 1. leer 2. (*Platz, Stelle*) frei, offen 3. unbewohnt 4. (*fig*) nichtig 5. (*fam*) dumm; ~ **böğür** Lende *f;* ~ **laf** Gerede *nt;* ~ **vermek** sich nichts daraus machen; ~ **yere** vergeblich; ~ **zaman** Freizeit *f;* **boşa çıkarmak** vereiteln (*-i etw*); **boşa çıkmak** scheitern; **boşa gitmek** vergeblich sein
boşalmak *vi* 1. sich leeren 2. (*Wohnung, Stelle*) frei werden 3. (*Flüssigkeit*) auslaufen 4. ejakulieren
boşaltmak *vt* 1. Kausativ zu **boşalmak** 2. (*aus- ent-*) leeren 3. entladen 4. (aus)räumen
boşamak *vt* sich scheiden lassen (*-i* von jdm)
boşandırmak *vt* (*Ehe*) scheiden (*-i* jdn)
boşanma *s* 1. Verbalsubstantiv zu **boşanmak** 2. (*Ehe-*) Scheidung *f*
boşanmak *vi* 1. sich scheiden lassen (*-den* von jdm) 2. (*Regen*) strömen
boşlamak *vt* 1. (*fam: Motor*) aussetzen 2. (*fig*) vernachlässigen (*-i* jdn)
boşluk (**-ğu**) *s* 1. Leere *f* 2. Lücke *f* 3. Hohlraum *m*
Boşnak (**-ğı**) *s* Bosniake, -kin *m, f,* Bosnier(in) *m(f)*
boşuboşuna *adv s.* **boşuna**
boşuna *adv* (*vergeblich*) umsonst
bot (**-tu**) *s* 1. Boot *nt* 2. Halbstiefel *m*
botanik (**-ği**) I. *s* Botanik *f* II. *adj* botanisch; ~ **bahçesi** botanischer Garten *m*
botanist *s* Botaniker(in) *m(f)*
bowling *s* Bowling *nt;* ~ **oynamak** bowlen
boy *s* 1. Körpergröße *f* 2. (*Wuchs*) Gestalt *f* 3. (*Format*) Größe *f* 4. Länge *f* 5. (*Kleider-*) Größe *f* 6. (*Volks-*) Stamm *m* 7. (*Ausmaß*) Umfang *m*

boya *s* 1. Farbe *f* 2. Schuhcreme *f;* **boyası çıkmak** abfärben; **boyalı kalem** Farbstift *m;* ~ **kutusu** Malkasten *m*
boyacı *s* 1. (*Anstreicher*) Maler *m* 2. Schuhputzer *m* 3. Farbenhändler *m*
boyahane *s* Färberei *f*
boyama *s* 1. Verbalsubstantiv zu **boyamak** 2. Färben *nt;* ~ **kitabı** Malbuch *nt*
boyamak *vt* 1. (*Stoff, Haare*) färben (*-i* etw) 2. (*tünchen*) anstreichen (*-i* etw)
boyarmadde *s* Farbstoff *m*
boykot (**-tu**) *s* Boykott *m;* ~ **etmek** boykottieren
boylam *s* (GEOG) Länge *f*
boylu *adj* von einer bestimmten Größe; **kısa** ~ (*Mensch*) klein; **orta** ~ (*Mensch*) mittelgroß
boynu (**-nu**) *s* Possessivform zu **boyun** sein/ihr Hals *m*
boynuz *s* Horn *nt;* **birine** ~ **takmak** (*fam*) jdm Hörner aufsetzen
boynuzlu *adj* (*auch fig*) gehörnt
boyu *präp* (*zeitlich*) während, ... lang; **yaşam** ~ das ganze Leben lang
boyun (**-ynu**) *s* 1. Hals *m* 2. Nacken *m* 3. Flaschenhals *m;* ~ **eğmek** nachgeben; ~ **kökü** Genick *nt;* **boynunu vurmak** enthaupten; **boynunu bükmek** den Kopf hängen lassen
boyuna *adv* 1. immerzu, unaufhörlich 2. der Länge nach
boyunbağı (**-nı**) *s* Krawatte *f,* Schlips *m*
boyunca *präp* 1. (*zeitlich*) durch 2. (*örtlich*) entlang 3. längs
boyunduruk (**-ğu**) *s* Joch *nt;* ~ **altına almak** unterwerfen
boyut (**-tu**) *s* 1. Format *nt* 2. Dimension *f*
boz *adj* 1. bräunlich-grau 2. ungerodet
bozdurmak *vt* 1. Kausativ zu **bozmak** 2. (*Geld in Kleingeld*) wechseln lassen (*-i -e* etw in etw)
bozgun *s* Niederlage *f*
bozkır *s* Steppe *f*
bozmak (**-ar**) *vt* 1. zerstören, vernichten (*-i* etw) 2. schaden (*-i* einer Sache) 3. (*in Kleingeld*) wechseln (*-i* etw) 4. blamieren (*-i* jdn) 5. (*Wetter*) sich verschlechtern 6. (*Eid*) brechen (*-i* etw) 7. (*fam*) entjungfern (*-i* jdn); **midesini** ~ sich den Magen verderben
bozuk (**-ğu**) *adj* 1. kaputt 2. außer Betrieb, defekt 3. (*verdorben*) schlecht; ~ **çalmak** (*fam*) sauer werden; ~ **para** Kleingeld *nt*

bozukluk (-ğu) *s* 1. (MED) Störung *f* 2. (*fam*) Kleingeld *nt*
bozulmak *vi* 1. *Passiv zu* **bozmak** 2. kaputtgehen 3. (*verderben*) schlecht werden 4. (*fig*) in die Brüche gehen 5. (*Mensch*) abmagern 6. (*fig*) blamiert dastehen 7. (*fam*) sauer sein (*-e* auf jdn); **midesi bozuldu** er hat sich den Magen verdorben
bozuntu *s* Karikatur *f*
bozuşma *s* 1. *Verbalsubstantiv zu* **bozuşmak** 2. Streit *m*, Zwietracht *f*
bozuşmak *vi* (*fam*) sich verkrachen (*ile* mit jdm)
böbrek (-ği) *s* Niere *f;* ~ **iltihabı** Nierenentzündung *f;* ~ **taşı** Nierenstein *m*
böbürlenmek *vi* (*fam*) protzen
böcek (-ği) *s* 1. Insekt *nt* 2. Käfer *m;* ~ **ilacı** Insektenmittel *nt*
böcekbilim *s* Insektenkunde *f*
böğrü (-nü) *s Possessivform zu* **böğür** seine/ihre Flanke *f*
böğür (-ğrü) *s* 1. Seite *f* 2. Flanke *f;* ~ **sancısı** Seitenstechen *nt*
böğürmek *vi* (*Rind*) brüllen, muhen
böğürtlen *s* Brombeere *f*
bölge *s* 1. Gebiet *nt* 2. (*Zone*) Region *f* 3. Bereich *m;* ~ **temsilcisi** Gebietsvertreter(in) *m(f)*
bölgesel *adj* regional
bölme *s* 1. (MATH) Division *f* 2. abgetrennter, kleiner Raum 3. Zwischenwand *f*
bölmek (-**er**) *vt* 1. (*zerlegen*) teilen (*-i -e* etw in etw) 2. (*einteilen*) gliedern (*-i -e* etw in etw) 3. (MATH) dividieren (*-i* etw) 4. (*Atomkern*) spalten (*-i* etw) 5. abtrennen (*-i* etw)
bölü *adv* (MATH) (geteilt) durch; **dört ~ iki iki eder** vier (geteilt) durch ~ zwei ist zwei
bölük (-ğü) *s* Kompanie *f*, Staffel *f*
bölüm *s* 1. Gliederung *f* 2. Kapitel *nt* 3. Abteilung *f* 4. (MATH) Quotient *m*
bölümleme *s* 1. *Verbalsubstantiv zu* **bölümlemek** 2. (INFORM) Partitionierung *m*
bölümlemek *vt* 1. gliedern, einteilen (*-i* etw) 2. (INFORM) partitionieren (*-i* etw)
bölümlenmiş *adj* (INFORM) partitioniert
bölünmek *vi* geteilt werden (*-e* in etw)
bölünmemiş *adj* (*ungeteilt*) ganz
bölüntü *s* 1. Clique *f* 2. Bruchstück *nt*
bölüşmek *vt* sich teilen (*-i ile* etw mit jdm)
bölüştürmek *vi* 1. *Kausativ zu* **bölüşmek** 2. (*Land*) aufteilen (*-i* etw)
bön *adj* (*fam*) doof; ~ ~ **bakmak** glotzen
börek (-ği) *s* Pastete *f*
böyle I. *adj* (*solch*) derartige(r, s) II. *adv* (*auf diese Weise*) so; **işte** ~ so ist es; ~ **bir şey** so etwas; ~ **bir şey olmaz** das gibt es nicht
böylece *adv* derart; (*so*) auf diese Weise
böylelikle *adv* dadurch
böylesi *pron* dergleichen
branda *s* (*auf Kriegsschiffen*) Hängematte *f;* ~ [*o* **yelken**] **bezi** Segeltuch *nt*
branş *s* 1. Branche *f* 2. (COM) Zweig *m*
bravo *interj* bravo
Brezilya *s* Brasilien *nt*
brifing *s* Briefing *nt*
briket (-ti) *s* Brikett *nt*
Britanya I. *s* Großbritannien *nt* II. *adj* (*Art*) britisch
Britanyalı I. *s* Brite *m*, Britin *f* II. *adj* (*Herkunft*) britisch
brokkoli *s* Brokkoli *m*
bronşit (-ti) *s* Bronchitis *f*
bronşlar *s pl* Bronchien *fpl*
bronz I. *s* Bronze *f* II. *adj* bronzen
bronzlaşmak *vi* sich bräunen
broş *s* Brosche *f*
broşür *s* Broschüre *f*
browser *s* (INET) Browser *m*
Brüksel *s* Brüssel *nt;* ~ **lahanası** Rosenkohl *m*
brüt *adj* brutto; ~ **ağırlık** Bruttogewicht *nt;* ~ **maaş** Bruttogehalt *nt*
bu (-**nu**) *pron* 1. (*adjektivisch*) diese(r, -s) 2. (*substantivisch*) der, die, das hier; ~ **amaçla** (*Zweck*) dafür; ~ **anda** in diesem Augenblick, momentan; ~ **ara** zurzeit; ~ **arada** einstweilen, in der Zwischenzeit; ~ **defa** diesmal; ~ **gibi** derartig, dergleichen; ~ **hususta** diesbezüglich; ~ **ne?** was ist das?; ~ **ne demek oluyor?** was soll das heißen?; ~ **kadar** so viel; ~ **sırada** in diesem Augenblick; ~ **şartla** insofern, insoweit; ~ **şekilde** dadurch; ~ **yana** bis jetzt, bis hier; **1990'dan ~ yana** seit 1990; ~ **yılki** diesjährig; ~ **yüzden** daher
bucak (-ğı) *s* 1. (*Winkel*) Ecke *f* 2. Bezirk *m;* ~ ~ kreuz und quer; ~ ~ **kaçmak** jdm aus dem Weg gehen
buçuk (-ğu) *adj* halb
budak (-ğı) *s* Zweig *m*
budala I. *adj* (*fam*) dumm II. *s* Dummkopf *m*
budalalık (-ğı) *s* Dummheit *f*
budamak *vt* (*Baum, Rechte*) beschneiden

budizm (-*i* etw)
budizm *s* Buddhismus *m*
budun *s* Volk *nt*
budunbilim *s* Völkerkunde *f*
bug (-**gı**) *s* (INFORM) Bug *m*
bugün *adv* heute; ~ **yarın** in der nächsten Zeit
bugünkü *adj* 1.(*heutig*) jetzige(r, s) 2. gegenwärtig
buğday *s* Weizen *m*; ~ **ambarı** Weizensilo *m*; ~ **unu** Weizenmehl *nt*
buğu *s* 1.(Wasser)dampf *m* 2. Dunst *m*; **buğuda pişirilmiş** (*Speisen*) gedämpft; **buğuda pişirmek** dämpfen (-*i* etw)
buğuhane, buğuevi (-**ni**) *s* 1. chemische Reinigung *f* 2. Desinfektionsanstalt *f*
buğulamak *vt* dämpfen, dünsten (-*i* etw)
buğulanmak *vi* 1. *Passiv zu* **buğulamak** 2. (*Glas*) beschlagen
buğulu *adj* 1. (*Glas*) beschlagen 2. dunstig
buhar *s* 1.Dampf *m* 2.Dunst *m*; ~ **çık(ar)mak** dampfen; ~ **kazanı** Dampfkessel *m*; ~ **makinesi** Dampfmaschine *f*
buharlaşmak *vi* verdampfen, verdunsten
buharlı ütü *s* Dampfbügeleisen *nt*
buhran *s* Krise *f*
buhur *s* Weihrauch *m*
buji *s* (AUTO) Zündkerze *f*
bukalemun *s* Chamäleon *nt*
buket (-**ti**) *s* (Blumen)strauß *m*
bukle *s* Locke *f*
bukleli *adj* lockig
bulamak *vt* besudeln (-*i* -*e* etw mit etw)
bulandırmak *vt* 1. *Kausativ zu* **bulanmak** 2. (*Wasser*) trüben (-*i* etw)
bulanık (-**ğı**) *adj* 1. (*Wetter*) diesig 2. (*Flüssigkeit*) trüb(e) 3. (*fig*) verschwommen
bulanmak *vi* 1. *Passiv zu* **bulamak** 2. (*Wasser*) sich trüben; **midem bulandı** ich habe mir den Magen verdorben
bulantı *s* Brechreiz *m*
bulaşıcı *adj* (*Krankheit*) ansteckend; ~ **hastalık** Infektionskrankheit *f*
bulaşık (-**ğı**) I. *s* 1. unabgewaschenes Geschirr 2. (*Spritzer*) Flecken *m* II. *adj* beschmutzt; ~ **bezi** Spüllappen *m*; ~ **deterjanı** Spülmittel *nt*; ~ **kurulama bezi** Geschirrtuch *nt*; ~ **yıkama makinesi** Geschirrspülmaschine *f*; ~ **yıkamak** (*Geschirr*) abwaschen
bulaşma *s* 1. *Verbalsubstantiv zu* **bulaşmak** 2. Ansteckung *f*

bulaşmak *vi* 1. verschmutzen 2. (*Feuer*) übergreifen (-*e* auf etw) 3. belästigen (-*e* jdn) 4. verwickelt werden (-*e* in etw); **çocuğa kızamık bulaştı** das Kind hat sich die Masern geholt
bulaştırmak *vt* 1. *Kausativ zu* **bulaşmak** 2. verseuchen (-*i* etw)
buldok (-**ğu**) *s* Bulldogge *f*
buldozer *s* Planierraupe *f*
Bulgar I. *s* Bulgare *m*, Bulgarin *f* II. *adj* (*Art, Herkunft*) bulgarisch
Bulgarca *adj* (*Sprache*) bulgarisch
Bulgaristan *s* Bulgarien *nt*
bulgu *s* 1. Befund *m* 2. Entdeckung *f* 3. Erfindung *f*
bulgur *s* 1. Weizengrütze *f* 2. Graupeln *pl*; ~ (**gibi kar**) **yağıyor** es graupelt
bulmaca *s* Rätsel *nt*
bulmak (-**ur**) *vt* 1. finden (-*i* jdn/etw) 2. erfinden (-*i* etw) 3. entdecken (-*i* etw) 4. (*ausfindig machen*) ermitteln (-*i* etw) 5. erraten (-*i* etw) 6. (*gelangen zu*) erreichen (-*i* etw) 7. (*Summe*) sich belaufen (-*i* auf etw) 8. (an)treffen (-*i* jdn)
bulucu *s* Erfinder(in) *m(f)*, Entdecker(in) *m(f)*
buluğ *s* Pubertät *f*
bulundurmak *vt* vorrätig haben (-*i* etw)
bulunmak *vi* 1. *Passiv zu* **bulmak** 2. sich befinden 3. (*sich aufhalten*) bleiben 4. vorrätig sein
bulunmaz *adj* 1. unauffindbar 2. nicht erhältlich; ~ **Bursa kumaşı** weißer Rabe; (*fig*) Rarität *f*
buluş *s* 1. Einfall *m*, Idee *f* 2. Entdeckung *f* 3. Erfindung *f*
buluşma *s* 1. *Verbalsubstantiv zu* **buluşmak** 2. (*Verabredung*) Treffen *nt* 3. Zusammentreffen *nt*; ~ [o **randevu**] **yeri** Treffpunkt *m*
buluşmak *vi* sich treffen (*ile* mit jdm)
bulut (-**tu**) *s* Wolke *f*; ~ **gibi** (*fam*) besoffen
bulutlanma *s* 1. *Verbalsubstantiv zu* **bulutlanmak** 2. Bewölkung *f*
bulutlanmak *vr* sich bewölken
bulutlu *adj* bewölkt
bulutsuz *adj* (*Himmel*) wolkenlos, heiter
bulvar *s* Boulevard *nt*; ~ **gazetesi** Boulevardzeitung *f*
buna *adv* 1. *Dativ zu* **bu** 2. dazu; ~ **göre** demzufolge; ~ **karşılık** dafür; ~ **karşın** [o **rağmen**] dennoch

bunak (-ğı) *adj* (*fam pej*) senil
bunalım *s* 1. Krise *f* 2. Depression *f*
bunalmak *vi* beinahe ersticken (*-den* vor etw)
bunaltmak *vt* 1. *Kausativ zu* **bunalmak** 2. (*lasten auf*) bedrücken (*-i* jdn)
bunamak *vi* (*fam pej*) senil werden
bundan *pron* 1. *Ablativ zu* **bu** 2. daraus, davon; ~ **başka** außerdem; ~ **böyle** von jetzt an; ~ **dolayı** deshalb; ~ **sonra** danach; ~ **sonrası** alles Weitere
bungalov *s* Bungalow *m*
bunlar *pron* 1. (*adjektivisch*) diese 2. (*substantivisch*) diese hier
bunu *pron* den, die, das, ihn, sie, es; ~ **alıyorum** ich nehme es; ~ **hiç bilmiyorum** davon weiß ich nichts; ~ **nereden çıkardın?** (*fam*) wie kommst du darauf?
bunun *pron* dessen, deren; ~ **için** dafür, deshalb; ~ **ötesinde** darüber hinaus; ~ **üzerine** darauf(hin); ~ **yerine** stattdessen
bununla *adv* damit; ~ **beraber** (*doch*) dabei
bura I. *adv* dieser Ort II. *adj* hiesig; **buranın** von diesem Ort; **buranın yabancısıyım** ich bin hier fremd
burada *adv* hier; **buradayım** hier bin ich
buradaki *adj* hiesig
buradan *adv* von hier; ~ **geçilmez!** Durchfahrt verboten!
buralı *adj* hiesig
burası *s* diese Gegend, hier; ~ **çekilir gibi değil** hier ist es nicht zum Aushalten
buraya *adv* hierher, hierhin; ~ **gel bakalım** komm doch mal her!
burç (-cu) *s* 1. Festungsturm *m* 2. Tierkreis *m* 3. Tierkreiszeichen *nt*, Sternzeichen *nt*
burçak *s* Wicke *f*
burgaç (-cı) *s* (*Wirbel*) Strudel *m*
burgu *s* Bohrer *m*
burgulamak *vt* bohren (*-i* etw)
burjuva *s* Großbürger(in) *m(f)*
burjuvazi *s* Großbürgertum *nt*
burkmak (-ar) *vt* (*Arm, Bein*) verdrehen, verstauchen (*-i* etw)
burmak (-ar) *vt* winden (*-i* etw)
burnu (-nu) *s* *Possessivform zu* **burun** seine/ihre Nase *f*
burs *s* Stipendium *nt*
Bursa *s* anatolische Stadt unweit des Marmarameers
bursiyer *s* Stipendiat(in) *m(f)*
buruk (-ğu) *adj* herb

burun (-rnu) *s* 1. Nase *f* 2. Kap *nt* 3. (*von Tieren*) Schnauze *f*; (*von Vögeln*) Schnabel *m* 4. (*eines Schuhs*) Spitze *f* 5. Bug *m* 6. (*Insekten-*) Rüssel *m* 7. (*Arroganz*) Stolz *m*; ~ **damlası** (MED) Nasentropfen *mpl*; ~ **kanaması** Nasenbluten *nt*; ~ **maskesi** Maulkorb *m*; **burnu büyük** [*o* **havada**] hochnäsig; **burnunu silmek** sich die Nase putzen; **burnunun dibinde** vor jds Nase, in unmittelbarer Nähe von …

> **Burun temizlemek**, sich die Nase in der Öffentlichkeit zu putzen, ist in der Türkei verpönt. Es empfiehlt sich hierfür die Toilette aufzusuchen.

buruşmak *vi* 1. Falten werfen 2. runzlig werden 3. (*Apfel*) verschrumpeln
buruşmaz *adj* knitterfrei
buruşturmak *vt* 1. *Kausativ zu* **buruşmak** 2. zerknittern (*-i* etw) 3. verziehen (*yüzünü* das Gesicht)
buruşuk (-ğu) I. *s* 1. (*im Gesicht*) Falte *f* 2. (*in Papier*) Knick *m* II. *adj* 1. faltig, runzelig 2. zerknittert, zerknüllt
buse *s* Kuss *m*
but (-du) *s* 1. Keule *f* 2. Oberschenkel *m*
butik (-ği) *s* Boutique *f*
buyruk (-ğu) *s* Gebot *nt*
buyurmak *vt* 1. befehlen (*-e -i* jdm etw) 2. sprechen; **buyurun!** greifen Sie zu!, bedienen Sie sich!
buz *s* Eis *nt*; ~ **bağlamak** zufrieren; ~ **gibi** eisig, eiskalt; ~ **kesiyor** es friert; ~ **kütlesi** (Eis)scholle *f*; ~ **saçağı** Eiszapfen *m*
buzağı *s* Kalb *nt*
buzdağı (-nı) *s* Eisberg *m*
buzdolabı (-nı) *s* Kühlschrank *m*, Eisschrank *m*
buzhane *s* Kühlraum *m*
buzlu *adj* 1. eisgekühlt 2. vereist 3. (*Glasscheibe*) matt; ~ **çay** Eistee *m*
buzlucam *s* 1. (FOT) Mattscheibe *f* 2. Milchglasscheibe *f*
buzluk (-ğu) *s* 1. Gefrierfach, Eisfach *nt*
buzul *s* Gletscher *m*; ~ **çağı** Eiszeit *f*; ~ **yarığı** Gletscherspalte *f*
bücür *adj* (*fam*) schwach auf der Brust
büfe *s* 1. (*Anrichte*) Büfett *nt* 2. Imbissstube *f* 3. kaltes Büfett *nt*
büklüm *s* Windung *f*
bükmek (-er) *vt* 1. beugen; (*krümmen*) bie-

bükük   35   **by-pass**

gen (*-i* etw) **2.** knicken (*-i* etw) **3.** spinnen (*-i* etw) **4.** (*zusammendrehen*) winden (*-i* etw)
bükük (**-␀ü**) *adj* (*verbogen*) krumm
bükülmek *vi* **1.** *Passiv zu* **bükmek 2.** sich verbiegen
büküm *s* Knick *m*
bülbül *s* Nachtigall *f*
bülten *s* Bulletin *nt*
bünye *s* **1.** Gliederung *f*; (*Aufbau*) Struktur *f* **2.** Natur *f*, Konstitution *f*
büro *s* Büro *nt*
bürokrasi *s* Bürokratie *f*
bürokratik *adj* bürokratisch
bürümek *vt* (*umhüllen*) einhüllen (*-i* jdn/etw)
büsbütün *adv* **1.** ganz und gar **2.** (*restlos*) vollständig
büst (**-tü**) *s* Büste *f*
bütçe *s* Budget *nt*, Etat *m*
bütün **I.** *adj* **1.** alle(r, s) **2.** ganz, vollständig **3.** gesamt **II.** *s* **1.** Gesamtheit *f* **2.** Summe *f*; ~ **ayrıntılarıyla** in allen Einzelheiten; ~ **dünyada** weltweit; ~ **gün** den ganzen Tag
bütüncül *adj* totalitär
bütüncüllük (**-ğü**) *s* Totalitarismus *m*
bütünleme *s* **1.** *Verbalsubstantiv zu* **bütünlemek 2.** (*in der Schule*) Nachprüfung *f*
bütünlemek *vt* ergänzen, vervollständigen (*-i* etw)
bütünlük (**-ğü**) *s* **1.** Einheit *f* **2.** Gesamtheit *f*
büyü *s* **1.** Zauber *m* **2.** Zauberei *f*, Magie *f*; ~ **yapmak** zaubern, hexen
büyücek (**-ği**) *adj* recht groß
büyücü *s* Zauberer *m*; ~ (**kadın**) Zauberin *f*, Hexe *f*
büyücülük (**-ğü**) *s* Hexerei *f*, Zauberei *f*
büyük (**-ğü**) *adj* **1.** groß **2.** (*beträchtlich*) bedeutend **3.** (*erwachsen*) groß **4.** (*geräumig*) weit, breit **5.** hoch, lang **6.** (*Persönlichkeit*) hochgestellt, führend **7.** (*Mensch*) älter(e); ~ **baş hayvan** Vieh *nt*; ~ **devlet** Großmacht *f*; ~ **dilbalığı** Heilbutt *m*; ~ **harf** Großbuchstabe *m*; ~ **ikramiye** Hauptgewinn *m*; ~ **işletme** Großbetrieb *m*; **Büyük Okyanus** Pazifik *m*
büyükanne *s* Großmutter *f*
Büyükayı *s* der Große Bär
büyükbaba *s* Großvater *m*
büyükelçi *s* Botschafter(in) *m(f)*
büyükelçilik (**-ği**) *s* (*auch Gebäude*) Botschaft *f*
büyüklük (**-ğü**) *s* **1.** Größe *f* **2.** Format *nt* **3.** Hochherzigkeit *f* **4.** Weite *f* **5.** Hochmut *m*; ~ **iddiası** Größenwahn *m*; ~ **taslamak** (*fam*) sich wichtig machen, wichtig tun
büyükşehir (**-şehri**) *s* Großstadt *f*
büyülemek *vt* **1.** verhexen, verzaubern (*-i* jdn/etw) **2.** (*faszinieren*) bezaubern (*-i* jdn)
büyüleyici *adj* bezaubernd, zauberhaft
büyültmek *vt* **1.** *Kausativ zu* **büyümek 2.** vergrößern (*-i* etw)
büyülü *adj* **1.** verzaubert **2.** zauberhaft
büyüme *s* **1.** *Verbalsubstantiv zu* **büyümek 2.** Wachstum *nt*
büyümek *vi* **1.** größer werden **2.** wachsen **3.** heranwachsen **4.** (*Pflanzen*) gedeihen **5.** größere Ausmaße nehmen
büyüsel *adj* magisch
büyüteç (**-ci**) *s* Lupe *f*, Vergrößerungsglas *nt*
büyütmek *vt* **1.** *Kausativ zu* **büyümek 2.** vergrößern (*-i* etw) **3.** (*Kind*) aufziehen (*-i* jdn) **4.** übertreiben (*-i* etw)
büzmek (**-er**) *vt* **1.** kräuseln (*-i* etw) **2.** (*Stoff*) zusammenziehen, plissieren (*-i* etw)
büzülmek *vi* **1.** *Passiv zu* **büzmek 2.** schrumpfen, sich zusammenziehen **3.** sich kräuseln **4.** Falten bekommen **5.** (*aus Angst, Scham*) sich verkriechen
büzük (**-ğü**) **I.** *adj* **1.** gekräuselt **2.** gefaltet **3.** eingeschrumpft **4.** plissiert **II.** *s* (*vulg*) Arschloch *nt*
by-pass *s* Bypass *m*; **by-pass ameliyatı** Bypass-Operation *f*

C

C, c *s dritter Buchstabe des türk. Alphabets*
caba *adv* 1. gratis 2. obendrein
cacık (**-ğı**) *s* Zaziki *nt* (*Gurkensalat mit Joghurt und Knoblauch*)
cadaloz *s* (*fam pej*) (altes und hässliches) Weib *nt*
cadde *s* Straße *f;* **ana ~** Hauptstraße *f*
cadı *s* Hexe *f*
cafcaf *s* 1. (*fam*) leere Aufmachung *f* 2. Aufgedonnertsein *nt; ~* **etmek** angeben, prahlen
cafcaflı *adj* 1. (*Gerede*) geschwollen 2. (*Aussehen*) aufgedonnert
cahil I. *s* Ignorant(in) *m(f)*, Analphabet(in) *m(f)* II. *adj* ungebildet
cahillik (**-ği**) *s* 1. Ignoranz *f;* (*fam*) Dummheit *f* 2. Unerfahrenheit *f* 3. Analphabetentum *nt*
caka *s* (*fam*) Angeberei *f; ~* **satmak** angeben
cakacı *s* Angeber(in) *m(f)*
cam I. *s* 1. (*Material*) Glas *nt* 2. Glasscheibe *f*, (Fenster)scheibe *f* II. *adj* gläsern; **~ gibi** (*Blick*) glasig; **~ kırığı** (Glas)scherbe *f;* **~ silecek** Scheibenwischer *m*
cambaz *s* 1. Akrobat(in) *m(f)*, Seiltänzer(in) *m(f)* 2. Pferdehändler *m* 3. (*fam*) Betrüger(in) *m(f)*
camcı *s* Glaser(in) *m(f)*
camcılık (**-ğı**) *s* Glaserei *f*
camcorder *s* Camcorder *m*
cam(**dan**) *adj* gläsern
camekan *s* Schaufenster *nt*
camgöbeği *adj* flaschengrün
cami (**-i/-si**) *s* Moschee *f*

> Die vielen **camiler** (Moscheen) mit ihren Minaretten verleihen der Türkei den Reiz des Orients. Fünf Mal am Tag ruft der Muezzin zum Gebet. Die Gebetszeiten richten sich nach dem Stand der Sonne. Gebetet wird auf dem Gebetsteppich und nach Mekka ausgerichtet.

camia *s* Gemeinde *f*
camipliği (**-ni**) *s* Glasfaser *f*
camlı *adj* Glas-, aus Glas; **~ kapı** Glastür *f*
can *s* 1. (*Seele*) Geist *m* 2. Herz *nt* 3. Leben *nt;* **~ alacak nokta** wunder Punkt; **~ atmak** scharf sein (*-e* auf etw); **~ çekişme** Todeskampf *m;* **~ çekişmek** im Sterben liegen; **~ düşmanı** Todfeind(in) *m(f); ~* **sıkıcı** bedrückend; (*Sache*) langweilig, öde; **~ sıkıntısı** Beklemmung *f*, Langeweile *f; ~* **simidi** Schwimmring *m; ~* **ve gönülden** von ganzem Herzen; **cana yakın** liebenswert; **bir şeyi canı çekmek** etwas wünschen; **canı istiyor** er hat Lust (*-i* auf etw); **canı sıkılıyor** er langweilt sich, er ärgert sich (*-den* über etw); **canım** (*Kosewort*) mein Liebling; **canıma yetti** es hängt mir zum Halse heraus; **canına kıymak** umbringen (*-in* jdn), sich das Leben nehmen; **canına yetmek** die Nase voll haben; **canını sıkmak** ärgern (*-in* jdn); **canla başla** mit Leib und Seele
canavar *s* 1. Raubtier *nt* 2. Unmensch *m*, Scheusal *nt; ~* **düdüğü** Sirene *f*
canciğer *adj* eng befreundet; **~ dost** Busenfreund(in) *m(f); ~* **dost olmak** ein Herz und eine Seele sein
candan *adj* 1. herzlich, innig 2. (*aufrichtig*) offen
cani *s* (Schwer)verbrecher(in) *m(f)*
canice *adj* verbrecherisch
cankurtaran *s* Lebensretter(in) *m(f); ~* (**arabası**) Krankenwagen *m; ~* **filikası** Rettungsboot *nt; ~* **simidi** Rettungsring *m; ~* **yeleği** Schwimmweste *f*
canlandırmak *vt* 1. *Kausativ zu* **canlanmak** 2. beleben (*-i* jdn/etw) 3. (*seelisch*) stärken (*-i* jdn) 4. (THEAT) darstellen (*-i* jdn/etw)
canlanmak *vi* 1. wieder aufleben 2. wieder lebendig werden
canlı I. *adj* 1. lebend, lebendig 2. Live-; **~ müzik** Livemusik *f; ~* **yayın** Livesendung *f; ~* **yayın aracı** Ü-Wagen *m* II. *s* Lebewesen *nt*
canlılık (**-ğı**) *s* 1. Lebendigsein *nt* 2. Vitalität *f* 3. (*Rummel*) Betrieb *m*
cansıkıcı *adj* langweilig
cansız *adj* 1. (*fig*) tot 2. leblos; **~ doğa** Stillleben *nt*
cappuccino *s* Cappuccino *m*
cari *adj* (*Rechnung*) laufend; **~ hesap** Girokonto *nt*
casus *s* Spion(in) *m(f)*, Agent(in) *m(f)*

casusluk (**-ğu**) *s* Spionage *f;* ~ **etmek** spionieren

caydırmak *vt* (*vom Vorhaben*) abbringen (*-i -den* jdn von etw)

cayırdamak *vi* (*Fett*) zischen

caymak (**-ar**) *vi* **1.** es sich anders besinnen **2.** verzichten (*-den* auf etw)

caz *s* Jazz *m*

cazibe *s* Anziehung(skraft) *f;* (*Zauber*) Reiz *m*

cazibeli *adj* attraktiv, charmant

cazip (**-bi**) *adj* **1.** verlockend **2.** interessant **3.** fesselnd **4.** glamourös

CD *s* CD *f;* ~ **çalar** [*o* **player**] CD-Player *m;* ~ **sürücüsü** CD-Laufwerk *nt;* ~ **yazıcı** CD-Brenner *m*

CD-ROM (**diski**) *s* CD-ROM *f*

cebir (**-bri**) *s* **1.** Zwang *m* **2.** Algebra *f*

ceddi (**-ni**) *s Possessivform zu* **cet** sein/ihr Vorfahre *m*

cefa *s* Qual *f*

cehalet (**-ti**) *s* Unwissenheit *f*

cehennem *s* Hölle *f;* ~ **ol!** (*fam*) scher dich zum Teufel!

ceket (**-ti**) *s* Jacke *f*

cellat (**-dı**) *s* Henker *m*

celp (**-bi**) *s* **1.** (JUR) Vorladung *f* **2.** (MIL) Einberufung *f;* ~ **etmek** (JUR) vorladen; (MIL) einberufen

celse *s* Gerichtssitzung *f*

Cem heißt das gemeinsame Gebet der Aleviten, bei dem die Menschen ihre Sorgen erzählen. Jedem Familienclan steht ein 'pir', ein Experte in religiösen Fragen, vor. Der 'pir' besucht mehrmals im Jahr seine Familienangehörigen um ein 'cem' abzuhalten. Meist versammelt sich nicht nur die Familie um den 'pir', sondern es kommen viele Aleviten aus der Region zusammen. Der 'pir' ist Geistlicher, Richter und Erzieher zugleich. Die Versöhnungsrituale, die der 'pir' anleitet, werden von allen respektiert; Aleviten kennen keine Blutrache. Der 'pir' singt religiöse Heldenlieder und spielt dazu die 'saz', die türkische Laute. Auch der Tanz wird bei den Aleviten als religiöses Ritual verstanden.

---

cemaat (**-ti**) *s* (REL) Gemeinde *f*

cemiyet (**-ti**) *s* **1.** (*auch Verein*) Gesellschaft *f* **2.** (*Volks-*) Gemeinschaft *f*

cenaze *s* **1.** sterbliche Hülle *f* **2.** Begräbnis *nt;* ~ **alayı** Leichenzug *m;* (*Feier*) Begräbnis *nt;* ~ **arabası** Leichenwagen *m;* ~ (**töreni**) Beisetzung *f*

cendere *s* **1.** Presse *f* **2.** Wäschemangel *f* **3.** Zwickmühle *f;* **birini cendereye sokmak** jdn in die Mangel nehmen

Cenevre *s* Genf *nt;* ~ **Sözleşmesi** Genfer Abkommen *nt*

cengel *s* Dschungel *m*

cenin *s* Fötus *m*

cenk (**-gi**) *s* Krieg *m*

cenkçi **I.** *s* Krieger *m* **II.** *adj* kriegerisch

cennet (**-ti**) *s* (*auch fig*) Paradies *nt;* ~ **gibi** paradiesisch

cent (**-ti**) *s* Cent *m*

centilmen **I.** *adj* fair **II.** *s* Gentleman *m*, feiner Herr

centilmence *adj* fair

cep (**-bi**) *s* (*in einem Kleidungsstück*) Tasche *f;* ~ **bilgisayarı** Taschencomputer *m;* ~ **feneri** Taschenlampe *f;* ~ **saati** Taschenuhr *f;* ~ **takvimi** Taschenkalender *m;* ~ **telefonu** Handy *nt*

cephane *s* **1.** Munition *f* **2.** Militärarsenal *nt*

cephe *s* **1.** Front *f* **2.** Vorderseite *f* **3.** Fassade *f;* ~ **gerisi** (MIL) Etappe *f*

cerahat (**-ti**) *s* Eiter *m*

cerahatlenmek *vi* eitern

cerahatli *adj* eit(e)rig

cereyan *s* **1.** Strom *m* **2.** (*einer Sache*) Verlauf *m* **3.** (*geistige*) Strömung *f* **4.** Luftzug *m;* ~ **bağlantısı** Stromanschluss *m;* ~ **etmek** sich ereignen, geschehen; ~ **kesilmesi** Stromausfall *m;* ~ **yapıyor** es zieht

cereyanlı *adj* **1.** mit Strom betrieben **2.** zugig

cerrah *s* Chirurg(in) *m(f)*

cerrahi *adj* chirurgisch; ~ **klinik** Chirurgie *f;* ~ **müdahale** chrurgischer Eingriff *m*, Operation *f*

cerrahlık *s* Chirurgie *f*

cesaret (**-ti**) *s* **1.** Mut *m*, Tapferkeit *f* **2.** Tollkühnheit *f;* **ha** ~**!** (*fam*) nur Mut!; ~ **etmek** wagen, sich getrauen; **cesaretini kırmak** entmutigen (*-in* jdn)

cesaretlendirmek *vt* **1.** *Kausativ zu* **cesaretlenmek** **2.** ermutigen (*-i* jdn)

cesaretlenmek *vi* Mut fassen

cesaretli *adj* **1.** mutig **2.** verwegen

cesaretsiz *adj* mutlos

cesaretsizlik (**-ği**) *s* Mutlosigkeit *f*

ceset (**-di**) *s* Leiche *f*

cesur *adj* **1.** mutig **2.** verwegen

cet (-ddi) *s* Vorfahr *m*
cetvel *s* 1. Lineal *nt* 2. Liste *f* 3. Skala *f*
cevap (-bı) *s* Antwort *f*; ~ **vermek** antworten (-*e* jdm)
cevaplandırmak *vt* beantworten (-*i* etw)
cevher *s* 1. Substanz *f* 2. Wesen *nt* 3. Erz *nt*
ceviz *s* Walnuss *f*; ~ **ağacı** Walnussbaum *m*
ceylan *s* Gazelle *f*
ceza *s* Strafe *f*; ~ **çekmek** eine Srafe verbüßen; ~ **davası** Strafprozess *m*; ~ **hukuku** Strafrecht *nt*; ~ **kanunu** Strafgesetzbuch *nt*; ~ **müzekkeresi** Strafmandat *nt*; ~ **sahası** (SPORT) Strafraum *m*; **cezanın tecili** Bewährungsfrist *f*
cezaevi (-ni) *s* Gefängnis *nt*
cezalandırmak *vt* bestrafen (-*i* jdn)
cezasız *adj* ungestraft
Cezayir I. *s* Algerien *nt* II. *adj* (*Art*) algerisch
Cezayir(ce) *adj* (*Sprache*) algerisch
Cezayirli I. *s* Algerier(in) *m(f)* II. *adj* (*Herkunft*) algerisch
cezve *s* Kaffeekanne *f* (*mit langem Stil, zur Zubereitung von türkischem Kaffee*)
chat (-ti) *s* (INET) Chat *m*; ~ **odası** (INET) Chatroom *m*; ~ **yapmak** (INET) chatten
cıgara *s* (*fam*) Zigarette *f*
cılız *adj* 1. hager, mager 2. schwächlich
cılızlaşmak *vi* abmagern
cılk *adj* 1. (*Ei*) faul 2. (*Wunde*) eiterig
cımbız *s* Pinzette *f*
cırcırböceği (-ni) *s* Grille *f*
cırıldamak *vi* 1. schwätzen 2. zirpen
cırlak (-ğı) I. *s* Grille *f* II. *adj* (*Stimme*) schrill; ~ **sıçanı** Hamster *m*
cırlamak *vi* zirpen
cırtlak *adj* (*Stimme*) grell
cıva *s* Quecksilber *nt*; ~ **sülfidi** Zinnober *m*
cıvata *s* 1. Bolzen *m* 2. (*Kopf-, Steck-*) Schraube
cıvık (-ğı) *adj* 1. (*albern*) läppisch 2. schmierig, klebrig
cıvıldamak *vi* 1. (*Maus*) piepsen 2. (*Vogel*) zwitschern
cıvımak *vi* 1. (*Angelegenheit*) nicht mehr glatt gehen 2. (*fam*) albern werden
cıyak cıyak *adv* aus vollem Hals
cızbız *adj* gegrillt
cızırdamak *vi* 1. knirschen 2. brutzeln
cızırtılı *adj* kratzig
cibinlik (-ği) *s* Moskitonetz *nt*
cici *adj* niedlich

cidden *adv* im Ernst
ciddi *adj* 1. ernst 2. seriös 3. (*Mensch*) solide 4. (*Krankheit*) schlimm 5. wirklich, tatsächlich; ~ **olarak** ernstlich; **bir şeyi ciddiye almak** etwas ernst nehmen
ciddileşmek *vi* 1. ernst werden 2. (*Lage*) sich verschärfen, sich zuspitzen
ciddileştirmek *vt* 1. *Kausativ zu* **ciddileşmek** 2. (*Lage*) verschärfen (-*i* etw)
ciddilik (-ği) *s* 1. Ernst *m* 2. Vertrauenswürdigkeit *f*
ciddiyet (-ti) *s* Ernst *m*
ciğer *s* 1. Lunge *f* 2. Niere *f* 3. (*Kosewort*) Herz *nt*; ~ **ezmesi** Leberpastete *f*
cihan *s* 1. Welt *f* 2. Weltall *nt*
cik cik etmek *vi* (*fam: Maus, Küken*) piepsen
cila *s* 1. Politur *f* 2. (*Lack*) Firnis *m* 3. Schuhcreme *f* 4. Bohnerwachs *nt*
cilalamak *vt* 1. polieren (-*i* etw) 2. bohnern (-*i* etw)
cildiye *s* 1. Hautkrankheiten *pl* 2. Hautklinik *f*
cildiyeci *s* Hautarzt, -ärztin *m, f*
cilt (-di) *s* 1. Haut *f* 2. Einband *m* 3. (*Buch*)band *m*; ~ **bakımı** Hautpflege *f*; ~ **doktoru** Hautarzt, -ärztin *m, f*; ~ **dostu** hautfreundlich; ~ **hastalığı** Hautkrankheit *f*; ~ **kanseri** Hautkrebs *m*; ~ **kremi** Hautcreme *f*
ciltçi *s* Buchbinder(in) *m(f)*
ciltlemek *vt* (*Buch*) binden (-*i* etw)
ciltli *adj* (*Buch*) gebunden
ciltsiz *adj* broschiert
cilve *s* 1. Grazie *f* 2. Koketterie *f* 3. (*des Schicksals*) Ironie *f*
cilvelenmek *vi* kokettieren
cilveleşmek *vi* miteinander flirten
cilveli *adj* 1. graziös 2. kokett
cimri I. *s* Geizhals *m* II. *adj* geizig; (*fam*) knauserig
cimrilik (-ği) *s* Geiz *m*
cin *s* 1. Branntwein *m* 2. Dämon *m* 3. kluger Mensch *m*; ~ **mısırı** Popcorn *nt*
cinayet (-ti) *s* Mord *m*; ~ **işlemek** ein Verbrechen/einen Mord begehen; ~ **romanı** Kriminalroman *m*; ~ **zabıtası** Kriminalpolizei *f*
cingöz *adj* (*fam*) gerissen, schlau
cinnet (-ti) *s* (*fam*) Wahnsinn *m*; ~ **geçiren biri** Wahnsinnige(r) *mf*
cins I. *s* 1. Art *f* 2. Gattung *f* 3. Geschlecht

nt 4. (*Art*) Wesen *nt* II. *adj* reinrassig
cinsel *adj* geschlechtlich, sexuell; ~ **ayrımcı** sexistisch; ~ **ayrımcılık** Sexismus *m*; ~ **ilişki** Geschlechtsverkehr *m*; ~ **obje** Sexualobjekt *nt*; ~ **organ** Geschlechtsorgan *nt*; ~ **taciz** sexuelle Belästigung
cinsellik (**-ği**) *s* Sexualität *f*
cinsi *adj* geschlechtlich, sexuell; ~ **ilişki** Koitus *m*; ~ **münasebet** Geschlechtsverkehr *m*; (JUR) Beischlaf *m*
cinsiyet (**-ti**) *s* 1. Geschlecht *nt* 2. Sexualität *f*
cinsiyetçi *adj* sexistisch
cip (**-pi**) *s* Jeep *m*
cirit (**-di**) *s* Speer *m*; ~ **atma** Speerwerfen *nt*
ciro *s* Giro *nt*
cisim (**-smi**) *s* 1. Körper *m* 2. Gegenstand *m*
cisimlendirmek *vt* konkretisieren (*-i* etw)
civar *s* 1. Umgebung *f* 2. Nähe *f*
civarında I. *präp* in der Nähe (*-in gen*) II. *adv* ungefähr, etwa
civciv *s* Küken *nt*
Cizvit (**-ti**) *s* Jesuit *m*
coğrafi *adj* geografisch
coğrafya *s* Erdkunde *f*, Geografie *f*
coğrafyacı *s* Geograf(in) *m(f)*
conta *s* 1. (TECH) Dichtung *f* 2. (MAR) Lasche *f*
contalamak *vi* (TECH) dichten
cop (**-bu**) *s* Gummiknüppel *m*
coplamak *vt* (*mit Gummiknüppel*) zusammenknüppeln (*-i* jdn)
coşku *s* 1. Erregung *f* 2. (*Begeisterung*) Ekstase *f*, Entzücken *nt*
coşkulu *adj* leidenschaftlich
coşkun *adj* 1. begeistert, enthusiastisch 2. (*See*) bewegt
coşkunluk (**-ğu**) *s* 1. Enthusiasmus *m* 2. Heftigkeit *f* 3. (*fig*) Rausch *m*
coşmak (**-ar**) *vi* 1. sich begeistern 2. leidenschaftlich werden 3. (*Fluss*) über die Ufer treten 4. (*Wind*) an Heftigkeit zunehmen
coşturmak *vt* 1. *Kausativ zu* **coşmak** 2. begeistern (*-i* jdn)

cömert (**-di**) *adj* freigiebig, großzügig
Creutzfeld-Jacob hastalığı (**-nı**) *s* Creutzfeld-Jacob-Krankheit *m*
cuma (**günü**) *s* Freitag *m*
cumartesi (**günü**) *s* Samstag *m*, Sonnabend *m*
cumba *s* Erker *m*
cumhurbaşkanı (**-nı**) *s* Staatspräsident *m*
cumhuriyet (**-ti**) *s* Republik *f*

> **Cumhuriyet Bayramı**, das Fest der Republik, wird am 29. Oktober gefeiert. An diesem Tag wurde im Jahre 1923 die Republik ausgerufen. Bereits 1920 nach dem Zusammenbruch des Osmanischen Reiches berief Atatürk die erste große Nationalversammlung ein, die ihn dann im Jahre 1923 zu ihrem Präsidenten wählte und gleichzeitig die Monarchie abschaffte.

cumhuriyetçi I. *s* Republikaner(in) *m(f)* II. *adj* republikanisch
cunta *s* Junta *f*
curcuna *s* (*fam*) Trubel *m*, Tumult *m*
cübbe *s* Talar *m*
cüce *s* Zwerg *m*
cümbüş *s* 1. (*fam*) Remmidemmi *nt* 2. *ein gitarrenähnliches Musikinstrument*
cümle I. *s* Satz *m* II. *adj* ganz, sämtlich
cüppe *s* 1. Talar *m* 2. (*Richter-, Anwalts-*) Robe *f*
cüret (**-ti**) *s* 1. (*fam*) Frechheit *f* 2. Kühnheit *f*
cüretli I. *adj* kühn; (*keck*) frech II. *s* Draufgänger(in) *m(f)*
cürüm *s* Delikt *nt*
cüsse *s* Wuchs *m*
cüzam *s* Lepra *f*
cüzamlı I. *s* Leprakranke(r) *mf* II. *adj* leprakrank
cüzdan *s* Brieftasche *f*
CV *s Abk. von* **curriculum vitae** (*für Bewerbung*) Lebenslauf *m*

Ç

Ç, ç *s* vierter Buchstabe des türk. Alphabets
çaba *s* Bemühung *f*
çabalamak *vi* sich anstrengen, sich bemühen (*-e* um etw)
çabalanmak *vi* zappeln
çabucak *adv* (*fam*) blitzschnell, im Handumdrehen
çabuk (**-ğu**) *adj* schnell, rasch
çabuklaştırmak *vt* beschleunigen (*-i* etw)
çabukluk (**-ğu**) *s* Schnelligkeit *f*
çaçabalığı (**-nı**) *s* Sprotte *f*
çaçaron *adj* (*fam*) geschwätzig
Çad *s* Tschad *m*
çadır *s* Zelt *nt;* ~ **direği** Zeltstange *f;* ~ **kurmak** ein Zelt aufschlagen
çağ *s* 1. Epoche *f* 2. (*Zeitabschnitt*) Zeit *f*
çağanoz *s* Krabbe *f*
çağdaş I. *s* Zeitgenosse, -genossin *m, f* II. *adj* zeitgenössisch
çağdışı *adj* unzeitgemäß
çağıldamak *vi* 1. (*herabstürzendes Wasser*) brausen 2. (*Bach*) plätschern
çağırmak *vt* 1. rufen (*-i* jdn) 2. (*Gäste*) einladen (*-i -e* jdn zu etw) 3. (*den Arzt*) holen (*-i* jdn) 4. (*fam*) singen 5. einberufen (*-i* jdn)
çağlamak *vi* 1. (*herabstürzendes Wasser*) brausen 2. (*Wasser*) strömen
çağlayan *s* (kleinerer) Wasserfall *m*
çağrı *s* 1. Aufforderung *f* 2. Aufruf *m* 3. Vorladung *f* 4. Einberufung *f;* ~ **merkezi** Callcenter *nt;* ~ **yönlendirme** (*Telefon*) Rufumleitung *f*
çağrışım *s* Assoziation *f*
çakal *s* Schakal *m*
çakaleriği (**-ni**) *s* Schlehe *f*
çakı *s* (*Klapp-, Taschen-*) Messer *nt*
çakıl *s* 1. Kies *m* 2. Kieselstein *m;* ~ **ocağı** Kiesgrube *f*
çakılmak *vi* Passiv zu **çakmak**
çakır *adj* (*Augen*) bläulich-braun
çakırkeyf *adj* (*fam*) angeheitert, beschwipst
çakışmak *vi* 1. sich ineinander festhaken 2. aufeinander schlagen
çakmak (**-ğı**) *s* Feuerzeug *nt;* ~ **taşı** Feuerstein *m*
çakmak (**-ar**) *vt* 1. (*Nagel*) einschlagen (*-i -e* etw in etw) 2. annageln (*-i -e* etw an etw) 3. (*Streichholz*) anzünden (*-i* etw) 4. (*Blitz*) aufleuchten 5. (*fam: Schüler*) sitzen bleiben 6. (*fam*) kapieren (*-i* etw) 7. (*fam*) Bescheid wissen (*-den* über etw)
çalar saat (**-ti**) *s* Wecker *m*
çalçene I. *s* Schwätzer(in) *m(f)* II. *adj* geschwätzig
çalgı *s* Musikinstrument *nt*
çalgıcı *s* Musikant(in) *m(f)*
çalı *s* Busch *m*, Strauch *m*
çalıkuşu (**-nu**) *s* Zaunkönig *m*
çalılık (**-ğı**) I. *s* 1. Gebüsch *nt;* (*Dickicht*) Gestrüpp *nt* 2. Heide *f* II. *adj* buschig
çalım *s* 1. Angeberei *f* 2. Täuschungsmanöver *nt;* ~ **atmak** angeben
çalımcı *s* Angeber(in) *m(f)*
çalışkan *adj* fleißig, eifrig
çalışkanlık (**-ğı**) *s* Fleiß *m*, Eifer *m*
çalışma *s* 1. Verbalsubstantiv zu **çalışmak** 2. Arbeit *f;* (*Tätigkeit*) Betätigung *f* 3. Studie *f;* ~ **günü** Werktag *m;* ~ **müsaadesi** Arbeitserlaubnis *f;* ~ **odası** Arbeitszimmer *nt*
çalışmak *vi* 1. arbeiten 2. sich bemühen (*-e* um etw) 3. funktionieren 4. (*Maschine*) laufen 5. lernen
çalıştay *s* Workshop *m*, Seminar *nt*
çalıştırılabilir dosya *s* (INFORM) ausführbare Datei *f*
çalıştırmak *vt* 1. Kausativ zu **çalışmak** 2. (*als Arbeitskraft*) beschäftigen (*-i* jdn)
çalkalamak *vt* 1. (*aus-, ab-*) spülen (*-i* etw) 2. (*Teig*) rühren (*-i* etw) 3. (*Eier, Sahne*) schlagen (*-i* etw) 4. (*Flasche*) schütteln, schwenken (*-i* etw) 5. (*Schiff*) hin und her werfen (*-i* etw)
çalmak (**-ar**) *vt, vi* 1. stehlen (*-i* etw) 2. werfen, schmeißen (*-i -e* etw auf/in etw) 3. (*Musikinstrument*) spielen (*-i* etw) 4. (*Glocke, Klingel*) läuten 5. (*Uhr*) schlagen 6. (*Telefon, Wecker*) klingeln 7. (*Farbe*) spielen (*maviye* ins Blaue)
çam *s* 1. Kiefer *f*, Föhre *f*, Tanne *f* 2. Nadelbaum *m;* ~ **fıstığı** Pinienkern *m*, Piniole *f;* ~ **kozalağı** Tannenzapfen *m;* ~ **ormanı** Nadelwald *m;* ~ **yarması** (*fam*) Riesenkerl *m*, Koloss *m*
çamaşır *s* Wäsche *f;* ~ **değiştirme** Wäschewechsel *m;* ~ **ipi** Wäscheleine *f;* ~ **kurutma**

makinesi Wäschetrockner *m;* ~ **makinesi** Waschmaschine *f;* ~ **mandalı** Wäscheklammer *f;* ~ **sepeti** Wäschekorb *m;* ~ **suyu** Flüssigwaschmittel *nt*
çamaşırhane *s* 1. Wäscherei *f* 2. Waschküche *f*
çamaşırcı *s* Wäscher(in) *m(f)*
çamlık (**-ğı**) *s* Pinienwald *m*
çamsakızı (**-nı**) *s* Harz *nt;* ~ **çoban armağanı** ein kleines Geschenk
çamur *s* 1. Tonerde *f* 2. Schlamm *m* 3. Matsch *m* 4. (*fig*) Dreck *m;* **birine** ~ **atmak** jdn mit Dreck bewerfen
çamurlu *adj* 1. schlammig 2. matschig
çamurluk (**-ğu**) *s* Kotflügel *m*
çanak (**-ğı**) *s* 1. Topf *m* 2. Schüssel *f,* Schale *f* 3. (TV) (Satelliten)schüssel *f* 4. (Blüten)kelch *m;* ~ **anten** (*fam*) Satellitenschüssel *f;* ~ **çömlek** Töpferwaren *pl;* ~ **yalayıcı** (*pej*) Speichellecker *m*
çanakçı *s* Töpfer(in) *m(f)*
Çanakkale Boğazı (**-nı**) *s* Dardanellen *pl*
çançiçeği (**-ni**) *s* Glockenblume *f*
çanta *s* 1. (*Hand-*) Tasche *f* 2. (*Akten-, Schul-*) Mappe *f*
çap (**-pı**) *s* 1. Durchmesser *m* 2. Kaliber *nt* 3. (*Ausmaß*) Umfang *m*
çapa *s* 1. (*Gartengerät*) Hacke *f* 2. Anker *m*
çapaçul *adj* (*fam: unordentlich*) schlampig
çapak (**-ğı**) *s* Augenschleim *m*
çapalamak *vt* (*den Boden*) umgraben (*-i* etw)
çapkın I. *s* Schürzenjäger *m* II. *adj* (*Blicke*) begehrlich
çapraşık (**-ğı**) *adj* kompliziert
çapraz *adj* schräg, quer
çapsız *adj* borniert
çapulcu *s* 1. Räuber *m* 2. Plünderer *m*
çar *s* Zar *m*
çarçabuk *adv* blitzschnell
çarçur *s* (*fam*) Verschwendung *f;* ~ **etmek** das Geld zum Fenster hinauswerfen
çardak (**-ğı**) *s* Laube *f,* Laubengang *m*
çare *s* 1. Mittel *nt* 2. Ausweg *m* 3. Heilmittel *nt;* **bir şeye** ~ **bulmak** für etw eine Lösung/ einen Ausweg finden
çaresiz *adj* 1. hilflos, ratlos 2. unheilbar 3. unvermeidbar, unvermeidlich
çaresizce *adv* notgedrungen
çaresizlik (**-ği**) *s* Hilflosigkeit *f*
çariçe *s* Zarin *f*
çark (**-kı**) *s* 1. Rad *nt* 2. Räderwerk *nt*

çarmıh *s* (*zur Hinrichtung*) Kreuz *nt;* **birini çarmıha germek** jdn kreuzigen
çarpı I. *adv* (MATH) mal; **iki** ~ **iki dört eder** zwei mal zwei ist vier II. *s* (*Kalk*) Tünche *f*
çarpık (**-ğı**) *adj* krumm, schief; ~ **bacaklı** X-beinig
çarpılmak *vi* 1. *Passiv zu* **çarpmak** 2. sich krümmen; (*Holz*) sich werfen 3. (*fig*) von einem Dämon besessen sein
çarpım *s* (MATH) Produkt *nt;* ~ **tablosu** Einmaleins *nt*
çarpıntı *s* starkes Herzklopfen *nt*
çarpışma *s* 1. *Verbalsubstantiv zu* **çarpışmak** Gefecht *nt,* Kampf *m* 2. Zusammenprall *m,* Zusammenstoß *m*
çarpışmak *vi* 1. zusammenstoßen (*ile* mit jdm/etw) 2. kämpfen (*ile* mit jdm)
çarpıtma *s* 1. *Verbalsubstantiv zu* **çarpıtmak** 2. Verdrehung *f*
çarpıtmak *vt* verdrehen (*-i* etw)
çarpma *s* 1. *Verbalsubstantiv zu* **çarpmak** 2. Aufprall *m* 3. Multiplikation *f*
çarpmak (**-ar**) *vt, vi* 1. rammen, stoßen ((*-i*) *-e* (etw) gegen jdn/etw) 2. prallen (*-e* auf jdn/etw); (*Fußgänger*) anfahren (*-e* jdn) 3. (*Herz*) schlagen, klopfen 4. multiplizieren (*-i ile* etw mit etw) 5. (*fam*) klauen (*-i* etw) 6. krank machen (*-i* jdn)
çarptırılmak *vi:* **para/hapis cezasına** ~ zu einer Geld-/Gefängnisstrafe verurteilt werden
çarşaf *s* 1. Betttuch *nt* 2. *überwurfartiges Straßenkleid streng islamischer Frauen*
çarşamba (**günü**) *s* Mittwoch *m*
çarşı *s* Basar *m,* Markt *m*
çatal I. *s* 1. (*Ess-, Heu-, Ast-*) Gabel *f* 2. Gabelung *f* II. *adj* 1. gabelförmig 2. (*Wort*) zweideutig; ~ **bıçak** Essbesteck *nt;* ~ **dişi** Zinke *f*
çatallanmak *vi* sich gabeln
çatallaşmak *vi* (*Angelegenheit*) sich komplizieren
çatallık (**-ğı**) *s* 1. Gabelung *f* 2. Kompliziertheit *f*
çatı *s* 1. Dach *nt* 2. (*Bau-, Knochen-*) Gerüst *nt* 3. (INET) Frame *m;* ~ **altı** Dachboden *m;* ~ **katı** Dachgeschoss *nt;* ~ **oluğu** Dachrinne *f;* ~ **örgütü** Dachverband *m*
çatık (**-ğı**) *adj* 1. (*Gesicht*) finster 2. (*Stirn*) gerunzelt
çatırdamak *vi* 1. knacken 2. knattern 3. krachen 4. prasseln

çatırtı s (*Lärm*) Krach m
çatışma s 1. *Verbalsubstantiv zu* **çatışmak** 2. Konflikt m 3. Kampf m
çatışmak vi 1. zusammenstoßen 2. sich widersprechen 3. sich streiten (*ile* mit jdm)
çatlak (**-ğı**) I. s Riss m, Sprung m II. adj 1. rissig 2. (*auch Stimme*) brüchig 3. (*Haut*) spröde 4. (*fam*) beschränkt
çatlamak vi 1. platzen 2. (*zerbrechen*) springen 3. knallen 4. (*fam*) fast umkommen (*sıkıntıdan* vor Langeweile)
çatmak (**-ar**) vt 1. (*Stirn*) runzeln (*-i* etw) 2. (*Dach*) errichten (*-i* etw) 3. (*Gewehre, Stangen*) mit der Spitze zusammenstellen (*-i* etw) 4. (*fig*) hart anfahren (*-e* jdn)
çavdar s Roggen m; ~ **ekmeği** Roggenbrot nt; ~ **unu** Roggenmehl nt
çavlan s Wasserfall m
çavuş s Unteroffizier m
çay s 1. (*Getränk*) Tee m 2. Teestrauch m 3. Bach m; ~ **demliği** Teekanne f; ~ **ibriği** Teekessel m; ~ **kaşığı** Teelöffel m; ~ **poşeti** Teebeutel m; ~ **takımı** Teeservice nt

> **Çay**, schwarzer Tee, ist das türkische Nationalgetränk schlechthin. Das Anbaugebiet des türkischen Tees ist die Schwarzmeerregion. 'Çay' wird auf besondere Weise in zwei aufeinander gestellten Kannen direkt auf dem Herd zubereitet. In der oberen befinden sich die Teeblätter in einem starken Aufguss; in der unteren Kanne kocht das Wasser. Vom starken Aufguss wird ein wenig in kleine Teegläser gegossen und je nach Geschmack mit heißem Wasser verdünnt (Samowarprinzip). Getrunken wird 'çay' bei jeder Gelegenheit: zu Hause, im çayhane, dem Teehaus, in dem die die Männer unter sich sind, und im çaybahçesi, dem Teegarten, der oft auch für Familien und Frauen offensteht.

çaybahçesi (**-ni**) s Teegarten m
çaydanlık (**-ğı**) s Teekanne f
çayhane s Teehaus nt
çayır s 1. Gras nt 2. Wiese f; ~ **papatyası** Gänseblümchen nt
çayırkuşu (**-nu**) s Lerche f
çehre s 1. Gesicht nt 2. Aussehen nt
Çek (**-ki**) I. s Tscheche m, Tschechin f II. adj (*Art*) tschechisch
çek (**-ki**) s Scheck m; ~ **defteri** [*o* **karnesi**] Scheckheft nt; ~**-senet mafyası** Scheck- und Aktienmafia f (*in der Türkei*)

çekap s (MED: *fam*) Check-up nt
Çekçe adj (*Sprache*) tschechisch
çekçek (**-ği**) s Handwagen m
çekecek (**-ği**) s Schuhlöffel m
çekememek vt nicht ertragen [*o* leiden] können (*-i* jdn/etw)
çekici adj 1. ziehend 2. anziehend, attraktiv
çekicilik (**-ği**) s Charme m, Reiz m
çekiç (**-ci**) s Hammer m; ~ **atma** Hammerwerfen nt
çekiçlemek vt hämmern (*-i* etw)
çekidüzen s 1. Aufmachung f 2. Ordnung f; ~ **vermek** in Ordnung bringen (*-e* etw); **kendine** ~ **vermek** sich zurechtmachen
çekiliş s (*Lotterie*) Ziehung f
çekilme s 1. *Verbalsubstantiv zu* **çekilmek** 2. Ebbe f 3. (*vom Amt*) Rücktritt m 4. Rückzug m
çekilmek vi 1. *Passiv zu* **çekmek** 2. sich zurückziehen 3. (*vom Amt*) zurücktreten (*-den* von etw) 4. (*Muskeln*) sich spannen
çekilmez adj unausstehlich
çekim s 1. Anziehungskraft f 2. (TV) Aufzeichnung f 3. Beugung f, Flexion f 4. Verfilmung f
çekimlik (**-ği**) s (*Tabak*) Prise f
çekimser I. adj sich enthaltend II. s jemand, der sich der Stimme enthält; ~ **oy** (Stimm)enthaltung f; ~ **oy kullanmak** sich der Stimme enthalten; ~ **kalmak** sich der Stimme enthalten
çekingen adj 1. zurückhaltend 2. befangen, schüchtern
çekingenlik (**-ği**) s 1. Zurückhaltung f 2. Befangenheit f, Schüchternheit f
çekinmek vi 1. sich genieren (*-den* vor jdm) 2. sich scheuen (*-den* vor etw) 3. zögern 4. sich hüten (*-den* vor etw)
çekirdek (**-ği**) s 1. (*von Obst*) Stein m, Kern m 2. (*Zell-, Atom-*) Kern m 3. Kaffeebohne f 4. essbare Melonenkerne pl, Sonnenblumenkerne pl
çekirdeksel adj nuklear
çekirge s Heuschrecke f
çekişme s 1. *Verbalsubstantiv zu* **çekişmek** 2. Konflikt m 3. (*fig*) Tauziehen nt
çekişmek vt, vi 1. in entgegengesetzte Richtungen ziehen (*-i* etw) 2. sich zanken (*ile* mit jdm) 3. debattieren (*ile* mit jdm)
çekişmeli adj 1. strittig, umstritten 2. (*Spiel*) spannend
çekiştirmek vt 1. *Kausativ zu* **çekişmek**

çekmece 43 **çıkagelmek**

2. herumzerren (*-i* an etw) **3.** lästern (*-i* über jdn)

çekmece *s* **1.** Schublade *f* **2.** Schmuckkästchen *nt* **3.** geschützte Bucht *f*

çekmek (**-er**) *vt* **1.** ziehen (*-i* jdn/etw) **2.** anlocken, anziehen (*-i* jdn) **3.** (*Telegramm*) aufgeben (*-i* etw) **4.** (*Foto*) aufnehmen (*-i* etw) **5.** (*Tonband*) aufnehmen (*-i* etw) **6.** (INET) herunterladen, downloaden (*-i* etw) **7.** (*ertragen*) erdulden (*-i* etw) **8.** (*Stoff*) eingehen, einlaufen **9.** (*Mauer*) errichten (*-i* etw) **10.** (*Flagge*) hissen (*-i* etw) **11.** (*Kaffee, Pfeffer*) mahlen (*-i* etw) **12.** zurechtrücken (*-i* etw) **13.** überstehen (*-i* etw) **14.** wiegen **15.** (*Wagen*) abschleppen (*-i* etw) **16.** (*Geld*) abheben (*-i* etw)

Çekoslovakya *s* (HIST) Tschechoslowakei *f*

çekül *s* (*Senkblei*) Lot *nt*

çelenk (**-gi**) *s* Kranz *m*

çelik (**-ği**) *s* **1.** Stahl *m* **2.** Steckling *m;* ~ **ciğer** eiserne Lunge; ~ **fabrikası** Stahlwerk *nt*

çelişik (**-ği**) *adj* widersprüchlich

çelişki *s* Widerspruch *m*

çelişme *s* **1.** *Verbalsubstantiv zu* **çelişmek** **2.** Widerspruch *m*

çelişmek *vi* im Widerspruch stehen (*ile* zu etw)

çelme takmak/atmak *vi* (*fig*) jdm ein Bein stellen (*-e* jdm)

çeltik (**-ği**) *s* ungeschälter Reis *m;* ~ **tarlası** Reisfeld *nt*

çember *s* **1.** (*Spielzeug-, Fass-*) Reifen *m* **2.** Umzingelung *nt* **3.** Peripherie *f*

çemberlemek *vt* **1.** (*Fass*) mit Reifen versehen (*-i* etw) **2.** umzingeln (*-i* jdn)

çene *s* **1.** Kinn *nt* **2.** (*fig*) Geschwätzigkeit *f;* ~ **çalmak** (*fam*) plaudern; ~ (**kemiği**) Kiefer *m;* ~ **sakalı** Kinnbart *m;* (**boşuna**) ~ **yormak** in den Wind reden; **çeneni tut** halt den Mund!; **çenesini tutmak** den Mund halten

çengel *s* **1.** Haken *m* **2.** Paragrafenzeichen *nt*

çengelliiğne *s* Sicherheitsnadel *f*

çentik (**-ği**) *s* **1.** Kerbe *f* **2.** Scharte *f*

çentiyane *s* Enzian *m*

çepeçevre *adv* rings(her)um, rundherum

çerçeve *s* **1.** (*auch fig*) Rahmen *m* **2.** (Brillen)gestell *nt*

çerçevelemek *vt* (ein)rahmen (*-i* etw)

çerez *s* **1.** Vorspeise *f* **2.** kleiner Imbiss *m*

çeşit (**-di**) *s* **1.** Art *f* **2.** Abart *f* **3.** Auswahl *f;* ~ ~ allerhand

çeşitli *adj* **1.** mannigfaltig **2.** verschiedene

çeşitlilik (**-ği**) *s* Verschiedenartigkeit *f*

çeşme *s* Brunnen *m*

çeşni *s* Geschmack *m*

çete *s* **1.** Partisanengruppe *f* **2.** (*pej: Verbrecher-*) Bande *f*

çeteci *s* Freischärler *m,* Partisan *m*

çetin *adj* schwierig, schwer

çetrefil *adj* **1.** verworren **2.** schwer, schwierig; ~ **dil** Kauderwelsch *nt*

çevik (**-ği**) *adj* gewandt, flink

çeviklik (**-ği**) *s* Gewandtheit *f,* Flinkheit *f*

çeviri *s* Übersetzung *f*

çevirmek *vt* **1.** drehen (*-i* etw) **2.** umdrehen, umwenden (*-i* etw) **3.** (*Film*) drehen (*-i* etw) **4.** übersetzen (*-i -e* etw in etw) **5.** (*Seite*) umschlagen (*-i* etw) **6.** leiten (*-i* etw) **7.** (*einfassen*) umgeben (*-i* etw) **8.** einkreisen (*-i* jdn) **9.** (*Blick, Waffe*) richten (*-i -e* etw auf etw) **10.** umwandeln (*-i -e* etw in etw) **11.** (*Telefonnummer*) wählen (*-i* etw) **12.** zurückschicken (*-i* etw) **13.** (*Worte*) verdrehen (*-i* etw) **14.** (*fam: Poker*) spielen

çevirmen *s* **1.** Übersetzer(in) *m(f)* **2.** Dolmetscher(in) *m(f)*

çevre *s* **1.** Umgebung *f* **2.** Umfang *m* **3.** Umwelt *f* **4.** Umriss *m;* **Çevre Bakanlığı** Umweltministerium *nt;* ~ **bilinci** Umweltbewusstsein *nt;* ~ **birimi** (INFORM) Peripheriegerät *nt;* ~ **dostu** umweltfreundlich; ~ **faciası** Umweltkatastrophe *f;* ~ **faktörleri** Umweltfaktoren *mpl;* ~ **kirliliği** Umweltverschmutzung *f;* ~ **koruma** Umweltschutz *m;* ~ **koruyucu** umweltschonend, umweltfreundlich

çevrebilim *s* Ökologie *f*

çevrebilimci *s* Ökologe, -gin *m, f*

çevrebilimsel *adj* ökologisch

çevreci **I.** *s* Umweltschützer(in) *m(f)* **II.** *adj* **1.** umweltbewusst **2.** ökologisch

çevrelemek *vt* **1.** umgeben (*-i* etw) **2.** einkreisen (*-i* jdn)

çeyiz *s* Aussteuer *f*

çeyrek (**-ği**) *s* Viertel *nt;* ~ **final** (**maçı**) (SPORT) Viertelfinale *nt;* ~ **litre** Viertelliter *nt;* ~ **saat** Viertelstunde *f*

çıban *s* Geschwür *nt*

çığ *s* Lawine *f;* ~ **tehlikesi** Lawinengefahr *f*

çığır *s* **1.** Lawinenbahn *f* **2.** (*Richtung*) Bahn *f;* ~ **açmak** bahnbrechend sein

çığlık (**-ğı**) *s* **1.** Geschrei *nt* **2.** Schrei *m;* ~ **atmak** einen Schrei ausstoßen

çıkagelmek *vi* (plötzlich) auftauchen

çıkar *s* 1. Gewinn *m* 2. Ausweg *m*
çıkarcı I. *s* Opportunist(in) *m(f)* II. *adj* opportunistisch
çıkarma *s* 1. *Verbalsubstantiv zu* **çıkarmak** 2. Subtraktion *f* 3. Truppenausladung *f*
çıkarmak *vt* 1. herausziehen, herausbringen, herausnehmen (*-i -den* etw aus etw) 2. (*aus einer Gemeinschaft*) ausschließen (*-i -den* jdn aus etw); (*Angestellten*) entlassen (*-i* jdn) 3. (*Kleider*) ausziehen; (*Hut*) abnehmen (*-i* etw) 4. wegmachen; (*Fleck*) entfernen (*-i* etw) 5. schlussfolgern (*-i -den* etw aus etw) 6. erraten (*-i* etw) 7. (*Schrift*) entziffern (*-i* etw) 8. erfinden (*-i* etw) 9. (*Befehl*) erlassen (*-i* etw) 10. (*Erz*) gewinnen (*-i* etw) 11. (*Buch*) herausbringen (*-i* etw) 12. subtrahieren (*-i* etw) 13. weglassen (*-i* etw) 14. (*Pass*) ausstellen lassen (*-i* etw) 15. (*Frage*) aufwerfen (*-i* etw) 16. (*Folgen*) entstehen lassen (*-i* etw) 17. (*Zahn*) ziehen (*-i* etw) 18. (*Tote*) bergen (*-i* jdn) 19. (*Feuer*) legen (*-i* etw) 20. (*Stimme*) ertönen lassen (*-i* etw); **bunu da nereden çıkardın?** wie kommst du darauf?

çıkarsama *s* Schluss *m*, Schlussfolgerung *f*
çıkartma *s* Abziehbild *nt*, Aufkleber *m*
çıkın *s* Bündel *nt*, Pack *m*
çıkınlamak *vt* (*in ein Tuch*) einschlagen (*-i* etw)
çıkıntı *s* 1. Beule *f* 2. (*Vorsprung*) Erhebung *f*
çıkıntılı *adj* (*hervortretend*) vorspringend
çıkış *s* 1. (*eines Gebäudes*) Ausgang *m* 2. (*Tor*) Ausfahrt *f* 3. (*von der Schule*) Abgang *m* 4. Ausreise *f* 5. (*im Theater*) Auftritt *m* 6. Aufstieg *m* 7. Rüffel *m*, Tadel *m*; **~ noktası** Ausgangspunkt *m*
çıkışma *s* 1. *Verbalsubstantiv zu* **çıkışmak** 2. (*Rüffel*) Tadel *m*
çıkışmak *vi* 1. (*tadeln*) zurechtweisen (*-e* jdn) 2. (*Geld*) ausreichen (*-e* für etw)
çıkma *s* 1. *Verbalsubstantiv zu* **çıkmak** 2. (*aus einer Gemeinschaft*) Austritt *m* 3. Nachtrag *m*
çıkmak (**-ar**) *vt* 1. (*Haus, Zimmer*) verlassen (*-den* etw), (heraus)kommen (*-den* aus etw) 2. ausströmen (*-den* aus etw) 3. (*Schule, Klasse*) absolvieren, abschließen (*-den* etw) 4. (*Dienst*) ausscheiden (*-den* aus etw) 5. (heraus)fließen (*-den* aus etw) 6. entstehen (*-den* aus etw) 7. (*hinauf-*) steigen (*-e* auf etw) 8. (*Berg, Thron*) besteigen (*-e* etw) 9. (*Weg*) hinführen (*-e* nach) 10. kosten (*bin liraya* 1000 Lira) 11. (THEAT: *Rolle*) spielen (*-e* etw) 12. (*aus dem Haus*) ausgehen 13. auf die Toilette gehen, austreten 14. auftauchen 15. (*Gewitter*) aufziehen 16. (*Feuer, Krieg*) ausbrechen 17. vorspringen 18. (*Augen*) heraustreten 19. (*Obst, Gemüse*) auf den Markt kommen 20. (*Buch*) erscheinen 21. (*Haare, Gras*) wachsen 22. (*Preise, Fieber*) steigen 23. (*Stimme*) ertönen 24. (*Arm, Bein*) sich verrenken 25. sich herausstellen als 26. (*fam: Geld*) herausrücken (*-i* etw); **çık dışarı!** hinaus!

çıkmaz I. *adj* (*Weg*) ausweglos II. *s* (*fig*) Sackgasse *f*; **~ sokak** Sackgasse *f*
çıkrık (**-ğı**) *s* 1. Winde *f* 2. Spulrad *nt* 3. Spinnrad *nt*
çıldırmak *vi* 1. (*fam*) wahnsinnig werden (*-den* vor etw) 2. (*fig*) ganz verrückt sein (*birisi için* nach jdm)
çılgın I. *adj* 1. wahnsinnig 2. wütend, rasend II. *s* Verrückte(r) *mf*
çılgınlık (**-ğı**) *s* 1. Wahnsinn *m* 2. (*Wut*) Raserei *f*
çınar (**ağacı**) *s* Platane *f*
çıngırak (**-ğı**) *s* 1. Glocke *f* 2. Klingel *f*
çıngıraklıyılan *s* Klapperschlange *f*
çıngırdamak *vi* (*Glocke*) läuten
çınlamak *vi* 1. hallen 2. klingen
çıplak (**-ğı**) *adj* 1. nackt 2. (*auch fig*) leer, kahl; **çıplaklar kampı** FKK-Strand *m*; **~ kira** Kaltmiete *f*
çıplaklık (**-ğı**) *s* 1. Nacktheit *f* 2. Kahlheit *f*
çırak (**-ğı**) *s* Lehrling *m*, Auszubildende(r) *mf*
çır(ıl)çıplak (**-ğı**) *adj* (*fam*) splitternackt
çırpınmak *vi* 1. zappeln 2. sehr erregt und besorgt sein 3. (*Meer*) bewegt sein
çırpmak (**-ar**) *vt* 1. (aus)schütteln (*-i* etw) 2. (*Flügel*) schlagen (*-i* etw) 3. (*Eier*) verquirlen (*-i* etw) 4. (aus)spülen (*-i* etw) 5. (*Zweige*) abschneiden (*-i* etw); **el ~** in die Hände klatschen
çıta *s* Latte *f*
çıtçıt (**-tı**) *s* Druckknopf *m*
çıtı pıtı *adj* (*fam*) niedlich
çıtır çıtır yanmak *vi* (*Feuer*) knistern
çıtırdamak *vi* knistern, prasseln
çıtkırıldım *adj* (*verzärtelt*) weichlich
çıtlamak *vi* knacken
çıtlatmak *vt* 1. *Kausativ zu* **çıtlamak** 2. knacken (*-i mit* etw) 3. (*ein Geheimnis*)

durchblicken lassen (*-e -i* jdn etw)

çiçek (**-ği**) *s* 1. Blume *f* 2. Blüte *f* 3. Blattern *pl;* ~ **açmak** blühen; ~ **aşısı** Pockenimpfung *f;* ~ **demeti** Blumenstrauß *m;* ~ **hastalığı** Pocken *pl;* ~ **tozu** Blütenstaub *m,* Pollen *m;* **çiçeği burnunda** frisch, neueste(r)

çiçekçi *s* Blumenhändler(in) *m(f);* ~ (**dükkanı**) Blumengeschäft *nt*

çiçeklenmek *vi* blühen

çiçekli *adj* 1. (*Bäume*) blühend 2. (*Muster*) geblümt

çiçeklik (**-ği**) *s* 1. (große) Blumenvase *f* 2. Blumengarten *m*

çift (**-ti**) I. *s* 1. Paar *nt* 2. Ehepaar *nt* 3. (*vor dem Pflug*) Ochsengespann *nt* 4. (*auch Tennis*) Doppel *nt* 5. Gespann *nt* II. *adj* 1. doppelt 2. (*Zahl*) gerade; ~ **anlamlı** zweideutig; ~ **cinsellik** Bisexualität *f;* **çift cinsiyetli** Bisexuelle(r) *mf,* bisexuell; ~ **girişli muhasebe** doppelte Buchführung; ~ **koşum** Gespann *nt;* ~ **tıklama** Doppelklick *m;* ~ **tıklamak** doppelklicken

çiftçi *s* Bauer *m,* Bäu(e)rin *f,* Landwirt(in) *m(f)*

çifte I. *adj* doppelt II. *s* 1. (*Huf-*) Tritt *m* 2. Doppelflinte *f;* ~ **dürbün** Feldstecher *m;* (THEAT) Opernglas *nt;* ~ **vatandaşlık** doppelte Staatsbürgerschaft *f*

çifter çifter *adv* paarweise

çiftleşmek *vi* 1. sich verdoppeln 2. (*Tiere*) sich paaren

çiftlik (**-ği**) *s* 1. Bauernhof *m* 2. Landgut *nt*

çiftsayı *s* gerade Zahl

çiğ *adj* 1. (*ungekocht*) roh 2. (*auch fig*) unreif 3. (*Farbe*) grell

çiğdem *s* 1. Krokus *m* 2. Herbstzeitlose *f*

çiğnemek *vt* 1. kauen (*-i* etw) 2. (*mit Füßen*) treten (*-i* jdn/auf etw) 3. überfahren (*-i* jdn) 4. verstoßen (*-i* gegen etw)

çiklet (**-ti**) *s* Kaugummi *m*

çikolata *s* Schokolade *f;* (**sıcak**) ~ (*Getränk*) heiße Schokolade *f*

çikolatalı *adj* mit Schokolade; ~ **bar** Schokoriegel *m*

çil *s* 1. Sommersprossen *pl* 2. Haselhuhn *nt;* ~ **ardıcı** Rohrspatz *m*

çile *s* 1. (*bei Garn, Wolle*) Strang *m* 2. Trübsal *f;* **birini çileden çıkarmak** jdn auf die Palme bringen

çilek (**-ği**) *s* Erdbeere *f*

çilingir *s* (*Bau-*) Schlosser *m;* ~ **atölyesi** Schlosserei *f*

çim *s* Rasen *m*

çimdik (**-ği**) *s* 1. (*Kneifen*) Kniff *m* 2. Stichelei *f*

çimdiklemek *vt* kneifen, zwicken (*-i* jdn)

çimen *s* Gras *nt,* Rasen *m*

çimenlik (**-ği**) *s* Grünanlage *f*

çimento *s* Zement *m*

çimentolamak *vt* zementieren (*-i* etw)

çimlenmek *vi* 1. (*keimen*) treiben 2. mit Gras überwachsen

Çin I. *s* 1. China *nt* 2. Chinese *m,* Chinesin *f* II. *adj* (*Art*) chinesisch; ~ **Halk Cumhuriyeti** Volksrepublik *f* China

Çin Hindi(**stanı**) *s* Indochina *nt*

Çince *adj* (*Sprache*) chinesisch

Çingene I. *s* Zigeuner(in) *m(f)* II. *adj* (*fam*) geldgierig

çini *s* 1. (*Ton-*) Fliese *f,* Kachel *f* 2. Keramik *f;* ~ **mürekkebi** Tusche *f;* ~ **soba** Kachelofen *m*

çinicilik (**-ği**) *s* (*Kunst*) Keramik *f*

çinili *adj* gekachelt

çinko *s* Zink *nt*

Çinli I. *s* Chinese *m,* Chinesin *f* II. *adj* (*Herkunft*) chinesisch

çip (**-pi**) *s* (INFORM) Chip *m;* ~ **kartı** Chipkarte *f*

çips *s* (*Kartoffel-, Mais-*) Chips *mpl*

çiriş *s* Kleister *m*

çirkef I. *s* 1. Schmutzwasser *nt* 2. (*auch fig*) Gosse *f* II. *adj* widerwärtig

çirkin *adj* 1. hässlich 2. schmutzig 3. (*fig*) gemein

çirkinleşmek *vi* hässlich werden

çirkinleştirmek *vt* 1. *Kausativ zu* **çirkinleşmek** 2. hässlich machen (*-i* jdn/etw)

çirkinlik (**-ği**) *s* Hässlichkeit *f*

çiroz I. *s* (getrocknete) Sprotte *f* II. *adj* spindeldürr

çise *s* Nieselregen *m*

çiselemek *vi* nieseln

çisinti *s* Nieselregen *m*

çiş *s* (*Kindersprache*) Pipi *nt;* ~ **etmek** [*o* **yapmak**] Pipi machen

çit (**-ti**) *s* 1. Hecke *f* 2. Zaun *m*

çivi *s* 1. Nagel *m* 2. Dübel *m*

çivilemek *vt* nageln, dübeln (*-i -e* etw an etw)

çiy *s* Tau *m*

çizburger *s* Cheeseburger *m*

çizelge *s* Tabelle *f*

çizgi *s* 1. (*Strich*) Linie *f* 2. (*Stoffmuster*)

Streifen *m* 3.(*Gesichts-*) Zug *m* 4. Kratzer *m;* ~ **film** Zeichentrickfilm *m;* ~ **roman** Comic *m*

çizgili *adj* 1. gestreift 2. liniert

çizim *s* Zeichnung *f*

çizme *s* 1. *Verbalsubstantiv zu* **çizmek** 2. Zeichnung *f* 3. Stiefel *m*

çizmek (**-er**) *vt* 1. zeichnen (*-i* etw) 2.(*Linie*) ziehen (*-i* etw) 3.(*Plan*) entwerfen (*-i* etw) 4.(*aus-, durch-*) streichen (*-i* etw) 5. schrammen (*-i* etw)

çoban *s* Hirt *m*, Schäfer *m;* ~ **köpeği** Schäferhund *m*

çocuk (**-ğu**) *s* Kind *nt;* ~ **aldırmak** abtreiben; ~ **arabası** Kinderwagen *m;* ~ **bahçesi** Kinderspielplatz *m;* ~ **bakıcısı** Babysitter(in) *m(f);* ~ **beklemek** ein Kind erwarten; ~ **doktoru** Kinderarzt *m;* ~ **düşürme** Fehlgeburt *f;* ~ **felci** Kinderlähmung *f;* ~ **gibi** kindlich; (*albern*) kindisch; ~ **giysisi** Kinderkleidung *f;* ~ **hastalığı** Kinderkrankheit *f;* ~ **hırsızı** Kidnapper(in) *m(f);* ~ **indirimi** Kinderermäßigung *f;* ~ **kaçırmak** kidnappen; ~ **kitabı** Kinderbuch *nt;* ~ **mahkemesi** Jugendgericht *m;* ~ **odası** Kinderzimmer *nt;* ~ **oyuncağı** Kinderspielzeug *nt;* ~ **oyuncağı gibi kolay** das ist ein Kinderspiel; ~ **parası** Kindergeld *nt;* ~ **tabağı** Kinderteller *m;* ~ **yapmak** Kinder zeugen; ~ **yuvası** (Kinder)hort *m*

çocukça *adj* 1. kindlich 2.(*albern*) kindisch

çocukluk (**-ğu**) *s* 1. Kindheit *f* 2. Kinderei *f;* çocukluktan beri von Kind auf

çocuksu *adj* 1. kindlich 2.(*albern*) kindisch

çocuksuz *adj* kinderlos

çoğalma *s* 1. *Verbalsubstantiv zu* **çoğalmak** 2. Zunahme *f,* Zuwachs *m*

çoğalmak *vi* sich vermehren, zunehmen

çoğaltım *s* Vervielfältigung *f*

çoğaltmak *vt* 1. *Kausativ zu* **çoğalmak** 2.(*steigern*) erhöhen (*-i* etw) 3. vermehren (*-i* etw) 4. vervielfältigen (*-i* etw)

çoğu kez/zaman *adv* 1. häufig 2. meistens

çoğul *s* Mehrzahl *f,* Plural *m*

çoğunluk (**-ğu**) *s* Mehrheit *f,* Mehrzahl *f*

çoğunlukla *adv* meistens

çok (**-ğu**) *adv* 1. viel 2. sehr 3. oft, häufig 4. zu viel, zu sehr; ~ **acele!** eilt (sehr)!; ~ **az** ein (ganz) klein wenig, zu wenig; ~ **daha iyi** wesentlich besser; ~ **defa** häufig, oft; ~ **fazla** zu viel; ~ **fonksiyonlu** multifunktional; ~ **görevlilik** Multitasking *nt;* bir şeyi birine ~ **görmek** jdm etw missgönnen; **bir şeyi birine** ~ **görmemek** (*fam*) jdm etw gönnen; ~ **kültürlü** multikulturell; ~ **olmak** (*fig*) zu weit gehen; ~ **şükür!** Gott sei Dank!, erfreulicherweise; ~ **taraflı** vielseitig; (POL) multilateral; ~ **teşekkürler!** vielen Dank!; ~ **uzak(ta)** weit entfernt; ~ **yaşa(yın)!** (*beim Niesen*) Gesundheit!; ~ **yönlü** vielseitig

çokça *adv* (*ziemlich*) recht

çokçu *adj* pluralistisch

çokçuluk (**-ğu**) *s* Pluralismus *m*

çokkarılı *adj* polygam

çokkarılılık (**-ğı**) *s* Polygamie *f*

çokluk (**-ğu**) *s* 1. Fülle *f* 2. Häufigkeit *f* 3. Überfluss *m*

çoklu ortam *s* Multimedia *nt*

çoktan *adv* schon, längst; ~ **beri** seit Jahr und Tag

çoktan(dır) *adv* seit langem

çolak (**-ğı**) *adj* 1. einarmig 2. einhändig

çoluk çocuk *s* Kind und Kegel

çomak (**-ğı**) *s* 1.(*Knüppel*) Keule *f* 2.(*von Netzhaut*) Stäbchen *nt*

çorak (**-ğı**) *adj* (*Boden*) unfruchtbar

çoraklık (**-ğı**) *s* (*Boden*) Unfruchtbarkeit *f*

çorap (**-bı**) *s* 1. Strumpf *m* 2. Socke *f* 3. Intrige *f;* ~ **örmek** Strümpfe (Socken) stricken; (*fig*) Intrigen spinnen

çorba *s* 1. Suppe *f* 2. Durcheinander *nt;* ~ **kasesi** Suppenschüssel *f,* Suppenterrine *f;* ~ **kaşığı** Suppenlöffel *m*

çökelmek *vi* (*Bodensatz*) sich setzen

çökertmek *vt* (INFORM: *System*) abstürzen lassen (*-i* etw)

çökkün *adj* 1. zusammengefallen, eingesunken 2.(*Mensch*) depressiv

çökme *s* 1. *Verbalsubstantiv zu* **çökmek** 2. Zerfall *m* 3.(*fig*) Untergang *m* 4.(*körperlicher*) Verfall *m*

çökmek (**-er**) *vi* 1.(*einsinken*) sich senken 2.(*fig*) untergehen 3.(*körperlich*) verfallen 4.(*Bauwerk*) einstürzen 5.(INFORM: *System*) abstürzen 6.(*Dunkelheit*) hereinbrechen 7.(*Wangen*) einfallen 8.(*auf Stuhl*) sich setzen (*-e* auf etw) 9.(*Bodensatz*) sich setzen

çöküş *s* (*auch fig*) Zusammenbruch *m*

çöl *s* Wüste *f*

çölleşme *s* 1. *Verbalsubstantiv zu* **çölleşmek** 2. Desertifikation *f*

çölleşmek *vi* zur Wüste werden

çömelmek *vi* sich hinhocken (*-e* auf etw)

çömlek (**-ği**) *s* (*Ton-*) Topf; ~ **hesabı** Milch-

mädchenrechnung *f*
çömlekçi *s* Töpfer(in) *m(f)*
çömlekçilik (**-ği**) *s* Töpfern *nt*
çöp (**-pü**) *s* **1.** Abfall *m*, Müll *m* **2.** (*Holz-*) Splitter *m*; ~ **arabası** Müllwagen *m*; ~ **bidonu** Mülltonne *f*, Müllcontainer *m*; ~ **deposu** Mülldeponie *f*; ~ **tenekesi** Abfalleimer *m*, Mülleimer *m*; ~ **torbası** Müllbeutel *m*; **çöpe atmak** wegwerfen (*-i* etw)
çöpçatan *s* (*fam*) Heiratsvermittler(in) *m(f)*
çöpçü *s* **1.** Müllmann *m* **2.** Straßenfeger *m*
çöplük (**-ğü**) *s* Müllhaufen *m*
çörek (**-ği**) *s* Teigteilchen *nt*
çöre(k)otu (**-nu**) *s* (*Schwarz-*) Kümmel *m*
çözelti *s* (CHEM) Lösung *f*
çözmek (**-er**) *vt* **1.** losbinden (*-i* etw) **2.** lösen (*-i* etw) **3.** (*Knoten*) aufmachen (*-i* etw) **4.** (*Rätsel*) raten (*-i* etw) **5.** (*Geheimschrift*) entziffern (*-i* etw) **6.** herausbringen (*-i* etw) **7.** entfesseln (*-i* etw)
çözük (**-ğü**) *adj* **1.** (*losgelöst*) lose **2.** (*Eis*) aufgetaut, geschmolzen
çözülme *s* **1.** *Verbalsubstantiv zu* **çözmek** **2.** Tauwetter *nt* **3.** (*fig*) Zerfall *m*
çözülmek *vi* **1.** *Passiv zu* **çözmek** **2.** sich auflösen **3.** (*schmelzen*) tauen
çözülüm *s* Auflösung *f*
çözüm *s* **1.** Auflösung *f* **2.** (*Problem*) Lösung *f*
çözünürlük (**-ğü**) *s* (INFORM) (Bildschirm)auflösung *f*
çubuk (**-ğu**) *s* **1.** (*kleine*) Röhre *f* **2.** (*auch Ess-*) Stäbchen *nt* **3.** (*dünne*) Stange *f* **4.** Rebe *f* **5.** Tschibuk *m* (*lange, dünne, türkische Tabakspfeife*) **6.** (*in Stoffen*) Streifen *m*
çubuklu **I.** *adv* mit Stäbchen **II.** *adj* (*Stoff*) gestreift; ~ **şekerleme** Lutscher *m*
çuha *s* Wollstoff *m*
çuhaçiçeği (**-ni**) *s* Primel *f*, Schlüsselblume *f*
çukur **I.** *s* **1.** Grube *f*, Loch *nt* **2.** Mulde *f* **3.** Grübchen *nt* **II.** *adj* ausgehöhlt, hohl; ~ **tabak** Suppenteller *m*; ~ **vadi** Talkessel *m*
çul *s* **1.** grober Haarstoff *m* **2.** Kleid *nt* **3.** Pferdedecke *f*
çullanmak *vt* **1.** (*fam*) sich stürzen (*-in üstüne* auf jdn) **2.** sich aufdrängen (*-e* jdm)
çulluk (**-ğu**) *s* Schnepfe *f*
çuval *s* Sack *m*; ~ **yarışı** Sackhüpfen *nt*
çük (**-kü**) *s* (*Kindersprache*) Zipfelchen *nt*, Pipimännchen *nt*
çünkü *konj* denn
çürük (**-ğü**) **I.** *s* blauer Fleck *m* **II.** *adj* **1.** (*organische Substanz*) faul; (*Holz*) morsch; (*Zahn*) hohl **2.** (*Beweis*) schwach **3.** (MIL) untauglich; ~ **gaz** Abgas *nt*
çürümek *vi* **1.** verfaulen **2.** morsch werden **3.** (*These*) widerlegt werden **4.** (*Zahn*) kariös werden **5.** (*durch Schläge*) blaue Flecken bekommen
çürütmek *vi* **1.** *Kausativ zu* **çürümek** **2.** (*Argumente*) entkräften, widerlegen (*-i*
çüş *interj* **1.** (*für Pferde*) Halt! **2.** (*Ausruf bei grober Zurechtweisung*) pfui!

D

D, d *s fünfter Buchstabe des türk. Alphabets*
da *konj* **1.** auch, ebenfalls **2.** aber, indessen **3.** und **4.** damit, dass **5.** selbst wenn; **kadınlar da erkekler de** sowohl die Frauen als auch die Männer
dadanmak *vi* **1.** (*meistens pej*) immer wieder kommen (*-e zu* jdm) **2.** versessen sein (*-e* auf etw)
dağ *s* **1.** Berg *m* **2.** Brandmal *nt*; ~ **ayısı** (*fam*) Flegel *m*; ~ **bisikleti** Mountainbike *nt*; ~ **geçidi** Gebirgspass *m*; ~ **sıçanı** Murmeltier *nt*; ~ **taş** überall
dağarcık (**-ğı**) *s* **1.** Lederbeutel *m* **2.** Kenntnisse *pl*
dağcı *s* Bergsteiger(in) *m(f)*
dağcılık (**-ğı**) *s* Bergsteigen *nt*
dağılmak *vi* **1.** (*Versammlung*) auseinander gehen, sich auflösen **2.** (*Haare*) sich lösen **3.** (*Zimmer*) in Unordnung geraten **4.** aus den Fugen gehen **5.** sich verbreiten **6.** sich verteilen
dağınık (**-ğı**) *adj* **1.** (*zerstreut*) vereinzelt **2.** (*fig*) zerstreut **3.** (*Person, Zimmer*) unordentlich **4.** (*Haare*) wirr
dağınıklık (**-ğı**) *s* **1.** Unordnung *f* **2.** Zerstreutheit *f*

dağıtım s 1. Verteilung f 2. Vertrieb m; ~ **müdürü** Vertriebsleiter(in) m/f)
dağıtımcı s Filmverleih m
dağıtmak vt 1. austeilen, verteilen (-i -e auf/an jdn) 2. (Parlament) auflösen (-i etw) 3. (Zimmer) aufräumen (-i etw) 4. verstreuen (-i etw) 5. zertrümmern (-i etw) 6. verrückt spielen
dağkeçisi (-ni) s Gämse f
dağlamak vt 1. brandmarken (-i etw) 2. (ätzen) verbrennen (-i etw)
dağlık (-ğı) adj gebirgig
daha adv (vor dem Komparativ und zeitlich) als, noch; ~ **az** weniger; ~ **çok** mehr; ~ **doğrusu** (genauer gesagt) beziehungsweise; ~ **dün** erst gestern; ~ **iyi** besser; ~ **iyi/kötü ya** um so besser/schlimmer; ~ **iyiyim** es geht mir besser; ~ **önce** früher, eher; ~ **şimdi** bereits jetzt; ~ **ziyade** vielmehr
dahi I. konj 1. auch 2. selbst wenn II. s Genie nt
dahil I. s innerer Teil m II. adv einschließlich; **bir şeye** ~ **olmak** zu etwas dazugehören; ... ~ **olmak üzere** inklusive ...
dahili I. s inner-, Innen-; (GEOG) Binnen- II. adj inländisch; ~ **anten** Zimmerantenne f
dahiliye s 1. innere Krankheiten pl 2. Abteilung f für innere Medizin
dahiliyeci s Internist(in) m/f)
daima adv immer, fortwährend
daimi adj ständig, dauernd; (Stellung) unkündbar; ~ **temsilci** (POL) ständiger Vertreter m
dair präp hinsichtlich (-e gen), über (-e akk)
daire s 1. (MATH) Kreis m 2. Behörde f 3. Abteilung f 4. (Etagen)wohnung f; ~ **çevresi** Kreisumfang m; ~ **şeklinde** kreisförmig; ~ **şubesi** (Abteilung) Referat nt; ~ **şubesi şefi** Sachbearbeiter(in) m/f)
dairevi adj kreisförmig
dakik (-kı) adj pünktlich; (präzise) genau
dakika s Minute f
dakiklik (-ği) s Pünktlichkeit f
daktilo s 1. Maschinenschreiben nt 2. Schreibmaschine f 3. Schreibkraft f; ~ **etmek** tippen, Schreibmaschine schreiben; ~ **şeridi** Farbband nt; ~ **yanlışı** Tippfehler m; **daktiloyla yazmak** mit der Maschine schreiben
dal s 1. (Ast) Zweig m 2. Branche f 3. (Lehrfach) Disziplin f

dalak (-ğı) s Milz f
dalamak vt (Dorn, Insekt) stechen; (Wolle) kratzen (-i jdn)
dalaşmak vi sich streiten, sich zanken
dalavere s (fam) Schwindel m
daldırma s 1. Verbalsubstantiv zu **daldırmak** 2. (einer Pflanze) Ableger m
daldırmak vt 1. Kausativ zu **dalmak** 2. (unter)tauchen (-i -e etw in etw) 3. versenken (-i -e etw in etw) 4. (Pflanzen) durch Stecklinge vermehren (-i etw)
dalga s 1. Welle f 2. Woge f 3. Betrug m, Schwindel m 4. (fam) Rausch m; ~ **boyu** [o **uzunluğu**] Wellenlänge f; ~ **geçmek** (fam) faulenzen; (birisi ile) sich über jdn lustig machen
dalgacı s 1. (fam) Faulenzer(in) m/f) 2. Schwindler(in) m/f)
dalgakıran s Mole f, Wellenbrecher m
dalgalanma s 1. Verbalsubstantiv zu **dalgalanmak** 2. Schwankung f
dalgalanmak vi 1. (Fahne) flattern 2. (Meer) wogen 3. wabern
dalgalı adj 1. (See) bewegt 2. wellenförmig, wellig; ~ **akım** Wechselstrom m; ~ **deniz** Seegang m
dalgıç (-cı) s Taucher(in) m/f); ~ **elbisesi** Taucheranzug m; ~ **gözlüğü** Taucherbrille f; ~ **takımı** Taucherausrüstung f
dalgın adj 1. in Gedanken versunken 2. zerstreut
dalgınlık (-ğı) s Zerstreutheit f
dalkavuk (-ğu) I. s Schleimer(in) m/f), Speichellecker(in) m/f) II. adj speichelleckerisch, schleimig
dalkavukluk (-ğu) s Schleimerei f, Speichelleckerei f; ~ **etmek** schleimen
Dalmaçyalı s Dalmatiner m
dalmak (-ar) vi 1. tauchen, untertauchen (-e in etw) 2. (in Gedanken) sich vertiefen (-e in etw) 3. einnicken
dalya çiçeği (-ni) s Dahlie f
dalyan s großes Fischernetz nt
dam s 1. Dach nt 2. Stall m 3. (beim Tanz, Kartenspiel) Dame f 4. (fam) Kittchen nt
dama s Damespiel n
damak (-ğı) s Gaumen m
damar s 1. Ader f 2. Veranlagung f 3. Jähzorn m; ~ **sertleşmesi** Arterienverkalkung f
damat (-dı) s 1. Schwiegersohn m 2. (am Hochzeitstag) Bräutigam m
damga s Siegel nt; (auch fig) Stempel m

damgalamak vt 1. (*auch fig*) abstempeln (*-i* etw) 2. (*Fahrschein*) entwerten (*-i* etw)
damıtmak vt destillieren (*-i* etw)
damla s Tropfen *m;* ~ ~ tropfenweise; ~ **hastalığı** Gicht *f*
damlamak vi 1. tropfen (*-e* in/auf etw) 2. triefen 3. (*Eimer*) lecken 4. (*fam*) aufkreuzen (*-e* bei jdm)
damlataş s Tropfstein *m;* ~ **mağarası** Tropfsteinhöhle *f*
damping s Dumping *nt;* ~ **yapmak** verschleudern
dana s Kalb *nt;* ~ **eti** Kalbfleisch *nt;* ~ **kızartması** [*o* **rostosu**] Kalbsbraten *m;* ~ **bonfilesi** Kalbsschnitzel *nt*
dangalak (**-ğı**) I. adj (*fam*) blöd II. s (*fam*) Blödmann *m*
danış s Beratung *f*, Unterredung *f*
danışma s 1. *Verbalsubstantiv zu* **danışmak** 2. Information *f*, Auskunft *f* 3. Telefonauskunft *f*
danışmak vt 1. um Rat fragen (*-e -i* jdn wegen etw), konsultieren (*-e* jdn) 2. (*beratschlagen*) verhandeln (*-i* etw)
danışman s Berater(in) *m(f)*
danışmanlık (**-ğı**) s Beratung *f*
Danimarka I. s Dänemark *nt* II. adj (*Art*) dänisch
Danimarkaca adj (*Sprache*) dänisch
Danimarkalı I. s Däne *m*, Dänin *f* II. adj (*Herkunft*) dänisch
dans s Tanz *m;* ~ **dersi** Tanzstunde *f;* ~ **edelim** lasst uns tanzen; ~ **etmek** tanzen; ~ **müziği** Tanzmusik *f;* ~ **okulu** Tanzschule *f;* ~ **salonu** Tanzlokal *nt*
dansa kaldırmak vt zum Tanz auffordern (*-i* jdn)
dansör s Tänzer *m*
dansöz s Tänzerin *f*
dantel(**a**) s (*Gewebe*) Spitze *f;* ~ **işlemek** klöppeln
dar I. adj 1. eng, schmal 2. knapp 3. (*Winkel*) spitz II. adv kaum, gerade noch III. s Enge *f;* ~ **boğaz** Engpass *m;* ~ **gelirli** einkommensschwach; ~ **gelmek** (*Kleidung*) zu eng sein; ~ **kafalı** engstirnig, borniert
darağacı s Galgen *m*
daralma s 1. *Verbalsubstantiv zu* **daralmak** 2. Verengung *f*
daralmak vi 1. eng(er) werden 2. (*Stoff*) eingehen, einlaufen 3. (*Zeit*) drängen, knapp werden

daraltma s 1. *Verbalsubstantiv zu* **daraltmak** 2. Verengung *f*
daraltmak vt 1. *Kausativ zu* **daralmak** 2. enger machen, verenge(r)n (*-i* etw) 3. (*fig*) einschränken (*-i* etw)
darbe s 1. (*Schlag*) Hieb *m* 2. Impuls *m* 3. (Schicksals)schlag *m* 4. (MIL) Stoß *m* 5. Putsch *m*
darbeci s Putschist *m*
dargın adj ärgerlich; (*verärgert*) ungehalten
dargörüşlü adj engstirnig
darı s Hirse *f;* **darısı başın**(**ız**)**a** möge dir (Ihnen) das gleiche Glück beschieden sein!
darılmak vi böse sein, sauer sein (*-e* auf jdm)
darkafalı I. adj engstirnig, spießbürgerlich II. s Spießbürger(in) *m(f)*
darlaşma s 1. *Verbalsubstantiv zu* **darlaşmak** 2. Verengung *f*
darlaşmak vr sich verengen
darlaştırma s 1. *Verbalsubstantiv zu* **darlaştırmak** 2. Verengung *f*
darlaştırmak vt 1. *Kausativ zu* **darlaşmak** 2. enger machen, verenge(r)n (*-i* etw)
darlık (**-ğı**) s 1. Enge *f* 2. (*Mangel*) Knappheit *f* 3. (*Bedrängnis*) Not *f*
darmadağın adj 1. (*Mensch*) unordentlich 2. durcheinander 3. verworren
darp etmek vt 1. (*Münzen*) prägen (*-i* etw) 2. multiplizieren (*-i* etw)
dava s 1. Prozess *m* 2. (Gerichts)verhandlung *f* 3. Problem *nt*, Frage *f;* ~ **açmak** [*o* **etmek**] einen Prozess anstrengen, verklagen (*-e* jdn); ~ **vekili** Verteidiger(in) *m(f)*
davacı s Kläger(in) *m(f)*
davar s Kleinvieh *nt*
davet (**-ti**) s 1. Einladung *f* 2. Aufforderung *f;* ~ **etmek** einladen, auffordern (*-i -e* jdn zu etw)
davetiye s (schriftliche) Einladung *f*
davetli s Gast *m*
davetsiz s ohne Einladung; ~ **misafir** [*o* **konuk**] ungebetener Gast *m*
davlumbaz s Rauchfang *m*
davranış s 1. Benehmen *nt*, Betragen *nt* 2. Verhalten *nt* 3. Behandlung *f*
davranmak vi 1. (*handeln*) vorgehen 2. sich verhalten 3. sich rühren 4. umgehen (*-e* mit jdm/etw) 5. greifen (*-e* nach etw) 6. sich anschicken (*-meye* etw zu tun); **birine iyi/kötü** ~ jdn gut/schlecht behandeln
davul s Pauke *f*, große Trommel *f;* ~ **çalmak**

davulcu trommeln; (*fig*) ausposaunen

> Die **davul** ist eine paukenartige Trommel. Sie ist bei der traditionellen Hochzeitsfeier auf dem Lande unentbehrlich, wo eine Zweimannkapelle mit 'davul' und 'zurna', einer türkischen Oboe, aufspielt.

davulcu *s* Trommler(in) *m(f)*
dayak (**-ğı**) *s* Prügel *pl;* ~ **atmak** verprügeln (*-e* jdn)
dayamak *vt* 1.(an)lehnen (*-i -e* etw an etw) 2. stützen (*-i -e* etw auf etw)
dayanak (**-ğı**) *s* (*auch fig*) Stütze *f;* ~ (**noktası**) Stützpunkt *m*
dayanıklı *adj* 1.(*dauerhaft*) haltbar 2. solide, widerstandsfähig 3.(*fig*) standhaft
dayanıklılık (**-ğı**) *s* 1. Beharrlichkeit *f* 2. Zähigkeit *f* 3. Beständigkeit *f* 4. Festigkeit *f* 5. Haltbarkeit *f*
dayanıksız *adj* 1. nicht haltbar 2.(*Person*) nicht widerstandsfähig, labil
dayanılır *adj* erträglich
dayanılmaz *adj* 1. unausstehlich 2. unerträglich 3. unwiderstehlich
dayanışık (**-ğı**) *adj* solidarisch
dayanışma *s* 1. *Verbalsubstantiv zu* **dayanışmak** 2. Solidarität *f;* ~ **vergisi** Solidaritätszuschlag *m*
dayanışmak *vr* sich solidarisieren (*ile* mit jdm)
dayanmak *vi* 1. sich anlehnen (*-e* an jdn/etw) 2. standhalten, aushalten (*-e* etw) 3. vertrauen (*-e* jdm) 4. sich stützen (*-e* auf etw) 5. sich beziehen (*-e* auf etw) 6.(*Kleider, Essen*) halten
dayatmak *vt* 1. *Kausativ zu* **dayamak** 2. bestehen, beharren (*-e* auf etw)
dayı *s* Onkel *m* (*mütterlicherseits*)
dazlak (**-ğı**) I. *adj* glatzköpfig II. *s* (POL) Skinhead *m*
de *konj s.* **da**
debdebe *s* Pomp *m,* Pracht *f,* Prunk *m*
debdebeli *adj* pompös, prachtvoll, prunkvoll
dede *s* 1.(*fam*) Grossvater *m* 2. Vorfahr *m*
dedektif *s* Detektiv(in) *m(f)*
dedikodu *s* 1. Gerede *nt,* Geschwätz *nt* 2. üble Nachrede *f;* ~ **yapmak** (*schwatzen*) klatschen
dedikoducu I. *adj* geschwätzig II. *s* Schwätzer(in) *m(f),* Klatschbase *f*

defa *s* Mal *nt,* -mal; **bir/dört** ~ ein-/viermal; **bu** ~ diesmal
defalarca *adv* x-mal, zigmal
defetmek (**-der**) *vt* 1. verdrängen (*-i* etw) 2. verjagen, vertreiben (*-i* jdn)
defile *s* Mode(n)schau *f*
defin (**-fni**) *s* Beerdigung *f*
define *s* Hort *m,* Schatz *m*
defne *s* Lorbeer *m*
defnetmek (**-der**) *vt* beerdigen, bestatten (*-i* jdn)
defolmak *vi* (*fam*) abhauen
defrişman (**açım**) *s* Rodung *f*
defter *s* 1.(*Schreib*-) Heft *nt* 2. Liste *f;* ~ **tutmak** Buch führen
değer I. *s* 1. Wert *m* 2.(*Achtung*) Geltung *f* II. *adj* würdig; **bir şeye** ~ **vermek** auf etwas Wert legen; ~ **yargısı** Werturteil *nt;* **değeri olmak** (*wert sein*) gelten
değerlendirme *s* 1. *Verbalsubstantiv zu* **değerlendirmek** 2.(*Statistik*) Auswertung *f* 3. Wertung *f*
değerlendirmek *vt* 1.(*Angaben*) auswerten, bewerten (*-i* etw) 2. verwerten (*-i* etw)
değerlenmek *vi* im Wert steigen
değerli *adj* 1. wertvoll, kostbar 2.(*Anrede, auch im Brief*) verehrt, sehr geehrt 3.(*Person*) verdienstvoll; ~ **taş** Edelstein *m*
değersiz *adj* 1. wertlos 2.(*unbedeutend*) gering
değil *adv* nicht; **değil mi?** nicht wahr?
değin *präp* bis (zu) (*-e dat*)
değinmek *vi* (*Thema*) anschneiden, erwähnen (*-e* etw)
değirmen *s* Mühle *f;* ~ **çarkı** Mühlrad *nt*
değiş *s* Tausch *m;* ~ **etmek** (*ein-, aus-, um-*) tauschen (*-i ile* etw gegen etwas); ~ **tokuş** Tausch *m;* ~ **tokuş etmek** tauschen
değişik (**-ği**) *adj* 1. verschieden, unterschiedlich 2. neu
değişiklik (**-ği**) *s* 1. Änderung *f* 2. Verschiedenheit *f* 3. Abwechslung *f;* ~ **olarak** zur Abwechslung
değişim *s* 1. Wandel *m* 2. Wandlung *f* 3. Variation *f*
değişken *adj* 1.(*auch Wetter*) unbeständig 2.(MATH) veränderlich
değişkenlik (**-ği**) *s* Unbeständigkeit *f*
değişme *s* *Verbalsubstantiv zu* **değişmek**
değişmek I. *vi* 1. sich (ver)ändern 2.(BIOL) mutieren II. *vt* 1.(*aus-, ein-*) tauschen (*-i ile* etw gegen etwas) 2.(*Wäsche*) wechseln (*-i*

değiştirilebilir etw)
değiştirilebilir adj austauschbar
değiştirmek vt 1. Kausativ zu **değişmek** 2. (ver-, ab-) ändern (-i jdn/etw) 3. auswechseln (-i ile etw mit etw) 4. (ein-, um-, ver-) tauschen (-i ile etw gegen etw) 5. (Wäsche) wechseln (-i etw) 6. (Geld) umwechseln (-i etw) 7. (Flugticket) umbuchen (-i etw)
değmek (-**er**) vi 1. berühren (-e etw/jdn) 2. (wert sein) lohnen (-e etw) 3. kommen (-e nach/zu etw)
değnek (-**ği**) s 1. Rute f 2. Stange f, Stock m 3. Prügel m
deha s 1. Genialität f 2. Genie nt
dehşet (-**ti**) s 1. (Schrecken) Entsetzen nt 2. Terror m; **dehşete kapılmak** sich entsetzen
dehşetli adj 1. entsetzlich, grauenhaft, grauenvoll 2. sehr viel(e)
dejenere olmak vi degenerieren
dek präp bis zu (-e dat)
dekan s (an Universität) Dekan m
dekatlon s Zehnkampf m
deklanşör s (bei Kamera) Auslöser m
dekolte I. s Dekolleté n II. adj (Kleid) ausgeschnitten; (Dame) dekolletiert
dekor s Dekor m
dekorasyon s Dekoration f
dekoratif adj dekorativ
dekoratör s Dekorateur(in) m(f)
dekore etmek vt dekorieren (-i etw)
delegasyon s Abordnung f, Delegation f
delege s Delegierte(r) mf
deli I. s Verrückter(r) mf II. adj verrückt, wahnsinnig; ~ **dana hastalığı** Rinderwahn(sinn) m
delibaş s Rinderwahn(sinn) m
delice adv 1. wie wahnsinnig 2. (fig) rasend, wild
delik (-**ği**) I. s 1. Loch nt 2. (fam) Kittchen nt II. adj löch(e)rig
delikanlı s junger Mann m
delikanlılık s 1. (Jünglingsalter) Jugend f 2. Verhalten nt eines jungen Mannes
deliksiz I. adj 1. (Schlaf) fest 2. ohne Löcher II. adv ununterbrochen
delil s 1. Beweis m 2. Beweismittel nt 3. Anzeichen nt; ~ **yetersizliği** (JUR) Beweismangel m
delilik (-**ği**) s 1. Verrücktheit f 2. Wahnsinn m
delinmek vi 1. Passiv zu **delmek** 2. Löcher bekommen
delirmek vi (fam) verrückt werden
delişmen adj extravagant, überspannt
delmek (-**er**) vt 1. (durch)löchern, durchbohren (-i etw) 2. (Blockade) durchbrechen (-i etw)
demagog s Demagoge m, Demagogin f
demagojik (-**ği**) adj demagogisch
demeç (-**ci**) s (POL) Erklärung f
demek (**der**, **diyor**) vt 1. sagen (-i etw) 2. nennen (-i etw) 3. (bedeuten) heißen (-i etw); **demek istediğim şu** ... ich wollte Folgendes sagen: ...; **demek öyle!** soso!; ... **ne demek?** was bedeutet ...?
demek (**ki**) adv 1. dementsprechend, demnach 2. das heißt
demet (-**ti**) s 1. Bündel nt 2. Garbe f 3. (Blumen)strauß m
demin adv eben, soeben
demin(cek) adv (eben noch) vorhin
demir I. s 1. Eisen nt 2. Anker m II. adj eisern; ~ **atmak** vor Anker gehen, ankern; ~ **cevheri** Eisenerz nt; ~ **leblebi** ein harter Brocken; ~ **sanayii** Eisenindustrie f
demirbaş (**eşya**) s Inventar nt
demirci s Schmied m; ~ (**dükkanı**) Eisenwarenhandlung f
demirden adj eisern
demirhane s 1. Eisenhütte f 2. Schmiede f
demirlemek vt 1. (Tür) verriegeln (-i etw) 2. ankern
demiryolu (-**nu**) s 1. Eisenbahn f 2. Eisenbahnlinie f, Gleis nt; ~ **bekçisi** Bahnwärter m; ~ **geçidi** Bahnübergang m; ~ **memuru** Eisenbahner m
demlemek vt (Tee) ziehen lassen (-i etw)
demlenmek vi 1. Passiv zu **demlemek** 2. (Tee) ziehen 3. (fam) einen heben
demli adj (Tee) stark
demo s (INFORM) Demo nt, Demonstrationsprogramm nt
demokrasi s Demokratie f
demokrat (-**tı**) I. s Demokrat(in) m(f) II. adj demokratisch
demokratik adj demokratisch
demokratikleşme s Demokratisierung f, Demokratisierungsprozess m
demokratikleştirmek vt demokratisieren (-i etw)
demonte adj abmontiert, demontiert, zerlegt; ~ **etmek** abmontieren, demontieren, zerlegen

denek (-ği) *s* Versuchsperson *f*
deneme *s* 1. *Verbalsubstantiv zu* **denemek** 2. (*Versuch*) Probe *f*; ~ **tahtası** Versuchsobjekt *nt*
denemedik *adj:* ~ **yol** [*o* **yöntem**] **bırakmamak** nichts unversucht lassen (*-mek için etw zu tun*)
denemek *vt* versuchen, probieren (*-i etw*)
denenmiş *adj* erprobt, bewährt
denet(**im**) *s* Kontrolle *f*
denetçi *s* Kontrolleur(in) *m(f)*
denetlemek *vt* kontrollieren, prüfen (*-i etw*)
denetmen *s* Inspektor(in) *m(f)*
deney *s* Experiment *nt*; (*wissenschaftlicher*) Versuch *m;* ~ **hayvanı** Versuchstier *nt;* ~ **yapmak** experimentieren
deneyim *s* 1. Experimentieren *nt* 2. Erfahrung *f*
denge *s* 1. Gleichgewicht *nt* 2. Ausgeglichenheit *f;* ~ **bozukluğu** Gleichgewichtsstörung *f;* ~ **kalası** Schwebebalken *m*
dengelemek *vt* 1. ins Gleichgewicht bringen (*-i etw*) 2. ausgleichen (*-i etw*)
dengeli *adj* ausgeglichen
dengesiz *adj* 1. unausgeglichen, sprunghaft 2. labil
dengesizlik (-ği) *s* Missverhältnis *nt*
deniz *s* 1. Meer *nt,* See *f* 2. Seegang *m;* ~ **anası** Qualle *f;* ~ **aslanı** Seelöwe *m;* ~ **banyosu** Seebad *nt;* ~ **buzulu** Packeis *nt;* ~ **gülü** Wasserrose *f;* ~ **kazası** Schiffbruch *m;* ~ **kenarı** Küste *f;* ~ **kestanesi** Seeigel *m;* ~ **kulübü** Jachtklub *m;* ~ **kuvvetleri** Kriegsmarine *f;* ~ **tutması** Seekrankheit *f;* ~ **limanı** Seehafen *m;* ~ **mili** Seemeile *f;* ~ **seviyesi** Meeresspiegel *m;* ~ **tutmuş** seekrank; **beni** ~ **tuttu** ich bin seekrank; ~ **uçağı** Wasserflugzeug *nt;* ~ **yarışı** Regatta *f;* ~ **yolculuğu** Kreuzfahrt *f;* ~ **yoluyla** auf dem Seeweg; **denize girmek** (*im Meer*) baden; **denizin dibi** Meeresboden *m*
denizaltı (-nı) I. *s* U-Boot *nt* II. *adj* unterseeisch
denizaşırı *adj* transatlantisch, überseeisch; ~ **ülkeler** Übersee *f*
denizatı (-nı) *s* Seepferdchen *nt*
denizci *s* Seemann *m*
denizcilik (-ği) *s* Schifffahrt *f,* Seefahrt *f*
denizyıldızı (-nı) *s* Seestern *m*
denk (-gi) I. *s* 1. (*Bündel*) Ballen *nt* 2. Gegengewicht *nt* 3. Gleichgewicht *nt* 4. (*Gegenstück*) Entsprechung *f* II. *adj* 1. entsprechend 2. gleichwertig; ~ **gelmek** entsprechen (*-e einer Sache*)
denklem *s* (MATH) Gleichung *f*
denkleştirmek *vt* 1. ins Gleichgewicht bringen (*-i etw*) 2. (*Budget*) ausgleichen (*-i etw*)
denksiz *adj* unausgeglichen
denksizlik (-ği) *s* Missverhältnis *nt*
denli I. *adj* (*Person*) taktvoll, diskret II. *adv* dermaßen
densiz *adj* indiskret, taktlos
densizlik (-ği) *s* Indiskretion *f,* Taktlosigkeit *f*
deodoran *s* Deodorant *nt*
depar *s* 1. (*Ski*) Abfahrtslauf *m* 2. Start *m*
deplasman maçı (-nı) *s* (SPORT) Auswärtsspiel *nt*
depo *s* 1. Depot *nt,* Lager *nt* 2. Ablage *f* 3. Lagerraum *m,* Speicher *m* 4. Tank *m;* ~ **etmek** (*Ware*) lagern (*-i etw*); **depoya koymak** deponieren, bunkern (*-i etw*)
depolamak *vt* lagern, deponieren (*-i etw*)
depozito *s* 1. Kaution *f* 2. Flaschenpfand *nt*
deprem *s* Erdbeben *nt;* ~ **bölgesi** Erdbebengebiet *nt;* **depreme dayanıklı** erdbebensicher; ~ **merkezi** Erdbebenherd *m;* ~ **olasılığı** Erdbebenwahrscheinlichkeit *f*
depremzede *s* Erdbebenopfer *nt*
depresif *adj* depressiv
depresyon *s* (MED) Depression *f*
derbeder I. *s* Herumtreiber(in) *m(f)* II. *adj* 1. unordentlich 2. schlampig, nachlässig
derbederlik (-ği) *s* (*fam*) Schlamperei *f*
dere *s* Bach *m*
derebeyi (-ni) *s* (HIST) Feudalherr *m*
derebeylik (-ği) *s* (HIST) Feudalismus *m*
derece *s* 1. Grad *m,* Stufe *f* 2. Ausmaß *nt,* Umfang *m* 3. Thermometer *nt;* ~ ~ stufenweise; **birinci dereceden akraba** Verwandte(r) *mf* ersten Grades
derecelendirmek *vt* 1. abstufen (*-i etw*) 2. einstufen (*-i etw*) 3. (*bei Preisverteilung*) bewerten (*-i etw*)
deregülasyon *s* (COM) Deregulierung *f*
dereotu (-nu) *s* Dill *m*
dergi *s* Zeitschrift *f,* Magazin *nt*
derhal I. *adv* gleich, sofort II. *adj* sofortig; ~! gleich!
deri I. *s* 1. Haut *f* 2. Fell *nt* 3. Leder *nt;* **bir** ~ **bir kemik olmak** nur noch Haut und Knochen sein; ~ **kanseri** Hautkrebs II. *adj* aus

derin

Leder, Leder-; ~ **ceket** Lederjacke *f;* ~ **eşya** Lederwaren *fpl;* ~ **eşya mağazası** Lederwarengeschäft *nt;* ~ **manto** [*o* **palto**] Ledermantel *m*

derin *adj* **1.** (*auch fig*) tief **2.** (*Schlaf*) fest **3.** (*Untersuchung*) eingehend, genau; ~ **dondurucu** Tiefkühltruhe *f;* ~ **saygılarla** hochachtungsvoll

derinleşmek *vi* (*tiefer werden*) sich vertiefen

derinleştirmek *vt* **1.** *Kausativ zu* **derinleşmek 2.** vertiefen (*-i etw*)

derinlik (**-ği**) *s* **1.** Tiefe *f* **2.** Vertiefung *f*

derleme *s* **1.** *Verbalsubstantiv zu* **derlemek 2.** Zusammenstellung *f*

derlemek *vt* **1.** sammeln (*-i etw*) **2.** (*aus Einzelteilen*) zusammenstellen (*-i etw*); **derleyip toplamak** aufräumen, in Ordnung bringen

derleyici *s* (INFORM) Compiler *m*

derli toplu *adj* (*fam*) ordentlich

derman *s* **1.** Mittel *nt* **2.** Kraft *f*

dermansız *adj* **1.** erschöpft, matt **2.** (*Krankheit*) unheilbar

dermansızlık (**-ğı**) *s* **1.** Erschöpfung *f* **2.** Unheilbarkeit *f*

dernek (**-ği**) *s* Gesellschaft *f,* Organisation *f,* Verein *m*

ders *s* **1.** Unterricht *m* **2.** Unterrichtsstunde *f* **3.** Lehre *f,* Lektion *f,* Denkzettel *m* **4.** (*im Lehrbuch*) Lektion *f* **5.** Lehrfach *nt* **6.** (*an Universität*) Vorlesung *f* **7.** Schulaufgaben *fpl;* ~ **kitabı** Lehrbuch *nt,* Schulbuch *nt;* ~ **odası** (*an Universität*) Hörsaal *m;* ~ **planı** Stundenplan *m;* ~ **programı** Lehrplan *m;* **birine** ~ **vermek** jdn unterrichten; (*fig*) jdm eine Lektion erteilen

dert (**-di**) *s* Sorge *f,* Kummer *m;* ~ **çekmek** (seelisch) leiden

dertleşmek *vi* sich einander sein Leid klagen, sich aussprechen (*ile* bei jdm)

dertli *adj* **1.** (*Person*) traurig **2.** kränklich

dertsiz *adj* unbekümmert, sorglos

derviş *s* Derwisch *m*

desantralizasyon *s* Dezentralisierung *f*

desantralize etmek *vt* dezentralisieren (*-i etw*)

derya *s* **1.** (*Welt-*) Meer *nt* **2.** erfahrener Mensch *m*

desen *s* (*auf Stoffen*) Muster *nt*

desenli *adj* gemustert

despot (**-tu**) **I.** *s* Despot(in) *m(f),* Tyrann(in) *m(f)* **II.** *adj* despotisch, tyrannisch

despotluk (**-ğu**) *s* Tyrannei *f*

destan *s* Heldenepos *nt*

deste *s* (*Bündel*) Bund *nt*

destek (**-ği**) *s* **1.** (*auch fig*) Stütze *f* **2.** (*Balken*) Träger *m* **3.** Pfeiler *m* **4.** Unterstützung *f;* ~ **olmak** unter die Arme greifen (*-e* jdm)

desteklemek *vt* **1.** (*mit Stütze*) (ab)stützen (*-i etw*) **2.** unterstützen (*-i* jdn) **3.** bestärken (*-i* jdn) **4.** (INFORM: *Format*) unterstützen (*-i* etw)

desteksiz *adj* **1.** ohne Stütze **2.** schutzlos

destelemek *vt* bündeln (*-i etw*)

deşelemek *vt* aufwühlen (*-i etw*)

deşifre *adj* dechiffriert; ~ **etmek** dechiffrieren

deşmek (**-er**) *vt* **1.** (*aufschlitzen*) aufstechen (*-i etw*) **2.** (*Frage*) aufwerfen (*-i etw*)

detant (**-tı**) *s* (POL) Entspannung *f*

detay *s* Detail *nt,* Einzelheit *f*

detaylı *adj* (*ausführlich*) detailliert; ~ **arama** (INET) detaillierte Suche *f*

deterjan *s* Reinigungsmittel *nt*

dev I. *s* **1.** Riese *m* **2.** Ungetüm *nt* **II.** *adj* gigantisch, riesig; ~ **gibi** riesig, gigantisch; **dünya devi** (*fam: Konzern*) Multi *m;* **medya devi** (*fam*) Medienzar *m*

deva *s* Heilmittel *nt*

devalorize *adj* (*Geld*) abgewertet; ~ **etmek** abwerten

devalüasyon *s* Abwertung *f,* Geldentwertung *f*

devam I. *s* **1.** Dauer *f,* Bestand *m* **2.** Fortsetzung *f,* Folge *f* **3.** Kontinuität *f* **4.** regelmäßiger Besuch (des Unterrichts) **II.** *interj* weiter; ~ **etmek** (fort)bestehen, andauern; (*weitermachen*) fortfahren (*-e/-de* mit etw); (*Schule*) besuchen (*-e* etw)

devamlı *adj* **1.** dauernd, stetig **2.** (*immerwährend*) ewig **3.** (*Schüler, Gast*) regelmäßig **4.** (*ununterbrochen*) fortwährend; ~ **müşteri** Stammgast *m,* Stammkunde *m*

devamsız *adj* (*unregelmäßig*) unbeständig

devasa *adj* gigantisch

deve *s* Kamel *nt*

devedikeni (**-ni**) *s* Distel *f*

devekuşu (**-nu**) *s* (*Vogel*) Strauß *m*

devingen *adj* dynamisch

devingenlik (**-ği**) *s* Dynamik *f*

devinim *s* Bewegung *f*

devir (**-vri**) *s* **1.** Zeitalter *f,* Epoche *f,* Ära *f* **2.** (TECH) Umdrehung *f* **3.** Zeit *f,* Periode *f*

4. Stadium *nt,* Phase *f* **5.** Zyklus *m* **6.** (JUR) Übertragung *f*
devirli *adj* periodisch, zyklisch
devirmek *vt* **1.** (um)kippen, umstoßen, umwerfen (*-i etw*) **2.** (*Gegner*) stürzen (*-i jdn*) **3.** (*Glas*) leeren (*-i etw*)
devlet (**-ti**) *s* **1.** Staat *m* **2.** Reich *nt* **3.** Glück *nt;* ~ **adamı** Staatsmann *m;* ~ **baba** Vater *m* Staat; ~ **başkanı** Staatsoberhaupt *nt;* ~ **borcu** Staatsverschuldung *f;* ~ **bütçesi** Staatshaushalt *m;* ~ **iktidarı** Staatsmacht *f;* ~ **kuşu** Paradiesvogel *m;* (*fig*) großes (unerwartetes) Glück; ~ **lise imtihanı** Abitur *nt;* ~ **memuru** Beamter *m,* Beamtin *f;* ~ **televizyonu** Staatsfernsehen *nt*
devletçik (**-ği**) *s* Kleinstaat *m*
devletlerarası hukuku *s* Völkerrecht *nt*
devletleştirme *s* **1.** *Verbalsubstantiv zu* **devletleştirmek** **2.** Verstaatlichung *f*
devletleştirmek *vt* verstaatlichen (*-i etw*)
devre *s* **1.** (*Zeitabschnitt*) Zeit *f,* Periode *f* **2.** Stadium *nt,* Phase *f* **3.** Zyklus *m* **4.** (TECH) Umdrehung *f* **5.** (SPORT) Halbzeit *f* **6.** (*Boxen*) Runde *f;* **birinci/ikinci** ~ erste/zweite Halbzeit; ~ **anahtarı** Schalter *m;* ~ **dışı kalmak** (*Elektrogerät*) außer Betrieb sein
devredilebilir *adj* (JUR) übertragbar
devredilmez *adj* nicht übertragbar
devretme *s* **1.** *Verbalsubstantiv zu* **devretmek** **2.** Übertrag *m* **3.** (JUR) Übertragung *f*
devretmek (**-der**) *vt* **1.** (*Aufgabe, Amt*) übergeben (*-e -i* jdm etw) **2.** (JUR) übertragen (*-e -i* jdm etw) **3.** (TECH) rotieren
devri (**-ni**) *s Possessivform zu* **devir** das Zeitalter von ...
devrik (**-ği**) *adj* **1.** umgestoßen, umgeworfen **2.** (*Regierung*) gestürzt; ~ **cümle** Satz mit unregelmäßiger Wortstellung; ~ **yaka** Revers *nt*
devrilmek *vi* **1.** *Passiv zu* **devirmek** **2.** umkippen **3.** (*auch politisch*) stürzen
devrim *s* **1.** Revolution *f* **2.** Reform *f* **3.** (POL) Umsturz *m*
devrimci *s* Revolutionär(in) *m(f)*
devriye *s* Patrouille *f,* Streife *f;* ~ **gezmek** patrouillieren
devşirmek *vt* **1.** (*Obst*) einsammeln (*-i etw*) **2.** (*falten*) zusammenlegen (*-i etw*)
deyim *s* **1.** Bezeichnung *f* **2.** Redensart *f,* Redewendung *f*
deyiş *s* (*Wort*) Ausdruck *m*
dezavantaj *s* Nachteil *m*

dezavantajlı *adj* nachteilig
dezenfekte **I.** *s* Desinfektion *f* **II.** *adj* desinfiziert; ~ **etmek** desinfizieren (*-i etw*); ~ **ilacı** Desinfektionsmittel *nt*
DGM *s Abk. von* **Devlet Güvenlik Mahkemesi** Staatssicherheitsgericht *nt*
dırdır *s* **1.** (*fam*) Schwätzen *nt* **2.** (*fam*) Meckern *nt,* Nörgeln *nt;* ~ **etmek** (*fam*) meckern
dırdırcı *s* **1.** (*fam*) Schwätzer(in) *m(f)* **2.** (*fam*) Meckerer(in) *m(f)*
dış **I.** *s* äußerer Teil, Äußere(s) *nt* **II.** *adj* äußere(r, s), äußerlich; ~ **borçlanma** Auslandsverschuldung *f;* ~ **görev** Außendienst *m;* ~ **görünüş** Äußere(s) *nt;* ~ **işleri bakanı** Außenminister(in) *m(f);* ~ **ilişkiler bölümü** Auslandsabteilung *f;* ~ **kaynak kullanımı** (FIN, COM) Outsourcing *nt;* ~ **modem** (INET) externes Modem *nt;* ~ **politika** Außenpolitik *f;* ~ **ticaret** Außenhandel *m;* ~ **ülkeye uçuş** Auslandsflug *m;* ~ **yüz** Außenseite *f*
dışa dönük (**-ğü**) *adj* extrovertiert
dışalım *s* Import *m,* Einfuhr *f*
dışalımcı *s* Importeur(in) *m(f)*
dışarı **I.** *s* **1.** Außenseite *f* **2.** Ausland *nt* **II.** *interj* raus! **III.** *adv* draußen, hinaus; ~ **atmak** (*aus einer Gemeinschaft*) ausstoßen, hinauswerfen (*-i jdn*); ~ **çıkmak** hinausgehen; (*auf Toilette*) austreten; (*Dampf*) entweichen, herauskommen; ~ **sarkmak** sich hinauslehnen
dışarıda *adv* **1.** draußen **2.** im Ausland
dışarıdan *adv* **1.** von draußen **2.** aus dem Ausland
dışarıya *adv* **1.** nach außen **2.** heraus, hinaus **3.** ins Ausland
dışavurumculuk (**-ğu**) *s* Expressionismus *m*
dışı (**-nı**) *adj* außer-, un-; **dünya** ~ außerirdisch; **normal** ~ unnormal, abnormal
dışında *präp* **1.** außerhalb (*-in gen*) **2.** abgesehen von (*-in dat*), bis auf (*-in akk*)
dışişleri (**-ni**) *s pl* auswärtige Angelegenheiten *pl*
Dışişleri Bakanlığı (**-nı**) *s* Außenministerium *nt*
dışkenar *s* Peripherie *f*
dışkı *s* Kot *m*
dışlama *s* **1.** *Verbalsubstantiv zu* **dışlamak** **2.** (POL: *das Ausgrenzen*) Ausgrenzung *f*
dışlamak *vt* ausschließen (*-i -den* jdn/etw aus etw)

dışlanma s (POL: *das Ausgegrenztwerden*) Ausgrenzung *f*
dışsatım s Export *m,* Ausfuhr *f*
diaspora s (POL) Diaspora *f*
dibi (**-ni**) s *Possessivform zu* **dip** der Boden von ...
dibinde I. *präp* ganz unten an ..., hinten in ... (*-in dat*) II. *adv* unten
dibinden *präp* vom unteren [*o* hinteren] Ende von ..., aus der Tiefe von ... (*-in dat*)
dibine *präp* nach unten an ..., ans untere Ende von ... (*-in dat*)
Dicle s Tigris *m*
didik didik etmek *vt* 1. zerfetzen (*-i etw*) 2. zerstückeln (*-i etw*) 3. genau durchsuchen (*-i etw*)
didiklemek *vt* zerstückeln, zerfetzen (*-i etw*)
didinmek *vi* sich abmühen
difteri s Diphtherie *f*
diğer *adj* 1. andere(r, s) 2. weiter(r, s); ~ **ikisi** die beiden anderen; ~ **taraftan** andererseits; **diğerleri** die Übrigen
dijital *adj* digital; ~ **çağ** Digitalzeitalter *nt;* ~ **gösterge** Digitalanzeige *f;* ~ **kamera** Digitalkamera *f*
dijitalize *adj* digitalisiert
dijitalleşme s Digitalisierung *f*
dijitalleşmiş *adj* digitalisiert
dik (**-ki**) *adj* 1. (*gerade*) aufrecht 2. steil; (*Abhang*) schroff 3. (*Winkel*) rechte(r); ~ **alası** (*fig*) Gipfel *m;* ~ **başlı** [*o* **kafalı**] unnachgiebig; (*dickköpfig*) eigensinnig; ~ **başlılık** [*o* **kafalılık**] (*Eigensinn*) Trotz *m;* ~ ~ **bakmak** glotzen, starren; ~ **dörtgen** Rechteck *nt;* ~ **durmak** gerade stehen
diken s 1. Dorn *m* 2. Stachel *m;* ~ ~ **olmak** (*Haare*) sich sträuben, zu Berge stehen
dikenli *adj* dornig; ~ **tel** Stacheldraht *m*
dikey *adj* senkrecht
dikili *adj* 1. angepflanzt 2. genäht 3. aufgestellt
dikilitaş s Obelisk *m*
dikilmek *vi* 1. *Passiv zu* **dikmek** 2. sich aufstellen
dikiş s 1. *Verbalsubstantiv zu* **dikmek** 2. Nähen *nt* 3. Naht *f;* ~ **dikmek** nähen; ~ **iğnesi** Nähnadel *f;* ~ **kutusu** Nähkasten *m;* ~ **makinesi** Nähmaschine *f;* ~ **takımı** Nähzeug *nt;* ~ **tiresi** Nähgarn *nt*
dikişçi (**kadın**) s Näherin *f*
dikişsiz *adj* nahtlos

dikiz s (*fam*) Zugucken *nt;* ~ **aynası** Rückspiegel *m;* ~ **etmek** [*o* **bakmak**] zugucken
dikizci s (*pej fam*) Spanner *m,* Voyeur *m*
dikkat (**-ti**) s 1. Aufmerksamkeit *f* 2. Sorgfalt *f,* Genauigkeit *f* 3. Vorsicht *f;* ~ **etmek** vorsichtig sein, aufpassen; ~ ! Achtung!; ~ **et!** pass (mal) auf!; **dikkate almak** beachten; (*Plan*) ins Auge fassen (*-i etw*); **dikkate almamak** unberücksichtigt lassen (*-i etw*); **dikkate değer** beachtenswert; (*beträchtlich*) bedeutend; **dikkati kendi üstüne çekmek** sich bemerkbar machen; **birinin dikkatini dağıtmak** jdn ablenken; **dikkatini toplamak** sich konzentrieren
dikkatle *adv* 1. bedächtig 2. aufmerksam 3. behutsam
dikkatli *adj* 1. aufmerksam 2. bedächtig, vorsichtig 3. behutsam
dikkatsiz *adj* 1. fahrlässig 2. unachtsam 3. unvorsichtig 4. unaufmerksam
dikkatsizce *adv* leichtsinnig
dikkatsizlik (**-ği**) s 1. Fahrlässigkeit *f* 2. Unaufmerksamkeit *f*
dikmek (**-er**) *vt* 1. hinstellen, aufrichten (*-i etw*) 2. (*an-, zusammen-*) nähen (*-i etw*) 3. (*fam: Glas*) leeren (*-i etw*) 4. (*an-, ein-, be-*) pflanzen (*-i -e etw in etw*) 5. (*Blick*) richten (*-e auf jdn/etw*)
diktafon s Diktiergerät *nt,* Diktaphon *nt*
diktatör s Diktator *m*
diktatörce *adj* diktatorisch
diktatörlük (**-ğü**) s Diktatur *f*
dikte s Diktat *nt;* ~ **etmek** (*auch fig*) diktieren (*-e -i* jdm etw)
dil s 1. Zunge *f* 2. Sprache *f* 3. Ausdrucksweise *f* 4. Landzunge *f* 5. Worte *pl;* ~ **çıkarmak** die Zunge herausstrecken; ~ **kursu** Sprachkurs *m;* ~ **okulu** Sprachschule *f;* ~ **rehberi** Sprachführer *m;* ~ **sorunu** Sprachschwierigkeit *f;* **dile getirmek** zur Sprache bringen (*-i etw*); **dile vermek** verraten (*-i etw/*jdn); **dili dolaşmak** lallen; **dili tutuldu** es verschlug ihm/ihr die Sprache; **dilimin ucunda** es liegt mir auf der Zunge
dilbalığı (**-nı**) s Seezunge *f*
dilbilgisi (**-ni**) s Grammatik *f*
dilbilim s Sprachwissenschaft *f*
dilek (**-ği**) s Bitte *f,* Wunsch *m*
dilekçe s Antrag *m,* Gesuch *nt*
dilek-şart kipi (**-ni**) s Konjunktiv *m*
dilemek *vt* 1. wünschen (*-i -den* etw von jdm) 2. wollen (*-i etw*)

dilenci s Bettler(in) *m(f)*
dilenmek *vi* betteln (*-i* um etw)
dilim s (*Brot, Fleisch*) Scheibe *f*
dilsiz *adj* 1. stumm 2. sprachlos; ~ **kaval** Querflöte *f*
dimdik *adj* (*kerzengerade*) stramm
din s 1. Religion *f* 2. (*Bekenntnis*) Glaube *m*; ~ **değiştirmek** (zu einem anderen Glauben) übertreten; ~ **özgürlüğü** Religionsfreiheit *f*; ~ **savaşı** Glaubenskrieg *m*; **birinin dinini değiştirmek** jdn bekehren
dinamik (**-ği**) I. s Dynamik *f* II. *adj* dynamisch
dinamit (**-ti**) s Dynamit *nt*
dinamizm s Dynamik *f*
dinamo (**makinesi**) s Dynamo *m*; (AUTO) Lichtmaschine *f*
dinbilimci s Religionswissenschaftler(in) *m(f)*
dinç (**-ci**) *adj* robust, kräftig, gesund
dindar *adj* fromm, religiös
dindarlık (**-ğı**) s Frömmigkeit *f*, Religiosität *f*
dindaş s Glaubensgenosse *m*, Glaubensgenossin *f*
dindirmek *vt* 1. (*Schmerz*) lindern (*-i* etw) 2. (*Blut*) stillen (*-i* etw)
dingil I. s Achse *f* II. *adj* (*fam*) dumm, idiotisch
dini *adj* religiös, geistlich; ~ **alay** Prozession *f*; ~ **ayin** Gottesdienst *m*
dinlemek *vt* 1. hören (*-i* jdn/etw) 2. (*gehorchen*) hören (*-i* auf jdn)
dinlendirici *adj* erholsam
dinlenme s 1. *Verbalsubstantiv zu* **dinlenmek** 2. (*Erholung*) Entspannung *f*; ~ **günü** Ruhetag *m*
dinlenmek *vr* 1. *Passiv zu* **dinlemek** 2. sich ausruhen, sich erholen
dinletmek *vt* 1. *Kausativ zu* **dinlemek** 2. (*Platte*) (ab)spielen (*-i* etw)
dinleyici s Hörer(in) *m(f)*, Zuhörer(in) *m(f)*
dinleyiciler s Publikum *nt*
dinozor s 1. Dinosaurier *m* 2. (*fig fam*) altmodischer Mensch *m*, Ewiggestrige(r) *mf*
dinozorluk (**-ğu**) s (*fam*) Anachronismus *m*, Antiquiertheit *f*, alter Zopf *fam*
dinsel *adj* religiös, geistlich
dinmek (**-er**) *vi* aufhören, nachlassen
dinsiz I. s Ungläubige(r) *mf*, Atheist(in) *m(f)* II. *adj* atheistisch, ungläubig
dinsizlik (**-ği**) s Atheismus *m*, Gottlosigkeit *f*
dip (**-bi**) s 1. (*tiefe Stelle*) Grund *m* 2. (*Gefäß-*) Boden *m* 3. Meeresgrund *m* 4. hinterster Teil *m*
dipçik (**-ği**) s (*vom Gewehr*) Kolben *m*
diploma s Diplom *nt*; ~ **çalışması** Diplomarbeit *f*
diplomalı *adj* diplomiert, staatlich geprüft
diplomasi s Diplomatie *f*
diplomat (**-tı**) s Diplomat(in) *m(f)*
diplomatik (**-ği**) *adj* diplomatisch
dipnot (**-tu**) s Fußnote *f*, Anmerkung *f*
dipsiz *adj* 1. bodenlos 2. nicht fundiert
dipsizlik (**-ği**) s 1. Bodenlosigkeit *f* 2. (*fig*) Abgrund *m*
direk (**-ği**) s 1. Balken *m* 2. Mast *m* 3. Pfeiler *m* 4. Pfosten *m* 5. Fahnenschaft 6. Stange *f*
direksiyon s 1. Lenkrad *nt*; (AUTO) Steuer *nt* 2. Führung *f*, Leitung *f*
direk(t) *adj* direkt, unmittelbar
direktif s Anweisung *f*, Instruktion *f*
direktör s Direktor(in) *m(f)*
direnç (**-ci**) s 1. (MED) Resistenz *f* 2. Widerstand *m*
direnek (**-ği**) s Bollwerk *nt*
direnmek *vi* 1. widerstehen (*-e* jdm/einer Sache) 2. beharren auf (*-de* auf etw)
diretmek *vi* darauf bestehen (*-mesi için* dass)
diri *adj* 1. lebendig 2. (*Gemüse*) frisch
dirilmek *vi* 1. wieder lebendig werden 2. genesen, gesunden
diriltme s 1. *Verbalsubstantiv zu* **diriltmek** 2. Wiederbelebung *f*
diriltmek *vt* 1. *Kausativ zu* **dirilmek** 2. wieder beleben (*-i* jdn/etw)
dirim s Leben *nt*
dirimbilim s Biologie *f*
dirimbilimsel *adj* biologisch
dirsek (**-ği**) s 1. Ellbogen *m* 2. Krümmung *f* 3. (*Rohr*) Knie *nt*; **birine** ~ **çevirmek** jdm den Rücken kehren
dirseklik (**-ği**) s Armlehne *f*
disiplin s Disziplin *f*; ~ **cezası** Ordnungsstrafe *f*
disiplinlerarası *adj* interdisziplinär
disiplinli *adj* diszipliniert
disiplinsiz *adj* undiszipliniert
disk (**-ki**) s 1. Diskus *m* 2. Scheibe *f* 3. (ANAT) Bandscheibe *f*
diskalifikasyon s Disqualifikation *f*

diskalifiye *adj* disqualifiziert; ~ **etmek** disqualifizieren
diskjokey *s* Diskjockey *m*, DJ *m*
disket (**-ti**) *s* Diskette *f;* ~ **sürücü(sü)** Diskettenlaufwerk *nt*
disko *s* (*fam*) Disko *f*
diskotek (**-ği**) *s* Diskothek *f*
dispanser *s* Krankenhaus *nt* für ambulante Behandlung
distribütör *s* (AUTO) Verteiler *m*
diş *s* 1. Zahn *m* 2. Zacke *f* 3. (*von Knoblauch*) Zehe *f;* ~ **ağrısı** Zahnschmerzen *mpl;* ~ **çekmek** einen Zahn ziehen; ~ **çıkarmak** (*Kind*) Zähne bekommen; ~ **çürüklüğü** (MED) Karies *f;* ~ **doktoru** [*o* **hekimi**] Zahnarzt *m*, Zahnärztin *f;* ~ **fırçası** Zahnbürste *f;* **birine** ~ **geçirmek** (*fig*) sich gegenüber jdm behaupten; ~ **macunu** Zahnpasta *f;* ~ **minesi** Zahnschmelz *m;* **dişini fırçalamak** sich die Zähne putzen; **dişini sıkmak** die Zähne zusammenbeißen; **dişler dizisi** Gebiss *nt;* **diş(ler)im ağrıyor** ich habe Zahnschmerzen; **dişlerini gıcırdatmak** mit den Zähnen knirschen
dişbudak (**-ğı**) *s* Esche *f*
dişçi *s* Zahnarzt *m*, Zahnärztin *f*
dişeti (**-ni**) *s* Zahnfleisch *nt;* ~ **iltihabı** Zahnfleischentzündung *f;* ~ **çekilmesi** Parodontose *f*
dişi I. *s* 1. (*von Tieren*) Weibchen *nt* 2. Höhlung *f* II. *adj* (*Tier, Pflanze*) weiblich; ~ **kopça** Öse *f*
dişil *adj* 1. (GRAM) weiblich 2. das weibliche Geschlecht betreffend
dişlemek *vt* anbeißen (*-i* etw), beißen (*-i* in etw)
dişli *adj* 1. gezahnt 2. gezackt 3. (*Gegner*) zäh, hartnäckig
dişli (**çark**) *s* Zahnrad *nt*
divan *s* 1. (HIST) öffentliche Ratssitzung *f* 2. Gedichtsammlung (eines Autors) *f* 3. Couch *f*, Liege *f* 4. (JUR: *nur in Zusammensetzungen*) Gericht *nt*
diyabet (**-ti**) *s* Diabetes *m*
diyafram *s* 1. Blende *f* 2. Zwerchfell *nt*
diyagnoz *s* Diagnose *f*
diyagonal *adj* diagonal
diyakoz *s* Diakon *m*
diyalekt *s* Dialekt *m*, Mundart *f*
diyaliz *s* Dialyse *f*
diyalog *s* Dialog *m*
diyapozitif *s* Dia(positiv) *nt*

diye I. *adv* schließt wörtliche Rede ab; wird nicht übersetzt II. *konj* weil, da; (*um zu*) damit III. *adv* namens; ... ~ **biri** ein gewisser ..., eine gewisse ...
diz *s* Knie *nt;* ~ **çökmek** niederknien; ~ **kapağı** Kniescheibe *f*
dizanteri *s* (MED) Ruhr *f*
dizayn *s* Design *nt;* ~ **etmek** (*Produkt*) entwerfen (*-i* etw)
dize *s* Vers *m*
dizel motoru (**-nu**) *s* Dieselmotor *m*
dizge *s* System *nt*
dizgin *s* (*auch fig*) Zügel *m;* **dizginler elinde olmak** (*fam*) die Hosen anhaben
dizi *s* 1. (*Aufstellung*) Reihe *f* 2. (Reihen)folge *f* 3. (MATH) Progression *f* 4. Tonleiter *m* 5. (*TV*) Serie *f*
dizici *s* Schriftsetzer(in) *m(f)*
dizilmek *vr* 1. *Passiv zu* **dizmek** 2. sich in einer Reihe aufstellen
dizin *s* 1. Liste *f* 2. (INFORM: *von Dateien*) Verzeichnis *nt*
dizmek (**-er**) *vt* 1. (*in einer Reihe*) aufstellen (*-i -e* etw auf etw) 2. (*Perlen*) auffädeln (*-i* etw) 3. (*Text*) setzen (*-i* etw)
dizüstü (**-nü**) *s* Laptop *m*
DNA *s* DNS *f*, DNA *f;* ~ **testi** DNA-Test *m*, DNS-Test *m*
dobra dobra *adv* (*fam*) unverblümt
Doç. *s Abk. von* **doçent**
doçent (**-ti**) *s* Dozent(in) *m(f)*
dogma *s* Dogma *nt*
dogmatik (**-ği**) *adj* dogmatisch
doğa *s* Natur *f;* ~ **kanunu** Naturgesetz *nt*
doğacılık (**-ğı**) *s* Naturalismus *m*
doğaçlama I. *adj* (*Musik, Kunst*) improvisiert II. *s* Improvisation *f*
doğal *adj* natürlich; **doğala özdeş** naturidentisch
doğallık (**-ğı**) *s* Natürlichkeit *f*
doğan *s* 1. Falke *m* 2. Weihe *f*
doğaüstü *adj* 1. übernatürlich 2. übersinnlich
doğmak (**-ar**) *vi* 1. geboren werden 2. (*Sonne*) aufgehen 3. entstehen 4. (*folgen*) sich ergeben (*-den* aus etw)
doğrama *s* 1. *Verbalsubstantiv zu* **doğramak** 2. (*in einem Haus*) Zimmerwerk *nt*
doğramacı *s* (Bau)schreiner *m*, Zimmermann *m*
doğramak *vt* (zer)schneiden (*-i* etw)
doğru I. *adv* direkt, gerade, geradeaus II. *adj*

doğruca 1. richtig, wahr 2. (*aufrichtig*) ehrlich 3. passend, zutreffend III. *präp* (*örtlich*) in Richtung auf, gegen (*-e akk*); (*zeitlich*) gegen (*-e akk*) IV. *s* 1. wirklicher Sachverhalt *m* 2. (MATH) Gerade *f;* ~ **çizgi** Gerade *f;* ~ **gitmek** (*Uhr*) richtig gehen

doğruca *adv* geradeswegs

doğrudan doğruya *adv* direkt, geradezu; (*rundweg*) glatt

doğrulama *s* 1. *Verbalsubstantiv zu* **doğrulamak** 2. (*einer Aussage*) Bestätigung *f*

doğrulamak *vt* (*Aussage*) bestätigen (*-i etw*)

doğrulmak *vi* 1. sich aufrichten 2. (wieder) gerade werden 3. sich begeben (*-e* nach/zu etw)

doğrultmak *vt* 1. *Kausativ zu* **doğrulmak** 2. aufrichten (*-i* etw) 3. (*Fehler*) korrigieren (*-i* etw)

doğruluk (*-ğu*) *s* 1. gerade Richtung *f* 2. Richtigkeit *f;* (*einer Aussage*) Wahrheit *f* 3. Ehrlichkeit *f* 4. Genauigkeit *f* 5. Angebrachtsein *nt*

doğrusu *adv* genau genommen, eigentlich

doğu *adj* östlich, Ost-

Doğu *s* 1. Osten *m* 2. Morgenland *nt,* Orient *m;* ~ **Almanya** Ostdeutschland *nt;* ~ **Anadolu** Ostanatolien *nt;* ~ **Avrupa** Osteuropa *nt*

doğum *s* 1. Geburt *f* 2. (MED) Entbindung *f* 3. Geburtsjahr *nt;* ~ **günü** Geburtstag *m;* ~ **günü partisi** Geburtstagsparty *f;* ~ **günün(üz) kutlu olsun!** alles Gute zum Geburtstag!; ~ **ilanı** Geburtsanzeige *f;* ~ **kontrolü** Geburtenregelung *f;* ~ **sancıları** Wehen *fpl;* ~ **tarihi** Geburtsdatum *nt;* ~ **yeri** Geburtsort *m;* ~ **yılı** Geburtsjahr *nt*

doğumhane *s* Kreißsaal *m*

doğurmak *vt* 1. gebären, zur Welt bringen (*-i* jdn) 2. (*fig*) zur Folge haben, auslösen (*-i* etw)

doğusal *adj* orientalisch

doğuş *s* 1. Geburt *f* 2. (*der Sonne*) Aufgang *m*

doğuştan I. *adj* angeboren II. *adv* von Geburt aus

dok (*-ku*) *s* Dock *nt;* ~ **amelesi** Hafenarbeiter *m*

doksan *num* neunzig

doksanlı *adj:* ~ **yıllar** die neunziger Jahre *ntpl*

doktor *s* 1. Arzt *m,* Ärztin *f,* Doktor *m* 2. (*als akademischer Grad*) Doktor *m;* ~ **öğrencisi** Doktorand(in) *m(f);* **doktora başvurmak** einen Arzt aufsuchen

doktora *s* Promotion *f;* ~ **yapmak** promovieren

doku *s* (MED) Gewebe *nt*

dokuma *s* 1. *Verbalsubstantiv zu* **dokumak** 2. (*Textil*) Gewebe *nt;* ~ **fabrikası** Weberei *f;* ~ **sanayii** Textilindustrie *f;* ~ **tezgahı** Webstuhl *m*

dokumacı *s* Weber(in) *m(f)*

dokumacılık (*-ğı*) *s* 1. (*Webkunst*) Weberei *f* 2. Textilindustrie *f*

dokumak *vt* weben (*-i* etw)

dokunaklı *adj* 1. ergreifend 2. beleidigend

dokunmak *vi* 1. *Passiv zu* **dokumak** 2. anfassen, berühren (*-e* etw) 3. (*psychisch*) ergreifen, rühren (*-e* jdn) 4. (*Essen, Rauchen*) nicht bekommen (*-e* jdm) 5. stören (*-e* jdn) 6. schlagen, stoßen (*-e an etw*) 7. betreffen (*-e* etw)

dokunmatik ekran *s* Touchscreen *m*

dokunulmazlık (*-ğı*) *s* 1. (politische) Immunität *f* 2. Unantastbarkeit *f*

dokunum *s* Tastsinn *m*

dokuz *num* neun; ~ **yüz** neunhundert; ~ **bin** neuntausend; ~ **buçuk** neuneinhalb; ~ **kat** neunfach; ~ **misli** [*o* **katı**] neunfach, neunmal so viel; (*Menge*) Neunfache *nt;* ~ **defa** [*o* **kere**] neunmal; ~ **türlü** neunerlei; ~ **katlı** neunstöckig; **dokuzar** je neun; **dokuzda bir** ein Neuntel *nt*

dokuzuncu *adj* neunte(r, s)

doküman *s* Dokument *nt*

dokümanter *adj* dokumentarisch; ~ **film** Dokumentarfilm *m*

dolamak *vt* wickeln, binden (*-i -e* etw um etw)

dolambaç (*-cı*) *s* 1. (*Krümmung*) Windung *f* 2. (*fig*) Umweg *m*

dolambaçlı *adj* 1. (*verwinkelt*) wink(e)lig 2. (*fig*) verworren; ~ **yollardan** auf Umwegen

dolambaçsız *s* ohne Umschweife

dolandırıcı I. *s* (*fam*) 1. Gauner(in) *m(f),* Ganove *m,* Ganovin *f* 2. (*Hochstapler*) Schwindler(in) *m(f)* II. *adj* betrügerisch

dolandırıcılık (*-ğı*) *s* Betrug *m,* Schwindel *m;* ~ **etmek** betrügen

dolandırmak *vt* betrügen (*-i* jdn)

dolanmak *vt* 1. *Passiv zu* **dolamak** 2. sich wickeln (*-e* um etw) 3. sich schlängeln

dolap ... **4.** bummeln, schlendern **5.** (*Gerücht*) umgehen

dolap (-bı) *s* **1.** Schrank *m* **2.** (*Uhr-, Radio-*) Gehäuse *nt* **3.** (*fig*) Kniff *m* **4.** (*fig*) List *f*

dolar *s* Dollar *m;* ~ **kuru** Dollarkurs *m*

dolaşık (-ğı) *adj* **1.** kompliziert **2.** gewunden

dolaşım *s* **1.** Verbalsubstantiv *zu* **dolaşmak 2.** Kreislauf *m*

dolaşmak *vi, vt* **1.** spazieren gehen **2.** (*Stadt, Land*) besichtigen, bereisen (-*i* etw) **3.** (*zirkulieren*) kreisen **4.** (*Gerücht*) umgehen **5.** sich verwickeln

dolaştırmak *vt* **1.** Kausativ *zu* **dolaşmak 2.** (*Fremde*) herumführen (-*i* jdn) **3.** verwickeln (-*i* etw) **4.** zirkulieren lassen (-*i* etw)

dolayı **I.** *s* Umgebung *f* **II.** *präp* wegen, infolge (-*den gen*)

dolayısıyla **I.** *präp* anlässlich (... *gen*) **II.** *adv* in diesem Zusammenhang

dolaylı *adj* indirekt

dolaysız *adj* direkt, unmittelbar

doldurmak *vt* **1.** Kausativ *zu* **dolmak 2.** ein-, aus-, erfüllen (-*i* etw) **3.** (*Scheck*) ausschreiben (-*i* etw) **4.** (*Gewehr, Batterie*) laden (-*i* etw) **5.** (*Zahn*) plombieren (-*i* etw) **6.** (*Pfeife*) stopfen (-*i* etw) **7.** vollstopfen (-*i* etw)

dolgu *s* (*Zahn-*) Plombe *f*

dolgun *adj* **1.** (*Mensch*) rundlich **2.** (*Gehalt*) hoch **3.** (*Pflanzenwuchs*) üppig **4.** (*fig*) geladen

dolma **I.** *s* **1.** Verbalsubstantiv *zu* **dolmak 2.** Gericht mit einer Füllung **3.** (*vulg*) Beschiss *m* **II.** *adj* gefüllt; **biber dolması** gefüllte Paprikaschoten *fpl*

dolmak (-ar) *vi* **1.** sich füllen (*ile* mit etw) **2.** (*Frist, Vertrag*) ablaufen **3.** hineinströmen (-*e* in etw)

dolmakalem *s* Füller *m*, Füllfederhalter *m*

dolmalık biber *s* Paprikaschote *f*

dolmuş **I.** *adj* voll (besetzt) **II.** *s* (*in der Türkei*) Sammeltaxi *nt*

Der **dolmuş** ist ein Sammeltaxi, das zwar auf festgelegten Routen, aber meist nach keinem festen Fahrplan fährt. Die Minibusse fahren erst los, wenn alle Plätze besetzt sind. Man kann jederzeit zu- und aussteigen. Winken am Straßenrand genügt.

dolu **I.** *s* Hagel *m;* ~ **fırtınası** Hagelschauer *m;* ~ **yağıyor** es hagelt **II.** *adj* **1.** gefüllt, voll **2.** (*Platz, Fahrzeug*) besetzt **3.** (*Pistole*) geladen

dolunay *s* Vollmond *m*

domain *s* (INET) Domain *f;* ~ **ismi** Domainname *m*

domates *s* Tomate *f;* ~ **çorbası** Tomatensuppe *f;* ~ **salçası** Tomatenmark *nt;* ~ **sosu** Tomatensauce *f;* ~ **suyu** Tomatensaft *m*

dominant *adj* dominant

domino *s* Domino *nt;* ~ **taşı** Dominostein *m*

domuz **I.** *s* Schwein *nt* **II.** *adj* **1.** widerlich **2.** hartnäckig **3.** grausam; ~ **ahırı** Saustall *m*, Schweinestall *m;* ~ **eti** Schweinefleisch *nt;* ~ **kılı** Schweinsborste *f;* ~ **yavrusu** Ferkel *nt*

don *s* **1.** Frost *m* **2.** (*fam*) Unterhose *f*

donakalmak *vi* wie angewurzelt dastehen

donanım *s* (INFORM) Hardware *f*

donanma *s* **1.** Flotte *f* **2.** Illumination *f*

donatım *s* Ausstattung *f*

donatmak *vt* **1.** versehen, ausstatten (-*i ile* etw mit etw) **2.** schmücken, illuminieren (-*i ile* etw mit etw)

dondurma *s* **1.** Verbalsubstantiv *zu* **dondurmak 2.** Speiseeis *nt;* ~ **dolabı** Gefrierfach *nt;* ~ **külahı** Eisbecher *m;* ~ **salonu** Eisdiele *f;* **dondurmalı pasta** Eistorte *f*

dondurmak *vt* **1.** Kausativ *zu* **donmak 2.** einfrieren (-*i* etw)

donjuan *s* Frauenheld *m*

donma noktası (-nı) *s* Gefrierpunkt *m*

donmak (-ar) *vi* **1.** einfrieren, gefrieren, zufrieren **2.** erfrieren **3.** (*sehr*) frieren

donuk (-ğu) *adj* **1.** gefroren **2.** (*Licht*) fahl **3.** (*glanzlos*) matt

donyağı (-nı) *s* **1.** Talg *m* **2.** (*fig*) kalter, liebloser Mensch

doping *s* Doping *nt;* ~ **yapmak** sich dopen

doruk (-ğu) *s* **1.** (*Berg-*) Gipfel *m* **2.** (*Baum-*) Wipfel *m* **3.** (*fig*) Höhepunkt *m*

dosdoğru **I.** *adv* **1.** sofort, direkt **2.** geradeaus **3.** kerzengerade **4.** korrekt **II.** *adj* **1.** direkt **2.** kerzengerade **3.** korrekt

dost (-tu) **I.** *s* **1.** Freund(in) *m(f)* **2.** Geliebte(r) *mf* **3.** (*Liebhaber*) Hausfreund *m* **II.** *adj* befreundet

dostça *adj* freundschaftlich, kameradschaftlich

dostluk (-ğu) *s* Freundschaft *f*, Kameradschaft *f*

dosya *s* **1.** Akte *f* **2.** Dossier *nt* **3.** (*Büro-*) Ordner *m* **4.** (INFORM) Datei *f* **5.** (INFORM) Ord-

doygun

ner *m;* ~ **adı** (INFORM) Dateiname *m;* ~ **aktarması** (INET) Datenübertragung *f;* ~ **eki** (INFORM) Dateiendung; ~ **kurtarma** (INFORM: *von Dateien*) Wiederherstellung *m;* ~ **transferi** (INET) Datentransfer *m;* ~ **yönetimi** (INFORM) Datenverwaltung *f;* **dosyaya geçirmek** zu den Akten legen (*-i* etw)

doygun *adj* 1. gesättigt 2. genügsam

doygunluk (**-ğu**) *s* 1. Befriedigung *f* 2. Genügsamkeit *f*

doymak (**-ar**) *vi* 1. satt werden 2. genug haben (*-e* von etw); **doydum** ich bin satt; **karnım doydu** ich bin satt

doymuş *adj* satt

doyum *s* Sättigung *f*

doyurmak *vt* 1. *Kausativ zu* **doymak** 2. sättigen (*-i* jdn/etw) 3. (*fig*) befriedigen (*-i* jdn)

doyurucu *adj* 1. sättigend 2. (*fig*) befriedigend

doz *s* Dosis *f;* **dozunu tayin etmek** dosieren (*-in* etw)

dökme *s* 1. *Verbalsubstantiv zu* **dökmek** 2. (TECH) Guss *m;* ~ **demir** Gusseisen *nt*

dökmek (**-er**) *vt* 1. aus-, eingießen (*-i -e* etw in etw) 2. aus-, verschütten (*-i* etw) 3. ausleeren (*-i* etw) 4. (INFORM: *Daten*) ausgeben (*-i* etw) 5. (*Haare, Federn, Blätter*) verlieren (*-i* etw) 6. (*Minen*) legen (*-i* etw) 7. (*fam: bei Prüfung*) durchsausen lassen (*-i* jdn)

dökülmek *vi* 1. *Passiv von* **dökmek** 2. abfallen 3. (*Haar*) ausfallen 4. (*Fluss*) münden (*-e* in etw) 5. (*Verputz*) abbröckeln 6. (*Körperglied*) sehr schmerzen 7. (*fam: Menschen*) strömen (*-e* in etw)

döküm *s* 1. Abfallen *nt* 2. (TECH) Guss *m*

dökümhane *s* Eisenhütte *f*

döküntü *s* 1. Unrat *m* 2. (*fig*) Rest *m* 3. (*pej*) Abschaum *m*

döl *s* 1. Sperma *nt* 2. Embryo *m* 3. (*fig*) Nachkommenschaft *f*

dölyatağı (**-nı**) *s* (ANAT) Gebärmutter *f*

dölyolu (**-nu**) *s* (ANAT) Scheide *f*

döndürmek *vt* 1. *Kausativ zu* **dönmek** 2. drehen (*-i* etw) 3. umdrehen, umwenden (*-i* etw) 4. zur Umkehr veranlassen (*-i* jdn) 5. verwandeln (*-i -e* jdn in etw) 6. (*fig: verwalten*) leiten (*-i* etw)

dönek (**-ği**) *adj* unbeständig, wankelmütig

döneklik (**-ği**) *s* Wankelmut *m*

dönem *s* 1. Phase *f;* (*Zeitabschnitt*) Zeit *f* 2. Zyklus *m*

döşek

dönemeç (**-ci**) *s* 1. (*einer Straße*) Kurve *f* 2. Wende *f,* Wendepunkt *m*

dönemsel *adj* periodisch, zyklisch

dönence *s* Wendekreis *m*

döner *adj* sich drehend, Dreh-; ~ **kapı** Drehtür *f;* ~ **kebap** Dönerkebab *m;* ~ **koltuk** Drehstuhl *m*

dönme *s* 1. *Verbalsubstantiv zu* **dönmek** 2. Umdrehung *f* 3. (REL) Konvertit(in) *m(f);* ~ **dolap** Karussell *nt*

dönmek (**-er**) *vi* 1. sich drehen, rotieren, zirkulieren 2. sich umdrehen, sich wenden 3. umkehren 4. wiederkehren 5. zurückkommen, zurückkehren (*-den* aus etw/von jdm) 6. zurückgehen, zurückfahren (*-e* nach etw/zu jdm) 7. werden zu, sich verwandeln (*-e* in etw) 8. (REL) übertreten (*-e* zu etw)

dönük (**-ğü**) *adj* ausgerichtet (*-e* auf jdn/etw)

dönüm *s* 1. *türkisches Flächenmaß* (*etwa 1.000 qm*) 2. Wende *f;* ~ **noktası** Wendepunkt *m*

dönüş *s* 1. Rückfahrt *f* 2. Rückkehr *f* 3. Umkehr *f* 4. Heimkehr *f;* ~ **bileti** Rückfahrkarte *f*

dönüşlü *adj* (*Verb*) reflexiv

dönüşmek *vr* sich verwandeln (*-e* in etw)

dönüştürmek *vt* 1. *Kausativ zu* **dönüşmek** 2. (*umformen*) umwandeln (*-i -e* etw in etw) 3. (INFORM) konvertieren (*-i* etw)

döpiyes *s* (Damen)kostüm *nt*

dörder *num* je vier; ~ ~ in Vierergruppen

dördüncü *adj* vierte(r, s); ~ **olarak** als vierte(r, s)

dördüzler *s pl* Vierlinge *pl*

dört (**-dü**) *num* vier; ~ **köşeli** viereckig; ~ **yüz** vierhundert; ~ **bin** viertausend; ~ **buçuk** viereinhalb; ~ **kat** vierfach; ~ **misli** [*o* **katı**] vierfach, viermal so viel; ~ **defa** [*o* **kere**] viermal; ~ **türlü** viererlei; ~ **katlı** vierstöckig; ~ **köşeli** viereckig; ~ **şeritli** vierspurig

dörtgen *s* Viereck *nt*

dörtkenar *s* Viereck *nt*

dörtlük (**-ğü**) *s* 1. Strophe *f* 2. Viertelnote *f*

dörtnal *s* Galopp *m*

dörtnala *adj* galoppierend, rasend schnell; ~ **enflasyon** Hyperinflation *f;* **dörtnala gitmek** [*o* **koşmak**] galoppieren

dörtyol ağzı (**-nı**) *s* 1. (Straßen)kreuzung *f* 2. Scheideweg *m*

döşek (**-ği**) *s* 1. Matratze *f* 2. (*Ruhe-*) Lager

döşeme

nt

döşeme s 1. *Verbalsubstantiv zu* **döşemek** 2. Fußboden m 3. (*Möbel*) Einrichtung f

döşemek vt 1. (*mit Teppichboden*) auslegen (*-i* etw) 2. (*Wohnung*) einrichten (*-i* etw) 3. (*Leitung*) verlegen (*-i* etw) 4. (*eine Straße*) pflastern (*-i* etw) 5. (*Minen, Schienen*) legen (*-i* etw)

döviz s Devisen *pl;* ~ **tevdiat hesabı** Devisenkonto *nt;* ~ **ticareti** Devisenhandel m

dövme I. s 1. *Verbalsubstantiv zu* **dövmek** 2. Tätowierung f, Tatoo nt II. *adj* geschmiedet; ~ **demir** Schmiedeeisen *nt;* ~ **yapmak** tätowieren; ~ **yaptırmak** sich tätowieren lassen

dövmek (-**er**) vt 1. verprügeln, schlagen (*-i* jdn) 2. (*Kaffee, Pfeffer*) mahlen (*-i* etw) 3. (*Teppich*) klopfen (*-i* etw) 4. schmieden (*-i* etw) 5. zerstampfen, zerstoßen (*-i* etw)

dövmeli *adj* tätowiert

dövülmüş biber s gemahlener Pfeffer

dövüş s 1. Schlägerei f 2. (*fig*) Kampf *m;* ~ **horozu** Kampfhahn m

dövüşken I. s Raufbold m II. *adj* gut kämpfend

dövüşme s 1. *Verbalsubstantiv zu* **dövüşmek** 2. Prügelei f, Schlägerei f

dövüşmek vi sich schlagen (*ile* mit jdm)

dragon s Drache m

drahoma s Mitgift f

draje s Dragée nt

dram s Drama nt

dramatik (-**ği**) *adj* dramatisch

dramatize *adj* dramatisiert; ~ **etmek** dramatisieren; (*fig*) übertreiben (*-i* etw)

dribling yapmak vi dribbeln

dua s 1. Gebet nt 2. Wunschformel *f;* ~ **etmek** beten; ~ **kitabı** Gebetbuch nt

duba s 1. Boje f 2. Schlepp-, Lastkahn m

dubl s (*Tennis*) Doppel nt

dublaj s (*Film*) Synchronisierung *f;* ~ **yapmak** synchronisieren

dudak (-**ğı**) s Lippe f

dul I. s Witwe(r) *mf* II. *adj* 1. verwitwet 2. geschieden

duman s 1. Rauch m, Qualm m 2. Dunst m, Dampf *m;* **birine** ~ **attırmak** (*fam*) jdm tüchtig einheizen; ~ **bulutu** Rauchwolke f

dumanlı *adj* 1. dunstig 2. rauchig 3. (*Glas*) beschlagen 4. (*fam*) beschwipst

dumur s Verkümmerung *f;* **dumura uğramak** verkümmern

durağan *adj* beständig, konstant

durak (-**ğı**) s 1. Haltestelle f, Station f 2. (*beim Lesen*) Pause f

duraklama s 1. *Verbalsubstantiv zu* **duraklamak** 2. Stillstand m

duraklamak vi stocken

duraksama s 1. *Verbalsubstantiv zu* **duraksamak** 2. Zögern nt

duraksamak vi zögern

durdurmak vt 1. *Kausativ zu* **durmak** 2. stoppen, anhalten (*-i* jdn/etw) 3. (*Maschine*) abstellen (*-i* etw) 4. (*Verfahren*) einstellen (*-i* etw) 5. (*Verkehr*) blockieren, lahm legen (*-i* etw) 6. (*Blut*) stillen (*-i* etw)

durdurulamaz *adj* unaufhaltsam

durgun *adj* 1. (*bewegungslos*) ruhig 2. (*Blick*) starr 3. stagnierend 4. windstill; ~ **su** stehendes Gewässer

durgunlaşmak vi 1. (*Person*) still (und nachdenklich) werden 2. stagnieren, zum Stillstand kommen

durgunluk (-**ğu**) s 1. (*Stille*) Ruhe f 2. Stagnation f 3. Stillstand m 4. Windstille f

durma s 1. *Verbalsubstantiv zu* **durmak** 2. (*Anhalten*) Halt m 3. Stillstand *m;* ~ **yasağı** Halteverbot nt

durmadan *adv* ständig, unaufhörlich, unentwegt

durmak (-**ur**) vi 1. (an)halten, stehen bleiben 2. sich legen, aufhören 3. (*Arbeit*) ruhen 4. stagnieren, stocken 5. (*Uhr*) stehen bleiben 6. verdutzt sein 7. (*Sachen*) sich befinden 8. (*kurz*) sich aufhalten 9. sich gedulden 10. (noch) vorhanden sein; ~ **yasaktır!** Halten verboten!; **ayakta** ~ stehen; **dur!** halt!, stop!

durmaksızın *adv* ununterbrochen, unaufhörlich

duru *adj* kristallklar

durulamak vt spülen, auswaschen (*-i* etw)

durulmak vi 1. *Passiv zu* **durmak** 2. (*Lage*) sich klären

duruluk s Klarheit f

durum s 1. (*Zustand*) Lage f, Situation f 2. Position f 3. Sachverhalt m, Sachlage *f;* **duruma göre** den Umständen entsprechend

duruş s 1. *Verbalsubstantiv zu* **durmak** 2. (*Körperhaltung*) Stellung f

duruşma s Hauptverhandlung *f;* ~ **salonu** Gerichtssaal m

duş s Dusche f; **duş jölesi** Duschgel *nt;* ~ **kabini** Duschkabine *f;* ~ **yapmak** sich du-

dut (-du/-tu) *s* Maulbeere *f;* ~ **ağacı** Maulbeerbaum *m*
duvak (-ğı) *s* (Braut)schleier *m*
duvar *s* Mauer *f*, Wand *f;* ~ **gazetesi** Wandzeitung *f;* ~ **halısı** Wandteppich *m;* ~ **kâğıdı** Tapete *f;* ~ **saati** Wanduhr *f;* ~ **sarmaşığı** Efeu *m*
duvarcı *s* Maurer(in) *m(f)*
duyarga *s* (*von Insekt*) Fühler *m*
duyarlı *adj* sensibel
duyarlık (-ğı) *s* 1. Sensibilität *f* 2. Einfühlungsvermögen *nt*, Verständnis *nt* 3. Fingerspitzengefühl *nt*
duygu *s* 1. Empfindung *f*, Gefühl *nt* 2. Sinn *m* 3. Eindruck *m* 4. Verständnis *nt*
duygudaş *adj* mitfühlend
duygudaşlık (-ğı) *s* Mitgefühl *nt*, Anteilnahme *f*
duygulandırıcı *adj* 1. eindrucksvoll 2. packend
duygulandırmak *vt* beeindrucken, ergreifen (*-i* jdn)
duygulu *adj* empfindsam, gefühlvoll, sensibel
duygululuk (-ğu) *s* Empfindsamkeit *f*, Sensibilität *f*
duygusal *adj* sentimental
duygusallık (-ğı) *s* 1. Sentimentalität *f* 2. Emotionalität *f*
duygusuz *adj* gefühllos, unempfindlich
duygusuzluk (-ğu) *s* Gefühllosigkeit *f*, Unempfindlichkeit *f*
duymak (-ar) *vt* 1. hören (*-i* etw/jdn) 2. empfinden, fühlen (*-i* etw) 3. erfahren, hören (*-i* etw) 4. merken (*-i* etw) 5. riechen (*-i* etw) 6. (*mit den Sinnen*) wahrnehmen (*-i* etw); **duymamazlıktan gelmek** sich taub stellen
duyu *s* Sinnesempfindung *f*, Sinn *m;* ~ **organı** Sinnesorgan *nt*
duyulabilen *adj* hörbar
duyulmadık (-ğı) *adj* unglaublich, unerhört
duyulmak *vr* 1. *Passiv zu* **duymak** 2. sich herumsprechen
duyum *s* Empfindung *f*
duyumsal *adj* (*die Sinne betreffend*) sinnlich
duyurmak *vt* 1. *Kausativ zu* **duymak** 2. bekannt machen, verlauten lassen (*-i* etw)
duyuru *s* Bekanntmachung *f*, Mitteilung *f*

düdük (-ğü) *s* 1. (Triller)pfeife *f* 2. Nebelhorn *nt* 3. (Auto)hupe *f* 4. (*fam*) Döskopf *m;* ~ **çalmak** [*o* **öttürmek**] (ab)pfeifen; (*Autofahrer*) hupen; (*Sirenen*) heulen; ~ **makarnası** Makkaroni *pl;* ~ **sesi** Pfiff *m*
düdüklü tencere *s* Schnellkochtopf *m*
düello *s* Duell *nt*, Zweikampf *m*
düet (-ti) *s* Duett *nt*
düğme *s* 1. Knopf *m* 2. (INFORM) Button *m;* ~ **iliği** Knopfloch *nt*
düğmelemek *vt* (zu)knöpfen (*-i* etw)
düğüm *s* 1. Knoten *m* 2. Schlinge *f* 3. (*fig*) Schwierigkeit *f;* ~ **noktası** Knotenpunkt *m*
düğümlemek *vt* (zusammen)knoten (*-i* etw)
düğün *s* Hochzeit *f*

> **Düğün**, das Hochzeitsfest, dauert traditionell drei Tage. Am Freitagnachmittag gehen die Verwandten des Mannes, begleitet von einer Musikkapelle, von Haus zu Haus um alle Dorfbewohner zum Fest zu laden. Am Samstag kommen die geladenen Gäste von außerhalb und es wird zusammen mit dem Bräutigam weitergefeiert bis Samstagabend. Die Nacht von Samstag auf Sonntag ist 'kınagecesi', die 'Hennanacht', in der die weiblichen Verwandten des Bräutigams mit Geschenken zum Haus der Braut gehen. Die Frauen feiern in dieser Nacht den Abschied der Braut vom Elternhaus. In dieser Nacht werden die Hände der Braut mit Henna, einem roten Farbstoff, bemalt. Hennanacht feiert auch der Bräutigam. Bei ihm wird jedoch nur wenig Henna in die Handfläche gegeben. Am Sonntagnachmittag kommen dann die Gäste im Haus der Braut zusammen um sie in ihr zukünftiges Heim zu bringen. In einem schön geschmückten Auto (früher auf einem schön geschmückten Pferd) wird die Braut zum Haus des Bräutigams gebracht. Bevor die Braut aus dem Auto steigt, erhält sie von ihrer zukünftigen Schwiegermutter ein wertvolles Geschenk. Der Schwiegervater streut anschließend Geldstücke und Weizen über sie, damit sie reich werde und viele Kinder gebäre. Bevor die Schwiegertochter ins Haus tritt, zerbricht sie einen Tonkrug, denn auch in der Türkei bringen Scherben Glück. Nach dem Abendessen am Sonntag wird der 'hoca', ein islamischer Geistlicher, im Haus des Bräutigams die Trauung vollziehen. Rechtlich anerkannt wird jedoch die Ehe wie bei uns vorm Standesamt. Da eine

türkische Hochzeit mit einer großen Zahl von Gästen gefeiert wird, gibt es in türkischen Städten mit den **düğün salonları** spezielle Lokale, die für Hochzeiten gebucht werden.

düğünçiçeği (**-ni**) *s* Butterblume *f*
dük (**-kü**) *s* Herzog *m*
dükkan *s* Laden *m*, Geschäft *nt*
dülger *s* Zimmermann *m*, Bauschreiner *m*
dümbelek (**-ği**) *s* (kleine türkische) Trommel *f*
dümen *s* 1. Lenkrad *nt* 2. Ruder *nt* 3. (*fam*) Schwindel *m*; ~ **dolabı** Steuerrad *nt*; ~ **neferi** (*fam*) Schlusslicht *nt*
dümenci *s* 1. Steuermann *m* 2. (*fam*) Schwindler(in) *m(f)*
dün I. *adv* gestern II. *s* Vergangenheit *f*; ~ **akşam** gestern Abend; ~ **sabah** gestern Morgen
dünkü *adj* gestrig; ~ **çocuk değilim ki** ich bin nicht von gestern
dünür *s* 1. Eltern *pl* der Brautleute 2. (*fam*) Freier *m*
dünya *s* 1. (*Planet*) Erde *f* 2. Welt *f* 3. Weltall *nt*; ~ **bir araya gelse** nicht um alles in der Welt; ~ **çapında** weltweit; ~ **devi** (*fam* COM.) Multi *m*; ~ **görüşü** Weltanschauung *f*; ~ **harikası** Weltwunder *nt*; ~ **haritası** Weltkarte *f*; ~ **kadar** eine Unmenge; ~ **rekoru** Weltrekord *m*; ~ **savaşı** Weltkrieg *m*; ~ **şampiyonluğu** Weltmeisterschaft *f*; ~ **şampiyonu** Weltmeister(in) *m(f)*; ~ **tarihi** Weltgeschichte *f*; **Dünya Ticaret Örgütü** Welthandelsorganisation *f*; ~ **turu** Weltreise *f*; **dünyaca tanınmış** weltbekannt, weltberühmt; **dünyadan el çekmek** zurückgezogen leben; **dünyadan haberi olmayan** weltfremd; **dünyaya gelmek** geboren werden; **dünyaya getirmek** zur Welt bringen (*-i* jdn); **dünyayı gezmek** in der Welt herumkommen
dünyasal *adj* 1. (*die Erde betreffend*) irdisch 2. (*der Welt zugewandt*) weltlich
dünyevi *adj* (*der Welt zugewandt*) weltlich
düo *s* Duo *nt*
dürbün *s* Fernrohr *nt*, Fernglas *nt*
dürmek (**-er**) *vt* (zusammen)rollen (*-i* etw)
dürtmek (**-er**) *vt* leicht stoßen, stupsen (*-i* etw/jdn)
dürtü *s* 1. Drang *m* 2. Trieb *m*
dürüst *adj* (*aufrichtig*) ehrlich, rechtschaffen
dürüstlük (**-ğü**) *s* Aufrichtigkeit *f*, Ehrlichkeit *f*, Rechtschaffenheit *f*
düstur *s* Grundsatz *m*
düş *s* (*auch fig*) Traum *m*; ~ **görmek** träumen
düşes *s* Herzogin *f*
düşkün I. *adj* 1. (*Mensch*) verkommen 2. verarmt 3. süchtig (*-e* nach etw) II. *s* 1. (*Amateur*) Liebhaber(in) *m(f)* 2. Süchtige(r) *mf*; **düşkünler evi** [*o* **yurdu**] Hospiz *nt* für arme Leute
düşkünleşmek *vi* 1. herunterkommen 2. (*moralisch*) verkommen 3. süchtig werden (*-e* nach etw) 4. sich begeistern (*-e* für etw/jdn)
düşkünlük (**-ğü**) *s* 1. Schwäche *f* 2. Sucht *f* 3. Verarmung *f* 4. (große) Anhänglichkeit *f*
düşlem *s* Idee *f*, Vorstellung *f*
düşman I. *s* Feind(in) *m(f)* II. *adj* feindlich
düşmanca *adj* feindselig
düşmanlık (**-ğı**) *s* 1. Feindschaft *f* 2. Feindseligkeit *f*
düşme *s* 1. *Verbalsubstantiv zu* **düşmek** 2. Sturz *m* 3. (*eines Rechtes*) Verfallen *nt*
düşmek (**-er**) I. *vi* 1. (ab-, herab-, hinunter)fallen (*-den -e* von etw auf etw) 2. stürzen 3. (*Temperatur, Preise*) fallen, sinken 4. (*Flugzeug*) abstürzen 5. (*Blitz, Geschoss*) einschlagen (*-e* in etw) 6. (*Gelegenheit*) sich bieten 7. (*fam*) landen (*-e* in etw) 8. (*sozial*) herunterkommen 9. verarmen 10. (*Pflicht, Aufgabe*) zukommen (*-e* auf jdn) 11. angebracht sein, passen (*-e zu* etw) 12. (*sehr lieben*) verfallen sein (*-e/-in üstüne* jdm); **hasta/yorgun ~** krank/müde werden; **birinin arkasına ~** hinter jdm her sein II. *vi* (*subtrahieren*) abziehen (*-i -den* etw von etw)
düşsel *adj* unwirklich, fantastisch
düşük (**-ğü**) I. *adj* 1. (*Preis*) niedrig 2. (*Wert*) gering 3. gesunken, gefallen 4. niedrig 5. (*Rock*) heruntergerutscht II. *s* Fehlgeburt *f*
düşünce *s* 1. Gedanke *m* 2. Überlegung *f*, Betrachtung *f* 3. Vorstellung *f*, Bild *nt* 4. Meinung *f*, Stellungnahme *f* 5. Nachdenken *nt* 6. Unruhe *f*
düşünceli *adj* 1. nachdenklich 2. umsichtig 3. besorgt
düşüncesiz *adj* 1. gedankenlos, unachtsam 2. leichtfertig, unbekümmert 3. sorglos
düşüncesizlik (**-ği**) *s* 1. Gedankenlosigkeit *f* 2. Leichtfertigkeit *f* 3. Sorglosigkeit *f*
düşünme *s* 1. *Verbalsubstantiv zu* **düşün-**

mek 2. ~ **mühleti** [*o* **süresi**] Bedenkzeit *f*
düşünmek *vt* **1.** bedenken, überlegen (*-i* etw) **2.** denken (*-i* an etw/jdn) **3.** sich ausdenken (*-i* etw) **4.** sich vorstellen (*-i* etw) **5.** in Betracht ziehen (*-i* etw) **6.** planen (*-i* etw) **7.** sich Gedanken machen; **düşünüp taşınmak** reiflich überlegen
düşünsel *adj* geistig, gedanklich
düşünülebilir *adj* denkbar, vorstellbar
düşünür *s* Denker(in) *m/f*
düşürmek *vt* **1.** *Kausativ zu* **düşmek 2.** fallen lassen (*-i* etw) **3.** umstoßen, umwerfen (*-i* etw) **4.** (*Preis*) herabsetzen (*-i* etw) **5.** zu Fall bringen (*-i* jdn) **6.** (*Flugzeug*) abschießen (*-i* etw)
düşüş *s* **1.** (Flugzeug)absturz *m* **2.** Sturz *m*, Fall *m*
düz *adj* **1.** flach, eben **2.** gerade **3.** glatt; ~ **tabak** flacher Teller
düzelmek *vi* **1.** sich bessern, besser werden **2.** eben [*o* glatt, flach] werden **3.** (*Defekt*) behoben werden
düzelmez *adj* unverbesserlich
düzeltme *s* **1.** *Verbalsubstantiv zu* **düzeltmek 2.** Berichtigung *f*, Korrektur *f*, Verbesserung *f*
düzeltmek *vt* **1.** *Kausativ zu* **düzelmek 2.** glätten (*-i* etw) **3.** verbessern, korrigieren (*-i* etw) **4.** aufräumen, ordnen (*-i* etw) **5.** in Ordnung bringen, regeln (*-i* etw) **6.** (*Fehler*) wieder gutmachen (*-i* etw)
düzen *s* **1.** Ordnung *f* **2.** Regelmäßigkeit *f* **3.** Harmonie *f* **4.** (*pej*) Schwindel *m*, Trick *m*
düzenbaz *s* Gauner(in) *m/f*
düzenleme *s* **1.** *Verbalsubstantiv zu* **düzenlemek 2.** Veranstaltung *f*
düzenlemek *vt* **1.** in Ordnung bringen, regeln (*-i* etw) **2.** ordnen, sortieren (*-i* etw) **3.** veranstalten, organisieren (*-i* etw)
düzenleyici *s* Veranstalter(in) *m/f*
düzenli *adj* **1.** ordentlich **2.** regelmäßig
düzenlilik (**-ği**) *s* **1.** Ordentlichkeit *f* **2.** Regelmäßigkeit *f*
düzensiz *adj* **1.** unordentlich **2.** unregelmäßig **3.** unharmonisch
düzensizlik (**-ği**) *s* **1.** Unordentlichkeit *f* **2.** Unordnung *f* **3.** Unregelmäßigkeit *f* **4.** Disharmonie *f*
düzey *s* **1.** Stufe *f* **2.** Niveau *nt*
düzgün *adj* **1.** glatt **2.** gleichmäßig **3.** ordentlich
düzgünlük (**-ğü**) *s* **1.** Regelmäßigkeit *f* **2.** Glätte *f*
düzine *s* Dutzend *nt*; ~ ~ dutzendweise
düzlemek *vt* **1.** glätten (*-i* etw) **2.** (*fam*) k.o. schlagen (*-i* jdn)
düzleştirmek *vt* glätten, ebnen (*-i* etw)
düzlük (**-ğü**) *s* **1.** Glätte *f* **2.** ebene Fläche
düzme I. *s Verbalsubstantiv zu* **düzmek II.** *adj* **1.** nachgemacht, unecht **2.** erlogen
düzmeci *s* Fälscher(in) *m/f*
düzmek (**-er**) *vt* **1.** ordnen (*-i* etw) **2.** erdichten, erfinden (*-i* etw) **3.** (*vulg*) vergewaltigen (*-i* jdn)
düztaban I. *s* (MED) Plattfuß *m* **II.** *adj* plattfüßig
düzülmek *vi Passiv zu* **düzmek**: **yola** ~ sich auf den Weg machen
düzyazı *s* Prosa *f*
DVD çalar *s* DVD-Player *m*

E

E, e *s sechster Buchstabe des türk. Alphabets*
ebe *s* Hebamme *f*
ebebulguru (**-nu**) *s* Graupeln *pl*
ebedi *adj* ewig, unvergänglich
ebedileştirmek *vt* verewigen (*-i* etw)
ebediyen *adv* ewig, auf immer
ebediyet (**-ti**) *s* Ewigkeit *f*
ebegümeci (**-ni**) *s* Malve *f*
ebe(m)kuşağı (**-nı**) *s* Regenbogen *m*
ebeveyn *s* Eltern *pl*
ebleh I. *s* Schwachsinnige(r) *mf* **II.** *adj* schwachsinnig
eblehlik (**-ği**) *s* (MED) Idiotie *f*
ecdat (**-dı**) *s* Vorfahren *pl*
ecel *s* **1.** Tod *m* **2.** Frist *f*
ecnebi I. *s* Ausländer(in) *m/f*, Fremde(r) *mf* **II.** *adj* ausländisch, fremd
ecza (**-aı**) *s* Arznei *f*, Arzneimittel *nt*
eczacı *s* Apotheker(in) *m/f*
ecza(ha)ne *s* Apotheke *f*
ecza(sal) *adj* pharmazeutisch
eda *s* **1.** Grazie *f* **2.** (*Zauber*) Reiz *m*

edalı *adj* graziös
edat (**-tı**) *s* Partikel *f*
edebi *adj* literarisch
edebiyat (**-tı**) *s* 1. Literatur *f* 2. Literaturwissenschaft *f* 3. Fachliteratur *f*
edep (**-bi**) *s* Anstand *m*
edepli *adj* anständig
edepsiz *adj* 1. ungezogen 2. unverschämt
edepsizlik (**-ği**) *s* 1. Ungezogenheit *f* 2. Unverschämtheit *f*
eder *s* (*Geldwert*) Preis *m*
edilgen I. *s* Passiv *nt* II. *adj* passivisch
edim *s* Tat *f*
edinmek *vt* anschaffen, erwerben (*-i* etw)
Edirne *s* Stadt in der europäischen Türkei
edisyon *s* Ausgabe *f* (eines Buches)
editör *s* 1. Herausgeber(in) *m(f)* 2. (INFORM: *Schreibprogramm*) Editor *m*
ee *interj* (*fam*) na und?
EEG *s* (MED) EEG *nt*, Elektroenzephalogramm *nt*
efe *s* 1. mutiger Kerl *m* 2. ägäischer Volkstanz 3. *Tänzer(in) dieses Tanzes*
efekt (**-ti**) *s* Effekt *m*
efektif *adj* effektiv
efemine *adj* (*pej*) weibisch
efendi I. *s* Herr *m* II. *adj* vornehm
efendim *interj* 1. wie bitte? 2. (*am Telefon*) hallo? 3. (*höfliche Anrede*) mein Herr, liebe Frau
Efes *s* Ephesus *nt*
eflatun *adj* lila
efsane *s* Mythos *m*, Sage *f*; **dini** ~ Legende *f*
efsanevi *adj* mythisch
Ege *s* Ägäis *f*; **Denizi** Ägäisches Meer
egemen I. *adj* beherrschend, dominierend II. *s* Herrscher *m*
egemenlik (**-ği**) *s* 1. Herrschaft *f* 2. Souveränität *f*
egoist (**-ti**) I. *s* Egoist(in) *m(f)* II. *adj* egoistisch
egoizm *s* Egoismus *m*
egzama *s* Ekzem *nt*
egzantem *s* Ausschlag *m*
egzersiz *s* Übung *f*; ~ **yapmak** üben
egzotizm *s* Vorliebe *f* für Exotisches
egzoz *s* Auspuff *m*
egzotik (**-ği**) *adj* exotisch
eğe *s* (TECH) Feile *f*
eğelemek *vt* (TECH) feilen (*-i* etw)
eğer *konj* falls, sofern, wenn; ~ **gerekliyse** wenn es sein muss; ~ **size uygunsa** wenn es Ihnen recht ist; ~ **yanılmıyorsam** wenn ich mich nicht irre
eğik (**-ği**) *adj* (*auch math*) schief, geneigt
eğiklik (**-ği**) *s* (*geneigte Lage*) Neigung *f*
eğilim *s* 1. Bereitschaft *f* 2. Hang *m* 3. (*Tendenz*) Richtung *f* 4. Zuneigung *f*; ~ **göstermek** neigen (*-e* zu etw)
eğilimli *adj* geneigt
eğilmek *vi* 1. *Passiv zu* **eğmek** 2. sich bücken 3. sich verbeugen
eğilmez *adj* starr, unbeugsam
eğim *s* 1. (*auch math*) Neigung *f* 2. Abhang *m*, Böschung *f* 3. Steigung *f*
eğirmek *vt* (*Gewebe*) spinnen (*-i* etw)
eğitbilim *s* Pädagogik *f*
eğitici I. *adj* erziehend II. *s* Erzieher(in) *m(f)*
eğitim *s* Ausbildung *f*, Erziehung *f*

Eğitim sistemi ist die Bezeichnung für das Schulwesen der Türkei. Während es vor 1928 nur religiöse Koranschulen gab, hat Atatürk staatliche Schulen gegründet. Seit 1997 beträgt die Schulpflicht acht Jahre. Die Kinder gehen fünf Jahre zur 'ilkokul' (Grundschule) und danach drei Jahre zur 'ortaokul' (Mittelschule). Wer möchte und fähig ist, besucht anschließend das dreijährige Gymnasium ('lise'), dessen erfolgreicher Abschluss Bedingung für ein Hochschulstudium ist. Nach der achtjährigen Schulpflicht besteht auch die Möglichkeit, zur Berufsfachschule zu gehen. Die Kinder und Jugendlichen tragen Schuluniformen und den Mädchen ist es nicht erlaubt im Unterricht ein Kopftuch zu tragen.

---

eğitimci *s* Erzieher(in) *m(f)*, Pädagoge, -gin *m, f*
eğitmek *vt* (*beruflich*) ausbilden, schulen (*-i* jdn)
eğitsel *adj* pädagogisch
eğlence *s* 1. Unterhaltung *f* 2. (*Spaß*) Vergnügen *nt*; ~ **parkı** Freizeitpark *m*
eğlenceli *adj* 1. amüsant, lustig 2. unterhaltend, unterhaltsam
eğlendirici *adj* amüsant, lustig
eğlendirmek *vt* 1. *Kausativ zu* **eğlenmek** 2. amüsieren, belustigen (*-i* jdn) 3. aufhalten, zurückhalten (*-i* jdn)
eğlenmek *vi* 1. sich amüsieren, sich unterhalten, sich vergnügen 2. sich ablenken lassen, sich die Zeit vertreiben 3. sich lustig ma-

eğlenti

chen (*ile* über jdn)
eğlenti *s* Vergnügen *nt*
eğmek (**-er**) *vt* 1. ab-, um-, verbiegen (*-i* etw) 2. krümmen (*-i* etw) 3. (*Kopf, Blick*) senken (*-i* etw)
eğreltiotu (**-nu**) *s* Farn *m*
eğreti *adj* 1. provisorisch 2. geliehen 3. unecht, falsch 4. nicht richtig angebracht; ~ **diş** Zahnprothese *f*
eğri I. *s* (MATH) Kurve *f* II. *adj* krumm, schief, schräg; ~ **büğrü** (*fam*) holp(e)rig, krumm und schief; ~ **çizgi** Kurve *f*
eğrilik (**-ği**) *s* 1. Biegung *f* 2. Krümmung *f* 3. Schräge *f*
eğrilmek *vr* 1. sich beugen, sich neigen 2. (*Holz*) sich werfen
eğriltmek *vt* 1. *Kausativ zu* **eğrilmek** 2. beugen, biegen (*-i* etw)
eh *interj* (*fam*) na ja!
ehemmiyet (**-ti**) *s* Wichtigkeit *f*
ehemmiyetli *adj* wichtig
ehemmiyetsiz *adj* unwichtig
ehemmiyetsizlik (**-ği**) *s* Belanglosigkeit *f*
ehlileştirmek *vt* zähmen (*-i* etw)
ehliyet (**-ti**) *s* 1. Führerschein *m* 2. Kompetenz *f*, Fähigkeit *f*
ehven *adj* 1. billig, preiswert 2. leichter, besser
ehvenişer *s* das kleinere Übel
e-iş *s* E-Business *nt*
ejder(**ha**) *s* 1. *Fabeltier in türkischen Sagen* 2. Drachen *m*, Ungeheuer *nt*
ek (**-ki**) I. *s* 1. Anhang *m* 2. Zusatz *m* 3. (*zu Brief*) Anlage *f* 4. (*zu Zeitung*) Beilage *f* 5. (GRAM) Endung *f* 6. Ergänzung *f*, Nachtrag *m* 7. (TECH) Verlängerung *f*, Verlängerungsstück *nt* II. *adj* zusätzlich, Zusatz-; ~ **kanun** (JUR) Novelle *f*; ~ **olarak** zusätzlich, als Beilage; ~ **ücret** (*zu einer Gebühr*) Zuschlag *m*
ekilebilir *adj* (*Land*) urbar
ekim *s* 1. Anbau *m* 2. (Aus)saat *f*; ~ (**ayı**) Oktober *m*
ekip (**-bi**) *s* 1. Mannschaft *f* 2. Team *nt* 3. (*Arbeiter-*) Trupp *m*
ekipman *s* technische Ausstattung *f*
eklem *s* Gelenk *nt*
eklemek *vt* 1. hinzufügen, anhängen (*-i -e* etw an etw) 2. (*auch im Brief*) beifügen (*-i -e* etw einer Sache) 3. (*durch Ansatzstück*) verlängern (*-i* etw)
eklenti *s* Nachtrag *m*; **eklentiler** Zubehör *nt*

ekvator

ekmek (**-ği**) *s* Brot *nt*; ~ **kabuğu** Brotrinde *f*
ekmek (**-er**) *vt* 1. (*Land*) bestellen (*-i* etw) 2. säen (*-i -e* etw auf etw) 3. (*Salz, Pfeffer*) streuen (*-i -e* etw auf/in etw) 4. (*fam*) im Stich lassen (*-i* jdn)
ekmekçi *s* Bäcker(in) *m(f)*
ekolog *s* Ökologe *m*, Ökologin *f*
ekoloji *s* Ökologie *f*
ekolojik (**-ği**) *adj* ökologisch
ekonomi *s* 1. Ökonomie *f*, Wirtschaftswissenschaft *f* 2. Sparsamkeit *f*
ekonomik (**-ği**) *adj* 1. ökonomisch, wirtschaftlich 2. sparsam; ~ **kriz** Wirtschaftskrise *f*
ekose *adj* schottisch kariert
ekran *s* 1. Bildschirm *m* 2. (TV) Mattscheibe *f* 3. (FOT) Filter *m*; ~ **koruyucu**(**su**) Bildschirmschoner *m*
eksen *s* Achse *f*
ekseriyet (**-ti**) *s* Mehrheit *f*
ekseriyetle *adv* meistens
eksi *adv* minus; ~ **işareti** Minuszeichen *nt*; ~ **kutpu** Minuspol *m*; **altı** ~ **iki dört eder** sechs minus zwei ist vier
eksik (**-ği**) I. *adj* 1. (*nicht vorhanden*) fehlend 2. ungenügend, dürftig, mangelhaft 3. unvollkommen, unzureichend II. *s* Fehlen *nt*; ~ **kalmak** ausbleiben
eksik(**lik**) (**-ği**) *s* Mangel *m*
eksiksiz *adj* 1. vollständig 2. tadellos
eksilmek *vi* weniger werden, sich vermindern
eksiltmek *vt* 1. *Kausativ zu* **eksilmek** 2. reduzieren, verringern (*-i* etw)
ekskavatör *s* Bagger *m*
ekskürsiyon *s* Exkursion *f*
Ekslaşapel *s* Aachen *nt*
ekspozan *s* Aussteller(in) *m(f)*
ekspres *s* Schnellzug *m*; ~ **mektup** Eilbrief *m*
ekstasi *s* (*Droge*) Ecstasy *nt*
ekstra *adj* erstklassig
ekstre *s* Extrakt *m/nt*
ekşi *adj* sauer
ekşilik (**-ği**) *s* 1. (*Geschmack*) Säure *f* 2. (*aus dem Magen*) saures Aufstoßen 3. Unfreundlichkeit *f*
ekşimek *vi* sauer werden
ekşimsi *adj* säuerlich
ekşimtırak (**-ğı**) *adj* säuerlich
Ekvator *s* Ecuador *nt*
ekvator *s* Äquator *m*

el I. *adj* fremd II. *s* 1. Hand *f* 2. (*eines Tieres*) Vorderfuß *m* 3. Hand *f* voll 4. (*beim Kartenspiel*) Vorhand *f* 5. Land *nt* 6. Leute *pl* 7. fremde Leute; ~ **bombası** Handgranate *f*; ~ **çabukluğu** Fingerfertigkeit *f*; ~ **çantası** Handtasche *f*; ~ **çekmek** verzichten (*-den* auf etw); ~ **değmemiş** unberührt; ~ **emeği** Handarbeit *f*; ~ **eşyası** Handgepäck *nt*; ~ **freni** Handbremse *f*; ~ **hareketi** Handbewegung *f*; ~ **ilanı** Flugblatt *nt*; ~ **işi** handgearbeitet; ~ **kaldırmak** sich melden; (*schlagen*) die Hand erheben (*-e* gegen jdn); ~ **kitabı** Handbuch *nt*; **bir şeye** ~ **koymak** sich einer Sache annehmen; etw beschlagnahmen; ~ **kremi** Handcreme *f*; ~ **sallamak** winken; ~ **sanatları** Kunsthandwerk *nt*; ~ **sıkışma** Händedruck *m*; ~ **sıkmak** jdm die Hand drücken; ~ **süpürgesi** Handbesen *m*; ~ **sürmek** anfassen, berühren (*-e* jdn/etw); ~ **sürmemek** nicht anrühren, liegen lassen (*-e* etw); ~ **ulağı** Handlanger *m*; ~ **uzatmak** die Hand ausstrecken; (*schlagen*) sich vergreifen (*-e* an jdm), unter die Arme greifen (*-e* jdm); ~ **yatkınlığı** Handgriff *m*; ~ **yazısı** Handschrift *f*; (*Unterschrift*) Autogramm *nt*; ~ **yıkama** Handwäsche *f*; **elde bulunan** vorrätig; **elde etmek** erlangen, erreichen (*-i* etw); **elden düşme** Gelegenheitskauf *m*, gebraucht, aus zweiter Hand; **ele almak** (*Arbeit*) in Angriff nehmen (*-i* etw); **ele geçirmek** sich bemächtigen; (*schnappen*) erwischen; (*endlich bekommen*) erlangen, erreichen (*-i* etw); **ele vermek** verraten, ausliefern (*-i* jdn); **eli açık** freigiebig, großzügig; **eli ayağı tutmayan** gebrechlich; **elinde bulunmak** haben; **elinden almak** wegnehmen (*-in -i* jdm etw); **elinden geleni yapmak** sein Bestes tun; (*fig*) alle Hebel in Bewegung setzen; **eline vermek** aushändigen (*-in -i* jdm etw); **elini çek!** Hände weg!; **elini vicdanına koy!** Hand aufs Herz!; **eller yukarı!** Hände hoch!
ela *adj* (*Augenfarbe*) gelblich hellbraun
elalem *s* fremde Leute *pl*
elastik(i) *adj* elastisch
elastikiyet (**-ti**) *s* Elastizität *f*
Elb(e) Nehri (**-ni**) *s* Elbe *f*
elbette *adv* natürlich, selbstverständlich
elbise *s* 1. (Damen)kleid *nt* 2. Anzug *m* 3. Kleidung *f*; ~ **askısı** Kleiderbügel *m*; ~ **dolabı** Kleiderschrank *m*; ~ **fırçası** Kleiderbürste *f*; ~ **parçası** Kleidungsstück *nt*

elçi *s* 1. Gesandte(r) *mf* 2. Abgesandte(r) *mf*
elçilik (**-ği**) *s* Gesandtschaft *f*
eldiven *s* Handschuh *m*
elebaşı (**-nı**) *s* Rädelsführer *m*, Anführer *m*
elek (**-ği**) *s* Sieb *nt*
elektrik (**-ği**) I. *s* 1. Elektrizität *f* 2. (elektrisches) Licht *nt* II. *adj* elektrisch; ~ **çarpması** (elektrischer) Schlag *m*; ~ **düğmesi** Lichtschalter *m*; (TECH) Druckknopf *m*; ~ **kesildi** der Strom ist ausgefallen; ~ **kısıntısı** (Strom)sperre *f*; ~ **malzemecisi** Elektrohandlung *f*; ~ **sanayii** Elektroindustrie *f*; ~ **santralı** Elektrizitätswerk *nt*; ~ **ocağı** Heizplatte *f*; ~ **tüketimi** Stromverbrauch *m*; ~ **süpürgesi** Staubsauger *m*; ~ **üretimi** Stromerzeugung *f*
elektrikçi *s* Elektriker(in) *m(f)*
elektrikle(ndir)mek *vt* (*auch fig*) elektrisieren (*-i* etw/jdn)
elektrikli *adj* 1. elektrisch 2. mit Elektrizität ausgestattet; ~ **fırın** Elektroherd *m*; ~ **süpürge** Staubsauger *m*
elektromanyetik (**-ği**) *adj* elektromagnetisch; ~ **kirlilik** Elektrosmog *m*
elektrokardiyogram *s* Elektrokardiogramm *nt*
elekrolit (**-ti**) *s* Elektrolyt *m*
elektromobil *s* Elektroauto *nt*
elektromotor *s* Elektromotor *m*
elektron *s* Elektron *nt*
elektronik (**-ği**) I. *s* Elektronik *f* II. *adj* elektronisch; ~ **alet** Elektrogerät *nt*; ~ **beyin** Computer *m*; ~ **kirlilik** Elektrosmog *m*; ~ **posta programı** (INET) E-Mail-Programm *nt*; ~ **tekniği** Elektrotechnik *f*; ~ **ticaret** E-Commerce *m*
elektron mikroskopu (**-nu**) *s* Elektronenmikroskop *nt*
elektrostatik (**-ği**) *s* Elektrostatik *f*
elektrot (**-du**) *s* Elektrode *f*
elem *s* (*Kummer*) Leid *nt*
eleman *s* 1. Element *nt* 2. (*Person*) Kraft *f*, Mitarbeiter(in) *m(f)*
elemek *vt* 1. sieben (*-i* etw) 2. (*fig*) sichten (*-i* etw)
elemli *adj* 1. betrübt 2. betrüblich
elhamdülillah *interj* Gott sei Dank!
eleştirel *adj* kritisch
eleştiri *s* Rezension *f*, Besprechung *f*, Kritik *f*
eleştirmeci *s* Kritiker(in) *m(f)*, Rezensent(in) *m(f)*
eleştirmek *vt* 1. kritisieren (*-i* jdn/etw)

eleştirmen 2. rezensieren (*-i* etw)
eleştirmen *s* Rezendent(in) *m(f)*
elimine *adj* (SPORT) ausgeschieden; ~ **etmek** eliminieren; ~ **olmak** ausscheiden
elit (**-ti**) I. *s* Elite *f* II. *adj* Elite-
ellemek *vt* (*fam*) anfassen (*-i* etw/jdn)
elli *num* fünfzig
elma *s* Apfel *m;* ~ **ağacı** Apfelbaum *m;* ~ **ezmesi** Apfelmus *nt;* ~ **suyu** Apfelsaft *m;* ~ **şarabı** Apfelwein *m*
elmalı *adj* mit Äpfeln zubereitet; ~ **pasta** Apfelkuchen *m*
elmacık (**kemiği**) *s* 1. Backenknochen *m* 2. Jochbein *nt*
elmas I. *s* Diamant *m* II. *adj* diamanten
elti *s* Schwägerin *f* (*Frau vom Bruder des Ehemannes*)
eltopu (**-nu**) *s* Handball *m*
elveda I. *s* Lebewohl *nt* II. *interj* leb(t) wohl!
elverişli *adj* 1. günstig, passend, geeignet (*-e* für etw) 2. (*angemessen*) zweckmäßig
elverişlilik *s* Eignung *f,* Tauglichkeit *f*
elverişsiz *adj* 1. ungünstig 2. untauglich
e-mail *s* E-Mail *f*
emanet *s* 1. anvertrautes Geld 2. (Gepäck)aufbewahrung *f;* ~ **etmek** anvertrauen (*-e -i* jdm etw)
emare *s* Indiz *nt,* Anzeichen *nt*
emay *s* Email *nt*
emaye I. *s* (Email)glasur *f* II. *adj* emailliert
emayelemek *vt* emaillieren (*-i* etw)
embriyon *s* Embryo *m*
emek (**-ği**) *s* 1. Mühe *f* 2. Arbeitslohn *m;* ~ **istemek** Mühe kosten
emekçi *s* 1. Handwerker(in) *m(f)* 2. Tagelöhner(in) *m(f)*
emeklemek *vi* 1. auf allen Vieren gehen 2. (*fam*) sich mühsam hinschleppen
emekli I. *adj* pensioniert, im Ruhestand II. *s* Rentner(in) *m(f);* ~ **aylığı** Altersrente *f;* ~ **olmak** in den Ruhestand treten; **emekliye ayırmak** in den Ruhestand versetzen (*-i* jdn)
emeklilik (**-ği**) *s* Pensionierung *f,* Ruhestand *m;* ~ **sigortası** Rentenversicherung *f;* ~ **yaşı** Rentenalter *nt*
emektar *adj* (alt)bewährt
emel *s* Wunsch *m*
emin *adj* sicher; ~ **olmak** vertrauen auf (*-den* auf jdn/etw)
emir (**-mri**) *s* 1. Befehl *m* 2. Emir *m;* ~ **kipi** [*o* **sıygası**] Befehlsform *f,* Imperativ *m;* **birine** ~ **vermek** jdm einen Befehl erteilen;

emri altına almak sich bemächtigen (*-i* einer Sache); **birinin emrinde olmak** jdm zur Verfügung stehen; **bir şeyi birinin emrine vermek** jdm zur Verfügung stellen
emirlik (**-ği**) *s* Emirat *nt*
emisyon *s* 1. (*Schadstoff-*) Emission *f* 2. (*von Aktien*) Emission *f*
emlak (**-kı**) *s* Grundbesitz *m,* Immobilien *pl*
emmek (**-er**) *vt* 1. saugen (*-i* an etw) 2. lutschen (*-i* etw)
emniyet (**-ti**) *s* 1. Sicherheit *f* 2. Vertrauen *nt* 3. (*Polizeiwesen*) Polizei *f* 4. (TECH) Sicherung *f;* ~ **Amirliği** Polizeipräsidium *nt;* ~ **altına almak** sicherstellen (*-i* etw); ~ **halatı** (*Bergsteigen*) Sicherungsseil *nt;* ~ **kemeri** Sicherheitsgurt *m;* ~ **kilidi** Sicherheitsschloss *nt;* ~ **kontrolü** Sicherheitskontrolle *f;* ~ **sandığı** Sparkasse *f;* **Emniyet Sarayı** Polizeipräsidium *nt;* ~ **supabı** Sicherheitsventil *nt;* ~ **tedbiri** Sicherheitsmaßnahme *f;* **emniyete almak** in Sicherheit bringen; (*Schusswaffe*) sichern (*-i* etw)
emniyetle *adv* getrost
emniyetli *adj* 1. sicher 2. vertrauenswürdig, zuverlässig
emniyetsiz *adj* 1. unsicher 2. unzuverlässig
emniyetsizlik (**-ği**) *s* 1. Unsicherheit *f* 2. Unzuverlässigkeit *f*
emperyalist (**-ti**) I. *s* Imperialist(in) *m(f)* II. *adj* imperialistisch
emperyalizm *s* Imperialismus *m*
empozan *adj* imposant
emprovize I. *adj* (MUS) improvisiert II. *s* Improvisation *f*
emri (**-ni**) *s* Possessivform *zu* **emir** sein/ihr Befehl *m*
emretmek (**-der**) *vt* befehlen, verfügen, anordnen (*-e -i* jdm etw); **emredersiniz!** wie es Ihnen beliebt!
emrivaki (**-ii**) *s* vollendete Tatsache *f*
emsal (**-li**) I. *s* 1. Präzedenzfall *m* 2. (*Vorbild*) Beispiel *nt* 3. Altersgenosse, -genossin *m, f* II. *adj* ähnlich
emzik (**-ği**) *s* 1. Schnuller *m* 2. Brustwarze *f* 3. Milchflasche *f*
emzirmek *vt* (*Baby*) stillen; (*Junges*) säugen (*-i* jdn)
en I. *s* Breite *f* II. *adj* (*Partikel zur Bildung des Superlativs*): ~ **ala** erstklassig; ~ **aşağı** mindestens; ~ **az** am wenigsten, mindestens; ~ **çok** am meisten, höchstens; ~ **erken** frühestens; ~ **fazla** am meisten, höchstens; ~

geç spätestens; ~ **iyi** beste(r, s); ~ **iyisi** am besten; ~ **önce** [*o* **sonra**] zuallererst; ~ **son** äußerste(r, s), letzte(r, s); ~ **uzak** äußerste(r, s), fernste(r, s); ~ **yakın** nächstliegende(r, s); ~ **yüksek** oberste(r, s), höchste(r, s)

enayi *adj* (*fam*) dumm, blöd; ~ (**dümbeleği**) (*fam*) Rindvieh *nt*

enayilik (**-ği**) *s* (*fam*) Blödsinn *m*

encümen *s* Kommission *f*, Ausschuss *m*

endam *s* Körperbau *m*

ender *adj* selten

endirek(t) *adj* indirekt

endişe *s* 1. Zweifel *m*, Bedenken *nt* 2. Besorgnis *f*, Beunruhigung *f* 3. Sorge *f*, Kummer *m*; ~ **etmek** sich Sorgen machen, befürchten (*-den* etw); ~ **verici** beängstigend, beunruhigend

endişelendirici *adj* Besorgnis erregend

endişelendirmek *vt* 1. *Kausativ zu* **endişelenmek** 2. beunruhigen (*-i* jdn)

endişelenmek *vr* sich Sorgen machen

endişeli *adj* besorgt

Endonezya *s* Indonesien *nt*

endorfin *s* Endorphin *nt*

endüstri *s* Industrie *f*; ~ **bölgesi** Industriegebiet *nt*; ~ **ülkesi** Industrieland *nt*

endüstrileş(tir)me *s* 1. *Verbalsubstantiv zu* **endüstrileş(tir)mek** 2. Industrialisierung *f*

endüstrileştirmek *vt* industrialisieren (*-i* etw)

endüstriyel *adj* industriell

enerji *s* Energie *f*; ~ **darlığı** Energieknappheit *f*; ~ **kaynağı** Energiequelle *f*; ~ **santralı** Kraftwerk *nt*; ~ **sorunu** Energieproblem *nt*; ~ **tüketimi** Energieverbrauch *m*; ~ **yüklü** energiegeladen

enerjik (**-ği**) *adj* tatkräftig

enfarktüs *s* (MED) Infarkt *m*

enfeksiyon *s* Infektion *f*

enfekte *adj* infiziert; ~ **etmek** infizieren (*-i* jdn/etw); ~ **olmak** sich infizieren

enfes *adj* großartig, herrlich, hervorragend

enfeslik (**-ği**) *s* Köstlichkeit *f*

enfiye *s* Schnupftabak *m*; ~ **çekmek** (*Tabak*) schnupfen

enflasyon *s* Inflation *f*; ~ **oranı** Inflationsrate *f*

enformasyon *s* Information *f*, Auskunft *f*

enformatik (**-ği**) *s* Informatik *f*

engebe *s* (Boden-)Erhebung *f*

engebeli *adj* uneben, hügelig

engebesiz *adj* (*Boden*) eben

engel *s* 1. Behinderung *f*, Hindernis *nt* 2. (SPORT) Hürde *f*; ~ **olmak** behindern (*-e* etw/jdn)

engellemek *vt* behindern (*-i* etw/jdn)

engelli *s* mit Hindernissen; ~ **koşu** Hindernislauf *m*, Hindernisrennen *nt*

engelsiz *adj* ungehindert

engerek yılanı (**-nı**) *s* Natter *f*

engin *adj* 1. (*Horizont*) endlos 2. (*ausgedehnt*) weit

enginar *s* Artischocke *f*

eninde sonunda *adv* letzten Endes, letztlich

enine *adv* quer; ~ **boyuna** eingehend; ~ **kesit** Querschnitt *m*

enişte *s* 1. (angeheirateter) Onkel *m* 2. Schwager *m* (*Gatte der Schwester*)

enjeksiyon *s* Injektion *f*

enjekte *adj* injiziert; ~ **etmek** (MED) spritzen

enkaz *s* Trümmer *pl*

enkübasyon zamanı *s* Inkubationszeit *f*

enlem *s* Breitengrad *m*

enli *adj* breit

ense *s* Nacken *m*; ~ (**kökü**) Genick *nt*

enselik (**-ği**) *s* Nackenstütze *f*

ensiz *adj* schmal

enstantane *s* 1. Momentaufnahme *f* 2. kurzer Überblick

enstitü *s* Institut *nt*

enstrüman *s* Instrument *nt*

ensülin *s* Insulin *nt*

entari *s* (langes, loses) Gewand *nt*

entegrasyon *s* (POL) Integration *f*

entel *s* (*pej*) Intelligenzler(in) *m(f)*

entellektüel I. *adj* intellektuell II. *s* Intellektuelle(r) *mf*

enteresan *adj* interessant

enternasyonal *adj* international

entrika *s* Intrige *f*, Machenschaften *pl*

envanter *s* Inventur *f*

enzim *s* Enzym *nt*

epey *adj* beträchtlich

epey(ce) *adv* ziemlich, recht

Epifani Yortusu (**-nu**) *s* Dreikönigstag *m*

epilatör *s* Enthaarungsgerät *nt*

epizot (**-du**) *s* Episode *f*

epope *s* Epos *nt*

e-posta *s* E-Mail *f*; ~ **adresi** E-Mail-Adresse *f*

er I. *adj* früh II. *s* 1. Mann *m* 2. (MIL) einfacher Soldat; ~ **veya geç** früher oder später

Erciyes Dağı (-nı) *s* Vulkan in Inneranatolien
erdem *s* Tugend *f*
erdemli *adj* tugendhaft
erdişi *s* Zwitter *m*
erek (-ği) *s* Zweck *m*, Ziel *nt*
ereklik (-ği) *s* Endziel *nt*
ereksiyon *s* Erektion *f*
ergeç *adv* früher oder später
ergenlik (-ği) *s* 1. Geschlechtsreife *f* 2. Akne *f*
ergin *adj* 1. reif 2. volljährig, mündig
erginlik (-ği) *s* 1. Reife *f* 2. Volljährigkeit *f*
ergonomik (-ği) *adj* ergonomisch
erguvan *s* Judasbaum *m*; ~ **rengi** Purpur *m*; ~ **renkli** purpurfarben, purpurn
erik (-ği) *s* Pflaume *f*; ~ **ağacı** Pflaumenbaum *m*
eril *adj* (GRAM) männlich
erim *s* Reichweite *f*
erime noktası *s* Schmelzpunkt *m*
erimek *vi* 1. sich auflösen 2. auftauen 3. schmelzen 4. (*Eis*) tauen 5. (*Stoff*) sich abnutzen 6. (*fig*) abmagern
erinlik (-ği) *s* Pubertät *f*
erişim *s* 1. (INFORM) Zugang *m* 2. (INFORM) Zugriff *m*
erişkin *adj* erwachsen
erişmek *vi* 1. (*Ziel*) erreichen (-*e* etw) 2. gelangen (-*e* zu etw) 3. (*sich erstrecken*) reichen (-*e* bis zu etw) 4. reifen
erişte *s* Nudeln *fpl*
eritmek *vt* 1. *Kausativ zu* **erimek** 2. (*Kühlschrank*) abtauen (-*i* etw) 3. auftauen (-*i* etw) 4. schmelzen (lassen) (-*i* etw)
Erivan *s* Eriwan *nt*, Jerewan *nt*
eriyik *s* (CHEM) Lösung *f*
erk (-ki) *s* 1. Macht *f* 2. Einfluss *m*
erkeç (-ci) *s* Ziegenbock *m*
erkek (-ği) I. *s* 1. Mann *m* 2. (*bei Tieren*) Männchen *nt* II. *adj* männlich; ~ **ceketi** Sakko *m/nt*; ~ **çocuk** Junge *m*; ~ **domuz** Eber *m*; ~ **elbisesi** Herrenanzug *m*; ~ **evlat** Sohn *m*; ~ **kardeş** Bruder *m*; ~ **kopça** (*für Ösen*) Haken *m*; ~ **modası** Herrenmode *f*
erkekçe *adv* männlich
erkeklik (-ği) *s* Männlichkeit *f*; ~ **organı** Penis *m*
erken *adj* 1. früh 2. vorzeitig 3. am frühen Morgen, ganz früh; ~ **doğum** Frühgeburt *f*
erkenci *s* 1. Mogenmensch *m* 2. Frühaufsteher(in) *m(f)*

erkenden *adv* am frühen Morgen, ganz früh
erkin *adj* frei, unabhängig
erkinci I. *adj* liberal II. *s* Liberale(r) *mf*
erkincilik (-ği) *s* Liberalismus *m*
ermek (-er) *vi* 1. erreichen, gelangen zu (-*e* zu etw) 2. reichen (-*e* bis zu etw) 3. reif werden 4. heilig werden (*einen hohen Grad der Heiligkeit erreichen*)
Ermeni I. *s* Armenier(in) *m(f)* II. *adj* (*Art*) armenisch
Ermenistan *s* Armenien *nt*
eroin *s* Heroin *nt*
erozyon *s* Erosion *f*
erpes *s* Herpes *m*
erselik (-ği) *s* Zwitter *m*
ertelemek *vt* 1. (*zeitlich*) verschieben (-*i* -*e* etw auf etw) 2. (*verzögern*) hinausziehen (-*i* etw) 3. vertagen (-*i* etw)
ertesi *adj* (*nächst, darauffolgend*) folgend, nächste(r, s); ~ **gün** am nächsten Tag, am Tag darauf
erzak (-kı) *s* Proviant *m*, Verpflegung *f*
esans *s* 1. Parfüm *nt* 2. Essenz *f*
esaret (-ti) *s* 1. Gefangenschaft *f* 2. Sklaverei *f*
esas I. *s* 1. Fundament *nt* 2. Grund *m* 3. Hauptsache *f*, Substanz *f* 4. Quelle *f* 5. Ursache *f* II. *adj* eigentlich; ~ **itibariyle** prinzipiell, im Wesentlichen
esasen *adv* 1. ursprünglich 2. (*eigentlich*) an sich
esaslı *adj* 1. fundamental, grundlegend 2. gründlich, eingehend 3. hauptsächlich, wesentlich 4. eigentlich, wirklich 5. begründet
esassız *adj* 1. ohne Grundlage 2. grundlos, unbegründet
esen *adj* wohlbehalten; ~ **kalın!** bleiben Sie gesund! alles Gute!
esenlik (-ği) *s* Wohl(befinden) *nt*
eser *s* 1. (*Schöpfung*) Werk *nt* 2. Spur *f*
esin *s* 1. Inspiration *f* 2. Morgenwind *m*
esinti *s* sanfter Wind
esir I. *adj* (*im Krieg*) gefangen II. *s* 1. (Kriegs)gefangene(r) *mf* 2. Sklave *m*, Sklavin *f*; ~ **almak** [*o* **etmek**] gefangen nehmen (-*i* jdn)
esirci *s* Sklavenhändler *m*
esirgemek *vt* 1. behüten, beschützen (-*i* -*den* jdn vor etw) 2. missgönnen (-*i* -*den* etw jdm)
esirlik (-ği) *s* (Kriegs)gefangenschaft *f*

eski *adj* 1.(*Sache*) alt 2.(*überholt*) veraltet 3.(*Person*) ehemalige(r), frühere(r), Ex-; ~ **asker** Veteran *m;* ~ **püskü** (*fam*) alt, ausgedient; **eskisi gibi** nach wie vor, wie früher
eskici *s* 1. Trödler *m* 2. Schuhflicker *m*
Eskiçağ *s* Altertum *nt,* Antike *f*
eskiden *adv* ehemals, einst, früher
eskimek *vi* 1.(*Sachen*) alt werden 2. alt werden (und Erfahrungen sammeln) 3. veralten
eskimiş *adj* (*Kleidung*) abgetragen; (*veraltet*) überholt
Eskimo *s* Eskimo *m*
eskitmek *vt* 1. *Kausativ zu* **eskimek** 2.(*Kleidung*) abtragen (*-i* etw) 3.(*Schuhe, Treppe*) austreten (*-i* etw)
eskiz *s* Skizze *f*
eskrim *s* Fechten *nt;* ~ **meçi** Florett *nt;* ~ **yapmak** fechten
esmek (**-er**) *vi* 1.(*Wind*) wehen 2.(*in den Sinn kommen*) einfallen (*-e* jdm)
esmer *adj* 1.(*Haut*) braun 2.(*Haar*) brünett 3.(*Teint*) dunkel 4.(*Menschentyp*) dunkel
esmerleşmek *vi* braun werden
esmerleştirmek *vt* 1. *Kausativ zu* **esmerleşmek** 2. bräunen (*-i* jdn)
esna *s* (Zwischen)zeit *f*
esnasında *präp* während (… gen)
esnaf *s* 1. Handwerker(in) *m(f)* 2. Kleinhändler(in) *m(f);* ~ **birliği** (HIST) Gilde *f;* ~ **loncası** Zunft *f;* ~ **odası** Handwerkskammer *f*
esnek (**-ği**) *adj* biegsam, elastisch; ~ **sargı** Elastikbinde *f*
esneklik (**-ği**) *s* 1. Elastizität *f* 2. Flexibilität *f*
esnemek *vi* 1. gähnen 2. nachgeben 3. federn
espresso *s* Espresso *m*
espri *s* 1. Scharfsinn *m* 2. Witz *m*
esprili *adj* humorvoll, witzig
esprisiz *adj* humorlos, witzlos
esrar *s* 1. Geheimnis *nt* 2. Haschisch *nt*
esrarengiz *adj* geheimnisvoll, mysteriös
esrarkeş *s* Haschischraucher(in) *m(f)*
esrarlı *adj* 1. geheimnisvoll, mysteriös 2. Haschisch enthaltend
esrime *s* Ekstase *f*
estağfurullah *interj* 1. keine Ursache! 2.(*nach einem Lob*) aber nicht doch!
estetik (**-ği**) I. *s* Ästhetik *f* II. *adj* ästhetisch
Estonya *s* Estland *nt*

eş *s* 1. Teil *m;* (eines Paares) (*Gegenstück*) Pendant *nt* 2. Ehepartner(in) *m(f);* (*Gattin*) Ehefrau *f;* (*Gatte*) Ehemann *m* 3. Partner(in) *m(f);* ~ **dost** (*fam*) gute Bekannte *pl;* ~ **değerli** gleichwertig
eşanlamlı *adj* synonym; ~ **sözcük** Synonym *nt*
eşantiyon *s* 1.(*fig*) Kostprobe *f* 2. Warenprobe *f*
eşcinsel *adj* homosexuell
eşek (**-ği**) *s* 1. Esel *m* 2.(*fam*) Dummkopf *m;* ~ **gibi çalışmak** (*fam*) schuften
eşekarısı (**-nı**) *s* 1. Hornisse *f* 2. Wespe *f*
eşeklik (**-ği**) *s* 1. Dummheit *f* 2. Grobheit *f*
eşelemek *vt* 1. scharren (*-i* etw) 2.(*Problem*) aufrühren (*-i* etw)
eşelenmek *vi* 1. *Passiv zu* **eşelemek** 2.(*Schwein*) wühlen
eşik (**-ği**) *s* (Tür)schwelle *f*
eş(in)mek *vi* (*Tier*) mit dem Maul die Erde aufwühlen
eşit (**-ti**) *adj* identisch, gleich; ~ **kılmak** ausgleichen (*-i* etw); ~ **olmayan** ungleich
eşitlemek *vt* 1. ausgleichen (*-i* etw) 2.(MATH) auf den gleichen Nenner bringen (*-i* etw)
eşitlik (**-ği**) *s* Gleichheit *f*
eşkenar *adj* (MATH) gleichseitig; ~ **dörtgen** Raute *f*
eşkıya *s* Bandit *m,* Räuber *m*
eşlik (**-ği**) *s* 1.(MUS) Begleitung *f* 2. Partnerschaft *f* 3. Ähnlichkeit *f*
eşofman *s* Trainingsanzug *m;* ~ **altı** Trainingshose *f*
eşsiz *adj* 1. einzigartig, einmalig 2. unvergleichlich 3.(*großartig*) phänomenal 4.(*ohne Partner*) allein stehend
eşya *s* 1. Sache *f* 2.(*Ware*) Artikel *m* 3. Gepäckstück *nt* 4. Hausgerät *nt* 5. Zeug *nt;* ~ **filesi** Gepäcknetz *nt*
et (**-ti**) *s* Fleisch *nt;* ~ **beni** Warze *f;* ~ **suyu** (Fleisch)brühe *f*
etajer *s* Regal *nt*
etap (**-bı**) *s* Etappe *f*
etek (**-ği**) *s* 1. Rock *m* 2.(*an Kleidung*) Saum *m* 3.(*eines Gebirges*) Fuß *m;* **eteği belinde** (*Frau*) tüchtig
eteklik (**-ği**) *s* Rock *m*
eter *s* (CHEM) Äther *m*
e-ticaret (**-ti**) *s* E-Commerce *m*
etiket (**-ti**) *s* 1. Etikett *nt,* Preisschild *nt* 2. Etikette *f*

etiketlemek *vt* mit Etikett versehen, auszeichnen (-*i* etw)
etken I. *s* Faktor *m* II. *adj* aktiv
etki *s* 1. Auswirkung *f* 2. Effekt *m* 3. Eindruck *m* 4. Einfluss *m*
etkilemek *vt* 1. sich auswirken (-*i* auf etw) 2. beeindrucken (-*i* jdn) 3. beeinflussen (-*i* jdn/etw)
etkileşim *s* Wechselwirkung *f*
etkileşimli *adj* interaktiv
etkileyici *adj* 1. eindrucksvoll, beeindruckend 2. (*Person*) beeindruckend, faszinierend
etkili *adj* 1. eindrucksvoll 2. wirksam
etkin *adj* 1. aktiv, tätig 2. wirkungsvoll
etkinlik (-ği) *s* Aktivität *f*, Tätigkeit *f*
etkisiz *adj* 1. wirkungslos 2. ungültig
etli *adj* fleischig
etmek (-der) *vt* 1. machen, tun 2. (*kosten*) wert sein 3. (*Rechnung*) ergeben 4. (*sich belaufen auf*) betragen 5. (*zeitlich*) erreichen (-*i* etw) 6. jdn um etw bringen (-*i* -*den* jdn um etw) 7. etwas Böses antun (-*e* jdm); **bu ne kadar ediyor?** wie viel macht das?
etmen *s* Faktor *m*
etnik *adj* ethnisch; ~ **çatışmalar** Rassenunruhen *fpl*
etnoloji *s* Völkerkunde *f*
etoburlar *s pl* Raubtiere *ntpl*
etsiz *adj* fleischlos
etraf *s* Umgebung *f*; **etrafını almak** [*o* **çevirmek**] umstellen, umringen (-*in* jdn/etw)
etrafına I. *adv* (*mit Bewegung*) umher II. *präp* (*Richtung*) um (-*in* akk); ~ **bakınmak** sich nach allen Seiten umsehen
etrafında I. *adv* um, herum, umher II. *präp* 1. (*Ort*) um, um ... herum (-*in* akk) 2. hinsichtlich (-*in* gen); ~ **dönmek** umkreisen (-*in* jdn/etw)
etraflıca *adv* eingehend
etrafta *adv* herum, in der näheren Umgebung
ettirgen *adj* kausativ
etüt (-dü) *s* 1. Etüde *f* 2. (*nach Unterricht*) Übungszeit *f* 3. Studie *f*
euro *s* Euro *m*; ~ **bölgesi** Eurozone *f*; ~ **çek** Euroscheck *m*
ev *s* 1. Haus *nt* 2. Heim *nt* 3. Wohnung *f* 4. Familie *f*; ~ **bankacılığı** Homebanking *nt*; ~ **bark** Heim *nt*; ~ **eşyası** Hausrat *m*; ~ **hayvanı** Haustier *nt*; ~ **idaresi** Haushalt *m*; ~ **işi** Hausarbeit *f*; ~ **kadını** Hausfrau *f*; ~ **ödevi** Hausaufgabe *f*; ~ **sahibi** Gastgeber(in) *m(f)*, Hauseigentümer(in) *m(f)*, Vermieter(in) *m(f)*; ~ **ziyareti** Hausbesuch *m*; **evde** zu Hause; **evde kalmak** zu Hause bleiben; (*keinen Mann finden*) sitzen bleiben; ~ **kalmış kız** alte Jungfer; **evden çıkarmak** (*Mieter*) kündigen; **evden çıkmak** ausziehen; **evden eve** von Haus zu Haus; **evde yok** er (sie) ist nicht zu Hause; **eve** nach Hause; **eve dönerken** auf dem Heimweg; **eve dönmek** heimkommen; **eve gitmek** heimgehen; **evsiz barksız** obdachlos; Obdachlose(r) *mf*; **evinizdeymiş gibi hareket edin!** fühlen Sie sich wie zu Hause!
evcil *adj* (*Haustier*) zahm; ~ **hayvan** Haustier *nt*
evcilleştirmek *vt* zähmen (-*i* etw)
evcimen *adj* häuslich
evermek *vt* (*fam*) verheiraten (-*i* jdn)
evet *interj* ja; ~ **oyu** Jastimme *f*
evham *s* (grundlose) Verdächtigungen *pl*, Misstrauen *nt*
evhamlı I. *adj* unter einer Wahnvorstellung leidend II. *s* Mensch, der sich unnötige Sorgen macht
Evharistiya *s* (*Bibel*) Abendmahl *nt*
evirmek *vt* umändern, umwandeln (-*i* etw)
evire çevire (*fam*) tüchtig, ordentlich
evirip çevirmek *vt* hin- und herdrehen (-*i* etw)
evladiyelik (-ği) *adj* so haltbar, dass es an die nächste Generation vererbt werden kann
evlat (-dı) *s* Kind *nt*; ~ **edinme** Adoption *f*; ~ **edinmek** adoptieren (-*i* jdn)
evlatlık (-ğı) *s* 1. Pflegekind *nt* 2. Adoptivkind *nt*
evlek (-ği) *s* 1. (*Acker-*) Furche *f* 2. (*auf einem Feld*) Wassergraben *m* 3. *ein Viertel des türkischen Flächenmaßes* (dönüm) (*etwa 230 qm*)
evlendirme *s* 1. Verbalsubstantiv *zu* **evlendirmek** 2. Vermählung *f*
evlendirmek *vt* 1. *Kausativ zu* **evlenmek** 2. verheiraten (-*i* jdn)
evlenme *s* 1. Verbalsubstantiv *zu* **evlenmek** 2. Heirat *f*; ~ **akdi** Eheschließung *f*; ~ **cüzdanı** Heiratsurkunde *f*; ~ **dairesi** Standesamt *nt*; ~ **ilanı** Heiratsanzeige *f*; ~ **kâğıdı** Trauschein *m*; ~ **teklifi** Heiratsantrag *m*; ~ **yıldönümü** (*Jahrestag*) Hochzeitstag *m*
evlenmek *vi* heiraten (*ile* jdn)

evli *adj* verheiratet
evlilik (**-ği**) *s* Ehe *f;* ~ **dışı** außerehelich; ~ **halkası** Ehering *m;* ~ **ilanı** Heiratsanzeige *f*
evliya *s* Heilige(r) *mf,* Schutzheilige(r) *mf*
evrak (**-kı**) *s pl* 1. Unterlagen *f pl* 2. Dokumente *nt pl;* ~ **çantası** Aktenkoffer *m,* Aktentasche *f*
evren *s* Weltall *nt,* Kosmos *m,* Universum *nt*
evrensel *adj* 1. universal, kosmisch 2. ökumenisch 3. global, weltweit
evrim *s* Evolution *f*
evvel I. *adv* früher, vorher II. *präp* (*zeitlich*) vor (*-den dat*)
evvela *adv* zunächst, zuerst
evvelce *adv* zuvor, erst
evveliyat (**-tı**) *s* Vorgeschichte *f*
evvelki *adj* (*fam*) ehemalig, vorherig; ~ **gün** vorgestern
evvelsi *adj s.* **evvelki**
eyalet (**-ti**) *s* 1. Bundesland *nt* 2. (HIST) *osmanische Provinz mit eigener Verwaltung;* ~ **hükümeti** Senat *m* (*in Berlin, Hamburg, Bremen*); ~ **meclisi** Landtag *m*
eyer *s* Sattel *m*
eylem *s* 1. Aktion *f* 2. Verb *nt,* Zeitwort *nt* 3. (systematisches) Arbeiten *nt*
eylemci *s* Aktivist(in) *m(f)*
eylemek *vt* machen, tun
eylül (**ayı**) *s* September *m*
eyvah *interj* o weh!
eyvallah *interj* 1. danke! 2. (*fam*) tschüss! 3. klar!, natürlich!
eza *s* Qual *f*
ezan *s* Gebetsruf *m*
ezber I. *s* 1. Auswendigkönnen *nt* 2. auswendig zu lernender Stoff II. *adv* auswendig
ezberci I. *adj* stumpfsinnig auswendig lernend II. *s* Büffler(in) *m(f)*
ezberden *adv* auswendig
ezbere *adv* auswendig, aus dem Gedächtnis
ezberlemek *vt* 1. auswendig lernen (*-i* etw) 2. sich einprägen (*-i* etw)
ezel *s* Ewigkeit *f*
ezgi *s* Melodie *f*
ezgisel *adj* melodisch
ezik (**-ği**) *adj* 1. (*Banane*) zerdrückt 2. (*Person*) unterdrückt
eziklik (**-ği**) *s* Depression *f,* Niedergeschlagenheit *f*
eziyet (**-ti**) *s* Mühe *f;* **birine** ~ **etmek** jdn quälen, jdn schikanieren
eziyetli *adj* mühsam, mühselig
ezme *s* 1. Verbalsubstantiv zu **ezmek** 2. Mus *nt*
ezmek (**-er**) *vt* 1. zerdrücken (*-i* etw) 2. (mit Füßen) treten (*-i* etw) 3. (*Menschen*) überfahren (*-i* jdn) 4. unterdrücken (*-i* jdn) 5. (*Gegner*) überwältigen (*-i* jdn) 6. (*Kartoffel*) stampfen (*-i* etw)

F

F, f *s* siebter Buchstabe des türk. Alphabets
faal (**-li**) *adj* aktiv, tätig
faaliyet (**-ti**) *s* 1. Aktivität *f,* Tätigkeit *f* 2. Aktion *f;* **faaliyete geçmek** in Aktion treten
fabl *s* Fabel *f*
fabrika *s* Fabrik *f;* ~ **işçisi** Fabrikarbeiter(in) *m(f)*
fabrikatör *s* Fabrikant(in) *m(f)*
facia *s* Katastrophe *f;* (*Unglück*) Tragödie *f*
fagot (**-tu**) *s* Fagott *nt*
fahiş *adj* 1. übermäßig 2. (*Preis*) unerschwinglich; ~ **fiyat** Wucherpreis *m*
fahişe *s* Prostituierte *f;* (*pej*) Hure *f;* (*männlich*) Stricher *m*
fahişelik (**-ği**) *s* Prostitution *f*
fahri *adj* ehrenamtlich; ~ **görev** Ehrenamt *nt;* ~ **hemşehri** Ehrenbürger(in) *m(f);* ~ **olarak** ehrenamtlich
fail *s* 1. Täter(in) *m(f)* 2. Urheber(in) *m(f);* **faili meçhul** (*Verbrechen*) unaufgeklärt
fair-play *s* Fairplay *nt*
faiz *s* Zins *m;* ~ **fiyatı** [*o* **oranı**] Zinssatz *m;* ~ **miktarı** Verzinsung *f;* **faizin faizi** Zinseszins *m*
faizsiz *adj* zinslos
fak (**-kı**) *s* Falle *f;* **faka basmak** hereinfallen; **faka bastırmak** hereinlegen (*-i* jdn)
fakat *konj* aber, jedoch
fakir *adj* arm, mittellos; ~ **düşmüş** verarmt; ~ **fukara** (*fam*) die Armen *pl*
fakirane *adj* 1. arm, ärmlich 2. (*Mahlzeit*)

fakirlik

karg **3.** bescheiden, schlicht
fakirlik (-ği) *s* Armut *f*
faks *s* Fax *nt;* ~ **çekmek** faxen (*-e* jdm); ~ **numarası** Faxnummer *f*
fakslamak *vt* faxen (*-e -i* jdm etw)
faktör *s* Faktor *m*
fakülte *s* Fakultät *f*
fal *s* Wahrsagen *nt;* **fal(a) bakmak** wahrsagen

> **Fal bakmak**, das Wahrsagen, erfreut sich in der Türkei großer Beliebtheit. Vor allem Frauen haben im Deuten der Zukunft aus Handlinien oder Kaffeesatz viel Erfahrung.

falan *pron* **1.** der/die Soundso **2.** dies und jenes **3.** und so weiter; ~ **filan** und Ähnliches, und so weiter und so fort
falan *s* (*fam*) Dingsbums *m/f/nt*
falcı *s* Wahrsager(in) *m(f)*
falcılık (-ğı) *s* Voraussage *f,* Weissagung *f*
falso *s* **1.** Fehlgriff *m,* Missgriff *m* **2.** Misston *m*
familya *s* (*Tier- und Pflanzenreich*) Familie *f*
fanfar *s* Fanfare *f*
fani *adj* vergänglich, sterblich
fanila *s* **1.** Flanell *m* **2.** Unterhemd *nt*
fantezi *s* **1.** Fantasie *f* **2.** Fantasieprodukt *nt*
far *s* **1.** Scheinwerfer *m* **2.** Lidschatten *m*
faraş *s* (Müll)schaufel *f*
faraza *konj* gesetzt den Fall, angenommen
farazi *adj* hypothetisch
faraziye *s* Hypothese *f*
fare *s* Maus *f;* ~ **deliği** Mauseloch *nt;* ~ **kapanı** Mausefalle *f;* ~ **zehri** Rattengift *nt*
fark (-kı) *s* **1.** Differenz *f,* Unterschied *m* **2.** Wahrnehmen *nt* **3.** (*fig*) Gefälle *nt* **4.** (Unterscheidungs)merkmal *nt;* ~ **etmek** unterscheiden; (*wahrnehmen*) merken; (*trennen*) unterscheiden (*-i* etw); ~ **gözetmemek** alles in einen Topf werfen; ~ **etmez** das ist egal, das macht nichts; **benim için** ~ **etmez** das macht (mir) nichts (aus); **farkına varmak** bemerken (*-in* jdn/etw)
farklı *adj* **1.** unterschiedlich, verschieden **2.** differenziert **3.** abweichend
farklılaştırmak *vt* unterscheiden, differenzieren (*-i* etw)
farklılık (-ğı) *s* Unterschied *m*
fars *s* Schwank *m*
Fars I. *s* Perser(in) *m(f)* **II.** *adj* (*Art*) persisch
Farsça *adj* (*Sprache*) persisch

farz *s* **1.** Mutmaßung *f* **2.** (*islamisch*) kanonische Vorschrift; ~ **edelim ki** gesetzt den Fall, dass; ~ **etmek** annehmen (*-i* etw)
Fas I. *s* Marokko *nt* **II.** *adj* (*Art*) marokkanisch
fasıl (-slı) *s* **1.** (*Kapitel*) Abschnitt *nt* **2.** orientalische Musikart
fasıla *s* **1.** Zeitabstand *m* **2.** Pause *f* **3.** Intervall *nt*
Faslı I. *s* Marokkaner(in) *m(f)* **II.** *adj* (*Herkunft*) marokkanisch
fast-food yiyecek *s* Fastfoodessen *nt*
fasulye *s* Bohne *f;* ~ **pilaki** Bohnen *f* in Öl *pl*
faşist (-ti) I. *s* Faschist(in) *m(f)* **II.** *adj* faschistisch
faşistlik (-ği) *s* Faschismus *m*
faşizm *s* Faschismus *m*
fatih *s* Eroberer *m;* **Fatih Köprüsü** *die zweite, 1987 erbaute Bosporusbrücke*
fatiha *s* Fatiha *f,* erste Sure des Korans
fatura *s* Rechnung *f*
faul *s* Foul(spiel) *nt*
fauna *s* Fauna *f*
favori *s* **1.** Favorit(in) *m(f)* **2.** (*Backenbart*) Koteletten *pl*
fay *s* (*geologische*) Verschiebung *f,* Verwerfung *f;* ~ **hattı** Verwerfungslinie *f*
fayans *s* Fliese *f,* (glasierte) Kachel *f*
fayanslı *adj* gekachelt
fayda *s* **1.** Nutzen *m* **2.** Vorteil *m,* Gewinn *m*
faydalanmak *vi* **1.** nutzen (*-den* etw) **2.** ausnutzen (*-den* etw) **3.** profitieren (*-den* von etw)
faydalı *adj* nützlich, vorteilhaft
faydasız *adj* **1.** nutzlos, unnütz **2.** zwecklos
faydasızlık (-ğı) *s* Nutzlosigkeit *f*
fayton *s* Kutsche *f*
faytoncu *s* Kutscher *m*
fazilet (-ti) *s* **1.** Tugend *f* **2.** Begabung *f*
fazla I. *adj* **1.** viel **2.** zu viel **3.** überflüssig **II.** *adv* **1.** viel **2.** zu sehr **3.** mehr (als) **III.** *s* Rest *m,* Überbleibsel *nt;* ~ **basınç** [*o* **tazyik**] Überdruck *m;* ~ **olarak** noch dazu, überdies; ~ **olmak** sich erübrigen; (*fig*) zu weit gehen
fazlalaşmak *vr* sich vermehren
fazlalık (-ğı) *s* Überschuss *m,* Überzahl *f*
fazlasıyla *adv* allzu, allzu sehr, allzu viel
feci *adj* katastrophal, tragisch
feda *s* Opfer *nt;* ~ **etmek** opfern (*-i* etw)
fedai *s* **1.** *Mensch, der sein Leben für ein hohes Ziel opfert* **2.** Leibwächter *m*

fedakar *adj* 1. opferbereit 2. selbstlos
fedakarlık (**-ğı**) *s* 1. Opferbereitschaft *f* 2. Selbstlosigkeit *f*; ~ **etmek** [*o* **göstermek**] Opfer bringen, verzichten
federal *adj* 1. bundesstaatlich, Bundes- 2. (*in der Schweiz*) eidgenössisch; **Federal Almanya Cumhuriyeti** Bundesrepublik Deutschland *f*; ~ **başbakan** Bundeskanzler(in) *m(f)*; ~ **cumhurbaşkan** Bundespräsident(in) *m(f)*; ~ **cumhuriyet** Bundesrepublik *f*; ~ **devlet** Bundesstaat *m*; ~ **hükümet** Bundesregierung *f*; **Federal Konsey** Bundesrat *m*; **Federal Parlamento** Bundestag *m*
federalizm *s* Föderalismus *m*
felaket (**-ti**) *s* 1. Katastrophe *f* 2. Schicksalsschlag *m*; ~ **bölgesi** Katastrophengebiet *nt*
felaketli *adj* unheilvoll
felç (**-ci**) *s* 1. Schlaganfall *m* 2. Lähmung *f*; ~ **etmek** lähmen (*-i* etw); ~ **olmak** (*Verkehr*) zusammenbrechen; **yarım** ~ halbseitige Lähmung *f*; **felce uğratmak** lahm legen (*-i* etw)
felek (**-ği**) *s* 1. Himmel *m*, Himmelsgewölbe *nt* 2. (*fam*) Schicksal *nt*; **feleğin çemberinden geçmiş olmak** mit allen Wassern gewaschen sein
felsefe *s* Philosophie *f*
felsefi *adj* philosophisch
feminist (**-ti**) I. *s* Feminist(in) *m(f)* II. *adj* feministisch
feminizm *s* Feminismus *m*
fen (**-nni**) *s* 1. Naturwissenschaft *f* 2. Technik *f*; ~ **bilimleri** Naturwissenschaften *pl*
fena *adj, adv* schlecht, schlimm, böse; ~ **değil** nicht übel; ~ **halde** sehr, arg
fenalaşmak *vi* 1. sich verschlechtern 2. Übelkeit empfinden 3. ernstlich erkranken 4. in Ohnmacht fallen
fenalık (**-ğı**) *s* 1. schlechter Zustand 2. Bosheit *f* 3. Übelkeit *f*
fener *s* 1. Lampe *f*, Leuchte *f* 2. Leuchtturm *m*; ~ **alayı** Fackelzug *m*; ~ **kulesi** Leuchtturm *m*
fenik (**-ği**) *s* Pfennig *m*
fenni *adj* 1. naturwissenschaftlich 2. technisch 3. fachmännisch 4. (*fig*) modern
fenni (**-ni**) *s Possessivform zu* **fen** die Wissenschaft von ...
feodal (**-li**) *adj* feudal, feudalistisch
feragat (**-ti**) *s* 1. Selbstlosigkeit *f* 2. Verzicht *m*; ~ **etmek** verzichten (*-den* auf etw)
ferah *adj* 1. erleichtert 2. (*geräumig*) weit

ferahlamak *vi* 1. aufatmen, erleichtert sein 2. (*Zimmer*) geräumiger werden 3. bequemer leben können
ferahlatıcı *adj* wohltuend
ferahlık (**-ğı**) *s* 1. Geräumigkeit *f* 2. Erleichterung *f*
ferdi *adj* individuell
ferdiyet (**-ti**) *s* Individualität *f*
feribot (**-tu**) *s* Fähre *f*
fermuar *s* Reißverschluss *m*
fert (**-di**) *s* Individuum *nt*
feryat (**-dı**) *s* 1. Jammer *m* 2. Hilferuf *m*, Schrei *m*; ~ **etmek** jammern, um Hilfe rufen
fesat (**-dı**) I. *s* 1. Gebrechen *nt*, Beschwerden *fpl* 2. Unruhen *pl*, Aufruhr *m* II. *adj* heimtückisch
feshetmek (**-der**) *vt* 1. (JUR) auflösen; (*Vertrag*) kündigen (*-i* etw) 2. (*Bestimmungen*) aufheben (*-i* etw)
fesih (**-shi**) *s* 1. Aufhebung *f*, Kündigung *f* 2. Auflösung *f*; **feshi ihbar** Kündigung *f*; **feshi ihbar olunamaz** (*Vertrag*) unkündbar; **feshi kabil olan** kündbar; **feshini ihbar etmek** kündigen (*-in* etw)
fesleğen *s* Basilikum *nt*
festival (**-li**) *s* 1. Festival *nt*, Festspiele *ntpl* 2. Festwochen *fpl*
fethetmek (**-der**) *vt* (*Stadt*) einnehmen, erobern (*-i* etw)
fetih (**-thi**) *s* Einnahme *f*, Eroberung *f*
fetiş *s* Fetisch *m*
fevkalade I. *adj* 1. außergewöhnlich, außerordentlich 2. großartig; (*fam*) toll II. *adv* sehr
fevkaledelik (**-ği**) *s* Außergewöhnlichkeit *f*, Besonderheit *f*
feza *s* Weltraum *m*
fıçı *s* Fass *nt*; ~ **birası** Bier *nt* vom Fass; ~ **gibi** (*Person*) klein und dick; ~ **tapası** Zapfen *m*
fıkra *s* 1. Anekdote *f* 2. (JUR) Paragraph *m*
fındık (**-ğı**) *s* Haselnuss *f*; ~ **ağacı** Haselstrauch *m*
fındıkkıran *s* Nussknacker *m*
Fırat (**-tı**) *s* Euphrat *m*
fırça *s* 1. Bürste *f* 2. Pinsel *m* 3. (*fam: Tadel*) Anschiss *m*
fırçalamak *vt* 1. ab-, ausbürsten (*-i* etw) 2. schrubben (*-i* etw) 3. (*fam*) runterputzen (*-i* jdn)
fırçalanmak *vi* 1. *Passiv zu* **fırçalamak** 2. beschimpft werden
fırdolayı *adv* rings, rings(her)um

fırıldak (-ğı) s 1. Wetterhahn m, Windfahne f 2. Kreisel m 3. Füllungsklappe f
fırın s 1. Bäckerei f 2. Backofen m 3. (Küchen)herd m
fırıncı s Bäcker(in) m(f)
fırlamak vi 1. springen, aufspringen 2. auffliegen 3. vorspringen, herausragen 4. sich stürzen (-e auf/in etw) 5. (Preise) steigen, in die Höhe gehen
fırlamış adj herausragend
fırlatmak vt 1. Kausativ zu **fırlamak** 2. werfen, schleudern (-i etw/jdn)
fırsat (-tı) s Gelegenheit f, Chance f; ~ **olursa** bei Gelegenheit; ~ **vermek** Anlass geben, Gelegenheit geben; **fırsatı kaçırmak** die Gelegenheit verpassen; **fırsatı kaçırmamak** sich dat etwas nicht entgehen lassen, die Gelegenheit ergreifen, zugreifen; **fırsattan yararlanmak** die Gelegenheit wahrnehmen
fırtına s 1. Sturm m, Gewitter nt, Unwetter nt 2. heftiger Streit
fırtınalı adj stürmisch
fısıldamak vi flüstern
fısıltı s Geflüster nt
fıskiye s Springbrunnen m
fıstık (-ğı) s 1. Pistazie f 2. Erdnuss f 3. Pinienkern m; ~ **çamı** Pinie f
fışırdamak vi 1. (Papier) knistern 2. (Wasser) plätschern
fışkı s Dünger m; (Pferde-, Esel-) Mist m
fışkırmak vi 1. ausströmen 2. (heraus)sprudeln, (heraus)spritzen 3. (Pflanze) gedeihen 4. (Licht) herausdringen
fıtık (-ğı) s Leistenbruch m
fidan s (junge Pflanze) Spross m, Sprössling m
fidanlık (-ğı) s neu bepflanztes Beet nt
fidye s Lösegeld nt
figür s 1. (bei Tanz) Figur f 2. (Person) Gestalt f 3. Abbild nt
figüran s Statist(in) m(f)
fihrist (-ti) s Inhaltsverzeichnis nt
fiil s 1. Verb nt, Zeitwort nt 2. Tat f; ~ **çekimi** Konjugation f
fiilen adv praktisch, wirklich
fikir (-kri) s 1. Gedanke m, Idee f, Überlegung f 2. Meinung f 3. (Idee) Vorstellung f 4. (Auffassung) Anschauung f 5. Gedächtnis nt; ~ **adamı** Denker m; ~ **alışverişi** Meinungsaustausch m; ~ **annesi** Initiatorin f; ~ **ayrılığı** Meinungsverschiedenheit f; ~ **babası** (einer Idee) geistiger Vater m; (eines Projekts) Initiator m; ~ **edinmek** sich ein Bild machen (-in hakkında von etw/jdm); ~ **özgürlüğü** Meinungsfreiheit f; ~ **yürütmek** sich zu etwas äußern; **fikrini değiştirmek** seine Meinung ändern, es sich anders überlegen
fikri adj geistig, gedanklich; ~ **ve sınai mülkiyet** intellektuelles [o geistiges] Eigentum
fikri (-ni) s Possessivform zu **fikir** seine/ihre Meinung f
fil s 1. Elefant m 2. (Schach) Läufer m
filan pron 1. der/die Soundso 2. dies und jenes 3. und so weiter
filanca s Dingsbums m/f/nt
filatelist (-ti) s Briefmarkensammler(in) m(f)
fildişi (-ni) I. s 1. (des Elefanten) Stoßzahn m 2. Elfenbein nt 3. Zahnbein nt II. adj aus Elfenbein; **Fildişi Sahili** Elfenbeinküste f
file s (Haar-, Einkaufs-) Netz nt
fileto s Filet nt
filika s Schaluppe f; (Rettungsboot) Beiboot nt
Filipinler, Filipin Adaları (-nı) s die Philippinen pl
Filipinli s Filipino m, Filipina f
Filistin s Palästina nt
Filistinli s Palästinenser(in) m(f)
filiz s Spross m, Sprössling m, Trieb m; ~ **sürmek** sprießen
filizlenmek vi 1. Triebe ansetzen 2. sich zu entwickeln beginnen
film s Film m; ~ **çekmek** filmen; ~ **çevirmek** einen Film drehen; ~ **festivali** Filmfestival nt; ~ **kamerası** [o **makinesi**] Filmkamera f; ~ **müziği** Filmmusik f; ~ **yapımcısı** Filmemacher(in) m(f); ~ **yıldızı** Filmstar m; **filme almak** verfilmen (-i etw)
filo s Flotte f, Geschwader nt
filolog s Philologe, -login m, f
filoloji s Philologie f
filozof s Philosoph(in) m(f)
filozofi s Philosophie f
filtre s Filter m; ~ **kahve** Filterkaffee m; ~ **kağıdı** Filterpapier nt
filtrelemek vt filtern (-i etw)
filtreli adj mit Filter; ~ **sigara** Filterzigarette f
Fin I. s Finne m, Finnin f II. adj (Art) finnisch
final (-li) s Finale nt, Endkampf m; ~ **maçı** Endspiel nt
finalist (-ti) s (SPORT) Finalteilnehmer(in)

finansal *m(f)*, Finalist(in) *m(f)*
finansal *adj* finanziell, Finanz-; ~ **hizmet** Finanzdienstleistung *f*; ~ **kiralama** Leasing *nt*
finanse etmek *vt* finanzieren (*-i* etw/jdn)
finansiyel *adj* finanziell
finansman *s* Finanzierung *f*
fincan *s* Tasse *f*; ~ **tabağı** Untertasse *f*
Fince *adj* (*Sprache*) finnisch
fingirdek (**-ği**) *adj* (*fam*) kokett
fingirdemek *vi* (*fam*) kokettieren
finiş *s* Endspurt *m*
Finlandiya I. *s* Finnland *nt* II. *adj* (*Art*) finnisch
Finlandiyalı I. *s* Finne *m*, Finnin *f* II. *adj* (*Herkunft*) finnisch
firar *s* 1. (*aus dem Gefängnis*) Ausbruch *m* 2. Flucht *f*; ~ **etmek** ausbrechen, (ent)fliehen
firkete *s* Haarnadel *f*
firma *s* Firma *f*, Betrieb *m*
firuze *s* Türkis *m*
fistül *s* Fistel *f*
fiş *s* 1. Stecker *m* 2. Bon *m*, Gutschein *m* 3. Karteikarte *f* 4. Spielmarke *f* 5. Kassenzettel *m*
fişek (**-ği**) *s* 1. Patrone *f* 2. (*Feuerwerk-*) Rakete *f*; ~ **eğlenceleri** Feuerwerk *nt*; ~ **yatağı** (*an Waffe*) Magazin *nt*
fitil *s* 1. Docht *m* 2. Zündschnur *f* 3. Tampon *m* 4. Zäpfchen *nt*
fitnes kulübü (**-nü**) *s* Fitnesscenter *nt*
fitre *s* (*islamisch*) im Ramadan vorgeschriebene Almosen
fiyaka *s* (*fam*) Angeberei *f*
fiyasko *s* (*fam*) Misserfolg *m*, Pleite *f*
fiyat (**-tı**) *s* Preis *m*; ~ **etiketi** [*o* **fişi**] Preisschild *nt*; ~ **indirme** Preisnachlass *m*; ~ **listesi** Preisliste *f*, Tarif *m*; ~ **zammı** Preisaufschlag *m*
fizik (**-ği**) *s* 1. Physik *f* 2. Körperbau *m*
fizikçi *s* Physiker(in) *m(f)*
fiziki *adj* 1. physikalisch 2. (*körperlich*) physisch
fizikötesi (**-ni**) I. *s* Metaphysik *f* II. *adj* übersinnlich, metaphysisch
fiziksel *adj* 1. physikalisch 2. (*körperlich*) physisch
fizyoloji *s* Physiologie *f*
fizyonomi *s* Physiognomie *f*
flamankuşu (**-nu**) *s* Flamingo *m*
flamingo *s* Flamingo *m*
flanel I. *s* Flanell *m* II. *adj* aus Flanell
flaş *s* Blitzlicht(gerät) *nt*
floresan lamba *s* Neonröhre *f*
flört (**-tü**) *s* Flirt *m*; ~ **etmek** flirten
flüt (**-tü**) *s* Querflöte *f*
fok (**-ku**) *s* Seehund *m*, Robbe *f*
folklor *s* Folklore *f*, Volkskunde *f*
folyo *s* Folie *f*
fon *s* 1. Hintergrund *m* 2. (FIN) Fonds *m*
fondan *s* gefüllte Praline *f*
fonetik (**-ği**) I. *s* Phonetik *f* II. *adj* phonetisch; ~ **yazı** Lautschrift *f*
fonksiyon *s* Funktion *f*
font (**-tu**) *s* Schriftart *f*, Font *m*
fora *interj* hinaus!; ~ **etmek** (*Segel*) aufziehen; (*Fenster*) weit öffnen
forklift (**-ti**) *s* Gabelstapler *m*
form *s* 1. Form *f* 2. (SPORT) (gute) Form *f* 3. Formular *nt*; **formdan düşmek** aus der Übung kommen; **formunda olmak** fit sein
forma *s* 1. Format *nt* 2. Uniform *f* 3. Schulkleidung *f*
formalite *s* Formalität *f*
format (**-tı**) *s* (INFORM) Format *nt*
formül *s* 1. Formel *f* 2. Formular *nt*
formüle etmek *vt* formulieren (*-i* etw)
formüler *s* Formular *nt*, Vordruck *m*
fors *s* 1. Flagge *f* 2. (*Einfluss*) Macht *f*
forseps *s* (Geburts)zange *f*
forslu *adj* einflussreich, angesehen
forvet (**-ti**) *s* (SPORT) Stürmer *m*
fosfat (**-tı**) *s* Phosphat *nt*
fosfor *s* Phosphor *m*
fosforlu *adj* 1. phosphorhaltig 2. (*Zifferblatt*) leuchtend; ~ **kalem** (*Stift*) Marker *m*
fosil *s* Fossil *nt*
fosur fosur *adv* (*fam pej*) paffend, qualmend; ~ **sigara içmek** (*fam*) qualmen
foto *s* Foto *nt*; ~ **albümü** Fotoalbum *nt*; ~ **model** Fotomodell *nt*
fotoğraf *s* Fotografie *f*, Foto *nt*; ~ [*o* **resim**] **çekmek** fotografieren; ~ **makinesi** Fotoapparat *m*, Kamera *f*
fotoğrafçı *s* Fotograf(in) *m(f)*
fotojenik (**-ği**) *adj* fotogen
fotokopi *s* Fotokopie *f*; ~ **makinesi** Fotokopierer *m*; ~ **yapmak** fotokopieren (*-i* etw)
fotomontaj *s* Fotomontage *f*
foya *s* 1. Metallfolie *f* 2. (*fam*) falscher Schein; **foyası meydana çıkmak** entlarvt werden
föyton *s* Feuilleton *nt*
frak (**-kı**) *s* Frack *m*

fraksiyon s Fraktion f
francala s Baguette nt
frank (**-gı**) s (in der Schweiz) Franken m; (HIST) (in Frankreich) Franc m
Fransa I. s Frankreich nt II. adj (Art) französisch
Fransız I. s Franzose m, Französin f II. adj (Art) französisch
Fransızca s (Sprache) Französisch nt
frekans s Frequenz f; ~ **tahsisi** (RADIO, INFORM) Frequenzenzuweisung f
fren s Bremse f; ~ **pedalı** Bremspedal nt; ~ **tabanı** Bremsbelag m; ~ **yapmak** bremsen
frengi s Syphillis f
frenkgömleği (**-ni**) s Oberhemd nt
frenküzümü (**-nü**) s Johannisbeere f
frenlemek vt 1. bremsen (-i etw) 2. zügeln (-i etw)
fresk (**-ki**) s Fresko nt
frijider s Kühlschrank m
frikik (**-ki**) s Freistoß m
fuar s Ausstellung f, Messe f; ~ **alanı** Messegelände nt
fuaye s Foyer nt
fuhuş s Prostitution f
fukara I. s pl die Armen II. adj arm, mittellos
fukaralık (**-ğı**) s Armut f
fulya s Narzisse f
funda s Heidekraut nt
fundalık (**-ğı**) s 1. Gebüsch nt, Gestrüpp nt 2. Heide f
fundamentalist (**-ti**) s Fundamentalist(in) m(f)
fundamentalizm s Fundamentalismus m
furş s Fahrradgabel f
furya s (fam) Wahn m; **seks furyası** Sexwahn m
futbol s 1. Fußball m 2. Fußballspiel nt; ~ **maçı** Fußballspiel nt; ~ **oynamak** Fußball spielen; ~ **sahası** Fußballplatz m; ~ **takımı** Fußballmannschaft f; ~ **topu** Fußball m
futbolcu s Fußballspieler(in) m(f)
füme adj geräuchert; ~ **et** Rauchfleisch nt
füze s Rakete f

G

G, g s achter Buchstabe des türk. Alphabets
gaddar adj 1. grausam, erbarmungslos 2. unmenschlich
gaddarlık (**-ğı**) s Grausamkeit f
gaf s Missgriff m; ~ **yapmak** ins Fettnäpfchen treten
gafil adj unachtsam; ~ **avlamak** überrumpeln (-i jdn)
gaga s Schnabel m
gagalamak vt (auf)picken (-i etw)
Gal s Wales nt
gala s 1. Bankett nt 2. Galavorstellung f 3. Premiere f
galaksi s Galaxie f
galeri s 1. (THEAT) Galerie f 2. (MIN) Stollen m 3. Gemäldegalerie f
galiba adv vermutlich, wahrscheinlich
galip (**-bi**) I. s Sieger(in) m(f) II. adj 1. siegreich 2. überlegen
gam s 1. Tonleiter m 2. Oktav(e) f
gam (**-mmı**) s Kummer m, Sorge f
gamlı haç (**-çı**) s Hakenkreuz nt
gammaz s (fam) Petzer(in) m(f)
gammazlamak vt (fam) verpetzen (-i -e jdn bei jdm)
gamlı adj betrübt
gamze s 1. Zuzwinkern nt 2. (in der Wange) Grübchen nt
gamsız adj sorglos
gangster s Gangster m
ganimet (**-ti**) s 1. (Kriegs)beute f 2. Gottesgeschenk nt
gar s Bahnhof m
garaj s 1. Garage f 2. Busbahnhof m

> In jeder türkischen Stadt gibt es ein **garaj**, einen Busbahnhof, wo man bei mehreren Busgesellschaften Fahrten in jede Himmelsrichtung buchen kann. Da das türkische Eisenbahnnetz aus nur sehr wenigen Strecken besteht, hat der Busbahnhof in der Türkei dieselbe Bedeutung wie bei uns der Bahnhof.

garanti I. s Garantie f, Gewähr f II. adv garantiert; ~ **etmek** verbürgen, garantieren (-i etw)
garantilemek vt garantieren (-i etw)
gardırop (**-bu**) s Garderobe f

gardiyan s (im Gefängnis) Aufseher(in) m(f), Wärter(in) m(f)
gargara s 1. Gurgeln nt 2. Mundwasser nt; ~ **etmek** gurgeln
gargara (ilacı) s Gurgelwasser nt
garip (-bi) adj 1. seltsam, sonderbar, merkwürdig 2. fremd 3. arm, bedauernswert
gariplik (-ği) s 1. Merkwürdigkeit f 2. Einsamkeit f, Verlassenheit f 3. bedauernswerter Zustand
gark (-kı) s Versinken nt; ~ **etmek** versenken; (fam) überhäufen, überschütten (-i -e jdn mit etw)
garnitür s 1. Beilage f 2. Garnierung f 3. Garnitur f
garnizon s 1. Garnison f 2. (MIL) Standort m
Garp (-bı) s Abendland nt
garson s Kellner m; ~! Herr Ober!
garsoniye s Bedienungsgeld nt
gavur I. s (pej: Nichtmoslem) Ungläubige(r) mf II. adj 1. (pej) ungläubig 2. unbarmherzig, erbarmungslos
gay (-yi) s Schwuler m, Homosexueller m
gaye s Ziel nt, Zweck m
gayret (-ti) s 1. (Wett)eifer m 2. Fleiß m 3. Anstrengung f, Mühe f; ~ **etmek** (sich anstrengen) sich bemühen
gayretli adj fleißig, strebsam
gayri adj: ~ **menkul** unbewegliches Gut; ~ **meşru** (Kind) unehelich; (allgemein) illegal; ~ **safi** brutto; ~ **safi hasılat** Bruttoeinkommen nt; ~ **safi milli hasıla** Bruttosozialprodukt nt
gaz s 1. Gas nt 2. Blähung f 3. Petroleum nt; ~ **bezi** Mullbinde f; ~ **hartucu** Gaskartusche f; ~ **maskesi** Gasmaske f; ~ **ocağı** Gaskocher m; ~ **pedalı** Gaspedal nt; ~ **sobası** Gasofen m; ~ **şişesi** Gasflasche f; **gaza basmak** Gas geben
gazap (-bı) s Zorn m
gazete s Zeitung f; ~ **bayii** Zeitungskiosk m; ~ **ilanı** Annonce f; ~ **satıcısı** Zeitungsverkäufer(in) m(f); ~ **yazarı** Redakteur(in) einer Zeitung
gazeteci s 1. Journalist(in) m(f) 2. Zeitungsverkäufer(in) m(f) 3. Inhaber(in) eines Zeitungsverlags
gazetecilik (-ği) s 1. Journalismus m 2. Publizistik f 3. Zeitungswesen nt
gazi s 1. Kriegsveteran m 2. Glaubenskämpfer m 3. Ehrentitel für Feldherren
Gaziantep s Stadt im östlichen Taurusvorland
gazino s großes vornehmes Restaurant (mit Musikprogramm)
gazlı adj Gas enthaltend; ~ **bez** Gaze f, Verbandsmull m
gazoz s (Brause)limonade f
gazyağı (-nı) s Petroleum nt; ~ **lambası** Petroleumlampe f
Gazze Şeridi (-ni) s Gazastreifen m
gebe adj 1. schwanger 2. (Tier) trächtig; ~ **kalma** Empfängnis f; ~ **kalmak** schwanger werden
gebelik (-ği) s Schwangerschaft f; **gebeliği önleyici araç** (Empfängnis)verhütungsmittel nt; **gebeliği önleyici hap** Antibabypille f
gebermek vi (vulg) verrecken, krepieren
gebre s Kaper f
gece I. s Nacht f II. adv 1. bei Nacht, in der Nacht 2. über Nacht III. adj nächtlich; **bu** ~ heute Nacht; ~ **bekçisi** Nachtwächter m; ~ **elbisesi** Abendkleid nt; ~ **gündüz** Tag und Nacht; ~ **hayatı** Nachtleben nt; ~ **hemşiresi** Nachtschwester f; ~ **işi** Nachtarbeit f, Nachtschicht f; ~ **kulübü** Nachtlokal nt, Bar f; ~ **oluyor** es wird Nacht; ~ **yarısı** Mitternacht f, um Mitternacht; **geceleri** nachts, jede Nacht
gecekondu s über Nacht gebautes Haus (ohne behördliche Genehmigung); ~ **mahallesi** [o **semti**] Elendsviertel nt, Barackensiedlung f

Siedlungen von illegal erbauten Häusern an der Peripherie türkischer Großstädte werden **gecekondu** genannt, was wörtlich 'über Nacht erbaut' bedeutet. Der Grund für diese Bezeichnung ist eine alte Regel, nach der ein über Nacht erbautes Haus nicht abgerissen werden darf. Daher werden auch heute noch solche illegalen Siedlungen armer landflüchtiger Bürger von den Behörden geduldet und oftmals, wenn die Siedlung sich ökonomisch gefestigt hat, nachträglich legalisiert und an die kommunale Wasser- und Stromversorgung angebunden. Das Leben in den meisten Gecekondus richtet sich nach ländlichen Traditionen.

geceleme s 1. Verbalsubstantiv zu **gecelemek** 2. Übernachtung f
gecelemek vi übernachten
geceleyin adv bei Nacht, in der Nacht, nachts

gecelik (-ği) I. s Nachthemd nt II. adj 1. für die Nacht, Nacht- 2. (mit Zahlangabe für ... Nacht/Nächte)

gecikme s 1. Verbalsubstantiv zu **gecikmek** 2. Verspätung f 3. Verzögerung f

gecikmek vi 1. sich verspäten 2. sich verzögern 3. im Rückstand sein

geciktirmek vt 1. Kausativ zu **gecikmek** 2. verzögern (-i etw) 3. verschieben (-i -e etw auf etw) 4. auf sich warten lassen (-i mit etw)

geç I. adj spät II. adv spät, zu spät; ~ **kalmak** sich verspäten; ~ **oluyor** es wird spät

geçe präp (Uhrzeit) nach; **beşi on** ~ zehn nach fünf

geçen adj (vorig) letzte(r, s); ~ **defa** das letzte Mal; ~ **gün** neulich; ~ **hafta** letzte Woche; ~ **yıl** [o **sene**] voriges Jahr

geçenlerde adv neulich, unlängst, vor kurzem

geçenek (-ği) s Flur m, Gang m, Korridor m

geçer adj 1. gültig 2. gängig, gebräuchlich

geçerli adj gültig

geçer(li)lik (-ği) s Gültigkeit f

geçersiz adj ungültig

geçgeçlemek vi (beim Fernsehen) zappen

geçici adj 1. vorübergehend 2. vergänglich 3. vorläufig 4. provisorisch 5. (Krankheit) ansteckend; ~ **müşteriler** Laufkundschaft f

geçim s 1. (Lebens)unterhalt m 2. (harmonisches) Zusammenleben nt 3. Auskommen nt; ~ **masrafları** Lebenshaltungskosten pl

geçimli adj umgänglich, verträglich

geçimsiz adj unverträglich, nicht umgänglich

geçimsizlik (-ği) s Streit m

geçindirmek vt 1. Kausativ zu **geçinmek** 2. für jds Lebensunterhalt sorgen, ernähren (-i jdn)

geçinmek vi 1. sich ernähren, leben (ile von etw) 2. gut auskommen (ile mit jdm) 3. sich aufspielen (als ...)

geçirmek vt 1. Kausativ zu **geçmek** 2. durchlassen, passieren lassen (-i jdn/etw) 3. (Krise) durchmachen (-i etw) 4. erleben, erfahren (-i etw) 5. (Zeit) verbringen (-i etw) 6. (einen Abreisenden) begleiten (-i jdn) 7. (Garn) einfädeln (-i etw) 8. (Scheibe) einsetzen (-i -e etw in etw) 9. (Auto über Fluss/ Brücke) übersetzen (-i -den etw über etw) 10. (Schmerzen) stillen (-i etw) 11. (Termin) verstreichen lassen (-i etw) 12. (Schüler) versetzen (-i jdn) 13. (in eine Liste) eintragen (-i -e etw/jdn in etw) 14. (Krankheit auf jdn) übertragen (-i -e etw auf jdn)

geçiş s 1. Durchreise f 2. (fig) Übergang m; ~ **devresi** Übergangszeit f; ~ **hakkı** Vorfahrt f, Vorfahrtsrecht nt; ~ **hakkı işareti** Vorfahrtzeichen nt; ~ **vizesi** Durchreisevisum nt

geçişsiz adj (Verb) intransitiv

geçişli adj (Verb) transitiv

geçit (-di) s 1. (Orts-) Durchfahrt m 2. (Gebirgs-) Pass m 3. (Durchgang) Passage f 4. (Bahn)übergang m 5. Fahrwasser nt 6. Furt f; ~ **töreni** Militärparade f

geçkin adj 1. (Obst) überreif 2. eine bestimmte Altersgrenze überschritten habend; **elliyi** ~ **bir adam** ein Mann über Fünfzig

geçmek (-er) I. vi 1. (Handlung) sich abspielen, verlaufen 2. (Zeit) vergehen 3. (Schmerz) aufhören 4. (Wolken, Gewitter) sich verziehen 5. gültig sein, gelten 6. (Geld) im Umlauf sein 7. (Schüler) versetzt werden 8. (Name, Wort) erwähnt werden 9. vorbeigehen, vorbeifahren (-den an etw) 10. (passieren) gehen, fahren (-den über/durch etw) 11. hindurchgehen (-den durch etw) 12. (Fluss durch ein Gebiet) fließen (-den durch etw) 13. (Examen) bestehen (-den etw) 14. verzichten (-den auf etw) 15. (Krankheit) übertragen werden (-den -e von jdm auf jdn) 16. (zu einem Thema) übergehen (-e zu etw) 17. (Feuer) übergreifen (-e auf etw) 18. (sich setzen) Platz nehmen (-e auf etw) 19. (Wasser, Geruch) eindringen (-e in etw) 20. (Staatsangehörigkeit) annehmen (-e etw) 21. vererbt werden (-e an jdn) II. vt 1. übertreffen (-i jdn/etw), überflügeln (-i jdn) 2. (Auto) überholen (-i etw) 3. (Zahl) überschreiten (-i etw) 4. (Thema) fallen lassen (-i etw) 5. (Person) ausschließen (-i jdn); **geçip gitmek** vorbeifahren, vorbeigehen; (Zeit) vergehen

geçmiş I. adj frühere(r, s), vergangen II. s Vergangenheit f; ~ **olsun!** gute Besserung!; ~ **zaman** (GRAM) Vergangenheitsform f

geğirmek vi aufstoßen

Geiger sayacı (-sı) s Geigerzähler m

gelecek (-ği) I. s Zukunft f II. adj 1. zukünftig 2. nächste(r, s); ~ **program** Vorschau f; ~ **yıl** [o **sene**] nächstes Jahr; ~ **zaman** Futur nt, Zukunft f; **gelecekte** in Zukunft

gelenek (-ği) s Tradition f, Überlieferung f

gelenekçi I. adj traditionalistisch II. s Tradi-

tionalist(in) *m(f)*
geleneksel *adj* traditionell, überliefert
gelgit (**-ti**) *s* 1. Gezeiten *fpl* 2. Hin- und Herlauferei *nt*, Hin- und Her *nt*
Gelibolu *s* Stadt an den Dardanellen
gelin *s* 1. (*am Hochzeitstag*) Braut *f* 2. Schwiegertochter *f*; ~ **güvey** Brautleute *pl*, Brautpaar *nt*; ~ **yatağı** Ehebett *nt*
gelincik (**-ği**) *s* 1. (Klatsch)mohn *m* 2. Wiesel *nt*
gelinlik (**-ği**) *s* Brautkleid *nt*
gelir *s* Einkommen *nt*, Einkünfte *pl*; ~ **dağılımı** Einkommensverteilung *f*; ~ **düzeyi** Einkommensniveau *nt*; ~ **kaynağı** Einnahmequelle *f*; ~ **vergisi** Einkommensteuer *f*
gelişigüzel I. *adv* aufs Geratewohl, auf gut Glück II. *adj* 1. irgendein 2. wahllos, ziellos
gelişim *s* Entwicklung *f*
gelişme *s* 1. *Verbalsubstantiv zu* **gelişmek** 2. Entwicklung *f*, Gang *m*, Verlauf *m* 3. Wachstum *nt*; ~ **oranı** Wachstumsrate *f*
gelişmek *vi* 1. gedeihen, (heran)wachsen 2. sich entwickeln
geliştirici *s* (INFORM) Entwickler(in) *m(f)*
geliştirmek *vt* 1. *Kausativ zu* **gelişmek** 2. entwickeln (*-i* etw) 3. ausbauen (*-i* etw)
gelmek (**-ir**) *vi* 1. kommen (*-den* *-e* von/aus etw zu/nach/in etw) 2. (*ankommen*) eintreffen (*-e* in etw/bei jdm) 3. (*jdm vorkommen*) erscheinen (*-e* jdm) 4. (*Zeitpunkt*) eintreten (*-e* bis zu etw) 5. reichen (*-e* bis zu etw) 6. kosten (*bin liraya* tausend Lira) 7. (*Wasser*) herausfließen, herauskommen (*-den* aus etw) 8. aushalten können (*-e* etw) 9. (*als Gewinn*) zufließen (*-e* jdm) 10. entstehen (*-den* aus etw) 11. (ab)stammen (*-den* von jdm) 12. sich ableiten (*-den* von etw)
gem *s* 1. Zaum *m* 2. Zungenbändchen *nt*; ~ **vurmak** (*dem Pferd*) die Kandare anlegen; (*fig*) zügeln (*-e* jdn); **gemi azıya almak** (*Pferd*) durchgehen; (*Person*) durchdrehen
gemi *s* Schiff *nt*; ~ **ehliyeti** Bootsführerschein *m*; ~ **enkazı** Wrack *nt*; ~ **kılavuzu** Lotse *m*; ~ **pervanesi** Schiffsschraube *f*; ~ **trafiği** Schiffsverkehr *m*; **gemide** an Bord
gemici *s* Seemann *m*
gemicilik (**-ği**) *s* Schifffahrt *f*
gemlemek *vt* bändigen, zähmen (*-i* jdn)
gen *s* Gen *nt*; ~ **tedavisi** [*o* **terapisi**] Gentherapie *f*; ~ **teknolojisi** Gentechnologie *f*; **genleri değiştirilmiş** (**olan**) genmanipuliert
genç (**-ci**) I. *adj* jung, jugendlich II. *s* Jugendliche(r) *mf*; ~ **adam** junger Mann; ~ **hanım** [*o* **bayan**] junge Frau; ~ **kız** junges Mädchen
gençleşmek *vi* wieder jung werden
gençleştirmek *vt* 1. *Kausativ zu* **gençleşmek** 2. verjüngen, erneuern (*-i* jdn/etw)
gençlik (**-ği**) *s* Jugend *f*; ~ **yurdu** Jugendhaus *nt*, Jugendheim *nt*
gene *adv* wieder(um); ~ **de** dennoch, trotzdem; ~ **mi?** schon wieder?
genel *adj* 1. allgemein, generell 2. öffentlich; ~ **bakış** Gesamtübersicht *f*; ~ **grev** Generalstreik *m*; ~ **görünüş** [*o* **manzara**] Panorama *nt*; ~ **izlenim** Gesamteindruck *m*; ~ **karargah** Hauptquartier *nt*; ~ **kurul** Generalversammlung *f*; ~ **kurul toplantısı** Vollversammlung *f*; ~ **kültür** Allgemeinbildung *f*; ~ **müdür** Geschäftsleiter(in) *m(f)*; ~ **olarak** im Allgemeinen; ~ **sekreter** Generalsekretär(in) *m(f)*
genelev *s* Bordell *nt*
genelge *s* Erlass *m*, Rundschreiben *nt*
genelkurmay *s* großer Generalstab
genelleşmek *vi* allgemein üblich werden
genelleştirmek *vt* 1. *Kausativ zu* **genelleşmek** 2. allgemein üblich werden lassen (*-i* etw) 3. verallgemeinern (*-i* etw)
genellik (**-ği**) *s* 1. (*Gesamtheit*) Allgemeinheit *f* 2. Öffentlichkeit *f*, Publizität *f*; **genellikle** im Allgemeinen, in der Regel, gewöhnlich
general (**-li**) *s* General *m*
generasyon *s* Generation *f*
genetik (**-ği**) I. *s* Genetik *f* II. *adj* genetisch; ~ **mühendis(i)** Gentechniker(in) *m(f)*; ~ **mühendislik** Gentechnologie *f*
geniş *adj* 1. breit, ausgedehnt 2. geräumig, groß 3. umfangreich, umfassend 4. (*Kleid, Anzug*) weit 5. reichlich 6. (*Winkel*) stumpf 7. (*Mensch*) unbekümmert; ~ **açılı** objektif Weitwinkelobjektiv *nt*; ~ **alan ağı** (INET: *Wide Area Network*) WAN *nt*; ~ **hatlı** breitspurig; ~ **şeritli** großspurig; ~ **zaman** Aorist *m*
genişleme *s* Expansion *f*
genişlemek *vi* 1. sich weiten 2. breiter werden 3. sich erweitern 4. sich ausdehnen
genişletmek *vt* 1. *Kausativ zu* **genişlemek** 2. verbreitern (*-i* etw) 3. erweitern (*-i* etw) 4. ausdehnen (*-i* etw) 5. ausbauen (*-i* etw)
genişlik (**-ği**) *s* 1. Breite *f* 2. Umfang *m* 3. Sorglosigkeit *f*

geniz (-nzi) s Nasenhöhle f; **genzine kaçırmak** sich verschlucken
genleşme s Dehnung f
geometri s Geometrie f
geometrik (-ği) adj geometrisch
gepar s Gepard m
gerçek (-ği) I. s 1. Wirklichkeit f, Realität f 2. Wahrheit f 3. Tatsache f II. adj 1. echt, richtig 2. wirklich, tatsächlich 3. wahr; ~ dışı realitätsfern, unrealistisch, irreal; ~ dışılık Irrealität f; ~ **zaman** (INET) Echtzeit f; **gerçeği söylemek gerekirse** um die Wahrheit zu sagen
gerçekçi I. s Realist(in) m(f) II. adj realistisch
gerçekçilik (-ği) s Realismus m
gerçekleşmek vi 1. sich verwirklichen, wahr werden 2. (Wunsch) sich erfüllen, in Erfüllung gehen 3. sich bewahrheiten
gerçekleştirmek vt 1. Kausativ zu **gerçekleşmek** 2. realisieren, verwirklichen, wahr machen (-i etw) 3. (Wunsch) erfüllen (-i etw)
gerçeklik (-ği) s 1. Wirklichkeit f 2. Echtheit f 3. Richtigkeit f 4. Tatsache f
gerçekten adv tatsächlich, wirklich
gerçi adv zwar
gerdan s 1. vordere Kehlpartie f 2. Doppelkinn nt
gerdanlık (-ğı) s (Schmuck) Halsband nt
gerdek (-ği) s Brautgemach nt
gereç (-ci) s 1. Material nt 2. Zubehör nt
gereğince I. präp gemäß, zufolge (... dat) II. adv gegebenenfalls, je nachdem
gerek (-ği) I. s Notwendigkeit f II. adj nötig, notwendig, erforderlich; ~ ... ~ sowohl ... als auch, ob ... oder; **gereği gibi** gebührend
gerekçe s 1. Begründung f 2. Beweggrund m, Motiv nt
gerekçesiyle konj mit der Begründung (-diği dass)
gerekli adj erforderlich, notwendig
gerek(li)lik (-ği) s Notwendigkeit f
gerekmek vi notwendig sein; **gitmem gerekiyor** ich muss fort; **gerekirse** notfalls, unter Umständen; **gerektiği takdirde** bei Bedarf
gereksemek vt nötig haben, brauchen (-i etw)
gereksinim s Bedürfnis nt (-e nach etw), Bedarf m (-e an etw)
gereksinmek vt brauchen (-i etw)

gereksiz adj unnötig; ~ **olarak** unnötigerweise
gerektirmek vi 1. Kausativ zu **gerekmek** 2. erfordern (-i etw)
gergedan s Nashorn nt
gergin adj (auch fig) gespannt; ~ **hava** [o **durum**] gespannte Atmosphäre
gerginleşmek vi 1. sich spannen 2. (Lage) ernst werden, sich zuspitzen
gerginlik (-ği) s Spannung f, gespannte Lage f
geri I. adv zurück II. s 1. rückwärtiger Raum 2. Ende nt 3. Hinterteil nt 4. Rest m 5. Fortsetzung f III. adj 1. unmodern, rückständig 2. (auch fig) zurückgeblieben 3. (Uhr) nachgehend; ~ **almak** (Wort, Klage) zurücknehmen; (Antrag) zurückziehen; (Bestimmung) widerrufen; (Uhr) zurückstellen (-i etw); ~ **çekilin, lütfen!** bitte zurücktreten!; ~ **çekilmek** zurücktreten, sich zurückziehen; ~ **çekmek** zurückziehen (-i etw); ~ **çevirmek** (ablehnen) zurückweisen; (Person) zurückschicken (-i jdn); ~ **dönmek** zurückkommen, zurückkehren; ~ **eğim işareti** (INFORM) Backslash m; ~ **getirmek** zurückbringen (-i etw); ~ **gitmek** zurückgehen; ~ **göndermek** zurückschicken (-i etw); ~ **götürmek** zurückbringen (-i etw); ~ **kafalı** (fortschrittsfeindlich) rückständig; ~ **kalmak** (auch fig) zurückbleiben; (Uhr) nachgehen; ~ **kalmış** zurückgeblieben; (Land) unterentwickelt; ~ **kalmışlık** Zurückgebliebenheit f; ~ **kazanım** Wiederaufarbeitung f; ~ **vermek** zurückgeben (-e -i jdm etw); ~ **vites** Rückwärtsgang m; ~ **zekalı** schwachsinnig, Schwachkopf m
gerici I. adj fortschrittsfeindlich, reaktionär II. s Reaktionär(in) m(f)
gericilik (-ği) s Fortschrittsfeindlichkeit
geride adv hinten; ~ **bırakmak** (räumlich) hinter sich lassen; (fig) übertreffen (-i jdn/etw); ~ **kalanlar** Hinterbliebene pl
geriden adv von hinten
geriye adv rückwärts; ~ **almak** (Uhr) zurückstellen; ~ **bırakmak** zurückklassen; (aufschieben) verschieben (-i etw); ~ **sayma** Countdown m; **gerisin geriye** schnurstracks zurück
gerileme s 1. Verbalsubstantiv zu **gerilemek** 2. Niedergang m 3. Rückschritt m 4. Rückgang m
gerilemek vi 1. zurücktreten, zurückwei-

gerilik

chen **2.**(*in der Entwicklung*) zurückgehen
gerilik (-ği) *s* Rückständigkeit *f*
gerilim *s* (*auch fig*) Spannung *f*; ~ **dolu** spannungsreich, spannungsgeladen; ~ **filmi** (*Film*) Thriller *m*, Reißer *m;* ~ **romanı** (*Buch*) Thriller *m*, Reißer *m*
gerilla(cı) *s* Guerillakämpfer(in) *m(f)*, Partisan(in) *m(f)*
gerilmek *vi* **1.** *Passiv zu* **germek 2.** sich spannen
gerinmek *vi* (*beim Aufwachen*) sich recken, sich strecken
germek (-er) *vt* **1.** dehnen (*-i* etw) **2.** straffen, spannen (*-i* etw) **3.** (aus)strecken (*-i* etw)
getirmek *vt* **1.** bringen (*-e -i* jdm etw) **2.** (*Gewinn*) einbringen (*-i* etw) **3.** (*Beispiel*) anführen (*-i* etw); **nihayet yazı getirdik** jetzt haben wir endlich Sommer
getirtmek *vt* **1.** *Kausativ zu* **getirmek 2.** holen lassen, kommen lassen (*-i* etw/jdn) **3.** (*Waren*) beziehen (*-i -den* etw aus etw)
getto *s* Ghetto *nt*
gevelemek *vt* **1.** wiederkäuen **2.** (*fig*) um den heißen Brei herumreden
geveze **I.** *adj* (*fam*) geschwätzig **II.** *s* Schwätzer(in) *m(f)*
gevezelik (-ği) *s* (*fam*) Gerede *nt*, Geschwätz *nt;* ~ **etmek** schwatzen, schwätzen, ausplaudern
geviş getirmek *vi* wiederkäuen
gevişgetirenler *s pl* Wiederkäuer *mpl*
gevrek (-ği) *adj* **1.** knusprig **2.** leicht zerbröckelnd **3.** (*Metall*) spröde
gevşek (-ği) *adj* **1.** (*schlaff*) locker **2.** (*schwerfällig*) träge; ~ **kontak** Wackelkontakt *m*
gevşemek *vi* **1.** sich lockern **2.** (TECH) nachgeben **3.** träge werden
gevşetmek *vt* **1.** *Kausativ zu* **gevşemek 2.** lockern (*-i* etw) **3.** (*Schraube*) aufdrehen (*-i* etw) **4.** (*Muskeln*) entspannen (*-i* etw)
geyik (-ği) *s* Hirsch *m;* ~ **boynuzu** Geweih *nt*
gezdirmek *vt* **1.** *Kausativ zu* **gezmek 2.** (*Fremde*) herumführen (*birine şehri* jdn in der Stadt) **3.** (*Hand*) gleiten lassen (*-i -de* etw über etw) **4.** (*Blicke*) wandern lassen (*-i -de* etw über etw) **5.** (*Öl auf Salat*) tropfen lassen (*-i -e* etw auf etw)
gezegen *s* Planet *m*
gezgin **I.** *adj* **1.** ambulant **2.** umherziehend **3.** weitgereist **II.** *s* (INET) Browser *m*

gidiş

gezi *s* **1.** Ausflug *m* **2.** Spaziergang *m* **3.** (Rund)reise *f* **4.** Promenade *f*
gezici *adj* **1.** mobil **2.** umherziehend
gezinmek *vi* **1.** *Reflexiv zu* **gezmek 2.** spazieren gehen **3.** hin und hergehen; **internette** ~ im Internet surfen
gezinti *s* **1.** Spaziergang *m*, Bummel *m* **2.** Wanderung *f;* ~ **yeri** Promenade *f;* ~ **yapmak** eine Wanderung machen; (*schlendern*) bummeln
gezmek (-er) *vi, vt* **1.** herumgehen, herumlaufen **2.** spazieren gehen **3.** (*Stadt*) besichtigen (*-i* etw) **4.** (*Land*) bereisen (*-i* etw) **5.** (*pej*) sich herumtreiben; **internette** ~ im Internet surfen
gıcık (-ğı) *s* Hustenreiz *m*
gıcır gıcır *adj* **1.** (*fam*) funkelnagelneu **2.** knirschend **3.** (*Fußboden*) spiegelblank
gıcırdamak *vi* **1.** (*Zähne*) knirschen **2.** (*Holz*) knarren **3.** (*Tür*) quietschen **4.** (*Fußboden*) spiegelblank sein
gıda *s* Nahrung *f*, Nahrungsmittel *nt;* ~ **zehirlenmesi** Lebensmittelvergiftung *f*
gıdaklamak *vi* (*Huhn*) gackern
gıdalı *adj* nahrhaft
gıdasız *adj* **1.** vitaminarm **2.** unterernährt
gıdasızlık (-ğı) *s* Unterernährung *f*
gıdıklamak *vt* kitzeln (*ayağını* jdn am Fuß)
gıdıklanmak *vi* **1.** *Passiv zu* **gıdıklamak 2.** kitzlig sein
gına *s* **1.** Verdrossenheit *f* **2.** Überdruss *m;* **birine** ~ **getirmek** jdm auf den Wecker gehen
gıpta *s* **1.** Neid *m* **2.** Nacheifern *nt;* ~ **etmek** beneiden, nacheifern (*-e* jdn)
gırtlak (-ğı) *s* **1.** Kehlkopf *m* **2.** Kehle *f;* ~ **kanseri** Kehlkopfkrebs *m;* **gırtlağa kadar borç içinde olmak** bis über beide Ohren verschuldet sein
gıyaben *adv* **1.** in Abwesenheit **2.** dem Namen nach **3.** unbekannterweise
gibi **I.** *präp* wie **II.** *konj* **1.** wie **2.** sowie, sobald **3.** als ob; ~ **yapmak** so tun als ob
gider *s* **1.** (Un)kosten *pl* **2.** Spesen *pl*
gidermek *vt* **1.** (*Schaden*) beheben (*-i* etw) **2.** (*Durst*) löschen (*-i* etw) **3.** (*Bedenken*) zerstreuen (*-i* etw) **4.** (*Hunger*) stillen (*-i* etw)
gidiş *s* **1.** Abreise *f* **2.** (*Verlauf*) Entwicklung *f* **3.** Hinfahrt *f*, Hinreise *f* **4.** Gangart *f;* ~ **dönüş** hin und zurück; ~ (**yolu**) Hinweg *m;* ~ **yönü** Fahrtrichtung *f*

gidişat (**-tı**) s 1. Verlauf m 2. Zustand m, Situation f
gidon s (*des Fahrrads*) Lenkstange f
gigabayt (**-ti**) s Gigabyte nt
girdap (**-bı**) s Strudel m, Wasserwirbel m
girdi s (INFORM) Input m, Eingabe f
girgin adj kontaktfreudig
girinti s Einbuchtung f
giriş s 1. Einfahrt f 2. (*Ort*) Eingang m 3. Zutritt m, Eintritt m 4. Einreise f 5. (INFORM) Zugang m 6. (*Buch*) Einführung f; ~ **bedava!** Eintritt frei!; ~ **bileti** Eintrittskarte f; ~ **izni** Einreisegenehmigung f; (INFORM) Zugangserlaubnis f; ~ **kapısı** Eingangstür f; ~ **sınavı** Aufnahmeprüfung f; ~ **ücreti** Eintrittspreis m; ~ **vizesi** Einreisevisum nt
girişim s 1. Initiative f 2. (*Versuch*) Unternehmen nt 3. Inferenz f
girişimci I. adj unternehmungslustig II. s Unternehmer(in) m(f)
girişimcilik (**-ği**) s Unternehmertum nt
girişken adj 1. unternehmungslustig 2. tatkräftig
girişkenlik (**-ği**) s 1. Unternehmungslust f 2. Tatkraft f
girişmek vt 1. (*in Angriff nehmen*) unternehmen (-e etw) 2. (*Kampf, Verbindung*) aufnehmen (-e etw) 3. sich beteiligen (-e an etw)
Girit Adası (**-nı**) s Kreta nt
girme s 1. Verbalsubstantiv zu **girmek** 2. (INFORM: *Daten-*) Eingabe f
girmek (**-er**) I. vi 1. hineingehen (-e in etw) 2. hereinkommen, eintreten (-e in etw) 3. (*Schiff*) einlaufen (-e in etw) 4. (*in Partei, Verein*) eintreten (-e in etw) 5. (*in Land*) einreisen (-e in etw) 6. (*Dieb*) einbrechen (-e in etw) 7. hineinpassen (-e in etw) 8. (*zu einer Gruppe*) sich anschließen (-e jdm/einer Sache) II. vt (INFORM: *Daten*) eingeben (-i etw); ~ **yasaktır!** Betreten verboten! Eintritt verboten!
gişe s (*Bahn-, Bank-*) Schalter m
gitar s Gitarre f
gitgide adv (*fam*) allmählich, mit der Zeit
gitmek (**-der**) vt 1. gehen (-den -e aus etw nach etw/zu jdm) 2. fahren (-den -e aus etw nach etw/zu jdm) 3. (*mit dem Flugzeug*) fliegen (-e nach etw) 4. weggehen (-den aus etw/von jdm) 5. abfahren, abreisen 6. (*eine Strecke*) zurücklegen 7. (*Geld, Lebensmittel*) verbraucht werden 8. (*Kleidung, Lebensmittel*) halten 9. (*Nachricht, Brief*) abgehen 10. (*Geschäft*) gehen 11. (*Angelegenheit*) sich entwickeln 12. (*Kleid*) stehen 13. (*Weg*) führen nach (-e nach etw)
gittikçe adv allmählich, mit der Zeit
giydirmek vt 1. Kausativ zu **giymek** 2. ankleiden (-i jdn) 3. einkleiden (-i jdn)
giyecek (**-ği**) s Bekleidung f
giyim s Kleidung f, Bekleidung f; ~ (**kuşam**) Kleider pl, Sonntagskleider pl
giyimevi (**-ni**) s Bekleidungsgeschäft nt
giyinik (**-ği**) adj angezogen
giyinmek vr 1. Reflexiv zu **giymek** 2. sich anziehen
giymek (**-er**) vt 1. (*Kleidung*) anziehen (-i etw) 2. (*Hut*) aufsetzen (-i etw)
giysi s Kleidung f
gizem s 1. Geheimnis nt 2. Mysterium nt
gizemci s (REL) Mystiker(in) m(f)
gizemcilik (**-ği**) s (REL) Mystik f
gizemli adj 1. geheimnisvoll 2. mysteriös
gizlemek vt 1. verstecken (-i -den etw/jdn vor jdm) 2. tarnen (-i etw) 3. verheimlichen, geheim halten (-i -den etw vor jdm)
gizlenmek vr 1. Passiv zu **gizlemek** 2. sich verstecken
gizli adj 1. geheim, heimlich 2. verborgen 3. versteckt 4. (*vertraulich*) diskret 5. geheimnisvoll; ~ **çekmece** Geheimfach nt; ~ **numara** Geheimzahl f; ~ **örgüt** Untergrund m, Untergrundorganisation f; ~ **tutmak** geheim halten (-i etw)
gizlice adv 1. heimlich, insgeheim 2. unbemerkt, unerkannt
gizlilik (**-ği**) s 1. Heimlichkeit f 2. (*Mitteilung*) Vertraulichkeit f
glayöl s Gladiole f
glikoz s Traubenzucker m
global adj global; ~ **ısınma** globale Erwärmung f
globalleşme s Globalisierung f
goblen s Gobelin m
gofret (**-ti**) s Waffel f
gol (**-lü**) s (*Fußball*) Tor nt; ~ **atmak** ein Tor schießen
golf s Golf nt; ~ **değneği** Golfschläger m; ~ **sahası** Golfplatz m; ~ **turnuvası** Golfturnier nt
golfcu s Golfspieler(in) m(f)
golsüz adj (SPORT) torlos
gonca s Knospe f
gondol (**-lü**) s Gondel f

gonk (**-gu**) *s* Gong *m*
goril *s* Gorilla *m*
Gotik (**-ği**) **I.** *adj* gotisch **II.** *s* Gotik *f*
göbek (**-ği**) *s* **1.** (*auch fig*) Nabel *m* **2.** (dicker) Bauch *m* **3.** (*bei Salatköpfen*) Herz *nt* **4.** Generation *f* **5.** rundes Blumenbeet; ~ **atmak** einen Bauchtanz vorführen; (*fam*) vor Freude ganz außer sich sein; ~ **kordonu** Nabelschnur *f;* ~ **salatası** Kopfsalat *m;* **göbeği beraber kesilmiş** (*Freunde*) unzertrennlich
göbekli *adj* **1.** (*Person*) korpulent **2.** (*Vase*) bauchig
göç (**-çü**) *s* **1.** Auswanderung *f,* Emigration *f* **2.** Einwanderung *f,* Immigration *f* **3.** (*Wohnung*) Umzug *m* **4.** Vogelzug *m;* ~ **etmek** auswandern, umziehen, übersiedeln (*-e* nach etw); (*Vögel*) wegziehen; ~ **ülkesi** Einwanderungsland *nt;* **iç** ~ Binnenmigration *f*
göçebe *s* Nomade, -din *m, f*
göçmek (**-er**) *vi* **1.** auswandern **2.** einwandern (*-e* in etw) **3.** einstürzen **4.** (*einsinken*) sich senken **5.** ausziehen, umziehen, einziehen (*-e* in etw) **6.** (*Vögel*) ziehen (*-e* nach etw) **7.** (*fig: sterben*) verscheiden, entschlafen
göçmen *s* **1.** Emigrant(in) *m(f),* Auswanderer, -derin *m, f* **2.** Einwanderer, -derin *m, f,* Migrant(in) *m(f);* ~ **kuş** Zugvogel *m*
göğüs (**-ğsü**) *s* **1.** Brust *f,* Busen *m* **2.** Mutterbrust *f;* ~ **geçirmek** seufzen, stöhnen; ~ **germek** widerstehen (*-e* jdm); ~ **göğüse savaş** Nahkampf *m;* ~ **kafesi** Brustkorb *m;* ~ **kanseri** Brustkrebs *m;* ~ **kemiği** [*o* **tahtası**] Brustbein *nt;* ~ **nezlesi** Bronchialkatarr *m*
göğüslük (**-ğü**) *s* **1.** Latz *m* **2.** (*Kinder-*) Lätzchen *nt* **3.** Schuluniform *f*
gök (**-ği**) **I.** *s* Himmel *m* **II.** *adj* himmelblau; ~ **balina** Blauwal *m;* ~ **gürlüyor** es donnert; ~ **gürültüsü** Donner *m;* ~ **mavisi** himmelblau; ~ **yakut** Saphir *m;* **göklere çıkarmak** (*fam*) in den Himmel heben (*-i* jdn)
gökbilim *s* Astronomie *f*
gökcismi (**-ni**) *s* Himmelskörper *m*
gökdelen *s* Wolkenkratzer *m,* Hochhaus *nt*
gökkuşağı (**-nı**) *s* Regenbogen *m*
gökküresi (**-ni**) *s* Himmelssphäre *f*
göktaşı (**-nı**) *s* Meteor *m*
gökyüzü (**-nü**) *s* Himmel *m;* **gökyüzünde** am Himmel
göl *s* **1.** See *m* **2.** Teich *m*
gölge *s* **1.** Schatten *m* **2.** Silhouette *f;* **birine/bir şeye** ~ **düşürmek** auf jdn/etw einen Schatten werfen; ~ **ekonomi** Schattenwirtschaft *f;* **birine** ~ **etmek** jdm im Licht stehen; ~ **oyunu** Schattentheater *nt;* ~ **vermek** Schatten spenden; **gölgede** im Schatten; **birini gölgede bırakmak** jdn in den Schatten stellen

gölgeli *adj* schattig
gömlek (**-ği**) *s* **1.** Hemd *nt* **2.** Überzug *m* **3.** Generation *f* **4.** (*Stufe*) Grad *m* **5.** Schlangenhaut *f* (*nach der Häutung*)
gömme I. *s* **1.** Verbalsubstantiv *zu* **gömmek 2.** Einbau *m* **II.** *adj* Einbau-, eingebaut; ~ **dolap** Einbauschrank *m,* Schrankwand *f*
gömmek (**-er**) *vt* **1.** begraben, beerdigen (*-i* jdn) **2.** (*eingraben*) vergraben (*-i -e* etw in etw) **3.** hineinstecken (*-i -e* etw in etw) **4.** (*fig*) begraben (*-i* etw)
gömü *s* (vergrabener) Schatz *m*
gömüt (**-tü**) *s* Grab *nt*
gömütlük (**-ğü**) *s* Friedhof *m*
gönderen *s* Absender(in) *m(f)*
göndermek *vt* schicken, senden (*-i -e* jdn/etw an jdn/nach etw)
gönül (**-nlü**) *s* **1.** Herz *nt* **2.** Zuneigung *f* **3.** Verlangen *nt,* Wunsch *m* **4.** (*Einverständnis*) Zustimmung *f* **5.** Mut *m;* ~ **acısı** Liebeskummer *m;* ~ **açan** wohltuend; ~ **alma** Gefälligkeit *f;* ~ **okşamak** jdm schmeicheln; ~ **tokluğu** Genügsamkeit *f;* **gönlü tok** genügsam; **gönlünü yapmak** jdm eine Freude bereiten (*-in* jdm)
gönüllü I. *adj* freiwillig **II.** *s* Freiwillige(r) *mf*
gönülsüz *adj* **1.** unfreiwillig **2.** bescheiden; ~ **olarak** unfreiwillig
gönye *s* Anschlagswinkel *m*
göre *präp* **1.** gemäß, zufolge (*-e dat*) **2.** im Hinblick auf (*-e akk*) **3.** im Vergleich zu (*-e dat*); **buna** ~ demzufolge; **birine** ~ **olmak** genau richtig für jdn sein
görecelik (**-ği**) *s* Relativität *f*
göreli *adj* relativ
görelilik (**-ği**) *s* Relativität *f*
görenek (**-ği**) *s* Brauch *m;* ~ **töresi** Gewohnheitsrecht *nt*
göreneksel *adj* traditionell
görev *s* **1.** Funktion *f* **2.** Mission *f* **3.** Aufgabe *f,* Pflicht *f* **4.** (*Anstellung*) Posten *m;* (*Beruf*) Stellung *f* **5.** (*moralische*) Verpflichtung *f;* **görevine bağlı** pflichtbewusst; **görevini kötüye kullanma** Amtsmissbrauch *m*
görevlendirmek *vt* beauftragen (*-i ile* jdn

mit etw), verpflichten (*-i bir şey için* jdn zu etw)

görevli I. *adj* beauftragt II. *s* 1. Beamter, -tin *m, f* 2. Bevollmächtigte(r) *mf,* Ordner(in) *m(f),* Aufseher(in) *m(f)* (*allgemein jd, der mit einer bestimmten Funktion beauftragt ist*)

görgü *s* 1. (*Benehmen*) Anstand *m* 2. Erfahrung *f* 3. Welterfahrenheit *f* 4. Bildung *f;* ~ (**kuralları**) Manieren *pl;* ~ **tanığı** Augenzeuge *m*

görgülü *adj* 1. (*von gutem Benehmen*) anständig 2. (*gewandt*) gebildet 3. (welt)erfahren

görgüsüz *adj* 1. (*fam*) unerfahren 2. ungebildet 3. schlecht erzogen

görkem *s* Pracht *f,* Prunk *m,* Pomp *m*

görkemli *adj* prachtvoll, prunkvoll, pompös

görme *s* 1. *Verbalsubstantiv zu* **görmek** 2. Sehkraft *f;* ~ **özürlü** Sehgeschädigte(r) *mf,* sehgeschädigt

görmek (**-ür**) *vt* 1. sehen (*-i* jdn/etw) 2. erblicken (*-i* jdn/etw) 3. erleben, erfahren (*-i* etw) 4. Zeuge sein (*-i* von etw) 5. (*Zeit*) verleben (*-i* etw) 6. empfinden (*-i* etw) 7. unterrichtet werden; (*Ausbildung*) genießen (*-i* etw) 8. (*Aufgabe*) verrichten, ausführen (*-i* etw) 9. (*eine Person*) besuchen (*-i* jdn) 10. (*Fenster*) liegen nach (*-i* nach etw); **ne görürsen onu alırsın** (INFORM) WYSIWYG

görmemezlik (**-ği**) *s* (*auch absichtlich*) Übersehen *nt;* **görmemezlikten gelmek** (*absichtlich*) so tun, als würde man jdn/etw nicht bemerken/sehen

görmüş geçirmiş *adj* 1. erfahren 2. weltgewandt

görsel *adj* visuell; ~ **özürlü** sehbehindert

görücü *s* jemand, der für einen Mann eine Braut sucht

görülmek *vi* 1. *Passiv zu* **görmek** 2. **görüldüğü gibi** wie man sieht

görülecek yer *s* Sehenswürdigkeit *f*

görülmeğe değer *adj* sehenswert

görülmedik *adj* unglaublich, unerhört

görümce *s* Schwägerin *f* (*Schwester des Ehemannes*)

görüngü *s* Phänomen *nt*

görünmek *vi* 1. ausschauen, aussehen 2. (*sich zeigen*) erscheinen, in Erscheinung treten 3. (*den Anschein haben*) scheinen 4. (*erscheinen*) vorkommen (*-e* jdm) 5. sich blicken lassen 6. (*fam*) schimpfen, beschimp-

fen (*-e* jdn); **bana öyle görünüyor** es scheint mir so

görüntü *s* 1. Erscheinung *f* 2. (INFORM) Anzeige *f,* Display *nt* 3. (INFORM: *eines Dokuments*) Ansicht *f*

görüntülemek *vt* (INFORM: *Dokument*) anzeigen (*-i* etw)

görünüm *s* 1. Aussicht *f* 2. Aussehen *nt*

görünüş *s* 1. Aussehen *nt* 2. Anschein *m* 3. Aussicht *f,* Blick *m* 4. Erscheinen *nt;* **görünüşe aldanmamalı** der Schein trügt; **görünüşe bakılırsa** offenbar, offensichtlich; **görünüşe göre** anscheinend, dem Anschein nach

görüş *s* 1. Sehen *nt* 2. Anschauung *f* 3. Ansicht *f,* Meinung *f;* ~ **açısı** Blickwinkel *m;* (*Standpunkt*) Gesichtspunkt *m*

görüşme *s* 1. *Verbalsubstantiv zu* **görüşmek** 2. Aussprache *f* 3. Besprechung *f,* Gespräch *nt* 4. Diskussion *f* 5. Rücksprache *f* 6. Unterredung *f* 7. Verhandlung *f*

görüşmek *vi, vt* 1. sich sehen 2. sprechen (*ile* mit jdm) 3. sich aussprechen (*ile* bei jdm) 4. befreundet sein (*ile* mit jdm) 5. besprechen, verhandeln (*-i* etw)

gösterge *s* 1. Zeichen *nt* 2. Indikator *m*

gösteri *s* 1. Kundgebung *f* 2. Darbietung *f,* Vorführung *f*

gösteriş *s* 1. Zeigen *nt* 2. (*fam*) Aufmachung *f* 3. (*Reiz*) Charme *m* 4. Blendwerk *nt*

gösterişçi *s* Angeber(in) *m(f),* Wichtigtuer(in) *m(f)*

gösterişli *adj* 1. auffallend, auffällig 2. stattlich

gösterişsiz *adj* 1. anspruchslos, bescheiden 2. unauffällig 3. unattraktiv

göstermek *vt* 1. zeigen (*-e, -i* jdm etw) 2. deuten (*-i* auf etw) 3. (*Stück*) aufführen (*-i* etw) 4. erkennen lassen (*-i* etw) 5. lehren, beibringen (*-e -i* jdm etw) 6. darlegen, darstellen (*-i* etw) 7. beweisen (*-e -i* jdm etw); **ben sana gösteririm!** dir werde ich es (aber) zeigen!

göstermelik (**-ği**) *s* Probe *f,* Muster *nt*

göt (**-tü**) *s* 1. (*vulg*) Arsch *m* 2. (*fam*) Mumm *m;* ~ **kadar** (*vulg*) rattenschlecht

götürmek *vt* 1. bringen (*-e -i* jdm etw) 2. (*Menschen, Last*) fahren (*-i -e* etw/jdn nach etw/zu jdm) 3. (hin)führen (*-i -e* jdn nach etw/zu jdm) 4. wegtragen (*-i* etw) 5. mitnehmen (*-i* jdn) 6. aushalten können (*-i* etw) 7. fertig machen (*-i* jdn) 8. erinnern (*-i*

götürü -*e* jdn an etw); **alıp ~ mitnehmen** (*-i* etw)
götürü I. *s* Pauschale *f* **II.** *adv* pauschal
gövde *s* **1.** Körper *m*, Leib *m* **2.** Rumpf *m* **3.** (Baum)stamm *m* **4.** Hauptbestandteil *m*
gövdeli *adj* stämmig
göz *s* **1.** Auge *nt* **2.** Schublade *f*, Fach *nt* **3.** Öse *f* **4.** Zimmer *nt*, Raum *m* **5.** Regalbrett *nt* **6.** Zuneigung *f* **7.** böser Blick; **bir şeye ~ atmak** einen Blick auf etwas werfen; **~ alıcı** glamourös; **~ ardı etmek** außer Acht lassen (*-i* jdn/etw); **~ boyama** (*pej*) Hokuspokus *m;* **~ boyası** Lidschatten *m;* **~ damlası** Augentropfen *mpl;* **~ doktoru** Augenarzt *m*, -ärztin *f;* **~ gezdirmek** überprüfen, durchsehen; (*Text*) überfliegen (*-e* etw); **~ kamaştırıcı** (*auch fig*) blendend; **~ kararıyla** nach Augenmaß; **~ kırpmak** mit den Augen zwinkern; **~ koymak** es abgesehen haben auf, ein Auge werfen auf (*-e* auf etw/jdn); **~ önünde** in aller Öffentlichkeit; **~ önünde bulundurmak** beachten, im Auge behalten; (*berücksichtigen*) in Rechnung stellen (*-i* etw); **~ önüne almak** ins Auge fassen (*-i* etw); **~ önüne getirmek** sich vorstellen (*-i* etw); **~ süzmek** verliebt schauen; **~ yummak** ein Auge zudrücken, hinwegsehen über (*-e* über etw); **~ yuvarlağı** Augapfel *nt;* **~ ziyafeti** Augenweide *f;* **gözden düşmek** (*fam*) unten durch sein; **gözden geçirmek** überprüfen, durchsehen; (*Text*) überfliegen (*-i* etw); **gözden ırak, gönülden ırak** aus den Augen, aus dem Sinn; **gözden kaçırmak** übersehen (*-i* etw); **gözden kaçırmamak** im Auge behalten (*-i* etw); **gözden kaybetmek** aus den Augen verlieren (*-i* etw); **göze almak** wagen, riskieren (*-i* etw); **göze çarpan** auffallend, auffällig; **göze çarpmak** ins Auge fallen, hervortreten; **gözler önüne sermek** vor aller Augen sichtbar machen (*-i* etw); **gözlerini faltaşı gibi açmak** große Augen machen; **gözü açılmak** wach werden; **gözü kapalı** blindlings; **gözü korkmak** eingeschüchtert werden; **gözü korkmuş** verängstigt; **gözü tok** genügsam; **gözü yükseklerde olmak** zu hoch hinaus wollen; **gözüne çarpmak** auffallen; **gözünü bağlamak** verblenden (*-in* jdn); **gözünü bile kırpmadan** ohne mit der Wimper zu zucken; **gözünü boyamak** jdn hinters Licht führen (*-in* jdn); **gözünü kan bürümek** rot sehen; **gözünü kırpmamak** kein Auge zutun

gözaltı (*-nı*) *s* Haft *f*, Festnahme *f*, Polizeigewahrsam *m*
gözatıcı *s* (INET) Browser *m*
gözbebeği (*-ni*) *s* **1.** Pupille *f* **2.** (*fig*) Liebling *m;* **~ gibi korumak** wie seinen Augapfel hüten
gözcü *s* **1.** Aufseher(in) *m(f)* **2.** (*fam*) Augenarzt *m*, -ärztin *f*
gözdağı (*-nı*) *s* Drohung *f;* **~ vermek** bedrohen (*-e* jdn)
gözde *s* Günstling *m*
göze *s* **1.** (BIOL) Zelle *f* **2.** Pore *f*
gözenekli *adj* mit Poren
gözetim *s* Überwachung *f;* **~ altında bulundurmak** überwachen (*-i* jdn)
gözetleme *s* **1.** Verbalsubstantiv *zu* **gözetlemek 2.** Beobachten *nt;* **~ deliği** Guckloch *nt*
gözetlemek *vt* beobachten; (*heimlich*) nachspionieren (*-i* jdn); **Biri Bizi Gözetliyor** (**programı**) (*TV-Sendung*) Big Brother *m*
gözetmek *vt* **1.** beaufsichtigen (*-i* jdn) **2.** berücksichtigen (*-i* etw) **3.** beschützen (*-i* jdn) **4.** (*Zeit, Gelegenheit*) abwarten (*-i* etw) **5.** lauern (*-i* auf jdn)
gözkapağı (*-nı*) *s* (Augen)lid *nt*
gözlem *s* Betrachtung *f*
gözlemci *s* Beobachter(in) *m(f)*
gözlemek *vt* **1.** beobachten (*-i* etw/jdn) **2.** (*Zeit, Gelegenheit*) warten auf, abwarten (*-i* etw)
gözlemevi (*-ni*) *s* **1.** Observatorium *nt*, Sternwarte *f* **2.** Wetterwarte *f*
gözlük (*-ğü*) *s* **1.** Brille *f* **2.** (*für Pferd*) Scheuklappe *f;* **~ çerçevesi** Brillenfassung *f*, Brillengestell *nt*
gözlükçü *s* Optiker(in) *m(f)*
gözlüksüz *adj* mit bloßem Auge
gözükmek *vi* erscheinen, sich zeigen
gözüpek *adj* **1.** verwegen, keck **2.** mutig, kühn
gözyaşartıcı *adj:* **~ bomba** Tränengasbombe *f*, Tränengasgranate *f;* **~ gaz** Tränengas *nt*
gözyaşı (*-nı*) *s* Träne *f*
grafik (*-ği*) **I.** *s* **1.** Grafik *f* **2.** grafische Darstellung **II.** *adj* grafisch; **~ çözümü** (INFORM) Grafiklösung *f*
grafikçi *s* Grafiker(in) *m(f)*
grafit (*-ti*) *s* Graphit *nt*
grafoloji *s* Graphologie *f*
gram *s* Gramm *nt*
gramer *s* Grammatik *f*

granit (-ti) *s* Granit *m*
gravür *s* Kupferstich *m*
grev *s* Streik *m;* ~ **bozan** Streikbrecher *m;* ~ **nöbetçisi** Streikposten *m;* ~ **yapmak** streiken
grevci I. *s* Streikende(r) *mf* II. *adj* streikend
greyfrut, greyfurt (-tu) *s* Grapefruit *f*
gri *adj* grau
grip (-bi) *s* Grippe *f;* ~ **aşısı** Grippeimpfung *f*
Grönland *s* Grönland *nt*
grup (-bu) *s* Gruppe *f;* ~ **çalışması** Teamarbeit *f;* ~ ~ gruppenweise; ~ **oyunu** Gesellschaftsspiel *nt*
gruplandırmak *vt* gruppieren (-i jdn/etw)
Guatemala *s* Guatemala *nt*
guatr *s* Kropf *m*
gudde *s* Drüse *f*
gudubet (-ti) *adj* (*fam*) widerlich, ekelhaft, scheußlich
guguk (-ğu) *s* Kuckuck *m;* **guguklu saat** Kuckucksuhr *f*
gulaş *s* Gulasch *nt*
gulden *s* Gulden *m*
gulfe *s* Vorhaut *f*
gulyabani *s* ein Menschen fressender Dämon
gurbet (-ti) *s* Fremde *f;* **gurbette** in der Fremde
gurbetçi I. *adj* im Ausland lebend II. *s jd,* der im Ausland lebt
guru *s* Guru *m*
guruldamak *vi* (*Magen*) knurren
gurup (-bu) *s* Sonnenuntergang *m*
gurur *s* Stolz *m*
gururlanmak *vi* hochmütig sein
gururlu *adj* 1. stolz 2. (*pej*) hochmütig
gusül (-slü) *s* (*islamisch*) rituelle Waschung nach dem Geschlechtsverkehr
gut (-tu) *s* Gicht *f*
gübre *s* 1. Düngemittel *nt,* Dünger *m* 2. Mist *m*
gübrelemek *vt* düngen (-i etw)
gücendirmek *vt* 1. *Kausativ zu* **gücenmek** 2. kränken, beleidigen (-i jdn)
gücenik *adj* gekränkt, beleidigt
gücenmek *vi* gekränkt sein, böse sein (-e auf jdn)
güç (-cü) I. *s* 1. Kraft *f* 2. Gewalt *f* 3. Stärke *f,* Größe *f* 4. Gewalttätigkeit *f* 5. (*von Maschine*) Leistung *f* 6. (*von Motor*) Stärke *f* 7. Schwierigkeit *f* II. *adj* schwierig, schwer; ~ **dengesi** (POL) Kräftegleichgewicht; **gücü**

yetmek imstande sein (-e zu etw); **gücünü tüketmek** sich verausgaben
güçbela *adv* (*fam*) kaum, mit Ach und Krach
güçlendirmek *vt* kräftigen, stärken (-i jdn/ etw)
güçleşmek *vi* 1. schwerer werden 2. sich verschlimmern, schlimmer werden
güçleştirmek *vt* 1. *Kausativ zu* **güçleşmek** 2. erschweren, komplizieren (-i etw)
güçlü *adj* 1. kräftig, stark 2. (*Motor*) leistungsfähig 3. mächtig
güçlük (-ğü) *s* 1. (*Mühe*) Schwierigkeit *f* 2. Problematik *f;* **birine** ~ **çıkarmak** jdm einen Stein in den Weg legen
güçlülük (-ğü) *s* 1. Kraft *f* 2. (*von Motor*) Leistungsfähigkeit *f*
güçsüz *adj* 1. schwach 2. hilflos 3. machtlos
güçsüzlük (-ğü) *s* 1. Schwäche *f* 2. Machtlosigkeit *f,* Ohnmacht *f* 3. Unfähigkeit *f*
güderi I. *s* Wildleder *nt* II. *adj* aus Wildleder
güdü *s* 1. (*fam*) Impuls *m* 2. Trieb *m* 3. (*Beweggrund*) Motiv *nt*
güdük (-ğü) *adj* 1. (*fam*) gestutzt 2. (*Tier*) schwanzlos, kupiert
güdüm *s* 1. Hüten *nt* von Schafen 2. Lenkung *f*
güdümlü *adj* 1. ferngesteuert 2. lenkbar
güfte *s* Text *m* (eines Liedes)
güğüm *s* Kanne *f*
güherçile *s* Salpeter *m*
gül *s* 1. Rose *f;* ~ **ağacı** Rosenstock *m,* Rosenstrauch *m;* ~ **bahçesi** Rosengarten *m;* ~ **gibi** (*Gesichtsfarbe*) rosig; (*Mädchen*) hübsch
güldürmek *vt* 1. *Kausativ zu* **gülmek** 2. zum Lachen bringen (-i jdn)
güldürmen *s* komischer Mensch, Spaßvogel *m*
güldürü *s* Lustspiel *nt*
güldürücü *adj* witzig, komisch
güleç (-ci) *adj* immer lächelnd
güle güle *interj* auf Wiedersehen! (*als Gegengruß*)
gülle *s* 1. (*zum Stoßen*) Kugel *f* 2. Artilleriegeschoss *nt;* ~ **atma** Kugelstoßen *nt*
güllük (-ğü) *s* Rosengarten *m;* ~ **gülistanlık** das reinste Paradies
gülmek (-er) *vi* 1. lachen (-e über jdn/etw) 2. auslachen (-e jdn); **gülmekten katılmak** sich totlachen; **gülmekten kırılmak** sich vor Lachen biegen; **gülmekten patlamak**

gülümseme

sich kaputtlachen; **buna gülmem lazım** ich muss darüber lachen; **bu gülünecek bir şey değil** das ist nicht zum Lachen
gülümseme *s* 1. *Verbalsubstantiv zu* **gülümsemek** 2. Lächeln *nt*
gülümsemek *vi* 1. lächeln (*-e* über jdn/etw) 2. anlächeln (*-e* jdn)
gülünç (**-cü**) *adj* 1. lächerlich 2. drollig, lustig
gülüş *s* 1. Lachen *nt* 2. Gelächter *nt*
gümbürdemek *vi* 1. donnern 2. poltern, krachen
gümbürtü *s* Getöse *nt*, Gepolter *nt*
gümeç (**-ci**) *s* Wabe *f*; ~ **balı** Wabenhonig *m*
gümrah *adj* üppig
gümrük (**-ğü**) *s* Zoll *m*; ~ **beyannamesi** Zollerklärung *f*; **Gümrük Birliği** Zollunion *f*; ~ **dairesi** Zollamt *nt*; ~ **işlemleri** [*o* **muamelesi**] Zollabfertigung *f*; ~ **memuru** Zollbeamte(r) *m*; ~ **muayenesi** [*o* **kontrolü**] Zollkontrolle *f*; ~ **resmi** [*o* **vergisi**] Zollgebühren *pl*; **gümrüğe tabi** zollpflichtig; **gümrüğe tabi eşyanız var mı?** haben Sie etwas zu verzollen?; **gümrükten muaf** zollfrei; **gümrüğünü ödemek** verzollen (*-in* etw)
gümrüksüz *adj* 1. zollfrei 2. unverzollt
gümüş I. *s* Silber *nt* II. *adj* silbern; ~ **kaplama(lı)** versilbert
gümüşlü *adj* versilbert, silberhaltig
gümüşten *adj* silbern, aus Silber
gün *s* 1. Tag *m* 2. Sonne *f* 3. (*fig*) Wohlstand *m*; ~ **ağarması** Morgendämmerung *f*; ~ **aşırı** jeden zweiten Tag; ~ **doğarken** bei Tagesanbruch; ~ **doğmadan neler doğar** kommt Zeit, kommt Rat; ~ **doğması** Tagesanbruch *m*; ~ **doğuyor** es wird Tag; **ona** ~ **doğdu** das kam ihr wie gerufen; ~ **ışığı** Tageslicht *nt*; **günden güne** von Tag zu Tag; **güne bakış (haberleri)** (TV) Tagesschau *f*; **günlerden bir gün** eines (schönen) Tages; **günü gününe yaşamak** in den Tag hinein leben; **günün birinde** eines Tages
günah *s* 1. Sünde *f* 2. Vergehen *nt*; ~ **çıkartma** Beichte *f*; ~ **çıkartmak** beichten; ~ **işlemek** eine Sünde begehen, sündigen
günahkar I. *s* Sünder(in) *m(f)* II. *adj* sündig
günaşırı *adv* jeden zweiten Tag
günaydın *interj* guten Morgen!
günbegün *adv* Tag für Tag
günce *s* Tagebuch *nt*
güncel *adj* aktuell
güncelleme *s* 1. *Verbalsubstantiv zu* **güncellemek** 2. Aktualisierung *f*
güncellemek *vt s.* **güncelleştirmek**
güncelleştirmek *vt* aktualisieren (*-i* etw)
güncelleş(tir)me *s* Aktualisierung *f*
güncellik (**-ği**) *s* Aktualität *f*
gündelik (**-ği**) I. *s* Tagelohn *m* II. *adj* (all)täglich; ~ **iş** Lohnarbeit *f*
gündelikçi *s* Tagelöhner(in) *m(f)*
gündem *s* Tagesordnung *f*
gündoğusu (**-nu**) *s* Osten *m*
gündoğusu (**rüzgarı**) *s* Ostwind *m*
gündüz I. *s* (*Gegensatz zu Nacht*) Tag *m* II. *adv* tagsüber
gündüzün *adv* bei Tag, tagsüber
güneş *s* 1. Sonne *f* 2. Sonnenschein *m*; ~ **banyosu** Sonnenbad *nt*; ~ **banyosu yapmak** sich sonnen; ~ **batması** [*o* **batışı**] Sonnenuntergang *m*; ~ **çarpması** Hitzschlag *m*, Sonnenstich *m*; ~ **doğması** [*o* **doğuşu**] Sonnenaufgang *m*; ~ **enerjisi** Sonnenenergie *f*; ~ **gözlüğü** Sonnenbrille *f*; ~ **ışığı** Sonnenschein *m*; ~ **ışını** Sonnenstrahl *m*; ~ **parlıyor** die Sonne scheint; ~ **saati** Sonnenuhr *f*; ~ **santralı** Sonnenkraftwerk *nt*; ~ **şapkası** Sonnenhut *m*; ~ **tarafı** Sonnenseite *f*; ~ **tutulması** Sonnenfinsternis *f*; ~ **yanığı** Sonnenbrand *m*; **güneşte** in der Sonne
güneşlenme *s* 1. *Verbalsubstantiv zu* **güneşlenmek** 2. Sonnenbaden *nt*; ~ **güvertesi** Sonnendeck *nt*
güneşlenmek *vi* sich sonnen
güneşli *adj* sonnig
güneşlik (**-ği**) *s* Sonnendach *nt*
güney I. *s* Süden *m* II. *adj* südlich, Süd-; ~ **rüzgarı** Südwind *m*; **Güney Afrika** Südafrika *nt*; **Güney Almanya** Süddeutschland *nt*; **Güney Amerika** Südamerika *nt*; (*Art*) südamerikanisch; **Güney Amerikalı** Südamerikaner(in) *m(f)*; (*Herkunft*) südamerikanisch; **Güney Anadolu** Südanatolien *nt*; **Güney Avrupa** Südeuropa *nt*; **Güney Kıbrıs** Südzypern *nt*
güneybatı I. *s* Südwesten *m* II. *adj* südwestlich
güneydoğu I. *s* Südosten *m* II. *adj* südöstlich; **Güneydoğu Asya** Südostasien *nt*
günlerce *adv* tagelang
günlük (**-ğü**) I. *adj* 1. vom gleichen Tag 2. für einen Tag 3. (*mit Zahlangabe*) für ... Tage, -tägig 4. gewöhnlich, alltäglich 5. täglich II. *s* 1. Tagebuch *nt* 2. Weihrauch *m*; ~ **bilet** Tageskarte *f*; ~ **gazete** Tageszeitung *f*;

~ **gezi** Tagesausflug *m;* ~ **hayat** Alltag *m;* ~ **güneşlik** (*Wetter*) strahlend; ~ **tutmak** Tagebuch führen
güpegündüz *adv* (*fam*) am helllichten Tage
gür *adj* 1.(*Haar, Gewebe*) dicht 2.(*Stimme*) laut 3.(*üppig*) reichlich; ~ **kaşlı** mit buschigen Augenbrauen
gürbüz *adj* kräftig, gut entwickelt
güreş *s* Ringkampf *m*
güreşçi *s* Ringer(in) *m(f)*
güreşmek *vi* ringen
gürgen ağacı (**-nı**) *s* Erle *f*
gürlemek *vi* 1. donnern 2.(*fam*) toben 3.(*fig*) am Boden zerstört sein
gürüh *s* Bande *f*, Horde *f*
gürültü *s* 1.(lautes) Geräusch *nt* 2. Krach *m*, Lärm *m;* ~ **koparmak** [*o* **etmek**] Lärm machen, lärmen; (*fig*) Unruhe hervorrufen; ~ **patırtı** Rummel *m*
gürültülü *adj* laut
gürz *s* Keule *f*
gütmek (**-der**) *vt* 1.(*Tiere*) hüten (*-i* etw) 2.(*Ziel*) verfolgen (*-i* etw) 3.(*Groll*) hegen (*-i* etw) 4.(*leiten*) führen (*-i* etw)
güve *s* Motte *f*
güveç (**-ci**) *s* 1. Schmortopf *m* 2. Schmorgemüse *nt*
güven *s* 1. Vertrauen *nt* 2. Selbstvertrauen *nt* 3. Zuversicht *f;* ~ **oyu** Vertrauensvotum *nt;* **ona** ~ **olmaz** auf ihn/sie ist kein Verlass
güvence *s* Garantie *f*
güvenilir *adj* 1. zuverlässig, gewissenhaft 2. glaubwürdig, seriös
güvenilirlik (**-ği**) *s* 1. Zuverlässigkeit *f* 2. Glaubwürdigkeit *f*
güvenilmez *adj* 1. unglaubwürdig 2. unzuverlässig
güvenilmezlik (**-ği**) *s* Unzuverlässigkeit *f*
güvenli *adj* zuversichtlich
güvenlik (**-ği**) *s* Sicherheit *f;* **güvenlik güçleri** [*o* **kuvvetleri**] Sicherheitskräfte *pl;* **Güvenlik Konseyi** (*UNO*) Sicherheitsrat *m*
güvenmek *vi* Glauben schenken, vertrauen (*-e* jdm/einer Sache)
güvensiz *adj* 1. ohne Vertrauen 2. unsicher 3. misstrauisch
güvensizlik (**-ği**) *s* 1. Misstrauen *nt* 2. Unsicherheit *f* 3. Unzuverlässigkeit *f* 4. Unglaubwürdigkeit *f;* ~ **oyu** Misstrauensvotum *nt*
güvercin *s* Taube *f*
güvercinlik (**-ği**) *s* 1. Taubenschlag *m* 2. Taubenzucht *f*
güverte *s* Deck *nt*
güvey *s* (*am Hochzeitstag*) Bräutigam *m*
güya **I.** *konj* als ob, als wenn **II.** *adv* angeblich
güz *s* Herbst *m*
güzel **I.** *adj* 1. schön, hübsch 2. gut **II.** *interj* schön! **III.** *s* (*Frau*) Schönheit *f;* ~ **koku** Aroma *nt,* Duft *m;* ~ **kokulu** aromatisch; ~ **sanatlar** die bildenden Künste; ~ **sanatlar akademisi** Kunstakademie *f*
güzelim *s* (*Kosewort*) mein Schöner, meine Schöne
güzelleşmek *vi* schön(er) werden
güzelleştirmek *vt* 1. *Kausativ zu* **güzelleşmek** 2. verschönern (*-i* etw)
güzellik (**-ği**) *s* 1. Schönheit *f* 2. befriedigender Zustand; ~ **kraliçesi** Schönheitskönigin *f;* ~ **salonu** Kosmetiksalon *m*
güzergah *s* 1.(*einer Straße*) Verlauf *m* 2.(*Route*) Strecke *f* 3. Rastplatz *m*
güzün *adv* im Herbst
ğ *s* der neunte Buchstabe des türk. Alphabets kommt nie als Anlaut vor

H

H, h *s* zehnter Buchstabe des türk. Alphabets
ha *interj* 1. auf!, los! 2. (*fam: wie bitte?*) was? 3. ach ja! 4. ach so!; ~ **Ali Hoca,** ~ **Hoca Ali** das ist gehupft wie gesprungen; ~ ... ~ ob ... oder
haber *s* 1. Nachricht *f* 2. Benachrichtigung *f* 3. Kenntnis *f* 4. Neuigkeit *f;* ~ **ajansı** Nachrichtenagentur *f;* ~ **almak** hören, Nachricht erhalten (*-diğini* dass); ~ **bırakabilir miyim?** kann ich etwas ausrichten?; ~ **bırakmak** eine Nachricht hinterlassen; ~ **grubu** (INET) Newsgroup *f;* ~ **vermek** melden, mitteilen (*-e* jdm); **haberi bile olmamak** keine Ahnung haben (*-den* von etw); **haberi olmak** im Bilde sein (*-den* über etw); **haberim olmadan** ohne mein Wissen; **haberler** (TV,

RADIO) Nachrichten *pl*
haberci *s* **1.** Bote *m,* Botin *f* **2.** Berichterstatter(in) *m(f)* **3.** Korrespondent(in) *m(f)* **4.** (*Anzeichen*) Vorbote *m*
haberdar *adj* informiert, benachrichtigt; ~ **etmek** benachrichtigen (*-i -den* jdn über etw)
haberleşme *s* **1.** *Verbalsubstantiv zu* **haberleşmek 2.** Nachrichtenaustausch *m* **3.** Kommunikation *f* **4.** Korrespondenz *f;* ~ **tekniği** Nachrichtentechnik *f*
haberleşmek *vr* **1.** sich gegenseitig informieren **2.** korrespondieren (*ile* mit jdm)
haberli *adj* informiert
habersiz *adj* **1.** ohne Nachricht **2.** ahnungslos **3.** (*Besuch*) unangemeldet
habire *adv* unaufhörlich, dauernd
habis *adj* **1.** (*Geschwür*) bösartig **2.** (*Mensch*) böse
hac (-ccı) *s* **1.** Pilgerfahrt *f* nach Mekka **2.** Pilgerfahrt *f;* ~ **yeri** Pilgerstätte *f,* Pilgerort *m;* **hacca gitmek** nach Mekka pilgern
hacet (-ti) *s* **1.** Bedarf *m* **2.** Notwendigkeit *f* **3.** (Bitt)gebet *nt;* ~ **kilisesi** Wallfahrtskirche *f*
hacı *s* (Mekka)pilger(in) *m(f)*
hacim (-cmi) *s* **1.** Volumen *nt,* Rauminhalt *m* **2.** Ausmaß *nt,* Umfang *m*
haciz (-czi) *s* **1.** Beschlagnahme *f,* Sicherstellung *f* **2.** Pfändung *f*
hacker (-rı) *s* (INFORM) Hacker(in) *m(f)*
haczetmek (-der) *vt* **1.** beschlagnahmen, sicherstellen (*-i* etw) **2.** pfänden (*-i* etw)
haç (-çı) *s* Kreuz *nt;* ~ **çıkarmak** sich bekreuzigen, das Kreuz schlagen; **gamalı** ~ Hakenkreuz *nt*
haçlı *s* (HIST) Kreuzfahrer *m;* **Haçlı Seferi** Kreuzzug *m*
had (-ddi) *s* Grenze *f;* **haddini bildirmek** zurechtweisen, in seine Schranken verweisen (*-in* jdn); **haddini bilmez** taktlos, rücksichtslos; **haddini bilmezlik** Taktlosigkeit *f*
hademe *s* (*bei Behörden*) Hausmeister(in) *m(f)*
hadım *s* Eunuch *m*
hadi *interj s.* **haydi**
hadise *s* **1.** Ereignis *nt* **2.** Zwischenfall *m* **3.** Phänomen *nt*
hafız *s* **1.** *jemand, der den Koran auswendig rezitieren kann* **2.** Büffler(in) *m(f)*
hafıza *s* **1.** Gedächtnis *nt* **2.** Erinnerungsvermögen *nt*
hafızlamak *vi* (*fam*) pauken (*-i* etw)

hafif *adj* **1.** leicht **2.** (*Kleidung, Nebel*) dünn **3.** (*Strafe, Ausdruck*) mild **4.** (*Frau*) leicht, mit lockerem Lebenswandel; ~ **metal** Leichtmetall *nt;* ~ **müzik** Unterhaltungsmusik *f*
hafiflemek *vi* **1.** leichter werden **2.** sich erleichtern **3.** (*Sturm, Lärm, Schmerz*) nachlassen
hafifletici *adj* mildernd, abschwächend; ~ **sebepler** mildernde Umstände
hafifletmek *vt* **1.** *Kausativ zu* **hafiflemek 2.** leichter machen, erleichtern (*-i* etw) **3.** mildern, abschwächen (*-i* etw)
hafifmeşrep (-bi) *adj* (*Mädchen*) leicht, mit lockerem Lebenswandel
hafifmeşreplik (-ği) *s* Leichtfertigkeit *f*
hafifsemek *vt* geringschätzen (*-i* jdn/etw)
hafiye *s* Geheimagent(in) *m(f)*
hafretmek (-der) *vt* Ausgrabungen machen, ausgraben (*-i* etw)
hafriyat (-tı) *s* Ausgrabung *f*
hafta *s* Woche *f;* ~ **sonu** Wochenende *nt;* **haftalarca** wochenlang; **haftaya bugün** heute in einer Woche
haftalık (-ğı) **I.** *adj* **1.** wöchentlich **2.** (*mit Zahlangabe*) -wöchig **II.** *s* Wochenlohn *m;* ~ **gazete** Wochenzeitung *f;* ~ **kart** Wochenkarte *f*
haftaym *s* (*Fußball*) Halbzeit *f*
haham *s* Rabbiner *m*
hain **I.** *s* Verräter(in) *m(f)* **II.** *adj* **1.** verräterisch **2.** niederträchtig, boshaft
hainlik (-ği) *s* **1.** Boshaftigkeit *f,* Niedertracht *f* **2.** Verrat *m*
Hak (-kkı) *s* Gott *m*
hak (-kkı) *s* **1.** Recht *nt* **2.** Gerechtigkeit *f* **3.** Anteil *m* **4.** Hinsicht *f* **5.** Anspruch *m;* ~ **etmek** wert sein, verdienen (*-i* etw); ~ **vermek** Recht geben (*-e* jdm); **hakkından gelmek** mit jdm abrechnen (*-in* mit jdm); (*fertig werden*) gewachsen sein (*-in* einer Sache)
hakaret (-ti) *s* **1.** Beleidigung *f* **2.** Beschimpfung *f* **3.** Verachtung *f;* ~ **etmek** beleidigen, beschimpfen, verachten (*-e* jdn)
hakem *s* Schiedsrichter(in) *m(f)*
haki *adj* khakifarben
hakikat (-ti) *s* **1.** Wahrheit *f* **2.** Realität *f,* Wirklichkeit *f* **3.** Treue *f*
hakikaten *adv* tatsächlich, wirklich
hakiki *adj* wirklich, wahr
hakim **I.** *s* **1.** Weise(r) *mf,* Allwissende(r) *mf* **2.** Philosoph(in) *m(f)* **3.** Richter(in) *m(f)*

4. (*fig*) Herr(in) *m(f)*, Herrscher(in) *m(f)* **II.** *adj* **1.** souverän **2.** überlegen **3.** dominierend; ~ **olmak** beherrschen (*-e* jdn)
hakimiyet (**-ti**) *s* **1.** Souveränität *f*, Herrschaft *f* **2.** Überlegenheit *f*
hakir *adj* verächtlich; ~ **görmek** verachten, geringschätzen (*-i* jdn)
hakkı (**-nı**) *s Possessivform zu* **hak** sein/ihr Recht *nt*
hakkında *präp* bezüglich, betreffend, über (*-in akk*)
haklamak *vt* **1.** besiegen (*-i* jdn) **2.** (*fam*) kaputtmachen (*-i* etw) **3.** (*fam*) aufessen (*-i* etw)
haklı I. *s* jemand, der Recht hat **II.** *adj* **1.** (*Sache*) berechtigt **2.** (*Strafe*) gerecht **3.** (*Wort*) wahr; ~ **çıkarmak** rechtfertigen (*-i* etw); ~ **olarak** mit vollem Recht; ~ **olmak** Recht haben
haksız I. *s* jemand, der Unrecht hat **II.** *adj* ungerecht, ungerechtfertigt; ~ **olarak** zu Unrecht; ~ **olmak** Unrecht haben; ~ **yere** unberechtigterweise; **haksızca** zu Unrecht
haksızlık (**-ğı**) *s* **1.** Ungerechtigkeit *f* **2.** Unrecht *nt*; **birine** ~ **etmek** jdm Unrecht tun
hal (**-li**) *s* **1.** Lage *f*, Zustand *m* **2.** Verhalten *nt* **3.** Fall *m*, Kasus *m* **4.** Kraft *f*; ~ **ve gidiş** Betragen *nt*; **hali vakti yerinde** wohlhabend; **haline gelmek** sich verwandeln in (*-in* in etw); **haline getirmek** verwandeln in, machen zu (*-i -in* etw zu etw)
hala I. *adv* noch immer **II.** *s* Tante *f* (*Schwester des Vaters*)
halat (**-tı**) *s* Tau *nt;* ~ **çek(iş)me** Tauziehen *nt*
halay *s* traditioneller Tanz in der Osttürkei
halbuki *adv* jedoch
halde *konj* obwohl; **geciktiği** ~ obwohl sie sich verspätet hatte
hale *s* **1.** Hof *m* (*um den Mond*) **2.** Heiligenschein *m*
halen *adv* gegenwärtig
halet (**-ti**) *s* Zustand *m*
haleti ruhiye *s* Gemütszustand *m*
halhal (**-li**) *s* Fußkette *f*
halı *s* Teppich *m*
halıcılık (**-ğı**) *s* Teppichweberei *f*
haliç (**-ci**) *s* Meerbusen *m*
Haliç (**-ci**) *s* das Goldene Horn
halife *s* **1.** Nachfolger *m*, Stellvertreter *m* **2.** Kalif *m*
halifelik (**-ği**) *s* Kalifat *nt*

halihazırda *adv* im Augenblick
halis *adj* rein, echt, pur; ~ **kahve** Bohnenkaffee *m;* ~ **muhlis** (*fam*) waschecht
halita *s* Legierung *f*
halk (**-kı**) *s* **1.** Volk *nt* **2.** Allgemeinheit *f* **3.** Bewohner *pl*, Einwohner *pl* **4.** Publikum *nt*, Leute *pl* **5.** einfaches Volk; ~ **cephesi** Volksfront *f;* ~ **cumhuriyeti** Volksrepublik *f;* ~ **dansı** Volkstanz *m;* ~ **dili** [*o* **ağzı**] Volkssprache *f;* **Halk Eğitim Merkezi** Volkshochschule *f;* ~ **müziği** Volksmusik *f;* ~ **oyu** Volksentscheid *m;* ~ **şarkısı** [*o* **türküsü**] Volkslied *nt*

> **Halk dansları** (Volkstänze), sind in der Türkei bei Jung und Alt sehr beliebt. Jede Region hat ihre eigenen Tänze und Kostüme. An der Westküste ist der 'zeybek', ein Männer-Solotanz, häufig zu sehen. In Ost- und Südanatolien wird 'halay' gerne in der Gruppe getanzt. Heutzutage tanzen Männer und Frauen zusammen in der Gruppe.

halka *s* **1.** (Ketten)glied *nt* **2.** Kreis *m* **3.** Ring *m* **4.** (Salz)kringel *m*
halkalanmak *vi* sich ringeln
halkbilgisi (**-ni**) *s* Volkskunde *f*
halkoylaması (**-nı**) *s* Volksabstimmung *f*, Referendum *nt*
halletmek (**-der**) *vt* **1.** erledigen (*-i* etw) **2.** (*Schwierigkeiten*) beseitigen (*-i* etw)
halsiz *adj* kraftlos, schwach
halt (**-tı**) *s* Dummheit *f;* ~ **yemek** etwas anstellen, etwas ausfressen
halter *s* **1.** Hantel *f* **2.** Gewichtheben *nt*
halterci *s* Gewichtheber(in) *m(f)*
haltercilik (**-ği**) *s* Gewichtheben *nt*
halüsinasyon *s* Halluzination *f*
ham *adj* **1.** unbearbeitet, roh **2.** (*Obst*) unreif **3.** (*untrainiert*) aus der Übung gekommen; ~ **yağ** Rohöl *nt*
hamak (**-ğı**) *s* Hängematte *f*
hamal *s* (*Person*) Gepäckträger *m*
hamam *s* **1.** (türkisches) Bad *nt* **2.** Badehaus *nt;* ~ **havlusu** Badetuch *nt*

> Ursprünglich diente der **hamam**, das Dampfbad, den Gläubigen zur Reinigung vor dem Gebet. Die islamischen Herrscher in osmanischer Zeit haben die römische und griechische Badetradition gerne übernommen und bauten Badehäuser, die den Moscheen an Prunk nicht nachstanden. Der 'ha-

mam' ist bis heute ein Ort der Kommunikation. Man trifft Freunde, amüsiert sich, jedoch immer nach Geschlechtern getrennt. Um das Wohl der Badenden kümmert sich der 'tellak' bzw. die 'natır' (Bademeister bzw. Bademeisterin). Im 'hamam' wird auch eine gründliche Massage angeboten.

hamamböceği (-ni) *s* Kakerlak *m*
hamarat (-tı) *adj* betriebsam, tüchtig
hamaratlık (-ğı) *s* Betriebsamkeit *f*, Tüchtigkeit *f*
hamdetmek (-der) *vt* Gott danken
hamdolsun *interj* Gott sei Dank!
hamil *s* Inhaber *m* (*einer Urkunde, eines Wertpapiers*)
hamile *adj* schwanger
hamilelik (-ği) *s* Schwangerschaft *f*
hamla(ş)mak *vi* aus der Übung kommen
hamle *s* 1. Elan *m*, Schwung *m* 2. Sprung *m* 3. Angriff *m*
hammadde *s* Rohstoff *m*
hamsi (balığı) *s* Sardelle *f*
hamur *s* 1. Teig *m* 2. (*bei Papier*) Qualität *f* 3. (*fig*) Charakter *m* (eines Menschen); ~ **işi** Teigwaren *pl*; ~ **köftesi** Knödel *m*
hamursuz *adj* 1. (*Brot*) ungesäuert 2. ohne Teig
han *s* 1. *großes Geschäftshaus mit vielen Läden* 2. (HIST) Herberge *f* 3. (HIST) Khan *m*
hançer *s* (zweischneidiger) Dolch *m*
hançere *s* Kehlkopf *m*
handikap (-pı) *s* Handicap *nt*
hane *s* 1. Haus *nt* 2. Rubrik *f* 3. (*auf einem Brett*) Feld *nt* 4. (MATH) Stelle *f*
hanedan *s* Dynastie *f*
hangar *s* 1. Schuppen *m* 2. (Flugzeug)halle *f*, Hangar *m*
hangi *pron* welche(r, s); ~ **maksatla?** zu welchem Zweck?, wozu?
hanım I. *s* 1. Dame *f* 2. Ehefrau *f* 3. (*Anrede nach dem Vornamen*) Frau *f* II. *adj* alle weiblichen Vorzüge in sich vereinigend; **küçük** ~ (*Anrede für Mädchen*) Fräulein *nt*; ~ **evladı** Muttersöhnchen *nt*
hanımböceği (-ni) *s* Marienkäfer *m*
hanımefendi *s* Dame *f*; ~! gnädige Frau!
hani I. *adv* 1. wo (ist denn)? 2. (*erinnernd*) doch II. *konj* aber, jedoch
hantal *adj* 1. (*Person*) ungeschickt, unbeholfen 2. (*Gegenstand*) unförmig, unhandlich

hap (-pı) *s* Pille *f*; **hapı yutmak** in Teufels Küche kommen
hapis (-psi) I. *s* 1. Gefängnis *nt* 2. Haft *f* 3. Gefangene(r) *mf* II. *adj* eingesperrt; ~ **cezası** Freiheitsstrafe *f*, Gefängnisstrafe *f*; ~ **yatmak** (im Gefängnis) sitzen; **hapse atmak** (ins Gefängnis) einsperren (-*i* jdn)
hapishane *s* Gefängnis *nt*
hapsetmek (-der) *vt* (ins Gefängnis) einsperren (-*i* jdn)
hapşırmak *vi* niesen
harabe *s* Ruinen *pl*, Trümmer *pl*
haraç (-cı) *s* Tribut *m*
haram *adj* (*im Islam*) verboten, tabu
harap (-bı) *adj* 1. zerstört 2. (*fig*) ruiniert 3. (*Garten*) verwildert 4. (*Lage*) schrecklich; ~ **etmek** zerstören, ruinieren (-*i* jdn/etw); ~ **olmak** zerstört werden
hararet (-ti) *s* 1. Temperatur *f* 2. Wärme *f* 3. Fieber *nt* 4. brennender Durst 5. Eifer *m*, Begeisterung *f*
harbi *adj*, *adv* (*fam*) direkt, ehrlich
harcamak *vt* 1. (*Geld*) ausgeben (-*i* etw) 2. verbrauchen (-*i* etw) 3. (*Zeit, Mühe*) verwenden (-*i* etw) 4. ruinieren (-*i* jdn)
harcırah *s* Tagegeld *nt*
harç (-cı) *s* 1. (*amtlich*) Gebühr *f* 2. Gewürze *ntpl*, Gewürzmischung *f* 3. Mörtel *m*
harçlık (-ğı) *s* Taschengeld *nt*
hardal *s* Senf *m*
harekat (-tı) *s* (militärische) Operation *f*
hareket (-ti) *s* 1. Bewegung *f* 2. Abfahrt *f*, Abreise *f* 3. Abflug *m* 4. Aktion *f* 5. Verhalten *nt*, Benehmen *nt* 6. geistige Strömung; ~ **etmek** sich bewegen, sich benehmen, sich verhalten, handeln, vorgehen, abfahren, abreisen, abfliegen; (*Maschine*) laufen; (*Motor*) anspringen, starten; ~ **ettirmek** in Bewegung setzen, bewegen (-*i* etw); **harekete geçirmek** in Gang bringen; (*Motor*) anlassen (-*i* etw); **harekete geçmek** sich in Bewegung setzen, in Aktion treten; **harekete hazır** startbereit
hareketli *adj* 1. beweglich 2. (*fig: rege*) lebhaft
hareketlilik (-ği) *s* 1. Beweglichkeit *f* 2. (*lebhaftes Treiben*) Lebendigkeit *f* 3. (*Lebhaftigkeit*) Temperament *nt*
hareketsiz *adj* 1. reglos, regungslos, starr 2. ruhig
hareketsizlik (-ği) *s* Unbeweglichkeit *f*
harem *s* Harem *m*

harf (**-fi**) *s* 1. Buchstabe *m*, Schriftzeichen *nt* 2. Drucktype *f;* **harfi harfine** genauestens, haargenau

harfitarif *s* Artikel *m*, Geschlechtswort *nt*

harfiyen *adv* buchstäblich

harfli *adv* mit Buchstaben; ~ **telgraf** Fernschreiber *m*

harici *s* äußere(r, s), Außen-

hariciye *s* 1. auswärtige Angelegenheiten *pl* 2. äußere Erkrankungen *pl* 3. Station für äußere Erkrankungen

hariciyeci *s* Facharzt/-ärztin *m, f* für äußere Erkrankungen

hariç (**-ci**) I. *s* Außenseite *f* II. *präp* abgesehen von (*... dat*); ~ **olmak üzere** ausschließlich, exklusiv

harik (**-kı**) *s* Brand *m*, Feuer *nt*

harika I. *s* Wunder *nt* II. *adj* herrlich, wunderbar III. *interj* toll!, Spitze!

harikalık (**-ğı**) *s* Herrlichkeit *f*

harikulade *adj* 1. außergewöhnlich 2. herrlich, wunderbar

haris *adj* 1. (hab)gierig 2. ehrgeizig 3. leidenschaftlich

harita *s* Landkarte *f*

harman *s* 1. Dreschen *nt* 2. Dreschplatz *m* 3. Tee-, Tabakmischung *f;* ~ **dövmek** dreschen; ~ **makinesi** Dreschmaschine *f;* ~ **sıçanı** Hamster *m;* ~ **yeri** Tenne *f*

harmoni *s* Harmonie *f*

harp (**-bı**) *s* Krieg *m;* ~ **divanı** Standgericht *nt;* ~ **esiri** Kriegsgefangene(r) *mf;* ~ **malulü** Kriegsbeschädigte(r) *mf;* ~ **sanayii** Rüstungsindustrie *f*

harp (**-pı**) *s* Harfe *f*

has (**-ssı**) *adj* 1. eigentümlich 2. echt, rein

hasar *s* Beschädigung *f*, Schaden *m*, Verlust *m*

hasat (**-dı**) *s* Ernte *f;* ~ **etmek** ernten (*-i* etw)

haset (**-di**) *s* (*fam*) Neid *m*

hasılat (**-tı**) *s* Ertrag *m*

hasır *s* 1. Stroh *nt* 2. Strohmatte *f;* ~ **koltuk** Korbsessel *m;* ~ **şapka** Strohhut *m*

hasis I. *s* (*fam*) Geizhals *m* II. *adj* 1. geizig 2. niedrig, gemein

hasislik (**-ği**) *s* Geiz *m*

hasret (**-ti**) *s* Sehnsucht *f*

hasretli *adj* sehnsüchtig

hassas *adj* 1. empfindlich 2. empfindsam, gefühlvoll

hassaslık (**-ğı**) *s* 1. Empfindlichkeit *f* 2. Empfindsamkeit *f*

hasta I. *adj* krank II. *s* Patient(in) *m(f);* ~ **olmak** krank sein, krank werden

hastabakıcı *s* Krankenpfleger *m*, Krankenschwester *f*

hastalanma *s* 1. *Verbalsubstantiv zu* **hastalanmak** 2. Erkrankung *f*

hastalanmak *vi* erkranken, krank werden

hastalık (**-ğı**) *s* Krankheit *f*, Leiden *nt;* ~ **parası** Krankengeld *nt*

hastalıklı *adj* kränklich, leidend; ~ **olmak** kränkeln

hastane *s* Krankenhaus *nt;* **hastaneye yatırmak** ins Krankenhaus einliefern (*-i* jdn)

hastanelik (**-ği**) *adj* krankenhausreif; **birini** ~ **etmek** jdn krankenhausreif schlagen; **birini** ~ **edinceye kadar dövmek** jdn krankenhausreif schlagen

haşarat (**-tı**) *s pl* 1. Ungeziefer *nt* 2. Insekten *pl;* ~ **ilacı** Schädlingsbekämpfungsmittel *nt*

haşhaş *s* Mohn *m*

haşin *adj* 1. barsch; (*stärker*) derb 2. streng

haşiş *s* Haschisch *nt*

haşlamak *vt* 1. kochen (*-i* etw) 2. verbrühen (*-i* etw) 3. (*fam*) ausschimpfen (*-i* jdn)

haşlanmak *vi* 1. *Passiv zu* **haşlamak** 2. sieden 3. (*fam*) sich verbrühen

haşmet (**-ti**) *s* Majestät *f*

haşmetli *adj* majestätisch

hat (**-ttı**) *s* 1. Leitung *f* 2. (*Verkehr*) Linie *f* 3. Gleis *nt* 4. Gesichtszug *m;* ~ **meşgul** die Leitung ist besetzt

hata *s* 1. Fehler *m* 2. Fehlgriff *m* 3. Irrtum *m* 4. Versehen *nt* 5. Verschulden *nt*, Schuld *f;* ~ **etmek** [*o* **yapmak**] einen Fehler machen, sich versehen; ~ **yönetimi** (INFORM) Fehlerbehandlung *f*

hatalı *adj* 1. fehlerhaft 2. irrtümlich 3. (*Mensch*) sich irrend; ~ **konstrüksiyon** Fehlkonstruktion *f*

hatasız *adj* fehlerlos

Hatay, der an Syrien grenzende südlichste Teil der Türkei, war nach der französischen Besatzungszeit bis 1939 ein eigenständiger Staat mit der Hauptstadt Antakya. Im Jahre 1939 beschlossen die Hatayer per Volksentscheid sich der Türkei und nicht Syrien anzuschließen.

---

hatır *s* 1. Gedächtnis *nt* 2. Gefälligkeit *f*, Gefallen *m* 3. Ansehen *nt*, Achtung *f* 4. Befin-

hatıra

den *nt;* ~ **için** aus Gefälligkeit; ... **hatırı için** aus Liebe zu ...; **hatırı sayılır** angesehen; (*nennenswert*) beachtlich; **hatırına gelmek** jdm in den Sinn kommen; **hatırına getirmek** vergegenwärtigen, ins Gedächtnis rufen (*-i* etw); **hatırın(ız) için** dir (Ihnen) zuliebe

hatıra *s* 1. Erinnerung *f* 2. Andenken *nt* 3. Gedächtnis *nt;* ~ **defteri** Tagebuch *nt;* ... **hatırasına** zum Gedächtnis an

hatırlamak *vt* 1. sich erinnern (*-i* an etw/jdn) 2. gedenken (*-i* einer Person/Sache)

hatırlatmak *vt* 1. *Kausativ zu* **hatırlamak** 2. erinnern (*-e -i* jdn an etw/jdn)

hatip (**-bi**) *s* 1. Prediger *m* 2. Redner *m*

hatta *adv* 1. sogar 2. (*mit Verneinung*) nicht einmal 3. darüber hinaus

hattı (**-nı**) *s Possessivform zu* **hat** die Linie von ...

hav *s* (*von Stoff*) Flor *m;* **havı dökülmüş** abgeschabt, abgewetzt; (*Kleidung*) abgetragen

hava *s* 1. Luft *f* 2. Wetter *nt* 3. Himmel *m* 4. Klima *nt* 5. Wind *m* 6. Melodie *f* 7. Lust *f*, Laune *f* 8. Stimmung *f*, Atmosphäre *f* 9. (*fam*) das gewisse Etwas; ~ **alanı** Flughafen *m;* ~ **alayı** Geschwader *nt;* ~ **almak** Luft holen; (*fig*) leer ausgehen; ~ **basıncı** Luftdruck *m;* ~ **cereyanı** Luftzug *m;* ~ **değişikliği** Luftveränderung *f;* ~ **direnci** Luftwiderstand *m;* ~ **durumu** Wetterlage *f;* ~ **güzel/kötü** das Wetter ist schön/schlecht; ~ **hücumu** [o **akını**] Luftangriff *m;* ~ **kabarcığı** Luftblase *f;* ~ **kaçırmaz** [o **geçirmez**] luftdicht; ~ **kararıyor** es wird dunkel; ~ **kirliliği** Luftverschmutzung *f;* ~ **korsanı** Luftpirat *m;* ~ **kuvvetleri** Luftwaffe *f;* ~ **nasıl?** wie ist das Wetter?; ~ **nemi** Luftfeuchtigkeit *f;* ~ **raporu** Wetterbericht *m;* ~ **rüzgarlı** es ist windig; ~ **saldırısı** Luftschlag *m;* ~ **serin** es ist kühl; ~ **sıcak** es ist warm; ~ **sisli** es ist neblig; ~ **soğuk** es ist kalt; ~ **soğuyor** es wird kalt; ~ **tahmini** Wettervorhersage *f;* ~ **trafiği** Luftverkehr *m;* ~ **üssü** Luftstützpunkt *m;* ~ **yastığı** Airbag *m;* ~ **yatağı** Luftmatratze *f;* **havaya uçmak** in die Luft fliegen; **havaya uçurmak** in die Luft jagen (*-i* etw)

havaalanı (**-nı**) *s* Flugplatz *m*

havacı *s* Flieger *m*

havacılık (**-ğı**) *s* Luftfahrt *f*

havacıva I. *s* Alkanna *f* II. *adj* wertlos, nichtig

havadar *adj* luftig

havadis *s* 1. Nachricht *f* 2. Nachrichten *pl*

havagazı (**-nı**) *s* Gas *nt;* ~ **memesi** Brenner *m;* ~ **musluğu** Gashahn *m;* ~ **ocağı** Gasherd *m*

havai *adj* 1. Luft- 2. leichtsinnig, unbekümmert; ~ **fişek** Feuerwerk *nt;* ~ **mavi** himmelblau

havaküre *s* Atmosphäre *f*

havalandırmak *vt* 1. *Kausativ zu* **havalanmak** 2. lüften (*-i* etw)

havalanma *s* 1. *Verbalsubstantiv zu* **havalanmak** 2. Start *m* (eines Flugzeugs)

havalanmak *vi* 1. gelüftet werden 2. abfliegen, starten 3. (*Flugzeug, Drachen*) steigen 4. (*fig*) leichtsinnig werden

havale *s* 1. Überweisung *f* 2. Zahlungsanweisung *f* 3. Übertragung *f* 4. (MED) Tetanie *f;* ~ **etmek** überweisen (*-e -i* jdm etw)

havalı I. *adj* 1. luftig 2. (*fam: Person*) leichtsinnig 3. mit einem bestimmten Klima II. *s* (*fam*) jemand mit dem gewissen Etwas

havalimanı (**-nı**) *s* Flughafen *m*

havan *s* Mörser *m*

Havana *s* Havanna *f*

havaneli (**-ni**) *s* Mörserstößel *m*

havaölçer *s* Barometer *nt*

havari *s* 1. Apostel *m*, Jünger *m* 2. Helfer *m*

havasız *adj* 1. luftleer 2. stickig, dumpf

havayolu (**-nu**) *s* 1. Fluglinie *f* 2. Luftweg *m*, Luftlinie *f* 3. Fluggesellschaft *f*

havlamak *vi* (*Hund*) bellen

havlu *s* Handtuch *nt*

havluluk (**-ğu**) *s* Handtuchhalter *m*

havra *s* Synagoge *f*

havuç (**-cu**) *s* Möhre *f*, Karotte *f*

havuz *s* 1. Wasserbecken *nt* 2. Schwimmbad *nt* 3. Ausbesserungsdock *nt;* ~ **sorumlusu** Bademeister(in) *m(f)*

havyar *s* Kaviar *m*

havza *s* (GEOG) Becken *nt*

haya *s* 1. Hoden *m;* ~ **torbası** Hodensack *m* 2. Scham *f*, Schamgefühl *nt*

hayal (**-li**) *s* 1. (irreale) Erscheinung *f* 2. Illusion *f* 3. Fantasie *f*, Fantasiegebilde *nt*, Fantasievorstellung *f* 4. Phantom *nt* 5. (*fig*) (Wunsch)traum *m* 6. Wahn *m*, Wahnvorstellung *f* 7. Einbildung *f* 8. Traumgebilde *nt* 9. Spiegelbild *nt;* ~ **etmek** sich vorstellen (*-i* etw); ~ **gücü** Einbildungskraft *f*, Fantasie *f;* ~ **kırıklığı** Enttäuschung *f;* ~ **kırıklığına uğramak** eine Enttäuschung erleben; ~ **kırıklığına uğratmak** enttäuschen (*-i* jdn); ~

kurmak Luftschlösser bauen; ~ **meyal** dunkel, verschwommen
hayalci s 1. Träumer(in) *m(f)* 2. Schattenspieler(in) *m(f)*
hayalet (**-ti**) s Geist *m*, Phantom *nt*; ~ **gibi** geisterhaft
hayali I. *adj* 1. unwirklich, fantastisch 2. illusorisch II. *s* Schattenspieler(in) *m(f)*
hayalperest *s* Fantast *m*
hayat (**-tı**) *s* 1. Leben *nt* 2. Lebensdauer *f* 3. Lebensweise *f* 4. (*fig*) Leben *nt*; ~ **arkadaşı** Lebensgefährte *m*, Lebensgefährtin *f*; ~ **kalitesi** Lebensqualität *f*; ~ **sahası** Lebensraum *m*; ~ **sigortası** Lebensversicherung *f*; ~ **standardı** Lebensstandard *m*; ~ **tarzı** Lebensweise *m*; ~ **vermek** beleben (-*e* etw); **hayatım** (*Kosewort*) mein Leben; **hayatını zehir etmek** das Leben schwer machen (-*in* jdm); **hayatta olmak** am Leben sein, leben
hayati *adj* lebenswichtig
haydi *interj* 1. los!, voran!, nur zu! 2. was soll man dazu sagen!; ~ **bakalım!** na! na!; ~ **çıkar baklayı ağzından!** raus damit!, raus mit der Sprache!; ~ **gidelim!** wir wollen gehen!; ~ ~ höchstens
haydut (**-du**) *s* Räuber *m*, Bandit *m*
haydutluk (**-ğu**) *s* Raub *m*
hayhay *interj* (*fam*) aber natürlich! aber sicher!
hayhuy *s* 1. Trubel *m* 2. (*fig*) vergebliche Mühe
hayır *interj* nein; ~ **demek** verneinen, nein sagen (-*e* etw); ~ **oyu** Neinstimme *f*
hayır (**-yrı**) *s* 1. Wohltat *f* 2. Nutzen *m*; ~ **sahibi** Wohltäter(in) *m(f)*
hayırdua *s* Segen *m*, Segenswunsch *m*
hayırlı *adj* 1. gesegnet 2. gut, nützlich 3. karitativ 4. (*Kind*) gut geraten 5. (*Freund*) treu; ~ **iş** Wohltat *f*; ~ **geceler!** schlafen Sie gut!; ~ **olsun!** alles Gute!; ~ **yalan** Notlüge *f*
hayırsever *adj* (*Person*) wohltätig
hayırseverlik (**-ği**) *s* Nächstenliebe *f*, Wohltätigkeit *f*
hayırsız *adj* 1. zu nichts gut, nichtsnutzig 2. (*Freund*) untreu
haykırış *s* 1. *Verbalsubstantiv zu* **haykırmak** 2. (Auf)schrei *m*
haykırmak *vi* 1. schreien 2. brüllen 3. laut klagen
haylaz I. *s* 1. Faulenzer(in) *m(f)* 2. Taugenichts *m*, Nichtsnutz *m* II. *adj* (*Kind*) unartig
hayli *adj* ziemlich viel(e); **hayliden hayli** ganz besonders viel, fruchtbar viel
hayran I. *adj* entzückt II. *s* Fan *m*, Verehrer(in) *m(f)*; ~ **bırakmak** begeistern, entzücken, faszinieren (-*i* jdn); ~ **olmak** bewundern (-*e* jdn/etw)
hayranlık (**-ğı**) *s* Bewunderung *f*, Schwärmerei *f*
hayrat (**-tı**) *s* (fromme) Stiftung *f*
hayret (**-ti**) I. *s* Erstaunen *nt*, Staunen *nt*, Verwunderung *f* II. *interj* faszinierend!; ~ **etmek** sich wundern, staunen (-*e* über jdn/etw); **hayrete düşürmek** in Erstaunen versetzen (-*i* jdn); **hayrette bırakmak** verblüffen (-*i* jdn)
hayrı (**-nı**) *s Possessivform zu* **hayır** die Wohltat von …
hayrola *interj* (*fam*) nanu!
haysiyet (**-ti**) *s* Ehre *f*, Würde *f*
hayvan *s* 1. Tier *nt* 2. (*pej*) Vieh *nt* 3. (*fam*) Lümmel *m*, grober Kerl; ~ **deneyi** Tierversuch *m*; **hayvanlar alemi** Tierwelt *f*; **hayvanları koruma derneği** Tierschutzverein *m*; **hayvanoğlu** ~ (*vulg*) Primitivling *m*, Proll *m*
hayvanat (**-tı**) *s* Tiere *ntpl*; ~ **bahçesi** Tierpark *m*, Zoo *m*
hayvanca *adj* brutal, bestialisch
hayvancı *s* Viehzüchter(in) *m(f)*
hayvancılık (**-ğı**) *s* Viehzucht *f*
hayvani *adj* tierisch
hayvanlık (**-ğı**) *s* (*fig*) Brutalität *f*
hayvansal *adj* tierisch
hayvansever *s* 1. Tierfreund(in) *m(f)* 2. Tierschützer(in) *m(f)*
haz (**-zzı**) *s* Lust *f*
Hazar Denizi (**-ni**) *s* das Kaspische Meer

> **Hazerfen Ahmet Çelebi** gelang es bereits im 17. Jahrhundert einige 100 m weit mit Hilfe angeschnallter Flügel zu fliegen. Er startete vom Galataturm in Istanbul aus, flog über den Bosporus hinweg und landete auf dem asiatischen Teil der Stadt. Sultan Murat IV belohnte den Flieger mit reichlich Gold. Kurz darauf verbannte er ihn jedoch nach Algerien, aus Angst vor dessen Können.

hazım (**-zmı**) *s* 1. Verdauung *f* 2. (*fig*) Großzügigkeit *f*; **hazmı güç** [*o* **zor**] (*Essen*) schwer verdaulich
hazımlı *adj* dickfellig
hazımsızlık (**-ğı**) *s* Verdauungsstörungen *pl*
hazır I. *adj* 1. bereit, fertig 2. anwesend 3. ge-

genwärtig **II.** *konj* da … nun einmal, wenn … schon; ~ **etmek** bereithalten, bereitmachen, bereitstellen (*-i etw*); ~ **bulunmak** fertig sein, verfügbar sein; ~ **elbise** Anzug *m* von der Stange; ~ **giyim** Konfektion *f*; ~ **kahve** Pulverkaffee *m*, Instantkaffee *m*; ~ **mısın?** bist du soweit?; ~ **ol!** stillgestanden!; ~ **olmak** fertig sein, bereit sein (*-e* zu etw); ~ **para** Bargeld *nt*; ~ **yemek** Fertiggericht *nt*; **hazırım** ich bin so weit

hazırcevap (**-bı**) *adj* schlagfertig

hazırcevaplık (**-ğı**) *s* Schlagfertigkeit *f*

hazırlamak *vt* 1. vorbereiten, fertig machen (*-i* etw) 2. bereitstellen (*-i* etw) 3. (*Gesetz*) entwerfen (*-i* etw) 4. präparieren (*-i* etw) 5. (*Koffer*) packen (*-i* etw)

hazırlanmak *vi* 1. *Passiv zu* **hazırlamak** 2. sich vorbereiten (*-e* auf etw) 3. sich fertig machen (*-e* für etw) 4. sich einstellen (*-e* auf etw)

hazırlayıcı *adj* vorbereitend

hazırlık (**-ğı**) *s* 1. Vorbereitung *f* 2. Bereitschaft *f*; **hazırlık okulu** Vorschule *f*

hazırlıklı *adj* vorbereitet

hazırlıksız *adj* unvorbereitet

hazırlop *adj* (*Ei*) hart gekocht

hazin *adj* betrüblich

hazine *s* 1. Schatz *m* 2. Schatzkammer *f* 3. Staatskasse *f* 4. Speicher *m* 5. Wissensschatz *m*

haz(i)nedar *s* Schatzmeister *m*

haziran (**ayı**) *s* Juni *m*

hazmetmek (**-der**) *vt* 1. verdauen (*-i* etw) 2. sich gefallen lassen, hinnehmen (*-i* etw)

hazmı (**-nı**) *s Possessivform zu* **hazım** die Verdauung von …

hazret (**-ti**) *s* 1. Ehrentitel für Heilige 2. (*fam*) mein Lieber (*Anrede für Freunde*); **Hazreti İsa** Jesus Christus; **Hazreti Meryem** die Heilige Jungfrau; **Hazreti Muhammed** Mohammed

hazzı (**-nı**) *s Possessivform zu* **haz** seine/ihre Lust *f*

hazzetmek (**-der**) *vt* Gefallen finden (*-den* an jdn/etw)

hece *s* Silbe *f*

hecelemek *vt* 1. buchstabieren (*-i* etw) 2. Silbe für Silbe lesen (*-i* etw)

hecin *s* Dromedar *nt*

hedef *s* 1. Ziel *nt* 2. Zweck *m* 3. Zielscheibe *f*; ~ **adres** Zieladresse *f*; ~ **edinmek** anstreben (*-i* etw); ~ **kitle** Zielgruppe *f*; ~ **levhası** Zielscheibe *f*; ~ **tutmak** zum Ziel haben (*-i* etw)

hedeflemek *vt* sich zum Ziel setzen (*-i* etw), abzielen (*-i* auf etw)

hedefsiz *adj* ziellos

hediye *s* Geschenk *nt*; ~ **etmek** verschenken, schenken (*-e -i* jdm etw)

hediyelik *adj* als Geschenk geeignet; ~ **eşya** Geschenkartikel *pl*

hekim *s* Arzt *m*, Ärztin *f*

hektar *s* Hektar *nt*

hela *s* (*fam*) Klo *nt*; ~ (**temizleme**) **fırçası** Klobürste *f*

helal (**-li**) *adj* 1. (*im Islam*) erlaubt 2. ehrlich erworben

hele **I.** *adv* (*fam*) 1. besonders 2. erst recht 3. ausgerechnet 4. doch noch **II.** *konj* wenn … erst [*o* nur]; ~ **bir dinle** hör mal; ~ **çünkü** zumal da; ~ **şimdi hiç olmaz** nun erst recht nicht!

helezon *s* 1. Spirale *f* 2. Schneckenhaus *nt*

helezonlu *s* mit Spirale; ~ **merdiven** Wendeltreppe *f*

helikopter *s* Hubschrauber *m*

helva *s* türkischer Honig *m* (*Süßigkeit aus Sesampaste*)

helyum *s* Helium *nt*

hem *adv* 1. und, außerdem 2. jedoch 3. übrigens 4. und zwar; ~ **de** sowie; ~ **de nasıl!** und wie!, aber wie!; ~ … ~ **de** … sowohl … als auch …

hemen *adv* 1. sofort, gleich 2. ungefähr; ~ **arkasından** kurz darauf; ~ **bugün** noch heute; ~ **geliyorum!** ich komme gleich!; ~ ~ beinah(e), fast

hemencecik *adv* (*fam*) blitzschnell

hemfikir (**-kri**) *s* Gleichgesinnte(r) *mf*; ~ **olmak** sich einig sein

hemoroit (**-di**) *s* Hämorriden *pl*

hemşeri *s* 1. Landsmann *m*, Landsmännin *f* 2. (*fam*) Anrede für unbekannte Personen

hemşire *s* 1. Krankenschwester *f* 2. Schwester *f*

hendek (**-ği**) *s* Graben *m*

hentbol *s* Handball *m*

henüz *adv* 1. gerade, eben 2. bloß, erst 3. bis jetzt, noch 4. (*bei Verneinung*) noch nicht 5. schon, bereits; ~ **işi bitti** er (sie) ist eben fertig geworden

hep **I.** *pron* alle(s) **II.** *adv* 1. immer, stets 2. in einem fort; ~ **aynı** es ist immer das Gleiche; ~ **birden** alle zusammen

hepatit (-ti) s Hepatitis f
hepsi pron 1. (*Plural*) alle (zusammen) 2. alles; ~ **beraber** alle zusammen, alles zusammen; ~ **bir arada** alles in allem; ~ **birden** im Ganzen, insgesamt, zusammen; ~ **bir** [*o* **aynı**] das ist egal
her pron jede(r, s); ~ **Allah'ın günü** Tag für Tag; ~ **an** jeden Augenblick; ~ **ayda bir** monatlich; ~ **bakımdan** in jeder Hinsicht; ~ **biri** jeder von ihnen; ~ **birimiz** jeder von uns; ~ **çareye başvurmak** alles mögliche versuchen; ~ **defa** jedesmal; ~ **defa(sında)** jedesmal; ~ **gün** jeden Tag, täglich; ~ **halde** wahrscheinlich; ~ **ihtimale karşı** auf alle Fälle; ~ **iki** beide; ~ **iki türlü** beiderlei; ~ **ikisi** (**de**) (alle) beide; ~ **kim** (**olursa olsun**) wer auch immer; ~ **ne ise** was auch immer; ~ **ne kadar** (**ise de**) so sehr auch; ~ **ne pahasına olursa olsun** um jeden Preis; ~ **şey** alles; ~ **şeyden önce** vor allen Dingen; ~ **şeye kadir** allmächtig; ~ **tarafa** in alle Richtungen; ~ **yerde** [*o* **tarafta**] überall; ~ **yıl** jedes Jahr, jährlich; ~ **zaman** immer, stets, jederzeit
hercai (**gönüllü**) adj wankelmütig, unbeständig
hercaimenekşe s Stiefmütterchen nt
hergele s 1. wildes Pferd 2. (*fam*) Spitzbube m, Gauner m
herhangi pron irgendwelche; ~ **bir** irgendein(e); ~ **biri/bir şey** irgendjemand/irgendetwas; ~ **bir kimse** [*o* **birisi**] irgendeine(r); ~ **bir şekilde** irgendwie; ~ **bir yerde** irgendwo; ~ **bir yerden** irgendwoher; ~ **bir yere** irgendwohin; ~ **bir zaman**(**da**) irgendwann
herif s Kerl m
herkes pron jeder
Herkül s Herkules m
hertz s Hertz nt
hesap (**-bı**) s 1. Rechnen nt 2. Rechnung f 3. Konto nt 4. (*im Restaurant*) Rechnung f 5. Plan m 6. Schätzung f 7. Kalkulation f 8. Rechenschaft f; ~ **bakiyesi** Saldo m; ~ **cüzdanı** Sparbuch nt; ~ **etmek** rechnen, kalkulieren, rechnen mit, planen (*-i etw*); ~ **kitap** nach reiflicher Überlegung; ~ **makinesi** Rechenmaschine f; ~ **meydanda** das liegt auf der Hand; ~ **sahibi** Kontoinhaber(in) m(f); ~ **sormak** zur Rechenschaft ziehen (*-den* jdn); ~ **vermek** Rechenschaft ablegen; **hesaba geçirmek** buchen, anrechnen (*-i etw*); **hesaba katmak** in Rechnung stellen, berücksichtigen (*-i etw*); **hesaba katmamak** unberücksichtigt lassen (*-i etw*); **hesabı, lütfen!** bitte zahlen!, die Rechnung bitte!; **hesaplar benden** das geht auf meine Rechnung; **hesaptan indirmek** abbuchen (*-i etw*)
hesaplamak vt 1. rechnen, kalkulieren (*-i etw*) 2. rechnen (*-i mit etw*) 3. planen (*-i etw*)
hesaplaşma s 1. *Verbalsubstantiv zu* **hesaplaşmak** 2. Abrechnung f
hesaplaşmak vi abrechnen (*ile* mit jdm)
hesaplı adj 1. einkalkuliert, berechnet 2. genau überlegt 3. sparsam wirtschaftend 4. (*Person*) berechnend
Hessen (**Eyaleti**) s Hessen nt
heteroseksüel adj heterosexuell
heteroseksüellik (**-ği**) s Heterosexualität f
hevenk (**-gi**) s *zum Trocknen aufgehängtes Obst oder Gemüse*
heves s Lust f; **hevesim kaçtı** die Lust ist mir vergangen
heveslendirmek vt anregen (*-i* jdn)
hevesli I. s 1. Liebhaber(in) m(f) 2. Interessent(in) m(f) II. adj neigend (*-e* zu etw)
hevessiz adj lustlos
hevessizlik (**-ği**) s 1. Unlust f 2. Unwille m
hey interj (*fam*) he!
heybe s (*für Reittiere*) Satteltasche f
heybet (**-ti**) s Würde f
heybetli adj würdevoll, erhaben
heyecan s 1. Aufregung f 2. Begeisterung f, Enthusiasmus m 3. (*im Film*) Spannung f
heyecanlandırmak vt 1. *Kausativ zu* **heyecanlanmak** 2. aufregen (*-i* jdn) 3. begeistern (*-i* jdn)
heyecanlanmak vi 1. sich aufregen 2. in Erregung geraten 3. sich begeistern 4. (*Film, Geschichte*) spannend werden
heyecanlı adj 1. aufgeregt 2. aufregend, spannend 3. (*Leben*) bewegt 4. begeistert, enthusiastisch
heyet (**-ti**) s 1. Kommission f, Ausschuss m 2. Komitee nt 3. Gefolge nt 4. Ensemble nt
heykel s (*Skulptur*) Statue f
heykeltıraş s Bildhauer(in) m(f)
heykeltıraşlık (**-ğı**) s Bildhauerei f
hıçkırık (**-ğı**) s 1. Schluckauf m 2. Schluchzen nt; ~ **tutmak** den Schluckauf haben
hıçkırmak vi schluchzen

hık *interj* (*Geräusch*) hick; ~ **demiş annesinin burnundan düşmüş** sie ist ihrer Mutter wie aus dem Gesicht geschnitten

hımbıl *adj* (*fam*) lahm

hınç (**-cı**) *s* 1. Hass *m* 2. Rachsucht *f* 3. Wut *f*

hınzır *s* (*pej, Person*) Ekel *nt*

hırçın *adj* 1. reizbar 2. widerspenstig 3. (*Meer*) tosend

hırdavat (**-tı**) *s* 1. Eisenwaren *pl* 2. Krimskrams *m*

hırdavatçı *s* (*fam*) Eisenwarenhändler *m*

hırıldamak *vi* 1. röcheln 2. (*Hund*) knurren

Hıristiyan *s* Christ(in) *m(f)*

Hıristiyanlık (**-ğı**) *s* Christentum *nt*

hırka *s* Strickjacke *f*, Wolljacke *f*

hırlamak *vi* 1. (*Hund*) knurren 2. (*Mensch*) murren

hırpalamak *vt* 1. fertig machen (*-i* jdn) 2. (*Sache*) beschädigen (*-i* etw)

hırpani *adj* 1. (*Aussehen*) schäbig 2. (*Person*) zerlumpt

hırs *s* 1. Ehrgeiz *m* 2. Gier *f*, Habgier *f* 3. Leidenschaft *f* 4. Zorn *m*, Wut *f*; **hırsı geçmek** sich abregen

hırsız *s* 1. Dieb(in) *m(f)* 2. Einbrecher(in) *m(f)*; ~ **polis oynamak** Räuber und Gendarm spielen

hırsızlık (**-ğı**) *s* 1. Diebstahl *m* 2. Einbruch *m* 3. Unterschlagung *f*

hırslandırmak *vt* 1. *Kausativ zu* **hırslanmak** 2. wütend machen (*-i* jdn) 3. gierig machen (*-i* jdn)

hırslanmak *vi* 1. in Wut geraten 2. gierig werden

hırslı I. *adj* 1. ehrgeizig 2. gierig 3. leidenschaftlich 4. strebsam 5. zornig II. *s* (*pej*) Streber(in) *m(f)*

hırtlamba *adj* (*zerlumpte Kleider tragend*) abgerissen

hırtlambası çıkmış I. *s* (*Person*) Wrack *nt* II. *adj* (*Kleidungsstück*) in Fetzen

hısım I. *adj* verwandt II. *s* Verwandte(r) *mf*; ~ **akraba** Verwandtschaft *f*

hışım (**-şmı**) *s* Wut *f*

hışımlı *adj* zornig, wütend

hışırdamak *vi* 1. rascheln 2. (*Bäume*) rauschen

Hırvat (**-tı**) *s* Kroate *m*; ~ **kadını** Kroatin *f*

Hırvatistan *s* Kroatien *nt*

hıyanet (**-ti**) *s* Verrat *m*

hıyar *s* 1. Gurke *f* 2. (*fam*) Blödmann *m*, Idiot *m*; ~ **salatası** Gurkensalat *m*; ~ **turşusu** saure Gurken *fpl*

hız *s* 1. Geschwindigkeit *f*, Schnelligkeit *f* 2. Heftigkeit *f* 3. Eifer *m*

Hızır *s Bezeichnung für einen helfenden, rettenden Heiligen*

hızla *adv* schnell, rasch

hızlandırmak *vt* 1. *Kausativ zu* **hızlanmak** 2. beschleunigen (*-i* etw)

hızlanmak *vi* schneller werden, an Geschwindigkeit zunehmen

hızlı I. *adj* schnell, rasch II. *adv* 1. schnell 2. (*sprechen*) laut 3. heftig

hiciv (**-cvi**) *s* Satire *f*

hicivli *adj* satirisch

hicret (**-ti**) *s* Hidschra *f*

hicviye *s* Satire *f*

hiç (**-çi**) I. *adv* 1. (*in Fragesätzen*) je, jemals 2. (*bei Verneinung*) gar nicht, überhaupt nicht 3. keinesfalls, keineswegs II. *s* Nichts *nt*; ~ **bir** gar kein; ~ **biri** niemand; ~ **bir suretle** auf keinen Fall; ~ **bir şekilde** in keiner Weise, nicht im Mindesten, bei weitem nicht; ~ **bir şey** gar nichts; ~ **bir yerde** nirgends, nirgendwo; ~ **bir zaman** nie, niemals, nie und nimmer; ~ **durmadan** immerzu, unaufhörlich; ~ **kimse** niemand, keiner; ~ **kuşkusuz** ohne jeden Zweifel; ~ **olmazsa** mindestens, wenigstens; **hiçe saymak** missachten (*-i* jdn/etw)

hiçlik (**-ği**) *s* Nichts *nt*

hiddet (**-ti**) *s* 1. Wut *f* 2. Jähzorn *m*

hiddetlenmek *vi* in Wut geraten

hiddetli *adj* 1. wütend 2. jähzornig

hidroelektrik (**-ği**) *s* Wasserkraft *f*; ~ **santrali** Wasserkraftwerk *nt*

hidrojen *s* Wasserstoff *m*; ~ **bombası** Wasserstoffbombe *f*; ~ **peroksit** Wasserstoffsuperoxid *nt*

hidrokarbür *s* Kohlenwasserstoff *m*

hidroklorik asit *s* Salzsäure *f*

hidrolik (**-ği**) I. *adj* hydraulisch II. *s* Hydraulik *f*

hidrosefal *s* Wasserkopf *m*

hijyen *s* Hygiene *f*

hijyenik *adj* hygienisch

hikmet (**-ti**) *s* 1. Weisheit *f* 2. eigentlicher Sinn

hikaye *s* 1. Erzählung *f*, Geschichte *f* 2. Novelle *f*

hikaye (**zamanı**) *s* Imperfekt *nt*

hilal (**-li**) *s* 1. Halbmond *m* 2. Neumond *m*

hile *s* List *f*, Trick *m*; ~ **yapmak** einen Trick anwenden, schwindeln
hileci I. *adj* betrügerisch, listig II. *s* Betrüger(in) *m(f)*
hilekar I. *s* Betrüger(in) *m(f)* II. *adj* hinterlistig
hilekarlık (**-ğı**) *s* Betrügerei *f*
hileli *adj* 1. (*Sache*) betrügerisch 2. (*Person*) listig 3. (*Ware*) verfälscht
himaye *s* Schutz *m*
himayecilik (**-ği**) *s* Protektionismus *m*
hindi *s* Puter *m*, Truthahn *m*
hindiba *s* 1. (*Endivie*) Zichorie *f* 2. Löwenzahn *m*
Hindistan I. *s* Indien *nt* II. *adj* (*Art*) indisch
Hindistanlı I. *s* Inder(in) *m(f)* II. *adj* (*Herkunft*) indisch
hindistancevizi (**-ni**) *s* Kokosnuss *f*; **küçük ~** Muskatnuss *f*
Hinduizm *s* Hinduismus *m*
Hint (**-di**) I. *adj* (*Art*) indisch II. *s* Inder(in) *m(f)*; **~ Okyanusu** der Indische Ozean
Hintli I. *s* Inder(in) *m(f)* II. *adj* (*Herkunft*) indisch
hiper doküman *s* Hypertext *m*
hiperenflasyon *s* Hyperinflation *f*
hipermetrop *adj* (*Augen*) weitsichtig
hipnotize *adj* hypnotisiert; **~ etmek** hypnotisieren (*-i* jdn)
hipnoz *s* Hypnose *f*
hipodrom *s* (Pferde)rennbahn *f*
hipopotam *s* Nilpferd *nt*
hippi *s* Hippie *m*
his (**-ssi**) *s* 1. Gefühl *nt* 2. Sinn *m* 3. Sinnesempfindung *f*
hisar *s* Burg *f*
hisli *adj* 1. sensibel, empfindsam 2. gefühlsreich
hisse *s* 1. Anteil *m* 2. (*Quote*) Rate *f*; **~ senedi** Wertpapier *nt*, Aktie *f*; **~ senetleri endeksi** Aktienindex *m*; **~ senetleri piyasası** Aktienmarkt *m*; **~ senetleri piyasası endeksi** Aktienmarktindex *m*
hissedar *s* 1. Aktionär(in) *m(f)* 2. Beteiligte(r) *mf*
hissetmek (**-der**) *vi* 1. empfinden, fühlen (*-i* etw) 2. merken (*-i* etw) 3. wahrnehmen (*-i* etw); **kendini nasıl hissediyorsun?** wie fühlst du dich?; **kendimi iyi hissetmiyorum** ich fühle mich nicht wohl
hissi *adj* sentimental
hissi (**-ni**) *s Possessivform zu* **his** das Gefühl von ...
hissiz *adj* 1. gefühllos 2. unempfindlich
hissizlik (**-ği**) *s* 1. Gefühllosigkeit *f* 2. Unempfindlichkeit *f*
histeri *s* Hysterie *f*
histerik *adj* hysterisch
hişşt *interj* he!, du da!
hitap (**-bı**) *s* Anrede *f*; **~ etmek** anreden, ansprechen (*-e* jdn)
Hititler *s pl* Hethiter *pl*
hiyerarşi *s* Hierarchie *f*
hiyerarşik *adj* hierarchisch
hizmet (**-ti**) *s* 1. Service *m*, Bedienung *f* 2. Dienst *m*, Dienstleistung *f* 3. Stellung *f*, Amt *nt* 4. Tätigkeit *f* 5. Verdienst *nt*; **~ etmek** dienen, bedienen (*-e* jdn)
hizmetçi *s* Hausangestellte(r) *mf*, Bedienstete(r) *mf*, Dienstmädchen *nt*
hobi *s* Hobby *nt*
hoca *s* 1. Lehrer(in) *m(f)* 2. Geistlicher *m*
hohlamak *vt* anhauchen (*-i* etw/jdn)
hokey *s* Hockey *nt*
hokka *s* (kleiner) Behälter *m*, Dose *f*
hokkabaz *s* 1. Jongleur(in) *m(f)*, Zauberkünstler(in) *m(f)* 2. (*fig*) Gauner(in) *m(f)*, Schwindler(in) *m(f)*
hol (**-lü**) *s* 1. Flur *m*, Diele *f* 2. Hotelhalle *f*
holding *s* Konzern *m*
holigan *s* Hooligan *m*
Hollanda I. *s* Niederlande *pl*, Holland *nt* II. *adj* (*Art*) niederländisch, holländisch
Hollandalı I. *s* Holländer(in) *m(f)* II. *adj* (*Herkunft*) holländisch
Hollandaca *adj* (*Sprache*) niederländisch
hologram *s* Hologramm *nt*
homeopat (**-tı**) *s* Homöopath(in) *m(f)*
homeopatik *adj* homöopathisch
homojenizasyon *s* Homogenisierung *f*
homojenize *adj* homogenisiert; **~ etmek** homogenisieren (*-i* etw)
homoseksüalite *s* Homosexualität *f*
homoseksüel I. *adj* homosexuell II. *s* Homosexuelle(r) *m*
homurdanmak *vi* 1. (*Bär, Mensch*) brummen 2. (*Schwein*) grunzen
hoparlör *s* Lautsprecher *m*
hoplamak *vi* 1. (hoch)hüpfen 2. (*Herz*) heftig schlagen, pochen
hoppa *adj* leichtfertig, leichtsinnig
hoppalık (**-ğı**) *s* Leichtfertigkeit *f*, Leichtsinn *m*
hor *adj* (*fam*) mies; **~ bakmak** verachten (*-e*

jdn/etw); ~ **görmek** verachten (-*i* jdn/etw)
hora *s* türkischer Rundtanz
horlamak *vi, vt* 1. schnarchen 2. schikanieren (-*i* jdn)
hormon *s* Hormon *nt*
hormonal *adj* hormonell
horoz *s* Hahn *m;* ~ **kızartması** (gebratenes) Hähnchen *nt*
horozibiği (**-ni**) *s* 1. (*von Hahn*) Kamm *m* 2. (*Blume*) Hahnenkamm *m* 3. Amarant *m*
horozmantarı (**-nı**) *s* Pfifferling *m*
hortlak (**-ğı**) *s* Grabgespenst *nt,* Untote(r) *mf*
hortum *s* 1. (Elephanten)rüssel *m* 2. Schlauch *m*
hortumcu *s* Abzocker(in) *m(f)*
host (**-tu**) *s* (INFORM) Host *m*
hostel *s* Jugendherberge *f*
hostes *s* Stewardess *f*
hoş I. *adj* 1. angenehm, erfreulich 2. hübsch 3. eigenartig, sonderbar II. *konj* jedoch; ~ **geldiniz** herzlich willkommen; **hoşuna gitmek** gefallen (-*in* jdm)
hoşaf *s* Kaltschale *f;* **hoşafına gitmek** (*fam*) gefallen (-*in* jdm)
hoşça *adv* recht angenehm; ~ **kal!** mach's gut!
hoşgörmek *vt, vi* 1. tolerieren (-*i* jdn/etw) 2. verzeihen (-*i* etw) 3. ein Auge zudrücken
hoşgörmezlik (**-ği**) *s* Intoleranz *f*
hoşgörü *s* Nachsicht *f,* Toleranz *f*
hoşgörücü *adj* duldsam, nachsichtig, tolerant
hoşgörülü *adj* nachsichtig, tolerant
hoşgörüsüz *adj* intolerant
hoşlanma *s* 1. *Verbalsubstantiv zu* **hoşlanmak** 2. Gefallen *m*
hoşlanmak *vi* 1. mögen, Gefallen finden (-*den* an etw/jdn) 2. gern haben (-*den* etw/jdn)
hoşluk (**-ğu**) *s* 1. Annehmlichkeit *f* 2. Anmut *f*
hoşnut (**-tu**) *adj* 1. befriedigt, zufrieden (gestellt) 2. erfreut; ~ **etmek** zufrieden stellen, befriedigen, erfreuen (-*i* jdn)
hoşnutluk (**-ğu**) *s* Zufriedenheit *f,* Befriedigung *f*
hoşnutsuz *adj* unzufrieden
hoşnutsuzluk (**-ğu**) *s* Unzufriedenheit *f*
hoşsohbet (**-ti**) *adj* gesellig
hoşsohbetlik (**-ği**) *s* Geselligkeit *f*
hovarda I. *s* Lebemann *m* II. *adj* vergnügungssüchtig

hoyrat (**-tı**) I. *s* Grobian *m* II. *adj* 1. (*Mensch*) grob 2. ungeschickt, plump III. *adv* unachtsam
hödük (**-ğü**) I. *adj* dämlich II. *s* Rüpel *m,* Flegel *m*
höpürdetmek *vt* (*fam*) schlürfen (-*i* etw)
hörgüç (**-cü**) *s* (*von Kamel*) Höcker *m*
hörgüçlü deve *s* Dromedar *nt*
hububat (**-tı**) *s* Getreide *nt*
hudut (**-du**) *s* (*auch fig*) Grenze *f;* ~ **aşırı** grenzüberschreitend
hukuk (**-ku**) *s* 1. Recht *nt,* Rechtswesen *nt* 2. Rechtswissenschaft *f* 3. Zivilrecht *nt;* ~ **davası** Zivilprozess *m;* ~ **devleti** Rechtsstaat *m;* ~ **mahkemeleri düzeni** Zivilprozessordnung *f;* ~ **okumak** Jura studieren
hukukçu *s* Jurist(in) *m(f)*
hukuki *adj* juristisch; ~ **eşitlik** Rechtsgleichheit *f;* ~ **himaye** Rechtsschutz *m*
hulya *s* Einbildung *f,* Illusion *f*
hummalı *adj* 1. (MED) fiebrig 2. (*Arbeit*) fieberhaft
humus *s* Humus *m*
huni *s* Trichter *m*
hurda I. *s* 1. Alteisen *nt* 2. Abfälle *mpl* II. *adj* schrottreif
hurdacı *s* Altwarenhändler(in) *m(f),* Trödler(in) *m(f)*
hurma *s* Dattel *f;* ~ **ağacı** Dattelpalme *f*
husus *s* Angelegenheit *f*
hususunda *präp* in Bezug auf (... *akk*)
hususi *adj* 1. persönlich, privat 2. speziell
huşu (**-uu**) *s* 1. Demut *f* 2. (REL) Verbeugung *f* (*in Ehrfurcht und Liebe*)*;* ~ **içinde** andächtig
huy *s* 1. (*fam*) Charakter *m,* Gemüt *nt* 2. (*pej*) schlechte Angewohnheit
huysuz *adj* (*fam*) mürrisch, unleidlich
huzur *s* 1. (innere) Ruhe *f* 2. (persönliche) Anwesenheit *f;* ~ **içinde** in aller Ruhe; **huzura kabul** Audienz *f;* ... **huzurunda** im Beisein von ...
huzurevi (**-ni**) *s* Altersheim *nt*
huzurlu *adj* ruhig
huzursuz *adj* beunruhigt; ~ **etmek** beunruhigen (-*i* jdn); ~ **olmak** sich beunruhigen
huzursuzluk (**-ğu**) *s* 1. Beunruhigung *f,* Unbehagen *nt* 2. Unruhe *f*
hücre *s* 1. Zelle *f* 2. Einzelhaft *f*
hücum *s* 1. Offensive *f* 2. Vorstoss *m* 3. (Sturm)angriff *m* 4. Losstürmen *nt;* ~ **etmek** angreifen (-*e* jdn)

hükmetmek (-der) *vi* herrschen (-e über jdn)
hüküm (-kmü) *s* 1. Urteil *nt* 2. Vorschrift *f* 3. Herrschaft *f* 4. Gültigkeit *f;* ~ **giydirmek** verurteilen; ~ **sürmek** herrschen; ~ **vermek** urteilen, der Meinung sein
hükümdar *s* Herrscher(in) *m(f),* Monarch(in) *m(f)*
hükümet (-ti) *s* 1. Regierung *f* 2. Herrschaft *f;* ~ **başkanı** Regierungschef(in) *m(f);* ~ **darbesi** Putsch *m;* ~ **merkezi** Residenz *f,* Regierungssitz *m;* ~ **sözcüsü** Regierungssprecher(in) *m(f)*
hükümlü I. *adj* verurteilt II. *s* Strafgefangene(r) *mf*
hükümran *adj* souverän
hükümranlık (-ğı) *s* Souveränität *f*
hükümsüz *adj* ungültig
hümanist I. *adj* humanistisch II. *s* Humanist(in) *m(f)*
hümanizm *s* 1. Humanismus *m* 2. Humanität *f*
hüner *s* Kunstfertigkeit *f*
hüngür hüngür *adv* laut schluchzend; ~ **ağlamak** in Tränen ausbrechen
hür *adj* frei, unabhängig; ~ **demokrat** Freidemokrat *m;* ~ **fikirli** liberal
hürmet (-ti) *s* (*fam*) Respekt *m;* ~ **etmek** respektieren
hürriyet (-ti) *s* Freiheit *f*
hüsran *s* 1. Schaden *m* 2. schmerzliche Enttäuschung
hüsün (-snü) *s* Schönheit *f*
hüviyet (-ti) *s* 1. Identität *f* 2. Personalausweis *m*
hüzün (-znü) *s* Traurigkeit *f,* Schwermut *f*
hüzünlenmek *vi* traurig werden
hüzünlü *adj* melancholisch, schwermütig, traurig

I

I, ı *s elfter Buchstabe des türk. Alphabets*
ıhlamur *s* Linde *f*
ıhlamur çayı (-nı) *s* Lindenblütentee *m*
ılıca *s* 1. Heilbad *nt* 2. Thermalquelle *f*
ılık *adj* lauwarm
ılım *s* Ausgeglichenheit *f*
ılıman *adj* (*Klima*) mild
ılımlı *adj* maßvoll, gemäßigt
ırak *adj, adv* (*fam*) weit, fern
Irak (-kı) I. *s* Irak *m* II. *adj* (*Art*) irakisch
Iraklı I. *s* Iraker(in) *m(f)* II. *adj* (*Herkunft*) irakisch
ırk (-kı) *s* Rasse *f;* ~ **ayrımı** Rassentrennung *f*
ırkçı I. *s* Rassist(in) *m(f)* II. *adj* rassistisch
ırkçılık (-ğı) *s* Rassismus *m*
ırksal *adj* rassisch
ırmak (-ğı) *s* Fluss *m,* Strom *m*
ırz *s* Ehre *f,* Unbescholtenheit *f;* **ırzına geçmek** sexuell missbrauchen, vergewaltigen (-*in* jdn)
ısı *s* Temperatur *f,* Wärme *f;* ~ **beş derece** wir haben fünf Grad (über Null); **ısıya dayanıklı** hitzebeständig
ısınma *s* 1. *Verbalsubstantiv zu* **ısınmak** 2. Erwärmung *f*
ısınmak *vi* 1. sich erhitzen 2. warm werden 3. (*fig*) sich erwärmen (-*e* für jdn)
ısırgan I. *s* Brennnessel *f* II. *adj* brennend, beißend
ısırık (-ğı) *s* Bisswunde *f*
ısırma *s* 1. *Verbalsubstantiv zu* **ısırmak** 2. Biss *m* 3. (Insekten)stich *m*
ısırmak *vt* beißen (-*i* jdn)
ısıtılabilen *adj* beheizbar
ısıtılabilir *adj* heizbar
ısıtma *s* 1. *Verbalsubstantiv zu* **ısıtmak** 2. Heizung *f*
ısıtmak *vt* 1. *Kausativ zu* **ısınmak** 2. warm machen, aufwärmen (-*i* jdn/etw) 3. heizen (-*i* etw) 4. erhitzen (-*i* etw)
ıskonto *s* 1. Diskontierung *f* 2. Diskont *m* 3. Abzug *m,* (Preis)nachlass *m* 4. Rabatt *m;* ~ **etmek** abziehen, diskontieren (-*i* etw); ~ **fiyatı** Diskontsatz *m*
ıslak *adj* 1. nass 2. feucht
ıslaklık (-ğı) *s* 1. Nässe *f* 2. Feuchtigkeit *f*
ıslanmak *vi* nass/feucht werden
ıslatmak *vt* 1. *Kausativ zu* **ıslanmak** 2. nass machen (-*i* etw/jdn) 3. (*Wäsche*) einweichen (-*i* etw) 4. (*fam*) verprügeln (-*i* jdn)
ıslık (-ğı) *s* Pfiff *m;* ~ **çalmak** pfeifen; (*Schlange*) zischen

ıslıklamak *vt* auspfeifen (*-i* jdn)
ısmarlama *s* 1. *Verbalsubstantiv zu* **ısmarlamak** 2. Bestellung *f;* ~ **iş** Maßarbeit *f*
ısmarlamak *vt* bestellen (*-e -i* bei/für jdn etw)
ıspanak (**-ğı**) *s* Spinat *m*
ısrar *s* Beharrlichkeit *f;* ~ **etmek** bestehen, beharren (*-de* auf etw)
ısrarla *adv* hartnäckig, beharrlich
ısrarlı *adj* hartnäckig
ıssız *adj* einsam, unbewohnt
ıssızlık (**-ğı**) *s* 1. Einsamkeit *f* 2. Einöde *f*
ıstakoz *s* Hummer *m*
ıstavroz *s* Kreuz *nt;* ~ **çıkarmak** sich bekreuzigen
ıstırap (**-bı**) *s* 1. (*seelisch*) Leiden *nt* 2. Schmerz *nt,* Qual *f;* ~ **çekmek** (sehr) leiden
ıstıraplı *adj* leidvoll, schmerzhaft
ışık (**-ğı**) *s* 1. Licht *nt* 2. Lichtschein *m* 3. Lampe *f,* Licht *nt* 4. Beleuchtung *f;* ~ **hızı** Lichtgeschwindigkeit *f;* ~ **işareti** Lichtsignal *nt;* ~ **saçmak** leuchten; ~ **vermek** scheinen; (*Licht spenden*) beleuchten; ~ **yılı** Lichtjahr *nt*
ışıklama *s* 1. *Verbalsubstantiv zu* **ışıklamak** 2. Belichtung *f;* ~ **süresi** Belichtungszeit *f*
ışıklamak *vt* belichten (*-i* etw)
ışıklandırma *s* 1. *Verbalsubstantiv zu* **ışıklandırmak** 2. Beleuchtung *f*
ışıklandırmak *vt* beleuchten (*-i* etw)
ışıklı *adj* 1. hell 2. leuchtend, licht; ~ **boya** Leuchtfarbe *f;* ~ **reklam** Lichtreklame *f*
ışıkölçer *s* Belichtungsmesser *m*
ışıldak (**-ğı**) *s* Scheinwerfer *m*
ışıl ışıl *adv* 1. strahlend, glänzend, leuchtend 2. funkelnd
ışıldamak *vi* 1. leuchten, glänzen 2. funkeln
ışımak *vi* (*Licht*) strahlen
ışın *s* Lichtstrahl *m*
ıvır zıvır *s* (*fam*) Kram *m,* (wertloses) Zeug *nt*
ızgara I. *s* 1. Grill *m,* Bratrost *m* 2. Gitter *nt,* Rost *m;* ~ **kavı** Grillanzünder *m* II. *adj* gegrillt, vom Rost

İ

i, İ *s zwölfter Buchstabe des türk. Alphabets*
iade *s* 1. Rückgabe *f* 2. Rücksendung *f* (an den Absender) 3. Auslieferung *f* (von Verbrechern); ~ **etmek** zurückerstatten, zurückgeben (*-i* etw); (*Verbrecher*) ausliefern (*-i* jdn); ~ **ücreti** Rückporto *nt*
iane *s* Spende *f;* ~ **toplama** (*in der Kirche*) Kollekte *f*
ibadet (**-ti**) *s* 1. Gottesdienst *m* 2. Andachtsübung *f;* ~ **etmek** Gott anbeten, Andacht halten
ibadethane *s* Gotteshaus *nt*
ibaret olmak *vi* bestehen aus (*-den* aus etw)
ibik (**-ği**) *s* (Hahnen)kamm *m*
iblis *s* Satan *m,* Teufel *m*
ibne I. *adj* (*vulg*) schwul II. *s* (*vulg*) Schwule(r) *m* (*beleidigendes Schimpfwort*)
İbrani I. *s* Hebräer(in) *m(f)* II. *adj* (*Art*) hebräisch
İbranice *adj* (*Sprache*) hebräisch
ibre *s* 1. Magnetnadel *f* 2. (TECH) Zeiger *m*
ibret (**-ti**) *s* Warnung *f,* Lehre *f*
ibrik (**-ği**) *s* Kanne *f*
icap (**-bı**) *s* Notwendigkeit *f,* Erfordernis *f;* ~ **etmek** nötig sein; **icabına göre** je nachdem; **icabında** bei Bedarf, gegebenenfalls
icat (**-dı**) *s* 1. Erfindung *f* 2. Erdichtung *f;* ~ **etmek** erfinden, erdichten (*-i* etw)
icatçı I. *adj* erfinderisch II. *s* Erfinder(in) *m(f)*
icra *s* 1. Durchführung *f* 2. Ausübung *f* 3. Vollstreckung *f* 4. (MUS) Interpretation *f;* ~ **etmek** ausüben; (*durchführen*) ausführen; (JUR) vollstrecken; (MUS) interpretieren (*-i* etw); ~ **memuru** Gerichtsvollzieher *m*
iç (**-çi**) I. *s* 1. (*Innenteil*) Inneres *nt* 2. Seele *f* 3. Füllung *f* II. *adj* 1. innere(r, s) 2. innerlich 3. intern 4. inländisch; ~ **açıcı** aufheiternd; **İç Anadolu** Mittelanatolien *nt;* ~ **avlu** Innenhof *m;* ~ **çamaşırı** Unterwäsche *f;* ~ **deniz** Binnenmeer *m;* ~ **göç** Binnenmigration *f;* ~ **hastalıkları** innere Krankheiten *pl;* ~ **içe** ineinander gehend; ~ **kanama** Bluterguss *m;* ~ **lastik** (*Fahrrad-, Auto-*) Schlauch *m;* ~ **piyasa** Binnenmarkt *m;* ~ **politika** In-

nenpolitik *f;* ~ **savaş** Bürgerkrieg *m;* ~ **sıkıntısı** (innere) Unruhe *f;* ~ **ticaret** Binnenhandel *m;* **içi rahat olmak** ein gutes [*o* ruhiges] Gewissen haben; **içini çekmek** seufzen; **birine içini dökmek** jdm sein Herz ausschütten

içecek (**-ği**) I. *s* Getränk *nt* II. *adj* trinkbar

içedönük *adj* introvertiert

içeri (**-yi, -si**) I. *s* Innere(s) *nt* II. *adj* innere(r, s) III. *adv* nach innen; ~ **almak** eintreten lassen, einlassen (*-i* jdn); ~ **gelmek** hereinkommen; ~ **girmek** hineingehen

içer(i)de *adv* drinnen

içeriden *adv* von innen

içerik (**-ği**) *s* Gehalt *m*

içerisinde I. *adv* drinnen II. *präp* in (*-in dat*)

içerisine I. *adv* hinein II. *präp* in, in ... hinein (*-in akk*)

içeriye *adv* herein; (*fam*) rein; ~ **almak** hereinlassen (*-i* jdn); ~ **dalmak** hereinstürzen

içermek *vt* beinhalten (*-i* etw)

içgüdü (**-nü**) *s* Instinkt *m*

içgüdüsel *adj* instinktiv

içi (**-ni**) *adj* inner-; **parti** ~ innerparteilich

içil(ebil)ir *adj* trinkbar

için I. *präp* 1. für 2. über, betreffend 3. (*beim Schwören*) bei, auf 4. wegen; ~ ~ innerlich; **benim/senin** ~ für mich/dich; **bunun** ~ deswegen II. *konj* 1. da, weil 2. damit, um zu; **bana yardım ettiği** ~ weil er mir geholfen hat; **yaşamak** ~ **çalışıyoruz** wir arbeiten um zu leben; **beni gör(me)mesi için** damit er mich (nicht) sieht

içinde I. *präp* 1. (*örtlich*) in (*-in dat*) 2. innerhalb (*-in gen*) 3. zwischen, unter (*-in dat*) II. *adv* innen, drinnen

içindekiler *s* Inhaltsverzeichnis *nt*

içinden *präp* aus, aus ... hervor, aus ... heraus (*-in dat*); ~ **almak** herausnehmen (*-i -in* etw aus etw)

içine I. *präp* (*Richtung*) in, in ... hinein (*-in akk*); ~ **çekmek** hineinziehen, inhalieren (*-i* etw); ~ **işlemek** zutiefst rühren (*-in* jdn); (*Regen*) durchdringen (*-in* etw) II. *adv* hinein

içip bitirmek *vt* austrinken (*-i* etw)

içirmek *vt* 1. *Kausativ zu* **içmek** 2. zu trinken geben (*-e -i* jdm etw)

içişleri (**-ni**) *s pl* innere Angelegenheiten *pl*

İçişleri Bakanlığı *s* Innenministerium *nt*

içitim *s* Injektion *f*

içki *s* 1. (alkoholisches) Getränk *nt* 2. Alkoholkonsum *m;* ~ **fabrikası** Brennerei *f;* ~ **içmek** (etwas Alkoholisches) trinken

içkili I. *s* Restaurant *nt* mit Alkoholausschank II. *adj* (*Mensch*) angetrunken

içli *adj* 1. (*Nüsse, Pistazien*) innen voll 2. empfindlich

içlidışlı *adj* 1. (*fam*) vertraut, familiär 2. intim

içme *s* 1. *Verbalsubstantiv zu* **içmek** 2. ~ **suyu** Trinkwasser *nt*

içmek (**-er**) *vt* 1. trinken (*-i* etw) 2. (*Zigaretten*) rauchen (*-i* etw) 3. zechen 4. (*Suppe*) essen (*-i* etw) 5. einsaugen (*-i* etw); **ne içmek istiyorsunuz?** was möchten Sie trinken?

içmeler *s pl* Heilbad *nt*, Kurort *m*

içmimar *s* Innenarchitekt(in) *m(f)*

içmimarlık (**-ğı**) *s* Innenarchitektur *f*

içten *adj* 1. herzlich, innig 2. offen, aufrichtig; ~ **selamlar** freundliche Grüße

içtenlik (**-ği**) *s* 1. Herzlichkeit *f* 2. Offenheit *f*, Aufrichtigkeit *f*; **bütün içtenlikle** von ganzem Herzen

içtepi *s* Impuls *m*

içtüzük *s* Hausordnung *f*

içyağı (**-nı**) *s* Talg *m*

içyüz *s* tiefere Bedeutung, wirkliche Ursache; **içyüzünü anlamak** die tiefere Bedeutung verstehen; (*fig*) durchschauen (*-in* etw)

idam *s* Hinrichtung *f;* ~ **cezası** Todesstrafe *f;* ~ **etmek** hinrichten (*-i* jdn); ~ **kararı** [*o* **hükmü**] Todesurteil *nt*

idare *s* 1. Leitung *f*, Führung *f* 2. Verwaltung *f* 3. (*eines Autos*) Lenkung *f* 4. Haushalten *nt;* **idare etmek** leiten, führen; (MUS) dirigieren; (TECH) bedienen; (*Auto*) steuern (*-i* etw); (*genügen*) reichen; (*rationell wirtschaften*) haushalten, vorsichtig behandeln (*-i* etw)

idareci *s* Leiter(in) *m(f)*, Verwalter(in) *m(f)*

idareli *adj* 1. (*beim Essen und Trinken*) genügsam 2. (*Mensch*) sparsam 3. mit Verwaltung

idaresiz *adj* 1. ohne Verwaltung 2. unwirtschaftlich

iddia *s* 1. Behauptung *f* 2. Trotz *m* 3. Anklage *f;* ~ **etmek** behaupten (*-i* etw); **iddiaya var mısın?** wetten (dass)?

iddialı *adj* 1. anspruchsvoll 2. strittig

iddiasız *adj* anspruchslos

ideal (**-li**) I. *adj* ideal II. *s* Ideal *nt;* ~ **kilo** Idealgewicht *nt*

idealist (**-ti**) I. *s* Idealist(in) *m(f)* II. *adj* idea-

listisch
idealizm s Idealismus m
ideoloji s Ideologie f
ideolojik (**-ği**) adj ideologisch
idman s 1. Training nt 2. Turnen nt
idrak (**-ki**) s 1. Wahrnehmung f 2. Verständnis nt; ~ **etmek** wahrnehmen, verstehen, begreifen (-i etw)
idrar s Urin m, Harn m
ifade s 1. Ausdruck m, Ausdrucksweise f 2. Aussage f, Äußerung f 3. Stil m; ~ **etmek** zum Ausdruck bringen, ausdrücken; (*Meinung*) äußern; (*erklären*) aussagen (-i etw); ~ **vermek** eine Aussage machen; **ifadesini almak** (*Zeugen*) vernehmen (-in jdn)
ifadeli adj ausdrucksvoll
iffet (**-ti**) s Keuschheit f, Reinheit f
iffetli adj keusch
iflas s 1. Bankrott m, Konkurs m, Pleite f 2. (*fig*) Zusammenbruch m; ~ **etmek** Bankrott machen; (*fig*) zusammenbrechen
ifrat (**-tı**) s Übermaß nt; ~ **derecede** im Übermaß; **bir şeyi ifrata vardırmak** etwas auf die Spitze treiben
ifrazat (**-tı**) s Ausscheidung f
ifrit (**-ti**) s Dämon m
ifşa s Verraten nt; ~ **etmek** verraten (-i etw)
iftar s 1. Ende nt eines Fastentages 2. Abendessen nt im Ramadan
iftihar s Stolz m; ~ **etmek** stolz sein (*ile* auf jdn/etw)
iftira s 1. Verleumdung f 2. Unterstellung f; ~ **atmak** [*o* **etmek**] verleumden (-e jdn)
iğfal (**-li**) s 1. Verführung f 2. Täuschung f; ~ **etmek** verführen; (*betrügen*) täuschen (-i jdn)
iğne s 1. (Näh)nadel f 2. Brosche f 3. Spritze f 4. Stachel m 5. Zeiger m 6. Angelhaken m; ~ **deliği** Nadelöhr nt; (*beim Nähen*) Stich m; ~ **kazısı** Radierung f; ~ **yapmak** [*o* **vurmak**] eine Spritze geben (-e jdm); ~ **yapraklı** (**ağaç**) Nadelbaum m
iğneleme s 1. *Verbalsubstantiv zu* **iğnelemek** 2. (*fig*) Stichelei f
iğnelemek vt 1. (*mit Nadel*) anheften (-i -e etw an etw) 2. (*fam*) sticheln (-i jdn)
iğrenç (**-ci**) adj 1. abscheulich, ekelhaft 2. unappetitlich
iğrendirmek vt 1. *Kausativ zu* **iğrenmek** 2. anekeln (-i jdn)
iğrenmek vr sich ekeln (-den vor etw/jdn)
iğrenti s Ekel m

iğreti adj 1. provisorisch 2. falsch, künstlich 3. nicht richtig befestigt
ihale s 1. (*bei Ausschreibungen*) Zuschlag m 2. Auftragsvergabe f; ~ **etmek** (*bei Auftrag*) zuschlagen; (*Aufgabe*) übertragen (-i -e etw jdm)
ihanet (**-ti**) s 1. Verrat m 2. (*in der Ehe*) Untreue f; ~ **etmek** verraten; (*auch in der Ehe*) betrügen (-e jdn)
ihbar s 1. (JUR) Anzeige f 2. Benachrichtigung f; ~ **etmek** anzeigen (-i -e jdn bei jdm); (*mitteilen*) melden (-e -i jdm etw); **ihbarda bulunmak** Anzeige erstatten
ihlil s Harnröhre f
ihmal (**-li**) s 1. Vernachlässigung f 2. Fahrlässigkeit, f 3. Nachlässigkeit f; ~ **etmek** vernachlässigen; (*versäumen*) unterlassen (-i etw)
ihmalci adj fahrlässig
ihmalcilik (**-ği**) s Fahrlässigkeit f
ihracat (**-tı**) s Export m, Ausfuhr f
ihracatçı s Exporteur(in) m(f)
ihraç (**-cı**) s 1. Export m 2. (*aus einer Gemeinschaft*) Ausschluss m; ~ **etmek** exportieren, ausführen (-i etw); (*aus einer Gemeinschaft*) ausschließen (-i jdn)
ihtar s 1. Mahnung f, Warnung f 2. Verwarnung f; ~ **etmek** erinnern (-e -i jdn an etw), verwarnen (-e/-i jdn); ~ **grevi** Warnstreik m
ihtilaf s 1. Streitfall m 2. Meinungsverschiedenheit f
ihtilal (**-li**) s Revolte f, Aufstand m
ihtimal (**-li**) s 1. Wahrscheinlichkeit f 2. Aussicht f
ihtimam s 1. Sorgfalt f 2. Fürsorge f
ihtiras s 1. Leidenschaft f 2. Begeisterung f 3. Ehrgeiz m 4. (*pej*) Begierde f
ihtisas s 1. Sachkenntnis f 2. fachwissenschaftliche Ausbildung; ~ **alanı** Fachgebiet nt; ~ **literatürü** Fachliteratur f
ihtişam s Prunk m
ihtiyaç (**-cı**) s 1. Bedarf m 2. Notwendigkeit f, Bedürfnis nt 3. Bedürftigkeit f; **yardıma ihtiyacım var** ich brauche Hilfe
ihtiyar I. adj alt II. s alter Mann, alte Frau
ihtiyarlamak vi 1. alt werden 2. altersschwach werden
ihtiyarlık (**-ğı**) s 1. (Greisen)alter nt 2. Altersschwäche f
ihtiyat (**-tı**) s 1. Behutsamkeit f, Vorsicht f 2. Reserve f
ihtiyatlı adj vorsichtig, behutsam

ikamet (**-ti**) *s* Aufenthalt *m;* ~ **beyannamesi** (polizeiliche) Anmeldung *f;* ~ **etmek** wohnen (*-de* in etw)

ikaz *s* Mahnung *f;* ~ **etmek** mahnen, warnen (*-i* jdn); ~ **üçgeni** Warndreieck *nt*

iki *num* zwei; ~ **yüz** zweihundert; ~ **bin** zweitausend; ~ **buçuk** zweieinhalb; ~ **defa** [*o* **kere**] zweimal; ~ **dilli** (*Person*) zweisprachig; ~ **dillilik** Zweisprachigkeit *f;* ~ **günde bir** alle zwei Tage; ~ **hafta sonra bugün** heute in vierzehn Tagen; ~ **kat** zweifach, doppelt; ~ **katı** das Doppelte; ~ **katına çıkarmak** verdoppeln (*-i* etw); ~ **katlı** zweistöckig; ~ **katlı yatak** Etagenbett *nt;* ~ **kişilik yatak** Doppelbett *nt;* ~ **misli** [*o* **katı**] zweifach, doppelt so viel; ~ **nokta** (**üstüste**) Doppelpunkt *m;* ~ **tabanlı sayı** Binärzahl *f;* ~ **taraflı** beiderseits, zweiseitig; (*Messer*) zweischneidig; (*Abkommen*) bilateral; ~ **türlü** zweierlei; ~ **ucunu bir araya getirmek** (*fam*) unter einen Hut bringen, wirtschaftlich auskommen; ~ **yataklı oda** Doppelzimmer *nt;* ~ **yüz** zweihundert; **ikimiz** wir beide; **ikiye ayırmak** (in zwei Teile) zerlegen (*-i* etw); **ikiye bölmek** halbieren, (in zwei Teile) zerlegen (*-i* etw)

ikilem *s* Dilemma *nt*

ikili *adj* 1. Zweier- 2. (MATH) binär; ~ **ilişki** Zweierbeziehung *f;* ~ **sayı sistemi** Zweiersystem *nt,* Binärsystem *nt;* ~ **tabandaki sayı** Binärzahl *m*

ikinci *adj* zweite(r, s); ~ **olarak** als zweite(r); **ikincisi** zweitens

İkinci Dünya Savaşı (**-nı**) *s* der Zweite Weltkrieg

ikincil *adj* sekundär

ikindi *s* 1. *Zeit des Nachmittagsgebets* 2. Nachmittagsgebet *nt* 3. (*fam*) Nachmittag *m*

ikişer *adv* je zwei; ~ ~ in Zweiergruppen

ikiyüzlü I. *adj* 1. (*Messer*) zweischneidig 2. (*Stoff*) zweiseitig 3. (*fam*) heuchlerisch II. *s* Heuchler(in) *m(f)*

ikiyüzlülük (**-ğü**) *s* 1. Zweischneidigkeit *f* 2. Zweiseitigkeit *f* 3. (*fam*) Heuchelei *f;* ~ **etmek** heucheln

ikiz *s* Zwilling *m,* Zwillinge *mpl*

İkizler (**burcu**) *s pl* (*Sternzeichen*) Zwillinge *pl*

iklim *s* Klima *nt;* ~ **değişikliği** Klimaveränderung *f*

iklimsel *adj* klimatisch

ikmal (**-li**) *s* 1. Vollendung *f* 2. Nachschub *m;* ~ **sınavı** [*o* **imtihanı**] (*Schule*) Nachprüfung *f*

ikna *s* 1. Überreden *nt* 2. Überzeugen *nt;* ~ **etmek** überreden, überzeugen (*-i -e* jdn von etw)

ikon *s* Ikone *f*

ikram *s* 1. (reichliche) Bewirtung *f* 2. (Preis)nachlass *m;* ~ **etmek** bewirten (*-e* jdn); (*dem Gast etw*) anbieten; (*dem Käufer*) einen Nachlass gewähren; (*ausgeben*) spendieren (*-e -i* jdm etw)

ikramiye *s* 1. Gratifikation *f* 2. Lotteriegewinn *m*

iksir *s* Elixier *nt*

iktidar *s* 1. Macht *f* 2. Staatsführung *f* 3. (sexuelle) Potenz *f;* ~ **kavgası** Machtkampf *m;* **iktidara geçmek** die Macht ergreifen; **iktidara gelmek** an die Macht kommen; **iktidarda olmak** an der Macht sein

iktidarsız *adj* 1. impotent 2. machtlos

iktidarsızlık (**-ğı**) *s* 1. Impotenz *f* 2. Machtlosigkeit *f*

iktisadi *adj* 1. wirtschaftlich, Wirschafts- 2. ökonomisch, sparsam; ~ **durum** Wirtschaftslage *f*

iktisat (**-dı**) *s* 1. Wirtschaft *f,* Ökonomie *f* 2. Wirtschaftswissenschaft *f* 3. Sparsamkeit *f;* **İktisat Bakanlığı** Wirtschaftsministerium *nt;* ~ **danışmanı** Wirtschaftsberater *m;* ~ **politikası** Wirtschaftspolitik *f*

iktisatçı *s* 1. Volkswirt(in) *m(f)* 2. Wirtschaftswissenschaftler(in) *m(f)*

il *s* 1. (*Verwaltungsbezirk*) Provinz *f* 2. Regierungsbezirk *m*

ilaç (**-cı**) *s* Medikament *nt,* Medizin *f*

ilah *s* Gott *m*

ilahe *s* Göttin *f*

ilahi I. *s* Gebetshymne *f* II. *adj* göttlich III. *interj* oh Gott!

ilahiyat (**-tı**) *s* Theologie *f*

ilahiyatçı *s* Theologe, -gin *m, f*

ilan *s* 1. Bekanntgabe *f* 2. Ansage *f* 3. Inserat *nt,* Anzeige *f* 4. (öffentlicher) Aufruf *m* 5. Proklamierung *f,* Ausrufung *f* 6. Erklärung *f;* ~ **etmek** bekannt geben, bekannt machen; (*Stelle, Projekt*) ausschreiben, inserieren; (*proklamieren*) ausrufen; (*Krieg*) erklären (*-i* etw)

ilave *s* 1. Hinzufügung *f* 2. Zusatz *m* 3. Anhang *m* 4. Anbau *m* 5. Beilage *f;* ~ **etmek** hinzufügen, beilegen; (*an Haus*) anbauen (*-i*

-e etw an etw)
ilçe *s* Landkreis *m*
ile **I.** *präp* mit **II.** *konj* (... *dat*) und
ilenç (**-ci**) *s* Fluch *m*
ilenmek *vi* verfluchen (*-e* jdn)
ileri **I.** *adv* nach vorne **II.** *interj* vorwärts! **III.** *adj* 1. vordere(r, s) 2. spätere(r, s) 3. (*Uhr*) vorgehend 4. fortschrittlich **IV.** *s* 1. weiterer Verlauf 2. (*fig*) Zukunft *f*; ~ **gelen** angesehen; ~ **gelmek** herrühren (*-den* von etw); ~ **gitmek** Fortschritte machen; (*fig*) zu weit gehen; (*Uhr*) vorgehen; ~ **sürmek** nach vorne schieben; (*Idee*) zur Sprache bringen (*-i* etw)
ilerici *adj* fortschrittlich
ileride *adv* 1. in Zukunft, künftig 2. vorn(e)
ileriye *adv* 1. nach vorn(e) 2. vorwärts
ilerleme *s* 1. *Verbalsubstantiv zu* **ilerlemek** 2. Fortschritt *m*
ilerlemek *vi* 1. vorwärts gehen 2. Fortschritte machen 3. vorankommen 4. vordringen 5. vorgehen 6. vorrücken 7. an Intensität zunehmen 8. weitergehen
ileti *s* Botschaft *f*, Meldung *f*
iletim *s* (INET) Forwarden *nt*
iletişim *s* Kommunikation *f*; ~ **yuvası** (INFORM) COM-Port *m*
iletken *s* (*Material*) leitend
iletki *s* Winkelmesser *nt*
iletmek *vt* 1. (*Nachricht*) (weiter)leiten (*-i -e* etw an jdn) 2. (*Strom, Wärme*) leiten (*-i* etw)
ilgeç (**-ci**) *s* Partikel *f*
ilgi *s* 1. Interesse *nt* 2. Beziehung *f* 3. (*in Briefen*) Betreff *m*
ilgilendirmek *vt* 1. *Kausativ zu* **ilgilenmek** 2. jds Interesse wecken für (*-i ile* jds für etw) 3. betreffen, angehen, kümmern (*-i* jdn)
ilgilenmek *vr* 1. sich interessieren (*ile* für etw/jdn) 2. sich kümmern (*ile* um etw/jdn)
ilgili *adj* 1. interessiert (*ile* an etw/jdn) 2. betreffend (*ile* etw/jdn) 3. zuständig (*ile* für etw) 4. zusammenhängend (mit) (*ile* mit etw)
ilginç (**-ci**) *adj* interessant
ilgisiz *adj* 1. teilnahmslos, ohne Interesse 2. gleichgültig, unbeteiligt 3. ohne Zusammenhang (*ile* mit etw)
ilgisizlik (**-ği**) *s* 1. Interesselosigkeit *f* 2. Gleichgültigkeit *f*, Desinteresse *nt* 3. Zusammenhanglosigkeit *f*
ilhak (**-kı**) *s* 1. Eingliederung *f* 2. Annexion *f*; ~ **etmek** eingliedern; (POL) annektieren (*-i* etw)
ilham *s* Inspiration *f*; ~ **perisi** Muse *f*
ilik (**-ği**) *s* 1. Knochenmark *nt* 2. Knopfloch *nt*
iliklemek *vt* (zu)knöpfen (*-i* etw)
ilim (**-lmi**) *s* 1. Wissenschaft *f* 2. Wissen *nt*; ~ **adamı** Wissenschaftler(in) *m(f)*
ilinti *s* 1. Verhältnis *nt* 2. Zusammenhang *m*
ilişik *adj* 1. beiliegend, beigefügt (*-e* einer Sache) 2. betreffend (*-e* etw/jdn); ~ **olarak** anbei
ilişki *s* 1. Kontakt *m* 2. (intimes) Verhältnis *nt* 3. Zusammenhang *m*
ilişkin *adj* betreffend (*-e* etw/jdn)
ilişkisel *adj*: ~ **veritabanı** (INFORM) relationale Datenbank *f*
ilişmek *vt* 1. hängen bleiben (*-e* an etw) 2. berühren (*-e* etw) 3. (*fam*) belästigen (*-e* jdn) 4. sich (vorübergehend) setzen
iliştirmek *vt* 1. *Kausativ zu* **ilişmek** 2. anheften (*-i -e* etw an etw) 3. (*Datei*) anfügen (*-i -e* etw an etw)
ilk (**-ki**) *adj* 1. anfänglich 2. erste(r, s) 3. nächste(r, s) 4. primär; ~ **baştan** von vornherein; ~ **defa(da)**, ~ **defa** (**olarak**) zum ersten Mal; ~ **elden** aus erster Hand; ~ **önce** zuerst, zunächst; ~ **yardım** erste Hilfe
ilkbahar *s* Frühling *m*, Frühjahr *nt*
ilkçağ *s* 1. Altertum *nt* 2. Urzeit *f*
ilke *s* 1. Element *nt* 2. Prinzip *nt*
ilkel *adj* 1. ursprünglich 2. primitiv
ilkin *adv* anfangs, zuerst
ilkokul *s* Grundschule *f*; ~ **öğretmeni** Grundschullehrer(in) *m(f)*
ilmi *adj* wissenschaftlich
ilmi (**-ni**) *s Possessivform zu* **ilim** die Wissenschaft von ...
ilmik (**-ği**) *s* Knoten *m*, Schlinge *f*
iltica *s* Zuflucht *f*, Asyl *nt*; ~ **etmek** Zuflucht suchen; (POL) um Asyl bitten (*-e* bei jdm); ~ **hakkı** Asylrecht *nt*
iltifat (**-tı**) *s* 1. Liebenswürdigkeit *f* 2. Kompliment *nt*
iltimas *s* Protektion *f*
iltihap (**-bı**) *s* Entzündung *f*
ima *s* (versteckte) Andeutung *f*, Anspielung *f*; ~ **etmek** andeuten (*-e* etw)
imaj *s* 1. Image *nt* 2. Vorstellung *f* 3. Bild *nt*
imal (**-li**) *s* Herstellung *f*, Fertigung *f*; ~ **etmek** herstellen (*-i* etw)
imalat (**-tı**) *s* Produktion *f*; ~ **fiyatı** Herstell-

imalatçı lungskosten *pl;* ~ **sanayii** verarbeitende Industrie *f*
imalatçı *s* Hersteller(in) *m(f)*
imalathane *s* Werk *nt,* Fabrik *f*
imam *s* Imam *m,* islamischer Geistliche(r) *m;* ~ **hatip okulu** *Schule zur Ausbildung islamischer Geistlicher*
imambayıldı *s ein kaltes Auberginengericht*
iman *s* Glaube *m* (-*e* an etw)
imansız *adj* 1. gottlos 2. erbarmungslos
imansızlık (**-ğı**) *s* Gottlosigkeit *f*
imar *s* Bebauung *f;* ~ **etmek** bebauen (-*i* etw)
imdat (**-dı**) I. *s* Hilfe *f* II. *interj* Hilfe!; ~ **kapısı** Notausgang *m;* ~ **kızağı** Notrutsche *f;* ~ **freni** Notbremse *f*
imge *s* 1. Trugbild *nt* 2. Wunschtraum *m*
imgelem *s* Vorstellungskraft *f,* Vorstellungsvermögen *nt*
imha *s* Zerstörung *f,* Vernichtung *f;* ~ **etmek** zerstören, vernichten (-*i* etw/jdn)
imitasyon *s* Imitation *f*
imkan *s* Möglichkeit *f;* ~ **vermek** ermöglichen
imkansız *adj* unmöglich
imkansızlık (**-ğı**) *s* Unmöglichkeit *f*
imla *s* Orthografie *f,* Rechtschreibung *f;* ~ **hatası** Rechtschreibfehler *m*
imleç (**-ci**) *s* (INFORM) Cursor *m*
imparator *s* Kaiser *m*
imparatoriçe *s* Kaiserin *f*
imparatorluk (**-ğu**) *s* Kaiserreich *nt*
imrenmek *vi* 1. Appetit haben (-*e* auf etw) 2. beneiden (-*e* jdn)
imsak (**-ki**) *s täglicher Fastenbeginn im Ramadan*
imsakiye *s* Ramadankalender *m*
imtihan *s* Prüfung *f,* Examen *nt;* ~ **etmek** prüfen (-*i* jdn); ~ **komisyonu** Prüfungskommission *f*
imtiyaz *s* 1. Privileg *nt,* Vorrecht *nt* 2. Konzession *f*
imtiyazlı *adj* 1. privilegiert 2. konzessioniert
imza *s* Unterschrift *f;* ~ **etmek** unterzeichnen, unterschreiben (-*i* etw)
imzalamak *vt* unterschreiben, unterzeichnen (-*i* etw)
in *s* Höhle *f* (*eines Tieres*)
inal *s* Vertrauensperson *f*
inan *s* Glaube *m* (-*e* an etw)
inanca *s* Bürgschaft *f,* Garantie *f*
inanç (**-cı**) *s* Glaube *m*
inançlı *adj* gläubig
inandırıcı *adj* glaubhaft, überzeugend
inandırmak *vt* 1. *Kausativ zu* **inanmak** 2. überreden (-*i* -*e* jdn zu etw) 3. überzeugen (-*i* -*e* jdn von etw)
inanılır *adj* 1. glaubhaft, glaubwürdig 2. zuverlässig
inanılmaz *adj* 1. unglaublich 2. unglaubwürdig
inanmak *vi* 1. glauben (-*e* an etw) 2. Glauben schenken (-*e* jdm)
inat (**-dı**) I. *s* (*fam*) 1. Hartnäckigkeit *f* 2. Starrköpfigkeit *f;* ~ **etmek** trotzig sein, bestehen (auf) (-*de* auf etw) II. *präp* zum Trotz (-*e dat*)
inatçı I. *adj* (*fam*) eigensinnig, dickköpfig II. *s* Dickkopf *m*
inatçılık (**-ğı**) *s* (*fam*) Hartnäckigkeit *f,* Dickköpfigkeit *f,* Eigensinn *m*
ince *adj* 1. dünn, schlank 2. (*Sand*) fein 3. höflich, freundlich 4. (*Stimme*) hell 5. (*sanft*) leise 6. zierlich, zart 7. (*Mensch*) feinfühlig 8. (*Schmerz*) stechend 9. (*Vokal*) hell; ~ **bağırsak** Dünndarm *m;* ~ **duygulu** einfühlsam; ~ **ruhlu** feinfühlig; **inceden inceye** gründlich
inceleme *s* 1. *Verbalsubstantiv zu* **incelemek** 2. Erforschung *f* 3. Untersuchung *f,* Prüfung *f* 4. Studie *f*
incelemek *vt* 1. erforschen (-*i* etw) 2. untersuchen, prüfen (-*i* etw) 3. (*Unterlagen*) studieren (-*i* etw) 4. (*Thema*) abhandeln (-*i* etw) 5. (*Thema, Fall*) bearbeiten (-*i* etw)
incelik (**-ği**) *s* 1. Schlankheit *f* 2. Höflichkeit *f,* Freundlichkeit *f* 3. Feinheit *f* 4. Feingefühl *nt,* Takt *m*
incelmek *vi* 1. dünn werden 2. schlank(er) werden 3. (*Säule*) sich verjüngen 4. (*Ton*) in die Höhe gehen 5. sich verfeinern
inceltmek *vt* 1. *Kausativ zu* **incelmek** 2. verfeinern (-*i* etw)
inci I. *s* Perle *f* II. *adj* aus Perlen bestehend
inciçiçeği (**-ni**) *s* Maiglöckchen *nt*
İncil *s* 1. Bibel *f* 2. Neues Testament
incinmek *vi* 1. gekränkt sein (-*den* wegen etw/jdm) 2. sich verstauchen
incir *s* Feige *f;* ~ **ağacı** Feigenbaum *m*
incitmek *vt* 1. *Kausativ zu* **incinmek** 2. kränken, beleidigen (-*i* jdn) 3. verstauchen, prellen (*ayağını* sich/jdm den Fuß)
inç (**-çi**) *s* (*Maß*) Zoll *m*
indifa *s* (Vulkan)ausbruch *m*

indirgemek vt vereinfachen, reduzieren (-*i* -*e* etw auf etw)
indirim s Ermäßigung f
indirme s 1. *Verbalsubstantiv zu* **indirmek** 2. (INET) Herunterladen nt, Download m
indirmek vt 1. *Kausativ zu* **inmek** 2. (*Mitfahrenden*) absetzen (-*i* jdn) 3. abstellen (-*i* -*e* etw auf etw) 4. ermäßigen, senken (-*i* etw) 5. herunterholen (-*i* -*den* etw von etw) 6. (INET) herunterladen, downloaden (-*i* etw); **yüzüne bir tokat ~** jdm eine Ohrfeige verpassen
inek (-ği) s 1. Kuh f 2. (*fam*) Streber(in) m(f); **~ ahırı** Kuhstall m; **~ gübresi** Kuhfladen m
ineklemek vi (*fam*) pauken, büffeln
infaz s 1. Ausführung f 2. (*eines Urteils*) Vollstreckung f; **~ etmek** ausführen; (*Urteil*) vollstrecken (-*i* etw)
infilak (-ki) s Explosion f; **~ etmek** explodieren
infüzyon s Infusion f
İngiliz I. s Engländer(in) m(f) II. adj (*Art, Herkunft*) englisch; **~ anahtarı** (*Werkzeug*) Engländer m
İngilizce s (*Sprache*) Englisch nt
İngiltere I. s England nt II. adj (*Art*) englisch
İngiltereli I. s Engländer(in) m(f) II. adj (*Herkunft*) englisch
inilti s Seufzer m
iniş s 1. Abstieg m 2. Ausstieg m 3. Böschung f 4. (Ab)hang m 5. Landung f
inişli adj abfallend; **~ yokuşlu** hügelig
inkar s Leugnen nt; **~ edilemez** unbestreitbar; **~ etmek** abstreiten, (ver)leugnen; (JUR) anfechten (-*i* etw)
inkisar s Verfluchung f; **~ etmek** verfluchen (-*e* jdn)
inlemek vi 1. seufzen, stöhnen 2. dröhnen
inletmek vt 1. *Kausativ zu* **inlemek** 2. (*fig*) quälen (-*i* jdn)
inline pateni s Inlineskating nt; **~ yapmak** inlineskaten
inliner s Inliner m
inme s 1. *Verbalsubstantiv zu* **inmek** 2. Lähmung f 3. Schlaganfall m
inmek (-er) vt 1. herunterkommen, heruntergehen (-*den* von etw) 2. (*aus Fahrzeug*) aussteigen (-*den* aus etw) 3. (*Flugzeug*) landen 4. (*Temperatur, Preise*) fallen, sinken (-*e* auf etw) 5. (*im Hotel*) absteigen (-*e* in etw) 6. (*Mauer*) einstürzen
innin adj zeugungsunfähig
insaf s 1. Gerechtigkeit f 2. Gnade f 3. Mitleid nt
insaflı adj 1. gerecht 2. gnädig 3. mitleidig
insafsız adj 1. gewissenlos 2. erbarmungslos, grausam
insan I. s Mensch m II. *pron* man; **~ hakları** Menschenrechte ntpl; **~ haklarının çiğnenmesi** Menschenrechtsverletzung f; **~ hakları savunucusu** Menschenrechtsaktivist(in) m(f); **~ kaçakçılığı** Menschenschmuggel m; **~ kaynakları** Human Resources pl; **~ sarraflığı** Menschenkenntnis f
insanca adj, adv menschlich
insancı adj 1. humanistisch 2. humanitär
insancılık (-ğı) s Humanismus m
insani adj 1. menschlich 2. humanitär
insaniyet (-ti) s s. **insanlık**
insanlık (-ğı) s 1. Menschheit f 2. Menschlichkeit f 3. Humanität f; **~ dışı** unmenschlich
insansı maymun s Menschenaffe m
insansız s (*Flugzeug*) unbemannt
insiyak (-kı) s Instinkt m
insiyaki adj, adv instinktiv
instant kahve s Instantkaffee m
inşa s 1. Bau m 2. Bauen nt 3. Konstruktion f; **~ etmek** bauen (-*i* etw)
inşaat (-tı) s 1. s. **inşa** 2. Bauarbeiten pl; **inşaat işçisi** Bauarbeiter(in) m(f); **~ kepçesi** Bagger m; **~ malzemesi** Baustoff m; **~ mühendisi** Bauingenieur(in) m(f); **~ ruhsatı** Baugenehmigung f; **~ sahibi** Bauherr(in) m(f); **~ yeri** Baustelle f
inşallah I. *interj* so Gott will!; **~ gelir!** hoffentlich kommt er/sie! II. adv vielleicht
interaktif adj interaktiv
internet (-ti) s Internet nt; **~ bağımlısı** Internetsüchtige(r) mf; **~ bankacılığı** Internetbanking nt; **~ erişimi** Internetzugang m; **~ kullanımı** Internetnutzung f; **~ servis sağlayıcısı** Provider m; **~ sitesi** Website f
intiba s 1. Eindruck m 2. Wirkung f
intibak (-kı) s Umstellung f, Anpassung f; **~ etmek** sich umstellen, sich anpassen (-*e* an etw); **~ ettirmek** anpassen (-*i* -*e* jdn an etw)
intihar s Selbstmord m; **~ etmek** Selbstmord begehen; **~ teşebbüsü** Selbstmordversuch m
intikal (-li) s 1. Übergang m 2. (JUR) Übertragen nt 3. Verstehen nt; **~ etmek** übertragen

werden (*-den -e* von jdm auf jdn), verstehen (*-e* etw)
intikam *s* Rache *f*, Vergeltung *f*; ~ **almak** sich rächen (*-den* an jdm)
intikamcı I. *s* Rächer(in) *m(f)* II. *adj* rachsüchtig
intizam *s* 1. Ordnung *f* 2. Regelmäßigkeit *f*
intranet (**-ti**) *s* (INFORM) Intranet *nt*
inzibat (**-tı**) *s* 1. Ordnung *f*, Disziplin *f* 2. Militärpolizist *m*
inziva *s* Zurückgezogenheit *f*, Einsiedlerleben *nt*; **inzivaya çekilmek** sich (von der Welt) absondern, ein Einsiedlerleben führen
ip (**-pi**) *s* Seil *nt*, Leine *f*, Strick *m*; ~ **cambazı** Seiltänzer(in) *m(f)*; ~ **kaçkını** Galgenvogel *m*; **ipe çekmek** an den Galgen hängen (*-i* jdn)
ipek (**-ği**) I. *s* Seide *f* II. *adj* 1. aus Seide, Seiden- 2. seidenweich
ipekböceği (**-ni**) *s* Seidenraupe *f*
ipekyolu (**-nu**) *s* (HIST) Seidenstraße *f*
iplik (**-ği**) *s* (Näh)faden *m*, Garn *nt*; ~ **fabrikası** Spinnerei *f*; ~ **makarası** Garnrolle *f*
ipotek (**-ği**) *s* Hypothek *f*
ipotekli *adj* mit einer Hypothek belastet
iptal (**-li**) *s* 1. Annullierung *f* 2. Abschaffung *f*, Aufhebung *f* 3. Abbestellung *f* 4. Entwertung *f* 5. Widerruf *m* 6. (INFORM: *eines Programms*) Abbruch *m*; ~ **etmek** abbestellen; (*Bestellung*) zurücknehmen; (*Urteil*) anfechten; (*Computerprogramm*) abbrechen (*-i* etw); ~ **ettirmek** stornieren (*-i* etw)
ipucu (**-nu**) *s* Anhaltspunkt *m*
irade *s* Wille *m*, Willenskraft *f*
iradedışı *adj* unwillkürlich
iradeli *adj* 1. willensstark 2. vorsätzlich, willentlich
iradesiz *adj* 1. willenlos 2. unbeabsichtigt, unwillkürlich
İran I. *s* Iran *m* II. *adj* (*Art*) iranisch
İranlı I. *s* Iraner(in) *m(f)* II. *adj* (*Herkunft*) iranisch
iri *adj* 1. groß 2. (*Sand*) grob; **irili ufaklı** große und kleine
irilik (**-ği**) *s* Größe *f*
irin *s* Eiter *m*
irinlenmek *vi* eitern
irinli *adj* eit(e)rig
iriyarı *adj* (*fam*) groß und stark, robust
irkilmek *vi* 1. (*vor Schrecken*) zusammenfahren 2. eine Pfütze bilden 3. (MED) anschwellen, sich entzünden

İrlanda I. *s* Irland *nt* II. *adj* (*Art*) irisch
İrlandaca *adj* (*Sprache*) irisch
İrlandalı I. *s* Ire *m*, Irin *f* II. *adj* (*Herkunft*) irisch
irmik (**-ği**) *s* Grieß *m*
ironik (**-ği**) *adj* ironisch
irsi hastalık (**-ğı**) *s* Erbkrankheit *f*
irtibat (**-tı**) *s* 1. Zusammenhang *m* 2. Beziehung *f*, Verbindung *f* 3. (*eines Geräts, Telefons*) Anschluss *m*; ~ **kurmak** Beziehungen anknüpfen (*ile* mit jdm); ~ **tesis etmek** (*Gerät, Telefon*) anschließen
irtica *s* (POL) Reaktion *f* (*islamische Reaktion in der Türkei*)
is *s* Ruß *m*
İsa *s* Jesus *m*
isabet (**-ti**) I. *s* 1. Treffen *nt* 2. Entfalten *nt* 3. (*beim Schießen*) Treffer *m* II. *interj* trifft sich gut!; **tam** ~ Volltreffer *m*; ~ **etmek** (*ein Ziel*) treffen; (*Gewinn*) entfallen (*-e* auf jdn)
isabetli *adj* 1. angebracht 2. zutreffend
ise I. *adv* hingegen II. *konj* falls, wenn
ishal (**-li**) *s* Durchfall *m*; ~ **ilacı** Abführmittel *nt*; ~ **olmak** Durchfall haben
isim (**-smi**) *s* 1. Bezeichnung *f*, Name *m* 2. Substantiv *nt*, Hauptwort *nt*; ~ **sunucusu** (INET) Nameserver *m*; ~ **vermek** (*benennen*) einen Namen geben; **ismin hali** (GRAM) Fall *m*, Kasus *m*
isimlendirmek *vt* (be)nennen (*-i* jdn/etw)
isimsiz *adj* anonym, namenlos
iskambil *s* Kartenspiel *nt*; ~ **kâğıdı** Spielkarte *f*; ~ **oynamak** Karten spielen
İskandinav I. *s* Skandinavier(in) *m(f)* II. *adj* (*Art*) skandinavisch
İskandinavca *adj* (*Sprache*) skandinavisch
İskandinavya *s* Skandinavien *nt*
İskandinavyalı I. *s* Skandinavier(in) *m(f)* II. *adj* (*Herkunft*) skandinavisch
iskarpin *s* Halbschuh *m*
iskele *s* 1. Anlegeplatz *m*, Anlegestelle *f* 2. Landungsbrücke *f* 3. (Bau)gerüst *nt*
iskelet (**-ti**) *s* 1. Skelett *nt*, Gerippe *nt* 2. (*eines Flugzeugs*) Rumpf *m*
iskemle *s* Hocker *m*, Schemel *m*
iskete (**kuşu**) *s* Meise *f*
İskoç (**-cu**) I. *s* Schotte *m*, Schottin *f* II. *adj* (*Art*) schottisch
İskoçya *s* Schottland *nt*
İskoçyaca *adj* (*Akzent*) schottisch
İskoçyalı I. *s* Schotte *m*, Schottin *f* II. *adj* (*Herkunft*) schottisch

İslam s Islam m
islamcı I. adj islamistisch II. s Islamist(in) m(f)
İslav I. s Slawe m, Slawin f II. adj slawisch
ismen adv namentlich
ismi (-ni) s Possessivform zu **isim** sein/ihr Name m
isnat (-dı) s 1. Zuschreibung nt 2. Verdächtigung f; **bir şeyi birine ~ etmek** jdm etwas zuschreiben, jdn einer Sache verdächtigen
ispalya s Spalier nt
İspanya I. s Spanien nt II. adj (Art) spanisch
İspanyalı I. s Spanier(in) m(f) II. adj (Herkunft) spanisch
İspanyol I. s Spanier(in) m(f) II. adj (Art) spanisch
İspanyolca adj (Sprache) spanisch
ispat (-tı) s Beweis m, Nachweis m; **~ etmek** beweisen, nachweisen (-i etw)
ispatlamak vt nachweisen, beweisen (-i etw)
ispirto s 1. (Brenn)spiritus m 2. Alkohol m; **~ ocağı** Spirituskocher m
ispiyon s Spitzel m
ispritizma s Spiritismus m
israf s Verschwendung f, Vergeudung f; **~ etmek** verschwenden, vergeuden (-i -e etw für etw)
İsrail I. s Israel nt II. adj (Art) israelisch
İsrailce adj (Sprache) hebräisch
İsrailli I. s Israeli m, f II. adj (Herkunft) israelisch
istaka s Queue m/nt
İstanbul s Istanbul nt

Da der Bosporus Europa und Asien trennt, ist **İstanbul** die einzige Stadt der Welt, die auf zwei Kontinenten liegt. Im zwanzigsten Jahrhundert wurden mit der 'Boğaziçi köprüsü' und der 'Fatih köprüsü' die beiden Erdteile mit riesigen Hängebrücken verbunden. Angenehmer und schneller ist jedoch nach wie vor die Überquerung des Bosporus mit der Fähre.

istasyon s 1. Haltestelle f, Station f 2. Bahnhof m 3. (Radio-, Radar-) Station f
istatistik (-ği) s Statistik f
istatistiksel adj statistisch
istek (-ği) s 1. Wunsch m 2. Forderung f 3. Verlangen nt, Lust f; **~ üzerine** auf Wunsch; **isteğe göre** nach Wunsch; **başka bir isteğiniz var mı?** haben Sie noch einen Wunsch?
istekli I. s 1. Bewerber(in) m(f) 2. Interessent(in) m(f) II. adj 1. bereit, gewillt 2. begierig
isteklilik (-ği) s Bereitschaft f
isteksiz I. adj 1. unwillig 2. lustlos 3. unfreiwillig II. adv ungern
isteksizlik (-ği) s 1. Unwille m 2. Unlust f 3. Abneigung f
istem s 1. Wunsch m, Verlangen nt 2. Wille m
istemci s (INFORM: Gegenstück zum Server) Client m
isteme s Verbalsubstantiv zu **istemek**: **~ adresi** Bestelladresse f
istemek vt 1. wünschen, wollen (-i -den etw von jdm) 2. bitten, ersuchen (-den -i jdn um etw) 3. begehren (-i etw) 4. fordern, verlangen (-i -den etw von jdm) 5. (Zeit) brauchen (-i etw) 6. fragen (-i nach jdm); **istemeyerek** ungern; (unbeabsichtigt) unabsichtlich; **ister istemez** wohl oder übel, sowieso; **ister ... ister** (egal) ob ... oder; **isteyerek** gern; (wissentlich) absichtlich
istemli adj 1. fakultativ 2. willentlich
istemsiz adj 1. unfreiwillig 2. unbeabsichtigt
istida s Antrag m, Gesuch nt
istidat (-dı) s 1. Veranlagung f 2. Begabung f, Talent nt 3. (für Krankheiten) Anfälligkeit f
istidatlı adj 1. talentiert 2. (für Krankheiten) anfällig
istif s 1. Stapel m 2. Aufstapelung f; **~ etmek** aufschichten, aufstapeln (-i etw)
istifa s 1. Rücktritt m 2. Rücktrittsgesuch nt; **~ etmek** sein Amt niederlegen, zurücktreten (-den von etw)
istifade s Nutzen m, Gewinn m; **~ etmek** profitieren, Nutzen ziehen (-den aus etw)
istifçi s 1. Packer(in) m(f) 2. Hamsterer m
istifçilik (-ği) s 1. Stapeln nt 2. Hamstern nt; **~ etmek** horten
istihbarat (-tı) s 1. Nachricht f 2. Einholung f von Auskünften; **servisi** Nachrichtendienst m, Geheimdienst m
istihza s Hohn m, Spott m
istihzalı adj höhnisch, spöttisch
istikbal (-li) s Zukunft f
istiklal (-li) s Unabhängigkeit f; **İstiklal Marşı** die türkische Nationalhymne
istikrar s (POL, COM) Stabilität f
istikrarlı adj stabil

istikrarsız *adj* instabil
istikrarsızlık (**-ğı**) *s* (POL, COM) Instabilität *f*
istila *s* 1. Invasion *f* 2. Flut *f*; ~ **etmek** besetzen (*-i* etw)
istilacı I. *adj* eindringend II. *s* Eindringling *m*
istim *s* Dampf *m*
istimlak (**-kı**) *s* Enteignung *f*; ~ **etmek** enteignen (*-i* jdn)
istirahat (**-tı**) *s* Erholung *f*
istiridye *s* Auster *f*
istismar *s* 1. Ausnutzung *f* 2. Ausbeutung *f*; ~ **etmek** ausnutzen, ausbeuten (*-i* jdn/etw)
istismarcı *s* Ausbeuter(in) *m(f)*
istisna *s* Ausnahme *f*
istisnasız *adv* ausnahmslos, ohne Ausnahme
istişare bürosu *s* Beratungsstelle *f*
istor *s* Rollo *nt*
İsveç (**-ci**) I. *s* Schweden *nt* II. *adj* (*Art*) schwedisch
İsveççe *adj* (*Sprache*) schwedisch
İsveçli I. *s* Schwede *m*, Schwedin *f* II. *adj* (*Herkunft*) schwedisch
İsviçre I. *s* die Schweiz II. *adj* (*Art*) schweizerisch; ~ **Almancası** Schweizerdeutsch *nt*
İsviçrece *adj* (*Sprache*) schweizerdeutsch
İsviçreli I. *s* Schweizer(in) *m(f)* II. *adj* (*Herkunft*) schweizerisch
isyan *s* Aufruhr *m*, Aufstand *m*, Rebellion *f*, Revolte *f*; ~ **etmek** rebellieren
isyancı I. *s* Rebell(in) *m(f)* II. *adj* rebellisch
iş *s* 1. Arbeit *f* 2. Tätigkeit *f* 3. Handel *m*, Geschäft *nt* 4. Beruf *m*, Stellung *f* 5. Angelegenheit *f*, Sache *f* 6. Tat *f* 7. Nutzen *m* 8. Arbeit *f*, Werk *nt*; ~ **arkadaşı** Kollege *m*, Kollegin *f*; ~ **dünyası** Geschäftswelt *f*; ~ **görmek** eine Arbeit verrichten; (*Geschäft*) zu Wege bringen; (*sich eignen*) taugen; ~ **güç** (regelmäßige) Arbeit *f*; ~ **günü** Arbeitstag *m*; ~ **ilanı** Stellenangebot *nt*; (*einer Stelle*) Stellenanzeige *f*; ~ **istasyonu** (INFORM) Workstation *f*; ~ **iştir** Geschäft ist Geschäft; ~ **kazası** Arbeitsunfall *m*; ~ **oldu** es hat geklappt; ~ **piyasası** Arbeitsmarkt *m*; ~ **saatleri** Geschäftszeiten *fpl*; ~ **seyahati** Dienstreise *f*; ~ **sözleşmesi** Arbeitsvertrag *m*; **İş ve İşçi Bulma Kurumu** Arbeitsamt *nt*; **bunda bir ~ var** da steckt etwas dahinter; **işe almak** (*Arbeitskraft*) einstellen (*-i* jdn); **işe girişmek** [*o* **koyulmak**] sich an die Arbeit machen; **işe yaramak** brauchbar sein, taugen; **işe yaramaz** unbrauchbar, untauglich; **işe yarar** brauchbar, tauglich; **işi bitik** es ist aus mit ihm; **işi olmak** eine Arbeit haben, (viel) zu tun haben; (*jds Sache*) klappen; **işi sermek** (*Arbeit*) liegen lassen; **işin doğrusu** auf gut Deutsch; **işine gelmek** jdm in den Kram passen; **bu işte ben yokum** dafür bin ich nicht zu haben
işadamı (**-nı**) *s* Geschäftsmann *m*
işalan *s* 1. Arbeitnehmer(in) *m(f)* 2. Arbeiter(in) *m(f)*
işaret (**-ti**) *s* 1. Zeichen *nt* 2. Andeutung *f* 3. Kennzeichen *nt*, Merkmal *nt* 4. Signal *nt* 5. Verweis *m* 6. (INET) Bookmark *f*, Lesezeichen *nt*; ~ **dili** Zeichensprache *f*; ~ **etmek** zeigen, verweisen, anspielen (*-e* auf etw)
işaretlemek *vt* kennzeichnen (*-i* etw)
işaretparmağı (**-nı**) *s* Zeigefinger *m*
işbirliği (**-ni**) *s* 1. Mitarbeit *f*, Zusammenarbeit *f* 2. Arbeitsgemeinschaft *f*; ~ **yapmak** mitarbeiten; (COM) sich zusammenschließen; (*pej*) gemeinsame Sachen machen (*ile* mit jdm)
işçi *s* Arbeiter(in) *m(f)*; ~ **temsilciliği** Betriebsrat *m*; ~ **temsilcisi** (*Person*) Betriebsrat *m*, Betriebsrätin *f*
işemek *vi* (*fam*) pinkeln
işgal (**-li**) *s* 1. Besetzung *f* 2. Beschäftigung *f* 3. Störung *f* 4. (JUR) Aneignung *f*; ~ **etmek** belegen; (*Platz*) besetzen (*-i* etw); (*stören*) abhalten (*-i* jdn); ~ **kuvveti** Besatzungsmacht *f*; ~ **ordusu** Besatzungstruppen *pl*
işgücü (**-nü**) *s* Arbeitskraft *f*; ~ **piyasası** Arbeitsmarkt *m*
işgünleri *adv* wochentags
işitim *s* Gehör *nt*
işitme *s* 1. Verbalsubstantiv *zu* **işitmek** 2. Gehör *nt*; ~ **özürlüsü** hörgeschädigt
işitmek *vt* 1. hören (*-i* etw/jdn) 2. erfahren (*-i* etw)
işitmemezlik (**-ği**) *s* Nichthören *nt*; **işitmemezlikten gelmek** sich taub stellen
işitsel *adj* Hör-, Gehör-; ~ **görsel** audiovisuell
işkembe *s* 1. Kutteln *pl* 2. (*bei Schlachtvieh*) Eingeweide *pl*; ~ **çorbası** Kuttelsuppe *f*
işkence *s* Folter *f*; ~ **aleti** Folterwerkzeug *nt*; ~ **etmek** foltern (*-e* jdn); ~ **görmek** gefoltert werden
işlek *adj* 1. (*Straße*) belebt; (*Geschäft*) rege 2. (GRAM) produktiv

işleklik (**-ği**) *s* 1. Hochbetrieb *m* 2. (GRAM) Produktivität *f*
işlem *s* 1. (*am Schalter*) Abfertigung *f* 2. Dienstweg *m* 3. Prozedur *f* 4. Rechnung *f,* Rechnungsart *f* 5. Verfahren *nt,* Vorgehen *nt* 6. Formalität *f* 7. (FIN) Transaktion *f;* ~ **harcı** Bearbeitungsgebühr *f;* ~ **yapmak** (*am Schalter: Bearbeiter*) abfertigen; (*Passagier*) einchecken
işleme *s* 1. *Verbalsubstantiv zu* **işlemek** 2. Funktionieren *nt* 3. (*Handarbeit*) Stickerei *f*
işlemek *vi, vt* 1. funktionieren 2. (*Maschine, Betrieb*) laufen, gehen 3. (*Verkehrsmittel*) verkehren 4. (*Ort*) belebt sein 5. (*Vertrag*) in Kraft treten 6. (*Wunde*) eitern 7. (*Wasser, Rauch*) eindringen (*-e* in etw) 8. stark beeindrucken (*-e* jdn) 9. bearbeiten, verarbeiten (*-i* etw) 10. (*Land*) bestellen (*-i* etw) 11. (*als Schüler*) durchnehmen (*-i* etw) 12. (*Fehler, Sünde*) begehen (*-i* etw) 13. sticken, besticken (*-i* etw)
işlenmemiş *adj* unbearbeitet, naturbelassen
işletici *s* Betreiber(in) *m(f)*
işletim sistemi *s* (INFORM) Betriebssystem *nt*
işletme *s* 1. *Verbalsubstantiv zu* **işletmek** 2. (*einer Anlage*) Betrieb *m,* Betriebsleitung *f* 3. (*Unternehmen*) Betrieb *m* 4. (MIN) Abbau *m;* ~ **masrafları** Betriebskosten *pl;* ~ **müdürlüğü** Betriebsleitung *f;* ~ **müdürü** Geschäftsführer(in) *m(f)*
işletmeci *s* 1. Betriebsleiter(in) *m(f),* Manager(in) *m(f)* 2. Betriebswirt(in) *m(f)*
işletmecilik (**-ği**) *s* 1. Management *nt* 2. Betriebswirtschaft(slehre) *f*
işletmek *vt* 1. *Kausativ zu* **işlemek** 2. in Betrieb setzen (*-i* etw) 3. bewirtschaften, betreiben (*-i* etw) 4. in Bewegung setzen, in Gang bringen (*-i* etw) 5. (*Gerät*) bedienen (*-i* etw) 6. (*Motor*) anlassen (*-i* etw) 7. (*fam*) auf den Arm nehmen (*-i* jdn)
işlev *s* Funktion *f*
işlevsel *adj* funktionell
işpazarı (**-nı**) *s* Arbeitsmarkt *m*
işporta *s* Traggestell *nt*
işportacı *s* Straßenhändler(in) *m(f)*
işsiz I. *adj* arbeitslos; ~ **güçsüz** arbeitslos, erwerbslos II. *s* Arbeitslose(r) *mf;* ~ **sayısı** Arbeitslosenzahl *f*
işsizlik (**-ği**) *s* Arbeitslosigkeit *f;* ~ **oranı** Arbeitslosenquote *f*

iştah *s* 1. Appetit *m* 2. starkes Verlangen; ~ **açmak** den Appetit anregen; ~ **çekici** appetitlich; ~ **giderici** Appetitzügler *m*
iştahlı I. *adj* 1. mit Appetit 2. mit Lust und Liebe II. *s* jemand, der Appetit hat
iştahsız *adj* 1. ohne Appetit, appetitlos 2. lustlos
iştahsızlık (**-ğı**) *s* Appetitlosigkeit, f
işte *interj* 1. nimm!, da!, hier! 2. nun, also; ~ **bu kadar!** und damit basta!; ~ **geldi!** da ist er/sie/es ja!; ~ **geldim!** da bin ich wieder!
iştirak (**-ki**) *s* 1. Teilhaberschaft *f* 2. Teilnahme *f;* ~ **etmek** teilhaben an; (*mitwirken*) teilnehmen an (*-e* an etw)
işve *s* 1. Anmut *f,* Liebreiz *f* 2. Kokketterie *f*
işveli *adj* 1. anmutig, graziös 2. kokett
işveren *s* Arbeitgeber(in) *m(f);* ~ **birliği** Arbeitgeberverband *m*
işyeri (**-ni**) *s* Arbeitsplatz *m*
it (**-ti**) *s* 1. (*fam*) Köter *m* 2. Schuft *m*
itaat (**-ti**) *s* Gehorsam *m;* ~ **etmek** gehorchen, folgen (*-e* jdm)
itaatli *adj* gehorsam
itaatsiz *adj* ungehorsam, aufsässig
itaatsizlik (**-ği**) *s* Ungehorsam *m*
italik (**-ği**) *adj* kursiv; ~ **harfleri** [*o* **yazısı**] Kursivschrift *f*
İtalya I. *s* Italien *nt* II. *adj* (*Art*) italienisch
İtalyan I. *s* Italiener(in) *m(f)* II. *adj* (*Herkunft*) italienisch
İtalyanca *adj* (*Sprache*) italienisch
itfaiye *s* Feuerwehr *f;* ~ **karakolu** Feuerwache *f*
itfaiyeci *s* Feuerwehrmann *m*
ithaf *s* Widmung *f;* ~ **etmek** (*Buch*) widmen (*-i -e* etw jdm)
ithal (**-li**) I. *s* Import *m,* Einfuhr *f;* ~ **etmek** einführen, importieren (*-i* etw); ~ **gümrüğü** Einfuhrzoll *m;* ~ **izni** Einfuhrerlaubnis *f;* ~ **malı** Importware *f;* ~ **yasağı** Einfuhrverbot *nt* II. *adj* importiert
ithalat (**-tı**) *s* Einfuhr *f*
itham *s* Beschuldigung *f;* ~ **etmek** anklagen, beschuldigen (*-i ile* jdn einer Sache)
itibar *s* Ansehen *nt,* Ehre *f;* ~ **etmek** ehren, achten (*-e* jdn); **itibardan düşmek** an Ansehen verlieren; **itibardan düşürmek** in Misskredit bringen (*-i* jdn/etw)
itibaren *präp* (*zeitlich*) ab, von ... an (*-den dat*)
itibarlı *adj* angesehen, geachtet

itici *adj* 1. abstoßend 2. (an)treibend; ~ **güç** Triebkraft *f*

itikat (**-dı**) *s* fester Glaube

itimat (**-dı**) *s* Vertrauen *nt;* ~ **etmek** vertrauen (*-e* jdn/etw); ~ **mektubu** Akkreditiv *nt*

itimatname *s* Akkreditiv *nt*

itina *s* Sorgfalt *f;* ~ **etmek** sich annehmen (*-e* jds)

itinalı *adj* (*Person*) sorgfältig

itiraf *s* 1. Bekenntnis *f,* Eingeständnis *nt* 2. (JUR) Geständnis *nt;* ~ **etmek** eingestehen, bekennen; (*zugeben*) gestehen (*-i* etw)

itirafçı *s* Aussteiger(in) *m(f)* (*aus einer Terrorgruppe u.Ä.*)

itiraz *s* Einspruch *m,* Einwand *m,* Protest *m;* ~ **etmek** Einspruch erheben, einwenden, protestieren (*-e karşı* gegen etw)

itirazsız I. *adv* widerspruchslos, ohne Widerrede II. *adj* unbestritten

itiş *s:* ~ **kakış** Rempelei *f*

itişme *s* 1. *Verbalsubstantiv zu* **itişmek** 2. Rempelei *f*

itişmek *vi* 1. sich gegenseitig stoßen 2. sich balgen (*ile* mit jdm); **itişip kakışmak** (*fam*) sich drängen und schubsen

itiyat (**-dı**) *s* (An)gewohnheit *f*

itmek (**-er**) *vt* 1. schieben (*-i* etw) 2. rücken (*-i* etw) 3. stoßen (*-i* etw/jdn); **itip kakmak** (*fam*) schuben (*-i* jdn)

itoğlu it *s* (*vulg*) Schweinehund *m*

ittifak (**-kı**) *s* 1. Bündnis *nt,* Allianz *f,* Bund *m* 2. Eintracht *f* 3. Übereinstimmung *f* 4. Abkommen *nt*

ivedi I. *adj* dringend II. *s* Eile *f,* Dringlichkeit *f*

iyelik (**-ği**) *s* Besitzrecht *nt;* ~ **zamiri** Possessivpronomen *nt,* besitzanzeigendes Fürwort

iyi I. *adj* 1. gut 2. gesund 3. gutmütig 4. (*Anzeichen*) günstig 5. (*Zeit*) schön 6. (*Zurechtweisung*) ordentlich 7. (*Schulnote*) gut 8. (*Ernte*) reichlich II. *adv* 1. gut 2. recht, schön 3. angebracht, richtig; ~ **akşamlar!** guten Abend!; ~ **bulmak** für gut befinden (*-i* etw); ~ **etmek** heilen (*-i* jdn), gut daran tun (*bir şey yapmakla* etw zu tun); ~ **geceler!** gute Nacht!; ~ **gelmek** gut bekommen, wohl tun (*-e* jdm); ~ **günler!** guten Tag!; (*Abschiedsgruß*) schönen Tag noch!; ~ **hal kâğıdı** (polizeiliches) Führungszeugnis *nt;* ~ **kalpli** gutmütig; ~ **kalplilik** Gutmütigkeit *f;* ~ **ki** erfreulicherweise; ~ **niyetle** in gutem Glauben; ~ **niyetli** wohlwollend; ~ **yolculuklar!** gute Fahrt!

iyice *adv* 1. gründlich 2. ziemlich gut

iyileşme *s* 1. *Verbalsubstantiv zu* **iyileşmek** 2. Genesung *f,* Heilung *f* 3. Besserung *f*

iyileşmek *vi* 1. sich bessern, besser werden 2. wieder gesund werden, sich erholen 3. heilen

iyileştirmek *vt* 1. *Kausativ zu* **iyileşmek** 2. verbessern (*-i* etw) 3. heilen (*-i* jdn)

iyilik (**-ği**) *s* 1. Güte *f* 2. Gefälligkeit *f,* Gefallen *m* 3. Wohltat *f* 4. (*von Ware*) Qualität *f* 5. Wohlbefinden *nt;* ~ **bilir** dankbar; ~ **bilmez** undankbar; ~ **bilmezlik** Undankbarkeit *f*

iyimser I. *s* Optimist(in) *m(f)* II. *adj* optimistisch

iyimserlik (**-ği**) *s* Optimismus *m*

iyon *s* Ion *nt*

iyot (**-du**) *s* Jod *nt*

iyotlu *adj* jodhaltig; ~ **tuz** Jodsalz *nt*

iz *s* 1. Fährte *f,* Spur *f* 2. (*fig: Anzeichen*) Spur *f;* ~ **topu** (INFORM) Trackball *m*

izaç (**-cı**) *s* Belästigung *f,* Störung *f*

izah *s* Erläuterung *f,* Erklärung *f;* ~ **etmek** erläutern, erklären (*-i* etw)

izam *s* Übertreibung *f;* ~ **etmek** übertreiben (*-i* etw)

izan *s* Verständnis *nt,* Toleranz *f;* ~ **etmek** Verständnis zeigen, tolerant sein

izbe *s* Bruchbude *f*

izdiham *s* Andrang *m*

izdüşüm *s* Projektion *f*

izdüşürmek *vi* projizieren

izin (**-zni**) *s* 1. Erlaubnis *f,* Genehmigung *f* 2. Urlaub *m;* ~ **almak** um Erlaubnis bitten, die Erlaubnis bekommen, Urlaub bekommen; ~ **vermek** die Erlaubnis erteilen (*-e* jdm), beurlauben (*-e* jdn); **izninizle!** gestatten Sie!

izinli *adj* beurlaubt

izinsiz *adj* unerlaubt

İzlanda I. *s* Island *nt* II. *adj* (*Art*) isländisch

İzlandaca *adj* (*Sprache*) isländisch

İzlandalı I. *s* Isländer(in) *m(f)* II. *adj* (*Herkunft*) isländisch

izlemek *vt* 1. (ver)folgen (*-i* jdn/etw) 2. (*Mode*) mitmachen (*-i* etw) 3. (*Veranstaltung*) verfolgen (*-i* etw)

izlenim *s* Eindruck *m*

izleyici *s* (*Fernsehen*) Zuschauer(in) *m(f)*

izmarit (**-ti**) s 1. Zigarettenstummel m
2. Schnauzenbrasse f
İzmir s Izmir (*türkische Millionenstadt an der Ägäis*)
izni (**-ni**) s *Possessivform zu* **izin** die Erlaubnis zu ...

izolasyon s 1. Isolation f 2. Isolierung f
izole adj isoliert; ~ **etmek** isolieren; ~ **bant** Isolierband nt
izzetinefis (**-fsi**) s Selbstachtung f
izzetli adj würdevoll

J

J, j s 13. Buchstabe des türk. Alphabets
jaguar s Jaguar m
Jacob-Creutzfeld hastalığı (**-nı**) s Creutzfeld-Jacob-Krankheit f
jakuzi s Whirlpool m
jaluzi s Rollladen m
Jamayik Adası (**-nı**) s Jamaika nt
jambon s Schinken m
jandarma s 1. Gendarm m 2. Gendarmerie f
jant (**-tı**) s (*Rad-*) Felge f
Japon I. s Japaner(in) m/f II. adj (*Art*) japanisch
Japonca adj (*Sprache*) japanisch
Japonya s Japan nt
Japonyalı I. s Japaner(in) m/f II. adj (*Herkunft*) japanisch
jartiyer s Strumpfband nt, Strumpfhalter m
jel s Gel nt
jelatin s Gelatine f
jele s Gelee nt
jeneratör s Generator m
jenerik (**-ği**) s (FILM) Vorspann m
jenozid s Genozid m
jeolog s Geologe, -login m, f
jeoloji s Geologie f
jest (**-ti**) s 1. Gebärde f, Geste f 2. (unverbindliche) Höflichkeit f, Geste f; ~ **yapmak** gestikulieren, (jdm) eine unverbindliche Höflichkeit erweisen
jet (**-ti**) s 1. Düse f 2. Düsenflugzeug nt; ~ **sosyete** Jetset m; ~ **uçağı** Düsenflugzeug nt
jeton s 1. (*Automaten-*) Münze f 2. Spielmarke f, Jeton m
jilet (**-ti**) s Rasierklinge f
jimnastik (**-ği**) I. s Gymnastik f, Turnen nt II. adj gymnastisch; ~ **aleti** Turngerät nt; ~ **öğretmeni** Turnlehrer(in) m/f; ~ **pabuçları** Turnschuhe pl; ~ **salonu** Turnhalle f; ~ **yapmak** turnen
jimnastikçi s Turner(in) m/f
jinekolog s Gynäkologe, -gin m, f
jonglör s Jongleur m
jogging s Jogging nt; ~ **takımı** Jogginganzug; ~ **yapmak** joggen
jöle s 1. (Frucht)gelee nt 2. Sülze f 3. Haargel nt
judo s Judo nt
jübile s Jubiläum nt
jüpon s Unterrock m
jüri s 1. Jury f 2. Geschworenenversammlung f; ~ **üyesi** Geschworene(r) mf, Jurymitglied nt
jüt (**-tü**) s Jute f

K

K, k s 14. Buchstabe des türk. Alphabets
kaba adj 1. grob 2. (*Arbeit*) oberflächlich 3. (*Wolle*) locker 4. (*Person*) grob 5. (*Worte*) unhöflich; ~ **çuha** Loden m; ~ **et** Gesäß nt, Hintern m; ~ **saba** plump; (*Arbeit*) oberflächlich gemacht; (*Mensch*) roh und ungebildet

kabadayı I. s 1. Prahlhans m 2. Lümmel m 3. Raufbold m II. adj furchtlos
kabahat (**-ti**) s Schuld f
kabak (**-ğı**) I. s 1. Kürbis m 2. Zucchini pl II. adj 1. (*Melone*) unreif 2. (*ohne Geschmack*) fade 3. kahl, haarlos 4. (*fig*) ungehobelt

kabakulak (**-ğı**) *s* Mumps *m*
kabalık (**-ğı**) *s* 1. Grobheit *f*, Roheit *f* 2. Rücksichtslosigkeit *f*, Unhöflichkeit *f* 3. Grobkörnigkeit *f*
kabarcık (**-ğı**) *s* 1. Blase *f* 2. (kleine) Schwellung *f*
kabarcıklı düzeç (**-ci**) *s* Wasserwaage *f*
kabare *s* Kabarett *nt*
kabarık (**-ğı**) **I.** *adj* 1. geschwollen 2. (*Menge, Anzahl*) hoch **II.** *s* Schwellung *f*
kabarma *s* 1. *Verbalsubstantiv zu* **kabarmak** 2. (*Gezeiten*) Flut *f*; ~ **alçalma** Gezeiten *pl*
kabarmak *vi* 1. (an)schwellen 2. (*Teig*) aufgehen 3. (*Milch*) hochkommen 4. sich blähen 5. (*Truthahn*) sich aufblähen 6. (*Haare*) sich sträuben 7. (*Anzahl*) sich beträchtlich steigern
kabartı *s* 1. Beule *f* 2. Erhebung *f*
kabartma *s* 1. *Verbalsubstantiv zu* **kabartmak** 2. Relief *nt*; ~ **tozu** Backpulver *nt*
kabartmak *vt* 1. *Kausativ zu* **kabarmak** 2. (auf)blähen (*-i* etw) 3. (*Haar*) toupieren (*-i* etw) 4. auflockern, aufschütteln (*-i* etw) 5. (*Ohren*) spitzen (*-i* etw)
Kâbe *s* (REL) Kaaba *f*
kabız (**-bzı**) *s* (*fam*) Verstopfung *f*; ~ **oldum** ich habe eine Verstopfung
Kâbil *s* Kabul *nt*
kabile *s* (Nomaden)stamm *m*; ~ **reisi** Häuptling *m*
kabiliyet (**-ti**) *s* 1. Fähigkeit *f* 2. Begabung *f*, Talent *nt*
kabiliyetli *adj* talentiert
kabin *s* Kabine *f*
kabine *s* 1. Ministerrat *m*, Kabinett *nt* 2. Kabine *f*; ~ **revizyonu** Kabinettsumbildung *f*
kabir (**-bri**) *s* Grab *nt*, Grabstätte *f*
kablo *s* Kabel *nt*
kabuk (**-ğu**) *s* 1. (*Obst-, Eier-*) Schale *f* 2. (*Baum-*) Rinde *f* 3. Schneckenhaus *nt* 4. Hülse *f* 5. Kruste *f* 6. Schorf *m*
kabul (**-lü**) *s* 1. Annahme *f* 2. Empfang *m*, Aufnahme *f* 3. Eingeständnis *nt* 4. Einverständnis *nt* 5. Zustimmung *f*, Einwilligung *f*; ~! einverstanden!; ~ **edilemez** inakzeptabel; ~ **etmek** akzeptieren, annehmen; (*Gast*) aufnehmen, empfangen (*-i* jdn); (*zugeben*) eingestehen (*-i* etw); (*beipflichten*) zustimmen; ~ **saati** Sprechstunde *f*; ~ **salonu** (*im Hotel*) Empfangshalle *f*
kaburga *s* 1. Rippe *f* 2. Brustkorb *m* 3. (TECH) Gerippe *nt*
kabus *s* Albtraum *m*
kabza *s* 1. (*Messer-*) Griff *m* 2. (*am Gewehr*) Kolbenhals *m*
kabzı (**-nı**) *s Possessivform zu* **kabız** die Verstopfung von ...
kaç (**-çı**) *adv* 1. wie viel(e) 2. so viel(e); ~ **kişi?** wie viele Personen?; ~ **tane?** wie viel?; ~ **yaşındasınız?** wie alt sind Sie?; **bu gömlek kaça?** was kostet dieses Hemd?; **kaçın kurası** (*fam*) ein alter Hase
kaçak (**-ğı**) **I.** *s* 1. Flüchtige(r) *mf* 2. (*Kind*) Ausreißer(in) *m(f)* 3. (*von Gas, Wasser*) Ausfließen *nt*, Austritt *m* **II.** *adj* 1. flüchtig 2. geschmuggelt, Schmuggel- 3. illegal, Schwarz- **III.** *adv* 1. ohne behördliche Genehmigung 2. (*fahren, arbeiten*) schwarz; ~ **iş** Schwarzarbeit *f*; ~ **yolcu** blinder Passagier
kaçakçı *s* Schmuggler(in) *m(f)*
kaçakçılık (**-ğı**) *s* 1. Schmuggel *m* 2. Hinterziehung *f*
kaçamak (**-ğı**) **I.** *s* 1. Pflichtversäumnis *nt* 2. Ausflucht *f* **II.** *adj* 1. (*Antwort*) ausweichend 2. (*Blick*) verstohlen
kaçık (**-ğı**) **I.** *adj* 1. (*fam*) verrückt, überspannt 2. (*Strumpf*) mit Laufmasche **II.** *s* 1. Laufmasche *f* 2. (*fam*) Spinner(in) *m(f)*
kaçıklık (**-ğı**) *s* Verrücktheit *f*, Überspanntheit *f*
kaçıncı *adj* wievielte(r, s)
kaçıngan **I.** *adj* zurückhaltend, reserviert **II.** *s* Einzelgänger(in) *m(f)*
kaçınılmaz *adj* unausweichlich
kaçınmak *vi* 1. (ver)meiden (*-den* jdn/etw) 2. sich drücken (*-den* vor etw) 3. sich der Stimme enthalten
kaçırma *s* 1. *Verbalsubstantiv zu* **kaçırmak** 2. Entführung *f*
kaçırmak *vt* 1. *Kausativ zu* **kaçmak** 2. entführen (*-i* jdn) 3. zur Flucht verhelfen (*-i* jdm) 4. (*Gelegenheit, Zug*) verpassen (*-i* etw) 5. vertreiben (*-i* jdn) 6. (*Schlaf*) rauben (*-i* etw) 7. verstecken, verbergen (*-i* etw) 8. (durch)schmuggeln (*-i* etw) 9. (*Luft, Wasser*) entweichen lassen (*-i* etw) 10. (*fam*) verrückt werden
kaçış *s* 1. Flucht *f* 2. (*aus einem Gefängnis*) Ausbruch *m*
kaçkın **I.** *s* Flüchtige(r) *mf* **II.** *adj* flüchtig
kaçma *s* 1. *Verbalsubstantiv zu* **kaçmak** 2. Flucht *f*
kaçmak (**-ar**) *vi* 1. fliehen, die Flucht ergrei-

kadar

fen **2.** (*Gefangene*) ausbrechen (*-den* aus etw) **3.** meiden (*-den* jdn/etw) **4.** sich drücken (*-den* vor etw) **5.** (*Luft*) entweichen (*-den* aus etw) **6.** (*Strumpf*) eine Laufmasche bekommen **7.** (*Schlaf, Freude*) dahin sein **8.** (*fam*) sich davonschleichen

kadar I. *präp* **1.** wie, so ... wie, so groß wie, so viel wie **2.** ungefähr **3.** bis, bis zu (*-e dat*) II. *konj* (*vergleichend*) so viel ... wie, soweit ... wie, so lange ... wie III. *adv* etwa, ungefähr

kadavra *s* Kadaver *m*

kadeh *s* (kleines) Trinkglas *nt*; ~ **tokuşturmak** anstoßen

kadem *s* **1.** (*Längenmaß*) Fuß *m* **2.** Vorbedeutung *f*

kademe *s* Stufe *f*

kader *s* Schicksal *nt*

> Ein anderes türkisches Wort für **kader** (Schicksal) ist 'yazgı', was wörtlich 'das Aufgeschriebene' bedeutet. Diese Bedeutung spiegelt den Glauben an die Vorherbestimmtheit des Schicksals wider, welcher ein wichtiges Element der islamischen Lebensphilosophie ist und auch den türkischen Alltag bestimmt. Für den Moslem gilt, dass Gott den Lebensweg eines jeden Menschen festgeschrieben hat.

kaderci I. *s* Fatalist(in) *m(f)* II. *adj* fatalistisch

kadercilik (**-ği**) *s* Fatalismus *m*

kadı *s* (HIST) (islamischer) Richter *m*

kadın *s* Frau *f*; ~ **avcısı** Frauenheld *m*; ~ **doktoru** Frauenarzt *m*, Frauenärztin *f*, Gynäkologe *m*, Gynäkologin *f*; ~ **mecmuası** Frauenzeitschrift *f*

> **Kadın hakları**, das Frauenwahlrecht, erhielten die Türkinnen bereits im Jahre 1935 – zehn Jahre vor den Französinnen. Der Frauentag am 8. März wird vor allem in den Großstädten von vielen Frauen gefeiert.

kadınlık (**-ğı**) *s* **1.** Frausein *nt* **2.** Frauenwürde *f* **3.** haushälterische Kenntnisse *fpl*; ~ **organı** Vagina *f*, Scheide *f*

kadınsı *adj* weiblich; (*pej*) weibisch

kadife I. *s* Samt *m* II. *adj* Samt-

kadmiyum *s* Kadmium *nt*

kadran *s* **1.** Zifferblatt *nt* **2.** Skala *f*

kadro *s* **1.** (POL) Kader *m* **2.** Personal *nt*

kafa *s* **1.** Kopf *m* **2.** (*fig*) Ansicht *f* **3.** Verstand *nt*; ~ **başına** pro Kopf; ~ **çekmek** (*fam*) sich voll laufen lassen, einen heben; ~ **patlatmak** [*o* **yormak**] sich den Kopf zerbrechen; **kafadan** aus dem Gedächtnis; **kafadan kontak** (*fam*) eine Schraube locker habend; **kafadan kontak olmak** nicht alle Tassen im Schrank haben; **kafasına dank ediyor** (*fam*) es dämmert ihr

kafalı *adj* **1.** mit Kopf **2.** (*fam*) schlau, intelligent

kafasız *adj* **1.** kopflos **2.** (*fam*) dumm, blöd

kafatası (**-nı**) *s* Schädel *m*

kafein *s* Koffein *nt*

kafeinsiz *adj* koffeinfrei

kafes *s* **1.** Käfig *m* **2.** Gitterfenster *nt* **3.** Gitterwerk *nt* **4.** (*fam*) Knast *m*; **kafese koymak** (*fam*) hereinlegen (*-i* jdn)

kafi I. *adj* ausreichend, genügend II. *adv* genug; ~ **gelmek** genügen

kafile *s* **1.** (MIL) Geleit *nt* **2.** Kolonne *f* **3.** Schar *f* **4.** Teil *m* (einer Sendung)

kafir I. *s* (REL) Ungläubige(r) *mf* II. *adj* ungläubig

kafirlik (**-ği**) *s* **1.** Ungläubigkeit *f* **2.** (*fig*) Grausamkeit *f*

kafiye *s* Reim *m*

kâğıt (**-dı**) I. *s* **1.** Papier *nt* **2.** (*Bescheinigung*) Schein *m* **3.** Blatt *nt*, Zettel *m* **4.** Spielkarte *f* II. *adj* aus Papier, Papier-; ~ **fener** Lampion *m*; ~ **mendil** Papiertaschentuch *nt*; ~ **para** Geldschein *m*; ~ **sepeti** Papierkorb *m*; ~ **uçak** Papierflieger *m*

kâğıtçı *s* Schreibwarenhändler(in) *m(f)*; ~ (**dükkanı**) Papiergeschäft *nt*

kâğıthelvası (**-nı**) *s* eine Art dünne Waffel

kâh *adv* gelegentlich, manchmal; ~ ... ~ ... teils ... teils ...

kahır (**-hrı**) *s* (großer) Kummer *m*

kahin *s* Hellseher(in) *m(f)*, Wahrsager(in) *m(f)*

Kahire *s* Kairo *nt*

kahkaha *s* Gelächter *nt*

kahkahaçiçeği (**-ni**) *s* (*Acker-*) Winde *f*

kahpe I. *adj* niederträchtig II. *s* Hure *f*

kahpelik (**-ği**) *s* **1.** Niedertracht *f* **2.** Prostitution *f*

kahraman I. *s* Held *m* II. *adj* heldenhaft

kahraman(ca) *adj* heldenhaft

kahramanlık (**-ğı**) *s* **1.** Heldentat *f* **2.** Heldentum *nt*

kahretmek (**-der**) *vt* **1.** seelisch sehr quälen (*-i* jdn) **2.** (*fig*) zu Grunde richten (*-i* jdn)

kahrı (-nı) *s Possessivform zu* **kahır** *sein/ihr Kummer m*
kahrolmak *vi* 1. sich sehr grämen 2. (*fig*) zu Grunde gehen
kahrolsun *interj* nieder mit …!
kahvaltı *s* Frühstück *nt;* ~ **büfesi** Frühstücksbüfett *nt;* ~ **etmek** frühstücken; **kahvaltıda** zum Frühstück
kahve *s* 1. Kaffee *m* 2. Café *nt;* ~ **değirmeni** Kaffeemühle *f;* ~ **filtresi** Kaffeefilter *m;* ~ **fincanı** Kaffeetasse *f;* ~ **ibriği** Kaffeekanne *f;* ~ **kaşığı** Kaffeelöffel *m;* ~ **takımı** Kaffeeservice *nt;* ~ **telvesi** Kaffeesatz *m;* ~ (**yapma**) **makinesi** Kaffeemaschine *f;* **sütlü** ~ Kaffee mit Milch

> In osmanischer Zeit war **kahve** das türkische Nationalgetränk, das mit dem Verlust von Provinzen mit Kaffeeanbaugebieten nach dem I. Weltkrieg durch den 'çay', den Tee, abgelöst wurde. Dennoch gönnt man sich immer mal wieder eine Tasse Kaffee nach türkischer Art. Echter türkischer Kaffee wird in der 'cezve', einem kleinen Metallkännchen mit langem Stil, aufgekocht und in winzigen Mokkatässchen serviert. Man kann ihn in drei Variationen bestellen: **'şekerli'** (mit Zucker), **'orta şekerli'** (mit nur etwas Zucker) oder **'sade'** (ohne Zucker).

kahveci *s* Kaffeehausbesitzer(in) *m(f)*
kahverengi *adj* braun
kahya *s* 1. (Guts)verwalter *m* 2. Vorsteher *m* (*eines größeren Haushalts*)
kaide *s* 1. Grundlage *f*, Basis *f* 2. (*Sockel*) Fuß *m* 3. Regel *f*
kainat (-tı) *s* 1. Universum *nt* 2. (*fig*) alle Leute
kaka I. *s* (*Kindersprache*) Aa *nt* II. *adj* böse
kakım *s* Hermelin *nt*
kakmak (-ar) *vt* 1. stoßen (*-i jdn/etw*) 2. ziselieren (*-i etw*)
kaktüs *s* Kaktus *m*
kakül *s* (*Stirnfransen*) Pony *m*
kala *adv* (*Uhrzeit*) vor; (**saat**) **üçe beş** ~ fünf Minuten vor drei
kalabalık (-ğı) I. *s* 1. Gedränge *nt*, Andrang *m* 2. Menschenmenge *f* 3. (*auf der Straße*) Treiben *nt* II. *adj* 1. zahlreich 2. überfüllt
kalas *s* 1. Balken *m* 2. Bohle *f*
Kalaşnikof *s* (*Waffe*) Kalaschnikow *f*
kalay *s* 1. Zinn *nt* 2. Aufmachung *f* 3. (*vulg*) Fluchen *nt;* ~ **yaprak** Silberpapier *nt*, Staniol *nt*
kalben *adv* von Herzen, aufrichtig, herzlich
kalbur *s* (grobes) Sieb *nt*
kalburüstü (-nü) *adj* prominent; ~ (**sınıf**) Prominenz *f*
kalça *s* Becken *nt*, Hüfte *f;* ~ **kemiği** Beckenknochen *m;* ~ **mafsalı** Hüftgelenk *nt*
kaldıraç (-cı) *s* Brechstange *f*, Hebel *m*
kaldırım *s* 1. (Straßen)pflaster *nt* 2. Gehsteig *m;* ~ **taşı** Pflasterstein *m*
kaldırmak *vt* 1. *Kausativ zu* **kalkmak** 2. heben (*-i etw*) 3. aufrichten (*-i etw*) 4. aufbewahren, aufheben (*-i etw*) 5. abschaffen, beseitigen (*-i etw*) 6. abnehmen (*-i etw*) 7. wegmachen, entfernen (*-i etw*) 8. wegbringen (*-i etw*) 9. (*Zelt*) abbrechen (*-i etw*) 10. (*Tisch*) abräumen (*-i etw*) 11. (*Staub*) aufwirbeln (*-i etw*) 12. (*Fahrzeug*) abfahren lassen (*-i etw*) 13. wecken (*-i jdn*) 14. (*Schüler*) aufrufen (*-i jdn*) 15. (*Alkohol*) vertragen (*-i etw*)
kale *s* 1. Burg *f* 2. (*Fußball*) Tor *nt* 3. Bollwerk *nt* 4. (*beim Schachspiel*) Turm *m*
kaleci *s* Torwart, Torwärterin *m(f)*
kalem *s* 1. Bleistift *m*, Kuli *m*, Füller *m* 2. (Schreib)stil *m;* ~ **keski** Meißel *m;* ~ **odası** Kanzlei *f;* **kaleme almak** schreiben, verfassen (*-i etw*)
kalemtıraş *s* Bleistiftspitzer *m*
kalfa *s* 1. Geselle *m* 2. Polier *m*
kalıcı *adj* bleibend
kalım *s* Dauer *f*, Fortbestand *f*
kalın *adj* 1. dick 2. (*Stimme*) tief 3. dickflüssig 4. (*Vokal*) dunkel; ~ **kafalı** (*fam*) beschränkt, schwer von Begriff
kalınba(**ğı**)**rsak** (-**ğı**) *s* Dickdarm *m*
kalınlık (-**ğı**) *s* Stärke *f*, Dicke *f*
kalıntı *s* Rest *m*, Überbleibsel *nt*
kalıp (-bı) *s* 1. Form *f* 2. Schablone *f* 3. Schusterleisten *m* 4. (stattliches) Äußere(s) *nt*
kalıt (-tı) *s* Erbschaft *f*, Erbe *nt*
kalıtım *s* Vererbung *f*
kalıtsal *adj* erblich
kalibre *s* Kaliber *nt*
kalifiye *adj* (*Arbeiter*) gelernt; ~ **işçi** Facharbeiter(in) *m(f)*
kalitatif *adj* qualitativ
kalite *s* Qualität *f;* ~ **düşüklüğü** Qualitätsverlust *m*
kalitesiz *adj* minderwertig
kalkan *s* Schild *m;* ~ (**balığı**) Steinbutt *m*

kalkanbezi (**-ni**) s Schilddrüse
kalkındırmak vt 1. *Kausativ zu* **kalkınmak** 2. (POL) aufbauen, entwickeln (*-i* etw)
kalkınma s 1. *Verbalsubstantiv zu* **kalkınmak** 2. (*fig*) Aufstieg m 3. (*wirtschaftliche*) Entwicklung f; ~ **yardımı** Entwicklungshilfe f
kalkınmak vi (*wirtschaftlich*) sich entwickeln
kalkış s 1. *Verbalsubstantiv zu* **kalkmak** 2. Abfahrt f 3. Abflug m; ~ **saati** Abfahrtszeit f
kalkışmak vr sich wagen (an) (*-e* an etw)
kalkmak (**-ar**) vi 1. abfahren 2. (*Flugzeug*) abfliegen 3. (*Schiff*) ablegen 4. aufstehen 5. (*sich abschälen*) abgehen 6. abgeschafft werden 7. sich wagen (an) (*-e* an etw)
kalkülasyon s Kalkulation f; ~ **yapmak** kalkulieren
kalleş I. s (*fam*) Verräter(in) m(f) II. adj verräterisch
kalleşlik (**-ği**) s (*fam*) 1. Verrat m 2. Gemeinheit f
kalmak (**-ır**) vi 1. bleiben 2. verbleiben 3. wohnen 4. stecken bleiben, liegen bleiben 5. verschoben werden (*yarına* auf morgen); **nerede kaldı?** wo steckt er/sie/es denn?; **ona kalırsa** seiner/ihrer Meinung nach; **kahve kalmadı** der Kaffee ist alle; **sınıfta ~** (*Schule*) sitzen bleiben
kalori s Kalorie f
kalorifer s 1. Zentralheizung f 2. Heizkörper m
kalp adj (*Geld*) falsch; ~ **para basmak** (*Geld*) fälschen
kalp (**-bi**) s 1. Herz nt 2. (*fam*) Herzkrankheit f; ~ **ameliyatı** Herzoperation f; ~ **enfarktüsü** Herzinfarkt m; ~ **hastalığı** Herzfehler m; ~ **hastalıkları uzmanı** Herzspezialist(in) m(f); ~ **kapakçığı** Herzklappe f; ~ **krizi** Herzanfall m; ~ **nakli** Herztransplantation f; ~ **pili** Herzschrittmacher m; ~ **sektesi** Herzschlag m
kalpazan s Geldfälscher(in) m(f)
kalpsiz adj herzlos
kalsiyum s Kalzium n
kama s 1. Dolch m 2. Keil m
kamara s 1. Kabine f, Kajüte f 2. (parlamentarische) Vertretung f
kamarot (**-tu**) s Steward m
kamaşmak vi 1. geblendet werden 2. (*Zähne durch Saures*) stumpf werden

kambiyo s 1. Devisen pl 2. (Geld)wechsel m 3. Devisenstelle f; ~ **rayici** [o **kuru**] Wechselkurs m
Kamboç(ya) s Kambodscha nt
kambur I. s 1. Buckel m 2. (*Erhöhung*) Wölbung f II. adj buck(e)lig
kamçı s Geißel f, Peitsche f
kamçılamak vt 1. peitschen (*-i* jdn/etw) 2. (*Körper*) anregen (*-i* etw)
kamera s (Film)kamera f
kameraman s Kameramann m
kameriye s (Garten)laube f
Kamerun s Kamerun nt
kamış s 1. Schilf(rohr) nt 2. Zuckerrohr nt 3. Angelrute f 4. (*fam*) Penis m 5. Strohhalm m; ~ **şekeri** Rohrzucker m
kamp (**-pı**) s (*Arbeits-, Ferien-*) Lager nt; ~ **kurmak** kampieren
kampanya s Kampagne f
kamping s Campingplatz m
kamu I. pron alle II. adj öffentlich III. s Öffentlichkeit f; ~ **hakları** öffentliches Recht; ~ **yararı** Gemeinwohl nt

kamuflaj s Tarnung f
kamufle adj getarnt; ~ **etmek** tarnen (*-i* etw)
kamulaştırmak vt verstaatlichen, kollektivieren (*-i* etw)
kamuoyu (**-nu**) s 1. öffentliche Meinung f 2. Öffentlichkeit f; ~ **yoklaması** Meinungsumfrage f
kamusal adj öffentlich
kamyon s 1. Last(kraft)wagen m 2. Lastwagenladung f
kamyonet (**-ti**) s Lieferwagen m
kan s 1. Blut nt 2. (*Familie*) Abstammung f; ~ **bağışı** Blutspende f; ~ **bankası** Blutbank f; ~ **çıbanı** Furunkel nt; ~ **davası** Blutrache f; ~ **dolaşımı** (MED) Kreislauf m; ~ **grubu** Blutgruppe f; ~ **kanseri** Blutkrebs m; ~ **kaybı** Blutverlust m; ~ **konservesi** Blutkonserve f; ~ **küreciği** Blutkörperchen nt; ~ **nakli** Bluttransfusion f; ~ **örneği** Blutprobe f; ~ **şekeri** Blutzucker m; **kan şekeri seviyesi** Blutzuckerspiegel m; ~ **tahlili** Blutprobe f; ~ **zehirlenmesi** Blutvergiftung f; **kanı kaynamak** (*fam*) lieb gewinnen (*-e* jdn); (*Jugendliche*) toben
kanaat (**-ti**) s 1. Genügsamkeit f 2. (*Ansicht*) Meinung f 3. Überzeugung f
Kanada I. s Kanada nt II. adj (*Art*) kanadisch

Kanadalı I. *s* Kanadier(in) *m(f)* II. *adj* (*Herkunft*) kanadisch
kanaktarım *s* Bluttransfusion *f*
kanal *s* Kanal *m*
kanalizasyon *s* 1. Kanalisation *f* 2. Kanalisierung *f*
kanama *s* 1. *Verbalsubstantiv zu* **kanamak** 2. Blutung *f*
kanamak *vi* bluten
Kanarya Adaları (**-nı**) *s pl* die Kanarischen Inseln
kanarya kuşu (**-nu**) *s* Kanarienvogel *m*
kanat (**-dı**) *s* 1. Flügel *m;* (*von Fisch*) Flosse *f* 2. (Tür)flügel *m*
kanca *s* Haken *m*
kancalı *adj* mit Haken; ~ **uç** Widerhaken *m*
kancık (**-ğı**) I. *s* 1. (*fam*) Verräter(in) *m(f)* 2. (*vulg*) Weib *nt* 3. (*von Tieren*) Weibchen *nt* II. *adj* 1. verräterisch 2. (*Tier*) weiblich
kancıklık (**-ğı**) *s* (*fam*) Verrat *m*
kandırmak *vt* 1. *Kausativ zu* **kanmak** 2. täuschen (*-i* jdn) 3. überreden (*-i* jdn) 4. verführen (*-i* jdn) 5. (*Bedürfnis*) stillen (*-i* etw)
kandil *s* Öllampe *f*
Kandil Gecesi (**-ni**) *s* islamisches Fest, an dem nachts die Minarette beleuchtet werden
kanepe *s* 1. Sofa *nt* 2. (Park)bank *f* 3. Kanapee *nt*
kangal *s* 1. (Draht)rolle *f* 2. Wurstkringel *m*

> Wer unter Schuppenflechte oder einer Pilzerkrankung leidet, findet vielleicht Hilfe in den **Kangal Kaplıcaları**, dem Heilbad Kangal in Mittelanatolien. Der Patient steigt dort ins Thermalbad, um sich von vielen kleinen Fischen (Karpfenarten) kranke Hautpartien abknabbern zu lassen. Diese Therapie lindert die Beschwerden bei Hauterkrankungen, so dass auch immer häufiger Patienten aus Europa nach Kangal kommen.

kanguru *s* Känguru *nt*
kanı *s* 1. Meinung *f*, Ansicht *f* 2. Überzeugung *f*
kanıksamak *vt* 1. nicht mehr beeindruckt sein (*-i* von etw) 2. überdrüssig werden (*-i* einer Sache)
kanıt (**-tı**) *s* Beweis *m*, Beweisstück *nt*
kanıtlamak *vt* beweisen (*-i* etw)
kani olmak *vi* überzeugt sein (*-e* von etw)
kanlı *adj* blutig
kanmak (**-ar**) *vt* 1. glauben (*-e* jdm/etw) 2. betrogen werden (*-e* von jdm) 3. sich begnügen (*-e* mit etw) 4. genug haben (*-e* von etw)
kano *s* Kanu *nt*
kanser *s* (MED) Krebs *m;* ~ **hastası** krebskrank; ~ **yapıcı** Krebs erregend
kanserli I. *adj* krebskrank II. *s* Krebskranke(r) *mf*
kanserojen *s* Krebserreger *m*
kansız *adj* 1. blutleer, blutlos 2. blutarm 3. (*fam*) gemein
kansızlık (**-ğı**) *s* 1. Blutarmut *f* 2. (*fam*) Gemeinheit *f*
kantar *s* Waage *f*
kantin *s* Kantine *f*
kanton *s* (*der Schweiz*) Kanton *m*
kanun *s* 1. Gesetz *nt,* Recht *nt* 2. Gesetzbuch *nt* 3. *ein Saiteninstrument;* ~ **tasarısı** Gesetzentwurf *m;* ~ **yolu** Rechtsweg *m;* **kanuna aykırı** rechtswidrig
kanunen *adv* gesetzlich
kanuni I. *adj* gesetzlich, legal II. *s* Kanunspieler(in) *m(f)*
kanunname *s* Gesetzbuch *nt*
kanunsuz *adj* 1. gesetzlos 2. illegal, ungesetzlich
kanyak (**-ğı**) *s* 1. Kognak *m* 2. Weinbrand *m*
kanyon *s* Cañon *m;* ~ **geçişi** Canyoning *nt*
kaos *s* Chaos *nt*
kap (**-bı**) *s* 1. Behälter *m* 2. Buchdeckel *m*, Einband *m* 3. (*Speisenfolge*) Gang *m* 4. Schüssel *f,* Topf *m;* ~ **kacak** Geschirr *nt*
kapak (**-ğı**) *s* 1. Deckel *m* 2. Verschluss *m*, Kappe *f* 3. Klappe *f* 4. (*eines Buches*) Umschlag *m*
kapaklanmak *vi* stolpern
kapaklı *adj* mit Deckel; ~ **su bendi** Schleuse *f*
kapalı *adj* 1. geschlossen 2. (*Weg, Konto*) gesperrt 3. bewölkt, bedeckt 4. (*Licht, Gerät*) ausgeschaltet; ~ **bırakmak** (*Tür*) zulassen (*-i* etw)

> Der **Kapalı Çarşı**, der gedeckte Basar in Istanbul, gehört mit seinen über 3.000 Läden zu den größten Einkaufszentren der Welt. Verkauft werden vornehmlich Teppiche, Goldschmuck und Geschenkartikel. In den überdeckten Ladenstraßen gibt es aber auch viele Künstlerateliers, einen berühmten Gewürzmarkt und natürlich Restaurants.

kapalıyer korkusu (-nu) s Klaustrophobie f
kapamak vt 1. zumachen, schließen (-i etw) 2. (Hahn) abdrehen (-i etw) 3. (Straße) (ab)sperren (-i etw) 4. bedecken (-i etw) 5. einsperren, einschließen (-i -e jdn in etw) 6. (Sitzung) schließen (-i etw) 7. (Weg) verschütten (-i etw) 8. (Loch) zustopfen (-i etw) 9. (Gerät) ab-, ausschalten (-i etw) 10. (Gas, Wasser) abstellen (-i etw) 11. (Thema) beenden (-i etw) 12. (Appetit) verschlagen (-i etw) 13. (Telefonhörer) auflegen (-i etw)
kapan s Falle f
kapanmak vi 1. Passiv zu **kapamak** 2. zugehen, sich schließen 3. (Himmel) sich trüben 4. zuklappen 5. sich zurückziehen (evine zu Hause) 6. (Wunde) verheilen 7. zu Boden stürzen
kapari s Kaper f
kaparo s Anzahlung f; ~ **vermek** eine Anzahlung machen
kapasite s 1. Fassungsvermögen nt, Kapazität f 2. Fähigkeit f, Befähigung f
kapatmak vt 1. Kausativ zu **kapamak** 2. stilllegen 3. (Ware) billig bekommen (-i etw) 4. (Verluste) gutmachen (-i etw) 5. (Erscheinen einer Zeitung) einstellen (-i etw) 6. (fam: Mätresse) aushalten (-i jdn)
kapı s 1. Tür f, Pforte f 2. Portal nt, Tor nt 3. (Dienst)stelle f 4. Hintertürchen nt; ~ **çalı(nı)yor** es läutet, es klingelt; **birini ~ dışarı etmek** (fam) jdn vor die Tür setzen; ~ **eşiği** Türschwelle f; ~ **kodu** Türcode m; ~ **kolu** Türgriff m; ~ **mandalı** Türklinke f; ~ **otomatiği** elektrischer Türöffner; ~ **sövesi** Türrahmen m; ~ **tokmağı** (Tür)klinke f; ~ **yapmadan** ohne Umschweife; **kapıya dayanmak** vor der Tür stehen; **kapıya vuruluyor** es klopft; **kapıyı çalmak** an der Tür klingeln; **kapıyı kapa!** mach die Tür zu!; **kapıya vurmak** anklopfen
kapıcı s 1. Hauswart(in) m(f), Hausmeister(in) m(f) 2. Pförtner(in) m(f)

> Ähnlich dem französischen Concierge gibt es auch in den größeren türkischen Mehrfamilienhäusern (apartman) einen **kapıcı**, einen Hauswart. Neben den üblichen Hausmeistertätigkeiten erledigt er für einzelne Haushalte auch Einkäufe.

kapılmak vi 1. Passiv von **kapmak** 2. ergriffen werden (-e von etw) 3. hereinfallen (-e auf etw/jdn)
kapışmak vt 1. sich reißen um (-i um etw) 2. sich heftig streiten, aufeinander losgehen
kapital (-li) s Kapital nt
kapitalist I. s Kapitalist(in) m(f) II. adj kapitalistisch
kapitalizm s Kapitalismus m
kapkaç (-cı) s Diebstahl (auf offener Straße)
kapkaççı s Dieb(in) m(f) (der auf offener Straße jdm die Handtasche entreißt und flieht)
kapkaranlık (-ğı) adj stockdunkel
kaplam s Umfang m
kaplama s 1. Verbalsubstantiv zu **kaplamak** 2. Deckschicht f; ~ **tahta** Sperrholz nt; ~ **tahtaları** Edelhölzer pl
kaplamak vt 1. (Buch) einbinden (-i -e/ile etw in etw) 2. (mit Stoff) überziehen (-i -e/ile etw mit etw) 3. belegen (-i -e/ile etw mit etw) 4. (Lärm, Ruhe) erfüllen, sich ausbreiten (-i in etw)
kaplan s Tiger m
kaplıca s 1. Kurort m, Heilbad nt 2. Mineralquelle f 3. Thermalquelle f
kaplumbağa s Schildkröte f; ~ **gibi** im Schneckentempo
kapmak (-ar) vt 1. packen, greifen (-i etw) 2. wegnehmen, entreißen (-i etw) 3. fangen (-i etw) 4. schnell lernen, begreifen (-i etw) 5. (Krankheit) sich zuziehen (-i etw) 6. (Schlechtes) sich angewöhnen (-i etw)
kapris s Laune f
kaprisli adj launisch
kapsam s 1. (Inhalt) Gehalt m 2. (Ausmaß) Umfang m
kapsamak vt 1. (umfassen) beinhalten, enthalten (-i etw) 2. (aufnehmen können) fassen (-i etw)
kapsamlı adj umfangreich, umfassend
kapsül s Kapsel f
kaptan s Kapitän m
kapüşon s Kapuze f
kar s 1. Schnee m 2. Gewinn m, Profit m; ~ **etmek** gewinnen, profitieren; ~ **getirmek** Gewinn bringen; ~ **gibi** schneeweiß; ~ **marjı** (COM) Gewinnmarge f; ~ **payı** Gewinnanteil m; ~ **tanesi** Schneeflocke f; ~ **topu** Schneeball m; ~ **yağıyor** es schneit; ~ **zinciri** Schneekette f
kara I. s Land nt, Kontinent m, Festland nt; ~

ordusu Bodentruppen *fpl;* ~ **suları** Hoheitsgewässer *nt;* **karada** zu Lande; **karaya çıkmak** an Land gehen; **karaya oturmak** stranden II. *adj* 1. (*auch fig*) schwarz 2. dunkel 3. finster 4. (*Omen*) böse; ~ **çalmak** anschwärzen, verleumden (-*e* jdn); ~ **delik** (ASTRON) schwarzes Loch *nt;* ~ **gözlü** mit schwarzen Augen, schwarzäugig; ~ **gün dostu** bewährter Freund; ~ **iskorçina** Schwarzwurzel *f;* ~ **kabuk midyesi** Miesmuschel *f;* ~ ~ **düşünmek** trübsinnig werden, grübeln; ~ **kurbağa** Kröte *f;* ~ **kutu** Flugschreiber *m,* Blackbox *f;* ~ **para** Schwarzgeld *nt*

karaağaç (-**cı**) *s* Ulme *f*

karabasan *s* 1. Albtraum *m* 2. innere Unruhe

karabaş *s* Lavendel *m;* ~ **yağı** Lavendelöl *nt*

karabatak (-**ğı**) *s* Kormoran *m*

karabiber *s* (schwarzer) Pfeffer *m*

karabina *s* Karabiner *m*

karaborsa *s* Schwarzmarkt *m*

karaborsacı *s* Schwarzhändler(in) *m(f)*

karaca I. *adj* schwärzlich II. *s* 1. Reh *nt* 2. Oberarm *m*

karaciğer *s* Leber *f*

karaçam *s* Schwarzkiefer *f*

Karadeniz *s* das Schwarze Meer; ~ **Dağları** Pontisches Gebirge *nt*

> **Karagöz ve Hacivat** sind die Hauptfiguren des gleichnamigen türkischen Schattentheaters. Während Karagöz ('Schwarzauge') zwar ungebildet aber gewitzt ist, ist sein Gegenspieler Hacivat ein Intellektueller mit wenig Lebensweisheit. Karagöz treibt zur Freude der Zuschauer seine derben Späße mit Hacivat.

karahindiba *s* Löwenzahn *m*

Karaipler (**Denizi**) *s* Karibik *f*

karakol *s* 1. Polizeiwache *f* 2. (bewaffnete) Streife *f* 3. Wache *f*

karakter *s* Charakter *m*

karakteristik (-**ği**) I. *s* Charakteristik *f* II. *adj* charakteristisch, kennzeichnend

karakterize etmek *vt* charakterisieren (-*i* etw/jdn)

karaktersiz *adj* charakterlos

karalama *s* 1. *Verbalsubstantiv zu* **karalamak** 2. Entwurf *m* 3. (*pej*) Gekritzel *nt* 4. (*pej*) Verleumdung *f;* ~ **kâğıdı** Schmierzettel *m;* ~ **kampanyası** Schmutzkampagne *f*

karalamak *vt* 1. schwärzen (-*i* etw) 2. ausstreichen, durchstreichen (-*i* etw) 3. kritzeln (-*i* etw) 4. hinschmieren (-*i* etw) 5. (grob) skizzieren 6. (*pej*) verleumden, schlecht machen (-*i* jdn)

karambolaj *s* Karambolage *f*

karamela *s* Karamell *m*

karamsar I. *s* Pessimist(in) *m(f)* II. *adj* pessimistisch

karamsarlık (-**ğı**) *s* Pessimismus *m*

karanfil *s* Nelke *f*

karanlık (-**ğı**) I. *s* 1. Dunkelheit *f* 2. Unklarheit *f* II. *adj* 1. (*auch fig*) dunkel 2. unklar 3. illegal, schwarz; ~ **basınca** bei Einbruch der Dunkelheit; ~ **oda** Dunkelkammer *f;* **karanlıkta** im Dunkeln

karantina *s* Quarantäne *f*

Karaorman *s* Schwarzwald *m*

karar *s* 1. Entscheidung *f* 2. Urteil *nt* 3. Schätzung *f* 4. Ausgewogenheit *f* 5. das richtige Maß; **bir şeyde/birinde** ~ **kılmak** sich für etw/jdn entscheiden; ~ **vermek** eine Entscheidung treffen, sich entscheiden, ein Urteil fällen

karargah *s* Lager *nt;* (*Stabs-*) Quartier *nt*

kararlamak *vt* (ab)schätzen (-*i* etw)

kararlaştırmak *vt* 1. (gemeinsam) beschließen (-*i* etw) 2. entscheiden (-*i* etw) 3. (*Datum*) festlegen (-*i* etw) 4. festsetzen, vereinbaren (-*i* etw)

kararlı *adj* entschlossen, entschieden

kararlılık (-**ğı**) *s* Entschlossenheit *f*

kararmak *vi* 1. (*Raum*) dunkel werden 2. (*Sache*) schwarz werden 3. (*Haut*) braun werden; **ortalık** [*o* **hava**] **kararıyor** es dämmert

kararname *s* Erlass *m*

kararsız *adj* 1. unentschlossen, unschlüssig 2. unbeständig, veränderlich 3. wankelmütig 4. zögernd

kararsızlık (-**ğı**) *s* 1. Unentschlossenheit *f,* Unschlüssigkeit *f* 2. Zögern *nt,* Bedenken *nt* 3. Unbeständigkeit *f* 4. Wankelmut *m*

karartmak *vt* 1. *Kausativ zu* **kararmak** 2. schwärzen (-*i* etw) 3. dunkel machen, verdunkeln (-*i* etw) 4. (*Haut*) bräunen (-*i* etw)

karasaban *s* Pflug *m*

karasal *adj* kontinental

karasuları (-**nı**) *s pl* Territorialgewässer *pl*

karatahta *s* 1. schwarzes Brett 2. (*Schul-*) Tafel *f*

karatavuk (-ğu) s Amsel f
karate s Karate nt
karavan s Wohnwagen m
karavana s (große) Essschüssel f
karayılan s Natter f
karayolu (-nu) s 1. Fernstraße f 2. Landweg m
karbon s Kohlenstoff m; ~ **diyoksit** Kohlendioxid nt; ~ **kâğıt** Kohlepapier nt, Durchschlagpapier nt
karbonat (-tı) s Karbonat nt
karbonhidrat (-tı) s Kohlenhydrat nt
karbüratör s Vergaser m
kardan adam s Schneemann m
kardeş s Bruder m, Schwester f; **kardeşler** Geschwister pl
kardeşçe adj, adv brüderlich
kardeşlik (-ği) s 1. Brüderlichkeit f 2. Brüderschaft f
kardinal (-li) s Kardinal m
kare s 1. Karo nt 2. Quadrat nt; ~ **şeklinde** quadratisch
karekök (-kü) s (Quadrat)wurzel f; **karekökünü almak** die Wurzel ziehen (-in von etw)
kareli adj kariert
karga s 1. Krähe f 2. Rabe m
kargaşa(lık) (-ğı) s 1. Durcheinander nt, Chaos nt 2. Unordnung f 3. Unruhe f
kargı s 1. Lanze f 2. Spieß m
kargo s 1. Fracht f 2. Frachtschiff nt
karı s 1. (fam) (Ehe)frau f 2. (pej) Weib nt
karıkoca s pl (fam) Eheleute pl, Ehepaar nt
karın (-rnı) s Bauch m; ~ **ağrısı** Bauchschmerzen pl; (lästig) nervtötend; **karnı aç** hungrig; **karnım acıktı** ich habe Hunger; **karnım ağrıyor** ich habe Bauchschmerzen; **karnım doydu** ich bin satt
karınca s Ameise f; ~ **yuvası** Ameisenhaufen m
karıncalanmak vi 1. (Bein, Arm) einschlafen 2. von Ameisen wimmeln
karınlı adj mit Bauch; (Vase) bauchig
karınzarı (-nı) s Bauchfell nt; ~ **iltihabı** Bauchfellentzündung f
karış s (Hand-) Spanne f
karışık (-ğı) adj 1. gemischt 2. kompliziert 3. undeutlich 4. (Zimmer) unordentlich 5. (Geist) verwirrt 6. (Haare) zerzaust 7. (Lage) unklar; ~ **ızgara** Grillplatte f; ~ **içki** Mixgetränk nt
karışıklık (-ğı) s 1. Durcheinander nt 2. Unordnung f 3. (einer Lage) Unklarheit f 4. Aufruhr f, Unruhe f
karışım s Gemisch nt, Mischung f
karışmak vi 1. sich mischen 2. durcheinander geraten 3. (Wasser) trübe werden 4. eingreifen, sich einmischen (-e in etw) 5. sich verwickeln, sich verwirren 6. (Sache) unklar werden 7. verwechselt werden 8. sich kümmern um (-e um etw) 9. (Fluss) münden (-e in etw) 10. untergehen (-e in etw)
karıştırıcı s 1. Störsender m 2. (gegen Radios, Handys) Störgerät nt
karıştırmak vt 1. Kausativ zu **karışmak** 2. (ver)mischen (-i -e etw mit etw) 3. verkomplizieren (-i etw) 4. (Karten) mischen (-i etw) 5. durcheinander bringen (-i etw/jdn) 6. verwechseln (-i etw) 7. durchblättern (-i etw) 8. durchwühlen (-i etw) 9. (Radiosender) stören (-i etw)
karides s 1. Garnele f 2. Krabbe f
karikatür s Karikatur f
karikatürize etmek vt karikieren (-i etw/jdn)
karikatürleştirmek vt karikieren (-i etw/jdn)
kariyer s Karriere f, Laufbahn f
kariyerist (-ti) s Karrieremacher m
karlı adj 1. verschneit 2. Gewinn bringend, rentabel 3. nützlich, vorteilhaft; **bir işten ~ çıkmak/çıkamamak** bei einer Sache gut/schlecht wegkommen
karlılık (-ğı) s Rentabilität f
karmakarışık (-ğı) adj 1. durcheinander 2. (Lage) vollkommen unklar 3. ganz unverständlich
karmakarışıklık (-ğı) s 1. Durcheinander nt 2. Unklarheit f 3. Unverständlichkeit f
karmaşık (-ğı) s, adj kompliziert
karmaşıklık (-ğı) s Verwicklung f, Komplikation f
karnabahar s Blumenkohl m
karnaval s Karneval m, Fasching m
karne s 1. Zeugnis nt 2. Lebensmittelkarte f
karnı (-nı) s Possessivform zu **karın** sein/ihr Bauch nt
karnıyarık (-ğı) s ein Gericht mit gefüllten Auberginen
karni s Retorte f
karoseri s (eines Autos) Karosserie f
karpuz s Wassermelone f
karşı I. präp 1. gegen (-e akk) 2. (räumlich) auf ... zu (-e akk); **buna ~** dagegen II. s Ge-

karşıcılık genüber *nt* III. *adv* 1. gegenüber 2. entgegen IV. *adj* 1. gegnerisch 2. entgegengesetzt 3. gegenüberliegend; ~ **çıkmak** [*o* **gelmek**] widersprechen (*-e* jdm); ~ **hücum** Gegenangriff *m;* ~ **karşıya** einander gegenüber, entgegengesetzt; ~ **koymak** Widerstand leisten (*-e* jdm/etw); **birine/bir şeye** ~ **olmak** gegen jdn/etw sein; ~ **önlem** [*o* **tedbir**] Gegenmaßnahme *f;* ~ **taraf** gegenüberliegende Seite; (JUR) Gegenpartei *f;* ~ **teklif** Gegenvorschlag *m;* **karşıda** gegenüber, auf dem anderen Ufer; **karşıdaki** gegenüberliegend; **karşısına** auf ... zu (*-in* jdn/etw); **karşısında** gegenüber, angesichts (*-in* einer Sache)

karşıcılık (**-ğı**) *s* Opposition *f,* Gegnerschaft *f*

karşıcinsel *adj* heterosexuell

karşıcinsellik (**-ği**) *s* Heterosexualität *f*

karşılamak *vt* 1. (*zum Empfang*) entgegengehen (*-i* jdm), abholen (*-i* jdn) 2. empfangen, begrüßen (*-i* jdn) 3. (*Kosten*) bestreiten (*-i* etw) 4. (*Bedarf*) decken (*-i* etw) 5. (*Verluste*) gutmachen (*-i* etw) 6. (*Krankheit*) entgegenwirken (*-i* einer Sache) 7. aufnehmen (*-i* etw)

karşılaşma *s* 1. Verbalsubstantiv zu **karşılaşmak** 2. (zufällige) Begegnung *f* 3. Wettkampf *m*

karşılaşmak *vi* 1. sich begegnen 2. begegnen (*ile* jdn), treffen (*ile* jdn) 3. stoßen auf (*ile* auf etw) 4. einen Wettkampf austragen

karşılaştırma *s* 1. Verbalsubstantiv zu **karşılaştırmak** 2. Vergleich *m*

karşılaştırmak *vt* 1. *Kausativ zu* **karşılaşmak** 2. vergleichen (*-i ile* etw/jdn mit etw/jdm) 3. gegenüberstellen, konfrontieren (*-i ile* jdn mit etw/jdm)

karşılık (**-ğı**) I. *s* 1. Entgegnung *f* 2. Entgelt *nt* 3. Ersatz *m* 4. Gegenstück *nt,* Pendant *nt* 5. Aufnahme *f* 6. (*Gegenwert*) Preis *m;* ~ **vermek** antworten, entgegnen; (*pej*) eine freche Antwort geben (*-e* jdm); **karşılıkta bulunmak** sich revanchieren II. *präp* 1. im Gegensatz zu (*-e dat*) 2. (als Ersatz) für (*-e akk*); **buna** ~ demgegenüber; **karşılığında** (*als Gegenleistung, Ersatz*) gegen, für (*-in* etw); **100 euro karşılığında Türk lirası istiyorum** ich möchte 100 Euro in türkische Lira wechseln

karşılıklı I. *adj* 1. gegenseitig 2. gegenüberliegend II. *adj* (*sitzen*) gegenüber

karşılıksız *adj* (*Scheck*) ungedeckt

karşın *präp* trotz (*-e gen*)

karşıt (**-tı**) I. *adj* 1. entgegengesetzt 2. (*mit Possessivendung*) gegen ... eingestellt, ...-feindlich, anti-; ~ **oy** Gegenstimme *f;* **kadın karşıtı** frauenfeindlich; **insan karşıtı** menschenverachtend II. *s* 1. Gegenteil *nt* 2. Gegensatz *m,* Kontrast *m* 3. (*mit Possessivendung*) -gegner(in) *m(f);* **savaş karşıtı** Kriegsgegner(in) *m(f)*

kart (**-tı**) I. *adj* 1. (*Person*) nicht mehr jung 2. (*Obst*) nicht mehr frisch II. *s* (*Post-, Visiten-*) Karte *f*

kartal *s* Adler *m;* ~ **yuvası** Adlerhorst *m*

kartlı telefon *s* Kartentelefon *nt*

karton I. *s* 1. Karton *m,* Pappe *f* 2. (*Zigaretten-*) Stange *f* II. *adj* aus Pappe, Papp-; ~ **kutu** Pappkarton *m,* Schachtel *f*

kartotek (**-ği**) *s* Kartei *f*

kartpostal *s* Postkarte *f*

kartvizit (**-ti**) *s* Visitenkarte *f*

karyola *s* Bettgestell *nt*

kas *s* Muskel *m;* ~ **tutukluğu** Muskelkater *m*

kasa *s* 1. Kasse *f* 2. (SPORT) Kasten *m* 3. (*Bier-*) Kasten *m* 4. Safe *m,* Tresor *m*

kasalı telefon *s* Münzfernsprecher *m*

kasaba *s* Kleinstadt *f,* Provinzstadt *f*

kasap (**-bı**) *s* Metzger *m,* Fleischer *m;* ~ **dükkanı** Metzgerei *f*

kase *s* Schale *f,* Schüssel *f*

kasaplık hayvan *s* Schlachtvieh *nt*

kaset (**-ti**) *s* Kassette *f*

kasetçalar *s* Kassettenrecorder *m*

kasetli *adj* mit Kassette(n); ~ **radyo** Radiorecorder *m;* ~ **teyp** Kassettenrekorder *m*

kasık (**-ğı**) *s* Leiste *f*

kasıkçatlağı (**-nı**) *s* Leistenbruch *m*

kasıl sarsılma *s* (Muskel)zuckung *f*

kasılmak *vi* 1. Passiv zu **kasmak** 2. sich zusammenziehen 3. (*fam*) wichtig tun

kasım *s* November *m*

kasınç (**-cı**) *s* Krampf *m*

kasınçlı *adj* verkrampft

kasır (**-srı**) *s* (*Lustschloss*) Schlösschen *nt*

kasırga *s* Orkan *m,* Wirbelsturm *m,* Wirbelwind *m*

kasıt (**-stı**) *s* 1. Vorsatz *m,* Absicht *f* 2. Zweck *m*

kasıtlı *adj* vorsätzlich

kasiyer *s* Kassierer(in) *m(f)*

kaskatı *adj* stockstei f, steinhart

kasket (**-ti**) *s* Schirmmütze *f*

kasko s Kasko m; ~ **sigortası** Kaskoversicherung f
kaslı adj muskulös
kasmak (**-ar**) vt 1. kürzer machen, schmäler machen (-i etw) 2. (Gürtel) enger schnallen (-i etw) 3. (fig) unter Druck setzen (-i jdn) 4. (Muskeln) anspannen (-i etw); **kasıp kavurmak** tyrannisieren (-i jdn)
kasnak (**-ğı**) s 1. Reifen m 2. Riemenscheibe f 3. (Holz-, Stick-) Rahmen; **kasnaklı fren** Scheibenbremse f
kasrı (**-nı**) s Possessivform zu **kasır** sein/ihr Schlösschen nt
kast (**-tı**) s Kaste f
kastanyet (**-ti**) s Kastagnetten pl
kasten adv 1. absichtlich, mit Vorbedacht 2. (JUR) vorsätzlich
kastetmek (**-der**) vt 1. beabsichtigen (-i etw) 2. meinen, sagen wollen (-i ile etw mit etw) 3. es abgesehen haben (-e auf jdn)
kastı (**-nı**) s Possessivform zu **kasıt** die Absicht zu …
kasti adj vorsätzlich
Kastil(ya) s Kastilien nt
kasvet (**-ti**) s bedrückendes Gefühl
kasvetli adj 1. (Ort) düster 2. öde, trostlos 3. (Stimmung) verdrießlich
kaş s 1. Augenbraue f 2. (von Juwel) Fassung f; ~ **çatmak** die Stirn runzeln; ~ **kalemi** Augenbrauenstift m; **kaşla göz arasında** (fam) im Handumdrehen, in Null Komma nichts
kaşar s türkischer Hartkäse
kaşık (**-ğı**) s Löffel m; ~ **çatal bıçak** Besteck nt; ~ **dolusu** Löffel m voll
kaşımak vt kratzen (-i an etw)
kaşındırmak vt 1. Kausativ zu **kaşınmak** 2. jucken (-i jdn)
kaşınmak vi 1. Reflexiv zu **kaşımak** 2. jucken 3. sich kratzen
kaşıntı s Juckreiz m
kaşıntılı s kratzig m
kaşif s Entdecker(in) m(f)
kaşlamak vt (Edelstein) fassen (-i etw)
kat (**-tı**) s 1. Schicht f 2. Stockwerk nt, Stock m 3. Vielfaches nt 4. (mit Zahl) Mal nt, -mal, -fach; ~ **kesim** (Haarschnitt) Stufenschnitt m; ~ **mülkiyeti** Eigentumsrecht an einer Etagenwohnung; **bin** ~ tausendfach; **bin katı** tausendmal so viel
katafot (**-tu**) s Rückstrahler m
katakomp (**-pu**) s Katakomben pl
katalizatör s (Auto) Katalysator m

katalog (**-ğu**) s Katalog m
Katalonya s Katalonien nt
katarakt (**-tı**) s (MED) grauer Star
katedral (**-li**) s Dom m, Kathedrale f
kategori s Kategorie f
katetmek (**-der**) vt 1. (eine Strecke) zurücklegen (-i etw) 2. überqueren (-i etw) 3. (zer)teilen, (zer)schneiden (-i etw)
katı adj 1. (nicht flüssig) fest 2. (nicht weich) hart 3. (steif) starr 4. (hart) streng 5. (Fleisch) zäh 6. (fig) gefühllos; ~ **kalpli** [o **yürekli**] hartherzig
katılaşmak vi 1. hart werden 2. erstarren 3. sich verhärten 4. strenger werden 5. gefühllos werden
katılık (**-ğı**) s 1. Härte f 2. Strenge f 3. (fig) Gefühllosigkeit f
katılım s Teilnahme f, Beitritt m; ~ **ücreti** Teilnahmegebühr f
katılımcı s Teilnehmer(in) m(f)
katılma s 1. Verbalsubstantiv zu **katılmak** 2. Beitritt m 3. Teilnahme f; ~ **şartları** Teilnahmebedingungen pl
katılmak vi 1. Passiv zu **katmak** 2. sich anschließen (-e jdm) 3. (einem Verein) beitreten (-e einer Sache) 4. sich beteiligen (-e an etw) 5. teilnehmen, teilhaben (-e an etw) 6. sich (ver)mischen (-e mit etw) 7. sich nicht mehr halten können (gülmekten vor Lachen)
katım s Hinzufügung f
katır s Maultier nt
katırtırnağı (**-nı**) s Ginster m
katıştırmak vt beigeben (-i -e etw einer Sache)
kati adj 1. endgültig, unwiderruflich 2. unanfechtbar
katil s Mörder(in) m(f)
katil (**-tli**) s Mord m; **katle teşebbüs** Mordversuch m
katip (**-bi**) s Schreiber(in) m(f)
katiyen adv 1. definitiv 2. (bei Verneinung) keinesfalls, keineswegs
katiyet (**-ti**) s 1. Endgültigkeit f, Unwiderruflichkeit f 2. Unanfechtbarkeit f
katkı s 1. Beitrag m 2. Zugabe f, Zusatz m; **katkıda bulunmak** einen Beitrag leisten (-e zu etw); ~ (**maddesi**) Zusatzstoff m
katlamak vt 1. zusammenlegen, falten (-i etw) 2. falzen (-i etw) 3. zusammenklappen (-i etw) 4. (um ein Vielfaches) erhöhen, vermehren (-i etw)

katlanmak *vi* 1. *Passiv zu* **katlamak** 2. sich abfinden (*-e* mit etw) 3. ertragen, erdulden (*-e* jdn/etw) 4. durchmachen (*-e* etw) 5. sich um ein Vielfaches erhöhen, sich vermehren; **ikiye/üçe** ~ sich verdoppeln/verdreifachen

katletmek (**-der**) *vt* ermorden (*-i* jdn)

katlı *adj* -stöckig; **dokuz** ~ neunstöckig

katli (**-ni**) *s Possessivform zu* **katil** der Mord an ...

katliam *s* Gemetzel *nt*

katma I. *s Verbalsubstantiv zu* **katmak** II. *adj* zusätzlich, Zusatz-; **değer** Mehrwert *m;* ~ **değer vergisi** Mehrwertsteuer *f*

katmak (**-ar**) *vt* 1. beigeben, hinzufügen, dazutun (*-i -e* etw zu etw) 2. (*jdn an etwas*) beteiligen (*-i -e* jdn an etw) 3. als Begleitung mitgeben (*-i -e* jdn jdm); **birbirlerine** ~ gegeneinander aufhetzen (*-i* jdn)

Katolik (**-ği**) I. *s* Katholik(in) *m(f)* II. *adj* katholisch

Katolisizm *s* Katholizismus *m*

katran *s* Teer *m;* ~ **ağacı** Zeder *f*

katranlı *adj* 1. geteert 2. teerhaltig

katrilyon *s* Billiarde *f*

katyuvarı (**-nı**) *s* Stratosphäre *f*

kauçuk (**-ğu**) *s* Gummi *m/nt;* ~ **ağacı** Gummibaum *m*

kav *s* 1. Spieleinsatz *m* 2. Zunder *m*

kavak (**-ğı**) *s* Pappel *f*

kaval *s* Hirtenflöte *f*

kavalye *s* 1. Kavalier *m* 2. Tanzpartner *m*

kavanoz *s* 1. (größeres) Glasgefäß *nt* 2. Einmachglas *nt*

kavga *s* 1. Streit *m,* Zank *m* 2. Kampf *m;* **biriyle** ~ **çıkarmak** mit jdm Streit anfangen; ~ **etmek** sich streiten, sich zanken

kavgacı I. *s* (*fam*) Raufbold *m,* Schläger *m* II. *adj* streitsüchtig

kavgalı *adj* 1. strittig, umstritten 2. verfeindet

kavim (**-vmi**) *s* Volksstamm *m*

Kavimler Göçü (**-nü**) *s* Völkerwanderung *f*

kavis (**-vsi**) *s* Bogen *m*

kavram *s* Begriff *m*

kavramak *vt* 1. fassen, ergreifen, packen (*-i* etw/jdn) 2. (*geistig*) begreifen, erfassen (*-i* etw) 3. sich ausdehnen (*-i* auf etw)

kavrayış *s* 1. Begriffsbildung *f* 2. Fassungsvermögen *nt*

kavrulmak *vi* 1. *Passiv zu* **kavurmak** 2. im Wachstum zurückbleiben 3. (*Pflanzen*) verkümmern

kavrulmuş *adj* (*Kaffee*) geröstet

kavşak (**-ğı**) *s* 1. (Straßen)kreuzung *f* 2. (*zweier Flüsse*) Zusammenfluss *m*

kavuk (**-ğu**) *s* 1. Turban *m* 2. Harnblase *f*

kavun *s* Honigmelone *f*

kavuniçi *adj* orange(farben)

kavurmak *vt* 1. (*Speise, Kaffee*) rösten (*-i* etw) 2. ausdörren (*-i* etw)

kavuşma *s* 1. *Verbalsubstantiv zu* **kavuşmak** 2. Wiedersehen *nt*

kavuşmak *vi* 1. (*Ziel*) erreichen (*-e* etw) 2. (*Fluss, Straße*) münden (*-e* in etw) 3. wieder sehen (*-e* jdn) 4. (endlich) erlangen (*-e* etw) 5. (*Kleidungsstück*) sich schließen

kavuşturmak *vt* 1. *Kausativ zu* **kavuşmak** 2. (*Arme*) kreuzen, verschränken; (*Hände*) falten (*-i* etw) 3. (wieder) vereinigen (*-i -e* jdn mit jdm)

kaya *s* Fels *m;* ~ **gibi** felsenfest

kayak (**-ğı**) *s* Ski *m;* ~ **değneği** Skistock *m;* ~ **elbisesi** Skianzug *m;* ~ **gözlüğü** Skibrille *f;* ~ **kundurası** Skistiefel *m;* ~ **kursu** Skikurs *m;* ~ **öğretmeni** Skilehrer(in) *m(f);* ~ **parkuru** [*o* **yolu**] Loipe *f;* ~ **pisti** Skipiste *f;* ~ **sporu** Skisport *m;* ~ **takımı** Skiausrüstung *f;* ~ **yapmak** [*o* **kaymak**] Ski fahren

kayakçı *s* Skifahrer(in) *m(f)*

kayakçılık (**-ğı**) *s* Skisport *m*

kayalık (**-ğı**) I. *s* 1. felsige Gegend 2. Felsenriff *nt* II. *adj* felsig

kaybetmek (**-der**) *vt* verlieren (*-i* etw/jdn)

kaybı (**-nı**) *s Possessivform zu* **kayıp** der Verlust von ...

kaybolmak *vi* 1. verloren gehen 2. verschwinden

kaydedilebilir *adj* (*Kassette*) bespielbar; (*Diskette, CD*) beschreibbar

kaydetmek (**-der**) *vt* 1. eintragen (*-i -e* etw/jdn in etw) 2. (*Sendung*) aufzeichnen (*-i* etw) 3. (*Verluste*) verzeichnen (*-i* etw) 4. bemerken (*-i* etw) 5. (INFORM: *Daten*) speichern (*-i* etw)

kaydı (**-nı**) *s Possessivform zu* **kayıt** der Eintrag von ...

kaydırmak *vt* 1. *Kausativ zu* **kaymak** 2. wegschieben, wegrücken (*-i* etw); **birini başka bir göreve** ~ (*Beamter*) jdn versetzen

kaydiye *s* Anmeldegebühr *f*

kaydolmak *vt* 1. *Passiv zu* **kaydetmek**

2. (*in einer Schule*) sich anmelden; (*an einer Universität*) sich einschreiben (*-e* in etw) **3.** (*Vorlesung*) belegen (*-e* etw)
kaygan *adj* glatt, glitschig
kaygı *s* **1.** Kummer *m* **2.** Unruhe *f* **3.** Zweifel *m*
kaygılanmak *vi* sich Sorgen machen
kaygılı *adj* **1.** besorgt **2.** unruhig
kaygısız *adj* sorglos, unbesorgt
kayık (**-ğı**) **I.** *s* Boot *nt*, Kahn *m* **II.** *adj* nach einer Seite gerutscht
kayın *s* **1.** Buche *f* **2.** Schwager *m* (*Bruder des Ehepartners*)
kayınbirader *s* Schwager *m* (*Bruder des Ehepartners*)
kayınpeder *s* Schwiegervater *m*
kayınvalide *s* Schwiegermutter *f*
kayıp (**-ybı**) **I.** *s* **1.** Verlust *m* **2.** Vermisste(r) *mf* **II.** *adj* **1.** verloren **2.** verschwunden **3.** vermisst **4.** verschollen; ~ **eşya bürosu** Fundbüro *nt*
kayırıcı *s* **1.** Fürsprecher(in) *m(f)* **2.** Gönner(in) *m(f)*
kayırış *s* Fürsprache *f*
kayırmak *vt* sich einsetzen (für), fördern (*-i* jdn)
kayısı *s* Aprikose *f*; ~ **ağacı** Aprikosenbaum *m*
kayış *s* **1.** (*Trag-*) Gurt *m*, Riemen *m* **2.** Gürtel *m* **3.** Uhrarmband *nt*; ~ **gibi** zäh wie Leder; (*Haut*) schwarzbraun
kayıt (**-ydı**) *s* **1.** (*Tonband-*) Aufnahme *f* **2.** (TV) Aufzeichnung *f* **3.** Buchung *f* **4.** Einschreibung *f* **5.** Klausel *f* **6.** (*im Buch*) Register *nt* **7.** Vermerk *m*, Eintragung *f* **8.** Einschränkung *f*; ~ **cihazı** Aufnahmegerät *nt*; ~ **dışı ekonomi** Schattenwirtschaft *f*; ~ **süresi** Meldefrist *f*; **kayda değer** bemerkenswert; **kayda geçirmek** registrieren (*-i* etw)
kayıtlı *adj* **1.** registriert, eingetragen **2.** gebucht **3.** (*Schüler, Studenten*) eingeschrieben **II.** *adv* mit Vorbehalt
kayıtsız *adj* **1.** gleichgültig **2.** sorglos, unbekümmert **3.** fahrlässig **4.** nicht eingetragen **5.** unangemeldet; ~ **şartsız** bedingungslos
kayıtsızlık (**-ğı**) *s* **1.** Fahrlässigkeit *f* **2.** Gleichgültigkeit *f* **3.** Sorglosigkeit *f*, Unbekümmertheit *f*
kaymak (**-ar**) *vi* **1.** gleiten **2.** rutschen **3.** (*zur Seite*) weichen **4.** (*Schlittschuh oder Ski*) laufen
kaymak (**-ğı**) *s* Sahne *f*, Rahm *m*

kaymakam *s* Landrat *m*
kaymaklı *adj* mit Sahne; ~ **dondurma** Sahneeis *nt*
kaynak (**-ğı**) *s* **1.** (*auch fig*) Quelle *f* **2.** Ressource *f* **3.** Schweißung *f*, Schweißstelle *f*; ~ **kodu** (INFORM) Quellcode *m*; ~ **yapmak** schweißen; **emin kaynaktan** aus zuverlässiger Quelle
kaynakçı *s* Schweißer *m*
kaynama noktası (**-nı**) *s* Siedepunkt *m*
kaynamak *vi* **1.** kochen, sieden **2.** (hervor)quellen, sprudeln **3.** (*Most*) gären **4.** (*Magen*) rumoren **5.** (*massenhaft vorhanden sein*) wimmeln (von) **6.** (*fig*) ins Wasser fallen
kaynana *s* Schwiegermutter *f*; ~ **zırıltısı** (*fam*) Klapper *f*, Rassel *f*
kaynar *adj* kochend, siedend
kaynarca *s* (warme) Mineralquelle *f*
kaynaşma *s* **1.** *Verbalsubstantiv zu* **kaynaşmak** **2.** Unruhe *f*
kaynaşmak *vi* **1.** (*Stoffe*) sich verbinden (*ile* mit etw) **2.** wimmeln (von) **3.** miteinander warm werden
kaynata *s* Schwiegervater *m*
kaynatmak *vt* **1.** *Kausativ zu* **kaynamak** **2.** kochen, sieden (*-i* etw) **3.** schweißen (*-i* etw) **4.** (*fam*) tratschen
kayra *s* Freundlichkeit *f*, Gunst *f*
kayrak (**-ğı**) *s* **1.** Skigelände *nt* **2.** Schiefer *m*
Kayseri *s* anatolische Stadt östlich des Tuzgölü
kayyum *s* Moscheediener *m*, Küster *m*
kaz *s* Gans *f*; ~ **kafalı** (*fam*) dumm, beschränkt; ~ **kızartması** Gänsebraten *m*
kaza *s* **1.** Unfall *m* **2.** Urteil *nt* **3.** Gerichtsbarkeit *f* **4.** Landkreis *m* **5.** Nachholen einer religiösen Pflicht; ~ **geçirmek** verunglücken, einen Unfall haben; ~ **halinde** bei Unfall; ~ **sigortası** Unfallversicherung *f*; **kazaya kurban gitmek** tödlich verunglücken; **kazaya uğramak** einen Unfall haben; (*tragischer*) von einem Unglück getroffen werden
kazai *adj* richterlich
Kazak (**-ğı**) *s* Kasache, -chin *m, f*
kazak (**-ğı**) *s* **1.** Pullover *m*, Pulli *m* **2.** (*fam*) Haustyrann *m*
Kazakistan *s* Kasachstan *nt*
kazan *s* Kessel *m*
kazanç (**-cı**) *s* **1.** Erwerb *m* **2.** Gewinn *m*; ~ **getirmek** Gewinn bringen
kazançlı *adj* **1.** einträglich, rentabel **2.** nütz-

lich, vorteilhaft
kazanım s Gewinn m; **yeniden** [o **geri**] ~ Recycling nt
kazanmak vt 1. gewinnen (-i etw) 2. (Zeit) sparen (-i etw) 3. (Geld) verdienen (-i etw) 4. (Examen) bestehen (-i etw) 5. siegen 6. (Eigenschaft) annehmen (-i etw)
kazara adv 1. ohne Absicht, ohne zu wollen 2. unglücklicherweise
kazazede I. adj verunglückt II. s Verunglückte(r) mf
kazı s (archäologische) Ausgrabung f; ~ **kazan kartı** Rubbellos nt
kazık (**-ğı**) I. s 1. Stange f 2. Brückenpfeiler m 3. (fam) Nepp m II. adj (fam) zu teuer; **birine** ~ **atmak** (fam) jdn ausnehmen; ~ **yemek** (fam) ausgenommen werden
kazıklamak vt 1. mit Pfählen abstecken (-i etw) 2. (fam) ausnehmen, übers Ohr hauen (-i jdn)
kazıklanmak vi 1. Passiv zu **kazıklamak** 2. (fam) ausgenommen werden
kazımak vt 1. abkratzen, abschaben (-i etw) 2. rasieren (-i etw) 3. ausrotten (-i etw) 4. eingravieren (-i etw)
kazmak (ar) vt (auch Grab) ausgraben, graben (-i etw)
kazurat (**-tı**) s Kot m
KDV s Abk. von **katma değer vergisi** MwSt. f (Mehrwertsteuer)
kebap (**-bı**) I. s 1. allgemeine Bezeichnung für geröstete orientalische Gerichte 2. Röstfleisch nt II. adj geröstet; ~ **etmek** rösten (-i etw); **şiş** ~ Fleisch nt am Spieß; ~ **şişi** Bratspieß m
kebere s Kaper f
keçe s 1. Filz m 2. dünner Teppich
keçeli adj aus Filz, Filz-; ~ **kalem** Filzstift m
keçi s Ziege f; ~ **derisi** Ziegenleder nt; ~ **yavrusu** Zicklein nt; **keçileri kaçırmak** (fam) nicht alle Tassen im Schrank haben; **keçileri mi kaçırdın?** (fam) spinnst du?
keçiboynuzu (**-nu**) s Johannisbrot nt; ~ **ağacı** Johannisbrotbaum m
keçisakal s (fam) Spitzbart m
keçiyolu (**-nu**) s Fußpfad m
keder s 1. Sorge f 2. Traurigkeit f
kederli adj 1. betrübt, traurig 2. beträchtlich
kedersiz adj unbeschwert
kedi s Katze f
kedicik (**-ği**) s Kätzchen nt
kediotu (**-nu**) s Baldrian m

kefalet (**-ti**) s Bürgschaft f
kefe s Waagschale f
kefil s Bürge m; ~ **olmak** bürgen (-e für jdn)
kefillik (**-ği**) s Bürgschaft f
kehanet (**-ti**) s Orakel nt, Prophezeiung f, Weissagung f; **kehanet etmek** wahrsagen, prophezeien (-i etw)
kehribar I. s Bernstein m II. adj aus Bernstein
kek (**-ki**) s Sandkuchen m
kekelemek vi (fam) 1. (als Sprachfehler) stottern 2. (vor Aufregung) stammeln, stottern
kekeme s (fam) Stotterer m, Stott(r)erin f
kekik (**-ği**) s wilder Thymian m
keklik (**-ği**) s Rebhuhn nt
keko s (fam) Trottel m
kekremsi adj 1. herb 2. (Gesicht) mürrisch
kel I. adj 1. (Kopf) kahl 2. grindköpfig II. s 1. Grind m 2. Grindkopf m 3. Glatze f
kelebek (**-ği**) s Schmetterling m
kelepçe s 1. Handschellen fpl 2. (TECH) Schelle f
kelepir I. s (fam) Schnäppchen nt, Gelegenheitskauf m II. adj sehr preiswert
keler s Echse f
kelime s Wort nt; ~ **haz(i)nesi** Wortschatz m; ~ **işlemci program** Textverarbeitungsprogramm nt; ~ ~ Wort für Wort; ~ **oyunu** Wortspiel nt; **kelimesi kelimesine** wortwörtlich
kelimei şahadet (**-ti**) s (islamisches) Glaubensbekenntnis nt
kelle s (pej: Kopf) Birne f, Rübe f

> 1997 erhielt Yaşar **Kemal** den Friedenspreis des deutschen Buchhandels. Der Autor wird in der Türkei als 'Sänger und Chronist' von vielen Menschen sehr geschätzt. Berühmt wurde er durch seine 'Mehmed-Trilogie', die in den 30er Jahren in Südanatolien spielt und die Schwierigkeiten des Aufbruchs in die Demokratie beschreibt.

Kemalist (**-ti**) I. s Kemalist(in) m(f) II. adj kemalistisch
keman s Geige f
kemancı s 1. Geiger(in) m(f) 2. Geigenbauer(in) m(f)
kemer s 1. Gürtel m 2. Gewölbe nt, Bogen m 3. Aquädukt nt; ~ **köprü** Viadukt nt; **kemer(ini) bağlamak** sich anschnallen; **kemerini sıkmak** den Gürtel enger schnallen

kemerli *adj* 1. mit Gürtel 2. mit Bogen 3. mit Aquädukt 4. (*Nase*) Haken-; ~ **hayvangiller** Gürteltiere *pl*
kemik (**-ği**) I. *s* Knochen *m* II. *adj* knöchern, Knochen-; ~ **kırılması** Knochenbruch *m*
kemikler *s pl* Gebeine *pl*
kemikli *adj* knochig
kemirgenler *s pl* Nagetiere *pl*
kemirmek *vt* nagen (*-i* an etw); **içini** ~ nagen (*-in* an jdm)
kemoterapi *s* Chemotherapie *f*
kenar I. *s* 1. Kante *f* 2. Rand *m* 3. (TYP) Rand *m* 4. (*von Dreieck*) Seite *f* 5. (*von Winkel*) Schenkel *m* 6. Ufer *nt* 7. Ecke *f* II. *adj* (*Ort*) abgelegen; ~ **mahalleler** (*pl*) Außenbezirke *pl*; (*pej*) Armenviertel *nt*; **kenara** beiseite; **kenara çekil!** geh zur Seite!; **kenara çekilmek** beiseite gehen; (*fig*) sich zurückziehen
kendi I. *adj* eigen II. *pron* 1. selber, selbst 2. (*reflexiv*) sich; ~ **başına** auf eigene Faust, ganz allein; ~ **eliyle** eigenhändig; ~ **kendine** ganz allein, ohne fremde Hilfe; (*automatisch*) von selbst; **kendim** ich selbst; **kendinden emin** selbstsicher; **kendinden geçmek** bewusstlos werden, das Bewusstsein verlieren; (*fam*) ausrasten; **kendinden geçmiş** bewusstlos; (*fam*) außer sich; **kendine gelmek** (wieder) zu sich kommen, vernünftig werden; **kendine güvenen** selbstsicher; **kendine hakim olmak** sich beherrschen; **kendine yedirmek** (*fam*) sich etw gefallen lassen; **kendini asmak** sich erhängen; **kendini beğenmiş** eingebildet, von sich eingenommen; **kendini beğenmişlik** Eitelkeit *f*; **kendini bilen** selbstbewusst; **kendini göstermek** Aufmerksamkeit auf sich lenken, sich bemerkbar machen; **kendini hissettirmek** sich bemerkbar machen; **kendini kapıp koyuvermek** (*fam*) sich gehen lassen; **kendini tanıtmak** sich zu erkennen geben; **kendini tehlikeye atmak** sich in Gefahr begeben; **kendini temize çıkarmak** sich reinwaschen; **kendini toplamak** (*von einer Krankheit*) sich erholen; (*sich zusammennehmen*) sich fassen
kendiliğinden *adv* 1. von selbst, spontan 2. automatisch
kendi(si) (**-ni**) I. *pron* er/sie/es (selbst)
kendir *s* Hanf *m*
kene *s* Zecke *f*

kenef *s* (*vulg*) Scheißhaus *nt*
kenet (**-di**) *s* 1. Eisenklammer *f* 2. Niete *f*
kenetlemek *vt* 1. verankern (*-i* etw) 2. nieten (*-i* etw)
kenevir *s* Hanf *m*
kent (**-ti**) *s* Stadt *f*
kentet (**-ti**) *s* Quintett *nt*
kentli *s* Stadtbewohner(in) *m(f)*, Bürger(in) *m(f)*
kentsel *adj* städtisch
Kenya *s* Kenia *nt*
kepaze *adj* würdelos
kepazelik (**-ği**) *s* (*fam*) 1. Schandtat *f* 2. Skandal *m*
kepçe *s* Schöpflöffel *m*, Kelle *f*
kepek (**-ği**) *s* 1. (*auf dem Kopf*) Schuppe *f* 2. Kleie *f*
kepekli *adj* mit Kleie; ~ **ekmek** Vollkornbrot *nt*, Graubrot *nt*
kepenk (**-gi**) *s* Fensterladen *m*; (*für Geschäfte*) Rollladen *m*
keramet (**-ti**) *s* 1. Wunder *nt* 2. (eingetroffene) Prophezeiung *f*
kere I. *adv* (MATH) mal; **iki** ~ **iki dört eder** zwei mal zwei ist vier II. *s* (*nur in adverbialen Bestimmungen*) Mal *nt*; (*mit Zahlangabe*) -mal; **iki/üç** ~ zwei-/dreimal
kereste *s* 1. Bauholz *nt* 2. (*fam*) Bauernlümmel *m*
kerevit (**-di**) *s* Flusskrebs *m*
kereviz *s* Sellerie *m/f*
kerhane *s* (*fam*) Bordell *nt*
kermes *s* Jahrmarkt *m*, Kirmes *f*
kerpeten *s* Zange *f*
kerpiç (**-ci**) I. *s* (*zum Hausbau*) Lehm *m*, Luftziegel *m* II. *adj* aus Luftziegeln, Lehm-
kertenkele *s* Eidechse *f*
kertik (**-ği**) I. *s* 1. Kerbe *f* 2. Scharte *f* II. *adj* 1. (ein)gekerbt 2. schartig
kervan *s* Karawane *f*
kesat (**-dı**) *s* Stagnation *f*; ~ **gitmek** stagnieren
kesatlık (**-ğı**) *s* 1. Flaute *f* 2. Stagnation *f*
kese *s* 1. Beutel *m* 2. Frottierhandschuh *m* 3. Geldbeutel *m*
kesek (**-ği**) *s* (Erd)scholle *f*
kesekâğıdı (**-nı**) *s* Papiertüte *f*
keser *s* Beil *nt*
kesicidiş *s* Schneidezahn *m*
kesik (**-ği**) I. *s* 1. Einschnitt *m* 2. Schnittwunde *f* II. *adj* 1. geschnitten 2. unterbrochen 3. (*Strom, Gas*) abgestellt 4. (*Milch*)

sauer
kesiksiz *adj* ununterbrochen
kesilmek *vi* 1. *Passiv zu* **kesmek** 2. (*Wind, Regen*) sich legen, aufhören 3. (*Milch*) sauer werden 4. (*Wasser, Gas*) abgestellt werden 5. (*Strom*) ausfallen 6. (*Lärm*) verstummen 7. (*Knie*) weich werden 8. (*sich verwandeln in*) werden (zu) 9. (*fam*) ganz vernarrt sein (*-e* in jdn)
kesim *s* 1. *Verbalsubstantiv zu* **kesmek** 2. (*am Kleid*) Ausschnitt *m* 3. Ende *nt* 4. Abschnitt *m*
kesin *adj* 1. endgültig, definitiv, unwiderruflich 2. unanfechtbar 3. (*Maßnahmen*) einschneidend
kesinlik (**-ği**) *s* Bestimmtheit *f*, Sicherheit *f*
kesinlikle *adv* 1. entschieden 2. streng 3. nie und nimmer; ~ **yasak!** streng verboten!
kesinti *s* 1. (*von Geldern*) Kürzung *f* 2. Unterbrechung *f*
kesintisiz *adj* ununterbrochen; ~ **güç kaynağı** (INFORM) unterbrechungsfreie Stromversorgung *f* (*USV*)
kesir *s* (MATH) Bruch *m*
kesirli sayı *s* Bruchzahl *f*
kesişmek *vi* 1. (*Wege*) sich kreuzen (*ile* mit etw) 2. (*Linien*) sich schneiden (*ile* mit etw) 3. handelseinig werden (*ile* mit jdm)
keski *s* Meißel *m* 2. Kneifzange *f*
keskin *adj* 1. (*auch fig*) scharf 2. schneidend 3. (*Kälte*) schneidend 4. (*Geruch*) beißend 5. schrill 6. (*Schmerz*) stechend 7. (*Tabak, Alkohol*) stark 8. (*Medikament*) wirksam; ~ **hatlı** (*Gesichtszüge*) markant; ~ **nişancı** Scharfschütze *m*; ~ **taraf** Schneide *f*; ~ **zekalı** scharfsinnig
keskinlik (**-ği**) *s* 1. Schärfe *f* 2. Strenge *f* 3. Wirksamkeit *f*
kesme I. *s* 1. *Verbalsubstantiv zu* **kesmek** 2. Schnitt *m* II. *adj* geschnitten; ~ **fiyatlarla** zu festen Preisen
kesmek (**-er**) *vt* 1. (ab)schneiden, (ab)mähen (*-i* etw) 2. sich schneiden (*elini* in den Finger) 3. (*Baum*) fällen (*-i* etw) 4. (*Holz*) hacken (*-i* etw) 5. (*Tier*) schlachten (*-i* etw) 6. abtrennen (*-i -den* etw von etw) 7. (*Wasser, Strom*) abstellen (*-i* etw) 8. (*Zahlung, Verhandlungen*) einstellen (*-i* etw) 9. unterbrechen (*-i* etw) 10. (*Medikament*) absetzen (*-i* etw) 11. (*Preis*) festsetzen (*-i* etw) 12. (*Banknoten*) drucken (*-i* etw) 13. (*Geschwindigkeit*) drosseln (*-i* etw) 14. (*Geldbetrag*) abziehen (*-i -den* etw von etw) 15. (*fam*) aufschneiden, angeben
kesmeşeker *s* Würfelzucker *m*
kesmez *adj* (*nicht spitz*) stumpf
kestane *s* 1. Kastanie *f* 2. Marone *f*; ~ **ağacı** Kastanienbaum *m*; ~ **rengi** kastanienbraun
kestanefişeği (**-ni**) *s* Knallkörper *m*, Böller *m*
kestirme I. *s* Verbalstubstantiv zu **kestirmek** II. *adv* kurz und knapp; ~ (**yol**) Abkürzung *f*; **kestirmeden giderek** kurzerhand, mir nichts, dir nichts, ohne Umschweife
kestirmek *vt* 1. *Kausativ zu* **kesmek** 2. (ab)schätzen (*-i* etw) 3. voraussehen (*-i* etw) 4. (*fam*) ein Nickerchen machen
keşfetmek (**-der**) *vt* 1. entdecken (*-i* etw) 2. (*fig*) herausbekommen (*-i* etw) 3. enthüllen (*-i* etw)
keşif (**-şfi**) *s* 1. Entdeckung *f* 2. Enthüllung *f*
keşiş *s* 1. Mönch *m* 2. Pope *m*
keşke *konj* (*bei Wunschsätzen*) wenn doch …; ~ **gitmeseydik** wenn wir doch nur nicht weggegangen wären!
keşmekeş *s* 1. Wirrwarr *m* 2. Ungewissheit *f*
Keşmir *s* Kaschmir *m*
ketçap (**-bı**) *s* Ketschup *nt*
keten I. *s* 1. Flachs *m* 2. Leinen *nt* II. *adj* Leinen-, aus Leinen
ketentohumu (**-nu**) *s* Leinsamen *m*
ket vurmak *vt* (*fam*) hemmen (*-e* etw)
keyfi *adj, adv* 1. willkürlich 2. eigenmächtig
keyfi (**-ni**) *s* Possessivform zu **keyif** seine/ihre gute Laune *f*
keyif (**-yfi**) *s* 1. gute Laune *f* 2. Vergnügen *nt*, Lust *f* 3. Willkür *f* 4. Ausgelassenheit *f* 5. Rausch *f*; ~ **verici** berauschend *m*; **keyfi yerinde** gut aufgelegt; **keyfi yerinde olmak** es sich gut gehen lassen; **keyfin bilir** (*fam*) mach, was du willst; **keyfine bakmak** es sich gemütlich machen; **keyfini bozmak** [*o* **kaçırmak**] die Laune verderben (*-in* jdm)
keyifli *adj* 1. gut gelaunt 2. vergnügt, lustig
keyifsiz *adj* 1. unwohl 2. schlecht gelaunt
keyifsizlik (**-ği**) *s* 1. Unwohlsein *nt* 2. schlechte Laune
kez *s* (*nur in adverbialen Bestimmungen*) Mal *nt*; (*mit Zahlangabe*) -mal; **üç kez** dreimal
kesik (**-ği**) *adj* unterbrochen

keza *adv* ebenfalls, gleichfalls
KGK *s Abk. von* **Kesintisiz Güç Kaynağı** (INFORM) UPS *f* (*unterbrechungsfreie Stromversorgung*)
kıble *s* **1.** (*beim Gebet*) Richtung *f* nach Mekka **2.** Südwind *m*
Kıbrıs *s* Zypern *nt*
kıç (**-çı**) *s* **1.** (*fam*) Po(po) *m* **2.** (*von Schiff*) Heck *nt*
kıdem *s* Dienstalter *nt*
kıkırdak (**-ğı**) *s* Knorpel *m*
kıkırdamak *vi* kichern
kıl I. *s* **1.** (Körper)haar *nt* **2.** Borste *f* **3.** Ziegenhaar *nt* II. *adj* aus Ziegenfell
kılavuz *s* **1.** (Reise)führer(in) *m(f)* **2.** Lotse *m*, Lotsin *f* **3.** Heiratsvermittler(in) *m(f)* **4.** Gewindeschneider *m*
kılcal *adj* haarfein, Haar-
kılçık (**-ğı**) *s* (Fisch)gräte *f*
kılıbık (**-ğı**) *s* Pantoffelheld *m*
kılıç (**-cı**) *s* Degen *m*, Säbel *m*, Schwert *nt*; **~ namlusu** Klinge *f*
kılıçbalığı (**-nı**) *s* Schwertfisch *m*
kılıf *s* **1.** Bezug *m* **2.** Futteral *nt*, Etui *nt* **3.** (Schutz)hülle *f*
kılık (**-ğı**) *s* (*fam*) Kleidung *f*
kılıksız *adj* (*fam: Aussehen*) schäbig
kıllı *adj* behaart, haarig
kımılda(n)mak *vi* sich bewegen, sich rühren
kımıldatmak *vt* **1.** *Kausativ zu* **kımıldamak** **2.** bewegen, wegrücken (*-i* etw)
kın *s* (*von Degen*) Scheide *f*
kına *s* Henna *f*

Kına (Henna), ein aus den Blättern und Stängeln eines Weiderichgewächses gewonnener roter Farbstoff, wird hauptsächlich zum Haarefärben verwendet. Anlässlich großer Feiern bemalen die Frauen ihre Hände oft kunstvoll mit Henna. Dem Farbstoff wird aber auch medizinische Wirkung zugesprochen: So hilft Henna z.B. bei Fußpilz.

kınagecesi (**-ni**) *s gemeinsamer Abend der Frauen im Haus der Braut am Tag vor der Hochzeit*
kınamak *vt* missbilligen (*-i* etw)
kıpkırmızı *adj* feuerrot, leuchtend rot
kır I. *adj* grau; **~ saçlı** grauhaarig II. *s* **1.** (freies) Feld *nt* (*unbesiedeltes Gelände*) **2.** Weide *f*
kırağı *s* (Rau)reif *m*; **~ düşmüş** es hat (Rau)reif
kırat (**-tı**) *s* **1.** Karat *nt* **2.** Qualität *f*
kırbaç (**-cı**) *s* Peitsche *f*; **~ darbesi** Peitschenhieb *m*
kırbaçlamak *vt* peitschen (*-i* jdn/etw)
kırç (**-cı**) *s* Raureif *m*
kırçıl *adj* (*Haar*) graumeliert
kırgın *adj* gekränkt, beleidigt
kırgınlık (**-ğı**) *s* Verärgerung
Kırgızistan *s* Kirgisien *nt*
kırıcı I. *adj* beleidigend, kränkend II. *s* (*in der Buchbinderei*) Falzer(in) *m(f)*
kırık (**-ğı**) I. *s* **1.** Bruch *m*, Bruchstelle *f* **2.** (Knochen)bruch *m* **3.** Bruchstück *nt* II. *adj* **1.** gebrochen **2.** zerbrochen, kaputt **3.** (*Schulnote*) ungenügend; **~ tahtası** (*bei Fraktur*) Schiene *f*
kırıklık (**-ğı**) *s* Unwohlsein *nt*
kırılacak *adj* zerbrechlich
kırılgan *adj* (*Charakter*) empfindlich
kırılmak *vi* **1.** *Passiv zu* **kırmak** **2.** (*fam*) brechen, kaputtgehen **3.** (*Licht*) gebrochen werden **4.** (*fam*) sich ärgern (*-e* über etw/jdn)
kırılmaz *adj* unzerbrechlich
Kırım *s* Krim *f*
kırım *s* Massaker *nt*, Blutbad *nt*
kırıntı *s* **1.** Brocken *m*, Bruchstück *nt* **2.** Krümel *m*
kırışık (**-ğı**) I. *s* Falte *f*, Runzel *f* II. *adj* runz(e)lig, faltig
kırışmak *vi* faltig [*o* runzelig] werden
kırıtkan *adj* (*fam*) kokett
kırıtmak *vi* (*fam*) kokettieren
kırk (**-kı**) *num* vierzig
kırkayak (**-ğı**) *s* **1.** Tausendfüßler *m* **2.** Filzlaus *f*
kırkmak (**-ar**) *vt* **1.** stutzen (*-i* etw) **2.** (*Schafe*) scheren (*-i* etw)
kırlangıç (**-cı**) *s* Schwalbe *f*
kırma I. *s* **1.** *Verbalsubstantiv zu* **kırmak** **2.** Plisseestreifen *m* **3.** (BIOL) Kreuzung *f* II. *adj* **1.** gebrochen **2.** gefaltet **3.** geknickt
kırmak (**-ar**) *vt* **1.** (zer)brechen (*-i* etw) **2.** zertrümmern, kaputtmachen (*-i* etw) **3.** (*Tür, Schloss*) sprengen (*-i* etw) **4.** (*Holz*) hacken (*-i* etw) **5.** (*Nüsse*) knacken (*-i* etw) **6.** (*Papier*) falten (*-i* etw) **7.** kränken, beleidigen (*-i* jdn) **8.** (*die Lust*) verderben (*-i* etw) **9.** (*Preis*) drücken (*-i* etw) **10.** (*Steuer*) umwerfen (*-i* etw) **11.** (*fam: Arbeit, Schule*) schwänzen (*-i* etw) **12.** (*fam*) verduften, ab-

hauen
kırmızı *adj* rot; ~ **başlıklı kız** Rotkäppchen *nt;* ~ **kalem** Rotstift *m;* ~ **lahana** Rotkohl *m;* ~ **süs balığı** Goldfisch *m;* ~ **şarap** Rotwein *m;* ~ **turp** Radieschen *nt;* ~ **yaban mersini** Preiselbeere *f*
kırmızıbiber *s* (*Gewürz*) Paprika *m*
kırmızılık (**-ğı**) *s* Röte *f*
kırpmak (**-ar**) *vt* 1. stutzen (*-i etw*) 2. (*Schafe*) scheren (*-i etw*); **göz** ~ mit den Augen zwinkern
kırsal *adj* ländlich; ~ **kesim** Land *nt* (*im Gegensatz zur Stadt*)
kırtasiye *s* Schreibwaren *pl;* ~ **mağazası** Schreibwarenhandlung *f*
kırtasiyeci *s* 1. Schreibwarenhändler(in) *m(f)* 2. (*pej*) Bürokrat(in) *m(f)*
kırtasiyecilik (**-ği**) *s* 1. Schreibwarenhandel *m* 2. (*pej*) Bürokratismus *f,* Papierkrieg *m*
kısa *adj* kurz; ~ **boylu** (*Wuchs*) klein; ~ **çizgi** Bindestrich *m;* ~ **çorap** Socke *f;* ~ **dalga** Kurzwelle *f;* ~ **devre** Kurzschluss *m;* ~ **kesmek** (*fam*) sich kurz fassen, zur Sache kommen, kurzen Prozess machen; ~ **kollu** kurzärmelig; ~ **metrajlı film** Kurzfilm *m;* ~ **ömürlü** kurzlebig; ~ **tatil** Kurzurlaub *m;* ~ **vadeli** auf kurze Sicht, kurzfristig; ~ **zamanda** in Kürze; ~ **zamandan beri** seit kurzem
kısacası *adv* kurz und gut
kısaçalar *s* (*Schallplatte*) Single *f*
kısalık (**-ğı**) *s* Kürze *f*
kısalmak *vi* 1. kürzer werden 2. (*Stoff*) eingehen, einlaufen
kısaltma *s* 1. *Verbalsubstantiv zu* **kısaltmak** 2. Abkürzung *f*
kısaltmak *vt* 1. *Kausativ zu* **kısalmak** 2. (ver)kürzen (*-i etw*) 3. (*Weg, Wort*) abkürzen (*-i etw*) 4. (*Bart*) stutzen (*-i etw*)
kısas *s* Vergeltung *f;* **kısasa** ~ Auge um Auge, Zahn um Zahn
kısık (**-ğı**) *adj* 1. (*Stimme*) heiser, rau 2. verkürzt
kısıklık (**-ğı**) *s* 1. Heiserkeit *f;* (*der Stimme*) Rauheit *f* 2. Vermindertsein *nt*
kısılmak *vi* 1. *Passiv zu* **kısmak** 2. sich verringern 3. (*Stimme*) heiser werden
kısım (**-smı**) *s* 1. Teil *m* 2. Gruppe *f*
kısıntı *s* Einschränkung *f*
kısır *adj* unfruchtbar; ~ **döngü** (*fam*) Teufelskreis *m*
kısırlaştırmak *vt* sterilisieren (*-i etw/jdn*)
kısıt (**-tı**) *s* Entmündigung *f*

kısıtlama *s* Beschränkung *f*
kısıtlamak *vt* 1. entmündigen (*-i jdn*) 2. beschränken (*-i etw*)
kıskaç (**-cı**) *s* 1. Klemme *f* 2. (Kneif)zange *f* 3. (*vom Krebs*) Scheren *fpl*
kıskanç (**-cı**) *adj* 1. eifersüchtig 2. neidisch
kıskançlık (**-ğı**) *s* 1. Eifersucht *f* 2. Neid *m*
kıskanmak *vt* 1. beneiden (*-i jdn*) 2. (*Dinge*) neiden, missgönnen (*-den -i jdm etw*) 3. eifersüchtig sein (*-i auf etw/jdn*)
kısmak (**-ar**) *vt* 1. vermindern (*-i etw*) 2. (*Stimme*) dämpfen (*-i etw*) 3. (*Zufuhr*) drosseln (*-i etw*) 4. (*Radio*) leise(r) stellen (*-i etw*) 5. (*Scheinwerfer*) abblenden (*-i etw*)
kısmen *adv* zum Teil, teils
kısmet (**-ti**) I. *s* (*fam*) 1. Glücksfall *m* 2. Schicksal *nt* 3. (*fam*) gute Partie *f* II. *interj* hoffentlich!
kısmetli *adj* glücklich
kısmetsiz *s* Pechvogel *m*
kısmı (**-nı**) *s* Possessivform *zu* **kısım** der Teil von …
kısmi *adj* teilweise, Teil-; ~ **kasko** (**sigortası**) Teilkasko *nt*
kısrak (**-ğı**) *s* Stute *f*
kıstak (**-ğı**) *s* Landenge *f*
kıstas *s* Kriterium *nt*
kıstırmak *vt* 1. *Kausativ zu* **kısmak** 2. quetschen (*-i -e etw in etw*) 3. in die Enge treiben (*-i jdn*)
kış *s* Winter *m;* ~ **gibi** winterlich; ~ **olimpiyatları** Olympische Winterspiele *pl;* ~ **ortasında** mitten im Winter; ~ **sonu satışı** Winterschlussverkauf *m;* ~ **sporları** Wintersport *m;* ~ **tarifesi** Winterfahrplan *m;* ~ **uykusu** Winterschlaf *m;* **kışı geçirmek** überwintern
kışın *adv* im Winter
kışkırtıcı I. *adj* provozierend II. *s* Unruhestifter(in) *m(f)*
kışkırtma *s* 1. *Verbalsubstantiv zu* **kışkırtmak** 2. Aufwiegelung *f,* Hetze *f,* Provokation *f*
kışkırtmak *vt* 1. aufhetzen, provozieren (*-i jdn*) 2. (*Hühner*) aufscheuchen (*-i jdn*)
kışla *s* 1. Kaserne *f* 2. Garnison *f;* ~ **polisi** Bereitschaftspolizei *f*
kışlık (**-ğı**) I. *adj* für den Winter (geeignet), Winter- II. *s* 1. Winterwohnung *f* 2. Winterkleidung *f*
kıt (**-tı**) *adj* 1. beschränkt 2. knapp 3. nicht genügend, unzureichend; ~ **kanaat gezinmek** sich über Wasser halten

kıta *s* 1. Festland *nt,* Kontinent *m* 2. Strophe *f* 3. Truppe *f*
kıtalararası *adj* interkontinental; ~ **füze** Interkontinentalrakete *f*
kıtasal *adj* kontinental
kıtır kıtır I. *adj* knusp(e)rig II. *adv* knabbernd; ~ ~ **yemek** knabbern
kıtlaşma *s* 1. *Verbalsubstantiv zu* **kıtlaşmak** 2. Verknappung *f*
kıtlaşmak *vi* sich verknappen
kıtlık (**-ğı**) *s* 1. Knappheit *f* 2. Hungersnot *f*
kıvanç (**-cı**) *s* (berechtigter) Stolz *m*
kıvılcım *s* Funke *m*
kıvırcık (**-ğı**) *adj* 1. lockig 2. gekräuselt
kıvırmak *vt* 1. kräuseln, krümmen (*-i* etw) 2. (*Ärmel*) aufkrempeln (*-i* etw) 3. (*Haar*) aufwickeln, eindrehen (*-i* etw) 4. (*Stoff*) einsäumen, umsäumen (*-i -den* etw an etw) 5. (*eine schwierige Sache*) fertig bringen (*-i* etw)
kıvır zıvır I. *s* Kleinkram *m* II. *adj* 1. wertlos 2. sinnlos
kıvranmak *vi* 1. (*Person*) sich winden (*sancıdan* vor Schmerzen) 2. sich große Sorgen machen
kıvrılmak *vi* 1. *Passiv zu* **kıvırmak** 2. sich kräuseln 3. sich schlängeln 4. unbequem liegen
kıvrım *s* 1. Knick *m* 2. (*eines Flusses*) Windung *f* 3. Falte *f* 4. (*Haar-*) Krause *f*
kıvrıntı *s* 1. (*einer Straße*) Biegung *f* 2. Knick *m*
kıyafet (**-ti**) *s* Kleidung *f*
kıyamet (**-ti**) *s* 1. der Jüngste Tag 2. (lärmendes) Durcheinander *nt*
kıyas *s* 1. Vergleich *m* 2. Gleichsetzung *f* 3. Analogie *f;* ~ **yolu ile** analog
kıyasla *präp* (*im Vergleich zu*) gegenüber (*-e dat*)
kıyaslamak *vt* vergleichen (*-i ile* etw mit etw)
kıyı *s* 1. Küste *f* 2. Ufer *nt* 3. (äußerer) Rand *m*
kıyıcı *adj* erbarmungslos, unmenschlich
kıyıcılık (**-ğı**) *s* Grausamkeit *f*
kıyma *s* 1. *Verbalsubstantiv zu* **kıymak** 2. Hackfleisch *nt,* Gehackte(s) *nt;* ~ **makinesi** Fleischwolf *m*
kıymak (**-ar**) *vt* 1. (*Fleisch*) hacken (*-i* etw) 2. zerhacken (*-i* etw) 3. nicht sparsam sein mit (*-e* mit etw) 4. nicht schonen (*-e* jdn) 5. abschlachten (*-e* jdn)

kıymet (**-ti**) *s* 1. Wert *m* 2. Achtung *f* 3. Wertigkeit *f;* ~ **beyanı** Wertangabe *f*
kıymetli *adj* 1. wertvoll, kostbar 2. schätzenswert 3. (*Anrede*) geschätzt; ~ **taş** Edelstein *m*
kıymetsiz *adj* wertlos
kıymık (**-ğı**) *s* (*Holz-, Knochen-*) Splitter *m*
kız *s* 1. Mädchen *nt* 2. Fräulein *nt* 3. Tochter *f* 4. Jungfrau *f;* ~ **arkadaş** Freundin *f;* ~ **evlat** Tochter *f;* ~ **gibi** mädchenhaft; ~ **kardeş** Schwester *f*
kızak (**-ğı**) *s* 1. Rodel *m* 2. Schlitten *m* 3. (MAR) Schlipp *m;* ~ **kaymak** Schlitten fahren
kızamık (**-ğı**) *s pl* Masern *pl*
kızamıkçık (**-ğı**) *s pl* Röteln *pl*
kızarmak *vi* 1. erröten 2. glühen 3. braten
kızartılmış *adj* 1. (im Ofen) gebacken 2. (*Fleisch*) geröstet
kızartma *s* 1. *Verbalsubstantiv zu* **kızartmak** 2. Braten *m*
kızartmak *vt* 1. *Kausativ zu* **kızarmak** 2. braten, rösten (*-i* etw) 3. rot werden lassen (*-i* etw)
kızböceği (**-ni**) *s* Libelle *f*
kızdırmak *vt* 1. *Kausativ zu* **kızmak** 2. (ver)ärgern (*-i* jdn) 3. anheizen (*-i* etw)
kızgın *adj* 1. (*Person*) verärgert, zornig 2. glühend, heiß 3. überhitzt 4. (*Tier*) läufig 5. (*fam*) geil
kızgınlık (**-ğı**) *s* 1. Zorn *m* 2. (*fam*) Geilheit *f;* **kızgınlıktan patlamak** vor Ärger platzen
kızıl *adj* 1. (blut)rot 2. (*fam*) rot; ~ **derili** Indianer(in) *m(f),* indianisch; ~ **gerdan** (**kuşu**) Rotkehlchen *nt;* ~ (**hastalığı**) Scharlach *m;* ~ **saçlı** rothaarig
kızılağaç (**-cı**) *s* (Schwarz)erle *f*
Kızılay *s* (*Entsprechung zum Roten Kreuz*) der Rote Halbmond
Kızıldeniz *s* das Rote Meer
Kızılhaç (**-çı**) *s* das Rote Kreuz
kızılkantaron *s* Enzian *m*
kızıllık (**-ğı**) *s* 1. Röte *f* 2. Morgenrot *nt* 3. Abendrot *nt*
kızılötesi *adj* infrarot
kızlık (**-ğı**) *s* 1. Jungfräulichkeit *f* 2. Mädchen-Sein *nt;* ~ **adı** Mädchenname *m;* ~ **adı Öztürk** geborene Öztürk
kızmak (**-ar**) *vi* 1. sich ärgern (*-e* über jdn/etw) 2. sich erhitzen 3. glühen 4. (*fam*) geil werden
ki I. *konj* 1. dass 2. damit 3. (*entspricht Rela-*

kibar *adj* vornehm
kibarlık (**-ğı**) *s* vornehmes Benehmen
kibir (**-bri**) *s* 1. Anmaßung *f* 2. Arroganz *f*, Hochmut *m*
kibirli *adj* 1. anmaßend 2. arrogant, hochmütig
kibrit (**-ti**) *s* Zündholz *nt*, Streichholz *nt*; ~ (**çöpü**) Streichholz *nt*; ~ **kutusu** Streichholzschachtel *f*
kiklon *s* Zyklon *m*
kil *s* Ton *m*
kiler *s* (Vorrats)keller *m*, Speisekammer *f*
kilim *s* Kelim *m*

> **Kilim**, der türkische Webteppich, hat eine lange Tradition. Die Teppiche tragen häufig den Namen einer Stadt oder Region, so z.B. Sivas, Konya, Kayseri. Die Muster sind meist geometrisch und stehen als Symbole für Liebe, Freundschaft u.Ä.

kilise *s* Kirche *f*; ~ **kulesi** Kirchturm *m*
kilit (**-di**) *s* Schloss *nt*; ~ **noktası** Schlüsselstellung *f*; ~ **rol** Schlüsselrolle *f*
kilitlemek *vt* 1. schließen, zusperren (*-i* etw) 2. ineinander fügen (*-i* etw) 3. einsperren (*-i -e* jdn/etw in etw) 4. (*Zähne*) zusammenpressen (*-i* etw)
kilitlenmek *vi Passiv oder Reflexiv zu* **kilitlemek**
kilitli *adj* 1. (*Tür*) mit Schloss 2. abgeschlossen
kilo *s* 1. Kilo *nt* 2. (*fam*) Körpergewicht *nt*; ~ **almak** zunehmen; ~ **vermek** abnehmen
kilobayt *s* Kilobyte *nt*
kilo(**gram**) *s* Kilo(gramm) *nt*
kilohertz *s* Kilohertz *nt*
kilokalori *s* Kilokalorie *f*
kilometre *s* Kilometer *m*; ~ **kare** Quadratkilometer *m*
kilovat (**-tı**) *s* Kilowatt *nt*; ~ **saat** Kilowattstunde *f*
kim *pron* wer; ~ **o?** wer ist da?; ~ **olursa olsun** wer auch immer
kimde *pron* bei wem?
kimden *pron* von wem?
kime *pron* wem, an wen, zu wem
kimi *pron* 1. wen 2. manche; ~ **arıyorsunuz?** zu wem wollen Sie?; ~ **vakit** [*o* za-man] manchmal
kimileri *pron pl* manche
kimin *pron* wessen; **bu kimin kitabı?** wessen Buch ist das?
kimisi *pron* manche(r, s)
kimlik (**-ği**) *s* 1. Identität *f* 2. Personalien *fpl*; ~ **gelişimi** Persönlichkeitsentwicklung *f*; ~ (**kâğıdı**) Personalausweis *m*; ~ **tespiti** (*von Personen*) Identifikation *f*
kimse *pron* 1. jemand 2. (*bei Verneinung*) niemand
kimsecik (**-ği**) *pron* (*fam*) keine Menschenseele, gar niemand; **kimsecikler yok** es ist gar niemand da
kimsesiz *adj* allein stehend
kimya *s* 1. Chemie *f* 2. Seltenheit *f*, Rarität *f*
kimyacı *s* 1. Chemiker(in) *m(f)* 2. (*fam*) Chemielehrer(in) *m(f)*
kimyager *s* Chemiker(in) *m(f)*
kimyasal *adj* chemisch; ~ **madde** Chemikalie *f*; ~ **temizleme** chemische Reinigung
kimyevi *adj* chemisch
kimyon *s* Kümmel *m*
kin *s* 1. Hass *m* 2. Rachsucht *f*; ~ **beslemek** [*o* **gütmek**] hassen (*-e* jdn/etw)
kinaye *s* (versteckte) Andeutung *f*
kinci *adj* 1. gehässig 2. nachtragend
kinik (**-ği**) I. *s* Zyniker(in) *m(f)* II. *adj* zynisch
kinizm *s* Zynismus *m*
kip (**-pi**) *s* Modus *m*
kir *s* 1. Schmutz *m*, Dreck *m* 2. Schande *f*
kira *s* Miete *f*; ~ **bedeli** Leihgebühr *f*; ~ **ile tutmak** pachten (*-i* etw); ~ **kontratı** Mietvertrag *m*; ~ **yasası** Mietgesetz *nt*; **kiraya vermek** vermieten, verpachten (*-i* etw)
kiracı *s* Mieter(in) *m(f)*, Pächter(in) *m(f)*
kiralamak *vt* 1. mieten, pachten (*-i -den* etw von jdm) 2. vermieten, verpachten (*-i -e* etw an jdn)
kiralanan *adj* vermietet, verpachtet
kiralık (**-ğı**) *adj* Miet-, zu vermieten(d); ~ **anne** Leihmutter *f*; ~ **daire** Mietwohnung *f*; ~ **katil** gedungener Killer *m*; ~ **otomobil** Mietwagen *m*
kiraz *s* Kirsche *f*; ~ **ağacı** Kirschbaum *m*; ~ **rakısı** Kirschwasser *nt*
kireç (**-ci**) *s* Kalk *m*
kireçli *adj* kalkhaltig
kireçtaşı (**-nı**) *s* Kalkstein *m*
kiremit (**-di**) *s* (Dach)ziegel *m*; ~ **ocağı** Ziegelei *f*

kiriş s 1. Querbalken m 2. Saite f 3. (Bogen-) Sehne f
kirişlemek vt (Bogen) spannen (-i etw)
kirlenmek vi 1. schmutzig werden 2. (Ehre) besudelt werden 3. (fam) menstruieren
kirletmek vt 1. Kausativ zu **kirlenmek** 2. beschmutzen, schmutzig machen (-i etw) 3. (Ehre) beflecken, beschmutzen (-i etw) 4. (Frau) vergewaltigen (-i jdn)
kirli I. adj 1. dreckig, schmutzig 2. (Luft) schlecht 3. (pej) menstruierend II. s schmutzige Wäsche
kirpi s Igel m
kirpik (**-ği**) s Wimper f
kist (**-ti**) s Zyste f
kişi I. s Person f II. pron jemand; ~ **başına** pro Person; ~ **başına gelir** Pro-Kopf-Einkommen nt
kişilik (**-ği**) I. s Persönlichkeit f II. adj (mit vorgesetzter Zahl) 1. für ... Personen 2. aus ... Personen bestehend
kişisel adj persönlich, privat; ~ **bilgisayar** PC m, Personalcomputer m; ~ **dokunulmazlık** Privatsphäre f; ~ **ihtiyaç** Eigenbedarf m
kişnemek vi (Pferd) wiehern
kitabe s Inschrift f
kitabevi (**-ni**) s Buchhandlung f
kitap (**-bı**) s 1. Buch nt 2. heiliges Buch; ~ **dolabı** Bücherschrank m; ~ **fuarı** Buchmesse f; ~ **kabı** Buchdeckel m; ~ **kurdu** (fam) Bücherwurm m; ~ **rafı** Bücherregal nt
kitapçı s Buchhändler(in) m(f)
kitapçı (**dükkanı**) s Buchhandlung f
kitaplık (**-ğı**) s 1. Bibliothek f 2. Bücherei f 3. Bücherregal nt
kitle s Masse f, Menge f; ~ **imha silahı** Massenvernichtungswaffe f
kitlesel adj Massen-; ~ **katliam** Massenmord m
kivi s Kiwi f
kiy s Kegel m; ~ **oynamak** kegeln
KKTC s Abk. von **Kuzey Kıbrıs Türk Cumhuriyeti** die Türkische Republik Nordzypern
klakson s Hupe f
klasik (**-ği**) I. adj klassisch II. s (klassisches Werk) Klassiker m
klasisizm s Klassik f
klasman s 1. Wertung f 2. Rangliste f
klasör s Aktenordner m, Ordner m
klavuz değer s Richtwert m

klavye s Tastatur f
klik (**-ki**) s Clique f
klima (**tesisatı**) s Klimaanlage f
klimalı adj klimatisiert
klinik (**-ği**) I. s Klinik f II. adj klinisch
klip (**-pi**) s Videoclip m
klişe s Klischee nt
klon s Klon m
klonlamak vt klonen (-i etw)
klonlanan adj Klon-, geklont
klonlanmış adj geklont
klor s Chlor nt
kloroform s Chloroform nt
klozet (**-ti**) s Toilette f; ~ **kapağı** Klobrille f
koalisyon s Koalition f; ~ **ortağı** Koalitionspartner m, Koalitionär m
kobay s 1. Meerschweinchen nt 2. (fig fam) Versuchskaninchen nt
koca I. s Ehemann m II. adj 1. (riesen)groß 2. alt (und weise)
kocakarı s altes Weib; ~ **ilacı** Hausmittel nt
kocaman adj (fam) kolossal, riesig
koç (**-çu**) s 1. Schafbock m 2. Widder m 3. jünger kräftiger Mann; **Koç** (**burcu**) (Sternzeichen) Widder m
koçan s 1. Maiskolben m 2. (bei Kohl, Salat) Strunk m 3. Stammleiste f
kod s Kode m, Code m
kodes s (fam: Gefängnis) Loch nt
kodlamak vt kodieren (-i etw)
kof adj 1. (Nuss) taub, leer 2. leer, wertlos
koğuş s 1. (im Krankenhaus) Station f 2. (in Kasernen) Schlafraum m
kok kömürü (**-nü**) s (Brennstoff) Koks m
kokain s Kokain nt
kokarca s Iltis m
koklam s Geruchsinn m
koklamak vt 1. riechen (-i an etw) 2. (Hund) schnuppern
kokmak (**-ar**) vi 1. (nach etwas) riechen 2. duften 3. stinken
kokmuş adj muffig
kokteyl s Cocktail m; **kokteyl barı** Cocktailbar f
koku s 1. Geruch m 2. Duft m 3. Gestank m 4. Parfüm nt; **kokusunu almak** schnüffeln; (fig) wittern (-in etw), Lunte riechen
kokulu adj 1. riechend 2. duftend 3. stinkend 4. parfümiert
kokusuz adj geruchlos
kokuşuk (**-ğu**) adj (fam) muffig
kol s 1. Arm m 2. Ärmel m 3. Griff m, Hebel

m, Kurbel *f* **4.** Branche *f;* Zweig *f* **5.** Patrouille *f* **6.** (MIL) Flügel *m* **7.** Seite *f;* ~ **düğmesi** Manschettenknopf *m;* ~ **kola gitmek** Arm in Arm gehen; ~ **saati** Armbanduhr *f;* **kollarını açmak** die Arme ausbreiten; **birine kollarını açmak** jdn mit offenen Armen empfangen; **kolunu burkmak** sich/jdm den Arm verrenken

kola *s* **1.** Kleister *m* **2.** (Wäsche)stärke *f* **3.** (*Getränk*) Cola *f*

kolalamak *vt* (*Wäsche*) stärken (*-i* etw)

kolay *adj* leicht, einfach; ~ **anlaşılır** leicht verständlich; ~ **gelsin!** frohes Schaffen!; **söylemesi** ~ das ist leichter gesagt als getan

kolayca *adv* leicht, einfach

kolaylaşmak *vi* einfacher werden

kolaylaştırmak *vt* **1.** *Kausativ zu* **kolaylaşmak 2.** vereinfachen, erleichtern (*-i* etw)

kolaylık (**-ğı**) *s* **1.** Leichtigkeit *f* **2.** Erleichterung *f* **3.** Mittel *nt;* ~ **göstermek** behilflich sein (*-e* jdm)

kolaylıkla *adv* leicht, mühelos

kolej *s* privates Gymnasium

koleksiyon *s* Sammlung *f;* ~ **yapmak** (*aus Liebhaberei*) sammeln

koleksiyoncu *s* Sammler(in) *m(f)*

kolektif I. *adj* kollektiv II. *s* Kollektiv *nt*

kolera *s* Cholera *f*

kolesterin *s* Cholesterin *nt*

koli *s* **1.** Päckchen *nt* **2.** Frachtstück *nt*

kolik (**-ği**) *s* Kolik *f*

kollamak *vt* **1.** beschützen (*-i* jdn) **2.** (*Zeit, Gelegenheit*) warten (*-i* auf etw) **3.** Umschau halten (*-i* nach etw)

kolluk (**-ğu**) *s* **1.** Manschette *f* **2.** Ärmelschoner *m*

Kolombiya *s* Kolumbien *nt*

Kolomp *s* Kolumbus

kolon *s* **1.** (*Zeitungs-*) Rubrik *f* **2.** Spalte *f*

koloni *s* Kolonie *f*

kolonya *s* Kölnischwasser *nt*

Kolonya *s* Köln *nt*

koltuk (**-ğu**) *s* **1.** Sessel *m* **2.** Achsel *f* **3.** Schmeichelei *f;* ~ **altı** Achselhöhle *f;* (*fig*) Protektion *f;* ~ **değneği** Krücke *f;* ~ **takımı** Polstergarnitur *f*

kolye *s* **1.** (*Schmuck*) Anhänger *m* **2.** Halskette *f,* Kollier *nt*

kolza *s* Raps *m*

koma *s* Koma *nt;* **birini komaya sokmak** jdn ins Koma versetzen

komandit şirketi (**-ni**) *s* Kommanditgesellschaft *f*

komando *s* **1.** Kommando *nt* **2.** Soldat *m* in einer Kommandoabteilung

komedi *s* (*auch fig*) Komödie *f,* Lustspiel *nt*

komedon *s* Mitesser *m*

komedyen *s* Komiker(in) *m(f)*

komik (**-ği**) *adj* **1.** komisch **2.** (*Preis*) lächerlich

komiklik (**-ği**) *s* **1.** Komik *f* **2.** Komische(s) *nt;* **bir şeyi komikliğe vurmak** etwas ins Lächerliche ziehen

komiser *s* Kommissar *m*

komiserlik (**-ği**) *s* Kommissariat *nt*

komisyon *s* **1.** Ausschuss *m,* Kommission *f* **2.** Provision *f*

komisyoncu *s* Makler(in) *m(f)*

komita *s* (POL) Untergrundorganisation *f*

komite *s* Komitee *nt*

komodin *s* Nachttisch *m*

kompakt (**-tı**) *adj* kompakt

kompartıman *s* (Zug)abteil *nt*

komple *adj* komplett

kompleks *s* Komplex *m*

kompliman *s* Kompliment *nt*

komplo *s* Verschwörung *f,* Komplott *m;* ~ **yapmak** sich verschwören

komplocu *s* Verschwörer(in) *m(f)*

komposto *s* Kompott *nt*

kompozisyon *s* **1.** (*Schul-*) Aufsatz *m* **2.** Komposition *f*

kompres *s* Kompresse *f*

komşu I. *s* Nachbar(in) *m(f)* II. *adj* angrenzend, benachbart

komşuluk (**-ğu**) *s* **1.** Nachbarschaft *f* **2.** Nähe *f*

komut (**-tu**) *s* **1.** Kommando *nt* **2.** (INFORM) Befehl *m*

komuta *s* Führung *f*

komutan *s* Kommandant *m,* Kommandeur *m*

komutanlık (**-ğı**) *s* **1.** Kommando *nt* **2.** Führung *f* **3.** Kommandantenberuf *m*

komünist (**-ti**) I. *s* Kommunist(in) *m(f)* II. *adj* kommunistisch

komünizm *s* Kommunismus *m*

komünyon *s* Kommunion *f*

konak (**-ğı**) *s* **1.** Herberge *f* **2.** (kleiner) Palast *m* **3.** Quartier *nt* **4.** Rast *f* **5.** Tagereise *f* **6.** Regierungsgebäude *nt*

konaklama *s* **1.** *Verbalsubstantiv zu* **konaklamak 2.** (*im Hotel*) Unterkunft *f*

konaklamak *vi* (*in einem Hotel*) absteigen

konca s Knospe f
konçerto s (als Musikwerk) Konzert nt
kondansatör s Kondensator m
kondanse adj kondensiert; ~ **süt** Kondensmilch f
kondüktör s Schaffner(in) m(f)
koneksiyon s Anschluss m
konfeksiyon s Konfektion f
konferans s 1. Vortrag m 2. Konferenz f; ~ **odası** Konferenzraum m; ~ **salonu** Hörsaal m; ~ **vermek** einen Vortrag halten
konfitür s Konfitüre f
konfor s Komfort m
konforlu adj komfortabel
konformist (-ti) adj konformistisch
kongre s 1. Kongress m 2. Parteitag m
koni s Kegel m
konjonktivit (-ti) s Bindehautentzündung f
konjonktür s Konjunktur f
konmak (-ar) vt 1. Passiv zu **koymak** 2. (Vogel) sich setzen (-e auf etw) 3. (fam) ohne Mühe zu etwas kommen (-e zu etw) 4. (unbeabsichtigt hinkommen) landen (bir yere an einem Ort)
konsantrasyon s Konzentration f
konsantre adj konzentriert; ~ **olmak** sich konzentrieren (-e auf etw)
konsensüs s Konsens m
konser s (Veranstaltung) Konzert nt
konservatuvar s Konservatorium nt, Musikhochschule f
konserve s Konserve f; ~ **açacağı** Büchsenöffner m, Dosenöffner m; ~ **kutusu** Konservendose f; ~ **yapmak** konservieren (-den etw)
konsey s (Kollegium) Rat m
konsol s Kommode f
konsolos s Konsul m
konsolosluk (-ğu) s Konsulat nt
konsomatris s Animierdame f
Konstanz Gölü (-nü) s Bodensee m
kont (-tu) s Graf m
kontak (-ğı) s 1. Kontakt m 2. Kurzschluss m 3. (AUTO) Zündung f; ~ **anahtarı** Zündschlüssel m; ~ **kilidi** Zündschloss nt; **biriyle** ~ **kurmak** mit jdm Kontakt aufnehmen
kontes s Gräfin f
kontrat (-tı) s Vertrag m
kontrbas s Kontrabass m
kontrjur s Gegenlicht nt
kontrol (-lü) s 1. Kontrolle f 2. Nachprüfung f 3. Kontrolleur(in) m(f); ~ **altına almak** etw kontrollieren (-i etw); ~ **etmek** kontrollieren; (überprüfen) nachprüfen (-i etw); ~ **saati** Stechuhr f; **kontrolden çıkmak** außer Kontrolle geraten
kontrolcü s Kontrolleur(in) m(f)
kontrplak (-kı) s Furnier nt
konu s 1. (Gegenstand) Thema nt 2. (Gesprächsgegenstand) Punkt m 3. (in Briefen) Betreff m; ~ **açmak** ein Thema anschneiden; ~ **edilmek** zur Sprache kommen; **konudan ayrılmak** vom Thema abkommen; **konuya gelmek** zur Sache kommen
konuk (-ğu) s Gast m, Besucher(in) m(f); ~ **işçi** Gastarbeiter(in) m(f)
konuksever adj gastfreundlich
konukseverlik (-ği) s Gastfreundschaft f
konum s Lage f
konusunda präp bezüglich, betreffend, hinsichtlich (... gen)
konuşkan adj gesprächig, redselig
konuşma s 1. Verbalsubstantiv zu **konuşmak** 2. Aussprache f 3. Besprechung f 4. (Unterhaltung) Gespräch nt 5. (Ansprache) Rede f; ~ **balonu** Sprechblase f; ~ **dili** Umgangssprache f; ~ **yapmak** eine Rede halten
konuşmacı s Redner(in) m(f)
konuşmak vi 1. sprechen, reden (ile -den mit jdm über etw) 2. (plaudern) sich unterhalten 3. besprechen (-i etw)
konut (-tu) s 1. Wohnsitz m, Wohnort m 2. Wohnung f
konvoy s 1. Geleit nt, Geleitzug m 2. Kolonne f
Konya s Stadt in Mittelanatolien

> **Konya**, eine Stadt in Mittelanatolien, kann als die strenggläubigste Stadt der Türkei bezeichnet werden. Hier findet alljährlich vom 14. bis 17. Dezember das Fest der 'Tanzenden Derwische' statt. Die Bruderschaft der 'Tanzenden Derwische' wurde im 13. Jahrhundert von dem Mystiker und Dichter Mevlana Celaleddin Rumi gegründet. In Konya befindet sich auch das Grabmal dieses Mannes, das von gläubigen Türken wie eine Wallfahrtsstätte besucht wird.

konyak (-ğı) s Kognak m
kooperatif I. s Genossenschaft f II. adj genossenschaftlich
koparmak vt 1. Kausativ zu **kopmak**

kopça 2. abbrechen (*-i* etw) 3. pflücken (*-i* etw) 4. abreißen, wegreißen (*-i -den* etw von etw) 5. (*Alarm*) schlagen; (*Geschrei*) erheben (*-i* etw) 6. (*mit Mühe und Not*) bekommen (*-i -den* etw von jdm)

kopça *s* 1. Öse *f* 2. Haken *m*

kopkolay *adj* (*fam*) kinderleicht

kopmak (**-ar**) *vt* 1. (ab)brechen 2. (zer)reißen 3. (*Knopf*) abspringen 4. (*Krieg*) ausbrechen 5. (*Lärm*) sich erheben 6. (*Körperglied*) sehr schmerzen

kopya *s* 1. Kopie *f* 2. Abzug *m* 3. Exemplar *nt* 4. Abbild *nt* 5. (*in der Schule*) Spicken *nt;* ~ **çekmek** abschreiben; (*in der Schule*) spicken; ~ **çıkarmak** (*Bild*) abziehen; ~ **etmek** kopieren, nachbilden, nachahmen (*-i* etw/ jdn); ~ **kâğıdı** Durchschlagpapier *nt;* ~ **vermek** (*in der Schule*) vorsagen (*-e* jdm)

kopyalamak *vt* 1. kopieren (*-i* etw) 2. klonen (*-i* etw)

kopyalanamaz *adj* (INFORM) kopiergeschützt

kopyalanmak *vi* 1. *Passiv zu* **kopyalamak** 2. kopiert werden 3. geklont werden

kor *s* Glut *f;* ~ **halinde** glühend; ~ **halinde yanmak** glimmen

koramiral (**-li**) *s* Vizeadmiral *m*

kordon *s* 1. (*an Möbeln*) Zierleiste *f* 2. dicke Seidenschnur 3. Nabelschnur *f* 4. Absperrkette *f* 5. Uhrkette *f* 6. Kaistraße *f*

Kore *s* Korea *nt*

koreograf *s* Choreograf(in) *m(f)*

koreografi *s* Choreografie *f*

koridor *s* Korridor *m*

korkak (**-ğı**) **I.** *adj* 1. ängstlich, furchtsam 2. feige **II.** *s* Feigling *m*

korkaklık (**-ğı**) *s* 1. Ängstlichkeit *f* 2. Feigheit *f*

korkmak (**-ar**) *vi* 1. Angst haben, sich fürchten (*-den* vor jdm/etw) 2. befürchten (*-den* etw) 3. erschrecken

korku *s* 1. Angst *f* 2. Schreck *m* 3. Befürchtung *f* 4. Gefahr *f;* ~ **bilmez** furchtlos; ~ **filmi** Horrorfilm *f;* ~ **vermek** Angst einjagen (*-e* jdm)

korkudan *adv* aus Angst, vor (lauter) Angst; ~ **sıçramak** zusammenzucken

korkulu *adj* 1. beängstigend 2. gefährlich; ~ **rüya** Albtraum *m*

korkuluk (**-ğu**) *s* 1. Geländer *nt,* Brüstung *f* 2. Vogelscheuche *f*

korkunç (**-cu**) *adj* furchtbar, schrecklich, entsetzlich

korkusuz *adj* furchtlos

korkutmak *vt* 1. *Kausativ zu* **korkmak** 2. Angst machen (*-i* jdm) 3. erschrecken (*-i* jdn) 4. einschüchtern, terrorisieren (*-i* jdn)

korkutucu *adj* erschreckend

korna *s* Hupe *f;* ~ **çalmak** hupen

korner *s* Eckball *m*

korniş *s* 1. Gardinenleiste *f* 2. Vorhangstange *f*

kornişon *s* Essiggurke *f,* Gewürzgurke *f*

koro *s* 1. Chor *m* 2. Chorgesang *m*

korsan *s* Pirat *m;* ~ **kitap** (*Buch*) Raubdruck *m;* ~ **kopya** Raubkopie *f*

korse *s* Korsett *nt*

Korsika *s* Korsika *nt*

kort (**-tu**) *s* Tennisplatz *m*

kortej *s* 1. Umzug *m* 2. Trauerzug *m*

koru *s* Wäldchen *nt*

koruma *s* 1. *Verbalsubstantiv zu* **korumak** 2. Schutz *m* 3. Leibwächter *m,* Bodyguard *m;* ~ **aşısı** Schutzimpfung *f*

korumak *vt* 1. (be)hüten, beschützen (*-i -den* etw/jdn vor etw/jdm) 2. aufbewahren (*-i* etw) 3. aufrechterhalten, bewahren (*-i* etw)

korunmak *vi* 1. *Passiv zu* **korumak** 2. sich schützen (*-den* vor etw)

korunmasız *adj* wehrlos

koruyucu **I.** *s* 1. Beschützer(in) *m(f)* 2. Konservierungsstoff *m* **II.** *adj* 1. schützend 2. vorbeugend, verhütend; ~ **maddesi** Konservierungsstoff *m;* ~ **melek** Schutzengel *m*

koskoca *adj* gewaltig, gigantisch, kolossal

Kosova *s* Kosovo *nt*

Kosovalı **I.** *adj* (*Art*) kosovarisch **II.** *s* Kosovare, -varin *m, f;* ~ **Arnavut** Kosovo-Albaner(in) *m(f)*

kostüm *s* Kostüm *nt*

koşmak (**-ar**) *vi* laufen, rennen; **şart** ~ zur Bedingung machen (*-i* etw); **koşar adım** Laufschritt *m*

koşu *s* Wettrennen *nt*

koşucu *s* Läufer(in) *m(f)*

koşul *s* Voraussetzung *f*

koşum *s* (*von Pferd*) Geschirr *nt*

koşuş *s* Lauf *m*

koşut **I.** *adj* parallel **II.** *s* Parallele *f*

kot (**-du**) *s* Code *m*

kota *s* Quote *f*

kote *s* (Börsen)notierung *f;* ~ **etmek** notieren (*-i* etw); (*borsaya*) ~ **ettirilmiş** börsen-

kot pantalon notiert; (**borsada**) ~ **olmuş** börsennotiert
kot pantalon s Jeans pl
kotra s Kutter m
kova s Eimer m, Kübel m; **Kova** (**burcu**) (*Sternzeichen*) Wassermann m
kovalamak vt 1. (*Flüchtenden*) nachjagen (*-i* jdm) 2. (*eine Sache*) verfolgen (*-i* etw)
kovan s 1. Bienenstock m 2. Patronenhülse f 3. (*Rad-*) Buchse f
kovboy s Cowboy m; ~ **filmi** Western m
kovmak (**-ar**) vt vertreiben, verjagen, fortjagen (*-i* jdn/etw)
kovuşturma s 1. *Verbalsubstantiv zu* **kovuşturmak** 2. Fahndung f
kovuşturmak vt (*strafrechtlich verfolgen*) fahnden (*-i* nach jdm)
koy s Meeresbucht f
koymak (**-ar**) vt 1. legen, setzen, (auf)stellen (*-i -e* etw auf/in etw) 2. (*Salz, Zucker*) dazutun (*-i -e* etw zu etw) 3. (*Tee, Kaffee*) einschenken (*-i -e* etw in etw) 4. (*fig*) nahegehen (*-e* jdm)
koynu (**-nu**) s *Possessivform zu* **koyun** seine/ihre Brust f
koyu adj 1. (*Flüssigkeit*) dick 2. (*Farbe*) dunkel 3. eingefleischt 4. fanatisch 5. (*Tee*) stark; ~ **mavi** dunkelblau
koyulaşmak vi 1. dickflüssig werden 2. (*Farbe*) dunkel [*o* dunkler] werden
koyulmak vi 1. s. **koyulaşmak** 2. (*Problem*) anpacken (*-e* etw)
koyun s 1. Schaf nt, Hammel m 2. (*pej vulg*) Prolet m; ~ **budu** Hammelkeule f; ~ **kızartması** Hammelbraten m; ~ **postu** Schaf(s)pelz m; ~ **sürüsü** Schafherde f
koyun (**-ynu**) s Brust f
koyuvermek vt 1. freilassen (*-i* jdn) 2. (*Gelächter*) loslassen (*-i* etw)
koz s Trumpf m
koza s 1. Samenkapsel f 2. Kokon m
kozalak (**-ğı**) s (Tannen)zapfen m
kozmetik (**-ği**) I. s 1. Kosmetik f 2. Kosmetikum nt, Kosmetikartikel m II. adj kosmetisch; ~ **eşyalar** Kosmetikartikel pl
kozmetikçi s Kosmetiker(in) m(f)
kozmik adj kosmisch
kozmonot (**-tu**) s Kosmonaut(in) m(f)
kozmopolit (**-ti**) I. s Kosmopolit(in) m(f) II. adj kosmopolitisch
kozmos s Kosmos m
köfte s Fleischklößchen nt
kök (**-kü**) s 1. Wurzel f 2. unterster Teil 3. (*fig*) Kern m 4. (CHEM) Radikal nt 5. Herkunft f; ~ **hücre** Stammzelle f; ~ **salmak** Wurzeln schlagen; **kökünden sökmek** entwurzeln (*-i* jdn); **kökünü kurutmak** ausrotten (*-in* jdn/etw)
köken s 1. Herkunft f 2. (GRAM) Wurzel f
kökenli adj aus ... stammend, -stämmig; **Türk** ~ türkischstämmig
köklü adj 1. mit Wurzeln 2. gründlich
köknar s Tanne f
kökten adj von Grund auf, grundlegend, radikal
köktenci s Radikale(r) mf
köktencilik (**-ği**) s Radikalismus m
köktendinci I. adj (REL) fanatisch, fundamentalistisch II. s (REL) Fanatiker(in) m(f), Fundamentalist(in) m(f)
köktendincilik (**-ği**) s religiöser Fanatismus m, religiöser Fundamentalismus m
köle s Sklave m, Sklavin f
kölelik (**-ği**) s Sklaverei f
kömür I. s Kohle f II. adj kohlschwarz; ~ **havzası** Kohlegebiet nt; ~ **madeni** Kohlenbergwerk nt; ~ **ocağı** Kohlengrube f; ~ **santrali** Kohlekraftwerk nt
kömürlük (**-ğü**) s (*Kohlen-*) Keller m; (*Kohlen-*) Schuppen m
köpek (**-ği**) s Hund m; ~ **kulübesi** Hundehütte f; ~ **maması** Hundefutter nt; ~ **sürüsü** Meute f; ~ **vergisi** Hundesteuer f; **kedi** ~ **gibi hırlaşmak** wie Hund und Katze sein
köpekbalığı (**-nı**) s Hai m
köpekdişi (**-ni**) s Eckzahn m
köpoğlu (**köpek**) s (*vulg*) Schweinehund m
köprü s (*auch fig*) Brücke f
köprücük kemiği (**-ni**) s Schlüsselbein nt
köpük (**-ğü**) s Schaum m
köpüklü adj schaumig; ~ **şarap** Schaumwein m, Sekt m
köpürmek vi 1. Schaum bilden 2. (*Wasser*) brausen 3. vor Wut schäumen
kör adj 1. (*auch fig*) blind 2. stumpf 3. (*Licht*) schwach 4. (*Brunnen*) ausgetrocknet; **bir gözü** ~ auf einem Auge blind; ~ **aşık** blind vor Liebe; ~ **etmek** blenden; (*fig*) verblenden (*-i* jdn); ~ **olmak** erblinden; **körü köründe** blindlings
körbarsak (**-ğı**) s Blinddarm m
körebe s Blindekuh
körelmek vi 1. verkümmern 2. (*Licht, Feuer*) schwach werden 3. (*Messer*) stumpf

werden
körfez s (*Meerbusen*) Golf m
körlenmek, körleşmek vi 1. (allmählich) blind werden 2. (*Messer*) stumpf werden 3. (*Brunnen*) austrocknen 4. (*Licht, Feuer*) erlöschen 5. (*Gedächtnis*) nachlassen 6. (*geistig*) verkümmern
körler alfabesi (**-ni**) s Blindenschrift f
körlük (**-ğü**) s 1. Blindheit f 2. (*eines Messers*) Stumpfsein nt
Köroğlu Dağı (**-nı**) s Bergkette nördlich von Ankara
körpe adj frisch
körük (**-ğü**) s 1. Blasebalg m 2. (*Auto*) Verdeck nt
köse adj mit spärlichem Bartwuchs
kösele s (Sohlen)leder nt
kösnü s Wollust f
kösnük (**-ğü**) adj (*Tier*) läufig
kösnül adj sinnlich, erotisch
köstebek (**-ği**) s Maulwurf m
kösteklemek vt 1. Fußfesseln anlegen (*-i* einem Tier) 2. hemmen (*-i* etw)
köşe s 1. Ecke f 2. Winkel m 3. abgelegener Ort; ~ **bucak** in allen Ecken und Winkeln; ~ **meyhanesi** Ausschank m; **köşeyi dönmek** um die Ecke biegen; (*fam*) die Treppe hochfallen
köşegen s Diagonale f
köşeli adj eckig, wink(e)lig
köşk (**-kü**) s 1. (größere) Villa f 2. Aussichtstürmchen nt
kötek (**-ği**) s Prügel pl
kötü I. adj, adv schlecht, übel, schlimm II. adj minderwertig III. s Böse(s) nt; ~ **davranma** Misshandlung f; ~ **davranmak** misshandeln (*-e* jdn); ~ **niyetli** böswillig; **kötüye kullanım** Missbrauch m; **kötüye kullanmak** missbrauchen (*-i* etw/jdn)
kötülemek vt 1. schlecht machen (*-i* jdn) 2. abmagern 3. (*Wetter*) sich verschlechtern
kötüleşme s 1. *Verbalsubstantiv zu* **kötüleşmek** 2. Verschlechterung f
kötüleşmek vr 1. *Reflexiv zu* **kötülemek** 2. sich verschlechtern, sich verschlimmern
kötüleştirmek vt 1. *Kausativ zu* **kötüleşmek** 2. verschlechtern, verderben (*-i* etw/jdn)
kötülük (**-ğü**) s 1. schlechte(r) Zustand m 2. Bosheit f 3. Böse(s) nt; ~ **yapmak** etwas Böses antun (*-e* jdm)
kötümser I. s Pessimist(in) m(f) II. adj pessimistisch
kötümserlik (**-ği**) s Pessimismus m
kötürüm I. adj 1. an den Beinen gelähmt 2. (*Bein*) verkrüppelt II. s Krüppel m
köy s 1. Dorf nt 2. (*Gegensatz zur Stadt*) Land nt; **köyde** im Dorf, auf dem Land
köylü I. s (*Dorfbewohner*) Bauer m, Bäuerin f II. adj 1. bäuerlich, ländlich 2. (*pej*) bäurisch
kral s König m
kraliçe s Königin f
kraliyet (**-ti**) s Königreich nt
krallık (**-ğı**) s 1. Königreich nt 2. Königswürde f
kramp (**-pı**) s Krampf m
krank mili (**-ni**) s Kurbelwelle f
krater s Krater m
kravat (**-tı**) s Krawatte f, Schlips m; ~ **iğnesi** Krawattennadel f
kreasyon s (*Mode*) Kreation f
kredi s Kredit m; ~ **kartı** Kreditkarte f; ~ **mektubu** Kreditbrief m; ~ **veren** Kreditgeber(in) m(f)
kredibilite s Kreditwürdigkeit f
krem s Creme f; ~ **karamel** Karamellpudding m; ~ **rengi** cremefarben
krema s 1. Sahne f, Rahm m 2. Vanillecreme f
kremalı adj mit Sahne; ~ **pasta** Sahnetorte f
krematoryum s Krematorium nt
Kremlin s Kreml m
kremşanti s Schlagsahne f
krep (**-pi**) s 1. Eierpfannkuchen m 2. Krepppapier nt
kreş s Kinderkrippe f
kriko s 1. Hebebock m 2. Wagenheber m
kristal (**-li**) I. s Kristall nt II. adj Kristall-, aus Kristall; ~ **cam** Kristallglas nt
kriter s Kriterium nt
kritik (**-ği**) I. s Kritik f II. adj kritisch
kriz s 1. Anfall m 2. Krise f; ~ **yardımı** Krisenhilfe f
kroket (**-ti**) s Krokette f
krom s Chrom nt
kromlu adj 1. mit Chrom 2. verchromt
kromozom s Chromosom nt
kron s (*dän. Währung*) Krone f
kronik (**-ği**) I. s Chronik f II. adj (*Krankheit*) chronisch
kronoloji s Chronologie f
kronolojik adj chronologisch
kronometre s Chronometer nt, Stoppuhr f

kruvasan s Hörnchen nt
kruvaze dikiş s Kreuzstich m
ksilofon s Xylophon nt
kuaför s (Damen)friseur m
kuaföz s Friseuse f
kuartet (**-ti**) s Quartett nt
kubbe s 1. Gewölbe nt 2. Kuppel f
kubbelenmek vi sich wölben
kucak (**-ğı**) s 1. Arm m voll 2. Umarmung f 3. Schoß m, Brust f
kucaklama s 1. *Verbalsubstantiv zu* **kucaklamak** 2. Umarmung f
kucaklamak vt in die Arme schließen, umarmen (*-i* jdn)
kuddas s (REL) Abendmahl nt; ~ **ayini** Messe f
kudret (**-ti**) s 1. Allmacht f (Gottes) 2. Macht f, Kraft f
kudretli adj mächtig, kräftig
kudretsiz adj 1. machtlos, ohnmächtig 2. schwächlich, kraftlos
kudretsizlik (**-ği**) s Machtlosigkeit f, Ohnmacht f
kudurmak vi 1. tollwütig werden 2. (*vor Wut*) rasen, toben
kudurmuş adj 1. tollwütig 2. wütend, rasend
kuduz I. s Tollwut f II. adj tollwütig
Kudüs s Jerusalem nt
kuğu s Schwan m
kuintet (**-ti**) s Quintett nt
kukla s (*auch fig*) Puppe f, Marionette f; ~ **tiyatrosu** Marionettentheater nt, Puppentheater nt; ~ **oyunu** Puppenspiel nt
kukuleta s Kapuze f
kul s 1. Sklave m, Sklavin f 2. (*im Gegensatz zu Gott*) Mensch m
kulaç (**-cı**) s 1. Klafter f 2. (MAR) Faden m
kulak (**-ğı**) s 1. Ohr nt 2. (musikalisches) Gehör nt; ~ **çubuğu** Wattestäbchen nt; ~ **damlası** Ohrentropfen mpl; ~ **kabartmak** die Ohren spitzen; ~ **kesilmek** ganz Ohr sein; ~ **memesi** Ohrläppchen nt; ~ **misafiri olmak** mithören; ~ **uzmanı** Hals-Nasen-Ohren-Arzt m, -Ärztin f; ~ **vermek** gut zuhören (*-e* jdm); **kulağa çok basit geliyor** das hört sich sehr einfach an; **kulağı delik** Schlitzohr nt; (*Person*) hellhörig; **birinin kulağına fısıldamak** jdm etwas ins Ohr flüstern
kulaklık (**-ğı**) s 1. Ohrenschützer m 2. Kopfhörer m 3. Hörgerät nt 4. (*vom Telefonhörer*) Hörmuschel f

kulakzarı (**-nı**) s Trommelfell nt
kule s Turm m
kulis s Kulisse f; ~ **arkasında** (*auch fig*) hinter den Kulissen
kullanıcı s Benutzer(in) m(f); (INFORM) User m, Anwender(in) m(f); ~ **bilgileri** (INET) Account m; ~ **dostu** benutzerfreundlich; ~ **kodu** [*o* **adı**] (INET) Benutzername m
kullanılmak vi 1. *Passiv zu* **kullanmak** 2. im Umlauf sein
kullanılmayan adj ungebräuchlich
kullanılmaz adj unbrauchbar
kullanılmış adj 1. gebraucht 2. verbraucht 3. (*Kleidung*) getragen; ~ **araba** Gebrauchtwagen m
kullanım s Verwendung f; (*Computerprogramm*) Anwendung f; **kullanımı kolay** anwenderfreundlich; **herkesin kullanımına açık yazılım** (INET) Public-Domain-Software f
kullanış s 1. Gebrauch m, Anwendung f 2. Handhabung f
kullanışlı adj 1. handlich 2. praktisch
kullanışsız adj 1. (*Sache*) unpraktisch 2. (*Wohnung*) unbequem 3. (*Möbelstück*) sperrig
kullanma s 1. Verwendung f 2. (*einer Maschine*) Bedienung f; ~ **talimatı** Bedienungsanleitung f
kullanmak vt 1. verwenden, gebrauchen, benutzen (*-i* etw) 2. (*Maschine*) bedienen, betätigen (*-i* etw) 3. (*Fahrzeug*) fahren, lenken, steuern (*-i* etw) 4. (*gewohnheitsmäßig Zigaretten*) rauchen; (*Alkohol*) trinken; (*Genussmittel, Tabletten*) nehmen (*-i* etw) 5. (*Arbeiter*) beschäftigen (*-i* jdn) 6. (*Kleidung*) tragen (*-i* etw)
kulp (**-pu**) s 1. Henkel m, Griff m 2. (*fig*) Vorwand m, Ausrede f
kulplu adj mit Griff; ~ **beygir** Seitpferd nt
kuluçka s 1. Glucke f 2. Brut f 3. Inkubation f; ~ **çıkarmak** (*Ei*) ausbrüten; ~ **süresi** [*o* **devri**] Inkubationszeit f; **kuluçkaya yatmak** (*Vogel*) brüten
kulübe s 1. Häuschen nt, Hütte f 2. Wärterhäuschen nt
kulüp (**-bü**) s Club m
kulvar s (*beim Kegeln, Bowling*) Bahn f
kum s 1. Sand m 2. (MED: Harn-, Nieren-) Grieß m; ~ **saati** Sanduhr f; ~ **sandığı** Sandkasten m; ~ **torbası** Sandsack m; ~ **voleybolü** Beachvolleyball m

Kuma gömülmek, sich in den Sand eingraben, ist ein Heilmittel gegen Rheuma. Gelegentlich sieht man, wie sich ein Patient am Strand in den Sand eingraben lässt, so dass nur noch sein Kopf zu sehen ist. Der Effekt ist ähnlich wie in der Sauna: durch das Schwitzen werden Schadstoffe ausgeschieden und die Heilung eingeleitet.

kumanda s Befehl m, Kommando nt; (uzaktan) ~ Fernbedienung f; ~ **elektroniği** Steuerungselektronik f; ~ **etmek** kommandieren; ~ **kolu** Steuerknüppel m
kumandan s Kommandant m, Kommandeur m
kumandanlık (-ğı) s 1.(hohe Befehlsstelle) Kommando nt 2. Kommandantentätigkeit f
kumar s Glücksspiel nt
kumarhane s Kasino nt, Spielbank f
kumaş s Stoff m, Gewebe nt
kumbara s 1. Sparbüchse f 2. Granate f
kumlu adj sandig
kumral adj dunkelblond
kumru s (Turtel)taube f
kumsal s 1. Sandstrand m 2. Sandbank f
kumul s Düne f
kundak (-ğı) s 1. Windel f 2. Gewehrschaft m 3. Fackel f
kundakçı s 1. Brandstifter(in) m(f) 2. Saboteur(in) m(f)
kundakçılık (-ğı) s 1. Brandstiftung f 2. Sabotage f
kundaklamak vt 1.(Säugling) wickeln (-i jdn) 2. in Brand stecken (-i etw)
kundura s Schuh m; ~ **kalıbı** Leisten m
kunduracı s Schuhmacher m, Schuster m
kunduz s Biber m
kupa s 1. Becher m 2.(SPORT) Pokal m 3.(Farbe im Kartenspiel) Herz nt; ~ **maçı** Pokalspiel nt
kupon s Kupon m
kupür s Zeitungsausschnitt m
kur s 1. Kurs m 2. Flirten nt; ~ **yapmak** flirten (-e mit jdm); **kurlar** Umrechnungskurse mpl; **dolar kuru** Dollarkurs m
kura s Losziehung f; ~ **çekmek** ein Los ziehen
kurabiye s Plätzchen nt, Keks m
kurak (-ğı) adj 1.(Boden) trocken 2. wasserarm
kuraklık (-ğı) s Dürre f, Trockenheit f

kural s Regel f; **kurala aykırı** regelwidrig; **kurala uygun** regelmäßig
kurallı adj 1. mit Regel(n) 2. regelmäßig 3. regelrecht
kurallılık (-ğı) s Regelmäßigkeit f
kuralsız adj 1. unregelmäßig 2. ungeregelt
kuralsızlık (-ğı) s Unregelmäßigkeit f
kuram s Theorie f
kuramsal adj theoretisch
Kuran s Koran m
kurander s Zugluft f
kurbağa s 1. Frosch m 2. Kröte f
kurbağalama (**yüzme**) s Brustschwimmen nt
kurban s Opfer nt; **Kurban Bayramı** islamisches Opferfest; ~ **etmek** opfern (-e -i jdm etw); ~ **kesmek** (als Opfer) schlachten (-i ein Tier)

Kurban Bayramı, das Opferfest, basiert auf folgender alttestamentarischen Geschichte: Abraham wollte seinen Sohn Isaak (Ismail) Gott opfern, doch Gott erwies sich als gnädig und schickte Abraham einen Widder als Opfertier. Das Opferfest beginnt 70 Tage nach 'Şeker Bayramı', dem Zuckerfest, und dauert vier Tage lang. Es ist das größte Fest des Islams und wie bei uns zu Weihnachten werden Kinder und Verwandte beschenkt. Im Mittelpunkt des Festes steht das Opfern eines männlichen Tieres nach den Regeln des Islams. Meist wird ein Schaf geopfert. Das Fleisch des Opfers wird in drei Teile geteilt. Der erste Teil ist für die Armen bestimmt, der zweite für die Gäste, der dritte für die Familie.

kurbanlık adj zum Opfer bestimmt, Opfer-; ~ **hayvan** Opfertier nt
kurcalamak vt 1.(fam) herumhantieren, herumfummeln (-i an etw) 2.(Thema) erneut zur Sprache bringen (-i an etw) 3.(herum)kratzen (-i an etw)
kurdele s 1. Kordel f 2.(Haar)schleife f
kurgubilim s Sciencefiction f
kurmak (-ar) vt 1. aufbauen, bauen, errichten (-i etw) 2.(Zelt) aufschlagen (-i etw) 3.(Uhr) aufziehen (-i etw) 4.(Beziehungen) anknüpfen (-i etw) 5. installieren (-i etw) 6.(Pläne) schmieden (-i etw) 7.(Feder) spannen (-i etw) 8.(Uhr, Falle) stellen (-i etw) 9.(Tisch) decken (-i etw) 10.(Markt) abhalten (-i etw) 11.(Regierung) bilden (-i

etw) **12.** (*Obst, Gemüse*) einmachen, einlegen (*-i* etw) **13.** nachgrübeln
kurmay *s* Generalstab *m*
kurna *s* Becken *nt* (im türkischen Bad)
kurnaz *adj* schlau
kurnazlık (**-ğı**) *s* Schlauheit *f*
kuron *s* (Zahn)krone *f*
kurs *s* Kurs *m*, Lehrgang *m*
kursak (**-ğı**) *s* **1.** (*bei Vögeln*) Kropf *m* **2.** (*fam*) Magen *m* **3.** (*vom Dudelsack*) Windsack *m*
kurşun **I.** *s* **1.** Blei *nt* **2.** (*Gewehr-*) Kugel *f* **3.** Bleimantel *m* **II.** *adj* aus Blei, bleiern; ~ **damga** Plombe *f*; ~ **damga vurmak** plombieren; ~ **işlemez** [*o* **geçmez**] kugelsicher; **kurşuna dizmek** (standrechtlich) erschießen (*-i* jdn)
kurşunkalem *s* Bleistift *m*
kurşunsuz *adj* bleifrei
kurt (**-du**) *s* **1.** Wolf *m* **2.** Wurm *m*, Made *f* **3.** (*fam*) Kenner(in) *m(f)*; **kurtlarını dökmek** (*fam*) sich (nach Herzenslust) austoben
kurtarmak *vt* **1.** retten (*-i -den* jdn vor jdm/ etw) **2.** (*Land, Stadt, Mensch*) befreien (*-i -den* jdn/etw von etw) **3.** (*Verwundete*) bergen (*-i* jdn) **4.** erlösen (*-i* jdn) **5.** (INFORM: *Datei*) wiederherstellen (*-i* etw)
kurtçuk (**-ğu**) *s* **1.** Made *f*, Raupe *f* **2.** kleiner Wurm
kurtlanmak *vi* wurmstichig werden
kurtulmak *vi* **1.** gerettet [*o* befreit] werden (*-den* von etw/jdm) **2.** sich befreien, sich retten (*-den* vor etw/jdm) **3.** loswerden (*-den* jdn) **4.** (*Unfall*) überleben (*-den* etw) **5.** fallen (*-den* aus etw)
kurtuluş *s* **1.** Befreiung *f* **2.** Erlösung *f* **3.** Heil *nt*; ~ **savaşı** Befreiungskrieg *m*
kuru *adj* **1.** (*auch fig*) trocken **2.** getrocknet **3.** (*Boden*) karg **4.** (*Worte*) leer **5.** (*Person*) mager **6.** nüchtern, sachlich; ~ **fasulye** weiße Bohnen *fpl*; ~ **gürültü** viel Lärm um nichts; ~ **kahve** Kaffeebohnen *fpl*; ~ **kibarlık** Großtuerei *f*; ~ **ot** Heu *nt*; ~ **sıkı** blinder Schuss, bloße Drohung; ~ **temizleme** Trockenreinigung *f*; ~ **üzüm** Rosine *f*
kurucu **I.** *s* Gründer(in) *m(f)* **II.** *adj* konstruktiv, aufbauend
kurukafa *s* **1.** Schädel *m*, Totenkopf *m* **2.** (*fam*) Dummkopf *m*
kurul *s* Ausschuss *m*
kurulamak *vt* (ab)trocknen (*-i* etw)
kurulanmak *vi* **1.** *Passiv zu* **kurulamak** **2.** sich (ab)trocknen
kurulmak *vi* **1.** *Passiv zu* **kurmak** **2.** (*fam*) sich aufblasen **3.** (*fam*) es sich bequem machen (*-e* in/auf etw)
kurultay *s* Kongress *m*
kuruluk (**-ğu**) *s* **1.** Trockenheit *f* **2.** Magerkeit *f*
kurulum *s* (INFORM) Installation *f*; **kurulumunu yapmak** (INFORM) installieren (*-in* etw)
kuruluş *s* **1.** Gründung *f* **2.** Konstruktion *f* **3.** Firma *f*, Unternehmen *nt*
kurum *s* **1.** Stolz *m*, Hochmut *m* **2.** Verein *m*, Gesellschaft *f* **3.** Institut *nt* **4.** (dicker) Ruß *m*
kurumak *vi* **1.** trocknen **2.** (*Pflanze*) eingehen **3.** abmagern
kurumlanmak *vi* **1.** sich brüsten **2.** mit Ruß bedeckt werden
kurumlu *adj* **1.** eingebildet, überheblich **2.** mit Ruß bedeckt
kurumluluk (**-ğu**) *s* Eitelkeit *f*, Überheblichkeit *f*
kurumsal *adj* institutionell
kurumsallaş(tır)ma *s* **1.** *Verbalsubstantiv zu* **kurumsallaş(tır)mak** **2.** Institutionalisierung *f*
kurumsallaştırmak *vt* institutionalisieren (*-i* etw)
kuruntu *s* **1.** Einbildung *f*, Hirngespinst *nt*, Illusion *f* **2.** Wahn *m*, Wahnvorstellung *f* **3.** Argwohn *m*; **kuruntuya dalmak** (*fam*) brüten
kuruş *s* Kurusch *m* (*alte türk. Währungseinheit: hundertster Teil einer Lira*)
kurutma *s* **1.** *Verbalsubstantiv zu* **kurutmak** **2.** ~ **kâğıdı** Löschblatt *nt*
kurutmak *vt* **1.** *Kausativ zu* **kurumak** **2.** trocknen (*-i* etw) **3.** (*Sumpf*) trockenlegen (*-i* etw)
kurutucu *s* Trockner *m*
kusmak (**-ar**) *vi* brechen, sich übergeben
kusur *s* **1.** Fehler *m* **2.** Makel *m* **3.** Schuld *f*; ~ **bende** ich bin schuld daran; **kusura bakmamak** nachsichtig sein; **kusura bakma(yın)!** Entschuldigung!
kusurlu **I.** *adj* **1.** fehlerhaft **2.** mangelhaft **II.** *s* jemand, der einen Fehler begangen hat; ~ **bulmak** beanstanden, bemängeln (*-i* etw); ~ **olmak** einen Fehler haben
kusursuz *adj* **1.** fehlerfrei, ohne Mängel **2.** ausgezeichnet, vollkommen, perfekt

kusursuzluk (**-ğu**) *s* Vollkommenheit *f*
kuş *s* Vogel *m;* ~ **cenneti** Vogelschutzgebiet *nt;* ~ **kafesi** Vogelkäfig *m;* ~ **tüyü yatak** [*o* **yorgan**] Federbett *nt*
kuşak (**-ğı**) *s* 1. Gurt *m* 2. Gürtel *m* 3. Generation *f* 4. Zone *f*
kuşatma *s* 1. *Verbalsubstantiv zu* **kuşatmak** 2. Belagerung *f*
kuşatmak *vt* 1. belagern (*-i* etw) 2. einkreisen (*-i* jdn/etw) 3. umbinden (*-i* etw)
kuşburnu (**-nu**) *s* 1. Hagebutte *f* 2. Hundsrose *f*
kuşet (**-ti**) *s* Bett *nt* (*auf Schiffen oder in Zügen*)
kuşetli vagon *s* Liegewagen *m*
kuş(h)ane *s* 1. Vogelhaus *nt* 2. (kleinerer) Kochtopf *m*
kuşkonmaz *s* Spargel *m;* ~ **çorbası** Spargelsuppe *f*
kuşku *s* 1. Unruhe *f* 2. Zweifel *m* 3. Verdacht *m*
kuşkulandırmak *vt* 1. *Kausativ zu* **kuşkulanmak** 2. unruhig machen (*-i* jdn) 3. argwöhnisch machen (*-i* jdn)
kuşkulanmak *vi* 1. Angst bekommen 2. sich Sorgen machen 3. Verdacht schöpfen 4. Zweifel haben (*-den* an etw/jdm)
kuşkulu *adj* 1. misstrauisch 2. besorgt 3. ungewiss, unsicher 4. verdächtig
kuşkusuz I. *adj* ohne Argwohn II. *adv* zweifellos; **hiç** ~ ohne jeden Zweifel
kuşpalazı (**-nı**) *s* Diphtherie *f*
kuştüyü (**-nü**) I. *s* Daune *f* II. *adj* Daunen-; ~ **yatak** Daunenbett *nt;* ~ **yorgan** Daunendecke *f*
kuşüzümü (**-nü**) *s* Korinthen *pl*
kutbu (**-nu**) *s* *Possessivform zu* **kutup** der (Gegen)pol von …
kutlama *s* 1. *Verbalsubstantiv zu* **kutlamak** 2. Glückwunsch *m* 3. Feier *f*
kutlamak *vt* 1. gratulieren, beglückwünschen (*-i -den* jdn zu etw) 2. feiern (*-i* etw); **kutlarım!** herzlichen Glückwunsch!
kutlu *adj* glücklich; **bayramın(ız)** ~ **olsun!** frohes Fest!
kutsal *adj* heilig; ~ **emanet** Reliquie *f*
kutu *s* 1. Schachtel *f* 2. Dose *f* 3. Päckchen *nt;* ~ **bira** Dosenbier *nt;* ~ **sardalyesi** Ölsardine *f*
kutup (**-tbu**) *s* 1. Pol *m* 2. Gegenpol *m;* ~ **ayısı** Eisbär *m*
kutuplar dairesi (**-ni**) *s* Polarkreis *m*
kutuplaşmak *vi* sich polarisieren
kutuplaş(tır)ma *s* 1. *Verbalsubstantiv zu* **kutuplaştırmak** 2. Polarisierung *f*
kutuplaştırmak *vt* 1. *Kausativ zu* **kutuplaşmak** 2. polarisieren (*-i* jdn)
kutupsal *adj* Polar-
kuvars *s* Quarz *m*
Kuveyt (**-ti**) *s* Kuwait *nt*
kuvvet (**-ti**) *s* 1. Kraft *f* 2. Gewalt *f* 3. Streitkraft *f* 4. Potenz *f;* ~ **denemesi** Kraftprobe *f;* ~ **ilacı** Stärkungsmittel *nt;* **kuvvetler ayrılığı** (POL) Gewaltentrennung *f,* Gewaltenteilung *f*
kuvvetlendirmek *vt* 1. *Kausativ zu* **kuvvetlenmek** 2. kräftigen, stärken (*-i* jdn/etw)
kuvvetlenmek *vi* stärker werden, sich verstärken
kuvvetli *adj* 1. kräftig, stark 2. mächtig, gewaltig 3. heftig
kuvvetsiz *adj* 1. schwach, kraftlos 2. machtlos
kuyruk (**-ğu**) *s* 1. Schwanz *m* 2. (*Menschenreihe*) Schlange *f* 3. (*eines Flugzeugs*) Heck *nt* 4. (*eines Kleids*) Schleppe *f* 5. (*fam*) ständiger Begleiter, Anhängsel *nt;* ~ **olmak** Schlange stehen; ~ **kemiği** Steißbein *nt;* **kuyruğa girmek** (*fam*) sich anstellen, Schlange stehen; **kuyruğunu sallamak** mit dem Schwanz wedeln
kuyruklu I. *adj* mit Schwanz II. *s* Skorpion *m;* ~ **piyano** Flügel *m*
kuyrukluyıldız *s* Komet *m*
kuyu *s* (Zieh)brunnen *m;* ~ **ağızlığı** Brunnenrand *m;* ~ **kovası** Schöpfeimer *m*
kuyum *s* Schmuck *m*
kuyumcu *s* 1. Goldschmied(in) *m(f)* 2. Juwelier(in) *m(f);* **kuyumcu** (**dükkânı**) Juweliergeschäft *nt,* Schmuckgeschäft *nt*
kuzen *s* Cousin *m*
kuzey I. *s* Norden *m* II. *adj* nördlich; **Kuzey Almanya** Norddeutschland *nt;* **Kuzey Avrupa** Nordeuropa *nt;* **Kuzey Amerika** Nordamerika *nt;* (*Art*) nordamerikanisch; **Kuzey Amerikalı** Nordamerikaner(in) *m(f);* (*Herkunft*) nordamerikanisch; **Kuzey Anadolu** Nordanatolien *nt;* **Kuzey Denizi** Nordsee *f;* ~ **ışığı** Nordlicht *nt;* **Kuzey İrlanda** Nordirland *nt;* **Kuzey Kıbrıs** Nordzypern *nt;* **Kuzey Kore** Nordkorea *nt;* ~ **kutbu** Nordpol *m;* **Kuzey Ren-Vestfalya** Nordrhein-Westfalen *nt;* ~ **rüzgarı** Nordwind *m*

kuzeybatı I. *s* Nordwesten *m* II. *adj* nordwestlich
kuzeydoğu I. *s* Nordosten *m* II. *adj* nordöstlich
kuzgun *s* (Kolk)rabe *m*
kuzin *s* Cousine *f*, Kusine *f*
kuzu *s* 1. Lamm *nt* 2. (*Gerät*) Bock *m;* ~ **eti** Lammfleisch *nt*
Küba *s* Kuba *nt*
küçücük (-ğü) *adj* winzig
küçük (-ğü) I. *adj* 1. klein 2. gering 3. (*Bruder, Schwester*) jünger 4. (*in niedrigem Rang*) niedrig II. *s* Kleine(s) *nt*, kleine(s) Kind *nt;* ~ **çayırgüzeli** Zittergras *nt;* ~ **çocuk** Kleinkind *nt;* ~ **düşürmek** erniedrigen (-*i* jdn/etw); ~ **esnaf** Handwerker(in) *m(f);* ~ **ilan** Kleinanzeige *f;* ~ **görmek** unterschätzen (-*i* jdn/etw), von oben herab sehen (-*i* auf jdn); ~ **hanım!** gnädiges Fräulein!; ~ **harf** kleiner Buchstabe; (TYP) Kleinbuchstabe *m;* ~ **hindistancevizi** Muskatnuss *f;* ~ **inciçiçeği** Waldmeister *m;* ~ **isim** Vorname *m*
küçükdil *s* (*im Rachen*) Zäpfchen *nt*
küçüklük (-ğü) *s* 1. Kleinheit *f* 2. Kindheit *f* 3. Unwichtigkeit *f* 4. Kleinlichkeit *f* 5. Gemeinheit *f;* **küçüklükten beri** von Kindesbeinen an
küçülmek *vi* 1. klein(er) werden 2. sich verringern 3. (*Mond*) abnehmen 4. sich erniedrigen
küçültmek *vt* 1. *Kausativ zu* **küçülmek** 2. kleiner machen, verkleinern (-*i* etw) 3. verringern (-*i* etw) 4. untertreiben (-*i* etw) 5. erniedrigen (-*i* jdn)
küçümseme *s* 1. *Verbalsubstantiv zu* **küçümsemek** 2. Geringschätzung *f* 3. Unterschätzung *f* 4. Verachtung *f*
küçümsemek *vt* 1. gering schätzen (-*i* etw/jdn) 2. unterschätzen (-*i* etw/jdn) 3. verachten (-*i* jdn) 4. bagatellisieren (-*i* etw)
küf *s* Schimmel(pilz) *m;* ~ **tutmak** verschimmeln
küfe *s* Bütte *f*, (großer) Tragkorb *m*
küflenmek *vi* 1. verschimmeln 2. (*Ansicht*) unmodern werden
küflü *adj* 1. schimm(e)lig 2. (*Luft*) muffig 3. (*fam*) unmodern, veraltet
küfretmek (-der) *vi* (*fam*) fluchen, schimpfen (-*e* auf jdn)
küfür (-frü) *s* (*fam*) 1. Fluch *m* 2. Schimpfwort *nt*
kükremek *vi* 1. (*Löwe*) brüllen 2. (*fam*) laut schreien
kükürt (-dü) *s* Schwefel *m*
kükürtdioksit (-di) *s* Schwefeldioxid *nt*
kül *s* Asche *f;* ~ **etmek** niederbrennen (-*i* etw); ~ **kedisi** Aschenbrödel *nt;* ~ **olmak** niederbrennen; ~ **tablası** Aschenbecher *m*
külah *s* 1. Spitztüte *f* 2. spitzer, hoher Hut 3. (*fam*) Schwindel *m*
külçe *s* Barren *m;* **altın** ~ Goldbarren *m*
külfet (-ti) *s* Anstrengung *f*, Mühe *f*
külfetli *adj* anstrengend, mühevoll
külfetsiz *adj* mühelos
külfetsizlik (-ği) *s* Mühelosigkeit *f*, Leichtigkeit *f*
külhanbeyi (-ni) *s* (*fam*) Rowdy *m*, Lümmel *m*
külot (-tu) *s* Schlüpfer *m*, Slip *m*
külotlu çorap (-bı) *s* Strumpfhose *f*
külrengi (-ni) *adj* aschgrau
külte *s* 1. Gestein *nt* 2. (*Metallklumpen*) Barren *m* 3. Garbe *f*
kültür *s* 1. Bildung *f*, Kultur *f* 2. (*Anbau*) Kultur *f;* ~ **fizik** Leibesübungen *pl*
kültürel *adj* kulturell
kültürlü *adj* gebildet, kultiviert
kültürsüz *adj* ungebildet, kulturlos
kültürsüzlük (-ğü) *s* Kulturlosigkeit *f*, Unkultur *f*
külüstür *adj* (*fam*) minderwertig; ~ **mal** Ladenhüter *m*
kümbet (-ti) *s* 1. Kuppel *f* 2. Kuppelgrab *nt* 3. (kuppelförmige) Erhebung *f*
küme *s* 1. Haufen *m* 2. Schar *f* 3. (SPORT) Mannschaft *f*
kümes *s* Hühnerstall *m;* ~ **hayvanları** Geflügel *nt*
künk (-gü) *s* (großes) Abflussrohr *nt*
küp (-pü) *s* (großes, bauchiges) Tongefäß *nt;* **küpünü doldurmak** sein Schäfchen ins Trockene bringen; **küplere binmek** vor Wut in die Luft gehen
küp (-bü) I. *s* (*Form*) Würfel *m* II. *adj* würfelförmig
küpe *s* Ohrring *m*
küpeşte *s* Reling *f*
kürdan *s* Zahnstocher *m*
Kürdistan *s* Kurdistan *nt*
küre *s* 1. Globus *m* 2. Kugel *f* 3. Sphäre *f*
kürek (-ği) *s* 1. Schaufel *f* 2. Spaten *m* 3. Ruder *nt;* ~ **çekmek** rudern; ~ **kemiği** Schulterblatt *nt*
küresel *adj* 1. kugelförmig 2. global; **Küre-**

sel Konumlandırma Sistemi GPS *nt* (*Global Positioning System*)
küreselleşme *s* Globalisierung *f*; ~ **karşıtı** Globalisierungsgegner(in) *m(f)*
küreselleştirilmiş *adj* globalisiert
küreselleştirme *s* 1. *Verbalsubstantiv zu* **küreselleştirmek** 2. Globalisierung *f*
küreselleştirmek *vt* globalisieren (*-i etw*)
kürk (**-kü**) I. *s* 1. Fell *nt* 2. (*auch Kleidung*) Pelz *m* II. *adj* Fell-, Pelz-; ~ **manto** Pelzmantel *m*
kürkçü *s* Kürschner(in) *m(f)*; ~ (**dükkanı**) Pelzgeschäft *nt*
kürsü *s* 1. Lehrstuhl *m* 2. Pult *nt* 3. Kanzel *f*
Kürt (**-dü**) *s* Kurde *m*, Kurdin *f*
Kürtçe *adj* (*Sprache*) kurdisch
kürtaj *s* 1. Abtreibung *f* 2. Ausschabung *f*
küskün *adj* 1. verärgert, böse 2. frustriert, enttäuscht 3. verkümmert
küskünlük (**-ğü**) *s* 1. Schmollen *nt* 2. Enttäuschung *f* 3. Verkümmerung *f*
küsmek (**-er**) *vi* 1. böse sein (*-e* auf jdn) 2. schmollen 3. (*Pflanze*) verkümmern
küstah *adj* (*fam*) frech
küstahlık (**-ğı**) *s* (*fam*) Frechheit *f*
küt (**-tü**) *adj* 1. (*nicht scharf*) stumpf 2. (*Finger*) kurz und dick
kütle *s* 1. Masse *f*, Menge *f* 2. Block *m* 3. (CHEM) Masse *f*
kütük (**-ğü**) *s* 1. Register *nt* 2. Baumstumpf *m* 3. Holzklotz *m* 4. Weinstock *m*
kütüphane *s* 1. Bibliothek *f*, Bücherei *f* 2. Bibliothekszimmer *nt*
kütüphaneci *s* Bibliothekar(in) *m(f)*
kütürdemek *vi* 1. (*Zähne*) knirschen 2. (*Holz*) knarren
küvet (**-ti**) *s* 1. Badewanne *f* 2. Waschschüssel *f* 3. Instrumentenschale *f* 4. Entwicklerschale *f*

L

L, l *s* 15. Buchstabe des türk. Alphabets
labirent (**-ti**) *s* Labyrinth *nt*
laboratuvar *s* Labor *nt*
lacivert (**-di**) *adj* dunkelblau
laçka I. *adj* locker II. *s* (*eines Schifftaues*) Lockern *nt*; ~ **olmak** sich lockern
ladin(**ağacı**) (**-nı**) *s* Fichte *f*
laf *s* (*fam*) 1. Wort *nt* 2. Plauderei *f* 3. (*pej*) leere Worte; ~ **aramızda** unter uns gesagt; **lafı çevirmek** die Worte verdrehen; **bunun lafı bile olmaz** das ist nicht der Rede wert; **lafının sözünü bilen** redegewandt
lağım *s* 1. Kloake *f* 2. Abwasserkanal *m* 3. unterirdischer Gang; ~ **suyu** Abwasser *nt*
lahana *s* Weißkohl *m*, Weißkraut *nt*; ~ **turşusu** sauer eingelegter Weißkohl
Lahey *s* Den Haag *m*
lahmacun *s* eine Art türkische Pizza mit Hackfleisch
lahit (**-hti**) *s* Sarkophag *m*
laik (**-ği**) *s* laizistisch
laiklik (**-ği**) *s* Laizismus *m*

> **Laiklik** (der Laizismus) ist eines der Grundprinzipien der türkischen Verfassung. Es bedeutet eine strikte Trennung von Politik und Religion, um islamistischen Kräften die Möglichkeit abzuschneiden, wieder das 'şeriat', das religiöse Recht, einzuführen. Daher sind in der Türkei religiöse Parteien verboten, und den religiösen Würdenträgern ist jede Einmischung in die Politik untersagt. Doch ausgeglichen ist der türkische Laizismus nicht, denn der Staat kontrolliert seinerseits das religiöse Leben, indem er die islamischen Geistlichen dem Präsidium für religiöse Angelegenheiten (Diyanet İşleri Başkanlığı) unterstellt: Bis hin zum 'imam' (Vorbeter) und 'muezzin' (Gebetsrufer) sind die islamischen Geistlichen in der Türkei Staatsbeamte.

lakap (**-bı**) *s* (*fam*) Spitzname *m*
lakayt (**-dı**) *adj* 1. (*fam*) gleichgültig, teilnahmslos 2. unbekümmert, sorglos
lakırdı *s* (*fam*) 1. Wort *nt* 2. Plauderei *f* 3. (*pej*) (leeres) Gerede *nt*
lakin *konj* aber, jedoch
lal (**-li**) *s* 1. Granat *m* 2. Rubin *m*
lale *s* Tulpe *f*
lama *s* Lama *nt*
lamba *s* 1. Lampe *f* 2. Laterne *f* 3. Leuchte *f* 4. (RADIO) Röhre *f*

lanet (**-ti**) **I.** *s* (*fam*) Fluch *m* **II.** *adj* verflucht, verdammt; ~ **etmek** verfluchen, verwünschen (*-e* jdn)
lanetlemek *vt s.* **lanet etmek**
lanetli *adj* (*fam*) verflucht, verdammt
langır lungur *adv* **1.** (*fam: Sprechen, Lesen*) holp(e)rig **2.** (*Wagen auf einer schlechten Straße*) holpernd **3.** tollpatschig, unbeholfen
lansman *s* Markteinführung *f*
Laos *s* Laos *nt*
lapa *s* **1.** Brei *m* **2.** dicke Suppe; ~ ~ **kar yağıyor** es schneit in dicken Flocken
laptop (**-pu**) *s* Laptop *m*
lastik (**-ği**) **I.** *s* **1.** Gummi *m/nt* **2.** Radiergummi *m* **3.** (Auto)reifen *m* **II.** *adj* aus Gummi, Gummi-; ~ **başlık** Badekappe *f;* ~ **çizme** Gummistiefel *m;* ~ **değiştirme** Reifenwechsel *m;* ~ **eldiven** Gummihandschuh *m;* ~ **havası** Reifendruck *m;* ~ **patlaması** Reifenpanne *f;* ~ **sandal** Schlauchboot *nt;* ~ **sünger** Schaumgummi *m;* ~ **şerit** Gummiband
lata *s* Latte *f*
latarna, laterna *s* Drehorgel *f*, Leierkasten *m*
Latin *adj* **1.** lateinisch **2.** romanisch; ~ **Amerika** Lateinamerika *nt;* ~ **Amerikalı** Lateinamerikaner(in) *m(f)*
Latince **I.** *s* Latein *nt* **II.** *adj* (*Sprache*) lateinisch
laubali *adj* **1.** (*fam*) zwanglos, salopp **2.** (*pej*) ungeniert **3.** unbekümmert
lav *s* **1.** Lava *f* **2.** Tuff *m*
lavabo *s* **1.** Waschbecken *nt* **2.** Waschraum *m;* ~ **açıcı** Abflussreiniger *m*
lavanta *s* Lavendelwasser *nt;* ~ (**çiçeği**) Lavendel *m*
layık (**-ğı**) *adj* **1.** geeignet (*-e* für etw) **2.** würdig (*-e* einer Sache); **birini bir şeye** ~ **görmek** jdn für etw geeignet halten; ~ **olmak** wert sein, verdienen (*-e* etw)
layik (**-ği**) *adj* laizistisch
laytmotif *s* Leitmotiv *nt*
Laz **I.** *s* Lase *m*, Lasin *f* **II.** *adj* (*Art*) lasisch
lazer *s* Laser *m;* ~ **ışını** Laserstrahl *m;* ~ **yazıcısı** Laserdrucker *m*
lazım *adj* nötig, erforderlich; **ona para** ~ sie braucht Geld; **doktora gitmen** ~ du musst zum Arzt gehen
lazımlık (**-ğı**) *s* (*fam*) Nachttopf *m*
LCD ekranı (**-nı**) *s* LCD-Bildschirm *m*

leblebi *s* (geröstete) Kichererbse *f*
Lefkoşe *s* Nikosia *nt*
legalize etmek *vt* legalisieren (*-i* etw)
legastenik (**-ği**) *s* Legastheniker(in) *m(f)*
leğen *s* **1.** Waschschüssel *f* **2.** Becken *nt*, Beckenknochen *m*
lehçe *s* Dialekt *m*, Mundart *f*
lehim *s* Lötmetall *nt*
lehimci *s* Klempner *m*, Installateur *m*
lehimlemek *vt* löten (*-i* etw)
lehinde *präp* zu Gunsten (*-in gen*), für (*-in akk*)
lehine *präp* zu Gunsten (*-in gen*), für (*-in akk*); **bir şeyin** ~ **olmak** für etw sein
lejyon *s* (HIST) Legion *f*
lejyoner *s* Legionär *m*
leke *s* **1.** Fleck(en) *m* **2.** Hautfleck *m* **3.** Schandfleck *m;* ~ **etmek** bekleckern (*-i* etw); ~ **ilacı** Fleckenmittel *nt*
lekelemek *vt* **1.** schmuzig machen (*-i* etw) **2.** (*fig*) beschmutzen, besudeln, schänden (*-i* etw)
lekeli *adj* **1.** fleckig **2.** (*mit Dreck am Stecken*) blamiert
lekesiz *adj* **1.** ohne Flecken **2.** unbefleckt, untadelig
lektör *s* (*Universitäts-*) Lektor(in) *m(f)*
lenf *s* Lymphe *f;* ~ **boğumları** Lymphdrüsen *pl*
lens *s* **1.** (TECH) Linse *f* **2.** (MED) Kontaktlinse *f*
leopar *s* Leopard *m*
leş *s* Aas *nt*, Kadaver *m;* ~ **gibi** zum Kotzen
letarji *s* Lethargie *f*
Letonya *s* Lettland *nt*
levazım *s* Bedarfsartikel *pl*
levrek (**-ği**) *s* Barsch *m*
levha *s* **1.** Plakat *nt* **2.** Platte *f* **3.** Ladenschild *nt* **4.** Schrifttafel *f*
levye *s* Steuerknüppel *m*
leylak (**-ğı**) *s* Flieder *m*
leylek (**-ği**) *s* Storch *m*
lezbiyen *s* Lesbe *f*
leziz *adj* delikat, lecker
lezzet (**-ti**) *s* (*Wohl-*) Geschmack *m*
lezzetli *adj* delikat, köstlich
liberal (**-li**) **I.** *adj* liberal **II.** *s* Liberale(r) *mf*
liberalizm *s* Liberalismus *m*
liberalleştirmek *vt* liberalisieren (*-i* etw)
liberallik (**-ği**) *s* Liberalismus *m*
Liberya *s* Liberia *nt*
Libya **I.** *s* Libyen *nt* **II.** *adj* (*Art*) libysch
Libyalı **I.** *s* Libyer(in) *m(f)* **II.** *adj* (*Herkunft*)

libysch
lider *s* Führer(in) *m(f)*
Liechtenstein *s* Liechtenstein *nt*
lif *s* Faser *f;* ~ **kopması** Bänderriss *m*
lifli *adj* faserig
lig *s* Liga *f;* ~ **lider** Spitzenreiter *m*
likidite *s* Liquidität *f*
likit (**-di**) I. *adj* flüssig, liquide II. *s* Liquidität *f*
likör *s* Likör *m*
liman *s* Hafen *m;* ~ **şehri** [*o* **kenti**] Hafenstadt *f*
lime lime *adj* (*Kleidung*) zerlumpt
limitet (**şirket**) *s* Gesellschaft *f* mit beschränkter Haftung
limon *s* Zitrone *f;* ~ **ağacı** Zitronenbaum *m;* ~ **kabuğu** Zitronenschale *f;* ~ **suyu** Zitronensaft *m*
limonata *s* Limonade *f*
limonlu *adj* mit Zitrone; ~ **çay** Tee *m* mit Zitrone
limonluk (**-ğu**) *s* 1. Gewächshaus *nt,* Treibhaus *nt* 2. Zitronenpresse *f* 3. Zitronenplantage *f*
limuzin *s* Limousine *f*
linç (**-çi**) *s* Lynchen *nt;* ~ **adaleti** [*o* **usulü**] Lynchjustiz *f;* ~ **etmek** lynchen (*-i* jdn)
link (**-ki**) *s* (INET) Link *m*
linyit (**-ti**) *s* Braunkohle *f*
lir *s* Leier *f*
lira *s* Lira *f*
lirik (**-ği**) *adj* lyrisch; ~ **şiir** Lyrik *f*
lisan *s* Sprache *f;* ~ **bilgisi** Sprachkenntnisse *pl*
lisans *s* 1. Lizenz *f* 2. Berechtigungsschein *m* 3. Staatsexamen *nt*
lise *s* Gymnasium *nt;* ~ **bitirme sınavı** Abitur *nt;* ~ **mezunu** Abiturient(in) *m(f);* ~ **öğrencisi** Gymnasiast(in) *m(f);* ~ **öğretmeni** Gymnasiallehrer(in) *m(f)*
liseli *s* Gymnasiast(in) *m(f)*
liste *s* Liste *f,* Tabelle *f,* Verzeichnis *nt*
litografya *s* Lithografie *f*
litre *s* Liter *m*
liturya *s* Liturgie *f*
Litvanya *s* Litauen *nt*
liyezon *s* Liaison *f*
Lizbon *s* Lissabon *nt*
lobut (**-tu**) *s* Keule *f;* **hedef** ~ (SPORT) Kegel *m*
loca *s* Loge *f*
lodos *s* 1. Südwestwind *m* 2. Südwesten *m*

logaritma *s* Logarithmus *m*
logo *s* Logo *nt/m*
loğusa *s* Wöchnerin *f*
lojistik (**-ği**) *s* Logistisch *f*
lojman *s* Dienstwohnung *f*
lokal (**-li**) I. *s* 1. Aufenthaltsraum *m* 2. Lokal *nt* II. *adj* (*auch med*) örtlich, lokal
lokanta *s* Gaststätte *f,* Restaurant *nt*

> Das **lokanta** ist das einfache Speiselokal in der Türkei. Die Preise sind sehr günstig, doch die Qualität der Speisen ist meist hervorragend. Statt die Speisekarte zu studieren (die es meistens gar nicht gibt) kann man sich sein Menü an der Theke, wo die Speisen in Metallkästen warm gehalten werden, selbst zusammenstellen. Speisegaststätten in europäischem Stil heißen 'restoran'.

lokantacı *s* Gastwirt(in) *m(f)*
lokavt (**-tı**) *s* (*im Arbeitskampf*) Aussperrung *f;* ~ **etmek** (*Arbeiter*) aussperren (*-i* jdn)
lokma *s* 1. (*fam*) Bissen *m,* Happen *m* 2. (türkischer) Krapfen *m* 3. Bolzen *m*
lokomotif *s* Lokomotive *f*

> Häufig wird **lokum**, eine Süßigkeit ähnlich unseren Geleefrüchten, den Touristen als türkischer Honig angeboten. An der Schwarzmeerküste oder in Mittelanatolien allerdings gibt es eine Spezialität, die den Namen 'türkischer Honig' zu Recht verdient: 'kozhelvası' schmeckt wie der türkische Honig, den man von den Jahrmärkten her kennt.

lolipop (**-pu**) *s* Lutscher *m*
lombar *s* Luke *f*
lomboz *s* Bullauge *nt*
lonca *s* (HIST) Gilde *f,* Zunft *f*
Londra *s* London *nt*
longpley *s* Langspielplatte *f*
lop (**-pu**) I. *adj* weich, rundlich und ziemlich groß II. *interj* platsch!; ~ **yumurta** hart gekochtes Ei
Loren *s* Lothringen *nt*
losyon *s* 1. Haarwasser *nt* 2. Kölnischwasser *nt*
loş *adj* halbdunkel
loşluk (**-ğu**) *s* Halbdunkel *nt*
lotto *s* Lotto(spiel) *nt*
lösemi *s* Leukämie *f*
lugat (**-ti**) *s* Wörterbuch *nt*
lumbago *s* Hexenschuss *m*

lunapark (-kı) s Rummelplatz m, Vergnügungspark m
luping s Looping m
Lübnan I. s Libanon m II. adj (Art) libanesisch
Lübnanlı I. s Libanese m, Libanesin f II. adj (Herkunft) libanesisch
lüfer s Blaubarsch m
lüks I. s Luxus m II. adj luxuriös; ~ **eşya** Luxusartikel m; ~ **oto(mobil)** Luxuskarosse f; ~ **vergisi** Luxussteuer f
Lüksemburg I. s Luxemburg nt II. adj luxemburgisch
Lüksemburglu s (Art) luxemburgisch
lüle s (Haar-) Locke f
lüleci s Pfeifenmacher m; ~ **çamuru** Lehm m
lületaşı (-nı) s Meerschaum m

> **Lületaşı** (Meerschaum) ist ein seltenes, sehr leichtes Gestein, das in der Nähe der mittelanatolischen Stadt Eskişehir abgebaut wird. Die ersten Meerschaumpfeifen wurden in der Türkei hergestellt. Den Touristen bietet man heute auch Schmuck aus Meerschaum an.

lütfen adv bitte
lütuf (-tfu) s 1. Gnade f 2. Freundlichkeit f
lütufkar adj gnädig
lüzum s Notwendigkeit f
lüzumlu adj erforderlich, notwendig, nötig
lüzumsuz adj unnötig

M

M, m s 16. Buchstabe des türk. Alphabets
maalesef adv leider, bedauerlicherweise
maaş s (Monats-) Gehalt nt; ~ **zammı** Gehaltserhöhung f
mabet (-di) s Tempel m
mablak (-ğı) s (des Malers) Spachtel m/f
Macar I. s Ungar(in) m(f) II. adj (Art) ungarisch
Macarca adj (Sprache) ungarisch
Macaristan I. s Ungarn nt II. adj (Art) ungarisch
Macaristanlı I. s Ungar(in) m(f) II. adj (Herkunft) ungarisch
macera s Abenteuer nt
maceracı s Abenteurer m, Abenteurerin f
maceralı adj abenteuerlich
macun s 1. Kitt m 2. Paste f
maç (-çı) s Spiel nt, Match nt
maçuna s 1. Winde f 2. Hebeschiff nt
Madagaskar s Madagaskar nt
madalya s 1. Medaille f 2. Auszeichnung f, Orden m; **madalyanın ters tarafı** Kehrseite f der Medaille
madde s 1. Materie f 2. (JUR) Artikel m 3. Stoff m, Material nt 4. (Vertrags-) Punkt m; ~ ~ Punkt für Punkt
maddeci I. s Materialist(in) m(f) II. adj materialistisch
maddecilik (-ği) s Materialismus m
maddi adj 1. materiell 2. finanziell; ~ **hasar** [o **zarar**] Sachschaden m
madem konj da ja, da nun einmal
maden I. s 1. Metall nt 2. Mineral nt 3. Erz nt 4. Mine f 5. Fundgrube f II. adj aus Metall, Metall-; ~ **filizi** Erz nt; ~ **işçisi** Bergarbeiter m; ~ **işletmeciliği** Bergbau m; ~ **ocağı** Bergwerk nt, Grube f; ~ **sanayii** Metallindustrie f
madenci s 1. Bergmann m 2. Bergingenieur m 3. Grubenbesitzer m
madencilik (-ği) s 1. Mineralogie f 2. Bergbau m 3. Metallurgie f
madeni adj 1. mineralisch 2. metallisch; ~ **para** Geldstück nt, Münze f
madenkömürü (-nü) s Steinkohle f
madensuyu (-nu) s Mineralwasser nt, Sprudel m
mafsal s Gelenk nt; ~ **oyuğu** Gelenkpfanne f
mafya s Mafia f
magazin s Zeitschrift f, Illustrierte f, Magazin nt
magnezyum s Magnesium nt
mağara s Höhle f; ~ **insanı** Höhlenmensch m
mağaza s (größeres) Geschäft nt, (größerer) Laden m; ~ **hırsızlığı** Ladendiebstahl m
mağlubiyet (-ti) s Niederlage f
mağlup (-bu) adj besiegt, geschlagen; ~ **edilemez** unbesiegbar; ~ **etmek** besiegen

Mağribi (*-i* jdn/etw); ~ **olmak** besiegt werden
Mağribi *s* Nordafrikaner(in) *m(f)*
mağrur *adj* stolz
mahalle *s* Stadtviertel *nt*
mahallebi *s* Reismehlpudding *m*
mahalli *adj* lokal, örtlich
mahcubiyet (**-ti**) *s* 1. Schüchternheit *f* 2. Verlegenheit *f* 3. Blamage *f*
mahcup (**-bu**) *adj* schüchtern, verlegen; ~ **etmek** in Verlegenheit bringen, blamieren (*-i* jdn); ~ **olmak** [*o* **kalmak**] sich blamieren, in Verlegenheit kommen
mahcupluk (**-ğu**) *s* Verlegenheit *f*
mahfaza *s* 1. Behälter *m* 2. Schmuckkästchen *nt*
mahkeme *s* Gericht *nt*, Gerichtshof *m*; ~ **derecesi** Instanz *f*; ~ **kararı** Urteilsspruch *m*; ~ **masrafları** Gerichtskosten *pl*; ~ **usulü** Prozess *m*
mahkum I. *s* Strafgefangene(r) *mf* II. *adj* (*auch fig*) verurteilt; ~ **etmek** verurteilen (*-i -e* jdn zu etw)
mahlas *s* Deckname *m*, Pseudonym *nt*
mahluk (**-ku**) *s* Kreatur *f*, Geschöpf *nt*
mahmur *adj* 1. schlaftrunken, verschlafen 2. übernächtigt 3. verkatert
mahmurluk (**-ğu**) *s* 1. Schlaftrunkenheit *f* 2. (*nach Alkoholgenuss*) Kater *m*
mahmuz *s* Sporn *m*
mahpus I. *s* Häftling *m*, Strafgefangene(r) *mf* II. *adj* gefangen
mahpusluk (**-ğu**) *s* (Straf)gefangenschaft *f*
mahremiyet (**-ti**) *s* Privatsphäre *f*
mahrum *adj* entbehrend (*-den* etw); ~ **bırakmak** [*o* **etmek**] berauben (*-i -den* jdn einer Sache); (JUR) aberkennen (*-i -den* jdm etw); ~ **olmak** entbehren (*-den* etw)
mahrumiyet (**-ti**) *s* Not *f*, Entbehrung *f*
mahsul (**-lü**) *s* 1. Ernte *f* 2. Produkt *nt*, Erzeugnis *nt* 3. Ertrag *m*
mahsus I. *adv* 1. eigens, extra 2. zum Scherz II. *adj* 1. charakteristisch, eigentümlich (*-e* für jdn) 2. bestimmt (*-e* für jdn)
mahşer *s* 1. (*am Jüngsten Tag*) Versammlungsort *m* der Auferstandenen 2. Jüngster Tag
mahun I. *s* Mahagoni *nt* II. *adj* aus Mahagoni(holz), Mahagoni-
mahvetmek (**-der**) *vt* 1. zerstören, vernichten (*-i* etw) 2. zu Grunde richten (*-i* jdn)
mahvolmak *vi* zu Grunde gehen
mahzen I. *s* Keller *m* II. *adj* dunkel, stickig; ~ **kapağı** Falltür *f*
mahzun *adj* traurig, betrübt
mahzur *s* 1. Einwand *m* 2. Hindernis *nt*
mahzurlu *adj* nachteilig
mail *s* (INET) Mail *f*, E-Mail *f*; ~ **atmak** ein E-mail/E-mails verschicken (*-e* an jdn); ~ **kutusu** (INET) Mailbox *f*
maillemek *vt* (INET) mailen, per E-Mail schicken (*-e -i* jdm etw)
maiyet (**-ti**) *s* Gefolge *nt*
Majeste *s* (*Anrede*) Majestät *f*
majör *s* Dur *nt*
majüskül *s* Großbuchstabe *m*
makale *s* Artikel *m*, Essay *m/nt*
makam *s* 1. Behörde *f*, Amt *nt* 2. Dienststelle *f*, Posten *m* 3. (*Regierungs-, Bischofs-*) Sitz *m* 4. Tonfolge *f*; ~ **arabası** [*o* **aracı**] Dienstwagen *m*
makara *s* 1. Rolle *f*, Spule *f* 2. Garnwinde *f* 3. Riemenscheibe *f*; **makaraya sarmak** aufspulen (*-i* etw)
makarna *s* Nudeln *fpl*
makas *s* 1. Schere *f* 2. Weiche *f* 3. (*fam*) Kniff *m* in die Wange
makasçı *s* Weichensteller(in) *m(f)*, Weichenwärter(in) *m(f)*
makaslama I. *s* Verbalsubstantiv zu **makaslamak** II. *adv* kreuzweise III. *adj* gekreuzt
makaslamak *vt* 1. (*mit Schere*) schneiden (*-i* etw) 2. (*Zeitungsartikel*) übernehmen (*-i* etw) 3. (*fam*) in die Wange kneifen (*-i* jdm)
makassız *adj* ohne Schere; ~ **ıstakoz** Languste *f*
makat (**-dı**) *s* (*fam*) Hinterteil *nt*, Hintern *m*
makbuz *s* Quittung *f*
Makedonya *s* Mazedonien *nt*
maket (**-ti**) *s* Skizze *f*, Modell *nt*
maki *s* Buschwald *m*
makina, makine *s* 1. Maschine *f* 2. Apparat *m* 3. (*fam*) Foto(apparat) *m*; ~ **dili** (INFORM) Maschinensprache *f*; ~ **fabrikası** Maschinenfabrik *f*; ~ **mühendisi** Maschinenbauingenieur *m*; ~ **mühendisliği** Maschinenbau *m*; ~ **tesviyecisi** Maschinenschlosser *m*; ~ **yağı** Maschinenöl *nt*
makineci *s* 1. Mechaniker *m* 2. Maschinenbauer *m*
makineleşmek *vi* 1. mechanisiert werden 2. (*fig*) zur Maschine werden
makineleştirme *s* 1. Verbalsubstantiv zu **makineleştirmek** 2. Mechanisierung *f*

makineleştirmek *vt* mechanisieren (*-i* etw)

makineli *adj* 1. mit Maschine(n) 2. maschinell; ~ **tabanca** Maschinenpistole *f;* ~ **tüfek** Maschinengewehr *nt*

makinist (**-ti**) *s* 1. Lokomotivführer *m* 2. Maschinist *m* 3. Mechaniker *m*

makro *s* (INFORM) Makro *nt;* ~ **virüsü** (INFORM) Makrovirus *m*

makrobiyotik (**-ği**) *adj* makrobiotisch

maksat (**-dı**) *s* 1. Absicht *f*, Vorsatz *m* 2. Ziel *nt*, Zweck *m*; **-mek maksadıyla** um ... zu

maksimum *s* Maximum *nt*

makul (**-lü**) *adj* 1. rational 2. verständig, vernünftig

makyaj *s* Schminke *f*, Make-up *nt;* ~ **etmek** schminken (*-e* jdn/etw), sich schminken

mal *s* 1. Besitz *m*, Eigentum *nt* 2. Erzeugnis *nt*, Produkt *nt* 3. Ware *f* 4. (*Kühe*) Vieh *nt* 5. (*fam*) gemeiner Kerl 6. (*fam*) schönes und leichtes Mädchen; ~ **ayrılığı** Gütertrennung *f;* ~ **etmek** erwerben, erstehen; (*pej*) sich (unrechtmäßig) aneignen (*-i* etw); ~ **mülk** (*fam*) Hab und Gut *nt;* ~ **mülk sahibi** (*fam*) Wohlhabende(r) *mf*, begütert, wohlhabend; ~ **olmak** kosten (*-e -e* jdm etw); ~ **ortaklığı** Gütergemeinschaft *f;* ~ **sahibi** Eigentümer(in) *m(f);* ~ **sayımı** Inventur *f;* **malın gözü** (*fam: raffiniert*) durchtrieben

mala *s* (Maurer)kelle *f*

Malezya *s* Malaysia *nt*

mali *adj* finanziell; ~ **piyasa** Finanzmarkt *m;* ~ **yardım** Finanzhilfe *f;* ~ **yıl** Geschäftsjahr *nt*

malik (**-ki**) I. *adj* besitzend II. *s* Inhaber(in) *m(f);* ~ **olmak** besitzen (*-e* etw)

malikane *s* großes Gut (oder Schloss)

maliye *s* 1. Finanzen *pl* 2. Finanzwesen *nt;* ~ **bakanı** Finanzminister(in) *m(f);* ~ **memuru** Finanzbeamte, -tin *m, f*

maliyeci *s* Finanzmann *m*

maliyet (**-ti**) *s* 1. Herstellungskosten *pl* 2. Einkaufspreis *m*

malolmak *vi* kosten (*-e -e* jdm etw)

malt (**-tı**) *s* Malz *nt;* ~ **birası** Malzbier *nt*

Malta (**Adası**) *s* Malta *nt*

malul (**-lü**) I. *adj* gebrechlich II. *s* Invalide *mf;* ~ **gazi** Kriegsversehrter *m*

malum *adj* 1. bekannt 2. klar

malumat (**-tı**) *s* 1. Auskunft *f* 2. Kenntnisse *fpl*

malzeme *s* 1. Material *nt* 2. Zutaten *pl*

mama *s* Babynahrung *f*

mana *s* Sinn *m*

manalı *adj* 1. bedeutungsvoll 2. ausdrucksvoll 3. sinnvoll 4. bedeutsam, vielsagend

manasız *adj* 1. ausdruckslos 2. bedeutungslos 3. sinnlos, unsinnig 4. unangebracht

manastır *s* (chritliches) Kloster *nt*, Stift *nt*

manav *s* Obst- und Gemüsehändler(in) *m(f);* **manav** (**dükkanı**) Obst- und Gemüsegeschäft *nt*

manda *s* 1. (*Völkerbunds-*) Mandat *nt* 2. Büffel *m*

mandagöz mercan balığı *s* See-, Meerbrassen *m*

mandal *s* 1. Wäscheklammer *f* 2. (*Fenster-, Tür-*) Riegel *m* 3. Türklinke *f*

mandalina *s* Mandarine *f*

mandıra *s* 1. (*für Schafe*) Pferch *m* 2. Molkereibetrieb *m*

manej *s* 1. Manege *f* 2. Reitbahn *f* 3. Pferdedressur *f*

manen *adv* seelisch, psychisch

manevi *adj* seelisch, geistig; ~ **evlat** Pflegekind *nt*, Adoptivkind *nt*

manevra *s* 1. Manöver *nt* 2. Rangieren *nt* 3. Betrug *m*, Schwindel *m;* ~ **yapmak** manövrieren; (*fig*) geschickt manipulieren

mangal *s* Kohlenbecken *nt*

mangır *s* 1. (HIST) kleine Kupfermünze *f* 2. (*fam*) Moneten *pl*

mani *s* 1. Manie *f* 2. volkstümliches Gedicht in Vierzeilern

mani (**-ii/-iyi**) *s* Hindernis *nt;* ~ **olmak** verhindern (*-e* etw)

mania *s* Hindernis *nt*

manifesto *s* Manifest *nt*

manikür *s* Maniküre *f*

manikürcü *s* (*Person*) Maniküre *f*

manivela *s* 1. Hebel *m* 2. Kurbel *f* 3. Brechstange *f* 4. Hebebaum *m*

mankafa I. *adj* (*fam*) beschränkt II. *s* Dummkopf *m*, Einfaltspinsel *m*

manken *s* 1. (*weibl.*) Mannequin *nt;* (*männl.*) Dressman *m* 2. Schaufensterpuppe *f* 3. Schneiderpuppe *f*

mankenlik (**-ği**) *s* Beruf *m* eines Mannequins; ~ **yapmak** modeln (*als Mannequin/ Dressman arbeiten*)

manolya *s* Magnolie *f*

Manş Denizi (**-ni**) *s* Ärmelkanal *m*

manşet (**-di**) *s* 1. Manschette *f* 2. Schlagzeile *f* 3. Bildunterschrift *f*

mantar *s* 1. Kork *m* 2. Pilz *m* 3. (*einer Fla-*

sche) Verschluss *m*, Korken *m* **4.** (*fam*) Lüge *f*; ~ **ağacı** [*o* **meşesi**] Korkeiche *f*; ~ **taban** (*für Schuhe*) Einlage *f*; ~ **zehirlenmesi** Pilzvergiftung *f*

mantı *s türk.* Ravioli in Jogurtsoße

mantık (**-ğı**) *s* Logik *f*

mantıki *adj* logisch

mantıklı *adj* logisch

mantıksız *adj* unlogisch

manto *s* (Damen)mantel *m*

manyak (**-ğı**) *adj* **1.** manisch **2.** (*fam*) verrückt

manyetik *adj* magnetisch; ~ **alan** Magnetfeld *nt*

manyetize *adj* magnetisiert; ~ **etmek** magnetisieren (*-i* etw)

manzara *s* **1.** Anblick *m* **2.** Aussicht *f* **3.** Landschaft *f* **4.** (*fig*) Schauspiel *nt*; ~ **kartı** Ansichtskarte *f*

manzaralı yer *s* Aussichtspunkt *m*

marangoz *s* Schreiner *m*, Tischler *m*

marangozhane *s* Schreinerei *f*, Tischlerei *f*

Maraton koşusu (**-nu**) *s* Marathonlauf *m*

marazi *adj* pathologisch, krankhaft

mareşal (**-li**) *s* Marschall *m*

margarin *s* Margarine *f*

marifet (**-ti**) *s* **1.** Kunststück *nt* **2.** Geschicklichkeit *f* **3.** (*pej*) Unfug *m*

mariz *adj* kränklich, krank; ~ **atmak** (*fam*) vermöbeln (*-i* jdn)

mark (**-kı**) *s* Mark *f*

marka *s* **1.** Fabrikat *nt*, Marke *f* **2.** Warenzeichen *nt* **3.** (*Zigaretten*) Sorte **4.** Spielmarke *f* **5.** Wertmarke *f*; **Mercedes ~ araba** ein Wagen der Marke Mercedes; **müseccel ~** eingetragenes Warenzeichen *nt*; ~ **mal** Markenartikel *m*

markalamak *vt* mit Warenzeichen versehen (*-i* etw)

markalı *adj* mit Warenzeichen, Markenmarket (**-ti**) *s* Supermarkt *m*

marketing *s* Marketing *nt*

markör *s* (*Stift*) Marker *m*

Marmara Denizi (**-ni**) *s* Marmarameer *nt*

marmelat (**-dı**) *s* Marmelade *f*

Mars *s* Mars *m*

marsık (**-ğı**) *s* Holzkohle *f*

marş I. *s* **1.** Anlasser *m* **2.** (*Musikstück*) Marsch *m* II. *interj* Marsch!; **milli ~** Nationalhymne *f*; ~ **düğmesi** Starter *m*

marşandiz *s* Güterzug *m*

marşpiye *s* Trittleiter *f*

mart (**-tı**) *s* März *m*

martaval *adj* (*fam*) **1.** (faustdicke) Lüge *f* **2.** Lügengeschichte *f*, Märchen *nt*

martı *s* Möwe *f*

maruf *adj* (allgemein) bekannt

marul *s* (*Gartensalat*) Lattich *m*

maruz *adv* ausgesetzt; **birini bir şeye ~ bırakmak** jdn einer Sache aussetzen

masa *s* **1.** Tisch *m* **2.** (*bei Behörden*) Abfertigungsstelle *f*; ~ **ayağı** Tischbein *nt*; ~ **lambası** Tischlampe *f*; ~ **örtüsü** Tischtuch *nt*, Tischdecke *f*

masaj *s* Massage *f*; ~ **yapmak** massieren

masajcı *s* Masseur(in) *m(f)*

masal *s* Märchen *nt*; ~ **gibi** märchenhaft; ~ **ülkesi** Märchenland *nt*

masatenisi (**-ni**) *s* Tischtennis *nt*

masaüstü (**-nü**) *s* (INFORM) Desktop *m*

masif I. *s* Massiv *nt* II. *adj* massiv

maskara I. *s* **1.** Narr *m* **2.** (*pej*) Verrückte(r) *mf* **3.** Karnevalsmaske *f* **4.** Karnevalsnarr *m* **5.** Wimperntusche *f* II. *adj* drollig, putzig; **maskaraya çevirmek** lächerlich machen (*-i* jdn)

maskaralık (**-ğı**) *s* **1.** (*fam*) Narretei *f* **2.** Possenreißen *f* **3.** (*pej*) Schande *f*

maske *s* Maske *f*; ~ **takmak** (*auch fig*) sich maskieren; **maskesini düşürmek** entlarven (*-in* jdn)

maskelemek *vt* **1.** maskieren (*-i* jdn) **2.** tarnen (*-i* etw)

maskelenmek *vr* **1.** *Passiv und Reflexiv zu* **maskelemek 2.** sich maskieren

maskeli *adj* maskiert; ~ **balo** Maskenball *m*

maskot (**-tu**) *s* Maskottchen *nt*

mason *s* Freimaurer *m*

masör *s* Masseur *m*

masöz *s* Masseuse *f*

masraf *s* **1.** (*Geld*) Ausgabe *f* **2.** Spesen *pl*, Kosten *pl*; ~ **tahmini** Kostenvoranschlag *m*; **masrafını çıkarmak** auf seine Kosten kommen

masraflı *adj* kostspielig

massetmek (**-der**) *vt* **1.** (auf)saugen (*-i* etw) **2.** neutralisieren, dämpfen (*-i* etw)

mastar *s* **1.** Infinitiv *m* **2.** Richtscheit *nt*

mastela *s* Bütte *f*

master *s* Magister *m*

mastürbasyon *s* Onanie *f*, Masturbation *f*; ~ **yapmak** onanieren, masturbieren

masum I. *adj* unschuldig, rein II. *s* (*fam*) kleines Kind

masumiyet (-ti) s Unschuld f
maşa s 1. Feuerzange f 2. Klammer f 3. Pinzette f 4. Strohmann m
maşallah I. interj 1. großartig! 2. toi toi toi! II. s mit 'Maşallah' beschriftetes Amulett oder Schild, das gegen den bösen Blick schützen soll
mat (-tı) I. s (beim Schachspiel) Matt nt II. adj glanzlos, matt; ~ **(durumu)** (beim Schach) matt
matara s Feldflasche f
matbaa s Druckerei f
matbaacı s Drucker(in) m(f)
matem s (um einen Toten) Trauer f; ~ **elbisesi** Trauerkleid nt; ~ **tutmak** Trauer tragen, trauern
matematik (-ği) I. s Mathematik f II. adj mathematisch; ~ **ödevi** Rechenaufgabe f
matematikçi s Mathematiker(in) m(f)
materyalist (-ti) I. s Materialist(in) m(f) II. adj materialistisch
materyalizm s Materialismus m
materyal (-li) I. s Material nt II. adj materiell
matine s Vormittagsvorstellung f, Matinee f
matkap (-bı) s Bohrer m, Bohrmaschine f
maval adv (fam) faustdicke Lüge
mavi adj blau; ~ **zambak** Schwertlilie f
mavimsi adj bläulich
mavimtırak adj bläulich
mavna, mauna s Lastkahn m, Schleppkahn m
mavzer s Pistole f, Revolver m
maya s 1. Hefe f, Sauerteig m 2. Treibmittel nt 3. Wesen nt, Charakter m
mayalamak vt zum Gären bringen (-i etw)
mayalanma s Gärung f
mayalanmak vi 1. Passiv zu **mayalamak** 2. gären
mayasız adj 1. (Brot) ungesäuert 2. charakterlos
maydanoz s Petersilie f
mayestro s 1. Dirigent(in) m(f) 2. Komponist(in) m(f)
mayhoş adj süßsauer
mayın s Mine f
mayıs s Mai m
mayısböceği (-ni) s Maikäfer m
maymun s Affe m; ~ **iştahlı** (fam) launenhaft, wankelmütig
maymuncuk (-ğu) s Dietrich m
mayo s 1. Badeanzug m 2. Badehose f

mayolu adj 1. mit Badeanzug 2. mit Badehose
mayonez s Mayonnaise f; ~ **sosu** Remouladensoße f
mayosuz adj 1. ohne Badeanzug 2. ohne Badehose
maytap (-bı) s Feuerwerkskörper m
mazarrat (-tı) s Schaden m
mazbata s 1. Zeugnis nt 2. mit vielen Unterschriften versehenes Schriftstück
mazbut (-tu) adj 1. ordentlich 2. wind- und kältegeschützt 3. festgelegt 4. aufgeschrieben, protokolliert
mazeret (-ti) s Entschuldigung f; **gülünç** ~ faule Ausrede
mazeretli adj entschuldigt
mazeretsiz adj unentschuldigt
mazgal s 1. Schießscharte f 2. Sehschlitz m; ~ **dişi** (Mauer-) Zinne f
mazı s Thuja f, Lebensbaum m
mazi s Vergangenheit f
mazlum adj 1. unterdrückt 2. ungerecht behandelt 3. bescheiden, zurückhaltend
maznun adj 1. verdächtig 2. beschuldigt, angeklagt
mazoşist (-ti) s Masochist(in) m(f)
mazoşizm s Masochismus m
mazot (-tu) s Dieselöl nt
mazotlu adj mit Dieselöl (betrieben); ~ **kalorifer** Öl(zentral)heizung f
mazur adj entschuldigt; ~ **görmek** verzeihen (-in bir şeyini jdm etw)
mebus s Parlamentarier(in) m(f)
mecaz s Metapher f
mecazi adj bildlich, metaphorisch, übertragen; ~ **anlamda** in übertragener Bedeutung
mecbur adj gezwungen, genötigt; ~ **etmek** nötigen, zwingen (-i -e jdn zu etw); ~ **olmak** gezwungen sein (-e zu etw)
mecburen adv gezwungenermaßen
mecburi adj 1. gezwungen 2. obligatorisch; ~ **iniş** Notlandung f; ~ **iniş yapmak** notlanden; ~ **istikamet** vorgeschriebene Fahrtrichtung f
mecburiyet s 1. Notwendigkeit f 2. Verpflichtung f 3. Zwang m
meclis s 1. Parlament nt 2. (Kollegium) Rat m 3. Gesellschaft f
mecmua s Zeitschrift f
meç (-çi) s 1. Florett nt 2. (getönte) Strähne f, Strähnchen nt
meçhul (-lü) adv 1. unbekannt 2. unsicher

3. (GRAM) passiv

> Der **meddah**, der Märchenerzähler, hat in der Türkei eine lange Tradition. Er verzaubert mit Stimme, Mimik und Gestik seine Zuhörer. Während noch vor einem Jahrhundert viele 'meddahlar' in den Kaffeehäusern Istanbuls auftraten, geben heute nur einige wenige gelegentlich Gastspiele in den Theatern der türkischen Großstädte.

medeni *adj* zivilisiert; ~ **cesaret** Zivilcourage *f*; ~ **hal** Familienstand *m*; ~ **hukuk** Zivilrecht *nt*; **Medeni Kanun** Bürgerliches Gesetzbuch; ~ **nikah** standesamtliche Trauung
medenileştirmek *vt* zivilisieren (*-i* jdn/ etw)
medeniyet (**-ti**) *s* Zivilisation *f*
meditasyon *s* Meditation *f*; ~ **yapmak** meditieren
medrese *s* (HIST: *islamisch*) theologische Hochschule
medya *s* **1.** (*Zeitung, Fernsehen*) Medium *nt* **2.** die Medien *pl*; ~ **imparatoru** Medienmogul *m*
medyum *s* (*spiritistisch*) Medium *nt*
medyun *s* (*fam*) Schuldner(in) *m/f*
megabayt *s* (INFORM) Megabyte *nt*
megafon *s* Megaphon *nt*
megahertz *s* Megahertz *nt*
megaloman *adj* größenwahnsinnig
megalomani *s* Größenwahn *m*
megaton *s* Megatonne *f*
megavat *s* Megawatt *nt*
meğer *konj* (*fam*) aber, jedoch
meğerki *konj* es sei denn, dass
mehabet (**-ti**) *s* Größe *f*, Erhabenheit *f*
mehabetli *adj* erhaben
mehil *s* Frist *f*
Mehmetçik (**-ği**) *s* (*fam*) umgangssprachliche Bezeichnung des einfachen türkischen Soldaten
mehtap (**-bı**) *s* Mondschein *m*
mekan *s* **1.** Ort *m* **2.** Wohnort *m* **3.** (Welt)all *nt*
mekanik (**-ği**) **I.** *s* Mechanik *f* **II.** *adj* **1.** maschinell **2.** mechanisch
mekanizm(a) *s* Mechanismus *m*
mekik (**-ği**) *s* (Weber)schiffchen *nt*; **Mekik** Spaceshuttle *nt*; ~ **dokumak** (*fam*) hin und her (oder auf und ab) gehen
Meksika I. *s* (*Land*) Mexiko *nt* **II.** *adj* (*Art*) mexikanisch

Meksikalı I. *s* Mexikaner(in) *m/f* **II.** *adj* (*Herkunft*) mexikanisch
Meksiko *s* (*Stadt*) Mexiko *nt*
mektup (**-bu**) *s* Brief *m*, Schreiben *nt*; ~ **açacağı** Brieföffner *m*; ~ **arkadaşı** Brieffreund(in) *m/f*; ~ **başlığı** Briefkopf *m*; ~ **kâğıdı** Briefpapier *nt*, Briefbogen *m*
mektupla *adv* brieflich; ~ **öğretim** [*o* **öğrenim**] Fernstudium *nt*
mektuplaşma *s* **1.** *Verbalsubstantiv zu* **mektuplaşmak** **2.** Briefwechsel *m*, Korrespondenz *f*
mektuplaşmak *vi* korrespondieren (*ile* mit jdm)
melankoli *s* Melancholie *f*, Schwermut *f*
melankolik (**-ği**) **I.** *adj* melancholisch, schwermütig **II.** *s* Melancholiker(in) *m/f*
melek (**-ği**) *s* Engel *m*
melemek *vi* **1.** (*Ziege*) meckern **2.** (*Schaf*) blöken
melez *s* **1.** Mischling *m* **2.** Kreuzung *f*
melezleştirme *s* **1.** *Verbalsubstantiv zu* **melezleştirmek** **2.** Kreuzung *f*
melezleştirmek *vt* (*Rassen*) kreuzen (*-i ile* etw mit etw)
melhem *s* **1.** Salbe *f* **2.** (*auch fig*) Balsam *m*; ~ **sürmek** einsalben (*-e* etw)
melodi *s* Melodie *f*, Weise *f*
melodik *adj* melodisch
melon *s* (*Hut*) Melone *f*
meltem *s* Brise *f*, sanfter Wind
meme *s* **1.** (*weibliche*) Brust *f* **2.** Mutterbrust *f* **3.** Euter *nt* **4.** Düse *f* **5.** Geschwulst *f*; ~ **çocuğu** Säugling *m*; ~ **vermek** die Brust geben, stillen (*-e* jdn)
memeli hayvan *s* Säugetier *nt*
memleket (**-ti**) *s* **1.** Land *nt* **2.** Heimat *f*
memnun *adj* **1.** zufrieden **2.** erfreut **3.** befriedigt; ~ **edici** befriedigend, erfreulich; ~ **etmek** zufrieden stellen, erfreuen (*-i* jdn); ~ **oldum!** sehr angenehm!, sehr erfreut!; ~ **olmak** zufrieden sein, sich freuen (*-den* über etw)
memnuniyet (**-ti**) *s* **1.** Zufriedenheit *f* **2.** Freude *f*
memnuniyetle *adv* gern, mit Vergnügen
memnuniyetsizlik (**-ği**) *s* Unzufriedenheit *f*
memur I. *s* Angestellte(r) *mf*, Beamte(r) *m*, Beamtin *f* **II.** *adj* beauftragt (*-e* mit etw)
memuriyet (**-ti**) *s* Amt *nt*, Posten *m*, Stelle *f*
memurluk (**-ğu**) *s* Beamtentum *nt*

mendil *s* Taschentuch *nt;* ~ **sallamak** mit dem Taschentuch winken
menecer *s* Manager(in) *m(f)*
menecerlik (**-ği**) *s* Management *nt*
menekşe *s* Veilchen *nt;* ~ **rengi**(**nde**) violett
menenjit (**-ti**) *s* Hirnhautentzündung *f*, Meningitis *f*
menfaat (**-ti**) *s* (*fam*) Vorteil *m*, Nutzen *m;* ~ **birliği** Interessengemeinschaft *f*
menfi *adj, adv* negativ
mengene *s* **1.** Kelter *f* **2.** Schraubstock *m* **3.** Wäschemangel *f*
meni (**-ii**) *s* Samen *m*, Sperma *nt*
menisk(**üs**) *s* **1.** Meniskus *m* **2.** Meniskusverletzung *f*
menopoz *s* Menopause *f*
mensucat (**-tı**) *s* Textilwaren *pl*
mensup (**-bu**) **I.** *adj* zugehörig, angehörend **II.** *s* Angehörige(r) *mf;* ~ **olmak** dazugehören (*-e* zu etw)
menşe (**-ei**) *s* **1.** Ursprungsort *m* **2.** Quelle *f*
menteşe *s* Scharnier *nt*, Türangel *f*
mentol (**-lü**) *s* Menthol *nt*
mentollü *adj* mentholhaltig, Menthol-
menzil *s* **1.** Reichweite *f* **2.** Bestimmungsort *m* **3.** Reisestation *f*
mera *s* Weide *f*
merak (**-kı**) *s* **1.** Besorgnis *f* **2.** Interesse *nt*, Liebhaberei *f* **3.** Neugier *f* **4.** Spannung *f;* ~ **etmek** sich interessieren (*-e* für etw/jdn), sich Sorgen machen, neugierig sein (*-i* auf etw/jdn); ~ **etmeyiniz!** seien Sie unbesorgt!; ~ **sarmak** sich stark interessieren (*-e* für etw); ~ **uyandırmak** die Neugier wecken
meraklandırmak *vt* **1.** *Kausativ zu* **meraklanmak** **2.** neugierig machen (*-i* jdn) **3.** Sorgen bereiten (*-i* jdm)
meraklanmak *vi* **1.** gespannt sein (*-e* auf etw) **2.** neugierig sein (*-e* auf etw/jdn) **3.** sich Sorgen machen (*-e* um etw/jdn)
meraklı **I.** *adj* **1.** neugierig **2.** interessiert **3.** spannend **4.** beunruhigt **II.** *s* Amateur(in) *m(f)*, Liebhaber(in) *m(f)*
meraksız *adj* **1.** sorglos **2.** desinteressiert, nicht interessiert
meram *s* **1.** (*fam*) Zweck *m* **2.** Wunsch *m* **3.** Aussage *f*, Punkt *m;* **meramını anlatmak** sich verständlich machen (*-e* jdm)
merasim *s* **1.** Feier *f*, Zeremonie *f* **2.** Protokoll *nt*

mercan *s* Koralle *f*
mercan balığı (**-nı**) *s* See-, Meerbrasse *f*
mercanköşk (**-kü**) *s* Majoran *m*
mercek (**-ği**) *s* (TECH) Linse *f*
merci *s* Instanz *f*
mercimek (**-ği**) *s* (BOT) Linse *f;* ~ **çorbası** Linsensuppe *f*
merdane *s* Walze *f*
merdiven *s* **1.** Treppe *f* **2.** Leiter *f;* ~ **başı** [*o* **sahanlığı**] Treppenabsatz *m;* ~ **boşluğu** Treppenhaus *nt;* ~ **tırabzanı** [*o* **korkuluğu**] Treppengeländer *nt*
meret (**-ti**) *adv* (*fam*) verflucht, verdammt
merhaba *interj* guten Tag!
merhale *s* (Reise)station *f*
merhamet (**-ti**) *s* Erbarmen *nt*
merhametli *adj* barmherzig, gnädig
merhametsiz *adj* erbarmungslos
merhametsizlik (**-ği**) *s* Erbarmungslosigkeit *f*
merhem *s* **1.** Salbe *f* **2.** Balsam *m*
merhum *adj* verstorben, selig
meridyen (**dairesi**) *s* Längenkreis *m*
Merih *s* Mars *m*
Merihli *s* Marsmensch *m*
merkep (**-bi**) *s* Esel *m*
merkez *s* **1.** Mittelpunkt *m* **2.** Zentrale *f* **3.** Hauptstadt *f* **4.** (*fam*) Polizeipräsidium *nt;* ~ **bankası** Zentralbank *f*
merkezci **I.** *adj* zentralistisch **II.** *s* Zentralist(in) *m(f)*
merkezcilik (**-ği**) *s* Zentralismus *m*
merkezi *adj* mittlere(r, s), zentral; **Merkezi İşlem Birimi** (INFORM) CPU *f*
merkezileşmek *vi* **1.** sich zentralisieren **2.** sich konzentrieren
merkezileştirmek *vt* **1.** *Kausativ zu* **merkezileşmek** **2.** zentralisieren (*-i* etw) **3.** konzentrieren (*-i* etw)
mermer **I.** *s* Marmor *m* **II.** *adj* aus Marmor, Marmor-; ~ **sıva** Stuck *m*
mermi *s* Geschoss *nt*, Granate *f*, Kugel *f;* ~ **parçası** Granatsplitter *m;* ~ **yolu** Flugbahn *f*
mersin *s* Myrte *f*
mert (**-di**) *adj* **1.** mutig, tapfer **2.** ehrlich, wacker
mertçe *adj, adv* **1.** (*fig*) männlich **2.** tapfer, heldenhaft **3.** ehrlich
mertebe *s* **1.** Rangordnung *f* **2.** Grad *m*, Rang *m*
mertek (**-ği**) *s* (großer) Balken *m*
mertlik (**-ği**) *s* Tapferkeit *f*

Meryem Ana s die Heilige Maria
mesafe s 1. Strecke f 2. Abstand m
mesaj s Nachricht f, Botschaft f; (**kısa**) ~ (Handy) Kurznachricht f, SMS f; **birine kısa ~ göndermek** [o **yollamak**] jdm eine Kurznachricht [o SMS] schicken
mesane s Harnblase f
mescit (**-di**) s kleinere Moschee
mesela adv zum Beispiel, beispielsweise
mesele s 1. Problem nt 2. Angelegenheit f, Sache f 3. Streitfrage f 4. Affäre f
mesen s Mäzen(in) m(f)
meshetmek (**-der**) vi (bei der rituellen Waschung) sich mit der feuchten Hand über den Kopf streichen
Mesih s Heiland m, Messias m
mesken s 1. Wohnung f 2. Wohnsitz m; **meskene taarruz** Hausfriedensbruch m
meslek (**-ği**) s 1. Beruf m 2. Gewerbe nt; ~ **bilgisi** Fachkenntnisse pl; ~ **dalı** Berufszweig m, Fach nt; ~ **dili** Fachsprache f; ~ **eğitimi** Berufsausbildung f; ~ **hastalığı** Berufskrankheit f; ~ **hayatı** Berufsleben nt; ~ **okulu** Fachschule f; ~ **sahibi** erwerbstätig; ~ **sahibi olmak** berufstätig sein; ~ **tecrübesi** Berufserfahrung f; ~ **yüksek okulu** Fachhochschule f; **mesleğiniz ne(dir)?** was sind Sie von Beruf?
mesleki adj beruflich
meslektaş s Kollege m, Kollegin f
mest (**-ti**) adj berauscht; ~ **etmek** berauschen (-i jdn)
mesul (**-lü**) I. adj verantwortlich II. s Verantwortliche(r) mf
mesuliyet (**-ti**) s 1. Verantwortung f 2. Verantwortlichkeit f; ~ **sigortası** Haftpflichtversicherung f
mesuliyetli adj 1. verantwortlich 2. verantwortungsvoll
mesuliyetsiz adj 1. unverantwortlich 2. verantwortungslos
mesut (**-du**) adj glücklich
meşale s Fackel f
meşe s Eiche f
meşgale s Beschäftigung f
meşgul (**-lü**) adj 1. beschäftigt 2. besetzt, belegt; ~ **etmek** beschäftigen; (durch leere Versprechungen) hinhalten; (stören) abhalten (-i jdn); ~ **işareti** Besetztzeichen nt; **bir şeyle ~ olmak** sich mit etwas beschäftigen [o befassen]
meşhur adj berühmt, bekannt

meşin s (mit Lohe gegerbtes) Leder nt
meşru (**-uu**) adj 1. gesetzlich, legal 2. (Kind) ehelich; ~ **müdafaa** Notwehr f
meşrutiyet (**-ti**) s (HIST) konstitutionelle Monarchie
meta (**-aı**) s Ware f
metafizik (**-ği**) I. s Metaphysik f II. adj metaphysisch
metafoni s Umlaut m
metastaz s Metastase f
metelik (**-ği**) s 1. (HIST) Nickelmünze f 2. (fam) Pfennig m; **meteliğe kurşun atmak** blank sein, pleite sein
meteor s Meteor m
meteorolog s Meteorologe m, -login f
meteoroloji s Meteorologie f
meteorolojik adj meteorologisch; ~ **harita** Wetterkarte f
methetmek (**-der**) vt (fam) loben (-i jdn/ etw)
metin (**-tni**) s 1. Text m 2. Originaltext m, Wortlaut m; ~ **dosyası** (INFORM) Textdatei f
metin adj widerstandsfähig, zäh
metodik adj methodisch
metot (**-du**) s Methode f
metre s Meter m/nt; ~ **kare** Quadratmeter m/nt; ~ **küp** Kubikmeter m/nt
metres s Geliebte f
metro s U-Bahn f, Untergrundbahn f; ~ **durağı** U-Bahn-Station f
metronom s Metronom nt
mevcudiyet (**-ti**) s Existenz f
mevcut (**-du**) I. s Bestand m II. adj 1. bestehend 2. anwesend
mevduat (**-tı**) s 1. Depositen pl 2. Bankeinlagen pl
mevki (**-ii**) s 1. (im Zug) Klasse f 2. Ort m 3. (berufliche, soziale) Position f
Mevla s Herrgott m

Ein **Mevlevi** ist ein Angehöriger der berühmten im 13. Jahrhundert von dem Mystiker und Dichter Mevlana Celaleddin Rumi gegründeten Derwisch-Bruderschaft. Zum Gedenken an ihn feiern die Derwische alljährlich vom 7. bis 14. Dezember ein großes Fest in der mittelanatolischen Stadt Konya. Die Mevleviler sind berühmt für ihren kreisenden meditativen Tanz, den sie in langen weißen Gewändern und hohen schwarzen Hüten gekleidet zelebrieren. Man nennt sie auch 'die tanzenden Derwische'.

mevsim s Jahreszeit f, Saison f; ~ öncesi Vorsaison f; ~ sonu Nachsaison f; ~ sonu satışı Schlussverkauf m

mevzi (**-ii**) s 1. Stellung f 2. Ort m, Lage f

mevzu (**-uu**) s Thema nt

mevzuat (**-tı**) s Bestimmungen fpl

meyankökü (**-nü**) s Lakritze f, Süßholz nt

meydan s (in einer Stadt) Platz m; ~ **okuma** Herausforderung f; ~ **okumak** herausfordern (-i jdn); ~ **savaşı** Endkampf m; **meydana çıkarmak** aufdecken; (fig) enthüllen, an den Tag bringen (-i etw); **meydana çıkmak** sich herausstellen, zu Tage kommen, auftauchen; **meydana gelmek** entstehen, geschehen; **meydana getirmek** schaffen, zu Stande bringen; (bewirken) verursachen (-i etw)

meyhane s Kneipe f

meyhaneci s Kneipenwirt(in) m(f)

meyil (**-yli**) s 1. Neigung f, Steigung f 2. (fig) Neigung f, Hang m 3. Zuneigung f

meyilli adj 1. geneigt, schief 2. (fig) (zu)geneigt

meymenet (**-ti**) s (fam) Glück nt, Schwein nt

meymenetsiz adj (fam) ungut, mit schlechtem Einfluss

meyus adj (fam) 1. (Lage) hoffnungslos 2. (Mensch) pessimistisch

meyve, **meyva** s Frucht f, Obst nt; ~ **ağacı** Obstbaum m; ~ **bıçağı** Obstmesser nt; ~ **salatası** Obstsalat m; ~ **suyu** Fruchtsaft m; ~ **şekerlemesi** kandierte Früchte; ~ **vermek** Früchte tragen

meyveci s Obsthändler(in) m(f)

meyveli adj mit Früchten; ~ **pasta** Obstkuchen m

meyvelik (**-ği**) s Obstschale f

mezar s Grab nt, Grabstätte f; ~ **taşı** Grabstein m

mezarcı s 1. Totengräber m 2. Friedhofswärter m

mezarlık (**-ğı**) s Friedhof m

mezat (**-dı**) s Auktion f, Versteigerung f

mezbaha s Schlachthof m

meze s kleiner Imbiss (besonders mit alkoholischen Getränken zu genießen)

mezeci (**dükkanı**) s Delikatessengeschäft nt, Feinkostgeschäft nt

mezhep (**-bi**) s 1. Bekenntnis nt, Konfession f 2. Sekte f

meziyet (**-ti**) s Vorzug m

mezun I. adj berechtigt (-e zu etw) II. s Absolvent(in) m(f)

mezuniyet (**-ti**) s 1. Beurlaubung f 2. Erlaubnis f 3. (Schul-, Hochschul-) Abschluss f

mezura s Metermaß nt, Maßband nt

MGK s Abk. von **Milli Güvenlik Konseyi** der Nationale Sicherheitsrat (in der Türkei)

mıh s (großer) Nagel m

mıknatıs s Magnet m

mıknatıslamak vt magnetisieren (-i etw)

mıknatıslı adj 1. magnetisch 2. magnetisiert

mıntıka s Zone f

mırıldanmak vi 1. murmeln 2. (ein Lied) summen 3. (Katze) schnurren

mırıltı s (fam) Gemurmel nt

mısır s Mais m; ~ **koçanı** Maiskolben m

Mısır I. s Ägypten nt II. adj (Art) ägyptisch

Mısır inciri (**-ni**) s Kaktusfeige f

Mısırlı I. s Ägypter(in) m(f) II. adj (Herkunft) ägyptisch

mısra s Vers m

mıymıntı I. s (fam: Person) Schlafmütze f II. adj (fam) lahm

mızıka s 1. Militärkapelle f 2. Mundharmonika f

mızıkçı s (fam) Spielverderber(in) m(f)

mızmız I. adj 1. (fam) brummig 2. träge, lahm II. s Nörgler(in) m(f)

mızmızlanmak vi (fam) meckern, nörgeln

mızmızlık (**-ğı**) s 1. Schwerfälligkeit f, Trägheit f 2. Nörgelei f

mızrak (**-ğı**) s Lanze f, Spieß m

mide s Magen m; ~ **ağrısı** Magenschmerzen mpl; ~ **bulantısı** Brechreiz m, Übelkeit f; ~ **damlası** Magentropfen mpl; ~ **kapısı** (Schließmuskel) Pförtner m; ~ **ülseri** Magengeschwür nt; ~ **yanması** [o **ekşimesi**] Sodbrennen nt; **midem bulanıyor** mir ist [o wird] übel; **midem bozuldu** ich habe mir den Magen verdorben

midilli s Pony nt

Midilli nt Lesbos

midye s Muschel f

migren s Migräne f

miğfer s (Schutz)helm m

mihrap (**-bı**) s Gebetsnische f

mikro adj Mikro-; ~ **dalga** Mikrowelle f; ~ **elektronik** Mikroelektronik f

mikroçip (**-pi**) s Mikrochip m

mikrodalga s Mikrowelle f; ~ **fırını** Mikrowellenofen m

mikrofilm s Mikrofilm m
mikrofon s Mikrofon nt
mikroişlemci s Mikroprozessor m
mikrop (**-bu**) s 1. Mikrobe f 2. Krankheitskeim m 3. (*pej vulg*) miese Ratte f
mikroskop (**-bu**) s Mikroskop nt
mikroskobik adj mikroskopisch
mikroyonga s Mikrochip m
mikser s (*Gerät*) Mixer m
miktar s (*bestimmtes Quantum*) Menge f; ~ **olarak** mengenmäßig
milenyum s Millenium nt
mil s 1. Meile f 2. Lehm m 3. Spindel f
milat (**-dı**) s Christi Geburt f; **milattan önce/sonra** vor/nach Christus
miligram s Milligramm nt
milimetre s Millimeter m
militan I. adj militant II. s bewaffneter Kämpfer m
millet (**-ti**) s 1. Nation f 2. (*fam*) Leute pl; **Milletler Cemiyeti** (HIST) Völkerbund m
milletlerarası adj international
milletvekili (**-ni**) s Abgeordnete(r) mf, Parlamentarier(in) m(f)
milli adj national; ~ **dil** Landessprache f; **Milli Eğitim Bakanı** Kultusminister(in) m(f); **Milli Eğitim Bakanlığı** Kultusministerium nt; **Milli Güvenlik Konseyi** Nationaler Sicherheitsrat m (*in der Türkei*); ~ **marş** Nationalhymne f; ~ **oyun** Volkstanz m; ~ **park** Nationalpark m; ~ **plaka** (*am Auto*) Nationalitätskennzeichen nt; ~ **renkler** Landesfarben pl; ~ **takım** (*Fußball*) Nationalelf f
millileştirmek vt verstaatlichen (-*i* etw)
milliyet (**-ti**) s 1. Nationalität f 2. Nationalbewusstsein nt
milliyetçi I. adj 1. nationalistisch 2. nationalbewusst II. s Nationalist(in) m(f)
milliyetçilik (**-ği**) s Nationalbewusstsein nt

Milliyetçilik (Nationalbewusstsein) ist eines der Grundprinzipien der türkischen Verfassung. Es ist die Forderung an alle türkischen Staatsbürger, unabhängig von ihrer Volkszugehörigkeit, sich als Türken zu definieren. Die nationale Einheit soll durch die Assimilation der ethnischen Minderheiten an die Kultur der Mehrheit, der Türken, erreicht werden. Besonders die Kurden, die größte Minderheit in der Türkei, wehren sich seit Jahrzehnten vehement gegen dieses Assimilationsgebot und fordern die freie Entfaltung ihrer Sprache und Kultur.

milyar s Milliarde f
milyarder s Milliardär(in) m(f)
milyon s Million f
milyoner s Millionär(in) m(f)
mimar s 1. Architekt(in) m(f) 2. Baumeister m
mimari I. s Architektur f II. adj architektonisch
mimarlık (**-ğı**) s 1. Architektenberuf m 2. Architektur f
mimber s Kanzel f
mimik (**-ği**) I. s Mimik f II. adj mimisch
minare s Minarett nt
minder s 1. Matte f 2. Sitzkissen nt 3. Matratze f; ~ **çürütmek** (*fam*) sich auf die faule Haut legen
mine I. s 1. Email nt 2. Zahnschmelz m 3. (*einer Uhr*) Zifferblatt nt II. adj emailliert
minelemek vt emaillieren (-*i* etw)
mineral (**-li**) I. s Mineral nt II. adj mineralisch, mineralhaltig
mineraloji s Mineralogie f
minibar s Minibar f
minibüs s Kleinbus m
minicik adj winzig
minietek (**-ği**) s Minirock m
minik adj klein und niedlich
minimum s Minimum nt
minkale s Winkelmesser nt
minnet (**-ti**) s Dankesschuld f
minnettar adj dankbar (-*e* jdm)
minnettarlık (**-ğı**) s Dankbarkeit f
minüskül s Kleinbuchstabe m
minval (**-li**) s Art und Weise f
minyatür I. s Miniatur f II. adj klein, winzig
minyon adj niedlich
miraç (**-cı**) s Mohammeds Himmelfahrt f
miras s Erbe nt, Erbschaft f, Nachlass m; **bu ev ona dedesinden** ~ **kaldı** er hat dieses Haus von seinem Großvater geerbt; ~ **bırakmak** vermachen (-*e* -*i* jdm etw); **mirastan mahrum etmek** [*o* **çıkarmak**] enterben (-*i* jdn)
mirasçı s Erbe m, Erbin f
misafir s Gast m; ~ [*o* **konuk**] **odası** Gästezimmer nt
misafirperver adj gastfreundlich
misafirperverlik (**-ği**) s Gastfreundschaft f

> **Misafirperverlik**, die Gastfreundschaft, wird in der Türkei groß geschrieben. Den Gast zu verwöhnen ist heilige Pflicht für jeden Türken. Dahinter steckt der Glaube, dass zufriedene Gäste der Gastfamilie Gottes Segen und Hilfe bringen. So werden keine Kosten und Mühen gescheut dem Gast schöne Stunden zu bereiten. Die Menschen in der Türkei besuchen sich gegenseitig häufiger, als es in Mitteleuropa üblich ist. Es ist sehr unhöflich angebotene Speisen und Getränke abzulehnen. Gastgeschenke sind dabei üblich.

misal (**-li**) *s* Beispiel *nt*
misil (**-sli**) *s* 1. Gleiche(s) *nt;* 2. Mehrfache(s) *nt;* **üç misli** dreimal so viel
misina *s* Angelschnur *f*
misket (**-ti**) *s* 1. Murmel *f* 2. Sprengladung *f;* ~ **şarabı** Muskatellerwein *m;* ~ **üzümü** Muskatellertraube *f*
miskin I. *s* (*fam: Person*) Schlafmütze *f* II. *adj* 1. (*fam*) faul, träge 2. dickfellig
misli (**-ni**) *s* Possessivform zu **misil** ein Mehrfaches von …; **üç** ~ dreimal so viel
mistisizm *s* Mystik *f*
misyon *s* Mission *f*
misyoner *s* Missionar(in) *m(f)*
mit (**-ti**) *s* Mythos *m*
miting *s* 1. Kundgebung *f* 2. Demonstration *f;* ~ **yapmak** demonstrieren
mitingci *s* Demonstrant(in) *m(f)*
mitoloji *s* Mythologie *f*
mitolojik *adj* mythologisch
miyavlamak *vi* (*Katze*) miauen
miyop (**-bu**) *adj* kurzsichtig
miyopluk (**-ğu**) *s* Kurzsichtigkeit *f*
mizaç (**-cı**) *s* Natur *f*, Naturell *nt*, Temperament *nt*
mizah *s* Humor *m*

> **Mizah dergileri** (humoristische Zeitschriften) sind in der Türkei sehr beliebt. Es sind dies satirische Zeitschriften, die fast vollständig aus Karikaturen und Comicstrips in einem unverkennbar türkischen Zeichenstil bestehen. Das türkische Alltagsleben wird aufs Korn genommen und die gesellschaftlichen und politischen Probleme der Türkei werden kritisch ins Bild gesetzt. In ihrer pointierten und erfrischend witzigen Art sind diese Wochenblätter, von denen das bekannteste die Zeitschrift 'Gırgır' ist, ein interessanter Spiegel der türkischen Gesellschaft.

mizahçı *s* Humorist(in) *m(f)*
mizahi *adj* humoristisch
mizanpli *s* (*Frisur*) Wasserwelle *f*
mobil telefon *s* Mobiltelefon *nt*
mobilya *s* Möbel *pl*, Mobiliar *nt;* ~ **mağazası** Möbelgeschäft *nt*
mobilyalı *adj* möbliert; ~ **daire** möblierte Wohnung
moda I. *s* Mode *f* II. *adj* modisch; ~ **fuarı** Modemesse *f;* ~ **kitabı** Modebuch *nt;* ~ **mağazası** Modegeschäft *nt;* ~ **olmak** in Mode sein; **modası geçmek** aus der Mode kommen; **modası geçmiş** altmodisch; (*fig*) veraltet, überholt; (**son**) **modaya göre** nach der (neuesten) Mode; **modaya uygun** modisch, modern
modacı *s* Modeschöpfer(in) *m(f)*
model *s* 1. Modell *nt* 2. Schema *nt* 3. Modejournal *nt* 4. Ebenbild *nt*
modellik (**-ği**) *s* Modellstehen *nt*, Modeln *nt;* ~ **yapmak** (*für Maler*) Modell stehen; (*für Fotograf*) modeln
modem *s* Modem *nt;* **dış** ~ externes Modem
modern *adj* modern
modernize *adj* modernisiert; ~ **etmek** modernisieren (*-i* etw)
modernleştirme *s* 1. Verbalsubstantiv zu **modernleştirmek** 2. Modernisierung *f*
modernleştirmek *vt* modernisieren (*-i* etw)
Moğol I. *s* Mongole *m*, Mongolin *f* II. *adj* (*Art*) mongolisch
Moğolistan I. *s* Mongolei *f* II. *adj* mongolisch
mola *s* Rast *f;* ~ **vermek** rasten; ~ **yeri** Rastplatz *m*
molasız *adj*, *adv* rastlos
molekül *s* Molekül *nt*
moloz *s* 1. Bauschutt *m* 2. Schotter *m*
Monako *s* Monaco *nt*
monarşi *s* Monarchie *f*
monarşist (**-ti**) I. *s* Monarchist(in) *m(f)* II. *adj* monarchistisch
monitör *s* (INFORM) Monitor *m*
monogami *s* Monogamie *f*
monolog *s* Monolog *m*
monoton *adj* eintönig, monoton
montaj *s* 1. Montage *f* 2. (*Film*) Schnitt *m;*

~ **yapmak** montieren (*-i* etw)
montajcı *s* Monteur *m*
monte *adj* montiert; ~ **etmek** (*Maschine*) aufstellen, montieren (*-i* etw)
mor *adj* 1. dunkelviolett 2. (*Körperteil*) blau(gefroren)
moral (**-li**) I. *s* 1. Moral *f* 2. (seelische) Verfassung *f* II. *adj* moralisch; **morali bozuk** demoralisiert
morarmak *vi* 1. violett werden 2. (*Körperteil*) blau anlaufen 3. (*fam*) (vor Zorn) rot werden
moratoryum *s* Stillhalteabkommen *nt*, Moratorium *nt*
Moravya *s* Mähren *nt*
morfin *s* Morphium *nt;* ~ **düşkünü** Morphinist(in) *m(f)*
morg *s* Leichenschauhaus *nt*
morina *s* 1. Dorsch *m* 2. Kabeljau *m* 3. Schellfisch *m;* **kurutulmuş** ~ Stockfisch *m*
Moritanya *s* Mauretanien *nt*
morötesi (**-ni**) *adj* ultraviolett
mors *s* 1. Morsesystem *nt* 2. Morsealphabet *nt* 3. Walross *nt;* ~ **alfabesi** Morsealphabet *nt*
moruk (**-ğu**) *s* (*fam*) alter Knacker
Moskova *s* Moskau *nt*
motel *s* Motel *nt*
motif *s* Motiv *nt*
motivasyon *s* Motivation *f*
motor *s* 1. Motor *m* 2. Motorboot *nt* 3. (*fam*) Motorrad *nt;* ~ **kayışı** Keilriemen *m;* ~ **kılıfı** Motorhaube *f*
motorize *adj* motorisiert; ~ **etmek** motorisieren (*-i* etw)
motorlaştırma *s* 1. *Verbalsubstantiv zu* **motorlaştırmak** 2. Motorisierung *f*
motorlaştırmak *vt* motorisieren (*-i* etw)
motorlu *adj* 1. mit Motor, Motor- 2. (*mit vorgesetzter Zahl*) -motorig 3. motorisiert; ~ **bisiklet** Mofa *nt;* ~ **taşıt** Kraftfahrzeug *nt;* ~ **taşıt vergisi** Kraftfahrzeugsteuer *f*
motorşip *s* Motorschiff *nt*
motosiklet (**-ti**) *s* Motorrad *nt*
motosikletçi *s* Motorradfahrer(in) *m(f)*
mozaik (**-ği**) *s* Mosaik *nt*
Mozambik (**-ği**) *s* Mosambik *nt*
Mozel *s* Mosel *f*
mozole *s* Mausoleum *nt*
MÖ. *s Abk. von* **Milattan önce** v.Chr. (*vor Christus*)
möble *s* Möbelstück *nt*

mönü *s* Gedeck *nt*, Menü *nt*
MS. *s Abk. von* **Milattan sonra** n.Chr. (*nach Christus*)
muadelet (**-ti**) *s* Gleichwertigkeit *f*
muadil *adj* gleichwertig, gleichbedeutend
muaf *adj* 1. frei 2. immun; ~ **tutmak** (von einer Pflicht) befreien (*-i -den* jdn von etw)
muafiyet (**-ti**) *s* 1. Freistellung *f* 2. Immunität *f*
muamele *s* 1. (*am Schalter*) Abfertigung *f* 2. Dienstweg *m* 3. Handel *m* 4. (*eines Menschen*) Behandlung *f* 5. Verhalten *nt;* ~ **etmek** behandeln (*-e* jdn/etw); ~ **vergisi** Umsatzsteuer *f*
muamma *s* Rätsel *nt*
muammalı *adj* rätselhaft
muammer *adj* langlebig
muasır *adj* zeitgenössisch, modern
muasırlaştırmak *vt* modernisieren (*-i* etw)
muasırlaşmak *vi* modern werden, sich modernisieren
muavin *s* Helfer(in) *m(f)*
muayene *s* 1. Untersuchung *f* 2. Überprüfung *f;* ~ **etmek** untersuchen, überprüfen (*-i* etw/jdn); ~ **saati** Sprechstunde *f* (*beim Arzt*)
muayeneci *s* Zollbeamte(r) *m*, Zollbeamtin *f*
muayenehane *s* 1. (Arzt)praxis *f* 2. (*von Arzt*) Sprechzimmer *nt*
muazzam *adj* enorm, riesig
mubah *adj* (*islamisch*) zulässig
mucit (**-di**) *s* Erfinder(in) *m(f)*
mucize *s* Wunder *nt*
mucizeli *adj* wunderbar
mucur *s* Abfall *m*
mudi (**-ii**) *s* Einzahler(in) *m(f)*
muhabbet (**-ti**) *s* 1. Liebe *f* 2. Freundschaft *f* 3. Unterhaltung *f*
muhabbetkuşu (**-nu**) *s* Wellensittich *m*
muhabir *s* Korrespondent(in) *m(f)*
muhafaza *s* 1. Aufbewahrung *f* 2. Schutz *m* 3. Beibehaltung *f;* ~ **etmek** aufbewahren, (be)schützen, beibehalten (*-i* etw)
muhafazakar *adj* konservativ
muhafız *s* Wärter *m*, Wächter *m;* ~ **kıtası** Leibwache *f*
muhakeme *s* 1. Überlegung *f* 2. Gerichtsverhandlung *f*
muhakkak *adv* 1. bestimmt, auf jeden Fall, sicher 2. unbedingt
muhalefet (**-ti**) *s* 1. Opposition *f* 2. ungüns-

tiges Wetter; ~ **lideri** Oppositionsführer(in) *m(f)*
muhalif I. *s* Gegner(in) *m(f)* II. *adj* gegnerisch, oppositionell
muhallebi *s* Reismehlpudding *m*
muhallebici *s* Lokal, in dem türkische Mehl- und Puddingspeisen angeboten werden
Muhammedi *s* Moslem(in) *m(f)*
Muhammet (**-di**) *s* (*Prophet*) Mohammed
muharebe *s* Schlacht *f*, Gefecht *nt*; ~ **etmek** kämpfen
muhasebe *s* Buchhaltung *f*; ~ **yapmak** Buch führen
muhasebeci *s* Buchhalter(in) *m(f)*
muhbir *s* Berichterstatter(in) *m(f)*
muhit (**-ti**) *s* Umgebung *f*
muhrip (**-bi**) *s* (*Schiff*) Zerstörer *m*
muhtaç (**-cı**) *adj* bedürftig; ~ **olmak** benötigen, brauchen (*-e* etw)
muhtar I. *s* Bürgermeister *m* (*eines Dorfes*) II. *adj* autonom
muhtariyet (**-ti**) *s* Autonomie *f*, Selbstverwaltung *f*
muhtelif *adj* 1. verschieden, verschiedenartig 2. mehrere
muhtemelen *adv* wahrscheinlich
muhterem *adj* geehrt, verehrt
muhteşem *adj* prächtig, prunkvoll
muhteva *s* Inhalt *m*
muhtevi *adj* enthaltend
muhteviyat (**-tı**) *s* Inhalt *m*
muhtıra *s* 1. Memorandum *nt* 2. Notizzettel *m*
mukabele *s* Antwort *f*
mukabeleci *s* Koranrezitator *m*
mukabil I. *adj* 1. entgegengesetzt 2. entsprechend II. *s* Gegensatz *m* III. *präp* 1. im Gegensatz zu (*-e dat*) 2. (als Ersatz) für (*-e akk*)
mukadder *adj* (*Schicksal*) vorherbestimmt
mukadderat (**-tı**) *s* Schicksal *nt*
mukaddes *adj* heilig
mukaddesat (**-tı**) *s* Heiligtümer *pl*
mukavele *s* Vertrag *m*, Abkommen *nt*
mukaveleli *adj* vertragsgemäß, laut Vertrag
mukavelename *s* Vertrag *m*, Vertragsurkunde *f*
mukavemet (**-ti**) *s* Widerstand *m*; ~ **koşusu** Dauerlauf *m*; ~ **yürüyüşü** Langlauf *m*
mukavemetçi *s* Widerstandskämpfer(in) *m(f)*
mukavim *adj* widerstandsfähig

mukavva *s* Karton *m*, Pappe *f*
mukayese *s* Vergleich *m*; ~ **etmek** vergleichen (*-i* etw); ~ **ölçüsü** Größenordnung *f*
muktedir *adj* fähig; ~ **olmak** fähig [*o* imstande] sein zu (*-e* zu etw)
multidisipliner *adj* interdisziplinär
multimedya *s* Multimedia *nt*; ~ **dosyaları** Multimediadateien *fpl*
multinasyonal *adj* multinational
multivitaminli *adj* Multivitamin-
mum *s* 1. Kerze *f* 2. Wachs *nt*; ~ **ışığı** Kerzenlicht *nt*
mumlamak *vt* 1. wachsen (*-i* etw) 2. (ver)siegeln (*-i* etw)
mumluk (**-ğu**) I. *s* Kerzenhalter *m*, Kerzenleuchter *m* II. *adj* (*Glühbirne*) mit einer Beleuchtungsstärke
mumya *s* Mumie *f*; ~ **gibi** (*fam*) nur noch Haut und Knochen
mumyağı (**-nı**) *s* Talg *m*
mumyalaştırmak *vt* 1. Kausativ zu **mumyalaşmak** 2. mumifizieren (*-i* jdn/etw)
münafık (**-ğı**) *s* 1. Heuchler(in) *m(f)* 2. Intrigant(in) *m(f)*
münafıklık (**-ğı**) *s* 1. Heuchelei *f* 2. Intrige *f*
munis *adj* 1. herzlich 2. liebenswert 3. vertraut
muntazam *adj* ordentlich, geregelt
murat (**-dı**) *s* Wunsch *m*; **muradına ermek** sein Ziel erreichen
musakka *s* ein Gemüseauflauf mit Hackfleisch
musallat olmak *vi* belästigen (*-e* jdn)
Musevi I. *s* Hebräer(in) *m(f)*, Jude *m*, Jüdin *f* II. *adj* (*Herkunft*) jüdisch
Musevice *adj* (*Sprache*) (neu)hebräisch
Musevilik (**-ği**) *s* Judentum *nt*
muska *s* 1. (*Talisman*) Amulett *nt* 2. (islamischer) Glücksbringer *m* 3. (aufgeschriebener) Zauberspruch *m*
musluk (**-ğu**) *s* (*Gas-, Wasser-*) Hahn *m*; ~ **suyu** Leitungswasser *nt*
muslukçu *s* Installateur *m*
muşamba *s* 1. Wachstuch *nt* 2. Linoleum *nt* 3. (wasserdichter) Regenmantel *m*
muşmula *s* Mispel *f*
mutant (**-tı**) I. *adj* mutiert II. *s* Mutant *m*
mutasavvıf *s* Sufi *m*
mutasyon *s* Mutation *f*; ~ **geçirmek** (BIOL) mutieren; ~ **geçirmiş** mutiert
mutemet (**-di**) *s* (*im Betrieb*) Vertrauens-

person *f*
mutfak (**-ğı**) *s* Küche *f*; ~ **ocağı** Küchenherd *m*
mutlak (**-kı**) *adj* absolut, unbeschränkt
mutlaka *adv* auf jeden Fall, unbedingt
mutlu *adj* glücklich; ~ **kılmak** (*fam*) beglücken (*-i* jdn); **ne** ~ **Türküm diyene** Welch ein Glück sagen zu können: 'ich bin ein Türke' (*berühmter Ausspruch Atatürks*)
mutluluk (**-ğu**) *s* Glück *nt*
muvafakatname *s* Einverständniserklärung *f*
muvaffak (**-ğı**) *adj* erfolgreich
muz *s* Banane *f*; ~ **ağacı** Bananenbaum *m*
muzip (**-bi**) *s* Witzbold *m*, Spaßvogel *m*
muziplik (**-ği**) *s* (grober) Scherz *m*
mübalağa *s* Übertreibung *f*; ~ **etmek** übertreiben (*-i* etw)
mübarek (**-ği**) *adj* 1. heilig 2. gesegnet
mücadele *s* 1. Kampf *m* 2. Streit *m*; ~ **etmek** kämpfen, streiten
mücadeleci *s* Kämpfer(in) *m(f)*
mücevher *s* 1. (*auch fig*) Juwel *nt*, Kleinod *nt* 2. Schmuckstück *nt*; ~ **kutusu** Schmuckschatulle *f*, Schmuckkästchen *nt*
mücrim *s* Schuldige(r) *mf*
müdafaa *s* Verteidigung *f*; ~ **etmek** verteidigen (*-i* jdn/etw)
müdahale *s* 1. Einmischung *f* 2. (chirurgischer) Eingriff *m*; ~ **etmek** sich einmischen; (POL) eingreifen (*-e* in etw)
müddei *s* Ankläger(in) *m(f)*
müddet (**-ti**) *s* 1. Dauer *f* 2. Frist *f*, Zeitraum *m*
müddetçe *konj* solange; **üniversitede okuduğu** ~ solange er studierte
müdür *s* 1. Direktor(in) *m(f)* 2. Intendant(in) *m(f)* 3. (*in einer Schule*) Rektor(in) *m(f)*
müdürlük (**-ğü**) *s* 1. Direktion *f* 2. Direktoriat *nt* 3. Stellung *f* eines Direktors
müebbet *adj* lebenslänglich; ~ **ağır hapis** (**cezası**) lebenslängliches Zuchthaus
müessese *s* Einrichtung *f*, Institution *f*
müezzin *s* Muezzin *m*
müfettiş *s* Inspektor(in) *m(f)*
müfettişlik (**-ği**) *s* (*Amt*) Inspektion *f*
mühendis *s* Ingenieur(in) *m(f)*
mühim (**-mmi**) *adj* 1. wichtig 2. (*Krankheit*) gefährlich
mühlet (**-ti**) *s* 1. Aufschub *m* 2. Termin *m*, Frist *f*; ~ **vermek** eine Frist setzen

mühür (**-hrü**) *s* 1. Siegel *nt* 2. Stempel *m*; ~ **basmak** stempeln; ~ **mumu** Siegellack *m*
mühürlemek *vt* 1. (ver)siegeln (*-i* etw) 2. (ab)stempeln (*-i* etw)
müjde *s* 1. gute Nachricht 2. Geschenk *nt* (*für den Überbringer einer guten Nachricht*)
mükafat (**-tı**) *s* 1. Belohnung *f* 2. Auszeichnung *f*, Preis *m*
mükafatlandırmak *vt* 1. belohnen (*-i* jdn) 2. auszeichnen (*-i* jdn)
mükellef *adv* verpflichtet (*ile* zu etw)
mükemmel *adj* ausgezeichnet, unübertrefflich, vollendet
mükemmellik (**-ği**) *s* Vollkommenheit *f*
mülakat (**-tı**) *s* 1. Besprechung *f* 2. Interview *nt*
mülk (**-kü**) *s* 1. Grundbesitz *m*, Eigentum *nt* 2. Staatsgebiet *nt*
mülkiyet (**-ti**) *s* Eigentum *nt*
mülteci *s* (politischer) Flüchtling *m*; **mülteciler kampı** Flüchtlingslager *nt*
mültipl skleroz *s* multiple Sklerose *f*
mümessil *s* Stellvertreter(in) *m(f)*
mümin I. *s* 1. Gläubige(r) *mf* 2. Muslim *m*, Muslimin *f* II. *adj* gläubig
mümkün *adj* möglich; ~ **kılmak** ermöglichen (*-i* etw); **olduğu kadar çabuk** möglichst bald; ~ **olduğu kadar iyi/çok** so gut/viel wie möglich
mümkünse *adv* wenn möglich
münakaşa *s* 1. Diskussion *f* 2. Streit *m*; ~ **etmek** heftig diskutieren (*-i über* etw)
münasebet (**-ti**) *s* 1. Beziehung *f*, Verhältnis *nt* 2. Verbindung *f* 3. Schicklichkeit *f*
münasebetli *adj* 1. passend, geeignet 2. angebracht 3. respektvoll
münasebetsiz *adj* 1. unpassend, ungeeignet 2. unangebracht 3. respektlos
münasip (**-bi**) *adj* passend (*-e* zu etw/jdm)
müneccim *s* 1. Astronom(in) *m(f)* 2. Astrologe *m*, Astrologin *f*
münevver I. *adj* 1. intelligent 2. gebildet II. *s* Intellektuelle(r) *mf*
münferit (**-di**) *adj* Einzel-, Sonder-; ~ **hapis** Einzelhaft *f*; ~ **hücre** Einzelzelle *f*
münhasır *adj* begrenzt, beschränkt; ~ **mümessillik** Alleinvertretung *f*
Münih *s* München *nt*
münzevi I. *s* Einsiedler(in) *m(f)* II. *adj*, *adv* zurückgezogen
müphem *adj* unklar, unbestimmt
müphemlik (**-ği**) *s* Unklarheit *f*, Undeut-

müracaat (**-tı**) s 1. Anmeldung f 2. Anfrage f 3. Bewerbung f; ~ **etmek** sich wenden an (-e an jdn); (*Nachschlagewerk*) nachschlagen (-e in etw)
mürdümeriği (**-ni**) s Damaszenerpflaume f
mürebbiye s 1. Kindermädchen nt 2. Gouvernante f
mürekkep (**-bi**) I. s Tinte f II. adj zusammengesetzt (-den aus etw); ~ **hokkası** Tintenfass nt; ~ **lekesi** Tintenklecks m; ~ **silgisi** Tintenkiller m
mürekkepbalığı (**-nı**) s Tintenfisch m
mürettebat (**-tı**) s Besatzung f
mürşit (**-di**) s geistiger Führer m, Guru m
mürteci adj rückschrittlich
mürver s Holunder m
müsaade s Erlaubnis f; ~ **etmek** erlauben, genehmigen (-e jdm); **müsaadenizle** wenn Sie gestatten!
müsait (**-di**) adj günstig, passend
müshil s Abführmittel nt
Müslim s Muslim m, Muslimin f
Müslüman I. s Muslim m, Muslimin f II. adj moslemisch, islamisch
Müslümanlık (**-ğı**) s Islam m
müspet (**-ti**) adj, adv 1. positiv 2. bewiesen, bestätigt; ~ **ilimler** Naturwissenschaften pl
müsrif I. s Verschwender(in) m(f) II. adj, adv verschwenderisch
müstahdem s Angestellte(r) mf
müstakbel adj zukünftig
müstehcen adj obszön, unanständig
müstesna I. s Ausnahme f II. adj außergewöhnlich; ~ **durum** Sonderfall m; ~ **olarak** ausnahmsweise
müsteşar s 1. (*im Ministerium*) Staatssekretär(in) m(f) 2. Botschafter(in) m(f)
müsvedde s Konzept nt, Entwurf m
müşavir s Ratgeber(in) m(f)
müşkül I. adj 1. schwer, schwierig 2. heikel II. s Schwierigkeit f
müşkülpesent (**-di**) adj wählerisch, anspruchsvoll
müşterek (**-ki**) adj, adv gemeinsam
müşteri s 1. (*Käufer*) Kunde m, Kundin f 2. (*im Restaurant, Hotel*) Gast m 3. Klient(in) m(f); ~ **servisi** Kundendienst m
mütemadiyen adv fortwährend
müteşebbis I. s Unternehmer(in) m(f) II. adj unternehmungslustig
müteşekkir adj dankbar
müthiş I. adj entsetzlich, furchtbar II. adv (*zur Verstärkung der Adjektive*) überaus, sehr
müttefik (**-ki**) I. adj alliiert II. s Verbündete(r) mf, Alliierte(r) mf
müvekkil s (*eines Rechtsanwalts*) Mandant(in) m(f)
müzayede s Auktion f, Versteigerung f
müze s Museum nt
müzelik (**-ği**) adj museumsreif
müzik (**-ği**) s Musik f; ~ **aleti** Musikinstrument nt; ~ **aletleri mağazası** Musikgeschäft nt; ~ **dolabı** Musikbox f; ~ **öğretmeni** Musiklehrer(in) m(f)
müzikal (**-li**) I. adj musikalisch II. s Musical nt
müzikli adj mit Musik; ~ **saat** Spieluhr f
müzisyen s Musiker(in) m(f)
müzmin adj 1. chronisch 2. (*fig*) eingefleischt 3. dauernd; ~ **bekar** eingefleischter Junggeselle

N

N, n s 17. Buchstabe des türk. Alphabets
nabız (**-bzı**) s Puls m, Pulsschlag m; **nabzına bakmak** den Puls fühlen (-in jdm)
nadas s 1. Umpflügen nt 2. (umgepflügter) Acker m; ~ **terkedilmiş** brach
nadir adj rar, selten; ~ **olarak** selten
nadiren adv selten
nafaka s 1. Lebensunterhalt m 2. Alimente pl
nafile adv vergeblich, umsonst, vergebens
nağme s 1. Klang m 2. Melodie f
nahoş adj misslich, peinlich
nakarat (**-tı**) s 1. Refrain m 2. die alte Leier
nakavt (**-tı**) s Knockout m; ~ **etmek** k.o. schlagen (-i jdn)
nakdi (**-ni**) s Possessivform zu **nakit** sein/ihr Bargeld nt
nakış (**-kşı**) s 1. Stickerei f 2. Wandmalerei f

nakil (**-kli**) s 1. Transport m, Beförderung, f 2. Überweisung f 3. (*eines Beamten*) Versetzung f 4. Umzug m 5. (*Elektrizität*) Leitung f 6. Erzählung f 7. Übertragung f, Übersetzung f 8. Transplantation f
nakit (**-kdi**) s (Bar)geld nt
naklen adv 1. in Übertragung 2. (TV, RADIO) live
nakletmek (**-der**) vt 1. transportieren (*-i* etw) 2. (*elektrischen Strom*) leiten (*-i* etw) 3. erzählen (*-i* etw) 4. versetzen (*-i* jdn) 5. übertragen, übersetzen (*-i* *-den* *-e* etw aus etw in etw) 6. transplantieren, verpflanzen (*-i* etw)
nakli (**-ni**) s *Possessivform zu* **nakil** der Transport von …
nakliyat (**-tı**) s Transport m; ~ **firması** Speditionsfirma f; ~ **şirketi** Transportunternehmen nt
nakliye s Transport m; ~ **uçağı** Transportflugzeug nt; ~ **ücreti** Frachtkosten pl
nakliyeci s Spediteur(in) m(f)
nakşı (**-nı**) s *Possessivform zu* **nakış** die Stickerei von …
nal s Hufeisen nt; **nalları dikmek** (*fam: sterben*) abkratzen
nalbant (**-dı**) s (Huf)schmied m
nalbur s 1. Eisenwarenhandlung f 2. Eisenwarenhändler m
nalın s (türkischer) Holzschuh m
nallamak vt 1. (*Pferd*) beschlagen (*-i* etw) 2. (*fam*) umbringen, kaltmachen (*-i* jdn)
nam s 1. Name m 2. Ruf m, Leumund m 3. Ruhm m; **namına** im Namen von, im Auftrag von, zugunsten von
namaz s islamische Gebetsübung; ~ **kılmak** das rituelle Gebet verrichten
Namibya s Namibia nt
namlu s (*von Schusswaffe*) Lauf m
namus s Ehre f; ~ **konusu** Ehrensache f; ~ **sözü** Ehrenwort nt; **namusunu lekelemek** entehren (*-in* jdn)

Namus (Ehre) ist ein zentraler Wert im traditionellen türkischen Gesellschaftsleben. 'Namus' ist ein Wert, den jeder Mensch von Geburt an hat, den er aber sein Leben lang gegen Anfechtungen bewahren und verteidigen muss. Der Verlust der Ehre befördert einen Menschen ins gesellschaftliche Abseits. Die Ehre der Frau ist ihre sexuelle Unbescholtenheit. Von ihr wird verlangt, dass sie diese Unbescholtenheit bewahrt und alles unternimmt, dass es gar nicht erst zu Situationen kommt, in denen sie ihre Ehre verlieren könnte. Die Ehre des Mannes dagegen hängt direkt von der Ehre der Frauen seiner Familie ab. Verliert daher seine Frau oder seine Tochter ihre Ehre, dann ist es auch mit seiner Ehre vorbei.

namuslu adj 1. ehrlich, anständig 2. rechtschaffen 3. redlich
namusluluk (**-ğu**) s Ehrlichkeit f, Redlichkeit f
namussuz adj unehrlich, unredlich
namussuzluk (**-ğu**) s Ehrlosigkeit f Unredlichkeit f
namzet (**-di**) s Kandidat(in) m(f)
nane s Pfefferminze f; ~ **çayı** Pfefferminztee m; ~ **likörü** Pfefferminzlikör m
naneli adj mit Pfefferminz(e); ~ **çay** Pfefferminztee m
nankör adj (*fam*) undankbar
nankörlük (**-ğü**) s (*fam*) Undankbarkeit f
nar s Granatapfel m
nara s Geschrei nt, Gebrüll nt
nargile s Wasserpfeife f

Die **nargile**, die Wasserpfeife, ist eine große Tabakpfeife mit Pfeifenkopf und Wassergefäß. Der durch das Wasser gekühlte und gefilterte Rauch wird vom Raucher durch einen langen Schlauch aufgesogen. In manchen Tee- und Kaffeehäusern können auch Touristen für ein geringes Entgelt die 'nargile' rauchen. Der Pfeifenjunge, der die Pfeife stopft und am Brennen hält, sorgt dafür, dass der Gast ungestört genießen kann.

narin adj 1. fein 2. schlank, zart
narkoz s Narkose f, Betäubung f
nasıl pron 1. wie 2. was für ein, welche(r, s); ~**?** (wie) bitte?; ~ (**bir**)? was für (ein)?; ~ **biri** was für einer?; ~ **isterseniz** (ganz) wie Sie wollen; ~ **olsa** sowieso, ohnehin; **nasılsın(ız)?** wie geht es dir (Ihnen)?; **nasılsa** wie dem auch sei; (*machen*) auf irgendeine Weise
nasır s 1. Hornhaut f Schwiele f 2. Hühnerauge nt
nasihat (**-tı**) s Rat m, Ratschlag m
nasip (**-bi**) s 1. (*fam*) Geschick nt, Los nt 2. Anteil m

> **Nasreddin Hoca** ist ein alter humoristischer Volksheld, den jedes türkische Kind kennt, in etwa zu vergleichen mit unserem Till Eulenspiegel. Es kursieren hunderte von Anekdoten über diese schelmische Figur, die sich mit Humor und Bauernschläue im Leben zu behaupten weiß. Nasreddin Hoca lebte, falls es ihn wirklich gab, im 13. oder 14. Jahrhundert. Sein Grabmahl befindet sich in Akşehir, wo auch jährlich ihm zu Ehren ein Volksfest veranstaltet wird.

nasyonalsosyalist (**-ti**) I. *s* Nationalsozialist(in) *m(f)* II. *adj* nationalsozialistisch
nasyonalsosyalizm *s* Nationalsozialismus *m*
natır *s* (*im türkischen Bad*) Bademeisterin *f*
NATO *s* Nato *f*
natüralizm *s* Naturalismus *m*
natürmort (**-tu**) *s* Stillleben *nt*
naylon I. *s* Nylon *nt* II. *adj* aus Nylon hergestellt
naz *s* Ziererei *f;* ~ **etmek** [*o* **yapmak**] sich bitten lassen, sich zieren
nazar *s* 1. Blick *m* 2. böser Blick 3. Ansicht *f,* Meinung *f*
nazaran *präp* 1. gemäß, zufolge (*-e dat*) 2. im Hinblick auf (*-e akk*)
nazarlık (**-ğı**) *s* Talisman *m,* Amulett *nt* (*gegen den bösen Blick*)
nazenin *adj* 1. zart, fein 2. (*pej*) zimperlich
nazi *s* Nazi *m*
nazik (**-ki**) *adj* 1. zart, fein 2. freundlich, liebenswürdig 3. kritisch, heikel; **çok naziksiniz** das ist sehr freundlich von Ihnen
nazikleşmek *vi* 1. höflich(er) werden 2. (*Lage*) ernst werden, sich zuspitzen
nazikleştirmek *vt* 1. Kausativ zu **nazikleşmek** 2. höflich(er) machen (*-i* jdn) 3. (*Lage*) verschärfen (*-i* etw)
naziklik (**-ği**) *s* 1. Höflichkeit *f,* Liebenswürdigkeit *f* 2. (*der Lage*) Ernst *m*
nazilik (**-ği**) *s* Nazismus *m*
nazist *adj* nazistisch
Nazizm *s* Nazismus *m*
nazlanmak *vi* sich zieren, sich bitten lassen; **nazlanma!** stell dich nicht so an!, hab dich nicht so!
nazlı *adj* 1. kokett 2. verwöhnt; ~ **alıştırmak** verwöhnen (*-i* jdn)
ne I. *pron* 1. was 2. welche(r, s) II. *konj:* ~ ... ~ (**de**) weder ... noch; ~ **amaçla?** zu welchem Zweck?; ~ **biri** ~ **diğeri** keine(r, s) von beiden; ~ **de olsa** immerhin; ~ **diye** wozu; ~ **gezer!** ach wo!; ~ **gibi** was für ein(e); ~ **için** wofür; ~ **ile** womit; ~ **istersen yap** mach, was du willst; ~ **kadar?** wie viel?, wie lange?, was kostet ...?; ~ **kadar iyi!** wie gut das ist!; ~ **kadar ... o kadar** je ... desto ...; -e ~ **kadar uzak?** wie weit ist es bis ...?; ~ **mutlu!** was für ein Glück!; ~ **oldu?** was ist los?; ~ **olmuş yani!** na und!, na, wenn schon!; ~ **olur** ~ **olmaz** vorsichtshalber; ~ **olursa olsun** was auch immer geschieht; ~ **var?** was gibt's?, was ist los?; ~ **var** ~ **yok?** was gibt's Neues?; ~ **yapacağını bilememek** nicht ein noch aus wissen; ~ **yapalım yani!** na und?; ~ **yazık (ki)** bedauerlicherweise, leider; ~ **zaman?** wann?; ~ **zamandan beri?** seit wann?; **neyi var?** was hat er/sie?; **neyiniz** [*o* **neniz**] **var?** was fehlt Ihnen?, was haben Sie?
nebze *s* (*kleine Menge*) Spur *f*
neceftaşı (**-nı**) *s* Bergkristall *m*
neden I. *s* Ursache *f,* Grund *m* II. *adv* 1. warum 2. wovon, woraus 3. wovor; ~ **dolayı** weshalb, weswegen; ~ **göstermek** (*Behauptung*) begründen; ~ **olmak** veranlassen (*-e* etw)
nedeniyle *präp* aufgrund (... *gen*)
nedensel *adj* kausal
nedensellik (**-ği**) *s* Kausalität *f*
nedensiz *adj* 1. unbegründet 2. ungerechtfertigt
nefes *s* 1. Atem *m,* Hauch *m* 2. (*beim Rauchen*) Zug *m;* ~ **aldırmamak** nicht zu Atem kommen lassen (*-e* jdn); ~ **almak** Atem holen, einatmen, aufatmen, etwas ausruhen können; ~ **borusu** Luftröhre *f;* ~ **darlığı** Atembeschwerden *pl;* ~ **nefese** außer Atem; ~ **vermek** ausatmen; ~ **yolları** Atemwege *pl*
nefesli *adj* jemand mit viel Puste; ~ **çalgı** Blasinstrument *nt*
nefessiz *adj* atemlos
nefis (**-fsi**) *s* Ich *nt,* Ego *nt;* **nefsine yenilmek** einer Versuchung erliegen; **nefsini kırmak** sich überwinden
nefis *adj* 1. (*Dinge*) entzückend 2. (*Essen*) lecker 3. (*schön*) fein
nefret (**-ti**) *s* 1. Abscheu *m,* Ekel *m* 2. Hass *m;* ~ **etmek** sich ekeln; (*verabscheuen*) hassen (*-den* etw/jdn)
negatif I. *adj* negativ II. *s* Negativ *nt*

nehir (**-hri**) s Fluss m; ~ **ağzı** Flussmündung f; ~ **kenarı** [o **kıyısı**] Flussufer nt; ~ **kolu** Nebenfluss m; ~ **yatağı** Flussbett nt; **Fırat/ Ren nehri** der Euphrat/der Rhein
nekes I. s Geizhals m II. adj geizig
nekeslik (**-ği**) s Geiz m
nem s 1. Feuchtigkeit f 2. Nässe f
nemlendirici krem s Feuchtigkeitscreme f
nemli adj feucht
neofaşizm s Neofaschismus m
neon s Neon nt; ~ **lambası** [o **tübü**] Neonröhre f
neonazi s Neonazi m
Nepal s Nepal nt
nere pron welcher Ort?
nerede adv wo; ~ **kaldı ki** geschweige denn, wo steckt er/sie denn?; ~ **olursa olsun** wo auch immer
nereden adv 1. woher 2. woraus; ~ **olursa olsun** irgendwoher, woher auch immer
neredeyse adv 1. beinah(e), fast 2. jeden Augenblick; ~ **gelir** sie/er wird schon kommen
nereli pron woher stammend?; **nerelisiniz?** woher kommen Sie?
neresi pron welcher Ort?
nereye adv wohin; ~ **olursa olsun** irgendwohin, wohin auch immer
nergis s Narzisse f; ~ **zambağı** Amaryllis f
nesil (**-sli**) s 1. Generation f 2. Nachkommenschaft f; **nesli tükenmek** (Tiere) aussterben; **nesli tükenmiş** ausgestorben

Aziz **Nesin** (geboren 1915; gestorben 1996) gehört zu den bedeutendsten, modernen Satirikern der Türkei. Seine humorvolle, doch bescheidene Art wird in folgender Begebenheit deutlich: Als im Jahre 1934 jeder Türke sich einen Familiennamen zulegen sollte, wählte er den Namen 'Nesin', was übersetzt 'Was bist du?' heißt. Nach dem Grund für diese Namenswahl befragt, antwortete er: 'Alle großen Familiennamen wie Kahraman ('Held') oder Öztürk ('echter Türke') sind bereits vergeben. Was bleibt da für mich Normalbürger übrig?'

nesir (**-sri**) s Prosa f
neskafe s Instantkaffee m, Pulverkaffee m
nesne s Ding nt
nesnel adj objektiv, sachlich
nesnellik (**-ği**) s Objektivität f, Sachlichkeit f

neşe s Fröhlichkeit f, Heiterkeit f, gute Laune; **neşesi yerinde ol(ma)mak** gut (schlecht) gelaunt sein
neşelendirmek vt 1. Kausativ zu **neşelenmek** 2. aufheitern, erheitern (-i jdn)
neşelenmek vi fröhlich werden
neşeli adj fröhlich, heiter
neşesiz adj missmutig, verstimmt
neşesizlik (**-ği**) s Verstimmung f, schlechte Laune
neşter s Skalpell nt
net (**-ti**) adj 1. (Gewinn) netto 2. (Foto) scharf; ~ **aylık** Nettogehalt nt; ~ **gelir** Nettoeinkommen nt; ~ **temettü** (FIN) Nettodividende f
netlik (**-ği**) s (eines Fotos) Schärfe f
netice s 1. Ergebnis nt, Resultat nt 2. Folgerung f
network (**-ku**) s (INFORM) Network nt
nevralji s Neuralgie f
nevraljik adj neuralgisch
nevrasteni s Neurasthenie f
nevrolog s Neurologe(in) m(f)
nevroloji s Neurologie f
nevroz s Neurose f
ney s (orientalische) Rohrflöte f
neye adv wozu
nezaket (**-ti**) s 1. Freundlichkeit f, Liebenswürdigkeit f 2. Zartheit f, Feinheit f 3. Schwierigkeit f
nezaketen adv aus Höflichkeit
nezaketli adj höflich, liebenswürdig
nezaketsiz adj unfreundlich, unhöflich
nezaketsizlik (**-ği**) s Unfreundlichkeit f, Unhöflichkeit f
nezle s Schnupfen m
nezleli adj verschnupft
nıkris s Gicht f
nışadır s Salmiak m
nicel adj quantitativ
nicelik (**-ği**) s Quantität f
niçin adv warum, weshalb
nihai s endgültig, End-; ~ **kullanıcı** Endverbraucher(in) m(f); ~ **ürün** Endprodukt nt
nihayet (**-ti**) I. adv endlich, schließlich II. s Schluss m, Ende nt
Nijer s Niger m
Nijerya s Nigeria nt
nikah s Eheschließung f, Heirat f, Trauung f; ~ **kıydırmak** sich trauen lassen; ~ **kıymak** die Trauung vollziehen; ~ **memurluğu** [o **dairesi**] Standesamt nt; ~ **şahidi** Trauzeuge

nikahlamak *vt* verheiraten, trauen (*-i* jdn)
nikahlanmak *vi* **1.** *Passiv zu* **nikahlamak 2.** sich trauen lassen
Nikaragua *s* Nicaragua *nt*
nikbin **I.** *s* Optimist(in) *m(f)* **II.** *s* optimistisch
nikel *s* Nickel *nt*
nikotin *s* Nikotin *nt*
nikotinli *adj* mit Nikotin
nikotinsiz *adj* nikotinfrei
Nil (**Nehri**) *s* Nil *m*
nilüfer *s* Seerose *f*
nimet (**-ti**) *s* **1.** Gottesgabe *f* **2.** das tägliche Brot
nine *s* (*fam*) Oma *f*
ninni *s* Schlaflied *nt*, Wiegenlied *nt*
nisan *s* April *m*
nisanbalığı (**-nı**) *s* Aprilscherz *m*
nispet (**-ti**) *s* **1.** Verhältnis *nt*, Proportion *f* **2.** Umfang *m*, Ausmaß *nt* **3.** Beziehung *f*
nispeten **I.** *adv* verhältnismäßig **II.** *präp* im Vergleich zu (*-e dat*)
nispetle *präp* im Vergleich zu, gegenüber (*-e dat*)
nispi *adj* **1.** relativ **2.** verhältnismäßig **3.** proportional; ~ **seçim** Verhältniswahl *f*
niş *s* Nische *f*
nişan *s* **1.** Zeichen *nt*, Mal *nt* **2.** Orden *m* **3.** Verlobung(sfeier) *f* **4.** Ziel *nt*, Zielscheibe *f*; ~ **almak** einen Orden bekommen; (*beim Schießen*) zielen; ~ **vermek** (*mit einem Orden*) auszeichnen (*-e* jdn)
nişancı *s* Schütze *m*, Schützin *f*
nişanlanma *s* **1.** *Verbalsubstantiv zu* **nişanlanmak 2.** Verlobung *f*
nişanlanmak *vi* sich verloben
nişanlı **I.** *s* Verlobte(r) *mf* **II.** *adj* verlobt
nişanlılık (**-ğı**) *s* Verlobung *f*
nişasta *s* Stärkemehl *nt*; ~ **şekeri** Traubenzucker *m*
nitekim *konj* wie ... ja auch
nitel *adj* qualitativ
nitelemek *vt* bezeichnen (*-i* etw/jdn)
nitelendirmek *vt s.* **nitelemek**
nitelik (**-ği**) *s* Qualität *f*, Eigenschaft *f*
nitrat (**-tı**) *s* Nitrat *nt*
nitrojen *s* Stickstoff *m*
niye *adv* warum, wozu
niyet (**-ti**) *s* **1.** Absicht *f*, Vorsatz *m*, Zweck *m* **2.** Wahrsagebriefchen *nt*; ~ **etmek** beabsichtigen (*-meye* etw zu tun)
niyetli *adj* **1.** gewillt **2.** (REL) fastend
nizam *s* **1.** Disziplin *f*, Ordnung *f* **2.** Regelung *f* **3.** Vorschriften *pl*
Nobel Barış Ödülü *s* Friedensnobelpreis *m*
Nobel Ödülü *s* Nobelpreis *m*
Noel *s* Weihnachten *nt*, Weihnachtsfest *nt*; ~ **ağacı** Weihnachtsbaum *m*; ~ **Baba** Weihnachtsmann *m*; ~ **bayramı** [*o* **yortusu**] Weihnachtsfest *nt*; ~ **gecesi** Heiligabend *m*; ~ **ikramiyesi** Weihnachtsgeld *nt*; ~ **tatili** Weihnachtsferien *pl*; **Noeliniz kutlu olsun!** fröhliche Weihnachten!

> **Noel Baba**, unser Nikolaus, wurde in der Türkei geboren. Er war Bischof von Myra, dem heutigen Demre an der Türkischen Riviera. Viele Touristen kommen nach Demre um die Wirkungsstätte dieses heiligen Mannes zu sehen. Der 6. Dezember wird in der Türkei nicht gefeiert.

nohut (**-du**) *s* Kichererbse *f*
noksan **I.** *s* **1.** Mangel *m* **2.** Mangelhaftigkeit *f* **II.** *adj* **1.** mangelhaft, unvollkommen **2.** fehlend
noksansız *adj* fehlerfrei, vollkommen
nokta *s* **1.** Punkt *m* **2.** Fleck(en) *m*, Tupfen *m* **3.** Stelle *f*, Ort *m* **4.** Hinsicht *f*; **noktası noktasına** Punkt für Punkt, haargenau
noktalama *s* **1.** *Verbalsubstantiv zu* **noktalamak 2.** Punktierung *f* **3.** Interpunktion *f*; ~ **işareti** Interpunktionszeichen *nt*, Satzzeichen *nt*
noktalamak *vt* **1.** tüpfeln (*-i* etw) **2.** interpunktieren (*-i* etw) **3.** beenden (*-e* etw)
noktalı *adj* gepunktet, getüpfelt; ~ **virgül** Semikolon *nt*, Strichpunkt *m*
nolu *adj* mit der Nummer ..., Nummer ...; **14** ~ **otobüs** Bus Nummer 14
nominatif *s* Nominativ *m*
normal (**-li**) *adj* normal; ~ **olarak** normalerweise; **normale dönmek** zur Normalität zurückkehren
normalleşmek *vi* sich normalisieren
normalleştirme *s* **1.** *Verbalsubstantiv zu* **normalleştirmek 2.** Normalisierung *f*
normalleştirmek *vt* normalisieren (*-i* etw)
normallik (**-ği**) *s* Normalität *f*
Norveç (**-ci**) **I.** *s* Norwegen *nt* **II.** *adj* (*Art*) norwegisch
Norveççe *adj* (*Sprache*) norwegisch
Norveçli **I.** *s* Norweger(in) *m(f)* **II.** *adj* (*Her-*

nostalji *kunft*) norwegisch
nostalji *s* Nostalgie *f*
not (**-tu**) *s* 1.(*Aufzeichnung*) Notiz *f* 2.(*Zensur*) Note *f* 3.(*Fußnote*) Anmerkung *f* 4.(kritische) Beurteilung *f;* ~ **almak** sich Notizen machen; (*in der Schule*) eine Note bekommen; ~ **defteri** Notizbuch *nt;* ~ **etmek** notieren, vermerken (*-i* etw); ~ **vermek** beurteilen (*-e* etw)
nota *s* Note *f;* ~ **anahtarı** Notenschlüssel *m;* ~ **sehpası** Notenständer *m*
notebook *s* Notebook *nt*
noter *s* Notar(in) *m(f);* ~ **huzurunda** unter notarieller Aufsicht, in Gegenwart eines Notars
notlandırmak *vt* zensieren, benoten, bewerten (*-i* etw)
nöbet (**-ti**) *s* 1.(*Fieber-*) Anfall *m* 2.(*Dienst*) Wache *f* 3.Ablösung *f;* ~ **beklemek** [*o* **tutmak**] Wache halten; ~ **değiştirmek** (*die Wache*) ablösen; ~ **şekeri** Kandiszucker *m;* ~ **titremesi** Schüttelfrost
nöbetçi I. *s* Wache *f*, Posten *m* II. *adj* Dienst habend; ~ **hemşire** Nachtschwester *f;* ~ **kulesi** Wachtturm *m*
nöbetçilik (**-ği**) *s* 1.(*einer Apotheke*) Bereitschaftsdienst *m* 2.Wachdienst *m*
nöbetleşe *adv* abwechselnd
nöbetleşmek *vi* sich abwechseln, sich ablösen (*-ile* mit jdm)
nötron *s* Neutron *nt;* ~ **bombası** Neutronenbombe *f*
nöt(ü)r *adj* neutral
nöt(ü)rlemek *vt* neutralisieren (*-i* etw)
Nuh *s* Noah; **Nuh Nebiden kalma** vorsintflutlich
numara *s* 1.Nummer *f* 2.(*von Bekleidung, Schuhen*) Größe *f* 3.(*fig*) Theater *f* 4.(*Zensur*) Note *f;* ~ **kuponu** Platzkarte *f;* **numarayı çevirmek** (*Nummer*) wählen
numaralama *s* 1. *Verbalsubstantiv zu* **numaralamak** 2.Nummerierung *f*
numaralamak *vt* nummerieren (*-i* etw)
numaralı *adj* mit der Nummer ..., Nummer ...; **üç ~ ev** Haus Nummer drei
numune *s* 1.Warenprobe *f*, Muster *nt* 2.Vorbild *nt*, Muster *nt*
nur *s* 1.(*ursprüngliche Bedeutung*) heiliges Licht 2.Licht *nt*, Glanz *m;* ~ **aylası** Heiligenschein *m*
nutuk (**-tku**) *s* Rede *f;* ~ **atmak** eine Rede halten
nü *s* Akt *m*, Aktbild *nt*
nüans *s* Nuance *f*, Abstufung *f*
nüanslamak *vt* nuancieren (*-i* etw)
nüdist (**-ti**) *s* Nudist(in) *m(f)*
nüdizm *s* Freikörperkultur *f*
nüfus *s* 1.Bevölkerung *f* 2.Einwohnerzahl *m;* ~ **cüzdanı** Personalausweis *m;* ~ **dairesi** Einwohnermeldeamt *nt;* ~ **patlaması** Bevölkerungsexplosion *f*
nüfuz *s* 1.Eindringen *nt* 2.Einfluss *m*, Macht *f*
nüfuzlu *adj* einflussreich, mächtig
nükleer *adj* atomar, nuklear; ~ **atık** Atommüll *m;* ~ **denizaltı** Atom-U-Boot *nt;* ~ **enerji** Kernenergie *f*, Atomenergie *f;* ~ **reaktör** Kernreaktor *m;* ~ **silah** Atomwaffe *f*
nüksetme *s* 1. *Verbalsubstantiv zu* **nüksetmek** 2.Rückfall *m*
nüksetmek (**-der**) *vi* (*Krankheit*) wieder auftreten
nükte *s* 1.Witz *m* 2.Pointe *f*
nükteci *adj* (*Person*) humorvoll
nüsha *s* 1.Exemplar *nt* 2.(*einer Zeitschrift*) Nummer *f*, Ausgabe *f* 3.(*Foto*) Abzug *m*
nüzul (**-lü**) *s* Schlaganfall *m;* ~ **inmek** einen Schlaganfall bekommen

O

O, o *s* 18.Buchstabe des türk. Alphabets
o (**-nu**) *pron* 1.er/sie/es 2.jene(r, s) 3.der/die/das dort; ~ **derece** dermaßen, desto; ~ **halde** in diesem Fall, also, folglich; ~ **kadar** dermaßen, so sehr, so viel; ~ **sırada** in diesem Augenblick, währenddessen; ~ **zaman** damals; (*wenn es so ist*) in diesem Fall; ~ **zamandan beri** seitdem, seither; ~ **zamandan itibaren** von da an; ~ **zamanki** damalig; ~ **zamanlar** damals
oba *s* 1.Nomadenzelt *nt* 2.Nomadenfamilie *f*
objektif I. *adj* objektiv, unparteiisch II. *s* Objektiv *nt*

obua s Oboe f
obur I. adj gefräßig **II.** s Vielfraß m
ocak (**-ğı**) s **1.** (auch fig) Herd m **2.** Kocher m **3.** Bergwerk nt **4.** Steinbruch m **5.** Zentrum nt **6.** (fam: Familie) Heim nt; **ocağı sönmek** (fig) aussterben
ocak (**ayı**) s Januar m
oda s **1.** Zimmer nt, Raum m **2.** Berufskammer f; ~ **müziği** Kammermusik f; ~ **rezervasyonu** Zimmerreservierung f
odacı s **1.** Hotelbote m **2.** Zimmermädchen nt **3.** Bürodiener m
odak (**-ğı**) s **1.** Brennpunkt m **2.** Zentrum nt
odaklanmak vi: **bir şeye** ~ sich auf etw konzentrieren
Odise s Odyssee f
odun s (Brenn)holz nt; ~ **kesmek** [o **kırmak**] Holz hacken; ~ **istifi** Holzstapel m; ~ **kütüğü** Holzklotz m; ~ **kömürü** Holzkohle f
oduncu s **1.** Holzfäller m **2.** Brennholzhändler m
odunluk (**-ğu**) s Holzschuppen m
oferta s Angebot nt
ofis s Büro nt
ofsayt (**-tı**) s Abseits nt
oğlak (**-ğı**) s Zicklein nt; **Oğlak burcu** (Sternzeichen) Steinbock m
oğlan s **1.** Junge m **2.** (beim Kartenspiel) Bube m
oğlancı s Pädophile(r) m
oğlancılık (**-ğı**) s Pädophilie f
oğul (**-ğlu**) s **1.** Sohn m **2.** Bienenschwarm m
oh interj ach!; ~ **olsun** das geschieht dir/ euch recht
oje s Nagellack m
ok (**-ku**) s **1.** Pfeil m **2.** (von Tier) Stachel m
okaliptüs s Eukalyptusbaum m
okçuluk (**-ğu**) s Bogenschießen nt
okey interj okay
oklava s Nudelholz nt
oklukirpi s Stachelschwein nt
oksijen s Sauerstoff m; ~ **tüpü** Sauerstoffflasche f
oksit (**-di**) s Oxid nt
oksitlemek vt oxidieren (-i etw)
oksitlenmek vi oxidieren
okşama s **1.** Verbalsubstantiv zu **okşamak 2.** Liebkosung f
okşamak vt **1.** liebkosen, streicheln (-i jdn/ etw) **2.** (fam) verprügeln (-i jdn)
oktan sayısı (**-nı**) s Oktanzahl f

okul s Schule f; ~ **arkadaşı** Schulkamerad(in) m(f); ~ **avlusu** Schulhof m; ~ **çantası** Schultasche f; ~ **çocuğu** Schulkind nt; ~ **müdürü** Schulleiter(in) m(f); ~ **tatili** Schulferien pl; **okula gitmek** in die Schule gehen
okuldaş s Schulfreund(in) m(f)
okulsal adj schulisch
okuma s **1.** Verbalsubstantiv zu **okumak 2.** Lektüre f **3.** Lesung f; ~ **kitabı** Lesebuch nt; ~ **yazma** Lesen- und Schreiben(können) nt; ~ **yazma bilmeyen** Analphabet(in) m(f)
okumak vt **1.** lesen (-i etw) **2.** vorlesen; (Gedicht) vortragen, rezitieren (-e -i jdm etw) **3.** (Zähler) ablesen (-i etw) **4.** lernen, studieren; (in der Schule) durchnehmen (-i etw) **5.** (fam: Lied) singen (-i etw)
okumuş adj belesen, gebildet
okumuşluk (**-ğu**) s Schulbildung f
okunabilen adj (INFORM) lesbar
okunaklı adj leserlich
okunaksız adj unleserlich
okur s Leser(in) m(f)
okuryazar adj jemand, der lesen und schreiben kann
okutmak vt **1.** Kausativ zu **okumak 2.** (als Lehrer) unterrichten, durchnehmen (-i etw) **3.** lesen lassen, vortragen lassen (-e -i jdn etw) **4.** ausbilden lassen (-i jdn) **5.** (fam) verscherbeln (-i etw)
okutman s (an der Universität) Lektor(in) m(f)
okuyucu s **1.** Leser(in) m(f) **2.** (fam) Sänger(in) m(f)
okyanus s Ozean m
okyanusal adj ozeanisch
Okyanusya s Ozeanien nt
olabilir adj möglich
olağan adj gewöhnlich, alltäglich
olağanüstü adj außergewöhnlich, außerordentlich
olanak (**-ğı**) s Möglichkeit f; ~ **tanımak** die Möglichkeit bieten (-e zu etw), ermöglichen (-e etw)
olanaklı adj möglich
olanaksız adj unmöglich
olanaksızlık (**-ğı**) s Unmöglichkeit f
olanca adj gesamt, all; ~ **kuvvetiyle** mit aller Kraft
olarak präp (in der Eigenschaft) als; **politikacı** ~ als Politiker
olası adj **1.** eventuell, wahrscheinlich **2.** möglich

olasılık (-ğı) *s* 1. Wahrscheinlichkeit *f* 2. Möglichkeit *f*

olay *s* 1. Ereignis *nt* 2. Vorfall *m*, Zwischenfall *m* 3. Phänomen *nt*; ~ **yeri** Tatort *m*

olaysal *adj* phänomenal

oldubitti *s* vollendete Tatsache

oldukça *adv* 1. ziemlich, einigermaßen 2. recht gut

oldurgan *adj* transitiv

olgu *s* 1. Tatsache *f* 2. Ereignis *nt*

olgun *adj* (*auch fig*) reif

olgunlaşmak *vi* reif werden

olgunluk (-ğu) *s* Reife *f*

Olimpiyat (-tı) *s* Olympiade *f*; ~ **Oyunları** die Olympischen Spiele

olmak (-ur) *vi* 1. werden (zu) 2. sein 3. (*geschehen*) passieren, sich ereignen, stattfinden 4. (*Zeitpunkt*) eintreten 5. (*Zeitraum*) vergehen 6. (*Obst*) reif werden 7. (*Krankheit*) bekommen, haben 8. angebracht sein, gehen 9. (*Kleidung*) passen, stehen (*-e* jdm) 10. um (etwas) kommen, verlieren (*-den* etw) 11. zustoßen, passieren (*-e* jdm) 12. (*Kind*) geboren werden 13. (*im Perfekt, Futur und in Nebensätzen*) haben, bekommen; **olacağı buydu** es musste so kommen; **oldu!** fertig!, in Ordnung!; **oldu olacak kırıldı nacak** wenn schon, denn schon; **onun da mülkü mülkü oldu** auch er kam zu einem Vermögen; **oldum olası** seit jeher; **nezle oldum** ich habe einen Schnupfen; **olmaz** es geht nicht; **olmazsa** wenn nicht; **olsa olsa** höchstens, bestenfalls, schlimmstenfalls; **olur** in Ordnung, es geht; **olur olmaz** alles Mögliche, irgendein(e); **oluruna bırakmak** seinen/ihren freien Lauf lassen (-*i* etw)

olmuş *adj* 1. geschehen 2. authentisch 3. (*Obst*) reif

olta *s* Angel *f*; ~ **iğnesi** Angelhaken *m*; ~ **yemi** Köder *m*; **oltaya takılmak** (*auch fig*) anbeißen

oluk (-ğu) *s* 1. Rille *f* 2. Dachrinne *f* 3. Zuleitung *f*

oluklu *adj* 1. mit Dachrinne 2. gerillt; ~ **teneke** [*o* **saç**] Wellblech *nt*

olumlu *adj* positiv, bejahend

olumsuz *adj* negativ, verneinend

olumsuzluk (-ğu) *s* Verneinung *f*

oluş *s* 1. Geschehnis *nt* 2. Entstehung *f*

oluş(**ma**) *s* 1. *Verbalsubstantiv zu* **oluşmak** 2. Entstehung *f*

oluşmak *vi* 1. werden, sich bilden, entstehen (*-den* aus etw) 2. bestehen, sich zusammensetzen (*-den* aus etw)

oluşturmak *vt* 1. *Kausativ zu* **oluşmak** 2. bilden, schaffen (*-i* etw) 3. darstellen (*-i* etw)

oluşuk (-ğu) *s* Gebilde *nt*

oluşum *s* Entstehung *f*

omlet (-ti) *s* Omelett *nt*

omur *s* (*der Wirbelsäule*) Wirbel *m*

omurga *s* 1. Wirbelsäule *f*, Rückgrat *nt* 2. Kiel *m* 3. (INFORM) Backbone *m*

omurgalılar *s pl* Wirbeltiere *pl*

omurilik (-ği) *s* Rückenmark *nt*

omuz *s* 1. Schulter *f* 2. Achsel *f*; ~ **silkmek** mit den Achseln zucken

on *num* zehn; ~ **bin** zehntausend; ~ **binlerce** zehntausende, zigtausend; ~ **buçuk** zehneinhalb; ~ **kat** zehnfach; ~ **misli** [*o* **katı**] zehnfach, zehnmal so viel, das Zehnfache; ~ **defa** [*o* **kere**] zehnmal; ~ **tabanlı** dezimal; ~ **tabanlı sayı sistemi** Dezimalsystem *nt*; ~ **türlü** zehnerlei; ~ **katlı** zehnstöckig

ona *pron* ihm, ihr

onamak *vt* 1. billigen (-*i* etw) 2. bestätigen (-*i* etw)

onar *num* je zehn

onarılmaz *adj* irreparabel

onarım *s* 1. *Verbalsubstantiv zu* **onarmak** 2. Reparatur *f*; **onarıma muhtaç** (*Gebäude*) sanierungsbedürftig

onarmak *vt* ausbessern, reparieren (-*i* etw)

onay *s* 1. Bestätigung *f* 2. Bewilligung *f*, Genehmigung *f* 3. Einverständnis *nt*, Einwilligung *f*, Zustimmung *f*

onaylamak *vt* 1. gutheißen (-*i* etw) 2. bewilligen, genehmigen (-*i* etw) 3. (*behördlich*) bestätigen, beglaubigen (-*i* etw)

onbaşı *s* Gefreite(r) *m*

onca I. *adv* seiner/ihrer Meinung nach II. *pron* so viel(e)

onda I. *pron* bei ihm/ihr II. *num* Zehntel *nt*; ~ **bir** ein Zehntel *nt*

ondalık (-ğı) I. *s* der zehnte Teil *m* II. *adj* Dezimal-; ~ **sayı sistemi** Dezimalsystem *nt*, Zehnersystem *nt*

ondan I. *pron* von ihm/ihr II. *adv* davon, daraus III. *konj* deshalb; ~ **sonra** dann; ~ **sonraki** folgend

ondüle *adj* (*Haar*) gewellt; ~ **etmek** ondulieren (-*i* etw)

onikiparmak ba(**ğı**)**rsağı** (-nı) *s* Zwölf-

fingerdarm *m*
onlar *pron* **1.** (*Plural*) sie **2.** (*substantivisch*) jene
onlara *pron* ihnen
onlarca **I.** *adv* (*Plural*) ihrer Meinung nach **II.** *num* zig
onlarda *pron* bei ihnen
onlardan *pron* von ihnen
onları (**-nı**) *pron* (*Plural akk*) sie
onların *pron* ihr(e); **onlarınki** der/die/das ihre
onlarla *pron* mit ihnen
online *adv* online
onmak (**-ar**) *vi* wieder gesund werden, genesen
ontolojik (**-ği**) *adj* ontologisch
onu *pron* ihn, sie
onun *pron* ihr(e), sein(e); ~ **gibileri** seinesgleichen/ihresgleichen; ~ **için** seinetwegen/ihretwegen; ~ **tarafından** seinerseits/ihrerseits; ~ **yüzünden** seinetwegen/ihretwegen
onuncu *adj* zehnte(r, s); ~ **olarak** als zehnte(r, s); **onuncusu** zehntens
onunki *s* der, die das Seine/Ihre
onunla **I.** *pron* mit ihm/ihr **II.** *adv* damit
onur *s* **1.** Ehre *f* **2.** Stolz *m*
onurlu *adj* stolz
onursuz *adj* ohne Ehrgefühl, würdelos
opera *s* Oper *f;* ~ **binası** (*Haus*) Oper *f;* ~ **şarkıcısı** Opernsänger(in) *m(f)*
operasyon *s* Operation *f*
operatör *s* Chirurg(in) *m(f)*
operet (**-ti**) *s* Operette *f*
optik (**-ği**) **I.** *s* Optik *f* **II.** *adj* optisch; ~ **karakter tanıma** (INFORM) OCR *f* (*Optical Character Recognition*)
optimal *adj* optimal
optimist (**-ti**) **I.** *s* Optimist(in) *m(f)* **II.** *adj* optimistisch
ora *s* jener Ort, jene Stelle
orada *adv* dort, da; ~ **burada** hier und da
oradaki *adj* dortig
oradan *adv* (*örtlich*) von dort
orak (**-ğı**) *s* Sichel *f;* ~ **makinesi** Mähmaschine *f*
orakçı *s* (*Person*) Schnitter(in) *m(f)*
oraklamak *vt* (*Getreide*) mähen (*-i* etw)
oralı *adv* von jener Gegend (stammend); ~ **olmamak** kein Interesse zeigen
oran *s* **1.** Proportion *f* **2.** Ausmaß *nt*
oranla *präp* im Verhältnis zu (*-e dat*)
oranlı *adj* proportional

oransız *adj* unverhältnismäßig
oransızlık (**-ğı**) *s* Missverhältnis *nt*
orantı *s* Proportion *f*
orantılı *adj* proportional
orası *s* **1.** jener Ort **2.** jene Angelegenheit
oraya *adv* dahin, dorthin; ~ **kadar** bis dahin
ordinaryüs (**profesör**) *s* ordentlicher Professor
ordu *s* Armee *f,* Heer *nt;* ~ **donatım işleri** Truppenversorgung *f*
orduevi (**-ni**) *s* Offizierskasino *nt*
ordugah *s* Lager *nt,* Quartier *nt*
org *s* Orgel *f;* ~ **düdüğü** Orgelregister *nt*
organ *s* **1.** Organ *nt* **2.** (*Institution*) Organ *nt;* ~ **aktarımı** [*o* **nakli**] Transplantation *f;* ~ **bağışı** Organspende *f*
organik *adj* organisch
organiser *s* Organizer *m*
organist (**-ti**) *s* Organist(in) *m(f)*
organizasyon *s* Organisation *f*
organizatör *s* Organisator(in) *m(f)*
organize *adj* organisiert; ~ **suç** organisierte Kriminalität
organizm(**a**) *s* Organismus *m*
orgazm *s* Orgasmus *m*
orgcu *s* Organist(in) *m(f)*
orijinal (**-li**) **I.** *adj* **1.** original **2.** originell **3.** (*pej*) seltsam, eigenartig; ~ **metne sadakat** Texttreue *f* **II.** *s* Original *nt*
orijinallik (**-ği**) *s* Originalität *f*
orkid *s* Slipeinlage *f*
orkestra *s* Orchester *nt;* ~ **şefi** Dirigent(in) *m(f)*
orkide *s* Orchidee *f*
orkinos *s* Tunfisch *m*
orman *s* Wald *m;* ~ **memuru** Förster(in) *m(f);* ~ **yangını** Waldbrand *m*
ormancı *s* **1.** Förster(in) *m(f)* **2.** Forstwissenschaftler(in) *m(f)*
ormancılık (**-ğı**) *s* Forstwirtschaft *f*
ormanlı *adj* bewaldet
orospu *s* (*fam*) Hure *f,* Nutte *f*
orospuluk (**-ğu**) *s* (*pej*) Prostitution *f,* Hurerei *f;* ~ **etmek** [*o* **yapmak**] (*fam*) auf den Strich gehen; (*fig*) unzuverlässig sein
orta **I.** *s* **1.** Mitte *f,* Mittelpunkt *m* **2.** Ort *m* des Geschehens **II.** *adj* **1.** Mittel-, zentral **2.** durchschnittlich, mittelmäßig **3.** (*Schulnote*) befriedigend **4.** (*türk. Kaffee*) mittelsüß; **Orta Amerika** Mittelamerika *nt;* **Orta Anadolu** Mittelanatolien *nt;* **Orta Avrupa** Mitteleuropa *nt;* ~ **boylu** mittelgroß; ~ **büyük-**

lükte mittelgroß; ~ **dalga** Mittelwelle *f*; **Orta Doğu** der Mittlere Osten; ~ **halli** mittelständisch; ~ **ölçekli girişim** mittelständischer Betrieb *m*; ~ **saha** Mittelfeld *nt*; ~ **tabaka** Mittelstand *m*; ~ **vadeli** mittelfristig; **ortadan kaldırmak** wegräumen, fortschaffen, aus der Welt schaffen (*-i* etw); **ortadan kaybolmak** (von der Bildfläche) verschwinden, untertauchen; **ortamızda** in unserer Mitte; **ortasına** mitten in (*-in akk*); **ortasında** (*in der Mitte von*) mitten in (*-in dat*); **ortasından** durch ... hindurch (*-in akk*); **ortaya atmak** (*Frage*) anschneiden; (*Problem*) aufwerfen; (*Gerücht*) aufbringen; (*Theorie*) aufstellen (*-i* etw); **ortaya çıkarmak** ans Licht bringen; (*Problem*) aufwerfen (*-i* etw); **ortaya çıkmak** in Erscheinung treten, auftreten

> **Orta Anadolu** (Mittelanatolien) war der Schauplatz vieler alter Zivilisationen. Es gibt Funde, die belegen, dass dort bereits vor 8.000 Jahren städtische Siedlungen entstanden. Ab dem 10. Jh. n. Chr. wanderten Turkstämme aus Zentralasien auf der Suche nach Weideplätzen bis nach Anatolien. Die heutigen Türken stammen von diesen eingewanderten Turkvölkern sowie von den schon vorher in Anatolien ansässigen Völkern ab.

ortaç (**-cı**) *s* Partizip *nt*, Mittelwort *nt*
Ortaçağ *s* Mittelalter *nt*
ortak (**-ğı**) I. *s* (Geschäfts)partner(in) *m(f)*, Teilhaber(in) *m(f)* II. *adj* gemeinsam; ~ **etmek** beteiligen (*-i* jdn); ~ **olmak** Partner werden, sich beteiligen (*-e* an etw); ~ **payda** gemeinsamer Nenner; **Ortak Pazar** (HIST) Euopäische Gemeinschaft
ortaklaşa *adj* gemeinsam, kollektiv
ortaklık (**-ğı**) *s* 1. Gemeinsamkeit *f* 2. Partnerschaft *f* 3. Beteiligung *f* 4. (Handels)gesellschaft *f*
ortakulak (**-ğı**) *s* Mittelohr *nt*; ~ **iltihabı** Mittelohrentzündung *f*
ortalama I. *s* 1. *Verbalsubstantiv zu* **ortalamak** 2. Durchschnitt *m* II. *adj* durchschnittlich III. *adv* (*schneiden*) mitten durch; ~ **hız** Durchschnittsgeschwindigkeit *f*; ~ **olarak** im Durchschnitt; ~ **sıcaklık derecesi** Durchschnittstemperatur *f*; **ortalamanın üstünde/altında** über/unter dem Durchschnitt
ortalamak *vt* 1. bis zur Mitte/zur Hälfte gelangen (*-i* von etw) 2. (*Ball*) zur Mitte flanken (*-i* etw)
ortalık (**-ğı**) *s* Umgebung *f*, Raum *m*; ~ **aydınlanıyor** es wird hell; ~ **kararıyor** es wird dunkel
ortam *s* Milieu *nt*
ortaokul *s* (*in der Türkei*) Mittelschule *f*
ortanca I. *s* Hortensie *f* II. *adj* (*bei Geschwistern*) mittlere(r, s)
ortaparmak (**-ğı**) *s* Mittelfinger *m*
Ortodoks *adj* (*christlich*) orthodox
ortopedi *s* Orthopädie *f*
ortopedik *adj* orthopädisch
ortopedist (**-ti**) *s* Orthopäde *m*, Orthopädin *f*
oruç (**-cu**) *s* (REL) Fasten *nt*; ~ **tutmak** fasten; ~ **zamanı** Fastenzeit *f*
oryantal (**-li**) *adj* orientalisch
Oskar *s* (*Filmpreis*) Oscar *m*
Osmanlı I. *adj* (HIST) osmanisch II. *s* (HIST) Osmane *m*, Osmanin *f*; ~ **İmparatorluğu** das Osmanische Reich
Osmanlıca *adj* (HIST: *Sprache*) osmanisch

> **Osmanlıca** (Osmanisch) wird die türkische Hochsprache vor der von Atatürk initiierten Sprachreform genannt. Das Osmanische, wie es in der Hochliteratur und in der Verwaltung benutzt wurde, war eine Mischsprache aus Türkisch, Arabisch und Persisch, die von den einfachen Leuten kaum verstanden wurde. Die Sprachreform war eine gesamtgesellschaftliche Bewegung, an der von der 1932 gegründeten 'Türk Dil Kurumu' (Gesellschaft für türkische Sprache) bis zu den Zeitungsjournalisten, Lehrern und Laien viele türkische Bürger kreativ teilnahmen. In wenigen Jahrzehnten wurde ein großer Teil des arabisch- und persischsprachigen Wortschatzes durch türkische Neubildungen ersetzt. Das Ziel dieser 'Türkisierung' des Osmanischen war die Schaffung einer 'eigenen' Sprache, mit der sich die neue türkische Nation identifizieren und die von jedem Türken verstanden werden kann, die also niemanden ausgrenzt. Dieses Ziel ist erreicht worden.

osurmak *vi* (*fam*) furzen
osuruk (**-ğu**) *s* (*fam*) Furz *m*
ot (**-tu**) *s* 1. Gras *nt* 2. Kraut *nt* 3. Unkraut *nt*; ~ **biçmek** Gras mähen
otantik (**-ği**) *adj* authentisch

otel *s* Hotel *nt;* ~ **odası** Hotelzimmer *nt*
otelci *s* 1. Hotelier *m* 2. Hotelbesitzer(in) *m(f)*
otelcilik (-ği) *s* Gastronomie *f;* ~ **okulu** Hotelfachschule *f*
otlak (-ğı) *s* Weide *f,* Weideland *nt*
otlakçı *s* (*fam*) Schmarotzer(in) *m(f);* **otlakçılık etmek** (*Tier*) schmarotzen; (*Mensch*) schnorren
otlamak *vi* 1. weiden, grasen 2. (*fam*) sich durchschmarotzen
otlanmak *vi s.* **otlamak**
otlatmak *vt* 1. *Kausativ zu* **otlamak** 2. (*Tiere*) weiden lassen (*-i etw*)
oto *s* Auto *nt;* ~ **atlası** Autokarte *f;* ~ **tamircisi** Kraftfahrzeugmechaniker *m*
otoban *s* Autobahn *f,* Schnellstraße *f*
otobüs *s* Autobus *m,* Bus *m;* ~ **durağı** Bushaltestelle *f;* ~ **garajı** Busbahnhof *m;* ~ **sürücüsü** Busfahrer(in) *m(f)*
otogar *s* Busbahnhof *m*
otomasyon *s* Automatisation *f*
otomat (-tı) *s* (*Verkaufs-*) Automat *m*
otomatik (-ği) I. *s* 1. Automatik *f* 2. (*Verkaufs-*) Automat *m* 3. automatischer Türöffner 4. automatische Waffe II. *adj* 1. automatisch 2. unbewusst; ~ **deklanşör** Selbstauslöser *m;* ~ **koltuk** Schleudersitz *m*
otomatikman *adv* automatisch
otomatize *adj* automatisiert; ~ **etmek** automatisieren (*-i etw*)
otomobil *s* Auto *nt;* ~ **kazası** Autounfall *m;* ~ **kiralama** Autoverleih *m;* ~ **kuyruğu** Autoschlange *f;* ~ **lastiği** Autoreifen *m;* ~ **plakası** Autokennzeichen *nt;* ~ **radyosu** Autoradio *nt;* ~ **sporu** Autosport *m;* ~ **tamirhanesi** Autowerkstatt *f;* ~ **yarışı** Autorennen *nt;* ~ **yıkama tesisi** Autowaschanlage *f*
otonomi *s* Autonomie *f*
otopark (-kı) *s* 1. Parkhaus *nt* 2. (öffentlicher) Parkplatz *m*
otopsi *s* Autopsie *f,* Obduktion *f;* ~ **yapmak** obduzieren
otorite *s* 1. (*auch fig*) Autorität *f* 2. Ansehen *nt* 3. Obrigkeit *f*
otoriteli *adj* 1. mit Autorität 2. autoritär
otoriter *adj* autoritär
otoritesiz *adj* ohne Autorität, antiautoritär
otostop *s* Autostopp *m;* ~ **yapmak** per Anhalter fahren
otostopçu *s* Anhalter(in) *m(f),* Tramper(in) *m(f)*

otoyol *s* Autobahn *f;* ~ **çıkışı** Autobahnausfahrt *f;* ~ **girişi** Autobahnauffahrt *f;* ~ **ücreti** Autobahngebühr *f;* ~ **üçgeni** Autobahndreieck *nt*
oturacak (-ğı) *s* Sitzgelegenheit *f*
oturak (-ğı) *s* 1. Basis *f* 2. Sitzplatz *m* 3. Schemel *m* 4. Nachttopf *m*
oturma *s* 1. *Verbalsubstantiv zu* **oturmak** 2. ~ **izni** Aufenthaltsgenehmigung *f;* ~ **müsaadesi** Aufenthaltserlaubnis *f;* ~ **odası** Wohnzimmer *nt*
oturmak *vi* 1. sich setzen, Platz nehmen (*-e* auf/in etw) 2. sitzen (*-in üzerinde* auf etw) 3. wohnen (*-de* in etw) 4. passen (*-e* zu/auf/in etw) 5. faulenzen; (**birine**) **pahalıya** ~ (jdm) teuer zu stehen kommen
oturtma *s* 1. *Verbalsubstantiv zu* **oturtmak** 2. *türkisches Gemüsegericht mit Hackfleisch*
oturtmak *vt* 1. *Kausativ zu* **oturmak** 2. setzen, stellen (*-i -e* etw in/auf etw) 3. zum Sitzen auffordern (*-i* jdn)
oturum *s* Sitzung *f,* Tagung *f*
oturuş *s* Sitz *m*
otuz *num* dreißig
ova *s* Ebene *f*
oval (-li) *adj* oval
ovalamak *vt* (mit den Händen) zerreiben (*-i* etw)
ovmak (-ar) *vt* 1. massieren (*-i* etw) 2. scheuern (*-i* etw) 3. reiben (*-i* etw)
ovuşturmak *vt* 1. (aneinander) reiben (*-i* etw) 2. einreiben (*-i* etw)
oy *s* 1. Wahl *f,* Abstimmung *f* 2. Beurteilung *f* 3. Stimme *f;* ~ **pusulası** Wahlzettel *m,* Stimmzettel *m;* ~ **sandığı** Wahlurne *f;* ~ **vermek** abstimmen; (*pol*) wählen
oya *s* Häkelspitze *f*
oyalamak *vt* 1. aufhalten (*-i* jdn) 2. ablenken, beschäftigen (*-i* jdn) 3. zerstreuen, unterhalten (*-i* jdn) 4. (*pej*) vertrösten, hinhalten (*-i* jdn) 5. mit Spitzen besticken (*-i* etw)
oyalanma *s* 1. *Verbalsubstantiv zu* **oyalanmak** 2. Zerstreuung *f,* Zeitvertreib *m*
oyalanmak *vi* 1. *Reflexiv zu* **oyalamak** 2. herumtrödeln 3. sich ablenken, sich zerstreuen
oybirliği (-ni) *s* Einstimmigkeit *f;* ~ **ile** (POL) einstimmig
oylaşım *s* 1. Erörterung *f,* Besprechung *f* 2. Erwägung *f*
oylaşmak *vt* erörtern, besprechen (*-i* etw)

oyma s 1. *Verbalsubstantiv zu* **oymak** 2. Schnitzarbeit *f* 3. Gravierung *f*
oymacı s (*Person*) Holzschnitzer *m*
oymacılık (**-ğı**) s Schnitzerei *f*
oymak (**-ar**) vt 1. ausstechen, aushöhlen (*-i etw*) 2. schnitzen (*-i etw*) 3. gravieren (*-i etw*) 4. (*Steine*) hauen (*-i etw*)
oymak (**-ğı**) s 1. Volksstamm *m* 2. Pfadfindergruppe *f*
oynak (**-ğı**) adj 1. kokett 2. launenhaft, launisch 3. locker, wackelig 4. unbeständig 5. zappelig; ~ **merdiven sistemi** gleitende Arbeitszeit, gleitende Lohnskala
oynamak vi 1. spielen (*-i etw*) 2. tanzen 3. wackeln, locker sein 4. herumspielen (*ile mit etw*) 5. (*Film*) gezeigt werden
oynatmak vt 1. *Kausativ zu* **oynamak** (*Theater*) vorführen (*-i etw*) 2. bewegen, verrücken (*-i etw*) 3. an der Nase herumführen (*-i jdn*)
oysa(**ki**) adv dagegen, jedoch
oyuk (**-ğu**) I. s 1. Hohlraum *m*, Loch *nt* 2. Rille *f* II. adj 1. ausgehöhlt, hohl 2. (*Augen*) ausgestochen
oyun s 1. Spiel *nt* 2. (*Schach*) Partie *f* 3. Schauspiel *nt* 4. Spieltechnik *f* 5. Volkstanz *m* 6. Betrug *m*, Schwindel *m* 7. (böser) Streich *m;* ~ **arkadaşı** Spielkamerad(in) *m(f)*, Mitspieler(in) *m(f);* ~ **kâğıdı** Spielkarte *f;* ~ **konsolu** Spielkonsole *f;* ~ **kuralı** Spielregel *f;* ~ **otomatı** Spielautomat *m;* **birine** ~ **oynamak** [*o* **etmek**] jdm einen Streich spielen; ~ **sahası** Spielfeld *nt;* **oyuna gelmek** hereinfallen; **oyuna getirmek** drankriegen (*-i jdn*); **oyuna katılmak** mitspielen
oyunbozan s 1. Spielverderber(in) *m(f)* 2. Störenfried *m*
oyunbozanlık (**-ğı**) s Spielverderben *nt;* ~ **etmek** das Spiel verderben
oyuncak (**-ğı**) s 1. Spielzeug *nt* 2. (*fig*) Kinderspiel *nt;* ~ **ayı** Teddybär *m*
oyuncakçı s Spielwarenhändler(in) *m(f);* ~ **dükkanı** Spielwarengeschäft *nt*
oyuncu I. s 1. Spieler(in) *m(f)* 2. Darsteller(in) *m(f)*, Schauspieler(in) *m(f)* 3. (*fam*) Tänzer(in) *m(f)* II. adj (*Katze*) verspielt
ozan s Dichter(in) *m(f)*, Poet(in) *m(f)*
ozon s Ozon *nt;* ~ **deliği** Ozonloch *nt;* ~ **tabakası** Ozonschicht *f*

Ö

Ö, ö s 19. *Buchstabe des türk. Alphabets*
öbek (**-ği**) s (*fam*) Gruppe *f*, Schar *f*
öbür adj 1. (*von zweien*) andere(r, s) 2. (*Tag, Woche*) übernächste(r, s); ~ **dünya** Jenseits *nt;* ~ **gün** übermorgen; ~ **tarafta** (*auf der anderen Seite*) drüben; ~ **taraftan** von drüben, andererseits
öç (**-cü**) s Rache *f;* ~ **almak** sich rächen (*-den an jdm*)
öd s Galle *f;* **ödü kopmak** zu Tode erschrecken; **ödünü koparmak** jdn zu Tode erschrecken (*-i jdn*)
ödeme s 1. *Verbalsubstantiv zu* **ödemek** 2. (Be)zahlung *f;* ~ **bilançosu** Zahlungsbilanz *f;* ~ **emri** Zahlungsbefehl *m;* ~ **kabiliyeti** (COM) Zahlungsfähigkeit *f*
ödemek vt 1. (be)zahlen (*-i etw*) 2. (*Rechnung, Schuld*) begleichen (*-i etw*) 3. (*Kosten*) bestreiten (*-i etw*)
ödemeli adj gegen Nachnahme; ~ **konuşma** R-Gespräch *nt*
ödenebilir adj zahlbar
ödenek (**-ği**) s (bereitgestellte) Geldmittel *pl*
ödenti s Mitgliedsbeitrag *m*
ödeşmek vi 1. abrechnen (*ile mit jdm*) 2. quitt sein (*ile mit jdm*)
ödev s Pflicht *f;* **ev ödevi** (*für Schule*) Hausaufgabe *f*
ödlek (**-ği**) I. adj (*fam*) feige II. s Feigling *m*, Angsthase *m*
ödül s 1. (*Auszeichnung*) Preis *m* 2. Belohnung *f*, Prämie *f*
ödüllendirmek vt 1. belohnen (*-i jdn*) 2. auszeichnen, prämieren (*-i jdn*)
ödün s Zugeständnis *nt*
ödünç (**-cü**) I. s Darlehen *nt* II. adj geliehen; ~ **almak** sich *dat* ausleihen (*-i -den etw von jdm*); ~ **vermek** verleihen (*-e -i jdm etw*)
öfke s Wut *f*, Zorn *m*
öfkelendirmek vt 1. *Kausativ zu* **öfkelenmek** 2. wütend machen (*-i jdn*)
öfkelenmek vi 1. in Wut geraten 2. sich är-

öfkeli gern (*-den*) über jdn/etw)
öfkeli *adj* wütend, zornig
öğe *s* 1. Bestandteil *m* 2. Element *nt*
öğle(n) *s* Mittag *m;* ~ **paydosu** Mittagspause *f;* ~ **sularında** gegen Mittag; ~ **uykusu** Mittagsschlaf *m;* ~ **uykusuna yatmak** Mittagsschlaf halten; ~ **yemeği** Mittagessen *nt;* ~ **yemeği yemek** zu Mittag essen; **öğleden önce** Vormittag *m;* (*am Vormittag*) vormittags; ~ **sonra** Nachmittag *m;* (*am Nachmittag*) nachmittags; ~ **sonraları** (*jeden Nachmittag*) nachmittags; **öğlene doğru** gegen Mittag
öğle(n)leri *adv* mittags
öğleyin *adv* mittags, zu Mittag
öğrenci *s* 1. Schüler(in) *m(f)* 2. Student(in) *m(f);* ~ **yemekhanesi** Mensa *f;* ~ **yurdu** Studentenwohnheim *nt*
öğrenilebilen *adj* erlernbar
öğrenim *s* Ausbildung *f,* Studium *nt;* ~ **dalı** Studienfach *nt;* ~ **yapmak** studieren
öğrenme *s* 1. *Verbalsubstantiv zu* **öğrenmek** 2. Lernen *nt;* ~ **yetisi** Lernfähigkeit *f*
öğrenmek *vt* 1. (er)lernen (*-i* etw) 2. erfahren (*-i -den* von jdm)
öğretici *adj* lehrreich, Lehr-
öğretim *s* 1. Unterricht *m* 2. Schulung *f;* ~ **yılı** Schuljahr *nt*
öğretmek *vt* 1. *Kausativ zu* **öğrenmek** 2. lehren, unterrichten (*-i* jdn)
öğretmen *s* Lehrer(in) *m(f);* ~ **okulu** Lehrerseminar *nt*

> Der **Öğretmenler Günü**, der Tag der Lehrer am 24. November, hat nicht nur für die Lehrer sondern für die ganze Türkei eine große Bedeutung. Dieser Tag steht im Zeichen das Gedenkens an die Einführung der lateinischen Schrift, die im Jahre 1928 die arabische Schrift ablöste, sowie an Atatürks Kampf gegen das Analphabetentum und für gleiche Bildungschancen für Frauen und Männer.

öğürmek *vi* (*fam*) würgen
öğüt (**-tü**) *s* Rat *m,* Ratschlag *m;* **birine** ~ **vermek** jemandem einen Rat geben
öğütlemek *vt* empfehlen (*-e -i* jdm etw)
öğütmek *vt* (*Getreide*) mahlen (*-i* etw)
ökçe *s* (*vom Schuh*) Absatz *m*
ekolojik sistem *s* Ökosystem *nt*
ökse *s* Vogelleim *m;* **ökseye basmak** (*fam*) hereinfallen; **ökseye bastırmak** (*fam*) hereinlegen (*-i* jdn)
öksürmek *vi* husten, sich räuspern
öksürük (**-ğü**) *s* Husten *m;* ~ **pastili** Hustenbonbon *nt;* ~ **şurubu** Hustensaft *m;* **öksürüğüm var** ich habe Husten
öksüz I. *s* Waise *f,* Waisenkind *nt* II. *adj* verwaist; **öksüzler yurdu** Waisenhaus *nt*
öküz *s* 1. Ochse *m* 2. Dummkopf *m*
ölçek (**-ği**) *s* 1. Kornmaß *nt* (*früheres türkisches Maß*) 2. Maßstab *m*
ölçmek (**-er**) *vt* 1. messen (*-i* etw) 2. (*Worte*) genau abwägen (*-i* etw); **ölçüp biçmek** (*Worte*) abwägen, reiflich überlegen (*-i* etw)
ölçü *s* 1. Maß *nt* 2. Ausmaß *nt* 3. (MUS) Takt *m* 4. Versmaß *nt;* ~ **aleti** Messgerät *nt;* ~ **almak** Maß nehmen; **ölçüyü aşmamak** sich mäßigen
ölçülebilir *adj* messbar
ölçülü *adj* 1. (aus)gemessen 2. mäßig, maßvoll 3. gefasst, beherrscht
ölçülülük (**-ğü**) *s* 1. Augenmaß *nt* 2. Gefasstheit *f*
ölçüsüz I. *adj* 1. ohne Maß 2. unermesslich 3. maßlos II. *adv* ohne Überlegung
ölçüsüzlük (**-ğü**) *s* 1. Unermesslichkeit *f* 2. Maßlosigkeit *f,* Zügellosigkeit *f*
ölçüt (**-tü**) *s* Kriterium *nt*
öldürmek *vt* 1. *Kausativ zu* **ölmek** 2. töten (*-i* jdn/etw) 3. ermorden (*-i* jdn) 4. sehr quälen (*-i* jdn)
öldürücü *adj* 1. tödlich 2. mörderisch
ölmek (**-ür**) *vi* 1. sterben, umkommen, ums Leben kommen 2. (*vor Durst, Hitze*) beinahe umkommen (*-den* vor etw)
ölmez *adj* unsterblich
ölmezlik (**-ği**) *s* Unsterblichkeit *f*
ölmüş I. *s* Tote(r) *mf,* Verstorbene(r) *mf* II. *adj* tot, verstorben
ölü I. *s* 1. Tote(r) *mf* 2. Leiche *f* II. *adj* 1. tot 2. (*Licht*) matt 3. regungslos; ~ **benizli** totenblass; ~ **doğmuş** tot geboren; ~ **gibi uyumak** wie ein Murmeltier schlafen; ~ **nokta** toter Punkt; **ölüler diyarı** Totenreich *nt*
ölüm *s* 1. Tod *m* 2. Todesfall *m;* ~ **ilanı** Todesanzeige *f;* ~ **ilmühaberi** Sterbeurkunde *f,* Totenschein *m;* ~ **nedeni** Todesursache *f;* ~ **oranı** Sterberate *f;* ~ **orucu** Todesfasten *nt;* ~ **tehlikesi** Lebensgefahr *f*
ölümlü *adj* sterblich
ölümsüz *adj* unsterblich
ölümsüzlük (**-ğü**) *s* Unsterblichkeit *f*
ömür (**-mrü**) I. *s* 1. Leben *nt* 2. Lebensdauer

ön *f* II. *adj* 1. großartig 2. eigenartig
ön I. *adj* 1. vordere(r, s), Vorder- 2. bevorstehend II. *s* Vorderseite *f;* ~ **ad** Vorname *m;* ~ **bacak** Vorderbein *nt;* ~ **bahçe** Vorgarten *m;* ~ **bilgi** Grundwissen *nt;* ~ **dingil** Vorderachse *f;* ~ **plan** Vordergrund *m;* ~ **taraf** Vorderseite *f;* ~ **tarafta** vorn(e); ~ **tekerlek** Vorderrad *nt;* ~ **yüz** Vorderseite *f;* **önde** vorn(e); (*vor den anderen*) voran; **önden** von vorn(e); **önden gitmek** vorangehen, vorgehen; **öne** nach vorne; **öne almak** voranstellen; (*Termin*) vorverlegen (-*i* etw); **öne çıkmak** vortreten; **öne düşmek** vorangehen; **öne sürmek** meinen, behaupten, erklären (-*i* etw); **önünü almak** verhindern, verhüten, eindämmen (-*in* etw)
önbilgi *s* 1. Vorkenntnisse *pl* 2. Vorinformation *f*
önce I. *präp* (*Zeit*) vor; **iki gün** ~ vor zwei Tagen; **yarından önce** vor morgen II. *adv* 1. vorher 2. zuerst; ~ **davranmak** jdm zuvorkommen; ~ **gelmek** zuerst kommen; (*Sache*) vorausgehen III. *konj* bevor; **evime gitmeden** ~ bevor ich nach Hause ging IV. *s* Vorgeschichte *f*
önceden *adv* 1. zuvor 2. im Voraus 3. vorweg
önceki *adj* 1. ehemalige(r, s), frühere(r, s) 2. vorhergehende(r, s), vorherige(r, s), vorige(r, s)
öncel *s* Vorgänger(in) *m(f)*
önceleri *adv* 1. anfangs 2. früher
öncelik (**-ği**) *s* Priorität *f,* Vorrang *m;* ~ **tanımak** Prioritäten setzen
öncelikli *adj* vorrangig
öncü I. *s* 1. Pionier *m* 2. Vorkämpfer(in) *m(f),* Wegbereiter(in) *m(f)* 3. Vorläufer(in) *m(f)* II. *adj* (COM, POL) führend
öndelik (**-ği**) *s* Vorschuss *m*
önder *s* Führer(in) *m(f)*
önek (**-ki**) *s* Vorsilbe *f*
önel *s* Frist *f*
önem *s* Bedeutung *f;* ~ **vermek** Bedeutung beimessen, Wert legen (-*e* auf etw)
önemli *adj* wichtig, bedeutend; ~ **bir şey değil** nichts Besonderes
önemsemek *vt* Bedeutung beimessen (-*i* jdm/einer Sache)
önemsemezlik (**-ği**) *s* Geringschätzung *f*
önemsiz *adj* unwichtig, unbedeutend
önemsizlik (**-ği**) *s* Unwichtigkeit *f*
önerge *s* Antrag *m*

öneri *s* Vorschlag *m*
önermek *vt* vorschlagen (-*i* etw)
öngörmek *vt* vorsehen, ins Auge fassen (-*i* etw)
önkol *s* Unterarm *m*
önkoşul *s* Vorbedingung *f*
önlem *s* Maßnahme *f;* ~ **almak** Maßnahmen ergreifen
önlemek *vt* 1. verhindern, verhüten (-*i* etw) 2. eindämmen (-*i* etw)
önleyici *adj* 1. verhindernd, verhütend 2. vorbeugend; ~ **tedbir** Verhütungsmaßnahme *f,* Vorbeugungsmaßnahme *f*
önlük (**-ğü**) *s* 1. Schürze *f* 2. Latz *m*
önsezi *s* Vorahnung *f*
önsöz *s* 1. Einleitung *f* 2. Vorwort *nt*
öntakı *s* Präposition *f*
önünde I. *präp* vor (-*in* dat) II. *adv* davor
önünden *präp* (vorn) an ... vorbei (-*in* dat)
önüne *präp* vor (-*in* akk)
önyargı *s* Vorurteil *nt*
önyargılı *adj* voreingenommen
önyargısız *adj* vorurteilslos
öpmek (**-er**) *vt* küssen (-*i* jdn/etw); **öp babanın elini!** eine schöne Bescherung!
öpücük (**-ğü**) *s* Küsschen *nt*
öpüşmek *vi* sich küssen
ördek (**-ği**) *s* Ente *f*
örf *s* Brauch *m,* Sitte *f*
örgen *s* Organ *nt*
örgü *s* 1. Geflecht *nt* 2. Strickarbeit *f* 3. Zopf *m;* ~ **örmek** stricken
örgüt (**-tü**) *s* Organisation *f*
örgütle(ndir)mek *vt* organisieren (-*i* etw)
örme I. *s* Verbalsubstantiv zu **örmek** II. *adj* 1. geflochten 2. gestrickt; ~ **iğnesi** Stopfnadel *f;* ~ **ipliği** Stopfgarn *nt*
örmek (**-er**) *vt* 1. flechten (-*i* etw) 2. stricken (-*i* etw) 3. (*Kleidungsstück*) stopfen (-*i* etw) 4. (*Spinne*) weben (-*i* etw) 5. (*Mauer*) errichten (-*i* etw)
örneğin *adv* zum Beispiel, beispielsweise
örnek (**-ği**) I. *s* 1. Beispiel *nt* 2. Musterstück *nt,* Exemplar *nt* 3. Vorbild *nt* 4. Modell *nt* 5. Abschrift *f;* **birini** ~ **almak** sich an jdm ein Beispiel nehmen II. *adj* beispielhaft, musterhaft
örneksel *adj* (INFORM) analog
örs *s* Amboss *m*
örtbas etmek *vt* vertuschen (-*i* etw)
örtmek (**-er**) *vt* 1. (be)decken (-*i* etw) 2. (*Gesicht*) verschleiern (-*i* etw) 3. (*Tür*) zu-

örtü machen, schließen; (*Vorhang*) zuziehen (*-i* etw) **4.** vertuschen (*-i* etw)
örtü s **1.** Decke f **2.** (*auch fig*) Schleier m
örtük (**-ğü**) *adj* verdeckt
örtülü *adj* **1.** verdeckt, verschleiert **2.** geheim; ~ **ödenek** (POL) schwarze Kasse f
örtünmek *vi* **1.** *Reflexiv zu* **örtmek** **2.** sich zudecken **3.** sich bedecken **4.** sich verschleiern
örümcek (**-ği**) s Spinne f; ~ **ağı** Spinnennetz nt
öt (**-dü**) s Galle f
öte I. s **1.** jenseits liegende Seite, abgewandte Seite **2.** das Weitere II. *adj* jenseitig
öteberi s dies und das; ~ **almak** Besorgungen machen
ötede *adv* drüben
öteki s (*von zweien*) der/die/das andere
ötesinde *präp* **1.** jenseits, abseits von (*-in dat*) **2.** über ... hinaus (*-in akk*) **3.** außer (*-in dat*)
ötmek (**-er**) *vi* **1.** (*Vögel*) singen, zwitschern; (*Hahn*) krähen **2.** blasen **3.** (*Sirenen*) heulen **4.** prahlen **5.** (*fam*) dummes Zeug reden
öttürmek *vt* **1.** *Kausativ zu* **ötmek** **2.** (*Blasinstrument*) blasen; (*Pfeife*) pfeifen (*-i* etw)
ötürü *präp* wegen (*-den gen/dat*)
övgü s **1.** Lob nt **2.** Laudatio f; **övgüye değer** lobenswert
övmek (**-er**) *vt* loben, preisen, rühmen (*-i* jdn/etw); **birini överek göklere çıkarmak** jdn über den grünen Klee loben
övünmek *vr* **1.** *Reflexiv zu* **övmek** **2.** sich rühmen **3.** sich brüsten (*ile* mit etw) **4.** stolz sein (*ile* auf etw/jdn)
övütmek *vt* (*Getreide*) mahlen (*-i* etw)
öykü s **1.** Geschichte f, Erzählung f **2.** Novelle f
öyle I. *adj* so ein(e), derartige(r, s), solche(r, s) II. *adv* **1.** derart, dermaßen **2.** so; ~ **değilse** wenn nicht; ~ **... ki** so ..., dass; ~ **mi?** so?
öylece *adv* auf diese Weise
öylelikle *adv* auf diese Weise
öylesine *adv* dermaßen
öyleyse *adv* wenn es so ist
öz I. s **1.** Selbst nt **2.** Wesen nt **3.** Substanz f **4.** (*das Innere*) Mark nt; **bir işin özü** das Wesentliche einer Sache II. *adj* **1.** eigen **2.** echt, rein
özdek s Körper m, Stoff m, Materie f
özdenetim s Selbstkontrolle f

özdeş *adj* identisch
özdeşlemek *vt* identifizieren (*-i* etw)
özdeşleşmek *vr* sich identifizieren mit (*ile* mit jdm/etw)
özdeşlik s Identität f
özdeyiş s Spruch m, geflügeltes Wort
özel *adj* **1.** besondere(r, s) **2.** eigen, privat, persönlich; ~ **ders** Privatunterricht m; ~ **fiyat** Sonderpreis m; ~ **hayat** Privatleben nt; ~ **hüküm** Klausel f; ~ **isim** Eigenname m; ~ **okul** Privatschule f; ~ **pul** Sondermarke f
özeleştiri s Selbstkritik f
özelleştirme s Privatisierung f
özelleştirmek *vt* **1.** privatisieren (*-i* etw) **2.** (INFORM) personalisieren (*-i* etw)
özellik s **1.** Eigenschaft f **2.** Eigenart f **3.** Spezialität f
özellikle *adv* besonders, insbesondere
özen s **1.** Sorgfalt f **2.** Pflege f **3.** Präzision f
özendirmek *vt* **1.** *Kausativ zu* **özenmek** **2.** aufmuntern, motivieren (*-i -e* jdn zu etw)
özenli *adj* präzise, sorgfältig
özenmek *vi* **1.** sich Mühe geben (*-e* mit etw) **2.** nachahmen, nacheifern (*-e* jdm)
özensiz *adj* nachlässig
özensizlik s Nachlässigkeit f
özerk *adj* autonom
özerklik s Autonomie f, Selbstbestimmung f
özet (**-ti**) s **1.** Inhaltsangabe f, Übersicht f, Zusammenfassung f **2.** Buchauszug m **3.** (*in Briefen*) Betreff m
özetlemek *vt* (kurz) zusammenfassen (*-i* etw)
özgecil *adj* selbstlos
özgecillik s Selbstlosigkeit f
özgeçmiş s Lebenslauf m
özgül *adj* spezifisch
özgün *adj* **1.** original **2.** originell
özgünlük s Originalität f
özgür *adj* frei, unabhängig
özgürlük s Freiheit f, Unabhängigkeit f
özlem s Sehnsucht f; **bir şey/birisi için** ~ **çekmek** sich nach etw/jdm (zurück)sehnen
özlemek *vt* sich sehnen (nach) (*-i* nach etw/jdn)
özlemle *adv* sehnlichst
özlemli *adj* sehnsüchtig
özne s Subjekt nt
öznel *adj* subjektiv
öznellik s Subjektivität f
özsermaye s (COM) Eigenkapital nt
özsu s (*von Pflanzen*) Saft m

> Die von Atatürk initiierte Sprachreform ersetzte viele arabische und persische Lehnwörter des damaligen Türkischen (des Osmanischen) durch türkische Wörter aus Dialekten und vor allem durch neue türkische Wortschöpfungen. Dieser neue, rein türkische Wortschatz wird **Öztürkçe** ('Reines Türkisch') genannt. Je nach seiner kulturellen oder politischen Einstellung benutzt ein Türke mehr oder weniger 'Öztürkçe' beim Sprechen und Schreiben.

özünlü *adj* wesentlich
özür *s* 1. Entschuldigung *f* 2. Mangel *m;* ~ **dilemek** sich entschuldigen; **birinden** ~ **dilemek** jdn um Entschuldigung bitten
özürlü I. *s* Behinderte(r) *mf* II. *adj* 1. entschuldigt 2. behindert
özürlülük (-**ğü**) *s* (MED) Behinderung *f*
özveri *s* 1. Opferbereitschaft *f* 2. Selbstlosigkeit *f*
özyaşam *s* Privatleben *nt*

P

P, p *s* 20. Buchstabe des türk. Alphabets
pabuç (-**cu**) *s* Schuh *m;* ~ **bağı** Schnürsenkel *m*
paça *s* 1. Hosenbein *nt* 2. Gericht aus Hammel- oder Kalbshachsen
paçavra *s* 1. Fetzen *m* 2. wertloses Zeug
padılbot (-**tu**) *s* Paddelboot *nt*
padişah *s* (*orientalischer*) Herrscher *m;* (*im Osmanischen Reich*) Sultan *m*
paha *s* Wert *m;* ~ **biçilmez** unbezahlbar; ~ **biçmek** bewerten, schätzen (-*e* etw); **her ne pahasına olursa olsun** um jeden Preis
pahalanmak *vi* teurer werden, sich verteuern
pahalı *adj* teuer; (**birine**) **pahalıya mal olmak** [*o* **oturmak**] (jdm) teuer zu stehen kommen
pahalılaşmak *vi* teurer werden, sich verteuern
pahalılaştırmak *vt* 1. *Kausativ zu* **pahalılaşmak** 2. verteuern (-*i* etw)
pahalılık (-**ğı**) *s* 1. Teuerung *f* 2. hohe Preise *pl*
pak (-**ki**) *adj* sauber, rein
paket (-**ti**) *s* 1. Paket *nt* 2. Päckchen *nt* 3. (*vulg*) Hintern *m;* ~ **kâğıdı** Packpapier *nt;* ~ **kartı** Paketkarte *f;* ~ (**olsun**), **lütfen!** zum Mitnehmen, bitte!
paketlemek *vt* einpacken, verpacken (-*i* etw)
Pakistan I. *s* Pakistan *nt* II. *adj* (*Art*) pakistanisch
Pakistanca *adj* (*Sprache*) pakistanisch
Pakistanlı I. *s* Pakistani *mf* II. *adj* (*Herkunft*) pakistanisch
paklamak *vt* reinigen, sauber machen (-*i* etw)
pakt (-**tı**) *s* 1. Bündnis *nt* 2. Abkommen *nt*, Pakt *m*
palamut (-**du**) *s* 1. Eichel *f* 2. (*Speisefisch*) Bonito *m*
palas *s* 1. Luxushotel *nt* 2. großes Wohn- oder Mietshaus
palas pandıras *adv* Hals über Kopf
Palatina *s* (Rhein)pfalz *f*
palavra *s* 1. (*dummes*) Gerede *nt* 2. Angeberei *f;* ~ **sıkmak** angeben
palavracı *s* Angeber(in) *m(f)*
palet (-**ti**) *s* 1. Palette *f* 2. Taucherflosse *f*
palmiye *s* Palme *f*
palto *s* (dicker) Mantel *m*
palyaço *s* Clown *m*
pamuk (-**ğu**) *s* 1. Baumwolle *f* 2. Watte *f;* ~ **gibi** wachsweich; **Pamuk Prenses** Schneewittchen *nt;* ~ **şeker** Zuckerwatte *f;* ~ **uçlu çubuk** Wattestäbchen *nt*
Pamukkale *s* Hierapolis *nt*

> **Pamukkale** (pamuk = Baumwolle, kale = Burg) ist eines der berühmten Thermalbäder der Türkei. Bereits die Römer nutzten die heilende Kraft des 30 Grad warmen Wassers bei Rheuma- und Gelenkerkrankungen. Eine besondere Attraktion Pamukkales sind die weißen Sinterterrassen, über die das warme Thermalwasser ins Tal fließt. Ihr Anblick erinnert an gezupfte Baumwolle (pamuk). Den Namen Pamukkale erhielt die Stadt jedoch,

weil sie jahrhundertelang Umschlagplatz für Baumwolle war.

pamuklu *adj* 1. wattiert 2. Baumwoll-
Panama I. *s* Panama *nt* II. *adj* (*Art*) panamaisch
Panamalı I. *s* Panamaer(in) *m(f)* II. *adj* (*Herkunft*) panamaisch
panama (şapkası) *s* Panamahut *m*
panayır *s* 1. Jahrmarkt *m* 2. Messe *f*, Ausstellung *f*
pancar *s* 1. Rote Beete 2. Zuckerrübe *f*
pancur *s* (Fenster)laden *m*
pandantif *s* (Schmuck)anhänger *m*
pandomim *s* Pantomime *f*
pane *adj* paniert; ~ **etmek** panieren (-*i* etw)
panel *s* Podiumsdiskussion *f*
panik (**-ği**) *s* Panik *f*; **paniğe kapılmak** in Panik geraten; **paniğe kapılmayın!** keine Panik!
panjur *s* (Fenster)laden *m*
pankreas *s* Bauchspeicheldrüse *f*
pano *s* (INFORM) Zwischenablage *f*
panorama *s* 1. Panorama *nt*, Rundblick *m* 2. Überblick *m*
pansıman, pansuman *s* (MED) Verband *m*, Packung *f*, Umschlag *m*
pansiyon *s* Pension *f*; ~ **odası** Fremdenzimmer *nt*
pantalon *s* Hose *f*; ~ **askısı** Hosenträger *pl*; ~ **cebi** Hosentasche *f*; ~ **kıçı** Hosenboden *m*
panter *s* Panter *m*
Pantkot yortusu (**-nu**) *s* Pfingsten *nt*
panzehir (**-hri**) *s* Gegengift *nt*
paparazzi *s* Paparazzo *m*
Papa *s* Papst *m*
papağan *s* Papagei *m*
papatya *s* 1. Kamille *f* 2. Gänseblümchen *nt* 3. Margerite *f*; ~ **çayı** Kamillentee *m*
papaz *s* 1. (christlicher) Geistliche(r) *m*, Pfarrer *m*, Priester *m* 2. (*beim Kartenspiel*) König *m*; ~ **okulu** Priesterseminar *nt*
para *s* 1. Geld *nt* 2. Geldwert *m* 3. Währung *f*; ~ **babası olmak** (*fam*) Geld wie Heu haben, vor Geld stinken; ~ **basmak** (*Münzen*) prägen; (*Papiergeld*) drucken; ~ **biriktirmek** sparen; ~ **birimi** Währung *f*; ~ **cezası** Geldstrafe *f*, Bußgeld *nt*; ~ **çantası** Geldtasche *f*; ~ **havalesi** Geldanweisung *f*; ~ **kasası** Tresor *m*
parabol (**-lü**) *s* Parabel *f*
paradigma *s* (PHILOS) Paradigma *nt*
paradoks *s* Paradoxie *f*
paraf *s* (*als Unterschrift*) Zeichen *nt*, Initialen *pl*
paragraf *s* 1. Absatz *m* 2. Paragraph *m* 3. Textstelle *f*
Paraguay I. *s* Paraguay *nt* II. *adj* (*Art*) paraguayisch
Paraguaylı I. *s* Paraguayer(in) *m(f)* II. *adj* (*Herkunft*) paraguayisch
parakartı (**-nı**) *s* Geldkarte *f*
paralamak *vt* 1. zerfleischen (-*i* etw) 2. (*Papier*) zerreißen (-*i* etw)
paralanmak *vi* 1. *Passiv zu* **paralamak** 2. zu Geld kommen 3. sich abplagen
paralel I. *adj* parallel (-*e* zu etw) II. *s* 1. Parallele *f* 2. Breitengrad *m*
paralı *adj* 1. wohlhabend 2. kostenpflichtig
paramatik (**-ği**) *s* Geldautomat *m*
parametre *s* Parameter *m*
paramiliter *adj* paramilitärisch
paramparça *adj* 1. ganz zerfetzt 2. zerschlagen; ~ **etmek** zertrümmern, zerschlagen; (*Papier, Stoff*) zerfetzen (-*i* etw), zusammenschlagen (-*i* jdn)
parantez *s* Klammer *f*; ~ **içinde** in Klammern
parasal *adj* finanziell, Geld-
parasız *adj* 1. mittellos 2. kostenlos
parasoley *s* Sonnenblende *f*
paraşüt (**-tü**) *s* Fallschirm *m*
paraşütçü *s* Fallschirmspringer(in) *m(f)*
paratoner *s* Blitzableiter *m*
paravana *s* spanische Wand, Paravent *m*
parazit (**-ti**) *s* 1. Parasit *m*, Schmarotzer *m* 2. (Funk)störung *f*
parça *s* 1. Stück *nt* 2. Bestandteil *m* 3. Bruchstück *nt* 4. (*Theater-, Musik-*) Stück *nt* 5. Splitter *m* 6. Stoffrest *m*; ~ ~ stückweise; ~ **tesirli bomba** Splitterbombe *f*
parçalamak *vt* 1. zerfetzen, zerstückeln (-*i* etw) 2. zerfleischen (-*i* etw) 3. (*Geschirr*) zerschlagen (-*i* etw)
parçalanmak *vi* 1. *Passiv zu* **parçalamak** 2. (in Stücke) brechen 3. splittern 4. zerbröckeln 5. sich abplagen
pardesü *s* (leichter) Mantel *m*
parfüm *s* Parfüm *nt*; ~ **sürmek** parfümieren (-*e* etw)
parfümeri *s* Parfümerie *f*
parıldamak *vi* 1. glänzen 2. funkeln 3. flimmern
parıltı *s* Glanz *m*

park (-kı) s 1. Park m, Parkanlage f 2. (*eines Autos*) Parken nt; ~ **etmek** [*o* **yapmak**] parken; ~ **yapılmaz!** Parken verboten!; ~ (**etme**) **yasağı** Parkverbot nt; ~ **saati** Parkuhr f; ~ **ücreti** Parkgebühr f
parke s 1. Parkett nt 2. (Straßen)pflaster nt; ~ **kaldırım** Kopfsteinpflaster nt; ~ **taşı** Pflasterstein m
Parkinson hastalığı (-nı) s Parkinsonsche Krankheit f
parkur s 1. Rennstrecke f 2. (*Golf*) Parcours m
parlak (-ğı) adj 1. glänzend, strahlend 2. hervorragend; ~ **başarı** Bombenerfolg m, Riesenerfolg m; ~ **dönem** Blütezeit f
parlaklık (-ğı) s Glanz m
parlamak vi 1. leuchten, glänzen 2. (*Sonne*) scheinen 3. Feuer fangen 4. berühmt werden 5. (*Mensch*) aufbrausen
parlamento s Parlament nt
parlatıcı s (*Mittel*) Politur f
parlatmak vt 1. *Kausativ zu* **parlamak** 2. polieren (*-i* etw)
parmak (-ğı) s 1. Finger m 2. Zeh m, Zehe f 3. Fingerbreit m; ~ **izleri** Fingerabdrücke pl; ~ **ucu** Fingerspitze f; **bir işte parmağı olmak** die Finger bei etwas im Spiel haben
parmaklık (-ğı) s 1. Balustrade f 2. Gitter nt 3. Zaun m
parodi s Parodie f
parola s 1. Kennwort nt, Parole f 2. Motto nt 3. (INFORM) Passwort nt
pars s Leopard m
parsel s (*vermessenes*) Baugelände nt
parşömen s Pergament nt
parter s (*im Theater*) Parkett nt
parti s 1. Partei f 2. (*Schach*) Partie f 3. Party f 4. Ware f, Posten m 5. eine gute Partie; ~ **içi** innerparteilich; **partiler üstü** überparteilich
partizan s Partisan(in) m(f)
pas s 1. Rost m 2. Zungenbelag m 3. (SPORT) Zuspielen nt, Pass m; ~ **tutmak** (ver)rosten; ~ **tutmaz** nicht rostend, rostfrei; ~ **vermek** (*Ball*) zuspielen (*-e* jdm)
pasaj s 1. Ladenpassage f 2. (*in einem Buch*) Stelle f
pasak (-ğı) s Schmutz m
pasaklı adj 1. schlampig, unordentlich, nachlässig 2. schmutzig
pasaklılık (-ğı) s Schlamperei f, Unordentlichkeit f

pasaport (-tu) s (Reise)pass m; ~ **kontrolü** Passkontrolle f; **pasaportunu** (**eline**) **vermek** jdm den Laufpass geben
pasif adj passiv, untätig; ~ **içici** Passivraucher(in) m(f); ~ **içicilik** Passivrauchen nt
pasif (bilanço) s Passiva pl
Pasifik (Okyanusu) s Pazifik m, der Stille Ozean
pasifist (-ti) I. s Pazifist(in) m(f) II. adj pazifistisch
pasifizm s Pazifismus m
pasiflik (-ği) s Passivität f
Paskalya s Ostern nt; **paskalya yumurtası** Osterei nt
paslanmak vi (ver)rosten
paslanmaz adj rostfrei
paslı adj 1. verrostet 2. (*Zunge*) belegt
paso I. s Ermäßigungsausweis m; (*für Schüler*) Schülerausweis m II. interj: **benden ~** ohne mich!, ich passe!
paspas s Fußmatte f
pasta s 1. Kuchen m, Torte f 2. Rüsche f; ~ **çatalı** Kuchengabel f; ~ **kalıbı** Backform f; ~ **tabağı** Kuchenteller m
pastacı s Konditor(in) m(f)
pastane s Konditorei f
pastel renk s Pastellfarbe f
pastırma s mit viel Knoblauch gewürztes Dörrfleisch
pastör s protestantische(r) Geistliche(r) mf, Pastor(in) m(f)
pastörizasyon s Pasteurisierung f
pastörize adj pasteurisiert; ~ **etmek** pasteurisieren (*-i* etw)
pasyans s Patience f
paşa s (HIST) General m
patak (-ğı) s (*fam*) Schläge pl
pataklamak vt (*fam*) verprügeln (*-i* jdn)
patates s Kartoffel f; ~ **ezmesi** Kartoffelbrei m; ~ **kızartması** Bratkartoffeln pl; ~ **püresi** Kartoffelpüree nt; ~ **salatası** Kartoffelsalat m
patavatsız adj (*fam*) taktlos
patavatsızlık (-ğı) s (*fam*) Taktlosigkeit f
paten s 1. Schlittschuh m 2. Rollschuh m; ~ **kaymak** Eis laufen, Rollschuh laufen
patenci s Schlittschuhläufer(in) m(f)
patent (-ti) s Patent nt; ~ **dairesi** Patentamt nt
patırtı s (*fam*) (lautes) Geräusch nt
pati s Katzenpfote f
patik (-ği) s Babyschuh m
patika s Pfad m

patinaj s 1. Eiskunstlauf m; (mit Rollschuhen) Rollschuhlaufen nt 2. (Auto) Rutschen nt; ~ **yapmak** Schlittschuh [o Rollschuh] laufen; (Auto) rutschen
patlak (**-ğı**) I. adj 1. geplatzt 2. (Reifen) platt II. s Riss m; ~ **vermek** (Krise) ausbrechen
patlama s 1. Verbalsubstantiv zu **patlamak** 2. Detonation f, Explosion f 3. Knall m; ~ **gücü** Sprengkraft f
patlamak vi 1. detonieren, explodieren 2. knallen 3. (Schuss) losgehen 4. (Krieg) ausbrechen 5. (fam) (vor Langeweile) umkommen 6. (fam) teuer zu stehen kommen (-e jdm)
patlayıcı I. adj explosiv II. s Verschlusslaut m; ~ **madde** Sprengstoff m
patlıcan s Aubergine f
patolog s Pathologe, -login m, f
patoliji s Pathologie f
patolojik adj pathologisch
patriarkal adj patriarchalisch
patrik (**-ği**) s Patriarch m
patron s 1. Chef(in) m(f) 2. Schnittmuster nt
pavurya s Einsiedlerkrebs m
pavyon s 1. Ausstellungshalle f 2. Pavillon m 3. Lokal nt mit Alkoholausschank
pay s 1. Teil m, Anteil m 2. Beitrag m 3. Rate f 4. (MATH) Zähler m 5. Schelte f; ~ **etmek** (ver)teilen (-i etw)
payda s (MATH) Nenner m
paydos I. s 1. Feierabend m 2. Pause f II. interj Feierabend!; ~ **etmek** die Arbeit einstellen, Feierabend machen
paylamak vt zusammenstauchen, zurechtweisen (-i jdn)
paylaşım s: ~ **savaşı** Verteilungskampf m
paylaşmak vt 1. unter sich verteilen (-i etw) 2. (Schmerz) teilen (-i etw)
paylaştırmak vt 1. Kausativ zu **paylaşmak** 2. verteilen (-i etw)
pazar s 1. Sonntag m 2. Markt m 3. Marktplatz m, Basar m, Markthalle f 4. Wochenmarkt m; ~ **günleri** sonntags
pazarlama s 1. Verbalsubstantiv zu **pazarlamak** 2. Vermarktung f
pazarlamak vt vermarkten (-i etw)
pazarlık (**-ğı**) s Handeln nt, Feilschen nt; ~ **etmek** feilschen
pazartesi s Montag m
pazı s 1. Mangold m 2. Bizeps f
PC s PC m

peçe s (orientalischer, schwarzer) Schleier m
peçete s Serviette f
peçetelik (**-ği**) s 1. Serviettenring m 2. Serviettenständer m
ped s Damenbinde f, Slipeinlage f
pedagog s Pädagoge m, Pädagogin f
pedagoji s Pädagogik f
pedagojik adj pädagogisch
pedal s 1. Pedal nt 2. Setzmaschine f (mit Fußbetrieb)
pedikür s Fußpflege f, Pediküre f
pehlivan s Ringer m, Ringkämpfer m
pehriz s Schonkost f, Diät f; ~ **yapmak** Diät halten
pejmürde adj 1. zerfetzt, zerlumpt 2. (Aussehen) jämmerlich, erbärmlich
pek (**-ki**) I. adv sehr, recht II. adj fest, stabil, solide; ~ **az** kaum; ~ **çok** sehr viel, zahlreich
pekala I. adj, adv sehr schön, sehr gut II. interj 1. schon gut! 2. sehr wohl! 3. in Ordnung! III. interj (Füllwort vor einem Einwand) nun, denn, ja
peki interj 1. in Ordnung! 2. schon gut! 3. jawohl! 4. nun, denn, ja
pekişmek vi 1. sich verhärten 2. (Materie) sich verdichten
pekiştirmek vt 1. Kausativ zu **pekişmek** 2. befestigen (-i etw) 3. (auch fig) verstärken (-i etw)
pekiyi I. s (im Zeugnis) Eins f II. adv sehr gut
peksimet (**-ti**) s Zwieback m
pelerin s Umhang m
pelesenk (**-gi**) s Balsam m; ~ **ağacı** Palisanderholz nt, Balsambaum m
pelikan s Pelikan m
peltek (**-ği**) adj lispelnd; ~ **konuşmak** lispeln; (Betrunkener) lallen
pelür, pelüş s Plüsch m
pembe adj rosa(rot); ~ **şarap** Rosé(wein) m
penaltı s Elfmeter m, Strafstoß m
pencere s Fenster nt; **pencereden dışarı** zum Fenster hinaus; **pencereden bakmak** aus dem Fenster schauen
pençe s 1. (von Raubvogel) Klaue f 2. (von Raubtier) Tatze f; (von Hund, Katze) Pfote f 3. Schuhsohle f 4. Gewalt f, Macht f; ~ **takmak** besohlen (-e etw)
penguen s Pinguin m
penis s Penis m
penisilin s Penizillin nt
pens(e) s 1. Pinzette f 2. Flachzange f

pepe s Stotterer m, Stott(r)erin f
pepelemek vi (fam) stottern, stammeln
perakende s im Einzelverkauf; ~ **satış** Einzelhandel m
perakendeci s Einzelhändler(in) m(f)
perakendecilik (-ği) s Einzelhandel m
perçem s 1. (Haar)büschel nt 2. Stirnfransen fpl, Pony m
perde s 1. (auch im Theater) Vorhang m 2. (eines Theaterstücks) Akt m 3. Filmleinwand f 4. Tonlage f 5. (MED) Star m 6. (fig) Deckmantel m; **tül** ~ Gardine f; ~ **arası** (im Theater) Pause f
perende s Salto m; ~ **atmak** einen Purzelbaum schlagen
performans s Leistung f
pergel s (Gerät) Zirkel m
perhiz s Diät f, Schonkost f; ~ **yapmak** Diät halten
peri s Fee f
perişan adj 1. zerstreut 2. verstört; ~ **etmek** vernichten, zerstören, in Unordnung bringen (-i etw), verwirren (-i jdn)
perişanlık (-ğı) s 1. Jammer m 2. Unordnung f 3. Niedergeschlagenheit f
permi s Genehmigung f
perma(nant) (-tı) s Dauerwelle f
peron s Bahnsteig m, Gleis nt
personel s Personal nt; ~ **bürosu** Personalbüro nt; ~ **servisi** Personalabteilung f; ~ **şefi** Personalchef(in) m(f)
perspektif s Perspektive f
perşembe s Donnerstag m
Peru I. s Peru nt II. adj (Art) peruanisch
peruk(a) s Perücke f
Perulu I. s Peruaner(in) m(f) II. adj (Herkunft) peruanisch
pervane s 1. Propeller m 2. Nachtfalter m 3. Schiffsschraube f
pervaz s 1. Holzleiste f 2. Sims m
pesek (-ği) s 1. Zahnbelag m 2. Zahnstein m
pestil s dünne Fladen aus getrockneten Früchten
peş s Hinterseite f; ~ **peşe** hintereinander; **peşinde, peşinden, peşine** hinter; **bir şeyin peşinden koşmak** hinter etw her sein; **peşinden gitmek** hinterhergehen (-in jdm)
peşin adv 1. gegen bar, in bar 2. im Voraus; ~ **ödeme** Barzahlung f, Vorauszahlung f; ~ **ödemek** bar bezahlen, vorauszahlen (-i etw)
peşinen adv s. **peşin**
petek (-ği) s Bienenwabe f

petrol (-lü) s 1. Erdöl nt 2. Petroleum nt; ~ **borusu** Erdölleitung f; ~ **doları** Petrodollar m; ~ **krizi** Ölkrise f; ~ **limanı** Ölhafen m
peygamber s Prophet m
peygamberçiçeği (-ni) s Maiglöckchen nt; **mavi** ~ Kornblume f
peyk (-ki) s Satellit m, Trabant m
peynir s Käse m
peynirli adj mit Käse; ~ **burger** Cheeseburger m
pezevenk (-gi) s (vulg) 1. Zuhälter m 2. Schuft m
pezevenklik (-ği) s 1. (vulg) Zuhälterei f 2. (vulg) Schweinerei f
pıhtı s Blutgerinnsel nt
pıhtılaşmak vi gerinnen
pılı pırtı s 1. Gerümpel nt 2. alte Klamotten 3. (pej) Siebensachen pl, Kram m
pınar s 1. (größere) Quelle f 2. Brunnen m
pırasa s Lauch m, Porree m
pırıldamak vi 1. (Edelstein) funkeln 2. (Glas) glänzen 3. (Perlen) schimmern 4. (Fernseher, Luft) flimmern
pırıltı s Schimmer m, Glanz m
pırlanta I. s Brillant m II. adj aus Brillanten, Brillant-
pısırık (-ğı) adj (fam) 1. schüchtern 2. unfähig
piç (-çi) I. adj 1. (vulg: Kind) unehelich 2. versaut II. s 1. Bastard m 2. (Kind) Flegel m
pide s Fladenbrot nt

> **Pide** war für einen italienischen Botschafter, der im 18. Jahrhundert für einige Jahre in Istanbul lebte, ein solch kulinarischer Hochgenuss, dass er das deftige Hefegebäck nach Italien brachte. Dort wurde 'pide' unter dem Namen 'Pizza' weltbekannt.

pijama s Pyjama m, Schlafanzug m
pikap (-bı) s 1. Plattenspieler m 2. (kleinerer) Lieferwagen m
piknik (-ği) s Picknick nt
piksel s (INFORM) Pixel nt
pil s Batterie f
pilav s Reisgericht nt; **bulgur pilavı** Weizengrüzengericht nt
piliç (-ci) s 1. (junges) Huhn nt 2. (fam) junges, hübsches Mädchen
pilot (-tu) s 1. Pilot m, Kapitän m 2. Lotse m; ~ **projesi** Pilotprojekt nt

pingpong s Tischtennis nt
pinti I. s Geizhals m II. adj geizig, knauserig
pintilik (**-ği**) s Geiz m
pipo s Pfeife f; ~ **içmek** Pfeife rauchen; ~ **fırçası** Pfeifenreiniger m; ~ **tütünü** Pfeifentabak m
piramit (**-di**) s Pyramide f
pire s Floh m
Pireneler, Pirene Dağları (**-nı**) s pl Pyrenäen pl
pirinç (**-ci**) s 1. Messing nt 2. Reis m
pirzola s Kotelett nt, Rippchen nt
pis adj 1. schmutzig, dreckig 2. ekelhaft 3. (*Worte*) unanständig 4. (*Angelegenheit*) schwierig; ~ **bıyık** (*pej*) Kotzbrocken m; ~ **hava** (*fam*) Dreckwetter nt; ~ **koku** Gestank m
pisboğaz I. adj gefräßig II. s Vielfraß m
pisi s (*Kindersprache*) Miezekatze f
piskopos s Bischof m
pisletmek vt 1. *Kausativ zu* **pislenmek** 2. besudeln, beschmieren, beschmutzen (-i etw)
pislenmek vi 1. schmutzig werden 2. sich beschmutzen
pislik (**-ği**) s 1. Schmutz m, Dreck m 2. (*fam*) Schweinerei f 3. Kot m
pist (**-ti**) s 1. (SPORT) Bahn f 2. Piste f 3. Rollbahn f 4. Tanzfläche f
piston s Kolben m
pişirmek vt 1. *Kausativ zu* **pişmek** 2. (*Essen, Kaffee*) kochen (-i etw) 3. (*in der Pfanne*) braten; (*im Ofen*) backen (-i etw) 4. (*Ziegel*) brennen (-i etw) 5. (*lernen*) pauken (-i etw) 6. (*Angelegenheit*) in Ordnung bringen (-i etw) 7. (*Haut*) wund werden lassen (-i etw)
pişkin adj 1. gar (gekocht) 2. (*fig*) abgebrüht, ausgekocht 3. (*fam*) unverfroren 4. (*fam*) eingearbeitet, erfahren
pişman adj reuig, reumütig; ~ **olmak** bereuen (-e etw)
pişmanlık (**-ğı**) s Reue f
pişmek (**-er**) vi 1. kochen 2. (*ohne Fett*) rösten; (*im Ofen*) backen 3. Erfahrungen machen 4. (*Haut*) wund werden 5. (*Angelegenheit*) in Ordnung gebracht werden
piyade s 1. Infantrie f 2. Infanterist m 3. (*beim Schachspiel*) Bauer m
piyango s Lotterie f; ~ **bileti** Lotterielos nt
piyanist (**-ti**) s Pianist(in) m(f)
piyano s Klavier nt; ~ **çalmak** Klavier spielen; ~ **konçertosu** (*Komposition*) Klavierkonzert nt; ~ **konseri** (*Veranstaltung*) Klavierkonzert nt
piyasa s 1. Markt m 2. Geschäftsviertel nt 3. Marktpreise mpl 4. (*Spaziergang*) Bummel m; **serbest** ~ freie Marktwirtschaft; ~ **değeri** Marktwert m; ~ **düzeni** Marktordnung f; **piyasaya çıkarmak** (*Ware*) auf den Markt bringen; (*Geld*) in Umlauf setzen (-i etw); **piyasaya çıkmak** auf den Mark kommen
piyes s 1. Hörspiel nt 2. Schauspiel nt, Theaterstück nt
piyon s (*Schach*) Bauer m
pizza s Pizza f
plaj s Badestrand m; ~ **sorumlusu** (*am Strand*) Bademeister(in) m(f)
plak (**-ğı**) s Schallplatte f
plaka s Nummernschild nt; ~ **numarası** amtliches Kennzeichen
plakçı (**dükkanı**) s Schallplattengeschäft nt
plaket (**-ti**) s Plakette f
plan s 1. Absicht f, Plan m 2. Skizze f, Entwurf m 3. Grundriss m, Plan m; ~ **kurmak** Pläne schmieden
planetaryum s Planetarium nt
plankin s Wellenreiten nt
planlama s 1. *Verbalsubstantiv zu* **planlamak** 2. Planung f
planla(ştır)mak vt planen (-i etw)
planlı adj 1. planmäßig 2. mit Plan; ~ **ekonomi** Planwirtschaft f
planör s Segelflugzeug nt
planörcü s Segelflieger(in) m(f)
planörcülük (**-ğü**) s 1. Drachenfliegen nt 2. Segelfliegen nt
plansız adj planlos
plantasyon s Plantage f
plaster s Heftpflaster nt
plastik (**-ği**) I. s Plastik nt II. adj aus Plastik, Plastik-; ~ **torba** Plastiktüte f
platform s 1. Plattform f 2. (POL) Ebene f
platin I. s Platin nt II. adj aus Platin, Platin-
plato s Hochebene f
platonik adj platonisch
play-off s (SPORT) Play-off nt; ~ **grubu** Play-off-Gruppe f
pleksiglas s Plexiglas nt
pli s Falte f
plili adj mit Falten; ~ **etek** Faltenrock m
plüralist (**-ti**) I. adj pluralistisch II. s Pluralist(in) m(f)
plüralizm s Pluralismus m

plutonyum s Plutonium nt
podyum s Podest nt/m, Podium nt
poğaça s Mürbeteigpastete f
pohpohlamak vt schmeicheln (-i jdm), verhätscheln (-i jdn)
poker s Poker m
polaroid makine s Sofortbildkamera f, Polaroidkamera f
polemik (-ği) I. s Polemik f II. adj polemisch
poliçe s (gezogener) Wechsel m
poligam adj polygam
poligami s Polygamie f
poligon s 1. Vieleck nt 2. Schießplatz m
poliklinik (-ği) s Poliklinik f
polip (-pi) s Polyp m
polis s 1. Polizei f 2. Polizist(in) m(f); ~ **arabası** Streifenwagen m; ~ **devleti** Polizeistaat m; ~ **memuru** Polizist m, Schutzmann m
polisiye film s Kriminalfilm m
politik adj politisch
politika s Politik f
politikacı s Politiker(in) m(f)
poliyester s Polyester nt
Polonya I. s Polen nt II. adj (Art) polnisch
Polonyaca adj (Sprache) polnisch
Polonyalı I. s Pole m, Polin f II. adj (Herkunft) polnisch
pompa s 1. Pumpe f 2. Luftpumpe f
pompalamak vt 1. pumpen 2. aufpumpen (-i etw) 3. auspumpen (-i etw)
pompalı adj mit einer Pumpe ausgestattet: ~ **tüfek** Pumpgun f
pop müzik s Popmusik f
popo s (fam) Po(po) m
popülarite s Popularität f
popüler adj populär
popülerleşmek vi populär werden
popülist (-ti) s populistisch m
porno s Porno m; ~ **film** Pornofilm m; ~ **şebekesi** Pornoring m
pornografi s Pornografie f
pornografik adj pornografisch
porselen I. s Porzellan nt II. adj aus Porzellan, Porzellan-
porsiyon s Portion f
porsuk (-ğu) s Dachs m
portakal s Orange f; ~ **ağacı** Orangenbaum m; ~ **çiçeği** Orangenblüte f; ~ **rengi** orange(farben); ~ **suyu** Orangensaft m
portal s (INET) Portal nt
portatif adj 1. tragbar 2. zerlegbar; ~ **radyo** Kofferradio nt
portbebe s Babytragetasche f
Portekiz I. s Portugal nt II. adj (Art) portugiesisch
Portekizce adj (Sprache) portugiesisch
Portekizli I. s Portugiese m, Portugiesin f II. adj (Herkunft) portugiesisch
portmanto s Garderobenständer m
porto s Portwein m
portre s Bildnis nt, Porträt nt
posa s Kelterrückstand m; **posasını çıkarmak** auspressen (-in etw)
post (-tu) s Fell nt
posta s 1. (Einrichtung) Post f 2. (Briefe) Post f 3. Arbeitertrupp m; ~ **adresi** Postanschrift f; ~ **çeki hesabı** Postscheckkonto nt; ~ **damgası** Poststempel m; ~ **güvercini** Brieftaube f; ~ **havalesi** Postanweisung f; ~ **kartı** Postkarte f; ~ **kutusu** Briefkasten m, Postfach nt; ~ **listesi** (INET) Mailingliste f; ~ **pulu** Briefmarke f; ~ **sunucusu** (INET) Mailserver m; ~ **ücreti** Porto nt
postacı s Briefträger(in) m(f)
postalamak vt 1. (Brief) einwerfen (-i etw) 2. (per Post) verschicken (-i -e etw an jdn)
postalama listesi s (INET) Mailingliste f
postane s Post f, Postamt nt
postayla adv mit der Post
postendüstriyel adj postindustriell
poster s Poster nt/m
postmodern adj postmodern
postrestan(t) adv postlagernd
poşet (-ti) s 1. Teebeutel m 2. Plastiktasche f
pot (-tu) s Falte f; ~ **kırmak** ins Fettnäpfchen treten
pota s Schmelztiegel m
potansiyel I. adj potentiell II. s Potential nt
potpuri s (Musik) Potpourri nt
poyraz s 1. Nordostwind m 2. Nordost m
poz s 1. Pose f 2. (von Bildern) Aufnahme f 3. Belichtung f
pozisyon s Lage f, Position f, Stellung f
pozitif I. adj positiv II. s Positiv nt
pozometre s Belichtungsmesser m
pörsük (-ğü) adj s. **pörsümüş**
pörsümek vi 1. (Haut) zusammenschrumpfen 2. (Blumen) welken
pörsümüş adj 1. zusammengeschrumpft 2. welk
pösteki s (Schaf-, Ziegen-) Fell nt
Prag s Prag nt
pragmacı I. s Pragmatiker(in) m(f) II. adj

pragmatisch
pragmacılık (-ğı) s Pragmatismus m
pragmatik adj pragmatisch
pragmatist (-ti) s Pragmatiker(in) m(f)
pratik (-ği) I. adj (im Gegensatz zu theoretisch) praktisch II. s Praxis f
pratisyen doktor s praktischer Arzt, praktische Ärztin
prens s 1. Prinz m 2. Fürst m
prenses s 1. Prinzessin f 2. Fürstin f
prensip (-bi) s Grundsatz m, Prinzip nt; ~ **olarak** im/aus Prinzip, prinzipiell
prenslik (-ği) s Fürstentum nt
prestij s Prestige nt
prestijli adj prestigeträchtig
prevantoryum s Heilanstalt f
prezervatif s Präservativ nt
prim s 1. Prämie f 2. Belohnung f
priz s Steckdose f
prizma s Prisma nt
problem s 1. Rechenaufgabe f 2. Problem nt
problemli adj problematisch
problemsiz adj problemlos
prodüktör s (Film)produzent(in) m(f)
profesör s Professor(in) m(f)
profesörlük (-ğü) s Professur f
profesyonel I. s Profi m II. adj, adv berufsmäßig
profil s Profil nt
proforma s Pro-Forma-Rechnung f
program s 1. Programm nt 2. (TV) Sendung f
programlama s 1. Verbalsubstantiv zu **programlamak** 2. Programmierung f; ~ **dili** Programmiersprache f
programla(ştır)mak vt programmieren (-i etw)
programlayıcı s Programmierer(in) m(f)
proje s Projekt nt
projeksiyon s Projektion f
projektör s 1. Projektor m 2. Scheinwerfer m
proleter I. s Proletarier(in) m(f) II. adj proletarisch
proleterya s Proletariat nt
promil s (Blutalkohol) Promille f
propaganda s Propaganda f
propan (gazı) s Propan(gas) nt
prosedür s Prozedur f
prosesor s Prozessor m
prospektüs s Packungsbeilage f
prostat (-tı) s Prostata f; ~ **kanseri** Prostatakrebs m
protein s Protein nt
Protestan I. s Protestant(in) m(f) II. adj protestantisch, evangelisch
Protestanlık (-ğı) s Protestantismus m
protesto s Protest m, Einspruch m; ~ **etmek** protestieren (-i gegen etw); ~ **gösterisi** Protestkundgebung f
protez s Prothese f
protokol (-lü) s Protokoll nt
proton s Proton nt
prova s 1. Probe f 2. Theaterprobe f 3. Korrekturbogen m 4. (von Kleidung) Anprobe f; ~ **etmek** probieren, anprobieren; (Stück) proben (-i etw); ~ **yapmak** proben
prömiyer s Premiere f, Uraufführung f
Prusya I. s Preußen nt II. adj (Art) preußisch
Prusyalı I. s Preuße(in) m(f) II. adj (Herkunft) preußisch
pruva s Bug m
psikanaliz s Psychoanalyse f
psikiyatri s Psychiatrie f
psikiyatrik (-ği) adj psychiatrisch
psikiyatr(ist) s Psychiater(in) m(f)
psikolog s Psychologe m, Psychologin f
psikoloji s Psychologie f
psikolojik adj psychologisch
psikopat (-tı) s Psychopath(in) m(f)
psikosomatik adj psychosomatisch
psikoterapi s Psychotherapie f
psikoz s Psychose f
puan s 1. (Bewegungs-) Punkt m 2. (bei Muster) Punkt m
puantaj s Punktbewertung f
puding s Pudding m
pudra s Puder m
pudralamak vt pudern (-i etw)
pudralanmak vi 1. Passiv zu **pudralamak** 2. sich pudern
pudralık (-ğı) s Puderdose f
puf s Puff m, Hocker m
puhu kuşu (-nu) s Uhu m
pul s 1. (Brief)marke f 2. (vom Fisch) Schuppe f 3. Paillette f 4. (bei Brettspielen) Stein m; ~ **koleksiyoncusu** Briefmarkensammler(in) m(f); ~ **koleksiyonu** Briefmarkensammlung f; ~ ~ **olmak** sich lösen, abgehen
pullamak vt 1. (Postsendung) frankieren, freimachen (-i etw) 2. mit Pailletten versehen (-i etw)
pulluk (-ğu) s Pflug m

puma *s* Puma *m*
pupa *s* Heck *nt*
puro *s* Zigarre *f*; ~ **keseceği** Zigarrenabschneider *m*; ~ **kutusu** Zigarrenkiste *f*
pus *s* Nebel *m*
puslu *adj* (*Himmel*) diesig, trüb(e)
pusu *s* Lauer *f*; ~ **kurmak** auflauern (*-e* jdm); **pusuda** auf der Lauer; ~ **beklemek** lauern
pusula *s* 1. Kompass *m* 2. (Notiz)zettel *m* 3. Rechnung *f*
put (**-tu**) *s* 1. Götze *m* 2. Götzenbild *nt*; (*pej*) Kruzifix *nt*
putperest (**-ti**) *s* Götzendiener(in) *m(f)*, Götzenanbeter(in) *m(f)*
putperestlik (**-ği**) *s* Götzendienst *m*
püf *interj* (*Geräusch beim Pusten*) pff; ~ **noktası** springender Punkt *m*, Knackpunkt *m*; ~ **noktasını bilmek** etwas im Griff haben
püre *s* Püree *nt*
pürüz *s* 1. raue Stelle 2. Schwierigkeit *f* 3. (kleinerer) Fehler *m*
pürüzlü *adj* 1. rau, uneben 2. (*Angelegenheit*) schwierig 3. (*Sache*) mit kleinen Fehlern; ~ **nokta** (*fig*) Haken *m*
pürüzsüz *adj* 1. glatt, eben 2. fehlerfrei
püskül *s* Quaste *f*
püskürmek *vt* 1. (*Wasser*) (heraus)spritzen (*-i* etw) 2. (*Vulkan*) ausbrechen 3. ausspeien (*-i* etw)
püskürteç (**-ci**) *s* Zerstäuber *m*
püskürtmek *vt* 1. *Kausativ zu* **püskürmek** 2. (*Gas, Wasser*) ablassen, ausspritzen (*-i* etw) 3. (*Gegner*) zurückdrängen (*-i* jdn)

R

R, **r** *s 21. Buchstabe des türk. Alphabets*
Rab (**-bbi**) *s* Herrgott *m*
radar *s* 1. Radar *m/nt* 2. Radargerät *nt*; ~ **ekranı** Radarschirm *m*; ~ **istasyonu** Radarstation *f*
radikal (**-li**) *adj* radikal
radikalizm *s* Radikalismus *m*
radyasyon *s* 1. Strahlung *f* 2. Strahlwirkung *f*
radyatör *s* 1. Heizkörper *m* 2. (AUTO) Kühler *m*; ~ **suyu** Kühlwasser *nt*
radyo *s* 1. Radio *nt* 2. Radioapparat *m*; ~ **dalga kuşağı** Bandbreite *f*; ~ **istasyonu** Sender *m*; ~ **tiyatrosu** Hörspiel *nt*; ~ **yayını** Rundfunkübertragung *f*; **radyoyu açmak** das Radio einschalten
radyoaktif *adj* radioaktiv
radyoaktivite *s* Radioaktivität *f*
radyoevi (**-ni**) *s* Funkhaus *nt*
radyografi *s* Röntgenaufnahme *f*
radyoterapi *s* Strahlenbehandlung *f*
raf *s* 1. Gestell *nt*, Regal *nt* 2. Wandbrett *nt*
rafadan *adj* (*Ei*) weich gekocht; ~ **yumurta** weich gekochtes Ei
rafine *s* (CHEM) raffiniert
rafineri *s* Raffinerie *f*
rağbet (**-ti**) *s* 1. Beliebtheit *f* 2. Nachfrage *f*; ~ **görmek** großen Zulauf haben, viel Zuspruch haben
rağmen I. *präp* trotz (*-e gen*); **buna** ~ trotzdem II. *konj* obgleich, obwohl; **hasta olmasına** ~ obwohl er krank war/ist
rahat (**-tı**) I. *s* 1. Ruhe *f* 2. Gemütlichkeit *f* II. *adj* 1. behaglich, bequem 2. ruhig 3. (*Ort*) gemütlich III. *interj* rührt euch!; ~ **bırakmak** in Ruhe lassen, zufrieden lassen (*-i* jdn); ~ **bir köşe** eine gemütliche Ecke; ~ **dur!** sei ruhig!; ~ **etmek** seine Ruhe haben; ~ ~ in aller Ruhe; ~ **vermemek** nicht in Ruhe lassen (*-e* jdn); **rahatına bakmak** es sich bequem machen
rahatlamak *vi* 1. sich beruhigen 2. sich erleichtert fühlen
rahatlatıcı *adj* beruhigend
rahatlatmak *vt* 1. *Kausativ zu* **rahatlamak** 2. beruhigen (*-i* jdn/etw) 3. erleichtern (*-i* jdn)
rahatlık (**-ğı**) *s* 1. Ruhe *f* 2. Bequemlichkeit *f* 3. Gemütlichkeit *f* 4. Annehmlichkeit *f*
rahatsız *adj* 1. ruhelos 2. unbequem, ungemütlich 3. unwohl; ~ **etmek** stören, belästigen (*-i* jdn); ~ **olmayın!** lassen Sie sich nicht stören!
rahatsızlanmak *vi* 1. gestört werden 2. sich nicht wohl fühlen 3. erkranken
rahatsızlık (**-ğı**) *s* 1. Unbehagen *nt*, Unru-

he *f* 2. Unwohlsein *nt* 3. (*Leiden*) Beschwerde *f*
rahibe *s* Nonne *f*, Ordensschwester *f*
rahim (**-hmi**) *s* Gebärmutter *f*
rahip (**-bi**) *s* Mönch *m*
rahmet (**-ti**) *s* 1. (göttliche) Gnade *f* 2. Regen *m*
rahmetli *adj* verstorben, selig
rahmi (**-ni**) *s* Possessivform zu **rahim** ihre Gebährmutter
rakam *s* Zahl *f*, Ziffer *f*
raket (**-ti**) *s* Tennisschläger *m*
rakı *s* Raki *m*, Anisbranntwein *m*

> **Rakı**, das heimliche Nationalgetränk der Türkei, wird aus Trauben und Anis gebraut. Den klaren Anisschnaps trinkt man nicht pur, sondern mit Wasser verdünnt, wobei die typisch milchige Farbe entsteht. Liebevoll wird rakı von den Türken daher auch 'aslan sütü' (Löwenmilch) genannt. Der Name Löwenmilch lässt vergessen, dass es sich dabei um ein alkoholisches Getränk handelt, dessen Genuss sich für einen gläubigen Muslim ja eigentlich verbietet.

rakım *s* (*über Meeresspiegel*) Höhe *f*
rakibe *s* 1. Rivalin *f* 2. Gegnerin *f* 3. Konkurrentin *f*
rakip (**-bi**) I. *s* 1. Nebenbuhler *m*, Rivale *m* 2. Gegner *m* 3. Konkurrent *m* II. *adj* gegnerisch; ~ **oyuncu** Gegenspieler(in) *m(f)*
rakiplik (**-ği**) *s* Rivalität *f*
ralantisör *s* Zeitlupe *f*
ramazan *s* Ramadan *m* (*islamischer Fastenmonat*); ~ **bayramı** Ramadanfest *nt*

> **Ramazan**, der islamische Fastenmonat Ramadan, ist der 9. Monat des islamischen Mondkalenders. Die Fastenzeit dauert 30 Tage. Von Sonnenaufgang bis Sonnenuntergang darf dem Körper nichts zugeführt werden. Gegessen und getrunken wird erst bei Dunkelheit.

rampa *s* 1. Rampe *f* 2. (*eines Schiffes*) Anlegen *nt*
randevu *s* 1. Rendezvous *nt* 2. Verabredung *f*, Treffen *nt*; ~ **almak** sich anmelden; ~ **evi** Freudenhaus *nt*; **randevusu olmak** einen Termin haben, verabredet sein
randevucu *s* Kuppler(in) *m(f)*
randıman *s* 1. Ertrag *m* 2. Leistungsfähigkeit *f*
randımanlı *adj* 1. ertragreich 2. leistungsfähig
rant (**-tı**) *s* (*arbeitsfreies Einkommen*) Rente *f*
rap (**-pi**) *s* Rap *m*; ~ **söylemek** rappen
rapçi *s* (MUS) Rapper(in) *m(f)*
rapor *s* 1. Bericht *m* 2. Gutachten *nt* 3. Attest *nt*; ~ **vermek** Bericht erstatten, ein Gutachten erstellen; ~ **yazmak** ein Attest ausstellen
raptiye *s* 1. (*Büro-, Heft-*) Klammer *f* 2. Reißnagel *m*, Reißzwecke *f*
rasathane *s* 1. Observatorium *nt*, Sternwarte *f* 2. Wetterwarte *f* 3. Erdbebenwarte *f*
rasgele I. *adv* aufs Geratewohl, auf gut Glück II. *adj* irgendein(e) III. *interj* viel Erfolg!; ~ **birisi** der Erstbeste
rast gelmek *vt* 1. glücken (*-e* jdm) 2. (*zufällig*) begegnen (*-e* jdm) 3. (*Ziel*) treffen (*-e* etw) 4. (*Anteil*) zufallen (*-e* jdm) 5. (*Termin*) zusammenfallen mit (*-e* mit etw)
rastlamak *vt s*. **rast gelmek**
rastlantı *s* 1. (zufällige) Begegnung *f* 2. Zufall *m*
rasyonalizasyon *s* Rationalisierung *f*
rasyonalize *adj* rationalisiert; ~ **etmek** rationalisieren (*-i* etw)
rasyonel *adj* rational
rasyonelleştirmek *vt* rationalisieren (*-i* etw)
raunt (**-du**) *s* (*Boxen*) Runde *f*
ravent (**-di**) *s* Rhabarber *m*
ray *s* Gleis *nt*, Schiene *f*; **raydan çıkma** Entgleisung *f*; **raydan çıkmak** entgleisen
rayiç (**-ci**) *s* Kurs(wert) *m*
razı *adj* 1. einverstanden 2. befriedigt; ~ **olmak** [*o* **gelmek**] einverstanden sein, sich begnügen (*-e* mit etw)
reaksiyon *s* Reaktion *f*; ~ **göstermek** reagieren
reaktör *s* Reaktor *m*
realist (**-ti**) I. *s* Realist(in) *m(f)* II. *adj* realistisch
realite *s* Realität *f*
realpolitik (**-ği**) *s* Realpolitik *f*
reçel *s* Marmelade *f*
reçete *s* Rezept *nt*; ~ **yazmak** ein Rezept ausstellen
reçine *s* (*von Bäumen*) Harz *nt*
redaksiyon *s* Verlagsredaktion *f*
redaktör *s* Verlagsredakteur(in) *m(f)*
reddetmek (**-der**) *vt* ablehnen, abschlagen; (*Bitte*) zurückweisen, verweigern (*-i* etw)

reddi (**-ni**) *s Possessivform zu* **ret** die Ablehnung von ...
refah *s* Wohlstand *m;* ~ **toplumu** Wohlstandsgesellschaft *f*
refakat (**-ti**) *s* 1. Begleitung *f* 2. Geleit *nt;* ~ **etmek** begleiten, geleiten (*-e* jdn); ...**-in refakatinde** in Begleitung von ...
refakatçi *s* Begleiter(in) *m(f)*
referandum *s* Referendum *nt*
referans *s* Empfehlung *f,* Referenzen *pl*
refleks *s* Reflex *m*
reform *s* Reform *f*
Reformasyon *s* (HIST) Reformation *f*
reformcu *s* Reformanhänger(in) *m(f)*
reggi *s* Reggae *m*
rehber *s* 1. Führer(in) *m(f)* 2. (*Person*) Reiseführer(in) *m(f),* Reiseleiter(in) *m(f)* 3. Nachschlagewerk *nt*
rehberlik (**-ği**) *s* Führung *f*
rehin (**-hni**) *s* 1. Unterpfand *nt* 2. Verpfändung *f;* ~ **etmek** verpfänden (*-i* etw); ~ **vermek** versetzen (*-i* etw)
rehine *s* Geisel *f;* ~ **alma** Geiselnahme *f*
reis *s* 1. Präsident(in) *m(f),* Vorsitzende(r) *mf,* Vorstand *m* 2. Oberhaupt *nt* 3. (*fam*) Kapitän *m*
reji *s* 1. Regie *f* 2. Monopolverwaltung *f*
rejim *s* 1. Regime *nt* 2. Diät *f;* ~ **muhalifi** Regimegegner(in) *m(f);* ~ **yapmak** Diät halten
rejisör *s* Regisseur(in) *m(f)*
rekabet (**-ti**) *s* 1. Konkurrenz *f,* Rivalität *f* 2. Wettkampf *m;* ~ **etmek** rivalisieren, konkurrieren (*ile* mit jdm)
rekabetçi *adj* konkurrenzfähig
reklam *s* Reklame *f,* Werbung *f;* ~ **spotu** Werbespot *m;* ~ **yapmak** werben, Reklame machen (*için* für etw/jdn)
rekor *s* Rekord *m;* ~ **kırmak** einen Rekord brechen
rekortmen *s* Rekordinhaber(in) *m(f)*
rektör *s* (*einer Universität*) Rektor *m*
Ren (**nehri**) *s* Rhein *m;* ~ **bölgesi** Rheinland *nt*
rencide *adj* gekränkt, beleidigt; ~ **etmek** kränken, beleidigen (*-i* jdn)
rençper *s* 1. Tagelöhner *m* 2. Bauer *m*
rende *s* 1. Hobel *m* 2. Reibe *f* 3. Reibsel *nt*
rendelemek *vt* 1. hobeln (*-i* etw) 2. (*Kartoffeln*) reiben (*-i* etw)
rengarenk *adj* 1. mehrfarbig, bunt 2. kunterbunt

rengeyiği (**-ni**) *s* Ren(tier) *nt*
renk (**-gi**) *s* 1. Farbe *f* 2. Wesen *nt,* Charakter *m;* ~ **tonu** Farbton *m;* ~ **vermek** färben (*-e* etw); (*fig*) Farbe verleihen (*-e* einer Sache); **rengi değişmek** sich verfärben; **rengini belli etmek** Farbe bekennen
renkkörlüğü (**-nü**) *s* Farbenblindheit *f*
renkkörü (**-nü**) *adj* farbenblind
renklendirici *s* Farbstoff *m*
renkli *adj* bunt, farbig; ~ **basın** Regenbogenpresse *f;* ~ **çamaşır** Buntwäsche *f;* ~ **film** Farbfilm *m;* ~ **fotoğraf** Farbfoto *nt;* ~ **kalem** Farbstift *m;* ~ **televizyon** Farbfernseher *m*
renksiz *adj* 1. (*auch fig*) farblos 2. blass
repertuvar *s* 1. (*von Theater*) Spielplan *m* 2. Repertoire *nt*
reprodüksiyon *s* Reproduktion *f*
resepsiyon *s* 1. (*im Hotel*) Empfang *m,* Rezeption *f* 2. (*Einladung*) Empfang *m*
resepsiyoncu *s* Empfangschef(in) *m(f)*
resesyon *s* (COM) Rezession *f*
resim (**-smi**) *s* 1. Bild *nt* 2. Abbildung *f* 3. Zeichnung *f* 4. Illustration *f* 5. Bildnis *nt* 6. Foto *nt,* Fotografie *f* 7. Aufnahme *f* 8. Gemälde *nt* 9. Malerei *f* 10. (*Unterrichtsfach*) Zeichnen *nt* 11. Abgabe *f,* Steuer *f;* ~ **çekmek** fotografieren; ~ **çerçevesi** Fotorahmen *m;* ~ **çizmek** zeichnen; ~ **kâğıdı** Zeichenpapier *nt;* ~ **sergisi** Kunstausstellung *f;* ~ **yapmak** malen, zeichnen
resimli *adj* mit Bildern, illustriert; ~ **dergi** Illustrierte *f;* ~ **kitap** Bilderbuch *nt*
resital *s* Konzert *nt*
resmen *adv* offiziell
resmi *adj* 1. offiziell 2. formell, förmlich; ~ **daire** Behörde *f;* ~ **gazete** Amtsblatt *nt;* ~ **merci** Behörde *f*
resmi (**-ni**) *s Possessivform zu* **resim** das Bild von ...
resmigeçit (**-di**) *s* Defilee *nt*
resmilik (**-ği**) *s* Förmlichkeit *f*
resmiyet (**-ti**) *s* s. **resmilik**
ressam *s* 1. (*Kunst-*) Maler(in) *m(f)* 2. Zeichner(in) *m(f);* ~ **sehpası** Staffelei *f*
ressamlık (**-ğı**) *s* 1. Malerei *f* 2. Malerberuf *m*
restoran *s* Restaurant *nt*
restorasyon *s* 1. Restaurierung *f* 2. (HIST) Restauration *f*
restore *adj* restauriert; ~ **etmek** renovieren, restaurieren (*-i* etw)
resus faktörü (**-nü**) *s* Rhesusfaktor *m*

reşit (**-di**) *adj* 1. reif 2. mündig, volljährig
reşitlik (**-ği**) *s* 1. Reife *f* 2. Volljährigkeit *f*
ret (**-ddi**) *s* Ablehnung *f*, Absage *f*, Weigerung *f*
revaç (**-cı**) *s* Nachfrage *f;* **revaçta olan** gefragt
revalüasyon *s* (*Geld-*) Aufwertung *f*
reverans *s* Verbeugung *f;* ~ **yapmak** sich verbeugen
revizyon *s* 1. Revision *f* 2. (*Buch*) Überarbeitung *f* 3. (TECH) Überholung *f*
revolver *s* Revolver *m*
revü *s* Revue *f*
rey *s* 1. (*bei einer Wahl*) Stimme *f* 2. Stimmabgabe *f*
reyhan *s* Basilikum *nt*
reyon *s* 1. (Rad)speiche *f* 2. (*im Kaufhaus*) Abteilung *f*
reyting *s* (TV) Einschaltquote *f*
rezalet (**-ti**) *s* 1. Schandtat *f* 2. Schmach *f* 3. Skandal *m*
rezaletli *adj* skandalös
reze *s* Türangel *f*
rezene *s* Fenchel *m*
rezerv *s* (*Geld-*) Reserve *f*
rezervasyon *s* (*eines Zimmers, Tisches*) Reservierung *f*
rezerve *adj* (*Platz*) reserviert, vorbestellt; ~ **ettirmek** reservieren (*-i* etw)
rezil *adj* 1. niederträchtig 2. bloßgestellt; ~ **etmek** blamieren, bloßstellen, in Verruf bringen (*-i* jdn); ~ **olmak** sich blamieren, bloßgestellt werden
rıhtım *s* 1. Kai *m* 2. Mole *f*
rıza *s* Einverständnis *nt;* ~ **beyanı** Einverständniserklärung *f;* ~ **göstermek** zustimmen, einwilligen (*-e* in etw); ... **rızasıyla** im Einverständnis mit ...
riayet (**-ti**) *s* 1. Achtung *f*, Respekt *m* 2. Rücksichtnahme *f;* ~ **etmek** Rücksicht nehmen auf; (*Vorschriften*) befolgen; (*Vertrag, Frist*) einhalten (*-e* etw)
rica *s* 1. (*Ersuchen*) Bitte *f* 2. (*Wunsch*) Anliegen *nt;* **sizden ... ~ edebilir miyim?** darf ich Sie um ... bitten?; ~ **ederim!** bitte!; (*als höfliche Antwort auf ein Lob*) aber ich bitte Sie!; ~ **etmek** bitten (*-den -i* jdn um etw); **sizden bir ricam var** ich habe eine Bitte an Sie; **birinden bir şey için ricada bulunmak** jdn ersuchen etwas zu tun
Richter ölçeği *s* Richter-Skala *f*
rimel *s* Wimperntusche *f*

ring *s* (*Box-*) Ring *m*
ringa (**balığı**) *s* Hering *m;* **küçük** ~ Matjeshering *m*
risk (**-ki**) *s* Risiko *nt;* ~ **etmek** riskieren (*-i* etw); **riske girmek** ein Risiko eingehen; **riske hazır** risikobereit
ritim (**-tmi**) *s* Rhythmus *m*
ritmik *adj* rhythmisch
rivayet (**-ti**) *s* 1. Überlieferung *f* 2. Gerücht *nt*
riya *s* Heuchelei *f*
riyakar *adj* heuchlerisch
riziko *s* Risiko *nt*, Wagnis *nt*
rizikolu *adj* riskant, gewagt
robot (**-tu**) *s* Roboter *m;* ~ **resim** Phantombild *nt*
rock (**müziği**) *s* Rock *m*, Rockmusik *f*
Rodos *s* Rhodos *nt*
roket (**-ti**) *s* Rakete *f*
rokoko *s* (HIST) Rokoko *nt*
rol (**-lü**) *s* Rolle *f;* ~ **oynamak** eine Rolle spielen
rom *s* Rum *m*
Roman *adj* (*Kunst*) romanisch
roman *s* Roman *m*
Romanca *adj* (*Sprache*) romanisch
romans *s* Romanze *f*
romantik (**-ği**) I. *adj* romantisch II. *s* Romantiker(in) *m(f)*
romantiklik (**-ği**) *s* Romantik *f*
romantizm *s* Romantik *f*
Romanya I. *s* Rumänien *nt* II. *adj* (*Art*) rumänisch
Romanyaca *adj* (*Sprache*) rumänisch
Romanyalı I. *adj* (*Herkunft*) rumänisch II. *s* Rumäne *m*, Rumänin *f*
romatizma *s* Rheuma *nt*, Rheumatismus *m*
Romen I. *s* (HIST) Römer(in) *m(f)* II. *adj* (HIST) römisch
romstek *s* Rumpsteak *nt*
rontken *s* s. **röntgen**
rota *s* Kurs *m*, Route *f*
rozbif *s* Roastbeef *nt*
rozet (**-ti**) *s* Rosette *f*
römork (**-ku**) *s* 1. Autoanhänger *m* 2. (*am Motorrad*) Beiwagen *m*
Rönesans *s* (HIST) Renaissance *f*
röntgen *s* 1. Röntgenuntersuchung *f* 2. Röntgenbestrahlung *f;* ~ (**filmi**) Röntgenaufnahme *f;* ~ **ışınları** Röntgenstrahlen *pl;* **röntgenini çekmek** röntgen (*-in* etw/jdn)
röntgenci *s* (*pej fam*) Voyeur *m*, Spanner *m*

röportaj s Reportage f
röportajcı s Berichterstatter(in) m(f), Reporter(in) m(f)
röprodüksiyon s Reproduktion f
rötar s Verspätung f
rövanş s Revanche f; ~ **maçı** Rückspiel nt
ruble s Rubel m
rugan s Lack m; ~ **pabuç** Lackschuh m
rugbi s Rugby nt
ruh s 1. Seele f 2. (Gesinnung) Geist m 3. Kernpunkt m 4. Essenz f 5. Gespenst nt, Geist m 6. Psyche f; ~ **çağırmak** Geister beschwören; ~ **doktoru** Psychiater(in) m(f); ~ **haleti** [o hali] Geisteszustand m
ruhani adj 1. geistlich 2. geistig; ~ **meclis** Synode f; **ruhaniler meclisi** Konzil nt
ruhbilim s Psychologie f
ruhbilimci s Psychologe m, Psychologin f
ruhbilimsel adj psychologisch
ruhçözüm s Psychoanalyse f
ruhi adj seelisch, psychisch; ~ **denge** (seelische) Ausgeglichenheit f
Ruhr s Ruhr f; ~ **Havzası** Ruhrgebiet nt
ruhsal adj 1. seelisch 2. psychologisch; ~ **rahatsızlık** psychische Störung f
ruhsat (-tı) s 1. Genehmigung f, Lizenz f 2. Zulassung f
ruhsatsız adj ohne behördliche Genehmigung, nicht genehmigt; ~ **av avlamak** wildern; ~ **avcı** Wilderer m; ~ **silah taşıma** unerlaubter Waffenbesitz
ruhsuz adj geistlos, leblos
Ruhülkudüs s der Heilige Geist

ruj s Lippenstift m
rulet (-ti) s Roulett nt
rulo s Rolle f
Rum s in der Türkei lebende(r) Grieche m, Griechin f
Rumen I. s Rumäne m, Rumänin f II. adj (Art) rumänisch
rumuz s 1. Kennwort nt 2. Formel f
Rus I. s Russe m, Russin f II. adj (Art) russisch
Rusça adj (Sprache) russisch
rusdağı s Achterbahn f
Rusya I. s Russland nt II. adj (Art) russisch
rutin s Routine f
rutubet (-ti) s Feuchtigkeit f
rutubetli adj feucht
rüçhan hakkı (-nı) s (FIN) Vorzugsrecht nt (auf Aktien)
rüşt (-tü) s 1. Reife f 2. Volljährigkeit f
rüşvet (-ti) s 1. Bestechung f 2. Bestechungsgeld nt; ~ **vermek** [o **yedirmek**] bestechen (-e jdn)
rüşvetçi adj bestechlich
rüşvetçilik (-ği) s Bestechlichkeit f
rütbe s 1. Dienstgrad m 2. Rang m
rüya I. s Traum m; ~ **gibi** wie im Traum II. adj, adv traumhaft; ~ **görmek** träumen
rüzgar s Wind m; ~ **çiçeği** Osterglocke f; ~ **hızı** Windstärke f; ~ **şartları** Windverhältnisse pl; ~ **santrali** Windkraftwerk nt
rüzgarlı adj windig; **hava** ~ es ist windig
rüzgarsız adj windstill
rüzgarsızlık (-ğı) s Windstille f

S

S, s s 22. Buchstabe des türk. Alphabets
saadet (-ti) s Glück nt
saat (-ti) s 1. Stunde f 2. Uhr f 3. Zeit f 4. Zeitpunkt m 5. (Gas-) Zähler m; ~ **ayarı** Zeitansage f; ~ **iki** es ist zwei Uhr; **iki** ~ zwei Stunden; ~ **ibresi** Uhrzeiger m; ~ **kaç** wie spät ist es? wie viel Uhr ist es?; ~ **kaçta?** um wie viel Uhr?; ~ **mekanizması** Uhrwerk nt; ~ **tutmak** die Zeit stoppen; ~ **ücreti** Stundenlohn m
saatçi s Uhrmacher(in) m(f)
saatlerce adv stundenlang
saatli adj mit einem Uhrwerk ausgestattet; ~ **bomba** Zeitbombe f
sabah I. s Morgen m II. adj morgendlich; ~ **akşam** zu jeder Tageszeit; ~ **erkenden** frühmorgens; ~ **kızıllığı** Morgenröte f; ~ **oldu** es ist Tag geworden; ~ **yıldızı** Morgenstern m; **bu** ~ heute Morgen; **ertesi** ~ am anderen [o nächsten] Morgen
sabahki adj morgendlich
sabahlamak vi die Nacht über aufbleiben
sabahları adv (jeden Morgen) morgens
sabahleyin adv (am Morgen) morgens
sabahlık (-ğı) s Morgenrock m
saban s (Holz-) Pflug m

sabık (**-kı**) *adj* ehemalig
sabıka *s* Vorstrafe *f*
sabıkalı *adj* vorbestraft
sabır (**-brı**) *s* Geduld *f*
sabırlı *adj* geduldig
sabırsız *adj* ungeduldig
sabırsızlanmak *vi* ungeduldig werden
sabırsızlık (**-ğı**) *s* Ungeduld *f*
sabit (**-ti**) *adj* beständig, konstant, unveränderlich; ~ **disk** (INFORM) Festplatte *f*; ~ **fikir** fixe Idee
sabotaj *s* Sabotage *f*
sabotajcı *s* Saboteur(in) *m(f)*
sabote *adj* sabotiert; ~ **etmek** sabotieren (*-i* etw)
sabretmek (**-der**) *vi* 1. sich gedulden 2. ertragen können (*-e* etw)
sabrı (**-nı**) *s Possessivform zu* **sabır** seine/ihre Geduld *f*
sabun *s* Seife *f*; ~ **köpüğü** Seifenschaum *m*; ~ **tozu** Seifenpulver *nt*
sabunlamak *vt* einseifen (*-i* etw)
sabunluk (**-ğu**) *s* Seifendose *f*
saç (**-cı**) I. *s* Blech *nt* II. *adj* aus Blech
saç (**-çı**) *s* Haar *nt*; ~ **ayrığı** Scheitel *m*; ~ **bakımı** Haarpflege *f*; ~ **fırçası** Haarbürste *f*; ~ **kurutma makinesi** Föhn *m*, Trockenhaube *f*; ~ **biçimi** Frisur *f*; ~ **örgüsü** Zopf *m*; ~ **tokası** Haarklammer *f*, Haarspange *f*; **saçını kestirmek** sich die Haare schneiden lassen; **saçını taramak** sich kämmen; **birini saçlarından sürüklemek** jdn an den Haaren ziehen
saçak (**-ğı**) *s* 1. Franse *f* 2. Vordach *nt*
saçkıran *s* Haarausfall *m*
saçlı *adj* haarig; (*mit näherer Angabe*) -haarig; **kızıl** ~ rothaarig
saçma I. *s* 1. *Verbalsubstantiv zu* **saçmak** 2. Schrot *m* 3. Unsinn *m* II. *adj* blödsinnig, unsinnig; **ne** ~ **şey!** so ein Quatsch!; ~ **sapan** (*fam*) blödsinnig
saçmak (**-ar**) *vt* 1. verstreuen, zerstreuen (*-i* etw) 2. (*Duft*) ausströmen (*-i* etw) 3. (*Schrecken*) verbreiten (*-i* etw)
saçmalamak *vi* (*fam*) dummes Zeug reden, spinnen
saçmalık (**-ğı**) *s* Blödsinn *m*
sada *s* 1. Schall *m* 2. Echo *m*
sadaka *s* Almosen *nt*, Spende *f*
sadakat (**-ti**) *s* Ergebenheit *f*, Loyalität *f*, Treue *f*
sade I. *adj* 1. einfach, schlicht 2. pur, rein II. *adv* nur, bloß; ~ **kahve** schwarzer Kaffee
sadece *adv* lediglich, nur, bloß; ~ **... değil, aynı zamanda** nicht nur ..., sondern auch
sadeleşmek *vi* sich vereinfachen
sadeleştirmek *vt* 1. *Kausativ zu* **sadeleşmek** 2. vereinfachen (*-i* etw) 3. (MATH) kürzen (*-i* etw)
sadelik (**-ği**) *s* Einfachheit *f*
sadet (**-di**) *s* Thema *nt*, Hauptfrage *f*
sadık (**-ğı**) *adj* treu
sadist (**-ti**) I. *s* Sadist(in) *m(f)* II. *adj* sadistisch
sadizm *s* Sadismus *m*
saf (**-ffı**) *s* Reihe *f*; **saffa dizilmek** Spalier stehen
saf *adj* 1. echt 2. rein, pur 3. naiv, leichtgläubig
safdışı *adv*: **birini** ~ **bırakmak** [*o* **etmek** [*o* **kılmak**]] (*Rivalen*) jdn abhängen, jdn aus dem Rennen schlagen; ~ **kalmak** aus dem Rennen sein
safdil *adj* einfältig, naiv, leichtgläubig
safdillik (**-ği**) *s* Leichtgläubigkeit *f*, Naivität *f*
saffı (**-nı**) *s Possessivform zu* **saf** die Reihe von ...
safha *s* 1. (*Stadium*) Phase *f* 2. Seite *f*
safi I. *adj* 1. unverfälscht, rein 2. Netto- II. *adv* lediglich, nur; ~ **ağırlık** Nettogewicht *nt*; ~ **gelir** Nettoeinkommen *nt*; ~ **hasılat** Reinertrag *m*
safkan *adj* reinrassig
saflık (**-ğı**) *s* 1. Reinheit *f* 2. Naivität *f*
safra *s* 1. Ballast *m* 2. Galle *f*; ~ **kesesi** Gallenblase *f*; ~ **kesesi taşı** Gallenstein *m*
safran *s* 1. Safrankrokus *m* 2. Safran *m*
sağ I. *adj* 1. lebend, lebendig 2. gesund 3. rechte(r, s) II. *s* die rechte Seite; ~ **kalmak** am Leben bleiben, überleben; ~ **ol(un)** danke schön; ~ **salim** (*Person*) wohlbehalten, unversehrt; ~ **el** die rechte Hand; ~ **tarafta** rechts; **sağa** nach rechts; **sağda** rechts; **sağdan** von rechts; **sağını solunu bilmemek** die Fassung verlieren
sağaçık (**-ğı**) *s* Rechtsaußen *m*
sağanak (**-ğı**) *s* Regenschauer *m*, Wolkenbruch *m*
sağcı I. *s* (POL) Rechte(r) *mf* II. *adj* rechte(r, s)
sağdıç (**-cı**) *s* 1. Brautführer *m* 2. *Helfer bei der Beschneidung*
sağduyu *s* gesunder Menschenverstand

saggörü *s* Scharfblick *m*, Umsicht *f*
saggörüşlü *adj* umsichtig
sağır *adj* taub, gehörlos; **~ dilsiz** taubstumm, Taubstumme(r) *mf*; **sağırlar dili** Zeichensprache *f*
sağlam *adj* 1. fest, stabil, solide 2. dauerhaft, beständig 3. unversehrt, ganz 4. zuverlässig, sicher 5. gesund; **sağlama bağlamak** absichern (*-i etw*)
sağlamak *vt* 1. beschaffen, besorgen (*-e -i* jdm etw) 2. sichern (*-i* etw) 3. nach rechts gehen [*o* fahren]
sağlamlaştırmak *vt* 1. festigen (*-i* etw) 2. verstärken, bekräftigen (*-i* etw) 3. sichern, sicherstellen (*-i* etw)
sağlamlık (**-ğı**) *s* 1. Haltbarkeit *f*, Stabilität *f* 2. Unversehrtheit *f* 3. Zuverlässigkeit *f* 4. Gesundheit *f*
sağlık (**-ğı**) *s* 1. Gesundheit *f* 2. Leben *nt*; **Sağlık Bakanlığı** Gesundheitsministerium *nt*; **~ durumu** Gesundheitszustand *m*; **~ sigortası** Krankenversicherung *f*; **sağlığa zararlı** gesundheitsschädlich; **sağlığınıza!** auf Ihr Wohl!
sağlıcakla *interj*: **~ kalın!** leben Sie wohl!
sağlıklı *adj* gesund
sağlıksal *adj* gesundheitlich
sağmak (**-ar**) *vt* 1. melken (*-i* etw) 2. aufwickeln (*-i* etw)
sağrı *s* Pferderücken *m*, Kruppe *f*; **~ kemiği** Kreuz *n*
saha *s* 1. Bereich *m* 2. (MATH) Fläche *f* 3. Spielfeld *nt* 4. (PHYS) Feld *nt*
sahaf *s* Antiquar(in) *m(f)*
sahan *s* Pfanne *f*; **sahanda yumurta** Spiegelei *nt*
sahi *adj* wirklich; **~ mi?** wirklich?
sahibe *s* 1. Herrin *f* 2. Besitzerin *f*, Inhaberin *f*
sahici *adj* wirklich, echt
sahiden *adv* 1. echt 2. tatsächlich, wahrhaftig
sahil *s* (*am Meer*) Küste *f*, Ufer *nt*
sahip (**-bi**) *s* Besitzer(in) *m(f)*, Inhaber(in) *m(f)*; **~ olmak** besitzen (*-e* etw)
sahiplenmek *vt* für sich vereinnahmen (*-i* etw)
sahne *s* 1. Bühne *f* 2. Schauplatz *m* 3. Szene *f*; **sahneye çıkış** Auftritt *m*; **sahneye çıkmak** auftreten; **sahneye koyma** Inszenierung *f*; **sahneye koymak** inszenieren (*-i* etw)

sahte *adj* falsch, unecht; **~ para** Falschgeld *nt*
sahtekar *s* Fälscher(in) *m(f)*
sahtelik (**-ği**) *s* Fälschung *f*
sahur *s* Essen vor Tagesanbruch im Fastenmonat
saka *s* Wasserträger(in) *m(f)*; **saka kuşu** Stieglitz *m*, Distelfink *m*
sakal *s* (Voll)bart *m*
sakallı *adj* bärtig
sakar I. *s* 1. Blesse *f* 2. Tollpatsch *m* II. *adj* tollpatschig, ungeschickt
sakarin *s* Saccharin *nt*
sakarlık (**-ğı**) *s* Tollpatschigkeit *f*, Ungeschicklichkeit *f*
sakat (**-tı**) I. *s* 1. Behinderte(r) *mf* 2. Fehler *m* II. *adj* 1. (*körperlich*) behindert 2. (*Körperteil*) verkrüppelt 3. (*Spieler*) verletzt 4. (*Sache*) faul 5. (*Ware*) fehlerhaft
sakatat (**-tı**) *s* Innereien *pl*
sakın *adv* ja nicht; **~ ha!** bloß nicht!
sakınca *s* 1. Nachteil *m* 2. Vorbehalt *m*
sakıncalı *adj* 1. heikel, bedenklich 2. nachteilig
sakıngan *adj* zurückhaltend, vorsichtig
sakınganlık (**-ğı**) *s* Zurückhaltung *f*, Vorsicht *f*
sakınmak I. *vt* behüten (*-i* etw/jdn) II. *vi* 1. sich hüten (*-den* vor etw/jdm), meiden (*-den* etw/jdn) 2. vermeiden (*-den* etw) 3. sich in Acht nehmen (*-den* vor etw)
sakırga *s* Zecke *f*
sakız *s* 1. Harz *nt* 2. (*fam*) Kaugummi *m/nt*
sakin I. *s* Bewohner(in) *m(f)*, Einwohner(in) *m(f)* II. *adj* 1. friedlich, gelassen, ruhig 2. still, regungslos
sakinleşmek *vi* 1. sich beruhigen 2. aufhören, sich legen
sakinleştirici *adj* beruhigend
sakinleştirmek *vt* 1. *Kausativ zu* **sakinleşmek** 2. beruhigen (*-i* jdn/etw)
sakinlik (**-ği**) *s* 1. Gelassenheit *f* 2. Stille *f*
saklama *s* 1. *Verbalsubstantiv zu* **saklamak** 2. Aufbewahrung *f*; **~ sıvısı** (*für Kontaktlinsen*) Aufbewahrungslösung *f*
saklamak *vt* 1. aufbewahren, aufheben (*-i* etw) 2. verstecken (*-i* etw/jdn) 3. verbergen (*-i* etw) 4. (*Daten*) speichern (*-i* etw)
saklambaç (**-cı**) *s* Versteckspiel *nt*; **~ oynamak** Versteck spielen
saklanmak *vi* 1. *Passiv oder Reflexiv zu* **saklamak** 2. sich verstecken 3. versteckt

saklanan werden 4. (*Daten*) gespeichert werden
saklanan *adj* (INFORM: *Daten*) gespeichert
saklı *adj* 1. geheim 2. heimlich 3. verborgen 4. versteckt
saksağan *s* Elster *f*
saksı *s* Blumentopf *m*
saksofon *s* Saxofon *nt*
Saksonya *s* Sachsen *nt;* **Aşağı** ~ Niedersachsen *nt*
Saksonyalı *s* Sachse *m,* Sächsin *f*
sal *s* Floß *nt*
salak (-ğı) I. *s* Trottel *m* II. *adj* trottelig
salaklık (-ğı) *s* (*fam*) Dummheit *f;* ~ **etmek** sich dumm anstellen
salam *s* Salami *f*
salamura I. *s* Salzlake *f* II. *adj* in Salzlake eingelegt; ~ **yapmak** einlegen (*-i* etw); **salamuraya yatırmak** einsalzen, marinieren (*-i* etw)
salata *s* Salat *m;* **karışık** ~ gemischter Salat; ~ **sosu** Salatsoße *f,* Dressing *nt*
salatalık (-ğı) I. *s* Gurke *f* II. *adj* zur Salatzubereitung geeignet
salça *s* 1. Soße *f,* Sauce *f* 2. Tunke *f* 3. Tomatenmark *nt*
saldırgan *adj* aggressiv
saldırganlık (-ğı) *s* 1. Aggressivität *f* 2. Aggression *f* (*-e* gegen jdn/etw)
saldırı *s* 1. (*auch fig*) Angriff *m,* Offensive *f* 2. Vorstoß *m*
saldırmak *vt* 1. losgehen auf, überfallen, angreifen (*-e* jdn/etw) 2. (*Tiere*) anfallen (*-e* jdn/etw) 3. hetzen (*köpeği -e* Hund auf jdn)
saldırmazlık (-ğı) *s* Zurückhaltung *f;* ~ **paktı** Nichtangriffspakt *m*
salgın I. *adj* epidemisch II. *s* Seuche *f,* Epidemie *f*
salı *s* Dienstag *m*
salık vermek *vt* (*weiter-*) empfehlen (*-e -i* jdm etw)
salıncak (-ğı) *s* Schaukel *f*
salıncaklı *adj* Schaukel-; ~ **at** Schaukelpferd *nt;* ~ **koltuk** Schaukelstuhl *m*
salınmak *vi* 1. *Passiv zu* **salmak** 2. (*Pendel*) schwingen 3. sich in den Hüften wiegen
salıvermek *vt* 1. (*Gefangene*) entlassen, freilassen (*-i* jdn) 2. loslassen (*-i* jdn)
salkım *s* (*Blütenstand*) Traube *f*
salkımsöğüt (-dü) *s* Trauerweide *f*
sallamak *vt* 1. (hin und her) schaukeln (*-i* etw) 2. schütteln, rütteln (*-i* etw) 3. schwenken (*-i* etw) 4. schwingen (*-i* etw) 5. (*fam*) hinauszögern (*-i* etw); **el** ~ (*mit der Hand*) winken; **başını** ~ den Kopf schütteln; **mendil** ~ mit einem Taschentuch winken
sallanmak *vi* 1. *Passiv zu* **sallamak** 2. schaukeln 3. schwanken 4. (*Pendel*) schwingen 5. wackeln 6. wanken 7. (*fam*) trödeln
salmak (-ar) *vt* 1. loslassen, losmachen (*-i* etw) 2. (*Licht, Wärme*) ausstrahlen (*-i* etw) 3. (*Gefangene*) freilassen (*-i* jdn) 4. (*Licht*) werfen (*-i -e* etw auf etw) 5. (*Geruch*) verbreiten, verströmen (*-i* etw) 6. (*Seil*) hinunterlassen (*-i -e* etw in etw) 7. (*Nachricht*) (ab)schicken (*-i* etw) 8. hetzen (*köpeği -e* Hund auf jdn)
salon *s* 1. Saal *m* 2. Salon *m*
salt (-tı) I. *adv* lediglich, nur II. *adj* rein, echt
salta *s* Männchenmachen *nt;* ~ **durmak** Männchen machen
saltanat (-tı) *s* 1. Herrschaft *f* 2. Prunk *m;* ~ **sürmek** herrschen, regieren
Salvador *s* Salvador *nt*
salya *s* Speichel *m*
salyangoz *s* Schnecke *f*
saman *s* Stroh *nt;* ~ **altından su yürütmek** intrigieren; ~ **çiçeği** Strohblume *f;* ~ **çöpü** Strohhalm *m*
samanlık (-ğı) *s* 1. Scheune *f* 2. Heuhaufen *m;* **samanlıkta iğne aramak** die Stecknadel im Heuhaufen suchen
samanyolu (-nu) *s* Milchstraße *f*
Sami I. *s* Semit(in) *m(f)* II. *adj* semitisch
samimi *adj* 1. herzlich, innig 2. (*Freund*) gut 3. aufrichtig, offen 4. (*Umgang*) vertraulich 5. (*Freundschaft*) eng
samimiyet (-ti) *s* 1. Herzlichkeit *f* 2. Aufrichtigkeit *f,* Offenheit *f* 3. Vertraulichkeit *f*
samur I. *s* Zobel *m* II. *adj* aus Zobelfell, Zobel-
san *s* 1. (*Leumund*) Ruf *m* 2. Ruhm *m*
sana *pron* dir; ~ **kalırsa** deiner Meinung nach; ~ **ne** das geht dich nichts an; ~ **ne oluyor!** was fällt dir ein!
sanal *adj* (INFORM) virtuell; ~ **gerçeklik** virtuelle Realität *f*
sanat (-tı) *s* 1. Kunst *f* 2. Gewerbe *nt;* ~ **eseri** Kunstwerk *nt;* ~ **okulu** Berufsschule *f;* ~ **tarihi** Kunstgeschichte *f;* ~ **tezkeresi** Gewerbeschein *m*
sanatçı *s* Künstler(in) *m(f)*
sanatkar *s* Künstler(in) *m(f)*
sanatlı *adj* kunstvoll

sanatoryum *s* Sanatorium *nt*
sanayi *s* 1. Gewerbe *nt* 2. Industrie *f;* ~ **bölgesi** Gewerbegebiet *nt;* **Sanayi ve Ticaret Odası** Industrie- und Handelskammer *f;* ~ **vergisi** Gewerbesteuer *f*
sanayici I. *s* Industrielle(r) *mf* II. *adj* industriell
sanayileşmek *vi* industrialisiert werden
sanayileştirmek *vt* 1. *Kausativ zu* **sanayileşmek** 2. industrialisieren (*-i* etw)
sancak (**-ğı**) *s* 1. Fahne *f,* Flagge *f* 2. Steuerbord *nt* 3. (HIST) (osmanische) Regierungsbezirk *m*
sancı *s* 1. (stechender) Schmerz *m* 2. (*Geburts-*) Wehen *fpl*
sancımak *vi* schmerzen
sancısız *adj* schmerzlos
sandal *s* 1. Boot *nt,* Kahn *m* 2. Sandelholz *nt*
sandalet (**-ti**) *s* Sandale *f*
sandalye *s* 1. Stuhl *m* 2. Amt *nt,* Posten *m*
sandık (**-ğı**) *s* 1. Kasten *m,* Kiste *f,* Truhe *f* 2. Wahlurne *f;* ~ **odası** Abstellraum *m,* Rumpelkammer *f*
sanduka *s* Sarkophag *m*
sandviç (**-ci**) *s* belegtes Brötchen, Sandwich *nt*
sanı *s* Mutmaßung *f,* Vermutung *f*
sanık (**-ğı**) I. *s* Angeklagte(r) *mf* II. *adj* mutmaßlich
saniye *s* Sekunde *f;* ~ **göstericı** Sekundenzeiger *m;* **saniyedeki bit sayısı** BPS (*Bits pro Sekunde*)
saniyeli tapa *s* Zeitzünder *m*
sanki *adv* 1. als ob 2. geradezu; ~ ... **gibi** ebenso gut wie, es ist, als ob ...
sanksyon *s* 1. Gegenmaßnahme *f* 2. Sanktionierung *f* 3. Repressalien *pl*
sanmak (**-ır**) *vt* 1. denken (*-i* etw) 2. vermuten (*-i* etw) 3. glauben, meinen (*-i* etw); **sanmıyorum** ich glaube nein
sanrı *s* Halluzination *f*
sansar *s* Marder *m*
sansasyon *s* Sensation *f*
sansür *s* Zensur *f;* ~ **etmek** zensieren (*-i* etw)
sansürcü *s* Zensor(in) *m(f)*
santim *s* 1. Zentimeter *m* 2. Zentimetermaß *nt* 3. (*Geld*) Centime *m,* Rappen *m*
santimetre *s* 1. Zentimeter *m* 2. Zentimetermaß *nt*
santral *s* 1. Telefonzentrale *f* 2. Zentrale *f* 3. Kraftwerk *nt*
santrfor *s* Mittelstürmer *m*
santrfüj I. *s* 1. Zentrifuge *f* 2. Wäscheschleuder *f* II. *adj* zentrifugal
sap (**-pı**) *s* 1. Griff *m,* Henkel *m* 2. (*von Pflanze*) Halm *m,* Stängel *m*
sapa *adj* entlegen, abgelegen
sapan *s* (*Stein-*) Schleuder *f*
sapasağlam *adj* 1. kerngesund 2. völlig unversehrt
sapık (**-ğı**) *adj* 1. unnatürlich 2. pervers 3. (*fam*) verrückt
sapıklık (**-ğı**) *s* 1. Anomalie *f* 2. Perversität *f* 3. (*fam*) Verrücktheit *f*
sapıtmak *vi* 1. sich danebenbenehmen 2. (*fam*) verrückt werden
saplamak *vt* (hinein)stechen, (hinein)stoßen (*-i -e* etw in etw)
saplanmak *vt* 1. *Passiv zu* **saplamak** 2. (ein)dringen (*-e* in etw) 3. stecken bleiben (*-e* in etw) 4. sich versteifen (*-e* auf etw)
saplantı *s* fixe Idee
sapma *s* 1. *Verbalsubstantiv zu* **sapmak** 2. Abweichung *f;* ~ **şeridi** Abbiegespur *f;* **100 metrelik bir sapmayla** mit einer Abweichung von 100 Metern
sapmak (**-ar**) *vi* 1. abbiegen (*-den* von etw) 2. einbiegen (*-e* in etw) 3. abweichen (*-den* von etw)
sapsarı *adj* 1. kreidebleich, totenbleich 2. ganz gelb
saptamak *vt* 1. feststellen (*-i* etw) 2. festsetzen, bestimmen (*-i* etw) 3. (*Datum*) festlegen, festsetzen (*-i* etw)
saptırmak *vt* 1. *Kausativ zu* **sapmak** 2. ablenken (*-i* jdn/etw)
sara *s* Epilepsie *f*
saralı I. *adj* epileptisch II. *s* Epileptiker(in) *m(f)*
sararmak *vi* 1. vergilben 2. blass werden 3. verwelken
saray *s* 1. (*Fürsten-*) Hof *m* 2. Schloss *nt;* **Beyaz Saray** (*in USA*) das Weiße Haus
sardalye *s* Sardine *f;* ~ **kutusu** Sardinenbüchse *f*
Sardenya (**Adası**) *s* Sardinien *nt*
sardunya *s* Geranie *f*
sarf *s* 1. Ausgabe *f* 2. Verbrauch *m;* ~ **etmek** (*Geld*) aufwenden; (*Wasser*) verbrauchen; (*Worte*) sagen (*-i* etw)
sargı *s* Bandage *f,* Binde *f,* Verband *m;* ~ **malzemesi** Verband(s)zeug *nt*
Sar Havzası (**-nı**) *s* Saarland *nt*

sarhoş I. *adj* 1. betrunken 2. berauscht II. *s* Betrunkene(r) *mf*; ~ **etmek** betrunken machen (*-i* jdn); ~ **olmak** sich betrinken
sarhoşluk (**-ğu**) *s* 1. Trunkenheit *f* 2. Rausch *m*
sarı I. *adj* 1. gelb 2. (*Haar*) blond 3. blass, bleich II. *s* 1. Gelb *nt* 2. Eigelb *nt*, Eidotter *m*; ~ **humma** Gelbfieber *nt*; ~ **saçlı** blond
sarıca *adj* gelblich
sarık (**-ğı**) *s* Turban *m*
sarılgan *adj* kletternd, Kletter-; ~ **bitki** Kletterpflanze *f*, Schlingpflanze *f*
sarılık (**-ğı**) *s* 1. Gelbsucht *f* 2. Gelb *nt* 3. blonde Farbe
sarılmak *vi* 1. *Passiv zu* **sarmak** 2. umarmen (*-e* jdn) 3. umschlingen, umklammern (*-e* jdn/etw) 4. sich klammern (*-e* an etw/jdn) 5. (*Waffe*) ergreifen (*-e* etw)
sarımsak (**-ğı**) *s* Knoblauch *m*
sarımsı *adj* gelblich
sarışın I. *adj* blond, hell II. *s* Blondine *f*
sarkaç (**-cı**) *s* Pendel *nt*
sarkık (**-ğı**) *adj* 1. schlaff 2. herabhängend; ~ **buz** Eiszapfen *m*
sarkıntılık (**-ğı**) *s* 1. (*gegenüber einer Frau*) Belästigung *f* 2. Aufdringlichkeit *f*; ~ **etmek** (*Frau*) belästigen (*-e* jdn)
sarkıtmak *vt* 1. *Kausativ zu* **sarkmak** 2. hängen lassen (*-i* etw) 3. (*vulg*) aufhängen (*-i* jdn)
sarkmak (**-ar**) *vi* (heraus-, herab)hängen (*-den* aus/von etw); **dışarı** ~ sich hinauslehnen (*-den* aus etw)
sarma *s* 1. *Verbalsubstantiv zu* **sarmak** 2. Roulade *f*, gefüllte Weinblätter *pl*
sarmak (**-ar**) *vt* 1. einwickeln (*-i -e* etw in etw) 2. umgeben (*-i* etw/jdn) 3. belagern (*-i* etw) 4. umhüllen, einhüllen (*-i* etw) 5. umbinden (*-i* etw) 6. (*Zigarette*) drehen (*-i* etw) 7. umzingeln, einkreisen (*-i* jdn/etw) 8. (*fig*) einschließen (*-i* etw) 9. umarmen (*-i* jdn) 10. aufspulen (*-i* etw) 11. (*Wunde*) verbinden (*-i* etw) 12. sich ausbreiten (*-i* in etw) 13. fesseln, begeistern (*-i* jdn)
sarıp sarmalamak *vt* (fest) einwickeln (*-i* etw)
sarmaşık (**-ğı**) *s* Efeu *m*
sarmısak (**-ğı**) *s* Knoblauch *m*; ~ **dişi** Knoblauchzehe *f*
Sar (**nehri**) *s* (*Fluss*) Saar *f*
sarnıç (**-cı**) *s* 1. Tank *m* 2. Zisterne *f*
sarp (**-pı**) *adj* 1. (*Hang*) steil 2. schwierig, schwer
sarsılmak *vi* 1. *Passiv zu* **sarsmak** 2. (stark) beben 3. (*Boden*) wanken
sarsılmaz *adj* unerschütterlich, standhaft
sarsılmazlık (**-ğı**) *s* Standhaftigkeit *f*
sarsıntı *s* 1. Rütteln *nt* 2. Erschütterung *f*
sarsmak (**-ar**) *vt* 1. (*auch fig*) erschüttern (*-i* etw/jdn) 2. mitnehmen, sehr nahe gehen (*-i* jdm) 3. rütteln (*-i* etw/jdn)
sataşmak *vt* 1. anpöbeln (*-e* jdn) 2. stören (*-e* jdn)
saten *s* Satin *m*
sathı (**-nı**) *s Possessivform zu* **satıh** die Oberfäche von ...
sathi *adj* oberflächlich
satıcı *s* 1. Händler(in) *m(f)* 2. Verkäufer(in) *m(f)*
satıh (**-thı**) *s* Oberfläche *f*
satılık (**-ğı**) *adj* verkäuflich, zu Verkaufen
satılmak *vi* 1. *Passiv zu* **satmak** 2. (*Ware*) verkauft werden (*-e* an jdn)
satılmış *adj* 1. verkauft 2. bestechlich
satın alınabilir *adj* käuflich
satın alma *s* 1. *Verbalsubstantiv zu* **satın almak** 2. Kauf *m*; ~ **gücü** Kaufkraft *f*
satın almak *vt* kaufen (*-i* etw)
satır *s* 1. Zeile *f* 2. Hackmesser *nt* 3. Kurzschwert *nt*
satış *s* 1. *Verbalsubstantiv zu* **satmak** 2. Verkauf *m*; ~ **bedeli** Verkaufserlös *m*
satmak (**-ar**) *vt* 1. verkaufen (*-i -e* etw jdm) 2. verraten (*-i* jdn/etw)
satranç (**-cı**) *s* Schachspiel *nt*; ~ **tahtası** Schachbrett *nt*; ~ **taşı** Schachfigur *f*
sauna *s* Sauna *f*
sav *s* Behauptung *f*
savan(a) *s* Savanne *f*
savaş *s* 1. Krieg *m* 2. Kampf *m*; ~ **gemisi** Kriegsschiff *nt*; ~ **ilanı** Kriegserklärung *f*; ~ **meydanı** Schlachtfeld *nt*; ~ **suçlusu** Kriegsverbrecher *m*; ~ **suçu** Kriegsverbrechen *nt*; ~ **uçağı** Kampfflugzeug *nt*
savaşçı I. *s* Kämpfer *m*, Krieger *m* II. *adj* kriegerisch, kämpferisch
savaşmak *vi* kämpfen
savcı *s* Staatsanwalt *m*, Staatsanwältin *f*
savmak (**-ar**) *vt* 1. (*Gefahr*) überstehen; (*Krankheit*) loswerden (*-i* etw) 2. (*fam*) abwimmeln (*-i* jdn) 3. (*fam*) rausschmeißen (*-i* jdn)
savruk (**-ğu**) *adj* (*Person*) unkonzentriert
savsaklamak *vt* hinauszögern (*-i* etw)

savulmak *vi* Platz machen
savunma *s* 1. *Verbalsubstantiv zu* **savunmak** 2. Defensive *f*, Abwehr *f* 3. Verteidigung *f*; **Savunma Bakanı** Verteidigungsminister(in) *m(f)*
savunmak *vt* 1. verteidigen (*-i* jdn/etw) 2. plädieren (*-i* für etw/jdn)
savunu *s* (*Schutz*) Verteidigung *f*
savunucu I. *s* Verteidiger(in) *m(f)* II. *adj* verteidigend
savunusuz *adj* schutzlos
savurgan I. *s* Verschwender(in) *m(f)* II. *adj* verschwenderisch
savurganlık (**-ğı**) *s* Verschwendung *f*, Vergeudung *f*
savurmak *vt* 1. (in die Höhe) schleudern (*-i* etw) 2. schmeißen, werfen (*-i* etw) 3. (*Fluch*) ausstoßen (*-i* etw) 4. (*Geld*) hinausschmeißen (*-i* etw)
savuşmak *vi* 1. sich wegstehlen 2. (*Gefahr*) vorübergehen
savuşturmak *vt* 1. *Kausativ zu* **savuşmak** 2. erleben, durchmachen (*-i* etw)
sayaç (**-cı**) *s* (TECH) Zähler *m*
saydam *adj* durchsichtig, transparent; ~ **kat** [*o* **tabaka**] (*am Auge*) Hornhaut *f*
saydamlık (**-ğı**) *s* Durchsichtigkeit *f*
sayesinde *präp* dank (*-in dat/gen*), durch (*-in akk*)
sayfa *s* 1. (*Buch, Zeitung*) Seite *f* 2. (*Internet*) (Internet)seite *f*; **sayfayı çevirin!** bitte wenden!; **sayfayı çevirmek** umblättern; **sayfayı kapatalım!** lasst uns das Thema wechseln!
sayfiye *s* Sommerhaus *nt*
saygı *s* 1. Achtung *f*, Respekt *m* (*-e* gegenüber jdm) 2. Rücksicht *f*; ~ **göstermek** achten, respektieren, Rücksicht nehmen (*-e auf* jdn/etw)

> **Saygı** ist einer der Grundwerte der traditionellen türkischen Gesellschaft. Es handelt sich dabei nicht um die Achtung einer Person als Individuum, sondern vielmehr um die Achtung und Respektierung der sozialen Rolle, die diese Person einnimmt. So erweisen die Frauen den Männern die ihnen zukommende 'saygı', ebenso der Jüngere dem Älteren und die Kinder dem Vater.

saygıdeğer *adj* 1. achtbar, ehrbar 2. (*als Anrede*) geehrt, verehrt
saygılı *adj* 1. respektvoll 2. rücksichtsvoll

saygın *adj* angesehen
saygısız *adj* 1. respektlos 2. rücksichtslos
saygısızca *adv* 1. rücksichtslos 2. respektlos
saygısızlık (**-ğı**) *s* 1. Respektlosigkeit *f* 2. Rücksichtslosigkeit *f*
sayı *s* 1. Zahl *f* 2. (*Zeitung*) Nummer *f* 3. (SPORT) Punkt *m*; ~ **sıfatı** Zahlwort *nt*
sayıca *adj, adv* zahlenmäßig
sayıklamak *vi* 1. im Schlaf reden 2. phantasieren 3. schwärmen (*-i* von etw)
sayılmak *vi* 1. *Passiv zu* **saymak** 2. gelten als, zählen zu (*-den* zu etw)
sayım *s* 1. *Verbalsubstantiv zu* **saymak** 2. Zählung *f*
sayımsal *adj* statistisch
sayın *adj* (*als Anrede*) geehrte(r), verehrte(r)
sayısal *adj* 1. zahlenmäßig 2. digital; ~ **adres** (INET) IP-Nummer *f*; ~ **imza** (INFORM) digitale Signatur *f*; ~ **lotto** Zahlenlotto *nt*; ~ **ses bandı** DAT *nt* (*Digital Audio Tape*)
sayısız *adj* unzählig, zahllos
saymak (**-ar**) *vt* 1. zählen (*-i* etw) 2. schätzen, respektieren, achten (*-i* etw/jdn) 3. berücksichtigen, beachten (*-i* etw) 4. halten für (*-i -e/-den* jdn für jdn)
saz *s* 1. Schilf(rohr) *nt* 2. türkische Laute
sazan *s* Karpfen *m*
seans *s* 1. Vorführung *f* 2. Sitzung *f*, Seance *f*
sebat (**-tı**) *s* Ausdauer *f*, Beharrlichkeit *f*; ~ **etmek** Ausdauer zeigen
sebatlı *adj* ausdauernd, beharrlich, zäh
sebep (**-bi**) *s* 1. Ursache *f*, Grund *m* 2. Anlass *m*; ~ **olmak** [*o* **vermek**] den Anstoß geben (*-e* für etw), veranlassen; (*Schaden*) anrichten (*-e* etw); **... sebebiyle** auf Grund von ...; **bu sebepten** aus diesem Grunde
sebepli *adj* begründet, gerechtfertigt
sebepsiz *adj* ohne Grund, grundlos
sebze *s* Gemüse *nt*; ~ **çorbası** Gemüsesuppe *f*
sebzeci *s* Gemüsehändler(in) *m(f)*
seccade *s* Gebetsteppich *m*
seçenek (**-ği**) *s* Alternative *f*
seçilme *s* 1. *Verbalsubstantiv zu* **seçilmek** 2. ~ **hakkı** (passives) Wahlrecht *nt*
seçilmek *vi* 1. *Passiv zu* **seçmek** 2. gewählt werden
seçim *s* 1. *Verbalsubstantiv zu* **seçmek** 2. Wahl *f*; ~ **bölgesi** Wahlkreis *m*; ~ **hakkı** Wahlrecht *nt*; ~ **hezimeti** [*o* **yenilgisi**] Wahlniederlage *f*; ~ **kabini** Wahlkabine *f*; ~ **sırrı** Wahlgeheimnis *nt*; ~ **sonucu** Wahler-

seçkin gebnis *nt;* **seçime göre** nach Wahl; **seçime katılma** Wahlbeteiligung *f*
seçkin *adj* 1. ausgesucht, ausgewählt 2. auserlesen 3. hervorragend 4. (*Publikum*) prominent
seçkinci *adj* elitär
seçme *s* 1. *Verbalsubstantiv zu* **seçmek** 2. Wählen *nt;* ~ **hakkı** (aktives) Wahlrecht *nt*
seçmek (-er) *vt* 1. auswählen, aussuchen (*-i* etw/jdn) 2. identifizieren (*-i* etw) 3. wählen (*-i* etw/jdn) 4. wählerisch sein
seçmeli *adj* wahlfrei; ~ **ders** Wahlfach *nt*
seçmen *s* Wähler(in) *m(f)*
sed (-ddi) *s* 1. Wall *m* 2. Damm *m,* Deich *m* 3. Sperre *f*
sedef I. *s* Perlmutt *nt* II. *adj* aus Perlmutt hergestellt
sedefotu (-nu) *s* (Garten)raute *f*
sedir *s* (türkische) Polsterbank *f;* ~ (**ağacı**) Zeder *f*
sedye *s* Tragbahre *f*
sefalet (-ti) *s* Elend *nt,* Not *f;* **sefalete düşmek** verelenden; (*sozial*) herunterkommen
sefer *s* 1. Reise *f,* Fahrt *f* 2. Feldzug *m* 3. (*nur in adverbialen Bestimmungen*) Mal *nt;* (*mir Zahlangabe*) -mal; **bu** ~ dieses Mal; **dört** ~ viermal
seferber *adj* mobilisiert; ~ **etmek** mobilisieren (*-i* jdn/etw)
seferberlik (-ği) *s* Mobilmachung *f*
sefil I. *adj* 1. verarmt 2. (sittlich) verkommen II. *s* (*Person*) Lump *m*
seğirmek *vi* zucken
sehpa *s* 1. Ständer *m,* Gestell *nt* 2. Stativ *nt* 3. Couchtisch *m* 4. Staffelei *f* 5. Galgen *m*
sek (-ki) *adj* (*Wein*) trocken, herb
sekans *s* (*beim Kartenspiel*) Sequenz *f*
seki *s* 1. (GEOL) Terrasse *f* 2. (*Fußgestell*) Sockel *m* 3. Steinbank *f*
sekizer *num* je acht
sekiz *num* acht; ~ **yüz** achthundert; ~ **bin** achttausend; ~ **buçuk** achteinhalb; ~ **kat** achtfach; ~ **misli** [*o* **katı**] achtfach, achtmal so viel, das Achtfache; ~ **defa** [*o* **kere**] achtmal; ~ **türlü** achterlei; ~ **katlı** achtstöckig; ~ **köşeli** achteckig; **sekizde bir** ein Achtel *nt*
sekizinci *adj* achte(r, s); ~ **olarak** als achte(r, s); **sekizincisi** achtens
sekmek (-er) *vi* 1. hüpfen 2. (*Ball*) zurückprallen
sekreter *s* Sekretär(in) *m(f)*

sekreterlik (-ği) *s* Sekretariat *nt*
seks *s* Sex *m;* ~ **hayatı** Liebesleben *f*
seksek (-ği) *s* (*Kinderspiel*) Himmel und Hölle
seksen *num* achtzig
seksenli yıllar *s* die achtziger Jahre *pl*
seksi *adj* sexy
sekte *s* 1. Schlaganfall *m* 2. Beeinträchtigung *f,* Behinderung *f;* ~ **vurmak** beeinträchtigen, behindern (*-e* etw)
sektelemek *vt* beeinträchtigen, behindern (*-i* etw)
sektör *s* Sektor *m*
sel *s* Sturzbach *m*
selam I. *s* 1. Begrüßung *f* 2. Gruß *m* 3. Salutieren *nt* II. *interj* guten Tag!, grüß Gott!; ~ **söylemek** [*o* **yollamak**] Grüße ausrichten (*-den* jdm von jdm); ~ **vermek** (be)grüßen (*-e* jdn); **benden çok selamlar** viele Grüße von mir; **candan** [*o* **içten**] **selamlar** freundliche Grüße; **candan** [*o* **içten**] **selamlarla** mit herzlichen Grüßen
selamet (-ti) *s* Heil *nt,* Gesundheit *f*
selamlamak *vt* (be)grüßen (*-i* jdn)
selamlaşmak *vr* sich begrüßen
selamünaleyküm *interj* Grüß Gott!
Selçuk (-ğu) *s* Seldschuke, -kin *m, f*
Selçuklu *adj* (HIST) seldschukisch
sele *s* Fahrradsattel *m*
selim *adj* 1. (*Geschwulst*) gutartig 2. (*fehlerfrei*) gut
selofan *s* Frischhaltefolie *f*
seloteyp (-bi) *s* Klebeband *nt*
selülit (-ti) *s* Zellulitis *f*
selüloz *s* Zellulose *f*
selülozsuz *adj* (*Papier*) holzfrei
selvi (**ağacı**) *s* Zypresse *f*
sembol (-lü) *s* 1. Symbol *nt* 2. Wahrzeichen *nt* 3. Formel *f*
sembolik *adj* symbolisch
semender *s* Salamander *m*
semer *s* Packsattel *m*
semere *s* Frucht *f;* **semeresini görmek** ernten; (*fig*) die Kosten tragen (*-in* von etw)
seminer *s* 1. (*Universitäts-*) Seminar *nt* 2. (wissenschaftliche) Tagung *f*
semirmek *vi* dick werden
semirtmek *vt* 1. *Kausativ zu* **semirmek** 2. (*Tier*) mästen (*-i* etw)
semiz *adj* (*Tier*) gemästet
sempati *s* 1. Sympathie *f* 2. Mitgefühl *nt;* ~ **duymak** sympathisieren (*-e* (*karşı*) mit jdm/

etw)
sempatik (**-ği**) *adj* sympathisch
sempatizan *s* Sympathisant(in) *m/f*
sempozyum *s* Symposium *nt*
semptom *s* Symptom *nt*
semt (**-ti**) *s* Stadtteil *m*
sen *pron* du
senarist (**-ti**) *s* Drehbuchautor(in) *m/f*
senaryo *s* Drehbuch *nt*
senato *s* Senat *m*
senatör *s* Senator(in) *m/f*
Sen Bernar köpeği (**-ni**) *s* Bernhardiner *m*
sence *adv* deiner Meinung nach
sende *pron* bei dir
sendelemek *vi* 1. taumeln, schwanken 2. stolpern
senden *pron* von dir
sendika *s* Gewerkschaft *f*
sendikacı I. *s* Gewerkschaftler(in) *m/f* II. *adj* gewerkschaftlich
sendikalı *adj* gewerkschaftlich organisiert
sendrom *s* Syndrom *nt*
sene *s* Jahr *nt;* **her** ~ jedes Jahr; **seneden seneye** von Jahr zu Jahr
Senegal *s* Senegal *m*
senelerce *adv* jahrelang
senelik (**-ği**) *adj* 1. jährlich 2. (*mit vorangestellter Zahl*) für … Jahre, … Jahre alt, -jährig
senet (**-di**) *s* 1. (notarielle) Urkunde *f* 2. Wechsel *m*
senfoni *s* Sinfonie *f;* ~ **orkestrası** Sinfonieorchester *nt*
seni *pron* dich
senin *pron* dein(e); ~ **için** deinetwegen; ~ **tarafından** deinerseits; ~ **yüzünden** [*o* **uğruna**] deinetwegen
seninki *s* der, die, das Deine
seninle *pron* mit dir
senkron *adj* synchron
senlibenli *adj* 1. (*Verhältnis*) innig, herzlich; (*Freundschaft*) eng 2. zwanglos, ungezwungen
sent (**-ti**) *s* Cent *m*
sentaks *s* Syntax *f*
sentetik *adj* synthetisch; ~ **lif** Kunstfaser *f*
sentez *s* Synthese *f*
sepet (**-ti**) *s* Korb *m*
sepetlemek *vt* 1. in einen Korb tun (*-i* etw) 2. abwimmeln (*-i* jdn)
ser *s* 1. Gewächshaus *nt,* Treibhaus *nt* 2. Kopf *m*
sera *s* Gewächshaus *nt,* Treibhaus *nt;* ~ **etkisi** Treibhauseffekt *m;* ~ **gazı** Treibhausgas *nt*
seramik (**-ği**) I. *s* Keramik *f* II. *adj* keramisch
serap (**-bı**) *s* Fata Morgana *f*
serbest (**-ti**) *adj* 1. frei 2. ungeniert, ungezwungen; ~ **bırakmak** freilassen (*-i* jdn); ~ **dolaşım** Freizügigkeit *f;* ~ **liman** Freihafen *m;* … **serbest mi?** darf man …?, ist … (noch) frei?; ~ **piyasa** freie Marktwirtschaft; ~ **tırmanış** Freeclimbing *nt;* ~ **ticaret bölgesi** Freihandelszone *f*
serbestleştirme *s* 1. *Verbalsubstantiv zu* **serbestleştirmek** 2. (COM) Liberalisierung *f*
serbestleştirmek *vt* (COM) liberalisieren (*-i* etw)
serbestlik (**-ği**) *s* 1. Freiheit *f* 2. Ungeniertheit *f*
serçe *s* Spatz *m,* Sperling *m*
serçeparmak (**-ğı**) *s* kleine(r) Finger *m*
serenat (**-dı**) *s* Serenade *f,* Ständchen *nt*
sergi *s* 1. Ausstellung *f* 2. (offener) Verkaufsstand *m*
sergilemek *vt* 1. (*Waren*) ausstellen (*-i* etw) 2. vorführen (*-i* etw)
seri *s* Reihe *f,* Serie *f;* ~ **arabirim** (INFORM) serielle Schnittstelle *f;* ~ **halde üretmek** in Serie produzieren (*-i* etw); ~ **halinde** serienmäßig; ~ **imalat** Serienproduktion *f;* ~ **katili** Serienmörder *m;* ~ **üretimi** Serienproduktion *f*
serin *adj* kühl, frisch
serinkanlı *adj* (*Mensch*) kaltblütig
serinlemek *vi* 1. kühl(er) werden 2. abkühlen 3. sich erfrischen
serinleşmek *vr* 1. *Reflexiv zu* **serinlemek** 2. kühl(er) werden
serinletici I. *adj* erfrischend II. *s* Entlüfter *m*
serinletmek *vt* 1. *Kausativ zu* **serinlemek** 2. kühlen (*-i* etw)
serinlik (**-ği**) *s* Kühle *f,* Frische *f*
serkeş *adj* 1. dickköpfig, eigensinnig 2. ungehorsam
sermaye *s* 1. Kapital *nt* 2. (*fam*) Prostituierte *f;* ~ **yatırımcısı** Kapitalanleger(in) *m/f;* ~ **yatırımı** Kapitalanlage *f*
sermek (**-er**) *vt* 1. ausbreiten (*-i -e* etw auf etw) 2. (*Gegner*) niederschlagen (*-i* jdn) 3. (*Arbeit*) liegen lassen (*-i* etw) 4. (*Tisch*)

decken (-i etw) **5.**(Wäsche) aufhängen (-i etw)
serotonin s Serotonin nt
serpilmek vi **1.** Passiv zu **serpmek 2.**(körperlich) sich entwickeln
serpiştirmek vi **1.**(Regen) nieseln **2.**(Schnee) in kleinen Flocken fallen **3.** streuen (-i -e etw auf etw) **4.** spritzen (-i -e etw auf etw/jdn)
serpmek (-er) vt **1.** spritzen (-i -e etw auf etw/jdn) **2.** streuen (-i -e etw auf etw)
sersem adj **1.** benommen **2.** beschränkt, dumm
serseri I. s (fam) Landstreicher(in) m(f), Penner(in) m(f) II. adj **1.** herumstrolchend **2.**(fig) verirrt
sert (-ti) adj **1.** hart **2.**(Person) streng, unnachgiebig **3.**(Fleisch) zäh **4.**(Worte) scharf **5.** steif, starr **6.**(Klima) rau **7.**(Tabak, Alkohol) stark **8.**(Buchstabe) stimmlos; ~ **içki** Schnaps m; ~ **kalpli** hartherzig
sertifika s Zertifikat nt
sertleşmek vi **1.** hart werden, sich verhärten **2.**(Person) streng(er) werden
sertleştirmek vt verschärfen (-i etw)
sertlik (-ği) s **1.** Härte f **2.** Strenge f
serum s Impfstoff m, Serum nt
serüven s Abenteuer nt
servet (-ti) s (großer) Reichtum m, Vermögen nt
servis s **1.**(beim Tennis) Aufschlag m **2.**(Tätigkeit) Bedienung f **3.** Dienst m **4.**(bei einem Amt) Abteilung f; ~ **dışı** (Automat) außer Betrieb; ~ **otobüsü** Transferbus m; ~ **sağlayıcı(sı)** (INET) Provider m; ~ **takımı** Service nt, Besteck nt; ~ **yapmak** bedienen, servieren; (SPORT) Aufschlag geben
servo direksiyon s Servolenkung f
ses s **1.** Stimme f **2.** Ton m, Klang m **3.** Geräusch nt; ~ **bandı** Tonband nt; ~ **çıkarmadan** stillschweigend; ~ **çıkarmak** ein Geräusch von sich geben; ~ **duvarı** Schallmauer f; ~ **geçirmez** schalldicht; ~ **hızı** Schallgeschwindigkeit f; ~ **kartı** (INFORM) Tonkarte f, Soundkarte f; ~ **telleri** Stimmbänder pl; **sesini kesmek** den Mund halten
sesbilim s Phonetik f
sesbilimsel adj phonetisch
sesleniş s Zuruf m
seslenmek vi **1.** schreien, (zu)rufen (-e jdm) **2.** appellieren (-e an jdn)
sesli adj **1.** laut **2.**(mit näherer Bestimmung) mit einer ... Stimme **3.** mit Ton; ~ **film** Tonfilm m; ~ **harf** Selbstlaut m, Vokal m
sessiz adj **1.** lautlos, still **2.** ruhig, friedlich **3.** leise **4.** wortkarg, schweigsam **5.** stumm; ~ **film** Stummfilm m; ~ **harf** Mitlaut m, Konsonant m; ~ **olun lütfen!** bitte leise!; ~ **sedasız** mucksmäuschenstill; (fig) sang- und klanglos
sessizlik (-ği) s **1.** Stummheit f **2.** Ruhe f, Stille f **3.** Friedlichkeit f **4.** Schweigsamkeit f **5.** Schweigen nt
set (-ti) s **1.**(Tennis) Satz m **2.** Szenenaufbau m **3.** Stereoanlage f
set (-ddi) s **1.** Damm m, Deich m **2.** Erdaufschüttung f **3.** Sperre f
sevap (-bı) s gute Tat
sevda s **1.**(große) Liebe f **2.** Leidenschaft f
sevecen adj gefühlvoll, zärtlich
sevecenlik (-ği) s Zärtlichkeit f
seve seve adv gern, mit Vergnügen
sevgi s Liebe f
sevgili I. s **1.** Geliebte(r) mf **2.** Liebling m II. adj lieb; ~ **Hans!** lieber Hans!
sevgilim s (Kosewort) mein Schatz, mein Liebling
sevgisiz adj lieblos
sevici s Lesbe f
sevicilik (-ği) s lesbische Liebe f
sevilen adj beliebt
sevilme s Beliebtheit f
sevilmek vt **1.** Passiv zu **sevmek 2.** geliebt werden **3.** beliebt sein
sevilmeyen adj unbeliebt
sevimli adj freundlich, liebenswürdig, sympathisch
sevimsiz adj **1.** unfreundlich **2.** unsympathisch
sevinç (-ci) s Freude f; **sevinçten** vor Freude
sevinçli adj **1.** freudig, froh **2.** fröhlich
sevindirmek vt **1.** Kausativ zu **sevinmek 2.** Freude bereiten, erfreuen (-i jdn)
sevinmek vr **1.** Reflexiv zu **sevmek 2.** sich freuen (-e über/auf jdn/etw)
sevişmek vi **1.** sich lieben **2.** schlafen (ile mit jdm)
seviye s Niveau nt
sevk (-kı) s **1.** Versand m **2.** Bringen nt **3.** Absenden nt; ~ **etmek** absenden, wegbringen (-i jdn)
sevmek (-er) vt **1.** gern haben, lieben (-i jdn/etw) **2.** liebkosen, streicheln (-i jdn)

3. lieb gewinnen (*-i* jdn/etw) **4.** gerne tun (*-i* etw)
seyahat (**-ti**) *s* Reise *f;* ~ **acentası** Reisebüro *nt;* ~ **çantası** Reisetasche *f;* ~ **çeki** Reisescheck *m;* ~ **etmek** reisen; **seyahate çıkmak** eine Reise antreten, verreisen
seyirci *s* Zuschauer(in) *m(f);* ~ **kalmak** untätig zusehen
seyrek (**-ği**) *adj* **1.** weit auseinander stehend **2.** (*Wald, Haar*) licht **3.** rar, selten
seyreklik (**-ği**) *s* **1.** Seltenheit *f* **2.** Spärlichkeit *f*
seyretmek (**-der**) *vt* **1.** zuschauen (*-i* jdm), betrachten (*-i* jdn/etw) **2.** (*Wasserfahrzeug*) abfahren
seyyar *adj* **1.** ambulant **2.** beweglich; ~ **satıcı** Straßenhändler(in) *m(f)*
sezaryen (**ameliyatı**) *s* Kaiserschnitt *m*
sezdirmek *vt* **1.** *Kausativ zu* **sezmek** **2.** durchblicken lassen, zu verstehen geben (*-e -i* jdm etw)
sezgi *s* **1.** Vorgefühl *nt*, Ahnung *f* **2.** Spürsinn *m* **3.** Intuition *f*
sezgili *adj* intuitiv
sezgisel *adj* intuitiv
sezi *s* **1.** Gefühl *nt*, Ahnung *f* **2.** Intuition *f*
sezilir *adj* spürbar
sezinlemek *vt* spüren, merken (*-i* etw)
seziş *s* Scharfblick *m*
sezmek (**-er**) *vt* **1.** ahnen (*-i* etw) **2.** spüren, wahrnehmen (*-i* etw)
sezon *s* Saison *f;* ~ **işçisi** Saisonarbeiter(in) *m(f)*
sfenks *s* Sphinx *f*
sıcak (**-ği**) I. *s* **1.** Wärme *f* **2.** Hitze *f* II. *adj* **1.** (*auch fig*) warm **2.** heiß; ~ **bakmak** wohlwollend eingestellt sein (*-e* gegenüber jdm); ~ **dalgası** Hitzewelle *f;* **hava** ~ es ist warm; ~ **kanlı** warmherzig
sıcaklık (**-ği**) *s* **1.** Wärme *f* **2.** Hitze *f* **3.** Wärmegrad *m*
sıçan *s* **1.** Maus *f* **2.** Ratte *f*
sıçmak (**-ar**) *vi* **1.** (*vulg*) scheißen **2.** (*vulg*) Scheiße bauen
sıçramak *vi* **1.** hüpfen, springen (*-e* auf/in etw) **2.** (*Wasser*) spritzen **3.** erschrecken, zusammenfahren **4.** sich ausdehnen auf (*-e* auf etw)
sıçratmak *vt* **1.** *Kausativ zu* **sıçramak** **2.** (*mit Schmutz*) bespritzen (*-e -i* jdn/etw mit etw)
sıçrayış *s* Satz *m*, Sprung *m*

sıfat (**-tı**) *s* **1.** Eigenschaftswort *nt*, Adjektiv *nt* **2.** Eigenschaft *f*
sıfatfiil *s* Mittelwort *nt*, Partizip *nt*
sıfır I. *num* null II. *s* (*auch fig*) Null *f;* ~ **numara** (*fam*) kahl geschoren, waschecht; **saçlarını** ~ **numara tıraş etmek** (*fam*) jdm die Haare ratzekahl abschneiden; ~ ~ null zu null; **sıfırın altında/üstünde** unter/über Null
sığ *adj* seicht
sığa *s* Fassungsvermögen *nt*, Kapazität *f*
sığdırmak *vt* **1.** *Kausativ zu* **sığmak** **2.** hineinzwängen (*-i -e* etw/jdn in etw)
sığınak (**-ği**) *s* **1.** Unterschlupf *m;* (*Ort*) Zuflucht *f* **2.** Luftschutzkeller *m* **3.** Bunker *m*
sığınma *s* **1.** *Verbalsubstantiv zu* **sığınmak** **2.** Asyl *nt;* ~ **hakkı** Asylrecht *nt*
sığınmacı *s* Asylant(in) *m(f);* ~ **yurdu** Asylantenwohnheim *nt*
sığınmak *vi* **1.** Zuflucht [*o* Schutz] suchen (*-e* in etw/bei jdm) **2.** um Asyl ersuchen (*-e* in etw)
sığınmaya başvuran *s* Asylbewerber(in) *m(f)*
sığır *s* Rind *nt;* ~ **eti** Rindfleisch *nt;* ~ **kızartması** Rinderbraten *m;* ~ **sineği** (*Insekt*) Bremse *f;* ~ **yürekli olmak** einen dickes Fell haben
sığırcık (**-ği**) *s* (*Vogel*) Star *m*
sığmak (**-ar**) *vi* hineinpassen, hineingehen (*-e* in etw)
sıhhat (**-ti**) *s* **1.** Gesundheit *f* **2.** Richtigkeit *f;* **sıhhatinize!** auf Ihr Wohl!
sıhhatli *adj* **1.** gesund **2.** richtig
sıhhi *adj* **1.** gesundheitlich **2.** hygienisch, sanitär **3.** sanitär
sık I. *adj* **1.** dicht **2.** eng zusammenstehend **3.** häufig II. *adv* oft, häufig; ~ ~ häufig, oft
sıkı I. *adj* **1.** (*nicht lose*) fest **2.** hart, fest **3.** streng, hart **4.** (*Arbeit*) schwierig II. *s* **1.** Bedrängnis *f* **2.** Disziplin *f;* ~ **fıkı** intim, vertraut; ~ **fıkı dostlar** dicke Freunde; ~ **tutmak** festhalten; (*Angelegenheit*) streng handhaben (*-i* etw); **sıkı yönetim** Ausnahmezustand *m*
sıkıcı *adj* **1.** langweilig **2.** bedrückend **3.** lästig **4.** unangenehm
sıkılgan *adj* schüchtern, verlegen
sıkılganlık (**-ği**) *s* Schüchternheit *f*
sıkılmak *vi* **1.** *Passiv zu* **sıkmak** **2.** sich langweilen **3.** sich genieren **4.** in finanziellen Schwierigkeiten sein

sıkıntı *s* 1. Unbehagen *nt* 2. Mühe *f*, Strapaze *f* 3. finanzielle Schwierigkeiten *fpl* 4. Langeweile *f* 5. Mangel *m* 6. Bedrängsnis *f*, Klemme *f*; ~ **çekmek** Not leiden, in Not sein

sıkıntılı *adj* 1. bedrückend, beklemmend 2. (*Wetter*) drückend, schwül 3. anstrengend, mühsam 4. langweilig

sıkışık (-ğı) *adj* 1. eng 2. knapp 3. dringend

sıkışmak *vi* 1. (*Tür*) klemmen 2. zusammenrücken 3. in Schwierigkeiten geraten 4. in Not sein 5. austreten müssen 6. gequetscht werden; **el** ~ sich die Hand drücken

sıkıştırma *s* 1. *Verbalsubstantiv zu* **sıkıştırmak** 2. (INFORM: *von Dateien*) Komprimierung *f*

sıkıştırmak *vt* 1. *Kausativ zu* **sıkışmak** 2. zusammenpressen, zusammendrücken (*-i etw/jdn*) 3. fest zumachen (*-i etw*) 4. drängen, nötigen (*-i jdn*) 5. bedrängen (*-i jdn*) 6. einklemmen (*-i etw*) 7. in die Enge treiben (*-i jdn*) 8. zur Eile drängen (*-i jdn*) 9. zwicken, kneifen (*-i etw*) 10. (INFORM: *Dateien*) komprimieren, zippen (*-i etw*); **eline bir şeyi** ~ jdm etw in die Hand drücken

sıklet (-ti) *s* (SPORT) Gewicht *nt*; **ağır** ~ Schwergewicht *nt*; **sinek** ~ Fliegengewicht *nt*; **tüy** ~ Federgewicht *nt*

sıklık (-ğı) *s* 1. Dichte *f* 2. Häufigkeit *f*

sıkmak (-ar) *vt* 1. (*Orangen*) auspressen (*-i etw*) 2. drücken, pressen, quetschen (*-i etw*) 3. (*Wäsche*) wringen (*-i etw*) 4. langweilen (*-i jdn*) 5. zwicken, kneifen (*-i etw*) 6. drangsalieren (*-i jdn*) 7. ärgern (*-i jdn*) 8. (*Schusswaffe*) schießen; **dişini** ~ die Zähne zusammenbeißen; **el** ~ die Hand schütteln; **kemerini** ~ den Gürtel enger schnallen; **su** ~ besprützen; **kurşun** ~ einen Schuss abfeuern

sıla *s* 1. Rückkehr *f* in die Heimat 2. Heimat *f*; ~ **hasreti** [*o* **özlemi**] Heimweh *nt*

sınai *adj* industriell

sınamak *vt* 1. testen, prüfen (*-i jdn/etw*) 2. probieren (*-i etw*)

sınav *s* Examen *nt*, Prüfung *f*; ~ **vermek** eine Prüfung ablegen; **sınavdan kaldım** ich bin durchgefallen

sınıf *s* 1. Klasse *f* 2. Klassenzimmer *nt* 3. Kategorie *f*; ~ **arkadaşı** Klassenkamerad(in) *m(f)*; ~ **atlamak** (*Schule*) eine Klasse überspringen; ~ **mücadelesi** Klassenkampf *m*; ~ **(odası)** Klassenzimmer *nt*; ~ **öğretmeni** Klassenlehrer(in) *m(f)*; **sınıfta bırakmak** (*Schüler*) nicht versetzen (*-i jdn*); **sınıfta kalmak** (*in der Schule*) sitzen bleiben

sınıfla(ndır)mak *vt* einteilen, klassifizieren (*-i etw*)

sınır *s* 1. Grenze *f* 2. Rand *m*; ~ **bölgesi** Grenzgebiet *nt*; ~ **dışı edilme** Ausweisung *f*; ~ **dışı etme** Abschiebung *f*; ~ **dışı etmek** ins Ausland abschieben, ausweisen

sınırdaş I. *adj* angrenzend II. *s* Anrainer *m*

sınırla(ndır)mak *vt* 1. abgrenzen, eingrenzen (*-i etw*) 2. begrenzen, beschränken, einschränken (*-i etw*)

sınırlanmak *vi* 1. *Passiv zu* **sınırlamak** 2. sich beschränken

sınırlı *adj* begrenzt, beschränkt (*ile* auf etw)

sınırsız *adj* 1. unbegrenzt 2. grenzenlos, unendlich 3. unermesslich

sır (-rrı) *s* 1. Geheimnis *nt* 2. Mysterium *nt* 3. (*Glasur*) Email *nt* 4. Spiegelbelag *m*; ~ **açmak** ein Geheimnis anvertrauen (*-e jdm*); ~ **saklama** Diskretion *f*; ~ **saklamaz** indiskret

sıra *s* 1. Reihe *f* 2. (Menschen)schlange *f*, Reihe *f* 3. Sitzbank *f* 4. Reihenfolge *f* 5. Aufstellung *f*, Ordnung *f* 6. Gelegenheit *f*, günstiger Augenblick *m*; ~ **beklemek** Schlange stehen, anstehen; ~ **bende** ich bin dran, ich bin an der Reihe; ~ **kimde?** wer ist dran? wer ist der Nächste?; ~ **sayılar** Ordnungszahlen *pl*; **sırasında** während, gegebenenfalls; **sırasını savmak** seine Schuldigkeit tun; **sıraya girmek** sich (an eine Schlange) anstellen, auf der Warteliste stehen; **sırayla** der Reihe nach, hintereinander

sıradağ *s* Gebirge *nt*

sıradan *adj* gewöhnlich, mittelmäßig

sıralamak *vt* 1. (reihenweise) aufstellen (*-i etw/jdn*) 2. ordnen (*-i etw*) 3. aufzählen (*-i etw*) 4. (*Kleinkind*) Gehversuche machen

Sırbistan I. *s* Serbien *nt* II. *adj* (*Art*) serbisch

sırdaş I. *adj* eingeweiht II. *s* Eingeweihte(r) *mf*, Vertraute(r) *mf*

sırf I. *adj* 1. rein, pur 2. vollkommen, ganz II. *adv* lediglich, nur, bloß

sırık (-ğı) *s* 1. Stab *m* 2. Holzstange *f*; **sırıkla yüksek atlama** Stabhochsprung *m*

sır(ıl)sıklam *adj* durchnässt, tropfnass

sırıtmak *vi* 1. grinsen 2. (*Mängel*) sich zeigen

sırlamak *vt* emaillieren

sırma I. *s* Gold-/Silberfaden *m* II. *adj* gold-/

silbergestickt
sırnaşık (**-ğı**) *adj* lästig, aufdringlich
sırnaşıklık (**-ğı**) *s* Aufdringlichkeit *f*
Sırp (**-bı**) **I.** *s* Serbe *m*, Serbin *f* **II.** *adj* (*Art*) serbisch; ~ **kadını** Serbin *f*
Sırpça *adj* (*Sprache*) serbisch
Sırplı **I.** *adj* (*Herkunft*) serbisch **II.** *s* Serbe *m*, Serbin *f*
sırrı (**-nı**) *s Possessivform zu* **sır** das Geheimnis von ...
sırt (**-tı**) *s* **1.** Rücken *m* **2.** (*eines Berges*) Hang *m* **3.** (*eines Kleidungsstückes*) Rückenteil *nt* **4.** (*eines Messers*) Rücken *m;* ~ **ağrısı** Rückenschmerzen *pl;* ~ **çantası** Rucksack *m;* **birine** ~ **çevirmek** jdm den Rücken kehren
sırtlan *s* Hyäne *f*
sırtüstü yüzme *s* Rückenschwimmen *nt*
sıska *adj* **1.** dürr, hager, mager **2.** schwächlich **3.** wassersüchtig
sıtma *s* Malaria *f*
sıva *s* Verputz *m*
sıvalamak *vt* (*Wand*) verputzen (*-i* etw)
sıvamak *vt* **1.** (*Ärmel*) aufkrempeln, hochkrempeln (*-i* etw) **2.** (*Wand*) verputzen (*-i* etw) **3.** schmieren (*-i -e* etw auf etw)
sıvazlamak *vt* (*mit der Hand*) streichen (*-i* über etw)
sıvı **I.** *adj* flüssig **II.** *s* Flüssigkeit *f;* ~ **kristal ekranı** Flüssigkristallbildschirm *m*
sıvışmak *vi* (*fam*) abhauen, verduften
sıyga *s* Modus *m*, Aussageweise *f*
sıyırmak *vt* **1.** (*Haut*) abschürfen (*-i* etw) **2.** (leicht) streifen (*-i* etw) **3.** (*Essen*) verputzen (*-i* etw) **4.** (*Dolch*) zücken (*-i* etw) **5.** (*retten*) herausholen (*-i -den* jdn aus etw)
sıyrık (**-ğı**) **I.** *s* **1.** Schramme *f*, Kratzer *m* **2.** (Haut)abschürfung *f* **II.** *adj* (*Haut*) abgeschürft
sızdırmak *vt* **1.** *Kausativ zu* **sızmak** **2.** undicht sein, lecken **3.** (*Alkohol*) einschlafen lassen (*-i* jdn) **4.** Geld abknöpfen (*-i* jdm)
sızı *s* (ziehender, stechender) Schmerz *m*
sızılı *adj* schmerzhaft
sızlamak *vi* **1.** wehtun **2.** klagen
sızlanmak *vi* **1.** *Reflexiv zu* **sızlamak** **2.** sich beklagen, sich beschweren
sızmak (**-ar**) *vi* **1.** (*Nachricht*) durchsickern **2.** lecken **3.** (*Flüssigkeit*) rinnen **4.** (*Licht*) hindurchdringen **5.** (*Gas*) ausströmen **6.** betrunken einschlafen
sia *s* Kapazität *f;* ~ **hacmi** Hubraum *m*

siberuzay *s* Cyberspace *m*
Sibirya **I.** *s* Sibirien *nt* **II.** *adj* (*Art*) sibirisch
Sibiryalı **I.** *s* Sibirier(in) *m(f)* **II.** *adj* (*Herkunft*) sibirisch
sicil *s* **1.** (*eines Buches*) Register *nt* **2.** (*eines Beamten*) Personalakte *f*
Sicilya *s* Sizilien *nt*
sicim *s* Bindfaden *m*, Schnur *f*
sidik (**-ği**) *s* Harn *m*, Urin *m;* ~ **borusu** Harnleiter *m;* ~ **torbası** Harnblase *f*
sigara *s* Zigarette *f;* ~ **içmek/sarmak** eine Zigarette rauchen/drehen; ~ **içmek yasaktır** Rauchen verboten!; ~ **kâğıdı** Zigarettenpapier *nt;* ~ **paketi** Zigarettenschachtel *f;* ~ **tabakası** Zigarettenetui *nt;* **sigarayı bırakmak** sich das Rauchen abgewöhnen
sigaralık (**-ğı**) *s* **1.** Zigarettenspitze *f* **2.** Zigarettendose *f*
sigorta *s* **1.** Sicherung *f* **2.** Versicherung *f;* ~ **etmek** versichern (*-i -e karşı* jdn gegen etw); ~ **poliçesi** Versicherungspolice *f;* ~ **primi** Versicherungsprämie *f;* ~ **şirketi** Versicherungsgesellschaft *f*
sigortalı **I.** *s* Versicherte(r) *mf* **II.** *adj* versichert
siğil *s* Warze *f*
sihir (**-hri**) *s* **1.** Magie *f* **2.** Reiz *m*, Zauber *m*
sihirbaz *s* **1.** Zauberer *m*, Zaub(r)erin *f* **2.** Hexenmeister *m*
sihirbazlık (**-ğı**) *s* Hexerei *f*, Zauberei *f;* ~ **etmek** zaubern, hexen
sihirli *adj* **1.** magisch, Zauber- **2.** verzaubert, verhext **3.** bezaubernd, zauberhaft; ~ **değnek** Zauberstab *m*
sihri (**-ni**) *s Possessivform zu* **sihir** der Zauber von ...
sik (**-ki**) *s* (*vulg: Penis*) Schwanz *m*
siklon *s* Zyklon *m*
silah *s* Waffe *f;* ~ **başı** Alarm *m;* ~ **başı borusu çalmak** Alarm schlagen; ~ **satıcısı** Waffenhändler *m;* ~ **sesi** Schuss *m;* ~ **taşıma ruhsatı** Waffenschein *m;* ~ **zoruyla** mit Waffengewalt
silahçı *s* Waffenschmied *m;* ~ (**dükkânı**) Waffenhandlung *f*
silahlandırma *s* **1.** *Verbalsubstantiv zu* **silahlandırmak** **2.** Aufrüstung *f*
silahlandırmak *vt* **1.** *Kausativ zu* **silahlanmak** **2.** bewaffnen (*-i* jdn) **3.** aufrüsten (*-i* etw)
silahlanma *s* **1.** *Verbalsubstantiv zu* **silahlanmak** **2.** Bewaffnung *f* **3.** Rüstung *f;* ~ **ya-**

silahlanmak rışı Wettrüsten *nt*
silahlanmak *vi* 1. sich bewaffnen 2. aufrüsten
silahlı *adj* bewaffnet; ~ **çatışma** Schießerei *f;* ~ **kuvvetler** Streitkräfte *pl*
silahsız *adj* 1. unbewaffnet 2. abgerüstet 3. entwaffnet
silahsızlandırmak *vt* 1. entwaffnen (*-i* jdn) 2. abrüsten (*-i* etw)
silecek (**-ği**) *s* 1. Scheibenwischer *m* 2. Badetuch *nt* 3. Fußmatte *f*
silgi *s* Radiergummi *m*
silik (**-ği**) *adj* 1. unauffällig 2. verwischt
silikon *s* Silikon *nt;* **Silikon Vadisi** Silicon Valley *nt*
silindir *s* 1. Zylinder *m* 2. Walze *f;* ~ **başı** Zylinderkopf *m;* ~ **şapka** (*Hut*) Zylinder *m*
silkelemek *vt* ausschütteln (*-i* etw)
silkinmek *vi* 1. *Reflexiv zu* **silkmek** 2. sich schütteln 3. aufschrecken
silkmek (**-er**) *vt* 1. ausschütteln (*-i* etw) 2. (*Zigarettenasche*) abstreifen (*-i* etw); **omuz** ~ mit den Achseln zucken
sille *s* 1. Ohrfeige *f* 2. Schlag *m*
silmek (**-er**) *vt* 1. wegwischen (*-i* etw) 2. ausradieren (*-i* etw) 3. (*Daten*) löschen (*-i* etw) 4. (*Boden*) scheuern (*-i* etw) 5. (durch)streichen (*-i* etw); **burnunu** ~ sich die Nase putzen; **silip süpürmek** gründlich putzen; (*fam: ganz aufessen*) verputzen (*-i* etw)
silo *s* Silo *m/nt*
siluet (**-ti**) *s* Silhouette *f*
simetrik *adj* symmetrisch
simge *s* 1. Sinnbild *nt*, Symbol *nt* 2. Wahrzeichen *nt* 3. Formel *f*
simgesel *adj* symbolisch
simit (**-di**) *s* 1. Sesamkringel *m* 2. Rettungsring *m*

> **Simit** ist ein schmackhafter, mit Sesam bestreuter Weizenkringel. Man kann ihn nicht nur im Laden, sondern auch auf der Straße beim **simitçi**, kaufen, einem Straßenverkäufer, der diese Kringel auf einem großen Tablett anbietet.

simsar *s* Makler(in) *m(f)*
simülasyon *s* (INFORM) Simulation *f*
sinagog *s* Synagoge *f*
sincap (**-bı**) *s* Eichhörnchen *nt*
sindirim *s* Verdauung *f;* ~ **bozukluğu** Verdauungsstörungen *pl*
sindirmek *vt* 1. *Kausativ zu* **sinmek** 2. verdauen (*-i* etw) 3. einschüchtern (*-i* jdn)
sine *s* Brust *f;* **sineye çekmek** (*Beleidigung*) einstecken; (*Niederlage*) wegstecken, verkraften (*-i* etw)
sinek (**-ği**) *s* 1. Fliege *f* 2. (*beim Kartenspiel*) Kreuz *nt;* ~ **kâğıdı** Fliegenfänger *m;* ~ **sıklet** (*Boxen*) Fliegengewicht *nt*
sineklik (**-ği**) *s* 1. Fliegenwedel *m* 2. Mückennetz *nt;* ~ **teli** Fliegengitter *nt*
sinema *s* Kino *nt;* ~ **artisti** Filmschauspieler(in) *m(f);* ~ **bileti** Kinokarte *f*
sinemacı *s* Filmschaffende(r) *mf,* Cineast(in) *m(f)*
sinemasever *s* Kinofreund *m,* Cineast(in) *m(f)*
Singapur *s* Singapur *nt*
singl *s* (*Tennis*) Einzel *nt*
sinik (**-ği**) **I.** *adj* 1. geduckt 2. zynisch **II.** *s* Zyniker(in) *m(f)*
sinir I. *s* Nerv *m* **II.** *adj* (*fam*) nervtötend, nervend; ~ **ağrısı** Neuralgie *f;* ~ **bozukluğu** Nervenzusammenbruch *m;* ~ **buhranı** Nervenkrise *f;* ~ **doktoru** Nervenarzt *m,* Nervenärztin *f;* ~ **harbi** Nervenkrieg *m;* ~ **hastalığı** Nervenkrankheit *f;* ~ **hastalıkları kliniği** Nervenheilanstalt *f;* ~ **hastası** nervenkrank; ~ **ilacı** Beruhigungsmittel *nt;* ~ **iltihabı** Nervenentzündung *f;* ~ **krizi** Nervenzusammenbruch *m;* ~ **küpü** Nervenbündel *nt;* ~ **sistemi** Nervensystem *nt;* ~ **yorgunluğu** [*o* **zayıflığı**] Neurasthenie *f;* **birinin sinirine dokunmak** jdm auf die Nerven gehen
sinirbilim *s* Neurologie *f*
sinirce *s* Neurose *f*
sinirlendirmek *vt* 1. *Kausativ zu* **sinirlenmek** 2. nervös machen (*-i* jdn) 3. nerven (*-i* jdn)
sinirlenmek *vi* nervös werden
sinirli *adj* 1. nervös, gereizt 2. (*Fleisch*) sehnig
sinirlilik (**-ği**) *s* Nervosität *f,* Gereiztheit *f*
sinirsel *adj* die Nerven betreffend; ~ **sistem** Nervensystem *nt*
sinizm *s* Zynismus *m*
sinmek (**-er**) *vi* 1. sich verstecken, sich verkriechen (*-e* in etw) 2. (*aus Angst*) ganz klein werden 3. (*Geruch*) eindringen (*-e* in etw)
sinsi *adj* (*fam*) heimtückisch, hinterhältig, hinterlistig

sinsilik (**-ği**) *s* Tücke *f*
sinüs *s* Sinus *m*
sinüzit (**-ti**) *s* Stirnhöhlenentzündung *f*
sinyal (**-li**) *s* 1. Signal *nt* 2. Signalanlage *f* 3. (*beim Boxen*) Gong *m;* ~ **ışığı** Blinklicht *nt*
sipariş *s* 1. Auftrag *m,* Bestellung *f* 2. Bestellte(s) *nt;* ~ **etmek** (*Ware*) bestellen (*-i* etw); ~ **mektubu** Bestellschein *m;* ~ **numarası** Bestellnummer *f;* ~ **pusulası** Bestellzettel *m;* **sipariş vermek** eine Bestellung aufgeben
siper I. *s* 1. Deckung *f* 2. Schützengraben *m* 3. (*einer Mütze*) Schirm *m* II. *adj* (*Ort*) geschützt
sirk (**-ki**) *s* Zirkus *m;* ~ **artisti** Artist(in) *m(f)*
sirke *s* 1. Essig *m* 2. Eier *pl* von Ungeziefer
sis *s* Nebel *m;* ~ **farı** Nebelscheinwerfer *m*
sistem *s* 1. System *nt* 2. Methode *f,* Verfahren *nt* 3. Lehre *f;* **sistemden çıkmak** (INFORM) sich ausloggen; **sisteme girmek** (INFORM) sich einloggen
sistematik *adj* systematisch
sistemli *adj* systematisch
site *s* 1. (HIST) Stadtstaat *m* 2. Siedlung *f* 3. Viertel *nt* 4. (INET) Website *f*
sitem *s* (leichter) Vorwurf *m;* ~ **etmek** Vorwürfe machen (*-e* jdm)
sitemli *adj* vorwurfsvoll
sitemkar *adj* vorwurfsvoll
sivil I. *adj* 1. zivil 2. bürgerlich II. *s* 1. Zivilist(in) *m(f)* 2. Zivilbekleidung *f;* ~ **halk** Zivilbevölkerung *f;* ~ **havacılık** Zivilluftfahrt *f;* ~ **olarak** in Zivil; ~ **polis** Geheimpolizei *f,* Geheimpolizist *m,* Kriminalbeamte(r) *mf*
sivilce *s* Pickel *m*
sivri *adj* spitz
sivrilmek *vi* 1. spitz(er) werden, sich verjüngen 2. herausragen, sich hervortun
sivriltmek *vt* 1. *Kausativ zu* **sivrilmek** 2. spitzen (*-i* etw)
sivrisakal *s* Spitzbart *m*
sivrisinek (**-ği**) *s* Moskito *m,* Stechmücke *f;* ~ **sokması** Mückenstich *m*
siyah I. *adj* 1. schwarz 2. (*Bier*) dunkel 3. (*Schrift*) fett; ~ **beyaz** schwarz-weiß; ~ **beyaz film** Schwarzweißfilm *m;* ~ **ekmek** Schwarzbrot *nt* II. *s* (*Mensch*) Schwarze(r) *mf,* Farbige(r) *mf*
siyahlatmak *vt* schwärzen (*-i* etw)
siyasal *adj* politisch; ~ **bilgiler** Politologie *f*
siyaset (**-ti**) *s* Politik *f*
siyasetçi *s* Politiker(in) *m(f)*
siyasi *adj* politisch
siyatik (**-ği**) *s* Ischias *m*
siyek (**-ği**) *s* Harnröhre *f*
siyonist (**-ti**) I. *s* Zionist(in) *m(f)* II. *adj* zionistisch
siyonizm *s* Zionismus *m*
siz *pron* 1. (*2. Pers. Pl.*) ihr 2. (*Höflichkeitsform*) Sie; ~ **bilirsiniz** wie Sie wollen, wie ihr wollt
sizce *adv* 1. eurer Meinung nach 2. (*Höflichkeitsform*) Ihrer Meinung nach
sizde *pron* 1. bei euch 2. (*Höflichkeitsform*) bei Ihnen
sizden *pron* 1. von euch 2. (*Höflichkeitsform*) von Ihnen
size *pron akk* 1. euch 2. (*Höflichkeitsform*) Ihnen; ~ **nasıl yardımım dokunabilir?** womit kann ich dienen?
sizi *pron akk* 1. euch 2. (*Höflichkeitsform*) Sie
sizin *pron* 1. euer, eu(e)re 2. (*Höflichkeitsform*) Ihr, Ihre; ~ **için** für euch, für Sie; ~ **gibiler** euresgleichen; ~ **tarafınızdan** eurerseits, Ihrerseits; ~ **yüzünüzden** euretwegen, Ihretwegen
sizinki *pron* 1. der, die, das eure [*o* eurige] 2. (*Höflichkeitsform*) der, die, das Ihre [*o* Ihrige]
sizinle *pron* 1. mit euch 2. (*Höflichkeitsform*) mit Ihnen
skandal *s* Skandal *m*
skandallı *adj* skandalös
skateboard *s* Skateboard *nt;* **skateboarda binmek** Skateboard fahren
skeç (**-çi**) *s* Sketch *m*
skleroz *s* Sklerose *f*
skor *s* (*sport*) Spielstand *m*
skoş *s* Squash *nt*
skuter *s* 1. Motorroller *m* 2. (*für Kinder*) Roller *m*
slalom *s* Slalom *m*
Slav I. *s* Slawe *m,* Slawin *f* II. *adj* (*Art*) slawisch
slayt (**-dı**) *s* Dia *nt;* ~ **gösterisi** Diashow *f;* ~ **projektörü** Diaprojektor *m*
slogan *s* Schlagwort *nt,* Parole *f*
Slovak (**-kı**) I. *adj* slowakisch II. *s* Slowake, -kin *m, f*
Slovenya *s* Slowenien *nt*
smokin *s* Smoking *m*
SMS *s* (TELE) SMS *f,* Kurznachricht *f*
soba *s* Ofen *m*

soda s 1. Mineralwasser nt 2. Soda f
sodalı adj mit Soda
sodyum s Natrium nt
sofa s Flur m, Diele f
sofi s Sufi m
sofilik (**-ği**) s Sufismus m
sofra s Tisch m, Tafel f; ~ başında bei Tisch; ~ takımı Tafelgeschirr nt, Service nt; sofra(yı) kurmak den Tisch decken; ~ toplamak [o kaldırmak] den Tisch abräumen
sofralık adj (zum Verzehr bestimmt) Tafel-, Speise-; ~ tuz Tafelsalz nt, Speißesalz nt
softa I. s 1. (HIST) Student m der theologischen Hochschule 2. Fanatiker(in) m(f) II. adj fanatisch
softalık (**-ğı**) s (pej) Fanatismus m
sofu adj strenggläubig, fromm
sofuluk (**-ğu**) s Strenggläubigkeit f, Frömmigkeit f
soğan s Zwiebel f
soğancık (**-ğı**) s Schnittlauch m
soğuk (**-ğu**) I. s Kälte f II. adj kalt; hava ~ es ist kalt; ~ **algınlığı** Erkältung f; ~ **almak** sich erkälten; ~ **büfe** kaltes Büfett; ~ **dalgası** Kältewelle f; ~ **içecek** Erfrischungsgetränk nt; ~ **neva** unsympatisch; **soğuktan titremek** vor Kälte zittern
soğukkanlı adj 1. (Mensch) kaltblütig 2. ruhig, gelassen
soğukkanlılık (**-ğı**) s 1. Kaltblütigkeit f 2. Gelassenheit f
soğukluk (**-ğu**) s 1. Kälte f 2. (einer Beziehung) Abkühlung f 3. Nachtisch m, Nachspeise f
soğumak vi 1. kalt werden 2. sich abkühlen 3. das Interesse verlieren (-den an jdm/etw)
soğurmak vt 1. aufsaugen (-i etw) 2. neutralisieren, dämpfen (-i etw)
soğutmak vt 1. Kausativ zu **soğumak** 2. kühlen (-i etw)
sohbet (**-ti**) s 1. Unterhaltung f, Gespräch nt 2. (INET) Chat m; ~ **etmek** sich unterhalten (ile mit jdm); ~ **odası** (INET) Chatroom m
sokak (**-ğı**) s 1. Straße f 2. Gasse f; ~ **çocuğu** Straßenjunge m; ~ **kapısı** Haustür f; ~ **kızı** [o **kadını**] (Prostituierte) Straßenmädchen nt; ~ **lambası** Straßenlaterne f; ~ **ortasında** auf offener Straße; ~ **satıcısı** Straßenhändler m; **sokağa çıkma yasağı** Ausgangssperre f; **sokakta** auf der Straße
sokmak (**-ar**) vt 1. hineinstecken, hineinstopfen, hineinlegen (-i -e etw in etw) 2. (Insekt) stechen; (Schlange) beißen (-i jdn) 3. hineinschmuckeln (-i -e etw in etw) 4. (Messer) hineinstoßen (-i -e etw in etw) 5. (in eine Flüssigkeit) eintauchen (-i -e etw in etw) 6. hineinlassen, hereinlassen (-i jdn) 7. (in eine Angelegenheit) hineinziehen (-i -e jdn in etw) 8. (jdm etw) andrehen (-i etw); **bir türlü kafama sokamıyorum** das will mir nicht in den Kopf gehen
sokulgan adj zutraulich
sokulmak vt 1. Passiv zu **sokmak** 2. eindringen (-e in etw) 3. sich anschmiegen (-e an jdn)
sol I. adj linke(r, s) II. s linke Seite; **sola** nach links; **solda** links; **soldan** von links; **benim solumda** links von mir
solaçık (**-ğı**) s Linksaußen m
solak (**-ğı**) I. s Linkshänder(in) m(f) II. adj linkshändig
solaryum (**tesisatı**) s Solarium nt
solcu I. s (POL) Linke(r) mf II. adj links eingestellt, linke(r, s)
solgun adj 1. blass, bleich 2. welk 3. (Stoff, Farbe) verschossen
solgunluk (**-ğu**) s 1. Blässe f 2. Welkheit f
solist (**-ti**) s Solist(in) m(f)
sollamak vt (Verkehr) überholen (-i jdn); ~ **yasaktır!** Überholen verboten!
sollama şeridi (**-ni**) s Überholspur f
solmak (**-ar**) vi 1. (Gesicht) blass werden 2. verwelken 3. (Stoff, Farbe) ausbleichen
solmuş adj welk
solo s Solo nt
solucan s Wurm m
soluk (**-ğu**) I. adj 1. blass, bleich 2. glanzlos, matt 3. welk 4. (Farbe, Stoff) verblichen II. s 1. Atem m 2. Puste f; ~ **almak** einatmen; ~ **vermek** ausatmen
solukluk (**-ğu**) s Blässe f
solumak vi keuchen, schnaufen
solungaç (**-cı**) s Kiemen pl
solunum s Atmung f
solvent (**-ti**) s Lösungsmittel nt
som adj 1. massiv 2. unverfälscht
som (**balığı**) s Lachs m
Somali s Somalia nt
somun s 1. (Brot) Laib m 2. Schraubenmutter f
somurtkan adj (fam) brummig, griesgrämig
somurtmak vi (fam) schmollen
somut (**-tu**) adj konkret, greifbar

somutlaştırmak vt konkretisieren (-i etw)
somya s (Sprungfeder)matratze f
son I. s 1. Ende nt, Schluss m 2. Endpunkt m II. adj letzte(r, s); ~ **bulmak** enden; ~ **defa** zuletzt; ~ **derece** äußerst; ~ **durak** Endstation f; ~ **kullanım tarihi** (Lebensmittel) Verfallsdatum nt; ~ **söz** Schlusswort nt, letztes Angebot; ~ **vermek** beenden (-e etw); ~ **zamanlarda** in letzter Zeit; **sona erdirmek** zu Ende bringen (-i etw); **sona ermek** aufhören, enden; **sonuncu** letzte(r, s); **sonunda** schließlich, endlich, zuletzt
sonat (**-tı**) s Sonate f
sonbahar s Herbst m
sonda s Katheter m
sondaj s 1. Sondierung f 2. Versuchsbohrung f; ~ **yapmak** bohren
sondakika tatil s Last-Minute-Urlaub m
sone s Sonett nt
sonek (**-ki**) s (Wort-) Endung f
sonlu adj endlich
sonra I. adv dann, danach, später II. präp (zeitlich) nach (-den dat) III. konj nachdem; **eve geldikten** ~ nachdem er nach Hause gekommen war IV. s Folge f; **sonraya bırakmak** verschieben, hinauszögern (-i etw)
sonradan adv 1. hinterher 2. nachträglich; ~ **görme** Emporkömmling m
sonraki adj spätere(r, s)
sonsuz adj 1. unendlich 2. unermesslich 3. endlos, ewig
sonsuzlaştırmak vt verewigen (-i etw)
sonsuzluk (**-ğu**) s 1. Unendlichkeit f 2. Ewigkeit f
sonucu präp infolge (... gen)
sonuç (**-cu**) s 1. Ergebnis nt, Folge f 2. Resultat nt 3. Schlussfolgerung f; **sonunçlar çıkarmak** Schlüsse ziehen (-den aus etw)
sonuçlanmak vi 1. enden 2. beendet werden
sonuçsuz adj ergebnislos
sopa s 1. Stock m 2. Prügel pl; ~ **çekmek** (fam) verprügeln (-e jdn)
soprano s 1. Sopran m 2. Sopranistin f
sorgu s 1. Verhör nt 2. (eines Angeklagten) Vernehmung f; ~ **hakimi** [o **yargıcı**] Untersuchungsrichter(in) m(f); **sorguya çekmek** verhören, vernehmen (-i jdn)
sormak (**-ar**) vt 1. fragen (-e -i jdn etw) 2. fragen nach (-i nach etw) 3. verantwortlich machen (-den -i jdn für etw)
soru s 1. Frage f 2. Anfrage f; ~ **işareti** Fragezeichen nt; ~ **sormak** eine Frage stellen
sorumlu adj 1. haftend 2. verantwortlich
sorumluluk (**-ğu**) s 1. Verantwortung f 2. Haftpflicht f 3. Haftung f
sorumsuz adj 1. unverantwortlich 2. (Mensch) verantwortungslos
sorun s Problem nt
soruşturma s 1. Verbalsubstantiv zu **soruşturmak** 2. Befragung f 3. Erhebung f 4. Ermittlung f, Untersuchung f
soruşturmak vt 1. ausfragen, befragen (-e -i jdn über etw) 2. (Erkundigungen) einziehen (-i etw) 3. ermitteln (-i -e etw bei jdm)
sos s 1. Soße f 2. Tunke f
sosis s Wurst f, Würstchen nt
sosyal adj gesellschaftlich, sozial; ~ **bilimler** Geisteswissenschaften pl; ~ **hizmetler** Sozialleistungen pl; ~ **konut** Sozialwohnung f; ~ **ortaklar** Sozialpartner mpl; ~ **politika** Sozialpolitik f; ~ **sigorta** Sozialversicherung f; ~ **yardım** Sozialfürsorge f
sosyaldemokrat (**-tı**) I. s Sozialdemokrat(in) m(f) II. adj sozialdemokratisch
sosyalist (**-ti**) I. s Sozialist(in) m(f) II. adj sozialistisch
sosyalizm s Sozialismus m
sosyete s Schickeria f, Highsociety f; ~ (**haberleri**) **sayfası** (in einer Zeitung) Klatschspalte f
sosyoekonomik (**-ği**) adj sozioökonomisch
sosyolog s Soziologe m, Soziologin f
sosyoloji s Soziologie f
sosyolojik adj soziologisch
Sovyet (**-ti**) adj (HIST) sowjetisch
Sovyetler Birliği (**-ni**) s (HIST) Sowjetunion f
soy s 1. Familie f 2. Abstammung f, Herkunft f 3. (Geschlecht) Stamm m 4. Familienangehörige pl 5. Vorfahren pl 6. Nachkommenschaft f
soya (**fasulyesi**) s Sojabohne f
soyadı (**-nı**) s Familienname m, Nachname m

Bis zum Jahre 1935 gab es in der Türkei keine **soyadı** (Familiennamen). Stattdessen gab es Vatersnamen: Vor dem Namen trat der Name des Vaters mit der Endung 'oglu' (Sohn von ...). Im Jahre 1936 wurde das 'Gesetz über Familiennamen' verabschiedet, das jeden Türken dazu verpflichtete, sich innerhalb von zwei Jahren einen Familiennamen eintragen zu lassen. Der Staatsgründer Mustafa Kemal erhielt von der Nationalversammlung den Famililennamen 'Atatürk', was übersetzt 'Vater der Türken' bedeutet.

soyağacı (**-nı**) *s* Stammbaum *m*
soygun *s* Raubüberfall *m*, Raub *m*
soyguncu *s* Räuber *m*
soygunculuk (**-ğu**) *s* Raubüberfall *m*
soykırım *s* Genozid *m*
soylu *adj* 1. edel 2. adlig
soyluluk (**-ğu**) *s* Adel *m*
soymak (**-ar**) *vt* 1. ausziehen, entkleiden (*-i* jdn) 2. schälen (*-i* etw) 3. ausrauben, berauben (*-i* jdn)
soysuz *adj* 1. von niedriger Abstammung 2. (*Person*) gemein 3. entartet
soysuzlaşma *s* 1. *Verbalsubstantiv zu* **soysuzlaşmak** 2. (Sitten)verfall *m*
soysuzlaşmak *vi* degenerieren, entarten
soytarı *s* 1. Narr *m* 2. Spaßmacher *m*, Clown *m*
soyunma *s* 1. *Verbalsubstantiv zu* **soyunmak** 2. ~ **odası** Umkleideraum *m*
soyunmak *vi* 1. *Reflexiv zu* **soymak** 2. sich ausziehen, sich entkleiden
soyut (**-tu**) *adj* abstrakt
söğüt (**-dü**) *s* (*Baum*) Weide *f*
sökmek (**-er**) *vt* 1. herausreißen, herausziehen (*-i* etw) 2. abmontieren, demontieren; (*Zelt*) abbrechen (*-i* etw) 3. (*Maschine*) zerlegen (*-i* etw) 4. (*Naht*) auftrennen (*-i* etw) 5. (*Handschrift*) entziffern (*-i* etw) 6. (*fam*) dahinter kommen, herauskriegen (*-i* etw) 7. (*fam*) schaffen, fertig bringen (*-i* etw) 8. (*Schleim*) sich lösen 9. (*Morgen*) anbrechen
sökük (**-ğü**) I. *s* (kleiner) Riss *m* II. *adj* leicht aufgeplatzt
sökülmek *vi* 1. *Passiv zu* **sökmek** 2. ausreißen 3. sich loslösen 4. (*Naht*) aufgehen 5. (*fam: Geld*) herausrücken (*-i* etw)
sökün etmek *vi* (*fam*) auftauchen, auf der Bildfläche erscheinen
sömestr *s* Halbjahr *nt*, Semester *nt*
sömürge *s* Kolonie *f*
sömürgeci I. *s* Kolonialist(in) *m(f)* II. *adj* kolonialistisch
sömürgecilik (**-ği**) *s* Kolonialismus *m*
sömürgeleşmek *vi* zur Kolonie werden
sömürgeleştirme *s* 1. *Verbalsustantiv zu* **sömergeleştirmek** 2. Kolonialisierung *f*
sömürgeleştirmek *vt* 1. *Kausativ zu* **sömürgeleşmek** 2. kolonisieren (*-i* etw/jdn)
sömürmek *vt* 1. ausnutzen, ausbeuten (*-i* etw/jdn) 2. (*Tee*) schlürfen (*-i* etw) 3. aufessen (*-i* etw)
sömürü *s* Ausbeutung *f*
söndürmek *vt* 1. *Kausativ zu* **sönmek** 2. (*Feuer*) löschen (*-i* etw) 3. (*Licht, Radio*) ausmachen; (*Gashahn*) abdrehen (*-i* etw) 4. (*Zigarette*) ausdrücken (*-i* etw) 5. (*Luft*) herauslassen (*-i* etw) 6. (*Gefühle*) abkühlen, besänftigen (*-i* etw)
sönmek (**-er**) *vi* 1. (*Licht, Feuer*) ausgehen 2. erlöschen 3. (*Ballon*) schlaff werden 4. den Glanz verlieren
sönük (**-ğü**) *adj* 1. (*Licht*) erloschen 2. glanzlos, matt 3. (*Gesicht*) nichtssagend 4. (*Person*) unauffällig 5. (*Ballon*) schlaff geworden
sörf *s* Surfen *nt*; ~ **tahtası** Surfbrett *nt*; ~ **yapmak** (*Sport und Internet*) surfen
sövgü *s* Fluch *m*
sövmek (**-er**) *vt* 1. schimpfen, fluchen 2. beschimpfen, verfluchen (*-e* jdn)
sövüp saymak *vi* (*fam*) wie ein Rohrspatz schimpfen
söylemek *vt* 1. reden, sprechen 2. sagen (*-e -i* jdm etw) 3. jdm befehlen, jdm auftragen, jdn bitten (*-mesini* etw zu tun) 4. (*im Restaurant*) bestellen (*-i* etw); **şarkı** ~ singen; **söyle bakalım** sag mal; **söylemesi kolay** das ist leichter gesagt als getan
söylenmek *vi* 1. *Passiv zu* **söylemek** 2. vor sich hin murren
söyleniş *s* Aussprache *f*
söylenti *s* Gerücht *nt*
söyleşi *s* Gespräch *nt*, Unterhaltung *f*; ~ **programı** Talkshow *f*
söyleşmek *vi* 1. sich unterhalten (*ile* mit jdm) 2. diskutieren (*ile* mit jdm)
söylev *s* Ansprache *f*, Rede *f*
söz *s* 1. Wort *nt* 2. Ausspruch *m*, Spruch *m* 3. Versprechen *nt* 4. Gerücht *nt* 5. (üble) Nachrede *f*; ~ **aramızda** unter uns gesagt; ~ **arasında** beiläufig, nebenbei; ~ **dalaşı** Wortgefecht *nt*; ~ **dinlemek** gehorchen, folgen, einen Rat befolgen; ~ **konusu bile olmaz!** kommt nicht in Frage!; ~ **konusu olmak** in Frage kommen; ~ **vermek** sein Wort geben (*-e* jdm); **söze katılmak** mitreden; **sözün kısası** kurz gesagt, kurzum; **sözünde dur-**

mak sein Wort halten; **sözünde durmamak** sein Wort brechen; **sözünden dönmek** wortbrüchig werden; **sözünü bitirmek** zu Ende reden, aussprechen; **sözünü esirgememek** kein Blatt vor den Mund nehmen; **sözünü etmek** erwähnen (-*in* jdn/ etw); **sözünü geçirmek** sich durchsetzen; **sözünü kesmek** unterbrechen; **sözünü tutmak** sein Wort halten; (*Ratschläge*) befolgen; **sözünü tutmamak** [*o* **bozmak**] sein Wort brechen

sözcü *s* Sprecher(in) *m(f)*, Wortführer(in) *m(f)*
sözcük (**-ğü**) *s* Wort *nt*
sözde *adv* angeblich
sözdizim *s* Satzlehre *f*, Syntax *f*
sözleşme *s* 1. *Verbalsubstantiv zu* **sözleşmek** 2. Abmachung *f*, Absprache *f*, Vereinbarung *f* 3. Vertrag *m*
sözleşmek *vi* 1. einen Vertrag abschließen (*ile* mit jdm) 2. übereinkommen (*ile* mit jdm) 3. sich verabreden (*ile* mit jdm)
sözleşmeli *adj* vertraglich
sözlü *adj* 1. mündlich 2. (*jdm für die Ehe*) versprochen
sözlük (**-ğü**) *s* Wörterbuch *nt*
spageti *s* Spag(h)etti *pl*
spekülasyon *s* Spekulation *f*; ~ **yapmak** spekulieren
spekülasyoncu, **spekülatör** *s* Spekulant(in) *m(f)*
sperma *s* Samen *m*, Sperma *nt*
spesiyalist (**-ti**) *s* 1. Spezialist(in) *m(f)* 2. Facharzt *m*, Fachärztin *f*
spiker *s* Ansager(in) *m(f)*, Sprecher(in) *m(f)*
sponsor *s* Sponsor(in) *m(f)*
sponsorluk (**-ğu**) *s* Sponsoring *nt*
spor *s* Sport *m*; ~ **eşyası** Sportartikel *pl*; ~ **gömleği** Sporthemd *nt*; ~ **kulübü** Sportverein *m*; ~ **otomobili** [*o* **arabası**] Sportwagen *m*; ~ **öğretmeni** Sportlehrer(in) *m(f)*; ~ **sahası** Sportplatz *m*; ~ **salonu** Sporthalle *f*; ~ **tesisi** Sportanlage *f*; ~ **uçağı** Sportflugzeug *nt*
sporcu *s* Sportler(in) *m(f)*
sportif *adj* (*Angelegenheit*) sportlich
sportmen I. *adj* (*Person*) sportlich II. *s* Sportler(in) *m(f)*
sportoto *s* (*Fußball*) Toto *nt*
sprey *s* 1. Spray *nt* 2. Spraydose *f*, Zerstäuber *m*
Sri Lanka *s* Sri Lanka *nt*
stad(**yum**) *s* Stadion *nt*

staj *s* Praktikum *nt*
stajyer *s* Praktikant(in) *m(f)*; ~ **öğretmen** (*in einer Schule*) Referendar(in) *m(f)*
standart (**-dı**) *s* Standard *m*, Norm *f*
standartlaştırmak *vt* standardisieren, normen (*-i* etw)
stant (**-dı**) *s* (Messe-, Verkaufs)stand *m*
statü *s* 1. Status *m* 2. Satzung *f*, Statut *nt*
stenodaktilo *s* Stenotypistin *f*
stenografi *s* Kurzschrift *f*, Stenografie *f*; ~ **yazmak** stenografieren
step *s* Steppe *f*
stereo *s* Stereo *nt*; ~ **müzik seti** Stereoanlage *f*
stereofonik (**-ği**) *adj* stereo
steril *adj* steril, keimfrei
sterilize *adj* sterilisiert; ~ **etmek** sterilisieren, keimfrei machen (*-i* etw)
sterlin(**g**) *s* (britisches) Pfund *nt*
stil *s* Stil *m*
stilistik (**-ği**) I. *adj* stilistisch II. *s* Stilistik *f*
stimüle *adj* stimuliert; ~ **etmek** anregen (*-i* jdn/etw)
stok (**-ku**) *s* Vorrat *m*; ~ **etmek** lagern, speichern
stop *interj* stopp!; **stop etmek** plötzlich stoppen; ~ **feneri** Bremslicht *nt*
strateji *s* Strategie *f*
stratejik (**-ği**) *adj* strategisch
stratosfer *s* Stratosphäre *f*
streç film *s* Klarsichtfolie *f*, Frischhaltefolie *f*
stres *s* Stress *m*; ~ **faktörü** Stressfaktor *m*
stresli *adj* 1. stressig 2. gestresst
striptiz *s* Striptease *m/nt*
stüdyo *s* 1. Studio *nt* 2. Maleratelier *nt*
su *s* 1. Wasser *nt* 2. Gewässer *nt* 3. (kleinerer) Fluss *m* 4. Saft *m* 5. Sauce *f* 6. Randvergierung *f* 7. Essenz *f* 8. (*von Eisen*) Härte *f*; ~ **almak** Wasser holen; (*Boot*) lecken; ~ **arkı** Bewässerungsgraben *m*; ~ **bardağı** Wasserglas *nt*; ~ **baskını** Hochwasser *nt*; ~ **basmak** überschwemmen, überfluten; ~ **bidonu** Wasserkanister *m*; ~ **birikintisi** Pfütze *f*; ~ **bitkisi** Wasserpflanze *f*; ~ **çekmek** (aus dem Brunnen) Wasser schöpfen; ~ **deposu** Wasserbehälter *m*; ~ **dökmek** Wasser ausgießen, Wasser verschütten; (*fam*) pinkeln; ~ **geçirmek** leck sein; ~ **geçirmez** wasserdicht; ~ **kayağı** Wasserski *m*; ~ **kayağı yapmak** Wasserski fahren; ~ **kelebeği** Libelle *f*; ~ **kemeri** Aquädukt *nt*; ~ **kuşu** Wasservogel *m*; ~ **nergisi** Sumpfdotterblume *f*; ~ **perisi**

Nixe *f;* ~ **seviyesi** Wasserspiegel *m;* ~ **sporu** Wassersport *m;* ~ **topu** Wasserball *m;* ~ **yılanı** Ringelnatter *f;* ~ **zambağı** Wasserrose *f;* **suya düşmek** (*auch fig*) ins Wasser fallen; **sudan bahane** (*fam*) faule Ausrede; **sudan ucuz** spottbillig; **sular kesildi** [*o* **kesik**] es gibt kein fließendes Wasser

sual (**-li**) *s* Frage *f*

suaygırı (**-nı**) *s* Nilpferd *nt*

subay *s* Offizier *m*

sucuk (**-ğu**) *s* **1.** Wurst *f* **2.** (*türkische Spezialität*) Knoblauchwurst *f;* ~ **gibi** patschnass

suç (**-çu**) *s* **1.** Schuld *f* **2.** Fehler *m* **3.** Delikt *nt;* ~ **işlemek** sich strafbar machen, ein Verbrechen begehen; ~ **ortağı** Komplize *m*, Komplizin *f;* ~ **ortaklığı** Komplizenschaft *f*, Mitschuld *f;* **suçu birinin üstüne atmak** jdm etwas in die Schuhe schieben; **suçunu itiraf etmek** geständig sein

suçiçeği (**-ni**) *s* Windpocken *pl*

suçlama *s* **1.** *Verbalsubstantiv zu* **suçlamak 2.** Beschuldigung *f* **3.** Verdächtigung *f* **4.** Anklage *f*

suçlamak *vt* **1.** beschuldigen (*-i ile* jdn einer Sache) **2.** verdächtigen (*-i ile* jdn einer Sache) **3.** anklagen (*-i ile* jdn einer Sache)

suçlandırmak *vt* **1.** *Kausativ zu* **suçlanmak 2.** beschuldigen (*-i* jdn) **3.** schuldig sprechen (*-i* jdn)

suçlu I. *adj* schuldig **II.** *s* Übeltäter(in) *m(f)*, Verbrecher(in) *m(f);* ~ **bulmak** für schuldig befinden (*-i* jdn)

suçluluk (**-ğu**) *s* Schuld *f;* ~ **duygusu** Schuldgefühl *nt*

suçsuz *adj* schuldlos, unschuldig

suçsuzluk (**-ğu**) *s* Unschuld *f*

suçüstü *adv* auf frischer Tat; ~ **yakalamak** auf frischer Tat ertappen (*-i* jdn)

sudak (**-ğı**) *s* Zander *m*

Sudan *s* Sudan *m*

sufle *s* Soufflee *nt,* Auflauf *m*

suflör *s* Souffleur *m,* Souffleuse *f*

suflörlük (**-ğü**) *s* Soufflieren *f;* ~ **yapmak** soufflieren

suiistimal *s* Missbrauch *m;* ~ **etmek** ausnützen, missbrauchen (*-i* etw)

suikast (**-tı**) *s* Attentat *nt,* Anschlag *m*

suikastçı *s* Attentäter(in) *m(f)*

sulak (**-ğı**) **I.** *s* Wassertrog *m* **II.** *adj* wasserreich

sulama *s* **1.** *Verbalsubstantiv zu* **sulamak 2.** Bewässerung *f*

sulamak *vt* **1.** bewässern, sprengen; (*Blumen*) gießen (*-i* etw) **2.** (*Tiere*) tränken (*-i* etw) **3.** (*Stahl*) härten (*-i* etw)

sulandırmak *vt* **1.** *Kausativ zu* **sulamak 2.** (*Flüssigkeit*) verdünnen (*-i* etw); **birinin ağzını** ~ jdm den Mund wässerig machen

sulanmak *vi* **1.** *Passiv zu* **sulamak 2.** wässerig werden **3.** (*fam: anbändeln*) anmachen (*-e* jdn); **ağzım sulanıyor** mir läuft das Wasser im Munde zusammen

sularında *präp* (*Zeitangabe*) ungefähr, gegen

sulh *s* **1.** Frieden *m* **2.** Vergleich *m;* **Sulh Mahkemesi** Friedensgericht *nt*

sultan *s* Sultan *m*

sulu *adj* **1.** wässerig **2.** verdünnt **3.** (*fam*) albern, läppisch **4.** (*Fleisch*) saftig

suluboya *s* Wasserfarbe *f;* ~ **resim** Aquarell *nt*

sumermeri (**-ni**) *s* Alabaster *m*

suni *adj* künstlich, unecht; ~ **madde** Kunststoff *m*

sunmak (**-ar**) *vt* **1.** anbieten (*-e -i* jdm etw) **2.** darbieten (*-i* etw) **3.** einreichen (*-i -e* etw bei jdm) **4.** übersenden (*-e -i* jdm etw) **5.** überreichen (*-e -i* jdm etw) **6.** (*Gesuch*) unterbreiten (*-e -i* jdm etw)

sunu *s* **1.** Widmung *f* **2.** Angebot *nt*

sunucu *s* **1.** Talkmaster *m* **2.** (INET) Server *m*

supap (**-bı**) *s* Ventil *nt*

sur *s* **1.** Stadtmauer *f* **2.** Festungsmauer *f*

surat (**-tı**) *s* **1.** Gesicht *nt* **2.** (PEJ) Fratze *f* **3.** mürrisches Gesicht *nt*

suratsız *adj* (*fam*) brummig, mürrisch

sure *s* (*des Korans*) Sure *f*

suret (**-ti**) *s* **1.** Gestalt *f*, Figur *f* **2.** Abbild *nt* **3.** Abzug *m* **4.** Kopie *f* **5.** Art und Weise *f*

Suriye I. *s* Syrien *nt* **II.** *adj* (*Art*) syrisch

Suriyece *adj* (*Sprache*) syrisch

Suriyeli I. *s* Syr(i)er(in) *m(f)* **II.** *adj* (*Herkunft*) syrisch

sus *interj* Ruhe!, still!

susam *s* Sesam *m*

susamak *vi* **1.** Durst bekommen **2.** dürsten (*-e* nach etw)

susamış *adj* durstig

suskun *adj* schweigsam, wortkarg

susmak (**-ar**) *vi* **1.** schweigen, verstummen **2.** den Mund halten

sus(**un**) *interj* Ruhe!, still!

susturmak *vt* **1.** *Kausativ zu* **susmak 2.** zum Schweigen bringen (*-i* jdn)

susturucu s (*an Waffe*) Schalldämpfer m
susuz adj 1. wasserlos 2. (*Gebiet*) wasserarm
susuzluk (-ğu) s 1. Durst m 2. Wassermangel m; **susuzluğu(nu) gidermek** den Durst löschen; **susuzluktan ölmek** verdursten
sutyen s Büstenhalter m
Suudi Arabistan s Saudi-Arabien nt
suvenir s Souvenir nt
suyosunu (-nu) s Alge f
sübjektif adj subjektiv
sübvansiyon s Subvention f
sübyancı s Pädophile(r) m
sübyancılık (-ğı) s Pädophilie f
süet (-ti) I. s Wildleder nt II. adj aus Wildleder hergestellt, Wildleder-
süfli adj 1. (*Aussehen*) schäbig 2. niedrig
sükun s Stille f, Ruhe f
sükunet (-ti) s 1. Gelassenheit f, Ruhe f 2. Stille f, Ruhe f
sükut (-tu) s Schweigen nt
sülfür s Schwefel m; **sülfürik asit** Schwefelsäure f
sülük (-ğü) s 1. Blutegel m 2. Ranke f 3. Ausbeuter m
sülün s Fasan m
sümbül s Hyazinthe f
Sümerli s (HIST) Sumerer m
sümkürmek vi sich schnäuzen
sümsük (-ğü) I. s Trottel m II. adj trottelig
sümük (-ğü) s (*Nasen-*) Schleim m
sümükdoku s Schleimhaut f
sümüklü I. adj (*fam*) schleimig II. s (*fam*) Rotznase f
sümüklüböcek (-ği) s Schnecke f; ~ **kabuğu** Schneckenhaus nt
sümüksel adj schleimig; ~ **zar** Schleimhaut f
sünger s Schwamm m; ~ **bez** Schwammtuch nt; ~ **gibi** schwammig
süngü s Seitengewehr nt
sünnet (-ti) s 1. (*islamisch*) Sunna f 2. Beschneidung f; ~ **düğünü** Beschneidungsfeier; ~ **etmek** beschneiden (-i jdn); ~ **kliniği** Beschneidungsklinik m

Die **sünnet düğünü** (die Beschneidungsfeier) führt die kleinen Buben in die Welt der Erwachsenen ein. In Phantasieuniformen gekleidet werden die Jungen mit viel Spektakel durchs Dorf geführt, bzw. heute in geschmückten Autos gefahren. Eine Beschneidung wird wie eine Hochzeit mit vielen Gästen gefeiert.

sünnetçi s Beschneider m
Sünni I. adj sunnitisch II. s Sunnit(in) m(f)
Sünnilik (-ği) s Sunnitentum nt

Sünnilik (das Sunnitentum) ist seit osmanischer Zeit die wichtigste Konfession des Islams in der Türkei. Rund 80 Prozent aller Türken sind Sunniten. Ihnen stehen als größte religiöse Minderheit die Aleviten gegenüber. Schiiten dagegen spielen in der religiösen Landschaft der Türkei keine Rolle.

süper adj super
süpermarket (-ti) s Supermarkt m
süprüntü s 1. Abfall m, Müll m 2. Kehrricht m
süpürge s 1. Besen m 2. Handfeger m; ~ **sapı** Besenstiel m; **elektrikli** ~ Staubsauger m
süpürgeotu (-nu) s Heidekraut nt
süpürmek vt 1. fegen, kehren (-i etw) 2. (bis auf den letzten Rest) verbrauchen (-i etw); **silip** ~ (a. *fig*) wegfegen (-i etw)
sürahi s Karaffe f
sürat (-ti) s Geschwindigkeit f, Schnelligkeit f; ~ **katarı** Schnellzug m
süratli adj 1. schnell 2. stark
sürdozaj s Überdosis f
sürdürülebilir adj (COM: *Wachstum*) nachhaltig
sürdürebilirlik (-ği) s (COM) Nachhaltigkeit f
sürdürmek vt 1. *Kausativ zu* **sürmek** 2. weitermachen (-i etw) 3. fortsetzen, fortführen (-i etw)
süre s (*Dauer*) Zeit f; **bir** ~ eine Zeitlang; **süresi dolmak** (*Vertrag*) auslaufen; (*Frist*) verstreichen
sürece konj solange, während; **yurtdışında kaldığı** ~ solange er im Ausland lebte
süreç (-ci) s Gang m, Prozess m, Verlauf m
süreğen adj chronisch
sürek (-ği) s 1. Dauer f, Bestand m 2. (große) Tierherde f
sürekli I. adj 1. andauernd 2. beständig, dauerhaft II. adv ununterbrochen, fortwährend, anhaltend; ~ **iş bandı** Fließband nt
süreklilik (-ği) s Kontinuität f
süreölçer s Chronometer nt
süresince präp (*zeitlich*) innerhalb

süresiz *adj, adv* unbefristet
sürgü *s* 1. Riegel *m* 2. Ackerwalze *f* 3. (große) Maurerkelle *f* 4. Bettpfanne *f*
sürgülemek *vt* 1. verriegeln (*-i* etw) 2. (*Feld*) walzen (*-i* etw)
sürgün *s* 1. Spross *m*, Trieb *m* 2. Verbannung *f*, Exil *nt* 3. Verbannte(r) *mf* 4. Durchfall *m*; **sürgüne göndermek/gitmek** ins Exil schicken/gehen, verbannen/verbannt werden
sürme *s* 1. *Verbalsubstantiv zu* **sürmek** 2. (Fort)dauer *f* 3. Riegel *m* 4. Augenschminke *f* 5. Schublade *f*; ~ **kapı** Schiebetür *f*
sürmek (**-er**) *vt* 1. (*Fahrzeug*) fahren (*-i* etw) 2. schieben (*-i* etw) 3. (*Butter*) aufstreichen; (*Farbe, Salbe*) auftragen (*-i -e* etw auf etw) 4. (*Tiere*) vor sich her treiben (*-i* etw) 5. verbannen (*-i -den* jdn aus etw) 6. (*Waren*) vertreiben (*-i* etw) 7. (*Falschgeld*) in Umlauf bringen (*-i* etw) 8. (*schlechte Ware*) andrehen (*-e -i* jdm etw) 9. (*Feld*) pflügen (*-i* etw) 10. (*Leben*) führen (*-i* etw) 11. (*Spielfigur*) rücken, ziehen (*-i* etw) 12. andauern 13. (*junge Pflanzen*) herauskommen; **bir şeye elini** ~ etw anfassen, etw berühren; **sürüp gitmek** fortdauern
sürmenaj *s* Überarbeitung *f*
sürpriz *s* Überraschung *f*; ~ **yapmak** überraschen (*-i* jdn)
sürtmek (**-er**) *vt* 1. reiben (*-i -e* etw an etw) 2. (*fam*) sich herumtreiben
sürtük (**-ğü**) *s* (*fam*) Herumtreiber(in) *m(f)*
sürtünme *s* 1. *Verbalsubstantiv zu* **sürtünmek** 2. Reibung *f*
sürtünmek *vi* 1. *Reflexiv zu* **sürtmek** 2. streifen, berühren (*-e* etw) 3. (*fam*) Streit suchen
sürtüşme *s* 1. *Verbalsubstantiv zu* **sürtüşmek** 2. Reibereien *pl*
sürtüşmek *vi* sich aneinander reiben
sürtüşmesiz *adj* reibungslos
sürü *s* 1. Viehherde *f* 2. (*Vögel*) Schar *f* 3. (*Bienen*) Schwarm *m* 4. große Menge, Masse *f*; **bir** ~ eine große Menge (von)
sürücü I. *s* 1. Fahrer(in) *m(f)* 2. (*von Lasttieren*) Treiber(in) *m(f)* 3. (INFORM) Laufwerk *nt* II. *adj* treibend
sürüklemek *vt* 1. schleppen, schleifen (*-i* etw) 2. mit sich fortreißen (*-i* etw) 3. hineinziehen (*-i -e* jdn in etw) 4. begeistern, mitreißen (*-i* jdn)

sürüklenmek *vi* 1. *Passiv zu* **sürüklemek** 2. (auf dem Wasser) treiben 3. (*auch fig*) sich hinschleppen
sürüm *s* 1. Absatz *m*, Umsatz *m* 2. Umlauf *m*
sürünceme *s* Verschleppung *f*; **süründemede bırakmak** verschleppen, verzögern (*-i* etw); **sürüncemede kalmak** liegen bleiben, sich verzögern
sürüngen *s* Reptil *nt*, Kriechtier *nt*
sürünmek *vi* 1. kriechen 2. (*auf dem Boden*) schleifen 3. (*fam*) auf den Hund gekommen sein, ein elendes Leben führen 4. berühren, streifen (*-e* etw) 5. (*Parfüm, Salbe*) auftragen (*-i* etw)
süs *s* Schmuck *m*, Ornament *nt*, Verzierung *f*; ~ **bitkisi** Zierpflanze *f*
süsen *s* Schwertlilie *f*
süslemek *vt* 1. (aus)schmücken, verzieren (*-i* etw/jdn) 2. (*Essen*) garnieren (*-i* etw)
süslenmek *vi* 1. *Passiv und Reflexiv zu* **süslemek** 2. sich schmücken
süslü *adj* verziert, geschmückt
süspansiyon *s* Federung *f*
süssüz *adj* schmucklos
süt (**-tü**) *s* Milch *f*; ~ **şişesi** Milchflasche *f*; ~ **tozu** Milchpulver *nt*; ~ **ürünleri** [*o* **mamulleri**] Milcherzeugnisse *pl*
sütana, **sütanne** *s* Amme *f*
sütçü *s* Milchmann *m*; ~ (**dükkanı**) Milchgeschäft *nt*
sütdişi (**-ni**) *s* Milchzahn *m*
süthane *s* Molkerei *f*
sütlaç (**-cı**) *s* Milchreis *m*
sütlü *adj* 1. Milch enthaltend, Milch- 2. (*Kuh*) Milch gebend, Milch-; ~ **kahve** Kaffee mit Milch
sütun *s* 1. Säule *f* 2. (Zeitungs)spalte *f*; ~ **başlığı** Kapitel *nt*
süvari *s* 1. Reiter(in) *m(f)* 2. Kavallerist *m* 3. Schiffskapitän *m*; ~ **çizmesi** Reitstiefel *m*; ~ **pantalonu** Reithose *f*
süzgeç (**-ci**) *s* 1. Filter *m* 2. (feines) Sieb *nt*
süzmek (**-er**) *vt* 1. filtern, sieben (*-i* etw) 2. neugierig mustern (*-i* jdn) 3. (*Honig*) schleudern (*-i* etw)
süzülmek *vi* 1. *Passiv zu* **süzmek** 2. gleiten, schweben 3. (*Tränen*) fließen 4. schmachtend blicken 5. (*Person*) abmagern

Ş

Ş, ş *s* 23. Buchstabe des türk. Alphabets
şablon *s* Schablone *f*
şadırvan *s* Moscheebrunnen *m*
şafak (**-ğı**) *s* Morgendämmerung *f*, Tagesanbruch *m;* ~ **sökmek** Tag werden, dämmern; **şafakla** (**beraber**) bei Tagesanbruch
şah *s* 1. Schah *m* 2. (*beim Schachspiel*) König *m;* **şah!** Schach!
şahadet (**-ti**) *s* 1. Zeugenschaft *f* 2. Heldentod *m;* ~ **getirmek** (*islamisch*) das Glaubensbekenntnis ablegen
şahane *adj* großartig, herrlich, prächtig
şahdamarı (**-nı**) *s* 1. Aorta *f* 2. Halsschlagader *f*
şaheser I. *s* Meisterwerk *nt* II. *adj* großartig, herrlich, prächtig
şahıs (**-hsı**) *s* Person *f*
şahin *s* 1. Falke *m* 2. Mäusebussard *m*
şahit (**-di**) *s* 1. Zeuge *m*, Zeugin *f* 2. Beweis *m*, Beleg *m;* ~ **etmek** bezeugen (*-e etw*)
şahitlik (**-ği**) *s* 1. Zeugenschaft *f* 2. Zeugenaussage *f*
şahsen *adv* persönlich
şahsı (**-nı**) *s* Possessivform zu **şahıs** seine/ihre Person *f*
şahsi *adj* 1. persönlich, privat, eigen 2. individuell; ~ **mülkiyet** Privateigentum *nt*
şahsiyet (**-ti**) *s* 1. Persönlichkeit *f* 2. Individualität *f*
şair *s* Dichter(in) *m(f)*, Poet(in) *m(f)*
şairane *adj, adv* dichterisch, poetisch
şaka *s* Scherz *m*, Spaß *m;* ~ **bir yana** [*o* **tarafa**]! Spaß beiseite!; ~ **etmek** [*o* **yapmak**] spaßen, scherzen; ~ **kaldırmak** Spaß verstehen
şakacı I. *s* Spaßvogel *m*, Witzbold *m* II. *adj* (*Person*) witzig
şakadan *adv* zum Spaß, spaßeshalber
şakak (**-ğı**) *s* Schläfe *f*
şakalaşmak *vi* scherzen
şakayık (**-ğı**) *s* Pfingstrose *f*
şakımak *vi* 1. (*Vögel*) zwitschern, singen 2. (*fam: Mensch*) lustig erzählen
şakır şakır *adv* 1. (*Regen*) prasselnd 2. rasselnd, klappernd; ~ ~ **yağmur yağıyor** es gießt
şakırdamak *vi* 1. (*Regen*) prasseln 2. rasseln, klappern

şaklaban I. *adj* drollig, putzig II. *s* 1. Hanswurst *m* 2. (*pej*) Schleimer(in) *m(f)*
şaklama *s* 1. Verbalsubstantiv zu **şaklamak** 2. (*von Peitsche*) Knall *m*
şaklamak *vi* 1. (*Peitsche*) knallen 2. (*fam: Ohrfeige*) schallen
şal *s* 1. (*Damen-*) Schal *m* 2. Kaschmirstoff *m*
şalgam *s* Rote Bete *f;* ~ **lahanası** Kohlrübe *f*
şalter *s* Schalter *m*
şalvar *s* (türkische) Pumphose *f*

> Der **şalvar** ist ein traditionelles Kleidungsstück der ländlichen Bevölkerung. Die im Schritt weite Hose ist bei der Feldarbeit bequem und praktisch. Der 'şalvar' wird sowohl von Frauen und Männern getragen. Stoffmuster und Form variieren von Region zu Region.

Şam *s* Damaskus *nt*
şamandıra *s* Boje *f*
şamar *s* Ohrfeige *f;* ~ **oğlanı** Sündenbock *m*
şamata *s* Lärm *m*, Tumult *m*
şamdan *s* Kerzenhalter *m*, Kerzenständer *m*
şamfıstığı (**-nı**) *s* Pistazie *f*
şampanya *s* 1. Champagner *m* 2. Sekt *m;* ~ **kadehi** Sektglas *nt*
şampiyon *s* Meister(in) *m(f)*, Champion *m;* **Şampiyonlar Ligi** Champions League *f*
şampiyona *s s.* **şampiyonluk**
şampiyonluk (**-ğu**) *s* Meisterschaft *f*
şampuan *s* Shampoo *nt*
şan *s* 1. Ruhm *m*, Ehre *f* 2. Ruf *m* 3. (leere) Aufmachung *f* 4. Gesang *m*
şangırdamak *vi* klappern, klirren
şanjanlı *adj* (*Farbe*) schillernd
şanjman *s* Kupplung *f*
şanlı *adj* ruhmreich, ruhmvoll
şans *s* 1. Chance *f* 2. Glück *nt;* **birine** ~ **dilemek** jdm Glück wünschen, jdm die Daumen drücken; ~ **eseri olarak** glücklicherweise; ~ **eşitliği** Chancengleichheit *f;* ~ **getirmek** Glück bringen; **şansa kalmak** dem Zufall überlassen bleiben; **şansı olmak** Glück haben; **şansına küs!** (da hast du eben) Pech gehabt!; **bol şanslar!** viel Glück!
şanslı *adj* (*vom Glück gesegnet*) glücklich
şanssız *adj* ohne Glück
şanssızlık (**-ğı**) *s* Unglück *nt*, Pech *nt*

şantaj s Erpressung f; ~ **yapmak** erpressen (-e jdn)
şantajcı I. s Erpresser(in) m(f) II. adj erpresserisch
şantiye s 1. Baustelle f 2. Schiffswerft f
şap hastalığı (-nı) s Maul- und Klauenseuche f
şapka s 1. Hut m 2. Lampenschirm m; **şapkayı giymek/çıkarmak** den Hut aufsetzen/abnehmen
şapşal adj 1. albern, dumm 2. (fam) schlampig angezogen
şarap (-bı) s Wein m; ~ **fıçısı** Weinfass nt; ~ **kadehi** Weinglas nt; ~ **listesi** Weinkarte f; ~ **mahzeni** Weinkeller m
şarapçı s 1. Weinbauer m 2. (leidenschaftlicher) Weintrinker m; ~ (**dükkanı**) Weinhandlung f
şarbon s Milzbrand m
şarıldamak vi (Wasser) plätschern, rauschen
şarj s (elektrische) Ladung f; ~ **etmek** laden (-i etw)
Şark (-kı) I. s 1. Osten m 2. Orient m, Morgenland nt II. adj orientalisch
şarkı s 1. Lied nt 2. Schlager m; ~ **söylemek** singen
şarkıcı s Sänger(in) m(f)
şarküteri s Delikatessengeschäft nt, Feinkostgeschäft nt
şarlatan s Scharlatan m, Kurpfuscher m
şart (-tı) s 1. Voraussetzung f, Bedingung f 2. Klausel f; ~ **değil** nicht unbedingt; ~ **koşmak** eine Bedingung stellen; **bu şartlar altında** unter diesen Umständen
şartlı adj eingeschränkt, bedingt
şartsız adj bedingungslos
şasi s 1. Fahrgestell nt 2. (FOT) Kassette f 3. Schieberahmen
şaşakalmak vi aus allen Wolken fallen, ganz verblüfft sein (-e über etw)
şaşı adj schielend; ~ **bakmak** schielen
şaşılacak adj erstaunlich; **bunda şaşılacak bir şey yok** das ist kein Wunder
şaşırmak vt 1. staunen, sich wundern (-i über etw) 2. sich irren (-i in etw) 3. den Faden verlieren; **yolunu** ~ sich verirren, sich verlaufen, sich verfahren
şaşırtıcı adj 1. überraschend 2. verblüffend 3. verwirrend
şaşırtmak vt 1. Kausativ zu **şaşırmak** 2. erstaunen (-i jdn) 3. verwirren, irritieren (-i jdn) 4. verblüffen, stutzig machen (-i jdn) 5. täuschen (-i jdn) 6. (Stecklinge) umpflanzen (-i etw); **bu beni şaşırtmaz** das wundert mich nicht
şaşkın adj 1. (fam) verblüfft, verdutzt 2. verwirrt 3. fassungslos; **şaşkına çevirmek** [o **döndürmek**] aus der Fassung bringen (-i jdn); **şaşkına dönmek** völlig den Kopf verlieren
şaşkınlık (-ğı) s 1. Staunen nt, Verwunderung f 2. (Handlung) Dummheit f
şaşmak (-ar) vt 1. sich wundern, staunen (-e über jdn/etw) 2. abweichen (-den von etw)
şaşmaz adj unfehlbar, untrüglich
şatafat (-tı) s 1. Prunk m 2. (leere) Aufmachung f
şato s Palast m, Schloss nt
şayet konj falls, wenn
şayia s Gerücht nt
şebeke s 1. Netz nt 2. Studenten-/Schülerausweis m 3. (Kriminelle) Bande f
şebnem s Tau m
şecere s Stammbaum m
şef s Chef(in) m(f), Vorgesetzte(r) mf
şeffaf adj durchsichtig
şeffaflık (-ğı) s Durchsichtigkeit f
şefgarson s Oberkellner m
şefkat (-ti) s Zärtlichkeit f
şefkatli adj liebevoll, zärtlich
şeftali s Pfirsich m; ~ **ağacı** Pfirsichbaum m
şehir (-hri) s Stadt f; ~ **merkezi** Innenstadt f, Stadtmitte f; ~ **numarası** [o **kodu**] (TELE) Vorwahl f; ~ **planı** Stadtplan m; ~ **turu** Stadtrundfahrt f
şehircilik (-ği) s Städtebau m
şehiriçi (-ni) s Innenstadt f
şehirli s Städter(in) m(f)
şehit (-di) s 1. Gefallene(r) mf 2. Märtyrer(in) m(f); ~ **olmak** [o **düşmek**] (Soldat) fallen
şehri (-ni) s Possessivform zu **şehir** seine/ihre Stadt f
şehriye s Nudeln pl; ~ **çorbası** Nudelsuppe f
şehvet (-ti) s Wollust f
şehvetli adj wollüstig, geil
şehzade s Prinz m
şeker I. s 1. Zucker m 2. Süßigkeit f 3. Bonbon nt II. adj süß, lieb, nett; **Şeker Bayramı** (islamisch) Zuckerfest nt; ~ **hastalığı** Zuckerkrankheit f; ~ **hastası** zuckerkrank;

(*Person*) Zuckerkranke(r) *mf*; ~ **kamışı** Zuckerrohr *nt*; ~ **koymak** zuckern (*-e* etw); ~ **maşası** Zuckerzange *f*; ~ **pancarı** Zuckerrübe *f*

Şeker Bayramı (das Zuckerfest) bildet den Abschluss der Fastenzeit und dauert 3 Tage lang. Zu Hause werden viele Süßspeisen zubereitet und den zahlreichen Besuchern angeboten. Mit den Verwandten geht man zu den Gräbern um für die Seelen der Verstorbenen zu beten. Die Kinder bekommen nach dem Gebet Süßigkeiten.

şekerci *s* 1. Zuckerwarenhersteller(in) *m(f)* 2. Süßwarenverkäufer(in) *m(f)*; ~ (**dükkanı**) Süßwarengeschäft *nt*

şekerleme *s* 1. *Verbalsubstantiv zu* **şekerlemek** 2. Zuckerware *f* 3. Bonbon *nt* 4. Konfekt *nt* 5. kandierte Früchte 6. (*fam*) Nickerchen *nt*

şekerlemek *vt* 1. zuckern, mit Zucker bestreuen (*-i* etw) 2. (*Früchte*) kandieren (*-i* etw)

şekerli *adj* 1. mit Zucker, gezuckert 2. zuckerkrank

şekerlik (**-ği**) *s* 1. Zuckerstreuer *m* 2. Zuckerdose *f*

şekil (**-kli**) *s* 1. Abbildung *f* 2. Gestalt *f*, Form *f* 3. Art und Weise *f*; ~ **vermek** gestalten, bilden; (*auch fig*) formen (*-e* etw)

şekillendirmek *vt* formen, gestalten (*-i* etw)

şekilsiz *adj* formlos, ohne Form

şekli *adj* 1. formal 2. formell

şekli (**-ni**) *s Possessivform zu* **şekil** die Form von …

şelale *s* Wasserfall *m*

şema *s* 1. Schema *nt* 2. Plan *m*

şematik *adj* schematisch

şempanze *s* Schimpanse *m*

şemsiye *s* 1. Schirm *m* 2. Dolde *f*

şemsiyelik (**-ği**) *s* Schirmständer *m*

şen *adj* fröhlich, munter

şenlendirmek *vt* 1. *Kausativ zu* **şenlenmek** 2. aufmuntern (*-i* jdn) 3. (*eine Stadt*) beleben (*-i* etw)

şenlenmek *vi* 1. fröhlich werden 2. aufleben

şenlik (**-ği**) *s* 1. Fröhlichkeit *f* 2. Illumination *f* 3. Festival *nt*, Festspiele *pl* 4. Volksfest *nt*

şerbet (**-ti**) *s* Sorbett *nt*

şerbetçiotu (**-nu**) *s* Hopfen *m*

şeref *s* 1. Ehre *f* 2. Ehrenhaftigkeit *f* 3. Ansehen *nt*; ~ **misafiri** [*o* **konuğu**] Ehrengast *m*; **şerefe!** prost!; **-in şerefine** zu Ehren von …; **şerefinize!** auf Ihr Wohl!

şerefe *s* (*am Minarett*) Umlauf *m*

şerefli *adj* ehrenhaft, ehrbar

şeri *s* Sherry *m*

Şeria (**nehri**) *s* (*Fluss*) Jordan *m*

şeriat (**-tı**) *s* islamisches Religionsgesetz

şeriatçı I. *adj* istlamistisch II. *s* Islamist(in) *m(f)*

şerit (**-di**) *s* 1. Streifen *m* 2. Bandwurm *m* 3. Besatz *m*, Borte *f* 4. (*markierte Fahrbahn*) Spur *f* 5. Schreibmaschinenband *nt* 6. Gebietsstreifen *m*

şevk (**-ki**) *s* Eifer *m*

şevkle *adv* mit Lust und Liebe

şevkli *adj* eifrig

şey *s* 1. Ding *nt* 2. Gegenstand *m*, Sache *f* 3. Objekt *nt* 4. Angelegenheit *f*, Sache *f* 5. (*fam*) Dingsbums *nt*

şeyh *s* 1. Scheich *m* 2. (*islamisch*) Oberhaupt *nt* eines geistlichen Ordens

şeytan *s* 1. Teufel *m*, Satan *m* 2. gerissener Kerl; ~ **gibi** raffiniert, schlau; **şeytana uyma** Versuchung *f*; **şeytana uymak** sich verführen lassen

şeytanca *adv* teuflisch, satanisch

şeytani *adj* teuflisch, satanisch

sezlong *s* Liegestuhl *m*

şık (**-kı**) *adj* schick, elegant

şık (**-kkı**) *s* Möglichkeit *f*, Alternative *f*

şıklık (**-ğı**) *s* Eleganz *f*, Schick *m*

şımarık (**-ğı**) *adj* 1. verwöhnt 2. (*Kind*) verzogen 3. frech, ungezogen

şımarmak *vi* 1. verwöhnt werden 2. anmaßend auftreten 3. frech werden

şımartmak *vt* 1. *Kausativ zu* **şımarmak** 2. verwöhnen (*-i* jdn) 3. (*Kind*) verziehen, verhätscheln (*-i* jdn)

şıpşak (**-ğı**) I. *s* Schnappschuss *m* II. *adv* sofort, blitzschnell

şıra *s* Traubensaft *m*

şırıldamak *vi* (*Wasser*) plätschern

şırınga *s* Spritze *f*; ~ **etmek** spritzen, injizieren (*-i* etw)

şiddet (**-ti**) *s* 1. Heftigkeit *f* 2. Gewalt *f* 3. Stärke *f* 4. Zwang *m*; ~ **eylemi** Gewalttat *f*

şiddetlendirmek *vt* 1. *Kausativ zu* **şiddetlenmek** 2. intensivieren, verstärken, verschärfen (*-i* etw)

şiddetlenmek vi 1. heftiger werden, stärker werden 2. sich verschlimmern
şiddetli adj 1. heftig 2. intensiv 3. (*Wunsch*) brennend 4. (*Kampf*) erbittert; ~ **geçimsizlik** Zerrüttung f der Ehe
şiddetsiz adj gewaltlos
şiddetsizlik (**-ği**) s Gewaltlosigkeit f
şifa s Heilung f, Genesung f; ~ **bulmak** gesund werden, geheilt werden
şifalı adj 1. heilsam 2. bekömmlich, zuträglich
şifre s 1. Chiffre f, Geheimzahl f 2. (INFORM) Passwort nt; ~ **kırıcı** (INFORM) Hacker m
şifreli adj verschlüsselt, chiffriert
Şii I. adj schiitisch II. s Schiit(in) m(f)
şiir s 1. Gedicht nt 2. Dichtung f; ~ **yazmak** dichten
şikayet (**-ti**) s 1. Beschwerde f, Klage f 2. Reklamation f, Beanstandung f; ~ **etmek** klagen, sich beklagen, sich beschweren (*-e -den* bei jdm über etw/jdn); **şikayetiniz ne?** was fehlt Ihnen?
şikayetçi I. s Kläger(in) m(f) II. adj 1. Klage führend 2. sich beschwerend; ~ **olmak** sich beklagen, sich beschweren (*-den* über etw/jdn)
şilep (**-bi**) s 1. Schlepper m 2. Frachtdampfer m
Şili I. s Chile nt II. adj (*Art*) chilenisch
Şilili I. s Chilene m, Chilenin f II. adj (*Herkunft*) chilenisch
şilin(g) s Schilling m
şilte s Matratze f
şimdi adv 1. jetzt, nun 2. sofort, gleich 3. gerade eben; **şimdiden** bereits; **şimdiden sonra** von jetzt an; **şimdiye kadar** bisher, bislang
şimdiki adj jetzige(r, s); ~ **zaman** Gegenwart f, Präsens nt
şimdilik adv 1. im Augenblick, momentan 2. einstweilen, vorläufig
şimşek (**-ği**) s 1. Blitz m 2. Glanz m, Blitzen nt; ~ **çakıyor** es blitzt; ~ **gibi** blitzschnell; ~ **hızıyla** blitzschnell
şinitsel s Schnitzel nt
şirin adj 1. anmutig 2. nett, hübsch 3. süß, reizend, niedlich
şirinlik (**-ği**) s 1. Anmut f 2. Freundlichkeit f
şirket (**-ti**) s Gesellschaft f; ~ **izdivacı** [*o* **birleşmesi**] Firmenhochzeit f
şirret (**-ti**) adj zänkisch, streitsüchtig

şist (**-ti**) s Schiefer m
şiş I. s 1. Spieß m 2. Bratspieß m 3. Stricknadel f 4. Degen m 5. Schwellung f II. adj geschwollen; ~ **kebap** am Spieß gegrillte kleine Hammelfleischstücke, Kebap m
şişe s 1. Flasche f 2. Lampenzylinder m; ~ **açacağı** Flaschenöffner m; (*für Weinflaschen*) Korkenzieher m; ~ **birası** Flaschenbier nt; ~ **depozitosu** Flaschenpfand nt
şişer adj aufblasbar
şişirmek vt 1. *Kausativ zu* **şişmek** 2. anschwellen lassen (*-i* etw) 3. aufblasen, aufpumpen (*-i* etw) 4. aufblähen (*-i* etw) 5. übertreiben (*-i* etw) 6. hinpfuschen (*-i* etw) 7. (*fam*) aufhetzen (*-i -e karşı* jdn gegen jdn)
şişirme yatak (**-ğı**) s Luftmatratze f
şişkin adj geschwollen
şişkinlik (**-ği**) s 1. Beule f 2. (MED) Schwellung f 3. (*im Magen*) Druck m
şişlemek vt aufspießen (*-i* etw)
şişman adj dick, fett
şişmanlamak vi dick werden, zunehmen
şişme s 1. *Verbalsubstantiv zu* **şişmek** 2. Schwellung f
şişmek (**-er**) vi 1. anschwellen 2. (*Person*) dick werden 3. Magendruck bekommen 4. (*fam*) blamiert dastehen
şive s 1. Akzent m 2. Dialekt m, Mundart f 3. (*Redeweise*) Ton m 4. Tonfall m 5. Anmut f
şizofren adj schizophren
şizofreni s Schizophrenie f
şnorkel s (*beim Tauchen*) Schnorchel m
şofben s 1. Boiler m 2. Gasbadeofen m
şoför s Chauffeur m, Fahrer(in) m(f); ~ **ehliyeti** Führerschein m
şoförlük (**-␀ü**) s Beruf m eines Fahrers; ~ **okulu** Fahrschule f
şok (**-ku**) s Schock m
şoke adj schockiert; ~ **etmek** schockieren (*-i* jdn)
şort (**-tu**) s kurze Hose
şos s Abfahrtslauf m
şose s Landstraße f
şoset (**-ti**) s (Herren)socke f
şov s Show f
şovenist (**-ti**) I. s Chauvinist(in) m(f) II. adj chauvinistisch
şovenizm s Chauvinismus m
şovenlik (**-ği**) s Chauvinismus m
şöhret (**-ti**) s Berühmtheit f, Ruhm m

şöhretli *adj* berühmt
şölen *s* Bankett *nt*, Festessen *nt*
şömine *s* Kamin *m*
şövalye *s* Ritter *m*
şöyle *adv* 1. so, derart 2. folgendermaßen; ~ **bir** oberflächlich; ~ **böyle** nicht besonders; (*etwa*) ungefähr; (*Befinden*) es geht, mittelmäßig
şöylece *adv* so, derart, auf diese Weise
şöylelikle *adv* so, auf diese Weise
şu (**-nu**) *pron* 1. (*adjektivisch*) diese(r, s), jene(r, s) 2. (*substantivisch*) der, die, das da [*o* dort]; ~ **anda** in diesem Augenblick, momentan; ~ **halde** also, folglich; ~ **şartla** insofern, insoweit, unter der Bedingung; ~ **şekilde** folgendermaßen
şunlar *pron* (*substantivisch*) diese *pl*
şununla *adv* damit
şubat (**-tı**) *s* Februar *m*
şube *s* 1. Branche *f* 2. Niederlassung *f*, Zweigstelle *f* 3. Abteilung *f* 4. Sektion *f*
şura *s* Rat *m*
şura *adv* diese Stelle da; **şuram acıyor** hier tut es mir weh
şurada *adv* 1. da, dort 2. hier
şuradan *adv* von da, von dort
şuralı *adj* aus dieser Gegend (stammend)
şurası *adv* 1. diese Gegend da 2. (*thematisch*) dieser Punkt; ~ **güzel** hier [*o* dort] ist es schön
şuraya *adv* dahin, dorthin
şurayı *adv* (*substantivisch*) diesen Ort
şurup (**-bu**) *s* Sirup *m*
şut (**-tu**) *s* (*Ball*) Schuss *m*
şuur *s* 1. Bewusstsein *nt* 2. Verstand *m*
şuuraltı (**-nı**) *s* Unterbewusstsein *nt*
şuurlu *adj* bewusst
şuursuz *adj* 1. unbewusst 2. bewusstlos 3. unüberlegt
şükran *s* 1. Dankbarkeit *f* 2. Dank *m*
şükretmek (**-der**) *vi* danken (*Allaha* Gott)
şükür (**-krü**) *s* Dank *m*
şüphe *s* 1. Verdacht *m* 2. Zweifel *m* 3. Skepsis *f*; ~ **dışı** außer Zweifel; ~ **etmek** Verdacht schöpfen, zweifeln (an), bezweifeln (*-e/-den* etw); ~ **götürmez** unanfechtbar
şüpheci I. *s* Skeptiker(in) *m(f)* II. *adj* 1. skeptisch 2. argwöhnisch, misstrauisch
şüphelenmek *vi* 1. zweifeln (*-den* an etw) 2. bezweifeln (*-den* etw) 3. Verdacht schöpfen 4. misstrauen (*-den* jdm)
şüpheli *adj* 1. verdächtig 2. zweifelhaft 3. argwöhnisch, misstrauisch; ~ **durumda** im Zweifelsfall; ~ **görmek** in Frage stellen (*-i* etw)
şüphesiz *adv* zweifellos

T

T, t *s 24. Buchstabe des türk. Alphabets*
taahhüt (**-dü**) *s* Verpflichtung *f*
taahhütlü *adj* (*Brief*) eingeschrieben; ~ **mektup** Einschreibebrief *m*, Einschreiben *nt*
taarruz *s* Angriff *m*; ~ **etmek** angreifen (*-e* jdn)
tabak (**-ğı**) *s* 1. Gerber(in) *m(f)* 2. Teller *m* 3. Teller *m* voll
tabaka *s* 1. Schicht *f* 2. (*Papier*) Bogen *m* 3. Zigarettenetui *nt*
tabaklamak *vt* gerben (*-i* etw)
taban *s* 1. Grund *m*, Grundlage *f* 2. Boden *m* 3. Fußboden *m* 4. Sohle *f* 5. Sockel *m* 6. Basis *f*
tabanca *s* 1. Pistole *f*, Revolver *m* 2. Spritpistole *f*
tabanlı *adj* 1. mutig 2. auf der Basis von ...; 10 ~ dezimal; 10 ~ **sayı sistemi** Zehnersystem *nt*, Dezimalsystem *nt*; 16 ~ hexadezimal; 16 ~ **sayı sistemi** Hexadezimalsystem *nt*; **iki tabanlı sayı** (MATH) Binärzahl *f*; **web** ~ (INET) webbasiert
tabela *s* 1. Ladenschild *nt*, Firmenschild *nt* 2. Essensliste *f* 3. Aufstellung *f*, Liste *f*
tabi (**-ii**) *adj* 1. abhängig 2. untergeordnet; ~ **kılmak** unterwerfen (*-i* jdn); ~ **olmak** abhängig sein von, sich unterwerfen (*-e* jdm)
tabiat (**-tı**) *s* 1. Natur *f* 2. Charakter *m*, Wesen *nt* 3. Gewohnheit *f*; ~ **bilgisi** Naturkunde *f*; ~ **olayı** Naturereignis *nt*; **tabiatı koruma alanı** Naturschutzgebiet *nt*
tabii I. *adj, adv* natürlich, selbstverständlich II. *interj* klar!, natürlich!; ~ **afetler** Naturkatastrophen *fpl*; ~ **gaz** Erdgas *nt*; ~ **ilimler** Naturwissenschaften *fpl*
tabiilik (**-ği**) *s* 1. Naturzustand *m* 2. Natür-

tabir — **takdir**

lichkeit *f* **3.** Normalität *f*
tabir *s* **1.** Ausdruck *m* **2.** Redensart *f* **3.** (*eines Traumes*) Deutung *f*
tabla *s* **1.** Platte *f* **2.** (*eines Straßenhändlers*) Tablett *nt* **3.** Aschenbecher *m*
tablet (**-ti**) *s* **1.** Tablette *f* **2.** (*Schokolade*) Tafel *f*
tablo *s* **1.** Bild *nt*, Gemälde *nt* **2.** (*fig*) Anblick *m*, Ansicht *f* **3.** Übersicht *f* **4.** Bühnenbild *nt*
tabu **I.** *adj* tabu **II.** *s* Tabu *nt*
tabur *s* Bataillon *nt*
taburcu etmek *vt* (*aus einer Klinik*) entlassen (*-i* jdn)
tabure *s* **1.** Schemel *m* **2.** Hocker *m*
tabut (**-tu**) *s* **1.** Sarg *m* **2.** Totenbahre *f*
Tacikistan *s* Tadschikistan *nt*
taciz *s* Störung *f*, Belästigung *f*; ~ **etmek** stören, belästigen (*-i* jdn)
taç (**-cı**) *s* **1.** Krone *f* **2.** Kopfschmuck *m* **3.** Blüte *f* **4.** (*von Ball*) Einwurf *m*; ~ **giydirmek** krönen (*-e* jdn); ~ **giyme töreni** (*Feier*) Krönung *f*
taçlandırmak *vt* krönen (*-i* jdn)
tadım *s* Geschmack(ssinn) *m*
tadımlık (**-ğı**) *s* (*Essen*) Kostprobe *f*
tadil *s* Abänderung *f*; ~ **etmek** abändern (*-i* etw)
tafra *s* (*fam*) Anmaßung *f*, Arroganz *f*
tafsilat (**-tı**) *s* Einzelheiten *pl*, Details *pl*
tag (**-gi**) *s* (INFORM) Tag *nt*
tahammül *s* **1.** Erdulden *nt* **2.** Ausdauer *f*; ~ **etmek** dulden, ertragen (*-e* etw/jdn)
tahıl *s* Getreide *nt*, Korn *nt*
tahkik (**-ki**) *s* **1.** Nachforschung *f* **2.** Ermittlung *f*, Untersuchung *f*; ~ **etmek** nachforschen; (*ermitteln*) untersuchen (*-i* etw)
tahkikat (**-tı**) *s* Ermittlungen *pl*, Untersuchungen *pl*
tahlil *s* Analyse *f*; ~ **etmek** analysieren (*-i* etw)
tahliye *s* **1.** Räumen *nt* **2.** Freilassung *f*; ~ **etmek** evakuieren, räumen; (*Gefangene*) freilassen (*-i* jdn)
tahmin *s* **1.** Annahme *f*, Mutmaßung *f* **2.** Schätzung *f* **3.** Voraussage *f*; ~ **etmek** vermuten, annehmen, raten, schätzen; (*Voraussagen machen*) voraussagen, vorhersehen (*-i* etw)
tahminen *adv* circa, rund
tahmini *adj* **1.** mutmaßlich **2.** geschätzt
tahnit (**-ti**) *s* **1.** Einbalsamierung *f* **2.** (*von Tieren*) Ausstopfen *nt*; ~ **etmek** einbalsamieren; (*Tiere*) ausstopfen (*-i* etw)
tahribat (**-tı**) *s* Zerstörung *f*; ~ **yapmak** Verwüstungen anrichten
tahrik (**-ki**) *s* **1.** Aufwiegelung *f*, Hetze *f* **2.** Anreiz *m*; ~ **etmek** (*aufwiegeln*) aufhetzen; (*erregen*) reizen (*-i* jdn)
tahrip (**-bi**) *s* Vernichtung *f*, Zerstörung *f*, Verwüstung *f*; ~ **etmek** vernichten, zerstören, verwüsten (*-i* etw)
tahripçi, **tahripkar** *adj* **1.** zerstörend **2.** destruktiv
tahrir *s* **1.** Schreiben *nt* **2.** (*Schul-*) Aufsatz *m*
tahsil *s* **1.** (*an einer Hochschule*) Studium *nt* **2.** Einkassierung *f*; ~ **etmek** (*Geld*) einnehmen, kassieren; (*an einer Hochschule*) studieren (*-i* etw)
tahsildar *s* Steuereinnehmer *m*
tahsis *s* **1.** Zuweisung *f* **2.** (*eines Gehalts*) Ansetzen *nt* **3.** (*von Personen*) Einsetzen *nt*; ~ **etmek** (*zuweisen*) zuteilen; (*Gehalt*) ansetzen; (*Personen, Mittel*) zur Verfügung stellen (*-e -i* jdm etw/jdn)
taht (**-tı**) *s* Thron *m*
tahta **I.** *s* **1.** Brett *nt* **2.** Holz *nt* **3.** (*Wand-*) Tafel *f* **4.** Planke *f* **II.** *adj* hölzern; ~ **kaplama** Holztäfelung *f*, Holzverkleidung *f*; ~ **mantarı** (*Haus-*) Schwamm *m*; ~ **oymacısı** Holzschnitzer(in) *m(f)*; **tahtası eksik olmak** (*fam*) einen Dachschaden haben, einen Vogel haben
tahtakurusu (**-nu**) *s* Wanze *f*
tahtaperde *s* Bretterwand *f*
tahterevalli *s* Wippe *f*
tahvil *s* **1.** Umwandeln *nt* **2.** Konversion *f* **3.** Obligation *f*; ~ **etmek** umwandeln in; (FIN) wechseln, umtauschen (*-i -e* etw in etw)
tahvilat (**-tı**) *s* Wertpapiere *ntpl*; ~ **çıkarması** (FIN) Emission *f*
tak (**-kı**) *s* Bogen *m*; ~ **çalıştır** Plug-and-Play *nt*
takas *s* Verrechnung *f*, Clearing *nt*; ~ **ve mahsup çeki** Verrechnungsscheck *m*
takaslamak *vt* (gegenseitig) verrechnen (*-i* etw)
takat (**-tı**) *s* Kraft *f*; **takattan düşmek** übermüdet sein
takdim *s* **1.** Überreichung *f* **2.** Vorstellung *f*; ~ **etmek** überreichen (*-e -i* jdm etw); (*bekannt machen*) vorstellen (*-e -i* jdm jdn)
takdir *s* **1.** Anerkennung *f* **2.** Ermessen *nt*

3. Vorsehung *f* 4. Bewertung *f* 5. Fall *m;* ~ **etmek** anerkennen, bewerten (*-i* etw); o **takdirde** in diesem Fall

takdis *s* Segnung *f;* ~ **etmek** segnen (*-i* jdn)

takı *s* 1. Schmuckstück *nt* 2. Endung *f*

takılmak *vi* 1. *Passiv zu* **takmak** 2. (*fam*) hänseln, aufziehen (*-e* jdn) 3. (*Augen*) sich heften an (*-e* an jdn/etw) 4. (*an einem Thema*) hängen bleiben (*-e* an etw) 5. (*unterwegs*) aufgehalten werden 6. (*Mädchen, Frau*) belästigen, ansprechen (*-e* jdn) 7. bestehen auf, sich versteifen auf (*-e* auf etw) 8. festsitzen

takım *s* 1. (*von Leuten, Dingen*) Gruppe *f* 2. Handwerkszeug *nt* 3. (Möbel)garnitur *f* 4. (*Tee-*) Service *nt* 5. Ausrüstung *f* 6. Mannschaft *f* 7. Bande *f* 8. Team *nt* 9. (*Arbeiter*) Trupp *m* 10. (*Theater-*) Truppe *f;* **milli** ~ (*Fußball*) Nationalelf *f;* ~ **arkadaşı** Mitspieler(in) *m(f);* ~ **elbise** Anzug *m;* ~ **sporu** Mannschaftssport *m;* ~ **taklavat** (*fam*) mit allen Schikanen, alle miteinander

takımada *s* Inselgruppe *f*

takımhane *s* Werkzeughalle *f*

takımyıldız *s* Sternbild *nt*

takınmak *vi* 1. *Reflexiv zu* **takmak** 2. (*Schmuck*) sich anstecken (*-i* etw) 3. (*Haltung*) annehmen

takırdamak *vi* klappern, rasseln, rattern

takip (**-bi**) *s* 1. Verfolgung *f* 2. Strafverfolgung *f;* ~ **etmek** folgen; (*feindlich*) verfolgen, jagen (*-i* jdn); (*Bericht*) verfolgen; (*Straße, Richtung*) entlanggehen; (*Kurs*) besuchen (*-i* etw)

takipçi *s* Verfolger(in) *m(f)*

takke *s* (*islamisch*) Käppchen *nt*

takla *s* Purzelbaum *m;* ~ **atmak** einen Purzelbaum schlagen; (*Auto*) sich überschlagen

taklit (**-di**) I. *s* 1. Nachahmung *f* 2. Imitation *f* 3. Fälschung *f* 4. Nacheiferung *f* II. *adj* nachgemacht, unecht; ~ **etmek** nachmachen, imitieren, nachahmen (*-i* etw/jdn)

takma I. *s* Verbalsubstantiv *zu* **takmak** II. *adj* 1. künstlich, unecht, falsch 2. angesteckt, angehängt; ~ **ad** Beiname *m*, Deckname *m*, Pseudonym *nt;* ~ **diş** falscher Zahn; ~ **dişler** (künstliches) Gebiss *nt;* ~ **motor** Außenbordmotor *m;* ~ **saç** Perücke *f*

takmak (**-ar**) *vt* 1. befestigen, anbringen, anmachen (*-i -e* etw an etw) 2. anhängen, aufhängen, einhängen (*-i* etw) 3. (*Fenster*) einsetzen (*-i* etw) 4. montieren (*-i -e* etw an etw) 5. (*Gerät*) anschließen (*-i -e* etw an etw) 6. (*Schmuck*) anstecken, anlegen (*-i -e* etw an etw) 7. (*Brille*) aufsetzen (*-i* etw) 8. (*Spitznamen*) beilegen, geben (*-e -i* jdm etw); **takmamak** nicht ernst nehmen (*-i* etw)

takometre *s* Tacho(meter) *m*

takoz *s* 1. Dübel *m* 2. Holzkeil *m*

takriben *adv* ungefähr, etwa

takribi *adj* ungefähr, annähernd

taksi *s* Taxi *nt;* ~ **durağı** Taxistand *m;* ~ **şoförü** Taxifahrer(in) *m(f)*

taksim *s* 1. Teilung *f* 2. *türkische Musikart;* ~ **işareti** Querstrich *m;* **tersine** ~ **işareti** Backslash *m*

taksit (**-ti**) *s* Teilzahlung *f*, Rate *f;* **taksitle** in Raten

takt (**-tı**) *s* Takt *m*, Feingefühl *nt*

taktik (**-ği**) I. *s* Taktik *f* II. *adj* taktisch

takunya *s* (türkischer) Holzschuh *m*

takvim *s* Kalender *m*

takviye *s* Verstärkung *f;* ~ **etmek** verstärken, festigen (*-i* etw)

talaş *s* Späne *mpl*

talebe *s* 1. Schüler(in) *m(f)* 2. Student(in) *m(f)*

talep (**-bi**) *s* 1. Forderung *f* 2. Nachfrage *f;* ~ **etmek** fordern (*-i* etw)

talih *s* 1. Schicksal *nt*, Geschick *nt* 2. Glück *nt*, Glücksfall *m*

talihli *adj* (*vom Glück gesegnet*) glücklich

talihsiz I. *s* Pechvogel *m*, Unglücksrabe *m* II. *adj* glücklos, vom Pech verfolgt

talihsizlik (**-ği**) *s* (*fam*) Unglück *nt*, Pech *nt*

talimat (**-tı**) *s* Anordnung *f*, Anweisung *f*

talimatname *s* amtliche Bestimmungen *pl*

talip (**-bi**) *s* 1. Bewerber(in) *m(f)* 2. Freier *m;* ~ **olmak** sich bewerben (um); (*um ein Mädchen*) werben (*-e* um jdn)

tam (**-mmı**) I. *adj* 1. ganz, vollständig, komplett 2. exakt, genau 3. tadellos II. *adv* 1. genau 2. (*auch zeitlich*) gerade; ~ **hızla** mit Vollgas; ~ **isabet** Volltreffer *m;* ~ **pansiyon** Vollpension *f;* ~ **tersi** (ganz) im Gegenteil; ~ **üyelik** Vollmitgliedschaft *f;* ~ **vaktinde** [*o* **zamanında**] gerade zur rechten Zeit; ~ **yetki** Vollmacht *f*

tamam I. *adj* 1. fertig 2. ganz, vollständig, total 3. (*Pass, Papiere*) in Ordnung II. *s* 1. Gesamtheit *f* 2. Vollständigkeit *f* III. *interj* 1. fertig! 2. in Ordnung! 3. es ist soweit!

tamamen *adv* ganz und gar, völlig, vollständig
tamamıyla *adv* genau, völlig, vollständig, vollkommen
tamamlamak *vt* 1. ergänzen, vervollständigen (*-i* etw) 2. vollenden, abschließen (*-i* etw)
tamir *s* Reparatur *f;* ~ **etmek** reparieren, ausbessern (*-i* etw)
tamirci *s* Reparateur(in) *m(f)*
tamlama *s* Fügung *f,* Wendung *f*
tampon *s* 1. Stoßstange *f* 2. Tampon *m;* ~ **bölge** (POL) Pufferzone *f*
tan *s* Morgendämmerung *f*
tandem *s* Tandem *nt*
tane *s* 1. (*als Zählbegriff*) Stück *nt* 2. Beere *f* 3. (*Sand-*) Korn *nt* 4. Schneeflocke *f*
tanecik (**-ği**) *s* Elementarteilchen *nt*
tanıdık (**-ğı**) I. *s* Bekannte(r) *mf* II. *adj* bekannt; **benim iyi bir tanıdığım** ein guter Bekannter von mir
tanık (**-ğı**) *s* 1. Zeuge *m,* Zeugin *f* 2. Beweismittel *nt;* ~ **ifadesi** Zeugenaussage *f*
tanıklık (**-ğı**) *s* Zeugnis *nt;* ~ **etmek** (JUR) als Zeuge auftreten
tanım *s* 1. Definition *f* 2. Beschreibung *f*
tanımak *vt* 1. kennen (*-i* etw/jdn) 2. anerkennen (*-i* etw) 3. kennen lernen (*-i* jdn) 4. zugeben, einräumen (*-i* etw) 5. (wieder) erkennen (*-i* jdn/etw)
tanımlamak *vt* 1. beschreiben, darstellen (*-i* etw) 2. definieren (*-i* etw)
tanınmak *vi* 1. *Passiv zu* **tanımak** 2. bekannt sein
tanınmış *adj* 1. berühmt, bekannt 2. anerkannt
tanışıklık (**-ğı**) *s* Bekanntschaft *f*
tanışma *s* 1. *Verbalsubstantiv zu* **tanışmak** 2. Bekanntschaft *f*
tanışmak *vi* 1. sich kennen lernen 2. sich kennen
tanıştırmak *vt* 1. *Kausativ zu* **tanışmak** 2. bekannt machen (*-i ile* jdn mit jdm); **sizi arkadaşımla tanıştırabilir miyim?** darf ich Sie mit meinem Freund bekannt machen?
tanıtmak *vt* 1. *Kausativ zu* **tanımak** 2. bekannt machen, vorstellen (*-i -e* jdn jdm)
tanıtmalık (**-ğı**) *s* Prospekt *m*
tank (**-kı**) *s* 1. Panzer *m* 2. Tank *m*
tanker *s* Tanker *m*
Tanrı *s* Gott *m*
tanrı *s* 1. (*heidnisch*) Gott *m* 2. Gottheit *f*

tanrıbilim *s* Theologie *f*
tanrıça *s* Göttin *f*
tanrısal *adj* göttlich
tanrısız I. *s* Atheist(in) *m(f)* II. *adj* atheistisch
tansık (**-ğı**) *s* Wunder *nt*
tansiyon *s* Blutdruck *m*
tantana *s* Pomp *m,* Pracht *f,* Prunk *m*
tantanalı *adj* pompös, prächtig, prunkvoll
Tanzanya *s* Tansania *nt*
tanzim *s* Ordnung *f;* ~ **etmek** regeln, ordnen (*-i* etw)
tapa *s* 1. Dübel *m* 2. Stöpsel *m;* (*einer Flasche*) Verschluss *m* 3. (*einer Granate*) Zünder *m*
tapınak (**-ğı**) *s* Tempel *m*
tapınmak *vi* 1. *Reflexiv zu* **tapmak** 2. anbeten (*-e* jdn/etw)
tapmak (**-ar**) *vi* anbeten (*-e* jdn/etw)
tapon mal *s* Billigware *f*
tapu sicili (**-ni**) *s* Grundbuch *nt*
tapu senedi (**-ni**) *s* Grundbuchauszug *m*
taraça *s* 1. Terrasse *f* 2. Erdstufe *f*
taraf *s* 1. Seite *f* 2. Region *f,* Gegend *f* 3. Richtung *f* 4. (*in Verwandtschaft*) Linie *f* 5. (JUR) Partei *f;* ~ **tutmak** Partei ergreifen
tarafgir *adj* parteiisch
tarafgirlik (**-ği**) *s* Parteinahme *f*
tarafından *präp* (*beim Passiv*) von (*... dat*), seitens (*... gen*)
tarafsız *adj* 1. objektiv 2. unparteiisch
tarafsızlaşmak *vi* neutral(er) werden
tarafsızlaştırmak *vt* 1. *Kausativ zu* **tarafsızlaşmak** 2. neutralisieren (*-i* jdn/etw)
tarafsızlık (**-ğı**) *s* 1. Neutralität *f* 2. Unparteilichkeit *f*
taraftar *s* 1. Anhänger(in) *m(f)* 2. Parteigänger(in) *m(f);* ~ **olmak** befürworten (*-e* etw)
taraftarlık (**-ğı**) *s* 1. Parteilichkeit *f* 2. Befürwortung *f*
tarak (**-ğı**) *s* 1. Kamm *m* 2. Rechen *m,* Egge *f* 3. (*bei manchen Vögeln*) Kamm *m* 4. Mittelfuß *m* 5. (*bei Fischen*) Kieme *f*
taramak *vt* 1. (*Haar, Wolle*) kämmen (*-i* etw) 2. durchsuchen, durchkämmen (*-i* etw) 3. (*Beet*) harken, eggen (*-i* etw) 4. schraffieren (*-i* etw) 5. scannen (*-i* etw)
taranmak *vi* 1. *Passiv und Reflexiv zu* **taramak** 2. sich kämmen 3. gekämmt werden
tarayıcı *s* Scanner *m*
tarçın *s* Zimt *m*
tarh *s* 1. (*von Steuern*) Auferlegung *f* 2. (*Blu-*

men)beet *nt*
tarım *s* **1.** Ackerbau *m* **2.** Anbau *m,* Kultur *f;* ~ **politakası** Agrarpolitik *f;* ~ **reformu** Agrarreform *f;* ~ **ülkesi** Agrarstaat *m*
tarımcı *s* **1.** Landwirt(in) *m(f)* **2.** Agronom(in) *m(f)*
tarif *s* **1.** Erklärung *f* **2.** (*eines Weges*) Beschreibung *f* **3.** Definiton *f;* ~ **etmek** erklären, beschreiben (*-i* etw/jdn)
tarife *s* **1.** Tarif *m* **2.** Fahrplan *m* **3.** Gebrauchsanweisung *f* **4.** Zollbestimmung *f;* ~ **ücreti** Tariflohn *m*
tarih *s* **1.** Datum *nt* **2.** Geschichte *f,* Historie *f;* ~ **öncesi** vorgeschichtlich; ~ **öncesinden kalma** prähistorisch
tarihçi *s* **1.** Historiker(in) *m(f)* **2.** (*fam*) Geschichtslehrer(in) *m(f)*
tarihi *adj* geschichtlich, historisch; ~ **eserleri koruma** Denkmalschutz *m;* ~ **eserler kaçakçılığı** Antiquitätenschmuggel *m*
tarihsel *adj* geschichtlich, historisch
tarikat (**-tı**) *s* (*Religionsgemeinschaft*) Orden *m*

Tarikat ist die türkische Bezeichnung für eine Derwisch-Brüderschaft. Die wichtigsten Brüderschaften dieser Art in der Türkei sind der Mevlevi-, der Bektaşi- und der Nakşibendi-Orden. Der Versammlungsort der Derwische heißt 'tekke'. Unter Atatürk wurden die 'tarikatlar' verboten, doch ist dieses Verbot seit den 70 Jahren faktisch aufgehoben.

tarla *s* Acker *m,* Feld *nt*
tarlakuşu (**-nu**) *s* Lerche *f*
tartaklamak *vt* **1.** durchschütteln (*-i* etw) **2.** (*fam*) vermöbeln (*-i* jdn)
tartı *s* **1.** Waage *f* **2.** Wiegen *nt* **3.** Erwägung *f*
tartışma *s* **1.** *Verbalsubstantiv zu* **tartışmak 2.** Debatte *f,* Diskussion *f* **3.** Streit *m*
tartışmak *vi* **1.** debattieren, diskutieren (*ile* mit jdm) **2.** streiten (*ile* mit jdm)
tartmak (**-ar**) *vt* **1.** (*auf der Waage*) wiegen (*-i* etw) **2.** (*Worte*) abwägen (*-i* etw)
tarz *s* **1.** Art *f,* Weise *f* **2.** Stil *m*
tarziye *s* Entschuldigung *f*
tas *s* Metallschale *f*
tasa *s* Besorgnis *f,* Sorge *f*
tasalanmak *vi* bekümmert sein, sich sorgen (*-e* um etw)
tasalı *adj* bekümmert, besorgt
tasarı *s* **1.** Gesetzentwurf *m* **2.** Entwurf *m* **3.** Projekt *nt*
tasarım *s* **1.** Vorstellung *f* **2.** Design *nt*
tasarlamak *vt* **1.** sich vorstellen (*-i* etw) **2.** beabsichtigen, planen (*-i* etw)
tasarruf *s* **1.** Sparen *nt* **2.** Ersparnis *f* **3.** Sparsamkeit *f* **4.** Nutznießung *f;* ~ **akdi** Sparvertrag *m;* ~ **etmek** sparen (*-i* etw); ~ **hesabı** Sparkonto *nt;* ~ **tedbiri** [*o* **önlemi**] Sparmaßnahme *f*
tasarruflu *adj* sparsam
tasavvuf *s* (*islamische*) Mystik *f,* Sufismus *m*
tasavvur *s* **1.** Vorstellung *f* **2.** Plan *m;* ~ **etmek** sich vorstellen (*-i* etw)
tasdik (**-ki**) *s* **1.** Bestätigung *f* **2.** Beglaubigung *f* **3.** Ratifizierung *f;* ~ **belgesi** Bestätigung *f;* ~ **etmek** bestätigen, bescheinigen, beglaubigen; (*Gesetz*) ratifizieren (*-i* etw)
tasfiye *s* **1.** Reinigung *f* **2.** Liquidation **3.** Personalabbau *m;* ~ **etmek** reinigen; (COM) liquidieren; (*Personal*) abbauen (*-i* etw); ~ **satışı** Ausverkauf *m,* Räumungsverkauf *m*
taslak (**-ğı**) *s* Entwurf *m,* Skizze *f;* ~ **yapmak** skizzieren, umreißen (*-i* etw)
taslamak *vt* sich aufspielen (als), vortäuschen (*-i* etw)
tasma *s* (*für Tiere*) Halsband *nt*
tasnif *s* Klassifizierung *f;* ~ **etmek** einteilen, klassifizieren (*-i* etw)
tastamam *adj* **1.** fix und fertig **2.** genau entsprechend
tasvip (**-bi**) *s* **1.** Bewilligung *f,* Genehmigung *f* **2.** Zustimmung *f,* Einwilligung *f;* ~ **etmek** billigen, bewilligen, genehmigen (*-i* etw)
tasvir *s* **1.** Beschreibung *f,* Darstellung *f* **2.** (*fam*) Bild *nt;* ~ **etmek** beschreiben, darstellen (*-i* etw)
taş I. *s* **1.** Stein *m* **2.** (*Nieren-*) Stein *m* **3.** Edelstein *m* **4.** boshafte Bemerkung **II.** *adj* steinern, aus Stein; ~ **baskısı** Lithografie *f;* ~ **devri** Steinzeit *f;* ~ **gibi** steinhart; ~ **ocağı** Steinbruch *m;* **taşı gediğine koymak** (*fam*) den Nagel auf den Kopf treffen
taşak (**-ğı**) *s* Hoden *mpl*
taşıl *s* Versteinerung *f*
taşıma *s* **1.** *Verbalsubstantiv zu* **taşımak 2.** Beförderung *f,* Transport *m;* ~ **ücreti** Transportkosten *pl*
taşımacı *s* Spediteur(in) *m(f)*
taşımak *vt* **1.** tragen (*-i -e* etw in/nach etw)

2. befördern, transportieren (*-i -e* etw nach etw) **3.** (*Namen*) führen (*-i* etw)
taşınır *adj* tragbar
taşınma *s* **1.** *Verbalsubstantiv zu* **taşınmak 2.** (*aus einer Wohnung*) Auszug *m* **3.** (*ins Haus*) Einzug *m* **4.** Umzug *m*
taşınmak *vi* **1.** *Passiv zu* **taşımak 2.** umziehen, übersiedeln (*-e* nach etw) **3.** (*in eine Wohnung*) einziehen (*-e* in etw) **4.** (*aus einer Wohnung/Stadt*) ausziehen (*-den* aus etw) **5.** (*fig: zu einem bestimmten Ort*) immer wieder hingehen (müssen) (*-e* zu/nach/in etw)
taşınmaz *adj* nicht tragbar; ~ **mal** Grundbesitz *m,* Immobilien *fpl*
taşıt (-tı) *s* Fahrzeug *nt,* Verkehrsmittel *nt*
taşıyıcı I. *s* **1.** (*Person*) Gepäckträger *m* **2.** Träger *m* **3.** Spediteur *m* **II.** *adj* tragend; ~ **anne** Leihmutter *f*
taşkın I. *adj* **1.** (*Fluss*) über die Ufer tretend **2.** (*fig*) zu weit gehend **3.** sehr erregt **4.** übermütig **II.** *s* Überschwemmung *f*
taşkınlık (-ğı) *s* **1.** Überströmen *nt* **2.** Übermaß *nt* **3.** Erregung *f* **4.** Übermut *m*
taşkömürü (-nü) *s* Steinkohle *f*
taşlama *s* **1.** *Verbalsubstantiv zu* **taşlamak 2.** Satire *f*
taşlamak *vt* **1.** mit Steinen bewerfen (*-i* etw/jdn) **2.** steinigen (*-i* jdn) **3.** (*fam*) bissige Bemerkungen machen (*-i* über jdn/etw)
taşmak *vi* **1.** (*Fluss*) über die Ufer treten **2.** (*Flüssigkeit*) überlaufen; (*Milch*) überkochen **3.** überstehen, hervorstehen **4.** (*Geduld*) reißen **5.** (*Person*) aufbrausen
taşra *s* (*pej*) Provinz *f*
taşrada *adv* (*pej*) auf dem Lande
taşralı I. *adj* (*pej*) ländlich, provinziell **II.** *s* Provinzler(in) *m(f)*
tat (-dı) *s* **1.** Geschmak *m* **2.** Wohlgeschmack *m;* **tadına bakmak** probieren, kosten (*-in* etw)
tatarcık (-ğı) *s* kleine Stechmücke *f*
tatbik (-ki) *s* (praktische) Anwendung *f;* ~ **etmek** praktisch anwenden (*-i* etw)
tatbiki *adj* angewandt; ~ **sanat** Kunstgewerbe *nt*
tatil *s* **1.** Ferien *pl,* Urlaub *m* **2.** (*einer Tätigkeit*) Einstellung *f;* ~ **etmek** (*Schulen*) schließen; (*Arbeit*) einstellen; (*Fabrik*) stilllegen (*-i* etw); ~ **günü** Feiertag *m;* ~ **evi** Ferienhaus *nt;* ~ **kampı** Ferienlager *nt;* ~ **kursu** Ferienkurs *m;* ~ **tesisi** Ferienanlage *f;* ~ **yapmak** Urlaub machen
tatlandırıcı (madde) *s* Geschmacksstoff *m*
tatlı I. *adj* **1.** süß **2.** niedlich, süß **II.** *s* **1.** Süßigkeit *f* **2.** Süßspeise *f;* ~ **dilli** (*Person*) unterhaltsam; ~ **su** Süßwasser *nt;* **bir işi tatlıya bağlamak** etw (doch noch) zu einem guten Ende bringen
tatlıcı *s* **1.** Süßwarenverkäufer(in) *m(f)* **2.** Naschkatze *f,* Schleckermaul *nt*
tatlılaşmak *vi* süß werden
tatlılaştırmak *vt* **1.** *Kausativ zu* **tatlılaşmak 2.** süßen (*-i* etw)
tatlılık (-ğı) *s* **1.** Süße *f* **2.** Lieblichkeit *f*
tatlım *adv* (*Kosewort*) mein Süßer, meine Süße
tatlımsı *adj* süßlich
tatmak (-dar) *vt* **1.** probieren, kosten (*-i* etw) **2.** erleben (*-i* etw)
tatmin *s* Befriedigung *f;* ~ **etmek** zufrieden stellen, befriedigen (*-i* jdn)
tatminkar *adj* befriedigend, zufrieden stellend
tatsız *adj* **1.** geschmacklos, fad **2.** unangenehm, heikel; ~ **tuzsuz** fade, ungenießbar
tatsızlık (-ğı) *s* **1.** Fadheit *f* **2.** (*fam*) Unannehmlichkeit *f*
tav *s* **1.** (*bei Metallen*) Härte *f* **2.** (*von Tieren*) Feistheit *f*
tava *s* **1.** (Brat)pfanne *f* **2.** Pfannengericht *nt* **3.** Schmelztiegel *m*
tavan *s* **1.** (Zimmer)decke *f* **2.** Scheitelpunkt *m*
tavanarası (-nı) *s* Dachboden *m*
taverna *s* Schenke *f,* Taverne *f*
tavır (-vrı) *s* **1.** Haltung *f,* Verhalten *f* **2.** Arroganz *f*
taviz *s* **1.** Ersatzleistung *f* **2.** Konzession *f,* Zugeständnis *nt*
tavla *s* **1.** Pferdestall *m* **2.** (*Brettspiel*) Backgammon *nt*
tavlamak *vt* **1.** (*fam*) verführen (*-i* jdn) **2.** (*fam*) betrügen (*-i* jdn)
tavrı (-nı) *s* Possessivform *zu* **tavir** sein/ihr Verhalten *nt*
tavsiye *s* Empfehlung *f,* Rat *m;* ~ **etmek** empfehlen, raten (*-e -i* jdm etw); ~ **mektubu** Empfehlungsschreiben *nt;* **tavsiyeye değer** ratsam, empfehlenswert
tavşan *s* Hase *m;* ~ **yürekli** (*fam*) Angsthase *m;* '~ **kaç, tazı tut' oyunu** Katz-und-Maus-Spiel *nt*
tavşandudağı (-nı) *s* Hasenscharte *f*

tavuk (**-ğu**) s Huhn nt, Henne f; ~ **çiftliği** Hühnerhof m; ~ **kızartması** Brathähnchen nt; ~ **kümesi** Hühnerstall m; ~ **suyu** Hühnerbrühe f
tavukgöğsü (**-nü**) s 1. Hühnerbrust f 2. türkische Süßspeise aus Hühnerbrustfleisch
tavus s Pfau m
tay s Fohlen nt
tayfa s 1. Matrose m 2. Besatzung f 3. (pej) Gauner pl
tayfun s Wirbelsturm m, Taifun m
tayın s Ration f; ~ **ekmeği** Kommissbrot nt
tayınlama s 1. Verbalsubstantiv zu **tayınlamak** 2. Rationierung f
tayınlamak vt rationieren (-i etw)
tayin s 1. Festsetzung f 2. Ernennung f; ~ **etmek** ernennen (-i -e jdn zu etw); (bestimmen) festsetzen (-i etw)
Taylant (**-dı**) s Thailand nt
tayt (**-tı**) s Leggings pl
tayyare s Flugzeug nt
tayyör s (Damen)kostüm nt
taze I. adj 1. frisch 2. grün 3. neu 4. jung II. s (fam) junge Frau; ~ **bezelye** Schoten pl; ~ **fasulye** grüne Bohne
tazelemek vt 1. erneuern (-i etw) 2. (Kenntnisse) auffrischen (-i etw) 3. (Essen) aufwärmen (-i etw) 4. (Getränk) neu einschenken (-i etw) 5. (Thema) wieder aufnehmen (-i etw) 6. (Erinnerung, Schmerz) zurückrufen (-i etw)
tazelik (**-ği**) s Frische f
tazı s Windhund m
taziye s Beileid nt, Beileidsbezeugung f
tazminat (**-tı**) s 1. Entschädigung f 2. Kostenersatz m 3. Schmerzensgeld nt
tazyik (**-ki**) s Druck m
TBMM s Abk. von **Türkiye Büyük Millet Meclisi** die Große Nationalversammlung der Türkei
tebessüm s Lächeln nt; ~ **etmek** lächeln
tebeşir s Kreide f
tebliğ s (amtliche) Bekanntgabe f; ~ **etmek** amtlich bekannt geben (-i etw)
tebrik (**-ki**) s Glückwunsch m; ~ **ederim!** herzlichen Glückwunsch!; **birinin bir şeyini** ~ **etmek** jdn zu etw beglückwünschen
tecavüz s 1. Ausschreitung f 2. Angriff m 3. Überfall m, Anschlag m 4. Vergewaltigung f; ~ **etmek** verstoßen (-i gegen etw); (überfallen) angreifen; (Frau) vergewaltigen (-e jdn)
tecessüm s Verkörperung f
tecil s Aufschub m; ~ **etmek** aufschieben (-i etw)
tecrübe s 1. Probe f 2. Experiment nt, Versuch m 3. Erfahrung f; ~ **etmek** versuchen, probieren (-i etw)
tecrübeli adj erfahren
tecrübesiz adj unerfahren
teçhiz etmek vt ausrüsten (-i etw/jdn)
teçhizat (**-tı**) s 1. Ausrüstung f, Ausstattung f 2. Zubehör nt; ~ **tablası** Armaturenbrett nt
tedarik (**-ki**) s Anschaffung f; ~ **etmek** beschaffen (-i etw)
tedavi s 1. Behandlung f, Therapie f 2. Heilung f; ~ **etmek** behandeln, heilen (-i etw)
tedbir s 1. Maßnahme f 2. Vorsicht f; ~ **almak** Maßnahmen ergreifen
tedbirli adj umsichtig, vorsichtig
tedbirlilik (**-ği**) s Vorsicht f
tedbirsiz adj unvorsichtig
tedbirsizlik (**-ği**) s Unvorsichtigkeit f
tedirgin adj unruhig; ~ **etmek** beunruhigen (-i jdn)
tediye s Bezahlung f; ~ **etmek** (be)zahlen (-i etw)
tef s Tamburin nt
tefeci s (Zins-) Wucherer m
tefecilik (**-ği**) s (Zins-) Wucher m
teferruat (**-tı**) s 1. Details pl, Einzelheiten pl 2. Einzelteile pl
tefsir s 1. Auslegung f 2. (Koran)kommentar m; ~ **etmek** auslegen, deuten, kommentieren (-i etw)
teftiş s Inspektion f; ~ **etmek** inspizieren (-i etw)
teğmen s Leutnant m
tehdit (**-di**) s Drohung f; ~ **etmek** drohen; (Strafe) androhen (-i ile jdm etw); (Person) bedrohen (-i jdn)
tehir s 1. Aufschub m 2. Verspätung f; ~ **etmek** aufschieben, verschieben (-i etw)
tehlike s Gefahr f; ~ **çıkış kapısı** Notausgang m; ~ **dışı** außer Gefahr; ~ **içinde bulunmak** in Gefahr schweben; ~ **iniş kapısı** Notausstieg m; ~ **işareti** Warnsignal nt, Notsignal nt; ~ **işareti vermek** alarmieren, Alarm schlagen; **tehlikede** in Gefahr; **tehlikede olmak** in Gefahr sein, auf dem Spiel stehen; **tehlikeye düşmek** in Gefahr geraten; **tehlikeye düşürmek** gefährden (-i jdn/etw); **tehlikeye sokmak** [o **koymak**]

tehlikeli gefährden, aufs Spiel setzen (*-i* etw)
tehlikeli *adj* gefährlich
tehlikesiz *adj* ungefährlich
tek (**-ki**) **I.** *adj* **1.** einzeln **2.** einzig **3.** einzigartig **4.** (*Zahl*) ungerade **II.** *adv* bloß, nur **III.** *s* Einzelstück *nt* (eines Paares); ~ **başına** (*Mensch*) einsam; (*ohne fremde Hilfe*) allein; ~ **ciltli** einbändig; ~ **çocuk** Einzelkind *nt*; ~ **elli** einhändig; ~ **fiyat** Einheitspreis *m*; ~ **gözlü** einäugig; ~ **gözlük** Monokel *nt*; ~ **hatlı** einspurig; ~ **heceli** (*Wort*) einsilbig; ~ **katlı** einstöckig; ~ **kelimeyle** mit einem Wort; ~ **kollu** einarmig; ~ **para** Einheitswährung *f*; ~ **renkli** einfarbig; ~ **sesli** einstimmig; ~ **taraflı** einseitig; ~ **taraflılık** Einseitigkeit *f*; ~ **tük** spärlich, vereinzelt; **Almancayı** ~ **tük biliyor** er/sie spricht nur ein paar Brocken Deutsch; ~ **yataklı oda** Einzelzimmer *nt*; ~ **yönlü yol** Einbahnstraße *f*
tekdir *s* (*fam*) Anpfiff *m*
tekdüze *adj* eintönig, monoton
tekdüzelik (**-ği**) *s* Monotonie *f*
teke *s* Ziegenbock *m*, Geißbock *m*
tekel *s* Monopol *nt*
teker *s* Rad *nt*
teker teker *adv* gesondert, einzeln
tekerlek (**-ği**) **I.** *s* Rad *nt* **II.** *adj* radförmig
tekerlekli *adj* mit Rad/Rädern; ~ **sandalye** Rollstuhl *m*
teketek (**-ki**) *s* (*Tennis*) Einzel *nt*
tekevlilik (**-ği**) *s* Monogamie *f*
tekil *s* Singular *m*, Einzahl *f*
tekin *adj* unbewohnt; ~ **değil** (*Ort*) nicht geheuer, unheimlich
tekke *s* **1.** Derwischkloster *nt* **2.** (*fam*) Opiumhöhle *f*
teklif *s* **1.** Angebot *nt* **2.** Vorschlag *m* **3.** Antrag *m* **4.** Vorlage *f* **5.** Offerte *f* **6.** Förmlichkeiten *pl*; ~ **etmek** vorschlagen, offerieren (*-e -i* jdm etw)
teklifli *adj* (*Person*) förmlich
teklifsiz *adj* **1.** ungezwungen, familiär **2.** ungeniert
teklifsizce *adv* zwanglos
tekme *s* Fußtritt *m*; ~ **atmak** einen Fußtritt verpassen, treten (*-e* jdn)
tekmelemek *vt* treten (*-i* jdn)
tekne *s* **1.** Trog *m*, Kübel *m* **2.** Schiffsrumpf *m* **3.** Schiff *nt*, Boot *nt*
teknik (**-ği**) **I.** *s* Technik *f* **II.** *adj* technisch; ~ **ressam** technische(r) Zeichner(in) *m(f)*; ~ **terim** Fachausdruck *m*; ~ **terim sözlüğü** Fachwörterbuch *nt*
teknikçi *s* Techniker(in) *m(f)*
tekniker *s* Techniker(in) *m(f)*
teknisyen *s* Techniker(in) *m(f)*; ~ **dişçi** Zahntechniker(in) *m(f)*
tekno *s* Techno *m*
teknokrasi *s* Technokratie *f*
teknokrat (**-tı**) *s* Technokrat(in) *m(f)*
teknoloji *s* Technologie *f*; ~ **transferi** Technologietransfer *m*
tekrar **I.** *adv* wieder, wiederum **II.** *s* Wiederholung *f*; ~ **etmek** wiederholen (*-i* etw); ~ **olmak** sich wiederholen; ~ ~ immer wieder
tekrarlamak *vt* wiederholen (*-i* etw)
tekrarlanmak *vi* **1.** *Passiv zu* **tekrarlamak** **2.** sich wiederholen
teksir *s* (*eines Textes*) Vervielfältigung *f*; ~ **etmek** vervielfältigen (*-i* etw); ~ **makinesi** Vervielfältigungsapparat *m*
tekstil *s* **1.** Textilien *pl* **2.** Textilindustrie *f*
tektanrıcılık (**-ğı**) *s* Monotheismus *m*
tekzip (**-bi**) *s* Dementi *nt*; ~ **etmek** dementieren (*-i* etw)
tel *s* **1.** Draht *m* **2.** Saite *f* **3.** Faser *f* **4.** Metallfaden *m* **5.** (*fam*) Telegramm *nt*; ~ **kafes** Drahtgitter *nt*; ~ **halat** Drahtseil *nt*; ~ **örgü** Drahtzaun *m*; ~ **şehriye** Fadennudeln *pl*
telaffuz *s* Aussprache *f*; ~ **etmek** aussprechen (*-i* etw)
telafi *s* **1.** Wiedergutmachung *f* **2.** Kompensation *f*; ~ **etmek** (*Zeit*) aufholen; (*Versäumtes*) nachholen; (*Verluste*) wieder gutmachen (*-i* etw)
telaş *s* **1.** Hast *f* **2.** Beunruhigung *f*, Aufregung *f* **3.** Hektik *f*; **telaşa vermek** beunruhigen, in Aufregung versetzen, alarmieren (*-i* jdn)
telaşlandırmak *vt* **1.** *Kausativ zu* **telaşlanmak** **2.** *s.* **telaşa vermek**
telaşlanmak *vi* **1.** sich beunruhigen **2.** in Aufregung geraten
telaşlı *adj* **1.** aufgeregt **2.** hektisch **3.** beunruhigt
telebank (**-kı**) *s* Telebanking *nt*
telef *s* (*fam*) **1.** Verschwendung *f* **2.** Vernichtung *f*; ~ **etmek** vernichten, zerstören (*-i* etw/jdn); ~ **olmak** zugrunde gehen
telefaks *s* Telefax *nt*
teleferik (**-ği**) *s* (*Draht-*) Seilbahn *f*; **çeken** ~ (*Wintersport*) Schlepplift *m*
telefon *s* **1.** Telefon *nt*, Fernsprecher *m*

telefoncu 2. (*Telefon-*) Anruf *m;* ~ **etmek** telefonieren, anrufen (*-e* jdn); ~ **kabinesi** [*o* **kulübesi**] Telefonzelle *f;* ~ **kartı** Telefonkarte *f;* ~ **konuşması** Telefongespräch *nt;* ~ **numarası** Telefonnummer *f;* ~ **rehberi** Telefonbuch *nt;* ~ **santralı** Fernsprechzentrale *f;* **telefonla** telefonisch; **telefona cevap vermek** sich melden; **telefondan ayrılmayın!** bleiben Sie am Apparat!; **telefonu kapamak** (*Hörer*) auflegen

telefoncu *s* Telefonist(in) *m(f)*

telefonlaşmak *vi* (miteinander) telefonieren (*ile* mit jdm)

telekomünikasyon *s* Telekommunikation *f*

telekonferans *s* Videokonferenz *f*

teleks *s* Telex *nt*

telekulak (**-ğı**) *s* (POL) Lauschangriff *m*

teleobjektif *s* Teleobjektiv *nt*

telepati *s* Telepathie *f*

telesekreter *s* Anrufbeantworter *m*

telesiyej *s* Sessellift *m*

teleski *s* Skilift *m*

teleskop (**-pu**) *s* Fernrohr *nt*, Teleskop *nt*

televizyon *s* 1. Fernsehapparat *m*, Fernseher *m* 2. Fernsehen *nt;* ~ **filmi** Fernsehfilm *m;* ~ **seyircisi** [*o* **izleyici**] Fernsehzuschauer(in) *m(f);* ~ **seyretmek** fernsehen; ~ **spikeri** Fernsehansager(in) *m(f)*

telgraf *s* 1. Telegramm *nt* 2. Telegraf *m;* ~ **çekmek** telegrafieren (*-e* jdm)

telgrafla *adv* telegrafisch

telgraflı *adj* telegrafisch

telif *s* Abfassung *f;* ~ **hakkı** Urheberrecht *nt*

telkin *s* 1. Einreden *nt* 2. Suggestion *f;* ~ **etmek** einreden, suggerieren (*-e -i* jdm etw)

tellak (**-ğı**) *s* (*im türkischen Bad*) Bademeister *m*

telli *adj* 1. faserig 2. Draht-, Saiten-; ~ **çalgı** [*o* **saz**] Saiteninstrument *nt*

telsiz I. *adj* drahtlos, Funk- II. *s* 1. Funk *m* 2. Funkgerät *nt* 3. Funkmeldung *f;* ~ **telgraf** Funk *m;* **telsizle bildirmek** funken (*-e -i* jdm etw); **telsizli polis arabası** Funkstreife *f*, Funkstreifenwagen *m*

telsizci *s* Funker(in) *m(f)*

telsizlemek *vt* funken (*-e -i* jdm etw)

telve *s* Kaffeesatz *m*

tem(**a**) *s* 1. Motiv *nt* 2. Thema *nt*

temas *s* 1. Berührung *f* 2. Kontakt *m*, Beziehung *f* 3. Besprechung *f* 4. (*eines Themas*) Anschneiden *nt;* ~ **etmek** berühren; (*ein Thema*) anschneiden (*-e* etw); **biriyle temasa geçmek** mit jdm Kontakt aufnehmen, sich mit jdm in Verbindung setzen

tembel I. *adj* träge, faul II. *s* Faulenzer(in) *m(f)*

tembellik (**-ği**) *s* Trägheit *f*, Faulheit *f;* ~ **etmek** faulenzen

tembih *s* 1. Ermahnung *f* 2. Reiz *m;* ~ **etmek** einschärfen (*-e -i* jdm etw); (*stimulieren*) anregen (*-i* etw/jdn)

temel I. *s* 1. Fundament *nt* 2. Grund *m* II. *adj* Grund-; ~ **dizin** (INFORM) Wurzelverzeichnis *nt;* ~ **gıda malzemeleri** Grundnahrungsmittel *ntpl;* ~ **kavram** Grundbegriff *m;* ~ **kural** Grundregel *f*

temelli I. *adj* fundiert II. *adv* für immer

temelsiz *adj* 1. ohne Fundament 2. unbegründet, nicht fundiert

temettü *s* (FIN) Dividende *f*

temin *s* 1. Beteuerung *f* 2. Beschaffung *f;* ~ **etmek** beteuern; (*beschaffen*) besorgen (*-i* etw)

teminat (**-tı**) *s* 1. Garantie *f*, Sicherstellung *f* 2. Garantiesumme *f*

temiz *adj* 1. sauber, rein 2. rein 3. (*Wäsche*) frisch 4. (*Mensch*) anständig, korrekt; **bir** ~ tüchtig, ordentlich; ~ **çamaşır** frische Wäsche; ~ **kalpli** (*Mensch*) sehr sauber; ~ **pak** sehr sauber; **temize çekmek** ins Reine schreiben (*-i* etw); **temize çıkma** Entlastung *f*

temizleme *s* 1. *Verbalsubstantiv zu* **temizlemek** 2. Reinigung *f;* ~ **suyu** (*für Kontaktlinsen*) Reinigungslösung *f*

temizlemek *vt* 1. putzen, sauber machen (*-i* etw) 2. (*Angelegenheit*) bereinigen, erledigen (*-i* etw) 3. aufessen (*-i* etw) 4. (*fam*) beseitigen, kaltmachen (*-i* jdn)

temizleyici *s* Reinigungsmittel *nt*, Reiniger *m*

temizlik (**-ği**) *s* 1. Sauberkeit *f* 2. Anständigkeit *f* 3. Reinemachen *nt;* ~ **malzemesi** Putzmittel *nt*

temizlikçi (**kadın**) *s* Putzfrau *f*, Reinemachefrau *f*

temkin *s* Besonnenheit *f*

temkinli *adj* besonnen

temmuz *s* Juli *m*

tempo *s* Tempo *nt*, Geschwindigkeit *f*

temsil *s* 1. Repräsentation *f* 2. Aufführung *f* 3. Theaterstück *nt* 4. Hörspiel *nt;* ~ **etmek** repräsentieren, vertreten (*-i* jdn/etw); (*vor-*

führen) aufführen (*-i* etw)
temsilci *s* Vertreter(in) *m(f)*, Repräsentant(in) *m(f)*
temsilcilik (-ği) *s* Vertretung *f*
temsilen *adv* in Vertretung
temyiz *s* Berufung *f*, Revision *f*
ten *s* Haut *f*
tencere *s* Kochtopf *m*
teneffüs *s* 1. Atmung *f* 2. (*in der Schule*) Pause *f*
teneke I. *s* 1. Blech *nt* 2. Blechkanister *m* II. *adj* aus Blech, Blech-; ~ **kutu** Dose *f*, Büchse *f*
tenekeci *s* Klempner *m*
Tenerif *s* Teneriffa *nt*
tenezzül *s* Sichherablassen *nt*; ~ **etmek** sich herablassen (*-meye* etw zu tun)
tenha *adj* (*Ort*) einsam, verlassen
tenhalık (-ğı) *s* 1. (*Ort*) Einsamkeit *f* 2. geringer Betrieb
tenis *s* (SPORT) Tennis *nt*; ~ **maçı** Tennisspiel *nt*; ~ **raketi** Tennisschläger *m*; ~ **sahası** Tennisplatz *m*; ~ **topu** Tennisball *m*
tenisci *s* Tennisspieler(in) *m(f)*
tenkit (-di) *s* 1. Kritik *f* 2. Rezension *f*; ~ **etmek** kritisieren, rezensieren (*-i* etw)
tenkitçi *s* 1. Kritiker(in) *m(f)* 2. Rezensent(in) *m(f)*
tenor *s* Tenor *m*
tente *s* Sonnendach *nt*, Markise *f*
tentürdiyot (-du) *s* Jodtinktur *f*
tenzilat (-tı) *s* 1. (Preis)nachlass *m* 2. Rabatt *m* 3. Ermäßigung *f*
teoloji *s* Theologie *f*
teori *s* Theorie *f*
teorik (-ği) *adj* theoretisch
tepe *s* 1. Gipfel *m* 2. Anhöhe *f*, Hügel *m* 3. Spitze *f* 4. (*eines Baumes*) Wipfel *m* 5. Scheitelpunkt *m* 6. (*bei Vögeln*) Haube *f*; ~ **aşağı** kopfüber; **birine tepeden bakmak** jdn von oben herab ansehen; **tepeden tırnağa** (**kadar**) von Kopf bis Fuß, von oben bis unten
tepegöz *s* 1. Mensch *m* mit niedriger Stirn 2. (*Fisch*) Himmelsgucker *m* 3. Overheadprojektor *m*
tepeleme *adv* bis an den Rand
tepeli *adj* hügelig
tepinmek *vi* 1. *Reflexiv zu* **tepmek** 2. (*mit den Füßen*) stampfen
tepki *s* 1. Reaktion *f* 2. Rückwirkung *f* 3. Gegendruck *m*; ~ **göstermek** reagieren

tepmek (-er) *vt* 1. treten (*-i* etw/jdn) 2. (*Feuerwaffe*) einen Rückstoß geben 3. (*Krankheit*) wieder auftreten 4. (*Glück*) mit Füßen treten (*-i* etw)
tepsi *s* 1. Tablett *nt* 2. Metallplatte *f*
ter *s* Schweiß *m*; ~ **basması** Schweißausbruch *m*; ~ **içinde** schweißbedeckt
terakota *s* Terrakotta *f*
terapi *s* Therapie *f*
terapötik (-ği) *adj* therapeutisch
teras *s* Terrasse *f*
terazi *s* Waage *f*; **Terazi (burcu)** (*Sternzeichen*) Waage *f*
terbiye *s* 1. Erziehung *f* 2. Ausbildung *f* 3. Anstand *m* 4. Züchtigung *f* 5. Dressur *f* 6. *eine türkische Sauce*; ~ **etmek** erziehen, ausbilden, dressieren, züchtigen (*-i* jdn); **terbiyesini vermek** zurechtweisen (*-in* jdn)
terbiyeci *s* Erzieher(in) *m(f)*
terbiyeli *adj* 1. anständig 2. (*Kind*) artig 3. mit Terbiye-Sauce zubereitet; **terbiyeli ol!** sei anständig!
terbiyesiz I. *adj* 1. ungezogen 2. unanständig II. *s* Lümmel *m*
terbiyesizlik (-ği) *s* 1. Ungezogenheit *f* 2. Unanständigkeit *f*
tercih *s* Vorzug *m*; ~ **etmek** vorziehen, bevorzugen, lieber haben, lieber mögen (*-i* etw/jdn); ~ **olarak** lieber, vorzugsweise
tercihen *adv* lieber, vorzugsweise
tercüman *s* 1. Dolmetscher(in) *m(f)* 2. Übersetzer(in) *m(f)* 3. Sprachrohr *nt*
tercüme *s* Übersetzung *f*; ~ **etmek** übersetzen (*-i* etw)
tere *s* Kresse *f*
terebantin *s* Terpentin *nt*
tereddüt (-dü) *s* 1. Bedenken *nt* 2. Unentschlossenheit *f*; ~ **etmek** zögern, zaudern
terementi *s* Terpentin *nt*
tereotu (-nu) *s* Dill *m*
tereyağı (-nı) *s* Butter *f*; **tereyağından kıl çeker gibi** (*fam*) es ist kinderleicht
tereyağlı *adj* mit Butter; ~ **ekmek** Butterbrot *nt*
terfi *s* 1. (*eines Beamten*) Beförderung *f* 2. (*in einer Liga*) Aufstieg *m*; ~ **etmek** (*Beamter*) befördert werden; ~ **ettirmek** (*im Rang*) befördern (*-i* jdn)
terhis *s* (*aus der Armee*) Entlassung *f*; ~ **etmek** entlassen (*-i* jdn)
terim *s* Fachausdruck *m*
terk (-ki) *s* 1. Verlassen *nt* 2. Überlassen *nt*

3. Hinterlassen *nt;* ~ **etmek** verlassen (*-i* jdn/etw), im Stich lassen (*-i* jdn); (*abtreten*) überlassen, hinterlassen (*-e -i* jdm etw)

terkip (**-bi**) *s* 1. Synthese *f* 2. Zusammensetzung *f*

terlemek *vi* 1. schwitzen 2. (*Schnurrbart*) sprießen

terli *adj* 1. verschwitzt 2. schweißgebadet

terlik (**-ği**) *s* Hausschuh *m*, Pantoffel *m*

termik *adj* thermisch; ~ **santral** Wärmekraftwerk *nt*

terminal (**-li**) *s* Terminal *nt*

termofor *s* Wärmflasche *f*

termometre *s* Thermometer *nt*

termos *s* Thermosflasche *f*

termostat (**-tı**) *s* Thermostat *m*

terör *s* Terror *m*

terörist (**-ti**) I. *s* Terrorist(in) *m(f)* II. *adj* terroristisch

terörizm *s* Terrorismus *m*

ters I. *adj* 1. gegensätzlich 2. umgekehrt 3. (*Person*) unwirsch, abweisend 4. ungünstig II. *s* 1. Gegenteil *nt* 2. Messerrücken *m* 3. Rückseite *f* 4. Kot *m;* ~ **gitmek** schief gehen; ~ **taraf** Rückseite *f*; (*fig*) Kehrseite *f*; ~ **yüz etmek** (*Kleid*) wenden (*-i* etw)

tersine *adv* vielmehr, im Gegenteil

tersane *s* Werft *f*

terslemek *vt* (*fam*) zusammenstauchen (*-i* jdn)

terslik (**-ği**) *s* 1. Verkehrtsein *nt* 2. Gegensätzlichkeit *f* 3. Unfreundlichkeit *f* 4. ungünstiger Verlauf

tertibat (**-tı**) *s* 1. Maßnahmen *pl* 2. Vorrichtung *f*

tertip (**-bi**) *s* 1. Anordnung *f* 2. Organisation *f* 3. Machenschaft *f* 4. (*eines Textes*) Setzen *nt* 5. Zusammenstellung *f* 6. Dosis *f;* ~ **etmek** ordnen; (*organisieren*) veranstalten; (*fig*) einfädeln; (*Text*) setzen; (*Medikament*) dosieren (*-i* etw)

tertiplemek *vt* 1. ordnen (*-i* etw) 2. organisieren, veranstalten (*-i* etw) 3. einfädeln (*-i* etw)

tertipli *adj* 1. ordentlich 2. organisiert 3. abgekartet

terzi *s* Schneider(in) *m(f)*

tesadüf *s* 1. Zufall *m* 2. (zufällige) Begegnung *f;* ~ **etmek** begegnen (*-e* jdm); (*auf einen bestimmten Tag*) fallen (*-e* auf etw)

tesadüfen *adv* zufällig

tesadüfi *adj* zufällig

tescil *s* Registrierung *f*, Eintragung *f;* ~ **etmek** registrieren, eintragen (*-i* etw)

tescilli *adj* registriert; ~ **marka** eingetragenes Warenzeichen *nt*

teselli *s* Trost *m;* ~ **edici** tröstlich; ~ **etmek** trösten (*-i* jdn); ~ **ödülü** Trostpreis *m*

tesellisiz *adj* untröstlich, trostlos

tesettür *s* die körperverdeckende Bekleidung streng islamischer Frauen

tesir *s* 1. Einfluss *m* 2. Effekt *m*, Wirkung *f* 3. Eindruck *m;* ~ **etmek** beeinflussen, wirken (auf), beeindrucken (*-e* etw)

tesirli *adj* 1. eindrucksvoll 2. wirksam, wirkungsvoll 3. rührend, ergreifend

tesis *s* 1. Gründung *f* 2. Anlage *f* 3. Unternehmen *nt*, Betrieb *m* 4. Installation *f;* ~ **etmek** gründen; (*Gerät*) installieren; (*Rekord*) aufstellen (*-i* etw)

tesisat (**-tı**) *s* 1. Einrichtung *f*, Anlage *f* 2. Vorrichtung *f*

tesisatçı *s* Installateur *m*

teslim *s* 1. Abgabe *f*, Ablieferung *f* 2. Eingeständnis *nt* 3. Lieferung *f* 4. Übergabe *f* 5. Kapitulation *f*, Übergabe *f* 6. Anvertrauen *nt;* ~ **almak** in Empfang nehmen, übernehmen (*-i* etw); ~ **etmek** abgeben, abliefern; (*Waren*) ausliefern (*-i* etw); ~ **kâğıdı** Lieferschein *m;* ~ **olmak** kapitulieren, sich ergeben; (*zur Festnahme*) sich stellen; (*Frau*) sich hingeben; ~ **süresi** Lieferfrist *f;* ~ **şartları** Lieferbedingungen *pl*

tespih *s* Gebetskette *f*

> Der **tespih** ist die islamische Variante des Rosenkranzes. Er wird zwar auch zum Beten benutzt, ist aber eher ein typisch männliches 'Spielzeug': Man trägt den 'tespih' in der Hand und lässt die Perlen lässig durch die Finger gleiten.

tespit (**-ti**) *s* 1. Feststellung *f* 2. Festlegung *f* 3. Befestigen *nt;* ~ **etmek** erkennen, feststellen; (*Zeitpunkt*) festlegen; (*Zelt*) befestigen (*-i* etw)

test (**-ti**) *s* Test *m*

testere *s* Säge *f;* ~ **talaşı** [*o* **tozu**] Sägemehl *nt*

testi *s* Krug *m*

testosteron *s* Testosteron *nt*

tesviye *s* 1. Nivellierung *f* 2. Bereinigung *f* 3. Feilen *nt;* ~ **etmek** nivellieren, bereinigen, feilen (*-i* etw)

tesviyeci s Maschinenschlosser m

teşbih s Gleichnis nt

teşebbüs s 1. Initiative f 2. Unternehmung f 3. Versuch m; ~ **etmek** in Angriff nehmen, unternehmen, versuchen (-e etw)

teşekkür s Dank m; (**çok**) ~ **ederim** danke (sehr)!; ~ **etmek** sich bedanken, danken (-e -den jdm für etw); (**çok**) **teşekkürler** vielen Dank!, danke vielmals!

teşhir s 1. Zeigen nt 2. (von Waren) Auslegen nt 3. Ausstellung f 4. Anprangerung f; ~ **etmek** (Ware) auslegen, ausstellen (-i etw)

teşhirci s Exhibitionist(in) m(f)

teşhircilik (-**ği**) s Exhibitionismus m

teşhis s 1. Diagnose f 2. Identifizierung f; ~ **etmek** diagnostizieren, identifizieren (-i etw)

teşkil s 1. Aufbau m 2. Formen nt 3. Bildung f; ~ **etmek** bilden, organisieren (-i etw)

teşkilat (-**tı**) s 1. Organisation f 2. Struktur f, Aufbau m

teşvik (-**ki**) s 1. Antrieb m 2. Ermutigung f 3. Förderung f 4. Veranlassung f 5. Aufhetzen nt; ~ **etmek** aufmuntern, ermutigen (-i jdn), fördern (-i etw); (pej) aufhetzen (-i jdn)

tetanos s Tetanus m, Wundstarrkrampf m

tetik (-**ği**) I. s (bei Feuerwaffen) Abzug m II. adj schnell reagierend; **tetiği çekmek** (Gewehr) abdrücken; **tetikte olmak** auf der Hut sein

tetiklemek vt (fig: Krise) auslösen (-i etw)

tetkik (-**ki**) s 1. (genaues) Prüfen nt 2. Studie f; ~ **etmek** (aufmerksam) ansehen, (genau) prüfen (-i etw)

tevdi (-**ii**) s 1. Abgabe f 2. Anvertrauen nt 3. Übertragung f; ~ **etmek** (zur Aufbewahrung) übergeben, anvertrauen; (Amt) betrauen (mit), übertragen (-e -i jdm etw)

tevekkül s Gottvertrauen nt

tevkif s Festnahme f, Verhaftung f; ~ **etmek** festnehmen, verhaften (-i jdn)

Tevrat (-**tı**) s 1. Altes Testament 2. Thora f

Tevrat ve İncil s Bibel f

teyel s Heftnaht f

teyellemek vt heften, reihen (-i etw)

teyp (-**bi**) s Kassettenrecorder m

teyze s Tante f (Schwester der Mutter)

tez adj schnell, rasch; ~ **canlı** impulsiv, lebhaft; ~ **elden** sofort, auf der Stelle, unverzüglich

tez s 1. These f 2. (wissenschaftliche) Abschlussarbeit f

tezat (-**dı**) s Kontrast m, Gegensatz m

tezgah s 1. Werkbank f 2. Verkaufsstand m 3. Werft f 4. Theke f, Ladentisch m

tezgahtar s Verkäufer(in) m(f)

tezkere s 1. Entlassungsschein m 2. (amtliche) Bescheinigung f

tezlik (-**ği**) s 1. Eile f 2. Schnelligkeit f 3. Dringlichkeit f

tıbbı (-**nı**) s Possessivform zu **tıp** die Medizin von …

tıbbi adj ärztlich, medizinisch; ~ **hata** Kunstfehler m

tığ s 1. Häkelnadel f 2. Stricknadel f 3. Ahle f 4. Hobeleisen nt

tıka basa dolu adj (fam) überfüllt, proppenvoll

tıkaç (-**cı**) s 1. (einer Flasche) Stöpsel m, Verschluss m 2. Pfropfen m 3. Embolie f 4. Zapfen m 5. Dübel m 6. Knebel m

tıkalı adj verstopft

tıkamak vt 1. versperren (-i etw) 2. (Verkehr) blockieren (-i etw) 3. zustöpseln (-i etw) 4. (Loch) zustopfen (-i etw) 5. verstopfen (-i etw)

tıkanıklık (-**ğı**) s 1. Atembeschwerden pl 2. (Verkehrs)stau m 3. Verstopfung f

tıkanmak vi 1. Passiv zu **tıkamak** 2. verstopfen 3. (Verkehr) sich stauen 4. an Atemnot leiden 5. (fam) nichts mehr essen können

tıkınmak vi (fam) sich voll stopfen

tıkırdamak vi leise klappern

tıkır s (fam: Geld) Pinke f, Piepen pl; **tıkırında gitmek** (fam) glatt laufen, klappen

tıkıştırmak vt 1. hineinzwängen (-i -e etw/ jdn in etw) 2. (fam: Essen) hinunterschlingen (-i etw)

tıklama s 1. Verbalsubstantiv zu **tıklamak** 2. (INFORM) Mausklick m, Klick m; **çift** ~ Doppelklick m

tıklamak vi (mit Computermaus) klicken, anklicken (-e etw)

tıkmak (-**ar**) vt 1. hineinstopfen (-i -e etw in etw) 2. (fam) einlochen, einbuchten (-i jdn)

tıknaz adj (Gestalt) gedrungen; (untersetzt) stämmig

tıknefes adj asthmatisch

tılsım s 1. Talisman m 2. Zauber m

tılsımlı adj 1. mit Talisman 2. mysteriös, geheimnisvoll

tımarhane s (fam) Irrenhaus nt

tınlamak *vi* 1. hallen 2. klingen, tönen
tıp (**-bbı**) *s* Medizin *f*
tıpa *s* Pfropfen *m*
tıpatıp *adv* haargenau
tıpış tıpış yürümek *vi* trippeln
tıpkı *adv* genau so
tıpkıbasım *s* Nachdruck *m*
tır *s* Lastzug *m*
tırabzan *s* 1. Balustrade *f* 2. Treppengeländer *nt*
tıraş *s* 1. Rasur *f* 2. Behauen *nt* 3. (*fam*) Gelaber *nt*; ~ **bıçağı** Rasierklinge *f*; ~ **etmek** rasieren; (*Diamant, Glas*) schleifen; (*Holz*) behauen (*-i etw*); ~ **fırçası** Rasierpinsel *m*; ~ **köpüğü** Rasierschaum *m*; ~ **kremi** Rasiercreme *f*; ~ **losyonu** Rasierwasser *nt*; ~ **makinesi** Rasierapparat *m*; ~ **olmak** sich rasieren, rasiert werden; ~ **sabunu** Rasierseife *f*
tırıs *s* Trab *m*; ~ **gitmek** (*Pferd*) traben
tırmalamak *vt* kratzen, zerkratzen (*-i etw*)
tırmanmak *vi* 1. klettern, steigen (*-e auf etw*) 2. hinaufsteigen (*-e etw*)
tırmık (**-ğı**) *s* 1. Egge *f*, Rechen *m* 2. Kratzer *m*, Kratzwunde *f*
tırmıklamak *vt* 1. kratzen, zerkratzen (*-i etw*) 2. (*eggen*) harken (*-i etw*)
tırnak (**-ğı**) *s* 1. (*Finger- oder Zehen-*) Nagel *m* 2. Kralle *f*; (*beim Pferd*) Huf *m*; ~ **boyası** [*o* **cilası**] Nagellack *m*; ~ **fırçası** Nagelbürste *f*; ~ **işareti** Anführungszeichen *nt*, Gänsefüßchen *nt*; ~ **makası** Nagelschere *f*; ~ **törpüsü** Nagelfeile *f*
tırnaklamak *vt* sich krallen (*-i in etw*)
tırpan *s* Sense *f*
tırpancı *s* 1. (*Person*) Mäher *m* 2. Sensenhersteller *m*
tırpanlamak *vt* (*Getreide*) mähen (*-i etw*)
tırtıl *s* 1. Raupe *f* 2. (*an Reifen*) Profil *nt* 3. Borte *f* 4. (*bei Münzen*) Rändelung *f* 5. (*bei Briefmarken*) Zähnung *f*
tıslamak *vi* 1. (*Gans*) zischen 2. (*Katze*) fauchen
ticaret (**-ti**) *s* 1. Handel *m*, Geschäft *nt* 2. Kommerz *m* 3. Gewinn *m*, Profit *m*; ~ **anlaşması** Handelsabkommen *nt*; ~ **birlikleri** Kartell *nt*; ~ **filosu** Handelsmarine *f*; ~ **odası** Handelskammer *f*; ~ **okulu** Handelsschule *f*; ~ **yapmak** handeln, ein Geschäft abschließen
ticarethane *s* Geschäft *nt*, Firma *f*
ticari *adj* 1. geschäftlich 2. den Handel betreffend 3. kaufmännisch; ~ **anlaşma** Wirtschaftsabkommen *nt*; ~ **eşya** Handelsware *f*; ~ **ilişkiler** Handelsbeziehungen *pl*; ~ **mektup** Geschäftsbrief *m*; ~ **temsil** Prokura *f*; ~ **temsilci** Handelsvertreter(in) *m(f)*
tifo *s* Typhus *m*
tifüs *s* (*Fleck-*) Typhus *m*
tik (**-ki**) *s* Tick *m*
tiksindirici *adj* Ekel erregend, ekelhaft
tiksindirmek *vt* 1. *Kausativ zu* **tiksinmek** 2. anekeln (*-i jdn*)
tiksinmek *vi* sich ekeln (vor), verabscheuen (*-den etw*)
tiksinti *s* 1. *Verbalsubstantiv zu* **tiksinmek** 2. Ekel *m*
tiktak etmek *vi* (*Uhr*) ticken
tilki *s* 1. Fuchs *m* 2. schlauer Fuchs
timsah *s* Krokodil *nt*
timsal (**-li**) *s* 1. Inbegriff *m* 2. Sinnbild *nt*, Symbol *nt*
tinsel *adj* geistig
tip (**-pi**) *s* 1. Typ *m* 2. (*pej*) Kerl *m*
tipi *s* Schneesturm *m*
tipik (**-ği**) *adj* typisch
tipleme *s* 1. *Verbalsubstantiv zu* **tiplemek** 2. (FILM: *Charakter*) Darstellung *f*
tiplemek *vt* (FILM: *Charakter*) darstellen (*-i jdn*)
tiraj *s* Auflage *f*, Auflagenhöhe *f*
tirbuşon *s* Korkenzieher *m*
tire *s* 1. Faden *m*, Garn *nt* 2. Gedankenstrich *m*
tiroit (**-di**) *s* Schilddrüse *f*
tiryaki I. *s* 1. starker Raucher 2. leidenschaftlicher Kaffeetrinker II. *adj* (*nikotin-, kaffee-*) süchtig
tişört (**-tü**) *s* T-Shirt *nt*
titiz I. *adj* 1. anspruchsvoll, wählerisch 2. sorgfältig 3. pedantisch II. *s* Pedant(in) *m(f)*
titizlik (**-ği**) *s* 1. Sorgfalt *f* 2. (*pej*) Pedanterie *f*
titrek (**-ği**) *adj* zitt(e)rig, zitternd
titremek *vi* 1. beben, zittern 2. vibrieren, schwingen 3. sich fürchten (*-den vor etw/jdm*)
titreşim *s* Vibration *f*, Schwingung *f*
titreşmek *vi* 1. schwingen 2. (*vor Angst, Kälte*) zittern
tiyatro *s* 1. Theater *nt* 2. Schauspielkunst *f*; ~ **bileti** Theaterkarte *f*; ~ **dürbünü** Opernglas *nt*
tiz *adj* (*Stimme, Ton*) hell, hoch

tizleşmek *vi* (*Stimme*) sich überschlagen
Togo *s* Togo *nt*
tohum *s* 1. Keim *m* 2. Same *m*, Samenkorn *nt* 3. Sperma *nt* 4. Insekteneier *pl*; ~ **atmak** [*o* **ekmek**] säen; **tohumluk tahıl** Saatgut *nt*
tok (**-ku**) *adj* 1. (*auch fig*) satt 2. (*Stimme*) voll, kräftig
toka *s* 1. Schnalle *f*, Spange *f* 2. Händedruck *m*
tokalamak *vt* anschnallen (*-i* etw)
tokalaşmak *vi* die Hand schütteln (*ile* jdm)
tokat (**-dı**) *s* Ohrfeige *f*; ~ **atmak** ohrfeigen (*-e* jdn); **yüzüne bir ~ indirmek** jdm eine Ohrfeige verpassen; **birine ~ yapıştırmak** (*fam*) jdm eine kleben
tokatlamak *vt* ohrfeigen (*-i* jdn)
tokgözlü *adj* genügsam
tokgözlülük (**-ğü**) *s* Genügsamkeit *f*
tokmak (**-ğı**) *s* 1. Holzhammer *m* 2. Türklopfer *m*
tokmaklamak *vt* hämmern, pochen (*-i* an etw)
toksik *adj* toxisch
tokyolar *s* Badeschuhe *mpl*
tolerans *s* Toleranz *f*; ~ **göstermek** tolerant sein
toleranslı *adj* tolerant
tolkşov *s* Talkshow *f*
tomar *s* 1. Bündel *nt* 2. (*Papier-*) Rolle *f*
tombala *s* Tombola *f*
tombul *adj* (*fam*) mollig, rundlich
tomurcuk (**-ğu**) *s* Knospe *f*
ton *s* 1. Klang *m*, Ton *m* 2. (*bei Farben*) Tönung *f* 3. (*1000 kg*) Tonne *f*
tonbalığı (**-nı**) *s* Tunfisch *m*
tonilato *s* Registertonne *f*
top (**-pu**) I. *s* 1. (*Spiel-*) Ball *m* 2. Kugel *f* 3. Geschütz *nt* 4. Artillerie *f* 5. Ballen *m* 6. Gesamtheit *f* II. *adj* rundlich; ~ **oynamak** Ball spielen; ~ **sakal** Vollbart *m*; **topu diktim** (*fam: Prüfung*) ich bin durchgefallen; **topu topu** (*alles in allem*) insgesamt
topaç (**-cı**) *s* Kreisel *m*
topak (**-ğı**) I. *s* 1. Kloß *m* 2. Klumpen *m* II. *adj* (*Finger*) kurz und dick
topal *adj* 1. hinkend 2. gehbehindert
topallamak *vi* hinken
toparlacık (**-ğı**) *adj* (*Person*) rundlich
toparlak (**-ğı**) *adj* 1. rund, kugelförmig 2. (*Zahl*) rund
toparlamak *vt* 1. aufräumen (*-i* etw) 2. zusammenraffen (*-i* etw)

toparlanmak *vi* 1. *Passiv zu* **toparlamak** 2. sich zusammennehmen 3. wieder auf die Beine kommen
topçu I. *s* 1. Artillerist *m* 2. Artillerie *f* II. *adj* (*fam: Prüfling*) durchgefallen; (*Schüler*) sitzen geblieben
toplam *s* Gesamtbetrag *m*, Summe *f*; ~ **olarak** alles in allem; ~ **yekun** Gesamtbetrag *m*
toplama *s* 1. *Verbalsubstantiv zu* **toplamak** 2. Addition *f* 3. Konzentration *f* 4. Sammlung *f*; ~ **kampı** Konzentrationslager *nt*
toplamak *vt* 1. addieren, zusammenzählen (*-i* etw) 2. (ein)sammeln (*-i* etw) 3. (*Zimmer*) aufräumen (*-i* etw) 4. (*Blumen*) pflücken (*-i* etw) 5. (*Tisch*) abräumen (*-i* etw) 6. (*Betten*) machen (*-i* etw) 7. (*Koffer*) packen (*-i* etw) 8. (*Zelt*) abbrechen (*-i* etw) 9. (*Rock*) zusammenraffen (*-i* etw) 10. (*Leute*) zusammenrufen, versammeln (*-i* jdn) 11. (*Person*) zunehmen
toplanmak *vi* 1. *Passiv zu* **toplamak** 2. sich häufen 3. sich konzentrieren 4. sich anhäufen, sich sammeln 5. sich summieren 6. (*Person*) zunehmen 7. sich versammeln 8. sich aufraffen, sich zusammennehmen
toplantı *s* 1. Versammlung *f* 2. Sitzung *f* 3. Zusammenkunft *f*; ~ **salonu** Sitzungssaal *m*; (*in einer Schule*) Aula *f*
toplardamar *s* Vene *f*
toplu *adj* 1. vereinigt 2. Massen- 3. (*Zimmer*) aufgeräumt 4. (*Backen, Gesicht*) voll 5. (*fam*) dick; ~ **bakış** Übersicht *f*; ~ **mezar** Massengrab *nt*
topluiğne *s* Stecknadel *f*
topluluk (**-ğu**) *s* 1. Gesamtheit *f* 2. Gemeinschaft *f* 3. Gesellschaft *f* 4. Ensemble *nt*
toplum *s* Gesellschaft *f*
toplumbilim *s* Soziologie *f*
toplumbilimci *s* Soziologe *m*, Soziologin *f*
toplumbilimsel *adj* soziologisch
toplumsal *adj* gesellschaftlich, sozial
toprak (**-ğı**) I. *s* 1. Erde *f* 2. Grund *m*, Boden *m* 3. Boden *m* 4. Territorium *nt*, Gebiet *nt* II. *adj* irden; ~ **ağası** (türkischer) Großgrundbesitzer *m*; ~ **kayması** Erdrutsch *m*; ~ **reformu** Bodenreform *f*; ~ **tabya** Bollwerk *nt*; ~ **ürünleri** landwirtschaftliche Erzeugnisse *ntpl*; **toprağa vermek** begraben, beerdigen (*-i* jdn)
toprakaltı (**-nı**) *adj* unterirdisch; ~ **servetleri** Bodenschätze *pl*

toptan *adv* pauschal; ~ **fiyat** Pauschale *f*
toptancı *s* Großhändler(in) *m(f)*
toptancılık (**-ğı**) *s* Großhandel *m*
topuk (**-ğu**) *s* 1. Ferse *f* 2. (*von Schuh*) Absatz *m*
topuz *s* 1. Keule *f* 2. Haarknoten *m* 3. Türklopfer *m*
torba *s* Sack *m*, Beutel *m*
torbacı *s* (*fam: Drogen*) Dealer *m*
torna *s* Drehbank *f*
tornacı *s* 1. Dreher *m* 2. Drechsler *m*
tornavida *s* Schraubenzieher *m*
Toros(lar) *s pl* Taurusgebirge *nt*
torpido *s* 1. Torpedo *m* 2. Torpedoboot *nt*; ~ **gözü** Handschuhfach *nt*
torpil *s* 1. Mine *f* 2. Torpedo *m* 3. (*fam*) Vitamin B *nt*, Beziehungen *pl*
torpillemek *vt* 1. torpedieren (*-i* etw) 2. (*fam: in der Schule*) sitzen bleiben
tortu *s* 1. Bodensatz *m* 2. Ablagerung *f*
torun *s* Enkel(in) *m(f)*; **torunlar** Nachkommen *pl*
tos *s* (*von Tieren*) Stoß *m*; ~ **vurmak** (*mit den Hörnern*) stoßen (*-e* etw/jdn)
tosbağa *s* Schildkröte *f*
toslamak *vt* 1. (*mit den Hörnern*) stoßen (*-i* etw/jdn) 2. (*Schiff, Auto*) stoßen (*-e* gegen etw) 3. (*fam: Geld*) herausrücken (*-e -i* jdm etw) 4. (*fam: in der Schule*) sitzen bleiben
tost (**-tu**) *s* Toast *m*; ~ **ekmeği** Toastbrot *nt*; ~ **makinesi** Toaster *m*
totalitarizm *s* Totalitarismus *m*
totaliter *adj* totalitär
toy *adj* jung und unerfahren, grün
toynak (**-ğı**) *s* Huf *m*
toz I. *s* 1. Pulver *nt* 2. Staub *m* II. *adj* feingemahlen, Pulver-; ~ **almak** Staub wischen; ~ **bezi** Staublappen *m*, Staubtuch *nt*; ~ **bulutu** Staubwolke *f*; ~ **kaldırmak** Staub aufwirbeln; **tozunu almak** abstauben (*-in* etw)
tozlu *adj* verstaubt, staubig
tökezlemek *vi* stolpern
tömbeki *s* Tabak *m* (*für Wasserpfeifen*)
töre *s* Sitte *f*, Brauch *m*
törebilim *s* Ethik *f*
törel *adj* ethisch, sittlich
tören *s* 1. Feier *f* 2. Zeremonie *f*; ~ **alayı** Festzug *m*
törensel *adj* feierlich, zeremoniell
törpü *s* Feile *f*
törpülemek *vt* feilen (*-i* etw)
tövbe *s* Reue *f*; ~ **etmek** bereuen (*-e* etw), abschwören (*-e* einer Sache)
töz *s* Substanz *f*
trafik (**-ği**) *s* Verkehr *m*; ~ **canavarı** Verkehrsrowdy *m*, Raser *m*; ~ **işareti** Verkehrszeichen *nt*; ~ **kâğıdı** Kfz-Schein *m*; ~ **kazası** Verkehrsunfall *m*; ~ **kuralları** Verkehrsregeln *fpl*; ~ **ışığı** Ampel *f*; ~ **levhası** Verkehrsschild *nt*; ~ **polisi** Verkehrspolizist(in) *m(f)*; ~ **ruhsatı** Kfz-Zulassung *f*; ~ **tıkanıklığı** Verkehrsstau *m*
trajedi *s* 1. Tragödie *f*, Tauerspiel *nt* 2. Tragik *f*
trajik (**-ği**) *adj* tragisch
trajikomedi *s* Tragikkomödie *f*
trajikomik (**-ği**) *adj* tragikomisch
traktör *s* Traktor *m*
Trakya *s* Thrakien *nt*
trampet (**-ti**) *s* Trommel *f*
trampetçi *s* Trommler(in) *m(f)*
tramplen *s* Sprungbrett *nt*
tramvay *s* Straßenbahn *f*
transfer *s* Transfer *m*; ~ **etmek** transferieren (*-i* etw)
transformatör *s* Transformator *m*
transistor *s* Transistor *m*
transit (**-ti**) *s* Transit *m*; ~ **geçmek** (ohne Halt) durchfahren; ~ **trafiği** Transitverkehr *m*
transparan *adj* transparent
trapez *s* Trapez *nt*
trapezci *s* Trapezkünstler(in) *m(f)*
travers *s* Schwelle *f*
travesti *s* Transvestit *m*
travma *s* Trauma *nt*
travmalı *adj* (*Erlebnis*) traumatisch; (*Person*) traumatisiert
tren *s* Zug *m*, Bahn *f*, Eisenbahn *f*; ~ **yolu** Eisenbahnlinie *f*; **trenle** mit dem Zug
trent (**-di**) *s* Trend *m*
treyler *s* (*für Traktor, LKW*) Anhänger *m*
tribün *s* Tribüne *f*
triko *s* Trikot *nt*
trikotaj *s* Woll- und Strickwaren *pl*
trilyon *num* Billion *f*
trimestr *s* Trimester *nt*
trişin *s* Trichine *f*
triyangel *s* Triangel *m*
triyo *s* Trio *nt*
troleybüs *s* Oberleitungsomnibus *m*
trombon *s* Posaune *f*
tromboz *s* Thrombose *f*
trompet (**-ti**) *s* Trompete *f*; ~ **çalmak** trom-

peten
tropikal (**-li**) *adj* tropisch; ~ **bölge** Tropen *pl*
Truva *s* Troja *nt*
TSİ *s Abk. von* **Türkiye saati ile** (nach) türkischer Zeit
T-şört (**-tü**) *s* T-Shirt *nt*
tufan *s* 1. Sintflut *f* 2. wolkenbruchartiger Regen *m*
tuğla *s* Backstein *m*, Ziegelstein *m*
tuğra *s* (HIST) *Namenszug des Sultans*
tuhaf *adj* eigenartig, seltsam, merkwürdig
tuhafiye *s* Kurzwaren *pl*
tuhaflık (**-ğı**) *s* Merkwürdigkeit *f*
tulum *s* 1. Schlauch *m* (*aus Tierfell*) 2. Strampelhose *f*; ~ **düdük** [*o* **zurna**] Dudelsack *m*
tulumba *s* 1. Wasserpumpe *f* 2. Feuerspritze *f*
tumturak (**-ğı**) *s* (*geschraubte Rede*) Schwulst *m*
tumturaklı *adj* schwulstig, hochtrabend
Tuna (**nehri**) *s* Donau *f*
tunç (**-cu**) I. *s* Bronze *f* II. *adj* bronzen
Tunus I. *adj* (*Art*) tunesisch II. *s* Tunesien *nt*
Tunuslu I. *s* Tunesier(in) *m(f)* II. *adj* (*Herkunft*) tunesisch
tupe *s* Toupet *nt*
tur *s* 1. Rundreise *f* 2. Rundgang *m*, Runde *f* 3. (SPORT) Runde *f*; ~ **atmak** eine Runde drehen
tura *s* (*einer Mütze*) Kopf *m*
turba *s* Torf *m*
turist (**-ti**) *s* Tourist(in) *m(f)*; ~ **kafilesi** Reisegesellschaft *f*; ~ **rehberi** Fremdenführer(in) *m(f)*; ~ **vizesi** Touristenvisum *nt*
turistik (**-ği**) *adj* touristisch; ~ **mevki** Touristenklasse *f*
turizm *s* Fremdenverkehr *m*, Tourismus *m*

> **Turizm** (Tourismus) ist ein wichtiger Wirtschaftssektor in der Türkei, der für Arbeitsplätze und Deviseneinnahmen sorgt. Mit dem 'Kültür ve Turizm Bakanlığı' (Ministerium für Kultur und Tourismus) gibt es ein eigenes Ministerium für den Tourismus. In türkischen Hochschulen wird Touristik auch als eigenständiges Studienfach angeboten, in denen die angehenden Touristik-Experten von türkischer Geschichte bis zur Gastronomie in allen für die Touristik relevanten Bereichen ausgebildet werden.

turna *s* Kranich *m*; **turnayı gözünden vurmak** ins Schwarze treffen
turnabalığı (**-nı**) *s* Hecht *m*
turne *s* Tournee *f*
turnuva *s* Turnier *nt*
turp (**-pu**) *s* 1. Radieschen *nt* 2. Rettich *m*; ~ **gibi** (*fig*) wie ein Fisch im Wasser
turşu *s* eingemachtes Essiggemüse; ~ **gibi** todmüde; ~ **yapmak** [*o* **kurmak**] in Essig einlegen
turta *s* Torte *f*
turuncu *adj* orange(farben)
turunç (**-cu**) *s* Pomeranze *f*
turunçgiller *s pl* Zitrusfrüchte *fpl*
tuş *s* 1. Taste *f* 2. (*beim Ringkampf*) Niederwurf *m* auf beide Schultern
tutacak (**-ğı**) *s* Griff *m*
tutak (**-ğı**) *s* Geisel *f*
tutam *s* 1. Prise *f* 2. Büschel *nt* (Haare)
tutamaç (**-cı**) *s* Griff *m*, Stiel *m*
tutamak (**-ğı**) *s* 1. Griff *m*, Stiel *m* 2. Handhabe *f*
tutanak (**-ğı**) *s* Protokoll *nt*
tutar *s* Betrag *m*, Höhe *f*, Summe *f*
tutarlı *adj* folgerichtig, konsequent
tutarlılık (**-ğı**) *s* Konsequenz *f*
tutarsız *adj* inkonsequent, widersprüchlich
tutarsızlık (**-ğı**) *s* Inkonsequenz *f*, Widersprüchlichkeit *f*
tutkal *s* Leim *m*
tutkallamak *vt* (zusammen)leimen (*-i* etw)
tutku *s* 1. Entzücken *nt* 2. Leidenschaft *f* 3. Sucht *f*
tutkun I. *adj* 1. entzückt (*-e* von etw/jdm) 2. süchtig (*-e* nach etw) 3. verliebt (*-e* in jdn) 4. gefangen II. *s* Süchtige(r) *mf*
tutkunluk (**-ğu**) *s* 1. Begeisterung *f* 2. Sucht *f* 3. Verliebtheit *f*
tutmak (**-ar**) I. *vt* 1. (an)fassen, (an)packen, (er)greifen (*-i* etw/jdn) 2. (*in der Hand*) halten (*-i* etw) 3. behalten, (auf)bewahren (*-i* etw) 4. (zurück)halten (*-i* jdn) 5. festhalten, festnehmen, gefangen nehmen (*-i* jdn) 6. fangen (*-i* jdn/etw) 7. (*Atem*) anhalten (*-i* etw) 8. (*fam*) mieten (*-i* etw) 9. (*Vertrag, Frist*) einhalten, befolgen; (*Versprechen*) halten (*-i* etw) 10. unterstützen (*-i* jdn) 11. (*Amt, Stellung*) innehaben (*-i* etw) 12. (*Schmerzen, Krankheit*) befallen (*-i* jdn) 13. (*Rauch, Geschrei*) erfüllen (*-i* etw) 14. (*Summe*) sich belaufen (*-i* auf etw) 15. (*Laufbahn, Weg*) einschlagen (*-i* etw) 16. (*Reiseziel*) erreichen

(*-i* etw) **17.** (*jdn*) achten, schätzen (*-i* jdn) **18.** übereinstimmen (*-i* mit etw) **II.** *vi* **1.** (*Farbe, Nagel*) halten **2.** (*Rechnung*) stimmen; **matem** [*o* **yas**] ~ Trauer tragen; **pas** ~ rosten; **küf** ~ verschimmeln; **sözünü** ~ sein Wort halten; **taraf** ~ Partei ergreifen; **yer** ~ einen Platz reservieren, einen wichtigen Platz einnehmen; **tutalım ki** ... gesetzt den Fall ...; **tuttuğunu koparmamak** nicht lockerlassen

tutsak (**-ğı**) **I.** *adj* (kriegs)gefangen **II.** *s* Kriegsgefangene(r) *m*

tutsaklık (**-ğı**) *s* Kriegsgefangenschaft *f*

tutturmak *vt* **1.** *Kausativ zu* **tutmak 2.** anfangen; (*Lied*) anstimmen (*-i* etw) **3.** befestigen (*-i -e* etw an etw) **4.** (*Weg*) einschlagen (*-i* etw) **5.** etw beharren (*-i* auf etw)

tutucu *adj* konservativ

tutuk (**-ğu**) *adj* **1.** gehemmt **2.** (*Körperglied*) steif

tutuklama *s* **1.** *Verbalsubstantiv zu* **tutuklamak 2.** Festnahme *f*, Verhaftung *f*; ~ **emri** Haftbefehl *m*

tutuklamak *vt* festnehmen, verhaften (*-i* jdn)

tutuklu **I.** *s* Häftling *m* **II.** *adj* verhaftet

tutukluk (**-ğu**) *s* **1.** Hemmung *f* **2.** (*eines Körperglieds*) Steifsein *nt*, Lähmung *f* **3.** (*Motor*) Störung *f*

tutukluluk (**-ğu**) *s* Untersuchungshaft *f*

tutulmak *vi* **1.** *Passiv zu* **tutmak 2.** (*Körperglied*) steif [*o* gelähmt] sein **3.** (*Sonne, Mond*) sich verfinstern **4.** sich verlieben (*-e* in jdn/etw) **5.** (*Krankheit*) sich zuziehen (*-e* etw) **6.** (*fam*) sich ärgern (*-e* über jdn)

tutum *s* **1.** Haltung *f* **2.** Sparsamkeit *f*

tutumlu *adj* ökonomisch, sparsam

tutumsuz **I.** *s* Verschwender(in) *m(f)* **II.** *adj* verschwenderisch

tutunmak *vi* **1.** *Reflexiv zu* **tutmak 2.** sich festhalten (*-e* an etw) **3.** Beliebtheit genießen

tutuşmak *vi* **1.** in Brand geraten, sich entzünden **2.** (*auch fig*) Feuer fangen **3.** aneinander geraten; **el ele** ~ sich an der Hand halten

tutuşturmak *vt* *Kausativ zu* **tutuşmak** anzünden, in Brand stecken (*-i* etw); **eline bir şey** ~ jdm etwas in die Hand drücken

tu(v)al *s* (*in der Malerei*) Leinwand *f*

tuvalet (**-ti**) *s* **1.** (*Körperpflege*) Toilette *f* **2.** Abendkleid *nt* **3.** (*WC*) Toilette *f*; ~ **eşyası** Toilettenartikel *pl*; ~ **kâğıdı** Klo(sett)papier *nt*, Toilettenpapier *nt*; ~ **masası** Toilettentisch *m*; **tuvalete gitmek** austreten, auf die Toilette gehen

tuz *s* Salz *nt*; **tuzu kuru olmak** es gut haben

tuzak (**-ğı**) *s* (*auch fig*) Falle *f*; **birine** ~ **kurmak** jdm eine Falle stellen

tuzlamak *vt* (ein)salzen (*-i* etw)

tuzlu *adj* **1.** salzig **2.** (*Speise*) versalzen **3.** (*Preise*) gesalzen

tuzluk (**-ğu**) *s* Salzstreuer *m*

tüberküloz *s* Tuberkulose *f*

tüccar *s* Kaufmann *m*, Händler *m*

tüfek (**-ği**) *s* Gewehr *nt*, Flinte *f*

tüh *interj* pfui!

tükenmek *vi* **1.** (*Ware, Geld*) ausgehen **2.** (*Mensch*) erschöpft sein **3.** aufhören

tükenmez **I.** *adj* **1.** unaufhörlich **2.** unerschöpflich **II.** *s* hausgemachter Fruchtsaft

tükenmez(**kalem**) *s* Kugelschreiber *m*

tüketici *s* Verbraucher(in) *m(f)*, Konsument(in) *m(f)*; ~ **danışma hattı** Hotline *f*; ~ **fiayt**ı Verbraucherpreis *m*

tüketim *s* **1.** *Verbalsubstantiv zu* **tüketmek 2.** Konsum *m*, Verbrauch *m*; ~ **malları** Konsumgüter *pl*; ~ **toplumu** Konsumgesellschaft *f*

tüketmek *vt* verbrauchen, aufbrauchen (*-i* etw)

tükürmek *vi* spucken

tükürük (**-ğü**) *s* Spucke *f*

tül *s* Tüll *m*; ~ **perde** Gardine *f*

tüm **I.** *adj* gesamt, vollständig, ganz **II.** *s* Gesamtheit *f*

tümce *s* Satz *m*

tümen *s* Division *f*

tümleç (**-ci**) *s* Satzergänzung *f*

tümör *s* Tumor *m*

tümsek (**-ği**) *s* Bodenerhebung *f*, kleinerer Hügel *m*

tümsekli *adj* hervortretend, erhaben

tünel *s* Tunnel *m*

> **Tünel** ist der Name der ältesten Istanbuler U-Bahn mit nur zwei Stationen. Diese Kabelbahn wurde 1875 eröffnet und verbindet die beiden Stadtteile Karaköy und Beyoğlu. Wer diese Bahn benutzt, erspart sich den steilen Anstieg nach Beyoğlu.

tünemek *vi* (*Vogel*) sich setzen, sitzen (*-e* auf etw)

tüp (**-pü**) *s* **1.** kleine Röhre *f* **2.** Reagenzglas

nt **3.** Tube *f* **4.** (*für Gas*) Stahlflasche, Kartusche *f* **5.** Retorte *f;* ~ **bebek** Retortenbaby *nt*
tür *s* **1.** Art *f* **2.** Gattung *f* **3.** Sorte *f* **4.** Wesen *nt*, Schlag *m*
türban *s* Kopftuch *nt*

> Da im traditionellen Islam das Kopfhaar einen hohen sexuellen Symbolwert hat, verhüllen strenggläubige Musliminnen ihr Haar in der Öffentlichkeit mit einem **türban**, einem Kopftuch, welches das Haar vollkommen verdeckt und das unter dem Kinn mit einer Nadel zusammengehalten wird. Das Tragen des 'türban' ist an türkischen Schulen und Universitäten verboten, da Schulen von Staats wegen religiös neutrale Räume sind. Ein nur lose gebundenes Kopftuch, welches das Haar nicht vollkommen verdeckt, heißt 'başötüsü' und ist kein Zeichen von Religiosität.

türbe *s* Grabmal *nt*
türbin *s* Turbine *f*
türemek *vi* **1.** entstehen **2.** plötzlich auftauchen **3.** (*Wort*) abgeleitet werden (*-den* von etw)
türetmek *vt* **1.** *Kausativ zu* **türemek** **2.** (*Wort*) ableiten (*-i -den* etw von etw) **3.** (*fam*) erzeugen (*-i* etw)
Türk (**-kü**) **I.** *s* Türke *m*, Türkin *f* **II.** *adj* (*Art*) türkisch; ~-**Alman ilişkileri** türkisch-deutsche Beziehungen *fpl;* ~ **usulüne göre** nach türkischer Art
Türkçe **I.** *adj* (*Sprache*) türkisch **II.** *s* türkische Sprache **III.** *adv* auf Türkisch

> **Türkçe**, die türkische Sprache, ist die wichtigste Sprache innerhalb der Familie der Turksprachen, die in dem riesigen Gebiet zwischen Balkan und Nordwestchina, ja sogar in großen Teilen Nordostsibiriens beheimatet sind. Das Türkische weicht von den meisten europäischen Sprachen in Grammatik und Struktur völlig ab, hat aber strukturelle Ähnlichkeiten mit dem Finnischen und Ungarischen.

Türkiye **I.** *s* Türkei *f* **II.** *adj* (*Art*) türkisch; ~ **saati ile** (nach) türkischer Zeit
Türkiyeli **I.** *s* Türke *m*, Türkin *f* **II.** *adj* (*Herkunft*) türkisch
Türkmen *s* Turkmene *m*, Turkmenin *f*
Türkolog *s* Turkologe *m*, Turkologin *f*
Türkoloji *s* Turkologie *f*
türkuvaz *adj* türkis(farben)
türkü *s* Volkslied *nt*
türlü **I.** *adj* verschieden, verschiedenartig **II.** *s* **1.** Art *f* **2.** Eintopf *m;* ~ ~ allerlei, mancherlei; **bir** ~ in keiner Weise, überhaupt nicht; **iki/dört** ~ zweier-/viererlei
tütmek (**-er**) *vi* **1.** qualmen; (*Ofen*) rauchen **2.** dampfen
tütsü *s* **1.** Inhalation *f* **2.** Räuchern *nt* **3.** Räucherwerk *nt*
tütsülemek *vt* räuchern (*-i* etw)
tüttürmek *vt* **1.** *Kausativ zu* **tütmek** **2.** (*Zigarette*) schmauchen (*-i* etw)
tütün *s* Tabak *m;* ~ **kesesi** Tabaksbeutel *m*
tütüncü *s* **1.** Tabakpflanzer(in) *m(f)* **2.** Tabakhändler(in) *m(f);* ~ **dükkanı** Tabakladen *m*
tüy *s* **1.** Feder *f* **2.** Fell *nt* **3.** Flaum *m*, Haar *nt* (*feines Haar auf Armen, Beinen*); ~ **dökücü krem** Enthaarungscreme *f;* ~ **gibi** federleicht; ~ **sıklet** Federgewicht *nt;* **tüyler ürpertici** haarsträubend, entsetzlich; **tüyleri ürpermek** eine Gänsehaut bekommen; **tüylerim diken diken oldu** mir standen die Haare zu Berge
tüylü *adj* **1.** gefiedert **2.** flaumig
tüymek (**-er**) *vi* (*fam*) abhauen, verduften
tüysüz **I.** *adj* federlos, ohne Federn **II.** *s* (*fam*) Milchbart *m*
tüzelkişi *s* (JUR) juristische Person *f*
tüzük (**-ğü**) *s* **1.** Vorschrift *f*, Bestimmung *f* **2.** Satzung *f*
TV anteni (**-ni**) *s* Fernsehantenne *f*
TV kanalı (**-nı**) *s* Fernsehkanal *m*

U

U, u *s* 25. Buchstabe des türk. Alphabets
ucuz *adj* 1. billig, preiswert 2. mühelos; ~ **kurtulmak** (*fam*) mit einem blauen Auge davonkommen
ucuzlamak *vi* 1. billiger werden 2. (*Preise*) heruntergehen 3. leicht erreichbar sein
ucuzlatmak *vt* 1. *Kausativ zu* **ucuzlamak** 2. (*Preis*) herabsetzen (*-i* etw) 3. erleichtern (*-i* etw) 4. (*Ware*) verbilligen (*-i* etw)
ucuzluk (**-ğu**) *s* Sonderangebote *ntpl*; ~ **mağazası** Discounter *m*, Billigladen *m*
uç (**-cu**) *s* Spitze *f*, Rand *m*, äußerstes Ende *nt*; **uçsuz bucaksız** endlos
uçak (**-ğı**) *s* Flugzeug *nt*; ~ **bileti** Flugticket *nt*; ~ **düşmesi** Flugzeugabsturz *m*; ~ **gemisi** Flugzeugträger *m*; ~ **kaçırma** Flugzeugentführung *f*; ~ **kılavuzu** Fluglotse *m*; ~ **postası** Luftpost *f*; ~ **tarifesi** Flugplan *m*; ~ **yolcusu** Fluggast *m*; **uçakla** mit dem Flugzeug, mit Luftpost; **uçakta** an Bord (eines Flugzeugs)
uçan *adj* fliegend; ~ **daire** fliegende Untertasse; ~ **kuşa borcu olmak** bis über beide Ohren verschuldet sein
uçmak (**-ar**) *vi* 1. fliegen (*-e* nach etw) 2. fortfliegen, wegfliegen 3. (*Alkohol*, *Duft*) verfliegen 4. (*Farbe*) verblassen 5. (*fam*) verduften; **havaya** ~ (*explodieren*) in die Luft fliegen
uçuk (**-ğu**) I. *adj* (*Farbe*) verblasst II. *s* Fieberbläschen *nt*
uçurmak *vt* 1. *Kausativ zu* **uçmak** 2. (*Drachen*) steigen lassen (*-i* etw) 3. (*Körperglied*) wegfetzen (*-i* etw) 4. (*Auto*) in einem Affenzahn fahren (*-i* etw); **havaya** ~ (in die Luft) sprengen
uçurtma *s* (*Papier-*) Drachen *m*
uçurum *s* 1. Abgrund *m* 2. Kluft *f*
uçuş *s* 1. Flug *m* 2. Abflug *m*; ~ **pisti** Rollfeld *nt*, Startbahn *f*; ~ **saati** Abflugzeit *f*
uçuşmak *vi* 1. flattern 2. herumfliegen
ud *s* Laute *f*
UEFA Kupası (**-nı**) *s* UEFA-Pokal *m*
ufacık (**-ğı**) *adj* (*fam*) winzig; ~ **tefecik** (*Wuchs*) sehr klein
ufak (**-ğı**) *adj* 1. klein, gering 2. geringfügig; ~ **para** Kleingeld *nt*; ~ **tefek** unwichtig; (*Wuchs*) klein
ufaklık (**-ğı**) *s* 1. Kleinheit *f* 2. (*fam*) Kleingeld *nt*
ufalamak *vt* zerkleinern, zerbröckeln (*-i* etw)
ufalanmak *vi* 1. *Passiv zu* **ufalamak** 2. zerbröckeln
ufalmak *vi* kleiner werden
ufaltmak *vt* 1. *Kausativ zu* **ufalmak** 2. verkleinern (*-i* etw)
ufo *s* Ufo *nt*
ufocu *s* Ufologe(in) *m(f)*
ufoloji *s* Ufologie *f*
ufuk (**-fku**) *s* Horizont *m*
Uganda *s* Uganda *nt*
uğramak *vt* 1. vorbeikommen, vorbeischauen (*-e* bei jdm) 2. (*Verkehrsmittel*) halten (*-e* in etw) 3. (*Schiff*) anlegen (*-e* in etw) 4. betroffen werden (*-e* von etw); **dışarı** ~ (*Person*) hinausstürzen
uğraş *s* 1. Beschäftigung *f* 2. Kampf *m*
uğraşmak *vi* 1. sich anstrengen, sich bemühen (*-meye* etw zu tun) 2. sich beschäftigen (*ile* mit etw) 3. nicht in Ruhe lassen (*ile* jdn)
uğraştırmak *vt* 1. *Kausativ zu* **uğraşmak** 2. beschäftigen (*-i ile* jdn mit etw) 3. zu schaffen machen (*-i* jdm)
uğratmak *vt* 1. *Kausativ zu* **uğramak** 2. zufügen (*-i -e* jdm etw)
uğrun(d)a *präp* um ... willen (... *gen*), für (... *akk*)
uğuldamak *vi* 1. (*Wind*) heulen 2. (*Kreisel*) brummen 3. (*Biene*) summen
uğultu *s* 1. (*vom Wind*) Heulen *nt* 2. (*vom Kreisel*) Brummen *nt* 3. (*von Bienen*) Summen *nt*
uğur *s* 1. Glücksbringer *m* 2. gutes Vorzeichen *nt*; **uğurlar olsun!** kommen Sie gut nach Hause!
uğurböceği (**-ni**) *s* Marienkäfer *m*
uğurlamak *vt* (*einen Abreisenden*) begleiten (*-i -e kadar* jdn bis zu etw)
uğurlu *adj* 1. glückbringend 2. von guter Vorbedeutung
uğursuz *adj* verhängnisvoll, unheilvoll, unselig
uğursuzluk (**-ğu**) *s* 1. böses Vorzeichen *nt* 2. *die Eigenschaft, Unglück zu bringen*
Ukrayna *s* Ukraine *f*

ulaşım s 1. *Verbalsubstantiv zu* **ulaşmak** 2. Verkehr *m;* ~ **aracı** Verkehrsmittel *nt;* ~ **merkezi** Verkehrsknotenpunkt *m*
ulaşmak *vi* 1. gelangen (*-e* zu etw) 2. (*Straße*) einmünden (*-e* in etw) 3. (*Ziel*) erreichen (*-e* etw)
ulaştırma s 1. *Verbalsubstantiv zu* **ulaştırmak** 2. Verkehr *m*, Verkehrswesen *nt;* **Ulaştırma Bakanlığı** Verkehrsministerium *nt*
ulaştırmak *vt* 1. *Kausativ zu* **ulaşmak** 2. liefern (*-i* etw) 3. übermitteln (*-e -i* jdm etw)
ulu *adj* erhaben
ululama s 1. *Verbalsubstantiv zu* **ululamak** 2. Huldigung *f*
ululamak *vt* 1. (ver)ehren (*-i* jdn) 2. willkommen heißen (*-i* jdn)
ululuk (**-ğu**) s Erhabenheit *f*, Größe *f*
ulumak *vi* heulen
ulus s 1. Volk *nt* 2. Nation *f;* ~ **devleti** Nationalstaat *m;* ~ **kırımı** Völkermord *m*
ulusal *adj* national

Ulusal Egemenlik ve Çocuk Bayramı am 23. April wird als Tag der Unabhängigkeit und zugleich als Tag des Kindes gefeiert. Er erinnert an die erste Einberufung der Nationalversammlung durch Mustafa Kemal Atatürk im Jahre 1920 und zeigt zugleich, welche Bedeutung Atatürk den Kindern und Jugendlichen zumaß. In den 80er Jahren erklärten UNO und UNESCO den 23. April zum Weltkindertag. Alljährlich lädt die türkische Regierung Kinder aus aller Welt zu diesem Fest nach Ankara ein. An diesem Tag dürfen Kinder symbolisch das Amt des Bürgermeisters ausüben, um die Politik an ihre Verantwortung für die kommenden Generationen zu erinnern.

uluslararası (**-nı**) *adj* international; **Uluslararası Af Örgütü** Amnesty International *f;* **Uluslararası Para Fonu** der Internationale Währungsfonds; **Uluslararası Uzay İstasyonu** die Internationale Raumstation
uluslaştırmak *vt* verstaatlichen (*-i*)
umarsız *adj* verzweifelt
ummadık *adj* unerwartet, unverhofft, unvermutet
ummak (**-ar**) *vt* 1. rechnen mit, erwarten (*-i* etw) 2. erhoffen (*-i* etw); **umarım** ich hoffe, hoffentlich
umum I. *adj* allgemein, gesamt, generell II. *s* Öffentlichkeit *f*
umumi *adj* 1. allgemein 2. öffentlich
umut (**-du**) s Hoffnung *f*, Zuversicht *f*
umutla *adv* voller Hoffnung
umutlandırmak *vt* 1. *Kausativ zu* **umutlanmak** 2. Hoffnung machen (*-i* jdm)
umutlanmak *vi* Hoffnung fassen, sich Hoffnungen machen
umutlu *adj* hoffnungsvoll, zuversichtlich
umutsuz *adj* hoffnungslos, verzweifelt
umutsuzluk (**-ğu**) s Hoffnungslosigkeit *f*, Verzweiflung *f*
un s Mehl *nt*
unlu *adj* 1. mehlig 2. Mehl enthaltend
unsur s 1. Bestandteil *m* 2. Element *nt*
unutkan *adj* vergesslich
unutmabeni s Vergissmeinnicht *nt*
unutmak *vt* 1. vergessen (*-i* etw/jdn) 2. verlernen (*-i* etw)
unutulmak *vi* 1. *Passiv zu* **unutmak** 2. in Vergessenheit geraten
unutulmaz *adj* unvergesslich
unvan s Titel *m*
ur s Geschwulst *f*, Tumor *m*
uranyum s Uran *nt*
urgan s Tau *nt*, starkes Seil
URL adresi (**-ni**) s (INET) URL *f*
Uruguay I. *s* Uruguay *nt* II. *adj* (*Art*) uruguayisch
Uruguaylı I. *s* Uruguayer(in) *m(f)* II. *adj* (*Herkunft*) uruguayisch
us s Vernunft *f*
usanç (**-cı**) s Verdrossenheit *f*
usandırıcı *adj* 1. verdrießlich 2. aufdringlich, lästig
usanmak *vi* satt haben, genug haben (*-den* von etw)
uskumru s Makrele *f*
uskur s Schiffsschraube *f*
uslu *adj* 1. artig, brav 2. verständig, vernünftig
usta I. *s* 1. Meister *m* 2. Vorarbeiter *m* II. *adj* kunstfertig
ustabaşı (**-nı**) s Werkmeister *m*
ustalık (**-ğı**) s 1. Meisterschaft *f* 2. Kunst *f*, Kunstfertigkeit *f*
ustalıklı *adj* kunstvoll, meisterhaft
ustura s Rasiermesser *nt*
usul (**-lü**) s 1. Art *f*, Weise *f* 2. Takt *m* 3. Methode *f*, Verfahren *nt*
usulca(**cık**) *adv* 1. unauffällig 2. behutsam, vorsichtig 3. still und leise 4. heimlich

usulen *adv* ordnungsgemäß
uşak (**-ğı**) *s* 1. Diener *m*, Knecht *m* 2. Bursche *f*
ut (**-du**) *s* 1. Laute *f* 2. Schamgefühl *nt*; ~ **yeri** Geschlechtsteil *nt*
utanç (**-cı**) *s* Scham *f*, Scheu *f*; ~ **duygusu** Schamgefühl *nt*
utangaç (**-cı**) *adj* 1. schüchtern 2. befangen, verlegen
utangaçlık (**-ğı**) *s* 1. Schüchternheit *f* 2. Befangenheit *f*, Verlegenheit *f*
utanmak *vt* 1. sich schämen (*-den* vor jdm) 2. sich genieren (*-meye* etw zu tun)
utanmaz *adj* 1. schamlos 2. unverschämt, frech
utanmazlık (**-ğı**) *s* 1. Schamlosigkeit *f* 2. Unverschämtheit *f*, Frechheit *f*
UUİ *s Abk. von* **Uluslararası Uzay İstasyonu** die Internationale Weltraumstation *f*
uyak (**-ğı**) *s* Reim *m*
uyandırmak *vt* 1. *Kausativ zu* **uyanmak** 2. (auf)wecken (*-i* jdn) 3. erwecken (*-i* etw)
uyanık (**-ğı**) *adj* 1. wach 2. (*fig*) aufgeweckt 3. wachsam 4. gewieft
uyanıklık (**-ğı**) *s* 1. Wachsein *nt* 2. Achtsamkeit *f*, Umsicht *f* 3. Schlauheit *f*
uyanmak *vi* 1. aufwachen, wach werden 2. vernünftig werden 3. (*Gefühle*) erweckt werden
uyarı *s* Ermahnung *f*, Mahnung *f*; **uyarıda bulunmak** verwarnen (*-i* jdn)
uyarıcı I. *s* Aufputschmittel *nt* II. *adj* 1. stimulierend 2. warnend
uyarlamak *vt* 1. bearbeiten (*-i* etw) 2. anpassen (*-i -e* etw an etw)
uyarma *s* 1. *Verbalsubstantiv zu* **uyarmak** 2. Ermahnung *f*, Mahnung *f* 3. Reiz *m*, Stimulus *m*
uyarmak *vt* 1. mahnen, warnen (*-i* jdn) 2. stimulieren, anregen (*-i* etw)
uydu *s* 1. Satellit *m* 2. Trabant *m*
uydurma I. *s* 1. *Verbalsubstantiv zu* **uydurmak** 2. Erfindung *f*, Lüge *f* II. *adj* 1. erdichtet 2. (*Arbeit*) oberflächlich gemacht
uydurmak *vt* 1. (*aufeinander*) abstimmen (*-i* etw) 2. angleichen, anpassen (*-i -e* etw an etw) 3. (*fam*) erdichten, erfinden (*-i* etw) 4. (*fam*) auftreiben (*-i* etw) 5. (*fam: Angelegenheit*) über die Bühne bringen (*-i* etw)
uydurmasyon I. *s* (*pej*) Hirngespinst *nt* II. *adj* erfunden
uyduruk (**-ğu**) *adj* 1. ausgedacht, erfunden 2. gefälscht
uygar *adj* zivilisiert, kultiviert
uygarlaşmak *vi* zivilisiert werden
uygarlaştırmak *vt* 1. *Kausativ zu* **uygarlaşmak** 2. zivilisieren (*-i* jdn/etw)
uygarlık (**-ğı**) *s* Zivilisation *f*; ~ **tarihi** Kulturgeschichte *f*
uygulama *s* 1. *Verbalsubstantiv zu* **uygulamak** 2. praktische Anwendung *f*, Durchführung *f* 3. (*im Gegensatz zu Theorie*) Praxis *f*
uygulamak *vt* (praktisch) anwenden, durchführen (*-i* etw)
uygulama *s* (*Computerprogramm*) Anwendung *f*
uygun *adj* 1. entsprechend 2. angemessen (*-e* einer Sache) 3. passend (*-e* zu etw) 4. geeignet (*-e* für etw) 5. gelegen 6. gleichartig 7. günstig 8. übereinstimmend; ~ **bir fırsatta** bei passender Gelegenheit; ~ **düşmek** angebracht sein; ~ **düşmemek** fehl am Platz sein; ~ **gelmek** recht sein, zusagen (*-e* jdm); ~ **görmek** [*o* **bulmak**] gut finden, begrüßen (*-i* etw)
uygunluk (**-ğu**) *s* 1. Eignung *f* 2. Übereinstimmung *f*, Gleichartigkeit *f* 3. Entsprechung *f* 4. Verhältnismäßigkeit *f*
uygunsuz *adj* 1. unangebracht 2. unanständig 3. ungeeignet 4. ungelegen, ungünstig; ~ **zamanda** zur Unzeit
uyku *s* Schlaf *m*; ~ **hapı** Schlaftablette *f*; ~ **hastalığı** Schlafkrankheit *f*; ~ **ilacı** Schlafmittel *nt*; ~ **tulumu** Schlafsack *m*; ~ **tutmamak** nicht einschlafen können; **uykuda gezer gibi** traumwandlerisch; **uykusu gelmek** müde werden; **uykusunu almak** ausschlafen; **uykuya dalmak** einschlafen; **uykuya yatmak** sich schlafen legen
uykucu I. *s* Langschläfer(in) *m(f)* II. *adj* verschlafen
uykulu *adj* (*Augen, Stimme*) schläfrig; (*Mensch*) schlaftrunken
uykusuz *adj* 1. (*Nacht*) schlaflos 2. (*Mensch*) unausgeschlafen, übernächtig
uykusuzluk (**-ğu**) *s* Schlaflosigkeit *f*
uyluk (**-ğu**) *s* Oberschenkel *m*; ~ **kemiği** Oberschenkelknochen *m*
uymak (**-ar**) *vi* 1. entsprechen (*-e* einer Sache) 2. sich anpassen (*-e* an etw) 3. (*Vorschrift*) beachten (*-e* etw) 4. sich eignen (*-e* für etw) 5. sich einfügen (*-e* in etw) 6. sich einstellen (*-e* auf etw) 7. harmonieren (*-e* mit

uyruk etw) **8.** übereinstimmen (*-e* mit etw) **9.** (*Kleider*) passen (*-e* jdm); **birbirine** ~ zueinander passen, zusammenpassen

uyruk (**-ğu**) *s* Staatsangehörige(r) *mf*

uyruksuz *adj* staatenlos

uysal *adj* **1.** friedlich, ruhig **2.** nachgiebig **3.** gehorsam **4.** sanftmütig

uysallık (**-ğı**) *s* **1.** Sanftmut *f* **2.** Nachgiebigkeit *f* **3.** Fügsamkeit *f*

uyuklamak *vi* (*fam*) **1.** dösen **2.** einnicken

uyuklatmak *vt* **1.** *Kausativ zu* **uyuklamak 2.** einschläfern (*-i* jdn)

uyum *s* **1.** Harmonie *f,* Einklang *m* **2.** Anpassung *f* (*-e* an etw); ~ **sağlamak** sich anpassen (*-e* an etw); ~ **sağlatmak** in Einklang bringen (*-i -e* etw mit etw)

uyumak *vi* **1.** schlafen **2.** einschlafen

uyumlu *adj* **1.** harmonisch **2.** anpassungsfähig **3.** (INFORM) kompatibel (*ile* mit etw)

uyuntu **I.** *s* (*fam: Person*) Schlafmütze *f* **II.** *adj* faul, träge

uyurgezer *s* Schlafwandler(in) *m(f)*

uyuşkan *adj* anpassungsfähig

uyuşmak *vi* **1.** einig werden, sich einigen (*-e* auf etw) **2.** (*Körperglied*) einschlafen, steif werden **3.** harmonieren (*ile* mit etw/jdm) **4.** zusammenpassen

uyuşturmak *vt* **1.** *Kausativ zu* **uyuşmak 2.** betäuben (*-i* jdn/etw) **3.** (*Körperglied*) steif werden lassen (*-i* etw)

uyuşturucu **I.** *s* **1.** Rauschgift, Droge **2.** (stärkeres) Beruhigungsmittel *nt* **II.** *adj* betäubend; ~ **bağımlısı** drogenabhängig; ~ **madde** Droge *f,* Rauschgift *nt;* (*Medikament*) Betäubungsmittel *nt*

uyuşuk (**-ğu**) *adj* **1.** (*Körperglied*) eingeschlafen, steif **2.** (*fam*) schlafmützig, träge

uyutmak *vt* **1.** *Kausativ zu* **uyumak 2.** einschläfern (*-i* jdn) **3.** (*Kind*) ins Bett bringen, schlafen legen (*-i* jdn) **4.** langweilen (*-i* jdn) **5.** hinhalten, vertrösten (*-i* jdn)

uyuyakalmak *vi* **1.** einschlafen **2.** verschlafen

uyuz **I.** *s* **1.** (*bei Menschen*) Krätze *f* **2.** (*bei Tieren*) Räude *f* **II.** *adj* **1.** krätzig **2.** räudig

uz *adj* **1.** geeignet, brauchbar **2.** geschickt, gewandt

uzaduyum *s* Telepathie *f*

uzak (**-ğı**) **I.** *adj* **1.** entfernt, fern **2.** (*Ort*) entlegen, abgelegen **3.** (*jdm*) fern liegend, fremd **4.** (*Möglichkeit*) unwahrscheinlich **II.** *s* Ferne *f;* ~ **akrabalar** entfernte Verwandte *pl;* **Uzak Doğu** der Ferne Osten; ~ **durmak** fern stehen (*-den* einer Sache); **o, her türlü riyadan** ~ **bir insandır** er ist ein Mensch, dem jede Heuchelei fremd ist; ~ **farı** Fernlicht *nt;* ~ **kalmak** fernbleiben, sich distanzieren (*-den* von etw); **uzakta** in der Ferne; **uzaktan** aus der Ferne, von weitem, von weither

uzaklaşmak *vt* **1.** sich entfernen (*-den* von etw/jdm) **2.** Abstand nehmen (*-den* von etw) **3.** (*Wolken, Gewitter*) sich verziehen

uzaklaştırmak *vt* **1.** *Kausativ zu* **uzaklaşmak 2.** entfernen (*-i -den* etw aus etw) **3.** (*aus dem Dienst*) entlassen; (*von der Schule*) verweisen (*-i -den* jdn von etw) **4.** (*Gefahr*) abwenden (*-i -den* etw von etw/jdm)

uzaklık (**-ğı**) *s* **1.** Entfernung *f* **2.** Abstand *m* **3.** Ferne *f* **4.** Strecke *f* **5.** Abgelegenheit *f*

uzamak *vi* **1.** länger werden **2.** sich in die Länge ziehen **3.** sich erstrecken **4.** (*in die Länge*) wachsen **5.** sich verzögern

uzanmak *vr* **1.** *Reflexiv zu* **uzamak 2.** (*räumlich*) sich erstrecken, sich ausdehnen (*-e kadar* bis zu etw) **3.** sich hinlegen (*yatağa* aufs Bett) **4.** greifen, langen (*-e* nach etw) **5.** (*irgendwohin*) gehen (*-e doğru* bis nach etw)

uzantı *s* **1.** Verlängerung *f,* Verlängerungsstück *nt* **2.** Ausläufer *m* **3.** (INFORM) Endung *f* (*z.B. .com*)

uzatma *s* **1.** *Verbalsubstantiv zu* **uzatmak 2.** (*Pass-, Frist-*) Verlängerung *f;* **uzatma işareti** Zirkumflex *m*

uzatmak *vt* **1.** *Kausativ zu* **uzamak 2.** (*Pass, Frist*) verlängern (*-i* etw) **3.** länger machen (*-i* etw) **4.** (*weiten*) dehnen (*-i* etw) **5.** (*Hand*) ausstrecken (*-i* etw) **6.** überreichen (*-e -i* jdm etw) **7.** (*Haare, Bart*) wachsen lassen (*-i* etw) **8.** (*Angelegenheit*) verzögern (*-i* etw)

uzay *s* Weltraum *m,* All *nt;* ~ **adamı** Raumfahrer(in) *m(f);* ~ **çağı** Raumzeitalter *nt;* ~ **gemisi** Raumfähre *f,* Raumschiff *nt;* ~ **istasyonu** (Welt)raumstation *f;* **Uzay Mekiği** Spaceshuttle *f*

uzaylı **I.** *adj* außerirdisch **II.** *s* Außerirdische(r) *mf*

uzlaşmak *vi* **1.** sich einigen, einig werden (*ile* mit jdm) **2.** sich versöhnen (*ile* mit jdm)

uzlaşmaz *adj* unversöhnlich

uzlaştırmak *vt* **1.** *Kausativ zu* **uzlaşmak**

2. (*Streit*) schlichten **3.** versöhnen (*-i* jdn)
uzman **I.** *s* Experte *m*, Expertin *f*, Sachverständige(r) *mf*, Spezialist(in) *m(f)* **II.** *adj* sachkundig, fachkundig
uzmanca *adj* fachmännisch
uzmanlaşmak *vi* sich spezialisieren (*-de* auf etw)
uzun *adj* **1.** lang **2.** groß **3.** (*Weg, Reise*) weit **4.** weitschweifig; ~ **atlama** Weitsprung *m;* ~ **boylu** (*Mensch*) groß; (*eingehend*) ausführlich; ~ **dalga** Langwelle *f;* ~ **dönemli** [*o* **vadeli**] langfristig; ~ **kollu** langärmelig; ~ **menzilli füze** Langstreckenrakete *f;* ~ **metrajlı film** Spielfilm *m;* ~ **saçlı** langhaarig; ~ sözün kısası kurz und gut; ~ **süre** [*o* **müddet**] auf die Dauer, lange Zeit, lange; ~ **süredir** seit langem; ~ **uzadıya** ausführlich, eingehend; ~ **zaman** [*o* **süre**] lange Zeit, auf die Dauer; ~ **zaman önce** vor langer Zeit; ~ **zamandan beri** seit langer Zeit, schon lange, seit langem
uzunçalar *s* Langspielplatte *f*
uzunluk (**-ğu**) *s* **1.** Länge *f* **2.** (*Körper-*) Größe *f* **3.** (*pej*) Weitschweifigkeit *f;* ~ **ölçüsü** Längenmaß *nt*
uzuv (**-zvu**) *s* **1.** (*Körper-*) Glied *nt* **2.** Organ *nt* **3.** Mitglied *nt*

Ü

Ü, ü *s* 26. Buchstabe des türk. Alphabets
ücret (**-ti**) *s* **1.** Lohn *m* **2.** Honorar *nt* **3.** Gage *f* **4.** Gebühr *f;* ~ **anlaşması** Tarifvertrag *m;* ~ **artışı** Lohnerhöhung *f;* ~ **cetveli** Tarif *m;* ~ **farkı** Zuschlag *m;* **ücrete tabi** gebührenpflichtig
ücretli **I.** *s* Lohnempfänger(in) *m(f)* **II.** *adj* gebührenpflichtig
ücretsiz *adj* gebührenfrei, kostenlos; ~ **tarife** Nulltarif *m*
üç (**-çü**) *num* drei; ~ **bin** dreitausend; ~ **boyutlu** dreidimensional; ~ **boyutlu grafik** 3-D-Grafik *f;* ~ **buçuk** dreieinhalb; ~ **aylık** vierteljährlich; ~ **çeyrek** dreiviertel; (*Liter, Stunde*) drei Viertel; ~ **katı** [*o* **misli**] dreifach; ~ **köşeli** dreieckig; ~ **tekerlekli bisiklet** Dreirad *nt;* ~ **türlü** dreierlei; ~ **yüz** dreihundert; **üçer** je drei; **üçer üçer** in Dreiergruppen; **üçte bir** ein Drittel *nt*
üçgen **I.** *s* Dreieck *nt* **II.** *adj* dreieckig
üçkâğıtçı *s* (*fam*) Betrüger(in) *m(f)*
üçkâğıtçılık (**-ğı**) *s* Betrug *m*
üçleme *s* Trilogie *f*
üçlü **I.** *s* Trio *nt* **II.** *adj* dreiteilig
üçüncü *adj* dritte(r, s); **Üçüncü Dünya** die Dritte Welt; ~ **olarak** als dritte(r, s); ~ **sınıf** drittklassig; ~ **ülke** Drittland *nt;* **üçüncüsü** drittens
üçüz *s* Drilling *m*
üfleç (**-ci**) *s* Düse *f*
üflemek *vt* **1.** blasen, pusten (*-e* auf etw) **2.** (*Luftballon*) aufblasen (*-i* etw) **3.** ausblasen, auspusten (*-i* etw) **4.** (*Staub*) wegblasen (*-i* etw) **5.** (*Flöte*) spielen (*-i* etw)
üfürükçü *s* Wunderdoktor *m*
Ülis *s* Odysseus *m*
ülke *s* Land *nt*, Staat *m;* **ülkeler arası telefon görüşmesi** Auslandsgespräch *nt*
ülkü *s* Ideal *nt*
ülkücü **I.** *s* Idealist(in) *m(f)* **II.** *adj* idealistisch
ülkücülük (**-ğü**) *s* Idealismus *m*
ülküsel *adj* idealistisch
ülser *s* Geschwür *nt*
ültrason *s* Ultraschall *m;* ~ **muayenesi** Ultraschalluntersuchung *f*
ültraviyole **I.** *adj* ultraviolett **II.** *s* ultraviolette Strahlen *mpl;* ~ **ışını** UV-Strahlung *f*
ümit (**-di**) *s* **1.** Hoffnung *f* **2.** Erwartung *f;* ~ **ederim** (**ki**) hoffentlich; ~ **etmek** hoffen (*-i* etw); ~ **ışığı** Lichtblick *m;* **ümidini kesmek** [*o* **kırmak**] die Hoffnung aufgeben
ümitlendirmek *vt* **1.** Kausativ zu **ümitlenmek** **2.** Hoffnung machen (*-i* jdm)
ümitlenmek *vi* Hoffnung fassen, sich Hoffnungen machen
ümitli *adj* hoffnungsvoll, zuversichtlich
ümitsiz *adj* **1.** hoffnungslos **2.** aussichtslos, verzweifelt
ümitsizlik (**-ği**) *s* Verzweiflung *f*, Hoffnungslosigkeit *f;* **ümitsizliğe düşmek** verzweifeln; **ümitsizliğe düşürmek** zur Verzweiflung bringen (*-i* jdn); **ümitsizliğe kapılmak** ganz verzweifelt sein

ümitvar *adj* hoffnungsvoll; ~ **olmak** guter Hoffnung sein
ün *s* 1. Ruhm *m* 2. Ruf *m* 3. Stimme *f*
üniforma *s* Uniform *f*
üniformalı *adj* uniformiert
üniversite *s* Universität *f*; ~ **arkadaşı** Kommilitone *m*, Kommilitonin *f*; ~ **kliniği** Uni(versitäts)klinik *f*; ~ **mezunu** Akademiker(in) *m(f)*; ~ **öğrencisi** Student(in) *m(f)*; **üniversiteye kayıt** Immatrikulation *f*
üniversiteli *s* Student(in) *m(f)*
ünlem *s* Interjektion *f*; ~ **işareti** Ausrufezeichen *nt*
ünlü I. *adj* berühmt, bekannt II. *s* 1. Selbstlaut *m*, Vokal *m* 2. (*Person*) Berühmtheit *f*
ünsüz I. *adj* ruhmlos II. *s* Mitlaut *m*, Konsonant *m*
ünvan *s* Titel *m*
Ürdün *s* Jordanien *nt*
üreme *s* 1. *Verbalsubstantiv zu* **üremek** 2. Fortpflanzung *f*; ~ **organları** Genitalien *pl*
üremek *vi* sich fortpflanzen
üretici *s* Hersteller(in) *m(f)*, Produzent(in) *m(f)*
üretim *s* Herstellung *f*, Produktion *f*; ~ **tarihi** Herstellungsdatum *nt*
üretmek *vt* 1. *Kausativ zu* **üremek** 2. herstellen, erzeugen, produzieren (-*i* etw) 3. (*Pflanzen, Perlen*) züchten (-*i* etw)
ürkek (**-ği**) *adj* 1. scheu 2. schüchtern
ürkeklik (**-ği**) *s* 1. Scheu *f* 2. Schüchternheit *f*
ürkmek (**-er**) *vi* 1. (*vor Schreck*) zurückweichen 2. erschrecken (-*den* über etw/jdn) 3. (*Pferd*) scheuen
ürküntü *s* (plötzlicher) Schreck *m*
ürkütmek *vt* 1. *Kausativ zu* **ürkmek** 2. erschrecken (-*i* jdn)
ürkütücü *adj* erschreckend
ürolog *s* Urologe, -gin *m*, *f*
ürpermek *vi* schaudern, zittern
ürün *s* 1. Produkt *nt*, Erzeugnis *nt* 2. Ernte *f*; ~ **yelpazesi** Produktpalette *f*
üs (**-ssü**) *s* 1. Stützpunkt *m* 2. Exponent *nt*; **iki üssü üç** zwei hoch drei
üslemek *vt* stationieren (-*i* jdn)
üst (**-tü**) I. *s* 1. Oberseite *f* 2. Außenseite *f* 3. Kleidung *f* 4. Vorgesetzte(r) *mf* 5. Rest *m* II. *adj* 1. obere(r, s), Ober- 2. weiter folgend 3. restlich; ~ **aranması** Leibesvisitation *f*; ~ **baş** Kleidung *f*; ~ **dudak** Oberlippe *f*; ~ **gövde** Oberkörper *m*; ~ **kol** Oberarm *m*; ~ **kısım** obere(r) Teil *m*; ~ **sınıf** Oberklasse *f*; ~ **tabaka** Oberschicht *f*; ~ **taraf** obere(r) Teil *m*; ~ **üste** aufeinander, übereinander, nacheinander; **üstte** oben; **üstünü aramak** (*Leibesvisitation*) durchsuchen (-*in* jdn); **üstünü değiş(tir)mek** sich umziehen
üstat (**-dı**) *s* Meister *m*
üstçene *s* Oberkiefer *m*
üsteğmen *s* Oberleutnant *m*
üstelemek *vi* 1. hinzukommen (-*e* zu etw) 2. (*Krankheit*) erneut auftreten 3. hartnäckig sein
üstelik (**-ği**) I. *adv* obendrein II. *s* Zugabe *f*
üstinsan *s* überragende Persönlichkeit, Genie *nt*
üstgeçit (**-di**) *s* (Verkehrs)überführung *f*
üstlenmek *vt* (*Rolle, Verantwortung*) übernehmen (-*i* etw)
üstsüz *adv* oben ohne
üstün *adj* 1. überlegen, überragend 2. unübertrefflich; ~ **gelmek** übertreffen (*jdn/etw* -*e*), die Oberhand gewinnen; ~ **kuvvet** Übermacht *f*; ~ **tutmak** vorziehen (-*i* -*den* etw einer Sache)
üstünde I. *präp* (*Ort*) auf, über (-*in dat*) II. *adv* 1. (*örtlich*) darauf 2. oben; ~ **durmak** sich konzentrieren (-*in* auf etw)
üstüne *präp* 1. (*Richtung*) über, auf (-*in akk*) 2. (*betreffs*) über (... *akk*) 3. (*zeitlich*) nach 4. (*schwören*) auf, bei; ~ **almak** etwas auf sich nehmen; (*als Aufgabe übernehmen*) sich zu etwas verpflichten; (*etwas auf sich beziehen*) sich getroffen fühlen; (*Decke, Mantel*) über sich legen (-*i* etw); **birinin/bir şeyin ~ atılmak** sich auf jdn/etwas stürzen; ~ **atlamak** herfallen (-*in* über etw); **bir şeyi birinin ~ atmak** jdm etwas in die Schuhe schieben; ~ **üstlük** obendrein; **birinin ~ yürümek** auf jdn losgehen; ~ **yazmak** (*Datei*) überschreiben (*etw* -*in*)
üstünkörü *adj* (*fam*) schlampig, oberflächlich
üstünlük (**-ğü**) *s* 1. Überlegenheit *f* 2. Oberhand *f* 3. Priorität *f*
üşengeç (**-ci**) *adj* faul, träge
üşengeçlik (**-ği**) *s s.* **üşeniklik**
üşenik (**-ği**) *adj s.* **üşengeç**
üşeniklik (**-ği**) *s* Faulheit *f*, Trägheit *f*
üşenmek *vi* zu faul sein (-*meye* etw zu tun)
üşümek *vi* frieren; **üşüyorum** mir ist kalt, ich friere
üşüşme *s* 1. *Verbalsubstantiv zu* **üşüşmek**

2. Zulauf *m,* Zustrom *m*
üşüşmek *vi* (*Menschen*) zusammenströmen (*-e* in etw)
üşütme *s* **1.** *Verbalsubstantiv zu* **üşütmek** **2.** Erkältung *f*
üşütmek *vt* **1.** *Kausativ zu* **üşümek** **2.** sich erkälten; **üşütmüş** er/sie ist erkältet
ütopi *s* Utopie *f*
ütopik (**-ği**) *adj* utopisch
ütü *s* **1.** Bügeleisen *nt* **2.** Bügeln *nt* **3.** Bügelwäsche *f;* ~ **cenderesi** (Wäsche)mangel *f;* ~ **çizgisi** Bügelfalte *f;* ~ **istemeyen** bügelfrei; ~ **tahtası** Bügelbrett *nt;* ~ **yapmak** bügeln
ütülemek *vt* bügeln (*-i* etw)
üvey *adj* Stief-; ~ **ana** [*o* **anne**] Stiefmutter *f;* ~ **baba** Stiefvater *m;* ~ **çocuk** Stiefkind *nt;* ~ (**erkek**) **kardeş** Stiefbruder *m;* ~ (**kız**) **kardeş** Stiefschwester *f;* ~ **kız** Stieftochter *f;* ~ **oğul** Stiefsohn *m*
üye *s* Mitglied *nt;* ~ **olmak** Mitglied werden (*-e* von etw)
üyelik (**-ği**) *s* Mitgliedschaft *f;* ~ **kartı** Mitgliedskarte *f*
üzengi *s* Steigbügel *m*
üzere *konj* **1.** (*nach Infinitiv*) um zu **2.** (*nach Infinitiv*) unter der Bedingung, dass ... **3.** wie; **evden çıkmak üzereydi** er war gerade im Begriff das Haus zu verlassen; **daha önce söylendiği** ~ wie schon vorher gesagt; **eve gitmek** ~ **yola çıktı** er machte sich auf um nach Hause zu gehen
üzerinde I. *präp* **1.** (*Ort*) auf, über (*-in dat*) **2.** (*betreffs*) über (... *akk*); **bir şeyin** ~ **durmak** etw hervorheben, auf etw bestehen; **birinin** ~ (**iyi**) **etki bırakmak** auf jdn Eindruck machen II. *adv* darauf, darüber
üzerinden *präp* **1.** von ... weg, über ... weg (*-in akk*) **2.** (*Route*) über (... *akk*); **Münih** ~ **geldi** sie ist über München gekommen
üzerine I. *präp* **1.** (*Richtung*) über, auf (*-in akk*) **2.** (*betreffs*) über (... *akk*) II. *adv* darauf, darüber; ~ **almak** etwas auf sich beziehen; (*Decke, Mantel*) über sich legen (*-i* etw), sich annehmen (*-i* jds/einer Sache)
üzgün *adj* traurig, betrübt, unglücklich; (**çok**) **üzgünüm** ich bin (sehr) traurig
üzmek (**-er**) *vt* **1.** traurig machen (*-i* jdn) **2.** (*seelisch*) wehtun (*-i* jdm)
üzücü *adj* **1.** bedauerlich **2.** verdrießlich
üzülmek *vi* **1.** *Passiv zu* **üzmek** **2.** traurig sein **3.** beklagen (*-e* etw) **4.** bedauern (*-e* etw) **5.** sich Sorgen machen (*-e* über etw/ jdn)
üzüm *s* Weintraube *f;* ~ **salkımı** Traubenbüschel *nt;* ~ **suyu** Traubensaft *m;* ~ **tanesi** einzelne Weintraube *f*
üzüntü *s* **1.** Sorge *f* **2.** Traurigkeit *f* **3.** Bedauern *nt* **4.** Ärger *m;* ~ **vermek** Sorge bereiten (*-e* jdm); **üzüntüsünü dile getirmek** sein Bedauern zum Ausdruck bringen
üzüntülü *adj* **1.** betrübt, traurig, unglücklich **2.** (*Sache*) beunruhigend **3.** (*Person*) verärgert
üzüntüsüz *adj* sorgenlos

V

V, v *s* **27.** *Buchstabe des türk. Alphabets*
vaat (**-di**) *s* **1.** Versprechen *nt* **2.** Gelöbnis *nt;* ~ **etmek** versprechen, geloben (*-i* etw)
vaaz *s* Predigt *f;* ~ **etmek** predigen
vade *s* **1.** Frist *f* **2.** Laufzeit *f* **3.** Zahlungstermin *m*
vadeli *adj* befristet; **kısa** ~ kurzfristig; **uzun** ~ langfristig; **kısa/uzun** ~ auf kurze/lange Sicht
vadetmek (**-der**) *vt* versprechen (*-i* etw)
vadi *s* Tal *nt*
vaftiz *s* (*christlich*) Taufe *f;* ~ **adı** Taufname *m;* ~ **anası** Taufpatin *f;* ~ **babası** Taufpate *m;* ~ **çanağı** Taufbecken *nt;* ~ **etmek** taufen (*-i* jdn); ~ **evladı** Patenkind *nt*
vagina *s* Vagina *f*
vagon *s* (*Eisenbahn-*) Wagen *m*, Waggon *m;* ~ **restoran** Speisewagen *m*
vaha *s* Oase *f*
vahiy (**-hyi**) *s* (göttliche) Offenbarung *f*
vahşi I. *adj* **1.** wild **2.** grausam, brutal **3.** ungehobelt, unzivilisiert II. *s* Wilde(r) *mf;* ~ **orman** Urwald *m*
vahşilik (**-ği**) *s* **1.** Wildheit *f* **2.** Brutalität *f*
vahyetmek (**-der**) *vi* offenbaren (*-e* *-i* jdm etw)
vaiz *s* Prediger *m*
vaka *s* Geschehnis *nt*, Ereignis *nt*

vakfetmek (**-der**) *vt* 1. vermachen, stiften (*-e -i* jdm etw) 2. widmen (*-e -i* jdm etw)
vakıf (**-kfı**) *s* Stiftung *f*
vakit (**-kti**) *s* Zeit *f;* ~ **daraldı** es ist (höchste) Zeit; ~ **darlığı çekmek** unter Zeitdruck sein; ~ **geçirmek** sich die Zeit vertreiben, die Zeit verbringen (*bir şey yaparak* mit etw); ~ **harcamak** Zeit verschwenden; ~ **kaybetmek** Zeit verlieren; ~ **öldürmek** die Zeit totschlagen
vakitli *adv* 1. pünktlich, rechtzeitig 2. zur passenden Zeit
vakitsiz *adj* 1. vorzeitig 2. unpünktlich 3. ungelegen
vakti (**-ni**) *s Possessivform zu* **vakit** die Zeit von ...
vaktinde *adv* 1. rechtzeitig 2. pünktlich
vaktiyle *adv* 1. früher, damals 2. rechtzeitig
vakum *s* Vakuum *nt*
vakvak etmek *vi* 1. (*Frosch, Ente*) quaken 2. (*Gans*) schnattern
valeryan *s* Baldrian *m*
valf *s* 1. Ventil *nt* 2. Röhre *f*
valiz *s* (Hand)koffer *m*
valla(h), **vallahi** *interj* (*Schwurformel*) bei Gott!
vals *s* (*Tanz*) Walzer *m*
vampir *s* Vampir *m*
vana *s* Ventil *nt*
Van Gölü *s* Vansee *m* (*großer See in Ostanatolien*)
vanilya *s* Vanille *f*
vanilyalı *adj* mit Vanille; ~ **dondurma** Vanilleeis *nt*
vantilatör *s* Ventilator *m*
vantrlok (**-ku**) *s* Bauchredner(in) *m(f)*
vapur *s* 1. Dampfer *m* 2. Schiff *nt;* ~ **şirketi** Reederei *f*
var I. *adv* 1. es gibt ... 2. ... ist/sind da 3. haben, besitzen; **arabamız** ~ wir haben ein Auto; **sizde ... var mı?** haben Sie ...?; **ne ~ ki** jedoch II. *adj* 1. bestehend, vorhanden 2. anwesend; ~ **etmek** hervorbringen, erschaffen (*-i* etw) III. *s* Besitztum *nt,* Habe *f*
vardiya *s* 1. Deckwache *f* 2. Arbeitsschicht *f*
vargı *s* Schlussfolgerung *f*
varış *s* Ankunft *f*
varil *s* Fass *nt,* Tonne *f*
varis *s* 1. Krampfader *f* 2. Erbe *m,* Erbin *f*
varlık (**-ğı**) *s* 1. Dasein *nt* 2. Geschöpf *nt* 3. Reichtum *m,* Vermögen *nt;* ~ **vergisi** Vermögenssteuer *f*
varlıklı *adj* vermögend, reich, wohlhabend
varlıksız I. *adj* besitzlos, mittellos II. *s* Habenichts *m*
varmak (**-ır**) *vi* 1. ankommen (*-e* in etw) 2. erreichen (*-e* etw) 3. führen (zu), enden (mit) (*-e* mit etw) 4. (*fam*) heiraten (*-e* jdn)
varolma *s* Existenz *f*
varoluşçuluk (**-ğu**) *s* Existenzialismus *m*
varoluşsal *adj* ontologisch
varsayılan değer *s* (INFORM) Default(wert) *m*
varsayım *s* 1. Hypothese *f* 2. Unterstellung *f*
varsayımlı *adj* hypothetisch
varsaymak *vt* 1. annehmen (*-i* etw) 2. voraussetzen (*-i* etw)
Varşova *s* Warschau *nt*
varyant (**-tı**) *s* 1. Variante *f* 2. (*Verkehr*) Umleitung *f*
varyete *s* Varieté *nt*
vasat (**-tı**) I. *s* 1. Mitte *f* 2. Durchschnitt *m* II. *adj* durchschnittlich, mittelmäßig
vasati *adj* 1. mittlere(r, s) 2. durchschnittlich
vasıf (**-sfı**) *s* 1. Eigenschaft *f* 2. Charakterzug *m,* Merkmal *nt*
vasıta *s* 1. Fahrzeug *nt* 2. Mittel *nt* 3. Vermittler(in) *m(f)* 4. Vermittlung *f;* **vasıtasıyla** anhand, mittels (... *gen*), durch (... *akk*)
vasi *s* 1. Vormund *m* 2. Erblasser(in) *m(f)* 3. Treuhänder(in) *m(f)* 4. Testamentsvollstrecker(in) *m(f)*
vasilik (**-ği**) *s* Vormundschaft *f*
vasiyet (**-ti**) *s* 1. letzter Wille, Vermächtnis *nt* 2. Testament *nt*
vasiyetname *s* Testament *nt*
vaşak (**-ğı**) *s* Luchs *m*
vat (**-tı**) *s* Watt *nt*
vatan *s* 1. Heimat *f,* Heimatland *nt,* Vaterland *nt* 2. Ursprungsland *nt;* ~ **haini** Vaterlandsverräter(in) *m(f)*
vatandaş *s* 1. (*aus demselben Land*) Landsmann *m,* Landsmännin *f* 2. Staatsangehörige(r) *mf* 3. Mitbürger(in) *m(f)*
vatandaşlık (**-ğı**) *s* 1. Staatsangehörigkeit *f* 2. Volksgemeinschaft *f;* **vatandaşlıktan çıkarmak** ausbürgern (*-i* jdn)
vatanperver I. *s* Patriot(in) *m(f)* II. *adj* patriotisch
vatansız *adj* 1. heimatlos 2. staatenlos
Vatikan *s* Vatikan *m*
vay *interj* 1. Mensch! 2. nanu!; ~ **canına!** Donnerwetter!; ~ **haline!** wehe dir!

vazgeçilemez *adj* unentbehrlich
vazgeçmek *vi* 1. verzichten (*-den* auf etw) 2. ablassen (von), aufgeben (*-den* etw) 3. es sich anders überlegen
vazife *s* 1. Pflicht *f* 2. Funktion *f* 3. Amt *nt* 4. Auftrag *m*
vaziyet (**-ti**) *s* 1. Zustand *m* 2. Haltung *f*, Stellung *f*
vazo *s* (Blumen)vase *f*
ve *konj* und; ~ **başkaları** und andere(s); ~ **bu da** und zwar; ~ **saire** und so weiter
veba *s* Pest *f*
vecize *s* 1. Motto *nt*, Maxime *f* 2. geflügeltes Wort
veda *s* Abschied *m*; ~ **etmek** Abschied nehmen (von), sich verabschieden (*-e* von jdm/etw)
vedalaşmak *vi* Abschied nehmen, sich verabschieden (*ile* von jdm)
vefa *s* Treue *f*, Loyalität *f*
vefalı *adj* treu, loyal (*-e* jdm)
vefasız *adj* treulos, untreu
vefasızlık (**-ğı**) *s* Untreue *f*
vefat (**-tı**) *s* Ableben *nt*, Tod *m*; ~ **etmek** sterben, verscheiden
vegan *s* Veganer(in) *m(f)*
vejetaryen I. *s* Vegetarier(in) *m(f)* II. *adj* vegetarisch
vekalet (**-ti**) *s* 1. (Stell)vertretung *f* 2. Vollmacht *f* 3. Prozessvertretung *f* 4. Ministerium *nt*
vekaletname *s* (*Dokument*) Vollmacht *f*
vekil *s* 1. Stellvertreter(in) *m(f)* 2. Minister(in) *m(f)*
vekillik (**-ği**) *s* (*im Amt*) Vertretung *f*
veli *s* 1. Vormund *m* 2. Erziehungsberechtigte(r) *mf*
veliaht (**-dı**) *s* Kronprinz *m*
velodrom *s* Radrennbahn *f*
Venezüela *s* Venezuela *nt*
veranda *s* Veranda *f*
veraset (**-ti**) *s* 1. Erbschaft *f* 2. Vererbung *f*; ~ **vergisi** Erbschaftssteuer *f*
verecek (**-ği**) *s* Schuld *f*
verecekli *s* Schuldner(in) *m(f)*
verem *s* Tuberkulose *f*, Schwindsucht *f*
veremli *adj* schwindsüchtig
veresiye *adv* auf Kredit; ~ **almak** anschreiben lassen (*-i* etw)
verev *adj*, *adv* schräg
vergi *s* 1. Steuer *f* 2. Veranlagung *f* 3. Gabe *f*; ~ **adaleti** Steuergerechtigkeit *f*; ~ **beyanı** Steuererklärung *f*; ~ **dairesi** Finanzamt *nt*; ~ **danışmanı** [*o* **uzmanı**] Steuerberater(in) *m(f)*; ~ **derecesi** Steuerklasse *f*; ~ **iadesi** Steuerrückerstattung *f*; ~ **indirimi** Steuersenkung *f*; ~ **kaçakçılığı** Steuerhinterziehung *f*; ~ **kaçırmak** Steuern hinterziehen; ~ **mükellefi** Steuerzahler(in) *m(f)*; ~ **reformu** Steuerreform *f*; **vergiden muaf** steuerfrei; **vergiye tabi** steuerpflichtig
vergisiz *adj* steuerfrei
veri *s* 1. Angaben *fpl* 2. Daten *pl*; ~ **akışı** Datenfluss *m*; ~ **alışverişi** [*o* **değiş tokuşu**] Datenaustausch *m*; ~ **bankası** Datenbank *f*; ~ **girişi** Dateneingabe *f*; ~ **hızı** Übertragungsrate *f* (*von Daten*); ~ **paketi** Datenpaket *nt*; ~ **transferi** Datentransfer *m*
verici *s* Sender *m*
verim *s* 1. Ertrag *m* 2. Leistung *f* 3. Produktivität *f*
verimli *adj* 1. einträglich, ergiebig, ertragreich 2. fruchtbar 3. leistungsfähig 4. produktiv 5. rentabel
verimlilik (**-ği**) *s* 1. Fruchtbarkeit *f* 2. Einträglichkeit *f* 3. Leistungsfähigkeit *f* 4. Produktivität *f* 5. Rentabilität *f*
verimsiz *adj* 1. unfruchtbar 2. nicht einträglich 3. nicht leistungsfähig 4. unproduktiv 5. unrentabel
verit (**-di**) *s* Vene *f*; ~ **iltihabı** Venenentzündung *f*
veritabanı (**-nı**) *s* (INFORM) Datenbasis *f*
vermek (**-ir**) *vt* 1. geben (*-e -i* jdm etw) 2. hergeben (*-i* etw) 3. schenken (*-e -i* jdm etw) 4. abgeben, aushändigen (*-e -i* jdm etw) 5. (*Annonce, Hausaufgabe*) aufgeben (*-e -i* jdm etw) 6. (*Pass, Scheck*) ausstellen (*-e -i* jdm etw) 7. einreichen (*-i -e* etw bei jdm) 8. (*Titel, Orden, Preis*) verleihen (*-e -i* jdm etw) 9. (*Licht, Bild*) werfen (*-i* etw) 10. (*Schaden, Schmerz*) zufügen (*-e -i* jdm etw) 11. (*Früchte*) tragen, hervorbringen (*-i* etw) 12. (*Werk*) schaffen (*-i* etw) 13. (*Party*) geben, veranstalten (*-i* etw) 14. (*Zeit*) widmen (*-i -e* etw einer Sache) 15. (*Prüfung*) ablegen (*-i* etw)
vermut (**-tu**) *s* Wermut *m*
vernik (**-ği**) *s* 1. Firnis *m*, Lack *m* 2. Politur *f* 3. Lackierung *f*
verniklemek *vt* lackieren (*-i* etw)
versiyon *s* (FILM) Fassung *f*, Version *f*
vesika *s* 1. Dokument *nt* 2. Ausweis *m* 3. Lebensmittelkarte *f*

vesikalık *adj* dokumententauglich, für ein Dokument geeignet; ~ **fotoğraf** Passbild *nt*

vesile *s* 1. Anlass *m*, Grund *m* 2. günstiger Umstand

Vestfalya *s* Westfalen *nt*

vestiyer *s* (*Kleider-*) Ablage *f*, Garderobe *f*

veter *s* Sehne *f*

veteriner *s* Tierarzt *m*, Tierärztin *f*

veto *s* Veto *nt*; ~ **etmek** ein Veto einlegen (*-i* gegen etw); ~ **hakkı** Vetorecht *nt*

vetolamak *vi* sein Veto einlegen

veya(**hut**) *konj* oder, beziehungsweise

vezir *s* 1. (HIST) Wesir *m* 2. (*beim Schach*) Dame *f*

vezne *s* 1. Kasse *f* 2. Kassenschalter *m*, Kasse *f*

veznedar *s* (*auf einer Bank*) Kassierer(in) *m(f)*

vınlamak *vi* 1. (*Geschoss*) sausen 2. summen, surren

vır vır etmek *vi* (*fam*) 1. meckern, nörgeln 2. quatschen

vırvırcı *s* Nörgler(in) *m(f)*

vız *adv* summ (*Lautmalerei des Summens*); **bana** ~ **gelir** (*fam*) ich pfeife darauf, das ist mir schnuppe

vızılda(**n**)**mak** *vi* 1. schwirren 2. (*Insekt*) summen 3. nörgeln

vızıltı *s* 1. Summen *nt* 2. Nörgelei *f*

vızlamak *vi s.* **vızıldamak**

viagra *s* Viagra *nt*

vicdan *s* Gewissen *nt*; ~ **azabı** Gewissensbisse *pl*; ~ **azabı duymak** [*o* **çekmek**] ein schlechtes Gewissen haben; **vicdanı rahat olmak** ein gutes Gewissen haben; **elini vicdanına koy!** Hand aufs Herz!

vicdanen *adv* nach bestem Wissen und Gewissen

vicdanlı *adj* 1. gewissenhaft 2. menschlich, human 3. gerecht

vicdansız *adj* 1. gewissenlos 2. brutal, unmenschlich 3. gemein, ungerecht

vida *s* 1. Schraube *f* 2. Schraubengewinde *nt*; ~ **anahtarı** Schraubenschlüssel *m*; ~ **dişi** Gewinde *nt*; ~ **somunu** Schraubenmutter *f*

vidalamak *vt* anschrauben (*-i* etw)

video *s* Video *m*; ~ **aleti** Videorecorder *m*; ~ **dükkanı** Videothek *f*; ~ **filmi** Videofilm *m*; ~ **kamerası** Videokamera *f*; ~ **kartı** Videokarte *f*; ~ **kaseti** Videokassette *f*; ~ **oyunu** Videospiel *nt*

videofon *s* Bildtelefon *nt*

Vietnam *s* Vietnam *nt*

vilayet (**-ti**) *s* 1. Provinz *f* 2. (türkischer) Regierungsbezirk *m* 3. Regierungspräsidium *nt*

villa *s* Villa *f*

vinç (**-ci**) *s* (Hebe)kran *m*

viraj *s* Kurve *f*

virajlı *adj* kurvenreich

viral *adj* (MED) viral

virgül *s* Komma *nt*

virtüoz *s* Virtuose, -sin *m*, *f*

virüs *s* Virus *nt/m*; ~ **bulaşmış olan** (INFORM) virenverseucht; ~ **enfeksiyonu** Virusinfektion *f*; ~ **programı** (Anti)virenprogramm *nt*; ~ **tarama programı** (INFORM) Virenscanprogramm *nt*

viski *s* Whisky *m*

viskoz *s* Viskose *f*

vişne *s* Sauerkirsche *f*

vitamin *s* Vitamin *nt*; ~ **eksikliği** Vitaminmangel *m*

vitaminli *adj* vitaminreich

vitaminsiz *adj* vitaminarm

vitaminsizlik (**-ği**) *s* Vitaminmangel *m*

vites *s* (AUTO) Gang *m*; ~ **değiştirmek** schalten; ~ **kolu** Schalthebel *m*

vitrin *s* 1. Schaufenster *nt* 2. Glasschrank *m*, Vitrine *f*

viyaklamak *vi* (*Baby*) plärren

Viyana *s* Wien *nt*

viyola *s* Viola *f*, Bratsche *f*

viyolensel *s* Violoncello *nt*, Cello *nt*

vize *s* 1. Visum *nt* 2. Gegenzeichnung *f*, Abzeichnung *f*

vizite *s* 1. Visite *f* 2. Arzthonorar *nt*

vizon *s* (*auch Pelz*) Nerz *m*

vizyon *s* Vision *f*; ~ **sahibi** Visionär(in) *m(f)*

volan *s* 1. Federball *m* 2. Schwungrad *nt* 3. Volant *m/nt* 4. (*im Auto*) Lenkrad *nt*; (*im Flugzeug*) Steuerknüppel *m*

voleybol *s* Volleyball *m*

volkan *s* Vulkan *m*

volkanik *adj* vulkanisch

volt (**-tu**) *s* Volt *nt*

voltaj *s* (elektrische) Spannung *f*

votka *s* Wodka *m*

vs. *adv Abk. von* **ve saire** usw. (und so weiter), etc. (et cetera)

vuku (**-uu**) *s* Geschehen *nt*; ~ **bulmak** geschehen, stattfinden

vurdumduymaz *adj* 1. gleichgültig 2. (*fam*) dumm, beschränkt; ~ **olmak** (*fam*) ein dickes Fell haben

vurgu *s* 1. Betonung *f*, Akzent *m* 2. Nachdruck *m*
vurgulamak *vt* (*auch fig*) akzentuieren, betonen (*-i etw*)
vurgulu *adj* betont
vurgusuz *adj* unbetont
vurgun **I.** *s* 1. Spekulationsgewinn *m* 2. (*Ernte-*) Schaden *m* **II.** *adj* verliebt (*-e in jdn*)
vurguncu *s* Spekulant(in) *m(f)*, Abzocker(in) *m(f)*
vurgunculuk (**-ğu**) *s* Spekulation *f*
vurma *s* 1. *Verbalsubstantiv zu* **vurmak** 2. ~ **çalgı** Schlaginstrument *nt*
vurmak (**-ur**) *vt* 1. schlagen (*-e auf/gegen etw*) 2. abschlagen (*-i etw*) 3. (*Nagel*) einschlagen (*-i -e etw in etw*) 4. klopfen (*-e an/gegen etw*) 5. (*Herz, Puls*) pochen, schlagen 6. erschießen (*-i etw/jdn*) 7. sich stoßen (*kolunu -e den Arm an etw*) 8. (*Uhr*) schlagen (*beşi* fünf) 9. (*in eine bestimmte Richtung*) gehen (*sola* nach links) 10. (*Licht*) dringen (*-e in etw*) 11. (*Ziel*) treffen (*-i etw*) 12. (*Lotto*) gewinnen (*-i etw*) 13. (*fam: Geld*) herausschlagen (*-i etw*) 14. (*jdm gesundheitlich*) nicht bekommen (*-i jdm*) 15. (*Farbe*) auftragen (*-i -e etw auf etw*) 16. (*Handschellen*) anlegen (*-e -i jdm etw*) 17. (*fam: trinken*) einen heben
vurulmak *vi* 1. *Passiv zu* **vurmak** 2. sich verlieben (*-e in jdn*)
vuruş *s* 1. Schlag *m* 2. (*Fußball*) Schuss *m*
vuruşmak *vi* 1. *Reflexiv zu* **vurmak** 2. sich schlagen (*ile* mit jdm) 3. miteinander kämpfen
vücut (**-du**) *s* 1. Körper *m*, Leib *m* 2. Dasein *nt*, Existenz *f*; ~ **ağırlığı** Körpergewicht *nt*; ~ **bakımı** Körperpflege *f*; ~ **geliştirme** Bodybuilding *nt*

W

W, w *s eigentlich kein Buchstabe des türkischen Alphabets, der aber in einigen Fremdwörtern vorkommt*
walkman® *s* Walkman® *m*
Web *s* (INET) das Web *nt*; ~ **sayfası** Webseite *f*; ~ **server** Server *m*; ~ **sitesi** Website *f*; ~ **tabanlı** webbasiert; ~ **tasarımı** Webdesign *nt*

Y

Y, y *s* 28. Buchstabe des türk. Alphabets
ya *adv* 1. (*in der Gegenfrage*) und 2. (*bei einer entgegengesetzten Meinung*) und wenn ... doch, und wenn ... nicht 3. (*bei Verstärkung*) ganz besonders, und erst 4. (*Bejahung*) ja 5. (*bei Bedauern oder Verwunderung*) so ist es also 6. (*nachgestellt*) doch, gewiss 7. na also, endlich; ~ **Rabbim!** mein Gott!; ~ ... ~ (**da**) entweder ... oder
yaban **I.** *s* 1. Wildnis *f* 2. (*fam*) Fremde(r) *mf* 3. (*fam*) fremde Leute *pl* **II.** *adj* 1. (*fam*) fremd 2. (*bei Pflanzen und Tieren*) wild, Wild-
yabanarısı (**-nı**) *s* 1. Hummel *f* 2. Wespe *f*
yabancı **I.** *s* 1. Ausländer(in) *m(f)* 2. Fremde(r) *mf* **II.** *adj* 1. ausländisch 2. fremd 3. fremdartig, nicht vertraut; ~ **dil** Fremdsprache *f*; ~ **düşmanı** ausländerfeindlich; ~ **düşmanlığı** Ausländerfeindlichkeit *f*; ~ **işçi** Gastarbeiter(in) *m(f)*; ~ **madde** Fremdkörper *m*; ~ **sözcük** [*o* **kelime**] Fremdwort *nt*; **buranın yabancısıyım** ich bin hier fremd; **yabancılar dairesi** Ausländeramt *nt*
yabancılaşmak *vi* 1. sich entfremden 2. fremd werden
yabancılaştırmak *vt* 1. *Kausativ zu* **yabancılaşmak** 2. entfremden (*-i jdn/etw*)
yabandomuzu (**-nu**) *s* Wildschwein *nt*
yabangülü (**-nü**) *s* 1. Heckenrose *f* 2. Hundsrose *f*
yabani *adj* 1. (*Tier, Pflanze*) wild 2. menschenscheu 3. (*Mensch*) grob; ~ **ot** Unkraut

yabankeçisi (**-ni**) s Steinbock m
yabanmersini (**-ni**) s 1. Blaubeere f 2. Heidelbeere f
yadırgamak vt als fremd empfinden (*-i* jdn/etw)
yadsımak vt bestreiten, abstreiten, leugnen (*-i* etw)
yağ s 1. Fett nt 2. Öl nt 3. Tran m 4. Schmiermittel nt 5. (*aus Blumen*) Essenz f; ~ **bağlamak** eine Fettschicht bilden; (*dick werden*) Fett ansetzen; **birine** ~ **çekmek** (*fam*) jdm Honig um den Bart schmieren; ~ **değiştirme** Ölwechsel m; ~ **deposu** Öltank m; ~ **lekesi** Fettfleck m; ~ **seviyesi** Ölstand m
yağcı s 1. Ölproduzent(in) m(f) 2. Schmeichler(in) m(f)
yağdırmak vt 1. *Kausativ zu* **yağmak** 2. regnen lassen, niederprasseln lassen (*-i* etw) 3. überschütten, überhäufen (*-e -i* jdn/etw mit etw)
yağış s 1. Niederschlag m 2. Niederschlagsmenge f
yağışlı adj regnerisch
yağışsız adj niederschlagsfrei
yağlamak vt 1. einfetten (*-i* etw) 2. schmieren (*-i* etw) 3. (*mit Fett oder Öl*) beschmieren (*-i* etw) 4. (*pej*) schleimen, in den Arsch kriechen (*-i* jdm)
yağlanmak vi 1. *Passiv zu* **yağlamak** 2. Fett ansetzen 3. fettig [*o* ölig] werden
yağlı adj 1. fettig, ölig 2. schmierig 3. fetthaltig, ölhaltig 4. (*fam: Gewinn*) fett; **az** ~ fettarm

> **Yağlı güreş** ist ein traditioneller türkischer Ringkampf. Die 'pehlivanlar', die Ringer, treten nur mit einer Lederhose bekleidet und am ganzen Körper mit Öl eingerieben auf. In Edire, einer Stadt im europäischen Teil der Türkei, findet jedes Jahr ein großes Volksfest statt, bei dem sich die 'pehlivanlar' aus dem ganzen Land treffen und gegeneinander um den Titel des 'başpehlivan', des Meisterringers, kämpfen.

yağlıboya s 1. Ölgemälde nt 2. Ölfarbe f
yağma s 1. *Verbalsubstantiv zu* **yağmak** 2. Plünderung f; ~ **etmek** (aus)plündern (*-i* jdn/etw)
yağmak (**-ar**) vi 1. regnen 2. schneien 3. hageln 4. graupeln 5. (*fig*) massenweise kommen, hageln; **yağmur/kar/dolu yağıyor** es regnet/schneit/hagelt
yağmur s 1. Regen m 2. (*fig*) Flut f; ~ **damlası** Regentropfen m; ~ **mevsimi** Regenzeit f; ~ **ormanları** Regenwald m; ~ **serpintisi** Sprühregen m; ~ **suyu** Regenwasser nt; ~ **yağıyor** es regnet; **yağmurda** im Regen
yağmurlu adj regnerisch; ~ **hava** Regenwetter nt
yağmurluk (**-ğu**) s Regenmantel m
yağsız adj mager, ohne Fett
yahni s Ragout nt
yahu interj 1. he!, hallo! 2. Mensch!, Mann!; **ne diyorsun ~!** ja, was du nicht sagst!
Yahudi I. s Jude m, Jüdin f II. adj (*Art*) jüdisch
Yahudice adj (*Sprache*) (neu-)hebräisch
Yahudilik (**-ği**) s Judentum nt
yahut konj oder
yaka s 1. Kragen m 2. (*Fluss-, See-*) Ufer nt 3. (gegenüberliegende) Seite f; ~ **yakaya gelmek** handgreiflich werden; **yakasını kurtarmak** [*o* **sıyırmak**] mit heiler Haut davonkommen
yakacak (**-ğı**) s Brennstoff m
yakalamak vt 1. ergreifen, fassen, packen (*-i* jdn/etw) 2. fangen (*-i* jdn/etw) 3. ertappen (*-i* jdn/etw) 4. erwischen (*-i* jdn)
yakalanmak vi *Passiv zu* **yakalamak**
yakarışlı adj inständig, flehentlich
yakarmak vi anflehen (*-e* jdn)
yakı s 1. Ätzmittel nt 2. (*Zieh-*) Pflaster nt; **yapışıcı** ~ Heftpflaster nt
yakıcı adj 1. brennend, beißend, scharf 2. ätzend
yakın I. s 1. Nähe f 2. Angehörige(r) mf II. adj 1. nah(e) (*-e* an etw) 2. nahe stehend (*-e* jdm) 3. (*ganz ähnlich*) verwandt 4. (*Gedanke*) nahe liegend; ~ **arkadaş** enger Freund, enge Freundin; ~ **çekim** Nahaufnahme f; **Yakın Doğu** der Nahe Osten
yakında adv 1. in der Nähe 2. bald 3. vor kurzem; **pek** ~ demnächst; ~ **görüşmek üzere!** bis bald!
yakından adv aus der Nähe; ~ **tanımak** näher kennen (*-i* jdn)
yakınında präp bei (*-in dat*), in der Nähe (*-in gen*)
yakınlaşmak vi 1. (*auch fig*) näher kommen 2. sich nähern (*-e* jdm/einer Sache)
yakınlık (**-ğı**) s 1. (*auch fig*) Nähe f 2. Verwandtschaft f; ~ **göstermek** Interesse zei-

yakınmak

gen (für), freundlich behandeln (-e jdn)
yakınmak vi 1. klagen 2. sich beklagen, sich beschweren (-den über etw/jdn)
yakışık (-ğı) s Schicklichkeit f; ~ **almak** sich gehören, sich schicken
yakışıklı adj (nur für Männer) gut aussehend
yakışıksız adj 1. unangebracht, ungehörig, unpassend 2. (Mann) hässlich
yakışmak vi 1. sich gehören 2. passen (-e zu etw/jdm) 3. (Kleidung) stehen (-e jdm)
yakıştırmak vt 1. Kausativ zu **yakışmak** 2. passend finden (-i etw)
yakıt (-tı) s 1. Brennstoff m 2. Treibstoff m; ~ **yağı** Heizöl nt
yaklaşık adj ungefähr; ~ **olarak** annähernd, etwa
yaklaşmak vi 1. sich nähern, näher kommen (-e jdm/einer Sache) 2. nahen 3. herankommen, herantreten
yaklaştırmak vt 1. Kausativ zu **yaklaşmak** 2. (auch fig) näher bringen (-i etw) 3. heranrücken (-i e etw an etw)
yakmak (-ar) vt 1. Kausativ zu **yanmak** 2. verbrennen (-i etw) 3. (Sonne) brennen 4. anzünden, in Brand stecken (-i etw) 5. (Feuer) anmachen; (Zigarette) anzünden (-i etw) 6. versengen (-i etw) 7. ätzen, beizen; (Säure einen Stoff) zerfressen (-i etw) 8. (Essen) anbrennen lassen (-i etw) 9. (Pfeffer) beißen, verbrennen (ağzını den Mund) 10. (Haut) bräunen (-i etw) 11. (Licht, Heizung) anschalten (-i etw) 12. (ungünstige Witterung die Saat) vernichten (-i etw) 13. (fam) verliebt machen (-i jdn) 14. schießen 15. (fam) hereinlegen (-i jdn) 16. wehtun 17. (Henna) auftragen (-i etw) 18. (Lied) improvisieren (-i etw); **yakıp yıkmak** vernichten, verwüsten (-i etw)
yakut (-tu) s Rubin m; **gök** ~ Saphir m
yalak (-ğı) s 1. Tränke f 2. (für Hunde) Napf m
yalamak vt 1. ablecken (-i etw) 2. streifen (-i etw)
yalan I. s Lüge f II. adj gelogen, nicht wahr; ~ **dolan** Lug und Trug; ~ **makinesi** Lügendetektor m; ~ **söylemek** lügen; ~ **yere yemin** Meineid m; ~ **yere yemin etmek** einen Meineid schwören; **birisine** ~ **yutturmak** jdm einen Bären aufbinden; **birinin yalanını çıkarmak** jdn Lügen strafen
yalancı I. s Lügner(in) m(f) II. adj 1. lügnerisch, verlogen 2. unecht, falsch
yalancıktan adv 1. zum Schein 2. zum Spaß
yalandan adv 1. vorgetäuscht 2. zum Schein 3. oberflächlich
yalanlamak vt dementieren (-i etw)
yalçın adj 1. (Abhang) schroff 2. (Felsen) steil 3. unbewachsen, kahl
yaldız s 1. Goldstaub m 2. Vergoldung f 3. (Maske) Schein m
yaldızlı adj 1. vergoldet 2. trügerisch
yalgın s (fam) Fata Morgana f
yalı s 1. Strand m 2. Strandhaus nt
yalın adj 1. bloß, nackt 2. einfach, rein
yalınayak (-ğı) I. adj barfüßig II. adv barfuß
yalıyar I. adj (Küste) steil II. s Steilküste f
yalnız I. adj 1. allein 2. (Mensch) einsam 3. einzeln II. adv nur, lediglich, bloß III. konj aber, jedoch; ~ **başına** (einsam) ganz allein; (ohne fremde Hilfe) allein; **yalnız ... değil, aynı zamanda** nicht nur ..., sondern auch ...
yalnızlaşmak vi vereinsamen
yalnızlık (-ğı) s 1. Alleinsein nt 2. Einsamkeit f
yaltakçı I. adj (fam) kriecherisch, schleimig II. s Kriecher(in) m(f), Schleimer(in) m(f)
yaltaklanmak vi kriechen, schleimen
yalvarmak vi anflehen (-e jdn); **yalvarıp yakarmak** betteln, flehen
yama s 1. Flicken m 2. Hautflecken m; ~ **malzemesi** Flickzeug nt
yamaç (-cı) s 1. Abhang m 2. Seite f
yamak (-ğı) s Gehilfe m, Gehilfin f
yamalamak vt flicken (-i etw)
yamamak vt 1. flicken; (Wäsche) ausbessern (-i etw) 2. (fam) andrehen, aufschwatzen (-e -i jdm)
yaman adj 1. (Winter) streng 2. fabelhaft, wunderbar 3. raffiniert
yamru yumru adj 1. krumm und schief 2. verbeult
yamuk (-ğu) I. adj geneigt II. s (Form) Trapez nt
yamyam s Menschenfresser(in) m(f), Kannibale m, Kannibalin f
yamyamlık (-ğı) s Kannibalismus m
yamyaş adj klatschnass
yan I. s 1. Seite f 2. Flanke f 3. Richtung f 4. Gegend f 5. Stelle f, Ort m, Platz m II. adj 1. seitlich 2. Neben-; ~ **bakmak** schief ansehen; ~ **cümle** Nebensatz m; ~ **çizmek** sich

drücken; ~ **etki** [*o* **tesir**] Nebenwirkung *f;* ~ **hakemi** Linienrichter(in) *m(f);* ~ **masraflar** Nebenkosten *pl;* ~ **oda** Nebenzimmer *nt;* ~ **sokak** Nebenstraße *f;* ~ **ürün** Nebenprodukt *nt;* ~ **yana** nebeneinander; **yana doğru** seitwärts; **yandaki** nebenstehend; **yandan** von der Seite (her), im Profil; **yanı sıra** zusammen mit, neben, außer (*-in dat*)

yana *adj* (*für ... seiend*): **barıştan yanayım** ich bin für den Frieden

yanak (**-ğı**) *s* Backe *f*, Wange *f*

yanar *adj* brennbar

yanardağ *s* Vulkan *m*

yanaşma *s* **1.** *Verbalsubstantiv zu* **yanaşmak 2.** Diener(in) *m(f)*

yanaşmak *vt* **1.** (*näher kommen*) sich nähern (*-e* jdm/einer Sache) **2.** (*Schiff*) anlegen (*-e* an etw) **3.** sich heranmachen (*-e* an jdn) **4.** sich einlassen (*-e* auf etw)

yandaş *s* Anhänger(in) *m(f)*

yandaşlık (**-ğı**) *s* Parteilichkeit *f*

yangı *s* Entzündung *f*

yangın *s* Brand *m*, Feuer *nt;* ~ **çıkarmak** Feuer legen; ~ **merdiveni** Feuerleiter *f;* ~ **musluğu** Hydrant *m;* ~ **söndürücü** [*o* **tüpü**] Feuerlöscher *m;* ~ **tehlikesi** Brandgefahr, Feuergefahr *f;* ~ **var!** es brennt!

yanık (**-ğı**) I. *adj* **1.** verbrannt **2.** angebrannt **3.** sonnengebräunt, braun **4.** (*fam*) verliebt **5.** (*Lied, Stimme*) traurig II. *s* Verbrennung *f;* ~ **merhemi** Brandsalbe *f*

yanılgı *s* Irrtum *m*, Fehler *m*, Versehen *nt*

yanılma *s* **1.** *Verbalsubstantiv zu* **yanılmak 2.** Fehler *m*, Irrtum *m* **3.** Täuschung *f*

yanılmak *vi* **1.** sich irren **2.** sich täuschen **3.** sich versehen, einen Fehler machen; **eğer yanılmıyorsam** wenn ich mich nicht irre

yanılmaz *adj* unfehlbar

yanılmazlık (**-ğı**) *s* Unfehlbarkeit *f*

yanılsama *s* Sinnestäuschung *f*

yanıltı *s* Fehler *m*, Irrtum *m*

yanıltıcı *adj* trügerisch

yanıltma *s* **1.** *Verbalsubstantiv zu* **yanıltmak 2.** Irreführung *f*

yanıltmaç (**-cı**) *s* Zungenbrecher *m*

yanıltmak *vt* **1.** *Kausativ zu* **yanılmak 2.** irreführen, täuschen (*-i* jdn)

yanına I. *präp* (*Richtung*) neben (*-in akk*) II. *adv* (*Richtung*) daneben; ~ **almak** mitnehmen (*-i* jdn)

yanında I. *präp* (*Ort*) neben (*-in dat*) II. *adv* dabei, daneben

yanısıra *konj* **1.** zusammen mit (*-in dat*) **2.** neben, außer (*-in dat*)

yanıt (**-tı**) *s* Antwort *f;* ~ **vermek** antworten (*-e* jdm)

yanıtlamak *vt* antworten, beantworten (*-i* etw)

yani *adv* **1.** nämlich **2.** mit anderen Worten **3.** das heißt, und zwar

yankesici *s* Taschendieb(in) *m(f)*

yankı *s* Echo *nt*, Widerhall *m;* ~ **yapmak** widerhallen

yankılanmak *vi* widerhallen

yanlış I. *s* Fehler *m* II. *adj* **1.** falsch **2.** unrichtig, unwahr; ~ **alarm** Fehlalarm *m;* ~ **anlamak** missverstehen (*-i* jdn/etw); ~ **anlaşılmaz** unmissverständlich; ~ **yorum** Fehlinterpretation *f;* **bu saat yanlış** diese Uhr geht falsch

yanlışlık (**-ğı**) *s* Irrtum *m*, Fehler *m*

yanlışlıkla *adv* irrtümlich, aus Versehen, versehentlich

yanmak (**-ar**) *vi* **1.** abbrennen **2.** (*Feuer, Licht*) brennen **3.** (*Augen, Wunde*) brennen **4.** (*Licht*) angehen **5.** verbrennen **6.** (*Essen*) anbrennen **7.** sich verbrennen **8.** (*von der Sonne*) braun werden **9.** (*Fahrschein*) ungültig werden **10.** (*Ernte*) vernichtet werden **11.** (*durch eine Säure*) zerfressen werden **12.** großen Schaden erleiden **13.** sehr durstig sein **14.** (aus dem Spiel) ausscheiden müssen **15.** bedauern **16.** bereuen (*-e* etw) **17.** (*fam*) verliebt sein (*-e* in jdn); **yanıp tutuşmak** verknallt sein (*-e* in jdn)

yansıma *s* **1.** *Verbalsubstantiv zu* **yansımak 2.** Reflexion *f*

yansımak *vi* **1.** reflektiert werden, sich widerspiegeln **2.** widerhallen

yansıtmak *vt* **1.** *Kausativ zu* **yansımak 2.** widerspiegeln (*-i* etw) **3.** widerhallen lassen (*-i* etw) **4.** zur Kenntnis bringen (*-i* etw)

yansıtıcı I. *adj* reflektierend II. *s* Reflektor *m;* ~ **teleskop** Spiegelteleskop *nt*

yansız *adj* neutral

yansızlık (**-ğı**) *s* Neutralität *f*

yantümce *s* Nebensatz *m*

yapağı *s* Schurwolle *f*

yapay *adj* künstlich, unecht; ~ **zeka** künstliche Intelligenz *f*

yapı *s* **1.** Gebäude *nt*, Bau *m* **2.** Aufbau *m* **3.** Bauweise *f*, Konstruktion *f* **4.** Körperbau *m* **5.** Bauarbeit *f* **6.** (*eines Satzes*) Bildung *f*, Konstruktion *f;* ~ **harcı** Mörtel *m;* ~ **müte-**

ahhidi Bauunternehmer(in) *m(f)*; ~ **planı** Bauplan *m*
yapıcı I. *s* 1. Hersteller(in) *m(f)* 2. Erbauer(in) *m(f)* II. *adj* konstruktiv
yapılış *s* 1. Machart *f* 2. Konstruktion *f* 3. Struktur *f*
yapım *s* 1. Anfertigung *f*, Herstellung *f*, Produktion *f* 2. Wortbildung *f*
yapımcı *s* (FILM, TV) Produzent(in) *m(f)*
yapısal *adj* strukturell; ~ **reform** (POL) Strukturreform *f*
yapışıcı *adj* heftend, klebend; ~ **yakı** Heftpflaster *nt*
yapışık (**-ğı**) *adj* 1. angeklebt 2. heftend, klebend 3. zusammengewachsen; ~ **ikizler** siamesische Zwillinge *pl*
yapışkan I. *adj* 1. klebrig 2. (*Person*) lästig II. *s* Klebstoff *m*
yapışmak *vi* 1. haften, kleben (*-e* an etw) 2. (*fam*) sich klammern (*-e* an etw) 3. (*fam*) sich hängen (*-e* an jdn) 4. (*Werkzeug*) packen, ergreifen (*-e* etw)
yapıştırıcı *adj* klebend, Klebe-, Kleb-; ~ **bant** Klebeband *nt*
yapıştırma *s* 1. *Verbalsubstantiv zu* **yapıştırmak** 2. ~ **bantı** Klebestreifen *m*
yapıştırmak *vt* 1. *Kausativ zu* **yapışmak** 2. ankleben (*-i -e* etw auf etw) 3. (*fam: Ohrfeige*) versetzen, geben (*-e -i* jdm etw) 4. (*fam*) schlagfertig antworten (*-e -i* jdm etw)
yapıt (**-tı**) *s* Schöpfung *f*, Werk *nt*
yapma I. *s* *Verbalsubstantiv zu* **yapmak** II. *adj* 1. künstlich, unecht, nachgemacht 2. gekünstelt
yapmacık (**-ğı**) I. *adj* gekünstelt II. *s* Getue *nt*
yapmak (**-ar**) *vt* 1. machen, tun (*-i* etw) 2. erzeugen, herstellen (*-i* etw) 3. konstruieren, aufbauen (*-i* etw) 4. errichten, (auf)bauen (*-i* etw) 5. ausbessern, reparieren (*-i* etw) 6. (*Sitzung*) abhalten (*-i* etw) 7. (*Vertrag*) abschließen (*-i* etw) 8. (*Tätigkeit*) ausüben (*-i* etw) 9. zustande bringen, leisten (*-i* etw) 10. (*Geschäft*) betreiben (*-i* etw) 11. verursachen (*-i* etw) 12. zuwege bringen (*-i* etw) 13. (*Party*) veranstalten (*-i* etw) 14. (*mit Streckenangabe*) zurücklegen 15. machen zu (*-i* etw/jdn); **istediğini** ~ tun und lassen, was man will; **yapma!** lass das!, hör auf!
yaprak (**-ğı**) *s* 1. (*Pflanze/Papier*) Blatt *nt* 2. Weinblatt *nt* 3. Blätterteigschicht *f*; ~ **si-garası** Zigarre *f*
yapraksız *adj* (*Baum*) blattlos, kahl
yar *s* 1. Abgrund *m*, Schlund *m* 2. Steilküste *f*
yar (**-ri**) *s* Geliebte(r) *mf*
yara *s* 1. Verletzung *f* 2. (*auch fig*) Wunde *f*; ~ **çengeli** Klammer *f*; ~ **izi** Narbe *f*
Yaradan *s* (*Gott*) Schöpfer *m*
yaradılıştan *adj* von Natur aus
yaralamak *vt* (*auch fig*) verletzen, verwunden (*-i -den* jdn an etw)
yaralanmak *vi* 1. *Passiv und Reflexiv zu* **yaralamak** 2. verletzt werden
yaralı I. *adj* 1. verletzt, verwundet 2. (*Stelle*) wund 3. gekränkt II. *s* Verletzte(r) *mf*, Verwundete(r) *mf*; **ağır** ~ schwer verletzt
yaramak *vi* 1. gut bekommen (*-e* jdm) 2. sich eignen (*-e* für etw); **işe** ~ taugen
yaramaz I. *s* Taugenichts *m* II. *adj* 1. (*Kind*) unartig, ungezogen 2. untauglich, ungeeignet
yaramazlık (**-ğı**) *s* 1. Unartigkeit *f*, Ungezogenheit *f* 2. Untauglichkeit *f*, Unbrauchbarkeit *f*
yarar I. *s* 1. Nutzen *m* 2. Vorteil *m* II. *adj* geeignet (*-e* für etw)
yararlanma *s* 1. *Verbalsubstantiv zu* **yararlanmak** 2. Nutzung *f*; ~ **hakkı** (JUR) Nutzungsrecht *nt*
yararlanmak *vi* 1. Nutzen ziehen (*-den* aus etw) 2. profitieren (*-den* von etw); **fırsattan** ~ die Gelegenheit wahrnehmen
yararlı *adj* nützlich, vorteilhaft, zweckdienlich
yararlık (**-ğı**) *s* 1. Nutzen *m* 2. Verdienst *nt* 3. Vorteil *m*, Vorzug *m*
yararsız *adj* nutzlos, unnütz
yararsızlık (**-ğı**) *s* Nutzlosigkeit *f*
yarasa *s* Fledermaus *f*
yaraşık (**-ğı**) *s* Schicklichkeit *f*; ~ **almak** sich gehören
yaraşmak *vi* 1. sich gehören 2. (*Kleidung*) stehen (*-e* jdm)
yaratıcı I. *adj* produktiv, kreativ II. *s* Schöpfer(in) *m(f)*
yaratıcılık (**-ğı**) *s* Kreativität *f*, (schöpferische) Produktivität *f*
yaratık (**-ğı**) *s* Geschöpf *nt*, Kreatur *f*
yaratım *s* 1. *Verbalsubstantiv zu* **yaratmak** 2. Schöpfung *f*
yaratmak *vt* 1. (er)schaffen (*-i* etw) 2. hervorrufen (*-i* etw)
yardak (**-ğı**) *s* 1. Helfer(in) *m(f)* 2. (*pej*)

yardakçı *s* Helfershelfer(in) *m(f)*
yardım *s* 1. Hilfe *f,* Hilfeleistung *f* 2. Unterstützung *f* 3. Mitwirkung *f,* Mithilfe *f;* **~ aksiyonu** Hilfsaktion *f;* **~ etmek** helfen, beistehen (*-e* jdm); (*fördern*) unterstützen; (*mitwirken*) mithelfen; **birinden ~ istemek** jdn um Hilfe bitten; **~ kablosu** Starthilfekabel *nt;* **yardıma çağırmak** um Hilfe rufen (*-i* jdn); **yardıma koşmak** herbeieilen; **yardıma muhtaç** hilfsbedürftig
yardımcı I. *s* 1. Helfer(in) *m(f)* 2. Assistent(in) *m(f),* Gehilfe *m,* Gehilfin *f* II. *adj* 1. (*Mensch*) behilflich 2. (*Sache*) hilfreich; **~ ders** Nebenfach *nt;* **~ eleman** Hilfskraft *f;* **~ işçi** Hilfsarbeiter(in) *m(f);* **~ olmak** behilflich sein (*-e* jdm); **~ pilot** Kopilot(in) *m(f);* **~ yazılım** (INFORM) Utility *f*
yardımcı fiil *s* Hilfsverb *nt*
yardımıyla *präp* durch, mit Hilfe von
yardımlaşma *s* 1. *Verbalsubstantiv zu* **yardımlaşmak** 2. (gegenseitige) Hilfe *f,* Hilfeleistung *f*
yardımlaşmak *vi* sich (gegenseitig) helfen
yardımsever *adj* hilfsbereit
yardımseverlik (**-ği**) *s* Hilfsbereitschaft *f*
yarga *s* junges Huhn *nt*
yargı *s* 1. Urteil *nt* 2. Gerichtsbarkeit *f;* **~ yeteneği** Urteilskraft *f;* **yargıya varmak** eine Entscheidung treffen, ein Urteil fällen
yargıç (**-cı**) *s* Richter(in) *m(f)*
yargılama *s* 1. *Verbalsubstantiv zu* **yargılamak** 2. Gerichtsverhandlung *f,* Prozess *m*
yargılamak *vt* 1. vor Gericht stellen (*-i* jdn) 2. verurteilen (*-i* jdn)
yargısal *adj* richterlich, gerichtlich
Yargıtay *s* der Oberste Gerichtshof *m* (*in der Türkei*)
yarı I. *adj* halb II. *s* 1. Hälfte *f* 2. Halbzeit *f* III. *adv* zur Hälfte; **~ açık** halb offen; **~ çıplak** halb nackt; **~ dolu** halb voll; **~ final** Halbfinale *nt;* **~ fiyatına** zum halben Preis; **~ iletken** Halbleiter *m;* **~ otomatik** halbautomatisch; **~ yarıya** zur Hälfte; (*in zwei Hälften*) halb und halb; **~ yolda** auf halbem Wege; **~ yolda bırakmak** abbrechen (*-i* etw); **gece yarıya** Mitternacht *f*
yarıçap (**-pı**) *s* Halbmesser *m,* Radius *m*
yarık (**-ğı**) I. *s* 1. Spalt *m,* Spalte *f* 2. Riss *m* II. *adj* 1. gespalten 2. aufgerissen
yarıküre *s* (*Halbkugel*) Hemisphäre *f*
yarılamak *vt* 1. (*Arbeit*) zur Hälfte fertig machen (*-i* etw) 2. (*Weg*) zur Hälfte zurücklegen (*-i* etw)
yarılama müddeti (**-ni**) *s* Halbwertszeit *f*
yarılmak *vi* 1. *Passiv zu* **yarmak** 2. durchbrechen 3. einreißen 4. zersplittern 5. sich spalten
yarım I. *adj* 1. halb 2. unvollständig 3. kränklich, gebrechlich II. *adv* (*Uhrzeit*) halb eins; **~ baş ağrısı** Migräne *f;* **~ daire** Halbkreis *m;* **~ felç** halbseitige Lähmung *f,* Hemiparese *f;* **yarım günlük** halbtags; **~ günlük iş gücü** Halbtagskraft *f;* **~ kilo** Pfund *nt;* **~ pansiyon** Halbpension *f;* **~ porsiyon** (*auch fig*) eine halbe Portion; **saat ~** es ist halb eins; **~ saat** eine halbe Stunde; **~ saatlik** halbstündig; **~ yamalak** (*Plan*) unausgereift
yarımada *s* Halbinsel *f*
yarımay *s* Halbmond *m*
yarımlamak *vt* halbieren (*-i* etw)
yarımşar *adj* je ein(e) halbe(r, s)
yarın I. *adv* morgen II. *s* 1. Morgen *m* 2. Zukunft *f;* **~ sabah** morgen früh; **~ bana gel** komm morgen zu mir; **~ öğleyin/akşam** morgen Mittag/Abend
yarınki *adj* morgig
yarıresmi *adj* halbamtlich, offiziös
yarış *s* 1. Wettbewerb *m* 2. Wettkampf *m* 3. Rivalität *f;* **~ atı** Rennpferd *nt;* **~ bisikleti** Rennrad *nt;* **~ otomobili** Rennwagen *m*
yarışçı *s* 1. Wettkampfteilnehmer(in) *m(f)* 2. Rennfahrer(in) *m(f)* 3. Konkurrent(in) *m(f)*
yarışçılık (**-ğı**) *s* 1. Rennsport *m* 2. Konkurrenz *f,* Konkurrenzkampf *m*
yarışma *s* 1. *Verbalsubstantiv zu* **yarışmak** 2. Konkurrenz *f,* Rivalität *f* 3. Wettkampf *m* 4. Wettbewerb *m*
yarışmacı *s* 1. Wettbewerbsteilnehmer(in) *m(f)* 2. (*bei Quiz*) Kandidat(in) *m(f)* 3. Wettkampfteilnehmer(in) *m(f)*
yarışmak *vi* 1. einen Wettkampf austragen 2. um die Wette rennen (*ile* mit jdm) 3. konkurrieren, rivalisieren (*ile* mit jdm)
yarıyıl *s* Halbjahr *nt,* Semester *nt*
yarmak (**-ar**) *vt* 1. (auf)spalten, zerhacken (*-i* etw) 2. (*Holz*) hacken; (*Bäume*) hauen (*-i* etw) 3. (*Blockade*) durchbrechen (*-i* etw) 4. durchdringen (*-i* etw) 5. (*Korn*) mahlen (*-i* etw)
yas *s* (*um einen Toten*) Trauer *f;* **~ tutmak** Trauer tragen, trauern (*birisi için* um jdn)
yasa *s* 1. Gesetz *nt* 2. Gesetzbuch *nt;* **~ dışı**

yasak illegal, ungesetzlich
yasak (-ğı) I. *s* Verbot *nt* **II.** *adj* verboten; ~ **bölge** Sperrgebiet *nt;* ~ **etmek** verbieten, untersagen (*-i* etw); **durmak yasaktır!** Halten verboten!; **girmek/sigara içmek yasaktır** Eintritt/Rauchen verboten
yasaklamak *vt* verbieten, untersagen (*-i* etw)
yasal *adj* gesetzlich, legal
yasalı *adj* legitim, legal
yasallık (-ğı) *s* Legalität *f,* Rechtmäßigkeit *f*
yasama *s* 1. *Verbalsubstantiv zu* **yasamak** 2. Gesetzgebung *f;* ~ **dönemi** Legislaturperiode *f;* ~/**yürütme erki** gesetzgebende/ausübende Gewalt
yasamak *vt* 1. ordnen (*-i* etw) 2. Gesetze geben
yasamalı *adj* gesetzgebend
yasaman *s* Gesetzgeber *m*
yasemin *s* Jasmin *m*
yaslamak *vt* lehnen (an), stützen (*-i -e* etw an etw)
yaslanmak *vi* 1. *Reflexiv zu* **yaslamak** 2. sich lehnen (*-e* an etw) 3. sich stemmen (*-e* gegen etw) 4. sich stützen (*-e* auf etw)
yassı *adj* flach, platt
yassıltmak *vt* plätten (*-i* etw)
yastık (-ğı) *s* 1. Kissen *nt,* Polster *nt* 2. (*Saat-, Pflanz-*) Beet *nt* 3. (TECH) Lager *nt;* ~ **kılıfı** Kissenbezug *m*
yaş I. *adj* 1. nass 2. (*Obst, Gemüse*) frisch 3. (*fam*) nicht lohnend **II.** *s* 1. Träne *f* 2. (*Lebens-*) Alter *nt* 3. Lebensjahr *nt;* **kaç yaşındasınız?** wie alt sind Sie?; **otuz yaşındayım** ich bin dreißig Jahre alt; (*üç yaşında bir çocuk*) ein dreijähriges Kind
yaşa *interj* 1. bravo! 2. hurra!; ~ **sesleri** Jubel *m*
yaşam *s* 1. Leben *nt* 2. Lebenszeit *f;* ~ **biçimi** Lebensweise *f;* ~ **kavgası** Existenzkampf *m;* ~ **mücadelesi** Überlebenskampf *m;* ~ **mücadelesi vermek** ums Überleben kämpfen; ~ **öyküsü** Biografie *f;* ~ **süresi** Lebensdauer *f;* ~ **tecrübesi** Lebenserfahrung *f*
yaşama *s* 1. *Verbalsubstantiv zu* **yaşamak** 2. Leben *nt* 3. Lebensweise *f;* ~ **belirtisi** Lebenszeichen *nt;* ~ **içgüdüsü** Selbsterhaltungstrieb *m;* **yaşama isteği** Lebenswille *m;* ~ **sevinci** Lebensfreude *f;* ~ **tarzı** Lebensart *f*
yaşamak *vi* 1. leben 2. weiterleben 3. (*Zeuge sein von*) erleben (*-i* etw) 4. den Lebensunterhalt bestreiten (*ile* mit etw) 5. es sich gut gehen lassen; **yaşasın!** er/sie lebe hoch!, hurra!; **yaşasın kral!** es lebe der König!
yaşantı *s* 1. Leben *nt* 2. Erlebnis *nt*
yaşarmak *vi* 1. feucht werden 2. Tränen bekommen
yaşatmak *vt* 1. *Kausativ zu* **yaşamak** 2. (gut) leben lassen (*-i* jdn)
yaşayış *s* Lebensweise *f*
yaşıt (-dı) I. *adj* gleichaltrig **II.** *s* Altersgenosse *m,* Altersgenossin *f*
yaşlanmak *vi* alt werden
yaşlı *adj* 1. alt, betagt 2. (*Augen*) voller Tränen; **yaşlılar** die alten Leute, Senioren *pl*
yaşlıca *adj* älter(r, s); ~ **bir hanım** eine ältere Dame
yaşlık (-ğı) *s* 1. Nässe *f* 2. Feuchtigkeit *f*
yaşlılık (-ğı) *s* Alter *nt,* Lebensabend *m*
yaşmak (-ğı) *s* weißer orientalischer Schleier
yat (-tı) *s* Jacht *f;* **yelkenli** ~ Segeljacht *f*
yatak (-ğı) *s* 1. Bett *nt* 2. Flussbett *nt* 3. Schicht *f* 4. Hehler *m* 5. Lager *nt* 6. Jagdgebiet *nt* 7. (*als geheimes Versteck*) Unterschlupf *m;* ~ **çarşafı** Bettlaken *nt,* Betttuch *nt;* ~ **odası** Schlafzimmer *nt;* ~ **takımı** Bettbezug *m,* Bettwäsche *f*
yataklı *adj* 1. mit Bett(en) 2. ~ **vagon** Schlafwagen *m*
yataklık (-ğı) I. *s* Beihilfe *f,* Hehlerei *f* **II.** *adv* mit ... Betten
yatalak (-ğı) *adj* bettlägerig
yatay I. *adj* horizontal, waagrecht **II.** *s* Waagerechte *f,* Horizontale *f;* ~ **parmaklık** Sprossenwand *f*
yatı *s* Übernachten *nt*
yatılı okul *s* Internat *nt*
yatırım *s* 1. Geldanlage *f* 2. Investition *f* 3. Einzahlung *f;* ~ **danışmanlığı** Anlageberatung *f;* ~ **fonu** Anlagefonds *m;* ~ **yapmak** (*Geld*) anlegen, investieren (*-i* etw)
yatırımcı *s* Investor(in) *m(f),* Anleger(in) *m(f)*
yatırmak *vt* 1. *Kausativ zu* **yatmak** 2. (*Geld*) einzahlen (*-i* etw) 3. anlegen, investieren (*-i -e* etw in etw) 4. (seitlich) legen (*-i -e* etw in/auf etw) 5. zu Bett bringen (*-i* jdn) 6. eine Übernachtungsmöglichkeit geben (*-i* jdm); **hastaneye** ~ (*in eine Klinik*) einweisen (*-i* jdn)
yatışmak *vi* 1. sich beruhigen 2. nachlassen, sich legen
yatıştırıcı *adj* beruhigend, besänftigend

yatıştırma s 1. *Verbalsubstantiv zu* **yatıştırmak** 2. Beruhigung *f*
yatıştırmak *vt* 1. *Kausativ zu* **yatışmak** 2. beruhigen, besänftigen, beschwichtigen (*-i* jdn/etw) 3. (*Hunger*) stillen; (*Schmerzen*) lindern (*-i* etw)
yatkın *adj* 1. geneigt 2. (*Hand*) geschickt, gewandt
yatkınlık (**-ğı**) *s* 1. Schräge *f*, Neigung *f* 2. (manuelle) Geschicklichkeit *f* 3. Veranlagung *f*
yatmak (**-ar**) *vi* 1. sich legen 2. zu Bett gehen 3. liegen 4. schlafen 5. (*Ware*) lagern 6. (*Schiff*) vor Anker liegen 7. (*fam*) im Gefängnis sitzen 8. sich nach einer Seite neigen 9. geschickt sein
yatsı *s* 1. *Zeit nach Sonnenuntergang* 2. (*islamische*) *Gebetsübung um diese Zeit*
yavan *adj* 1. (*Essen*) fade, ohne Geschmack 2. (*fig*) fade, trocken
yavanlık (**-ğı**) *s* 1. (*Essen*) Geschmacklosigkeit *nt* 2. (*fig*) Fadheit *f*
yavaş I. *adj* 1. langsam 2. (*Stimme, Ton*) leise, schwach 3. (*Person*) ruhig, sanft II. *adv* langsam III. *interj* Vorsicht!; ~ ~ ganz langsam, allmählich, immer mit der Ruhe
yavaşça *adv* 1. mit leiser Stimme 2. recht langsam 3. behutsam, vorsichtig
yavaşlamak *vi* 1. sich verlangsamen, langsamer werden 2. (*an Heftigkeit*) nachlassen 3. (*Stimme*) leiser werden
yavaşlık (**-ğı**) *s* 1. Langsamkeit *f* 2. (*der Stimme*) Leisesein *nt* 3. Sanftmut *f* 4. Behutsamkeit *f*, Vorsicht *f* 5. geringe Intensität
yavaşlatmak *vt* 1. *Kausativ zu* **yavaşlamak** 2. verlangsamen (*-i* etw) 3. (*Ton*) dämpfen; (*Stimme*) senken (*-i* etw)
yavru *s* 1. kleines Kind 2. (*Tier-*) Junge(s) *nt*
yavrulamak *vi* Junge werfen
yay *s* 1. (*Waffe*) Bogen *m* 2. (Geigen)bogen *m* 3. (Sprung)feder *f*; **Yay** (**burcu**) (*Sternzeichen*) Schütze *m*
yaya I. *s* Fußgänger(in) *m(f)* II. *adv* zu Fuß; ~ **alt geçidi** Fußgängerunterführung *f*; ~ **geçidi** Fußgängerüberweg *m*; ~ **gitmek** zu Fuß gehen; ~ **yolu** Fußweg *m*, Gehweg *m*
yayan *adv* zu Fuß
yaygara *s* (*fam*) Geschrei *nt*
yaygı *s* kleiner Teppich, Läufer *m*
yaygın *adj* 1. geläufig, verbreitet 2. ausgedehnt

yaygınlaşmak *vi* (*Sitte, Erscheinung*) allgemein üblich werden, sich ausbreiten
yaygınlaştırmak *vt* 1. *Kausativ zu* **yaygınlaşmak** 2. verbreiten (*-i* etw)
yayılmak *vi* 1. *Passiv zu* **yaymak** 2. sich verbreiten 3. sich ausdehnen 4. (*Nachricht*) sich herumsprechen 5. (*Schafe*) weiden 6. (*Menschenmenge*) auseinander laufen
yayımcı *s* 1. Verleger(in) *m(f)* 2. Herausgeber(in) *m(f)*
yayımlamak *vt* verlegen, herausgeben (*-i* etw)
yayın *s* 1. Veröffentlichung *f*, Publikation *f* 2. Sendung *f*, Übertragung *f*; ~ **yapmak** (*publizieren*) veröffentlichen; (*Programm*) senden, ausstrahlen (*-i* etw)
yayınevi (**-ni**) *s* Verlag *m*, Verlagshaus *nt*
yayınlamak *vt* 1. (*Buch*) herausbringen, herausgeben (*-i* etw) 2. (*Artikel*) veröffentlichen, publizieren (*-i* etw) 3. (*Programm*) senden, übertragen (*-i* etw)
yayla *s* Hochebene *f*
yaymak (**-ar**) *vt* 1. (*Tuch*) ausbreiten (*-i* *-e* etw auf etw) 2. weiten, ausdehnen (*-i* etw) 3. (*Gerücht, Krankheit*) verbreiten (*-i* etw) 4. (*Strahlen*) aussenden (*-i* etw) 5. (*Schafe*) weiden (lassen) (*-i* etw)
yayvan *adj* (*Teller*) flach
yaz *s* Sommer *m*; ~ **gibi** sommerlich; ~ **kursu** Sommerkurs *m*; ~ **mevsimi** Sommerzeit *f*; ~ **ortasında** mitten im Sommer; ~ **saati** (*Uhrzeit*) Sommerzeit *f*; ~ **sonu satışı** Sommerschlussverkauf *m*; ~ **tarifesi** Sommerfahrplan *m*; ~ **tatili** Sommerferien *pl*
yazar *s* 1. Autor(in) *m(f)* 2. Schriftsteller(in) *m(f)* 3. Redakteur(in) *m(f)*
yazdırım *s* Diktat *nt*
yazgı *s* Schicksal *nt*, Geschick *nt*, Los *nt*
yazgıcı I. *s* Fatalist(in) *m(f)* II. *adj* fatalistisch
yazgıcılık (**-ğı**) *s* Fatalismus(in) *m(f)*
yazgısal *adj* schicksalhaft
yazı *s* 1. Schreiben *nt* 2. Schreibarbeit *f* 3. Schrift *f* 4. Schönschrift *f* 5. Handschrift *f* 6. Schriftstück *nt* 7. (*für Zeitung*) Beitrag *m* 8. Brief *m*, Schreiben *nt* 9. Essay *nt/m* 10. Text *m* 11. (*Ausdrucksweise*) Stil *m* 12. Manuskript *nt* 13. literarisches Werk; ~ **dili** Schriftsprache *f*; ~ **hatası** Schreibfehler *m*; ~ **ile** brieflich, schriftlich; (*Zahl*) in Buchstaben; ~ **işleri** schriftliche Arbeiten *pl*; (*Zeitungs-*) Redaktion *f*; ~ **kâğıdı** Schreibpapier

nt; ~ **karakteri seti** Schriftart *f,* Font *m;* ~ **makinesi** Schreibmaschine *f;* ~ **masası** Schreibtisch *nt;* ~ **tura atmak** (*durch Münzwurf*) losen; **alın yazısı** (*fam*) Schicksal *nt*
yazıbilim *s* Graphologie *f*
yazıbilimcisi *s* Graphologe *m,* Graphologin *f*
yazıcı *s* 1. Schreiber(in) *m(f)* 2. (INFORM) Drucker *m*
yazıhane *s* 1. Büro *nt* 2. Kanzlei *f* 3. Schreibtisch *m*
yazık (-ğı) I. *s* Schuld *f* II. *interj* 1. schade! 2. pfui!; **ne yazık ki** leider, bedauerlicherweise
yazılı I. *adj* 1. geschrieben 2. schriftlich 3. beschriftet 4. (*vom Schicksal*) vorbestimmt 5. (*an einer Universität*) eingeschrieben 6. (*an einer Schule*) angemeldet II. *s* (*Schülersprache*) schriftliche Prüfung; ~ **olarak** schriftlich
yazılım *s* 1. Software *f* 2. (Computer)programm *nt;* ~ **geliştiricisi** Softwareentwickler(in) *m(f);* ~ **korsanlığı** Softwarepiraterie *f*
yazılma *s* 1. *Verbalsubstantiv zu* **yazılmak** 2. (*an einer Universität*) Einschreibung *f* 3. (*an einer Schule*) Anmeldung *f*
yazılmak *vi* 1. *Passiv zu* **yazmak** 2. (*Schüler*) angemeldet werden 3. (*Studenten*) sich einschreiben 4. (*in eine Liste*) sich eintragen
yazım *s* Orthografie *f,* Rechtschreibung *f*
yazın I. *adv* im Sommer II. *s* Literatur *f*
yazınsal *adj* literarisch
yazışma *s* 1. *Verbalsubstantiv zu* **yazışmak** 2. Briefwechsel *m,* Korrespondenz *f*
yazışmak *vi* 1. *Reflexiv zu* **yazmak** 2. korrespondieren (*ile* mit jdm)
yazıt (-tı) *s* Inschrift *f*
yazıtipi (-ni) *s* Schriftart *f,* Font *m*
yazlık (-ğı) I. *adj* 1. für den Sommer bestimmt [*o* geeignet] 2. sommerlich II. *s* 1. Sommerwohnung *f* 2. Sommerkleidung *f;* ~ **elbise** Sommerkleid *nt*
yazmak (-ar) *vt* 1. schreiben (*-i -e* etw auf/in etw) 2. (*Wort*) aufschreiben (*-i* etw) 3. eintragen (*-i* etw) 4. einschreiben, immatrikulieren (*-i* jdn) 5. (geschrieben) stehen
yedek (-ği) I. *s* 1. Reserve *f,* Ersatz *m* 2. Ersatzteil *nt* 3. (*eines Autos*) Abschleppen *nt* II. *adj* Ersatz-; ~ **bidon** Reservekanister *m;* ~ **halatı** Schlepptau *nt;* ~ **lastik** Ersatzreifen *m;* ~ **liste** Warteliste *f;* ~ **parça** Ersatzteil *nt;* ~ **tekerlek** Reserverad *nt*

yedekleme *s* (INFORM) Backup *nt*
yedi *num* sieben; ~ **yüz** siebenhundert; ~ **bin** siebentausend; ~ **buçuk** siebeneinhalb; ~ **kat** siebenfach; ~ **misli** [*o* **katı**] siebenfach, siebenmal so viel, das Siebenfache; ~ **defa** [*o* **kere**] siebenmal; ~ **türlü** siebenerlei; ~ **katlı** siebenstöckig; **yedide bir** ein Siebtel *nt*
yediemin *s* Vertrauensperson *f*
yedinci *adj* siebte(r, s); ~ **olarak** als siebte(r, s); **yedincisi** siebtens
yedirmek *vt* 1. *Kausativ zu* **yemek** 2. zu essen geben (*-i* jdm) 3. (*ein Tier*) füttern (*-i* etw) 4. sich gefallen lassen (*-i* etw); **yedirip içirmek** bewirten, verpflegen (*-i* jdn)
yegane *adv* einzig
yeğen *s* Neffe *m,* Nichte *f*
yeğlemek *vt* bevorzugen, vorziehen (*-i -e* etw einer Sache)
yeknesak (-ğı) *adj* eintönig, monoton
yekun *s* 1. Betrag *m* 2. Gesamtbetrag *m,* Summe *f*
yel *s* 1. Wind *m* 2. (*fam: Blähung*) Pup(ser) *m;* ~ **değirmeni** Windmühle *f;* ~ **tüfeği** Luftgewehr *nt*
yele *s* Mähne *f*
yelek (-ği) *s* Weste *f*
yelken *s* Segel *nt;* **yelkenleri suya indirmek** klein beigeben, die Segel streichen
yelkenli I. *adj* mit Segeln ausgestattet II. *s* Segelschiff *nt,* Segelboot *nt;* ~ **gezisi** Segeltörn *m*
yelkovan *s* 1. Minutenzeiger *m* 2. Wetterfahne *f*
yellenmek *vi* (*fam*) furzen, pupen
yelpaze *s* 1. Fächer *m* 2. (*fig: Vielfalt*) Bandbreite *f,* Palette *f*
yeltenmek *vi* sich wagen (*-e* an etw)
yem *s* 1. (*Tier-*) Futter *nt* 2. Köder *m,* Lockvogel *m* 3. Opfer *nt;* ~ **vermek** füttern (*-e* ein Tier)
yemek (-ği) *s* Essen; ~ **almak** (*bei Tisch*) sich bedienen, zugreifen; ~ **borusu** Speiseröhre *f;* ~ **kitabı** Kochbuch *nt;* ~ **listesi** Speisekarte *f;* ~ **masası** Esstisch *m;* ~ **tuzu** Kochsalz *nt;* ~ **odası** Esszimmer *nt;* ~ **pişirmek** (*Essen*) kochen; ~ **saatleri** Essenszeiten *pl;* ~ **tarifi** (*Koch-*) Rezept *nt;* ~ **tuzu** Kochsalz *nt;* ~ **yemek** essen; (*Tiere*) fressen; **yemekte** beim Essen
yemek (yer, yiyor) *vt* 1. essen (*-i* etw) 2. (*Tiere*) fressen (*-i* etw) 3. (*Säure*) zerfres-

yemekhane 253 **yerel**

sen (*-i* etw) **4.** (*Geld*) verschwenderisch ausgeben, zum Fenster rauswerfen (*-i* etw) **5.** (*Bestechung*) annehmen (*-i* etw); **yiyip bitirmek** (alles) aufessen; (*fig*) (sehr) mitnehmen; (*zerstören*) ruinieren (*-i* jdn)
yemekhane *s* Speisesaal *m*
Yemen *s* Jemen *m*
yemin *s* Eid *m*, Schwur *m;* ~ **etmek** einen Eid leisten, schwören; ~ **ettirmek** schwören lassen (*-i* jdn)
yemiş *s* **1.** Frucht *f* **2.** Obst *nt* **3.** (*in der ägäischen Region*) Feige *f*
yemlik (**-ği**) **I.** *adj* als Futter geeignet, Futter- **II.** *s* Futterkrippe *f*, Futtertrog *m*
yenge *s* **1.** Schwägerin *f* (*Frau des Bruders*) **2.** (angeheiratete) Tante *f*
yengeç (**-ci**) *s* Krebs *m;* **Yengeç** (**burcu**) (*Sternzeichen*) Krebs *m*
yengi *s* Sieg *m*
yeni **I.** *adj* neu **II.** *adv* **1.** erst eben, gerade erst **2.** erst vor kurzem; ~ **başlayan** Anfänger(in) *m(f);* ~ **bir şey yok** es liegt nichts vor; ~ **yıl** Neujahr *nt;* ~ **yılın(ız) kutlu olsun!** ein gutes neues Jahr!; **Yeni Zelanda** Neuseeland *nt;* ~ **zengin** Neureiche(r) *mf*
yeniay *s* Neumond *m*
Yeniçağ *s* Neuzeit *f*
yeniçeri *s* (HIST) Janitschar *m*
yeniden *adv* **1.** aufs neue, von neuem **2.** neuerdings; ~ **başlamak** neu anfangen, wieder anfangen (*-e* mit etw); ~ **inşa etmek** wieder aufbauen (*-i* etw); ~ **kazanım** Wiederaufarbeitung *f*, Wiederaufbereitung *f*
Yenidünya *s* **1.** Neue Welt, Amerika *nt* **2.** Mispel *f*
yenik (**-ği**) *adj* **1.** unterlegen **2.** abgenutzt
yenilebilir *adj* essbar
yenileme *s* **1.** *Verbalsubstantiv zu* **yenilemek** **2.** Neuerung *f*
yenilemek *vt* **1.** erneuern (*-i* etw) **2.** restaurieren, wiederherstellen (*-i* etw) **3.** wiederholen (*-i* etw)
yenileşmek *vi* sich erneuern
yenileştirmek *vt* erneuern (*-i* etw)
yenilgi *s* Niederlage *f*
yenilik (**-ği**) *s* **1.** Erneuerung *f* **2.** Neuheit *f* **3.** Neuigkeit *f* **4.** Innovation *f*
yenilikçi **I.** *s* Neuerer *m* **II.** *adj* innovativ
yenilmek *vi* **1.** *Passiv zu* **ye(n)mek** **2.** unterliegen, besiegt werden (*-e* von jdm) **3.** gegessen werden
yenir *adj* essbar

yenmek (**-er**) *vt* **1.** besiegen (*-i* jdn/etw) **2.** siegen
yer *s* **1.** Ort *m*, Stelle *f* **2.** Platz *m*, Raum *m* **3.** Boden *m*, Erdboden *m* **4.** Region *f*, Gegend *f* **5.** Standort *m*, Lage *f* **6.** Posten *m*, Stelle *f* **7.** Erde *f* **8.** Position *f*, Lage *f* **9.** Grundstück *nt* **10.** Rolle *f*, Bedeutung *f;* ~ **açmak** Platz machen; ~ **almak** Raum einnehmen, ein Grundstück kaufen; (*fig*) eine Rolle spielen; ~ **bulmak** Platz finden; (*Arbeit*) eine Anstellung finden; ~ **cimnastiği** Bodenturnen *nt;* ~ **gösterici** Platzanweiser(in) *m(f);* ~ **sarsıntısı** Erdbeben *nt;* ~ **solucanı** Regenwurm *m;* ~ **tutmak** einen Platz besetzen; (*fig*) eine Rolle spielen; ~ **yarılıp içine girmiş** spurlos verschwunden; ~ ~ stellenweise; **yerde** auf der Erde, auf dem Boden; **yere çakılmak** (am Boden) zerschellen; **yere sermek** auf dem Boden ausbreiten; (*Gegner*) niederschlagen (*-i* jdn); **yerinde** am rechten Platz, angebracht, an Ort und Stelle; **yerinde saymak** auf der Stelle treten; **yerinden oynatmak** von der Stelle bewegen; **yerine geçmek** ersetzen, an die Stelle treten (*-in* von jdm); **yerine gelmek** an die richtige Stelle kommen; (*Wunsch*) sich erfüllen; (*Befehl*) ausgeführt werden; **yerine getirmek** an die richtige Stelle bringen; (*Pflicht, Versprechen*) erfüllen; (*Wunsch*) verwirklichen; (*Befehl*) befolgen; (*Auftrag*) erledigen; (*vollbringen*) ausführen; (*Urteil*) vollstrecken (*-i* etw); **yerine koymak** an seinen Platz (zurück)stellen, (etwas mit etwas) ersetzen, halten für (*-i -in* jdn für jdn); **yerini almak** (den Platz von jdm oder etwas) einnehmen, wegnehmen; **yerini değiştirmek** verlegen, an eine andere Stelle legen; (*Möbel*) umstellen; **yerini doldurmak** [*o* **tutmak**] ersetzen (*-in* etw/jdn); **yerle bir etmek** zerstören, dem Erdboden gleich machen (*-i* etw)

yeraltı (**-nı**) **I.** *s* Untergrund *m* **II.** *adj* unterirdisch; ~ **dünyası** (*Kriminelle*) Unterwelt *f;* ~ **ekonomi** Schattenwirtschaft *f;* ~ **suç örgütü** kriminelle Untergrundorganisation *f;* ~ **treni** U-Bahn *f*, Untergrundbahn *f*
yerbilim *s* Geologie *f*
yerçekimi (**-ni**) *s* Schwerkraft *f*, Erdanziehungskraft *f*
yerel *adj* **1.** lokal, örtlich **2.** regional; ~ **alan ağı** lokales Netzwerk *nt*, LAN *nt;* ~ **kablolu TV** Kabelfernsehen *nt;* ~ **saat** (**ayarı**) Orts-

yerfıstığı (-nı) s Erdnuss f
yergi s Satire f
yerinmek vi 1. bedauern (-e etw) 2. beklagen (-e etw) 3. bereuen (-e etw)
yerküre s Erdball m, Erdkugel f, Globus m
yerleşik (-ği) adj 1. fest verwurzelt 2. sesshaft 3. (Zimmer) eingerichtet 4. aufgeräumt
yerleşim s Siedeln nt; ~ **bölgesi** (Ort) Siedlung f
yerleşmek vi 1. Fuß fassen 2. ansässig werden, sich niederlassen 3. sich einrichten 4. gut unterkommen 5. sich setzen
yerleşmiş adj 1. sesshaft 2. fest verwurzelt 3. (Zimmer) eingerichtet 4. aufgeräumt
yerleştirmek vt 1. Kausativ zu **yerleşmek** 2. befestigen, anbringen (-i -e etw an etw) 3. ansiedeln (-i -e jdn in etw) 4. montieren, einbauen, einsetzen (-i -e etw in etw) 5. (in einer Dienststellung) unterbringen (-i -e jdn in etw) 6. unterbringen, einquartieren (-i -e jdn in etw) 7. (Wohnung) aufräumen (Zimmer) aufräumen (-i etw) 8. an seinen Platz bringen, aufstellen (-i etw) 9. (fam: Antwort) geben (-i etw)
yerli I. adj 1. einheimisch, hiesig 2. inländisch 3. alteingesessen 4. stationär II. s 1. Eingeborene(r) mf, Ureinwohner(in) m(f) 2. Einheimische(r) mf 3. Inländer(in) m(f)
yermantarı (-nı) s (Pilz) Trüffel f
yermek (-er) vt (fam) 1. kritisieren (-i etw/jdn) 2. schlecht machen (-i etw/jdn)
yersarsıntısı (-nı) s Erdbeben nt
yersiz adj 1. eingeengt 2. ungelegen, unpassend; ~ **yurtsuz** Obdachlose(r) mf, obdachlos
yeryüzü (-nü) s 1. Erdoberfläche f 2. Welt f, Erde f
yeşermek vi 1. grün werden 2. (Pflanze) Blätter bekommen
yeşil I. adj 1. grün 2. (Obst) unreif; ~ **lahana** Grünkohl m II. s: **Yeşiller (Partisi)** (POL) die Grünen pl
yeşilimsi adj grünlich
yeşilimtırak adj grünlich
yeşillik (-ği) s 1. Grünsein nt 2. Grünanlage f 3. Gras nt 4. Salatbeilagen fpl
yetenek (-ği) s 1. Talent nt, Begabung f 2. Fähigkeit f 3. Eignung f, Tauglichkeit f
yetenekli adj 1. begabt 2. kompetent, fähig 3. geeignet, tauglich
yeteneksiz adj unbegabt, unfähig

yeter I. adj genügend, ausreichend II. interj halt!, genug!, es reicht! Schluss!; ~ **artık!** und damit basta!
yeterli adj 1. genügend, ausreichend 2. befähigt, kompetent
yeterlik (-ği) s 1. Fähigkeit f 2. Befähigung f, Qualifikation f 3. Zuständigkeit f; ~ **kazanmak** sich qualifizieren
yetersiz adj 1. unfähig 2. unzulänglich, unzureichend; ~ **beslenme** Unterernährung f
yetersizlik (-ği) s Unfähigkeit f
yeti s Fähigkeit f, Vermögen nt
yetim I. adj verwaist II. s 1. Waise f 2. Waisenkind nt
yetimhane s Waisenhaus nt
yetingen adj genügsam
yetingenlik (-ği) s Genügsamkeit f
yetinmek vi 1. Reflexiv zu **yetmek** 2. sich begnügen, sich zufrieden geben (ile mit etw)
yetişkin I. adj erwachsen II. s Erwachsene(r) mf
yetişmek vi 1. einholen (-e jdn/etw) 2. (Zug, Ort) erreichen (-e etw) 3. genügen, ausreichen 4. aufwachsen 5. (bis zu einem bestimmten Zeitpunkt) fertig werden (yarına bis morgen) 6. erleben (-e etw/jdn) 7. zur Hilfe eilen 8. (in einer Schule) ausgebildet werden; **hızır gibi yetişti** das kommt wie gerufen
yetiştirim s 1. Dressur f 2. Zucht f
yetiştirme s 1. Verbalsubstantiv zu **yetiştirmek** 2. Ausbildung f, Erziehung f 3. Zucht f 4. Zögling m
yetiştirmek vt 1. Kausativ zu **yetişmek** 2. (Kind) aufziehen, großziehen (-i jdn) 3. (beruflich) ausbilden (-i jdn) 4. herstellen, erzeugen (-i etw) 5. (Pflanzen) anbauen, (Pflanzen, Tiere) züchten (-i etw) 6. (Tiere) dressieren (-i etw)
yetki s 1. Berechtigung f 2. Kompetenz f 3. Zuständigkeit f 4. Vollmacht f; ~ **vermek** berechtigen, ermächtigen (-e jdn)
yetkile(ndir)mek vt berechtigen (-i -e jdn zu etw)
yetkili I. s Bevollmächtigte(r) mf II. adj 1. kompetent 2. zuständig 3. berechtigt
yetkin adj vollkommen
yetkinlik (-ği) s Vollkommenheit f
yetmek (-er) vi genügen, ausreichen (-e für etw)
yetmiş num siebzig
yetmişli yıllar s die siebziger Jahre pl

yığılmak vi 1. *Passiv zu* **yığmak** 2. sich häufen 3. sich stauen 4. (*Person*) zusammenbrechen

yığın s 1. Haufen m 2. (*Sachen*) Masse f, Menge f 3. Stoß m, Stapel m

yığmak (**-ar**) vt 1. anhäufen (*-i* etw) 2. stapeln (*-i* etw) 3. speichern (*-i* etw)

yıkamak vt 1. abwaschen, abspülen (*-i* etw) 2. (*Kind*) baden (*-i* jdn)

yıkama tesisi (**-ni**) s Waschanlage f

yıkanabilir adj waschbar

yıkanmak vi 1. *Passiv und Reflexiv zu* **yıkamak** 2. sich waschen 3. baden, ein Bad nehmen

yıkayış s Waschen nt

yıkıcı adj 1. zerstörend 2. destruktiv

yıkık (**-ğı**) adj 1. (*Haus*) zerfallen 2. (*Mauer*) eingestürzt

yıkılış s 1. Einsturz m, Einbruch m 2. Zusammenbruch m, Untergang m

yıkılma s 1. *Verbalsubstantiv zu* **yıkılmak** 2. (*eines Gebäudes*) Abriss m 3. Untergang m, Niedergang m 4. Sturz m 5. Zerfall m

yıkılmak s 1. *Passiv zu* **yıkmak** 2. einstürzen 3. stürzen 4. (*Reich*) untergehen 5. (*Bau*) zerfallen 6. (*auch fig*) zusammenbrechen 7. (*beim Gehen*) schwanken 8. (*fig fam*) verduften, abhauen

yıkım s 1. *Verbalsubstantiv zu* **yıkmak** 2. (*auch fig*) Zusammenbruch m 3. Ruin m

yıkıntı s Trümmer pl, Ruinen pl

yıkmak (**-ar**) vt 1. (*Gebäude*) abreißen (*-i* etw) 2. umwerfen (*-i* etw/jdn) 3. (POL) stürzen (*-i* jdn) 4. (*Hut*) schräg aufsetzen (*-i* etw) 5. zerstören, vernichten, ruinieren (*-i* etw/jdn)

yıl s 1. Jahr nt 2. (*einer Zeitschrift*) Jahrgang m; **geçen** ~ voriges Jahr; **gelecek** ~ nächstes Jahr

yılan s Schlange f

yılanbalığı (**-nı**) s Aal m

yılbaşı (**-nı**) s (*Neujahrstag*) Neujahr nt; ~ **gecesi** Silvesterabend m

yıldırıcı adj 1. frustrierend 2. entmutigend

yıldırım s 1. (*einschlagender*) Blitz m 2. Blitzschlag m; ~ **çarpması** Blitzschlag m; ~ **düşmesi** (*vom Blitz*) Einschlag m

yıldırımkıran s Blitzableiter m

yıldırmak vt 1. *Kausativ zu* **yılmak** 2. einschüchtern (*-i* jdn) 3. terrorisieren (*-i* jdn) 4. erschrecken (*-i* jdn)

yıldız s 1. Stern m 2. Glücksstern m 3. Norden m 4. Nordwind m 5. (Film)star m; ~ **falı** Horoskop nt; **Yıldız Savaşları** Star Wars pl

yıldızlı adj 1. mit einem Stern, mit Sternen 2. (*Nacht*) sternenklar; **üç** ~ **otel** Dreisternehotel nt

yıldönümü (**-nü**) s Jahrestag m

yılgı s Entsetzen nt

yılgın adj eingeschüchtert

yıllarca adv jahrelang

yıllık (**-ğı**) I. adj 1. jährlich, Jahres- 2. (*mit vorangesetzter Zahl*) -jährig II. adv für … Jahre III. s 1. Jahrbuch nt 2. Jahresmiete f 3. Jahresgehalt nt; ~ **gelir** Jahreseinkommen nt

yılmak (**-ar**) vi 1. zurückschrecken (*-den* vor etw) 2. satt haben (*-den* etw)

yılmaz adj furchtlos, unerschrocken

yıpranmak vi 1. sich abnutzen 2. (*Kleidung*) sich abtragen 3. (*Energie*) sich verbrauchen

yıpranmış adj abgenutzt; (*Reifen*) abgefahren

yıpratıcı adj aufreibend, zermürbend

yıpratmak vt 1. *Kausativ zu* **yıpranmak** 2. abnutzen; (*Kleidung*) abtragen (*-i* etw) 3. (*Energie*) verbrauchen, aufzehren (*-i* etw) 4. zermürben (*-i* jdn)

yırtıcı adj (*Tier*) wild, Raub-; ~ **hayvan** Raubtier nt; ~ **kuş** Raubvogel m

yırtık (**-ğı**) I. s (*im Stoff*) Loch nt, Riß m II. adj 1. zerrissen 2. (*fam*) schamlos; ~ **pırtık** (*Kleidung*) schäbig, zerlumpt

yırtılmak vi 1. *Passiv zu* **yırtmak** 2. Risse bekommen, platzen 3. (*Stoff*) reißen 4. (*fam*) seine Scheu verlieren

yırtınmak vi (*vor Eifer*) sich zerreißen

yırtmaç (**-cı**) s (*an einem Kleidungsstück*) Schlitz m

yırtmak (**-ar**) vt 1. zerreißen, zerfetzen (*-i* etw) 2. zerkratzen (*-i* etw); **kendini** ~ sich zerreißen

yiğit (**-di**) I. s 1. Held m 2. Bursche m II. adj tapfer

yiğitçe adj heldenhaft

yiğitlik (**-ği**) s 1. Heldentat f 2. Tapferkeit f

yine adv wieder, noch einmal; ~ **de** trotzdem, dennoch

yinelemek vt wiederholen (*-i* etw)

yinelenmek vi 1. *Passiv zu* **yinelemek** 2. sich wiederholen

yirmi num zwanzig

yirmilik diş s Weisheitszahn m

yitik (-ği) *adj* (*abhandengekommen*) verloren

yitirmek *vt* verlieren (*-i* etw/jdn)

yitmek (-er) *vi* verloren gehen, abhanden kommen

yiv *s* 1. Rille *f* 2. Gewinde *f*

yiyecek (-ği) *s* 1. Essbare(s) *nt* 2. Nahrung *f* 3. Lebensmittel *pl* 4. Proviant *m*

yiyici *adj* bestechlich, korrupt

yiyicilik (-ği) *s* Bestechlichkeit *f*

yobaz *s* (REL) Fanatiker(in) *m(f)*

yoga *s* Yoga *nt/m*

yoğun *adj* 1. dicht 2. intensiv

yoğunbakım servisi (-ni) *s* Intensivstation *f*

yoğunlaşmak *vi* 1. sich verdichten; (*Gas*) kondensieren 2. sich intensivieren

yoğunlaştırmak *vt* 1. *Kausativ zu* **yoğunlaşmak** 2. verdichten; (*Gas*) kondensieren (*-i* etw) 3. intensivieren (*-i* etw)

yoğunluk (-ğu) *s* 1. Dichte *f* 2. Intensität *f*

yoğurmak *vt* (*Teig*) kneten (*-i* etw)

yoğurt (-du) *s* Jog(h)urt *m/nt*

> **Yoğurt** (Joghurt) haben die Turkvölker, von denen die Türken abstammen, nach Kleinasien gebracht. Das Rezept wurde von Generation zu Generation weitergereicht, so dass noch heute die türkischen Frauen auf dem Lande den Joghurt selbst herstellen. Joghurt ist ein mit Bakterienkulturen hergestelltes Milchprodukt.

yoğurtçu *s* 1. Jog(h)urthersteller *m* 2. Jog(h)urthändler(in) *m(f)*

yok (-ku/-ğu) I. *adj* 1. nicht vorhanden, nicht existierend 2. nicht da, nicht anwesend; ~ **etmek** zugrunde richten; (*wegschaffen*) verschwinden lassen (*-i* etw/jdn); ~ **olmak** fehlen, nicht anwesend sein, nicht existieren, verschwinden, zugrunde gehen; ~ **yere** für nichts und wieder nichts II. *adv* 1. es gibt kein(e) ... 2. ... ist/sind nicht da 3. nicht haben 4. (*fam*) nein; **babam evde** ~ mein Vater ist nicht zu Hause; **param** ~ ich habe kein Geld; ~ **canım!** ach was!, aber nein! III. *s* Nichts *nt*

yoklama *s* 1. *Verbalsubstantiv zu* **yoklamak** 2. Anwesenheitskontrolle *f* 3. Musterung *f* 4. Prüfung *f*

yoklamak *vt* 1. abtasten (*-i* etw) 2. untersuchen (*-i* etw) 3. überprüfen (*-i* etw) 4. auf den Zahn fühlen (*-i* jdm) 5. kurz besuchen (*-i* jdn)

yokluk (-ğu) *s* 1. Fehlen *nt*, Nichtvorhandensein *nt* 2. Abwesenheit *f* 3. Mangel *m* 4. Nichts *nt* 5. Armut *f*, Not *f*; **yokluğunu hissetmek** vermissen (*-in* jdn); **yokluğunu çok hissettim** du hast mir sehr gefehlt

yoksa I. *adv* 1. sonst, andernfalls 2. (*in Fragesätzen*) oder, etwa II. *konj* aber, jedoch, indessen

yoksul *adj* arm, bedürftig

yoksulluk (-ğu) *s* Armut *f*, Elend *nt*

yoksun *adj* entbehrend

yoksunluk (-ğu) *s* (harte) Entbehrung *f*

yokuş *s* 1. Steigung *f* 2. steile Straße *f*; ~ **aşağı** bergab; ~ **yukarı** bergauf

yol *s* 1. (*auch fig*) Weg *m* 2. Straße *f* 3. Strecke *f* 4. Linie *f*, Bahn *f* 5. Ausweg *m* 6. Art und Weise *f* 7. Methode *f* 8. Reise *f* 9. (INFORM) Pfad *m* 10. (*in einem Stoff*) Streifen *m*; ~ **açmak** Hindernisse beseitigen; (*fig*) bahnbrechend sein (*-e* für etw); ~ **almak** eine Strecke zurücklegen; ~ **arkadaşı** Mitreisende(r) *mf*, Reisegefährte *m*, Reisegefährtin *f*; ~ **göstermek** Mittel und Wege zeigen; (*geleiten*) führen (*-e* jdn); ~ **işareti** Wegweiser *m*; ~ **parası** Fahrgeld *nt*; ~ **vermek** verursachen (*-e* etw); (*den Weg freimachen*) ausweichen; (*von der Arbeit*) entlassen (*-e* jdn); **yola çıkmak** [*o* **koyulmak**] sich auf den Weg machen; **yola gelmek** Vernunft annehmen; (*Angelegenheit*) in Ordnung kommen; **yola getirmek** (*Angelegenheit*) in Ordnung bringen; (*fam*) zur Vernunft bringen (*-i* jdn); **yolda** unterwegs; **yolda kalmak** stecken bleiben; **yoldan çıkmak** entgleisen; (*fig*) auf die schiefe Bahn kommen; **yolu düşmek** geraten (*-e* nach/in etw); **yolu göstermek** den Weg zeigen, hinausbegleiten (*-e* jdn); **yoluna girmek** in Ordnung kommen; **yoluna koymak** regeln, in Ordnung bringen (*-i* etw); **yolunda olmak** auf dem richtigen Weg sein; (*gut laufen*) in Ordnung sein; **yolundan çevirmek** vom Weg abbringen (*-i* jdn); **yolundan şaşmak** irren; **bir şeyin yolunu açmak** auf etw hinwirken; **yolunu bulmak** Mittel und Wege finden, sich zurechtfinden; **yolunu gözlemek** (sehnsüchtig) entgegensehen; **yolunu kaybetmek** sich verirren, sich verlaufen; **yolunu şaşırmak** sich verlaufen, nicht ein noch aus wissen; **yolun(uz) açık olsun!** gute Reise!

yolcu *s* 1. Reisende(r) *mf* 2. Passagier *m*

yolculuk

3. Todkranke(r) *mf;* ~ **gemisi** Passagierschiff *nt;* ~ **treni** Personenzug *m*
yolculuk (**-ğu**) *s* Reise *f;* **iyi yolculuklar!** gute Reise!
yoldaş *s* **1.** Kamerad(in) *m(f),* Gefährte *m,* Gefährtin *f* **2.** Genosse *m,* Genossin *f* **3.** Mitreisende(r) *mf,* Reisegefährte *m,* Reisegefährtin *f*
yollamak *vt* (ver)schicken, (ab)senden (*-i -e* etw jdm)
yollanmak *vi* **1.** *Passiv zu* **yollamak** **2.** (*fam*) aufbrechen, sich auf die Socken machen
yollu I. *adj* **1.** mit Straßen, mit Wegen **2.** (*Stoff*) gestreift II. *adv* in einer bestimmten Art und Weise; ~ **kadife** Kordsamt *m*
yolluk (**-ğu**) *s* **1.** (*Reise-*) Proviant *m,* Verpflegung *f* **2.** Reisegeld *nt* **3.** dünner Teppich **4.** (*für den Abreisenden*) Gastgeschenk *nt*
yolmak (**-ar**) *vt* **1.** (*auch fig*) rupfen (*-i* etw) **2.** (*Haare*) ausraufen (*-i* etw) **3.** (*Unkraut*) jäten (*-i* etw) **4.** neppen, ausnehmen (*-i* jdn)
yolsuz *adj* **1.** ohne Straßen **2.** inkorrekt
yolsuzluk (**-ğu**) *s* **1.** Fehlen *nt* von (ordentlichen) Straßen **2.** Amtsmissbrauch *m,* Verstoß *m* gegen Dienstvorschriften **3.** Inkorrektheit *f* **4.** Unterschlagung *f*
yonca *s* Klee *m*
yonga *s* **1.** Span *m* **2.** (INFORM) Chip *m*
yontmak (**-ar**) *vt* **1.** (*Steine*) hauen; (*Diamant, Glas*) schleifen; (*Holz*) schnitzen (*-i* etw) **2.** (*Bleistift*) spitzen (*-i* etw) **3.** (*Bäume*) beschneiden (*-i* etw)
yontulmak *vi* **1.** *Passiv zu* **yontmak** **2.** gute Manieren lernen
yontulmamış *adj* **1.** (*auch fig*) ungeschliffen **2.** (*fam*) ungehobelt; ~ **herif** Rüpel *m,* Flegel *m*
yorgan *s* Bettdecke *f*
yorgun *adj* müde, abgespannt; ~ **argın** erschöpft, todmüde
yorgunluk (**-ğu**) *s* **1.** Müdigkeit *f,* Ermüdung *f* **2.** Erschöpfung *f*
yormak (**-ar**) *vt* **1.** ermüden (*-i* jdn/etw) **2.** anstrengen, erschöpfen (*-i* jdn/etw) **3.** interpretieren, deuten (*-i* etw)
yortu *s* christlicher Feiertag
yorucu *adj* anstrengend, ermüdend
yorulmak *vi* **1.** *Passiv zu* **yormak** **2.** ermüden
yorulmaz *adj* unermüdlich
yorum *s* **1.** Kommentar *m* **2.** Interpretation *f* **3.** Auslegung *f,* Deutung *f*
yorumcu *s* **1.** Interpret(in) *m(f)* **2.** Kommentator(in) *m(f)*
yorumlamak *vt* **1.** deuten, interpretieren (*-i* etw) **2.** kommentieren (*-i* etw)
yosun *s* **1.** Moos *nt* **2.** Alge *f*
yozlaşma *s* **1.** *Verbalsubstantiv zu* **yozlaşmak** **2.** Entartung *f* **3.** Sittenverfall *m*
yozlaşmak *vi* **1.** degenerieren **2.** verfallen
yön *s* **1.** Richtung *f* **2.** Seite *f* **3.** Hinsicht *f,* Beziehung *f*
yönelik *adj* gerichtet, ausgerichtet (*-e* auf/ gegen etw)
yönelim *s* **1.** *Verbalsubstantiv zu* **yönelmek** **2.** Orientierung *f*
yönelme *s* **1.** *Verbalsubstantiv zu* **yönelmek** **2.** Orientierung *f;* ~ **durumu** Dativ *m*
yönelmek *vi* **1.** (*Blick*) sich zuwenden (*-e* jdm/einer Sache) **2.** sich begeben (*-e* nach etw)
yöneltmek *vt* **1.** *Kausativ zu* **yönelmek** **2.** (*Frage, Brief*) richten (*-i -e* etw an jdn) **3.** in eine bestimmte Richtung leiten (*-i* etw)
yönerge *s* **1.** Vorschrift *f,* Bestimmung *f* **2.** Richtlinien *fpl*
yönetici *s* **1.** Leiter(in) *m(f),* Verwalter(in) *m(f)* **2.** Manager(in) *m(f)*
yönetim *s* **1.** Leitung *f,* Führung *f* **2.** Management *nt,* Verwaltung *f;* ~ **kurulu** Verwaltungsrat *m*
yönetmek *vt* **1.** führen, lenken (*-i* etw) **2.** verwalten (*-i* etw) **3.** (*Betrieb*) bewirtschaften (*-i* etw) **4.** (*Orchester*) dirigieren (*-i* etw) **5.** (*Angelegenheit*) betreuen (*-i* etw)
yönetmelik (**-ği**) *s* **1.** Satzung *f,* Verordnung *f* **2.** Vorschrift *f*
yönetmen *s* **1.** Direktor(in) *m(f)* **2.** Regisseur(in) *m(f)*
yönlendirmek *vt* (*Telefongespräch*) umleiten (*-i* etw)
yöntem *s* Methode *f,* Verfahren *nt*
yöntemli *adj* methodisch
yöre *s* **1.** Ortschaft *f* **2.** Umkreis *m,* Umgebung *f* **3.** Region *f*
yörekent (**-ti**) *s* Vorort *m*
yöresel *adj* regional
yörünge *s* **1.** Umlaufbahn *f* **2.** Flugbahn *f*
yudum *s* Schluck *m;* **bir yudumda** (*austrinken*) in einem Zug
yufka I. *s* Blätterteig *m* II. *adj* (*auch fig*) leicht zerbrechlich; ~ **yürekli** weichherzig
Yugoslav *adj* jugoslawisch

Yugoslavya s Jugoslawien nt
yuh interj (fam) pfui Teufel!
yuhalamak vt ausbuhen (-i jdn)
yukarda adv s. **yukarıda**
yukardan adv s. **yukarıdan**
yukarı I. adj obere(r, s), Ober- II. adv hoch, nach oben III. s obere(r) Teil m; ~ **çekmek** hinaufziehen, heraufziehen (-i etw); ~ **çıkmak** heraufkommen, hinauffahren, hinaufgehen, hinaufsteigen; ~ **getirmek** hinaufbringen, heraufbringen (-i etw); ~ **taşımak** hinauftragen, herauftragen (-i etw)
yukarıda adv oben; **daha** ~ weiter oben; ~ **adı geçen** oben genannte(r, s)
yukarıdaki adj obige(r, s)
yukarıdan adv von oben; ~ **aşağı** von oben bis unten; ~ **bakmak** von oben herab behandeln (-e jdn)
yukarısı (-nı) s obere(r) Teil m
yukarısında präp oberhalb (-in gen)
yukarıya adv 1. herauf, rauf 2. hinauf, nach oben; ~ **bak** siehe oben; ~ **doğru** aufwärts, empor
yulaf s Hafer m; ~ **ezmesi** Haferflocken pl
yular s Halfter nt
yumak (-ğı) s Knäuel nt/m
yummak (-ar) vt (Auge) schließen (-i etw); **göz** ~ ein Auge zudrücken (-e bei etw)
yumru s 1. Beule f 2. (Wurzel-) Knolle f
yumruk (-ğu) s 1. (geballte) Faust f 2. Faustschlag m 3. Druck m
yumulmak vi 1. Passiv od Reflexiv zu **yummak** 2. sich hermachen (über) (-e über etw)
yumurcak (-ğı) s 1. (fam) Bengel m 2. Pestbeule f
yumurta s 1. Ei nt 2. Stopfei nt 3. Rogen m 4. Hoden m; ~ **akı** Eiweiß nt; ~ **biçiminde** eiförmig; ~ **kabuğu** Eierschale f; ~ **kaşığı** Eierlöffel m; ~ **sarısı** Eidotter m, Eigelb nt; (Farbe) dottergelb
yumurtalık (-ğı) s 1. Eierstock m 2. Eierbecher m
yumurtlamak vt 1. Eier legen 2. (fig) sich ausdenken (-i etw) 3. (fam) ausplaudern (-i etw)
yumuşacık adj mollig, weich
yumuşak (-ğı) adj 1. weich 2. mild 3. (Teig, Kuchen) locker 4. zart, mürbe 5. (Mensch) nachgiebig, sanftmütig 6. (Stimme) sanft 7. (Buchstabe) stimmhaft 8. (Worte) angenehm 9. (Haut) zart

yumuşaklık (-ğı) s 1. Milde f 2. Weichheit f 3. Nachgiebigkeit f 4. (der Haut) Zartheit f
yumuşamak vi 1. weich werden 2. sich beruhigen 3. nachgiebig werden
yumuşatıcı I. s (für Wäsche) Weichspüler m II. adj mildernd
yumuşatmak vt 1. Kausativ zu **yumuşamak** 2. weich machen (-i etw) 3. mildern, lindern (-i etw)
Yunan I. s Grieche m, Griechin f II. adj (Art) griechisch
Yunanca adj (Sprache) griechisch
Yunanistan I. s Griechenland nt II. adj (Art) griechisch
Yunanlı I. s Grieche m, Griechin f II. adj (Herkunft) griechisch
yunusbalığı (-nı) s Delfin, Delphin m
yurt (-du) s 1. Heimat f, Vaterland nt 2. (soziale Einrichtung) Heim nt; ~ **çapında** landesweit; ~ **dışı** Ausland nt, das Ausland betreffend, Auslands-; ~ **içi** Inland nt, inländisch; ~ **içi uçuş** Inlandsflug m
yurtsal adj (die Heimat betreffend) heimatlich
yurtsever I. s Patriot(in) m(f) II. adj patriotisch
yurtsuz adj heimatlos
yurttaş s 1. Staatsangehörige(r) mf 2. Mitbürger(in) m(f) 3. (aus demselben Land) Landsmann m, Landsmännin f
Yurttaşlar Yasası (-nı) s Bürgerliches Gesetzbuch
yurttaşlık (-ğı) s 1. Staatsangehörigkeit f 2. Volksgemeinschaft f; ~ **bilgisi** Gemeinschaftskunde f
yusufçuk (-ğu) s Libelle f
yutmak (-ar) vt 1. (hinunter)schlucken, verschlingen (-i etw) 2. (Beleidigung) einstecken, schlucken (-i etw) 3. hereinfallen (-i auf etw)
yutturmak vt 1. Kausativ zu **yutmak** 2. (fam) weismachen, aufbinden (-e -i jdm etw)
yuva s 1. Nest nt 2. (Haus, Familie) Heim nt 3. (Pflegestätte) Hort m 4. Höhlung f 5. (pej) Brutstätte f; ~ **yapmak** nisten
yuvalamak vi nisten
yuvar s Blutkörperchen nt
yuvarlacık (-ğı) adj (fam) rundlich, mollig
yuvarlak (-ğı) I. adj 1. rund, kreisförmig 2. (Zahl) rund, abgerundet II. s Kugel f
yuvarlaklaşmak vi rund werden

yuvarlaklaştırmak *vt* 1. *Kausativ zu* **yuvarlaklaşmak** 2. rund machen (*-i etw*) 3. (auf-, ab)runden (*-i etw*)

yuvarlamak *vt* 1. (auf)rollen (*-i etw*) 2. rollen, wälzen (*-i etw*) 3. rund machen (*-i etw*) 4. zu Boden werfen (*-i jdn/etw*) 5. (*fam: Essen*) hinunterschlingen; (*Getränk*) hinuntergießen (*-i etw*)

yuvarlanmak *vi* 1. *Passiv und Reflexiv zu* **yuvarlamak** 2. sich (herum)wälzen 3. (herunter)rollen

yüce *adj* 1. hoch 2. edel, erhaben; ~ **ruhlu** großherzig; ~ **ruhluluk** Großmut *f*

yücelik (**-ği**) *s* 1. Höhe *f* 2. Erhabenheit *f*

yük (**-kü**) *s* 1. (*Trag-*) Last *f* 2. (*auch fig*) Bürde *f* 3. Ladung *f*, Fracht *f* 4. (*elektrische*) Ladung *f* 5. Belastung *f* 6. Schrank *m* (*zur Aufbewahrung des Bettzeugs*); ~ **asansörü** Lastenaufzug *m*; ~ **istasyonu** Güterbahnhof *m*; ~ **katarı** Güterzug *m*; ~ **vagonu** Güterwagen *m*

yüklem *s* Prädikat *nt*

yükleme *s* 1. *Verbalsubstantiv zu* **yüklemek** 2. Laden *nt*, Verladen *nt*; ~ **terminali** Ladeterminal *nt*

yüklemek *vt* 1. (ver)laden (*-i -e etw auf/in etw*) 2. beladen (*-i etw*) 3. aufbürden, auferlegen (*-e -i jdm etw*) 4. zuschreiben (*-e -i jdm etw*) 5. (*Schuld*) in die Schuhe schieben (*-e -i jdm etw*) 6. (INFORM) laden (*-i etw*) 7. (INFORM) abspeichern (*-i -e etw auf etw*)

yüklenmek *vt* 1. *Passiv und Reflexiv zu* **yüklemek** 2. sich aufladen (*-i etw*) 3. (*Verantwortung*) übernehmen (*-i etw*) 4. bedrängen (*-e jdn*) 5. sich stemmen (*-e gegen etw*)

yüklük (**-ğü**) *s* Wäscheschrank *m*

yüksek (**-ği**) I. *adj* 1. hoch 2. laut 3. obere(r, s) 4. hoch gelegen 5. hoch gestellt 6. edelmütig II. *s* Anhöhe *f*; ~ **Almanca** Hochdeutsch *nt*; ~ **atlama** Hochsprung *m*; ~ **basınç** (*Hochdruck*) Hoch *nt*; ~ **çözünürlükteki** (INFORM) hochauflösend; ~ **fırın** Hochofen *m*; ~ **gerilim** Hochspannung *f*; ~ **gerilim hattı** Hochspannungsleitung *f*; ~ **kaliteli** hochwertig; ~ **konjonktür** Boom *m*; ~ **okul** Hochschule *f*; ~ **öğrenim** Hochschulstudium *nt*; ~ **ökçeli ayakkabı** Stöckelschuh *m*; **Yüksek Öğretmen Okulu** Pädagogische Hochschule; ~ **sesle** laut; ~ **sezon** Hauptsaison *f*; ~ **tahsil** Hochschulstudium *nt*; ~ **tansiyon** Bluthochdruck *m*; ~ **teknoloji** Hightech *nt*; ~ **yoğunluklu disket** (INFORM) HDD *f* (*high density disk*)

yükseklik (**-ği**) *s* 1. Höhe *f* 2. Anhöhe *f* 3. (*von Bäumen, Gebäuden*) Größe *f* 4. (MATH) Höhe *f*

yükseliş *s* 1. (*auch fig*) Aufstieg *m* 2. Erhöhung *f*

yükselme *s* 1. *Verbalsubstantiv zu* **yükselmek** 2. Aufstieg *m*

yükselmek *vi* 1. sich erheben 2. (*Flugzeug*) aufsteigen 3. ansteigen 4. (*fig*) aufsteigen 5. (*Ertrag, Leistung*) besser werden 6. emporragen 7. sich erhöhen 8. (*Fieber, Preise*) steigen 9. (*einen Aufschwung erleben*) emporkommen 10. (*Stimme*) lauter werden

yükselti *s* (*über dem Meeresspiegel*) Höhe *f*

yükseltmek *vt* 1. *Kausativ zu* **yükselmek** 2. erhöhen (*-i etw*) 3. (*Stimme*) erheben (*-i etw*) 4. (*Ertrag*) verbessern (*-i etw*) 5. (INFORM) aufrüsten (*-i etw*)

yüksük (**-ğü**) *s* 1. Fingerhut *m* 2. Wurzelhaube *f*

yüksükotu (**-nu**) *s* 1. roter Fingerhut *nt* 2. Wiesenfuchsschwanz *m*

yüksünmek *vt* als Last empfinden (*-den etw*)

yüküm *s* 1. Verpflichtung *f* 2. Notwendigkeit *f*, Zwang *m*

yükümlendirmek *vt* verpflichten (*-i jdn*)

yükümlü *adj* 1. obligatorisch 2. verpflichtet (*ile zu etw*)

yükümlülük (**-ğü**) *s* Verpflichtung *f*

yün *s* (*Schaf-*) Wolle *f*

yünden *adj* aus Wolle

yünlü I. *adj* Woll-, mit Wolle II. *s* Wollstoff *m*

yürek (**-ği**) *s* 1. Herz *nt* 2. Mut *m*, Mumm *m* 3. Mitleid *nt*; ~ **çarpıntısı** Herzklopfen *nt*; ~ **yakıcı** herzzerreißend; **yüreği sızlayarak** schweren Herzens; **yüreğime su serpildi** mir fällt ein Stein vom Herzen; **yüreğini dağlamak** zutiefst rühren (*-in jdn*)

yüreklendirici *adj* ermutigend

yüreklendirmek *vt* 1. *Kausativ zu* **yüreklenmek** 2. ermutigen (*-i jdn*)

yüreklenmek *vi* Mut fassen

yürekli *adj* beherzt, tapfer

yüreklilik (**-ği**) *s* Mut *m*, Tapferkeit *f*

yüreksiz *adj* 1. mutlos 2. feige, furchtsam

yüreksizlik (**-ği**) *s* 1. Feigheit *f* 2. Mutlosigkeit *f*

yürekten I. *adj* innig, herzlich II. *adv* nach bestem Wissen und Gewissen

yürümek *vi* 1. (zu Fuß) gehen 2. marschieren 3. wandern 4. (*Fahrzeug*) fahren 5. (*Kleinkind*) laufen können 6. (*Angelegenheit*) gut vorangehen 7. schneller gehen; **yürüyen merdiven** Rolltreppe *f*; **yürüyen şerit** Förderband *nt*; **yürüyerek** zu Fuß

yürürlük (**-ğü**) *s* Gültigkeit *f*; ~ **süresi** Gültigkeitsdauer *f*; **yürürlüğe girme** In-Kraft-Treten *nt*; **yürürlüğe girmek** in Kraft treten; **yürürlüğe sokma** Inkraftsetzung *f*; **yürürlüğe sokmak** in Kraft setzen (*-i* etw); **yürürlükte olmak** gelten, in Kraft sein

yürüteç (**-ci**) *s* Gehhilfe *f*

yürütmek *vt* 1. *Kausativ zu* **yürümek** 2. durchführen, ausführen (*-i* etw) 3. (*Fahrzeug*) fahren (*-i* etw) 4. (*lenken*) führen (*-i* etw) 5. in Gang bringen (*-i* etw) 6. (*Angelegenheit*) betreuen (*-i* etw) 7. (*Motor*) anlassen (*-i* etw) 8. (*Meinung*) äußern, vorbringen (*-i* etw) 9. (*Urteil*) vollstecken (*-i* etw) 10. (*fam*) klauen, mitgehen lassen (*-i* etw)

yürütüm *s* Durchführung *f*

yürüyüş *s* 1. Gang *m* 2. Marsch *m*, Demonstrationsmarsch *m* 3. Wanderung *f* 4. Entwicklung *f*

yüz I. *num* hundert; ~ **bin** hunderttausend; ~ **misli** [*o* **katı**] hundertfach, hundertmal so viel, das Hundertfache; ~ **defa** [*o* **kere**] hundertmal; ~ **türlü** hunderterlei; **yüzde** Prozent *nt*, Hundertstel *nt*; **yüzde** ~ hundertprozentig II. *s* 1. Gesicht *nt* 2. (*von Stoff, Kleidungsstück*) Außenseite *f*, rechte Seite *f* 3. Vorderseite *f* 4. Oberfläche *f* 5. Seite *f* 6. Frechheit *f*, Dreistigkeit *f*; ~ **çizgisi** [*o* **hattı**] Gesichtszug *m*; ~ **germe** Facelifting *nt*; ~ **ifadesi** Gesichtsausdruck *m*; ~ **vermek** verwöhnen (*-e* jdn); **yüzüne gülmek** jdm ins Gesicht lachen; **yüzüne karşı söylemek** jdm etwas ins Gesicht sagen; **birinin yüzünü güldürmek** jdm Anlass zur Freude geben; **yüzünü gözünü oynatmak** Fratzen schneiden

yüzbaşı (**-nı**) *s* (MIL) Hauptmann *m*

yüzde *s* Prozent *nt*; ~ **on** zehn Prozent; ~ **yüz** hundert Prozent, hundertprozentig

yüzdelik (**-ği**) *s* 1. Prozentsatz *m* 2. (COM) Provision *f*

yüzdürmek *vt* 1. *Kausativ zu* **yüzmek** 2. (wieder) flottmachen (*-i* etw)

yüzer *num* je hundert

yüzey *s* Oberfläche *f*; ~ **ölçüsü** Flächenmaß *nt*

yüzeysel *adj* 1. Oberflächen- 2. flüchtig, oberflächlich

yüzeysellik (**-ği**) *s* (*auch fig*) Oberflächlichkeit *f*

yüzgeç (**-ci**) *s* 1. Flosse *f* 2. (*fam*) guter Schwimmer

yüzkarası (**-nı**) *s* (*fam*) Schande *f*

yüzlerce *adv* Hunderte von …

yüzleşmek *vi* 1. zusammentreffen (*ile* mit jdm) 2. konfrontiert werden (*ile* mit jdm)

yüzleştirmek *vt* 1. *Kausativ zu* **yüzleşmek** 2. zusammenbringen (*-i ile* jdn mit jdm) 3. konfrontieren (*-i ile* jdn mit jdm)

yüzme *s* 1. *Verbalsubstantiv zu* **yüzmek** 2. Schwimmen *nt*; ~ **bilmeyen** Nichtschwimmer(in) *m(f)*; **yüzme havuzu** Schwimmbad *nt*, Schwimmbecken *nt*; ~ **sporu** Schwimmsport *m*

yüzmek (**-er**) *vt, vi* 1. (*Tier*) abhäuten (*-i* etw) 2. schwimmen 3. im Überfluss haben, schwimmen (in) (*bir şey içinde* etw); **yüzmeye gitmek** schwimmen gehen

yüznumara *s* (*fam*) Klo *nt*

yüzölçümü (**-nü**) *s* 1. Flächeninhalt *m* 2. Flächenmaß *nt*

yüzsüz *adj* (*fam*) unverschämt, frech

yüzsüzlük (**-ğü**) *s* (*fam*) Unverschämtheit *f*, Frechheit *f*

yüzücü I. *s* Schwimmer(in) *m(f)* II. *adj* schwimmend

yüzük (**-ğü**) *s* Ring *m*

yüzükparmağı (**-nı**) *s* Ringfinger *m*

yüzüncü *adj* hundertste(r, s)

yüzünden *präp* wegen (… *gen/dat*); **benim yüzümden** meinetwegen

yüzyıl *s* Jahrhundert *nt*

Z

Z, z *s* 29. Buchstabe des türk. Alphabets
zabıt (**-ptı**) *s* Protokoll *nt*
zabıta *s* (*besonders städtische*) Polizei *f*
zafer *s* Sieg *m,* Triumph *m;* **Zafer Bayramı** Siegesfest *nt;* ~ **kazanmak** siegen; ~ **takı** Triumphbogen *m*

> Der **Zafer Bayramı** am 30. August ist ein Nationalfeiertag zum Gedenken an den Sieg über die griechischen Invasoren. Nach dem Ersten Weltkrieg teilten die europäischen Siegermächte die Türkei unter sich auf. Während England, Italien und Frankreich sich bald zurückzogen, versuchte Griechenland große Teile Westanatoliens für immer einzunehmen. Die türkische Nationalversammlung unter Führung von Atatürk beschloss gegen die Invasoren vorzugehen. Im Befreiungskrieg **Kurtuluş Savaşı**, von 1920 bis 1922, wurden die Griechen dann aus der Türkei vertrieben.

zafiyet (**-ti**) *s* 1. Schwächeanfall *m* 2. Schwäche *f* 3. Magersucht *f*
zahire *s* 1. Lebensmittel *pl* 2. Getreide *nt;* ~ **ambarı** Kornkammer *f*
zahmet (**-ti**) *s* 1. Bemühung *f,* Mühe *f* 2. Schwierigkeit *f* 3. Mühe *f,* Umstände *pl;* ~ **çekmek** sich plagen; ~ **etmek** sich bemühen; ~ **etmeyin!** machen Sie sich keine Umstände!, bemühen Sie sich nicht! machen Sie sich keine Mühe!; **bu, zahmete değmez** das ist nicht der Mühe wert
zahmetli *adj* mühsam, mühselig, umständlich
zahmetsiz *adj* mühelos, leicht, bequem
zahmetsizlik (**-ği**) *s* Leichtigkeit *f,* Mühelosigkeit *f*
Zaire *s* Zaire *nt*
zakkum *s* Oleander *m*
zalim *adj* erbarmungslos, grausam, tyrannisch
zam (**-mmı**) *s* 1. Zulage *f* 2. Erhöhung *f* 3. (*zu einer Gebühr*) Zuschlag *m* 4. Verteuerung *f*
zaman *s* 1. Zeit *f* 2. Zeitpunkt *m* 3. Zeitalter *nt* 4. Tempus *nt* 5. Formation *f;* ~ ~ von Zeit zu Zeit; ~ **ayırmak** sich Zeit lassen; ~ **kaybı** Zeitverlust *m;* **bu,** ~ **meselesi** es ist eine Frage der Zeit; **uyku zamanı** Schlafenszeit *f;* **iş zamanı** Arbeitszeit *f;* **zamanında** zur rechten Zeit, rechtzeitig, seinerzeit; **tam zamanında** im richtigen Augenblick; **zamanla** im Laufe der Zeit, mit der Zeit; **zamanla yarışma** Wettlauf *m* gegen die Uhr
zamanaşımı (**-nı**) *s* Verjährung *f;* **zamanaşımına uğramak** verjähren
zamanlı *adv* pünktlich, rechtzeitig
zamansız *adj, adv* unerwartet
zambak (**-ğı**) *s* Lilie *f*
Zambia *s* Sambia *nt*
zamir *s* Fürwort *nt,* Pronomen *nt*
zamk (**-kı**) *s* 1. Klebstoff *m,* Leim *m* 2. Gummiharz *nt*
zamklı şerit (**-di**) *s* Klebeband *nt*
zamklamak *vt* (mit Klebstoff) kleben (*-i* etw)
zammı (**-nı**) *s Possessivform zu* **zam** die Erhöhung von ...
zampara *s* Schürzenjäger *m*
zan (**-nnı**) *s* 1. Vermutung *f* 2. Verdacht *m* 3. Anschuldigung *f;* ~ **altında bulundurmak** verdächtigen (*-i* jdn)
zangoç (**-cu**) *s* 1. Küster *m* 2. Glöckner *m*
zanlı *adj* 1. mutmaßlich 2. verdächtigt 3. angeklagt
zannetmek (**-der**) *vt* meinen, vermuten (*-i* etw)
zannı (**-nı**) *s Possessivform zu* **zan** seine/ihre Vermutung
zaplamak *vi* (*beim Fernsehen*) zappen
zapping yapmak *vi* (*beim Fernsehen*) *s.* **zaplamak**
zapt *s* 1. gewaltsame Wegnahme 2. Beherrschung *f* 3. Protokollierung *f;* **zapta geçirilmiş** protokolliert
zaptetmek (**-der**) *vt* 1. (*auch gewaltsam*) besetzen (*-i* etw) 2. beherrschen, bezähmen (*-i* etw) 3. protokollieren (*-i* etw)
zar *s* 1. Häutchen *nt* 2. Pelle *f* 3. (*Spiel-*) Würfel *m;* ~ **atmak** würfeln; ~ **oyunu** Würfelspiel *nt;* ~ **tutmak** (*beim Würfeln*) mogeln; (*vulg*) Taschenbillard spielen; ~ **gibi** sehr fein, hauchdünn
zar zor *adv* mit Mühe und Not
zarafet (**-ti**) *s* 1. Eleganz *f,* Schick *m* 2. Vornehmheit *f*

zarar s 1. Schaden *m*, Verlust *m* 2. Nachteil *m*; ~ **ödeneği** Entschädigung *f*; ~ **vermek** schaden (*-e* jdm/einer Sache); **zarara sokmak** schädigen, benachteiligen (*-i* jdn); **zararı dokunmak** schaden, Schaden zufügen (*-e* jdm); **zararı yok** das macht nichts; **zararına** zu Ungunsten (*-in gen*); **zararını çıkarmak** sich bezahlt machen

zararlı adj 1. schädlich (*-e* für jdn/etw) 2. nachteilig (*-e* für jdn/etw); ~ **böcekler** Ungeziefer *nt*; ~ **madde** Schadstoff *m*

zararsız adj 1. unschädlich, harmlos 2. (*auch fig*) nicht übel; ~ **hale sokmak** entschärfen (*-i* etw)

zararsızlık (**-ğı**) s Harmlosigkeit *f*

zarf s 1. (*Brief-*) Umschlag *m* 2. Futteral *nt*, Hülle *f* 3. Umstandswort *nt*, Adverb *nt* 4. *Untersetzer für Moccatässchen*

zarfında präp innerhalb, binnen (*... gen*)

zarif adj 1. schick, elegant 2. vornehm, fein 3. schön

zaruret (**-ti**) s 1. Zwang *m*, Zwangslage *f* 2. Elend *nt*, Not *f*

zaten adv ohnehin, sowieso

zatülcenp (**-bi**) s 1. Brustfellentzündung *f* 2. Rippenfellentzündung *f*

zatürre s Lungenentzündung *f*

zavallı adj 1. (*bedauernswert*) arm 2. (*hilflos*) schwach; ~ **ben!** ich Armer!, ich Arme!

zayıf adj 1. mager, dürr 2. schmächtig, schmal 3. schwach, schwächlich 4. (*fig*) schwach 5. (*Schulnote*) ungenügend; ~ **akıllı** schwachsinnig, Schwachsinnige(r) *mf*; ~ **düşmek** schwach werden; ~/**güçlü yön** [*o* **taraf**] schwache/starke Seite; ~ **nokta** Schwachstelle *f*

zayıflamak vi 1. (*an Gewicht*) abnehmen 2. abmagern 3. schlanker werden 4. schwach werden 5. (*Gedächtnis*) nachlassen

zayıflatmak vt 1. *Kausativ zu* **zayıflamak** 2. entkräften, schwächen (*-i* jdn/etw)

zayıflık (**-ğı**) s 1. (*auch fig*) Schwäche 2. Schlankheit *f* 3. Magerkeit *f*

zebra s Zebra *nt*

zedelemek vt 1. schaden, beeinträchtigen (*-i* etw) 2. (*beschädigen*) ramponieren (*-i* etw) 3. quetschen (*-i* etw)

zehir (**-hri**) s Gift *nt*

zehirleme s 1. *Verbalsubstantiv zu* **zehirlemek** 2. Vergiftung *f*

zehirlemek vt 1. vergiften (*-i* jdn/etw) 2. (*Laune*) verderben (*-i* etw)

zehirlenme s 1. *Verbalsubstantiv zu* **zehirlenmek** 2. Vergiftung *f*

zehirlenmek vi vergiftet werden

zehirli adj giftig, Gift-; ~ **çöp** Giftmüll *m*; ~ **gaz** Giftgas *nt*; ~ **yılan** Giftschlange *f*

zehretmek (**-der**) vt 1. *Kausativ zu* **zehrolmak** 2. vergiften, vergällen (*-e -i* jdm etw) 3. (*Liebe*) erlöschen lassen; (*Gefühle*) abtöten (*-i* etw)

zehri (**-ni**) s *Possessivform zu* **zehir** das Gift von ...

zehrolmak vi vergällt werden (*-e* jdm)

zeka s 1. Intelligenz *f*, Klugheit *f* 2. Verstand *m*; ~ **oranı** Intelligenzquotient *m*

zekat (**-tı**) s (*islamisch*) Almosen *nt*

zeki adj intelligent, klug

zelzele s (*fam*) Erdbeben *nt*

zemberek (**-ği**) s (*von Uhr*) Feder *f*; **zehir** ~ sehr bitter

zembil s (*Einkaufs-*) Korb *m*

zemin s 1. Grund *m*, Boden *m* 2. Basis *f*, Grundlage *f* 3. Grundton *m*; ~ **katı** Erdgeschoss *nt*, Parterre *nt*

zencefil s Ingwer *m*

zengin I. adj 1. reich 2. reichhaltig II. s Reiche(r) *mf*; ~ **kaynak** Fundgrube *f*

zenginleşmek vi 1. reich(er) werden 2. sich bereichern

zenginleştirmek vt 1. *Kausativ zu* **zenginleşmek** 2. reich(er) machen (*-i* jdn) 3. bereichern (*-i* jdn)

zenginlik (**-ği**) s Reichtum *m*, Wohlstand *m*

zerre s 1. Teilchen *nt*, Partikel *nt*/*f* 2. Staubkörnchen *nt* 3. Molekül *nt* 4. Spur *f*

zerrin I. s Narzisse *f* II. adj golden, aus Gold

zeval (**-li**) s Ende *nt*, Untergang *m*

zevk (**-ki**) s 1. Genuss *m*, Vergnügen *nt*, Lust *f* 2. (*Freude*) Spaß *m* 3. Geschmack *m*; ~ **almak** [*o* **duymak**] Spaß haben (*-den* an etw); ~ **meselesi** Geschmack(s)sache *f*; ~ **sahibi olmak** Geschmack haben; ~ **vermek** Spaß machen (*-e* jdm); **zevkini çıkarmak** genießen (*-in* etw)

zevkli adj 1. geschmackvoll 2. vergnüglich

zevksiz adj 1. geschmacklos 2. langweilig, reizlos

zevksizlik (**-ği**) s Geschmacklosigkeit *f*

zeytin s Olive *f*; ~ **ağacı** Ölbaum *m*; ~ **dalı** Ölzweig *m*; ~ **yeşili** olivgrün

zeytinlik (**-ği**) s Olivenhain *m*

zeytinyağı (**-nı**) s Olivenöl *nt*

zeytuni adj olivgrün

zıbarmak *vi* 1. verenden 2. (*vulg*) krepieren, verrecken 3. (*pej: Betrunkener*) schlafen wie ein Sack

zıddı (**-nı**) *s Possessivform zu* **zıt** das Gegenteil von ...

zılgıt (**-dı**) *s* (*fam*) Anpfiff *m*

zımba *s* 1. (*Papier-*) Locher *m* 2. Stanze *f* 3. Perforierung *f*

zımbalamak *vt* lochen, (aus)stanzen, perforieren (*-i* etw)

zımpara *s* Schmirgel *m;* ~ **kâğıdı** Schmirgelpapier *nt*

zındık (**-ğı**) *s* (*fam*) Ketzer(in) *m(f)*

zıp *interj* zack; **sevinçten ~ ~ hoplamak** einen Freudentanz aufführen

zıpçıktı *s* (*fam*) Emporkömmling *m*

zıpır *adj* 1. (*fam*) bescheuert 2. (*fam*) überspannt, skurril

zıpkın *s* Harpune *f*

zıplamak *vi* 1. hüpfen 2. in die Höhe springen 3. zurückprallen

zıpzıp (**-pı**) *s* Murmel *f*

zırdeli *adj* (*fam*) ballaballa

zırh *s* 1. Panzer *m* 2. Panzerung *f*

zırhlı *adj* gepanzert, Panzer-

zırlamak *vi* (*fam*) 1. (*Kind*) plärren 2. viel labern

zırva *s* (*fam*) Quatsch *m*

zırvalamak *vi* (*fam*) dummes Zeug reden

zıt (**-ddı**) I. *adj* entgegengesetzt II. *s* Gegenteil *nt*, Gegensatz *m* III. *adv* zuwider

zıvana *s* 1. Hülse *f*, Röhrchen *nt* 2. Keilnute *f* 3. Mundstück *nt;* ~ **yuvası** Fuge *f;* **birini zıvanadan çıkarmak** jdn aus dem Häuschen bringen; **zıvanadan çıkmak** außer Rand und Band sein, aus der Haut fahren; **zıvanadan çıkmış** fuchsteufelswild

zifaf *s* erstes eheliches Zusammensein; ~ **gecesi** Hochzeitsnacht *f*

zifiri *adj* stockfinster; ~ **karanlık** Finsternis *f*, stockfinster

zift (**-ti**) *s* Pech *nt*

zihin (**-hni**) *s* 1. Intellekt *m*, Geist *m* 2. Gedächtnis *nt* 3. Verstand *m;* **zihinini kurcalamak** seinen Kopf anstrengen

zihinsel *adj* geistig, intellektuell; ~ **özürlü** geistig behindert

zihni *adj* 1. intellektuell 2. geistig, Kopf-

zihni (**-ni**) *s Possessivform zu* **zihin** sein/ihr Intellekt *m*

zihniyet (**-ti**) *s* Mentalität *f*

zikzak (**-ğı**) I. *s* Zickzack *m* II. *adv* im Zickzack; ~ **gitmek** im Zickzack gehen

zil *s* 1. Klingel *f* 2. (*am Tamburin*) Schelle *f* 3. Kastagnette *f* 4. Zimbel *nt;* ~ **çalıyor** es läutet [*o* klingelt]; ~ **düğmesi** Klingelknopf *m*

Zimbabve *s* Simbabwe *nt*

zimmet (**-ti**) *s* 1. Obliegenheit *f* 2. Schuld *f* 3. Soll *nt* 4. Passiva *pl;* **zimmetine geçirmek** hinterziehen, unterschlagen, jds Konto belasten

zina *s* 1. Ehebruch *m* 2. wilde Ehe; ~ **işlemek** Ehebruch begehen

zincifre *s* Zinnober *m;* ~ **kırmızısı** (*Farbe*) Zinnober *m*

zincir *s* Kette *f;* **zincire vurmak** fesseln, in Ketten legen (*-i* jdn)

zincirleme I. *s Verbalsubstantiv zu* **zincirlemek** II. *adj* kettenartig; ~ **reaksiyon** Kettenreaktion *f;* ~ **usulü** (**çalışma**) Fließbandarbeit *f*

zincirlemek *vt* 1. anketten (*-i* etw) 2. aneinander reihen (*-i* etw) 3. in Ketten legen (*-i* jdn)

zindan *s* Kerker *m;* ~ **gibi** stockfinster

zinde *adj* munter, frisch

ziraat (**-tı**) *s* 1. Landwirtschaft *f* 2. Anbau *m*

zirai *adj* landwirtschaftlich

zirve *s* 1. (*Berg-*) Gipfel *m* 2. (*Baum-*) Wipfel *m* 3. Höhe *f* 4. Höhepunkt *m;* ~ **toplantısı** Gipfelkonferenz *f*, Gipfeltreffen *nt*

zirzop (**-pu**) I. *s* (*fam*) Verrückte(r) *mf* II. *adj* verrückt, übergeschnappt

ziyade I. *s* Mehr *nt* II. *adj* 1. (zu) viel 2. äußerste(r, s) III. *adv* 1. mehr (*-den* als) 2. vielmehr

ziyafet (**-ti**) *s* Festessen *nt*

ziyan *s* 1. Verlust *m* 2. Schaden *m* 3. Beschädigung *f*

ziyaret (**-ti**) *s* Besuch *m;* ~ **etmek** besuchen (*-i* jdn); ~ **saatleri** Besuchszeit *f;* ~ **yeri** Pilgerstätte *f*

ziyaretçi *s* Besucher(in) *m(f);* ~ **defteri** Gästebuch *nt*

ziyaretgah *s* Pilgerstätte *f*, Pilgerort *m*

zom *adj* (*fam*) besoffen

zona *s* Gürtelrose *f*

zonklamak *vi* schmerzen

zooloji *s* Zoologie *f*

zoolojik *adj* zoologisch

zor I. *adj* schwierig, schwer II. *s* 1. Zwang *m* 2. Gewalt *f* 3. Schwierigkeit *f* III. *adv* knapp, gerade noch; ~ **bulunur** schwer erhältlich; ~

kullanma Gewaltanwendung *f;* ~ **kullanmak** Zwang anwenden
zoraki *adj* gezwungen, ungewollt
zorba I. *adj* 1. gewalttätig, brutal 2. despotisch II. *s* Despot(in) *m(f)*
zorbalık (**-ğı**) *s* Gewalttätigkeit *f,* Brutalität *f*
zorla *adv* 1. mit Gewalt 2. schwer 3. gezwungenermaßen
zorlama *s* 1. *Verbalsubstantiv zu* **zorlamak** 2. Nötigung *f;* ~ **tedbirleri** Sanktionen *pl,* Repressalien *pl*
zorlamak *vt* 1. zwingen, nötigen, drängen (*-i -e* jdn zu etw) 2. erzwingen (*-i* etw) 3. mit Gewalt öffnen (*-i* etw)
zorlaşmak *vi* schwierig(er) werden
zorlaştırmak *vt* 1. *Kausativ zu* **zorlaşmak** 2. erschweren (*-i* etw)
zorlu *adj* 1. (*Wind, Regen*) heftig 2. (*Gegner*) gewaltsam 3. tatkräftig, entschlossen
zorluk (**-ğu**) *s* Schwierigkeit *f*
zorunda *adj* genötigt, gezwungen; ~ **olmak** [*o* **kalmak**] gezwungen sein (*-mek* etw zu tun)
zorunlu *adj* 1. notwendig, unentbehrlich, unerlässlich 2. obligatorisch 3. zwangsläufig 4. unvermeidlich; ~ **durum** Notlage *f,* Zwangslage *f;* ~ **kılmak** erfordern (*-i* etw)
zorunluluk (**-ğu**) *s* 1. Notwendigkeit *f,* Unentbehrlichkeit *f* 2. Zwangsläufigkeit *f* 3. Unvermeidbarkeit *f*
zulmetmek (**-der**) *vi* misshandeln, tyrannisieren (*-e* jdn)
zulüm (**-lmü**) *s* 1. Grausamkeit *f,* Gräueltat *f* 2. Tyrannei *f,* Unterdrückung *f*
zumlamak *vi* zoomen
zurna *s* türkische Oboe *f*

Die **zurna** ist eine türkische Oboe mit durchdringendem Laut. Sie ist bei der traditionellen Hochzeitsfeier auf dem Lande unentbehrlich, wo eine Zweimannkapelle mit 'zurna' und 'davul' (Trommel) aufspielt.

zücaciye *s* Glas-/Porzellanwaren *pl*
züğürt (**-dü**) *adj* pleite
zührevi hastalık (**-ğı**) *s* Geschlechtskrankheit *f*
zümre *s* Klasse *f*
zümrüt (**-dü**) I. *s* Smaragd *m* II. *adj* smaragden, Smaragd-
züppe I. *s* Modenarr *m,* Snob *m,* Dandy *m* II. *adj* snobistisch, dandyhaft
zürafa *s* 1. Giraffe *f* 2. (*fam*) Lesbe *f*

Türkische Kurzgrammatik

Das türkische Alphabet basiert seit 1928 auf lateinischen Buchstaben. Es besteht aus 8 Vokalen und 21 Konsonanten: A B C Ç D E F G Ğ H I İ J K L M N O Ö P R S Ş T U Ü V Y Z

Vokalharmonie und Konsonantenwandel

Vokale und Konsonanten unterliegen bestimmten Regeln, die ein Schlüssel zum Verständnis der türkischen Grammatik sind. Es handelt sich dabei um die Vokalharmonie und den Konsonantenwandel. Diese sind insbesondere bei der Bildung von grammatischen Endungen sehr wichtig, die wiederum eine der wesentlichen Besonderheiten der türkischen Sprache darstellen.

Die Vokalharmonie

Zunächst unterscheidet man zwischen hellen und dumpfen Vokalen:

helle Vokale	e, i, ö, ü
dumpfe Vokale	a, ı, o, u

Alle türkischen Wörter und Endungen unterliegen der Vokalharmonie. Diese besagt, dass in einem Wort entweder **helle** oder **dumpfe** Vokale vorhanden sind und Vokale der Endungen mit dem letzten Vokal des Wortstammes harmonisieren müssen. Man unterscheidet zwischen kleiner und großer Vokalharmonie.

	Vokalharmonie							
Kl. Vokalharm.	Vokal in der Endsilbe des Wortstammes		Vokal der Endung		Vokal in der Endsilbe des Wortstammes		Vokal der Endung	
	a ı o u		a		e i ö ü		e	
Gr. Vokalharm.	Vokal in der Endsilbe des Wortstammes	Vokal der Endung	Vokal in der Endsilbe des Wortstammes	Vokal der Endung	Vokal in der Endsilbe des Wortstammes	Vokal der Endung	Vokal in der Endsilbe des Wortstammes	Vokal der Endung
	a ı	ı	e i	i	o u	u	ö ü	ü

Ausnahmen sind Fremd- bzw. Lehnwörter (z.B. *kalem*, *otel*), Wortzusammensetzungen (z.B. *yayınevi*) sowie türkische Wörter, deren Aussprache sich mit der Zeit gewandelt hat (z.B. *alma – elma*). Ferner gibt es im Türkischen starre Endungen, die durch die Vokalharmonie nicht geändert werden (z.B. *-yor* = Präsensendung).

Der Konsonantenwandel

Die Konsonanten teilen sich in **harte** (stimmlose) (ç, f, h, k, p, s, ş, t) und in **weiche** (stimmhafte) Konsonanten (b, c, d, g, ğ, j, l, m, n, r, v, y, z). Einem Harmoniegesetz zufolge werden harte Konsonanten in entsprechende weiche umgewandelt, wenn sie durch eine Endung zwischen zwei Vokale geraten:

harte Konsonanten			weiche Konsonanten		
ç	ağaç	(der Baum)	c	ağacın	(des Baumes)
k	çocuk	(das Kind)	ğ	çocuğa	(dem Kind)
p	çorap	(der Strumpf)	b	çorabı	(den Strumpf)
t	kanat	(der Flügel)	d	kanadı	(den Flügel)

Ausnahmen von dieser Regel bilden viele einsilbige Wörter: z.B. at (das Pferd) – atım (mein Pferd). Es gibt aber auch Ausnahmen bei mehrsilbigen Wörtern, gerade bei solchen, die auf *t* auslauten. Das auslautende *t* wird seltener erweicht als die anderen harten Konsonanten:
hürriye**t** (die Freiheit) – hürriye**t**e (der Freiheit)

Wenn ein Wort mit einem harten Konsonant auslautet, muss der eigentlich weiche Konsonant der angefügten Endung, (z.B. Lokativendung -de/-da) zu einem harten Konsonanten umgewandelt werden (-te/-ta):
ağaç (der Baum) – ağaç-**ta** (auf dem Baum)

Wegfall des zweiten Vokals

Bei manchen zweisilbigen Substantiven fällt der Vokal der zweiten Silbe beim Antritt von vokalisch anlautenden Endungen (Endungen, die mit einem Vokal beginnen, nämlich die Possessivendungen und die Dativ-, Akkusativ- und Genitivendungen) weg.

şehir (die Stadt)	şehr**e (in die Stadt)**
burun (die Nase)	burn**um (meine Nase)**

Das Substantiv (Hauptwort)

Mit Ausnahme von Eigennamen werden alle Substantive klein geschrieben. Das Türkische kennt **keine Artikel** (Geschlechtswörter). Allerdings hat das Zahlwort *bir* (eins) zugleich die Funktion des unbestimmten Artikels (z.B. ein Kind – bir çocuk). Es wird nicht dekliniert und hat keine Verneinungsform. Zur **Pluralbildung** dient die Endung *-ler/-lar*. Sie richtet sich nach der kleinen Vokalharmonie und wird an das Substantiv angefügt:

Singular		Plural (-lar/-ler)	
baba	(der Vater)	babalar	(die Väter)
anne	(die Mutter)	anneler	(die Mütter)
çocuk	(das Kind)	çocuklar	(die Kinder)

Nach Zahlwörtern wird immer der Singular des Substantivs gebraucht:

üç kişi	iki ekmek	on bir oyuncu
drei Personen	zwei Brote	elf Spieler

Ebenso steht nach dem Adjektiv *çok* (viel) der Singular:

çok çocuk	çok insan	çok araba
viele Kinder	viele Menschen	viele Autos

Die Fallendungen im Plural sind vollkommen identisch mit denen im Singular. Sie treten an die Pluralform. Auch hier gilt wieder die Vokalharmonie:

Nominativ (Wer? Was?)	Ekmekler taze. (Die Brote sind frisch)
Akkusativ (Wen, Was?)	Bugün sarayları gezeceğiz. (Heute werden wir die Paläste besichtigen.)
Dativ (Wem, Wohin?)	Bu akşam arkadaşlara gideceğiz. (Heute abend werden wir zu Freunden gehen.)
Genitiv (Wessen?)	Bu arkadaşların oteli nerede? (Wo ist das Hotel dieser Freunde?)

Die Deklination des Substantivs

Es gibt im Türkischen fünf Deklinationsformen und einen Attributsfall, der dem Genitiv im Deutschen entspricht. Die Deklinationsendungen werden an das Substantiv angehängt und richten sich nach der Vokalharmonie (im Akk. und Gen. die große, ansonsten die kleine). Bei vokalisch auslautenden Stämmen kommt zwischen Wortstamm und Deklinationsendung ein **Fugenkonsonant** (bei Akk. und Dat. *-y-*, bei Gen. *-n-*). Bei hartem konsonantischem Auslaut muss der nötige Konsonantenwandel (s.o.) berücksichtigt werden.

Fall	Deklinationsendungen bei Substantiven	Nach vokalischem Auslaut	Nach konsonantischem Auslaut	Nach hartem Konsonant	Pluralbildung
Nominativ Wer? Was?	–	araba (der Wagen)	ev (das Haus)	çocuk (das Kind)	arabalar (die Wagen) evler (die Häuser) çocuklar (die Kinder)
Akkusativ Wen? Was?	-ı, -i, -u, -ü	araba-y-ı (den Wagen)	ev-i (das Haus)	çocuğ-u (das Kind)	arabaları (die Wagen) evler-i (die Häuser) çocukları (die Kinder)
Dativ Wem? Wohin?	-e, -a	araba-y-a (dem Wagen)	ev-e (dem Haus/ ins Haus)	çocuğ-a (dem Kind)	arabalar-a (den Wagen) evler-e (den Häusern) çocuklar-a (den Kindern)
Lokativ Wo? Wann?	-de, -da	araba-da (im Wagen)	ev-de (im Haus)	çocuk-ta (beim Kind)	arabalar-da (in den Wagen) evler-de (in den Häusern) çocuklar-da (bei den Kindern)

Ablativ Woher? Von wem?	-den, -dan	araba-dan (aus dem / vom Wagen)	ev-den (aus dem / vom Haus)	çocuk-tan (vom Kind)	arabalar-dan (von / aus den Wagen) evler-den (von / aus den Häusern) çocuklar-dan (von den Kindern)
Genitiv Wessen?	-ın, -in, -un, -ün	araba-n-ın (des Wagens)	ev-in (des Hauses)	çocuğ-un (des Kindes)	arabalar-ın (der Wagen) evler-in (der Häuser) çocuklar-ın (der Kinder)

Bei Eigennamen wird die Endung mit einem Apostroph abgetrennt (z.B. İstanbul'da).

Die Genitivkonstruktion

Bei der Genitivkonstruktion werden zwei Substantive miteinander verbunden.

a) Die bestimmte Genitivkonstruktion: Das erste Substantiv ist das Bestimmungswort und bekommt die Genitivendung (-ın/-in/-un/-ün). Das zweite Wort ist das Grundwort und bekommt die Possessivendung des Bestimmungswortes in der 3. Pers. Sing. oder Pl. (s. auch Kap. zu Possessiv):

ev-in anahtar-ı	der Schlüssel des Hauses
evler-in anahtar-ları	die Schlüssel der Häuser

b) Die unbestimmte Genitivkonstruktion bezeichnet einen Gattungsbegriff oder dient der Wortzusammensetzung. Hier bekommt das Bestimmungswort keine Genitivendung, aber das Grundwort behält die Possessivendung bei:

ev anahtar-ı	der Hausschlüssel
ev anahtar-ları	die Hausschlüssel

Das Adjektiv (Eigenschaftswort)

Im Türkischen wird das Adjektiv nicht dekliniert, außer wenn es substantivisch gebraucht wird.
- **Das adverbiale Adjektiv:** Das Adjektiv steht vor einem Verb und charakterisiert dieses näher:
  Kadın **güzel** konuşuyor. (Die Frau spricht schön.)
- **Das attributive Adjektiv:**
  Das Adjektiv steht, wie im Deutschen, immer vor dem Substantiv:
  güzel kadın (die schöne Frau), **güzel** kadınlar (schöne Frauen)
  Der unbestimmte Artikel kann vor dem Adjektiv oder zwischen Adjektiv und Substantiv stehen:
  bir **güzel** kadın / **güzel** bir kadın (eine schöne Frau)
- **Das prädikative Adjektiv:** Bei prädikativem Gebrauch steht das Adjektiv am Satzende und bekommt die Hilfsverb-Endung „sein" nach der großen Vokalharmonie:
  Bu kadın **güzel**. (Diese Frau ist schön.) (vgl. Absatz über das Hilfsverb „sein").
- **Das substantivierte Adjektiv** wird dekliniert:
  Nom.: **güzel** (die Schöne) Gen.: **güzel**in gözleri (die Augen der Schönen)

Steigerung und Vergleich

Das Adjektiv wird mit den Wörtern *daha* und *en* gesteigert.

| güzel (schön) | daha güzel (schöner) | en güzel (am schönsten) |

Bei einem Vergleich erhält das Substantiv, mit dem verglichen wird, die Ablativendung -*den*/ -*dan* und steht vor dem Adjektiv. *Daha* ist dann nicht mehr notwendig und hat, wenn es doch gebraucht wird, die Bedeutung „noch".

Positiv	İzmir **büyük** bir şehirdir. (Izmir ist eine große Stadt.)
Komparativ	İstanbul İzmir'**den (daha) büyük**tür. (Istanbul ist (noch) größer als İzmir.)
Superlativ	İstanbul Türkiye'nin **en büyük** şehridir. (Istanbul ist die größte Stadt der Türkei.)

Für Vergleichssätze werden kadar (so ... wie), gibi (wie bzw. so ... wie) oder kere/defa (-fach bzw. -mal so ... wie) benutzt:

İngilizce **kadar** iyi Almanca bilmiyorum.	Ich kann nicht so gut Deutsch wie Englisch.
İngilizce Almanca **gibi** zor değil.	Englisch ist nicht so schwer wie Deutsch.
Türkiye, Almanya'**dan** üç **kere** daha büyük.	Die Türkei ist dreimal so groß wie Deutschland.

Die Pronomen (Fürwörter)

Im Türkischen gibt es Personal-, Possessiv-, Demonstrativ-, Reflexiv- und Fragepronomen. Mit dem Deutschen vergleichbare Relativpronomen gibt es nicht.

Personalpronomen (Persönliche Fürwörter)

Nominativ (Wer?)	Akkusativ (Wen?)	Dativ (Wem?)	Lokativ (Wo? Bei wem?)	Ablativ (Woher? Von wem?)
ben (ich)	ben**i** (mich)	ban**a** (mir)	ben**de** (bei mir)	ben**den** (von mir)
sen (du)	sen**i** (dich)	san**a** (dir)	sen**de** (bei dir)	sen**den** (von dir)
o (er, sie, es)	on**u** (ihn, sie, es)	on**a** (ihm, ihr, ihm)	on**da** (bei ihm, ihr, ihm)	on**dan** (von ihm, ihr, ihm)
biz (wir)	biz**i** (uns)	biz**e** (uns)	biz**de** (bei uns)	biz**den** (von uns)

siz	sizi	size	sizde	sizden
(ihr / Sie)	(euch / Sie)	(euch / Ihnen)	(bei euch / Ihnen)	(von euch / Ihnen)
onlar	onları	onlara	onlarda	onlardan
(sie)	(sie)	(sie)	(bei ihnen)	(von ihnen)

Da das Prädikat Personalendungen enthält, wird das Personalpronomen im Nominativ als Subjekt häufig weggelassen. Es wird in der Regel zur besonderen Hervorhebung gebraucht.

Geliyorum.	Ich komme.
Ben konuşuyorum.	Ich spreche.

Das Possessivpronomen ist mit dem Genitiv des Personalpronomens identisch (s.u.).

Possessivpronomen (Besitzanzeigende Fürwörter)

Possessivpronomen können alleine oder vor einem Substantiv stehen. Häufig werden sie weggelassen, da man sie schon an der Possessivendung des Substantivs erkennen kann (**ev**im statt **benim** evim – mein Haus).

benim:	mein	**bizim:**	unser
senin:	dein	**sizin:**	euer / Ihr (Sing.u.Pl.)
onun:	sein/ihr/sein	**onların:**	ihre

Besitzanzeigende Substantive werden mit Possessivendungen (nach der großen Vokalharmonie) versehen.

Poss.pr.	Substantiv + Possessivendung		
	Endung nach vokalischem Auslaut	Endung nach weichem konsonantischem Auslaut	Endung nach hartem konsonantischem Auslaut
benim (mein)	baba**m** (mein Vater)	arkadaş**ım** (mein/e Freund/in)	çocuğ**um** (mein Kind)
senin (dein)	baba**n** (dein Vater)	arkadaş**ın** (dein/e Freund/in)	çocuğ**un** (dein Kind)
onun (sein, ihr, sein)	baba**sı** (sein, ihr, sein Vater)	arkadaş**ı** (sein/e, ihr/e, sein/e Freund/in)	çocuğ**u** (sein, ihr, sein Kind)
bizim (unser)	baba**mız** (unser Vater)	arkadaş**ımız** (unser/e Freund/in)	çocuğ**umuz** (unser Kind)
sizin (euer/Ihr)	baba**nız** (euer / Ihr Vater)	arkadaş**ınız** (euer/e / Ihr/e Freund/in)	çocuğ**unuz** (euer / Ihr Kind)
onların (ihr)	baba**ları** (ihreVäter) baba**sı** (ihr Vater)	arkadaş**ları** (ihre Freunde/Freundinnen) arkadaş**ı** (ihr/e Freund/in)	çocuk**ları** (ihre Kinder) çocuğ**u** (ihr Kind)

Die **Deklinationsendungen** werden an die Possessivendungen angefügt.
Bildung: Substantiv + Possessivendung + Deklinationsendung
z.B. Lokativ: Bizim arkadaş-ımız-**da** (bei unserem Freund)
Nach den Possessivendungen in der 3. Pers. Sing. und Pl. steht immer ein Fugen-*n* vor der folgenden Deklinationsendung: araba-sı-**n**-ı (Akk.), araba-sı-**n**-a (Dat.), araba-sı-**n**-da (Lok.), araba-sı-**n**-dan (Abl.), araba-ları-**n**-ın (Pl. Gen.)

Demonstrativpronomen (Hinweisende Fürwörter)

Singular	Plural
bu (der/die/das hier) / şu (der/die/das da) / o (jene/r/s)	bunlar (diese hier) / şunlar (diese da) / onlar (jene)
Bu güzel bir otel. (Das hier ist ein schönes Hotel.)	**Bunlar** bizim çocuklarımız değil. (Das hier sind nicht unsere Kinder.)
Şu eski bir ev. (Das da ist ein altes Haus.)	**Şunlar** elma ağacı. (Das da sind Apfelbäume.)
O iyi bir kitap. (Jenes ist ein gutes Buch.)	**Onlar** da iyi. (Jene sind auch gut.)

Reflexivpronomen (Rückbezügliches Fürwort)

Das türkische Reflexivpronomen ist mit dem deutschen nicht zu vergleichen. Es kann adjektivisch oder substantivisch benutzt werden. Es gibt nur das Reflexivpronomen *kendi*. In substantivischem Gebrauch nimmt es Possessivendungen an und bedeutet „selbst"; in adjektivischem Gebrauch steht es unverändert vor dem Bezugswort, das eine Possessivendung annimmt, und bedeutet „eigene(r, s)".

Poss.pr.	Substantivisch		Adjektivisch
benim	kendim	(ich selbst)	kendi araba**m** (mein eigener Wagen)
			kendi ev**im** (mein eigenes Haus)
senin	kendin	(du selbst)	kendi araba**n** (dein eigener Wagen)
			kendi ev**in** (dein eigenes Haus)
onun	kendisi	(er, sie, es selbst)	kendi araba**sı** (sein, ihr eigener Wagen)
			kendi ev**i** (sein, ihr eigenes Haus)
bizim	kendimiz	(wir selbst)	kendi araba**mız** (unser eigener Wagen)
			kendi ev**imiz** (unser eigenes Haus)
sizin	kendiniz	(ihr selbst / Sie selbst)	kendi araba**nız** (euer / Ihr eigener Wagen)
			kendi ev**iniz** (euer / Ihr eigenes Haus)
onların	kendileri	(sie selbst)	kendi araba**ları** (ihre eigenen Wagen)
			kendi ev**leri** (ihre eigenen Häuser)
			kendi araba**sı** (ihr eigener Wagen)
			kendi ev**i** (ihr eigenes Haus)

Deklination

Nom.	kendim (ich selbst)	kendi arabam (mein eigener Wagen)
Akk.	kendimi (mich selbst)	kendi arabamı (meinen eigenen Wagen)
Dat.	kendime (mir selbst)	kendi arabama (meinem eigenen Wagen)
Lok.	kendimde (bei mir selbst)	kendi arabamda (in meinem eigenen Wagen)
Abl.	kendimden (von mir selbst)	kendi arabamdan (von meinem eigenen Wagen)
Gen.	kendimin (meiner selbst)	kendi arabamın (meines eigenen Wagens)

Fragepronomen und Fragewörter

Kim? (Wer?)	**Kim** çay istiyor? **Kimi** arıyorsunuz? **Kime** sordunuz? **Kimin** arkadaşısınız? **Kimde** kalıyorsunuz? Bunu **kimden** aldınız?	Wer möchte Tee? Wen suchen Sie? Wem stellten Sie die Frage? Wessen Freund sind Sie? Bei wem wohnen Sie? Von wem haben Sie das bekommen?
Ne? (Was?)	**Ne** istiyorsunuz? **Ne** arıyorsunuz?	Was möchten Sie? Was suchen Sie?
Ne zaman? (Wann?)	Uçak **ne zaman** kalkıyor? Bize **ne zaman** geleceksin?	Wann startet das Flugzeug? Wann kommst du zu uns?
Kaç ....? (Wie viel?)	**Kaç** kişisiniz? Şeftali **kaç** lira? Kilosu **kaça**? **Kaç gün** kalacaksınız? Bir gecesi **kaç para**? **Kaç tane?**	Wie viele Personen sind Sie? Wie viel Lira kosten die Pfirsiche? Was kostet das Kilo? Wieviel Tage werden Sie bleiben? Was kostet eine Nacht? Wieviel Stück?
Saat kaç? (Wie spät ist es?)	Affedersiniz, **saat kaç**?	Entschuldigen Sie, wie spät ist es?
Saat kaçta? (Um wieviel Uhr?/ Wann?)	Tren **saat kaçta** kalkıyor? **Saat kaçta** buluşalım?	Wann fährt der Zug ab? Um wie viel Uhr sollen wir uns treffen?
Hangi? (welche/r/s?)	**Hangi** oteli tavsiye edersiniz?	Welches Hotel würden Sie empfehlen?

Das Verb (Zeitwort)

Infinitiv

Die Infinitivendung, die an den Wortstamm angehängt wird, lautet im Türkischen -*mek* oder -*mak.* Sie richtet sich nach der kleinen Vokalharmonie: gel-mek (kommen); sor-mak (fragen).

Konjugation des Hilfsverbs „sein"

Im Türkischen spielt das Hilfsverbs „sein" **in Form von Personalendungen** eine große Rolle. Durch diese können verschiedene Wortarten (Substantiven, Adjektive, Pronomen) zu Verben gemacht werden, die dann am Ende des Satzes mit der Personalendung des Hilfsverbs stehen (z.B. in der 1. Pers. Sing.: Ben doktor-um. – Ich bin Arzt.). Das Hilfsverb „sein" wird auch bei der Konjugation der Vollverben als Personalendungen gebraucht.

Personal-pronomen	Nach konsonant. Auslaut: Wortstamm + Personalend.	nach vokalischem Auslaut: Wortstamm (+ -y) + Personalend.
ben	-ım	-y-ım
sen	-sın	-sın
o	-(dır)	-(dır)
biz	-ız	-y-ız
siz	-sınız	-sınız
onlar	-(dır)lar	-(dır)lar

- In der dritten Person Singular ist das Hifsverb „sein" eine Nullendung, d.h., es wird dadurch kenntlich, dass **keine** Endung antritt. (z.B. Babam hasta. - Mein Vater ist krank.). Es kann allerdings auch die Endung -*dır/-dir/-dur/-dür* (nach Konsonanten -*tır/-tir/-tur/-tür*) antreten, wenn der Sprecher seiner Aussage eine gewisse Nachdrücklichkeit beilegt; -*dır* wird dabei meist nicht extra übersetzt (Babam hasta-dır. – Mein Vater ist krank.).
- Die oben angegebenen Endungen für das Hilsverb „sein" werden nur in der Gegenwart und unbestimmten Vergangenheit verwendet. Für die bestimmte Vergangenheit (Perfekt) gelten andere Endungen (siehe Tabelle unten).
- Mit dem Hilfsverb „sein" kann kein Futur gebildet werden. Dafür muss man das Hilfsverb *ol-mak* benutzen, das wie ein normales Verb konjugiert wird (s. Tempusbildung von Vollverben):
Doktor ol-acağ-ım. – Ich werde Arzt.
- Die Verneinung des Hilfsverbs „sein" ist *değil*. Die Personalendung wird an *değil* angefügt: Doktor değil-im. – Ich bin kein Arzt.
- Bei Verbfragen wird das Fragepartikel -*mı/-mi/-mu/-mü* verwendet. Daran wird die Personalendung angehängt: Doktor mu-y-um? – Bin ich ein Arzt?
- Bei vokalischem Auslaut kommt zwischen Wortstamm und Personalendung ein Fugen-*y*, wenn die Personalendung mit einem Vokal beginnt: Ben hasta-y-ım. – Ich bin krank.

Gegenwart

Personalpronomen	Positive Aussage	Negative Aussage	Positive Frage	Negative Frage
ben	doktor**um** (ich bin Arzt.) hastay**ım** (ich bin krank)	doktor değil**im** (ich bin kein Arzt) hasta değil**im** (ich bin nicht krank)	doktor muy**um**? (bin ich ein Arzt?) hasta mıy**ım**? (bin ich krank?)	doktor değil mi**yim**? (bin ich kein Arzt?) hasta değil mi**yim**? (bin ich nicht krank?)
sen	doktor**sun** hasta**sın**	doktor değil**sin** hasta değil**sin**	doktor mu**sun**? hasta mı**sın**?	doktor değil mi**sin**? hasta değil mi**sin**?
o	doktor**(dur)** hasta**(dır)**	doktor değil**(dir)** hasta değil**(dir)**	doktor mu**(dur)**? hasta mı**(dır)**?	doktor değil mi**(dir)**? hasta değil mi**(dir)**?
biz	doktor**uz** hastay**ız**	doktor değil**iz** hasta değil**iz**	doktor muy**uz**? hasta mıy**ız**?	doktor değil mi**yiz**? hasta değil mi**yiz**?
siz	doktor**sunuz** hasta**sınız**	doktor değil**siniz** hasta değil**siniz**	doktor mu**sunuz**? hasta mı**sınız**?	doktor değil mi**siniz**? hasta değil mi**siniz**?
onlar	doktor**(dur)lar** hasta**(dır)lar**	doktor değil**(dir)ler** hasta değil**(dir)ler**	doktor mu**(dur)lar**? hasta mı**(dır)lar**?	doktor değil**(dir)ler** mi? hasta değil**(dır)ler** mi?

Bestimmte Vergangenheit (erlebte Vergangenheit): -(y)dı/-(y)di/-(y)du/-(y)dü

Personalpronomen	Positive Aussage	Negative Aussage	Positive Frage	Negative Frage
ben	doktor**dum** (ich war Arzt) hastay**dım** (ich war krank)	doktor değil**dim** (ich war kein Arzt) hasta değil**dim** (ich war nicht krank)	doktor muy**dum**? (war ich ein Arzt?) hasta mıy**dım**? (war ich krank?)	doktor değil miy**dim**? (war ich kein Arzt?) hasta değil miy**dim**? (war ich nicht krank?)
sen	doktor**dun** hastay**dın**	doktor değil**din** hasta değil**din**	doktor muy**dun**? hasta mıy**dın**?	doktor değil miy**din**? hasta değil miy**din**?
o	doktor**du** hastay**dı**	doktor değil**di** hasta değil**di**	doktor muy**du**? hasta mıy**dı**?	doktor değil miy**di**? hasta değil miy**di**?
biz	doktor**duk** hastay**dık**	doktor değil**dik** hasta değil**dik**	doktor muy**duk**? hasta mıy**dık**?	doktor değil miy**dik**? hasta değil miy**dik**?
siz	doktor**dunuz** hastay**dınız**	doktor değil**diniz** hasta değil**diniz**	doktor muy**dunuz**? hasta mıy**dınız**?	doktor değil miy**diniz**? hasta değil miy**diniz**?
onlar	doktor**dular** hastay**dılar**	doktor değil**diler** hasta değil**diler**	doktor muy**dular**? hasta mıy**dılar**?	doktor değil miy**diler**? hasta değil miy**diler**?

Unbestimmte Vergangenheit (erfahrene Vergangenheit):
-(y)mış/-(y)miş/-(y)muş/-(y)müş

Personalpronomen	Positive Aussage	Negative Aussage	Positive Frage	Negative Frage
ben	doktor**muşum** (ich soll Arzt sein) hasta**mışım** (ich soll krank sein)	doktor değil**mişim** (ich soll kein Arzt sein) hasta değil**mişim** (ich soll nicht krank sein)	doktor muy**muşum**? (soll ich Arzt sein?) hasta mıy**mışım**? (soll ich krank sein?)	doktor değil miy**mişim**? (soll ich kein Arzt sein?) hasta değil miy**mişim**? (soll ich nicht krank sein?)
sen	doktor**muşsun** hasta**mışsın**	doktor değil**mişsin** hasta değil**mişsin**	doktor muy**muşsun**? hasta mıy**mışsın**?	doktor değil miy**mişsin**? hasta değil miy**mişsin**?
o	doktor**muş** hasta**mış**	doktor değil**miş** hasta değil**miş**	doktor muy**muş**? hasta mıy**mış**?	doktor değil miy**miş**? hasta değil miy**miş**?
biz	doktor**muşuz** hasta**mışız**	doktor değil**mişiz** hasta değil**mişiz**	doktor muy**muşuz**? hasta mıy**mışız**?	doktor değil miy**mişiz**? hasta değil miy**mişiz**?
siz	doktor**muşsunuz** hasta**mışsınız**	doktor değil**mişsiniz** hasta değil**mişsiniz**	doktor muy**muşsunuz**? hasta mıy**mışsınız**?	doktor değil miy**mişsiniz**? hasta değil miy**mişsiniz**?
onlar	doktor**muşlar** hasta**mışlar**	doktor değil**mişler** hasta değil**mişler**	doktor muy**muşlar**? hasta mıy**mışlar**?	doktor değil miy**mişler**? hasta değil miy**mişler**?

Das Verb var(dır) / yok(tur)

Die Zeitwörter *var(dır)* und *yok(tur)* werden sehr häufig gebraucht. Sie stehen am Ende des Satzes als Verb und bedeuten „es gibt" bzw. „haben" (var) und „es gibt nicht" bzw. „nicht haben" (yok). Sie werden im Türkischen wie folgt konstruiert:

(Benim) param var.	Ich habe Geld. (Wörtlich: Mein Geld gibt es.)
(Benim) param yok.	Ich habe kein Geld. (Wörtlich: Mein Geld gibt es nicht.)
Bakkalda ekmek var.	Im Laden gibt es Brot.
İstanbul'a ne zaman tren var?	Wann gibt es einen Zug nach Istanbul?
Bugün İstanbul'a tren yok.	Heute gibt es keinen Zug nach Istanbul.

Außerdem gibt es feststehende Wendungen mit var / yok:

Ne var ne yok?	Wie geht es? (Wörtlich: Was gibt es, was gibt es nicht?)
Acele yok.	(Es gibt) Keine Eile!
Bunda iş yok!	Das taugt nichts!
Var mısın?	Machst du mit? Bist Du dabei?

Tempusbildung von Vollverben

Es gibt zwei Tempusformen, die einfache und die zusammengesetzte Zeit.

a) Die einfache Tempusbildung

Bestimmte Gegenwart (Präsens)

Gebrauch: Das Präsens wird für Handlungen und Ereignisse gebraucht, die sich gerade bzw. im Augenblick vollziehen und abspielen.

Endung: -yor (-ıyor/-iyor/-uyor/-üyor)

Bildung: Verbstamm + Präsensendung + Personalendung

Bei vokalisch auslautenden Stämmen (außer -e oder –a) wird die Präsensendung -yor an den Verbstamm angefügt; -e oder -a im Auslaut des Stamms werden dagegen nach der großen Vokalharmonie zu -ı, -i, -u oder -ü, je nachdem, welcher Vokal im Verbstamm davor steht (z.B.: söylemek – söylüyor). Nach konsonantischem Auslaut steht -ıyor/-iyor/-uyor/-üyor.

Personalpronomen	Positive Aussage	Negative Aussage	Positive Frage	Negative Frage
ben	geliyorum (ich komme)	gelmiyorum (ich komme nicht)	geliyor muyum? (komme ich?)	gelmiyor muyum? (komme ich nicht?)
sen	geliyorsun	gelmiyorsun	geliyor musun?	gelmiyor musun?
o	geliyor	gelmiyor	geliyor mu?	gelmiyor mu?
biz	geliyoruz	gelmiyoruz	geliyor muyuz?	gelmiyor muyuz?
siz	geliyorsunuz	gelmiyorsunuz	geliyor musunuz?	gelmiyor musunuz?
onlar	geliyorlar	gelmiyorlar	geliyorlar mı?	gelmiyorlar mı?

Bestimmte Vergangenheit (Perfekt)

Gebrauch: Die best. Vergangenheit wird bei gerade abgeschlossenen Handlungen und Ereignissen verwendet. Mit ihr wird ausgedrückt, was der Sprechende in der Vergangenheit selbst gesehen oder erlebt hat oder wovon er weiß, dass es sich tatsächlich ereignet hat.

Endung: -dı/-di/-du/-dü (-tı/-ti/-tu/-tü)

Bildung: Verbstamm + Vergangenheitsendung + Personalendung (Yaz-dı-m. – Ich habe geschrieben.)

Nach hartem konsonantischem Auslaut wird -dı zu -tı (Koş-**tu**-m – Ich bin gelaufen).

Personal-pronomen	Positive Aussage	Negative Aussage	Positive Frage	Negative Frage
ben	geldim (ich bin gekommen)	gelmedim (ich bin nicht gekommen?)	geldim mi? (bin ich gekommen?)	gelmedim mi? (bin ich nicht gekommen?)
sen	geldin	gelmedin	geldin mi?	gelmedin mi?
o	geldi	gelmedi	geldi mi?	gelmedi mi?
biz	geldik	gelmedik	geldik mi?	gelmedik mi?
siz	geldiniz	gelmediniz	geldiniz mi?	gelmediniz mi?
onlar	geldiler	gelmediler	geldiler mi?	gelmediler mi?

Unbestimmte Vergangenheit

Gebrauch: Mit der unbestimmten Vergangenheit gibt der Sprechende etwas wieder, wovon er nur vom Hörensagen weiß, bzw. wovon er nicht mit Sicherheit weiß, ob es sich tatsächlich so ereignet hat.

Endung: -mış/-miş/-muş/-müş

Bildung: Verbstamm + unbest. Vergangenheitsendung + Personalendung

Personal-pronomen	Positive Aussage	Negative Aussage	Positive Frage	Negative Frage
ben	gelmişim (ich soll gekommen sein)	gelmemişim (ich soll nicht gekommen sein)	gelmiş miyim? (soll ich gekommen sein?)	gelmemiş miyim? (soll ich nicht gekommen sein?)
sen	gelmişsin	gelmemişsin	gelmiş misin?	gelmemiş misin?
o	gelmiş	gelmemiş	gelmiş mi?	gelmemiş mi?
biz	gelmişiz	gelmemişiz	gelmiş miyiz?	gelmemiş miyiz?
siz	gelmişsiniz	gelmemişsiniz	gelmiş misiniz?	gelmemiş misiniz?
onlar	gelmişler	gelmemişler	gelmişler mi?	gelmemişler mi?

Aorist

Gebrauch: Der Aorist drückt eine Handlung aus, die jederzeit bzw. zeitlich unabhängig geschieht. Er wird auch gebraucht, wenn eine gewohnheitsmäßige Handlung oder die Fähigkeit zu bestimmten Handlungen ausgedrückt wird.

Endung und Bildung:

1) -r: nach vokalischem Auslaut
2) -er/-ar: nach einsilbigem Stamm mit konsonantischem Auslaut
3) -ır/-ir/-ur/-ür: nach zwei- oder mehrsilbigem Stamm mit konsonantischem Auslaut sowie nach einigen einsilbigen Verbalstämmen, die meist auf -l oder -r enden.

Personal-pronomen	Positive Aussage	Negative Aussage	Positive Frage	Negative Frage
ben	gelirim (ich pflege zu kommen)	gelmem (ich pflege nicht zu kommen)	gelir miyim? (pflege ich zu kommen?)	gelmez miyim? (pflege ich nicht zu kommen?)
sen	gelirsin	gelmezsin	gelir misin?	gelmez misin?
o	gelir	gelmez	gelir mi?	gelmez mi?
biz	geliriz	gelmeyiz	gelir miyiz?	gelmez miyiz?
siz	gelirsiniz	gelmezsiniz	gelir misiniz?	gelmez misiniz?
onlar	gelirler	gelmezler	gelirler mi?	gelmezler mi?

Futur

Gebrauch: Drückt etwas Zukünftiges, ein geplantes Ereignis oder eine feste Absicht aus.
Endung: Nach konsonantischem Auslaut -ecek/-acak, nach vokalischem Auslaut -yecek/-yacak
Bildung: Verbstamm + Futurendung + Personalendung

Personal-pronomen	Positive Aussage	Negative Aussage	Positive Frage	Negative Frage
ben	geleceğim (ich werde kommen)	gelmeyeceğim (ich werde nicht kommen)	gelecek miyim? (werde ich kommen?)	gelmeyecek miyim? (werde ich nicht kommen?)
sen	geleceksin	gelmeyeceksin	gelecek misin?	gelmeyecek misin?
o	gelecek	gelmeyecek	gelecek mi?	gelmeyecek mi?
biz	geleceğiz	gelmeyeceğiz	gelecek miyiz?	gelmeyecek miyiz?
siz	geleceksiniz	gelmeyeceksiniz	gelecek misiniz?	gelmeyecek misiniz?
onlar	gelecekler	gelmeyecekler	gelecekler mi?	gelmeyecekler mi?

b) Die zusammengesetzte Tempusbildung

Zusammengesetzte Zeiten werden entweder mit der bestimmten oder mit der unbestimmten Vergangenheit gebildet.

1. Mit der bestimmten Vergangenheit

Bestimmte Vergangenheit des Präsens (Imperfekt)

geliyordu (er kam)	gelmiyordu (er kam nicht)	geliyor muydu? (kam er?)	gelmiyor muydu? (kam er nicht?)

Bestimmte Vergangenheit des Aorist

gelirdi (er kam immer)	gelmezdi (er kam nie)	gelir miydi? (kam er immer?)	gelmez miydi? (kam er nie?)

Bestimmte Vergangenheit des Futurs

gelecekti (er wollte kommen)	gelmeyecekti (er wollte nicht kommen)	gelecek miydi? (wollte er kommen?)	gelmeyecek miydi? (wollte er nicht kommen?)

Plusquamperfekt

gelmişti (er war gekommen)	gelmemişti (er war nicht gekommen)	gelmiş miydi? (war er gekommen?)	gelmemiş miydi? (war er nicht gekommen?)

2. Mit der unbestimmten Vergangenheit
Unbestimmte Vergangenheit des Präsens

geliyormuş (er kommt wohl gerade)	gelmiyormuş (er kommt wohl nicht)	geliyor muymuş? (kommt er wohl?)	gelmiyor muymuş? (kommt er wohl nicht?)

Unbestimmte Vergangenheit des Aorists

gelirmiş (er pflegt/e zu kommen)	gelmezmiş (er pflegt/e nicht zu kommen)	gelir miymiş? (pflegt/e er zu kommen?)	gelmez miymiş? (pflegt/e er nicht zu kommen?)

Unbestimmte Vergangenheit des Futurs

gelecekmiş (er würde/soll wohl kommen)	gelmeyecekmiş (er würde/soll nicht kommen)	gelecek miymiş? (würde/soll er kommen?)	gelmeyecek miymiş? (würde/soll er nicht kommen?)

Der Imperativ (Befehlsform)

Im Unterschied zum Deutschen gibt es im Türkischen nicht nur die 2., sondern auch die 3. Pers. Sing. und Pl. des Imperativ. Die Formen werden folgendermaßen gebildet:

Personalpronomen	Der positive Imperativ	der negative Imperativ
sen / siz	Bak! / Bakınız! (Schau!/ Schauen Sie!)	Bakma! / Bakmayınız! (Schau nicht!/ Schauen Sie nicht!)
o	Baksın! (Er soll schauen.)	Bakmasın! (Er soll nicht schauen.)
siz	Bakın ! / Bakınız! (Schaut!/ Schauen Sie!)	Bakmayın! / Bakmayınız! (Schaut nicht!/ Schauen Sie nicht!)
onlar	Baksınlar! (Sie sollen schauen.)	Bakmasınlar! (Sie sollen nicht schauen.)

Die Postpositionen (Verhältniswörter)

Im Unterschied zum Deutschen gibt es im Türkischen keine Präpositionen, sondern Postpositionen. Sie werden den Bezugswörtern nachgestellt und verlangen verschiedene Deklinationsendungen.

Postpositionen mit dem Nominativ bzw. Genitiv

Bei diesen Postpositionen steht das Bezugswort, wenn es ein Subjekt ist, im Nominativ (hat also keine Endung), wenn es dagegen ein Pronomen ist, steht es im Genitiv (außer bei den Pluralformen *onlar* „sie" und *kimler* „wer alles").

ile: mit

Araba ile geldi. (Er kam mit dem Auto.) – Onun ile çalıştım. (Ich arbeitete mit ihr.)

Die Postposition *ile* kommt meistens als reine Endung vor: *-le/-la* nach konsonantischem und *-yle/-yla* nach vokalischem Auslaut.

Arabayla geldi. – Onunla çalıştım.

için: für

Çocuk için / Senin için bir kitap aldı. (Er hat für das Kind / für dich ein Buch gekauft.)

gibi: wie

Babası gibi çalışıyor. (Er arbeitet wie sein Vater.)

kadar: so ... wie, so viel wie, so groß wie.

Babası kadar çalışıyor. (Er arbeitet so viel wie sein Vater.)

Postpositionen mit dem Dativ

karşı: gegenüber (örtlich) / gegen (etwas sein) / gegen (zeitlich)
Denize karşı oturuyorum. (Ich wohne gegenüber dem Meer.)
doğru: hin zu, gerade auf, auf ... zu (in Richtung auf), gegen etwas hin, gegen (zeitlich)
Eve doğru gidiyorum. (Ich gehe auf das Haus zu.)
değin / dek / kadar: bis (zeitlich, örtlich)
Sabaha kadar dans ettiler. (Sie tanzten bis zum Morgen.)

Postpositionen mit dem Ablativ

önce / evvel: vor
Saat ikiden önce gelmez. (Vor zwei Uhr wird er nicht kommen.)
sonra: nach
Yemekten sonra sinemaya gidecek. (Nach dem Essen wird er ins Kino gehen.)
beri: seit
Bir saatten beri seni arıyorum. (Seit einer Stunde suche ich dich.)
itibaren: ab / von ... ab (zeitlich, örtlich)
Bugünden itibaren sigara içmeyecek. (Ab heute wird er nicht rauchen.)
başka: außer
Bunu benden başka kimse yapamaz. (Das kann niemand außer mir.)
dolayı / ötürü: wegen / infolge
Yağmurdan dolayı evdeyiz. (Wegen des Regens sind wir zu Hause.)

Substantive mit lokaler Bedeutung

Eine Reihe Substantive mit lokaler Bedeutung wie *iç* „das Innere", *alt* „Unterseite, *üst* „Oberseite", *arka* „Hinterseite", *ön* „Vorderseite", *dış* „das Äußere", *yan* „Seite", *ara* „Zwischenraum und *karşı* „gegenüberliegende Seite" werden wie Postpositionen gebraucht. Sie stehen dann nach dem Bezugswort, mit dem sie eine Genitivkonstruktion bilden (ev**in** içi – das Innere des Hauses) und eine Fallendung annehmen, vor allem Lokativ oder Dativ (Lokativ: evin içi-n**de** – im Haus, Dativ: evin içi-**ne** – ins Haus). Mit dem Lokativ wird die Frage Wo?, mit dem Dativ die Frage Wohin? beantwortet. Die wichtigsten dieser substantivischen Postpositionen sind: **içinde/içine** (in), **altında/altına** (unter), **üstünde/üstüne** (auf), **arkasında/arkasına** (hinter), **önünde/önüne** (vor), **dışında** (außerhalb), **yanında/yanına** (neben), **arasında/arasına** (zwischen), **karşısında/karşısına** (gegenüber).

Postpositionale Ausdrücke im Nominativ

Weitere Substantive, die als postpositionale Ausdrücke benutzt werden, verlangen meist den Nominativ (adam yüzünden – wegen des Mannes), Pronomen aber stehen im Possessiv (**onun yüzünden** – seinetwegen). Einige davon sind: **sırasında/esnasında** (während), **sayesinde** (dank), **boyunca** (entlang, während) **süresince** (während), **gereğince** (gemäß, aufgrund), **dolayısıyla** (aufgrund von), **münasebetiyle** (anlässlich), **yönden/bakımdan** (hinsichtlich), **hakkında/üzerinde** (betreffs, über), **tarafından** (von).

Die Partizipien (Mittelwörter)

Die Partizipien im Türkischen gleichen denen im Deutschen. Sie können mit dem Partizip I, Partizip II und häufig mit einem Relativsatz (Relativpron. im Nom.) übersetzt werden. Die Partizipien werden mit Endungen gebildet, die an den Verbstamm angehängt werden. Sie können sowohl substantivisch als auch adjektivisch gebraucht werden. Bei substantivischem Gebrauch werden sie dekliniert, bei adjektivischem Gebrauch steht das Partizip wie ein Adjektiv unverändert vor dem Substantiv. Man kann es verneinen, ins Passiv setzen und die Zeitform variieren:

gör-en adam (Nom., adjektivisch)	der sehende Mann / der Mann, der sieht
gör-en adam-a (Dat., adjektivisch)	dem sehenden Mann / dem Mann, der sieht
gör-en (Nom., substantivisch)	der Sehende / derjenige, der sieht

gör-en-**e** (Dat., substantivisch)	dem Sehenden / demjenigen, der sieht
gör-**ül**-en adam (Nom. adjektivisch /Pass.)	der Mann, der gesehen wird / wurde

Im Türkischen gibt es die **bestimmte** und die **unbestimmte Partizipform**:

a) Das bestimmte Partizip
Das bestimmte Partizip der Gegenwart

Das bestimmte Partizip der Gegenwart wird mit der Endung *-(y)en/-(y)an* gebildet. Die Verneinung lautet *-meyen/-mayan*: şarkı söyle**yen** adam – der singende Mann / der Mann, der singt

Das Partizip der Gegenwart kann eine Handlung in der bestimmten Gegenwart oder in der bestimmten Vergangenheit ausdrücken. Das hängt von der Handlung im Hauptsatz ab:

Düş**en** çocuk ağlıyor.	Das Kind, das fiel, weint.
Koş**an** çocuk benim oğlumdur.	Das Kind, das läuft, ist mein Sohn.
Koş**an** çocuk düştü.	Das Kind, das lief, ist gefallen.

Das bestimmte Partizip der Vergangenheit

Das bestimmte Partizip der Vergangenheit wird mit der Endung *-mış/-miş/-muş/-müş olan* (Verneinung: *-memiş/-mamış olan*) gebildet: bize gel**miş olan** misafir – der Gast, der zu uns gekommen ist.

Das bestimmte Partizip der Zukunft

Das bestimmte Partizip der Zukunft wird mit der Endung *-(y)ecek/-(y)acak olan* gebildet (Verneinung: *-meyecek/-mayacak olan*: bugün İstanbul'a uç**acak olan** uçak – das Flugzeug, das heute nach Istanbul fliegen wird.

b) Das unbestimmte Partizip
Das unbestimmte Partizip der Gegenwart

Das unbestimmte Partizip der Gegenwart wird mit der Aorist-Endung *-r (-er/-ar/-ır/-ir/-ur/-ür)* gebildet und drückt eine Fähigkeit oder Eigenschaft aus. Die verneinte Partizipform lautet *-mez/-maz* und drückt eine Unmöglichkeit aus. Diese Partizipform wird meist in festen Verbindungen oder als (versteinertes) Wort mit einer bestimmten Bedeutung gebraucht:

ak**ar**	fließend;	ak**ar** su	Fluss (fließendes Wasser)
çık**maz**	nicht hinauskommend	çık**maz** sokak	Sackgasse (Straße, die nicht wieder hinauskommt)

Das unbestimmte Partizip der Vergangenheit

Das unbestimmte Partizip der Vergangenheit wird mit der Endung *-mış/-miş/-muş/-müş* gebildet. Die Verneinung lautet *-memiş/-mamış*:
Söylen**memiş** söz – das nicht gesprochene Wort

Das unbestimmte Partizip der Zukunft

Das unbestimmte Partizip der Zukunft drückt eine Absicht, ein Erfordernis oder eine Erwartung aus und wird mit der Endung *-(y)ecek/-(y)acak* gebildet. Die Verneinung lautet *-meyecek/ -mayacak*:

| yardım ed**ecek** bir insan | ein Mensch, der helfen wird |

Das Possessivpartizip

Die Endungen der Possessivpartizipien lauten *-dık/-dik/-duk/-dük* bzw. *-(y)ecek/-(y)acak* (mit Konsonantenerweichung k zu ğ. Sie werden im Deutschen mit Relativsätzen oder dass-Sätzen wiedergegeben.

Im Unterschied zu den normalen Partizipformen bekommt das Subjekt der Possessivpartizip-Konstruktion eine Genitivendung und das Possessivpartizip eine Possessivendung.

kadın**ın** gördüğ**ü** *(substantivisch)*	derjenige, den die Frau sieht/gesehen hat
kadın**ın** gördüğ**ü** adam *(adjektivisch)*	der Mann, den die Frau sieht/gesehen hat
Sen**in** geleceğ**ini** yazıyor.	Er schreibt, dass du kommen wirst.

Die **Zeitstufe**, die *-dık* ausdrückt, ist unbestimmt. Ob sie Vergangenheit oder Präsens ist, entscheidet das Hauptverb des Satzes bzw. der Zusammenhang. Das Partizip *-mış olduk* entspricht dem Plusquamperfekt und *-ecek* dem Futur. Für letzteres wird wahlweise auch *-ecek olduk* verwendet.

Zeit	Bildung	Beispiel
Gegenwart	Verbstamm + -dık + Possessivendung	Gör**düğ**üm adam (Der Mann, den ich sehe)
Vergangenheit	Verbstamm + -dık + Possessivendung	Dün gör**düğ**üm adam (Der Mann, den ich gestern sah)
Plusquamperfekt	Verbstamm + -mış-Partizip olduk + Possessivendung	Dün gör**müş olduğ**um adam (Der Mann, den ich gestern gesehen hatte)
Futur	Verbstamm + -(y)ecek + Possessivendung	Gör**eceğ**im adam (Der Mann, den ich sehen werde)
	Verbstamm + -(y)ecek-Partizip olduk- + Possessivendung	Gör**ecek olduğ**um adam (Der Mann, den ich sehen werde)

Substantivischer Gebrauch des Possessivpartizips

Poss.pr.	Possessivpartizip -dık		Possessivpartizip –ecek	
	positiver Ausdruck	negativer Ausdruck	positiver Ausdruck	negativer Ausdruck
benim	söyle**di**ğim (das, was ich sage/sagte)	söyleme**di**ğim (das, was ich nicht sage/sagte)	söyle**yece**ğim (das, was ich sagen werde)	söyleme**yece**ğim (das, was ich nicht sagen werde)
senin	söyle**di**ğin	söyleme**di**ğin	söyle**yece**ğin	söyleme**yece**ğin
onun	söyle**di**ği	söyleme**di**ği	söyle**yece**ği	söyleme**yece**ği
bizim	söyle**di**ğimiz	söyleme**di**ğimiz	söyle**yece**ğimiz	söyleme**yece**ğimiz
sizin	söyle**di**ğiniz	söyleme**di**ğiniz	söyle**yece**ğiniz	söyleme**yece**ğiniz
onların	söyle**di**kleri	söyleme**di**kleri	söyle**yece**kleri	söyleme**yece**kleri

Substantivische Possessivpartizipien werden **mit Fallendungen** versehen:

Akk.:	Söylediğim**i** al!	Kaufe das, was ich sage/gesagt habe!
Dat.:	Söylediğim**e** aldırmıyor.	Er schenkt dem, was ich sage, keine Beachtung.
Lok.:	Söylediğim**de** neredeydin?	Wo warst du, als ich es sagte?
Abl.:	Söylediğim**den** hiçbir şey anlamıyor.	Von dem, was ich sage, versteht er überhaupt nichts.
Gen.:	Söylediğim**in** adı neydi?	Wie heißt das, was ich dir gesagt habe?

Adjektivischer Gebrauch der Possessivpartizipien
(Entsprechung des deutschen Relativsatzes)

Das Possessivpartizip steht adjektivisch vor einem Substantiv und kann auch Verbaladjektiv genannt werden. Das Substantiv, vor dem es adjektivisch steht, kann Fallendungen annehmen:

Kiraladığım ev pahalı. *(Nom.)*	**Das Haus**, **das** ich gemietet habe, ist teuer.
Kiraladığım eve gelin! *(Dat.)*	Kommt **in das Haus**, **das** ich gemietet habe!

Der Optativ

Die als Optativ bezeichnete Wunschform drückt eine Absicht, ein Bereitsein oder eine Aufforderung aus. Der Optativ wird durch Anfügung von *-(y)e* und *-(y)a* an den Verbalstamm gebildet; daran treten die üblichen Personalendungen, mit Ausnahme der 1. Pers. Pl., die *-lım/-lim/-lum/-lüm* lautet. Ins Deutsche können sie je nach Zusammenhang unterschiedlich übersetzt werden.

Aussagesatz:		Fragesatz:	
Eve gidelim!	Gehen wir nach Hause! Wir wollen nach Hause gehen! Lasst uns nach Hause gehen!	Eve gidelim mi?	Wollen wir nach Hause gehen? Sollen wir nach Hause gehen?

Der Optativ in der Gegenwart

Personalpronomen	positive Aussage	negative Aussage	positive Frage	negative Frage
ben	gid**e**yim	gitm**eye**yim	gid**e**yim mi?	gitm**eye**yim mi?
sen	gid**e**sin	gitm**eye**sin	gid**e**sin mi?	gitm**eye**sin mi?
o	gid**e**	gitm**eye**	gid**e** mi?	gitm**eye** mi?
biz	gid**e**lim	gitm**eye**lim	gid**e**lim mi?	gitm**eye**lim mi?
siz	gid**e**siniz	gitm**eye**siniz	gid**e**siniz mi	gitm**eye**siniz mi?
onlar	gid**e**ler	gitm**eye**ler	gid**e**ler mi?	gitm**eye**ler mi?

Heute werden die 2. bzw. 3. Pers. Sing. und Pl. seltener gebraucht. Sie werden zumeist durch den Imperativ ersetzt: *gitsin* statt *gide*: Er/sie soll gehen; *git* statt *gidesin*: Geh!

Der Optativ in der Vergangenheit

Diese Form des Optativs drückt einen irrealen Wunsch aus, der sich auf die Vergangenheit bezieht (wie der Konjunktiv II im Deutschen). Deshalb kann man sie (z.B. für die 3. Pers. Sing.) mit „hätte .... sollen", „wäre/hätte ... doch ..." oder „ich wünschte ... wäre/hätte" übersetzen (keşke gid**ey**di – wäre er doch gegangen). Die positive und negative Frageform des Optativs in der Vergangenheit wird nur sehr selten gebraucht.

Personalpronomen	positive Aussage	negative Aussage	positive Frage	negative Frage
ben	gid**e**ydim	gitm**eye**ydim	gid**e**ydim mi?	gitm**eye**ydim mi?
sen	gid**e**ydin	gitm**eye**ydin	gid**e**ydin mi?	gitm**eye**ydin mi?
o	gid**e**ydi	gitm**eye**ydi	gid**e**ydi mi?	gitm**eye**ydi mi?
biz	gid**e**ydik	gitm**eye**ydik	gid**e**ydik mi?	gitm**eye**ydik mi?

| siz | gid**e**ydiniz | gitm**eye**ydiniz | gid**e**ydiniz mi? | gitm**eye**ydiniz mi? |
| onlar | gid**e**ydiler | gitm**eye**ydiler | gid**e**ydiler mi? | gitm**eye**ydiler mi? |

Möglichkeits- und Unmöglichkeitsform (können / nicht können)

Möglichkeitsform

Die Möglichkeitsform eines Verbs entsteht, wenn der Verbstamm durch die Wunschendung *-(y)e/-(y)a* erweitert und mit dem Verb *bilmek* verbunden wird. Das angehängte *bilmek* kann dann in allen bejahenden Zeitformen konjugiert werden.

Bildung: Verbstamm + -(y)e/-(y)a + Hilfsverbstamm „bil" + Tempusendung + Personalendung.

Gebrauch: Die Formen auf „bilmek" haben wie das deutsche Modalverb „können" oft die Bedeutung von „dürfen": Gör**ebil**ir miyiz? – Dürfen wir sehen?/ Otur**abil**ir miyiz? – Dürfen wir uns setzen?

Unmöglichkeitsform

Die Unmöglichkeitsform, d.h. die Ausdrucksweise des Nichtkönnens, wird nicht mit „bilmek" gebildet, sondern durch Anhängen von *–(y)eme, -(y)ama* an den Verbstamm ausgedrückt.

Bildung: Verbstamm + -(y)e/-(y)a + Verneinungspartikel (richtet sich nach dem Tempus) + Tempusendung + Personalendung.

Personal-pronomen	positive Aussage	negative Aussage	positive Frage	negative Frage
ben	gör**ebil**iyorum (ich kann sehen)	gör**emi**yorum (ich kann nicht sehen)	gör**ebil**iyor muyum? (kann ich sehen?)	gör**emi**yor muyum? (kann ich nicht sehen?)
sen	gör**ebil**iyorsun	gör**emi**yorsun	gör**ebil**iyor musun?	gör**emi**yor musun?
o	gör**ebil**iyor	gör**emi**yor	gör**ebil**iyor mu?	gör**emi**yor mu?
biz	gör**ebil**iyoruz	gör**emi**yoruz	gör**ebil**iyor muyuz?	gör**emi**yor muyuz?
siz	gör**ebil**iyorsunuz	gör**emi**yorsunuz	gör**ebil**iyor musunuz?	gör**emi**yor musunuz?
onlar	gör**ebil**iyorlar	gör**emi**yorlar	gör**ebil**iyorlar mı?	gör**emi**yorlar mı?

Die Bildung der verschiedenen Zeiten der Möglichkeits- und Unmöglichkeitsform

Ben gör**ebil**iyorum (gör**emi**yorum).	Ich kann *jetzt* (nicht) sehen.
Ben gör**ebil**irim (gör**eme**m).	Ich kann/darf (nicht) sehen.
Ben gör**ebil**dim (gör**eme**dim).	Ich habe (nicht) sehen können.
Ben gör**ebil**mişim (gör**eme**mişim).	Man sagt, dass ich (nicht) habe sehen können.
Ben gör**ebil**eceğim (gör**eme**yeceğim).	Ich werde (nicht) sehen können.
Ben gör**ebil**iyordum (gör**emi**yordun).	Ich konnte (nicht) sehen
Ben gör**ebil**irdim (gör**emez**dim).	ich hätte (nicht) sehen können.
Ben gör**ebil**miştim (gör**eme**miştim).	Ich hatte (nicht) sehen können.
Ben gör**ebil**ecektim (gör**eme**yecektim).	Es gab (nicht) die Möglichkeit, dass ich sehe; Ich durfte (nicht) sehen.
Ben gör**ebil**diydim (gör**eme**diydim).	Ich hatte (nicht) sehen können.
Ben gör**ebil**iyormuşum (gör**emi**yormuşum).	Man sagt, ich kann (nicht) sehen.
Ben gör**ebil**irmişim (gör**emez**mişim).	Man sagt, ich dürfe (nicht) sehen.
Ben gör**ebil**ecekmişim (gör**eme**yecekmişim).	Ich werde (nicht) sehen dürfen.

Bedingungsform

Die reale Bedingungsform

Im wirklichen Bedingungssatz sieht der Sprechende eine reale/potentielle Möglichkeit, dass die Bedingung erfüllt wird und somit die Folge eintritt. Alle Konditionalsätze bestehen aus einem Bedingungs- und einem Folgesatz. Die Bedingungsform der Vollverben wird durch Verbstamm + Tempusendung + -(y)se/-(y)sa + Personalendung gebildet. Einleitend kann zur Betonung die Konjunktion *eğer* oder *şayet* (wenn) stehen:

Nebensatz (Bedingung)		Hauptsatz (Folge)
(Eğer) yemek yapar**sa**m,	(Wenn ich koche,)	
Yemek yapar**sa**n,	(Wenn du kochst,)	
Yemek yapar**sa**,	(Wenn er kocht,)	gelir.
Yemek yapar**sa**k,	(Wenn wir kochen,)	(kommt sie.)
Yemek yapar**sa**nız,	(Wenn ihr kocht,)	
Yemek yaparlar**sa**,	(Wenn sie kochen,)	

Bedingungssätze in verschiedenen Zeitformen

Gegenwart	ben	geliyorsam	wenn ich (jetzt) komme, dann ...
	ben	gelirsem	wenn ich komme, dann ...
Vergangenheit	ben	geldiysem	wenn ich gekommen bin, dann ...
	ben	gelmişsem	wenn ich gekommen bin, dann ...
	ben	gelmiş olursam	wenn ich gekommen sein sollte, dann ...
Zukunft	ben	geleceksem	wenn ich kommen soll, dann ...
	ben	gelecek olursam	wenn ich kommen sollte, dann ...

Reale Bedingungssätze mit Hilfsverb „sein"

Das Bezugswort von –(y)se/-(y)sa kann auch ein **Substantiv** oder **Adjektiv** sein.

Pers.pr.	nach konsonantischem Auslaut		nach vokalischem Auslaut	
	positiv	negativ	positiv	negativ
ben	doktorsam (wenn ich Arzt bin)	doktor değilsem (wenn ich kein Arzt bin)	hastaysam (wenn ich krank bin)	hasta değilsem (wenn ich nicht krank bin)
sen	doktorsan	doktor değilsen	hastaysan	hasta değilsen
o	doktorsa	doktor değilse	hastaysa	hasta değilse
biz	doktorsak	doktor değilsek	hastaysak	hasta değilsek
siz	doktorsanız	doktor değilseniz	hastaysanız	hasta değilseniz
onlar	doktorsalar	doktor değilseler	hastaysalar	hasta değilseler

Die Vergangenheitsformen lauten:
-diysem, -diysen, ... / değildiysem, değildiysen, ... / -mişsem, -mişsen, ... / değilmişsem, değilmişsen, ... usw.

Die irreale Bedingungsform

Im Unterschied zur realen Bedingungsform steht die Bedingungsendung -se/-sa direkt hinter dem Verbstamm. Erst danach kommen die Konjugationsendungen:

Gel**se**ydiniz, sinemaya giderdik. – Wenn sie gekommen wären, wären wir ins Kino gegangen.

Zeit	Bildung	Beispiel
Gegenwart:	Verbstamm + -se/-sa + Personalendung	gelsem (wenn ich käme)
bestimmte Vergangenheit	Verbstamm + -se/-sa + Fugen-y + best. Vergangenheitsendung + Personalendung	gelseydin (wenn du gekommen wärst)

unbestimmte Vergangenheit	a) Verbstamm + -se/-sa + Fugen-y + unbest. Vergangenheitsendung + Personalendung	gelseymiş (man sagt, wenn sie gekommen wäre)
	b) Verbstamm + Partizipendung der unbest. Vergangenheit, Verbstamm von olmak + -sa + Personalendung	gelmiş olsak (wenn wir gekommen wären)

Mit der irrealen Bedingungsform können auch Wunschsätze gebildet werden, deren Erfüllung im Bereich des Möglichen (Gegenwart: gel-se – wenn er doch käme) bzw. Unmöglichen (Vergangenheit: gel-se-y-di – wenn er doch gekommen wäre) liegt.

Die Notwendigkeitsform

Die Notwendigkeitsform („sollen" oder „müssen") wird mit der Endung *-meli/-malı* gebildet:

Gegenwart: Verbstamm + meli/malı (+ -y) + Personalendung

Personalpronomen	positive Aussage	negative Aussage	positive Frage	negative Frage
ben	çalışmalıyım (ich muss arbeiten)	çalışmamalıyım (ich muss nicht arbeiten)	çalışmalı mıyım? (muss ich arbeiten?)	çalışmamalı mıyım? (muss ich nicht arbeiten?)
sen	çalışmalısın	çalışmamalısın	çalışmalı mısın?	çalışmamalı mısın?
o	çalışmalı	çalışmamalı	çalışmalı mı?	çalışmamalı mı?
biz	çalışmalıyız	çalışmamalıyız	çalışmalı mıyız?	çalışmamalı mıyız?
siz	çalışmalısınız	çalışmamalısınız	çalışmalı mısınız	çalışmamalı mısınız?
onlar	çalışmalılar	çalışmamalılar	çalışmalılar mı?	çalışmamalılar mı?

Bestimmte Vergangenheit: Verbstamm + meli/malı + -y + di + Personalendung

Personalpronomen	positive Aussage	negative Aussage	positive Frage	negative Frage
ben	çalışmalıydım (ich musste arbeiten)	çalışmamalıydım (ich musste nicht arbeiten)	çalışmalı mıydım? (musste ich arbeiten?)	çalışmamalı mıydım? (musste ich nicht arbeiten?)
sen	çalışmalıydın	çalışmamalıydın	çalışmalı mıydın?	çalışmamalı mıydın?
o	çalışmalıydı	çalışmamalıydı	çalışmalı mıydı?	çalışmamalı mıydı?

biz	çalışmalıydık	çalışmamalıydık	çalışmalı mıydık?	çalışmamalı mıydık?
siz	çalışmalıydınız	çalışmamalıydınız?	çalışmalı mıydınız	çalışmamalı mıydınız?
onlar	çalışmalıydılar	çalışmamalıydılar	çalışmalı mıydılar?	çalışmamalı mıydılar?

Unbestimmte Vergangenheit: Verbstamm + meli/malı + -y + miş + Personalendung

Personalpronomen	positive Aussage	negative Aussage	positive Frage	negative Frage
ben	çalışmalıymışım (ich soll wohl arbeiten)	çalışmamalıymışım (ich soll wohl nicht arbeiten)	çalışmalı mıymışım? (soll ich wohl arbeiten?)	çalışmamalı mıymışım? (soll ich wohl nicht arbeiten?)
sen	çalışmalıymışsın	çalışmamalıymışsın	çalışmalı mıymışsın?	çalışmamalı mıymışsın?
o	çalışmalıymış	çalışmamalıymış	çalışmalı mıymış?	çalışmamalı mıymış?
biz	çalışmalıymışız	çalışmamalıymışız	çalışmalı mıymışız?	çalışmamalı mıymışız?
siz	çalışmalıymışsınız	çalışmamalıymışsınız	çalışmalı mıymışsınız?	çalışmamalı mıymışsınız?
onlar	çalışmalıymışlar	çalışmamalıymışlar	çalışmalı mıymışlar?	çalışmamalı mıymışlar?

Da die Notwendigkeitsform nur in der Gegenwart, in der bestimmten Vergangenheit und in der unbestimmten Vergangenheit mit dem Hilfszeitwort „sein" gebildet wird, gibt es noch andere Verbformen, die dazu dienen, die Notwendigkeit in anderen Zeiten auszudrücken.

Die Prüfung **muss** zwei Stunden dauern.	Sınav iki saat sür**meli**.
	Sınavın iki saat sürmesi **gerek**ir.
	Sınav iki saat sürmek **zorunda**.
	Sınavın iki saat sürmesi **zorunlu**.
Ich **muss** warten.	Bekle**meli**yim
Ich **musste** warten.	Bekle**meli**ydim
Ich habe warten **müssen**.	Beklemek **zorunda**ydım
Ich werde warten **müssen**.	Beklemek **zorunda** olacağım

Erweiterte Verbalstämme

Durch verschiedene Endungen können die Verbalstämme zur Bildung von **reflexiven, reziproken, passiven** und **kausativen** Verben erweitert werden:

1. Reflexive Verben:
a) Nach vokalischem Auslaut: *-n-*
  yıkamak (waschen)   yıka**n**mak (sich waschen)
b) Nach konsonantischem Auslaut: *-ın-/-in-/-un-/-ün-*
  bakmak (schauen)   bakı**n**mak (sich umschauen)

2. Reziproke Verben:
a) Nach vokalischem Auslaut: *-ş-*
  anlamak (verstehen)   anla**ş**mak (sich/einander verständigen)
b) Nach konsonantischem Auslaut: *-ış-/-iş-/-uş-/-üş-*
  bakmak (schauen)   bakı**ş**mak (einander anschauen)

3. Passive Verben:
a) Nach konsonantischem Auslaut (außer -l): *-ıl-/-il-/-ul-/-ül-*
  görmek (sehen)   gör**ül**mek (gesehen werden)
b) Nach vokalischem Auslaut: *-n-*
  yürümek (gehen)   yürü**n**mek (gegangen werden)
c) Nach Verbstammendung auf -l: *-ın-/-in-/-un-/-ün-*
  almak (nehmen)   alı**n**mak (entnommen werden)

4. Kausative Verben:
a) Nach mehrsilbigen (außer -l und -r) und einsilbigen Stämmen, die auf einen Konsonanten enden: *-dır-/-dir-/-dur-/-dür-*
  yazmak (schreiben)   yaz**dır**mak (schreiben lassen)
b) Nach zweisilbigen Stämmen, die auf einen Vokal, auf -l oder -r enden: *-t-*
  yürümek (gehen)   yürü**t**mek (gehen lassen)
a) Bei einigen sehr gebräuchlichen einsilbigen Stämmen: *-ar-/-ır-/-ir-/-ur-/-ür-*
  kaçmak (fliehen)   kaçı**r**mak (entführen)

Die Wortstellung

Der Fixpunkt im türkischen Satz ist das konjugierte Verb. Es steht in der Regel am Ende eines Satzes. Sofern der Satz ein Subjekt enthält, steht dieses wie im deutschen Satz am Anfang. Die Stellung der anderen Wortarten im einfachen Hauptsatz entspricht mehr oder weniger der Wortstellung im deutschen Satz. Die Wortstellung ist ebenfalls wie im Deutschen flexibel. Durch Voranstellung wird ein Satzteil besonders betont, wobei allerdings im Türkischen derjenige Satzteil am meisten betont ist, der direkt vor dem konjugierten Verb des Satzes steht.

Zahlwörter

0	sıfır		60	altmış
1	bir		70	yetmiş
2	iki		80	seksen
3	üç		90	doksan
4	dört		100	yüz
5	beş		101	yüz bir
6	altı		200	iki yüz
7	yedi		300	üç yüz
8	sekiz		400	dört yüz
9	dokuz		500	beş yüz
10	on		1 000	bin
11	on bir		2 000	iki bin
12	on iki		3 000	üç bin
13	on üç		10 000	on bin
14	on dört		100 000	yüz bin
15	on beş		1 000 000	bir milyon
16	on altı		eine Milliarde	bir milyar
17	on yedi		eine Billion	bir trilyon
18	on sekiz		eine Billiarde	bir katrilyon
19	on dokuz			
20	yirmi		1.	birinci
21	yirmi bir		2.	ikinci
22	yirmi iki		3.	üçüncü
23	yirmi üç		4.	dördüncü
24	yirmi dört		5.	beşinci
25	yirmi beş		6.	altıncı
26	yirmi altı		7.	yedinci
27	yirmi yedi		8.	sekizinci
28	yirmi sekiz		9.	dokuzuncu
29	yirmi dokuz		10.	onuncu
30	otuz			
31	otuz bir		$1/2$	yarım
32	otuz iki		$1/3$	üçte bir
40	kırk		$1/4$	dörtte bir/bir çeyrek
50	elli		$3/4$	dörtte üç
			3,5 %	yüzde üç buçuk, % 3,5
			27 °C	yirmi yedi derece
			−5 °C	eksi beş derece
			1999	bin dokuz yüz doksan dokuz
			2002	iki bin iki

Zeitangaben

Wie spät ist es?	Saat kaç?
Es ist	Saat
3 Uhr.	üç.
3 Uhr 10.	üçü on geçiyor.
halb 4.	üç buçuk.
Viertel vor 4.	dörde çeyrek var.
5 vor 4.	dörde beş var.
1 Uhr.	bir.
12 Uhr Mittag/Mitternacht.	öğlen on iki/gece o iki.
Geht diese Uhr richtig?	Bu saat doğru mu?/doğru gidiyor mu?
Sie geht vor/nach.	İleri gidiyor /Geri kalıyor.
Es ist spät/zu früh.	Geç oldu/Çok erken.
Um wie viel Uhr?/Wann?	Saat kaçta?/Ne zaman?
Um 2 Uhr.	Saat ikide.
Um 1 Uhr.	Saat birde.
In einer Stunde.	Bir saat sonra/içinde.
In zwei Stunden.	İki saat sonra/içinde.
Nicht vor 9 Uhr morgens.	Sabahları dokuzdan önce değil.
Nach 8 Uhr abends.	Akşamları sekizden sonra.
Zwischen 3 und 4.	Üçle dört arası.
Gegen 4 Uhr.	Saat dörde doğru.
In 14 Tagen.	On dört gün sonra/içinde.
Vor einer Woche.	Bir hafta önce.
Wie lange?	Ne kadar zaman?/Ne süre?
Zwei Stunden (lang).	İki saat (süreyle).
Von 10 bis 11.	Ondan on bire kadar.
Bis zum Wochenende.	Hafta sonuna kadar.
Seit wann?	Ne zamandan beri?
Seit 8 Uhr morgens.	Sabah sekizden beri.
Seit einer halben Stunde.	Yarım saatten beri.
Seit acht Tagen.	Sekiz günden beri.

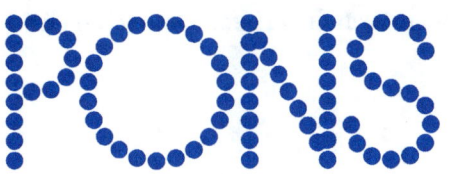

Standardwörterbuch

Deutsch – Türkisch

Vollständige Neuentwicklung
2002

Ernst Klett Verlag
Barcelona · Budapest · London · Posen · Sofia · Stuttgart

PONS Standardwörterbuch Deutsch - Türkisch

Warenzeichen
Wörter, die unseres Wissens eingetragene Warenzeichen darstellen, sind als solche gekennzeichnet. Es ist jedoch zu beachten, dass weder das Vorhandensein noch das Fehlen derartiger Kennzeichnungen die Rechtslage hinsichtlich eingetragener Warenzeichen berührt.

Hinweise zur Benutzung

1. Schriftarten

Blauer Fettdruck	für die Stichwörter
Halbfettdruck	für die deutschen Beispielsätze und Redewendungen
Magerdruck	für die türkischen Übersetzungen
Kursivdruck	für Erklärungen und Definitionen, für Markierungen der Stilebene, für Synonyme und andere Zusätze und für grammatische Angaben wie Wortart, Genus etc.
KAPITÄLCHEN	für Sachgebietsangaben

Beispiel:
> **anstellen** I. *vt* 1. (*Radio*) açmak (*etw* -i) 2. (TECH) harekete getirmek, işletmek (*etw* -i) 3. (*in Arbeit nehmen*) işe koymak (*jdn* -i) II. *vr:* **sich** ~ davranmak; (*an eine Schlange*) kuyruğa girmek; **sich dumm** ~ salaklık etmek; **stell dich nicht so an!** (*fam*) nazlanma!

2. Stichwortanordnung

Alle Stichwörter sind in diesem Wörterbuch streng alphabetisch geordnet. Die Umlaute ä, ö, ü sind den Vokalen a, o, u gleichgestellt.

Beispiel:
> **Knopf** *m* düğme
> **knöpfen** *vt* düğmelemek, iliklemek (*etw* -i)
> **Knopfloch** *nt* düğme iliği

Äußerlich gleiche Wörter (Homografe) sind durch eine arabische Hochzahl kenntlich gemacht.

Beispiel:
> **Plastik**[1] *f* 1. (*Kunst*) heykeltıraşlık 2. (*Werk*) heykel
> **Plastik**[2] *nt* (*Werkstoff*) plastik

Für die Rechtschreibung der deutschen Wörter sowie die alphabetische Anordnung diente als Grundlage *Duden, Die deutsche Rechtschreibung*, 22., völlig neu bearbeitete und erweiterte Auflage, Mannheim 2000.

3. Reformierte Rechtschreibung

a) Deutsche Stichwörter, deren Schreibung sich durch die Rechtschreibreform geändert hat, sind mit einem hochgestellten [RR] gekennzeichnet.

Beispiele:
> **Fass**[RR] *nt* fıçı, varil; **Bier vom** ~ fıçı birası
> **Schifffahrt**[RR] *f* gemicilik; (*auf dem Meer*) denizcilik
> **Stängel**[RR] *m* (*einer Pflanze*) sap

b) Deutsche Wörter in alter Rechtschreibung sind (außer wenn ein Wechsel von ß auf ss vorliegt) als Stichworte aufgenommen. Sie erscheinen farblich unterlegt und sind mit einem Verweis auf die neue Schreibung versehen.

Beispiele: **Schiffahrt** *f s.* **Schifffahrt**
Stengel *m s.* **Stängel**

4. Verweise

Bei unregelmäßigen Verbformen und kontrahierten Formen von Präpositionen wird auf die Grundform verweisen.

Beispiele: **empfing** *vi, vt s.* **empfangen**
empfohlen *vt, vr s.* **empfehlen**

5. Grammatische Angaben

a) Bei allen Stichwörtern ist die Wortart mit angegeben. Die Bezeichnung des Genus durch *m, f* oder *nt* bedeutet, dass es sich um ein Substantiv handelt, die Bezeichnungen *vt, vi* oder *vr* klassifizieren das Stichwort als transitives, intransitives oder reflexives Verb.

Beispiele: **Kiefer¹** *m* (ANAT) çene (kemiği)
Kiefer² *f* çam (ağacı)
losen *vi* kura çekmek; (*durch Münzwurf*) yazı tura atmak
lösen *vt* **1.** (*Problem, Rätsel*) çözmek (*etw* -i) **2.** (*Fahrkarte*) almak (*etw* -i) **3.** (*Vertrag*) feshetmek (*etw* -i)

b) Gehören zu einem Stichwort unterschiedliche Wortarten oder grammatische Kategorien, so sind diese durch römische Ziffern gekennzeichnet.

Beispiele: **einfach** I. *adj* **1.** (*unkompliziert*) basit **2.** (*leicht zu tun*) kolay **3.** (*schlicht*) sade; ~e Fahrt (yalnız) gidiş II. *adv* tam anlamıyla; **lass es ~ sein!** yapma!
an I. *präp* +*akk* (*Richtung*) -e, -in yanına II. *präp* +*dat* (*Ort*) -de, -in yanında; **am See** deniz kenarında; **~ einem Ort** bir yerde; **am 4. Juni** 4 Haziranda; **am Abend** akşamleyin; **am nächsten Tag** ertesi gün; **bis ~ den Rand** ağzına kadar; **Turgut ist am Arbeiten** Turgut çalışmakta III. *adv:* **von ... ~** -den itibaren

c) Die Stammformen der starken Verben, unregelmäßige Steigerungsformen der Adjektive sowie Besonderheiten der Pluralbildung sind in Spitzklammern angegeben.

Beispiele:

saugen <sog *o* saugte, gesogen *o* gesaugt> *vi, vt* **1.**(*allgemein*) içine çekmek (*etw* -i) **2.**(*Säugling, Tierjunges*) emmek (*etw* -i)
hoch <höher, am höchsten> **I.** *adj* yüksek; (*Zahl*) kabarık; (*Gehalt*) dolgun; **50 Meter ~ sein** 50 metre yüksekliğinde olmak ...
Band¹ <Bänder> *nt* **1.**(*Stoff-*) bant, şerit **2.**(*Ton-*) teyp
Band² <Bande> *nt* (*fig: Bindung*) bağ, bağlılık
Band³ <Bände> *m* (*Buch*) cilt
Band⁴ <Bands> *f* müzik grubu

d) Bei zusammengesetzten unregelmäßigen Verben weist die Bezeichnung *irr* auf die beim Grundverb angegebenen Stammformen hin.

Beispiele:

antreten *irr vt:* **ein Amt ~** göreve başlamak; **den Rückzug ~** çekilmek; **eine Reise ~** seyahate çıkmak
überbieten *irr vt* (*übertreffen*) üstün gelmek (*jdn* -e), aşmak (*etw* -i)

e) Bei den Verben sind die Fälle bzw. die Satzerweiterungen mit Präpositionen bzw. Postpositionen in beiden Sprachen nach der Übersetzung in Klammern angegeben. Zur Kennzeichnung der Fälle sind für das Türkische die türkischen Fallendungen angegeben und für das Deutsche die Abkürzungen für *jemanden, jemandem, jemandes* bzw. *etwas*:

pflegen **I.** *vt* **1.**bakmak (*jdn/etw* -e) ...

jemande**n** / etwa**s** pflegen
birin**e** / bir şey**e** bakmak

spotten *vi* alay etmek (*über jdn/etw* ile)

über jemande**n** / etwa**s** spotten
biri **ile** (*o* biriyle) / bir şey **ile** (*o* bir şey**le**) alay etmek

fliehen <floh, geflohen> *vi sein* kaçmak (*vor jdm/etw* -den)

vor jemande**m** / etwa**s** fliehen
birin**den** / bir şey**den** kaçmak

In derselben Weise wird auch auf Nebensatzerweiterungen hingewiesen:

genieren *vr:* **sich ~** utanmak (*etw zu tun* -meye) ...

er geniert sich **zu singen.**
şarkı söyle**meye** utanıyor.

f) Zu den Präpositionen werden ebenfalls die Fälle angegeben, welche sie in beiden Sprachen nach sich ziehen. Für das Deutsche sind dabei die Abkürzungen *akk* für Akkusativ, *dat* für Dativ *gen* für Genitiv und *nom* für Nominativ angegeben, für das Türkische die türkischen Fallendungen.

> **gegenüber** I. *adv* karşı II. *präp* +*dat* 1. (*räumlich*) -in karşısında 2. (*fig: im Vergleich zu*) -e oranla, -e nispetle, -e kıyasla; **mir** ~ (*im Umgang mit mir*) bana karşı, benimle ilişkide

6. Tilde

Die Tilde ~ ersetzt das fett gedruckte Stichwort in Redewendungen und Anwendungsbeispielen.

Beispiele:

> **leicht** I. *adj* 1. (*von geringem Gewicht und fig*) hafif; (*nicht schwierig*) kolay 2. (*Krankheit, Fehler*) önemsiz II. *adv* kolayca, kolaylıkla; **das ist ~er gesagt als getan** söylemesi kolay; ~ **verständlich**[RR] kolay anlaşılır

VII
Regelmäßige deutsche Substantivendungen

Nominativ	Genitiv	Plural	Nominativ	Genitiv	Plural
-ade *f*	-ade	-aden	-ion *f*	-ion	-ionen
-ant *m*	-anten	-anten	-ist *m*	-isten	-isten
-anz *f*	-anz	-anzen	-ium *nt*	-iums	-ien
-ar *m*	-ars	-are	-ius *m*	-ius	-iusse
-är *m*	-ärs	-äre	-ive *f*	-ive	-iven
-at *nt*	-at[e]s	-ate	-keit *f*	-keit	-keiten
-atte *f*	-atte	-atten	-lein *nt*	-leins	-lein
-chen *nt*	-chens	-chen	-ling *m*	-lings	-linge
-ei *f*	-ei	-eien	-ment *nt*	-ments	-mente
-elle *f*	-elle	-ellen	-mus *m*	-mus	-men
-ent *m*	-enten	-enten	-nis *f*	-nis	-nisse
-enz *f*	-enz	-enzen	-nis *nt*	-nisses	-nisse
-ette *f*	-ette	-etten	-nom *m*	-nomen	-nomen
-eur *m*	-eurs	-eure	-rich *m*	-richs	-riche
-eurin *f*	-eurin	-eurinnen	-schaft *f*	-schaft	-schaften
-euse *f*	-euse	-eusen	-sel *nt*	-sels	-sel
-heit *f*	-heit	-heiten	-tät *f*	-tät	-täten
-ie *f*	-ie	-ien	-tiv *nt/m*	-tivs	-tive
-ik *f*	-ik	-iken	-tor *m*	-tors	-toren
-in *f*	-in	-innen	-ung *f*	-ung	-ungen
-ine *f*	-ine	-inen	-ur *f*	-ur	-uren

VIII

Im Text verwendete Abkürzungen

Abk.	Abkürzung *kısaltma*		jdn	jemanden *birini*
adj	Adjektiv *sıfat*		jds	jemandes *birinin*
ADM	Administration, Verwaltung *yönetim*		JUR	Recht(swissenschaft) *hukuk*
adv	Adverb *zarf*		konj	Konjunktion *bağlaç*
AERO	Luftfahrt *havacılık*		*m*	männlich *eril*
akk	Akkusativ *-i hali*		MAR	Schifffahrt *gemicilik*
allg	allgemein *genel olarak*		MATH	Mathematik *matematik*
ANAT	Anatomie *anatomi*		MED	Medizin *tıp*
BIOL	Biologie *biyoloji*		METEO	Meteorologie *meteoroloji*
CHEM	Chemie *kimya*		MIL	Militär *asker*
COM	Handel *ticaret*		MIN	Mineralogie, Bergbau *mineraloji, madencilik*
dat	Dativ *-e hali*		MUS	Musik *müzik*
-de	birinde / bir şeyde *bei jemandem / in etwas*		*nom*	Nominativ *yalın hal*
-den	birinden / bir şeyden *von jemandem / von etwas*		*nt*	Neutrum, sächlich *cinssiz*
			num	Zahlwort *sayı*
-e	birine / bir şeye *jemandem / einer Sache*		*o, od*	oder *veya*
			pej	pejorativ, abwertend *aşağılayıcı*
ECON	Ökonomie, Wirtschaft *ekonomi*		PHILOS	Philosophie *felsefe*
etc.	et cetera *ve saire*		PHYS	Physik *fizik*
etw	etwas *bir şey(i)*		*pl*	Plural, Mehrzahl *çoğul*
f	feminin, weiblich *dişil*		POL	Politik *politika*
fam	umgangssprachlich *konuşma dili*		*präp*	Präposition / Postposition *ön ilgeç / ilgeç*
fig	übertragen, bildlich *mecazi*		*pron*	Pronomen *zamir*
FILM	Film, Kino *film, sinema*		PSYCH	Psychologie *psikoloji*
FIN	Finanzwesen *maliye*		RADIO	Rundfunk *radyo*
geh	gehobene Ausdrucksweise *yüksek ifade tarzı*		REL	Religion *din*
			s.	siehe *bakınız*
gen	Genitiv *-in hali*		*sing*	Singular, Einzahl *tekil*
GEOG	Geographie *coğrafya*		SPORT	Sport *spor*
GRAM	Grammatik *gramer*		TECH	Technik *teknik*
HIST	Geschichte *tarih*		THEAT	Theater *tiyatro*
-i	birini / bir şeyi *jemanden / etwas*		TV	Fernsehen *televizyon*
			u.	und *ve*
ile	biriyle / bir şeyle *mit jemandem/etwas*		*u.Ä.*	und Ähnliches *ve benzeri*
			vi	intransitives Verb *geçişsiz fiil*
-in	birinin / bir şeyin *jemandes / einer Sache*		*vr*	reflexives Verb *dönüşlü fiil*
			vt	transitives Verb *geçişli fiil*
INET	Internet *internet*		*vulg*	vulgär *kaba dil, argo*
INFORM	Informatik *enformatik*			
interj	Interjektion, Ausruf *ünlem*			
jd	jemand *biri*			
jdm	jemandem *birine*			

A

Aal *m* yılanbalığı
Aas *nt* **1.** leş **2.** (*als Schimpfwort*) pis herif; (*für Frauen*) pis kadın
ab I. *adv:* ~ **und zu** arasıra, bazen **II.** *adj* (*abgetrennt*) ayrılmış, kopmuş **III.** *präp* -den/-dan itibaren; ~ **Hamburg** Hamburg'tan sonra; ~ **München** (*ab Werk*) Münih'ten itibaren; **von heute** ~ bugünden itibaren; ~ **15. Mai/7 Euro** 15 Mayıs'tan/7 eurodan itibaren
abändern *vt* değiştirmek; (*Gesetz*) tadil etmek (*etw* -i)
Abänderung *f* tadil, değişiklik
abartig *adj* **1.** (*abnormal*) anormal **2.** (*pervers*) sapık
aballern *vt* (*fam*) silahla vurup düşürmek (*jdn* -i)
Abbau *m* **1.** (*Kohle-*) işletilme **2.** (*Personal-*) tasfiye
abbauen I. *vt* **1.** (*Kohle, Erz*) işletmek (*etw* -i) **2.** (*Arbeitskräfte*) azaltmak (*etw* -i) **3.** (TECH) demonte etmek, sökmek (*etw* -i) **4.** (*Vorurteile*) (önyargıları) bırakmak **II.** *vi* (*erlahmen*) zayıf düşmek
abbeißen *irr vt* (bir parçasını) ısırarak koparmak
abbekommen *irr vt* **1.** (*abkriegen*) (bir şeyden) payını almak **2.** (*loslösen*) çözmek, sökmek (*etw* -i)
abbestellen *vt* (*Abbonement*) (aboneyi) kesmek
abbezahlen *vt* **1.** (*völlig bezahlen*) tamamıyla ödemek (*etw* -i) **2.** (*in Raten zahlen*) taksitle ödemek (*etw* -i)
abbiegen *irr* **I.** *vt* bükmek, eğmek (*etw* -i) **II.** *vi sein* sapmak; **links** ~ **verboten!** sola sapmak yasaktır!
Abbiegespur *f* sapma şeridi
abbilden *vt* resmini yapmak (*etw* -in)
Abbildung *f* resim; (*Figur*) şekil
abblenden *vt* (*Scheinwerfer*) farları kısmak
Abblendlicht *nt* kısa huzmeli far
abbrechen *irr* **I.** *vt* **1.** kırmak, koparmak (*etw* -i) **2.** (*Gebäude*) yıkmak (*etw* -i) **3.** (*Zelt*) toplamak, kaldırmak (*etw* -i) **4.** (*Reise*) yarıda bırakmak (*etw* -i) **5.** (INFORM: *Programm*) iptal etmek (*etw* -i) **II.** *vi* kırılmak, kopmak

abbremsen *vi* frenlemek, yavaşlatmak
abbrennen *irr* **I.** *vt* yakarak yok etmek (*etw* -i) **II.** *vi* tamamıyla yanmak, kül olmak
abbringen *irr vt* **1.** (*vom Weg*) yolundan çevirmek (*jdn* -i) **2.** (*fig: vom Thema*) konudan uzaklaştırmak (*jdn* -i) **3.** (*vom Vorhaben*) maksadından vazgeçirmek, caydırmak (*jdn* -i)
Abbruch *m* **1.** (*Gebäude*) yıkılma **2.** (*Kampf*) kesilme **3.** (*Verhandlungen*) durdurulma **4.** (*Programm*) iptal
abbuchen *vt* hesaptan indirmek [*o* kesmek] (*etw* -i)
abbürsten *vt* (*auch fig*) fırçalamak (*etw* -i)
abdanken *vi* istifa etmek, görevden çekilmek
Abdankung *f* istifa
abdecken *vt* (*Tisch*) sofrayı toplamak [*o* kaldırmak]
abdichten *vt* (TECH) contalamak (*etw* -i)
abdrehen *vt* **1.** (*Hahn*) kapamak (*etw* -i) **2.** (*Licht*) söndürmek (*etw* -i)
Abdruck *m* **1.** (*Spur*) iz **2.** (*Druck*) bası
abdrucken *vt* (yeniden) basmak (*etw* -i)
abdrücken *vi* (*Gewehr*) tetiği çekmek
Abend *m* **1.** (*Spätnachmittag*) akşam **2.** (*nach dem Dunkelwerden*) gece; **heute** ~ RR bu akşam; **gestern** ~ RR dün akşam; **eines** ~**s** bir akşam; **gegen** ~ akşama doğru; **zu** ~ **essen** akşam yemeği yemek
Abendbrot, **Abendessen** *nt* akşam yemeği
Abenddämmerung *f* akşam alaca karanlığı
Abendkleid *nt* tuvalet, abiye
Abendkurs *m* akşam kursu
Abendland *nt* Batı, Garp
Abendmahl *nt* (*christlich*) Evharistia
abends *adv* akşamları
Abenteuer *nt* macera, serüven
abenteuerlich *adj* maceralı
Abenteurer(in) *m(f)* maceracı
aber *konj* fakat, ama; ~ **natürlich!**, ~ **sicher!** hay hay!, elbette!
Aberglaube *m* batıl inanç
abergläubisch *adj* batıl inançları olan
aberkennen *irr vt* (*gerichtlich*) (mahkeme kararıyla) mahrum etmek (*jdm etw* -i -den)

abfahren *irr vi sein* hareket etmek, kalkmak
Abfahrt *f* gidiş, hareket, kalkış
Abfahrtslauf *m* (*Ski-*) depar, şos
Abfahrtszeit *f* kalkış saati, hareket zamanı
Abfall *m* 1.(*Haushalt*) çöp; (*Industrie*) atık 2.(*Unbrauchbares*) döküntü
Abfalleimer *m* çöp tenekesi
abfallen *irr vi sein* düşmek, dökülmek
abfallend *adj* inişli
Abfallprodukt *nt* artık ürün, ikinci sınıf ürün
abfärben *vi* boyası çıkmak
abfertigen *vt* 1.(*Zoll*) işlemini yapmak (*etw* -in) 2.(*Kunden*) hizmet etmek (*jdn* -e) 3.(*pej*) savmak (*jdn* -i)
Abfertigung *f* 1.(*von Waren*) yollama 2.(*am Schalter*) muamele, işlem
abfinden *irr* I. *vt* 1.(*entschädigen*) tazminat vermek (*jdn* -e) 2.(*zufrieden stellen*) memnun etmek (*jdn* -i), gönlünü etmek (*jdn* -in) II. *vr:* **sich mit etw ~** bir şeye katlanmak
Abfindung *f* (*Entschädigung*) tazminat
abfliegen *irr vi* 1.(*Passagier*) (uçakla) hareket etmek 2.(*Flugzeug*) havalanmak, kalkmak, hareket etmek
Abflug *m* uçakla hareket, kalkış
Abflugzeit *f* (uçağın) kalkış saati
Abfluss^{RR} *m* 1. dışarı akma 2.(*Kanal*) lağım
Abflussreiniger^{RR} *m* lavabo açıcı
abfragen *vt* 1. soruşturmak (*jdn etw* -e -i) 2.(*Lektion*) anlattırmak, söyletmek (*jdn etw* -e -i)
Abfuhr *f* 1. taşıma, götürme, nakil 2.(*fig*) atlatılma, baştan savulma
abführen *vt* sevk etmek (*etw* -i)
Abführmittel *nt* müshil, ishal ilacı
Abgabe *f* 1. teslim, tevdi 2.(*Stimm-*) oy verme; **soziale ~n** vergi
Abgang *m* 1.(*Abfahrt*) gidiş, kalkış 2.(*von der Schule*) çıkış
Abgas *nt* artık [*o* atık] gaz
abgeben *irr* I. *vt* 1. teslim etmek, vermek (*jdm etw* -e -i) 2.(*abtreten*) terketmek, bırakmak (*jdm etw* -e -i) II. *vr:* **sich mit etw ~** bir şeyle uğraşmak; **sich mit jdm ~** biriyle meşgul olmak
abgebrüht *adj* (*fig*) pişkin
abgedroschen *adj* (*Worte*) basmakalıp, beylik
abgefahren *adj* (*Reifen*) yıpranmış
abgehen *irr vi sein* 1.(*Zug*) kalkmak, hareket etmek 2.(*Schüler*) çıkmak 3.(*sich lösen*) çözülmek, pul pul olmak; **sich** *dat* **nichts ~ lassen** hiç bir eksiği olmamak
abgekämpft *adj* (*allgemein*) bitkin
abgelaufen *adj* 1.(*Pass*) süresi dolmuş 2.(*Frist*) sona ermiş
abgelegen *adj* sapa
abgemacht *adj* kararlaştırılmış; **~!** tamam!
abgeneigt *adj:* **einer Sache ~ sein** bir şeye karşı olmak
Abgeordnete(r) *mf* milletvekili
Abgeordnetenkammer *f* parlamento
abgeschlossen *adj* (*Arbeit*) bitmiş, bitirilmiş
abgesehen *adv:* **~ von ... ...** bir yana, -in dışında
abgespannt *adj* bitkin
abgestumpft *adj* vurdumduymaz, kayıtsız
abgetragen *adj* (*Kleidung*) eskimiş, yıpranmış
abgewöhnen *vt:* **sich** *dat* **das Rauchen ~** sigarayı bırakmak
abgrenzen *vt* sınırla(ndır)mak (*etw* -i)
Abgrund *m* uçurum, yar
abhacken *vt* kesmek (*etw* -i)
abhalten *irr vt* 1.(*fern halten*) uzak tutmak (*jdn von etw* -i -den) 2.(*etw zu tun*) mani olmak (*jdn* -e) 3.(*Sitzung*) yapmak, akdetmek (*etw* -i); **jdn von der Arbeit ~** birini işinden alıkoymak
abhandeln *vt* (*Thema*) (bir konuyu) incelemek, açıklamak (*etw* -i)
abhanden *adv:* **~ kommen** kaybolmak, yitmek
Abhang *m* yamaç
abhängen I. *vt* 1. yerinden indirmek, çengelinden çıkarmak (*etw* -i) 2.(*loswerden*) atlatmak (*jdn* -i) 3.(*Rivalen*) safdışı bırakmak [*o* etmek] (*jdn* -i) II. *vi:* **von etw ~** bir şeye bağlı [*o* tabi] olmak
abhängig *adj* bağımlı (*von etw/jdm* -e)
Abhängigkeit *f* bağımlılık (*von etw/jdm* -e)
abhärten *vt* (*Körper*) alıştırmak, dayanıklı yapmak (*etw* -i)
Abhärtung *f* dayanıklı yapma
abhauen *vi sein* (*fam*) tüymek, sıvışmak, kaçmak; **hau ab!** çık!
abheben *irr* I. *vt* 1.(*Deckel*) kaldırmak, açmak (*etw* -i) 2.(*Geld*) çekmek (*etw von etw* -i -den) 3.(*Karten*) kesmek (*etw* -i) II. *vr:* **sich ~** iyice belirmek, kontrast teşkil etmek, çok farklı olmak; **die Farben heben sich**

abholen   3   **abraten**

gut voneinander ab renkler birbirinden iyi ayrılıyor
abholen *vt* alıp getirmek (*etw* -i), karşılamak (*jdn* -i); **jdn ~ lassen** birini karşılatmak; **ich hole dich ab** seni karşılarım
Abholzung *f* ağaç kesimi
abhorchen *vt* (*Herz*) kulaklık ile muayene etmek (*etw* -i)
abhören *vt* **1.** (*heimlich*) gizlice dinlemek (*etw* -i) **2.** (*Schüler*) bilgisini yoklamak (*jdn* -in)
Abitur *nt* lise bitirme sınavı
Abiturient(in) *m(f)* lise mezunu
abkaufen *vt:* **jdm etw ~** birinden bir şeyi satın almak; (*glauben*) birinin söylediğine inanmak [*o* aldanmak]
abklingen *irr vi* (*Schmerz*) hafiflemek
Abkomme *m* evlat
abkommen *irr vi sein* **1.** (*vom Weg*) yolunu şaşırmak **2.** (*vom Thema*) konudan ayrılmak
Abkommen *nt* an(t)laşma, mukavele
abkömmlich *adj* bulunması zorunlu olmayan
abkratzen **I.** *vt* kazıyarak çıkarmak (*etw* -i) **II.** *vi* (*vulg: sterben*) nalları dikmek
abkühlen **I.** *vi* soğumak, serinlemek **II.** *vt* soğutmak, serinletmek (*etw* -i)
Abkühlung *f* soğuma, serinleme
abkürzen *vt* (*Weg, Wort*) kısaltmak (*etw* -i)
Abkürzung *f* **1.** (*Wort*) kısaltma **2.** (*Weg*) kestirme yol
abladen *irr vt* (*Last*) boşaltmak (*etw* -i); (*Lastwagen*) yükünü indirmek (*etw* -in)
Ablage *f* **1.** depo, ambar **2.** (*Kleider-*) gardırop, vestiyer **3.** (*Akten-*) dosyalara geçirilen veya geçirilecek olan evrak
ablassen *irr* **I.** *vt* (*Flüssigkeit*) akıtmak (*etw* -i) **II.** *vi* vazgeçmek, el çekmek (*von etw* -den)
Ablativ *m* çıkma durumu, -den hali
Ablauf *m* **1.** (*eines Ereignisses*) gidiş **2.** (*von Frist, Vertrag*) bitme, bitiş; **nach ~ eines Jahres** bir yıl geçtikten sonra
ablaufen *irr vi* **1.** (*Wasser*) akıp gitmek **2.** (*Frist, Vertrag*) bitmek, (süresi) dolmak
ablecken *vt* yalamak (*etw* -i)
ablegen **I.** *vt* **1.** bırakmak (*etw* -i) **2.** (*Kleider*) çıkarmak (*etw* -i) **3.** (*Akten*) (dosyaya) kaldırmak (*etw* -i); **eine Prüfung ~** sınav vermek; **Rechenschaft ~** hesap vermek **II.** *vi* (*Schiff*) kalkmak
Ableger *m* (*von Pflanze*) daldırma

ablehnen *vt* reddetmek (*etw* -i)
ablehnend *adj* menfi, olumsuz
Ablehnung *f* ret
ablenken *vt* dikkatini dağıtmak (*jdn* -in), oyalamak (*jdn* -i)
Ablenkung *f* **1.** oyalanma **2.** (*Vergnügen*) eğlenme
ablesen *irr vt* okumak (*etw* -i)
abliefern *vt* teslim etmek (*etw bei jdm* -i -e)
Ablieferung *f* teslim
ablösen *vt* **1.** ayırmak, çözmek (*etw* -i) **2.** (*Dienst*) nöbet değiştirmek
Ablösung *f* **1.** ayırma, çözme **2.** (*Wach-*) nöbet değiştirme
abmachen *vt* **1.** çözmek, çıkarmak (*etw* -i) **2.** (*vereinbaren*) kararlaştırmak (*etw* -i), sözleşmek (*etw zu tun* -mek üzere)
Abmachung *f* sözleşme
abmagern *vi sein* zayıflamak, kilo kaybetmek
Abmagerung *f* zayıflama, cılızlaşma
Abmarsch *m* yürüyüş(e başlama)
abmelden *vr:* **sich ~** (*von Schule, Verein*) kaydını sildirmek; (*seinen Weggang ankündigen*) ayrılacağını bildirmek
Abmeldung *f* kayıt sildirme
abmontieren *vt* demonte etmek, sökmek (*etw* -i)
abmühen *vr:* **sich ~** didinmek, emek çekmek
Abnahme *f* **1.** (*Kauf*) satın alma, alım **2.** (*Verringerung*) azalma, eksilme **3.** (*Gewicht*) kilo verme
abnehmen **I.** *vt* **1.** kaldırmak (*etw* -i) **2.** (*Hut*) çıkarmak (*etw* -i) **3.** (*Hörer*) ahizeyi kaldırmak; **ich nehme es ihm ab** bu söylediğine inanıyorum **II.** *vi* **1.** (*sich verringern*) azalmak **2.** (*an Gewicht*) kilo vermek **3.** (*Tage*) kısalmak; **ich habe (drei Kilo) abgenommen** (üç) kilo verdim
abnehmend *adj* (*Mond*) küçülen
Abnehmer *m* alıcı, müşteri
abnorm *adj* anormal, düzgünsüz
abnutzen **I.** *vt* yıpratmak, aşındırmak (*etw* -i) **II.** *vr:* **sich ~** yıpranmak, aşınmak
Abnutzung *f* yıpranma, aşın(dır)ma
Abonnement *nt* abone
Abonnent(in) *m(f)* abone (olan)
abonnieren *vt* abone olmak (*etw* -e)
Abordnung *f* heyet, delegasyon
Abort *m* hela, aptesane, yüznumara
abraten *vi:* **jdm (von) etw ~** birine bir şeyi

yapmamasını tavsiye etmek
abräumen *vt* (*Tisch*) sofrayı toplamak [*o* kaldırmak]
abreagieren *vt* (*Wut*) çıkarmak (*etw* -i)
abrechnen **I.** *vt* hesaptan indirmek (*etw* -i) **II.** *vi*: **mit jdm ~** biriyle hesaplaşmak; (*sich rächen*) birinden intikam almak
Abrechnung *f* hesaplaşma; (*Rache*) intikam
Abreise *f* hareket, gidiş
abreisen *vi sein* yola çıkmak
abreißen *irr* **I.** *vt* koparmak; (*Gebäude*) yıkmak (*etw* -i) **II.** *vi* kopmak
Abriss[RR] *m* **1.** (*eines Gebäudes*) yıkılma **2.** (*kurze Darstellung*) özet
Abruf *m:* **auf ~** olabilecek talep üzerine
abrunden *vt* (*rund machen*) yuvarlamak; (*Zahl*) aşağıya yuvarlamak (*etw* -i)
abrüsten **I.** *vi* silahsızlanmak **II.** *vt* silahsızlandırmak (*etw* -i)
Abrüstung *f* silahsızlanma
ABS *nt Abk. von* **Antiblockiersystem** anti blokaj sistemi
Absage *f* ret, olumsuz cevap
absagen **I.** *vi* ret cevabı vermek (*jdm* -e) **II.** *vt* **1.** (*Veranstaltung*) olmayacağını bildirmek (*etw* -in) **2.** (*Einladung*) (sonradan) geri çevirmek (*etw* -i)
Absatz *m* **1.** (*von Schuh*) ökçe, topuk **2.** (*im Text*) paragraf **3.** (*Umsatz*) sürüm
abschaffen *vt* kaldırmak (*etw* -i)
Abschaffung *f* kaldırılma
abschalten **I.** *vt* (*Gerät*) kesmek; (*Maschine*) kapatmak (*etw* -i) **II.** *vi* **1.** (*nicht zuhören*) artık dinlememek **2.** (*sich erholen*) dinlenmek
abschätzen *vt* tahmin etmek (*etw* -i)
Abschaum *m* (*pej*) döküntü, ayaktakımı
abscheulich *adj* iğrenç
abschicken *vt* yollamak, göndermek (*etw* -i)
abschieben *irr vt:* **ins Ausland ~** sınır dışı etmek (*jdn* -i)
Abschiebung *f* sınır dışı etme
Abschied *m* veda; **von jdm ~ nehmen** birine veda etmek, biriyle vedalaşmak
abschießen *irr vt* **1.** (*Waffe*) ateş etmek (*etw* -i) **2.** (*Flugzeug*) düşürmek (*etw* -i) **3.** (*erschießen*) vurmak (*jdn*/*etw* -i)
abschlagen *irr vt* **1.** (*Angriff*) püskürtmek (*etw* -i) **2.** (*Bitte*) reddetmek (*etw* -i)
abschlägig *adj* olumsuz

Abschlagszahlung *f* **1.** (*Rate*) taksit **2.** (*Vorschuss*) avans
abschleppen *vt* (*Auto*) çekmek (*etw* -i)
Abschleppseil *nt* çekme halatı
Abschleppwagen *m* çekici
abschließen *irr vt* **1.** (*Tür*) kilitlemek (*etw* -i) **2.** (*beenden*) bitirmek (*etw* -i) **3.** (*Vertrag*) yapmak, akdetmek (*etw* -i)
abschließend *adv* (bir şeyi) bitirirken
Abschluss[RR] *m* (*Ende*) bit(ir)me, son
Abschlussprüfung[RR] *f* bitirme sınavı
Abschlusszeugnis[RR] *nt* diploma
abschmecken *vt* tadına bakmak (*etw* -in)
abschmieren *vt* yağlamak (*etw* -i)
abschneiden *irr* **I.** *vt* kesip koparmak (*etw* -i) **II.** *vi:* **gut/schlecht ~** iyi/kötü sonuca ulaşmak
Abschnitt *m* (*in Buch*) bölüm
abschrauben *vt* vidalarını [*o* vidasını] sökmek (*etw* -in); (*Deckel*) (çevirip) kaldırmak (*etw* -i)
abschrecken *vt* **1.** yıldırmak (*jdn von etw* -i -den), gözdağı vermek (*jdn* -e) **2.** (*Eier*) üstüne soğuk su dökmek
abschreckend *adj* korkutucu
abschreiben *irr vt* kopya etmek (*etw* -i)
Abschrift *f* kopya
absehbar *adj* (*Folgen*) sonu görülebilen; **in ~er Zeit** az çok yakın zamanda
absehen *irr* **I.** *vt:* **die Folgen von etw ~** bir şeyin sonunu görmek **II.** *vi:* **von etw ~** bir şeyi hesaba katmamak; **es auf etw abgesehen haben** bir şeye göz koymak; **es auf jdn abgesehen haben** (*böse Absicht*) birinin canına kastetmek
abseits **I.** *präp* +*gen* -in ötesinde, -in dışında **II.** *adv* uzakta; **ins Abseits stellen/gedrängt werden** gölgede bırakmak/bırakılmak
absenden *irr vt* yollamak, göndermek (*etw* -i)
Absender *m* gönderen; (INET) gönderici
absetzen **I.** *vt* **1.** (*hinstellen*) indirmek (*etw* -i) **2.** (*Mitfahrenden*) indirmek (*jdn* -i) **3.** (*Beamten*) işinden çıkarmak (*jdn* -i) **4.** (*von Steuern*) kesmek (*etw* -i) **5.** (*verkaufen*) (piyasaya) sürmek, satmak (*etw* -i) **6.** (*Medikament*) kesmek (*etw* -i) **II.** *vr:* **sich ~** (CHEM) çökelmek; (*sich abheben*) iyice belirmek
Absicht *f* niyet, maksat; **mit voller ~** bile bile
absichtlich **I.** *adj* kasıtlı **II.** *adv* kasten, bi-

lerck
absitzen *irr vt:* **eine Strafe** ~ cezaevinde yatarak süresini doldurmak
absolut I. *adj* mutlak, kesin **II.** *adv* mutlaka; ~ **nicht** asla, hiç
abspeichern *vt* (INFORM) yüklemek (*etw auf etw* -i -e), kaydetmek (*etw* -i)
absperren *vt* **1.** kilitlemek (*etw* -i) **2.** (*Straße*) kapamak (*etw* -i) **3.** (*Wasser, Strom*) kesmek (*etw* -i)
Absperrung *f* (*einer Straße*) kapama
abspielen I. *vt* (*Platte*) çalmak (*etw* -i) **II.** *vr:* **sich** ~ cereyan etmek, geçmek
Absprache *f* sözleşme
absprechen *irr* **I.** *vt* kararlaştırmak (*etw* -i) **II.** *vr:* **sich mit jdm** (**über etw**) ~ biriyle (bir şey üzerine) sözleşmek
abspringen *irr vi sein* **1.** (*herunterspringen*) (aşağı) sıçramak [*o* atlamak] **2.** (*sich lossagen, fig*) ayrılmak
abspülen *vt* yıkamak, çalkalamak (*etw* -i)
abstammen *vi* soyundan gelmek (*von jdm/etw* -in)
Abstammung *f* soy, asıl
Abstand *m* mesafe; **von etw** ~ **nehmen** bir şeyden vazgeçmek [*o* el çekmek]
abstatten *vt:* **jdm einen Besuch** ~ birini ziyaret etmek
abstauben *vt* tozunu almak (*etw* -in)
Abstecher *m:* **einen** ~ **machen nach ...** bir yere (*seyahat esnasında*) kısa gezinti yapmak
absteigen *irr vi sein* **1.** (*in einem Hotel*) konaklamak (*in etw* -de) **2.** (*vom Fahrrad, Berg*) inmek (*von etw* -den)
abstellen *vt* **1.** yere koymak, indirmek (*etw* -i) **2.** (*Maschine*) durdurmak (*etw* -i)
Abstellraum *m* sandık odası
abstempeln *vt* **1.** (*Briefmarke*) damgalamak (*etw* -i) **2.** (*Urkunden*) damgalamak, mühürlemek (*etw* -i)
Abstieg *m* iniş
abstimmen I. *vt:* **aufeinander** ~ birbir(ler)ine uydurmak (*etw* -i) **II.** *vi* oy vermek (*über etw ...* üzerine)
Abstimmung *f* (*Wahl*) oylama
Abstinenzler(in) *m(f)* alkol kullanmayan
abstoßen *irr vt* **1.** iterek uzaklaştırmak (*etw* -i) **2.** (*anekeln*) tiksindirmek (*jdn* -i)
abstoßend *adj* itici
abstottern *vt* (*fam*) taksitle ödemek (*etw* -i)
abstrakt *adj* soyut
abstreiten *irr vt* inkar etmek (*etw* -i)
abstufen *vt* derecelendirmek (*etw* -i)
Abstufung *f* (*geringer Unterschied*) ince fark
Absturz *m* **1.** (*Flugzeug-*) düşüş **2.** (*Abhang*) sarp bayır
abstürzen *vi sein* **1.** düşmek **2.** (*Abhang*) sarp inişli olmak **3.** (INFORM: *System, Computer*) çökmek; ~ **lassen** (*System*) çökertmek (*etw* -i)
absurd *adj* anlamsız, saçma
Abszess^{RR} *m* apse
abtauen *vt* (*Kühlschrank*) eritmek (*etw* -i)
Abteil *nt* (*Zug-*) kompartıman
Abteilung *f* bölüm, kısım, şube
abtragen *irr vt* **1.** (*Speisen*) sofra kaldırmak **2.** (*Kleidung*) eskitmek (*etw* -i)
abträglich *adj* zararlı
abtreiben *irr vi* (çocuğu) aldırmak
Abtreibung *f* çocuk aldırma
abtrennen *vt* ayırmak (*etw von etw* -i -den)
abtreten *irr* **I.** *vt* (*Schmutz von Schuhen*) çamurunu silmek **II.** *vi sein* çekilmek
abtrocknen *vt* kurutmak, kurulamak (*etw* -i)
abwandern *vi sein* göç etmek (*nach etw* -e)
Abwanderung *f* göç
abwarten *vt* sonunu beklemek (*etw* -in)
abwärts *adv* aşağı(ya doğru)
abwaschbar *adj* yıkanabilir
abwaschen *irr vt* **1.** (yıkayarak) temizlemek (*etw* -i) **2.** (*Geschirr*) bulaşık yıkamak
Abwasser *nt* atık su
abwechseln *vr, vi:* (**sich**) **mit etw** ~ bir şeyle değişmek; **sich mit jdm** ~ biriyle nöbetleşmek
abwechselnd *adv* nöbetleşe, sırayla
Abwechslung *f* değişiklik; **zur** ~ değişiklik olarak
abwechslungsreich *adj* çeşitli, çok değişik
Abwehrstoff *m* koruyucu madde
abweichen *irr vi sein* **1.** ayrılmak, sapmak (*von etw* -den) **2.** (*verschieden sein*) değişik olmak
abweichend *adj* farklı
Abweichung *f* farklılık, başkalık, ayrılık; **mit einer** ~ **von 100 Metern** 100 metrelik bir sapmayla
abweisen *irr vt* reddetmek (*etw* -i)
abwerten *vt* **1.** değerden düşürmek (*etw* -i) **2.** (*Währung*) devalorize etmek (*etw* -i)

Abwertung *f* 1. değerden düşürme 2. (*einer Währung*) devalüasyon
abwesend *adj* 1. hazır bulunmayan 2. (*geistes~*) dalgın
Abwesenheit *f* yokluk (*bulunmayış*)
abwickeln I. *vt* yaymak (*etw* -i) II. *vr:* **sich ~** cereyan etmek
abwischen *vt* silmek (*etw* -i)
abwürgen *vt* (*Motor*) boğmak (*etw* -i)
abzahlen *vt* (azar azar) ödemek (*etw* -i)
Abzahlung *f* (taksitle) ödeme
Abzeichen *nt* işaret, belirti
Abziehbild *nt* çıkartma
abziehen *irr vt* 1. çıkarmak (*etw von etw* -i -den) 2. (*Bilder*) kopya etmek (*etw* -i) 3. (MATH) çıkarmak (*etw von etw* -i -den) 4. (COM) iskonto etmek (*etw* -i)
abzielen *vi* hedeflemek, amaçlamak, hedef tutmak (*auf etw* -i)
abzocken *vt* (*fam*) yolmak, yontmak (*jdn* -i)
Abzocker(in) *m(f)* hortumcu, vurguncu
Abzug *m* 1. (*Kopie*) kopya 2. (*Rabatt*) iskonto
abzüglich *präp* +*gen* çıkarılmak üzere
abzweigen *vi sein* (*Weg*) ayrılmak
Abzweigung *f* yol ayrımı
Accessoires *pl* aksesuarlar
Account *m* (INFORM) kullanıcı bilgileri
ach *interj* ah!; **~ so!** ha, öyle mi!; **~ was!** yok canım!; **~ wo!** ne gezer!; **mit Ach und Krach** güç bela
Achse *f* 1. (TECH) dingil 2. (MATH) eksen
Achsel *f* omuz; **mit den ~n zucken** omuz silkmek
Achselhöhle *f* koltuk altı
acht *num* sekiz
Acht *f:* **außer ~ lassen**[RR] dikkat etmemek (*etw* -e), ihmal etmek (*etw* -i); **sich in ~ nehmen**[RR] dikkatli davranmak; **~ geben**[RR] dikkat etmek (*auf etw* -e)
achtbar *adj* saygıdeğer
achte(r, s) *adj* sekizinci
achteckig *adj* sekiz köşeli
Achtel *nt* sekizde bir
achten I. *vt* saygı göstermek (*jdn/etw* -e), saymak (*jdn/etw* -i) II. *vi:* **auf etw ~** bir şeye dikkat etmek
Achterbahn *f* lunaparkta bir eğlence treni
achtgeben *vt s.* **Acht**
achthundert *num* sekiz yüz
Achtung *f* 1. (*Respekt*) saygı 2. (*Aufmerksamkeit*) dikkat; **~!** dikkat!

achtzehn *num* on sekiz
achtzig *num* seksen; **die ~er Jahre** seksenli yıllar
Acker *m* tarla
Ackerbau *m* tarım
ackern *vi* (*fam*) ağır çalışmak
ADAC *m Abk. von* **Allgemeiner Deutscher Automobil-Club** Genel Alman Otomobil Kulübü
Adapter *m* (TECH) adaptör
addieren *vt* toplamak (*etw* -i)
Addition *f* toplama
Adel *m* asalet, soyluluk
Ader *f* 1. damar 2. (*Begabung*) yatkınlık, yetenek
Adjektiv *nt* sıfat
Adler *m* kartal
adlig *adj* soylu, asil, asilzade
Admiral *m* amiral
adoptieren *vt* evlat edinmek (*jdn* -i)
Adoption *f* evlat edinme
Adoptiveltern *pl* manevi anababa
Adoptivkind *nt* evlatlık, manevi evlat
Adrenalin *nt* adrenalin
Adressat *m* alıcı, adres sahibi
Adresse *f* adres
adressieren *vt:* **einen Brief an jemanden ~** bir mektubun üstüne birinin adresini yazmak
Adria *f* Adriyatik (Denizi)
Advent *m* Noel'den önceki dört hafta sonu
Adverb *nt* zarf
Aerobic *nt* aerobik
aerodynamisch *adj* aerodinamik
Affäre *f* olay, mesele
Affe *m* maymun
affektiert *adj* yapmacık
Affenhitze *f* (*fam*) cehennem sıcağı
Afghanistan *nt* Afganistan
Afrika *nt* Afrika
Afrikaner(in) *m(f)* Afrikalı
afrikanisch *adj* Afrikalı
After *m* makat
AG *f Abk. von* **Aktiengesellschaft** AŞ (Anonim Şirket)
Ägäis *f* Ege Denizi
Agentur *f* acenta
Aggression *f* saldırganlık (*gegen jdn/etw* -e)
aggressiv *adj* saldırgan
Aggressivität *f* saldırganlık
Agrarpolitik *f* tarım politikası

Agrarreform f tarım reformu
Agrarstaat m tarım ülkesi
Ägypten nt Mısır
Ägypter(in) m(f) Mısırlı
ägyptisch adj Mısırlı
ähneln vi benzemek (jdm/einer Sache -e)
ahnen vt sez(inle)mek (etw -i)
ähnlich adj benzer, benzeş
Ähnlichkeit f benzerlik, benzeyiş
Ahnung f sezgi, seziş, his; **ich hatte keine ~ davon** hiç haberim yoktu
Ahorn m akçaağaç
Ähre f başak
Aids nt AİDS
aidskrank adj AİDS'li, AİDS hastası
Aidskranke(r) mf AİDS'li, AİDS hastası
Aidstest m AİDS testi
Airbag m hava yastığı
Airbus m kısa uçuşlar için kullanılan uçak
Ajatollah m ayatullah
Akademie f akademi
Akademiker(in) m(f) üniversite mezunu
akademisch adj akademik, akademisel
Akazie f akasya
Akkord m akort; **im ~ arbeiten** akort çalışmak
Akkordeon nt akordeon
Akkreditiv nt itimatname, itimat mektubu
Akku m Abk. von **Akkumulator**
Akkumulator m akümülatör
Akkusativ m belirtme durumu, -i hali
Akquisition f 1. (Vorgang) edinme, elde etme 2. (Ergebnis) elde edilen şey
Akrobat(in) m(f) akrobat, cambaz
Akt m 1. (Tat) edim 2. (THEAT) perde 3. (Malerei) nü
Akte f dosya; **etw zu den ~n legen** bir şeyi dosyaya geçirmek; (fig) bir meseleye kapanmış gözüyle bakmak
Aktenkoffer m, **Aktentasche** f evrak çantası
Aktie f hisse senedi
Aktiengesellschaft f anonim şirket
Aktienindex m hisse senetleri endeksi
Aktienmarkt m hisse senetleri piyasası
Aktienmarktindex m hisse senetleri piyasası endeksi
Aktion f hareket, faaliyet, eylem
Aktionär(in) m(f) hissedar
aktiv adj faal, aktif, etkin
aktivieren vt aktifleştirmek (etw -i)
Aktivist(in) m(f) eylemci

Aktivität f faaliyet, etkinlik
aktualisieren vt güncellemek, güncelleştirmek (etw -i)
Aktualisierung f güncelleme, güncelleş(tir)me
Aktualität f aktüalite, güncellik
aktuell adj aktüel, güncel
Akupunktur f akupunktur
akut adj acil
Akzent m 1. (für Betonung) vurgu 2. (Aussprache) şive, aksan
akzeptabel adj kabul edilebilir
akzeptieren vt kabul etmek (etw/jdn -i)
Alabaster m sumermeri, kaymaktaşı
Alarm m alarm; **~ schlagen** alarm vermek
Alarmanlage f alarm teçhizatı
alarmieren vt 1. (beunruhigen) telaşlandırmak (jdn -i) 2. (Polizei, Feuerwehr) çağırmak (jdn -i)
albern adj 1. ahmak, şapşal 2. (kindisch) çocukça
Albernheit f ahmaklık
Albtraum^RR m kabus, korkulu rüya, karabasan
Album nt albüm
Alge f (su) yosun(u)
Algerien nt Cezayir
Algerier(in) m(f) Cezayirli
algerisch adj Cezayir(ce)
Alibi nt (cinayet yerinde) bulunmama(yı ispat)
Alimente pl nafaka
Alkohol m alkol
alkoholfrei adj alkolsüz
Alkoholgehalt m alkol miktarı
Alkoholiker(in) m(f) alkolik
alkoholisch adj alkollü
alkoholsüchtig adj alkolik
Alkoholtest m alkol testi
All nt alem, evren
alle(s) I. adj bütün, tüm; **~ beide** her ikisi; **~ zwei Tage** iki günde bir; **~ Leute** herkes; **... ist alle ...** bitti [o kalmadı] II. pron 1. hepsi 2. (substantivisch): **alles** her şey; **alles in allem** hepsi bir arada
Allee f iki tarafı ağaçlı yol
allein I. adj yalnız II. adv yalnız [o tek] başına; **~ stehend**^RR kimsesiz; (ledig) bekar
Alleinvertretung f münhasır mümessillik, tek temsilcilik
allerbeste(r, s) adj en iyi
allerdings adv doğrusu; (einschränkend)

Allergie

fakat
Allergie *f* alerji
allerhand *adj* çeşit çeşit; **das ist ~!** (*tadelnd*) amma da küstahlık ha!; (*lobend*) az buz değil!
Allerheiligen *nt* Azizler yortusu
allerlei *adj* türlü türlü
Allerseelen *nt* Ölüler günü
allgemein *adj* genel; **im Allgemeinen**^RR genel olarak, genellikle
Allgemeinbefinden *nt* genel sağlık durumu
Allgemeinbildung *f* genel kültür
Allgemeinheit *f* genellik; (*Öffentlichkeit*) halk
Allianz *f* ittifak, birleşme, bağlaşma
alliiert *adj* müttefik, bağlaşık
allmählich **I.** *adj* azar azar (olan) **II.** *adv* gitgide, gittikçe, yavaş yavaş
Alltag *m* günlük hayat
alltäglich *adj* gündelik, olağan
allzu *adv*: **~**, **~ sehr**^RR, **~ viel**^RR fazlasıyla
Almosen *nt* sadaka
Alpen *pl* Alp dağları
Alphabet *nt* alfabe
alphabetisch *adj* alfabe sırasıyla, alfabetik
Alptraum *m* kabus, korkulu rüya, karabasan
als **I.** *konj* (*zur Zeit als*) -diği zaman; (*während*) -rken **II.** *präp* **1.** (*in der Eigenschaft als*) olarak **2.** (*nach dem Komparativ*) -den (daha); **~ ob/wenn** sanki, güya; **weniger ~ ich glaubte** sandığımdan daha az; **nichts ~ ... -den** başka bir şey değil; **nicht mehr ~ ...** -den daha fazla değil
also *adv* (*in diesem Fall*) şu [*o* o] halde; (*demnach*) demek (ki)
alt <älter, am ältesten> *adj* (*Sachen*) eski; (*Lebewesen*) yaşlı, ihtiyar; **wie ~ sind Sie? sie ist 25 Jahre ~** o, 25 yaşında; **wir sind gleich ~** biz aynı yaştayız; **~ werden** yaşlanmak, ihtiyarlamak; (*Sachen*) eskimek
Alt *m* alto
Altar *m* sunak; **zum ~ führen** dini nikahla evlenmek (*jdn* ile)
Alteisen *nt* hurda
Alter *nt* **1.** yaş **2.** (*hohes ~*) yaşlılık; **im ~ von 50 Jahren** 50 yaşında
älter *adj* (*in fortgeschrittenem Alter*) yaşlıca; **der ~e Bruder** ağabey, abi; **sie ist 20 Jahre ~ als ich** o, benden 20 yaş büyük; **eine ~e Dame** yaşlıca bir hanım

Amtsmissbrauch

alternativ *adj* alternatif
Alternative *f* alternatif, seçenek
Altersgenosse, -sin *m*, *f* yaşıt
Altersheim *nt* huzur evi
Altersrente *f* emekli aylığı
Altertum *nt* eskiçağ, ilkçağ
altertümlich *adj* eski (*eski çağa ait*)
altmodisch *adj* modası geçmiş
Altpapier *nt* atık kâğıt
Altstadt *f* eski şehir
Alu *nt s.* **Aluminium**
Alufolie *f* alüminyum kâğıdı
Aluminium *nt* alüminyum
Alzheimer *m* (MED) Alzheimer (hastalığı)
am *präp* = **an dem an**
Amaryllis *f* nergis zambağı
Amateur(in) *m(f)* amatör
Amboss^RR *nt* örs
ambulant *adj* ayakta tedavi edilen
Ambulanz *f* ambülans
Ameise *f* karınca
Ameisenhaufen *m* karınca yuvası
Ameisenköder *m* karınca yemi
amen *interj* amin; **so sicher wie das Amen in der Kirche** hiç şüphe götürmez
Amerika *nt* Amerika
Amerikaner(in) *m(f)* Amerikalı
amerikanisch *adj* Amerikan
Amethyst *m* (*Edelstein*) ametist (*mor renkte bir çeşit kuvars*)
Aminosäure *f* amino asit
Amnestie *f* af
Amnesty International *nt* Uluslararası Af Örgütü
Amokläufer(in) *m(f)* cinnet geçiren biri
amortisieren *vr*: **sich ~** kendini amorti etmek
Ampel *f* (*Verkehrs~*) trafik ışığı
Amphetamin *nt* amfetamin
Amphitheater *nt* amfiteatr
Amputation *f* bir uzvun kesilmesi
amputieren *vt* (ameliyatla bir uzvu) kesmek
Amsel *f* karatavuk
Amt *nt* **1.** (*Stellung*) memuriyet, vazife **2.** (*Behörde*) makam **3.** (*Telefon-*) santral; **von ~s wegen** resmen
amtlich *adj* resmi
Amtsblatt *nt* resmi gazete
Amtsgericht *nt* sulh mahkemesi
Amtsmissbrauch *m* yolsuzluk, görevi kötüye kullanma

Amtsschimmel *m* (*fam*) kırtasiyecilik
Amulett *nt* muska
amüsant *adj* eğlendirici, eğlenceli
amüsieren I. *vt* eğlendirmek (*jdn* -i) II. *vr:* **sich ~** eğlenmek
an I. *präp* +*akk* (*Richtung*) -e, -in yanına II. *präp* +*dat* (*Ort*) -de, -in yanında; **am See** deniz kenarında; **~ einem Ort** bir yerde; **am 4. Juni** 4 Haziranda; **am Abend** akşamleyin; **am nächsten Tag** ertesi gün; **bis ~ den Rand** ağzına kadar; **Turgut ist am Arbeiten** Turgut çalışmakta III. *adv:* **von ... ~** -den itibaren
Anachronismus *m* dinozorluk *fam*
analog I. *adj* analojik; (INFORM) analog, örneksel II. *adv* kıyas yolu ile
Analogie *f* analoji, kıyas
Analogon *nt* analog
Analphabet(in) *m(f)* okuma yazma bilmeyen
Analyse *f* analiz, tahlil
analysieren *vt* tahlil etmek, analiz etmek (*etw* -i)
Analyst(in) *m(f)* (FIN) analist
Ananas *f* ananas
Anarchie *f* anarşi
Anarchist(in) *m(f)* anarşist
Anästhesie *f* anestezi
Anatolien *nt* Anadolu
Anatomie *f* anatomi
anbandeln *vi* (*fam*) kur yapmak (*mit jdm* -e)
Anbau *m* **1.** (*Getreide*-) tarım, ekim **2.** (*Haus*-) ek yapı
anbauen *vt* (*Getreide*) ekmek (*etw* -i)
Anbaumöbel *ntpl* eklenerek monte edilen mobilya
anbei *adv* ilişik olarak
anbeißen *irr* I. *vt* dişlemek (*etw* -i) II. *vi* (*auch fig: Fisch*) oltaya takılmak
anbeten *vt* tapmak (*jdn/etw* -e)
Anbetracht *m:* **in ~ gen ...** dolayısıyla
anbieten *irr* I. *vt* sunmak, teklif etmek (*jdm etw* -e -i) II. *vr:* **sich ~** hizmetini sunmak (*jdm* -e)
anbinden *irr vt* bağlamak (*etw an etw* -i -e)
Anblick *m* **1.** (*Blick*) görüş, bakış **2.** (*Aussehen*) görünüş
anblicken *vt* bakmak (*jdn/etw* -e)
anbrechen *irr* I. *vt* kırmak, koparmak (*etw* -i) II. *vi* **1.** (*beginnen*) başlamak **2.** (*Tag*) ağarmak **3.** (*Nacht*) gece olmak

anbringen *irr vt* (*befestigen*) takmak, yerleştirmek (*etw an etw* -i -e)
Anbruch *m* başlangıç; **bei ~ der Nacht/des Tages** gecenin/günün başlamasıyla
Andacht *f* **1.** içsel dalgınlık **2.** (*Gottesdienst*) ibadet
andauern *vi* sürmek
andauernd *adj* sürekli
Andenken *nt* **1.** (*Gedenken*) hatır(a) **2.** (*Erinnerungsstück*) hatıra
andere(r, s) I. *adj* başka, diğer; **am ~n Tag** ertesi gün II. *pron:* **ein anderer** bir başkası; **etwas anderes** başka bir şey; **nichts anderes** başka bir şey değil; **alles andere** başka her şey; **unter anderem** bunların arasında
andererseits *adv* diğer taraftan
andermal *adv:* **ein ~** başka bir zaman
ändern I. *vt* değiştirmek (*etw* -i) II. *vr:* **sich ~** değişmek
andernfalls *adv* yoksa, aksi takdirde [*o halde*]
anders *adv* başka türlü; **jemand ~** bir başkası; **niemand ~** başka hiç kimse
anderswo *adv* başka yerde
anderthalb *num* bir buçuk
Änderung *f* değişiklik
andeuten *vt* (*zu verstehen geben*) ima etmek (*etw* -i)
Andeutung *f* **1.** (*Hinweis*) gösterme, işaret **2.** (*Anspielung*) ima, kinaye
Andrang *m* kalabalık, izdiham
andrehen *vt* **1.** çevirmek, döndürmek (*etw* -i) **2.** (*Licht*) yakmak; (*Gas, Wasserhahn*) açmak (*etw* -i) **3.** (*fam*) yamamak (*jdm etw* -e -i)
androhen *vt* tehdit etmek (*jdm etw* -i bir şey ile)
Androide *m* android
aneinander *adv* biribirine yakın; **~ denken** birbir(ler)ini düşünmek
Anekdote *f* fıkra, latife
anekeln *vt* tiksindirmek (*jdn* -i)
anerkennen *irr vt* tanımak (*etw* -i)
Anerkennung *f* takdir; (*lobende*) övgü
anfahren *irr* I. *vt* **1.** (*Fußgänger*) çarpmak (*jdn* -e) **2.** (*beschimpfen*) paylamak (*jdn* -i), çıkışmak (*jdn* -e) II. *vi sein* **1.** (*heranfahren*) yanaşmak **2.** (*losfahren*) hareket etmek
Anfahrt *f* yanaşma (yolu)
Anfall *m* nöbet, kriz
anfallen *irr vt* saldırmak (*jdn* -e)
anfällig *adj* kolay hastalanan

Anfang / Anhänger

Anfang *m* başlangıç; **am** ~ başlangıçta; **von** ~ **an** başından beri; ~ **März** martın başında
anfangen *irr* **I.** *vi* başlamak **II.** *vt* başlamak (*mit etw* -e)
Anfänger(in) *m(f)* acemi, tecrübesiz (*yeni başlayan*)
anfänglich I. *adj* ilk **II.** *adv* başlangıçta
anfangs *adv* başlangıçta, ilkin
anfassen *vt* dokunmak (*etw* -e), ellemek (*etw* -i)
anfechten *irr vt* (*Urteil*) itirazda bulunmak (*etw* -e), reddetmek (*etw* -i)
anfertigen *vt* yapmak, imal etmek (*etw* -i)
anfeuern *vt* (*fig*) cesaret vermek (*jdn* -e)
anflehen *vt* yalvarmak, yakarmak (*jdn* -e)
anfliegen *vt* (uçarak) yanaşmak (*etw* -e)
anfordern *vt* talep etmek (*etw* -i)
Anforderung *f* talep; **hohe ~en stellen** çok şey istemek
Anfrage *f* soru, başvuru
anfragen *vi:* **bei jdm** ~ birine baş vurmak, birine müracaat etmek
anfreunden *vr:* **sich mit jdm** ~ biriyle arkadaş olmak
anfügen *vt* **1.** eklemek (*etw an etw* -i -e) **2.** (*Dateien*) iliştirmek (*etw* -i)
anführen *vt* **1.** idare etmek, yönetmek (*jdn/etw* -i) **2.** (*täuschen*) aldatmak (*jdn* -i) **3.** (*als Grund*) sebep göstermek
Anführungszeichen *ntpl* tırnak işaretleri
Angabe *f* **1.** bildiri **2.** (*Weisung*) talimat, veriler
angeben *irr* **I.** *vt* (*erklären*) bildirmek (*etw* -i) **II.** *vi* (*prahlen*) palavra sıkmak, çalım atmak
Angeber(in) *m(f)* (*Prahler*) gösterişçi, çalımcı
Angeberei *f* çalım, atmasyon *fam*
angeblich I. *adj* sözde ... olan **II.** *adv* sözde
angeboren *adj* doğuştan
Angebot *nt* **1.** teklif **2.** (COM) oferta; ~ **und Nachfrage** arz ve talep
angehen *irr* **I.** *vt* (*betreffen*) ilgilendirmek (*jdn* -i); **das geht dich nichts an** seni ilgilendirmez; **was geht dich das an!** sana ne!; **was uns angeht ...** bizi ilgilendiren ... **II.** *vi* başlamak; (*Feuer*) yanmak
angehören *vi* ait olmak (*jdm* -e)
Angehörige(r) *mf* (*Mitglied*) üye; **meine ~n** yakınlarım
Angeklagte(r) *mf* sanık
Angel *f* olta

Angelegenheit *f* iş, mesele
Angelhaken *m* olta iğnesi
angeln I. *vi* olta ile balık tutmak **II.** *vt* tutmak (*etw* -i)
Angelrute *f* olta kamışı
Angelschein *m* balık tutma izni
Angelschnur *f* misina
angemessen *adj* uygun
angenehm *adj* hoş; **sehr ~!** (*bei Vorstellung*) memnun oldum!
angenommen *konj* (*gesetzt den Fall*) faraza
angesehen *adj* (*geachtet*) itibarlı
angesichts *präp* +*gen* ... karşısında
Angestellte(r) *mf* sözleşmeli görevli, memur *fam*
angetrunken *adj* çakırkeyf
angewiesen *adj:* **auf jdn/etw ~ sein** birine/bir şeye bağlı olmak
angewöhnen *vt:* **sich** *dat* **etw ~** bir şeye alışmak
Angewohnheit *f* alışkanlık, adet
Angina *f* anjin
Angler(in) *m(f)* olta ile balık tutan
angreifen *irr vt* **1.** saldırmak (*jdn* -e) **2.** (CHEM) bozmak, aşındırmak (*etw* -i)
Angreifer(in) *m(f)* saldırgan
angrenzen *vi* sınırdaş [*o* hemhudut] olmak (*an etw* -e)
angrenzend *adj* bitişik, sınırdaş
Angriff *m* (*auch fig*) saldırı; **etw in ~ nehmen** (*Arbeit*) bir şeyi ele almak
Angst *f* korku
Angsthase *m* korkak; (*fam*) tavşan yürekli, ödlek
ängstlich *adj* korkak
anhaben *irr vt* (*Kleider*) üzerinde olmak
Anhalt *m* (*Hinweis*) ipucu
anhalten *irr* **I.** *vt* **1.** (*stoppen*) durdurmak (*jdn/etw* -i) **2.** (*Atem*) tutmak (*etw* -i) **II.** *vi* **1.** durmak **2.** (*dauern*) sürmek
anhaltend *adj* sürekli
Anhalter(in) *m(f)* otostopçu; **per ~ fahren** otostop yapmak
Anhaltspunkt *m* ipucu
anhand *präp* +*gen* ... vasıtasıyla
Anhang *m* ek
anhängen *vt* **1.** (*Wagen*) bağlamak (*etw an etw* -i -e) **2.** (*hinzufügen*) eklemek (*etw an etw* -i -e); **jdm etw ~** birine bir şeyi yamamak
Anhänger *m* **1.** (*Schmuck*) kolye **2.** (*Wa-*

Anhänger — annehmen

gen) römork
Anhänger(in) *m(f)* taraftar
anhänglich *adj* sadık, bağlı
anhäufen *vt* yığmak, biriktirmek (*etw* -i)
Anhäufung *f* yığılış, birikinti
Anhieb *m:* **auf** ~ ilk hamlede
anhimmeln *vt* perestiş etmek (*jdn* -e), taparcasına sevmek (*jdn* -i)
Anhöhe *f* yükseklik; (*Hügel*) tepecik, tümsek
anhören *vt* dinlemek (*jdn/etw* -i); **das hört sich sehr einfach an** kulağa çok basit geliyor
Animation *f* (INFORM) animasyon
Animierdame *f* konsomatris
Anis *m* anason
Ankauf *m* satın alma
ankaufen *vt* satın almak (*etw* -i)
Anker *m* çapa, (gemi) demir(i)
ankern *vi* demir atmak
Anklage *f* şikayet, suç isnadı
anklagen *vt* suçlandırmak (*jdn wegen etw* -i bir şey ile)
ankleiden *vt* giydirmek (*jdn* -i)
anklicken *vt* (*mit Computermaus*) tıklamak (*etw* -e)
anklopfen *vi* kapıyı vurmak [*o* çalmak]
anknipsen *vt* (*Licht*) açmak (*etw* -i)
ankommen *irr vi sein* varmak, gelmek (*in etw* -e); **gut/schlecht** ~ iyi/kötü karşılanmak; **das kommt darauf an** duruma göre
ankündigen *vt* bildirmek (*etw* -i)
Ankündigung *f* bildiri, haber
Ankunft *f* varış; **gleich bei der** ~ gelir gelmez
anlächeln *vt* gülümsemek (*jdn* -e)
anlachen *vt* yüzüne gülmek (*jdn* -in), gülerek bakmak (*jdn* -e); **sich** *dat* **jdn** ~ (*fam*) biriyle flört etmek
Anlage *f* 1. (TECH) tesis 2. (*Park*) yeşillik 3. (*Geld-*) yatırım 4. (*zu Brief*) ek
Anlageberatung *f* yatırım danışmanlığı
Anlagefonds *m* yatırım fonu
Anlass[RR] *m* vesile; (*Grund*) sebep, neden; **zu etw** ~ **geben** bir şeye fırsat vermek; **aus diesem** ~ bu vesile ile
anlassen *irr vt* 1. (*Kleider*) üstünden çıkarmamak (*etw* -i) 2. (*Motor*) harekete getirmek, işletmek (*etw* -i)
Anlasser *m* hareket tertibatı, marş
anlässlich[RR] *präp* +*gen* ... dolayısıyla
anlegen I. *vt* 1. (*planen*) tertip etmek, hazırlamak (*etw* -i) 2. (*Geld*) yatırmak (*etw* -i) II. *vi* (*Schiff*) yanaşmak (*an etw* -e)
Anlegeplatz *m*, **Anlegestelle** *f* iskele
Anleger(in) *m(f)* (FIN) yatırımcı
anlehnen I. *vt* 1. dayamak (*etw an etw* -i -e) 2. (*Tür*) aralamak (*etw* -i) II. *vr:* **sich** ~ dayanmak (*an etw* -e)
Anleihe *f* borç alma
anleiten *vt* idare etmek, yönetmek (*jdn/etw* -i)
Anleitung *f* talimat
anlernen *vt* öğretmek (*jdn* -i)
anliegend *adj* bitişik
Anlieger *m* komşu (aynı ulaşım yolu kenarında oturan)
anmachen *vt* 1. (*befestigen*) bağlamak (*etw an etw* -i -e) 2. (*Radio*) açmak (*etw* -i) 3. (*Feuer*) yakmak (*etw* -i) 4. (*Salat*) hazırlamak (*etw* -i)
anmaßen *vt:* **sich** *dat* ~ kendi için talep etmek (*etw* -i)
anmaßend *adj* kibirli
Anmeldefrist *f* bildirme süresi, müracaat [*o* kayıt] süresi
Anmeldegebühr *f* kaydiye
anmelden I. *vt:* **jdn in der Schule** ~ birini okula yazdırmak II. *vr:* **sich** ~ (*beim Arzt*) randevu almak; (*für einem Kurs*) kaydolmak (*für etw* -e); (*polizeilich*) polise beyanname vermek
Anmeldung *f* 1. (*Stelle*) danışma, müracaat 2. (*von Schüler*) kaydolma, yazılma 3. (*polizeiliche*) ikamet beyannamesi
anmerken *vt:* **sich** *dat* **nichts** ~ **lassen** halini belli etmemek; **man merkt es dir an** belli oluyor
Anmerkung *f* not, dipnotu
anmutig *adj* zarif, şirin
annähen *vt* dikmek (*etw an etw* -i -e)
annähernd *adv* yaklaşık olarak; (*ungefähr*) takriben
Annäherung *f* (*auch fig*) yanaşma, yak(ın)laşma
Annäherungsversuch *m* yakınlaşma teşebbüsü
Annahme *f* 1. kabul, tasvip 2. (*Vermutung*) tahmin; **in der** ~**, dass** ... tahmin ederek
annehmbar *adj* kabul edilebilir
annehmen *irr* I. *vt* kabul etmek; (*Geschmack*) almak; (*vermuten*) tahmin etmek (*etw* -i) II. *vr:* **sich einer Sache** ~ bir şeyi üzerine almak

annektieren vt (*Land*) ilhak etmek (*etw* -i)
annerven vt (*fam*) sinirlendirmek (*jdn* -i)
Annexion f ilhak
Annonce f gazete ilanı
anomal adj atipik
anonym adj isimsiz, anonim
Anorak m anorak
anordnen vt 1. sıralamak (*etw* -i) 2. (*befehlen*) emretmek (*etw* -i)
Anordnung f 1. sıra, tasnif 2. (*Befehl*) emir, talimat
anpacken vt 1. tutmak, yakalamak (*etw/jdn* -i) 2. (*Problem*) koyulmak, başlamak (*etw* -e)
anpassen I. vt uyarlamak, intibak ettirmek (*etw an etw* -i -e) II. vr: **sich** ~ uymak (*an etw* -e)
Anpassung f uyma, intibak
anpassungsfähig adj uyuşkan; (*flexibel*) esnek
Anprobe f prova
anprobieren vt prova etmek, denemek (*etw* -i)
anquatschen vt (*fam*) laf atmak (*jdn* -e)
anrechnen vt hesaba geçirmek, hesaplamak (*etw* -i)
Anrede f hitap
anreden vt hitap etmek (*jdn* -e); **jdn mit du/Sie** ~ birine sen/siz diye hitap etmek
anregen vt 1. teşvik etmek (*jdn zu etw* -i -e) 2. (*Appetit*) iştah açmak 3. (*vorschlagen*) teklif etmek (*etw* -i)
Anregung f 1. heyecan, coşku 2. (*Vorschlag*) teklif
Anreiz m tahrik, teşvik
Anrichte f (*Möbel*) büfe
anrichten vt 1. (*Speisen*) sofraya koymak (*etw* -i) 2. (*Schaden*) sebep olmak (*etw* -e)
Anruf m telefon (etme)
Anrufbeantworter m telesekreter
anrufen irr vt telefon etmek (*jdn* -e)
ans präp = an das **an**
Ansage f ilan, tebliğ, anons
ansagen vt 1. (*bekannt machen*) ilan etmek (*etw* -i) 2. (*Durchsage*) anons etmek (*etw* -i)
Ansager(in) m(f) spiker
ansammeln vt toplamak, biriktirmek (*etw* -i)
Ansammlung f 1. yığın(tı) 2. (*Menschen*-) kalabalık, izdiham
anschaffen vt satın almak, tedarik etmek (*etw* -i)

Anschaffung f tedarik
anschalten vt (*Radio, Fernseher*) açmak (*etw* -i)
anschauen vt (dikkatle) bakmak (*etw/jdn* -e)
anschaulich adj 1. (*deutlich*) açık 2. (*konkret*) somut
Anschauung f (*Vorstellung*) görüş
Anschein m görünüş
anscheinend adv görünüşe göre
Anschlag m 1. ilan, afiş 2. (*Schreibmaschinen-*) tuşlara dokunma 3. (*Mord-*) suikast
Anschlagbrett nt ilan tahtası
anschlagen irr vt (*Plakat*) asmak (*etw* -i)
anschließen irr I. vt (*Gerät, Telefon*) bağlamak (*etw an etw* -i -e) II. vr: **sich** ~ katılmak (*jdm* -e)
anschließend adv bundan sonra
Anschluss^{RR} m 1. (*von Gerät*) koneksiyon 2. (*Zug-*) aktarma 3. (*Gas-, Wasser-, Telefon-*) bağlantı; ~ **haben an ...** -e bağlantısı olmak; **den** ~ **an etw verpassen** (*auch fig*) bir şeyi kaçırmak
anschnallen I. vt takmak (*etw an etw* -i -e) II. vr: **sich** ~ kemer(ini) bağlamak
anschneiden irr vt 1. kesmek (*etw* -i) 2. (*Thema*) açmak (*etw* -i); (*Frage*) ortaya atmak (*etw* -i)
anschreiben irr vt 1. (*auf eine Tafel*) üzerine yazmak (*etw* -i) 2. (*Brief schreiben*) yazı yazmak (*jdn* -e) 3. (*notieren*) not etmek (*etw* -i) 4. (*Schulden*) borcu hesaba yazmak
anschreien irr vt bağırmak (*jdn* -e)
Anschrift f adres
anschwellen irr vi sein şişmek
ansehen irr vt bakmak (*jdn/etw* -e); (*aufmerksam*) tetkik etmek, incelemek (*etw* -i); **man sieht es dir an** belli oluyor
ansetzen vt 1. (*anstückeln*) eklemek (*etw an etw* -i -e) 2. (*Zeitpunkt*) tespit etmek, kararlaştırmak (*etw* -i); **Fett** ~ şişmanlamak, yağ bağlamak; **Triebe** ~ filizlenmek
Ansicht f 1. (*Bild*) manzara 2. (*Meinung*) görüş; **zur** ~ örnek olarak 3. (INFORM: *eines Dokuments*) görüntü; **meiner/deiner/seiner** ~ **nach** bence/sence/onca
Ansichtskarte f (resimli) kartpostal
Ansichtssache f görüş meselesi
anspielen vi (*fig*) ima etmek (*auf etw* -i)
Anspielung f ima
anspornen vt (*fig*) teşvik etmek (*jdn* -i)
Ansprache f nutuk, söylev

ansprechen *irr vt* hitap etmek (*jdn* -e)
anspringen *irr vi sein* (*Auto*) harekete geçmek, işlemek
Anspruch *m* (*Recht*) hak; **hohe Ansprüche stellen** aşırı titiz olmak, müşkülpesent olmak
anspruchslos *adj* 1.(*schlicht*) gösterişsiz 2.(*bescheiden*) alçakgönüllü
anspruchsvoll *adj* iddialı, titiz
Anstalt *f* müessese, kurum
Anstand *m* (*Benehmen*) görgü, edep
anständig I. *adj* görgülü, terbiyeli; **sei ~!** terbiyeli ol!; **ein ~er Mensch** namuslu bir insan II. *adv:* **jdn ~ behandeln** birine iyi davranmak
anstandslos *adj* kolaylıkla
anstarren *vt* (dik dik) bakmak (*jdn* -e)
anstatt *präp + gen* -in yerine
anstecken *vt* 1.iğnelemek, iliştirmek (*etw an etw* -i -e) 2.(*Ring*) takmak (*etw an etw* -i -e) 3.(*Zigarette*) yakmak (*etw* -i) 4.(*in Brand stecken*) tutuşturmak (*etw* -i) 5.(*mit einer Krankheit*) bulaştırmak (*jdn mit etw* -e -i)
ansteckend *adj* (*Krankheit*) bulaşıcı
Ansteckung *f* bulaşma, enfeksiyon
anstehen *irr vi* (*Schlange stehen*) kuyrukta beklemek
ansteigen *irr vi sein* 1.yükselmek 2.(*zunehmen*) artmak, çoğalmak
anstelle *präp + gen* yerine
anstellen I. *vt* 1.(*Radio*) açmak (*etw* -i) 2.(TECH) harekete getirmek, işletmek (*etw* -i) 3.(*in Arbeit nehmen*) işe koymak (*jdn* -i) II. *vr:* **sich ~** davranmak; (*an eine Schlange*) kuyruğa girmek; **sich dumm ~** salaklık etmek; **stell dich nicht so an!** (*fam*) nazlanma!
Anstoß *m* (*Anlass*) sebep; **den ~ zu etw geben** bir şeye sebep olmak; **~ erregen** dargınlığa sebep olmak; **an etw ~ nehmen** bir şeyden alınmak; **Stein des ~es** kırgınlığa sebep olma
anstoßen I. *vt* itmek (*etw/jdn* -i) II. *vi* çarpmak (*an etw* -e); (*angrenzen*) bitişmek; (*mit den Gläsern*) kadehleri tokuşturmak
anstößig *adj* yakışıksız
anstreben *vt* amaçlamak (*etw* -i)
anstrengen I. *vt* yormak (*jdn* -i) II. *vr:* **sich ~** uğraşmak, çabalamak
anstrengend *adj* yorucu
Anstrengung *f* yorgunluk, zahmet
Antarktis *f* Antarktika

Anteil *m* pay; **sie nahm an seinem Kummer ~** acısını paylaştı
anteilmäßig *adv:* **~ zahlen** paya göre (ödemek)
Anteilnahme *f* 1.(*Interesse*) ilgi 2.(*Beileid*) acıma; **seine ~ ausdrücken** başsağlığı dilemek
Antenne *f* anten
antiautoritär *adj* otoriteye karşı, otoritesiz
Antibabypille *f* doğum kontrol hapı
Antibiotikum *nt* anibiyotik
Antiblockiersystem *nt* anti blokaj sistemi
antidemokratisch *adj* antidemokrat
antifaschistisch *adj* antifaşist
antik *adj* antika
Antike *f* antikite, eskiçağ
antikommunistisch *adj* antikomünist, komünizme karşı olan
Antikörper *m* (MED) antikor
antilaizistisch *adj* anti-laik
antimilitaristisch *adj* antimilitarist, militarizme karşı olan
Antioxidanzien *pl* (MED) antioksidan(t)lar
Antiquar(in) *m(f)* sahaf
Antiquariat *nt* sahaf dükkanı
Antiquitäten *fpl* antika eserler
Antiquitätenschmuggel *m* tarihi eserler kaçakçılığı
Antisemit(in) *m(f)* antisemit
antisemitisch *adj* antisemitik
antiseptisch *adj* antiseptik
Antivirenprogramm *nt* virüs programı
antiwestlich *adj* Batı aleyhtarı, Batı'ya karşı olan, Batı karşıtı
antörnen *vt* (*fam*) canlandırmak, sevindirmek, neşelendimek (*jdn* -i)
Antrag *m* (ADM) dilekçe
antreiben *irr vt* harekete geçirmek (*jdn/etw* -i)
antreten *irr vt:* **ein Amt ~** göreve başlamak; **den Rückzug ~** çekilmek; **eine Reise ~** seyahate çıkmak
Antrieb *m* (*auch fig*) harekete geçirme
anturnen *vt* (*fam*) canlandırmak, sevindirmek, neşelendimek (*jdn/etw* -i)
Antwort *f* cevap, yanıt
antworten *vi* cevap vermek (*jdm* -e), yanıt vermek (*auf etw* -e), yanıtlamak (*auf etw* -i)
anvertrauen *vt* emanet etmek (*jdm etw* -e -i); **jdm ein Geheimnis ~** birine bir sır açmak
Anwalt *m* avukat

Anwältin *f* avukat
anweisen *irr vt* **1.** (*belehren*) öğretmek (*jdn* -i) **2.** (*Platz*) göstermek (*jdm etw* -e -i) **3.** (*Geld*) havale etmek (*jdm etw* -e -i); **jdn anweisen etw zu tun** birine bir şey yapmak için direktif vermek
Anweisung *f* talimat, direktif
anwenden *irr vt* uygulamak; (*gebrauchen*) kullanmak (*etw* -i)
Anwender(in) *m(f)* kullanıcı
anwenderfreundlich *adj* kullanımı kolay
Anwendung *f* uygulama; (*Gebrauch*) kullanış
anwesend *adj* mevcut, hazır
Anwesenheit *f* hazır bulunuş, mevcudiyet
Anzahl *f* miktar, adet
anzahlen *vt* kaparo vermek (*etw für etw* -i ... için)
Anzahlung *f* kaparo
Anzeichen *nt* işaret, belirti
Anzeige *f* **1.** (*Inserat*) ilan **2.** (JUR) ihbar; ~ **erstatten** ihbarda bulunmak (*wegen etw* ... hakkında)
anzeigen *vt* **1.** (*bezeichnen*) göstermek (*etw* -i) **2.** (*Vergehen*) ihbar etmek (*jdn bei jdm* -i -e) **3.** (INFORM: *Datei*) görüntülemek (*etw* -i)
anziehen **I.** *vt* **1.** (*auch fig*) çekmek (*jdn/etw* -i) **2.** (*Kleidung, Schuhe*) giy(dir)mek (*etw* -i) **II.** *vr:* **sich** ~ giyinmek
anziehend *adj* çekici
Anziehung *f,* **Anziehungskraft** *f* **1.** çekme kuvveti **2.** (*fig*) cazibe, alım, albeni
Anzug *m* takım elbise
anzünden *vt* tutuşturmak, yakmak; (*Haus*) ateşe vermek (*etw* -i)
apart *adj* (*interessant*) orijinal, enteresan
Aperitif *m* aperitif
Apfel *m* elma; **der** ~ **fällt nicht weit vom Stamm** armut dalının dibine düşer
Apfelbaum *m* elma ağacı
Apfelkuchen *m* elmalı pasta
Apfelmus *nt* elma ezmesi
Apfelsaft *m* elma suyu
Apfelsine *f* portakal
Apfelwein *m* elma şarabı
Aphrodisiakum *nt* afrodizyak
Apostel *m* (*von Jesus*) havari
Apotheke *f* eczane
Apotheker(in) *m(f)* eczacı
Apparat *m* **1.** alet, aygıt **2.** (*Foto-*) fotoğraf makinesi **3.** (*Telefon-*) telefon; **bleiben Sie am** ~! telefondan ayrılmayın!
Appartement *nt* apartman dairesi
Appetit *m* iştah; **guten** ~! afiyet olsun!
appetitlich *adj* iştah çekici
Appetitlosigkeit *f* iştahsızlık
Appetitzügler *m* iştah giderici
applaudieren *vi* alkışlamak (*jdm* -i)
Applaus *m* alkış
Aprikose *f* kayısı
Aprikosenbaum *m* kayısı ağacı
April *m* nisan
Aprilscherz *m* nisan şakası, nisanbalığı
Aquädukt *nt* su kemeri
Aquakultur *f* su ürünleri işleme ve değerlendirme, akuakültürü
Aquarell *nt* akvarel (*suluboya resim*)
Aquarium *nt* akvaryum
Äquator *m* ekvator
Araber(in) *m(f)* Arap
arabisch *adj* Arap
Arabisch *nt* (*Sprache*) Arapça
Ararat *m* Ağrı Dağı
Arbeit *f* **1.** iş, çalışma **2.** (*Werk*) eser, yapıt
arbeiten *vi* çalışmak
Arbeiter(in) *m(f)* işçi
Arbeitgeber(in) *m(f)* işveren
Arbeitgeberverband *m* işveren birliği
Arbeitnehmer(in) *m(f)* işalan, işçi
arbeitsam *adj* çalışkan
Arbeitsamt *nt* iş ve işçi bulma kurumu
Arbeitserlaubnis *f* çalışma müsaadesi
Arbeitskampf *m* çalışma savaşı
Arbeitskräfte *fpl* elemanlar
arbeitslos *adj* işsiz
Arbeitslosengeld *nt,* **Arbeitslosenunterstützung** *f* işsizlik parası
Arbeitslosenquote *f* işsizlik oranı
Arbeitslosenversicherung *f* işsizlik sigortası
Arbeitslosenzahl *f* işsiz sayısı
Arbeitslosigkeit *f* işsizlik
Arbeitsmarkt *m* işgücü [*o* iş] piyasası
Arbeitsplatz *m* işyeri; (*Stelle*) iş
Arbeitstag *m* iş günü
Arbeitsunfall *m* iş kazası
Arbeitsvertrag *m* iş sözleşmesi
Arbeitszeit *f* çalışma saati, iş müddeti
Arbeitszimmer *nt* çalışma odası
Archäologe, -gin *m, f* arkeolog
Archäologie *f* arkeoloji
archäologisch *adj* arkeolojik
Archipel *m* takımada

Architekt(in) *m(f)* mimar
Architektur *f* mimari, mimarlık
Archiv *nt* arşiv
arg <ärger, am ärgsten> I. *adj* fena, kötü II. *adv* pek, çok
Argentinien *nt* Arjantin
Argentinier(in) *m(f)* Arjantinli
argentinisch *adj* Arjantin(li)
Ärger *m* 1. kızgınlık 2. (*Unannehmlichkeit*) dert, baş belası
ärgerlich *adj* 1. (*Sache*) aksi, can sıkıcı 2. (*Person*) dargın, kızgın
ärgern I. *vt* kızdırmak (*jdn* -i) II. *vr:* sich ~ kızmak (*über jdn/etw* -e)
Ärgernis *nt* (*Skandal*) rezalet
Argument *nt* delil, argüman
Arktis *f* Arktika
arm <ärmer, am ärmsten> *adj* 1. (*finanziell*) fakir, yoksul 2. (*bedauernswert*) zavallı
Arm *m* kol; ~ in ~ kol kola; **jdn auf den ~ nehmen** (*fig*) birini alaya almak, biriyle dalga geçmek
Armaturenbrett *nt* teçhizat tablası
Armband *nt* bilezik
Armbanduhr *f* kol saati
Armee *f* ordu
Ärmel *m* (elbise) kol(u)
Ärmelkanal *m* Manş Denizi
Armenien *nt* Ermenistan
Armenier(in) *m(f)* Ermeni
Armlehne *f* dirseklik, dirsek yastığı
Armsessel *m* koltuk
Armut *f* fakirlik, yoksulluk
Aroma *nt* güzel koku, aroma
aromatisch *adj* güzel kokulu, aromatik
Arrangement *nt* (MUS) aranjman
arrogant *adj* kibirli, küstah
Arsch *m* (*vulg*) kıç, göt
Arschloch *nt* (*vulg*) herifçioğlu
Art *f* 1. (*Sorte*) çeşit, cins 2. (*Weise*) tarz, usul 3. (BIOL) tür; **nach türkischer ~** Türk usulüne göre
Arterie *f* atardamar
Arterienverkalkung *f* damar sertleşmesi
artig *adj* (*Kind*) uslu, terbiyeli
Artikel *m* 1. (*Ware*) mal, eşya 2. (GRAM) tanımlık 3. (*Aufsatz*) makale 4. (JUR) madde
Artillerie *f* topçu (sınıfı)
Artischocke *f* enginar
Arznei *f* ilaç
Arzt *m* doktor, hekim
Arztbrief *m* doktor raporu

Ärztin *f* bayan doktor
ärztlich *adj* tıbbi; **in ~er Behandlung sein** tıbbi tedavi görmek
As *nt* (*Karten u. fig*) as
Asbest *m* asbest
asbesthaltig *adj* asbestli, içinde asbest olan
Asche *f* kül
Aschenbecher *m* kül tablası
Aschermittwoch *m* karnavaldan sonraki ilk çarşamba
ASEAN-Staaten *pl* ASEAN ülkeleri
Aserbaidschan *nt* Azerbaycan
Aserbaidschaner(in) *m(f)* Azerbaycanlı, Azeri
aserbaidschanisch *adj* 1. (*Art*) Azeri 2. (*Sprache*) Azerice
Asiat(in) *m(f)* Asyalı
asiatisch *adj* (*Art*) Asya(lı); (*Sprache*) Asyaca
Asien *nt* Asya
asozial *adj* asosyal
Asphalt *m* asfalt
Aspirin *nt* aspirin
aß *vi, vt s.* **essen**
Ass[RR] *nt* (*Karten u. fig*) as
Assimilation *f* (POL) asimilasyon
Assistent(in) *m(f)* asistan
Ast *m* (büyük) ağaç dalı
AStA *m Abk. von* **Allgemeiner Studentenausschuss** Yüksek Okul Öğrencileri Genel Kurulu
Ästhetik *f* estetik
ästhetisch *adj* estetik
Asthma *nt* nefes darlığı, astım
asthmatisch *adj* astımlı, tıknefes
Astrologie *f* astroloji
Astronaut(in) *m(f)* astronot
Astronom(in) *m(f)* astronom
Astronomie *f* gökbilim, astronomi
astronomisch *adj* (*a. fig*) astronomik
Asyl *nt* sığınma, iltica
Asylant(in) *m(f)* sığınmacı
Asylantenwohnheim *nt* sığınmacı yurdu
Asylbewerber(in) *m(f)* sığınmaya başvuran
Asylrecht *nt* sığınma hakkı, iltica hakkı
Atelier *nt* atölye
Atem *m* nefes, soluk; **außer ~** nefes nefese; **~ holen** nefes almak
Atembeschwerden *fpl* nefes darlığı, tıkanıklık
atemlos *adj* nefessiz

Atemwege *mpl* nefes yolları
Atemzug *m* soluk, nefes
Atheismus *m* tanrısızlık, ateizm, zındıklık
Atheist(in) *m(f)* tanrısız, ateist
atheistisch *adj* tanrısız, ateist
Äther *m* eter
Athlet(in) *m(f)* atlet
athletisch *adj* atletik
Atlantik *m* Atlantik (Denizi [*o* Okyanusu])
Atlas *m* atlas
atmen *vi* nefes almak, soluk almak
Atmosphäre *f* (*auch fig*) atmosfer
Atmung *f* solunum, teneffüs
Atom *nt* atom
atomar *adj* atomik, nükleer
Atombombe *f* atom bombası
Atomenergie *f* nükleer enerji
Atomkern *m* atom çekirdeği
Atomkraftwerk *nt* nükleer santral
Atomkrieg *m* nükleer savaş, atom savaşı
Atommacht *f* nükleer güç
Atommüll *m* nükleer atık
Atomphysik *f* atom fiziği
Atomreaktor *m* nükleer reaktör
Atomsperrvertrag *m* nükleer silahların kaldırılması anlaşması
Atomsprengkopf *m* atom başlıklı bomba [*o* patlayıcı]
Atom-U-Boot *nt* nükleer denizaltı
Atomwaffe *f* nükleer silah
Attentat *nt* suikast
Attentäter(in) *m(f)* suikastçı
Attest *nt* (doktor) rapor(u)
attraktiv *adj* çekici, cazibeli
au *interj* ay!
Aubergine *f* patlıcan
auch *konj* de/da, dahi; **er weiß es auch** o da biliyor; **~ wenn** -se/-sa bile; **wer/was ~ immer** kim/ne olursa olsun; **wie dem ~ sei** ne olursa olsun; **~ das noch!** bir bu eksikti!
audiovisuell *adj* işitsel-görsel
auf I. *präp* +*dat* (*Ort*) -in üstünde, -in üzerinde, -de/-da; **~ der Straße** sokakta; **~ dieser Seite** bu tarafta; **~ diese Weise** böylece, bu şekilde II. *präp* +*akk* (*Richtung*) -in üstüne, -in üzerine, -e/-a; **die Post** postaneye; **~ Deutsch**^RR Almanca III. *adj* 1. (*aufgestanden*) kalkmış 2. (*offen*) açık; **~ und ab gehen** bir yukarı bir aşağı dolaşmak
aufatmen *vi* (*auch fig*) ferahlamak, (geniş) nefes almak
Aufbau *m* yapı; (*Gefüge*) teşkil, kuruluş

aufbauen *vt* 1. yapmak, inşa etmek (*etw* -i) 2. (*fig*) kurmak, yaratmak (*etw* -i) 3. (*wirtschaftlich*) kalkındırmak (*etw* -i)
aufbereiten *vt* hazırlamak, işlemek (*etw* -i)
aufbewahren *vt* saklamak, korumak, muhafaza etmek (*etw* -i)
Aufbewahrung *f* 1. saklama, koruma, muhafaza 2. (*Gepäck-*) emanet
Aufbewahrungslösung *f* (*für Kontaktlinsen*) saklama sıvısı
aufblasbar *adj* şişer
aufblasen *irr vt* şişirmek (*etw* -i)
aufbrechen *irr* I. *vt* kırmak (*etw* -i) II. *vi sein* (*weggehen*) yollanmak
aufbringen *irr vt* (*Geld*) temin etmek, sağlamak (*etw* -i)
aufdecken *vt* 1. açmak (*etw* -i), kapağını kaldırmak (*etw* -in) 2. (*enthüllen*) meydana çıkarmak (*etw* -i)
aufdrängen I. *vt* (zorla) kabul ettirmek (*jdm etw* -e -i) II. *vr:* **sich ~** musallat olmak (*jdm* -e)
aufdrehen *vt* 1. (*Wasserhahn*) açmak (*etw* -i) 2. (*Schraube*) gevşetmek (*etw* -i)
aufdringlich *adj* usandırıcı
aufeinander *adv* 1. (*räumlich*) üst üste 2. (*zeitlich*) arka arkaya; **~ folgen**^RR birbirini izlemek; **~ prallen**^RR [*o* **stoßen**^RR] çarpışmak
Aufenthalt *m* (bir yerde) kalma
Aufenthaltserlaubnis *f* oturma müsaadesi
Aufenthaltsgenehmigung *f* oturma izni
Aufenthaltsort *m* oturma yeri, yerleşme yeri
Aufenthaltsraum *m* salon
auferlegen *vt* yüklemek (*jdm etw* -e -i)
aufessen *irr vt* yiyip bitirmek, silip süpürmek (*etw* -i)
auffahren *irr vi sein* 1. (*vor Schreck*) (yerinden) sıçramak 2. (*mit dem Auto*) çarpmak (*auf etw* -e)
Auffahrt *f* 1. (*an einem Gebäude*) giriş yolu 2. (*am Kai*) rıhtım iskelesi
Auffahrunfall *m* arkadan çarpma
auffallen *irr vi sein* gözüne çarpmak, dikkat çekmek
auffallend, auffällig *adj* göze çarpan, gösterişli
auffassen *vt* anlamak, kavramak (*etw* -i)
Auffassung *f* anlayış, kavram
auffinden *vt* arayıp bulmak (*etw* -i)

auffordern vt davet etmek (*jdn zu etw* -i -e); **jdn zum Tanz** ~ birini dansa kaldırmak
Aufforderung f davet, çağrı, talep
aufforsten vi ağaçlandırmak, yeniden ormanlaştırmak (*etw* -i)
aufführen I. vt 1.(*aufzählen*) saymak (*etw* -i) 2.(*Stück*) temsil etmek, oynamak, göstermek (*etw* -i) II. vr: **sich** ~ davranmak
Aufführung f temsil, oyun
Aufgabe f 1. ödev, görev 2.(*Zweck*) amaç 3.(*Haus-*) ev ödevi 4.(MATH) problem 5.(*Gepäck-*) gönderme; (*Geschäfts-*) teslim
Aufgabenbereich m görev sahası
Aufgang m 1. yükseliş 2.(*von Sonne, Mond*) doğuş
aufgeben irr I. vt 1.(*Telegramm*) çekmek, göndermek; (*Annonce*) vermek; (*Gepäck*) yollamak (*etw* -i) 2.(*Rätsel*) sormak; (*Hausaufgabe*) vermek (*jdm etw* -e -i) 3.(*Gewohnheit*) vazgeçmek (*etw* -den); **die Hoffnung auf etw** ~ bir şeyden ümidini kesmek II. vi ümidini kesmek
Aufgebot nt 1. seferberlik, bir araya toplanma 2.(*von Verlobten*) resmi ilan, askıya alma
aufgedreht adj (*fig*) şen, neşeli
aufgehen irr vi sein 1. açılmak 2.(*Blüte*) açmak 3.(*Mond, Sonne*) doğmak 4.(*Knoten, Naht*) açılmak
aufgehoben adj: **gut** ~ **sein** durumu iyi olmak
aufgeklärt adj aydınlanmış; (*ohne Vorurteile*) aydın fikirli
aufgekratzt adj (*fig*) neşeli, şen
aufgelegt adj: **gut** ~ keyfi yerinde; **zu etw** ~ **sein** bir şey yapmayı canı istemek
aufgeregt adj heyecanlı
aufgeschlossen adj açık fikirli
aufgeweckt adj (*auch fig*) uyanık
aufgrund präp +gen ... nedeniyle
aufhalten irr I. vt (*stoppen*) durdurmak (*etw/jdn* -i) II. vr: **sich** ~ kalmak, oturmak
aufhängen vt asmak (*etw an etw* -i -e)
aufheben irr vt 1.(*vom Boden*) (yerden) kaldırmak (*etw* -i) 2.(*auch Sitzung*) tatil etmek (*etw* -i) 3.(*aufbewahren*) saklamak, kaldırmak (*etw* -i)
aufhetzen vt kışkırtmak (*jdn* -i)
aufholen vt (*Zeit*) telafi etmek, kapatmak (*etw* -i)
aufhören vi bitmek; (*Schmerz, Regen*) dinmek, geçmek
aufklappbar adj yukarı kaldırılabilir

aufklären vt aydınlatmak (*jdn* -i)
Aufklärung f aydınlatma, aydınlanma; (LIT, HIST) Aydınlanma çağı
Aufkleber m çıkartma
aufkommen irr vi sein (*entstehen*) meydana çıkmak, ortaya çıkmak; **für jdn/etw** ~ birinin/bir şeyin sorumluluğunu üstüne almak
aufkrempeln vt (*Ärmel*) sıvamak (*etw* -i)
aufkreuzen vi sein (*fam*): **an einem Ort** ~ bir yere çıkagelmek
aufladen irr vt yüklemek (*jdm etw* -e -i)
Auflage f 1.(*eines Buchs*) baskı 2.(*Pflicht*) yüküm
auflassen irr vt (*offen lassen*) açık bırakmak; (*Hut*) başında tutmak (*etw* -i)
auflauern vi pusu kurmak (*jdm* -e)
Auflauf m 1.(*Menschen~*) kalabalık 2.(*Speise*) sufle
auflegen vi (*Hörer*) telefonu kapamak
auflehnen vr: **sich** ~ (*fig*) ayaklanmak (*gegen jdn/etw* -e karşı)
Auflehnung f isyan, ayaklanma
auflesen irr vt derlemek, toplamak (*etw* -i)
aufleuchten vi ışıldamak, parıldamak
auflösen I. vt 1. açmak, çözmek, ayırmak (*etw* -i) 2.(*Verein*) feshetmek (*etw* -i) 3.(CHEM) inhilal ettirmek (*etw* -i) 4.(*Parlament*) dağıtmak (*etw* -i) II. vr: **sich** ~ açılmak, çözülmek, erimek
Auflösung f 1. çözülüm, çözülme, dağılma 2.(INFORM: *Bildschirm~*) çözünürlük
aufmachen vt açmak; (*Knoten*) çözmek (*etw* -i)
Aufmachung f süs, gösteriş
aufmerksam adj (*auch fig*) dikkatli; **jdn auf etw** ~ **machen** birinin dikkatini bir şeye çekmek
Aufmerksamkeit f 1. dikkat 2.(*Geste*) nezaket
aufmuntern vt 1.(*beleben*) canlandırmak (*jdn* -i) 2.(*erheitern*) şenlendirmek (*jdn* -i) 3.(*ermutigen*) teşvik etmek (*jdn zu etw* -i -e)
Aufnahme f 1.(*Empfang*) kabul 2.(*Schule, Krankenhaus*) kayıt (ve kabul), yazılma 3.(*Foto*) resim, film, poz 4.(*Tonband-*) kayıt
Aufnahmefähigkeit f kavrama kabiliyeti, alırlık kabiliyeti
Aufnahmegerät nt kayıt cihazı
Aufnahmeland nt sığınma arayanları kabul eden ülke
Aufnahmeprüfung f giriş sınavı
aufnehmen irr vt 1.(*Gast*) kabul etmek

aufopfern

(*jdn* -i) **2.** (*in Verein*) almak (*jdn* -i) **3.** (*Foto*) çekmek (*etw* -i) **4.** (*auf Tonband*) teybe almak (*etw* -i) **5.** (*Kampf, Verbindung*) girişmek (*etw* -e)

aufopfern *vr:* **sich** ~ kendini feda etmek

aufpassen *vi* **1.** (*auf Kinder*) bakmak (*auf jdn* -e) **2.** (*vorsichtig sein*) dikkat etmek; **pass** (**mal**) **auf!** dikkat et!

Aufprall *m* çarpma

Aufpreis *m* zam

aufpumpen *vt* şişirmek (*etw* -i)

Aufputschmittel *nt* uyarıcı

aufräumen *vt* (*Zimmer*) toplamak (*etw* -i)

aufrecht *adj* dik; (*fig*) sadık

aufrechterhalten *irr vt* korumak (*etw* -i)

aufregen **I.** *vt* heyecanlandırmak (*jdn* -i) **II.** *vr:* **sich** ~ heyecanlanmak, sinirlenmek (*über etw* -e)

aufregend *adj* heyecanlı

Aufregung *f* heyecan, telaş

aufreibend *adj* yorucu, yıpratıcı

aufrichten **I.** *vt* doğrultmak, dikmek (*etw* -i) **II.** *vr:* **sich** ~ doğrulmak

aufrichtig *adj* samimi, içten, dürüst

Aufrichtigkeit *f* içtenlik, samimiyet, dürüstlük

Aufruf *m* çağrı

aufrufen *irr vt* **1.** çağırmak, davet etmek (*jdn zu etw* -i -e) **2.** (*namentlich*) adını söylemek (*jdn* -in)

Aufruhr *m* (*Aufstand*) isyan, ayaklanma

aufrunden *vt* yukarıya yuvarlamak (*etw* -i)

aufrüsten **I.** *vt* **1.** (MIL) (yeniden) silahlandırmak (*etw* -i) **2.** (INFORM) yükseltmek (*etw* -i) **II.** *vi* (yeniden) silahlanmak

Aufrüstung *f* (yeniden) silahlanma

aufsässig *adj* itaatsız, dik kafalı, serkeş

Aufsatz *m* (*Schul-*) tahrir, kompozisyon

aufschieben *irr vt* (*fig*) ertelemek (*etw* -i)

Aufschlag *m* **1.** (*Ärmel-*) kol devriği **2.** (*Tennis*) servis **3.** (*Zuschlag*) artış, yükseliş

aufschlagen *irr vt* **1.** (*Bett, Zelt*) kurmak (*etw* -i) **2.** (*Augen, Buch*) açmak (*etw* -i)

aufschließen *irr vt* açmak (*etw* -i)

Aufschnitt *m:* **kalter** ~ soğuk et dilimleri

aufschreiben *irr vt* yazmak, not etmek (*etw* -i)

Aufschrift *f* (*Schild*) tabela; (*Inschrift*) yazıt

Aufschub *m* **1.** (*gewährter*) mühlet **2.** (*Verzögerung*) erteleme

Aufschwung *m* (*fig*) kalkınma

Auftritt

Aufsehen *nt* sansasyon; ~ **erregen** heyecan [*o* şaşkınlık] uyandırmak; ~ **erregend**^{RR} heyecan [*o* şaşkınlık] uyandıran, sansasyon uyandıran

Aufseher(in) *m(f)* gözcü, bekçi; (*Gefängnis*) gardiyan

aufsetzen **I.** *vt* **1.** yerine koymak (*etw* -i) **2.** (*Hut*) giymek (*etw* -i) **3.** (*Brille*) takmak (*etw* -i) **4.** (*Text*) kaleme almak (*etw* -i) **II.** *vi* (*Flugzeug*) yere inmek

Aufsicht *f* (*Kontrolle*) kontrol, denetim; (*Aufseher*) gözcü

Aufsichtsrat *m* denetleme meclisi

aufspießen *vt* saplamak, şişlemek (*etw* -i)

aufspringen *irr vi sein* fırlamak, fırlayıp ayağa kalkmak

Aufstand *m* ayaklanma, isyan

aufstehen *irr vi sein* (*auch fig*) ayağa kalkmak

aufsteigen *irr vi sein* (*auch fig*) yükselmek

aufstellen **I.** *vt* koymak, yerleştirmek, sıralamak; (*Maschine*) monte etmek, takmak; (*Rekord*) tesis etmek (*etw* -i) **II.** *vr:* **sich** ~ dikilmek

Aufstellung *f* yerleştirme, sıralama; (*Liste*) liste, dizin

Aufstieg *m* **1.** yukarı çıkma **2.** (*Beruf u. fig*) kalkınma, yükselme

Aufstiegschance *f* yükselme şansı

aufstoßen *irr* **I.** *vt* iterek açmak (*etw* -i) **II.** *vi* (*rülpsen*) geğirmek

aufsuchen *vt* başvurmak (*jdn* -e); **einen Arzt** ~ doktora başvurmak

auftanken *vt* benzin deposunu doldurmak

auftauchen *vi sein* meydana çıkmak; (*fig*) sökün etmek

auftauen **I.** *vt* eritmek (*etw* -i) **II.** *vi sein* erimek

aufteilen *vt* bölmek, parçalamak, parçalara ayırmak (*etw* -i)

Aufteilung *f* bölme, ayırma

Auftrag *m* **1.** emir, vazife, misyon **2.** (ECON) sipariş; **im** ~ **von** namına

auftragen *irr vt* (*Speisen*) sofraya koymak (*etw* -i); **jdm etw** ~ birine bir iş havale etmek

auftreiben *irr vt* (*beschaffen*) temin etmek, sağlamak, tedarik etmek; (*finden*) (arayıp) bulmak (*etw* -i)

auftreten *irr vi sein* **1.** (*im Theater*) sahneye çıkmak **2.** (*in Erscheinung treten*) ortaya çıkmak

Auftritt *m* (*im Theater*) sahneye çıkış

aufwachen *vi sein* uyanmak
aufwachsen *irr vi sein* büyümek, yetişmek
Aufwand *m* (*Kosten*) masraf; (*Prunk*) lüks
aufwändig[RR] *adj* çok masraflı
aufwärmen I. *vt* ısıtmak (*etw* -i) II. *vr:* **sich ~** ısınmak
aufwärts *adv* yukarıya doğru
aufwecken *vt* uyandırmak (*jdn* -i)
aufweisen *irr vt* göstermek (*etw* -i)
aufwenden *irr vt* (*Geld*) sarf etmek, harcamak (*etw* -i)
aufwendig *adj* çok masraflı
aufwerfen *irr vt* (*Frage*) ortaya çıkarmak, deşmek
aufwerten *vt* (*Währung*) değerini artırmak (*etw* -in)
Aufwertung *f* (*Geld~*) revalüasyon
aufwickeln *vt* 1. sarmak, dolamak; (*Garn*) makaraya sarmak (*etw* -i) 2. (*auseinander wickeln*) çözmek (*etw* -i)
aufwischen *vt* silmek (*etw* -i)
aufzählen *vt* (birer birer) saymak (*etw* -i)
aufzeichnen *vt* 1. (*bildlich*) resmini çizmek (*etw* -in) 2. (*notieren*) not etmek (*etw* -i)
Aufzeichnung *f* 1. (*Notiz*) not 2. (*Sendung*) çekim, kayıt
aufziehen *irr* I. *vt* 1. (*hochziehen*) yukarı çekmek (*etw* -i) 2. (*Vorhang*) açmak (*etw* -i) 3. (*Uhr*) kurmak (*etw* -i) 4. (*Kind*) büyütmek, yetiştirmek (*jdn* -i) 5. (*fam: necken*) alaya almak (*jdn* -i), takılmak (*jdn* -e) II. *vi sein* (*Gewitter*) çıkmak
Aufzug *m* 1. (*Personen-*) asansör; (*Lasten-*) vinç 2. (*Aufmarsch*) alay, geçiş
aufzwingen *irr vt* zorla kabul ettirmek (*jdm etw* -e -i)
Augapfel *m* göz yuvarlağı; **etw wie seinen ~ hüten** bir şeyi gözbebeği gibi korumak
Auge *nt* göz; **mit bloßem ~** gözlüksüz; **unter vier ~n** baş başa; **ins ~ fallen** göze çarpmak; **etw ins ~ fassen** bir şeyi göz önüne almak; **gute/schlechte ~n haben** gözleri iyi görmek/görmemek; **große ~n machen** gözlerini faltaşı gibi açmak; **etw aus den ~n verlieren** bir şeyi gözden kaybetmek; **die ~n vor etw verschließen** bir şeye göz yummak; **kein ~ zutun** gözünü kırpmamak
Augenarzt, -ärztin *m, f* göz doktoru
Augenblick *m* an; **jeden ~** her an; **im ~** şimdilik, halihazırda
augenblicklich *adv* (*sofort*) hemen, derhal
Augenbraue *f* kaş

Augenbrauenstift *m* rastık
Augenlid *nt* gözkapağı
Augenmaß *nt:* **nach ~** göz kararıyla
augenscheinlich *adv* görünüşe göre
Augentropfen *mpl* göz damlası
Augenweide *f* göz ziyafeti
Augenwimper *f* kirpik
Augenzeuge, -zeugin *m, f* görgü tanığı
August *m* (*Monat*) ağustos
Auktion *f* açık artırma (ile satış)
Aula *f* (*Schule*) toplanı salonu; (*Universität*) konferans salonu
aus I. *präp* +*dat* 1. (*Ort*) -den/-dan; **~ Ankara** Ankara'dan; **~ dem Fenster** pencereden; **~ einem Glas trinken** bir bardaktan içmek 2. (*Grund*) -den/-dan (dolayı); **~ Angst** korkudan; **~ diesem Grunde** bu sebepten II. *adv* bitti, kalmadı; (*Licht*) kapalı; **es ist ~ mit ihm** işi bitik
ausarbeiten *vt* hazırlamak (*etw* -i)
ausarten *vi sein* yozlaşmak
ausatmen *vi* nefes vermek
ausbaden *vt:* **etw ~** başına geleni çekmek, kabak başına patlamak
Ausbau *m* (*auch fig*) genişlet(il)me, geliş(tiril)me
ausbauen *vt* genişletmek, geliştirmek (*etw* -i)
ausbessern *vt* tamir etmek, onarmak; (*Wäsche*) yamamak (*etw* -i)
ausbeulen *vt* (*Beule beseitigen*) (çekiçle) düzeltmek (*etw* -i)
Ausbeute *f* 1. (*Ertrag*) mahsul, ürün 2. (*Gewinn*) kar, kazanç 3. (*Nutzen*) fayda
ausbeuten *vt* 1. (*Grube*) işletmek (*etw* -i) 2. (*fig*) sömürmek (*jdn/etw* -i)
Ausbeuter(in) *m(f)* sömüren, sömürücü, istismarcı
Ausbeutung *f* işlet(il)me; (*fig*) sömürü, istismar
ausbilden *vt* (*beruflich*) yetiştirmek, eğitmek (*jdn* -i)
Ausbildung *f* eğitim, öğrenim
ausbleiben *irr vi sein* eksik kalmak, gelmemek; (*lange*) (uzun zaman) görünmemek
Ausblick *m* manzara
ausbrechen I. *vt* koparmak, sökmek (*etw* -i) II. *vi sein* 1. (*Gefangene*) kaçmak (*aus etw* -den) 2. (*Krieg*) başlamak; (*Krise*) patlak vermek 3. (*Krankheit*) baş göstermek 4. (*Feuer*) çıkmak; **in Tränen ~** hüngür hüngür ağlamak

ausbreiten I. *vt* 1. yaymak, sermek (*etw* -i) 2. (*fig*) genişletmek, büyütmek (*etw* -i) 3. (*Ware*) teşhir etmek (*etw* -i) 4. (*Arme*) kollarını açmak II. *vr:* **sich ~** (*Erscheinung*) yaygınlaşmak

Ausbruch *m* 1. (*von Vulkan*) indifa, püskürme 2. (*von Gefangenen*) kaçış, firar 3. (*Kriegs-*) başlama

ausbrüten *vt* 1. (*Vogel*) yavru çıkarmak 2. (*aushecken*) kurmak (*etw* -i)

ausbuhen *vt* yuhalamak (*jdn* -i)

ausbürgern *vt* vatandaşlıktan çıkarmak (*jdn* -i)

Ausdauer *f* sabır ve sebat, dayanıklılık

ausdehnen *vt* genişletmek; (*weiten*) yaymak, uzatmak (*etw* -i)

Ausdehnung *f* genişleme, yayılma

ausdenken *irr vr:* **sich** *dat* **etw ~** tasarlamak; (*Lüge*) uydurmak (*etw* -i); **nicht auszudenken** tasavvur edilemez

Ausdruck *m* ifade, anlatım; (*Wendung*) deyim; **zum ~ bringen** ifade etmek (*etw* -i)

ausdrucken *vt* (*Datei*) yazdırmak (*etw* -i)

ausdrücken *vt* 1. (*Zigarette*) söndürmek (*etw* -i) 2. (*fig*) ifade etmek (*etw* -i)

ausdrücklich I. *adj* belli, belirli II. *adv* bilhassa

Ausdrucksweise *f* anlatım tarzı

auseinander *adv* birbirinden ayrı; **~ brechen**RR parçalamak (*etw* -i); **~ gehen**RR birbirinden ayrılmak; (*Meinungen*) fikirlerde ihtilaf var; **~ halten**RR farklı tutmak, ayırmak (*etw* -i); **~ nehmen**RR parçalara ayırmak (*etw* -i); **~ setzen**RR (*Schüler*) ayrı yerlere oturtmak (*jdn* -i); (*erklären*) açıklamak (*etw* -i); **sich ~ setzen**RR (*untersuchen*) incelemek (*mit etw* -i); (*diskutieren*) tartışmak (*mit jdm* ile)

Auseinandersetzung *f* (*Streit*) (şiddetli) tartışma, münakaşa

Ausfahrt *f* (*Tor*) çıkış; **~ frei lassen!** oto çıkışını serbest bırakın!

Ausfall *m* açık, noksan, eksiklik

ausfallen *irr vi sein* 1. (*Haar*) dökülmek 2. (*Vorstellung*) yapılmamak; **gut/schlecht ~** iyi/kötü sonuca ulaşmak

ausfallend, ausfällig *adj* saldırgan

Ausfertigung *f* (*Vertrag*) tanzim; (*Schriftstück*) suret; **in doppelter ~** iki nüsha olarak

ausfindig *adj:* **~ machen** arayıp bulmak (*etw* -i)

Ausflucht *f* kaçamak; (*Ausrede*) bahane

Ausflug *m* gezinti, gezi

ausfragen *vt* soruşturmak (*jdn über etw* -e -i); **jemanden ~** birini sorguya çekmek

ausfressen *vt* 1. (*Tier*) yiyip bitirmek, silip süpürmek (*etw* -i) 2. (*fig*) bir kabahat işlemek

Ausfuhr *f* ihracat, dışsatım

ausführbar *adj:* **~e Datei** (INFORM) çalıştırılabilir dosya

ausführen *vt* 1. (*Plan*) gerçekleştirmek (*etw* -i) 2. (*Waren*) ihraç etmek (*etw* -i)

ausführlich I. *adj* ayrıntılı II. *adv* uzun uzadıya

Ausführung *f* gerçekleştirme

ausfüllen *vt* doldurmak (*etw* -i)

Ausgabe *f* 1. (*Verteilung*) dağıtım 2. (*Geld-*) masraf 3. (*Buch-*) yayın, edisyon

Ausgang *m* 1. çıkış 2. (*Ergebnis*) sonuç; **~ haben** izinli olmak

Ausgangspunkt *m* çıkış noktası, başlangıç

Ausgangssperre *f* sokağa çıkma yasağı

ausgeben *irr* I. *vt* 1. (*verteilen*) dağıtmak (*etw* -i) 2. (*Geld*) harcamak (*etw* -i) 3. (INFORM: *Daten*) dökmek (*etw* -i) II. *vr:* **sich ~ für ...** kendini ... diye tanıtmak

ausgedehnt *adj* geniş

ausgefallen *adj* tuhaf, acayip

ausgeglichen *adj* (*auch fig*) dengeli

Ausgeglichenheit *f* uyum, denge; (*seelische*) ruhi denge

ausgehen *irr vi sein* 1. (*außer Haus gehen*) (dışarı) çıkmak 2. (*Licht, Feuer*) sönmek 3. (*Ware, Geld*) bitmek, tükenmek

ausgehungert *adj* açlıktan ölmüş, aç bırakılmış

ausgenommen *präp* +*akk* -den başka

ausgerechnet *adv* tam aksi şekilde

ausgerichtet *adj:* **auf etw ~** bir şeye yönelik

ausgeschlossen *adj* imkansız; **das ist ~!** bu söz konusu olamaz!

ausgeschnitten *adj* (*Kleid*) dekolte

ausgesprochen *adv* tastamam

ausgestorben *adj* nesli tükenmiş, soyu bitmiş, ocağı sönmüş

ausgesucht *adj* seçkin

ausgewogen *adj* ahenkli

ausgezeichnet *adj* mükemmel, kusursuz; **~!** harika!

ausgiebig I. *adj* verimli II. *adv* bol bol

ausgleichen *irr vt* 1. (*gleichmachen*) eşit kılmak (*etw* -i) 2. (*Rechnung*) ödemek (*etw* -i)

ausgraben *irr vt* 1. (*Grube*) kazmak (*etw* -i)

2. (*bei Ausgrabung*) kazarak çıkarmak (*etw* -i)
Ausgrabung *f* kazı, hafriyat
ausgrenzen *vt* dışlamak (*jdn* -i)
Ausgrenzung *f* **1.** (*das Ausgrenzen*) dışlama **2.** (*das Ausgegrenztsein*) dışlanma
aushalten *irr vt* (*ertragen*) dayanmak, tahammül etmek (*etw* -e); **es ist nicht auszuhalten** dayanılacak gibi değil
aushändigen *vt* eline vermek, teslim etmek (*etw* -i)
aushelfen *irr vi* (müşkül durumdaki birine) yardım etmek
Aushilfe *f* yardımcı işçi (*bir başkasının yerine geçici olarak çalışan*)
aushöhlen *vt* oymak, kazmak, çukurlaştırmak (*etw* -i)
auskennen *irr vr:* **sich in etw ~** bir şey hakkında tam bilgiye sahip olmak
auskommen *irr vi sein:* **mit jdm/etw ~** biriyle/bir şeyle geçinmek
Auskunft *f* bilgi, malumat
auslachen *vt:* **jdn ~** birine gülmek
ausladen *irr vt* boşaltmak (*etw* -i)
Auslage *f* **1.** (*Laden-*) vitrin **2.** (*Geld*) masraf(lar)
Ausland *nt* yurt dışı; **im ~** yurt dışında; **ins ~** yurt dışına
Ausländer(in) *m(f)* yabancı
Ausländeramt *nt* yabancılar dairesi
ausländerfeindlich *adj* yabancı düşmanı
Ausländerfeindlichkeit *f* yabancı düşmanlığı
ausländisch *adj* yabancı
Auslandsabteilung *f* dış ilişkiler bölümü
Auslandsflug *m* dış ülkeye uçuş
Auslandsgespräch *nt* ülkeler arası telefon görüşmesi
Auslandskorrespondent(in) *m(f)* (*einer Zeitung*) yurt dışı muhabir
Auslandsverschuldung *f* dış borçlanma
auslassen *irr* **I.** *vt* (*weglassen*) bırakmak (*etw* -i) **II.** *vr:* **sich ~** fikrini beyan etmek (*über etw ...* hakkında)
auslaufen *irr vi sein* **1.** (*Flüssigkeit*) akmak, taşmak **2.** (*Schiff*) hareket etmek **3.** (*Vertrag*) süresi dolmak
ausleeren *vt* boşaltmak (*etw* -i)
auslegen *vt* **1.** (*Geld*) biri için para vermek **2.** (*deuten*) yorumlamak (*etw* -i) **3.** (*Waren*) teşhir etmek, ser(gile)mek (*etw* -i) **4.** (*mit Teppichboden*) döşemek (*etw* -i)

ausleihen *irr vt* ödünç vermek (*jdm etw* -e -i); **sich** *dat* **etw ~** ödünç almak (*etw von jdm* -i -den)
Auslese *f* seçme; (*Elite*) seçkin tabaka
auslesen *irr vt* **1.** ayıklamak, seçmek (*etw* -i) **2.** (*Buch*) okuyup bitirmek (*etw* -i)
ausliefern *vt* **1.** (*Waren*) ele vermek (*etw* -i) **2.** (*Verbrecher*) iade etmek, teslim etmek (*jdn* -i)
Auslieferung *f* **1.** (*von Verbrecher*) suçlunun geri verilmesi **2.** (*Waren-*) mal teslimi
ausloggen *vr:* **sich ~** (INFORM) sistemden çıkmak
auslösen *vt* (*fig: Ereignis, Reaktion*) doğurmak, yaratmak, tetiklemek (*etw* -i)
Auslöser *m* **1.** sebep, neden **2.** (*an Fotoapparat*) deklanşör
ausmachen *vt* **1.** (*Licht, Radio*) kapa(t)mak, söndürmek (*etw* -i) **2.** (*Feuer*) söndürmek (*etw* -i) **3.** (*vereinbaren*) kararlaştırmak (*etw* -i) **4.** (*betragen*) tutmak, etmek (*etw* -i)
Ausmaß *nt* ölçü; (*Umfang*) oran; (*Ausdehnung*) genişlik
ausmessen *irr vt* ölçmek (*etw* -i)
Ausnahme *f* istisna, ayrık; **mit ~ von** hariç olmak üzere
Ausnahmefall *m* istisnai durum
Ausnahmezustand *m* olağanüstü hal, istisnai durum; (*Kriegsrecht*) sıkı yönetim
ausnahmslos *adv* istisnasız, ayrıksız
ausnahmsweise *adv* müstesna olarak
ausnehmen *irr vt* **1.** çıkarmak (*etw* -i) **2.** (*ausschließen*) ayrı tutmak (*etw* -i) **3.** (*Tier*) ayıklamak (*etw* -i)
ausnutzen *vt* **1.** yararlanmak (*etw* -den) **2.** (*ausbeuten*) sömürmek (*jdn/etw* -i)
auspacken **I.** *vt* (*Paket, Koffer*) açmak (*etw* -i) **II.** *vi* (*fam*) ifşa etmek
auspressen *vt* **1.** sıkmak (*etw* -i) **2.** (*Person*) sıkıştırmak (*jdn* -i), posasını çıkarmak (*jdn* -in)
ausprobieren *vt* denemek, tecrübe etmek (*etw* -i)
Auspuff(rohr) *m(nt)* egzoz
ausradieren *vt* **1.** (*mit Gummi*) (silgiyle) silmek (*etw* -i) **2.** (*zerstören*) yerle bir etmek (*etw* -i)
ausrauben *vt* soymak (*jdn* -i)
ausrechnen *vt* hesaplamak (*etw* -i)
Ausrede *f* bahane, kaçamak; **faule ~** gülünç mazeret

ausreden I. *vi* sözünü bitirmek II. *vt:* jdm etw ~ birini bir şeyden caydırmak [*o* vazgeçirmek]

ausreichen *vi* yet(iş)mek (*für etw* -e)

ausreichend *adj* kafi, yeterli

Ausreise *f* gidiş, çıkış

ausreisen *vi sein* yurt dışına çıkmak, ayrılmak

ausreißen *irr* I. *vt* sökmek (*etw* -i) II. *vi sein* 1. yırtılmak, sökülmek 2. (*fam: flüchten*) sıvışmak, tüymek

ausrichten *vt:* einen Gruß ~ selam söylemek (*jdm von jdm* -e -den); kann ich etw ~? haber bırakabilir miyim?

ausrotten *vt* yok etmek, imha etmek (*etw* -i)

ausrufen *irr vt* haykırmak, bağırmak; (*feierlich*) ilan etmek (*etw* -i)

Ausrufezeichen *nt* ünlem işareti

ausruhen I. *vi* dinlenmek II. *vr:* sich ~ dinlenmek

ausrüsten *vt* teçhiz etmek, donatmak (*jdn* -i)

Ausrüstung *f* teçhizat, donanma

ausrutschen *vi sein* kayarak düşmek

Ausrutscher *m* küçük hata

Aussage *f* ifade, beyan

aussagen *vi* (JUR) ifade vermek

Ausschabung *f* kürtaj

ausschalten *vt* (*Licht, Radio*) kapa(t)mak; (*Strom*) kesmek (*etw* -i)

Ausschau *f* bakışlarla arama; nach jdn ~ halten bir kimsenin yolunu gözlemek

ausschauen *vi* (*aussehen*) görünmek

ausscheiden *vi* 1. ayrılmak, çekilmek 2. (SPORT) elimine olmak

Ausscheidung *f* (*Absonderung*) ifrazat

ausschlafen *irr vi* uykusunu almak

Ausschlag *m* (MED) egzama; den ~ geben ağır basmak, kesin sonuca etkili olmak

ausschlaggebend *adj* ağır basan, kesin sonuca etkisi olan

ausschließen *irr vt* 1. kabul etmemek (*etw* -i) 2. (*aus einer Gemeinschaft*) çıkarmak, dışlamak (*jdn aus etw* -i -den)

ausschließlich I. *adj* hariç olan II. *adv* hariç olmak üzere

ausschmücken *vt* süslemek, dekore etmek (*etw* -i)

ausschneiden *irr vt* kesmek, kesip çıkarmak; (*Baum*) budamak (*etw* -i)

Ausschnitt *m* 1. (*von Kleid*) biçim, kesim 2. (*Zeitungs-*) kupür 3. (*aus einem Gemälde*) bölüm, parça

ausschreiben *irr vt* 1. (*Wort*) yazmak (*etw* -i) 2. (*Scheck*) doldurmak (*etw* -i) 3. (*Stelle, Projekt*) ilan etmek (*etw* -i); einen Wettbewerb ~ yarışma açmak; eine Belohnung ~ ödül ilan etmek

Ausschreibung *f* (*Stelle*) iş ilanı

Ausschreitung *f* (*meist pl*) taşkınlık, zorbalık

Ausschuss[RR] *m* (*Kommission*) heyet, kurul, komisyon

ausschütten *vt* dökmek (*etw* -i); eine Dividende ~ kazanç dağıtmak; jdm sein Herz ~ birine içini dökmek

aussehen *irr vi* görünmek; gut/schlecht ~ (*gesundheitlich*) iyi/kötü görünmek

Aussehen *nt* görünüş

außen *adv* dışarıda; von ~ dışarıdan; nach ~ dışarıya

Außenbezirke *mpl* (*einer Stadt*) kenar mahalleler

Außenbordmotor *m* takma motor

Außendienst *m* dış hizmet, dış görev

Außenhandel *m* dış ticaret

Außenminister(in) *m(f)* dışişleri bakanı

Außenministerium *nt* Dışişleri Bakanlığı

Außenpolitik *f* dış politika

Außenseite *f* dış yüz, üst

Außenspiegel *m* (*eines Autos*) oto aynası

Außenstände *pl* alacaklar

außer *präp* +*dat* -den başka; ~ wenn meğerki; ~ sich kendinden geçmiş; ~ Betrieb bozuk, çalışmaz halde; ~ Gefahr tehlikeden kurtulmuş

außerdem *adv* bundan başka

äußere(r, s) *adj* dış

Äußere *nt* (*Erscheinungsbild*) dış görünüş

außerehelich *adj* evlilik dışı

außergewöhnlich *adj* olağanüstü, alışılmadık, fevkalade

außerhalb *präp* +*gen* -in dışında

außerirdisch *adj* 1. (*nicht von dieser Welt*) dünyadan olmayan 2. (*aus dem All*) uzaylı

Außerirdische(r) *mf* uzaylı

äußerlich *adj* dış; zur ~en Anwendung (MED) hariçten kullanılmak üzere

äußern I. *vt* (*sagen*) söylemek; (*Meinung*) ifade etmek (*etw* -i) II. *vr:* sich zu etw ~ bir şey hakkında fikir yürütmek

außerordentlich *adj* fevkalade, olağanüstü

außerparlamentarisch *adj* parlamento

außerplanmäßig — auswechseln

dışı, parlamentoda olmayan
außerplanmäßig *adj* plan dışı
äußerst *adv* (*überaus*) son derece
äußerste(r, s) *adj* (*fern*) en uzak; (*letzter*) en son
Äußerste *nt:* **sein ~s tun** elinden geleni yapmak
Äußerung *f* ifade, beyanat
aussetzen I. *vt* (*Belohnung*) ortaya koymak, (*unterbrechen*) ara vermek (*etw* -i); **etw auszusetzen haben** itiraz etmek (*an etw* -e) **II.** *vi* (*Motor*) boşlamak **III.** *vr:* **sich einer Sache ~** kendini bir şeye maruz bırakmak
Aussicht *f* manzara; (*fig*) ihtimal
aussichtslos *adj* ümitsiz
Aussichtspunkt *m* manzaralı yer
aussichtsreich *adj* ümit verici
Aussöhnung *f* barış(tır)ma
ausspannen I. *vt* sermek, yaymak, germek (*etw* -i) **II.** *vi* (*entspannen*) başını dinlendirmek
aussperren *vt* üstüne kapıyı kilitlemek (*jdn* -in); (*Arbeiter*) lokavt etmek (*jdn* -i)
Aussperrung *f* (*Arbeitskampf*) lokavt
Aussprache *f* 1. telaffuz, ağız 2. (*zwischen Menschen*) konuşma, görüşme
aussprechen *irr* **I.** *vt* 1. telaffuz etmek, söylemek (*etw* -i) 2. (*Beileid, Glückwunsch*) dilemek (*jdm etw* -e -i) **II.** *vi* (*zu Ende reden*) sözünü bitirmek **III.** *vr:* **sich ~** (*seine Meinung sagen*) fikir yürütmek; (*sein Herz ausschütten*) dertleşmek; **sich mit jdm ~** biriyle görüşmek [*o* konuşmak]
ausspucken *vt* tükürmek (*etw* -i)
Ausstand *m* (*Streik*) grev
ausstatten *vt* teçhiz etmek, donatmak (*jdn/etw* -i)
Ausstattung *f* teçhizat, donatım
ausstehen *irr* **I.** *vt* (*ertragen*) tahammül etmek, dayanmak (*jdn/etw* -e); **jdn nicht ~ können** birine hiç tahammül edememek **II.** *vi* (*noch erwartet werden*) daha beklenmek
aussteigen *irr vi sein* 1. inmek (*aus etw* -den) 2. (*aus Gesellschaft, Job*) terketmek, bırakmak (*aus etw* -i)
Aussteiger(in) *m(f)* (*aus Terrorgruppe u.Ä.*) itirafçı
ausstellen *vt* (*zur Schau*) sergilemek (*etw* -i); (*Pass, Scheck*) vermek (*jdm etw* -e -i)
Aussteller(in) *m(f)* ekspozan
Ausstellung *f* sergi

Ausstellungsgelände *nt* sergi alanı
aussterben *irr vi sein* nesli tükenmek; (*fig*) ocağı sönmek
Aussteuer *f* çeyiz
Ausstieg *m* (*in Bus*) iniş (yeri)
ausstopfen *vt* doldurmak (*etw* -i)
Ausstoß *m* dışarıya atış
ausstoßen *irr vt* dışarıya atmak (*etw* -i); (*aus einer Gemeinschaft*) dışarı atmak (*jdn aus etw* -i -den); **einen Schrei ~** çığlık atmak
ausstrahlen *vt* (*Programm*) yaymak (*etw* -i); **Licht/Wärme ~** ışık/sıcaklık yaymak
ausstrecken *vt* uzatmak (*etw* -i)
ausstreichen *irr vt* çizmek, karalamak (*etw* -i)
ausströmen I. *vt* (*Duft*) saçmak (*etw* -i) **II.** *vi sein* akmak, fışkırmak, çıkmak
aussuchen *vt* seçmek (*etw* -i)
Austausch *m* 1. değiş tokuş 2. (TECH) (bir alet) değiştirme
austauschbar *adj* değiştirilebilir
austauschen *vt* değiş tokuş etmek (*etw* -i)
austeilen *vt* dağıtmak (*etw* -i)
Auster *f* istiridye
austoben *vr:* **sich ~** kurtlarını dökmek; (*Ärger*) öfkesini [*o* almak] çıkarmak
Australien *nt* Avustralya
Australier(in) *m(f)* Avustralyalı
australisch *adj* Avusturalya
austreiben *irr vt* kovmak (*jdn/etw aus etw* -i -den)
austreten *irr* **I.** *vt* (*Treppe*) eskitmek (*etw* -i) **II.** *vi* (*aus einer Gemeinschaft*) ayrılmak, çıkmak (*aus etw* -den); (*auf Toilette*) tuvalete gitmek
austrinken *irr vt* içip bitirmek; (*Glas*) içip boşaltmak (*etw* -i)
Austritt *m* (*aus einer Gemeinschaft*) çıkma, ayrılma
ausüben *vt* icra etmek, yapmak (*etw* -i); **einen Beruf ~** meslekte çalışmak
Ausverkauf *m* tasfiye satışı
ausverkauft *adj* hepsi satılmış
Auswahl *f* seçme, ayırma, beğenme
auswählen *vt* seçmek, ayırmak (*etw* -i)
Auswanderer, -derin *m, f* göçmen
auswandern *vi sein* göç etmek, göçmek (*aus/nach etw* -den/-e)
Auswanderung *f* göç
auswärts *adv* dışarıda
Auswärtsspiel *nt* (SPORT) deplasman maçı
auswechseln *vt* değiştirmek (*etw* -i)

Ausweg *m* çıkar yol, çare; **einen/keinen** ~ **finden** bir yolunu bulmak/bulmamak
ausweglos *adj* çaresiz, ümitsiz
ausweichen *irr vi sein* yol vermek (*jdm* -e); (*jdn meiden*) rastlamamaya bakmak (*jdm* -e)
ausweichend *adj* (*Anwort*) kaçamaklı
Ausweis *m* kimlik (kâğıdı)
ausweisen *irr* **I.** *vt* (*aus einem Land*) sınır dışı etmek (*jdn* -i) **II.** *vr:* **sich** ~ kimliğini ispat etmek
Ausweispapiere *ntpl* kimlik belgeleri
Ausweisung *f* (*aus einem Land*) sınır dışı etme
auswendig *adv* ezbere, ezberden
auswerten *vt* **1.** (*ausnützen*) faydalanmak (*etw* -den) **2.** (*Angaben*) değerlendirmek (*etw* -i)
Auswertung *f* **1.** faydalanma **2.** (*Statistik*) değerlendirme
auswirken *vr:* **sich auf etw** ~ bir şeyi etkilemek; **sich positiv/negativ** ~ olumlu/olumsuz sonuç vermek
Auswirkung *f* etki; (*gute, schlechte*) sonuç
auswischen *vt* silmek (*etw* -i); **jemandem eins** ~ (*fam*) birine tokat atmak
auswuchten *vt* dengelemek (*etw* -i)
auszahlen *vt* ödemek (*etw* -i)
Auszahlung *f* ödeme
auszeichnen **I.** *vt* **1.** (*Waren*) etiketlemek (*etw* -i) **2.** (*mit einem Orden*) nişan vermek (*jdn* -e) **II.** *vr:* **sich** ~ kendini göstermek
Auszeichnung *f* **1.** (*von Waren*) etiketleme **2.** (*Belohnung*) ödül
ausziehen *irr* **I.** *vt* **1.** (*Kleider*) çıkarmak (*etw* -i) **2.** (*Kind*) soymak (*jdn* -i) **3.** (*Tisch*) uzatmak (*etw* -i) **II.** *vi sein* taşınmak **III.** *vr:* **sich** ~ soyunmak
Auszubildende(r) *mf* çırak, eğitim gören
Auszug *m* **1.** (*aus einer Wohnung*) taşınma **2.** (*aus einem Buch*) özet
authentisch *adj* otantik
Auto *nt* otomobil, araba; ~ **fahren** araba kullanmak
Autobahn *f* otoyol, otoban; **gebührenpflichtige** ~ ücrete tabi otoyol
Autobahnauffahrt *f* otoyol girişi
Autobahnausfahrt *f* otoyol çıkışı
Autobahndreieck *nt* otoyol üçgeni
Autobahngebühr *f* otoyol ücreti
Autobus *m* otobüs
Autofähre *f* araba vapuru, arabalı vapur
Autofahrer(in) *m(f)* oto sürücüsü
Autokarte *f* oto atlası
Autokino *nt* oto sineması
Autokolonne *f* otomobil kolu
Automat *m* otomat
Automatik *f* otomatik
automatisch **I.** *adj* otomatik **II.** *adv* otomatikman
automatisieren *vt* otomatize etmek (*etw* -i)
automatisiert *adj* otomatize
Automatisierung *f* otomasyon
Automechaniker(in) *m(f)* oto tamircisi
autonom *adj* özerk
Autonomie *f* özerklik
Autonomiegebiet *nt* özerk bölge
Autonummer *f* plaka numarası
Autor(in) *m(f)* yazar
Autoradio *nt* otomobil radyosu
Autoreifen *m* otomobil lastiği
Autoreisezug *m* oto nakleden tren
Autorennen *nt* otomobil yarışı
autoritär *adj* otoriter
Autorität *f* otorite
Autoritätsperson *f* otorite
Autoschalter *m* (*von Banken*) dış gişe
Autoschlange *f* otomobil kuyruğu
Autosport *m* otomobil sporu
Autostopp *m* otostop
Autostopper(in) *m(f)* otostopçu
Autounfall *m* araba (otomobil) kazası
Autoverleih *m* araba (otomobil) kiralama yeri, rent a car
Autovermietung *f* otomobil kiralama
Autowaschanlage *f* araba yıkama tesisi
Autowaschstraße *f* oto yıkama tesisi
Autowerkstatt *f* araba (otomobil) tamirhanesi
Autozubehör *nt* oto eşyası
Avocado *f* Amerika armudu
Axt *f* balta
Ayurveda *m* Ayurveda

B

Baby *nt* bebek
Babynahrung *f* (bebek) mama(sı)
Babysitter(in) *m(f)* çocuk bakıcısı
Bach *m* dere, çay
Backbone *m* (INFORM) omurga
Backbord *nt* iskele (*geminin sol tarafı*)
Backe *f* yanak
backen <bäckt *o* backt, backte, gebacken> *vt* (fırında) pişirmek, yapmak (*etw* -i); **einen Kuchen** ~ pasta yapmak
Backenknochen *m* elmacık kemiği
Backenzahn *m* azı dişi
Bäcker(in) *m(f)* ekmekçi, fırıncı
Bäckerei *f* fırın
Backform *f* pasta kalıbı
Backofen *m* fırın
Backpulver *nt* kabartma tozu
Backslash *m* tersine taksim işareti, geri eğim işareti
Backstein *m* tuğla
Backup *m* (INFORM) yedekleme
Bad *nt* 1. (*Badezimmer*) banyo 2. (*Tätigkeit*) yıkanma, banyo 3. (*Heilbad*) kaplıca, ılıca; (*türkisches Bad*) hamam
Badeanzug *m* mayo
Badehose *f* mayo
Badekappe *f* (lastik) başlık
Badekur *f* banyo kürü
Bademantel *m* bornoz
Bademeister(in) *m(f)* 1. (*Schwimmbad*) havuz sorumlusu; (*Strand*) plaj sorumlusu 2. (*im türkischen Bad: männlich*) tellak; (*weiblich*) natır
baden I. *vt* banyo ettirmek, yıkamak (*jdn* -i) II. *vi* banyo yapmak; (*im Meer*) denize girmek
Baden-Württemberg *nt* Baden-Württemberg (Eyaleti)
Badeofen *m* hamam [*o* banyo] sobası, şofben
Badeort *m* kaplıca, ılıca, (*Strandbad*) plaj
Badeschuhe *mpl* tokyolar *pl*
Badetuch *nt* hamam [*o* banyo] havlusu
Badewanne *f* küvet, banyo
Badezimmer *nt* banyo
Bafög *nt* dar gelirli ailelerin öğrencilerine verilen kredi
Bagatelle *f* kolay iş

Bagger *m* ekskavatör
Bahamas *pl* Bahama adaları
Bahn *f* 1. (*Eisenbahn*) demiryolu; (*Zug*) tren 2. (*Weg*) yol, hat 3. (SPORT) pist; (*beim Kegeln u. Bowling*) kulvar
bahnbrechend *adj* çığır açıcı
Bahnhof *m* istasyon
Bahnsteig *m* peron
Bahnübergang *m* demiryolu geçidi
Bahnwärter *m* demiryolu bekçisi
Bahre *f* (*Kranken-*) sedye; (*Toten-*) tabut
Baiser *nt* beze
Bakterie *f* bakteri, mikrop
Baku *nt* Bakü
balancieren I. *vt* dengede tutmak (*etw* -i) II. *vi sein* kendini dengede tutmak
bald *adv* (*in Kürze*) yakında; (*binnen kurzem*) birazdan; (*beinahe*) az kalsın; **bis** ~! (yakında) görüşmek üzere!; **er wird** ~ **kommen** birazdan gelecek; **möglichst** ~, **so** ~ **wie möglich** mümkün olduğu kadar çabuk, bir an önce; ~ **darauf** biraz sonra
baldige(r, s) *adj* (*in naher Zukunft*) yakın; (*sofortig*) acil
Baldrian *m* kediotu, valeryan
Balkan *m* Balkan(lar)
Balkanländer *ntpl* Balkan Ülkeleri, Balkanlar
Balken *m* direk, mertek
Balkon *m* balkon
Ball *m* 1. top; ~ **spielen** top oynamak 2. (*Tanz*) balo
Ballast *m* safra
Ballett *nt* bale
Balletttänzer[RR]**(in)** *m(f)* balerin, bale dansözü
Ballon *m* balon
Ballungsgebiet *nt,* **Ballungsraum** *m* yüksek nüfuslu bölge
Balustrade *f* parmaklık, korkuluk, tırabzan
Bambus *m* bambu
banal *adj* adi, bayağı, banal
Banane *f* muz
Bananenstaude *f* muz ağacı
band *vt s.* **binden**
Band[1] <Bänder> *nt* 1. (*Stoff-*) bant, şerit 2. (*Ton-*) teyp
Band[2] <Bande> *nt* (*fig: Bindung*) bağ, bağ-

Band 26 **bäuerlich**

lılık
Band³ <Bände> *m* (*Buch*) cilt
Band⁴ <Bands> *f* müzik grubu
Bandage *f* sargı
bandagieren *vt* sarmak, sargılamak (*etw* -i)
Bandbreite *f* 1.(RADIO) dalga kuşağı 2.(INET) bant genişliği 3.(*fig: Vielfalt*) yelpaze
Bande *f* (*Gruppe*) güruh, takım, sürü; (*Verbrecher-*) çete
Bänderriss^RR *m* lif kopması
bändigen *vt* (*Tier*) alıştırmak (*etw* -i); (*Mensch*) gemlemek (*jdn* -i); (*Wut*) zaptetmek (*etw* -i)
Bandit *m* haydut, eşkıya
Bandmaß *nt* mezura
Bandscheibe *f* disk
Bandscheibenvorfall *m* disk kayması
Bandwurm *m* şerit, ba(ğı)rsak solucanı
Bank¹ <Bänke> *f* 1.(*Sitz-*) bank 2.(*Schul-*) sıra; **auf die lange ~ schieben** sürüncemede [*o* sonraya] bırakmak (*etw* -i)
Bank² <Banken> *f* (*Kreditanstalt*) banka
Bankautomat *m* bankamatik
Bankett *nt* ziyafet, gala, şölen
Bankgeheimnis *nt* banka sırrı
Bankier *m* banker
Bankkonto *nt* banka hesabı
Bankleitzahl *f* banka kod numarası
Banknote *f* banknot
Bankomat *m* bankamatik
Bankraub *m* banka soygunu
bankrott *adj* iflas etmiş, batmış
Bankrott *m* iflas; **~ machen** iflas etmek
Bankwesen *nt* bankacılık
bar *adv:* **gegen ~, in ~** peşin; **~ bezahlen** nakit ödemek (*etw* -i)
Bar *f* 1.(*Ausschank*) köşe meyhanesi, bar 2.(*Nachtlokal*) gece kulübü, bar
Bär *m* ayı; **der Große/Kleine ~** Büyükayı/Küçükayı
Baracke *f* baraka
Bardame *f* barda servis yapan bayan
Bärenhunger *m* şiddetli açlık
barfuß *adv* yalınayak
barg *vt s.* **bergen**
Bargeld *nt* nakit para, hazır para
bargeldlos *adv* çekle
Bariton *m* bariton
Barkauf *m* peşin alım
Barkeeper *m*, **Barmixer** *m* barmen
barmherzig *adj* merhametli
barock *adj* Barok

Barock *nt od. m* Barok (sanatı)
Barometer *nt* barometre
Barren *m* 1.(*Gold-*) külçe (altın) 2.(SPORT) paralel
Barriere *f* bariyer
Barrikade *f* barikat
barsch *adj* haşin, ters, aksi
Barsch *m* levrek (balığı)
Bart *m* sakal; (*Schnurrbart*) bıyık
bärtig *adj* sakallı; (*mit Schnurrbart*) bıyıklı
Barzahlung *f* peşin ödeme
Basar *m* pazar (yeri), çarşı
Base *f* 1.(CHEM) baz 2.(*Kusine*) amca (dayı, teyze, hala) kızı, kuzin
Baseball *m* beyzbol
Basilika *f* bazilik(a)
Basilikum *nt* fesleğen, reyhan
Baske, -kin *m, f* Bask
Baskenland *nt* Bask ülkesi
Baskenmütze *f* bere
Basketball *m* basketbol
Bass^RR *m* basso
Bassgeige^RR *f* kontrbas
basta *interj:* **und damit ~!** yeter artık!, işte bu kadar!
Bastelarbeit *f*, **Basteln** *nt* el işi
basteln *vi* (*amatör olarak*) el işleri yapmak
Bastler(in) *m(f)* (*amatör olarak*) el işleri yapan
bat *vi, vt s.* **bitten**
Batterie *f* pil; (*Auto-*) akü(mülatör)
Bau *m* 1.(*Gebäude*) bina, yapı 2.(*Form*) yapı (tarzı), bünye, kuruluş
Bauarbeiten *fpl* inşaat
Bauarbeiter *m* inşaat işçisi, amele, ırgat
Bauch *m* karın; (*Magen*) mide
Bauchfellentzündung *f* karınzarı iltihabı
Bauchschmerzen *mpl* karın ağrısı *sing;* **ich habe ~** karnım ağrıyor
Bauchspeicheldrüse *f* pankreas
Bauchtanz *m* göbek dansı; **einen ~ aufführen** göbek atmak
Bauchweh *nt* karın ağrısı
bauen *vt* yapmak, kurmak, inşa etmek (*etw* -i)
Bauer¹ <Bauern> *m* 1. çiftçi, köylü 2.(*Schach*) piyon 3.(*kulturloser Mensch*) kaba adam
Bauer² <Bauer> *nt od. m* (*Vogelkäfig*) kafes
Bäuerin *f* köylü kadın
bäuerlich *adj* köylü

Bauernhof *m* çiftlik
Bauernmöbel *ntpl* çiftlik evi türünde mobilya
baufällig *adj* harap, yıkkın
Baugelände *nt* arsa, parsel
Baugenehmigung *f* inşaat ruhsatı
Bauherr *m* inşaat sahibi
Bauingenieur(in) *m(f)* inşaat mühendisi
Baukasten *m* (*oyuncak*) inşaat kutusu
Baum *m* ağaç
Baumeister *m* mimar
Baumkrone *f* ağaç tepesi
Baumrinde *f* ağaç kabuğu
Baumschule *f* fidanlık
Baumstamm *m* ağaç gövdesi
Baumwolle *f* pamuk
Bauplan *m* yapı planı, inşaat planı
Bauplatz *m* arsa, parsel
Bausparkasse *f* yapı tasarruf sandığı
Bausparvertrag *m* yapı tasarruf sözleşmesi
Baustein *m* (*auch fig*) yapıtaşı
Baustelle *f* şaniye, inşaat [*o* yapı] yeri
Baustoff *m* inşaat malzemesi
Bauunternehmer(in) *m(f)* yapı müteahhidi
Bayer(in) *m(f)* Bavyeralı
Bayern *nt* Bavyera
bay(e)risch *adj* (*Art*) Bavyera; (*Herkunft*) Bavyeralı; (*Sprache*) Bavyeraca
Bazillus *m* basil
beabsichtigen *vt* niyet etmek (*etw* zu tun -meye), tasarlamak, amaçlamak (*etw* -i)
beachten *vt* 1. göz önünde bulundurmak, dikkate almak, hesaba katmak (*etw* -i) 2. (*Gesetz, Regel*) uymak (*etw* -e), riayet etmek (*etw* -i)
beachtenswert *adj* dikkate değer; (*bedeutend*) önemli
beachtlich *adj* önemli
Beachtung *f* dikkate alma; (*Berücksichtigung*) hesaba katma; (*Befolgung*) uyma, riayet
Beachvolleyball *nt* kum voleybolü
Beamte(r) *m*, **Beamtin** *f* (*Staats-*) devlet memuru; (*sonstige*) memur
beängstigend *adj* korkutucu, endişe verici
beanspruchen *vt* (*Zeit*) istemek, almak (*etw* -i)
beanstanden *vt* itiraz etmek (*etw* -e karşı), kusurlu bulmak (*etw* -i)
Beanstandung *f* şikayet
beantragen *vt* (ADM) (dilekçe ile) istemek; (POL) önermek (*etw* -i)
beantworten *vt* cevaplandırmak, yanıtlamak (*etw* -i)
bearbeiten *vt* 1. işlemek (*etw* -i) 2. (*Stück*) uyarlamak (*etw* -i); **den Boden** ~ toprağı sürmek
Bearbeitung *f* 1. işleme 2. (*eines Stücks*) uyarlama
Bearbeitungsgebühr *f* işlem harçı
beaufsichtigen *vt* (*aufpassen auf*) bakmak (*jdn* -e), gözetmek; (*überwachen*) kontrol etmek (*jdn* -i)
beauftragen *vt* görevlendirmek (*jdn mit etw* -i ile)
bebauen *vt* (*mit Häusern*) imar etmek, bayındırmak (*etw* -i); **den Boden** ~ toprağı sürmek
beben *vi* sarsılmak
Becher *m* bardak, kadeh
Becken *nt* 1. (*Schwimm-*) yüzme havuzu; (*Wasch-*) lavabo; (*im türk. Bad*) kurna 2. (*Knochen*) kalça 3. (GEOG) havza
Beckenknochen *m* kalça kemiği
bedanken *vr:* **sich bei jdm (für etw)** ~ birine bir (şey için) teşekkür etmek
Bedarf *m* ihtiyaç, gereksinme, gereksime; **bei** ~ gerektiği takdirde, icabında
bedauerlich *adj* (*beklagenswert*) acınacak; (*unerfreulich*) üzücü; **das ist** ~ yazık
bedauerlicherweise *adv* maalesef, ne yazık ki
bedauern *vt* (*Sache*) üzülmek, yerinmek (*etw* -e); (*Menschen*) acımak (*jdn* -e)
Bedauern *nt* üzüntü; **sein** ~ **zum Ausdruck bringen** üzüntüsünü dile getirmek; **zu meinem (großen)** ~ maalesef ki
bedauernswert *adj* (*Person*) acınacak (halde), zavallı, biçare; (*Sache*) üzülünecek
bedecken *vt* örtmek, kapamak (*etw* -i)
bedeckt *adj* (*Himmel*) kapalı, bulutlu
bedenken *irr vt* (*überlegen*) düşünmek; (*beachten*) hesaba katmak (*etw* -i)
Bedenken *nt* (*Zweifel*) şüphe, kaygı, endişe; (*Zögern*) duraksama, tereddüt, kararsızlık
bedenkenlos *adv* (*sorglos*) düşüncesizce; (*rücksichtslos*) saygısızca
bedenklich *adj* (*heikel*) müşkül, sakıncalı; (*zweifelhaft*) şüpheli
Bedenkzeit *f* düşünme mühleti [*o* süresi]
bedeuten *vt* (*Sinn*) ... anlamına gelmek; **was soll denn das** ~? bu ne demek oluyor?; **das hat nichts zu** ~ hiç önemi yok

bedeutend adj 1.(*wichtig*) önemli 2.(*beträchtlich*) büyük, dikkate değer
Bedeutung f 1.(*Sinn*) anlam 2.(*Wichtigkeit*) önem
bedeutungslos adj 1.(*ohne Sinn*) anlamsız 2.(*unwichtig*) önemsiz
bedienen I. *vi, vt* 1. hizmet etmek; (*im Restaurant*) servis yapmak (*jdn* -e) 2.(*Maschine*) idare etmek, kullanmak (*etw* -i); **werden Sie schon bedient?** Size bakılıyor mu? II. *vr:* **sich** ~ (*bei Tisch*) yemek almak; (*fig: benutzen*) kullanmak (*einer Sache* -i); ~ **Sie sich!** buyurun! lütfen alın!
Bedienung f 1.(*Tätigkeit*) hizmet, servis 2.(TECH) kullanma, idare etme 3.(*Kellner(in)*) garson (kadın)
Bedienungsanleitung f kullanma kılavuzu [*o* talimatı]
Bedienungsgeld nt garsoniye, bahşiş
bedingt adj 1.(*eingeschränkt*) şartlı 2.(*abhängig*) bağlı, tabi
Bedingung f şart, koşul; **unter der ~, dass** şu şartla ki; **~en stellen** şartlar koşmak
bedingungslos I. *adj* (kayıtsız) şartsız II. *adv* kayıtsız şartsız
bedrängen vt 1.(*nicht in Ruhe lassen*) rahat vermemek (*jdn* -e) 2.(*gewaltsam vorgehen*) zulmetmek (*jdn* -e) 3.(*bedrücken*) sıkıntı vermek (*jdn* -e)
bedrohen vt tehdit etmek (*jdn* -i), gözdağı vermek (*jdn* -e)
bedrohlich adj tehlikeli
Bedrohung f tehdit, gözdağı
bedrücken vt 1.(*traurig stimmen*) üzmek (*jdn* -i) 2.(*lasten auf*) bunaltmak (*jdn* -i)
bedrückend adj (can) sıkıcı, sıkıntılı, kasvetli
Bedürfnis nt ihtiyaç, gereksinme
bedürftig adj (*arm*) fakir, yoksul
Beefsteak nt biftek
beeilen vr: **sich** ~ acele etmek
beeindrucken vt etkilemek, duygulandırmak (*jdn* -i), izlenim bırakmak (*jdn* -de)
beeinflussen vt etkilemek (*jdn/etw* -i)
beeinträchtigen vt (*schaden*) zarar vermek (*etw* -e), zedelemek (*etw* -i)
Beeinträchtigung f zarar verme, zedeleme
beenden vt bitirmek (*etw* -i), son vermek (*etw* -e); **schnell** ~ (kısa) kesmek (*etw* -i)
Beendigung f bitir(il)me, son (ver(il)me)
beerdigen vt gömmek, defnetmek, toprağa vermek (*jdn* -i)
Beerdigung f (*das Beerdigen*) gömme, defin; (*Zeremonie*) cenaze (töreni)
Beere f tane, çilek, dut, böğürtlen, üzüm gibi meyvelerin tanesi
Beet nt (*Saat-*) yastık; (*Blumen-*) (çiçek) tarh(ı)
befahl vt s. **befehlen**
befahrbar adj trafiğe elverişli
befahren *irr* vt (*Straße*) üzerinden taşıt ile geçmek
befallen *irr* vt tutmak (*jdn/etw* -i), başına gelmek (*jdn* -in)
befangen adj 1.(*scheu*) utangaç, çekingen, sıkılgan 2.(*voreingenommen*) taraf tutan, taraflı
Befangenheit f 1.(*Schüchternheit*) utangaçlık, çekingenlik 2.(*Parteiischsein*) tarafgirlik
befassen vr: **sich mit etw** ~ bir şey ile meşgul olmak [*o* uğraşmak]; (*handeln von*) bir şeyi bahsetmek, bir şey hakkında [*o* konusunda] olmak
Befehl m 1. emir, buyruk; (*Kommando*) kumanda 2.(INFORM) komut; **auf** ~ *gen* -in emriyle; **zu** ~! emredersiniz!, baş üstüne!
befehlen <befiehlt, befahl, befohlen> vt emretmek (*etw* -i); **jdm** ~ **etw zu tun** birine bir şeyi yapmasını emretmek
befehligen vt kumanda etmek (*jdn* -e)
Befehlsform f emir kipi [*o* sıygası]
befestigen vt 1.(*verstärken*) sağlamlaştırmak, pekiştirmek (*etw* -i) 2.(*fest anmachen*) (sıkıca) bağlamak (*etw an etw* -i -e)
befiehlt vt s. **befehlen**
befinden *irr* I. *vr:* **sich** ~ (*örtlich*) bulunmak II. *vi:* **für gut** ~ iyi bulmak, uygun görmek (*etw* -i); **für schuldig** ~ suçlu bulmak (*jdn* -i)
Befinden nt sağlık durumu
befohlen vt s. **befehlen**
befolgen vt (*Rat*) dinlemek (*etw* -i); (*Vorschriften*) uymak, riayet etmek (*etw* -e); (*Befehl*) yerine getirmek (*etw* -i); **ein Beispiel** ~ örneğe uymak
befördern vt 1.(*im Rang*) terfi ettirmek (*jdn* -i) 2.(*transportieren*) nakletmek, yollamak (*etw* -i)
Beförderung f 1.(*Rang*) terfi 2.(*Transport*) taşıma, nakil
befragen vt sormak, soruşturmak (*jdn über etw* -e -i)
Befragung f (*Umfrage*) soruşturma, anket

befreien I. *vt* kurtarmak (*jdn von etw/jdm* -i -den); (*von einer Pflicht*) muaf tutmak (*jdn von etw* -i -den) II. *vr:* **sich** ~ kurtulmak (*von etw/jdm* -den)
Befreiung *f* kurtuluş, kurtarış
befreundet *adj:* ~ **sein** dost olmak; (*eng*) içli dışlı olmak (*mit jdm* ile)
befriedigen *vt* memnun etmek, tatmin etmek, doyurmak (*jdn* -i)
befriedigend *adj* 1. memnun edici, doyurucu, tatminkar 2. (*Schulnote*) orta
befriedigt *adj* hoşnut, memnun
Befriedigung *f* 1. (*Zufriedenheit*) memnuniyet, hoşnutluk 2. (*Zufriedenstellung*) tatmin, doygunluk
befristet *adj* (*Vertrag*) vadeli
Befugnis *f* 1. (*Recht*) hak, izin 2. (*Amts-*) yetki
Befund *m* 1. (*Zustand*) durum, hal 2. (MED) bulgu, rapor; **ohne** ~ bulgusuz
befürchten *vt* korkmak, endişe etmek (*etw* -den)
Befürchtung *f* korku, endişe
befürworten *vt* tavsiye etmek (*etw* -i)
begabt *adj* yetenekli
Begabung *f* yetenek
begann *vt s.* **beginnen**
begeben *irr vr:* **sich** ~ (*gehen*) gitmek, yönelmek (*nach/zu* -e); **sich in Gefahr** ~ kendini tehlikeye atmak
begegnen I. *vi sein* rastlamak (*jdn/etw* -e) II. *vr sein:* **sich** ~ karşılaşmak
Begegnung *f* rastlantı, karşılaşma
begehen *irr vt* işlemek, yapmak (*etw* -i); **eine Sünde/ein Verbrechen** ~ günah/cinayet işlemek
begehrenswert *adj* istenmeğe değer
begeistern I. *vt* coşturmak, heyecana getirmek; (*Film, Buch*) sürüklemek (*jdn* -i) II. *vr:* **sich** ~ coşmak, heyecana gelmek
begeistert *adj* coşkun, ateşli
Begeisterung *f* coşku(nluk), tutkunluk, heyecan
Beginn *m* başlangıç
beginnen <begann, begonnen> I. *vi* başlamak; **mit etw** *dat* ~ bir şeye başlamak II. *vt* başlamak (*etw* -e)
beglaubigen *vt* tasdik etmek (*etw* -i)
Beglaubigung *f* tasdik
begleichen *irr vt* (*Rechnung, Schuld*) ödemek (*etw* -i)
begleiten *vt* refakat [*o* eşlik] etmek (*jdn* -e); (*einen Abreisenden*) geçirmek, uğurlamak (*jdn* -i)
Begleiter(in) *m(f)* refakatçi
Begleitung *f* refakat, eşlik; **in** ~ **von** ... refakatinde, ... eşliğinde
beglückwünschen *vt* kutlamak, tebrik etmek (*jdn zu etw* -i -den dolayı)
begnadigen *vt* suçunu bağışlamak, cezasını affetmek (*jdn* -in)
Begnadigung *f* (suçunu) bağışlama, af
begnügen *vr:* **sich** ~ yetinmek (*mit etw* ile)
begonnen *vt s.* **beginnen**
begraben *irr vt* gömmek, defnetmek (*jdn* -i); (*fig*) gömmek (*etw* -i)
Begräbnis *nt* (*Tätigkeit*) gömme, toprağa verme; (*Feier*) cenaze (töreni), cenaze alayı
begrapschen *vt* ellemek (*jdn/etw* -i)
begreifen *irr vt* kavramak, anlamak (*etw* -i)
begreiflich *adj* (kolayca) anlaşılır; **jemandem etw** ~ **machen** birine bir şeyi açıklamak, bir şeyi birinin kafasına sokmak
begreiflicherweise *adv* kolayca anlaşılabileceği gibi
begrenzen *vt* sınırla(ndır)mak (*etw* -i)
Begrenzung *f* sınırla(ndır)ma
Begriff *m* 1. terim 2. (*Ahnung*) düşünce, fikir 3. (*Auffassung*) kavram; **ich war gerade im** ~ **das Haus zu verlassen** evden çıkmak üzereydim
begründen *vt* (*Behauptung*) nedenini göstermek (*etw* -in)
begründet *adj* (*Anspruch*) haklı, sebepli, gerekçeli
Begründung *f* gerekçe; (*Beweisführung*) kanıt, ispat; **mit der Begründung, dass** -diği gerekçesiyle
begrüßen *vt* 1. selamlamak; (*willkommen heißen*) karşılamak (*jdn* -i), hoş geldin(iz) demek (*jdn* -e) 2. (*gutheißen*) uygun görmek, onaylamak (*etw* -i)
Begrüßung *f* 1. (*Gruß*) selam 2. (*Willkommenheißen*) karşılama
begünstigen *vt* kayırmak (*jdn* -i)
Begünstigung *f* kayırma
begutachten *vt* rapor vermek (*etw* hakkında)
begütert *adj* mal mülk sahibi
behaart *adj* saçlı, tüylü, kıllı
behalten *irr vt* korumak, saklamak, tutmak; (*Ware*) alıkoymak; (*im Gedächtnis*) aklında tutmak, bellemek (*etw* -i); **etw im Auge** ~ bir şeyi gözden kaçırmamak

Behälter *m* kap, mahfaza
behandeln *vt* **1.** davranmak (*jdn* -e) **2.** (MED) tedavi etmek (*jdn* -i), bakmak (*jdn* -e) **3.** (*im Unterricht*) oku(t)mak (*etw* -i)
Behandlung *f* tedavi
beharren *vi* (*auf seiner Ansicht*) ısrar etmek (*auf etw* -de)
beharrlich *adj* **1.** (*ausdauernd*) sebatlı, dayanıklı **2.** (*hartnäckig*) inatçı
Beharrlichkeit *f* **1.** (*Ausdauer*) sebat, dayanıklılık **2.** (*Bestehen auf*) ısrar
behaupten *vt* iddia etmek, ileri sürmek (*etw* -i)
Behauptung *f* iddia, tez, ileri sürme
beheben *irr vt* (*Schaden*) gidermek, (ortadan) kaldırmak (*etw* -i)
beheizbar *adj* ısıtılabilen, yakılabilen
Behelf *m* geçici çare
behelfen *irr vr:* **sich mit etw ~** bir şeye baş vurmak
beherbergen *vt* barındırmak (*jdn* -i)
beherrschen **I.** *vt* (*auch fig*) hükmetmek, hakim olmak (*jdn/etw* -e) **II.** *vr:* **sich ~** kendine hakim olmak
beherrschend *adj* hakim, egemen
Beherrschung *f* hakim [*o* egemen] olma; (*von Wissensstoff*) biliş, iyi bilme
behilflich *adj:* **jdm ~ sein** birine yardım etmek, birine kolaylık göstermek
behindern *vt* engel olmak (*etw* -e), engellemek, aksatmak (*etw* -i)
behindert *adj* özürlü, sakat; **geistig/körperlich behindert** zihinsel/bedensel özürlü
Behinderte(r) *mf* özürlü, sakat
Behinderung *f* **1.** engel, mani **2.** (MED) özürlülük
Behörde *f* makam, resmi merci, resmi daire
behutsam **I.** *adj* dikkatli, ihtiyatlı, sakıngan **II.** *adv* usulcacık, dikkatle
bei *präp* +*dat* **1.** (*örtlich*) -de; (*in der Nähe von*) -in yakınında; **~ Peter** Peter'de; **~ İzmir** İzmir'in yakınında [*o* civarında]; **~ Tisch** sofrada, sofra başında; **~m Blumenhändler** çiçekçide; **er hatte das Geld ~ sich** para yanındaydı **2.** (*zeitlich*): **~ seiner Ankunft/Abfahrt** varışında/hareketinde; **~m Essen** yemekte; **~ Gelegenheit** fırsat olursa; **~ Tag/Nacht** gündüz/gece(leyin); **~ Tagesanbruch** gün doğmasıyla **3.** (*Umstände*): **~ der Arbeit sein** işte olmak; **~ ihrem Charakter** onun karakterinde; **~ Gott!** vallahi!; **~ diesem Wetter** bu havada; **~ weitem** epey; **~ weitem nicht** uzaktan yakından ilgisi yok
beibehalten *irr vt* alıkoymak, korumak, saklamak, bırakmamak (*etw* -i)
beibringen *irr vt* **1.** (*beschaffen*) bulmak, sağlamak (*etw* -i) **2.** (*lehren*) öğretmek (*jdm etw* -e -i)
Beichte *f* **1.** (REL) günah çıkartma **2.** (*fig: Geständnis*) itiraf
beichten **I.** *vi* (REL) günahlarını çıkartmak **II.** *vt* (*gestehen*) itiraf etmek (*etw* -i)
beide *pron* (her) iki; (*substantivisch*) (her) ikisi; **einer/keiner von ~n** ikisinden biri/hiçbiri; **wir ~** ikimiz
beiderlei *adj* her iki türlü
beieinander *adv* yan yana, beraber, birlikte
Beifahrer(in) *m(f)* şoför yanında oturan kimse
Beifahrerairbag *m* yolcu hava yastığı
Beifall *m* alkış
beifügen *vt* (*auch im Brief*) eklemek (*etw einer Sache* -i -e)
Beigabe *f* ek, ilave
beige *adj* bej
beigeben **I.** *vt* eklemek, katmak, ilave etmek (*etw einer Sache* -i -e) **II.** *vi:* **klein ~** pes demek, yelkenleri suya indirmek
Beigeschmack *m* (asıl tadın yanındaki) çeşni
Beihilfe *f* (JUR) yataklık
Beil *nt* balta, keser
Beilage *f* **1.** (*Zeitungs-*) ek **2.** (*zu Fleisch*) katık, garnitür
beiläufig **I.** *adj* (*nebensächlich*) önemsiz **II.** *adv* (*nebenbei*) yanı sıra
beilegen *vt* (*auch zu Brief*) eklemek (*etw zu etw* -i -e); (*schlichten*) yatıştırmak (*etw* -i)
Beileid *nt* taziye, başsağlığı (dileği); **sein ~ aussprechen** başsağlığı dilemek
beiliegen *irr vi* ilişik olmak
beiliegend *adj* ilişik olarak
beim *präp* = **bei dem** **bei**
beimessen *irr vt:* **einer Sache Bedeutung ~** bir şeye önem vermek, bir şeyi önemsemek
Bein *nt* **1.** (*auch von Tier*) bacak **2.** (*Tisch-*) ayak **3.** (*Knochen*) kemik; **jemandem ein ~ stellen** birine çelme takmak; **sich auf den ~en halten** (*a. fig*) ayakta kalmak
beinah(e) *adv* neredeyse, hemen hemen, az kalsın
Beiname *m* (*Spitzname*) lakap, takma ad
beinhalten *vt* içermek, kapsamak (*etw* -i)

beisammen *adv* birlikte, beraber
Beischlaf *m* (JUR) cinsi münasebet
Beisein *nt:* **im ~ von** -in huzurunda [*o* önünde]
beiseite *adv* kenara; **~ gehen** kenara çekilmek; **~ legen** bir tarafa koymak; (*Geld*) biriktirmek (*etw* -i); **Spaß ~!** şaka bir yana [*o* tarafa]!
beisetzen *vt* gömmek, defnetmek, toprağa vermek (*jdn* -i)
Beisetzung *f* (*Tätigkeit*) defnetme, toprağa verme; (*Feier*) cenaze (töreni)
Beispiel *nt* örnek, misal; **zum ~** mesela, örneğin; **sich an jdm ein ~ nehmen** birini örnek almak
beispielhaft *adj* örnek(lik)
beispielsweise *adv* mesela, örneğin
beißen <biss, gebissen> **I.** *vt* ısırmak; (*Insekten*) sokmak (*jdn* -i) **II.** *vi* (*brennen*) yakmak
beißend *adj* (*fig: brennend*) yakan, yakıcı; (*Geruch*) keskin
Beißzange *f* kerpeten, kıskaç
Beistand *m* yardım
beistehen *irr vi* yardım etmek (*jdm* -e)
Beitrag *m* **1.** (*Mitwirkung*) katkı **2.** (*Mitglieds-*) aidat **3.** (*Zeitung*) makale, yazı
beitragen *irr vi* katkıda bulunmak (*zu etw* -e)
beitreten *irr vi sein* (*Verein*) girmek, katılmak (*einer Sache* -e)
Beitritt *m* girme, katılma
Beiwagen *m* (*Motorrad-*) yan arabası; (*Anhänger*) römork
beiwohnen *vi* hazır bulunmak (*einer Sache* -de)
beizeiten *adv* (*rechtzeitig*) vaktinde; (*früh*) erken
bejahen *vi, vt* evet demek (*etw* -e); (*befürworten*) onaylamak, tasvip etmek (*etw* -i)
bejahrt *adj* yaşlı, yaşı ilerlemiş, ihtiyar
bekämpfen *vt* savaşmak, mücadele etmek (*jdn/etw* ile)
Bekämpfung *f* savaşma, mücadele
bekannt *adj* **1.** tanınmış, bilinen, belli **2.** (*berühmt*) meşhur, ünlü; **~ geben**^{RR} ilan etmek, bildirmek; (*Verborgenes*) açıklamak, açığa çıkarmak (*etw* -i); **~ machen**^{RR} ilan etmek, bildirmek (*etw* -i); **jdn mit jdm ~ machen** birini biriyle tanıştırmak; **darf ich Sie mit meinem Freund ~ machen?** sizi arkadaşımla tanıştırabilir miyim?; **jdn mit etw ~ machen** birine bir şeyi tanıtmak [*o* öğretmek]
Bekannte(r) *mf* tanıdık, ahbap, dost; **ein guter ~r von mir** benim iyi bir tanıdığım
Bekanntenkreis *m:* **mein ~** benim dost çevrem
Bekanntgabe *f* ilan
bekanntgeben *vt s.* **bekannt**
bekanntlich *adv* bilindiği üzere
bekanntmachen *vt s.* **bekannt**
Bekanntmachung *f* (*Mitteilung*) bildir(il)me; (*öffentliche*) (resmi) duyuru, ilan
Bekanntschaft *f* **1.** (*Kennenlernen*) tanışma **2.** (*Bekanntenkreis*) dost çevresi, tanıdıklar
bekennen *irr vt* itiraf etmek (*etw* -i)
Bekenntnis *nt* **1.** (*Glaubens-*) din **2.** (*Konfession*) mezhep **3.** (*Geständnis*) itiraf
beklagen I. *vt* acı(n)mak, yerinmek; (*trauriges Ereignis*) üzülmek, ağlamak (*etw* -e) **II.** *vr:* **sich bei jdm über etw ~** birine bir şeyden şikayet etmek [*o* yakınmak]
beklagenswert *adj* acınacak
bekleiden *vt* giydirmek (*jdn* -i); **ein Amt ~** makam işgal etmek
Bekleidung *f* giyecek, giyim
beklemmend *adj* can sıkıcı, sıkıntılı; (*fig*) boğucu
Beklemmungen *fpl* sıkıntı, can [*o* iç] sıkıntısı; (*Angst*) korku, kaygı, endişe
bekloppt *adj* (*fam: beschränkt*) aptal, budala; **du bist ja ~!** sen kaçıksın!
bekommen *irr* **I.** *vt* almak (*verilen bir şeyi*); (*erlangen*) elde etmek (*etw* -i); **sie bekommt ein Kind** çocuğu olacak; **was ~ Sie?** ne arzu etmiştiniz?; **wie viel ~ Sie?** ne kadar alıyorsunuz? **II.** *vi* (*jdm gut tun*) iyi gelmek, yaramak (*jdm* -e); **schlecht** [*o* **nicht**] **~** dokunmak (*jdm* -e); **wohl bekomm's!** afiyet olsun!
bekömmlich *adj* şifalı
bekräftigen *vt* kuvvetlendirmek, sağlamlaştırmak (*etw* -i)
bekreuzigen *vr:* **sich ~** haç çıkarmak
beladen *irr vt* yüklemek (*etw/jdn mit etw* -e -i)
belagern *vt* kuşatmak, muhasara etmek (*etw* -i); (*fig*) etrafını sarmak (*jdn/etw* -in)
Belagerung *f* kuşatma
Belang *m:* **nicht von ~** kayda değer bir şey değil; **ohne ~** önemli değil
belanglos *adj* önemsiz

Belanglosigkeit f ehemmiyetsizlik
Belarus nt Beyaz Rusya, Belarus
belasten vt **1.** yüklemek (*jdn/etw mit etw -e -i*) **2.** (*seelisch*) sıkıntı vermek (*jdn -e*) **3.** (JUR) suçlu göstermek; **jds Konto ~** bir hesabı birinin zimmetine geçirmek
belastend adj (JUR) suçlu gösteren
belästigen vt rahatsız etmek (*jdn -i*); (*sexuell*) taciz etmek (*jdn -i*), sarkıntılık etmek (*jdn -e*)
Belästigung f rahatsız etme, izaç; (*sexuelle*) sarkıntılık
Belastung f yük, ağırlık
belaufen irr vr (*Summe*): **sich ~ auf** tutmak, etmek (*etw -i*)
belebt adj canlı, hareketli; (*Ort*) işlek
Beleg m **1.** (*Beweis*) ispat, kanıt; (*Beweismittel*) delil **2.** (*Quittung*) makbuz, alındı
belegen vt **1.** (*bedecken*) örtmek, kaplamak (*etw -i*) **2.** (*mit Teppich*) döşemek (*etw -i*) **3.** (*Platz*) işgal etmek (*etw -i*) **4.** (*Vorlesung*) (derse) kaydolmak [*o* yazılmak] (*etw -e*) **5.** (*beweisen*) kanıtlamak, ispat etmek (*etw -i*)
Belegschaft f personel
belegt adj **1.** (*Platz*) meşgul, tutulmuş **2.** (*Zunge*) paslı **3.** (*Stimme*) kısık, boğuk **4.** (*Telefon*) meşgul; **~es Brötchen** sandviç
belehren vt bilgi vermek (*jdn -e*); **jdn eines Besseren ~** birinin aklını başına getirmek
beleidigen vt (*erniedrigen*) hakaret etmek (*jdn -e*), aşağılamak (*jdn -i*); (*kränken*) incitmek, kırmak, gücendirmek (*jdn -i*)
beleidigend adj aşağılayıcı
Beleidigung f hakaret, aşağılama
belesen adj okumuş, bilgili
beleuchten vt aydınlatmak, ışıklandırmak (*etw -i*), ışık vermek (*etw -e*)
Beleuchtung f aydınlatma, ışık(landırma)
Belgien nt Belçika
Belgier(in) m(f) Belçikalı
belgisch adj (*Art*) Belçika; (*Herkunft*) Belçikalı
belichten vt ışıklamak (*etw -i*)
Belichtung f ışıklama
Belichtungsmesser m fotometre, ışıkölçer
Belichtungszeit f ışıklama süresi
Belieben nt: **nach ~** isteğe göre
beliebig **I.** adj herhangi bir **II.** adv istenildiği kadar
beliebt adj sevilen

Beliebtheit f sevilme, rağbet
bellen vi (*Hund*) havlamak
Belletristik f edebiyat
belohnen vt ödüllendirmek (*jdn -i*)
Belohnung f ödül
belügen irr vt yalan söylemek (*jdn -e*)
bemächtigen vr: **sich einer Sache ~** bir şeyi emri altına almak, bir şeyi ele geçirmek
bemängeln vt yermek, kusurlu bulmak, ayıplamak (*etw -i*)
bemerkbar adj göze çarpan, hissedilir; **sich ~ machen** kendini hissettirmek; (*Aufmerksamkeit auf sich lenken*) dikkati kendi üstüne çekmek, kendini göstermek
bemerken vt **1.** (*wahrnehmen*) farkına varmak (*etw -in*), farketmek (*etw -i*) **2.** (*äußern*) söylemek (*etw -i*)
bemerkenswert adj dikkate değer, hatırı sayılır; (*bedeutend*) önemli
Bemerkung f söz, demeç
bemitleiden vt acımak (*jdn -e*)
bemühen **I.** vt zahmete sokmak, yormak (*jdn -i*) **II.** vr: **sich ~** zahmet etmek; (*sich anstrengen*) çabalamak, uğraşmak, çalışmak; **~ Sie sich nicht!** zahmet etmeyin!
Bemühung f zahmet, külfet; (*Anstrengung*) gayret, çaba
benachrichtigen vt haber vermek, bilgi vermek (*jdn über etw -e* hakkında), bildirmek (*jdn über etw -e -i*)
Benachrichtigung f haber, bilgi; (JUR) ihbar
benachteiligen vt zarara sokmak (*jdn -i*), zarar vermek (*jdn -e*)
Benachteiligung f zarara sokma, haksızlık; (*Nachteil*) dezavantaj
benehmen irr vr: **sich ~** davranmak, hareket etmek (*jdm gegenüber -e*)
Benehmen nt davranış, tutum, hareket
beneiden vt imrenmek (*jdn/etw -e*); (*mit Missgunst*) kıskanmak (*jdn/etw -i*); **jdn um etw beneiden** birinin bir şeyini kıskanmak
beneidenswert adj imrenilecek
Beneluxstaaten pl Benelux devletleri (*Belçika, Hollanda ve Lüksemburg*)
Bengel m afacan, yumurcak
benommen adj uyuşuk, sersem
benötigen vt ihtiyacı olmak (*etw -e*); **wir ~ Geld** paraya ihtiyacımız var
benutzen vt (*auch Verkehrsmittel*) kullanmak (*etw -i*)
Benutzer(in) m(f) kullanan, kullanıcı

benutzerfreundlich adj kullanıcı dostu, kullanımı kolay
Benutzername m (INET) kullanıcı kodu [o adı]
Benutzung f kullan(ıl)ış
Benutzungsgebühr f (Straßen-) geçme ücreti
Benzin nt benzin
Benzinkanister m benzin bidonu
Benzinpumpe f benzin pompası
Benzinstand m benzin miktarı
Benzinuhr f akaryakıt göstergesi
Benzinverbrauch m benzin harca(n)ması
beobachten vt (heimlich) gözetlemek; (prüfend zusehen) gözlemek (jdn/etw -i)
Beobachter(in) m(f) gözlemci
Beobachtung f gözlem
bepflanzen vt (bitki) dikmek, ekmek (etw mit etw -e -i)
bequem adj 1.(behaglich) rahat 2.(einfach) kolay, zahmetsiz; **es sich ~ machen** rahatına bakmak
Bequemlichkeit f (Trägheit) üşengeçlik
beraten irr vt akıl [o öğüt] vermek; (fachlich) bilgi vermek (jdn -e)
Berater(in) m(f) akıl hocası; (Fach-) danışman
Beratung f 1.(Rat) öğüt 2.(Auskunft) danışma 3.(Besprechung) görüşme, danış
Beratungsstelle f danışma merkezi
berauschend adj keyif verici
berechnen vt hesap etmek, hesaplamak; (in Rechnung stellen) hesaba katmak (etw -i)
berechnend adj çıkarcı
berechtigen vt yetki(lendir)mek (jdn zu etw -i -e); (ermächtigen) yetki vermek (jdn -e)
berechtigt adj (Sache) haklı, yerinde olan; (Person) yetkili (zu etw -e)
Berechtigung f (Recht) hak; (Befugnis) yetki
Bereich m çevre; (fig) saha
bereichern vr: **sich ~** zenginleşmek
bereinigen vt (Angelegenheit) temizlemek (etw -i)
Bereinigung f temizle(n)me
bereit adj 1.(willig) hazır (zu etw -e) 2.(fertig) hazır, tamam; **sich ~ erklären, etw zu tun** bir işi yapmaya hazır olduğunu bildirmek
bereiten vt hazırlamak (etw -i); **jdm eine Freude ~** birini sevindirmek
bereithalten irr vt, **bereitmachen** vt hazırlamak, hazır bulundurmak (etw -i)
bereits adv 1.(früher) önceden 2.(gerade eben) daha şimdi, henüz 3.(schon jetzt) (daha) şimdiden
Bereitschaft f 1.hazırlık 2.(Gewilltheit) eğilim, isteklilik
Bereitschaftsdienst m (Apotheken-) nöbetçilik
Bereitschaftspolizei f kışla polisi
bereitstellen vt hazır bulundurmak (etw -i)
bereitwillig adv isteyerek, seve seve
bereuen vt pişman olmak; (bedauern) acımak (etw -e)
Berg m dağ; (Hügel) tepe
bergab adv yokuş [o tepe] aşağı
Bergarbeiter m maden işçisi
bergauf adv yokuş yukarı
Bergbau m madencilik, maden işletmeciliği
bergen <birgt, barg, geborgen> vt 1.(retten) kurtarmak (etw/jdn -i) 2.(aus Schutt) çıkarmak (etw/jdn -i)
Bergführer(in) m(f) dağ kılavuzu
bergig adj dağlı(k)
Bergkette f sıradağ, dağ silsilesi
Bergkristall m necef taşı
Bergmann m madenci
Bergpredigt f Hazreti Isa'nın dağ vaazı
Bergsteigen nt dağcılık
Bergsteiger(in) m(f) dağcı
Bergung f kurtarma
Bergwerk nt maden ocağı
Bericht m rapor; (amtlicher) tebliğ, bildiri; (Zeitungs-) haber; (Erzählung) anlatı
berichten vi, vt (mitteilen) bildirmek (jdm etw -e -i), haber vermek (jdm etw -e ... hakkında); (erzählen) anlatmak (jdm etw -e -i)
Berichterstatter(in) m(f) (Zeitungs-) röportajcı, haberci; (im Ausland) yurt dışı habercisi
Berichterstattung f röportajcılık
berichtigen vt düzeltmek (etw -i)
Berichtigung f düzeltme
Bernhardiner m Sen Bernar köpeği
Bernstein m kehribar
berüchtigt adj kötü şöhretli
berücksichtigen vt göz önünde bulundurmak, gözetmek, hesaba katmak (etw -i)
Berücksichtigung f hesaba katış; **unter ~ gen** -i hesaba katarak
Beruf m meslek; (Stellung) iş
berufen I. vt (ernennen) atamak, tayin etmek (jdn zu etw -i -e) II. vr: **sich auf etw ~**

bir şeye dayanmak **III.** *adj* yetkili (*zu etw* -e); **zu etw ~ sein** doğuştan bir şeye yetenekli olmak

beruflich *adj* mesleki; **was machen Sie ~?** mesleğiniz nedir?

Berufsausbildung *f* meslek eğitimi
Berufsberatung *f* meslek danışmanlığı
Berufserfahrung *f* meslek tecrübesi
Berufskrankheit *f* meslek hastalığı
Berufsleben *nt* meslek hayatı
Berufsschule *f* sanat okulu
Berufsspieler(in) *m(f)* profesyonel oyuncu
berufstätig *adj:* **~ sein** meslek sahibi olmak

Berufung *f* **1.** (*innere*) içten eğilim **2.** (*Ernennung*) atanma, tayin (edilme) **3.** (JUR) temyiz

beruhen *vi* **1.** (*sich stützen auf*) dayanmak (*auf etw* -e) **2.** (*seine Ursache haben in*) ileri gelmek (*auf etw* -den)

beruhigen I. *vt* sakinleştirmek, rahatlatmak, yatıştırmak (*jdn/etw* -i) **II.** *vr:* **sich ~** sakinleşmek, rahatlamak, yatışmak

beruhigend *adj* sakinleştirici, rahatlatıcı, yatıştırıcı

Beruhigung *f* sakinleş(tir)me, yatıştırma
Beruhigungsmittel *nt* sinir ilacı; (*stärkeres*) uyuşturucu

berühmt *adj* meşhur, ünlü
Berühmtheit *f* **1.** (*Zustand*) şöhret, şan **2.** (*Person*) ünlü, şöhret sahibi

berühren *vt* dokunmak, değmek, el sürmek (*jdn/etw* -e); (*Thema*) değinmek (*etw* -e); (*innerlich*) etkilemek (*jdn* -i)

Berührung *f* **1.** (*Anfassen*) dokunma, değme **2.** (*Kontakt*) temas **3.** (*Erwähnung*) değinme

Besatzung *f* (*Schiffs-, von Flugzeug*) mürettebat

Besatzungsmacht *f* işgal kuvveti, işgal eden devlet

Besatzungstruppen *fpl* işgal ordusu
besaufen *irr vr* (*fam*): **sich ~** kafayı çekmek
beschädigen *vt* zarara sokmak, zedelemek, hırpalamak (*etw* -i)

Beschädigung *f* zarar, ziyan, hasar
beschaffen¹ *vt* temin etmek, sağlamak (*etw* -i)

beschaffen² *adj* niteliği böyle olan
beschäftigen I. *vt* **1.** meşgul etmek, uğraştırmak (*jdn* -i) **2.** (*als Arbeitskraft*) çalıştırmak (*jdn* -i) **3.** (*ablenken*) oyalamak (*jdn* -i)

II. *vr:* **sich ~** uğraşmak, meşgul olmak; (*als Zeitvertreib*) oyalanmak, vakit geçirmek (*mit etw* ile)

beschäftigt *adj* meşgul; **~ bei ...** -de çalışan; **~ mit** ile uğraşan

Beschäftigung *f* **1.** iş güç, uğraş **2.** (*von Arbeitskräften*) çalıştırma

beschatten *vt* (*fig*) (adım adım) takip etmek, gözetlemek (*jdn* -i)

Bescheid *m* **1.** (*Auskunft*) haber, bilgi **2.** (*Antwort*) cevap, karşılık; **jemandem über etw ~ geben** [*o* **sagen**] birine bir şey hakkında bilgi vermek; **über etw ~ wissen** bir şeyi (iyi) bilmek; (*alle Kniffe kennen*) bir şeyi avucunun içi gibi bilmek

bescheiden *adj* alçak gönüllü; (*anspruchslos*) gösterişsiz

Bescheidenheit *f* alçak gönüllülük
bescheinigen *vt* belgelemek, (yazı ile) tasdik etmek (*etw* -i)

Bescheinigung *f* (tasdik) belge(si), resmi kâğıt

bescheißen *irr vt* (*fam*) aldatmak (*jdn* -i)
Bescherung *f* hediye, bağış; (*an Weihnachten*) Noel armağanları; **eine schöne ~!** öp babanın elini!

bescheuert *adj* (*fam*) salak, aptal, ahmak
Beschilderung *f* (*Straßen*) yol işaretleri *pl*

beschimpfen *vt* sövmek, sövüp saymak, küfretmek (*jdn* -e)

Beschimpfung *f* sövme, küfretme, hakaret
Beschiss[RR] *m* (*fam*) üçkâğıtçılık
Beschlag *m* (*Hauch*) buğu(lanma); (*Beschlagnahme*) haciz

beschlagen I. *vt* (*Pferd*) nallamak (*etw* -i) **II.** *vi* (*Glas*) buğulanmak **III.** *adj* (*Glas*) buğulu; (*Pferd*) nallanmış; **in etw ~ sein** bir şeyi iyi bilmek

Beschlagnahme *f* haciz, el koyma
beschlagnahmen *vt* haczetmek (*etw* -i), el koymak (*etw* -e)

beschleunigen *vt* hızlandırmak, çabuklaştırmak (*etw* -i)

Beschleunigung *f* hızlan(dır)ma, çabuklaş(tır)ma

beschließen *irr vt* **1.** (*beenden*) bitirmek, kesmek (*etw* -i), son vermek (*etw* -e) **2.** (*entscheiden*) karar vermek (*etw zu tun* -meye); **gemeinsam ~** kararlaştırmak (*etw* -i)

Beschluss[RR] *m* karar
beschmieren *vt* **1.** (*besudeln*) kirletmek,

beschneiden pisletmek; (*mit Fett*) yağlamak (*etw* -i) **2.** (*etw auftragen*) sürmek (*etw mit etw* -e -i)
beschneiden *irr vt* **1.**(kenarını) kesmek, yontmak (*etw* -i) **2.**(REL) sünnet etmek (*jdn* -i) **3.**(*Baum*) budamak (*etw* -i)
Beschneider *m* (*beim islam. Beschneidungsritus*) sünnetçi
Beschneidung *f* (REL) sünnet
Beschneidungsklinik *f* sünnet kliniği
beschönigen *vt* ayıbını örtmek (*etw* -in)
beschränken **I.** *vt* kısıtlamak (*etw* -i) **II.** *vr:* **sich ~** (*sich begnügen mit*) yetinmek (*auf etw* ile)
beschränkt *adj* **1.**(*gering*) sınırlı, dar, kıt **2.**(*dumm*) ahmak, mankafa
Beschränkung *f* kısıtla(n)ma
beschreibbar *adj* (INFORM: *Diskette, CD*) kaydedilebilir, üzerine kayıt yapılabilir
beschreiben *irr vt* **1.**(*schildern*) tanımlamak, tasvir etmek (*etw* -i) **2.**(*Weg*) tarif etmek (*etw* -i)
Beschreibung *f* **1.**(*Schilderung*) tanımlama, tasvir **2.**(*eines Weges*) tarif
beschuldigen *vt* suçlamak (*jdn einer Sache* -i ile)
Beschuldigung *f* suçlama
beschummeln *vi* (*fam*) aldatmak (*jdn* -i)
beschützen *vt* korumak, esirgemek (*jdn vor jdm/etw* -i -den)
Beschützer(in) *m(f)* koruyucu
Beschwerde *f* şikayet
beschweren **I.** *vt* ağırlık vermek (*etw* -e) **II.** *vr:* **sich bei jdm über etw ~** birine bir şeyden şikayet etmek [o yakınmak]
beschwerlich *adj* (*mühsam*) zahmetli
beschwichtigen *vt* yatıştırmak, avutmak (*jdn* -i)
beschwipst *adj* (*fam*) çakırkeyf
beschwören *irr vt* **1.**(*behaupten*) yeminle tasdik etmek (*etw* -i) **2.**(*anflehen*) yalvarmak (*jdn* -e) **3.**(*Geister*) çağırmak (*jdn* -i)
beseitigen *vt* (ortadan) kaldırmak, gidermek (*etw* -i)
Beseitigung *f* (ortadan) kaldır(ıl)ma, gider(il)me
Besen *m* süpürge
Besenstiel *m* süpürge sapı
besetzen *vt* **1.**(*Sitzplatz*) tutmak (*etw* -i) **2.**(MIL) işgal etmek (*etw* -i)
besetzt *adj* **1.**(*Platz, Fahrzeug*) tutulmuş, dolu; (*Toilette auch*) meşgul **2.**(*Leitung*) meşgul

Besetztzeichen *nt* meşgul işareti
besichtigen *vt* (*Stadt*) gezmek, dolaşmak (*etw* -i)
Besichtigung *f* gezme, dolaşma
besiedeln *vt* (*sich ansiedeln*) yerleşmek (*etw* -e); **dicht/dünn besiedelt** kalabalık/tenha yerleşimli
besiegen *vt* yenmek, alt etmek (*jdn* -i)
besinnen *vr:* **sich ~** düşünmek, düşünüp taşınmak (*auf etw* -i); **sich anders ~** fikrini değiştirmek, caymak
Besinnung *f:* **die ~ verlieren** bayılmak; **wieder zur ~ kommen** ayılmak
besinnungslos *adj* baygın
Besitz *m* mal, mülk
besitzen *irr vt* sahip olmak (*etw* -e)
Besitzer(in) *m(f)* sahip
besoffen *adj* (*fam*) sarhoş, zom, bulut gibi
besohlen *vt* taban geçirmek, pençe takmak (*etw* -e)
besondere(r, s) *adj* özel, kendine özgü; (*außergewöhnlich*) olağanüstü, fevkalade; **etwas Besonderes** olağanüstü [*o* fevkalade] bir şey; **nichts Besonderes** önemli bir şey değil
Besonderheit *f* **1.**(*Eigenschaft*) özellik **2.**(*Außergewöhnlichkeit*) fevkaladelik
besonders *adv* özellikle, bilhassa, hele; **nicht ~** (*nicht so sehr*) pek o kadar değil; (*so lala*) şöyle böyle
besonnen *adj* ağır başlı
Besonnenheit *f* ağır başlılık
besorgen *vt* **1.**(*beschaffen*) sağlamak, temin etmek (*etw* -i) **2.**(*einkaufen*) (satın) almak (*etw* -i) **3.**(*erledigen*) yapmak, halletmek (*etw* -i)
Besorgnis *f:* **~ erregend**[RR] endişelendirici
besorgt *adj* (*unruhig*) endişeli, huzursuz; (*bekümmert*) kaygılı, tasalı
Besorgung *f* **1.**(*Beschaffung*) yap(ıl)ma **2.**(*Erledigung*) temin (ed(il)me); **~en machen** alışveriş yapmak, öteberi almak
bespielbar *adj* (*Kassette u.Ä.*) kaydedilebilir, üzerine kayıt yapılabilir
besprechen *irr vt* görüşmek, konuşmak (*etw* -i)
Besprechung *f* **1.**(*Gespräch*) görüşme, konuşma, danış **2.**(*Rezension*) eleştiri, tenkit
bespritzen *vt* üzerine serpmek (*mit etw* -i); (*mit Schmutz*) sıçratmak (*jdn mit etw* -e -i)
besser *adj, adv* daha iyi; **um so ~!** daha iyi ya!; **~ werden** iyileşmek, düzelmek; (*Ertrag*,

bessern

Leistung) yükseltmek; **es ist ~** böylesi daha iyi; **es geht mir ~** daha iyiyim
bessern I. *vt* iyileştirmek, düzeltmek (*etw* -i) **II.** *vr:* **sich ~** düzelmek; (*Wetter*) açılmak; (*Gesundheit*) iyileşmek
Besserung *f* (*Sache*) düzelme; (*Gesundheit*) iyileşme; **gute ~!** geçmiş olsun!
Besserwisser(in) *m(f)* bilgiç
Bestand *m* **1.** (*Dauer*) devam, sürme, sürek **2.** (ECON) mevcut, (elde) bulunan
beständig *adj* **1.** (*unveränderlich*) değişmez, sabit, durağan; (*Wetter*) değişmeyen, değişmez **2.** (*dauerhaft*) dayanıklı
Beständigkeit *f* (*Dauerhaftigkeit*) dayanıklılık
Bestandteil *m* parça, öğe, unsur
bestärken *vt* desteklemek (*jdn in etw* -i -de)
bestätigen *vt* **1.** (*behördlich*) tasdik etmek, ona(yla)mak (*etw* -i) **2.** (*Aussage*) doğrulamak (*etw* -i); **den Empfang ~** alındığını bildirmek
Bestätigung *f* **1.** (*behördlich*) tasdik, onay **2.** (*einer Aussage*) doğrulama **3.** (*Bescheinigung*) (tasdik) belge(si)
bestatten *vt* gömmek, defnetmek, toprağa vermek (*jdn* -i)
Bestattung *f* **1.** (*Tätigkeit*) gömme, defnetme **2.** (*Feier*) cenaze (töreni)
beste(r, s) *adj* en iyi; **am ~n** en iyi(si); **der erste Beste** rastgele birisi; **sein Bestes tun** elinden geleni yapmak
bestechen *irr vt* rüşvet vermek [*o* yedirmek], para yedirmek (*jdn* -e)
bestechlich *adj* rüşvetçi, yiyici
Bestechlichkeit *f* yiyicilik
Bestechung *f* rüşvet
Besteck *nt* kaşık çatal bıçak
bestehen *irr* **I.** *vt* (*Examen*) geçmek, kazanmak (*etw* -i) **II.** *vi* **1.** (*existieren*) var olmak **2.** (*fort-*) sürmek, devam etmek; **auf etw ~** bir şeyde ısrar [*o* inat] etmek; **~ in ...** -den ibaret olmak; **~ aus ...** -den oluşmak; **es besteht kein Zweifel** hiç kuşkusuz
bestehend *adj* (*jetzig*) şimdiki; (*vorhanden*) elde bulunan, mevcut
besteigen *irr vt* (*Fahrzeug, Pferd*) binmek; (*Berg, Thron*) çıkmak (*etw* -e)
Bestelladresse *f* isteme adresi
bestellen *vt* **1.** (*Land*) işlemek, sürmek, ekmek (*etw* -i) **2.** (*Ware*) sipariş etmek, ısmarlamak (*etw* -i); (*Zeitung*) abone olmak (*etw* -e); (*Zimmer*) rezerve ettirmek, ayırtmak; (*Taxi*) çağırmak (*etw* -i); (*jdn kommen lassen*) birini ısmarlamak [*o* getirtmek]; **jdm Grüße ~** birine selam söylemek [*o* yollamak]
Bestellnummer *f* sipariş numarası
Bestellschein *m* sipariş mektubu
Bestellung *f* sipariş
Bestellzettel *m* sipariş pusulası
bestenfalls *adv* olsa olsa
besteuern *vt* vergilendirmek (*etw* -i)
Bestie *f* canavar
bestimmen *vt* **1.** (*festsetzen*) belirlemek, belirtmek, saptamak (*etw* -i) **2.** (*definieren*) tanımlamak (*etw* -i)
bestimmt I. *adj* **1.** (*festgelegt*) belirli **2.** (*deutlich*) belli **3.** (*sicher*) kesin **II.** *adv* muhakkak; **ganz ~** şüphesiz
Bestimmung *f* **1.** (*Schicksal*) yazgı, kader **2.** (*Vorschrift*) yönerge, tüzük
bestrafen *vt* cezalandırmak (*jdn* -i)
Bestrafung *f* ceza, cezalandır(ıl)ma
bestrahlen *vt* **1.** (*beleuchten*) aydınlatmak (*etw* -i) **2.** (MED) radyoterapi uygulamak (*etw* -e)
Bestrahlung *f* ışın salma; (MED) radyoterapi, ışın tedavisi
Bestrebungen *fpl* **1.** (*Bemühung*) çaba, gayret **2.** (*Versuch*) deneyim, girişim
bestreiten *irr vt* inkar etmek, yadsımak; (*Kosten*) karşılamak, ödemek (*etw* -i)
bestürzt *adj* şaşkın, telaşlı
Bestürzung *f* şaşkınlık, telaş
Besuch *m* **1.** (*Tätigkeit*) ziyaret **2.** (*Gast, Gäste*) konuk(lar), misafir(ler); **zu ~** konuk [*o* misafir] olarak
besuchen *vt* **1.** ziyaret etmek (*jdn/etw* -i); (*vorbeikommen*) uğramak (*jdn/etw* -e) **2.** (*Veranstaltung*) izlemek (*etw* -i); **die Schule ~** okula gitmek, okulda okumak
Besucher(in) *m(f)* ziyaretçi, konuk, misafir; (*einer Veranstaltung*) seyirci
Besuchszeit *f* ziyaret saatleri *pl*
betätigen I. *vt* (*Maschine*) kullanmak, işletmek (*etw* -i) **II.** *vr:* **sich ~** çalışmak
Betätigung *f* (*Tätigkeit*) iş, çalışma; (*eines Apparats*) kullanma, işletme
betäuben *vt* bayıltmak; (*mit Betäubungsmittel*) uyuşturmak (*jdn/etw* -i)
Betäubung *f* (MED) anestezi
Betäubungsmittel *nt* uyuşturucu (madde)
Bete *f:* **Rote**^{RR} **~** pancar
beteiligen I. *vt* katmak, iştirak ettirmek;

Beteiligung (ECON) ortak etmek *(jdn an etw* -i -e) **II.** *vr:* **sich ~** katılmak, iştirak etmek; (ECON) ortak olmak *(an etw* -e)
Beteiligung *f* **1.** katılma, iştirak **2.** (ECON) ortaklık
beten *vi* dua etmek; *(rituelles Gebet im Islam)* namaz kılmak
beteuern *vt* temin etmek *(dass* -diğini)
Bethlehem *nt* Beytüllahim
Beton *m* beton
betonen *vt (auch fig)* vurgulamak *(etw* -i)
Betonung *f* vurgu(lama); *(in der Aussprache)* aksan
Betracht *m:* **in ~ ziehen** hesaba katmak, gözetmek *(etw* -i)
betrachten *vt (Bild)* bakmak *(etw* -e); **er betrachtet mich als einen Dummkopf** beni enayi yerine koyuyor
beträchtlich *adj* büyük, önemli, dikkate değer, epey
Betrag *m* tutar, yekun
betragen *irr* **I.** *vt (Summe)* tutmak, etmek *(etw* -i) **II.** *vr:* **sich ~** davranmak, hareket etmek
Betragen *nt* davranış; *(in der Schule)* hal ve gidiş
Betreff *m (in Briefen)* konu, özet
betreffen *irr vt (angehen)* ilgilendirmek *(jdn* -i); **was ... betrifft** -e gelince
betreffend *adj* **1.** *(angehend)* ilgisi olan, ilgili **2.** *(erwähnt)* adı geçen
betreiben *irr vt* işletmek *(etw* -i)
Betreiber(in) *m(f)* işletici
betreten *irr vt* girmek, ayak basmak, adım atmak *(etw* -e)
Betreten *nt:* **~ verboten!** girmek yasaktır!
betreuen *vt (Personen)* bakmak *(jdn* -e); *(Sachen)* yürütmek, yönetmek *(etw* -i)
Betreuung *f (von Personen)* bakım; *(von Sachen)* yürütme, yönetim
Betrieb *m* **1.** *(einer Anlage)* işletme, yönetme **2.** *(Unternehmen)* firma, tesis, işletme **3.** *(Leben, Rummel)* canlılık, hareket; **in ~ sein** çalışmak, işlemek; **in ~ setzen** işletmek *(etw* -i); **außer ~ sein** çalışmamak, işlememek; *(Automat)* servis dışı olmak; *(elektrisches Gerät)* devre dışı kalmak
betriebsam *adj* çalışkan, girişken, hamarat
Betriebsamkeit *f* çalışkanlık, girişkenlik, hamaratlık
Betriebsferien *pl* firma tatili
Betriebsleitung *f* işletme müdürlüğü
Betriebsrat *m* **1.** *(Person)* işçi temsilcisi **2.** *(Institution)* işçi temsilciliği
Betriebssystem *nt* (INFORM) işletim sistemi
Betriebswirt(in) *m(f)* işletmeci
Betriebswirtschaft(slehre) *f* işletmecilik
betrinken *irr vr:* **sich ~** sarhoş olmak, içki içmek
betroffen *adj (fassungslos)* şaşkın
Betroffenheit *f* şaşkınlık
Betrug *m* aldatma, hile, dolandırıcılık
betrügen *irr vt* aldatmak; (JUR) dolandırmak *(jdn* -i)
Betrüger(in) *m(f)* hilekar; (JUR) dolandırıcı
Betrügerei *f* hilekarlık, dolandırıcılık
betrügerisch *adj* aldatıcı, dolandırıcı, hileci
betrunken *adj* sarhoş; **leicht ~** hafif sarhoş, çakırkeyf
Bett *nt* yatak; *(Fluss-)* nehir yatağı; **zu ~ bringen/gehen** yatırmak/yatmak
Bettbezug *m* yatak takımı
Bettcouch *f* yatak olarak açılan kanape
Bettdecke *f* yorgan; *(Tagesdecke)* yatak örtüsü; *(aus Wolle)* battaniye
betteln *vi* dilenmek, dilencilik etmek, avuç açmak
Bettgestell *nt* karyola
Bettlaken *nt* yatak çarşafı
Bettler(in) *m(f)* dilenci
Bettruhe *f* istirahat *(iyileşmek için yataktan çıkmama)*
Betttuch[RR] *nt* yatak çarşafı
Bettwäsche *f* yatak takımı
beugen **I.** *vt* eğmek, bükmek, eğriltmek *(etw* -i) **II.** *vr:* **sich ~** eğilmek, bükülmek, eğrilmek; *(sich unterwerfen)* boyun eğmek *(jdm/einer Sache* -e)
Beugung *f* **1.** *(Beugen)* eğilme, bükülme **2.** *(Deklination)* çekim
Beule *f* **1.** çıkıntı **2.** (MED) kabartı, şiş(kinlik), yumru
beunruhigen **I.** *vt* huzursuz etmek, endişelendirmek, telaşa vermek *(jdn* -i) **II.** *vr:* **sich ~** huzursuz olmak, endişelenmek, telaşlanmak
beunruhigend *adj* huzursuz edici, endişe verici
beurlauben *vt* **1.** izin vermek *(jdn* -e) **2.** *(entlassen)* (görevden) çıkarmak *(jdn* -i)
beurlaubt *adj* izinli
beurteilen *vt* karar vermek *(etw ...* hakkında); **scharf ~** tenkit etmek *(etw* -i)

Beurteilung *f* karar (verme)
Beute *f* ganimet
Beutel *m* kese, (küçük) torba
bevölkert *adj:* **dicht/schwach** ~ kalabalık/tenha yerleşimli
Bevölkerung *f* 1.(*Volk*) halk 2.(*Einwohnerzahl*) nüfus
Bevollmächtigte(r) *mf* yetkili, temsilci, yediemin
bevor *konj*-meden önce; ~ **ich ins Bett gegangen bin, hatte ich noch ferngesehen** yatmadan önce televizyon seyrettim
bevormunden *vt:* **jdn** ~ birinin başına kahya kesilmek
bevorzugen *vt* 1.(*vorziehen*) tercih etmek, yeğlemek (*jdn/etw* -i) 2.(*begünstigen*) kayırmak (*jdn* -i)
bewachen *vt* gözetmek, beklemek (*jdn/etw* -i)
Bewacher(in) *m(f)* nöbetçi, bekçi
Bewachung *f* gözetme, bekçilik etme
bewaffnen *vt* silahlandırmak (*jdn* -i)
bewaffnet *adj* silahlı; **~er Kämpfer** militan
Bewaffnung *f* silahlanma
bewahren *vt* korumak (*etw* -i)
bewähren *vr:* **sich** ~ değerini göstermek
bewährt *adj* (*erprobt*) denenmiş; **~er Freund** karagün dostu
Bewährungsfrist *f* cezanın tecili [*o* ertelenmesi]
bewältigen *vt* (*Schwierigkeit*) hakkından gelmek (*etw* -in); (*Arbeit*) becermek (*etw* -i)
bewässern *vt* sulamak (*etw* -i)
Bewässerung *f* sulama
Bewässerungsgraben *m* su arkı
Bewässerungsland *nt* sulama toprağı
bewegen¹ I. *vt* 1. hareket ettirmek; (*leicht bewegen*) kımıldatmak (*etw* -i) 2.(*seelisch*) duygulandırmak, heyecanlandırmak (*jdn* -i) II. *vr:* **sich** ~ hareket etmek
bewegen² <bewog, bewogen> *vt* (*veranlassen*) neden olmak (*etw* -e)
beweglich *adj* oynak, hareketli, devingen; (*flink*) atik, canlı, çevik
Beweglichkeit *f* hareketlilik
bewegt *adj* 1.(*See*) dalgalı, coşkun 2.(*Leben*) hareketli, heyecanlı, canlı
Bewegung *f* 1. hareket; (*leichte Bewegung*) kımıldanma 2.(*Gefühls~*) duygulanma; **in ~ setzen** harekete geçirmek (*etw* -i); **sich in ~ setzen** harekete geçmek
Beweis *m* ispat, kanıt, delil

beweisen *irr vt* ispat etmek, kanıtlamak (*etw* -i)
Beweismangel *m* (JUR) delil yetersizliği
bewerben *irr vr:* **sich um etw** ~ bir şeye talip olmak
Bewerber(in) *m(f)* talip, istekli
Bewerbung *f* başvuru, talep
bewerten *vt* değerlendirmek; (*bei Preisverteilung*) derecelendirmek (*etw* -i)
bewilligen *vt* izin vermek (*etw* -e), onaylamak, tasvip etmek (*etw* -i)
Bewilligung *f* izin, onay, tasvip
bewirken *vt* neden olmak (*etw* -e)
bewirtschaften *vt* (*Betrieb*) işletmek, yönetmek (*etw* -i)
bewog(en) *vt s.* **bewegen**²
bewohnbar *adj* oturulabilir, yaşanabilir
bewohnen *vt* oturmak (*etw* -de)
Bewohner(in) *m(f)* 1. oturan, sakin 2.(*pl: Bevölkerung*) halk
bewölken *vr:* **sich** ~ bulutlanmak, kapanmak
bewölkt *adj* bulutlu, kapalı
Bewölkung *f* 1.(*Sichbewölken*) bulutlanma 2.(*Wolken*) bulutlar
Bewunderer(in) *m(f)* hayran
bewundern *vt* hayran olmak; (*anstaunen*) hayret etmek (*etw/jdn* -e)
bewundernswert *adj* hayran olmaya değer
Bewunderung *f* hayranlık; (*Anstaunen*) hayret
bewusst^{RR} I. *adj* bilinçli; **sich einer Sache ~ sein** bir şeyin bilincinde olmak; **jdm etw ~ machen** birini bir şey konusunda bilinçlendirmek; **sich etw ~ machen** bir şeyden bilinçlenmek II. *adv* bilerek, kasıtlı
bewusstlos^{RR} *adj* baygın, kendinden geçmiş; ~ **werden** bayılmak, kendinden geçmek
Bewusstlosigkeit^{RR} *f* baygınlık
Bewusstsein^{RR} *nt* bilinç; **das ~ verlieren** şuurunu kaybetmek, bayılmak
bezahlen *vt* ödemek (*etw* -i); **sich bezahlt machen** zararını çıkarmak; (*fig*) değmek
Bezahlung *f* ödeme
bezaubernd *adj* büyüleyici
bezeichnen *vt* 1.(*zeigen*) göstermek (*etw* -i) 2.(*beschreiben*) tanımlamak (*etw* -i) 3.(*benennen*) adlandırmak (*jdn/etw* -i ... olarak)
bezeichnend *adj* tipik, karakteristik

Bezeichnung *f* 1. (*Name*) ad, isim 2. (*Ausdruck*) deyim, tabir
bezeugen *vt* tanıklık [*o* şahitlik] etmek; (*bestätigen*) doğrulamak (*etw* -i)
beziehen *irr* I. *vt* 1. (*überziehen*) (kılıf) geçirmek (*etw* -e) 2. (*Wohnung*) taşınmak (*etw* -e) 3. (*Gehalt*) almak; (*Waren*) getirtmek (*etw* -i); **das Bett ~** çarşaf örtmek II. *vr:* **sich ~ auf** dayanmak (*auf etw* -e); (*als Beweis anführen*) delil olarak göstermek (*auf etw* -i)
Beziehung *f* 1. (*Verbindung*) ilişki, ilgi, ilinti 2. (*Kontakt*) temas 3. (*Hinsicht*) yön, bakım; **diplomatische ~en** diplomatik ilişkiler; (**gute**) **~en haben** (iyi) ilişkileri olmak; **in jeder ~** her bakımdan
beziehungsweise *adv* veya, yahut; (*genauer gesagt*) daha doğrusu
Bezirk *m* (*Gemeinde-*) bucak; *Regierungs~* il; *Stadt~* semt
Bezug *m* (*Überzug*) kılıf, zarf; **in ~**^{RR} **auf ...** hakkında [*o* konusunda]; **auf etw ~ nehmen** bir şeye dayanmak
bezüglich *präp* +*gen* hakkında, -e ilişkin, -e dair
bezwecken *vt* amaçlamak (*etw* -i)
bezweifeln *vt* şüphe etmek, şüphelenmek (*etw* -den)
BGB *nt Abk. von* **Bürgerliches Gesetzbuch** Medeni Kanun
BH *m Abk. von* **Büstenhalter** sutyen
Bhf. *m Abk. von* **Bahnhof** istasyon
Bibel *f* (*Altes Testament*) Tevrat; (*Neues Testament*) İncil
Biber *m* kunduz
Bibliothek *f* kütüphane, kitaplık
Bibliothekar(in) *m(f)* kütüphaneci
biegen <bog, gebogen> I. *vt* eğmek, bükmek, eğriltmek (*etw* -i) II. *vi sein:* **um die Ecke ~** köşeden dönmek
biegsam *adj* esnek
Biegung *f* (*einer Straße*) dönemeç, kıvrıntı
Biene *f* arı
Bienenkorb *m*, **Bienenstock** *m* arı kovanı
Bier *nt* bira; **helles/dunkles ~** beyaz/siyah bira
Bierbrauerei *f* bira fabrikası
Bierdeckel *m* bira altlığı
Bierlokal *nt* birahane
Biest *nt* canavar
bieten <bot, geboten> I. *vt* vermek (*jdm etw* -e -i); **das lasse ich mir nicht ~** buna izin veremem II. *vr:* **sich ~** (*Gelegenheit*) (fırsat) çıkmak
Big Brother *m* (*TV-Sendung*) Biri Bizi Gözetliyor (programı)
Bikini *m* bikini
Bilanz *f* bilanço
bilateral *adj* iki taraflı
Bild *nt* 1. (*Foto, Zeichnung*) resim 2. (*Gemälde*) tablo 3. (*Bildnis*) portre 4. (*fig: Erscheinung*) görüntü, hayal; (*Erinnerung*) anı; (*Vorstellung*) fikir, düşünce; **über etw im ~e sein** bir şey hakkında bilgisi olmak
bilden I. *vt* 1. (*gestalten*) biçimlendirmek (*etw* -i), şekil vermek (*etw* -e) 2. (*darstellen, sein*) oluşturmak (*etw* -i) 3. (*belehren*) bilgi vermek (*jdn* -e) II. *vr:* **sich ~** (*entstehen*) oluşmak; (*lernen*) bilgi edinmek
bildend *adj* eğitici, öğretici; **die ~en Künste** güzel sanatlar
Bilderbuch *nt* resimli kitap
bildhaft *adj* tasviri, betimsel
Bildhauer(in) *m(f)* heykeltıraş
Bildhauerei *f* heykeltıraşlık
Bildschirm *m* ekran
Bildschirmschoner *m* ekran koruyucu(su)
Bildtelefon *nt* videofon
Bildung *f* 1. (*Entstehung*) oluşma, kuruluş 2. (*Schaffung*) oluşturma, yaratma, kurma 3. (*Wissen*) bilgi, görgü, kültür; **~ einer kriminellen Vereinigung** (JUR) suç işlemek amacıyla örgüt kurma
Billard *nt* bilardo
Billardkugel *f* bilya
Billardstock *m* istaka
billig *adj* 1. (*preiswert*) ucuz 2. (*pej*) bayağı, adi
billigen *vt* 1. (*gutheißen*) ona(yla)mak, uygun görmek, tasvip etmek (*etw* -i) 2. (*genehmigen*) izin vermek (*etw* -e)
Billigware *f* tapon mal
Billion *f* (*10 hoch 12*) trilyon
Billiarde *f* (*10 hoch 15*) katrilyon
binär *adj* (MATH) ikili
Binärsystem *nt* (MATH) ikili sayı sistemi
Binärzahl *f* (MATH) iki tabanlı sayı, ikili tabandaki sayı
Binde *f* 1. (*Band*) bağ, bant 2. (*Verband*) sargı
Bindehautzündung *f* konjonktivit
binden <band, gebunden> I. *vt* bağlamak (*etw an etw* -i -e), sarmak (*etw um etw* -i

-e); (*Buch*) ciltlemek (*etw* -i) **II.** *vr:* **sich ~ bağlanmak** (*an etw* -e)
bindend *adj* (*fig*) bağlayıcı
Bindestrich *m* birleştirme çizgisi, kısa çizgi
Bindfaden *m* sicim
Bindung *f* (*fig*) **1.** (*Verbundenheit*) bağlılık **2.** (*Ski-*) bağlama tertibatı
binnen *präp + dat* ... içinde, ... zarfında
Binnenhafen *m* iç liman
Binnenland *nt* (denizin arkasında kalan) iç topraklar
Binnenmigration *f* iç göç
Binnenschifffahrt[RR] *f* iç sularda ulaşım
Binnensee *m* iç deniz
Biographie *f* biyografi, yaşam öyküsü
Biologie *f* biyoloji, dirimbilim
biologisch *adj* biyolojik, dirimbilimsel
Bioprodukt *nt* biyolojik ürün
Biotechnologie *f* biyoteknoloji
Biotreibstoff *m* biyolojik yakıt
birgt *vt s.* **bergen**
Birke *f* kayın ağacı
Birnbaum *m* armut ağacı
Birne *f* **1.** (*Obst*) armut **2.** (*Glüh-*) ampul
bis I. *präp + akk* (*zeitlich u. örtlich: nach*) -e kadar, -e dek; **von ... ~ ...** -den -e kadar; **zwei ~ drei Tage** üç dört gün; **~ auf ...** -in dışında **II.** *konj* (*zeitlich*) -inceye [*o* -ene] kadar
Bischof *m* piskopos
Bisexualität *f* çift cinsellik, biseksüellik, biseksüalite
bisexuell *adj* çift cinsiyetli, biseksüel
Bisexuelle(r) *mf* çift cinsiyetli, biseksüel
bisher *adv* şimdiye kadar
Biskuit *m* bisküvit
bislang *adv* şimdiye kadar
biss[RR] *vt s.* **beißen**
Biss[RR] *m* ısırma; (*von Insekten*) sokma
bisschen[RR] *adj:* **ein ~** biraz, bir parça
Bissen *m* lokma
bissig *adj* **1.** (*Hund*) ısır(g)an **2.** (*sarkastisch*) iğneleyici, acı
bisweilen *adv* arasıra, bazen
Bit *nt* (INFORM) bit; **~s pro Sekunde** saniyedeki bit sayısı
bitte *interj* (*bei Aufforderung*) lütfen; (*als Antwort*) rica ederim!; (*nach Dank*) bir şey değil; **wie ~?** efendim?
Bitte *f* **1.** (*Ersuchen*) rica **2.** (*Wunsch*) dilek; **ich habe eine ~ an Sie** sizden bir ricam var
bitten <bat, gebeten> *vt* **1.** (*Bitte aussprechen*) rica etmek (*jdn um etw* -den -i) **2.** (*wünschen*) dilemek (*jdn um etw* -den -i); **darf ich Sie um die Milch ~?** sizden sütü rica edebilir miyim?
bitter *adj* (*auch fig*) acı
Bitterkeit *f* (*auch fig*) acı(lık)
bizarr *adj* garip, tuhaf
Blackbox *f* (*in Flugzeug*) kara kutu
Blähung *f* (barsaklarda) gaz (toplanması)
Blamage *f* rezil [*o* bozum] olma
blamieren I. *vt* rezil [*o* kepaze] etmek (*jdn* -i) **II.** *vr:* **sich ~** mahcup olmak [*o* kalmak]
blank *adj* (*sauber*) temiz, ak pak; **~ sein** (*fig fam*) meteliğe kurşun atmak
Blankoscheck *m* açık çek
Blankovollmacht *f* tam yetki
Blase *f* (*Wasser-, Haut-*) kabarcık; (*Harn-*) mesane, sidik torbası
Blasebalg *m* körük
blasen <bläst, blies, geblasen> **I.** *vt* **1.** üflemek (*etw* -i) **2.** (*Instrument*) çalmak, öttürmek (*etw* -i) **II.** *vi* (*Wind*) esmek
Blasinstrument *nt* nefesli çalgı
blass[RR] *adj* solgun, soluk; **~ werden** sararmak
bläst *vi s.* **blasen**
Blatt *nt* **1.** (*von Pflanze*) yaprak **2.** (*Papier*) kâğıt, yaprak **3.** (*Zeitung*) gazete; **kein ~ vor den Mund nehmen** sözünü esirgememek
Blätterteig *m* yufka
blau *adj* **1.** (*Farbe*) mavi **2.** (*fig fam: betrunken*) sarhoş, zom, bulut gibi; **~er Fleck** çürük; **Fahrt ins Blaue** hedefi belli olmayan seyahat
blauäugig *adj* **1.** mavi gözlü **2.** (*naiv*) budala
Blaubeere *f* yabanmersini
bläulich *adj* mavimsi, mavimtırak
blaumachen *vi* (*fam*) asmak, çalışmamak
Blauwal *m* gök balina
Blazer *m* blazer, spor ceketi
Blech *nt* **1.** (*Blechplatte*) madeni levha **2.** (*Eisen-*) saç; (*Weiß-*) teneke
Blechdose *f* teneke kutu
Blei *nt* kurşun
bleiben <blieb, geblieben> *vi sein* kalmak; (*sich aufhalten*) bulunmak, kalmak, oturmak; (*andauern*) sürmek, devam etmek; **~ lassen** yapmamak, bırakmak (*etw* -i), el sürmemek (*etw* -e); **es bleibt dabei** dediğim(iz) gibi; **bei jdm ~** birinin yanında kalmak [*o* oturmak]; **~ Sie am Apparat!** tele-

bleibend 41 **Blutung**

fondan ayrılmayın!
bleibend *adj* sürekli, kalıcı, devamlı
bleich *adj* solgun, soluk
bleifrei *adj* (*Benzin*) kurşunsuz
Bleistift *m* kurşunkalem
Bleistiftspitzer *m* kalemtıraş
Blende *f* (*Foto*) diyafram
blenden *vt* 1.(*des Augenlichts berauben*) kör etmek (*jdn* -i) 2.(*durch Licht*) gözlerini kamaştırmak (*jdn* -in) 3.(*stark beeindrucken*) büyülemek (*jdn* -i)
blendend *adj* (*auch fig*) göz kamaştırıcı
Blick *m* 1.bakış 2.(*Ausblick*) görünüş, manzara; **einen ~ werfen auf** bir şeye göz atmak; **Liebe auf den ersten ~** ilk bakışta aşık olma
blicken *vi* bakmak (*auf etw/jdn* -e)
Blickfeld *nt* göz alanı
Blickwinkel *m* bakış açısı
blieb *vi s.* **bleiben**
blind *adj* kör; (*glanzlos*) donuk; **auf einem Auge ~** bir gözü kör; **~ vor Liebe** kör aşık; **~er Passagier** kaçak yolcu
Blinddarm *m* körbarsak, apandis
Blinddarmentzündung *f* apandisit
Blinde(r) *mf* ama, kör
Blindenschrift *f* körler alfabesi
Blindheit *f* (*auch fig*) körlük
blindlings *adv* gözü kapalı, körü körüne
blinken *vi* 1.parlamak, parıldamak, pırıldamak 2.(*Auto*) sinyal ışığı vermek
Blinker *m* sinyal ışığı, yön göstergesi
Blinklicht *nt* sinyal ışığı
blinzeln *vi* göz kırpmak
Blitz *m* şimşek; (*einschlagender*) yıldırım
Blitzableiter *m* paratoner, yıldırımkıran
blitzen *vi* (*funkeln*) parlamak, parıldamak, pırıldamak; **es blitzt** şimşek çakıyor
Blitzlicht(gerät) *nt* flaş
Blitzschlag *m* yıldırım çarpması
blitzschnell I. *adj* şimşek gibi II. *adv* şimşek hızıyla, çabucak, hemencecik
Block *m* yığın, küme; (*Häuser-*) blok, ada; (*Schreib-*) bloknot
Blockflöte *f* flüt
blockfrei *adj* (HIST) blok dışı; **~e Länder** blok dışı ülkeler
blockieren *vt* abluka etmek; (*Verkehr*) durdurmak, tıkamak (*etw* -i)
blöde *adj* ahmak, aptal, budala
Blödsinn *m* saçmalık, saçmasapan şey
blödsinnig *adj* saçma(sapan)

blond *adj* sarı(şın), sarı saçlı
blondieren *vt* (saçları) sarıya boyamak
Blondine *f* sarışın (kız [*o* kadın])
bloß I. *adj* 1.(*nackt*) çıplak, yalın, açık 2.(*Worte*) kuru; **mit ~en Füßen** yalınayak; **mit ~em Auge** gözlüksüz II. *adv* (*nur*) yalnız, sade(ce), sırf; **~ nicht!** sakın ha!; **sei ~ ruhig!** sakin ol hele!
bloßstellen *vt* (*fig*) rezil [*o* kepaze] etmek (*jdn* -i)
Bluejeans, Blue Jeans^{RR} *pl* blucin
Blues *m* blues
Bluff *m* blöf
bluffen *vi* blöf yapmak
blühen *vi* 1.(*Pflanze*) çiçek açmak, çiçeklenmek 2.(*Wirtschaft*) gelişmek, ilerlemek
blühend *adj* çiçek açmış, çiçekli
Blume *f* 1.çiçek 2.(*Schaum auf Bierglas*) bira köpüğü
Blumengeschäft *nt* çiçekçi (dükkanı)
Blumenkohl *m* karnabahar
Blumenstrauß *m* çiçek demeti, buket
Blumentopf *m* saksı
Blumenvase *f* çiçek vazosu; (*große*) çiçeklik
Bluse *f* bluz
Blut *nt* kan
Blutarmut *f* kansızlık
Blutbad *nt* kan deryası, (can) kırım(ı)
Blutbild *nt* kan tahlili göstergesi
Blutdruck *m* tansiyon
Blüte *f* (*einzelne*) çiçek; (*Blütezeit*) ağaçların çiçeklenme mevsimi; (*fig*) parlak dönem
bluten *vi* kanamak
Blütenstaub *m* çiçek tozu
Bluterguss^{RR} *m* iç kanama
Blütezeit *f* parlak dönem
Blutgruppe *f* kan grubu
Bluthochdruck *m* yüksek tansiyon
blutig *adj* (*auch fig*) kanlı
Blutkonserve *f* kan konservesi
Blutkörperchen *nt* kan küreciği; **rotes ~** alyuvar; **weißes ~** akyuvar
Blutkreislauf *m* kan dolaşımı
Blutkrebs *f* kan kanseri
Blutprobe *f* kan örneği
Blutrache *f* kan davası
Blutspende *f* kan bağışı
Blutspender(in) *m(f)* kan verici
blutstillend *adj* kan kesici
Bluttransfusion *f* kan nakli
Blutung *f* kanama; (*Menstruation*) aybaşı

Blutvergiftung f kan zehirlenmesi
Blutverlust m kan kaybı
Blutwurst f kan sucuğu
Blutzucker m kan şekeri
Blutzuckerspiegel m kan şekeri seviyesi, kandaki şeker düzeyi
Bock m 1.(*Ziegen-*) teke, erkek keçi; (*Widder*) koç 2.(*Hebe-*) vinç; (*einer Drehbank*) beşme 3.(SPORT) kuzu
bockig adj hırçın, inatçı
Boden m 1.(*Grund*) yer, toprak; (*Fuß-*) taban, döşeme; (*Gefäß-*) dip; (*Dach-*) tavanarası 2.(*fig: Grundlage*) temel, taban, esas, zemin
Bodenreform f toprak reformu
Bodenschätze mpl toprakaltı servetleri pl
Bodensee m Konstanz Gölü
Bodentruppen pl kara ordusu, ordu
Bodenturnen nt yer cimnastiği
Bodybuilding nt vücut geliştirme
Bodyguard m koruma
bog vt s. **biegen**
Bogen m 1.(MATH) eğri 2.(ARCH) kemer 3.(*Waffe*) yay, okyayı 4.(*Biegung*) eğiliş, eğrilik, kavis 5.(*Papier*) kâğıt, yaprak, tabaka
Bohne f fasulye; **grüne** ~ taze fasulye; **weiße** ~ kuru fasulye; **dicke** ~ bakla
Bohnenkaffee m halis kahve
bohnern vt cilalamak (*etw* -i)
bohren I. vt burgulamak, delmek (*etw* -i) II. vi delmek; (*fig*) sondaj yapmak
Bohrer m matkap, burgu
Bohrinsel f petrol sondajı yapılan yapma ada
Bohrmaschine f matkap
Bohrung f sondaj
Boiler m şofben
Boje f şamandıra, duba
Bolivien nt Bolivya
Böller m kestanefişeği
Bollwerk nt (*fig*) kale
Bolzen m cıvata
bombardieren vt bombalamak, bombardıman etmek (*etw* -i)
Bombe f bomba
Bombenangriff m bombardıman
Bombenanschlag m bombalı suikast
Bombenerfolg m (*fig*) parlak başarı
Bombengehalt nt (*fig*) yüksek maaş
Bombengeschäft nt (*fig*) bomba (gibi) iş
Bombenleger(in) m(f) bombacı
bombensicher adj bombaya dayanıklı; (*fig*) şüphe götürmez
Bon m bono, fiş
Bonbon nt bonbon, şeker(leme)
Bookmark f (INET) işaret
Boom m yüksek konjonktür
Boot nt kayık, sandal
booten vt (INFORM) boot etmek (*etw von etw* -i -den)
Boot-Sektor m (INFORM) boot sektörü
Bootsführerschein m gemi ehliyeti
Bord¹ nt (*Regal*) raf
Bord² m gemi bordası; **an** ~ (*Schiff*) gemide; (*Flugzeug*) uçakta; **an** ~ **gehen** (*Schiff*) gemiye binmek; (*Flugzeug*) uçağa binmek
bordeauxrot adj bordo
Bordell nt genelev
Bordkarte f uçağa biniş kartı
Bordstein m yaya kaldırımın kenar taşı
borgen vi, vt (*ausleihen*) ödünç vermek (*jdm etw* -e -i); (*entleihen*) ödünç almak (*etw von jdm* -i -den)
borniert adj çapsız, dar kafalı, bağnaz
Börse f 1.borsa 2.(*Geldbeutel*) para çantası
Börsenindex m borsa endeksi
Börsenkurs m borsa rayici
Börsenmakler(in) m(f) borsacı, borsa acentası
börsennotiert adj (borsaya) kote ettirilmiş, (borsada) kote olmuş
Börsenspekulant(in) m(f) acyocu
Borste f kalın kıl
Borte f şerit
bösartig adj 1.kötü (niyetli), fena, sinsi 2.(*Geschwulst*) habis
Böschung f eğim, iniş
böse adj fena, kötü; (*verärgert*) kızgın, dargın, gücenik; **jemandem** ~ **sein** birine darılmak [*o* gücenmek]; **es war nicht** ~ **gemeint** kötü niyetle söylememiştim; **auf jdn** ~ **sein** birine kızmak [*o* öfkelenmek]; **das Böse** fenalık, kötülük
boshaft adj hain, sinsi
Bosnier(in) m(f) Boşnak
Bosnien-Herzegowina nt Bosna-Hersek
Bosporus m Boğaz, Boğaziçi
Bossᴿᴿ m (*fam*) patron, şef, amir
böswillig adj kötü niyetli
bot vt s. **bieten**
Botanik f botanik, bitkibilim
Botaniker(in) m(f) botanist, bitkibilimci
botanisch adj botanik, bitkibilimsel; **~er Garten** botanik bahçesi

Bote *m* haberci; (*Hotel-*) odacı
Botschaft *f* 1.(*Nachricht*) haber 2.(*auch Gebäude*) büyükelçilik
Botschafter(in) *m(f)* büyükelçi
Bottich *m* (küçük) tekne
Bouillon *f* et suyu
Boulevardzeitung *f* bulvar gazetesi
Boutique *f* butik
Bowle *f* bol
bowlen *vi* (SPORT) bowling oynamak
Bowling *nt* bowling
Box *f* (*Lautsprecher*) hoparlör
boxen *vi* boks yapmak
Boxen *nt* boks
Boxer *m* 1.boksör 2.(*Hund*) bir köpek cinsi
Boxhandschuh *m* boks eldiveni
Boxkampf *m* boks maçı
Boxsport *m* boks sporu
Boykott *m* boykot
boykottieren *vt* boykot etmek (*jdn/etw* -i)
BPS *pl Abk. von* **Bits pro Sekunde** saniyedeki bit sayısı
brach[1] *vi, vt s.* **brechen**
brach[2] *adj* (*Feld*) nadasa terkedilmiş, sürülmemiş, dinlendirilen
brachte *vt s.* **bringen**
Braindrain *m* beyin göcü
Branche *f* branş, kol, dal
Brand *m* yangın; **in ~ geraten** ateş almak, ateşlenmek, alevlenmek; **in ~ stecken** ateşe vermek, ateşlemek, tutuşturmak (*etw* -i)
Brandgefahr *f* yangın tehlikesi
Brandsalbe *f* yanık merhemi
Brandstifter(in) *m(f)* kundakçı
Brandstiftung *f* kundakçılık
brannte *vi, vt s.* **brennen**
Branntwein *m* kanyak; (*Anis-*) rakı
Brasilien *nt* Brezilya
brät *vi, vt s.* **braten**
braten <brät, briet, gebraten> *vi, vt* kızartmak; (*braun*) kavurmak (*etw* -i); (*in der Pfanne*) tavasını yapmak (*etw* -in)
Braten *m* kızartma
Brathähnchen *nt* tavuk [*o* piliç] kızartması
Bratkartoffeln *fpl* patates kızartması
Bratpfanne *f* tava
Bratrost *m* ızgara
Bratsche *f* alto, viyola
Bratspieß *m* kebap şişi
Bratwurst *f* *kızartılıp yenen sosis*
Brauch *m* töre, örf, adet
brauchbar *adj* (*Sachen*) işe yarar; (*Person*) yetenekli
brauchen *vt* ihtiyacı olmak (*etw* -e), gereksinmek; (*Zeit*) istemek, almak (*etw* -i); **ich brauche Geld** paraya ihtiyacım var, bana para lazım; **das braucht viel Zeit** bu çok zaman ister [*o* alır]; **du brauchst nicht zu kommen** gelmeyebilirsin
Braue *f* kaş
Brauerei *f* bira fabrikası
braun *adj* kahverengi; (*Haut*) esmer; (*sonnengebräunt*) (güneşten) yanık; (*Haar*) kestane rengi; **~er Zucker** kahverengi şeker
bräunen *vr:* **sich ~** bronzlaşmak
Braunkohle *f* linyit (kömürü)
Brause *f* 1.(*Dusche*) duş 2.(*Getränk*) gazoz
brausen *vi* (*Wind*) uğuldamak; (*Wasser*) köpürmek, kaynamak; (*herabstürzendes Wasser*) çağlamak, çağıldamak
Braut *f* 1.(*am Hochzeitstag*) gelin 2.(*Verlobte*) nişanlı
Brautführer *m* sağdıç
Bräutigam *m* 1.(*am Hochzeitstag*) damat 2.(*Verlobter*) nişanlı
Brautkleid *nt* gelinlik
Brautleute *pl*, **Brautpaar** *nt* (*am Hochzeitstag*) gelin ile güvey (*düğün gününde*), yeni evliler
brav *adj* (*artig*) uslu, terbiyeli
bravo *interj* bravo, aferin, yaşa
BRD *f Abk. von* **Bundesrepublik Deutschland** Federal Almanya Cumhuriyeti
brechen <bricht, brach, gebrochen> I. *vt* kırmak (*etw* -i); (*Gesetz*) uymamak (*etw* -e), saymamak (*etw* -i); **den Widerstand ~** direnci kırmak; **sein Wort ~** sözünü tutmamak [*o* bozmak]; **die Ehe ~** zina işlemek, eşini aldatmak II. *vi* 1. *sein* kırılmak; (*in Stücke*) parçalanmak 2.(*sich übergeben*) kusmak
Brechreiz *m* mide bulantısı
Brechstange *f* kaldıraç
Brei *m* lapa
breit *adj* geniş, enli; **fünf Meter ~** beş metre genişliğinde; **wie ~ ist ...?** ... ne kadar geniş?
Breite *f* 1. en, genişlik 2.(*geografische*) enlem
Breitengrad *m* enlem
Bremsbelag *m* fren tabanı
Bremse *f* 1.(*Auto, Rad*) fren 2.(*Insekt*) sığır sineği
bremsen I. *vt* frenlemek (*etw* -i) II. *vi* fren

yapmak
Bremsflüssigkeit *f fren tesisatı için gerekli yağ*
Bremskeil *m* takoz
Bremslicht *nt* stop feneri
Bremspedal *nt* fren pedalı
Bremsspur *f* fren [*o* tekerlek] izi
Bremsstrecke *f*, **Bremsweg** *m* frenleme mesafesi
brennbar *adj* yanabilen, yanar, yanan
brennen <branne, gebrann> I. *vt* (*Kaffee*) kavurmak; (*Ziegel*) pişirmek; (*Alkohol*) damıtmak (*etw* -i) II. *vi* (*Feuer, Licht*) yanmak; (*Sonne*) parlamak; (*Augen, Wunde*) acımak, yanmak
brennend *adj* yakıcı; (*fig: Wunsch*) şiddetli
Brenner *m* (*Gas-*) havagazı memesi
Brennerei *f* (*Alkohol~*) içki fabrikası; (*Ziegel~*) kiremit ocağı
Brennessel *f s.* **Brennnessel**
Brennholz *nt* (yakacak) odun
Brennmaterial *nt* yakacak malzeme
Brennnessel[RR] *f* ısırgan
Brennpunkt *m* odak (noktası)
Brennspiritus *m* yakılacak ispirto
Brennstoff *m* yakacak, yakıt; (*flüssiger*) akaryakıt
Brennstoffzelle *f hidrojen ve oksijenden elektrik akımı veren cihaz*
Brett *nt* 1.(*Holzstück*) tahta; (*dickes*) kalas 2.(*Schach-*) satranç tahtası 3.(*Regal*) raf; **schwarzes**[RR] ~ ilan tahtası, karatahta
Brezel *f* tuzlu simit (*Bavyera usulü simit*)
bricht *vi, vt s.* **brechen**
Brief *m* mektup; (*Schreiben*) yazı
Briefbeschwerer *m* baskılık
Briefbogen *m* mektup kâğıdı
Briefbombe *f* bombalı mektup
Brieffreund(in) *m(f)* mektup arkadaşı
Briefing *nt* brifing
Briefkasten *m* posta kutusu
Briefkopf *m* mektup başlığı
brieflich *adv* mektupla, yazı ile
Briefmarke *f* posta pulu
Briefmarkenautomat *m* posta pulu otomatı
Briefmarkensammler *m* pul kolleksiyoncusu, filatelist
Brieföffner *m* mektup açacağı
Briefpapier *nt* mektup kâğıdı
Brieftasche *f* cüzdan, para çantası
Brieftaube *f* posta güvercini

Brieftelegramm *nt telgrafla gönderilen fakat normal posta ile teslim edilen telgraf*
Briefträger(in) *m(f)* postacı
Briefumschlag *m* mektup zarfı
Briefwaage *f* mektup [*o* kâğıt] terazisi
Briefwahl *f* mektupla seçim
Briefwechsel *m* mektuplaşma, yazışma
briet *vi, vt s.* **braten**
Brikett *nt* briket
Brillant *m* pırlanta
Brille *f* gözlük
Brillenfassung *f*, **Brillengestell** *nt* gözlük çerçevesi
bringen <brachte, gebracht> *vt* 1.(*her-*) getirmek (*etw* -i) 2.(*hin-*) götürmek (*etw* -i); **Gewinn** ~ kazanç getirmek; **jdn auf etw** ~ birine fikir vermek; **etw mit sich** ~ (*zur Folge haben*) bir şeye neden olmak; **jdn um etw** ~ birini bir şeyden etmek; **unter die Leute** ~ (*Gerücht*) yaymak (*etw* -i); **es weit** ~ (hayatta) yükselmek; **zur Welt** ~ dünyaya getirmek (*jdn* -i)
Brise *f* meltem, hafif rüzgar
Brite *m*, **Britin** *f* Britanyalı
britisch *adj* (*Art*) Britanya
Brocken *m* kırıntı; **ein paar** ~ (*fig*) bir parça, tektük; **ein harter** ~ (*fig*) demir leblebi
Brokkoli *m* brokkoli
Brombeere *f* böğürtlen
Bronchialkatarrh *m* göğüs nezlesi
Bronchien *fpl* bronşlar
Bronchitis *f* bronşit
Bronze *f* tunç, bronz
Brosche *f* broş, iğne
broschiert *adj* ciltsiz
Broschüre *f* broşür
Brot *nt* ekmek
Brötchen *nt* küçük ekmek; **belegtes** ~ sandviç
Brotrinde *f* ekmek kabuğu
Browser *m* (INET) tarayıcı, gezgin, gözatıcı, browser
Bruch *m* 1.(*das Brechen*) kır(ıl)ma, kopma; (*Bruchstelle*) kırık; (*fig*) boz(ul)ma 2.(*Knochen-*) kırık; (*Leisten-*) fıtık 3.(MATH) kesir; **in die Brüche gehen** kırılmak, bozulmak; (*fig*) boşa çıkmak
Bruchbude *f* (*fam*) harap ev, izbe
brüchig *adj* çabuk kırılır; (*Stimme*) çatlak
Bruchstück *nt* parça, kırıntı
Bruchteil *m* bölüm, kısım
Bruchzahl *f* kesirli sayı

Brücke f 1.(*Bauwerk, Zahn-*) köprü 2.(*kleiner Teppich*) küçük halı
Bruder m (erkek) kardeş; (*älterer ~*) ağabey, abi
brüderlich adj kardeşçe
Brüderlichkeit f kardeşlik
Brüderschaft f kardeşlik
Brühe f et suyu
brüllen vi (*Rind*) böğürmek; (*Löwe*) kükremek; (*Menschen*) haykırmak, bağırmak
brummen vi (*Bär, Mensch*) homurdanmak
Brummi m (*fam: großer LKW*) tır
brummig adj huysuz, mızmız, somurtkan
Brunch nt kahvaltı ve öğle yemeği karışımı yemek
brünett adj esmer
Brunnen m (*Zieh-*) tulumba, kuyu; (*Spring-*) fıskıye(li havuz)
Brunnenrand m kuyu ağızlığı
Brüssel nt Brüksel
Brust f göğüs, bağır; (*weibl.*) meme; **die ~ geben** emzirmek (*jdm* -i)
Brustbein nt göğüs kemiği [o tahtası]
Brustfellentzündung f zatülcenp
Brustkorb m göğüs kafesi
Brustkrebs m göğüs kanseri
Brustschwimmen nt kurbağalama
Brut f 1.(*Küken*) civcivler 2.(*Brüten*) kuluçka
brutal adj zorba, hayvanca, vahşi
Brutalität f zorbalık, hayvanlık, vahşilik
brüten vi 1.kuluçkaya yatmak 2.(*nachdenken*) düşünüp durmak (*über etw* -i)
brutto adj, adv brüt, gayri safi
Bruttoeinkommen nt brüt gelir
Bruttogehalt nt brüt maaş
Bruttogewicht nt brüt ağırlık
Bruttosozialprodukt nt gayri safi milli hasıla
Bub(e) m erkek çocuk, oğlan
Buch nt kitap; **~ führen** defter tutmak; (ECON) muhasebe yapmak
Buchbinder m ciltçi
Buchbinderei f cilt evi
Buchdeckel m kitap kabı
Buchdrucker m basımcı
Buchdruckerei f 1.(*Werkstatt*) basımevi 2.(*Gewerbe*) basımcılık
Buche f kayın (ağacı), akgürgen
buchen vt 1.(ECON) hesaba geçirmek (*etw* -i) 2.(*Zimmer*) rezerve ettirmek, ayırtmak (*etw* -i)
Bücherbrett nt kitap rafı, kitaplık
Bücherei f kütüphane, kitaplık
Bücherregal nt kitaplık, kitap rafı
Bücherschrank m kitap dolabı, kitaplık
Bücherwand f kitap raflı dolap
Buchführung f defter tutma, muhasebe; **doppelte ~** çift girişli muhasebe
Buchgemeinschaft f okuyucu birliği
Buchhalter(in) m(f) muhasebeci
Buchhaltung f muhasebe
Buchhandel m kitapçılık
Buchhändler(in) m(f) kitapçı
Buchhandlung f kitapçı (dükkanı), kitabevi
Buchmesse f kitap fuarı
Büchse f 1.(*Dose*) teneke kutu 2.(*Gewehr*) tüfek
Büchsenmilch f konserve süt
Büchsenöffner m konserve açacağı
Buchstabe m harf; **großer ~** büyük harf, majüskül; **kleiner ~** küçük harf, minüskül; **in ~n** (*Zahl*) yazı ile
buchstabieren vt hecelemek (*etw* -i) (*bir sözcüğün harflerini ayrı ayrı söylemek*)
Buchstütze f kitab dayanağı
Bucht f körfez, koy
Buchung f 1.(ECON) kayıt, tescil, hesaba geçirme 2.(*Zimmer*) rezervasyon, ayırtım
Buckel m kambur; (*fam: Rücken*) sırt, arka; **du kannst mir den ~ runterrutschen** (*fam*) senin dediklerin bana vız gelir
bücken vr: **sich ~** eğilmek, bükülmek
buck(e)lig adj 1.(*Mensch*) kambur 2.(*Oberfläche*) engebeli
Bückling m reverans
Buddhismus m budizm
Bude f 1.(*Markt*) (küçük) dükkan 2.(*fam: Zimmer*) oda
Budget nt bütçe
Büfett nt (*Anrichte*) büfe; **kaltes ~** soğuk büfe
Büffel m manda
büffeln vi (*fam*) ineklemek
Bug¹ <Buge> m pruva, baştaraf
Bug² <Bugs> m (INFORM) hata, bug
Bügelbrett nt ütü tahtası
Bügeleisen nt ütü
Bügelfalte f ütü çizgisi
bügelfrei adj ütü istemeyen
bügeln vt ütülemek (*etw* -i)
Bühne f sahne
Bulgare, -rin m, f Bulgar

Bulgarien *nt* Bulgaristan
bulgarisch *adj* (*Art, Herkunft*) Bulgar; (*Sprache*) Bulgarca
Bullauge *nt* lomboz
Bulldogge *f* buldok (köpeği)
Bulle *m* 1.(*Stier*) boğa 2.(*fam: Polizist*) aynasız, kaldırım kargası
Bulletin *nt* bülten
Bummel *m* (*Spaziergang*) gezinti, dolaşma
bummeln *vi* 1. *sein* (*schlendern*) gezinti yapmak, gezmek, dolaşmak 2. *haben* (*trödeln*) sallanmak
Bummelstreik *m* aşırı yavaş çalışma
Bund[1] <Bünde> *m* (*Bündnis*) anlaşma, birlik, ittifak
Bund[2] <Bunde> *nt* (*Bündel*) demet, deste
Bündel *nt* bohça, çıkı(n); (*Holz, Stroh*) deste, demet; (*Strahlen*) demet; (*Geldscheine*) tomar, deste
bündeln *vt* destelemek (*etw* -i)
Bundesbank *f* Merkez Bankası
Bundeskanzler(in) *m(f)* (*BRD*) Federal Almanya Başbakanı; (*Österreich*) Avusturya Başbakanı
Bundesland *nt* eyalet
Bundesliga *f* Federal Almanya ligi
Bundespräsident(in) *m(f)* Almanya [o Avusturya] Cumhurbaşkanı
Bundesrat *m* Federal Konsey
Bundesregierung *f* (*BRD*) Federal Almanya hükümeti; (*Österreich*) Avusturya hükümeti
Bundesrepublik *f* federal cumhuriyet; ~ **Deutschland** Federal Almanya Cumhuriyeti
Bundesstaat *m* federal devlet; (*Gliedstaat*) eyalet
Bundesstraße *f* federal karayolu
Bundestag *m* Federal Almanya Parlamentosu
Bundestagsabgeordnete(r) *mf* milletvekili
Bundestagswahl *f* Federal Parlamento seçimi
Bundesverfassungsgericht *nt* Federal Anayasa Mahkemesi
Bundeswehr *f* *Federal Almanya Cumhuriyeti'nin kara ordusu*
Bündnis *nt* pakt, anlaşma, ittifak
Bündnispartner(in) *m(f)* müttefik, ortak
Bungalow *m* bungalov
Bunker *m* (*Luftschutz*) sığınak
bunkern *vt* saklamak, depoya koymak, depolamak (*etw* -i)
bunt *adj* (*mehrfarbig*) karışık renkli; (*farbig*) renkli; (*scheckig*) aklı karalı, alaca bulaca; (*fig: gemischt*) (karma) karışık
Buntstift *m* renkli (kurşun) kalem
Buntwäsche *f* renkli çamaşır
Burg *f* kale
bürgen *vi* kefil olmak (*für jdn* -e), garanti etmek (*für etw* -i)
Bürger(in) *m(f)* 1.(*Staats-*) yurttaş, vatandaş; (*Stadtbewohner*) şehirli, kentli 2.(*Klasse*) burjuva
Bürgerkrieg *m* iç savaş
bürgerlich *adj* (*soziologisch*) sivil; ~e **Küche** *geleneksel ve lezzetli yemekleri içeren mutfak;* **Bürgerliches Gesetzbuch** Medeni Kanun, Yurttaşlar Yasası
Bürgermeister *m* (*Stadt*) belediye reisi [o başkanı]; (*Dorf*) muhtar
Bürgersteig *m* (yaya) kaldırım(ı)
Bürgertum *nt* burjuvazi
Bürgschaft *f* kefillik
Büro *nt* büro, yazıhane
Büroangestellte(r) *mf* katip, yazıcı
Büroklammer *f* raptiye, bağlaç
Bürokratie *f* bürokrasi
bürokratisch *adj* bürokratik
Bursche *m* oğlan, delikanlı, herif
Bürste *f* fırça
bürsten *vt* fırçalamak (*etw* -i)
Bus *m* otobüs
Busbahnhof *m* otogar, otobüs garajı
Busch *m* 1.(*Strauch*) çalı 2.(*Dickicht*) çalılık
Büschel *nt* demet, deste; (*Haare*) tutam, perçem
Busen *m* (*allg.*) koyun; (*weibl.*) göğüs
Busfahrer(in) *m(f)* otobüs sürücüsü [o şoförü]
Bushaltestelle *f* otobüs durağı
Bussard *m* şahin
Buße *f* tövbe; (*Geld-*) para cezası
büßen *vi, vt* 1.cezasını çekmek (*etw* -in) 2.(REL) tövbe etmek (*etw* -e)
Bußgeld *nt* para cezası
Büste *f* 1.büst 2.(*weibliche Brust*) (kadın) meme(si)
Büstenhalter *m* sutyen
Bütte *f* 1.(*Zuber*) mastela, badya 2.(*Trag-*) küfe
Butter *f* tereyağı; **alles ist in** ~ (*fig*) güllük gülistanlık

Butterblume *f* 1. (*Hahnenfuß*) düğünçiçeği 2. (*Sumpfdotterblume*) su nergisi
Butterbrot *nt* tereyağlı ekmek
Buttermilch *f* tereyağı alındıktan sonra geri kalan süt
Button *m* (INFORM) düğme
Bypass *m* by-pass
Bypassoperation *f* by-pass ameliyatı
Byte *nt* (INFORM) bayt
byzantinisch *adj* (HIST) Bizanslı
Byzanz *nt* (HIST) Bizans

C

C - *Abk. von* **Celsius** santigrat
ca. *adv Abk. von* **circa** aşağı yukarı
Café *nt* kahve(hane)
Callcenter *nt* çağrı merkezi
Camcorder *m* camcorder
campen *vi* kamp yapmak
Camping *nt* kamping
Campingbus *m* karavan
Campingplatz *m* kamp (yeri)
Canyoning *nt* (SPORT) kanyon geçişi
Cappuccino *m* cappuccino
Cartoon *m/nt* karikatür
Cassette *f s.* **Kassette**
casten *vt* rol taksimi yapmak
CD *f* CD (*Aussprache: sidi*)
CD-Brenner *m* CD yazıcı
CD-Laufwerk *nt* CD sürücüsü
CD-Player *m* CD çalar
CD-ROM *f* CD-ROM (diski)
CD-Spieler *m* CD-player
CDU *f Abk. von* **Christlich-Demokratische Union** Hıristiyan Demokrat Partisi
Cellist(in) *m(f)* çellist, viyolenselci, viyolenselist
Cello *nt* viyolonsel, çello
Celsius *m:* **10 Grad** ~ 10 derece
Cent *m* (*Hundertstel eines Euro*) sent, cent
Champagner *m* şampanya
Champignon *m* mantar (*bir çeşit yenilebilen mantar*)
Champion *m* şampiyon
Champions League *f* (SPORT) Şampiyonlar Ligi
Chance *f* şans, fırsat
Chancengleichheit *f* şans eşitliği
Chaos *nt* kargaşa, kaos
chaotisch *adj* karmakarışık
Charakter *m* karakter; (*Natur*) huy, tabiat; (*Eigenart*) özellik
charakterisieren *vt* karakterize etmek, özgünleştirmek; (*schildern*) tanımlamak (*etw* -i)
charakteristisch *adj* karakteristik, tipik, özgü, ayırtkan
charakterlos *adj* karaktersiz
Charakterzug *m* vasıf, nitelik
charmant *adj* alımlı, cazibeli, albenili
Charme *m* cazibe, çekicilik
Charterflug *m* çarter uçuşu (*kiralık uçakla uçuş*)
Chassis *nt* şasi
Chat *m* (INET) chat, sohbet
Chatroom *m* (INET) chat odası, sohbet odası
chatten *vi* (INET) chat yapmak
Chauffeur *m* şoför
Chauvinismus *m* şovenizm, şovenlik
Chauvinist *m* şovenist
chauvinistisch *adj* şoven, şovenist
checken *vt* (*fam*) anlamak (*etw* -i)
Check-up *m* (MED) çekap
Cheeseburger *m* çizburger, peynirli burger
Chef(in) *m(f)* şef, başkan, patron, amir
Chefarzt, -ärztin *m, f* başhekim, baştabip
Chefsekretär(in) *m(f)* başsekreter
Chemie *f* kimya
Chemikalien *fpl* kimyasal maddeler
Chemiker(in) *m(f)* kimyager, kimyacı
chemisch *adj* kimyevi, kimyasal; **~e Reinigung** kimyasal temizleme; (*Ort*) buğuevi
Chemotherapie *f* kemoterapi
Chile *nt* Şili
Chilene, -nin *m, f* Şilili
chilenisch *adj* (*Art*) Şili; (*Herkunft*) Şilili
China *nt* Çin; **Volksrepublik** ~ Çin Halk Cumhuriyeti
Chinese, -sin *m, f* Çinli
chinesisch *adj* 1. (*Sprache*) Çince 2. (*Art*) Çin 3. (*Herkunft*) Çinli
Chip *m* (*Computer~*) yonga, çip, chip
Chipkarte *f* çip kartı

Chips pl (*Kartoffel~, Mais~*) cips
Chirurg(in) *m(f)* operatör, cerrah
Chirurgie *f* 1.(*Heilkunst*) cerrahlık 2.(*Abteilung*) cerrahi klinik
Chlor *nt* klor
Chloroform *nt* kloroform
Cholera *f* kolera
Cholesterin *nt* kolesterin, kolesterol
Chor *m* koro
Choreograph(in) *m(f)* koreograf (*dans düzenleyici*)
Choreographie *f* koreografi, dans düzeni
Christ(in) *m(f)* Hıristiyan
Christbaum *m* Noel ağacı
Christentum *nt* Hıristiyanlık
Christkind *nt* yeni doğan İsa
christlich *adj* Hıristiyan
Christmette *f Noel gecesi dini ayini*
Christus *m* (Hazreti) İsa; **im Jahre 1000 vor/nach ~**, milattan önce/sonra 1000 yılında
Chrom *nt* krom
Chromosom *nt* kromozom
Chronik *f* kronik
chronisch *adj* müzmin, kronik, süreğen
chronologisch *adj* kronolojik
Chronometer *nt* kronometre, süreölçer
Cineast(in) *m(f)* 1.(*Filmschaffender*) sinemacı 2.(*Kinofreund*) sinemasever
circa *adv* aşağı yukarı, takriben, tahminen
Client *m* (INFORM: *Gegenstück zum Server*) istemci
Client/Server-Modell *nt* (INFORM) istemci/sunucu modeli
Clip *m* (*Video-*) klip
Clique *f* klik, grup
Clown *m* palyaço, soytarı
Club *m* kulüp
cm *m/nt Abk. von* **Zentimeter** santimetre
Co. *m Abk. von* **Kompagnon** ortak(lar)
Cocktail *m* kokteyl
Cocktailbar *f* kokteyl barı

Code *m* kod
Cognac *m* konyak, kanyak
Collier *nt* kolye
Comedy *f* (*TV-Sendung*) komedi programı
Comic *m* çizgi roman
Coming-out *nt* açılma, coming out
Compiler *m* (INFORM) derleyici
COM-Port *nt* (INFORM) iletişim yuvası
Computer *m* bilgisayar
Computeranimation *f* bilgisayar animasyonu
Computerfehler *m* bilgisayar arızası
computergestützt *adj* bilgisayar destekli
Computerprogramm *nt* bilgisayar programı
Computerspiel *nt* bilgisayar oyunu
Computervirus *nt* bilgisayar virüsü
Connections *pl* (*fam*) ilişkiler
Container *m* konteyner, büyük koyacak
Copyright *nt* telif hakkı
Cordhose *f* kot pantalon
Couch *f* divan, kanape
Count-down *nt* geriye sayma
Coupon *m* kupon
Cousin *m* amca (dayı, teyze, hala) oğlu, kuzen
Cousine *f* amca (dayı, teyze, hala) kızı, kuzin
Cowboy *m* kovboy
Cowboyfilm *m* kovboy filmi
CPU *f* (INFORM) Merkezi İşlem Birimi
Creme *f* 1.(*Haut-*) krem 2.(*Süßspeise*) krema
Cremespeise *f* krema
Creutzfeld-Jacob-Krankheit *f* Jacob-Creutzfeld hastalığı, Creutzfeld-Jacob hastalığı
CSU *f Abk. von* **Christlich-Soziale Union** Hıristiyan Sosyal Patisi
Cursor *m* (INFORM) imleç
Cyberspace *m* siberuzay

D

D *pl Abk. von* **Damen** Bayanlar
da I. *adv* 1.(*dort*) orada, şurada; (*hier*) burada 2.(*zeitlich*) o sırada; **~ sein**^RR var olmak, bulunmak; **~ bin ich** işte geldim; **wer ~?** kim o?; **~!** işte!; **von ~ an** o zamandan itibaren II. *konj* 1.(*als*) -diği zaman 2.(*weil*) çünkü, -diği için
dabei *adv* 1.(*örtlich*) yanında, yakınında

2.(*doch*) ancak, bununla beraber, buna karşın **3.**(*außerdem*) ayrıca, bundan başka, bir de **4.**(*währenddessen*) bu arada; **ich war ~** ben de oradaydım; **ich bin ~** (*einverstanden*) kabul ediyorum; **wir waren ~ wegzugehen** gitmek üzereydik

dableiben *irr vi sein* ayrılmamak, kalmak

Dach *nt* dam, çatı; **unter ~ und Fach** (*fig*) sona erdirilmiş

Dachboden *m* tavanarası, çatı altı

Dachgarten *m* bahçe şeklinde düzenlenmiş düz dam

Dachgepäckträger *m* (*am Auto*) üst bagaj yeri

Dachgeschoss^{RR} *nt* çatı katı

Dachkammer *f* tavanarası (odası), damaltı

Dachrinne *f* çatı oluğu

Dachs *m* porsuk

Dachschaden *m:* **er hat einen ~** (*fig*) (bir) tahtası eksik, kafadan kontak

dachte *vi, vt s.* **denken**

Dachverband *m* çatı örgütü

Dackel *m base* (*bir köpek cinsi*)

dadurch *adv* (*auf diese Weise*) bu şekilde, böylelikle

dafür *adv* **1.**(*deshalb*) bunun [*o* onun] için **2.**(*als Ersatz*) buna [*o* ona] karşılık **3.**(*stattdessen*) bunun [*o* onun] yerine **4.**(*Zweck*) bu amaçla; **ich kann nichts ~** suç bende değil, elimden bir şey gelmez; **~ sein** kabul etmek

dagegen *adv* **1.**(*gegen das*) buna karşı **2.**(*Vergleich*) buna oranla, bunun karşısında **3.**(*hingegen, indessen*) ama, fakat, oysa(ki) **4.**(*andererseits*) diğer taraftan; **ich habe nichts ~** buna karşı değilim; **~ sein** karşı olmak, karşı çıkmak

daheim *adv* **1.**(*zu Hause*) evde **2.**(*in der Heimat*) yurtta, vatanda

daher I. *konj* (*deshalb*) bundan [*o* ondan] dolayı II. *adv* **1.**(*örtlich*) oradan, o taraftan **2.**(*Ursache*) bu [*o* o] yüzden, bu [*o* o] nedenle

dahin *adv* oraya; **bis ~** (*örtlich*) oraya kadar; (*zeitlich*) o zamana kadar

dahinten *adv* şurada arkada

dahinter *adv* arkasında, gerisinde; **~ kommen**^{RR} farketmek, sezinlemek, bir sırrı anlamak [*o* keşfetmek]

Dahlie *f* dalya çiçeği

damals *adv* o zaman(lar), o vakit(ler)

Damaskus *nt* Şam

Dame *f* **1.**(*Frau*) hanım, bayan, hanımefendi; **junge ~** genç kadın [*o* bayan]; **meine ~n und Herren!** Bayanlar, Baylar! **2.**(*Spiel*) dama (oyunu); **~ spielen** dama oynamak **3.**(*beim Schach*) vezir

Damenbinde *f* adet bezi, ped

Damespiel *nt* dama oyunu

damit I. *adv* bununla, şununla, onunla; **was meinen Sie ~?** bununla ne demek istiyorsunuz? II. *konj* -mek için, -mesi için, -sin diye

dämlich *adj* ahmak, hödük

Damm *m* set, bent; (*Stau-*) baraj

dämmern *vi* (*morgens*) (şafak) sökmek, (gün) ağarmak; (*abends*) (ortalık [*o* hava]) kararmak; **es dämmert ihr** (*fam*) aklına/kafasına dank ediyor

Dämmerung *f* (*Abend-*) alaca karanlık, akşam karanlığı; (*Morgen-*) şafak, tan

Damoklesschwert *nt* (*fig*) Damokles'in kılıcı

Dämon *m* cin, ifrit

Dampf *m* buhar, buğu, istim

Dampfbügeleisen *nt* buharlı ütü

dampfen *vi* buhar çık(ar)mak

dämpfen *vt* **1.**(*abschwächen*) bastırmak, azaltmak (*etw* -i) **2.**(*Stimme*) kısmak, yavaşlatmak (*etw* -i)

Dampfer *m* vapur

Dampfkessel *m* buhar kazanı

Dampfmaschine *f* buhar makinesi

danach *adv* **1.**(*zeitlich*) bundan [*o* ondan] sonra, sonra(dan); **gleich ~** hemen sonra **2.**(*demzufolge*) buna [*o* ona] göre

Dandy *m* züppe

Däne *m,* **Dänin** *f* Danimarkalı

daneben *adv* **1.**(*örtlich*) yanında **2.**(*außerdem*) bundan başka

danebengehen *irr vi sein* (*fig*) aksi gitmek

Dänemark *nt* Danimarka

dänisch *adj* **1.**(*Sprache*) Danimarkaca **2.**(*Art*) Danimarka **3.**(*Herkunft*) Danimarkalı

dank *präp* +*gen, dat* ... sayesinde

Dank *m* teşekkür; (*Dankbarkeit*) minnettarlık; **zum ~ für ...** -e teşekkür olarak; **vielen ~!** çok teşekkürler!; **Gott sei ~!** Allah'a şükür!

dankbar *adj* müteşekkir, minnettar, iyilikbilir

Dankbarkeit *f* minnettarlık

danke *interj* **~** (**sehr**)! (çok) teşekkür ederim, (çok) teşekkürler

danken *vi* teşekkür etmek (*jdm für etw* -e ... için); **nichts zu ~!** bir şey değil!
Dankeschön *nt* teşekkür
dann *adv* **1.** (*darauf*) bunun üzerine **2.** (*nachher*) sonra(dan), ondan sonra **3.** (*in diesem Fall*) öyleyse, o halde, o zaman; **selbst ~** o halde [*o zaman*] bile **4.** (*außerdem*) bundan başka, bir de
daran *adv* onda, ondan; **sich ~ machen etw zu tun** bir şey yapmaya koyulmak
darauf *adv* **1.** (*örtlich*) üzerinde, üstünde **2.** (*danach*) bundan sonra; (*daraufhin*) bunun üzerine; **bald ~** hemen arkasından; **am Tag ~** ertesi gün; **wie kommst du ~?** bunu nereden çıkardın?
daraufhin *adv* bunun üzerine
daraus *adv* bundan, ondan; **~ wird nichts** bu [*o o*] iş olmaz, bundan bir şey çıkmayacak; **was ist ~ geworden?** bu [*o o*] iş ne oldu?; **ich mache mir nichts ~** buna boş veriyorum, buna hiç aldırış etmiyorum
Dardanellen *pl* Çanakkale Boğazı *sing*
darf *vi s.* **dürfen**
darin *adv* içinde
darlegen *vt* **1.** (*zeigen*) göstermek, ortaya koymak (*etw* -i) **2.** (*erklären*) açıklamak, anlatmak (*etw* -i)
Darlehen *nt* ödünç, borç
Darm *m* ba(ğır)sak
darstellen *vt* **1.** (*Schauspieler*) canlandırmak; (*Maler auch*) tasvir etmek (*etw/jdn* -i) **2.** (*beschreiben*) anlatmak, tasvir etmek (*etw/jdn* -i) **3.** (*zeigen*) göstermek (*etw* -i) **4.** (*sein*) oluşturmak (*etw* -i), olmak
Darsteller(in) *m(f)* (THEAT) oyuncu, artist
Darstellung *f* **1.** (*Beschreibung*) anlatma, tanımlama, tasvir **2.** (FILM: *eines Charakters*) tipleme
darüber *adj* **1.** (*Ort*) (bunun) üzerinde; (*Richtung*) (bunun) üzerine **2.** (*Thema*) bunun üzerin(d)e, bu konuda **3.** (*währenddessen*) bu arada; **~ hinaus** bunun ötesinde; (*mehr*) daha fazla
darum *adv* **1.** (*Ort*) etrafında **2.** (*deswegen*) bundan [*o ondan*] dolayı
darunter *adv* **1.** (*Ort*) (bunun) altında; (*Richtung*) (bunun) altına **2.** (*unter dieser Anzahl*) arasında, aralarında, içinde
das **I.** *art wird nicht übersetzt* **II.** *pron* bu; **~ da** şu; **~ ist Frau X** bu, Bayan X
Dasein *nt* **1.** (*Existenz*) var olma, varlık **2.** (*Leben*) hayat, yaşam
dasein *vi s.* **da**
dass^{RR} *konj* ki, -diğini/-diğine, -eceğini/-eceğine; **so ~** öyle ki
dasselbe *pron* (*adjektivisch*) aynı; (*substantivisch*) aynı şey
DAT *nt s.* **Digital Audio Tape** sayısal ses bandı
Datei *f* (INFORM) dosya
Dateiendung *f* (INFORM) dosya eki
Dateiname *m* (INFORM) dosya adı
Dateiverwaltung *f* (INFORM) dosya yönetimi
Daten *ntpl* **1.** *Plural zu* **Datum** **2.** (*Angaben*) veriler *pl*
Datenaustausch *m* (INFORM) veri alışverişi, veri değiş tokuşu
Datenautobahn *f* (INET) bilgi otoyolu
Datenbank *f* veri bankası
Datenbasis *f* veri tabanı
Dateneingabe *f* (INFORM) veri girişi
Datenfluss *m* (INFORM) veri akışı
Datenpaket *nt* (INFORM) veri paketi
Datenschutz *m* veri koruma
Datentransfer *m* (INET) veri transferi
Datenübertragung *f* (INET) dosya aktarması
Datenverarbeitung *f* bilgi işlem
datieren *vt* tarih koymak [*o* atmak] (*etw* -e)
Dativ *m* yönelme durumu, -e hali
Dattel *f* hurma
Dattelpalme *f* hurma ağacı
Datum *nt* tarih
Dauer *f* süre, müddet; (*Fort-*) devam, sürme, sürek; **auf die ~** uzun süre [*o* müddet]
Dauerauftrag *m* sürekli ödeme talimatı
dauerhaft *adj* (*beständig*) dayanıklı, sağlam
Dauerkarte *f* abone kartı
Dauerlauf *m* mukavemet koşusu
dauern *vi* sürmek, devam etmek; **seine Krankheit dauerte drei Monate** hastalığı üç ay sürdü
dauernd *adj* sürekli, devamlı, daimi
Dauerwelle *f* perma(nant)
Daumen *m* başparmak; **jemandem die ~ drücken** birine şans dilemek
Daunen *fpl* kuştüyü *sing*
Daunenbett *nt* kuştüyü yatak
Daunendecke *f* kuştüyü yorgan
davon *adv* ondan, bundan; **er ist auf und ~** (*fam*) sıvıştı; **~ weiß ich nichts** bunu hiç bilmiyorum
davonkommen *irr vi sein* yakasını [*o* paça-

sını] kurtarmak; (*bei einem Unfall*) kazayı atlatmak; **wir sind noch einmal davongekommen** bir kere daha paçamızı kurtardık
davor *adv* (*Ort*) (bunun) önünde; (*Richtung*) (bunun) önüne
dazu *adv* **1.** (*zu dieser Sache*) buna, ona **2.** (*Zweck*) bunun [*o* onun] için, bu [*o* o] amaçla; **noch** ~ üstelik, fazla olarak
dazugehören *vi* dahil olmak, ait olmak; (*Person auch*) mensup olmak (*zu etw* -e)
dazwischen *adv* (*Ort*) arasında; (*Richtung*) arasına
dazwischenkommen *irr vi sein* (*Sache*) araya girmek; **wenn nichts dazwischenkommt** bir aksilik olmazsa
DB *f Abk. von* **Deutsche Bahn** Alman Demiryolları
Dealer(in) *m(f)* (*fam: Drogen-*) torbacı (*uyuşturucu madde satıcısı*)
Debatte *f* tartışma
debattieren *vi* tartışmak, görüşmek; (*heftig*) çekişmek
Deck *nt* güverte
Decke *f* **1.** örtü; (*wollene*) battaniye **2.** (*Bett-*) yorgan **3.** (*Zimmer-*) tavan
Deckel *m* kapak; (*Buch auch*) kap
decken *vt* **1.** (*Dach*) aktarmak (*etw* -i) **2.** (*Bedarf*) karşılamak (*etw* -i); **den Tisch** ~ sofra(yı) kurmak
Deckung *f:* **in** ~ **gehen** siper altına girmek
de facto *adv* bilfiil, fiilen, de facto
Default *m* (INFORM: ~*wert*) varsayılan değer
defekt *adj* bozuk, arızalı
Defekt *m* arıza, bozukluk
defensiv *adj* savunmalı
Defilee *nt* geçit töreni, resmigeçit
definieren *vt* tanımlamak, belirlemek, tarif etmek (*etw* -i)
Definition *f* tanım(lama), tarif
definitiv *adj* kesin, kati
Defizit *nt* açık, noksan
Degen *m* kılıç
degenerieren *vi* dejenere olmak, dejenerleşmek, soysuzlaşmak
dehnbar *adj* esnek, genişleyebilir, uzanabilir
dehnen *vt* uzatmak, genişletmek, germek (*etw* -i)
Dehnung *f* genişleşme
Deich *m* set, bent
dein(e) *pron* senin; **der, die, das dein(ig)e** seninki
deinerseits *adv* senin tarafından, sence

deinetwegen *adv* senin için; (*negativ*) senin yüzünden [*o* uğruna]
Dekan *m* **1.** (*von Universität*) dekan **2.** (*von Kirche*) başpapaz
Deklination *f* isim [*o* ad] çekim(i)
deklinieren *vt* (*isim*) çekmek (*etw* -i)
Dekorateur(in) *m(f)* dekoratör, dekorcu
Dekoration *f* dekorasyon, süs, tezyinat
dekorativ *adj* dekoratif
dekorieren *vt* süslemek, dekore etmek (*etw* -i)
Delegation *f* delegasyon, kurul, yetkili heyet
Delfin[RR] *m* yunusbalığı
Delegierte(r) *mf* delege
Delikatesse *f* lezzetli yemek
Delikatessengeschäft *nt* mezeci (dükkanı), şarküteri
Delikt *nt* suç, cürüm, haksız fiil
Delphin *m* yunusbalığı
demagogisch *adj* demagojik
dementieren *vt* yalanlamak, tekzip etmek (*etw* -i)
dementsprechend *adv,* **demgemäß** *adv,* **demnach** *adv* buna göre, demek ki, öyleyse
demnächst *adv* (pek) yakında
Demo[1] *f* (*fam: Demonstration*) gösteri
Demo[2] *nt* (INFORM: *Demonstrationsprogramm*) demo
Demokrat *m* demokrat
Demokratie *f* demokrasi
demokratisch *adj* demokrat(ik)
demokratisieren *vt* demokratikleştirmek (*etw* -i)
Demokratisierung(sprozess) *f(m)* demokratikleşme
Demonstrant(in) *m(f)* gösterici
Demonstration *f* gösteri
demonstrieren **I.** *vi* gösteri yapmak **II.** *vt* (*zeigen*) göstermek (*jdm etw* -e -i)
demontieren *vt* sökmek, demonte etmek (*etw* -i)
demoralisieren *vt* (*entmutigen*) cesaretini kırmak (*jdn* -in)
demütigen *vt* aşağılamak (*jdn* -i), gururunu kırmak (*jdn* -in)
Demütigung *f* aşağılama, gurur kırma
denkbar *adj* düşünülebilir
denken <dachte, gedacht> *irr vi, vt* **1.** düşünmek (*dass* -diğini) **2.** (*vermuten*) sanmak, tahmin etmek (*dass* -diğini) **3.** (*sich*

erinnern) hatırlamak (*an etw/jdn* -i); **ja, ich denke schon** evet, sanırım; **ich denke nicht daran!** aklımın kenarından bile geçmez

Denker(in) *m(f)* düşünür, fikir adamı

Denkmal *nt* anıt, abide

Denkmalschutz *m* tarihi eserleri koruma

Denkzettel *m* (*ironisch*) ders, ibret

denn I. *konj* çünkü II. *adv:* **es sei ~, dass** meğerki; **mehr ~ je** her zamankinden daha çok; **was heißt ~ das?** bu ne demek oluyor?

dennoch *adv* yine de, buna karşın

denunzieren *vt* gammazlamak, ihbar etmek (*jdn* -i)

Deodorant *nt* deodorant

deponieren *vt* depolamak (*etw* -i)

Deportation *f* sürgün, sürme, ülkeden çıkarma

deportieren *vt* sürmek, sürgüne göndermek (*jdn* -i)

Depot *nt* depo, ambar, ardiye

Depression *f* (MED) ezilklik, depresyon

depressiv *adj* çökkün, karamsar, depresif

deprimiert *adj* karamsar, üzgün, morali bozuk

der I. *art wird nicht übersetzt* II. *pron:* **~ da** şu

derart *adv* 1. (*so*) böylece, böylelikle 2. (*so sehr*) öyle, o [*o* bu] kadar

derartige(r, s) *adj* böyle, şöyle, öyle

derb *adj* (*grob*) kaba; (*stärker*) haşin

Deregulation *f* (COM, POL) deregülasyon

dergleichen *pron* (*adjektivisch*) buna benzer, bu gibi; (*subjektivisch*) buna benzer şeyler

der-, die-, dasjenige *pron:* **derjenige, der** o ki

dermaßen *adv* öyle, o kadar, o derece

Derwisch *m* derviş

derselbe *pron* aynı

Deserteur *m* asker kaçağı

desertieren *vi sein* askerden kaçmak

Desertifikation *f* çölleşme

deshalb *adv* bundan [*o* ondan] dolayı, bu [*o* o] yüzden, bunun [*o* onun] için

Design *nt* dizayn, tasarım

Desinfektion *f* dezinfeksiyon

Desinfektionsmittel *nt* dezinfektan, dezinfekte ilacı

desinfizieren *vt* dezenfekte etmek (*etw* -i)

Desinteresse *nt* ilgisizlik

Desktop *m* (INFORM) masaüstü

Despot *m* despot, zorba

despotisch *adj* despot, zorba

dessen *pron wird nicht übersetzt;* **~ sind wir sicher** bundan eminiz

Dessert *nt* tatlı; (*Obst*) meyve

destillieren *vt* damıtmak (*etw* -i)

desto *konj:* **je ... ~ ...** ne kadar ... o kadar ...; **je weniger er nachdenkt, desto mehr redet er** ne kadar az düşünürse, o kadar fazla konuşur; **~ besser!** daha iyi ya!

destruktiv *adj* yıkıcı

deswegen *adv* bunun için, bundan dolayı, bu yüzden [*o* o]

Detail *nt* ayrıntı, detay

detailliert *adj* ayrıntılı, detaylı; **~e Suche** (INET) detaylı arama

Detektiv *m* detektif

Detonation *f* patlama

detonieren *vi sein* patlamak

deuten I. *vt* yor(umla)mak (*etw* -i) II. *vi* (*zeigen*) işaret etmek (*auf etw* -e)

deutlich *adj, adv* belli, açık

Deutlichkeit *f* açıklık, belirlilik

deutsch *adj* 1. (*Sprache*) Almanca; **~ sprechen** Almanca konuşmak 2. (*Art, Herkunft*) Alman; **die ~e Schweiz** İsviçre'nin Almanca konuşulan bölgesi

Deutsch *nt* (*Sprache*) Almanca; **auf ~**[RR] Almanca (olarak); **~ lernen** Almanca öğrenmek; **ins ~e übersetzen** Almanca'ya tercüme etmek

Deutsche(r) *mf* Alman (yurttaşı); **wir ~n** biz Almanlar

Deutschland *nt* Almanya; **die Bundesrepublik ~** Federal Almanya Cumhuriyeti

deutschstämmig *adj* Alman kökenli

Deutschtürke, -kin *m, f* Almancı

Devisen *fpl* döviz, kambiyo

Devisenkonto *nt* döviz tevdiat hesabı

Dezember *m* aralık (ayı)

dezent *adj* 1. (*anständig*) terbiyeli 2. (*Farbe, Kleid*) zarif

dezentralisieren *vt* desantralize etmek (*etw* -i)

Dezentralisierung *f* desantralizasyon

dezimal *adj* ondalık

Dezimalsystem *nt* (MATH) 10 tabanlı sayı sistemi, ondalık sayı sistemi

DGB *m Abk. von* **Deutscher Gewerkschaftsbund** Alman Sendikalar Konfederasyonu

Dia *nt* slayt, diyapozitif

Diabetes f diyabet, şeker hastalığı
Diabetiker(in) m(f) şeker hastası, diyabetik, şekerli
Diadem nt alın çemberi, alınlık diyadem
Diagnose f teşhis
diagonal I. adj diyagonal, çapraz II. adv çaprazlama
Diagonale f köşegen
Diakon m diyakoz
Dialekt m lehçe, ağız, şive, diyalekt
Dialog m diyalog, (karşılıklı) söyleşme
Diamant m elmas
Diapositiv nt diyapozitif, slayt
Diaprojektor m slayt projektörü [o makinesi]
Diashow f slayt gösterisi
Diaspora f diaspora (içinde (dini) bir azınlık yaşayan bölge)
Diät f pehriz, perhiz, rejim; ~ **halten** perhiz [o rejim] yapmak
dich pron seni
dicht I. adj sık; (Gebüsch, Haar, Gewebe) gür II. adv: ~ **bei** -in çok yakınında
Dichte f 1. sıklık 2. (PHYS) yoğunluk
dichten¹ I. vi şiir yazmak II. vt yazmak (etw -i)
dichten² vt (TECH) sıkıştırmak, contalamak (etw -i)
Dichter(in) m(f) (Lyrik) şair, ozan; (Prosa) yazar
Dichtung¹ f (Gedicht) şiir; (Prosa) edebi eser [o yapıt]
Dichtung² f (TECH) sıkıştırma, conta
dick adj 1. (nicht dünn) kalın; **zwei Meter** ~ iki metre kalınlığında; ~**e Luft** (fig) gergin hava [o durum]; ~**e Freunde** (fig) sıkı fıkı dostlar 2. (beleibt) şişman; ~ **werden** (Person) şişmanlamak 3. (geschwollen) şiş(kin), kabarık 4. (Flüssigkeit) koyu
Dickdarm m kalınba(ğı)rsak
Dicke f kalınlık
Dickicht nt (Wald) çalılık
Dickkopf m dik başlı [o kafalı]
dickköpfig adj dik başlı [o kafalı]
Dickmilch f koyulaşmış süt
die I. art wird nicht übersetzt II. pron: ~ **da** şu
Dieb(in) m(f) hırsız
Diebstahl m hırsızlık
Diele f (Flur) hol, sofa; (beim Eingang) antre
dienen vi hizmet etmek (jdm -e); **womit kann ich ~?** ne arzu etmiştiniz?

Diener(in) m(f) 1. (Person) uşak 2. (Verbeugung) reverans
Dienst m 1. hizmet, servis 2. (Arbeit) iş, görev; **außer** ~ (im Ruhestand) emekli; ~ **habend**^{RR} (Arzt) nöbetçi
Dienstag m salı (günü)
Dienstalter nt kıdem, hizmet süresi
Dienstgrad m rütbe
diensthabend adj s. **Dienst**
Dienstleistung f hizmet
dienstlich adj resmi
Dienstmädchen nt hizmetçi (kız)
Dienstreise f iş seyahati
Dienststelle f makam, daire
Dienstwagen m makam arabası, makam aracı
Dienstweg m resmi yol
Dienstzimmer nt makam odası
diesbezüglich adj bu hususta, buna dair
diese(r, s) pron (hier) bu; (dort) şu, o; **diese** (substantivisch) bunlar, şunlar, onlar
Diesel m s. **Dieselöl**
dieselbe pron aynı
Dieselmotor m dizel motoru
Dieselöl nt mazot
diesig adj bulanık, puslu, (hafif) sisli
diesjährig adj bu yılki
diesmal adv bu sefer, bu defa, bu kez
diesseits I. adv beri(de), beri tarafta II. präp +gen -in berisinde
Dietrich m maymuncuk
diffamieren vt iftira etmek, çamur atmak (jdn -e), yermek (jdn -i)
Differenz f fark, ayrım
digital adj dijital, sayısal; ~**e Signatur** (INET) sayısal imza; ~**es Fernsehen** dijital televizyon
Digitalanzeige f dijital gösterge
digitalisiert adj dijitalize, dijitalleşmiş
Digitalisierung f dijitalleşme
Digitalkamera f dijital kamera
Digitaluhr f dijital saat
Diktaphon nt diktafon
Diktat nt dikte, yazdırım, yazdırma
Diktator m diktatör
diktatorisch adj diktatörce
Diktatur f diktatörlük
diktieren vt (auch fig) dikte etmek (jdm etw -e -i)
Diktiergerät nt diktafon
Dilemma nt sıkıntılı durum, zorluk
Dill m dereotu

Dimension f boyut, buut, dimensiyon
DIN f Abk. von **Deutsche Industrie-Norm** Alman Normlar Enstitüsü
Ding nt şey; (*Objekt*) nesne; **vor allen ~en** her şeyden önce; **aller guten ~e sind drei** Allah hakkı üçtür
Dingsbums nt (*fam: Person*) falan(ca); (*Sache*) şey
Dinosaurier m dinozor
Diözese f (REL) piskoposluk dairesi
Diphtherie f kuşpalazı, difteri
Diphthong m ikili ünlü, diftong
Diplom nt diploma
Diplomarbeit f diploma çalışması
Diplomat(in) m(f) diplomat
Diplomatie f diplomasi
diplomatisch adj diplomatik
diplomiert adj diplomalı
dir pron sana
direkt I. adj 1. (*ohne Umweg*) doğru, direkt 2. (*unmittelbar*) dolaysız II. adv doğrudan doğruya
Direktion f müdürlük, yönetim, idare
Direktor(in) m(f) müdür, yönetmen
Direktübertragung f canlı yayın
Dirigent(in) m(f) orkestra şefi
dirigieren vt idare etmek, yönetmek (*jdn/etw* -i)
Dirndl nt (*Kleid*) Bavyera ve Avusturya köylü kızlarının milli kıyafeti
Dirne f (*Prostituierte*) fahişe, orospu vulg
Discounter m (*Billigladen*) ucuzluk mağazası
Diskette f disket
Diskettenlaufwerk nt disket süsücü(sü)
Diskjockey m diskcokey, DJ
Disko f (*fam*) disko
Diskont m iskonto
Diskontsatz m iskonto fiyatı
Diskothek f diskotek
diskret adj (*verschwiegen*) ağzı sıkı; (*vertraulich*) gizli
Diskretion f sır saklama
diskriminieren vt haklarını çiğnemek (*jdn* -in)
diskriminierend adj ayrımcı
Diskriminierung f ayrımcılık
Diskus m disk
Diskussion f 1. (*Erörterung*) görüşme 2. (*Debatte*) tartışma
diskutieren vi, vt görüşmek, tartışmak ((*über*) *etw* -i)

Display nt (INFORM) görüntü
Disqualifikation f diskalifikasyon
disqualifizieren vt diskalifiye etmek (*jdn* -i)
Dissident(in) m(f) rejim eleştiricisi
distanzieren vr: **sich von etw ~** bir şeyden uzak kalmak, bir şeye karışmamak
Distanzierung f uzak kalma, karışmama
Distel f devedikeni
Disziplin f 1. (*Ordnung*) disiplin, sıkıdüzen 2. (*Lehrfach*) disiplin, dal
disziplinarisch adj sert, sıkı
diszipliniert adj disiplinli
divers adj çeşitli, türlü türlü
Dividende f (FIN) temettü
dividieren vt bölmek (*etw durch etw* -i -e)
Division f 1. (MATH) bölme 2. (MIL) tümen
DJ m Abk. von **Diskjockey** diskcokey, DJ
DLRG f Abk. von **Deutsche Lebensrettungsgesellschaft** Alman Cankurtarma Derneği
DM f Abk. von **Deutsche Mark** Alman markı
D-Mark f Alman markı
DNS f DNA
DNS-Test f DNA testi
Dobermann m doberman (*bir köpek cinsi*)
doch I. konj ancak, bununla beraber II. adv (*Bejahung*) tabii, elbette; **komm ~ mal her!** buraya gel bakalım
Docht m fitil
Dogma nt dogma, inak
dogmatisch adj dogmatik
Doktor m doktor
Doktorand(in) m(f) doktora öğrencisi
Doktorarbeit f doktora tezi
Dokument nt belge, vesika; (INFORM) doküman
Dokumentarfilm m dokümanter film
dokumentarisch adj dokümanter, belgelere dayanan
dokumentieren vt (*belegen*) belgelemek (*etw* -i)
Dolch m hançer, kama
Dollar m dolar
Dollarkurs m dolar kuru
dolmetschen vt, vi tercüme etmek, çevirmek (*etw* -i)
Dolmetscher(in) m(f) tercüman, çevirmen
Dom m katedral, başkilise
Domain f (INET) alan, domain
Domainname m (INET) domain ismi
dominant adj üstün, dominant

Domino *nt* domino
Dominostein *m* domino taşı
Donau *f* Tuna (nehri)
Donner *m* gök gürültüsü
donnern *vi* gümbürdemek, gürlemek; **es donnert** gök gürlüyor
Donnerstag *m* perşembe (günü)
Donnerwetter *interj* vay canına!
doof *adj* (*fam*) aptal, bön
dopen *vr:* **sich ~** doping yapmak
Doping *nt* doping
Doppel *nt* (*auch Tennis*) çift, dubl
Doppelbett *nt* çift yatak
Doppelgänger(in) *m(f)* benzer, (ikiz kardeş gibi) benzeyen
Doppelklick *m* çift tıklama
doppelklicken *vi* çift tıklamak
Doppelkopf *m* Alman iskambil oyunu
Doppelpunkt *m* iki nokta (üstüste)
doppelt *adj* çift, çifte; **das Doppelte** iki katı; **~ so viel (wie ...)** (-in) iki misli [*o* katı]; **~e Staatsbürgerschaft** çifte vatandaşlık; **das Doppelte** iki katı; **~ so viel (wie ...)** (-in) iki misli [*o* katı]
Doppelzentner *m* yüz kilogram
Doppelzimmer *nt* iki kişilik [*o* yataklı] oda
Dorf *nt* köy
Dorn *m* diken
Dorsch *m* morina balığı
dort *adv* orada
dorther *adv* oradan
dorthin *adv* oraya
DOS-Betriebssystem *nt* DOS işletim sistemi
Dose *f* kutu
dösen *vi* uyuklamak
Dosenbier *nt* teneke bira, kutu bira
Dosenöffner *m* konserve açacağı
dosieren *vt* dozunu tayin etmek (*etw* -in)
Dosis *f* doz
Dossier *nt* dosya
Dotter *m* yumurta sarısı
Download *m* indirme
downloaden *vt* indirmek, çekmek (*etw* -i)
Dozent(in) *m(f)* doçent
dpa *f Abk. von* **Deutsche Presseagentur** Alman Basın Acentası
Dr. *m Abk. von* **Doktor** Dr.
Drachen *m* 1. ejder(ha) 2. (*Papier-*) uçurtma 3. (*zänkische Frau, pej*) cadaloz
Drachenfliegen *nt* planörcülük
Dragee *nt* draje

Draht *m* tel; **heißer ~** (*fig*) direkt telefon bağlantısı
Drahtgitter *nt* tel kafes
drahtlos *adj, adv* telsiz
Drahtseil *nt* tel halat
Drahtseilbahn *f* teleferik
Drahtzaun *m* tel örgü
Drama *nt* dram
dramatisch *adj* dramatik
dramatisieren *vt* dramatize etmek (*etw* -i)
dran *adv* (*fam*) 1. *s.* **daran** 2. **wer ist ~?** sıra kimde?; **ich bin ~** sıra bende
drang *vi s.* **dringen**
Drang *m* 1. (*Eile*) acele 2. (*Antrieb*) teşvik, dürtü, güdü 3. (*Hang*) eğilim, heves
drängen I. *vt* 1. (*schieben, stoßen*) itmek (*jdn/etw* -i) 2. (*zwingen*) sıkıştırmak (*jdn etw zu tun* -i -mek için), zorlamak (*jdn zu etw* -i -e); (*stärker*) sıkboğaz etmek (*jdn* -i) II. *vr:* **sich ~** itişip kakışmak III. *vi:* **die Zeit drängt** vakit darlaşıyor; (**auf etw**) **~** (bir şeyde) ısrar etmek
drastisch *adj* 1. (*derb*) kaba 2. (*stark*) büyük 3. (*Wirkung*) (çok) etkili
drauf *adv* (*fam*) *s.* **darauf**
Draufgänger(in) *m(f)* atılgan, cüretli, fütursuz
draufmachen *vt:* **einen ~** (*fam*) demlenmek
draus *adv* (*fam*) *s.* **daraus**
draußen *adv* dışarıda
Dreck *m* 1. (*Schlamm*) çamur 2. (*Schmutz*) pislik, kir 3. (*Müll*) çöp
dreckig *adj* pis, kirli
Dreharbeiten *pl* film çevirme
Drehbank *f* tornacı tezgâhı
Drehbuch *nt* senaryo
Drehbuchautor(in) *m(f)* senarist
drehen I. *vt* 1. döndürmek, çevirmek (*etw* -i) 2. (*Zigarette*) sarmak (*etw* -i) 3. (*Film*) çevirmek (*etw* -i) II. *vr:* **sich ~** dönmek
Drehorgel *f* laterna, latarna
Drehstuhl *m* döner koltuk
Drehtür *f* döner kapı
Drehung *f* dönme
Drehzahlmesser *m* takometre
drei *num* üç; **~ viertel**^{RR} üç çeyrek
dreidimensional *adj* üç boyutlu
Dreieck *nt* üçgen
dreieckig *adj* üçgen, üç köşeli
dreierlei *adj* üç türlü
dreifach *adj* üç katı [*o* misli]

Dreifaltigkeit *f* (REL) teslis, üçlük
dreihundert *num* üç yüz
Dreikönigstag *m* Epifani Yortusu
Dreirad *nt* üç tekerlekli bisiklet
dreißig *num* otuz
Dreisternehotel *nt* üç yıldızlı otel
dreizehn *num* on üç
dreschen <drischt, drosch, gedroschen> *vt* (*Korn*) harman dövmek
Dreschmaschine *f* harman makinesi
dressieren *vt* (*Tiere*) terbiye etmek, yetiştirmek (*etw* -i)
Dressing *nt* salata sosu
Dressur *f* (*von Tieren*) terbiye, yetiştirim
dribbeln *vi* dribling yapmak
Drillinge *mpl* üçüzler
drin *adv* (*fam*) *s.* **darin**
dringen <drang, gedrungen> *vi* (*in etw hinein*) içine girmek [*o* geçmek] (*in etw* -in); (*durch etw hindurch*) yarmak (*durch etw* -i), delip geçmek (*durch etw* -den)
dringend *adj* acele, acil, ivedi; **in ~en Fällen** acil [*o* sıkışık] durumlarda
Dringlichkeit *f* sıkışık durum, ivedi(lik)
drinnen *adv* içinde, içer(i)de
drischt *vt s.* **dreschen**
dritte(r, s) *adj* üçüncü; **die Dritte Welt** Üçüncü Dünya; **das Dritte Reich** Hitler rejimi (1933-1945)
Drittel *nt* üçte bir
drittens *adv* üçüncü olarak
Dritte-Welt-Land *nt* Üçüncü Dünya ülkesi
drittklassig *adj* üçüncü sınıf
Drittland *nt* üçüncü ülke
DRK *nt Abk. von* **Deutsches Rotes Kreuz** Alman Kızılhaçı
Droge *f* **1.** (*Rauschgift*) uyuşturucu (madde) **2.** (*Arznei*) ilaç
drogenabhängig *adj* uyuşturucu bağımlısı
Drogenabhängige(r) *mf* uyuşturucu bağımlısı
Drogenabhängigkeit *f* uyuşturucu madde bağımlılığı
Drogendealer(in) *m(f)* (*fam*) torbacı
Drogenschmuggel *m* uyuşturucu madde kaçakçılığı
Drogerie *f* ıtriyatçı dükkanı
Drogist(in) *m(f)* ıtriyatçı
drohen *vi* tehdit etmek (*jdm* -i), gözdağı vermek (*jdm* -e)
drohend *adj* tehdit edici, korkutucu; (*gefährlich*) tehlikeli

dröhnen *vi* gürlemek, uğuldamak, çınlamak
Drohung *f* tehdit, gözdağı
drollig *adj* **1.** (*komisch*) komik **2.** (*seltsam*) tuhaf, garip
Dromedar *nt* hecin devesi, tek hörgüçlü deve
drosch *vt s.* **dreschen**
Drossel *f* ardıçkuşu
drosseln *vt* kısmak (*etw* -i)
drüben *adv* öbür tarafta, ötede, karşıda
drüber *adv* (*fam*) *s.* **darüber**
Druck *m* **1.** (TECH) basınç **2.** (*Zwang*) baskı **3.** (*Buch*) baskı, basım **4.** (*Bedrückung*) sıkıntı; **jdn unter ~ setzen** birine baskı yapmak, birini sıkıştırmak
Druckbuchstaben *mpl* baskı harfleri
drucken *vt* **1.** (*Buch*) basmak (*etw* -i) **2.** (*Datei ausdrucken*) yazdırmak (*etw* -i)
drücken **I.** *vt* sıkıştırmak, sıkmak, bas(tır)mak (*etw* -i); **jdm die Hand ~** birinin elini sıkmak; **Drücken!** Basınız!; **jdm die Daumen ~** birine şans dilemek **II.** *vi* (*Lasten*) sıkıntı vermek **III.** *vr:* **sich ~** (*fig*) kaç(ın)mak (*vor etw* -den), yan çizmek
drückend *adj* (*fig*) sıkıntılı; (*Wetter*) ağır, sıkıntılı; (*Hitze*) boğucu, bunaltıcı
Drucker(in)[1] *m(f)* (*Beruf*) basımcı
Drucker[2] *m* (INFORM: *Gerät*) yazıcı
Druckerei *f* basımevi
Druckfehler *m* baskı hatası
Druckknopf *m* elektrik düğmesi; (*Kleid*) çıtçıt
Druckmittel *nt* (*fig*) baskı aracı
Drucksache *f* matbua
drum *adv* (*fam*) *s.* **darum**
drunter *adv* (*fam*) **1.** *s.* **darunter** **2.** **~ und drüber gehen** tamamen karmakarışık olmak
Drüse *f* beze, gudde
Dschungel *m* cengel
du *pron* sen
Dübel *m* tıkaç, takoz, tapa
Dudelsack *m* tulum düdük [*o* zurna]
Duell *nt* düello
Duett *nt* düet
Duft *m* güzel koku
dufte *adv* (*fam*) harika
duften *vi* güzel kokmak
dulden **I.** *vt* **1.** (*tolerieren*) hoş görmek (*jdn/etw* -i) **2.** (*ertragen*) sabretmek, dayanmak, katlanmak (*jdn/etw* -e) **II.** *vi* (*leiden*) (dert) çekmek

dumm <dümmer, am dümmsten> *adj* aptal, budala, ahmak; (*Sache*) saçma; **sich ~ stellen** anlamamazlıktan [*o* bilmemezlikten] gelmek

Dummheit *f* aptallık, ahmaklık, eşeklik

Dummkopf *m* ahmak (herif), mankafa

Dumping *nt* damping

Düne *f* kumul

Düngemittel *nt* gübre, fışkı

düngen *vt* gübrelemek, fışkılamak (*etw* -i)

Dünger *m* gübre, fışkı

dunkel *adj* (*auch fig*) karanlık; (*Farbe*) koyu; (*Teint*) esmer; (*fig: Gefühl, Erinnerung*) karanlık; (*Bier*) siyah; **es wird ~** hava kararıyor; **im Dunkeln** karanlıkta

dunkelblau *adj* koyu mavi

dunkelblond *adj* kumral

Dunkelheit *f* karanlık

Dunkelkammer *f* karanlık oda

dünn *adj* (*auch Stimme*) ince; (*Kleidung*) hafif; (*Kaffee*) sulu; **~(er) werden** incelmek

Dünndarm *m* ince ba(ğı)rsak

Dunst *m* buğu, hafif sis, buhar

dunstig *adj* buğulu, dumanlı, (hafif) sisli

Duo *nt* düo

Duplikat *nt* kopya, ikinci nüsha

Dur *nt* majör

durch I. *präp* +*akk* **1.** (*örtlich*) -den/-dan, -in arasından, -in içinden; (*quer durch*) -in ortasından **2.** (*Mittel*) yardımıyla, aracılığıyla, sayesinde **3.** (*zeitlich*) boyunca, süresince **4.** (MATH) bölü; **vier (geteilt) ~ zwei ist zwei** dört bölü iki iki eder II. *adv* (*ganz*) tamamen; **es ist sieben Uhr ~** saat yediyi geçti; **~ und ~** bütünüyle

durchaus *adv* tamamıyla, büsbütün; **~ nicht** asla, hiç bir türlü

durchblättern *vt* sayfaları (birer birer) çevirmek; (*flüchtig*) şöyle bir göz atmak (*etw* -e)

durchblicken *vi* **1.** arasından bakmak (*durch etw* -in) **2.** (*kapieren*) çakmak, sezinlemek; **etw ~ lassen** bir şeyi sezdirmek [*o* ima etmek]

Durchblutung *f* kan dolaşımı

durchbohren *vt* (tamamen) delmek, delip geçmek (*etw* -i)

durchbrechen *irr* I. *vt* (*Stock*) kırmak (*etw* -i) II. *vi sein* **1.** yarılmak **2.** (*zu Tage treten*) görünmek, ortaya çıkmak

durchbrechen *irr vt* (*Blockade*) yarmak, delmek (*etw* -i); **die Schallmauer ~** ses duvarını geçmek [*o* aşmak]

durchdenken *irr vt* (iyice) düşünüp taşınmak (*etw* -i)

durchdrehen *vi* (*fam*) aklını kaçırmak, sinirleri altüst olmak

durcheinander *adv* karmakarışık; **~ bringen**[RR] [*o* **werfen**[RR]] birbirine karıştırmak, altüst etmek (*etw* -i)

Durcheinander *nt* karışıklık, kargaşalık

durcheinanderbringen *vt,* **durcheinanderwerfen** *vt s.* **durcheinander**

durchfahren[1] *irr vi sein* geçmek

durchfahren[2] *irr vt* (*Gegend*) geçmek (*etw* -i)

Durchfahrt *f* **1.** (*Tätigkeit*) transit geçme **2.** (*Ort*) geçit; **~ verboten!** buradan geçilmez!

Durchfall *m* sürgün, ishal; **~ haben** ishal olmak

durchfallen *irr vi sein* aralıktan düşmek; **ich bin durchgefallen** (*Prüfung*) sınıfta kaldım

durchführbar *adj* yapılması mümkün

durchführen *vt* yürütmek, uygulamak (*etw* -i)

Durchführung *f* uygulama, yürütüm, icra

Durchgang *m* **1.** (*Tätigkeit*) geçme, geçiş **2.** (*Ort*) geçit yeri; **kein ~!** geçilmez!

durchgebraten *adj* iyice kızar(tıl)mış

durchgehen *irr sein* I. *vt* (*Text*) gözden geçirmek (*etw* -i) II. *vi* (*Pferd*) gemi azıya almak

durchgreifen *irr vi* (*fig*) kesin tedbir almak

durchhalten *irr vi* sonuna kadar dayanmak

durchkommen *irr vi sein* **1.** (*überstehen*) atlatmak; (*Examen*) geçmek, kazanmak **2.** (*auskommen*) geçinmek, idare etmek

durchlassen *irr vt* geçirmek (*jdn/etw* -i)

durchlesen *irr vt* baştan başa [*o* sonuna kadar] okumak; **flüchtig ~** (üstünkörü) gözden geçirmek (*etw* -i)

durchleuchten *vt* röntgenini almak (*jdn/ etw* -in)

durchlöchern *vt* delmek (*etw* -i)

durchmachen *vt* **1.** (*überstehen*) geçirmek (*etw* -i) **2.** (*erleiden*) çekmek (*etw* -i), katlanmak, dayanmak (*etw* -e)

Durchmesser *m* çap

durchnässt[RR] *adj* sırılsıklam

durchnehmen *irr vt* (*als Lehrer*) okutmak, işlemek; (*als Schüler*) okumak, işlemek (*etw* -i)

durchqueren vt (*Stadt, Platz*) geçmek; (*Meer, Wüste*) aşmak (*etw* -i)
Durchreise f geçme, geçiş; **auf der ~ durch ...** -den geçerken
Durchreisevisum nt geçiş vizesi
Durchsage f anons, duyuru
durchschauen vt (*fig*) içyüzünü anlamak (*etw* -in)
durchscheinend adj saydam
durchschlafen irr vi deliksiz uyumak
Durchschlag m (*eines Schriftstücks*) kopya
Durchschlagpapier nt kopya kâğıdı; (*Kohlepapier*) karbon kâğıt
durchschneiden irr vt ortasından kesmek (*etw* -in)
Durchschnitt m ortalama; **im ~** ortalama olarak; **über/unter dem ~** ortalamanın üstünde/altında
durchschnittlich adj 1. orta(lama) 2. (*gewöhnlich, pej*) alelade, bayağı
Durchschnittsbürger m ortalama bir vatandaş
Durchschnittsgeschwindigkeit f ortalama hız
Durchschnittstemperatur f ortalama sıcaklık derecesi
durchsehen irr vt gözden geçirmek, yoklamak (*etw* -i)
durchsetzen[1] I. vt geçirmek (*etw* -i); **seinen Willen ~** istediğini yaptırmak II. vr: **sich ~** sözünü geçirmek
durchsetzen[2] vt (*mit etw*) arasına katmak, içine karıştırmak *etw mit etw* -in -i)
Durchsicht f (*fig*) gözden geçirme, yoklama
durchsichtig adj saydam; (*fig*) berrak, açık
durchsickern vi *sein* (arasından) sızmak; (*auch fig: Nachricht*) sızmak, yavaş yavaş açığa [*o* meydana] çıkmak
durchsprechen irr vt görüşmek, tartışmak (*etw* -i)
durchstreichen irr vt çizmek, karalamak, silmek (*etw* -i)
durchsuchen vt (*Sache*) aramak, taramak (*etw* -i); (*Person*) üstünü [*o* üzerini] aramak (*jdn* -in)
Durchsuchung f (*eines Ortes*) arama, tarama; (*einer Person*) üstünü arama
durchwählen vt (telefon numarasını doğrudan doğruya) çevirmek
durchweg adv genellikle
dürfen <darf, durfte, gedurft/dürfen> vi -ebilmek; (*Erlaubnis haben*) -mek için izni olmak; **man darf nicht ...** -mek serbest değil; (*Verbot*) -mek yasak; (*moralisch*) yapılamaz; **darf man ...?** -mek serbest mi?; **darf ich Sie um ... bitten?** sizden ... rica edebilir miyim?; **darf ich Sie etw fragen?** size bir şey sorabilir miyim?; **es dürfte fast Mitternacht sein** herhalde hemen hemen geceyarısı olmalıydı
durfte vi s. **dürfen**
dürftig adj 1. (*ärmlich*) yoksul, fakir 2. (*erbärmlich*) acınacak, biçare 3. (*ungenügend*) eksik, yetersiz, noksan
dürr adj (*Boden*) kurak, çorak; (*Holz*) kuru; (*Personen*) sıska, cılız, kuru
Dürre f kuraklık
Durst m susuzluk, susama; **~ haben** susamak; **den ~ löschen** susuzluğu(nu) gidermek
durstig adj susamış
Dusche f duş
duschen I. vi duş yapmak II. vr: **sich ~** duş yapmak
Duschgel nt duş jölesi
Duschkabine f duş kabini
Düse f meme, üfleç
Düsenflugzeug nt jet uçağı
düster adj karanlık; (*fig*) kasvetli
Dutzend nt düzine
dutzendweise adv düzine düzine
duzen vt sen diye hitap etmek (*jdn* -e)
DVD-Player m DVD çalar
Dynamik f dinamik
dynamisch adj dinamik, devingen
Dynamit nt dinamit
Dynamo m dinamo (makinesi)
Dynastie f hanedan, sülale
D-Zug m ekspres

E

Ebbe *f* cezir
eben I. *adj* 1. (*flach*) düz, yassı 2. (*glatt*) pürüzsüz; (*Boden*) düz, düzgün, engebesiz II. *adv* (*vor kurzem*) biraz önce, demin; ~! tam üstüne bastınız!; ~ **erst** daha demin; **er ist** ~ **fertig geworden** henüz işi bitti; **dann lass es** ~! bırak o halde!
Ebene *f* ova; (*fig*) alan, saha
ebenfalls *adv* aynı şekilde, aynen, keza
ebenso *adv* aynen, aynı şekilde; ~ ... **wie** hem ... ve hem de; ~ **gut wie** sanki ... gibi; ~ **viele wie** ... gibi çok; ~ **sehr**[RR], ~ **viel**[RR] aynı derecede çok; ~ **wenig**[RR] aynı derecede az
Eber *m* erkek domuz
ebnen *vt* düzle(ştir)mek (*etw* -i); **jdm den Weg** ~ (*fig*) birinin yolunu açmak, birinin işini kolaylaştırmak
E-Business *nt* e-iş
Echo *nt* yankı; (*fig: Anklang*) rağbet, beğeni
Echse *f* keler
echt I. *adj* 1. (*wirklich*) gerçek, sahici 2. (*rein*) halis, saf, arı II. *adv* sahiden
Echtzeit *f* gerçek zaman
Eckball *m* korner
Ecke *f* (*innen*) köşe; (*außen*) kenar; **gleich um die** ~ hemen köşede
eckig *adj* köşeli
Eckzahn *m* köpekdişi
E-Commerce *m* e-ticaret, elektronik ticaret
Ecstasy *f* (*Droge*) ekstasi
Ecuador *nt* Ekvator
edel *adj* (*edelmütig*) asil; (*wertvoll*) değerli
Edelmetall *nt* asil [*o* soy] maden
Edelstein *m* değerli [*o* kıymetli] taş, mücevher
Edelweiß *nt* (Alpler'de yetişen) aslanpençesi
Editor *m* (*Schreibprogramm*) editör, editor, metin editörü
EDV *f Abk. von* **Elektronische Datenverarbeitung** elektronik bilgi işlem
EEG *nt Abk. von* **Elektroenzephalogramm** EEG
Efeu *m* sarmaşık
Effekt *m* etki; (*Film*) efekt
effektiv *adj* efektif
egal *adj* 1. (*gleich*) aynı 2. (*einerlei*) hep(si) aynı [*o* bir]; **das ist mir** ~ benim için farketmez; (**das ist**) **mir doch** ~! bana ne!
Egoismus *m* bencillik, egoizm
Egoist(in) *m(f)* bencil, egoist
egoistisch *adj* bencil, egoist
egozentrisch *adj* hodperest, hodpesent
ehe *konj* -meden önce [*o* evvel]
Ehe *f* evlilik; **in zweiter** ~ ikinci evlilikte; **wilde** ~ nikahsız karıkoca hayatı
Ehebett *nt* gelin yatağı
Ehebruch *m* zina
Ehefrau *f* (*Gattin*) eş, karı; (*verheiratete Frau*) evli kadın
Ehegatte, -gattin *m, f* eş
Eheleute *pl* karıkoca
ehelich *adj* evliliğe ait; (*Kind*) meşru
ehemalige(r, s) *adj* eski, önceki
Ehemann *m* (*Gatte*) koca, eş; (*verheirateter Mann*) evli erkek
Ehepaar *nt* karıkoca, (evli) çift
Ehepartner(in) *m(f)* eş
eher *adv* 1. (*früher*) daha önce 2. (*lieber*) tercihan
Ehering *m* nikah yüzüğü
Eheschließung *f* evlenme; (JUR) nikah [*o* evlenme] akdi
Ehre *f* 1. (*Unbescholtenheit*) namus 2. (*Wertschätzung*) şeref 3. (*Achtung*) saygı 4. (*als Selbstgefühl*) onur; **zu** ~**n von** ... -in şerefine
ehren *vt* saygı göstermek (*jdn* -e)
Ehrenamt *nt* fahri görev
ehrenamtlich I. *adj* fahri II. *adj* fahri olarak
Ehrenbürger(in) *m(f)* fahri hemşehri
Ehrengast *m* şeref misafiri [*o* konuğu]
ehrenhaft *adj* (*Person*) namuslu
ehrenrührig *adj* (onur) kırıcı
Ehrenrunde *f* şeref turu
Ehrensache *f* namus konusu
Ehrenwort *nt* (şeref) söz(ü)
Ehrfurcht *f* (derin) saygı (*vor jdm* -e)
Ehrgeiz *m* hırs, yükselme tutkusu
ehrgeizig *adj* hırslı
ehrlich I. *adj* (*aufrichtig*) dürüst, doğru II. *adv*: ~ **gesagt** doğrusu
Ehrlichkeit *f* dürüstlük, doğruluk
Ehrung *f* saygı göster(il)me
Ei *nt* yumurta; **hart/weich gekochtes**[RR] ~

hazırlop/rafadan yumurta
Eiche f meşe
Eichel f 1. (*von Eiche*) palamut 2. (ANAT) başçık, haşefe
Eichhörnchen nt sincap
Eid m yemin; **unter** ~ yemin ederek [o ettirerek]
Eidechse f kertenkele
eidesstattlich adj yemin yerine kaim olmak üzere (verilen)
Eidotter m yumurta sarısı
Eierbecher m yumurtalık
Eierlöffel m yumurta kaşığı
Eierschale f yumurta kabuğu
Eierspeise f yumurtalı yemek
Eierstock m yumurtalık
Eifer m gayret, çaba, canlılık
Eifersucht f kıskançlık
eifersüchtig adj kıskanç; **auf jdn** ~ **sein** birini kıskanmak
eiförmig adj yumurta biçiminde, oval
eifrig adj gayretli, hevesli, şevkli
Eigelb nt yumurta sarısı
eigen adj 1. (*zugehörig*) kendi 2. (*eigentümlich*) kendine özgü 3. (*penibel*) titiz
Eigenart f özellik
eigenartig adj 1. (*eigen*) kendine özgü 2. (*sonderbar*) garip, tuhaf, acayip
Eigenbedarf m şahsi ihtiyaç, kişisel ihtiyaç
eigenhändig adv kendi eliyle
Eigenheim nt kendi evi
Eigenkapital nt özsermaye
eigenmächtig adj, adv keyfi
Eigenname m özel isim
Eigenschaft f özellik, nitelik
Eigensinn m inat(çılık), dik kafalılık [o başlılık]
eigensinnig adj inatçı, dik kafalı [o başlı], serkeş
eigentlich adv 1. (*tatsächlich*) gerçekten 2. (*genau genommen*) doğrusu, aslında; **was willst du** ~**?** ne istiyorsun be?
eigentliche(r, s) adj asıl, gerçek
Eigentum nt mal, mülk, mülkiyet
Eigentümer(in) m(f) mal sahibi
eigentümlich adj özel; (*sonderbar*) tuhaf, garip, acayip
Eigentumswohnung f kat mülkiyeti
Eigenverbrauch m kendi tüketimi
eigenwillig adj inatçı, dik başlı [o kafalı]
eignen vr: **sich** ~ yaramak, uymak, elverişli olmak; (*beruflich*) yetenekli olmak (*zu/für etw* -e)
Eignung f uygunluk, elverişlilik; (*beruflich*) yetenek(lilik)
Eilbote m: **durch** ~**n** sürat postasıyla
Eilbrief m ekspres (mektup)
Eile f acele, tezlik, ivedi; **in aller** ~ (büyük) telaşla, ayak üstü; **ich bin in** ~ acelem var; **es hat keine** ~ acelesi yok
eilen I. vi 1. *sein* (*schnell gehen*) koşmak 2. *haben* (*dringend sein*) acelesi olmak; **es eilt!** aceledir! II. vr: **sich** ~ acele etmek
Eilfracht f, **Eilgut** nt ekspresle gönderilen eşya
eilig I. adj (*dringend*) acele, ivedi(li), acil; **es** ~ **haben** acele etmek II. adv acele ederek, aceleyle
Eilzug m ekspres
Eimer m kova
ein I. art bir II. pron biri; **was für** ~**er?** nasıl biri; ~**er von beiden** ikisinden biri; ~**er nach dem anderen** birbiri arkasından, önce biri sonra öteki, sırayla III. num bir; **es ist** ~ **Uhr** saat bir; **hundert**~**(s)** yüz bir IV. adv: ~ **für alle Mal** ilk ve son defa; **nicht** ~ **noch aus wissen** ne yapacağını bilememek
einander pron birbir(ler)ini, birbir(ler)ine
einarbeiten I. vt 1. (*Person*) birini bir işe alıştırmak 2. (*Einzelheiten*) eklemek, katmak (*etw in etw* -i -e) II. vr: **sich in etw** ~ çalışarak bir işe alışmak
Einarbeitungszeit f (*yeni*) *bir işe alışma dönemi*
einarmig adj tek kollu, çolak
einäschern vt kül haline getirmek; (*Leichnam*) yakmak (*etw* -i)
Einäscherung f *ölünün yakılması*
einatmen vi, vt nefes almak
Einbahnstraße f tek yönlü yol
einbalsamieren vt tahnit etmek, mumyalaştırmak (*etw/jdn* -i)
Einband m cilt, kap; (*Decke*) cilt kapağı
einbändig adj tek ciltli
Einbau m iç düzen; (*Montage*) montaj
einbauen vt monte etmek, yerleştirmek; (*in die Wand*) içine inşa etmek; (*fig*) içine katmak [o yerleştirmek] (*etw* -i)
Einbauküche f gömme mutfak
Einbaumöbel ntpl gömme mobilyalar
Einbauschrank m gömme dolap
einbegriffen adj dahil [o içinde] olan
einbehalten *irr* vt alıkoymak (*etw* -i)
Einberufung f askere çağrı

Einbettzimmer *nt* tek yataklı [*o* kişilik] oda
einbiegen *irr vi sein* sapmak (*nach/in* -e)
einbilden *vt:* **sich** *dat* **etw** ~ bir şeyi hayal etmek
Einbildung *f* **1.** (*Fantasie*) hulya, hayal, düş **2.** (*Trugbild*) kuruntu **3.** (*Anmaßung*) kibir, kurum
Einbildungskraft *f* hayal gücü
einbinden *irr vt* (*Buch*) ciltlemek, kaplamak (*etw* -i)
Einblick *m* bilme, tanıma, anlama
einbrechen *irr vi sein* **1.** çökmek, yıkılmak **2.** (*in ein Haus*) zorla girmek; (*Einbrecher*) (hırsızlık için) girmek (*in etw* -e); (*in ein Land*) istila etmek (*in etw* -i)
Einbrecher(in) *m(f)* hırsız
einbringen *irr vt* (*Ernte*) kaldırmak; (*Nutzen*) getirmek (*etw* -i)
Einbruch *m* **1.** (*in ein Haus*) zorla giriş, hırsızlık **2.** (*Einsturz*) yıkılış; **bei ~ der Dunkelheit** karanlık basınca
einbürgern **I.** *vt* vatandaşlığa kabul etmek (*jdn* -i) **II.** *vr:* **sich** ~ (*fig*) yaygınlaşmak, genelleşmek
Einbürgerung *f* vatandaşlığa kabul
Einbuße *f* hasar, zarar, ziyan
einbüßen *vt* kaybetmek, yitirmek (*etw* -i)
einchecken *vi* işlem yapmak
eincremen *vt* krem sürmek (*etw* -e)
eindecken *vr:* **sich mit etw** ~ bir şeyi tedarik etmek
eindeutig *adj* açık, belli
eindringen *irr vi sein* girmek (*in etw* -e)
eindringlich *adj* **1.** (*nachdrücklich*) enerjik, etkili **2.** (*ergreifend*) dokunaklı
Eindruck *m* **1.** (*Empfindung*) izlenim, duygu **2.** (*Wirkung*) etki; **auf jdn ~ machen** biri üzerinde (iyi) etki bırakmak
eindrucksvoll *adj* etkili, etkileyici, duygulandırıcı
einengen *vt* (*begrenzen*) sınırlamak (*etw* -i)
einerlei *adj* (*gleichartig*) aynı cinsten; (*eintönig*) monoton, tekdüze; **das ist ~** hepsi bir [*o* aynı]
einerseits *adv* bir yandan [*o* tarafdan]
einfach **I.** *adj* **1.** (*unkompliziert*) basit **2.** (*leicht zu tun*) kolay **3.** (*schlicht*) sade; **~e Fahrt** (yalnız) gidiş **II.** *adv* tam anlamıyla; **lass es ~ sein!** yapma!
Einfachheit *f* **1.** (*Unkompliziertheit*) basitlik **2.** (*Leichtigkeit*) kolaylık **3.** (*Schlichtheit*) sadelik

einfahren *irr* **I.** *vt* **1.** (*Ernte*) mahsulü kaldırıp ambara almak **2.** (*neues Auto*) motoru alıştırmak **II.** *vi sein* (istasyona) girmek
Einfahrt *f* giriş; **~ verboten!** giriş yasak!; **~ freihalten!** girişi serbest bırakın!
Einfall *m* (*Idee*) (ani) fikir, buluş
einfallen *irr vi sein* **1.** (*einstürzen*) çökmek **2.** (*in ein Land*) istila etmek (*in etw* -i) **3.** (*fig*): **mir fällt nichts ein** aklıma bir şey gelmiyor; **was fällt dir ein!** sana ne oluyor!
Einfamilienhaus *nt* bir ailelik ev
einfarbig *adj* tek renkli
einfassen *vt* çerçevelemek (*etw* -i)
Einfluss[RR] *m* **1.** (*Wirkung*) etki, tesir; **auf jdn) ~ ausüben** (birinin üzerinde) etkisi olmak **2.** (*Geltung*) nüfuz, fors
einflussreich[RR] *adj* nüfuzlu, forslu
einfrieren *irr* **I.** *vt* dondurmak (*etw* -i) **II.** *vi sein* donmak
einfügen **I.** *vt* **1.** katmak, eklemek (*etw in etw* -i -e) **2.** (INFORM) araya eklemek (*etw* -i) **II.** *vr:* **sich** ~ uymak (*in etw* -e)
einfühlsam *adj* duyarlı, ince duygulu
Einfühlungsvermögen *nt* duyarlılık
Einfuhr *f* ithal, dışalım
einführen *vt* **1.** (*hineinstecken*) yavaşça içine sokmak, ithal etmek (*etw in etw* -i -e) **2.** (*Sitten*) yürütmek (*etw* -i) **3.** (*in Tätigkeit*) alıştırmak (*jdn in etw* -i -e)
Einfuhrerlaubnis *f* ithal izni
Einführung *f* (*Buch*) giriş, önsöz
Einfuhrverbot *nt* ithal yasağı
Einfuhrzoll *m* ithal gümrüğü
einfüllen *vt* içine doldurmak (*etw in etw* -i -in)
Eingabe *f* (*Daten*~) girme
Eingang *m* **1.** (*Ort*) giriş **2.** (*Flur*) antre **3.** (*Anfang*) başlangıç **4.** (*Waren, Post*) gelen, alınan
Eingangstür *f* giriş kapısı
eingebaut *adj* gömme
eingeben *vt* (*Daten*) girmek (*etw* -i)
eingebildet *adj* **1.** (*vorgestellt*) hayali **2.** (*eitel*) kibirli, kurumlu, kendini beğenmiş
Eingeborene(r) *mf* yerli
eingehen *irr sein* **I.** *vi* **1.** (*Brief, Ware*) gelmek **2.** (*Stoff*) küçülmek, kısalmak, daralmak **3.** (*Tier*) gebermek; (*Pflanze*) kurumak, çürümek; **auf etw ~** (*einwilligen*) bir şeye razı olmak; (*Problem*) bir şeyle ilgilenmek [*o* uğraşmak] **II.** *vt:* **eine Wette ~** bahse girmek; **ein Risiko ~** bir rizikoyu göze almak

eingehend I. *adj* ayrıntılı, esaslı II. *adv* etraflıca, uzun uzadıya, enine boyuna
eingenommen I. *vt s.* **einnehmen** II. *adj:* **von sich ~** kendini beğenmiş
eingeschrieben *adj* (*Brief*) taahhütlü
Eingeständnis *nt* itiraf, kabul, teslim
eingestehen *irr vt* itiraf etmek, kabul etmek (*etw* -i)
eingetragen *adj* kayıtlı
Eingeweide *pl* ba(ğı)rsaklar; (*bei Schlachtvieh*) işkembe
eingewöhnen *vr:* **sich ~** (yeni bir duruma) alışmak (*in etw* -e)
eingießen *irr vt* boşaltmak, dökmek (*etw in etw* -i -e)
eingliedern *vt* birleştirmek, katmak (*jdn/etw in etw* -i -e)
eingreifen *irr vi* karışmak (*in etw* -e)
Eingriff *m* 1. (*chirurgisch*) cerrahi müdahele 2. (*Einmischung*) karışma 3. (*militärischer*) saldırı
einhalten *irr vt* (*Vertrag, Frist*) riayet etmek (*etw* -e), tutmak (*etw* -i)
einheimisch *adj* yerli
Einheimische(r) *mf* yerli
Einheit *f* 1. birlik, bütün(lük) 2. (*Maß*-) birim
einheitlich *adj* bircinsten, bağdaşık
Einheitspreis *m* tek fiyat
Einheitswährung *f* tek para
einheizen *vi* yakmak, ısıtmak (*etw* -i); **jdm tüchtig ~** (*fig*) birine duman attırmak
einholen *vt* 1. (*erreichen*) yetişmek (*jdn/etw* -e) 2. (*Zeit*) telafi etmek (*etw* -i)
einhundert *num* yüz
einig *adj* hemfikir; **sich über etw ~ sein** ... hakkında aynı fikirde olmak; (**mit jdm über etw**) **~ werden** (biriyle bir şeyde) anlaşmak [*o* uzlaşmak]
einige *pron* (*adjektivisch*) birkaç; (*substantivisch*) bazıları
einigen I. *vt* aralarını bulmak (*jdn* -in), uzlaştırmak (*jdn* -i) II. *vr:* **sich ~** anlaşmak, uyuşmak, uzlaşmak
einigermaßen *adv* 1. (*weder gut noch schlecht*) şöyle böyle 2. (*ziemlich*) oldukça
einiges *pron* birkaç şey
Einigkeit *f* 1. (*Übereinkunft*) anlaşma, uyuşma, uzlaşma 2. (*Eintracht*) birlik
Einigung *f* 1. (*Vereinigung*) birleş(tiril)me 2. (*Übereinkunft*) anlaşma, uyuşma, uzlaşma
einkalkulieren *vt* (*fig*) hesaba katmak (*etw* -i)
Einkauf *m* 1. (*Tätigkeit*) satın alma, alışveriş 2. (*Gegenstand*) satın alınan şey
einkaufen I. *vt* satın almak (*etw* -i) II. *vi* alışveriş yapmak [*o* etmek]
Einkaufskorb *m* zembil
Einkaufsnetz *nt* file
Einkaufspreis *m* alım fiyatı
Einkaufstasche *f* alışveriş çantası, zembil
Einkaufszentrum *nt* alışveriş merkezi
Einklang *m:* **in ~ bringen** uydurmak (*jdn/etw mit jdm/etw* -i -e)
Einkommen *nt* gelir; **Pro-Kopf-~** adam başına gelir
Einkommensniveau *nt* gelir düzeyi
Einkommensquellen *pl* gelir kaynakları
einkommensschwach *adj* dar gelirli
Einkommensteuer *f* gelir vergisi
Einkommensverteilung *f* gelir dağılımı
Einkünfte *pl* gelir
einladen *irr vt* 1. (*Güter*) yüklemek (*etw in etw* -i -e) 2. (*Gäste*) davet etmek, çağırmak (*jdn zu etw* -i -e)
einladend *adj* çekici, alımlı
Einladung *f* davet, çağrı
Einlage *f* 1. (*Einzahlung*) yatırılan para 2. (*Schuh-*) mantar taban
einlassen *irr vr:* **sich auf etw ~** bir şeye yanaşmak [*o* kalkışmak]; **sich mit jdm ~** (*Beziehung*) ilişkiye girişmek; (*Kontroverse*) biriyle tartışmak
einlaufen *irr vi sein* 1. (*Stoff*) daralmak, çekmek, kısalmak 2. (*Schiff*) girmek
einleben *vr:* **sich ~** bir yere alışmak
einlegen *vt* 1. içine koymak, yerleştirmek (*etw in etw* -i -e) 2. (*in Salz*) salamura yapmak (*etw* -i); **Berufung ~** davayı istinaf etmek; **ein gutes Wort für jdn ~** birinin lehinde konuşarak aracılık etmek
Einlegesohle *f* mantar taban
einleiten *vt* hazırlamak (*etw* -i)
Einleitung *f* giriş; (*Buch*) önsöz
einlenken *vi* bir tarafa sapmak; (*fig*) başka perdeden konuşmak
einleuchten *vi:* **das leuchtet mir (nicht) ein** buna aklım er(m)iyor
einleuchtend *adj* 1. (*ganz klar*) belli, aşikar 2. (*vernünftig*) akla yakın
einliefern *vt* teslim etmek (*jdn in etw* -i -e); **ins Krankenhaus ~** hastaneye yatırmak [*o* bırakmak] (*jdn* -i)
einloggen *vr:* **sich ~** (INFORM) sisteme gir-

mek
einlösen *vt* (*Scheck*) tediye et(tir)mek (*etw -i*)
einmachen *vt* (*in Dosen*) konserve yapmak; (*in Essig*) turşu yapmak (*etw -i*)
einmal *adv* **1.** (*ein einziges Mal*) bir defa, bir kez, bir kere **2.** (*künftig*) iler(i)de, günün birinde **3.** (*früher*) vaktiyle, eskiden; **auf** ~ (*mit einem Mal*) birden, bir defada [*o* kerede]; (*plötzlich*) birdenbire, ansızın; **es war** ~ bir varmış bir yokmuş; **nicht** ~ ... ... bile [*o* hatta] değil; **noch** ~ bir kere daha; **das ist nun** ~ **so** bu böyle işte
Einmaleins *nt* çarpım tablosu
einmalig *adj* **1.** (*nur ein Mal*) bir defalık [*o* kerelik] **2.** (*einzigartig*) eşsiz, tek
einmischen *vr:* **sich in etw** ~ bir şeye karışmak
Einmischung *f* karışma, müdahale
einmünden *vi sein* (*Straße*) birleşmek (*in etw* ile), ulaşmak (*in etw -e*)
Einnahme *f* **1.** (*Eroberung*) fetih, işgal, ele geçirme **2.** (*Geld*) gelir
Einnahmequelle *f* gelir kaynağı
einnehmen *irr vt* **1.** (*Mahlzeit*) yemek; (*Arznei*) almak (*etw -i*) **2.** (*Platz, Stadt*) almak, fethetmek (*etw -i*) **3.** (*einkassieren*) tahsil etmek; (*verdienen*) kazanmak (*etw -i*) **4.** (*Raum*) almak (-*i* etw)
einnicken *vi* uyuklamak (-*i* etw)
Einöde *f* (*Wüste*) çöl; (*abgelegener Ort*) ıssız yer
einordnen **I.** *vt* sıralamak, dizmek (*etw -i*) **II.** *vr:* **sich rechts/links** ~ sağdan/soldan sıraya girmek
einpacken *vt* paketlemek, ambalaj yapmak (*etw -i*)
einprägen **I.** *vt* (*eindrücken*) basmak (*etw in etw* -i -e); (*fig*) (bir şeyde) iz [*o* damga] bırakmak; **jdm etw** ~ birinin aklına bir şeyi koymak; **sich** *dat* **etw** ~ bir şeyi ezberlemek [*o* hatırına yerleştirmek] **II.** *vr:* **sich** ~ (*ins Gedächtnis*) akla sokmak
einquartieren *vt* yerleştirmek (*jdn in etw -i -e*)
einrahmen *vt* çerçevelemek (*etw -i*)
einräumen *vt* **1.** (*Sachen*) yerli yerine koymak, toplamak, düzeltmek (*etw -i*) **2.** (*zugeben*) tanımak, kabul etmek (*etw -i*)
einreiben *irr* **I.** *vt* (*etw*) ovmak (*etw mit etw -i* ile) **II.** *vr:* **sich** ~ sürünmek (*mit etw* ile)
einreichen *vt* sunmak, vermek (*etw -i*)

Einreise *f* (bir ülkeye) giriş
Einreisegenehmigung *f* giriş izni
einreisen *vi sein* (bir ülkeye) girmek (*in etw -e*)
Einreisevisum *nt* giriş vizesi
einrenken *vt* (*Glied*) yerine koymak; (*fig*) yoluna koymak, düzeltmek (*etw -i*)
einrichten **I.** *vt* **1.** (*Wohnung*) döşemek (*etw -i*) **2.** (*errichten*) kurmak (*etw -i*) **II.** *vr:* **sich** ~ yerleşmek (*in etw* -de); **sich auf etw** ~ kendini bir şeye göre ayarlamak
Einrichtung *f* **1.** (*Wohnung*) döşe(n)me **2.** (*öffentliche*) kurum, kuruluş
eins *num* bir
Eins *f* bir; (*im Zeugnis*) pekiyi
einsalzen *vt* tuzlamak; (*in Salzlake*) salamuraya yatırmak (*etw -i*)
einsam *adj* **1.** (*Mensch*) yalnız, kimsesiz **2.** (*Ort*) ıssız, tenha
einsammeln *vt* toplamak (*etw -i*)
Einsatz *m* **1.** (*Spiel*) banko, kav **2.** (*Verwendung*) kullan(ıl)ma
einschalten **I.** *vt* (*Gerät*) açmak; (*Licht, Ofen*) yakmak (*etw -i*) **II.** *vr:* **sich** ~ araya girmek, karışmak (*in etw -e*)
Einschaltquote *f* reyting
einschätzen *vt* tahmin etmek, kestirmek (*etw -i*); **den Wert von etw** ~ değerini takdir etmek
einschenken *vt* (bardağa) koymak [*o* boşaltmak] (*etw -i*); **jdm Raki** ~ birinin bardağını rakı ile doldurmak
einschiffen *vr:* **sich** ~ gemiye binmek
einschlafen *irr vi sein* uykuya dalmak; (*Körperglied*) uyuşmak, karıncalanmak; **nicht** ~ **können** uyku tutmamak
einschläfern *vt* **1.** (*in Schlaf versetzen*) uyutmak, uyuklatmak (*jdn -i*) **2.** (*betäuben*) uyuşturmak (*jdn -i*)
Einschlag *m* (*Blitz*) yıldırım düşmesi
einschlagen *irr* **I.** *vt* **1.** (*Nagel*) çakmak (*etw in etw -i -e*) **2.** (*Fenster, Zähne*) kırmak (*etw -i*) **3.** (*Laufbahn, Weg*) başlamak (*etw -e*), tutmak (*etw -i*) **4.** (*in ein Tuch*) çıkınlamak (*etw/-i*) **II.** *vi* **1.** (*Blitz*) düşmek, isabet etmek; (*Geschoss*) düşmek, vurmak **2.** (*fig: Erfolg haben*) başarılı olmak
einschlägig *adj* ilgili, ait olan
einschleichen *irr vr:* **sich** ~ gizlice girmek [*o* sokulmak] (*in etw -e*); **es hat sich ein Fehler eingeschlichen** bir yanlışlık oldu
einschleppen *vt* (*Krankheit*) ülkeye getir-

mek (*etw* -i)
einschließen *irr vt* **1.** kilitlemek, kapatmak (*etw/jdn* -i) **2.** (*umzingeln*) kuşatmak (*etw/jdn* -i)
einschließlich *präp* dahil olmak üzere
einschmuggeln *vt* (*Zoll*) kaçırmak; (*fig*) gizlice sokmak (*etw* -i)
einschneidend *adj* (*fig*) kesin, esaslı
Einschnitt *m* **1.** (*Schnitt*) yarık, kesik **2.** (*fig: Wende*) dönüm noktası
einschränken **I.** *vt* sınırla(ndır)mak; (*Ausgaben*) azaltmak, kısmak; (*Umfang*) daraltmak (*etw* -i) **II.** *vr:* **sich** ~ masraflarını azaltmak, idareli yaşamak
Einschränkung *f* sınırlama; azaltma, kısma
Einschreibebrief *m* taahhütlü mektup
einschreiben *irr* **I.** *vt* (*Brief*) (bir mektubu) taahhütlü göndermek **II.** *vr:* **sich** ~ (*Universität*) yazılmak, kaydolmak
Einschreiben *nt* taahhütlü mektup
Einschreibung *f* kayıt, yazılma
einschreiten *irr vi sein* karışmak (*gegen etw* -e); (*amtlich*) harekete geçmek
einschüchtern *vt* gözünü korkutmak (*jdn* -in), korkutmak, yıldırmak (*jdn* -i)
einsehen *irr vt* **1.** (*Akten*) gözden geçirmek (*etw* -i) **2.** (*Sachverhalt, Fehler*) anlamak (*etw* -i)
einseifen *vt* sabunlamak (*etw* -i)
einseitig *adj* tek taraflı
Einseitigkeit *f* tek taraflılık
einsenden *irr vt* göndermek, sunmak (*etw* -i)
einsetzen **I.** *vt* **1.** (*in etw setzen*) içine koymak, geçirmek (*etw in etw* -i -e) **2.** (*Spiel*) para koymak; **das Leben** ~ hayatını tehlikeye koymak [*o* atmak]; **all seine Kräfte** ~ (bütün) kuvvetini vermek **II.** *vi* başlamak **III.** *vr:* **sich für jdn/etw** ~ birini/bir şeyini desteklemek
Einsicht *f* **1.** (*Akten-*) gözden geçirme **2.** (*Verständnis*) anlayış
einsichtig *adj* anlayışlı, aklı başında
einsilbig *adj* (*wortkarg*) az konuşan; ~**es Wort** tek heceli kelime
einsparen *vt* tasarruf etmek (*etw* -den)
Einsparung *f* biriktirme, tasarruf
einsperren *vt* kilitlemek, kapatmak (*jdn/etw in etw* -i -e); (**ins Gefängnis**) ~ hapse atmak (*jdn* -i)
einspringen *irr vi sein:* **für jdn** ~ birinin yerine (*yardım amacıyla*) iş görmek

Einspruch *m* itiraz, protesto; ~ **erheben** itiraz etmek (*gegen etw* -e karşı)
einspurig *adj* tek hatlı
einst *adv* **1.** (*ehemals*) eskiden **2.** (*künftig*) ileride, günün birinde
einstecken *vt* **1.** (*in die Tasche stecken*) cebine koymak (*etw* -i) **2.** (*fig: Beleidigung*) yutmak, hazmetmek, sineye çekmek (*etw* -i)
einstehen *irr vi sein:* **für jdn** ~ birisi için kefil olmak
einsteigen *irr vi sein* **1.** (*Fahrzeug*) binmek (*in etw* -e) **2.** (*teilnehmen*) katılmak (*in etw* -e)
einstellen **I.** *vt* **1.** (TECH) ayarlamak, ayar etmek (*etw* -i) **2.** (*Arbeitskraft*) işe almak (*jdn* -i) **3.** (JUR: *Verfahren*) durdurmak (*etw* -i) **4.** (*beenden*) bitirmek, kaldırmak, bırakmak (*etw* -i) **5.** (*Zahlung, Verhandlungen*) kesmek, tatil etmek (*etw* -i) **6.** (*Auto*) garaja koymak (*etw* -i) **II.** *vr:* **sich auf etw** ~ bir şeye hazırlanmak [*o* uymak]
Einstellung *f* **1.** (TECH) ayar **2.** (*eines Verfahrens*) bitirme, bırakma, kesme **3.** (*Ansichten*) görüş
einstimmig **I.** *adj* (*Gesang*) tek sesli **II.** *adv* birlikte, bir ağızdan; (*bei Abstimmung*) oybirliği ile
Einstimmigkeit *f* (*bei Abstimmung*) oybirliği
einstöckig *adj* (*Haus*) tek katlı
einstufen *vt* derecelendirmek (*etw* -i)
Einstufung *f* derecelendirme
Einsturz *m* çökme
einstürzen *vi sein* yıkılmak, göçmek, çökmek
einstweilen *adv* şimdilik; (*in der Zwischenzeit*) bu arada
einteilen *vt* **1.** bölmek, ayırmak (*etw in etw* -i -e) **2.** (*klassifizieren*) sınıfla(ndır)mak, bölümlemek (*etw* -i)
Einteilung *f* **1.** (*Gliederung*) bölüm **2.** (*Klassifizierung*) sınıfla(ndır)ma
eintönig *adj* monoton, tekdüze
Eintopf *m* türlü (yemeği)
einträchtig *adj* geçimli, ahenkli, uyumlu
eintragen *irr* **I.** *vt* (*in ein Buch, eine Liste*) kaydetmek, kayda geçirmek (*etw* -i) **II.** *vr:* **sich** ~ kendini kaydetmek, (bir listeye vs) adını yazmak
einträglich *adj* verimli, karlı, kazançlı
Eintragung *f* kayıt, yaz(ıl)ma
eintreffen *irr vi sein* **1.** (*ankommen*) var-

eintreten 65 **Eisenhütte**

mak, gelmek (*in etw* -e) **2.** (*geschehen*) olmak, gerçekleşmek
eintreten *irr vi sein* **1.** (*hineingehen*) girmek (*in etw* -e) **2.** (*in Partei, Verein*) girmek, katılmak (*in etw* -e) **3.** (*geschehen*) olmak; **für jdn ~** birini savunmak [*o* desteklemek]
Eintritt *m* **1.** (*Zutritt*) giriş **2.** (*Eintrittsgeld*) giriş ücreti **3.** (*Einlass*) içeri alma; **~ frei!** giriş bedava!; **~ verboten!** girmek yasaktır!
Eintrittskarte *f* giriş bileti; **eine ~ lösen** giriş bileti almak
einüben *vt* (*Stück*) iyice öğrenmek (*etw* -i)
Einvernehmen *nt:* **in gegenseitigem ~** iyi anlaşma halinde, dostlukla
einverstanden *adj:* **mit etw ~ sein** bir şeye razı olmak, bir şeyi kabul etmek; **~!** kabul!
Einverständnis *nt* rıza, kabul, onay; **im ~ mit ...** -in rızasıyla, -in onayıyla; **in gegenseitigem ~** karşılıklı uygun görerek
Einverständniserklärung *f* rıza beyanı, muvafakatname
Einwand *m* itiraz
Einwanderer, -derin *m, f* göçmen (*bir ülkeye giren*)
einwandern *vi sein* göçmek (*in/nach etw* -e)
Einwanderung *f* göç
einwandfrei *adj* itiraz kabul etmez, şüphe götürmez, kusursuz
Einwegflasche *f* depozitosuz şişe
einweichen *vt* (*Wäsche*) ıslatmak (*etw* -i)
einweihen *vt* **1.** (REL) (dini törenle) takdis etmek (*etw* -i) **2.** (*feierlich eröffnen*) törenle açmak (*etw* -i); **jdn in etw ~** birini bir şeye sırdaş etmek
Einweihung *f* (*Feier*) açılış töreni
einweisen *irr vt* (*Personal*) bir göreve yerleştirmek (*jdn* -i); **jdn ins Krankenhaus ~** birini hastaneye yatırmak
Einweisung *f* (*in Klinik*) hastaneye yatır(ıl)ma
einwenden *irr vt* itiraz etmek (*etw gegen etw* -i -e); **dagegen ist nichts einzuwenden** buna karşı söyleyecek bir şey yok
einwerfen *irr vt* **1.** (*Brief*) atmak, postalamak; (*Geldstück*) atmak (*etw* -i) **2.** (*Fensterscheibe*) (bir şey atarak) kırmak (*etw* -i)
einwickeln *vt* **1.** sarmak, sarmalamak (*etw in etw* -i -e) **2.** (*betrügen*) aldatmak, kafese koymak (*jdn* -i)
einwilligen *vi* razı olmak (*in etw* -e), uygun görmek, tasvip etmek (*in etw* -i)
Einwilligung *f* **1.** (*Einverständnis*) kabul, onay, tasvip **2.** (*Genehmigung*) izin
Einwohner *m* **1.** sakin **2.** (*Einwohnerzahl*) nüfus **3.** (*Bevölkerung*) halk
Einwohnermeldeamt *nt* nüfus dairesi
Einzahl *f* tekil
einzahlen *vt* (*Geld*) ödemek, yatırmak (*etw* -i)
Einzahlung *f* ödeme
Einzel *nt* (*Tennis*) teketek, singl
Einzelfahrschein *m* tek gidiş bileti
Einzelfall *m* hususi vaka
Einzelgänger(in) *m(f)* kaçıngan, münferit
Einzelhaft *f* hücre hapsi
Einzelhandel *m* perakendecilik, perakende satış
Einzelhändler *m* perakendeci
Einzelheit *f* ayrıntı, detay; **in allen ~en** bütün ayrıntılarıyla
Einzelkind *nt* tek çocuk
einzeln *adv* tek başına, birer birer
einzelne(r, s) *adj* tek, yalnız; (*gesondert*) ayrı; (*Schuh*) tek; **im Einzelnen**[RR] ayrıntılarıyla; **jeder Einzelne**[RR] **(von ihnen)** (onların) her biri
Einzelzimmer *nt* tek yataklı [*o* kişilik] oda
einziehen *irr* **I.** *vt* (*Geld*) tahsil etmek (*etw* -i); **Erkundigungen über etw ~** bir şeyi soruşturmak **II.** *vi sein* **1.** (*Flüssigkeit*) girmek, içine geçmek **2.** (*in eine Wohnung*) (bir eve) taşınmak
einzig **I.** *adj* tek **II.** *adv:* **~ und allein** yalnız, sırf
einzigartig *adj* eşsiz, benzersiz, tek
Einzug *m* (*ins Haus*) taşınma
Eis *nt* buz; (*Speise-*) dondurma
Eisbahn *f* patinuvar
Eisbecher *m* dondurma külahı
Eisbein *nt* tuzlanmış ve pişmiş domuz paçası
Eisdiele *f* dondurma salonu
Eisen *nt* demir
Eisenbahn *f* demiryolu; (*Zug*) tren; **mit der ~ fahren** trenle gitmek
Eisenbahner *m* demiryolu memuru
Eisenbahnknotenpunkt *m* demiryolu düğüm noktası
Eisenbahnlinie *f* tren yolu [*o* istikameti]
Eisenbahnnetz *nt* demiryolu şebekesi
Eisenerz *nt* demir cevheri
Eisenhütte *f* demirhane, dökümhane

Eisenindustrie f demir sanayii
Eisenwaren fpl demir hırdavat, demir ürünleri
Eisenwarenhandlung f demirci (dükkanı), nalbur
eisern adj demir(den); (fig) sert, sarsılmaz; ~e Lunge çelik ciğer
Eisfach nt buzluk
eisgekühlt adj buzlu
Eishockey nt hokey
eisig adj, **eiskalt** adj buz gibi (soğuk)
Eiskaffee m kafe glase
Eiskunstlauf m artistik patinaj
Eislauf m patinaj
eislaufen vi patinaj yapmak
Eisläufer(in) m(f) patinajcı
Eisschrank m buzdolabı
Eistee m buzlu çay
Eistorte f dondurmalı pasta
Eiszapfen m buz saçağı
Eiszeit f buzul çağı
eitel adj (Person) kurumlu, kendini beğenmiş
Eitelkeit f kurum, kendini beğenmişlik
Eiter m irin, cerahat
eitern vi cerahatlenmek, irinlenmek
eit(e)rig adj cerahatli, irinli
Eiweiß nt 1. yumurta akı 2. (CHEM) albümin
Ejakulation f boşalma
ejakulieren vi boşalmak
Ekel m 1. (Brechreiz) bulantı 2. (Widerwille) tiksinti, nefret, iğrenti; ~ **erregen**^RR iğrenç, tiksindirici
ekelerregend adj s. **Ekel**
ekelhaft adj, **eklig** adj iğrenç, tiksindirici
ekeln vr: sich ~ tiksinmek, iğrenmek, nefret etmek (vor etw/jdm -den)
EKG nt Abk. von **Elektrokardiogramm** elektrokardiyogram
Ekzem nt egzama
Elastikbinde f esnek sargı
elastisch adj esnek, elastiki
Elastizität f esneklik, elastikiyet
Elbe f Elb(e) nehri
Elefant m fil
elegant adj şık, zarif
Eleganz f şıklık, zarafet
Elektriker m elektrikçi
elektrisch adj elektrik(li)
elektrisieren vt (auch fig) elektrikle(ndir)mek (etw/jdn -i)
Elektrizität f elektrik

Elektrizitätswerk nt elektrik santrali
Elektroauto nt elektromobil
Elektrode f elektrot
Elektrogerät nt elektronik alet
Elektrohandlung f elektrik malzemecisi
Elektroherd m elektrikli fırın
Elektroindustrie f elektrik sanayii
Elektrokardiogramm nt elektrokardiyogram
elektromagnetisch adj elektromanyetik
Elektromotor m elektromotor, elektrik motoru
Elektron nt elektron
Elektronenmikroskop nt elektron mikroskopu
Elektronik f elektronik
Elektronikschrott m elektronik hurda(sı)
elektronisch adj elektronik; ~e **Datenverarbeitung** elektronik bilgi işlem
Elektrosmog m elektromanyetik kirlilik
Elektrotechnik f elektronik tekniği
Elektrotechniker m elektrik teknisyeni
Element nt 1. öğe, unsur 2. (Grundsatz) ilke
elementar adj esaslı
Elementarteilchen nt tanecik
elend adj 1. (erbärmlich) sefil 2. (krank) zayıf 3. (gemein) bayağı
Elend nt sefalet, yoksulluk
Elendsviertel nt sefalet mahallesi
elf num on bir
Elf f futbol takımı
Elfenbein nt fildişi
Elfenbeinküste f Fildişi Sahili
Elfmeter m penaltı
elfte(r, s) adj on birinci
elitär adj seçkinci, elit
Elite f elit
Elixier nt iksir
Ellbogen m dirsek; **die ~ gebrauchen** dirsekleyerek kendine yol açmak
Elsass^RR nt Alsas
Elsässer(in) m(f) Alsaslı
elsässisch adj 1. (Art) Alsas 2. (Sprache) Alsasça 3. (Herkunft) Alsaslı
Elster f saksağan
Eltern pl anne baba, ebeveyn
Elternhaus nt aile ocağı
Email nt emay, mine, sır
E-Mail f elektronik posta, e-posta, (e-)mail; **jdm ein ~ schicken** birine mail atmak
E-Mail-Adresse f e-posta adresi, e-mail

adresi
E-Mail-Programm *nt* elektronik posta programı
emaillieren *vt* emayelemek, minelemek, sırlamak (*etw* -i)
Emanzipation *f* özgürleşme
emanzipieren I. *vt* özür kılmak (*jdn* -i) II. *vr:* **sich** ~ özgürleşmek
Embargo *nt* ambargo
Embolie *f* amboli, tıkaç
Embryo *m* embriyon
Emigrant(in) *m(f)* göçmen
Emigration *f* (dış ülkeye) göç
emigrieren *vi* göçmek (*in/nach etw* -e)
Emission *f* 1. (*Schadstoff-*) emisyon 2. (*von Wertpapieren*) emisyon, tahvilat çıkarması
Emotion *f* duygu, his
emotional *adj* duygusal, hissi
Emotionalität *f* duygusallık
empfahl *vt, vr s.* **empfehlen**
empfand *vt s.* **empfinden**
Empfang *m* 1. (*Entgegennehmen*) al(ın)ma; (COM) teslim alma; **den** ~ **einer Sache bestätigen** bir şeyi aldığını bildirmek 2. (*Hotel*) resepsiyon 3. (*einer Person*) kabul, karşıla(n)ma; **in** ~ **nehmen** teslim almak (*etw* -i)
empfangen <empfängt, empfing, empfangen> I. *vt* 1. (*entgegennehmen*) almak; (COM) teslim almak (*etw* -i) 2. (*Person*) karşılamak (*jdn* -i) II. *vi* gebe kalmak
Empfänger *m* (TECH) alıcı
Empfänger(in) *m(f)* (*einer Postsendung*) alıcı, alacak olan; **Porto bezahlt** ~ posta ücretini alıcı ödeyecek
Empfängnis *f* gebe kalma
Empfängnisverhütung *f* doğum kontrolü
Empfängnisverhütungsmittel *nt* doğum kontrol ilacı [*o* aracı]
Empfangsbescheinigung *f* alındı belgesi
Empfangschef(in) *m(f)* resepsiyoncu
Empfangshalle *f* kabul salonu
empfehlen <empfiehlt, empfahl, empfohlen> I. *vt* tavsiye etmek, öğütlemek (*jdm etw* -e -i) II. *vr:* **sich** ~ (*sich verabschieden*) veda etmek, ayrılmak, ayrılıp gitmek
empfehlenswert *adj* tavsiye etmeye değer
Empfehlung *f* 1. (*Rat*) tavsiye, öğüt 2. (*Zeugnisse*) referans 3. (*Grüße*) selam
Empfehlungsschreiben *nt* tavsiye mektubu, referans

empfiehlt *vt, vr s.* **empfehlen**
empfinden <empfand, empfunden> *vt* 1. (*fühlen*) duymak, hissetmek (*etw* -i) 2. (*auffassen*) görmek, (öyle) bulmak (*etw* -i)
empfindlich *adj* 1. hassas, duygulu 2. (*leicht kränkbar*) kırılgan, alıngan
empfindsam *adj* duygulu, hassas
Empfindung *f* 1. (*Sinne*) algı, duyum, izlenim 2. (*Gemüt*) duygu(lanım), duyma, his
empfing *vi, vt s.* **empfangen**
empfohlen *vt, vr s.* **empfehlen**
empfunden *vt s.* **empfinden**
Emphysem *nt* (MED) amfizem
empor *adv* yukarı(ya doğru)
empören *vr:* **sich** ~ kızmak, öfkelenmek (*über jdn/etw* -e)
empörend *adj* rezil, kepaze, ayıp
Emporkömmling *m* sonradan görme
Empörung *f* (*Entrüstung*) heyecanlanma, kızma, öfkelenme
Ende *nt* (*örtlich u. zeitlich*) son; **am** ~ sonunda; **am** ~ **des Monats** ay sonunda; **letzten** ~**s** eninde sonunda; **es** (**doch noch**) **zu einem guten** ~ **bringen** işi tatlıya bağlamak; **ein schlimmes** ~ **nehmen** kötü sonuca ulaşmak, sonu kötü bitmek
enden *vi* bitmek, son bulmak, sona ermek
Endergebnis *nt* kesin sonuç
endgültig *adj* kesin, kati
Endhaltestelle *f* son durak
Endivie *f* hindiba, yaban marulu
Endkampf *m* final
endlich I. *adj* sonlu, bitimli II. *adv* sonunda, nihayet
endlos *adj* sonsuz; (*Meer, Horizont*) engin
Endorphin *nt* endorfin
Endprodukt *nt* son ürün, nihai ürün
Endspiel *nt* final maçı
Endspurt *m* finiş
Endstation *f* son durak
Endsumme *f* genel toplam
Endung *f* 1. (*eines Wortes*) ek, sonek 2. (INFORM: *bei Dateiname, Webadresse*) uzantı
Endverbraucher(in) *m(f)* nihai kullanıcı
Endziel *nt* son hedef, asıl maksat, ereklik
Energie *f* enerji
energiegeladen *adj* enerji yüklü
Energieproblem *nt* enerji sorunu
Energiequelle *f* enerji kaynağı
Energieverbrauch *m* enerji tüketimi
Energieverknappung *f* enerji darlığı
Energieversorgung *f* enerji sağlanması

energisch *adj* enerjik; (*fig*) enerjik, azimli, iradeli

eng I. *adj* dar; (*zusammengedrängt*) sıkışık; (*Freundschaft*) sıkı fıkı, samimi; **~er machen** daraltmak, darlaştırmak (*etw* -i) II. *adv*: **mit jdm ~ befreundet sein** birinin yakın arkadaşı olmak

Engagement *nt* angajman

engagiert *adj* angaje, tutkun

Enge *f* darlık; **jdn in die ~ treiben** birini sıkıştırmak [*o* kıstırmak]

Engel *m* melek

engherzig *adj* dargörüşlü, darkafalı; (*ohne Toleranz*) hoşgörüsüz

England *nt* İngiltere

Engländer *m* (TECH) İngiliz anahtarı

Engländer(in) *m(f)* (*Einwohner*) İngiliz

englisch *adj* 1.(*Art, Herkunft*) İngiliz 2.(*Sprache*) İngilizce

Englisch *nt* (*Sprache*) İngilizce

Engpassᴿᴿ *m* dar geçit; (*fig*) darboğaz, darlık, güçlük

engstirnig *adj* dar görüşlü, dar kafalı

Enkel(in) *m(f)* torun

Enkelkinder *ntpl* torunlar

enorm *adj* 1.(*sehr groß*) muazzam, kocaman 2.(*fam: großartig*) olağanüstü, fevkalade

entarten *vi sein* soysuzlaşmak, yozlaşmak

entbehren *vt* (*nicht haben*) mahrum olmak (*etw* -den); **etw ~ können** bir şeyden (kolayca) vazgeçebilmek

entbehrlich *adj* zorunlu olmayan, gereksiz, lüzumsuz

Entbehrung *f* 1.(*Verzicht*) vazgeçme, feragat etme 2.(*Not*) yoksunluk, mahrumiyet

entbinden *irr vt* (*von einer Verpflichtung*) (bir yükümlülükten) muaf tutmak (*jdn* -i); **entbunden werden** bir çocuk doğurmak

Entbindung *f* doğum

entdecken *vt* bulmak, keşfetmek (*etw* -i)

Entdecker(in) *m(f)* kaşif, bulucu

Entdeckung *f* keşif, buluş, bulgu

Ente *f* ördek; (*fig: Zeitungs-*) gazete uydurması, uydurma haber

entehren *vt* 1.(*der Ehre berauben*) namusunu lekelemek (*jdn* -in) 2.(*vergewaltigen*) ırzına geçmek (*jdn* -i)

enteignen *vt* mülkiyetini elinden almak (*jdn* -in)

Enteignung *f* mülkiyetin elden alınması

enterben *vt* mirastan mahrum etmek [*o* çıkarmak] (*jdn* -i)

entfallen *irr vi sein* 1.(*dem Gedächtnis*) aklından çıkmak 2.(*Anteil*) payına düşmek (*auf jdn* -in) 3.(*nicht stattfinden*) olmamak

entfalten I. *vt* yaymak, sermek (*etw* -i) II. *vr*: **sich ~** açmak; (*sich entwickeln*) gelişmek

entfärben *vt* rengini çıkarmak (*etw* -in)

entfernen I. *vt* uzaklaştırmak; (*Fleck*) çıkarmak (*etw* -i) II. *vr*: **sich ~** uzaklaşmak

entfernt I. *adj* uzak; **~e Verwandte** uzak akrabalar II. *adv*: **zwei km ~** iki km uzakta

Entfernung *f* uzaklık, mesafe

entfremden I. *vt* yabancılaştırmak (*jdn/etw* -i) II. *vr*: **sich** (**einander**) **~** araları açılmak, soğumak

entführen *vt* kaçırmak (*jdn* -i)

Entführer(in) *m(f)* kaçıran

Entführung *f* kaçırma

entgegen *präp* +*dat* -in aksine, -e aykırı, -e zıt olarak

entgegengehen *irr vi sein* karşılamak, karşılamaya gitmek (*jdm* -i)

entgegengesetzt *adj* zıt, karşıt, aksi; (*widersprechend*) çelişik

entgegenkommen *irr vi sein* (*Person*) karşısına çıkmak (*jdm* -in); (*zum Empfang*) karşılamaya gitmek (*jdm* -i); (*helfen*) (birine) kolaylık göstermek (*jdm* -e)

entgegennehmen *irr vt* almak, kabul etmek (*etw* -i)

entgegensehen *irr vi* beklemek (*einer Sache* -i)

entgegensetzen *vt* (*erwidern*) karşılık vermek (*jdm* -e); **Widerstand ~** karşı koymak

entgegenstehen *irr vi*: **dem steht nichts ~** onun yolu açık

entgegenstellen *vt* 1.(*vergleichen*) karşılaştırmak (*etw einer Sache* -i ile) 2.(*einwenden*) karşılık [*o* cevap] vermek

entgegnen *vi* karşılık vermek (*jdm* -e)

entgehen *irr vi sein* (*entkommen*) kaçmak, kurtulmak (*einer Sache* -den); **sich** *dat* **etw nicht ~ lassen** fırsatı kaçırmamak

Entgelt *nt* karşılık, bedel, ücret

entgleisen *vi sein* raydan [*o* yoldan] çıkmak

Entgleisung *f* raydan çıkma

Enthaarungscreme *f* tüy dökücü krem, ağda

Enthaarungsgerät *nt* epilatör

enthalten *irr* I. *vt* (*beinhalten*) içermek, kapsamak (*etw* -i) II. *vr*: **sich ~** çekimser kal-

mak, kaçınmak (*einer Sache* -den); **sich der Stimme** ~ çekimser oy kullanmak
enthaltsam *adj* dünya nimetlerinden gönüllü olarak vazgeçen
Enthaltsamkeit *f* (dünya nimetlerinden gönüllü olarak) vazgeçme
Enthaltung *f* (*Stimm-*) çekimser oy
enthaupten *vt* başını uçurmak, boynunu vurmak (*jdn* -in)
enthüllen *vt* (*fig*) meydana [*o* açığa] çıkarmak (*etw* -i)
Enthusiasmus *m* coşkunluk, heyecan
enthusiastisch *adj* coşkun, heyecanlı
Entkolonialisierung *f* sömürge durumundan çıkarma
entkommen *irr vi sein* kaçıp kurtulmak (*jdm/einer Sache* -den)
entkorken *vt* (şişenin) mantarını çıkarmak
entkräften *vt* 1. (*schwächen*) kuvvetten düşürmek, zayıflatmak (*etw/jdn* -i) 2. (*Argumente*) zayıflatmak, çürütmek (*etw* -i)
entladen *irr vt* boşaltmak (*etw* -i), yükünü indirmek (*etw* -in)
entlang *präp* +*akk* boyunca
entlarven *vt* (*fig*) maskesini düşürmek, foyasını meydana çıkarmak (*jdn/etw* -in)
entlassen *irr vt* 1. (*aus einer Stelle*) işten çıkarmak (*jdn* -i) 2. (*Gefangene*) serbest bırakmak, salıvermek (*jdn* -i) 3. (*aus Krankenhaus*) taburcu etmek (*jdn* -i)
Entlassung *f* 1. (*aus der Arbeit*) işten çıkarılma 2. (*aus Krankenhaus*) taburcu etme [*o* edilme]
entlasten *vt* üzerinden yükünü almak (*jdn* -in), zahmetten kurtarmak (*jdn* -i)
Entlastung *f* 1. (*Arbeitsminderung*) yükünü hafifletme 2. (*von einem Verdacht*) aklanma, temize çıkma
entlaufen *irr vi sein* kaçmak (*jdm* -den)
entleihen *irr vt* ödünç almak (*etw von jdm* -i -den)
Entlüftung *f* havalandırma
entmilitarisieren *vt* askersizleştirmek (*etw* -i)
entmündigen *vt* (JUR) kısıtlamak (*jdn* -i)
entmutigend *adj* yıldırıcı
entnehmen *irr vt* 1. (*herausnehmen*) almak, çıkarmak (*etw einer Sache* -i -den) 2. (*Text*) alıntı yapmak 3. (*folgern*) sonuç çıkarmak
entpuppen *vr:* **sich** ~ **als ...** (*fig*) ... olarak meydana çıkmak; (*pej*) ... olarak foyası meydana çıkmak
entrahmen *vt* sütün yağını çıkarmak, kaymağını almak
entreißen *irr vt* zorla almak, kapmak (*jdm etw* -in elinden -i)
entrüsten *vr:* **sich** ~ kızmak, öfkelenmek (*über jdn/etw* -e)
Entrüstung *f* (haklı) öfke, kızgınlık
entschädigen *vt* tazminat vermek (*jdn* -e), zararını ödemek (*jdn* -in)
Entschädigung *f* tazminat, zarar ödeneği
entschärfen *vt* zararsız hale sokmak (*etw* -i)
entscheiden *irr* I. *vt* kararlaştırmak, karara bağlamak (*etw* -i) II. *vr:* **sich** ~ (*Person*) karar vermek (*etw zu tun* -meye); (*Sache*) belli olmak
entscheidend *adj* önemli, kesin
Entscheidung *f* 1. (*Entschluss*) karar 2. (*Urteil*) yargı; **eine** ~ **treffen** (*Entschluss fassen*) karar vermek; (*Urteil fällen*) yargıya varmak
entschieden I. *adj* (*sicher, fest*) kesin; (*entschlossen*) kararlı II. *adv* şüphesiz, mutlaka, kesinlikle
entschließen *irr vr:* **sich** ~ karar vermek (*etw zu tun* -meye)
entschlossen I. *vi s.* **entschließen** II. *adj* (kesin) kararlı, azimli
Entschlossenheit *f* (kesin) kararlılık, azim
Entschluss[RR] *m* (kesin) karar
entschuldigen I. *vt* affetmek (*etw* -i); ~ **Sie!** affedersiniz! II. *vr:* **sich** ~ özür dilemek (*bei jdm* -den)
Entschuldigung *f* özür; **jdn um** ~ **bitten** birinden özür dilemek; ~! özür dilerim!, affedersiniz!
entsetzen I. *vt* ürpertmek, şok etmek (*jdn* -i) II. *vr:* **sich** ~ dehşete kapılmak (*über jdn/etw* -in karşısında)
Entsetzen *nt* dehşet, yılgı
entsetzlich *adj* korkunç, müthiş, dehşetli
entsichern *vt* (*Waffe*) emniyet tetiğini açmak
entsinnen *irr vr:* **sich** ~ hatırlamak (*jds/einer Sache* -i)
entspannen *vr:* **sich** ~ (*Person*) dinlenmek; (*Lage*) gerginliğini kaybetmek
Entspannung *f* 1. (*Erholung*) dinlenme 2. (POL) detant
entsprechen *irr vi* uymak, denk gelmek (*einer Sache* -e); (*Wunsch*) yerine getirmek (*ei-*

ner Sache -i)
entsprechend I. *adj* uygun, denk II. *präp* +*dat* (*gemäß*) -e göre; **den Umständen** ~ duruma göre
entstehen *irr vi sein* doğmak, çıkmak, oluşmak
Entstehung *f* oluş(ma), oluşum
entstellen *vt* 1.(*deformieren*) biçimini bozmak (*etw* -in) 2.(*hässlich machen*) çirkinleştirmek (*etw/jdn* -i)
enttäuscht *adj* ümitsiz, üzgün, bezgin
Enttäuschung *f* hayal kırıklığı; **eine ~ erleben** hayal kırıklığına uğramak
entwaffnen *vt* silahsızla(ndır)mak; (*fig*) ram etmek (*jdn* -i)
Entwarnung *f* alarmı sona erdirme
entweder *konj:* ~ ... **oder** ya ... (ve)ya
entweichen *irr vi sein* kaçmak, kaçıp kurtulmak (*aus etw* -den); (*Dampf*) dışarı çıkmak
entwerfen *irr vt* 1.(*Konzept*) taslağını yapmak (*etw* -in); (*Plan*) çizmek (*etw* -i) 2.(*Gesetz*) hazırlamak (*etw* -i) 3.(*Produkt*) dizayn etmek (*etw* -i)
entwerten *vt* değerden düşürmek; (*Briefmarke, Fahrschein*) damgalamak (*etw* -i)
Entwertung *f* değerden düşürme; (*Briefmarken*) damgala(n)ma
entwickeln I. *vt* 1.(*entstehen lassen*) geliştirmek (*etw* -i) 2.(*wirtschaftlich*) kalkındırmak (*etw* -i) 3.(*Fotos*) banyo etmek (*etw* -i) II. *vr:* **sich** ~ gelişmek; (*Fortschritte machen*) ilerlemek; (*wirtschaftlich*) kalkınmak
Entwickler(in) *m(f)* (INFORM) geliştirici
Entwicklung *f* 1.(*Entstehung*) gelişme, gelişim 2.(*Fortschritt*) ilerleme 3.(*Verlauf*) gidiş 4.(*von Fotos*) banyo etme
Entwicklungshilfe *f* kalkınma yardımı
Entwicklungsländer *ntpl* gelişmekte [*o* kalkınmakta] olan ülkeler
entwürdigend *adj* aşağılatıcı, alçaltıcı
Entwurf *m* 1.(*Konzept*) taslak, karalama; (*Skizze*) plan, proje, tasarı 2.(*Gesetz-*) tasarı
entwurzeln *vt* (*auch fig*) kökünden sökmek (*etw/jdn* -i)
entziehen *irr vt* elinden almak (*jdm etw* -in -i), mahrum bırakmak (*jdm etw* -i -den); **jdm das Wort** ~ birinin sözünü kesip konuşturmamak
Entziehungskur *f* alkol veya uyuşturucu bağımlıları için tedavi
entziffern *vt* (*Geheimschrift*) çözmek, deşifre etmek; (*Handschrift*) sökmek, çıkarmak, okuyabilmek (*etw* -i)
entzückend *adj* 1.(*charmant*) alımlı, çok sevimli 2.(*Sachen*) enfes, nefis
entzückt *adj* tutkun, hayran
entzünden I. *vt* yakmak, tutuşturmak (*etw* -i) II. *vr:* **sich** ~ (*Feuer fangen*) tutuşmak, alevlenmek; (MED) yangılanmak
Entzündung *f* 1.(*Brand*) tutuştur(ul)ma 2.(MED) iltihap, yangı
Enzian *m* centiyane, kızıl kantaron
Enzyklopädie *f* ansiklopedi
Enzym *nt* enzim
Ephesus *nt* Efes
Epidemie *f* salgın (hastalık)
epidemisch *adj* salgın
Epilepsie *f* sara, epilepsi
Epileptiker(in) *m(f)* saralı
epileptisch *adj* saralı
Episode *f* olay
Epoche *f* çağ, devir
Epos *nt* destan, epope
er *pron* o; (*er selbst*) kendi(si)
Erachten *nt:* **meines ~s** bence, bana kalırsa, (benim) fikrime göre
erarbeiten *vt* çalışarak elde etmek (*etw* -i)
Erbarmen *nt* acıma, merhamet, şefkat
erbärmlich *adj* 1.(*erbarmenswert*) acınacak 2.(*gemein*) alçak, adi 3.(*elend*) sefil
erbarmungslos *adj* acımasız, amansız, kıyıcı
Erbe[1] *m* mirasçı
Erbe[2] *nt* miras, kalıt
Erbin *f* mirasçı
erben *vt* miras kalmak; **er hat dieses Haus von seinem Großvater geerbt** bu ev ona dedesinden miras kaldı
erbeuten *vt* ganimet olarak ele geçirmek (*etw* -i)
Erbgut *nt* kalıtsal malzeme
erbittert *adj* kızmış, öfkelenmiş; (*Gegner*) amansız; (*Kampf*) şiddetli
Erbkrankheit *f* irsi hastalık
erblich *adj* kalıtsal
erblicken *vt* görmek (*etw/jdn* -i)
erblinden *vi sein* kör olmak
erbrechen *irr* I. *vt* zorla açmak (*etw* -i) II. *vr:* **sich** ~ kusmak
Erbschaft *f* miras
Erbschaftssteuer *f* veraset [*o* intikal] vergisi
Erbse *f* bezelye

Erbstück *nt* evladiyelik
Erdball *m* yerküre
Erdbeben *nt* deprem, zelzele, yersarsıntısı
Erdbebengebiet *nt* deprem bölgesi
Erdbebenherd *m* deprem merkezi
Erdbebenopfer *nt* depremzede
erdbebensicher *adj* depreme dayanıklı
Erdbebenwahrscheinlichkeit *f* deprem olasılığı
Erdbeere *f* çilek
Erdboden *m* yer, yeryüzü, toprak
Erde *f* 1. (*Welt*) dünya 2. (*Boden*) yer 3. (*Erdreich*) toprak
erden *vt* toprağa bağlamak (*etw* -i)
Erdgas *nt* tabii gaz
Erdgeschoss[RR] *nt* zemin katı, alt kat
Erdkugel *f* yerküre
Erdkunde *f* coğrafya
Erdnuss[RR] *f* yerfıstığı
Erdoberfläche *f* yeryüzü
Erdöl *nt* petrol
Erdölleitung *f* petrol borusu
erdrosseln *vt* (boğazını sıkarak) boğmak (*jdn* -i)
erdrücken *vt* ezerek çiğnemek; (*fig*) bunaltmak (*jdn* -i), nefes aldırmamak (*jdn* -e)
Erdrutsch *m* toprak kayması
Erdteil *m* anakara, kıta
ereifern *vr:* **sich** ~ heyecanlanmak, ateşlenmek
ereignen *vr:* **sich** ~ olmak, cereyan etmek
Ereignis *nt* olay
Erektion *f* ereksiyon
erfahren[1] *irr vt* 1. (*hören*) duymak, işitmek, öğrenmek (*etw* -i) 2. (*erleben*) geçirmek, görmek (*etw* -i)
erfahren[2] *adj* tecrübeli, görmüş geçirmiş
Erfahrung *f* tecrübe
erfahrungsgemäß *adv* yapılan tecrübelere göre
erfassen *vt* 1. (*anpacken*) yakalamak, tutmak, almak (*etw/jdn* -i) 2. (*verstehen*) kavramak, anlamak (*etw* -i) 3. (*registrieren*) kaydetmek (*etw* -i)
erfinden *irr vt* bulmak, icat etmek; (*pej*) uydurmak (*etw* -i); **frei erfunden** uydurulmuş
Erfinder(in) *m(f)* bulucu
erfinderisch *adj* icatcı, yaratıcı
Erfindung *f* 1. (*Erfundenes*) buluş, icat 2. (*Lüge*) uydurma
Erfolg *m* başarı; (*Ergebnis*) sonuç; **viel** ~**!** başarılar dilerim!; ~ **versprechend**[RR] başarı vadeden
erfolgen *vi sein* olmak
erfolglos **I.** *adj* başarısız; (*ergebnislos*) sonuçsuz **II.** *adv* boşuna, beyhude, nafile
erfolgreich *adj* başarılı
Erfolgserlebnis *nt* başarı
erfolgversprechend *adj s.* **Erfolg**
erforderlich *adj* gerekli
erfordern *vt* gerektirmek, istemek (*etw* -i)
erforschen *vt* 1. araştırmak, incelemek, yoklamak (*etw* -i) 2. (*Land*) keşfine gitmek (*etw* -in)
Erforscher(in) *m(f)* araştıran
erfreuen **I.** *vt* sevindirmek, hoşlandırmak, memnun [*o* hoşnut] etmek (*jdn* -i) **II.** *vr:* **sich einer Sache** ~ bir şeyden hoşlanmak [*o* zevk duymak]
erfreulich *adj* sevindiren, sevindirici, memnun edici
erfreulicherweise *adv* çok şükür, bereket versin, iyi ki
erfreut *adj* memnun, hoşnut; **sehr** ~**!** memnun oldum
erfrieren *irr vi sein* soğuktan ölmek
erfrischend *adj* serinletici
Erfrischung *f* 1. (*Abkühlung*) serinle(t)me 2. (*Getränk*) soğuk içecek
erfüllen **I.** *vt* (*fig: Pflicht, Versprechen*) yerine getirmek (*etw* -i) **II.** *vr:* **sich** ~ yerine gelmek, gerçekleşmek
Erfüllung *f* gerçekleşme; **in** ~ **gehen** gerçekleşmek
erfunden *adj* (*erlogen*) uyduruk
ergänzen *vt* tamamlamak, bütünlemek (*etw* -i)
ergänzend *adj* tamamlayıcı, bütünleyici
Ergänzung *f* 1. (*Vervollständigung*) tamamla(n)ma, bütünle(n)me 2. (*Beifügung*) ek, ilave
ergeben[1] *irr* **I.** *vt* 1. (*Gewinn*) vermek, getirmek (*etw* -i) 2. (*Betrag*) etmek, tutmak (*etw* -i) 3. (*beweisen*) kanıtlamak, göstermek (*etw* -i) **II.** *vr:* **sich** ~ (*kapitulieren*) teslim olmak (*jdm* -e); (*folgen*) meydana [*o* ortaya] çıkmak, anlaşılmak (*aus etw* -den)
ergeben[2] *adj* bağlı, sadık (*jdm* -e)
Ergebenheit *f* bağlılık, sadakat
Ergebnis *nt* sonuç
ergebnislos *adj* sonuçsuz, neticesiz
ergehen *irr vi sein* olmak; **etw über sich** ~ **lassen** bir şeye katlanmak [*o* boyun eğmek], bir şeyi sineye çekmek

ergiebig *adj* verimli, yararlı, faydalı
ergonomisch *adj* ergonomik
ergreifen *irr vt* **1.**(*packen*) kapmak, tutmak, yakalamak (*jdn/etw* -i) **2.**(*rühren*) dokunmak (*jdn* -e), duygulandırmak (*jdn* -i); **die Macht ~** iktidara geçmek; **Maßnahmen ~** önlem [*o* tedbir] almak; **Partei ~** taraf tutmak; **die Gelegenheit ~** fırsattan yararlanmak
ergreifend *adj* dokunaklı, acıklı
ergriffen *adj* (*fig*) duygulanmış
erhaben *adj* **1.**(*hervortretend*) çıkıntılı, tümsekli **2.**(*edel*) yüce, ulu
erhalten *irr* **I.** *vt* **1.**(*bewahren*) korumak, saklamak (*etw* -i); **~ bleiben** (bozulmadan) kalmak **2.**(*bekommen*) almak (*etw* -i) **II.** *adj*: **gut ~** bozulmamış
erhältlich *adj*: **~ bei ...** -de bulunur; **nicht ~** bulunmaz; **schwer ~** zor bulunur
Erhaltung *f* koruma, saklama
erhängen **I.** *vt* asmak (*jdn* -i) **II.** *vr*: **sich ~** kendini asmak, kendini asarak intihar etmek
erheben *irr* **I.** *vt* (*Hand*) kaldırmak, (*Stimme*) yükseltmek (*etw* -i) **II.** *vr*: **sich ~** (*aufstehen*) (ayağa) kalkmak; (*rebellieren*) ayaklanmak, isyan etmek, baş kaldırmak
erheblich *adj* (*beträchtlich*) büyük
Erhebung *f* **1.**(*Boden-*) tümsek, engebe, çıkıntı; (*höhere*) tepe **2.**(*Aufstand*) ayaklanma, isyan **3.**(*Umfrage*) soruşturma, anket
erhitzen **I.** *vt* ısıtmak (*etw* -i) **II.** *vr*: **sich ~** ısınmak; (*fig*) kaynamak, coşmak
erhöhen **I.** *vt* **1.**(*höher machen*) yükseltmek (*etw* -i) **2.**(*steigern*) artırmak, çoğaltmak, çıkarmak (*etw* -i) **II.** *vr*: **sich ~** yükselmek, artmak
Erhöhung *f* (*Steigerung*) artış, yükseliş
erholen *vr*: **sich ~** dinlenmek; (*von einer Krankheit*) iyileşmek, kendini toplamak
erholsam *adj* dinlendirici, istirahate yarar
Erholung *f* **1.** dinlenme **2.**(*Genesung*) iyileşme
erholungsbedürftig *adj* istirahate muhtaç
Erholungsgebiet *nt* istirahat bölgesi, dinlenme alanı
erinnern **I.** *vt* hatırlatmak (*jdn an etw* -e -i) **II.** *vr*: **sich an etw ~** bir şeyi hatırlamak [*o* anmak]; **ich erinnere mich, dass ...** -diğini hatırlıyorum
Erinnerung *f* **1.**(*das Sicherinnern*) hatıra, anı **2.**(*Gedächtnis*) hafıza, bellek

Eriwan *nt* Erivan
erkälten *vr*: **sich ~** üşütmek, soğuk almak
erkältet *adj*: **sie ist ~** üşütmüş
Erkältung *f* üşütme, soğuk algınlığı
erkennbar *adj* **1.**(*wahrnehmbar*) tanınabilir **2.** görülebilir, farkedilebilir
erkennen *irr vt* **1.**(*identifizieren*) tanımak (*jdn/etw* -i) **2.**(*wahrnehmen*) algılamak (*etw* -i) **3.**(*begreifen*) anlamak (*etw* -i); **sich zu ~ geben** kendini tanıtmak
erkenntlich *adj*: **sich jdm ~ zeigen** birine minnetini göstermek
Erkenntnis *f* **1.**(*wissenschaftliche*) bilgi **2.**(*Einsicht*) anlama
Erkennungszeichen *nt* tanıma işareti
Erker *m* çıkma; (*türkischer*) cumba
erklärbar *adj* açıklanabilir, anlatılabilir
erklären **I.** *vt* **1.**(*verdeutlichen*) açıklamak (*etw* -i) **2.**(*erläutern*) anlatmak, göstermek (*jdm etw* -e -i) **3.**(*mitteilen*) bildirmek (*etw* -i) **II.** *vr*: **sich ~** (*Meinung, Absicht*) anlaşılmak
erklärlich *adj* açıklanabilir, anlatılabilir
Erklärung *f* **1.**(*Erläuterung*) açıklama **2.**(*Äußerung*) bildiri
erkranken *vi sein* hastalanmak, rahatsızlanmak
Erkrankung *f* hastalanma
erkundigen *vr*: **sich** (**bei jdm**) **nach etw ~** (birinden) bir şey hakkında bilgi almak
Erkundigung *f* (*Frage*) soruşturma, araştırma
erlangen *vt* erişmek, ulaşmak, kavuşmak (*etw* -e)
Erlass[RR] *m* kararname
erlassen *irr vt* (*Gesetz*) çıkarmak (*etw* -i); **jdm eine Strafe ~** birinin cezasını bağışlamak
erlauben **I.** *vt* izin vermek (*jdm etw zu tun* -in -mesine) **II.** *vr*: **sich ~ etw zu tun** bir şey yapmaya kalkışmak
Erlaubnis *f* izin
erläutern *vt* açıklamak, aydınlatmak (*etw* -i)
Erläuterung *f* açıklama, aydınlatma
Erle *f* kızılağaç
erleben *vt* **1.** görmek, yaşamak (*etw* -i) **2.**(*erfahren*) uğramak (*etw* -e), geçirmek (*etw* -i)
Erlebnis *nt* **1.**(baştan geçen) olay, yaşantı **2.**(*Abenteuer*) macera **3.**(*Erfahrung*) tecrübe, deney
erledigen *vt* **1.**(*zu Ende bringen*) tamamla-

erledigt 73 **erreichbar**

mak, bitirmek, sona erdirmek; (*Auftrag*) yapmak, yerine getirmek (*etw* -i) **2.** (*lösen*) halletmek (*etw* -i)
erledigt *adj* **1.** (*Problem*) halledilmiş **2.** (*Auftrag*) yerine getirilmiş **3.** (*fig: ruiniert*) bitkin, harap, (işi) bitik
Erledigung *f* **1.** (*eines Problems*) halletme, halledilme **2.** (*eines Auftrags*) yerine getir(il)me
erleichtern *vt* **1.** (*lindern*) hafifletmek (*etw* -i) **2.** (*Person*) ferahlandırmak (*jdn* -i)
Erleichterung *f* **1.** (*Linderung*) hafiflik **2.** (*Gefühl*) ferahlık
erlernbar *adj* öğrenilebilen
erlernen *vt* öğrenmek (*etw* -i)
erliegen *irr vi sein* **1.** (*einer Krankheit*) ölmek (*einer Sache* -den) **2.** (*scheitern*) yenik düşmek (*jdn/einer Sache* -e)
Erlös *m* kazanç (*bir satıştan ele geçen para*)
erlöschen *irr vi sein* **1.** (*Feuer, Lächeln*) sönmek **2.** (*ungültig werden*) hükümden düşmek; (*Frist*) süresi dolmak
erlösen *vt* kurtarmak (*jdn von etw* -i -den)
Erlöser(in) *m(f)* kurtarıcı
Erlösung *f* kurtuluş; (REL) acılar ve günahtan kurtarılış
ermächtigen *vt* yetki vermek (*jdn zu etw* -e ... için)
Ermächtigung *f* **1.** (*Befugnis*) yetki **2.** (*Erteilung der Befugnis*) yetkili kılma
ermahnen *vt* uyarmak (*jdn* -i)
Ermahnung *f* uyarma; (*Warnung*) uyarı
ermäßigen *vt* indirmek (*etw* -i)
Ermäßigung *f* indirim
ermessen *irr vt* **1.** (*abschätzen*) kestirmek, kararlamak (*etw* -i) **2.** (*geistig erfassen*) anlamak, kavramak, değerlendirmek (*etw* -i)
Ermessen *nt:* **nach meinem** ~ benim fikrime göre
ermitteln *vt* (*ausfindig machen*) bulmak, meydana çıkarmak (*etw* -i)
Ermittlung *f* soruşturma
ermöglichen *vt* mümkün kılmak (*etw* -i), imkan vermek (*etw* -e)
ermorden *vt* öldürmek (*jdn* -i)
Ermordung *f* öldür(ül)me
ermüden **I.** *vt* yormak (*jdn/etw* -i) **II.** *vi* yorulmak
ermüdend *adj* yorucu
Ermüdung *f* yor(ul)ma, yorgunluk
ermuntern *vt* teşvik etmek, özendirmek (*jdn zu etw* -i -e)

ermutigen *vt* yüreklendirmek (*jdn* -i)
ermutigend *adj* yüreklendirici, cesaret verici
Ermutigung *f* yüreklendirme
ernähren *vt* beslemek; (*Familie*) geçindirmek (*jdn/etw* -i), bakmak (*jdn* -e)
Ernährung *f* besle(n)me
Ernährungswissenschaft *f* gıda ve beslenme bilimi
ernennen *irr vt* atamak, tayin etmek (*jdn zu etw* -i -e)
Ernennung *f* atama, tayin
erneuern *vt* yenile(ştir)mek (*etw* -i)
Erneuerung *f* yenile(n)me
ernst *adj* **1.** (*nicht lachend*) ciddi **2.** (*würdig*) ağırbaşlı **3.** (*gefährlich*) tehlikeli; **etw ~ nehmen/meinen** bir şeyi ciddiye almak/ ciddi söylemek
Ernst *m* ciddilik, ciddiyet; (*Würde*) ağırbaşlılık; **im ~, allen ~es** gerçekten, sahiden, cidden
Ernstfall *m:* **im ~** iş ciddileşirse
ernsthaft *adj* ciddi
ernstlich *adv* cidden, ciddi olarak
Ernte *f* **1.** hasat **2.** (*Ertrag*) ürün, mahsul
ernten *vi, vt* hasat etmek, toplamak (*etw* -i)
Eroberer *m* fatih, zapteden
erobern *vt* fethetmek (*etw* -i)
Eroberung *f* fetih
eröffnen *vt* **1.** açmak (*etw* -i) **2.** (*mitteilen*) bildirmek (*jdm etw* -e -i)
Eröffnung *f* (*eines Geschäfts*) açılış
Eröffnungsfeier *f* açılış töreni
erörtern *vt* görüşmek, oylaşmak (*etw* -i)
Erörterung *f* görüşme, oylaşım
Erosion *f* erozyon
Erotik *f* **1.** (*Sexualität*) cinsellik **2.** (*Sinnlichkeit*) erotizm **3.** (*Liebesleben*) seks hayatı
erotisch *adj* erotik
erpressen *vt* şantaj yapmak (*jdn* -e)
Erpresser(in) *m(f)* şantajcı
Erpressung *f* şantaj
erproben *vt* denemek, sınamak (*etw* -i)
Erprobung *f* deneme, sınama
erraten *irr vt* bulmak, çıkarmak, tahmin etmek (*etw* -i)
errechnen *vt* hesap ederek bulmak (*etw* -i)
erregen *vt* (*aufregen*) heyecanlandırmak (*jdn* -i)
erregt *adj* heyecanlı, coşkun, taşkın
Erregung *f* heyecan, coşku, telaş
erreichbar *adj* erişilebilen

erreichen *vt* (*Ziel*) ulaşmak, erişmek, kavuşmak; (*Zug*) yetişmek (*etw* -e); **wo kann ich Sie telefonisch ~?** size telefonla nerede erişebilirim?
errichten *vt* **1.** (*bauen*) yapmak; (*Mauer*) örmek, çekmek (*etw* -i) **2.** (*gründen*) kurmak (*etw* -i)
Errungenschaft *f* kazanım
Ersatz *m* **1.** (*Ersetzen*) yerini doldurma **2.** (*Reserve*) yedek **3.** (*Gegenleistung*) karşılık, bedel **4.** (*Entschädigung*) tazminat, zarar ödeneği; **als ~** karşılık olarak
Ersatzdienst *m* askerlik yerine geçen sivil hizmet
Ersatzrad *nt* yedek tekerlek
Ersatzreifen *m* yedek lastik
Ersatzteil *nt* yedek parça
erschaffen *vt* yaratmak (*etw* -i)
Erschaffung *f* yaratma
erscheinen *irr vi sein* **1.** (*kommen*) gelmek **2.** (*sich zeigen*) görünmek, gözükmek, belirmek **3.** (*jemandem vorkommen*) gelmek, gözükmek (*jdm* -e) **4.** (*Buch*) yayınlanmak, çıkmak; **vor Gericht ~** mahkeme huzuruna çıkmak
Erscheinung *f* **1.** (*äußere*) (dış) görünüş **2.** (*Phänomen*) görüngü **3.** (*irreale*) görüntü, hayal **4.** (*Persönlichkeit*) kişilik; **in ~ treten** belirmek, görünmek, gözükmek
erschießen *irr vt* (üzerine ateş ederek) öldürmek, vurmak; (*standrechtlich*) kurşuna dizmek (*jdn* -i)
erschlagen *irr vt* vurarak öldürmek (*jdn* -i)
erschließen *irr vt* **1.** (*zugänglich machen*) açmak; (*Gelände*) işlenecek hale getirmek, bayındırmak (*etw* -i) **2.** (*schlussfolgern*) çıkarmak (*etw* -i)
erschöpfend I. *adj* **1.** (*ermüdend*) yorucu **2.** (*ausführlich*) ayrıntılı II. *adv* inceden inceye
erschöpft *adj* bitkin, yorgun, dermansız
Erschöpfung *f* yorgunluk, bitkinlik, dermansızlık
erschrecken <erschrickt, erschrak, erschrocken> I. *vt* korkutmak, ürkütmek (*jdn* -i) II. *vi sein* korkmak, ürkmek (*vor jdm/ über etw* -den)
erschreckend *adj* ürkütücü, korkutucu, korkunç
erschrocken I. *vt s.* **erschrecken** II. *adj* korkmuş, ürkmüş
erschüttern *vt* sarsmak (*etw* -i); (*fig*) sarsmak, çok üzmek (*jdn* -i)
erschütternd *adj* çok acıklı, son derece üzen
Erschütterung *f* sarsıntı, sarsılış, sarsım
erschweren *vt* ağırlaştırmak, zorlaştırmak (*etw* -i)
erschwinglich *adj* (*Preis*) alınabilir (*her keseye elverişli*)
ersehen *irr vt* görmek, anlamak, çıkarmak (*etw aus etw* -i -den)
ersetzen *vt* (*auswechseln*) değiştirmek (*etw* -i); **etw durch etw ~** bir şeyin yerine bir şeyi koymak; **einen Schaden ~** bir zararı ödemek
ersichtlich *adj* anlaşılır, belli
Ersparnisse *pl* **1.** (*Einsparung*) tasarruf, artırım **2.** (*Geld*) biriktirilen para
erst *adv* **1.** (*zuerst*) önce, ilk önce **2.** (*nicht früher als*) ancak, henüz, daha; **~ als** ancak ...-dikten sonra; **~ gestern** daha dün; **sie kommt ~ morgen** ancak yarın gelecek; **~ recht** haydi haydi
erstatten *vt* (*Kosten*) geri vermek (*jdm etw* -e -i); **Anzeige ~** ihbarda bulunmak (*wegen etw* ... hakkında); **Bericht ~** rapor vermek
Erstaufführung *f* prömiyer, ilk oynanım
erstaunen I. *vt* şaşırtmak, hayrete düşürmek (*jdn* -i) II. *vi sein* şaş(ır)mak, hayret etmek
Erstaunen *nt* **1.** (*Erstauntsein*) şaşkınlık, hayret **2.** (*Überraschung*) sürpriz
erstaunlich *adj* şaşılacak, hayret verici
erstaunt *adj:* **über etw ~ sein** bir şeye hayret etmek
erste(r, s) *adj* birinci, ilk; **Karl der Erste** Birinci Karl; **~ Hilfe** ilk yardım; **der ~ Beste** olur olmaz biri; **zum ~n Mal**^{RR} ilk defa (olarak)
erstechen *irr vt* bıçaklamak (*jdn* -i)
erstenmal *adv s.* **erste**
erstens *adv* ilk önce, ilk olarak, ilkin
erstere(r, s) *adj* birinci
erstgeboren *adj* ilk doğan
ersticken I. *vt* boğmak (*jdn* -i); (*Feuer*) söndürmek (*etw* -i) II. *vi sein* boğulmak
erstklassig *adj* birinci sınıf, mükemmel, en ala
erstrebenswert *adj* elde etmeye değer
erstrecken *vr* **1. sich ~** (*räumlich*) uzanmak (*bis zu/nach* -e) **2.** (*zeitlich*): **der Prozess erstreckte sich über zwei Jahre** dava iki yıl sürdü

ersuchen *vt:* jdn ~ etw zu tun birinden bir şey için ricada bulunmak
Ersuchen *nt:* auf jds ~ birinin isteği üzerine
ertappen *vt* yakalamak (*jdn* -i)
erteilen *vt:* jdm einen Befehl ~ birine emir vermek; jdm Unterricht ~ birine ders vermek; jdm die Erlaubnis ~ birine izin vermek
Ertrag *m* ürün, verim; (*Gewinn*) gelir, kazanç
ertragen *irr vt* dayanmak, katlanmak (*etw/ jdn* -e), çekmek (*etw* -i); nicht zu ~ dayanılacak gibi değil
erträglich *adj* katlanılır, dayanılır, çekilir; (*mittelmäßig*) oldukça iyi
ertragreich *adj* verimli
ertränken *vt* (suda) boğmak (*jdn* -i)
ertrinken *irr vi sein* (suda) boğulmak
erübrigen *vr:* sich ~ gerek kalmamak
erwachen *vi sein* uyanmak
erwachsen *adj* yetişkin, erişkin
Erwachsene(r) *mf* yetişkin
Erwägung *f* mülahaza, fikir, oylaşım; etw in ~ ziehen bir şeyi göz önünde tutmak
erwähnen *vt* anmak (*jdn/etw* -i), bahsetmek, söz etmek (*jdn/etw* -den)
erwähnenswert *adj* sözünü etmeye değer
Erwähnung *f* anma, sözünü etme, bahsetme
erwärmen I. *vt* ısıtmak (*etw* -i) II. *vr:* sich ~ ısınmak; (*Interesse finden*) ilgi duymak (*für etw* -e karşı)
Erwärmung *f* ısınma
erwarten *vt* 1.(*warten auf*) beklemek (*jdn/ etw* -i) 2.(*rechnen mit*) ummak, beklemek (*etw* -i); ein Kind ~ çocuk beklemek
Erwartung *f* 1.(*das Erwarten*) bekleyiş 2.(*Erwartetes*) beklenti 3.(*Hoffnung*) ümit, umut
erweisen *irr* I. *vt* (*beweisen*) kanıtlamak, ispat etmek (*etw* -i) II. *vr:* sich als ... ~ ... çıkmak
erweitern *vt* genişletmek, büyütmek; (*Kenntnisse*) artırmak, çoğaltmak (*etw* -i)
Erwerb *m* kazan(ıl)ma, alım, edinme; (*Unterhalt*) geçim; (*Verdienst*) kazanç
erwerben *irr vt* kazanmak, ele geçirmek, edinmek (*etw* -i)
erwerbslos *adj* işsiz
erwerbstätig *adj* çalışan
Erwerbstätigkeit *f* meslek, iş
erwerbsunfähig *adj* geçimini sağlayamayan
erwidern *vt* 1.(*antworten*) cevap vermek (*auf etw* -e) 2.(*Gegenleistung*) karşılık vermek (*etw* -e); einen Besuch ~ ziyarete karşılık vermek
erwischen *vt* yakalamak, tutmak, ele geçirmek (*jdn* -i)
erwünscht *adj* istenilen, hoşlanılan
erwürgen *vt* boğmak (*jdn* -i)
Erz *nt* 1.(*Mineral*) maden filizi 2.(*geh: Bronze*) bronz, tunç
erzählen *vt* anlatmak (*jdm etw* -e -i)
Erzählung *f* 1.(*Bericht*) anlatı 2.(*Werk*) öykü, hikaye
Erzbischof *m* başpiskopos
erzeugen *vt* 1.(*schaffen*) yaratmak, meydana getirmek (*etw* -i) 2.(*herstellen*) imal etmek, üretmek, yetiştirmek (*etw* -i)
Erzeuger(in) *m(f)* üretici
Erzeugnis *nt* ürün, mahsul
Erzeugung *f* üretim
erziehen *irr vt* eğitmek, terbiye etmek (*jdn* -i)
Erzieher *m* eğitimci, pedagog
Erzieherin *f* (bayan) eğitimci, pedagog; (*Kindergärtnerin*) anaokulu öğretmeni
Erziehung *f* eğitim, terbiye, yetiştirme
Erziehungsberechtigte(r) *mf* veli
erzwingen *irr vt* zorla elde etmek (*etw* -i)
es *pron* (*nom*) o; (*akk*) onu; ich nehme ~ (*das Kleid, das Buch*) bunu [*o* onu] alıyorum; ~ ist schön (*das Haus, das Buch*) güzel(dir); ~ regnet yağmur yağıyor; ~ schneit kar yağıyor; ~ klopft kapı çalı(nı)yor; ~ gibt ... ... var; sie ist schnell, wir sind ~ auch o hızlı, biz de öyleyiz
Esche *f* dişbudak
Esel *m* eşek, merkep
Eselei *f* eşeklik
Eskalation *f* tırmanma, artış, yükseliş
Eskimo *m* Eskimo
Espresso *m* espresso
Essay *m od. n* yazı, makale
essbar *adj* yenilebilir, yenilir
essen <isst, aß, gegessen> I. *vi* yemek yemek II. *vt* yemek (*etw* -i); zu Mittag/Abend ~ öğle/akşam yemeği yemek
Essen *nt* yemek
Essenszeiten *fpl* yemek saatleri
Essenz *f* esans
Essig *m* sirke
Essigflasche *f* sirke şişesi

Essiggurke *f* kornişon
Esslöffel^RR *m* çorba kaşığı
Esstisch^RR *m* sofra, yemek masası
Esszimmer^RR *nt* yemek odası
Estland *nt* Estonya
Etage *f* (bina) kat(ı)
Etagenbett *nt* iki katlı yatak
Etagenwohnung *nt* apartman dairesi
Etappe *f* **1.**(*Stadium*) aşama, evre, safha **2.**(MIL) cephe gerisi
Etat *m* bütçe
Ethik *f* (*Moral*) ahlak; (*Morallehre*) törebilim
ethisch *adj* ahlaki, törel
ethnisch *adj* etnik
Etikett *nt* etiket
Etikette *f* protokol, teşrifat; **gegen die ~ verstoßen** teşrifata uymayan bir harekette bulunmak
etliche *pron* bazı, birkaç
Etui *nt* kılıf
etwa *adv* **1.**(*ungefähr*) aşağı yukarı, takriben, yaklaşık olarak **2.**(*vielleicht*) acaba
etwas *pron* **1.**bir şey; **~ anderes** başka bir şey; **~ Gutes** iyi bir şey; **so ~** böyle bir şey **2.**(*ein wenig*) biraz, bir parça; **~ Geld** biraz para; **es geht mir ~ besser** biraz daha iyiyim
Etwas *nt:* **ein gewisses ~** tanımlanamayan fakat varolan bir şey
EU *f Abk. von* **Europäische Union** AB (*Avrupa Birliği*)
EU-Bürger(in) *m(f)* AB vatandaşı [*o* yurttaşı]
euch *pron* (*akk*) sizi; (*dat*) size
euer, eu(e)re *pron* sizin
Eukalyptus *m* okaliptüs
Eule *f* baykuş
EU-Mitgliedstaat *m* AB üyesi (ülke)
Euphrat *m* Fırat (nehri)
Eurasien *nt* Avrasya
eurerseits *adv* sizin tarafınızdan
euresgleichen *adj* sizin gibiler
euretwegen *adv* sizin hatırınız için; (*negativ*) sizin yüzünüzden
Euro *m* euro
Eurofighter *m* Eurofighter
Europa *nt* Avrupa
Europäer(in) *m(f)* Avrupalı
europäisch *adj* **1.**(*Art*) Avrupa **2.**(*Herkunft*) Avrupalı; **der Europäische Gerichtshof** AB Adalet Divanı; **die Europäische Kommission** AB Komisyonu, Avrupa Komisyonu
europäisieren *vt* Avrupalılaştırmak (*jdn/etw* -i)
Europäisierung *f* Avrupalaşma
Europaparlament *nt* Avrupa Parlamentosu
Europarat *m* Avrupa Konseyi
Euroscheck *m* euro çek
Eurovision *f* Örovizyon
Eurozone *f* euro bölgesi
Euter *nt* (hayvan) meme(si)
Euthanasie *f* ötenasi (*can çekişmenin ilaç sayesinde kısaltılması*)
e. V. *m Abk. von* **eingetragener Verein** tescilli dernek
evakuieren *vt* boşaltmak, tahliye etmek (*etw* -i)
evangelisch *adj* Protestan
Evangelium *nt* İncil
eventuell **I.** *adj* mümkün, olası **II.** *adv* **1.**(*gegebenenfalls*) gerekirse **2.**(*vielleicht*) belki
Evolution *f* evrim, evolüsyon
ewig *adj* **1.**(*endlos, zeitlos*) sonsuz, ebedi **2.**(*immerwährend*) sürekli, devamlı
Ewiggestrige(r) *mf* (*fam*) dinozor
Ewigkeit *f* sonsuzluk, ebediyet
exakt **I.** *adj* (*sorgfältig*) özenli, itinalı **II.** *adv* **1.**(*genau*) tam **2.**(*pünktlich*) dakik
Examen *nt* sınav
Exemplar *nt* nüsha; (*Musterstück*) örnek; (*Ausfertigung*) kopya
Exhibitionist(in) *m(f)* teşhirci
Exhibitionismus *m* teşhircilik
Exil *nt* sürgün(lük); **ins ~ schicken/gehen** sürgüne göndermek/gitmek
Existenz *f* **1.**(*Dasein*) varlık, varolma **2.**(*Auskommen*) geçim
Existenzkampf *m* yaşam kavgası, hayat mücadelesi
Existenzminimum *nt* asgari geçinme geliri (*en aşağı geçim düzeyi*)
existieren *vi* var olmak
exklusiv *adj* müstesna
Exkursion *f* gezi
exotisch *adj* egzotik
expandieren *vi* genişlemek
Expansion *f* genişleme
Experiment *nt* deney
experimentieren *vi* deney yapmak
Experte, -tin *m, f* uzman

explodieren *vi sein* patlamak
Explosion *f* patlama, infilak
explosiv *adj* patlayıcı
Export *m* dışsatım, ihracat
Exporteur *m* ihracatçı
exportieren *vt* ihraç etmek (*etw* -i)
express *adj* ekspres
Expressgut *nt* ekspres ile yollanan eşya
Expressionismus *m* ekspresyonizm, dışavurumculuk
extern *adj* dış
extra *adv* **1.** (*gesondert*) ayrıca, ayrı olarak **2.** (*absichtlich*) isteyerek, bilerek
Extrakt *m* esans, ekstre
extravagant *adj* ayrıksı, olağan dışı
extrem *adj* aşırı, kökten
Extrem *nt* **1.** (*Übertreibung*) abartma **2.** (*höchster Grad*) aşırılık
Extremismus *m* aşırıcılık
Extremist(in) *m(f)* köktenci
extremistisch *adj* aşırı
extrovertiert *adj* dışa dönük
exzentrisch *adj* **1.** (*ungewöhnlich*) eksantrik **2.** (TECH) dışmerkezli

F

F - *Abk. von* **Fahrenheit**
Fa. *f Abk. von* **Firma** firma
fabelhaft *adj* (*fam*) harika, görülmedik
Fabrik *f* fabrika
Fabrikant(in) *m(f)* fabrikatör
Fabrikarbeiter(in) *m(f)* fabrika işçisi
Fabrikat *nt* mal, fabrika ürünü
Fabrikation *f* (fabrikada) yapım
fabrizieren *vt* (fabrikada) yapmak, üretmek, çıkarmak (*etw* -i)
Facelifting *nt* yüz germe
Fach *nt* **1.** (*Schublade*) çekmece; (*Schrank-*) bölme **2.** (*fig: Berufszweig*) meslek (dalı) **3.** (*Lehr-*) ders
Facharbeit *f* kalifiye iş
Facharbeiter(in) *m(f)* kalifiye işçi
Facharzt, -ärztin *m, f* uzman doktor, spesiyalist
Fachausdruck *m* teknik terim
Fächer *m* yelpaze
Fachgebiet *nt* ihtisas alanı
Fachgeschäft *nt* özel dükkan
Fachhochschule *f* meslek yüksek okulu
Fachkenntnisse *pl* meslek bilgisi
Fachkräfte *fpl* kalifiye elemanlar
fachkundig *adj* uzman
Fachliteratur *f* ihtisas literatürü
Fachmann <-leute> *m* uzman
fachmännisch *adj* mesleki, uzmanca
Fachschule *f* meslek okulu
Fachsprache *f* meslek dili
Fachwerkhaus *nt* bağdadi ev (*ahşap ve beton karışımı yapı tarzında bina*)
Fachwörterbuch *nt* teknik terim sözlüğü
Fachzeitschrift *f* ihtisas dergisi (*belli bir bilim dergisi*)
Fackel *f* meşale
fade *adj* tatsız (tuzsuz); (*fig*) yavan, kuru
Faden *m* (*auch fig*) iplik, tire
Fagott *nt* fagot
fähig *adj* (*begabt*) yetenekli, yarar(lı); **zu etw ~ sein** bir şeye muktedir olmak
Fähigkeit *f* yetenek, yararlık
fahnden *vi* aramak (*nach jdn* -i)
Fahndung *f* arama
Fahne *f* bayrak, sancak
Fahrausweis *m* bilet
Fahrbahn *f* araba yolu, şose; **schlechte ~** bozuk yol
Fähre *f* araba vapuru, feribot
fahren <fährt, fuhr, gefahren> **I.** *vt* **1.** (*Menschen, Last*) götürmek, taşımak (*jdn/etw nach etw* -i -e) **2.** (*Fahrzeug*) sürmek, kullanmak, yürütmek (*etw* -i) **II.** *vi sein* (taşıtla) gitmek; **mit der Bahn/dem Auto ~** trenle/otomobille gitmek; **rechts ~!** sağdan gidin!
Fahrer(in) *m(f)* şoför, sürücü
Fahrerairbag *m* sürücü hava yastığı
Fahrerflucht *f* (bir kazadan sonra) şoförün kaçması
Fahrgast *m* yolcu
Fahrgeld *nt* yol parası
Fahrgelegenheit *f* taşıtla gitme imkanı
Fahrgestell *nt* şasi
Fahrkarte *f* bilet; **eine ~ lösen** bilet almak
Fahrkartenautomat *m* bilet otomatı
Fahrkartenschalter *m* bilet gişesi

fahrlässig *adj* kayıtsız, dikkatsiz, ihmalci; **~e Tötung** tasmimsiz katil (*önceden tasarlamadan öldürme*)
Fahrlässigkeit *f* kayıtsızlık, dikkatsizlik, ihmal
Fahrlehrer(in) *m(f)* sürücü kursu öğretmeni
Fahrplan *m* hereket cetveli, tarife
fahrplanmäßig *adj, adv* tarifeye göre
Fahrpreis *m* bilet ücreti
Fahrrad *nt* bisiklet
Fahrradfahrer(in) *m(f)* bisikletçi
Fahrradhelm *m* bisiklet miğferi
Fahrschein *m* bilet
Fahrschule *f* sürücü kursu
Fahrstuhl *m* asansör
Fahrt *f* (*Reise*) yolculuk, seyahat; (*Ausflug*) gezi(nti); **gute ~!** iyi yolculuklar!; **auf der ~ nach Rom** Roma'ya giderken
fährt *vi, vt s.* **fahren**
Fährte *f* iz, yol
Fahrtkosten *pl* taşıma ücreti
Fahrtrichtung *f* gidiş yönü
Fahrwerk *nt* (*eines Flugzeugs*) alt düzen
Fahrzeug *nt* taşıt
fair *adj* dürüst
Fairplay *nt* fair-play
Faktor *m* faktör, etmen
Fakultät *f* fakülte
fakultativ *adj* istemli
Falke *m* 1. doğan, şahin 2. (POL: *Hardliner*) şahin
Fall *m* 1. (*Sturz*) düşüş, düşme 2. (*Ereignis*) olay 3. (*Angelegenheit*) iş, mesele 4. (JUR) dava 5. (GRAM) ismin hali, ad durumu; **auf jeden ~** mutlaka, her ne olursa olsun, muhakkak; **auf keinen ~** asla, hiç bir suretle; **im besten/schlimmsten ~** en iyi/en kötü durumda; **gesetzt den ~** farz edelim ki, tutalım ki, diyelim ki
Falle *f* kapan; (*fig*) tuzak; **jdm eine ~ stellen** birine tuzak kurmak
fallen <fällt, fiel, gefallen> *vi sein* 1. (*hinab-, stürzen*) düşmek; (*Soldat*) şehit olmak [o düşmek]; (*fig: Temperatur, Preise, Flut*) düşmek, inmek 2. (*nachlassen*) hafiflemek, yatışmak; **aus allen Wolken ~** şaşakalmak, afallamak; **er ist nicht auf den Kopf gefallen** kafalı bir insandır; **es fällt mir schwer** bana zor geliyor; **~ lassen** düşürmek (*etw* -i); **~ lassen**[RR] (*Plan*) yapmamak (*etw* -i)
fällen *vt* (*Baum*) kesmek (*etw* -i)

fallenlassen *vt s.* **fallen**
fällig *adj* (*Zinsen*) vadesi gelen
Fälligkeit *f* zaman aşımı, vade (*ödeme gününün gelmesi*)
falls *konj* şayet, eğer
Fallschirm *m* paraşüt
Fallschirmspringer(in) *m(f)* paraşütçü
fällt *vi s.* **fallen**
falsch I. *adj* 1. (*nicht echt*) yanlış; (*Geld*) sahte, kalp 2. (*künstlich*) sahte, yapma(cık); (*Haar, Zähne*) takma 3. (*nachgeahmt*) taklit, benzetme 4. (*unaufrichtig*) ikiyüzlü 5. (*heimtückisch*) hain II. *adv:* **diese Uhr geht ~** bu saat yanlış; **~ aussprechen** yanlış telaffuz etmek (*etw* -i); **~ singen** şarkıyı yanlış okumak; **~ verbunden!** numara yanlış!
fälschen *vt* sahtesini yapmak (*etw* -in); **Geld ~** kalp para basmak
Fälscher(in) *m(f)* düzmeci, sahtekar; (*Geld-*) kalpazan
Falschgeld *nt* sahte para
fälschlich *adv* yanlışlıkla
Fälschung *f* 1. (*Gefälschtes*) sahtelik 2. (*Nachahmung*) taklit, benzetme
Falte *f* 1. (*in Stoff, Papier*) kıvrım, büküm 2. (*in Haut*) buruşuk, kırışık
falten *vt* katlamak; (*Wäsche*) devşirmek (*etw* -i); **die Hände ~** ellerini kavuşturmak
Faltenrock *m* pli etek
Fam. *f Abk. von* **Familie** aile
familiär *adj* 1. (*die Familie betreffend*) ailevi 2. (*vertraut*) samimi, içli dışlı 3. (*ungezwungen*) teklifsiz, senli benli
Familie *f* aile; (*Sippe*) soy
Familienbetrieb *m* aile işletmesi
Familienname *m* soyadı
Familienplanung *f* aile planlaması
Familienstand *m* medeni hal
Familienvater *m* aile babası
Fan *m* hayran
Fanatiker(in) *m(f)* fanatik, bağnaz; (REL) yobaz
fanatisch *adj* bağnaz, softa
Fanatismus *m* fanatiklik, bağnazlık, softalık
fand *vt s.* **finden**
Fanfare *f* fanfar
Fang *m* yakala(n)ma, tut(ul)ma
Fangarm *m* ahtapot kolu
fangen <fängt, fing, gefangen> *vt* tutmak, kapmak; (*auf der Jagd*) avlamak; (*Verbrecher*) yakalamak (*jdn* -i); **Feuer ~** tutuşmak

Fangfrage *f* tuzak
fängt *vt s.* **fangen**
Fantasie *f* 1.(*Einbildungskraft*) hayal gücü 2.(*Trugbild*) hayal, görüntü
fantasieren *vi* 1.(*im Fieber*) sayıklamak 2.(*in Gedanken ausmalen*) hayal kurmak
fantastisch *adj* 1.(*unwirklich*) hayali, düşsel 2.(*großartig*) harika
FAQ *f Abk. von* **frequently asked questions** sıkça sorulan sorular, FAQ bölümü
Farbband *nt* daktilo şeridi
Farbe *f* 1.(*rot, grün*) renk 2.(*Material*) boya; ~ **bekennen** gerçeği söylemek [*o* açığa vurmak]
farbecht *adj* has [*o* kök] boyalı
färben *vt* renk vermek (*etw* -e); (*Stoff, Haare*) boyamak (*etw* -i)
farbenblind *adj* renkkörü
Farbenblindheit *f* renkkörlüğü
Färberei *f* boyahane
Farbfernseher *m* renkli televizyon
Farbfilm *m* renkli film
Farbfoto(grafie) *nt (f)* renkli fotoğraf
farbig *adj* renkli; (*Menschen*) zenci
Farbige(r) *mf* siyahi, zenci
Farbkasten *m* boya kutusu
farblos *adj* renksiz; (*fig auch*) sönük
Farbstift *m* renkli kalem, boya kalemi
Farbstoff *m* boyarmadde; (*in Lebensmittel*) (gıda) renklendirici
Färbung *f* 1.(*Färben*) boyama 2.(*Farbgebung*) renk verme
Farm *f* çiftlik
Farn(kraut) *m/nt* eğreltiotu
Fasan *m* sülün
Fasching *m* karnaval
Faschismus *m* faşizm, faşistlik
Faschist(in) *m(f)* faşist
faschistisch *adj* faşist
Faser *f* lif
faserig *adj* lifli, elyaflı, telsel
Fass[RR] *nt* fıçı, varil; **Bier vom** ~ fıçı birası
Fassade *f* binanın ön tarafı, bina cephesi
Fassbier[RR] *nt* fıçı birası
fassen **I.** *vt* 1.(*ergreifen*) almak, kapmak, tutmak (*etw/jdn* -i) 2.(*Edelstein*) kaşlamak, yerleştirmek (*etw* -i) 3.(*Verbrecher*) yakalamak (*jdn* -i) 4.(*aufnehmen können*) kapsamak, içermek (*etw* -i) 5.(*fig: verstehen*) anlamak, aklı almak (*etw* -i); **es ist nicht zu** ~ akıl erdirecek gibi değil **II.** *vr:* **sich** ~ (*fig*) kendini toparlamak; **sich kurz** ~ kısa kesmek

Fassung *f* 1.(*Brille*) çerçeve; (*Juwel*) kaş 2.(*fig: Wortlaut*) söz 3.(*Gemütsruhe*) soğuk kanlılık 4.(*Version*) versiyon; **jdn aus der** ~ **bringen** birini şaşkına çevirmek; **die** ~ **verlieren** aptallaşmak, sağını solunu bilmemek
fassungslos *adj* şaşkın, aptallaşmış
Fassungsvermögen *nt* 1. kapasite, sığa 2.(*fig: geistig*) kavrama gücü, kavrayış
fast *adv* hemen hemen, neredeyse, az kalsın
fasten *vi* oruç tutmak
Fastenzeit *f* oruç zamanı; (*im Islam*) Ramazan; (*bei Katholiken*) büyük perhiz
Fastfood(essen) *nt* fast-food yiyecek
Fastnacht *f* karnaval
faszinieren *vt* büyülemek, hayran bırakmak (*jdn* -i)
fatal *adj* (*verhängnisvoll*) uğursuz
Fatalismus *m* kadercilik
Fatalist(in) *m(f)* kaderci, yazgıcı
fatalistisch *adj* kaderci, yazgıcı
Fata Morgana *f* serap
faul *adj* 1.(*verfault*) çürük 2.(*träge*) tembel; (*stärker*) miskin, uyuşuk 3.(*fig: fragwürdig*) şüpheli, sakat; ~**e Ausrede** sudan bahane
faulen *vi sein* çürümek
faulenzen *vi* tembellik [*o* haylazlık] etmek
Faulenzer *m* tembel, haylaz
Faulheit *f* tembellik
Faulpelz *m* tembel, haylaz
Fauna *f* fauna
Faust *f* yumruk; **auf eigene** ~ kendi başına
Faustregel *f* pratik kural
Faustschlag *m* yumruk (darbesi)
Fax *nt* faks
faxen *vt* faks çekmek, fakslamak (*jdm etw* -e -i)
Faxnummer *f* faks numarası
Fazit *nt* sonuç, nihai netice
FCKW *m Abk. von* **Fluorchlorkohlenwasserstoff** FCKW
FDP *f Abk. von* **Freie Demokratische Partei** Hür Demokrat Partisi
Feature *nt* (*Merkmal*) karakteristik
Februar *m* şubat
fechten <ficht, focht, gefochten> *vi* 1.(*mit Säbel*) eskrim yapmak 2.(*kämpfen*) mücadele etmek, savaşmak
Fechten *nt* eskrim
Feder *f* 1.(*Vogel-*) tüy 2.(*Schreib-*) yazı kalemi 3.(*Sprung-*) yay, zemberek
Federball *m* (*Spiel*) badminton; (*Ball*) uçan

top
Federbett *nt* kuş tüyü yatak [*o* yorgan]
Federgewicht *nt* (*Boxen*) tüy sıklet
federleicht *adj* tüy gibi hafif
Federung *f* yay tertibatı, süspansiyon, amortisör
Fee *f* peri
Fegefeuer *nt* (REL) Araf
fegen *vt* süpürmek (*etw* -i)
fehl *adv:* ~ **am Platz sein** yerinde olmamak, uygun düşmemek
Fehlalarm *f* yanlış alarm
Fehlbetrag *m* açık
fehlen *vi* 1. (*nicht da sein*) bulunmamak, yok olmak 2. (*mangeln*) eksik [*o* noksan] olmak; **fehlt Ihnen etwas?** bir eksiklik mi var?; (*sind Sie krank?*) şikayetiniz ne?; **du hast mir sehr gefehlt** yokluğunu çok hissettim
Fehler *m* 1. (*Defekt*) bozukluk 2. (*Schuld*) suç, hata 3. (*Irrtum*) yanlış(lık), yanıltı, hata; **einen ~ haben** kusurlu [*o* hatalı] olmak; **einen ~ machen** hata yapmak
Fehlerbehandlung *f* (INFORM) hata yönetimi
fehlerfrei *adj* kusursuz, pürüzsüz, noksansız
fehlerhaft *adj* 1. (*mit Fehlern*) kusurlu, hatalı 2. (*falsch*) yanlış
Fehlgeburt *f* çocuk düşürme
Fehlgriff *m* yanılma, hata
Fehlinformation *f* yanlış enformasyon
Fehlinterpretation *f* yanlış yorum
Fehlkonstruktion *f* hatalı konstrüksiyon
fehlleiten *vt* yanıltmak (*jdn* -i), yanlış yol göstermek (*jdn* -e)
Fehlschlag *m* başarısızlık
fehlschlagen *irr vi sein* başarısızlığa uğramak, boşa gitmek [*o* çıkmak]
Fehltritt *m* kusur, kabahat
Fehlzündung *f* yanlış tutuşma
Feier *f* 1. (*Handlung*) kutla(n)ma 2. (*Fest*) tören
Feierabend *m* paydos; ~ **machen** paydos etmek
feierlich *adj* törensel, resmi
feiern I. *vt vi* 1. (*Fest*) kutlamak (*etw* -i) 2. (*ehren*) övmek (*jdn* -i) II. *vi* (*fröhlich zusammensein*) eğlenmek
Feiertag *m* tatil günü; (*Festtag*) bayram günü
feige *adj* korkak, ödlek, yüreksiz

Feige *f* incir
Feigenbaum *m* incir ağacı
Feigheit *f* korkaklık, yüreksizlik
Feigling *m* korkak, ödlek
Feile *f* eğe, törpü
feilen *vt* eğelemek, törpülemek (*etw* -i)
feilschen *vi* pazarlık etmek (*um etw* için)
fein *adj* 1. (*elegant*) zarif, şık 2. (*dünn*) ince, narin 3. (*vornehm*) kibar, nazik 4. (*schön*) nefis, enfes
Feind(in) *m(f)* düşman
feindlich *adj* düşman
Feindschaft *f* düşmanlık
feindselig *adj* düşmanca
Feindseligkeit *f* düşmanlık
feinfühlig *adj* ince (ruhlu), duygulu
Feinkostgeschäft *nt* mezeci (dükkanı), şarküteri
Feinmechanik *f* ince el sanatı
Feinschmecker(in) *m(f)* lezzetli yemeklere düşkün
Feld *nt* 1. (*Acker*) tarla 2. (SPORT) saha 3. (*fig*) alan, saha
Feldwebel *m* başçavuş
Feldweg *m* tarla yolu (*tarlalar arasından geçen asfaltlanmamış yol*)
Feldzug *m* sefer, harp
Felge *f* jant
Fell *nt* post, deri, kürk; (*von Schaf oder Ziege*) pösteki; **ein dickes ~ haben** vurdumduymaz olmak
Fels *m* kaya
felsenfest *adj* (*fig*) sarsılmaz
Feminismus *m* feminizm
Feministin *f* feminist
Fenchel *m* rezene
Fengshui *nt* feng shui
Fenster *nt* pencere; (*Schau-*) vitrin, camekan; **aus dem ~ sehen** pencereden bakmak; **das Geld zum ~ hinauswerfen** parasını har vurup harman savurmak
Fensterbank *f,*
Fensterbrett *nt* pencere eşiği
Fensterladen *m* kepenk
Fensterscheibe *f* pencere camı
Ferien *pl* tatil
Ferienanlage *f* tatil tesisi
Ferienhaus *nt* tatil evi
Ferienkurs *m* tatil kursu
Ferienlager *nt* tatil kampı
Ferkel *nt* 1. domuz yavrusu 2. (*fam: schmutziger Mensch*) pis herif [*o* kadın]

fern *adj, adv* uzak; **der Ferne Osten** Uzak Doğu; ~ **halten**^RR uzak tutmak (*jdn von etw/jdm* -i -den)
Fernbedienung *f* (uzaktan) kumanda
Ferne *f* uzak(lık); **in der** ~ uzakta; **aus der** ~ uzaktan
ferner *adv* (*außerdem*) ayrıca, bundan başka, bir de
Fernfahrer *m* tırcı
ferngelenkt *adj* güdümlü
Ferngespräch *nt* (*ins Ausland*) ülkeler arası telefon görüşmesi; (*im Inland*) şehirler arası telefon görüşmesi
ferngesteuert *adj* uzaktan kumandalı
Fernglas *nt* dürbün
fernhalten *vt s.* **fern**
Fernlicht *nt* uzak farı
Fernost - Uzak Doğu
Fernrohr *nt* teleskop, dürbün
Fernschreiben *nt* harfli telgraf
Fernschreiber *m* harfli telgraf
Fernsehansager(in) *m(f)* televizyon spikeri
Fernsehantenne *f* televizyon anteni
Fernsehapparat *m* televizyon
fernsehen *irr vi* televizyon seyretmek
Fernsehen *nt* televizyon; **im** ~ **übertragen** televizyonda göstermek (*etw* -i)
Fernseher *m* (*Gerät*) televizyon
Fernsehfilm *m* televizyon filmi
Fernsehkanal *m* TV kanalı
Fernsehzuschauer(in) *m(f)* televizyon seyircisi [*o* izleyici]
Fernsicht *f* 1. perspektif, manzara 2. (*Ausblick*) geniş manzara
Fernsprecher *m* telefon
Fernsprechzelle *f* telefon kulübesi
Fernsprechzentrale *f* telefon santralı
Fernsteuerung *f* uzaktan kumanda
Fernstudium *nt* mektupla öğretim [*o* öğrenim]
Fernverkehr *m* şehirler arası trafik
Ferse *f* topuk
fertig *adj* 1.(*bereit*) hazır (*zu/für etw* -e) 2.(*vollendet*) tamam; ~! tamam!, bitti!; **ich bin** ~ hazırım; **ich bin** (**fix und**) ~ bittim tükendim; **mit etw** ~ **werden** bir şeyle başa çıkmak, bir şeyin hakkından gelmek; **etw** ~ **bringen**^RR bir şeyi becermek, bir şeyin hakkından gelmek; ~ **machen**^RR (*beenden*) bitirmek; (*vorbereiten*) hazırlamak (*etw* -i); (*herunterputzen*) haşlamak (*jdn* -i), terbiyesini vermek (*jdn* -in); **sich** ~ **machen**^RR hazırlanmak (*zu/für etw* -e)
Fertiggericht *nt* hazır yemek
Fertighaus *nt* prefabrik ev
Fertigkeit *f* 1.(*Geschicklichkeit*) beceri 2.(*Gewandtheit*) çeviklik
fertigmachen *vt s.* **fertig**
Fertigung *f* yapım, imal
fesseln *vt* 1. bağlamak (*jdn* -i) 2.(*begeistern*) sarmak, büyülemek (*jdn* -i)
fest *adj* 1.(*nicht flüssig*) katı 2.(*hart*) sert, katı 3.(*nicht lose*) sıkı 4.(*konstant*) sabit, durağan 5.(*unerschütterlich*) sarsılmaz, kesin 6.(*dauerhaft*) sağlam, dayanıklı 7.(*Schlaf*) derin, deliksiz; **zu ~en Preisen** kesme fiyatlarla; **ich bin dazu ~ entschlossen** buna kesin kararlıyım; ~ **glauben** iyice inanmak (*an etw/jdn* -e); ~ **schlafen** derin uyumak
Fest *nt* 1.(*Festtag*) bayram; (*christlich*) yortu 2.(*Festival*) şenlik 3.(*Party*) parti
Festessen *nt* ziyafet, şölen
festhalten *irr* I. *vt* (sıkı) tutmak; (*zurückhalten*) alıkoymak (*etw* -i) II. *vr:* **sich** ~ (sıkı) tutunmak (*an jdn/etw* -e)
Festival *nt* şenlik, festival
Festland *nt* kara
festlegen I. *vt* (*Datum*) kararlaştırmak, saptamak (*etw* -i) II. *vr:* **sich** ~ kendini bağlamak
festlich I. *adj* (*in Feststimmung*) neşeli; (*feierlich*) törensel II. *adv* bayram gibi
festmachen *vt* sıkıca bağlamak; (*fig: Termin*) kararlaştırmak (*etw* -i)
Festnahme *f* tutuklama
festnehmen *irr vt* tutuklamak (*jdn* -i)
Festplatte *f* sabit disk
Festpreis *m* kesme [*o* belli] fiyat
festsetzen *vt* (*bestimmen*) kararlaştırmak, saptamak (*etw* -i)
Festspiele *pl* şenlik, festival
feststehen *irr vi:* **es steht fest, dass ...** ... kesin
feststellen *vt* (*fig: erkennen*) saptamak, tespit etmek (*etw* -i); **jds Personalien** ~ birinin kimliğini tespit etmek
Feststellung *f* saptama, tespit
Festtag *m* bayram günü
Festung *f* kale
Festwochen *pl* şenlik, festival
Festzug *m* tören alayı, kortej
Fetisch *m* fetiş
fett *adj* yağlı; (*Person*) şişman

Fett *nt* yağ
fettarm *adj* az yağlı
Fettfleck *m* yağ lekesi
fettig *adj* yağlı
Fettnäpfchen *nt:* **ins ~ treten** pot kırmak
Fetzen *m* (*Lumpen*) paçavra; (*Lappen*) bez parçası
feucht *adj* nemli
Feuchtigkeit *f* nem
Feuchtigkeitscreme *f* nemlendirici krem
feudal *adj* 1. feodal 2. (HIST) derebeylik
Feuer *nt* 1. (*Flammen*) ateş 2. (*Brand*) yangın 3. (*Eifer*) coşkunluk; **~ legen** yangın çıkarmak; **für jdn durchs ~ gehen** birisi için kendini ateşe atmaya hazır olmak
Feuerbestattung *f* ölülerin yakılması
feuerfest *adj* ateşe dayanıklı
Feuergefahr *f* yangın tehlikesi
feuergefährlich *adj* çabuk ateş alıcı
Feuerleiter *f* yangın merdiveni
Feuerlöscher *m* yangın söndürücü [*o* tüpü]
Feuermelder *m* yangın haber verme telefonu
feuern *vt* (*fam: entlassen*) yol vermek (*jdn* -e)
Feuerwache *f* itfaiye karakolu
Feuerwaffe *f* ateşli silah
Feuerwehr *f* itfaiye
Feuerwehrmann <-männer, -leute> *m* itfaiyeci, itfaiye eri
Feuerwerk *nt* fişek eğlenceleri
Feuerzeug *nt* çakmak
Feuilleton *nt* (bir gazetenin) kültür ve sanat sayfaları
feurig *adj* 1. (*mit Feuer*) ateşli 2. (*stürmisch*) coşkun, heyecanlı, ateşli
ff. *pl Abk. von* **und folgende Seiten** ve devamı
Fiasko *nt* fiyasko
Fibel *f* alfabe (kitabı)
ficht *vi s.* **fechten**
Fichte *f* çam ağacı, ladin ağacı
Fieber *nt* (*auch fig*) ateş; **sie hat ~** ateşi var
fieberhaft *adj*, **fiebrig** *adj* ateşli
Fieberthermometer *nt* termometre
fiel *vi s.* **fallen**
Figur *f* 1. (*Form*) biçim, şekil 2. (*Wuchs*) boy, endam 3. (*Tanz-, Kunstwerk*) figür
File-Extension *f* (INFORM) dosya eki
Filet *nt* 1. (*Netzarbeit*) file 2. (*Lendenbraten*) bonfile
Filiale *f* şube

Film *m* film
Filmaufnahmen *fpl* film çekimleri
Filmemacher(in) *m(f)* film yapımcısı
filmen I. *vi* film çekmek II. *vt* filmini çekmek (*etw* -in)
Filmfestival *nt* film festivali
Filmkamera *f* film kamerası
Filmmusik *f* film müziği
Filmschauspieler(in) *m(f)* sinema artisti [*o* oyuncusu]
Filmstar *m* film yıldızı, sinema yıldızı
Filmverleih *m* dağıtımcı
Filter *m* 1. (*Sieb*) süzgeç, filtre 2. (*Zigarette*) filtre
Filterkaffee *m* filtre kahvesi
filtern *vt* 1. süzmek, süzgeçten [*o* filtreden] geçirmek (*etw* -i) 2. (TECH) filtrelemek (*etw* -i)
Filterpapier *nt* filtre kâğıdı
Filterzigarette *f* filtreli sigara
Filz *m* keçe
Filzstift *m* keçeli kalem
Finale *nt* final
Finalist(in) *m(f)* (SPORT) finalist
Finanzamt *nt* vergi dairesi
Finanzbeamte, -beamtin *m, f* maliye memuru
Finanzdienstleistung *f* finansal hizmet
Finanzen *fpl* 1. (*Finanzwesen*) maliye *sing* 2. (*fam: Geld*) para *sing*
Finanzhilfe *f* mali yardım
finanziell *adj* mali, para(sal), finansiyel
finanzieren *vt* finanse etmek (*etw* -i)
Finanzierung *f* finansman
Finanzmarkt *m* mali piyasa
Finanzminister(in) *m(f)* maliye bakanı
finden <fand, gefunden> *vt* bulmak (*etw/jdn* -i)
Finder *m* bulan
Finderlohn *m* bulana verilen ödül
fing *vt s.* **fangen**
Finger *m* parmak; **der kleine ~** serçeparmak, küçük parmak; **jdn um den kleinen ~ wickeln** birini avucunun içine almak; **bei etw die ~ im Spiel haben** bir işte parmağı olmak; **die ~ von etw lassen** bir işten vazgeçmek; **jdm auf die ~ klopfen** birine haddini bildirmek; **jdm auf die ~ sehen** birini gözlemlemek; **an den ~n abzählen** parmakla saymak
Fingerabdruck *m* parmak izi
Fingerfertigkeit *f* el çabukluğu, çeviklik
Fingerglied *nt* boğmak kemiği

Fingerhut *m* 1. yüksük 2. (*Pflanze*) yüksükotu
Fingernagel *m* tırnak
Fingerspitze *f* parmak ucu
Fingerspitzengefühl *nt* (*auch fig*) duyarlık
Finne *m*, **Finnin** *f* Finlandiyalı
finnisch *adj* 1. (*Sprache*) Fince 2. (*Art*) Fin 3. (*Herkunft*) Fin(li)
Finnland *nt* Finlandiya
finster *adj* 1. karanlık 2. (*fig: Gesicht*) asık, çatık
Finsternis *f* (zifiri) karanlık
Firma *f* (*Geschäft*) firma
firmen *vt* kilise cemaatine törenle kabul etmek
Firmenhochzeit *f* şirket izdivacı [*o* birleşmesi]
Firmung *f* kilise cemaatine törenle kabul etme
Firnis *m* vernik, cila
First Lady *f* first lady
Fisch *m* balık; ~**e** (*Sternzeichen*) Balık (burcu); **wie ein ~ im Wasser** (*fig*) turp gibi
fischen I. *vi* balık tutmak II. *vt* tutmak (*etw* -i)
Fischer *m* balıkçı
Fischerei *f* balıkçılık
Fischereihafen *m* balıkçı limanı
Fischfang *m* balık avı
Fischgeschäft *nt* balıkçı (dükkanı)
Fischgräte *f* balık kılçığı
Fischhändler(in) *m(f)* balıkçı
Fischrestaurant *nt* balık lokantası
Fischvergiftung *f* balıktan zehirlenme
Fiskus *m* Hazine
Fistel *f* fistül
fit *adj* formunda
Fitnesscenter *nt* fitnes kulübü
fix *adj* 1. (*fest*) sabit, durağan 2. (*fam: flink*) çevik; ~ **und fertig** tastamam; **ich bin ~ und fertig** bittim tükendim; ~**e Idee** sabit fikir, saplantı
fixieren *vt* 1. sabitleştirmek (*etw* -i) 2. (*Foto*) tespit etmek (*etw* -i) 3. (*anstarren*) gözlerini dikmek (*jdn* -e)
FKK *f Abk. von* **Freikörperkultur** nüdizm
FKK-Strand *m* çıplaklar kampı
flach *adj* 1. (*eben*) düz, yassı 2. (*niedrig*) alçak, basık 3. (*seicht*) alçak, sığ; (*Teller*) yayvan; (*fig*) adi, bayağı; **mit der ~en Hand** el ayasıyla

Flachdach *nt* düz dam
Fläche *f* 1. (*Feld*) alan 2. (*Ebene*) düzlük 3. (*Ober-*) yüzey
Flächeninhalt *m* yüzölçümü, alan
Flächenmaß *nt* yüzey ölçüsü
Flagge *f* sancak, bayrak; (*Schiffs-*) bandıra
Flame *m*, **Flämin** *f* Flaman
Flamingo *m* flamingo
flämisch *adj* 1. (*Sprache*) Flamanca 2. (*Art, Herkunft*) Flaman
Flamme *f* alev; **Feuer und ~ sein** can atmak (*für etw* -e)
Flanell *m* fanila, flanel
Flasche *f* 1. (*Gegenstand*) şişe; (*Säuglings-*) biberon 2. (*pej*) beceriksiz adam
Flaschenbier *nt* şişe birası
Flaschenöffner *m* şişe açacağı
Flaschenpfand *nt* şişe depozitosu
flatterhaft *adj* (*fam*) maymun iştahlı
flattern *vi* 1. *sein* uçuşmak 2. *haben* (*Fahne*) dalgalanmak
Flaute *f* 1. (MAR) rüzgarın kesilmesi 2. (ECON) durgunluk
flechten <flicht, flocht, geflochten> *vt* örmek (*etw* -i)
Fleck *m* (*Stelle*) yer, nokta; **blauer ~** çürük, bere
Fleck(en) *m* 1. (*Tupfen*) nokta, benek 2. (*Schmutz*) leke
Fleckenentferner *m* leke çıkarıcı, leke silici
Fleckenmittel *nt* leke suyu
fleckig *adj* (*schmutzig*) lekeli
Fledermaus *f* yarasa
Flegel *m* (*Rüpel*) hödük, yontulmamış herif, terbiyesiz
flegelhaft *adj* kaba, terbiyesiz
flehen *vi* yalvarmak, yalvarıp yakarmak
Fleisch *nt* et
Fleischbrühe *f* et suyu
Fleischer(in) *m(f)* kasap
Fleischerei *f* kasap dükkanı
fleischig *adj* etli
Fleischklößchen *nt* köfte
fleischlos *adj* etsiz
Fleischwolf *m* kıyma makinesi
Fleiß *m* çalışkanlık, gayret
fleißig *adj* çalışkan, gayretli
flexibel *adj* (*anpassungsfähig*) esnek
Flexibilität *f* esneklik
flicht *vt s.* **flechten**
flicken *vt* 1. (*Loch*) yama(la)mak (*etw* -i)

Flicken

2. (*reparieren*) onarmak (*etw* -i)
Flicken *m* yama
Flickzeug *nt* yama malzemesi
Flieder *m* leylak
Fliege *f* sinek; **zwei ~n mit einer Klappe schlagen** bir taşla iki kuş vurmak
fliegen <flog, geflogen> **I.** *vi sein* **1.** uçmak **2.** (*fam*) atılmak (*okuldan* aus der Schule) **II.** *vt haben* (*Flugzeug*) sürmek (*etw* -i)
Fliegenfänger *m* sinek kâğıdı
Fliegengewicht *nt* (*Boxen*) sinek sıklet
Fliegengitter *nt* sineklik tel
fliehen <floh, geflohen> *vi sein* kaçmak (*vor jdm/etw* -den)
Fliese *f* çini, fayans
Fließband *nt* sürekli iş bandı
Fließbandarbeit *f* zincirleme usulü (çalışma)
fließen <floss, geflossen> *vi sein* (*auch fig*) akmak
fließend I. *adj:* **~es Wasser** akarsu **II.** *adv:* **sie spricht ~ Deutsch** düzgün bir Almanca konuşuyor
flimmern *vi* parıldamak
flink *adj* çevik, atik
Flinte *f* tüfek
Flirt *m* flört
flirten *vi* flört etmek (*mit jdm* ile)
Flitterwochen *fpl* balayı *sing*
flocht *vt s.* **flechten**
Flocke *f* (*Schnee-*) kar tanesi
flog *vi s.* **fliegen**
floh *vi s.* **fliehen**
Floh *m* pire
Flohmarkt *m* bit pazarı
Flop *m* (*fam*) fiyasko
Florett *nt* eskrim meçi, flöre
florieren *vi* (*Geschäft*) tıkırında gitmek
floss[RR] *vi s.* **fließen**
Flosse *f* **1.** (*Fisch-*) yüzgeç **2.** (*Taucher-*) palet
Flöte *f* flüt; (*oriental.*) ney
flott *adj* **1.** (*flink*) çevik **2.** (*schick*) şık
Flotte *f* donanma, filo
flottmachen *vt* **1.** yeniden harekete geçirmek (*etw* -i) **2.** (*Schiff*) yüzdürmek (*etw* -i)
Fluch *m* **1.** (*Verwünschung*) lanet, beddua, ilenç **2.** (*Kraftwort*) küfür, sövgü
fluchen *vi* küfretmek, sövmek
Flucht *f* kaçış, kaçma; (*Gefangene*) kaçma; **die ~ ergreifen** kaçmak (*vor etw/jdn* -den)

Flusskrebs

flüchten I. *vi sein* kaçmak (*vor etw/jdn* -den) **II.** *vr:* **sich ~** sığınmak (*in etw* -e)
flüchtig I. *adj* **1.** (*geflüchtet*) kaçak, kaçkın **2.** (*fig: schnell vergehend*) geçici **3.** (*oberflächlich*) yüzeysel **II.** *adv* (*oberflächlich*) üstünkörü
Flüchtigkeitsfehler *m* dikkatsizlik yanlışı [*o* hatası]
Flüchtling *m* **1.** kaçak, kaçkın **2.** (*politischer*) mülteci, sığınmacı
Flüchtlingslager *nt* mülteciler kampı
Flug *m* uçuş
Flugbahn *f* **1.** yörünge **2.** (*eines Geschosses*) mermi yolu
Flugblatt *nt* el ilanı
Flügel *m* **1.** kanat **2.** (*Klavier*) kuyruklu piyano
Fluggast *m* uçak yolcusu
Fluggesellschaft *f* havayolu şirketi
Flughafen *m* havaalanı, havalimanı
Flughafenbus *m* hava alanı otobüsü
Flugkapitän *m* pilot
Fluglinie *f* havayolu
Fluglotse *m* uçak kılavuzu
Flugplan *m* uçak tarifesi
Flugplatz *m* havaalanı
Flugschreiber *m* kara kutu
Flugticket *nt* uçak bileti
Flugverkehr *m* hava trafiği
Flugzeug *nt* uçak
Flugzeugabsturz *m* uçak düşmesi [*o* kazası]
Flugzeugentführung *f* uçak kaçırma
Flugzeugträger *m* uçak gemisi
Flur[1] *m* **1.** (*Haus-*) hol; (*beim Eingang*) antre **2.** (*Gang*) koridor, geçenek
Flur[2] *f* (*Land*) kırlar, tarlalar, köy arazisi
Flurbereinigung *f* dağınık tarlaların birleştirilmesi
Fluss[RR] *m* **1.** (*Strom*) nehir, ırmak **2.** (*Fließen*) akış, cereyan
flussabwärts[RR] *adv* akış aşağı
flussaufwärts[RR] *adv* akış yukarı
Flussbett[RR] *nt* nehir yatağı
flüssig *adj* **1.** (*nicht fest*) sıvı, akıcı, akışkan **2.** (*fig: Stil*) akıcı **3.** (*Geld*) hazır, likit
Flüssigkeit *f* **1.** (*Zustand, Stoff*) sıvı **2.** (COM) likidite
Flüssigkristallbildschirm *m* sıvı kristal ekranı
Flüssigwaschmittel *nt* çamaşır suyu
Flusskrebs[RR] *m* kerevit

Flussmündung^RR *f* nehir ağzı
flüstern *vi* fısıldamak
Flut *f* 1.(*strömendes Wasser*) sel 2.(*Gezeiten*) kabarma 3.(*fig*) bolluk, çokluk
focht *vi s.* **fechten**
Föderalismus *m* federalizm
Fohlen *nt* tay
Föhn *m* 1.(*warmer Wind*) (Avrupa'daki) lodos 2.(*Haar-*) fön
föhnen^RR *vt* saçını fönle kurutmak, saçını fönlemek
Folge *f* 1.(*Ergebnis*) sonuç 2.(*Reihenfolge*) sıra, dizi, seri 3.(*Fortsetzung*) devam
folgen *vi sein* 1.(*hinterhergehen*) arkasından gitmek (*jdm* -in); (*verfolgen*) takip etmek (*jdm* -i) 2.(*gehorchen*) itaat etmek, uymak (*jdm* -e), dinlemek (*jdm* -i) 3.(*befolgen*) uymak (*einer Sache* -e) 4.(*nachfolgen*) yerine geçmek (*jdm* -in) 5.(*logisch*) anlaşılmak (*aus etw* -den)
folgend *adj* (*nächst*) ertesi; (*später*) ondan sonraki; **Folgendes**^RR**, das Folgende**^RR aşağıdaki
folgendermaßen *adv* şu şekilde
folgenschwer *adj* ağır, tehlikeli
folgern *vi* çıkarmak (*etw aus etw* -i -den)
Folgerung *f* sonuç çıkarma
folglich *adv* (*daher*) bu nedenle, bundan dolayı; (*also*) şu [*o o*] halde, demek ki
Folie *f* folyo
Folklore *f* folklor
Folter *f* işkence; (*Qual*) azap
foltern *vt* işkence etmek; (*fig*) azap vermek (*jdn* -e); **gefoltert werden** işkence görmek
Folterwerkzeug *nt* işkence aleti
Fön® *m* fön
Fonds *m* (FIN) fon
fönen *vt s.* **föhnen**
Font *m* (*Schriftart*) yazıtipi, yazı karakteri seti, font
Förderband *nt* döner bant
förderlich *adj* yararlı, elverişli
fordern *vt* 1.(*verlangen*) istemek, talep etmek (*etw* -i) 2.(*er-*) gerektirmek (*etw* -i)
fördern *vt* 1.(*anreizen*) teşvik etmek (*etw* -i) 2.(*unterstützen*) desteklemek (*jdn* -i) 3.(*protegieren*) kayırmak (*jdn* -i) 4.(*Kohle*) çıkarmak (*etw* -i)
Forderung *f* talep, istek
Förderung *f* 1.(*einer Sache*) teşvik, özendirme 2.(*Unterstützung*) destekleme 3.(*Protektion*) kayırma 4.(*Kohle-*) (maden) çıkarma

Forelle *f* alabalık
Form *f* 1.biçim 2.(TECH) kalıp; **in ~ sein** formunda olmak
formal *adj* biçimsel, şekli
Formalität *f* 1.formalite 2.(ADM) gerekli işlemler *pl*
Format *nt* 1.boy, boyut; (*eines Buches*) boyut 2.(INFORM) format; **ein Mann von ~** üstün kişilik
Formel *f* formül
formell *adj* biçimsel, şekli; (*feierlich*) resmi
formen *vt* (*auch fig*) biçimlendirmek (*etw* -i), şekil vermek (*etw* -e)
förmlich *adj* resmi
Förmlichkeit *f* resmiyet
formlos *adj* (*zwanglos*) teklifsiz
Formular *nt* formüler
formulieren *vt* formüle etmek (*etw* -i)
forsch *adj* 1.(*mutig*) yiğit, cesur 2.(*frech*) cüretli, atılgan
forschen *vi* araştırmak (*nach etw* -i)
Forscher(in) *m(f)* araştırmacı
Forschung *f* araştırma, inceleme
Forst *m* orman
Förster(in) *m(f)* ormancı, orman memuru
Forstwirtschaft *f* ormancılık
fort *adv* 1.(*nicht da*) gitmiş; **sie ist ~** (o) gitmiş 2.(*verschwunden*) kaybolmuş; **und so ~** ve saire
Fortbestand *m* kalım
fortbestehen *irr vi* sürüp gitmek
fortbewegen I. *vt* hareket ettirmek (*etw* -i) II. *vr:* **sich ~** hareket etmek
fortbilden *vr:* **sich ~** bilgisini genişletmek
Fortbildung *f* bilgi geliştirme, eğitim devamı
Fortbildungskurs *m* eğitim devamı kursu
Fortdauer *f* devam, sürme, sürüp gitme
fortdauern *vi* devam etmek, sürmek, sürüp gitmek
fortfahren *irr vi sein* 1.(*wegfahren*) ayrılıp gitmek 2.(*weitermachen*) devam etmek (*mit etw* -e), sürdürmek (*mit etw* -i)
fortführen *vt* (*fortsetzen*) devam ettirmek, sürdürmek (*etw* -i)
Fortführung *f* devam et(tir)me, sürdürme
fortgehen *irr vi sein* ayrılıp gitmek
fortgeschritten *adj* (*fig*) ilerlemiş
fortlaufend *adj* sürekli, devamlı
fortpflanzen *vr:* **sich ~** üremek
Fortpflanzung *f* üreme

fortschaffen vt (*entfernen*) ortadan kaldırmak, götürmek (*etw* -i)
Fortschritt m ilerleme; ~**e machen** ilerlemek
fortschrittlich adj ilerici
fortschrittsfeindlich adj gerici
fortsetzen vt devam etmek (*etw* -e)
Fortsetzung f devam; ~ **folgt** devamı [*o* arkası] var
forttragen irr vt (uzağa) götürmek (*etw* -i)
fortwährend I. adj devamlı, sürekli II. adv daima, durmadan, durmaksızın
Fossil nt fosil
Foto nt fotoğraf, resim
Fotoalbum nt foto albümü
Fotoapparat m fotoğraf makinesi
fotogen adj fotojenik
Fotograf(in) m(f) fotoğrafçı
Fotografie f fotoğraf, resim
fotografieren I. vi fotoğraf [*o* resim] çekmek II. vt fotoğrafını [*o* resmini] çekmek (*jdn/etw* -in)
Fotokopie f fotokopi
fotokopieren vt fotokopisini çekmek (*etw* -in)
Fotokopierer m fotokopi makinesi
Fotomodell nt fotomodel
Fotomontage f fotomontaj
Fotorahmen m resim çerçevesi
Foul nt faul
Foyer nt fuaye
Fr. f *Abk. von* **Frau** Bayan
Fracht f 1.(*Ladung*) yük 2.(MAR, AERO) kargo
Frachtgut nt: **als** ~ nakil eşyası olarak
Frachtkosten pl nakliye ücreti
Frachtstück nt koli
Frack m frak
Frage f 1.soru, sual 2.(*Problem*) sorun, problem; **das ist eine** ~ **der Zeit** bu, zaman meselesi; **ohne** ~ hiç kuşkusuz; **das kommt nicht in** ~! bu, söz konusu bile olamaz!; *etw* **in** ~ **stellen** (*anzweifeln*) bir şeyden şüphelenmek; (*gefährden*) bir şeyi tehlikeye düşürmek
Fragebogen m soru kâğıdı
fragen I. vt sormak (*jdn nach jdm/etw* -e -i) II. vr: **ich frage mich, warum** nedenini merak ediyorum
Fragezeichen nt soru işareti
fraglich adj 1.(*zweifelhaft*) şüpheli 2.(*betreffend*) söz konusu olan
fragwürdig adj şüpheli

Fraktion f fraksyon
Frame m (INET) çatı, frame
Franc m (*französ. Währung*) frank
Franken¹ nt (*Gebiet*) Frankonya
Franken² m (*Währung*) frank
frankieren vt pullamak (*etw* -i)
franko adv bedava
Frankreich nt Fransa
Franse f püskül, saçak
Franzose m, **Französin** f Fransız
französisch adj 1.(*Art, Herkunft*) Fransız 2.(*Sprache*) Fransızca
Französisch nt (*Sprache*) Fransızca
fraß vi, vt s. **fressen**
Frau f 1.(*Person*) kadın 2.(*Ehe*-) karı, eş 3.(*Anrede: vor dem Nachnamen*) bayan; (*Anrede: hinter dem Vornamen*) hanım; **gnädige** ~! hanımefendi!
Frauenarzt, -ärztin m, f kadın doktoru
Frauenbewegung f feminizm
frauenfeindlich adj kadın karşıtı
Frauenheld m kadın düşkünü
Frauenzeitschrift f kadın mecmuası
Fräulein nt 1.(*junges Mädchen*) genç kız 2.(*unverheiratete Frau*) evlenmemiş kadın 3.(*Anrede für Mädchen*) küçük hanım
frech adj 1.(*unverschämt*) küstah, utanmaz 2.(*keck*) cüretli, gözüpek
Frechheit f 1.(*Unverschämtheit*) küstahlık, utanmazlık 2.(*Keckheit*) cüret
Freeclimbing nt serbest tırmanış
Freeware f freeware, ücretsiz yazılım
frei I. adj 1.(*nicht gebunden*) hür, özgür, serbest 2.(*unabhängig*) bağımsız 3.(*befreit*) muaf (*von etw* -den) 4.(*Platz, Stelle*) boş 5.(*gratis*) parasız, bedava; **im Freien** açık havada II. adv: ~ **Haus** evde teslim olmak üzere; **wir haben** ~ boşuz, tatildeyiz
Freibad nt açık yüzme havuzu
freibleibend adj (COM: *unverbindlich, nicht bindend*) bağlayıcı olmayan, bağımsız, boş kalan
Freidemokrat(in) m(f) hür demokrat
Freigepäck nt ücretsiz bagaj
Freihafen m serbest liman
freihalten irr vt (*Platz*) açık tutmak (*etw* -i); **Ausfahrt** ~! çıkışı serbest bırakın!
Freihandelszone f serbest ticaret bölgesi
Freiheit f özgürlük, hürriyet, serbestlik
freiheitlich adj özgürlüğü seven
Freiheitsberaubung f kişisel özgürlükten haksız olarak mahrum etme

Freiheitsstrafe *f* hapis cezası
Freikörperkultur *f* nüdizm
freilassen *irr vt* 1.(*Gefangene*) serbest bırakmak, salmak (*jdn* -i) 2.(*Platz*) boş bırakmak (*etw* -i)
Freilassung *f* serbest bırak(ıl)ma
freilich *adv* elbette, tabii
Freilichtbühne *f* açık hava tiyatrosu
Freilichtkino *nt* açık hava sineması
Freilichtmuseum *nt* açık hava müzesi
freimachen I. *vt* 1.(*Postsendung*) pullamak (*etw* -i), pul yapıştırmak (*etw* -e) 2.(*Körperteil*) açmak (*etw* -i) II. *vr:* **sich** ~ (*sich befreien*) kendini kurtarmak (*von etw* -den); (*sich ausziehen*) soyunmak
Freimaurer *m* (far)mason
freimütig I. *adj* açıksözlü II. *adv* açıkça
Freischärler *m* çeteci
freisprechen *irr vt* beraat ettirmek (*jdn* -i)
Freispruch *m* beraat
freistehen *irr vi:* **es steht Ihnen frei, zu ...** -mekte serbestsiniz
freistellen *vt* 1.(*von Verpflichtungen*) muaf tutmak (*jdn von etw* -i -den) 2.(*überlassen*) takdirine bırakmak (*jdm etw* -in -i)
Freistoß *m* (*Fußball*) frikik
Freitag *m* cuma (günü)
Freitod *m* intihar
freiwillig I. *adj* gönüllü, istemli II. *adv* gönüllü olarak
Freizeit *f* boş zaman
Freizeitpark *m* eğlence parkı
Freizügigkeit *f* (ECON) serbest dolaşım
fremd *adj* 1.yabancı; **ich bin hier** ~ buranın yabancısıyım 2.(*unbekannt*) bilinmeyen, tanınmayan
fremdartig *adj* yabancı
Fremde *f* gurbet
Fremde(r) *mf* 1.(*Ausländer*) yabancı, ecnebi 2.(*Orts-*) yabancı
Fremdenführer(in) *m(f)* turist rehberi
Fremdenlegion *f* yabancı lejyonu
Fremdenverkehr *m* turizm
Fremdenzimmer *nt* pansiyon odası
Fremdsprache *f* yabancı dil
Fremdwort *nt* yabancı sözcük [*o* kelime]
Frequenz *f* frekans
Frequenzenzuweisung *f* (RADIO, INFORM) frekans tahsisi
Fresko *nt* fresk
Freskomalerei *f* duvara yapılan resim
fressen <frisst, fraß, gefressen> I. *vi* (*Tier*) yem yemek II. *vt* 1.(*Tier*) yemek (*etw* -i) 2.(*pej: Mensch*) (oburca) yemek (*etw* -i)
Freude *f* 1.(*das Frohsein*) sevinç, neşe 2.(*Vergnügen*) zevk, eğlence; **mit ~n** seve seve, memnuniyetle; **vor ~** sevinçten; **jdm eine ~ bereiten** birini sevindirmek
Freudentanz *m:* **einen ~ aufführen** sevinçten zıp zıp hoplamak, sevincinden deliye dönmek
freudestrahlend *adv* büyük sevinç içinde
freudig *adj* sevinçli, sevindirici
freuen I. *vt* sevindirmek (*jdn* -i); **das freut mich** buna sevindim [*o* memnun oldum] II. *vr:* **sich** ~ sevinmek (*auf/über etw* -e)
Freund *m* arkadaş, dost; **dicke ~e** sıkı fıkı [*o* canciğer] dostlar; **ein ~ von mir** benim bir arkadaşım
Freundin *f* kız arkadaş
freundlich *adj* 1.(*freundschaftlich*) dostça 2.(*liebenswürdig*) sevimli 3.(*höflich*) nazik, ince; **~e Grüße** içten [*o* candan] selamlar; **wären Sie so ~ das Fenster zu öffnen** rica etsem lütfen pencereyi açar mısınız; **das ist sehr ~ von Ihnen** çok naziksiniz
Freundlichkeit *f* (*Höflichkeit*) nezaket, incelik
Freundschaft *f* dostluk, arkadaşlık, ahbaplık; **mit jdm ~ schließen** birine arkadaş [*o* dost] olmak
freundschaftlich *adj* dostça, arkadaşça
Friede(n) *m* barış; (*fig: innerer*) huzur, rahat; **~ schließen** barışmak (*mit jdm* ile)
Friedensbewegung *f* barış hareketi, pasifizm
Friedensnobelpreis *m* Nobel Barış Ödülü
Friedensverhandlungen *pl* barış müzakereleri
Friedensvertrag *m* barış antlaşması
Friedhof *m* mezarlık, gömütlük
friedlich *adj* 1.(*friedliebend*) barışçı, barışsever 2.(*ruhig*) sakin, uysal
frieren <fror, gefroren> *vi* (*gefrieren*) donmak; (*Personen*) üşümek; **es friert** buz kesiyor
Friesland *nt* Frizya
frisch I. *adj* taze; (*Wäsche*) temiz; **es ist ~** (*kühl*) hava serin II. *adv:* **~ gestrichen!** yeni boyanmış!; **~ gebacken**[RR] (*fig* FAM) çiçeği burnunda
Frische *f* (*Kühle*) serinlik
Frischhaltefolie *f* selofan, streç film
Frischling *m* 1.(*Wildschwein*) yabandomu-

zu yavrusu 2.(*Anfänger*) acemi
Friseur *m* berber, kuaför
Friseursalon *m* berber [*o* kuaför] salonu
Friseuse *f* berber, kuaföz
frisieren *vt* saçını tarayıp düzeltmek (*jdn* -in)
frisst[RR] *vi, vt s.* **fressen**
Frist *f* 1.(*Zeitraum*) süre, müddet 2.(*Termin*) vade, önel
fristlos *adv* derhal, hemen; (*Kündigung*) derhal
Frisur *f* saç biçimi
Frl. *nt Abk. von* **Fräulein** Bayan (*bekar*)
froh *adj* 1.(*fröhlich*) sevinçli, neşeli 2.(*erfreut*) memnun (*über etw* -e)
fröhlich *adj* sevinçli, neşeli, şen; **Fröhliche Weihnachten!** Noeliniz kutlu olsun!
fromm *adj* dindar; (*strenggläubig*) sofu
Frömmigkeit *f* dindarlık; (*Strenggläubigkeit*) sofuluk
Fronleichnam(sfest) *m(nt)* katoliklerde esas yortu
Front *f* 1.(MIL, METEO) cephe 2.(*Häuser-*) ön taraf
frontal *adj* cepheden
fror *vi s.* **frieren**
Frosch *m* kurbağa
Frost *m* don, şiddetli soğuk
Frostbeule *f* soğuk şişkinliği
frösteln *vi* (*Mensch*) soğuktan titremek
frostig *adj* (*auch fig*) (aşırı) soğuk
Frostschutzmittel *nt* antifriz
Frottee *m/nt* havlu kumaşı
Frucht *f* meyve, yemiş; (*fig*) verim, semere, randıman
fruchtbar *adj* verimli; (*Boden auch*) bitek, bereketli
Fruchtbarkeit *f* verimlilik; (*Boden*) bereket
Fruchtsaft *m* meyve suyu
früh I. *adj* erken; **am ~en Morgen** sabahın erken saatleri II. *adv* erken(den); **~ morgens** sabah erkenden; **heute ~** bu sabah; **morgen/gestern ~** yarın/dün sabah; **von ~ bis spät** sabahtan akşama kadar
Frühaufsteher(in) *m(f)* sabahçı
früher *adv* 1.(*eher*) daha önce [*o* erken] 2.(*einst*) eskiden, önceleri; **~ oder später** er veya geç
frühere(r, s) *adj* önceki, geçmiş; (*ehemaliger*) eski
frühestens *adv* en erken

Frühgeburt *f* erken doğum
Frühjahr *nt* (ilk)bahar
Frühjahrsmüdigkeit *f* bahar yorgunluğu
Frühling *m* (ilk)bahar
frühreif *adj* erken gelişmiş
Frühreife *f* erken gelişme
Frühstück *nt* kahvaltı; **zum ~** kahvaltıda
frühstücken *vi* kahvaltı etmek
Frühstücksbüfett *nt* kahvaltı büfesi
frühzeitig *adv* 1.(*früh*) erken 2.(*rechtzeitig*) vaktinde
Frust *f* hayal kırıklığı
frustrieren *vt* hayal kırıklığına uğratmak (*jdn* -i)
frustrierend *adj* yıldırıcı
frustriert *adj* hayal kırıklığına uğramış, küskün
Fuchs *m* tilki; **schlauer ~** (*fig*) kurnaz tilki
fuchsteufelswild *adj* köpürmüş, zıvanadan çıkmış
Fuge *f* kertik; **aus den ~n geraten** bozulmak, dağılmak
fügen *vr*: **sich ~** (*sich unterwerfen*) boyun eğmek; (*sich anpassen*) uymak (*jdm/einer Sache* -e)
fühlbar *adj* 1.(*wahrnehmend*) duyulabilir, hissedilir, farkedilir 2.(*fig: deutlich*) belli
fühlen I. *vi* (*tasten*) dokunmak, el değdirmek (*an etw* -e) II. *vt* (*empfinden*) duymak, hissetmek, sezmek (*etw* -i); **jdm den Puls ~** birinin nabzına bakmak III. *vr*: **wie fühlst du dich?** kendini nasıl hissediyorsun?; **ich fühle mich nicht wohl** kendimi iyi hissetmiyorum, rahatsızım
Fühler *m* (*bei Insekten, Schnecken*) duyarga, anten
fuhr *vi, vt s.* **fahren**
führen I. *vt* 1.(*hin-*) götürmek (*jdn zu/nach* -i -e) 2.(*her-*) getirmek (*jdn zu/nach* -i -e) 3.(*leiten*) yönetmek, idare etmek (*etw* -i) 4.(*Weg führen*) rehberlik etmek, yol göstermek (*jdn* -e) 5.(*lenken*) yürütmek, sürmek (*etw* -i) 6.(COM: *Waren*) satmak (*etw* -i) 7.(*Name*) taşımak (*etw* -i); **Buch ~** defter tutmak II. *vi* (*an der Spitze stehen*) başta gelmek; **zu etw ~** (*zur Folge haben*) bir şeye yol açmak III. *vr*: **sich gut/schlecht ~** iyi/kötü davranmak
führend *adj* ileri gelen; (*leitend*) baştaki; (*richtungsweisend*) öncü
Führer *m* 1.(*Weg-*) kılavuz, rehber 2.(*Oberhaupt*) baş(kan) 3.(*Fremden-*) (turist) reh-

Führerschein 89 **Fußgängerunterführung**

ber(i) 4.(*Buch*) muhasebeci 5.(*Partei-*) önder, lider
Führerschein *m* (şoför) ehliyet(i)
Führung *f* 1.(*Leitung*) yönetim; (ADM) başkanlık; (MIL) komuta(nlık) 2.(*Benehmen*) hal ve gidiş 3.(*Besichtigung*) dolaştırma, gezdirme 4.(*Geleit*) rehberlik
Führungszeugnis *nt* (*polizeiliches*) iyi hal kâğıdı
Fülle *f* (*Menge*) bolluk, çokluk
füllen *vt* doldurmak (*etw* -i); (*Zahn*) dolgu takmak (*etw* -e); **gefüllte Paprikaschoten** biber dolması
Füller *m*, **Füllfederhalter** *m* dolmakalem
Füllung *f* 1. dolma, doldurma 2.(*Zahn-*) dolgu
fummeln *vi* (*fam*) kurcalamak (*an etw* -i)
Fund *m* bulunan şey, buluş
Fundament *nt* temel; (*fig*) temel, esas
fundamental *adj* asıl, esaslı
Fundamentalismus *m* fundamentalizm; (*religiöser*) kökten dincilik, yobazlık
Fundamentalist(in) *m(f)* fundamentalist; (*religöser*) kökten dinci, yobaz
fundamentalistisch *adj* (*religiös*) kökten dinci
Fundbüro *nt* kayıp eşya bürosu
Fundgrube *f* (*fig*) zengin kaynak
fünf *num* beş
Fünfeck *nt* beşgen
fünffach I. *adj* beş kat(lı) II. *adv* beş misli
fünfhundert *num* beş yüz
fünfmal *adv* beş kere [*o* defa]
Fünfprozenthürde *f* yüzde beş barajı
fünfte(r,s) *adj* beşinci
Fünftel *nt* beşte bir
fünftens *adv* beşinci olarak
fünfzehn *num* on beş
fünfzig *num* elli
Funk *m* 1. telsiz (telgraf) 2.(*Rund-*) radyo
Funke *m* kıvılcım
funkeln *vi* pırıldamak, parlamak, ışıldamak
funkelnagelneu *adj* yepyeni
funken *vt* telsizlemek, telsizle bildirmek (*etw* -i)
Funker(in) *m(f)* telsizci
Funkhaus *nt* radyo evi
Funkstreife(nwagen) *f(m)* telsizli polis arabası
Funktion *f* işlev, görev, fonksiyon
Funktionär *m* görevli
funktionell *adj* işlevsel

funktionieren *vi* işlemek
für *präp* +*akk* 1.(*Zweck, Bestimmung*) için 2.(*um ... willen*) aşkına, uğrun(d)a 3.(*anstelle*) -in yerine 4.(*im Verhältnis zu*) -e oranla 5.(*Partei ergreifend für*) -den yana; **ich bin ~ den Frieden** barıştan yanayım; **ich habe Arbeit ~ drei Monate** üç aylık işim var; **Tag ~ Tag** her Allah'ın günü; **was ~ eine Bank?** nasıl bir banka?; **das Für und Wider** lehte ve aleyhte görüşler
Furche *f* 1.(*Acker*) saban izi, evlek 2.(*Falte*) buruşuk
Furcht *f* korku
furchtbar *adj* 1.(*schrecklich*) korkunç 2.(*entsetzlich*) müthiş, dehşetli
fürchten I. *vt* korkmak (*etw/jdn* -den) II. *vr:* **sich ~** korkmak (*vor etw/jdm* -den)
fürchterlich I. *adj* korkunç II. *adv* (*übertreibend*) son derece, gayet
furchtlos *adj* korkusuz, cesaretli
füreinander *adv* birbiri için
Furnier *nt* kaplama
fürs *präp* = *für das* **für**
Fürsorge *f* 1.(*Hilfe*) yardım 2.(*Pflege*) bakım; (*soziale*) sosyal yardım
Fürst *m* prens; (*oriental.*) emir
Fürstentum *nt* prenslik; (*oriental.*) emirlik
Fürstin *f* prenses
fürstlich *adj* prens gibi
Furunkel *m* kan çıbanı
Fürwort *nt* zamir, adıl
Furz *m* (*vulg*) osuruk, yel
furzen *vi* (*vulg*) osurmak, yellenmek
Fusion *f* birleşme, füzyon
fusionieren *vi* birleşmek (*mit etw* ile)
Fuß *m* 1.(*auch fig*) ayak 2.(*von Tier, Möbel-*) bacak 3.(*Längenmaß*) ayak, kadem; **zu ~** yaya, yürüyerek; **auf großem ~ leben** bol keseden yaşamak
Fußball *m* 1.(*Ball*) futbol topu 2.(*Spiel*) futbol; **~ spielen** futbol oynamak
Fußballer(in) *m(f)* futbolcu
Fußballmannschaft *f* futbol takımı
Fußballplatz *m* futbol sahası
Fußballspiel *nt* futbol maçı
Fußballspieler(in) *m(f)* futbolcu
Fußboden *m* taban, döşeme
Fußbremse *f* ayak freni
Fußgänger(in) *m(f)* yaya
Fußgängerübergang *m* yaya geçidi
Fußgängerunterführung *f* yaya alt geçidi

Fußgängerzone *f* yaya bölgesi
Fußnote *f* dipnot
Fußpflege *f* pedikür
Fußsohle *f* ayak tabanı
Fußspitze *f* ayak burnu
Fußspur *f* ayak izi
Fußtritt *m* tekme

Fußweg *m* yaya yolu
Futter *nt* 1.(*Tier-*) yem 2.(*Kleider-*) astar
füttern *vt* 1.(*Kind*) beslemek (*jdn* -i); (*Tier*) yem vermek (*etw* -e) 2.(*Kleidung*) astarlamak (*etw* -i)
Fütterung *f* (*Vieh-*) yem verme
Futur *nt* gelecek zaman

G

g *nt Abk. von* **Gramm** gram
gab *vt s.* **geben**
Gabe *f* 1.(*Spende*) bağış 2.(*Almosen*) sadaka 3.(*Begabung*) yetenek
Gabel *f* 1.(*Ess-, Heu-, Ast-*) çatal 2.(*am Fahrrad*) furş
gabeln *vr: sich* ~ çatallanmak
Gabelstapler *m* forklift
Gabelung *f* çatallık
gackern *vi* (*Huhn*) gıdaklamak
gähnen *vi* esnemek
Galaxie *f* galaksi
Galerie *f* galeri
Galgen *m* darağacı
Galgenfrist *f* son mühlet
Galgenhumor *m* yapmacık neşe
Galle *f* safra, öt
Gallenblase *f* safra kesesi
Gallenstein *m* safra kesesi taşı
Gallipoli *nt* Gelibolu
Galopp *m* dörtnal
galoppieren *vi sein/haben* dörtnala gitmek [*o* koşmak]
galt *vi s.* **gelten**
Gämse[RR] *f* dağkeçisi
gang *adj: das ist* ~ **und gäbe** bu alışılagelmiş bir şey
Gang *m* 1.(*Gangart*) gidiş, yürüyüş 2.(*Bewegung*) hareket, işleme 3.(*Verlauf*) süreç, cereyan 4.(*Spazier-*) gezinti 5.(MOT) vites 6.(*Flur*) koridor 7.(*Menüfolge*) kap; **in vollem** ~ tam hızıyla; **in** ~ **bringen** harekete geçirmek, işletmek, yürütmek (*etw* -i)
Gangart *f* gidiş [*o* yürüyüş] (tarzı)
gängig *adj* (*gebräuchlich*) kullanılır, geçer
Gangster *m* gangster
Ganove *m* (*Gauner*) dolandırıcı
Gans *f* kaz
Gänseblümchen *nt* çayır papatyası

Gänsebraten *m* kaz kızartması
Gänsefüßchen *ntpl* (*fam*) tırnak işareti
Gänsehaut *f:* **eine** ~ **bekommen** tüyleri ürpermek [*o* diken diken olmak]
Gänsemarsch *m:* **im** ~ **gehen** sıra sıra yürümek
ganz I. *adj* 1.(*gesamt*) bütün, tüm 2.(*vollständig*) tam 3.(*ungeteilt*) bölünmemiş 4.(*unversehrt*) sağlam; **den** ~**en Tag** bütün gün; **ein** ~**es Jahr** bütün bir yıl; **von** ~**em Herzen** can ve gönülden; **im Ganzen**[RR] toptan II. *adv* 1.(*vollständig*) tamamen, tamamıyla, büsbütün 2.(*ziemlich*) oldukça; ~ **gut** oldukça iyi; ~ **und gar** tamamen; ~ **und gar nicht** asla, hiç bir şekilde; **nicht** ~ tamamen (öyle) değil
gänzlich *adv* büsbütün, tamamen
gar I. *adj* (*Speise*) pişkin, pişmiş II. *adv:* ~ **nicht** hiç; ~ **nichts** hiç bir şey
Garage *f* garaj
Garantie *f* garanti, inanca, güvence
garantieren *vt* garanti etmek, garantilemek (*für etw* -i)
garantiert *adv* garanti, muhakkak
Garantieschein *m* garanti belgesi
Garbe *f* demet
Garderobe *f* 1.(*Raum*) gardırop, vestiyer 2.(*zu Hause*) portmanto 3.(*Umkleideraum*) soyunma odası 4.(*Kleidung*) elbiseler, giyim
Gardine *f* tül perde
gären <gor, gegoren> *vi* mayalanmak
Garn *nt* iplik, tire
Garnele *f* karides
garnieren *vt* süslemek (*etw* -i)
Garnierung *f* garnitür
Garnison *f* garnizon
Garnitur *f* 1.(*Verzierung*) garnitür, süs 2.(*Satz zusammengehöriger Dinge*) takım
Garnrolle *f* iplik makarası

Garten *m* bahçe; (*Obst-, Gemüse-*) bostan
Gartengrill *m* piknik ızgarası
Gartenschere *f* bahçıvan makası
Gartenzwerg *m* bahçe heykelciği (*masallardaki cüceler biçiminde*)
Gärtner(in) *m(f)* bahçıvan
Gärtnerei *f* bahçe, bostan
Gärung *f* mayalanma, ekşime
Gas *nt* gaz; ~ **geben** (*Fahrzeug*) gaza basmak; ~ **wegnehmen** (*Fahrzeug*) gazı kesmek
Gasflasche *f* gaz tüpü
Gashahn *m* havagazı musluğu
Gasheizung *f* gazlı kalorifer
Gasherd *m* gazlı ocak
Gaskartusche *f* gaz hartucu
Gaskocher *m* gaz ocağı
Gasmaske *f* gaz maskesi
Gasofen *m* gaz sobası
Gaspedal *nt* (*Fahrzeug*) gaz pedalı
Gasse *f* (dar) sokak
Gast *m* konuk, misafir; (*geladener*) davetli; (*Restaurant, Hotel*) müşteri
Gastarbeiter(in) *m(f)* konuk işçi, yabancı işçi
Gästebuch *nt* ziyaretçi defteri
Gästeverzeichnis *nt* (*Hotel*) müşteri listesi
Gästezimmer *nt* misafir [o konuk] odası
gastfreundlich *adj* konuksever, misafirperver
Gastfreundschaft *f* konukseverlik, misafirperverlik
Gastgeber(in) *m(f)* ev sahibi
Gasthaus *nt*, **Gasthof** *m* lokanta; (*mit Unterkunft*) küçük otel
Gastronomie *f* 1. (*Gewerbe*) otelcilik 2. (*Kochkunst*) yemek pişirme sanatı
Gaststätte *f* lokanta
Gastwirt *m* lokantacı
Gastwirtschaft *f* lokanta
Gatte *m* koca, eş
Gattin *f* karı, eş
Gattung *f* cins, tür
Gaul *m* beygir; (*pej*) cılız beygir, kötü at
Gaumen *m* damak
Gauner *m* 1. (*Betrüger*) dolandırıcı 2. (*Spitzbube*) hergele
Gazastreifen *m* Gazze Şeridi
Gaze *f* ince tül, gaz bezi
Gazelle *f* ceylan
geb. *adj Abk. von* **geborene** kızlık adı

Gebäck *nt* çörek, kek; (*Kekse*) bisküvi
gebacken I. *vi, vt s.* **backen** II. *adj* pişirilmiş; **frisch** ~ taze pişirilmiş; (*fig: taufrisch*) çiçeği burnunda
gebar *vi, vt s.* **gebären**
Gebärde *f* jest, el kol hareketi
gebären <gebiert, gebar, geboren> *vt* doğurmak (*jdn* -i)
Gebärmutter *f* rahim, dölyatağı
Gebäude *nt* bina, yapı
Gebeine *pl* kemikler *pl*
Gebell *nt* havlama
geben <gibt, gab, gegeben> I. *vt* 1. (*über-, überreichen*) vermek (*jdm etw* -e -i) 2. (*reichen*) uzatmak (*jdm etw* -e -i) 3. (*aushändigen*) teslim etmek (*jdm etw* -e -i), eline vermek (*jdm etw* -in -i) 4. (*hervorbringen*) var etmek, meydana çıkarmak (*etw* -i); **es gibt ... ...** var; **das gibt es nicht** böyle bir şey olmaz; **was gibt's?** ne var?; **was gibt's Neues?** ne var ne yok?; **es wird Krach/Gewitter** ~ kavga/fırtına olacak; **das gibt zu denken** bu, insanı düşündürüyor II. *vr: sich* ~ (*nachlassen*) hafiflemek; (*sich bessern*) düzelmek
Gebet *nt* dua
Gebetbuch *nt* dua kitabı
gebeten *vt s.* **bitten**
Gebetsnische *f* (*islamisch*) mihrap
gebiert *vi, vt s.* **gebären**
Gebiet *nt* 1. (*Landschaft*) bölge, çevre 2. (*Bereich*) alan, saha
Gebilde *nt* oluşma, oluşuk
gebildet *adj* kültürlü, aydın
Gebinde *nt* (*Blumen*) demet
Gebirge *nt* dağlar *pl*; (*Gebirgskette*) sıradağ
gebirgig *adj* dağlık
Gebirgskette *f* sıradağ
Gebirgspass[RR] *m* dağ geçidi
Gebiss[RR] *nt* 1. dişler dizisi 2. (*künstliches*) takma diş(ler) 3. (*Pferde-*) gem (ağızlığı)
gebissen *vi, vt s.* **beißen**
geblieben *vi s.* **bleiben**
gebogen *vi, vt s.* **biegen**
geboren I. *vi, vt s.* **gebären** II. *adj* doğmuş; **in Ankara** ~ Ankara doğumlu; ~ **werden** doğmak, dünyaya gelmek; **wann/wo sind Sie** ~**?** ne zaman/nerede doğdunuz?; ~**e Schmidt** kızlık adı Schmidt
geborgen I. *vt s.* **bergen** II. *adj* emniyetli, korunmuş
Geborgenheit *f* emniyet, korunma

Gebot nt 1.(*Befehl*) emir, buyruk 2.(*Angebot*) teklif, öneri; **die Zehn ~e** On Emir
geboten vt s. **bieten**
Gebr. pl Abk. von **Gebrüder** kardeşler
gebracht vt s. **bringen**
gebrannt vi, vt s. **brennen**
gebraten I. vi, vt s. **braten** II. adj yağda kızarmış; (*in der Pfanne*) tavada kızarmış
Gebrauch m (*Anwendung*) kullan(ıl)ış; **in ~** kullanılmakta (olan); **außer ~** artık kullanılmayan; **von etw ~ machen** bir şeyi kullanmak, bir şeyden yararlanmak
gebrauchen vt kullanmak (*etw*-i), yararlanmak (*etw*-den)
gebräuchlich adj 1.(*gängig*) kullanılır, geçer 2.(*üblich*) alışılmış, yaygın
Gebrauchsanweisung f kullanma kılavuzu [o talimatı]
gebraucht I. adj kullanılmış II. adv kullanılmış olarak, ikinci elden
Gebrauchtwagen m kullanılmış araba
gebrechlich adj eli ayağı tutmayan; (*krank*) hastalıklı
gebrochen I. vi, vt s. **brechen** II. adj kırık III. adv: **~ Deutsch sprechen** bozuk [o çat pat] Almanca konuşmak
Gebrüder pl kardeşler pl
Gebühr f ücret; **~ bezahlt** ücret ödendi; **über ~** haddinden fazla, ifrat derecede
gebührend I. adj 1.(*geziemend*) yakışık alır 2.(*verdient*) layık II. adv gereği gibi
gebührenfrei adj ücretsiz
gebührenpflichtig adj ücrete tabi; **~e Autobahn** ücretli otoyol
gebunden I. vt s. **binden** II. adj 1.(*Buch*) ciltli 2.(*fig: Mensch*) bağlı
Geburt f 1.(*Geborenwerden*) doğum 2.(*Gebären*) doğurma; **von ~ Deutsche(r)** doğuştan Alman
Geburtenkontrolle f doğum kontrolü
Geburtenregelung f doğum kontrolü
Geburtenrückgang m doğum nispetinin azalışı
gebürtig adj doğumlu
Geburtsanzeige f doğum ilanı
Geburtsdatum nt doğum tarihi
Geburtsjahr nt doğum yılı
Geburtsort m doğum yeri
Geburtstag m doğum günü; **alles Gute zum ~!** doğum gününüz kutlu olsun!
Geburtsurkunde f doğum belgesi
Gebüsch nt çalılık

gedacht vi s. **denken**
Gedächtnis nt 1.(*Vermögen*) hafıza, bellek 2.(*Erinnerung*) akıl, zihin, hatır; **aus dem ~** kafadan, akıldan, ezbere; **zum ~ an** -in hatırasına
Gedächtnisschwund m bellek kaybı, bellek yitimi
Gedächtnisstütze f belleteç
gedämpft adj 1.(*Speise*) buğuda pişirilmiş 2.(*Schall, Licht*) kısılmış
Gedanke m 1.düşünce 2.(*Idee*) fikir; **in ~n** (*im Geiste*) hayalde; **in ~n versunken** düşüncelere dalmış; (*geistesabwesend*) dalgın; **sich über etw ~n machen** bir şeye kafa yormak; (*besorgt sein*) (bir şeyden dolayı) kaygılanmak [o endişelenmek]
Gedankenstrich m tire
Gedankenübertragung f telepati
gedanklich adj düşünsel
Gedeck nt 1.(*Geschirr*) sofra takımı 2.(*Menü*) mönü
gedeihen <gedieh, gediehen> vi sein 1.(*Pflanzen*) büyümek; (*Lebewesen*) gelişmek 2.(*fig*) ilerlemek
Gedenkfeier f anma töreni
Gedenkstätte f anma yeri
Gedenktafel f hatıra levhası
Gedicht nt şiir
gedieh, gediehen vi s. **gedeihen**
Gedränge nt sıkıntı; (*Menschen-*) kalabalık
gedroschen vt s. **dreschen**
gedrückt adj (*fig*) bezgin, neşesiz
gedrungen I. vi s. **dringen** II. adj (*Gestalt*) bodur, tıknaz
Geduld f sabır
gedulden vr: **sich ~** sabretmek
geduldig adj sabırlı
gedungen adj: **~er Mörder** [o **Killer**] kiralık katil
gedurft vi s. **dürfen**
geehrt adj: **Sehr ~er Herr!** Sayın Bay!
geeignet adj uygun, elverişli; (*Person*) yetenekli, (işe) yarar
Gefahr f tehlike; **in ~** tehlikede; **außer ~** tehlike dışı; **~ laufen zu** -me tehlikesine uğramak; **sich in ~ begeben** kendini tehlikeye atmak
gefährden vt tehlikeye koymak [o sokmak] (*jdn/etw*-i)
gefährlich adj tehlikeli
Gefährlichkeit f tehlikeli durum
Gefährte, **-tin** m, f arkadaş; (*Reise-*) yoldaş

Gefälle *nt* 1. eğim, iniş, meyil 2. (*Unterschied*) fark; **starkes ~** dik iniş

gefallen¹ *irr vi* hoşuna gitmek (*jdm* -in); **wie gefällt Ihnen das?** bunu beğeniyor musunuz?, bu hoşunuza gidiyor mu?; **es gefällt mir (sehr)** (çok) hoşuma gidiyor, (çok) beğeniyorum

gefallen² I. *vi s.* **fallen; gefallen** II. *adj* (*im Krieg*) şehit (olmuş, düşmüş)

Gefallen¹ *m* iyilik, hatır; **kannst du mir einen ~ tun?** bana bir iyilik yapar mısın?; **darf ich Sie um einen ~ bitten?** sizden bir ricada bulunabilir miyim?

Gefallen² *nt* hoşlanma, beğenme, zevk duyma; **an etw ~ finden** bir şeyden hoşlanmak, bir şeyi beğenmek

Gefallene(r) *mf* şehit

gefällig *adj* (*liebenswürdig*) hatırsayan

Gefälligkeit *f* (küçük) iyilik; **aus ~** hatır için

gefälligst *adv* (*mit Imperativ*) lütfen

gefälscht *adj* sahte

gefangen I. *vi s.* **fangen** II. *adj* (*im Krieg*) esir, tutsak; **~ nehmen**ᴿᴿ esir almak (*jdn* -i)

Gefangene(r) *mf* (*im Krieg*) esir, tutsak; (*im Gefängnis*) mahpus; (JUR) tutuklu

gefangennehmen *vt s.* **gefangen**

Gefangenschaft *f* esirlik, tutsaklık

Gefängnis *nt* hapishane, cezaevi

Gefängnisstrafe *f* hapis cezası

Gefäß *nt* 1. (*Behälter*) kap 2. (*Blut-*) damar

gefasstᴿᴿ *adj* (*ruhig*) sakin; **sich auf etw ~ machen** bir şeye hazırlıklı olmak

Gefieder *nt* (*Vogel*) kuşların tüyleri

gefleckt *adj* benekli

geflochten *vt s.* **flechten**

geflogen *vi s.* **fliegen**

geflohen *vi s.* **fliehen**

geflossen *vi s.* **fließen**

Geflügel *nt* kümes hayvanları

gefochten *vi s.* **fechten**

gefragt *adj* (*fig*) beğenilen, aranan, sorulan

gefräßig *adj* obur, pisboğaz

Gefreiter *m* (*Militär*) onbaşı

gefrieren *irr vi* donmak

Gefrierfach *nt* buzluk

gefriergetrocknet *adj* dondurarak kurutulmuş

Gefrierpunkt *m* donma noktası

Gefrierschrank *m*, **Gefriertruhe** *f* derin dondurucu

gefroren *vi s.* **frieren**

gefügig *adj* uysal

Gefühl *nt* 1. (*Tastsinn*) dokunum 2. (*Empfindung*) duygu, his 3. (*Eindruck*) izlenim, duyma, duyuş 4. (*Empfindsamkeit*) duygululuk 5. (*Ahnung*) his, sezgi, sezi 6. (*fig: Sinn, Verständnis*) duygu, anlayış

gefühllos *adj* hissiz, duygusuz

Gefühlsduselei *f* santimantalizm

gefühlvoll *adj* 1. (*empfindsam*) duygulu, hassas 2. (*liebevoll*) sevecen, şefkatli

gefunden *vt s.* **finden**

gegangen *vi s.* **gehen**

gegärt *vi s.* **gären**

gegeben I. *vt s.* **geben** II. *adj:* **zu ~er Zeit** gerektiği zamanda

gegebenenfalls *adv* gereğince, icabında, sırasında

gegen *präp* +*akk* 1. (*feindlich*) -e karşı 2. (*auf jdn/etw zu*) -e doğru, -e karşı 3. (*ungefähr*) takriben, aşağı yukarı 4. (*zeitlich*) -e doğru, sularında 5. (*Tausch*) karşılığında; **~ Mittag** öğlene doğru, öğle sularında; (**gut**) **~ Kopfweh** baş ağrısına karşı iyi

Gegenangriff *m* (*im Krieg*) karşı hücum

Gegenbeweis *m* karşı kanıt

Gegend *f* 1. (*Region*) bölge, taraf, yer 2. (*Stadtviertel*) semt

gegeneinander *adv* birbirine karşı

Gegengewicht *nt* denk; (*fig*) denge

Gegengift *nt* (*auch fig*) panzehir

Gegenleistung *f* karşılık

Gegenlicht *nt* (*Foto*) karşı ışık

Gegenmaßnahme *f* 1. (*Maßnahme*) karşı tedbir [o önlem] 2. (*Vergeltung*) sanksyon, zorlayıcı tedbir

Gegensatz *m* 1. (*Verschiedenheit*) karşıtlık, tezat, zıt 2. (*Widerspruch*) tutmazlık, aykırılık; **im ~ zu** *dat* -in aksine

gegensätzlich *adj* çelişkili, tezatlı, aksi

Gegenseite *f* 1. ters taraf 2. (JUR) karşı taraf

gegenseitig *adj* karşılıklı

Gegenseitigkeit *f* karşılılık, karşılıklı durum

Gegenspieler(in) *m(f)* rakip

Gegenstand *m* 1. (*Körper*) şey, eşya 2. (*Thema*) konu

gegenstandslos *adj* 1. (*ohne Grundlage*) asılsız 2. (*abstrakt*) soyut

Gegenstimme *f* karşıt oy

Gegenströmung *f* anafor

Gegenstück *nt* 1. (*Pendant*) karşılık, denk, eş 2. (*Gegensatz*) karşıt, tezat, zıt

Gegenteil *nt* ters, karşıt
gegenüber I. *adv* karşı II. *präp* +*dat* 1.(*räumlich*) -in karşısında 2.(*fig: im Vergleich zu*) -e oranla, -e nispetle, -e kıyasla; **mir** ~ (*im Umgang mit mir*) bana karşı, benimle ilişkide
Gegenüber *nt* karşı taraf
gegenüberliegend *adj* karşı(daki)
gegenüberstehen *irr vi* karşısında durmak [*o* bulunmak] (*jdm/einer Sache* -in); **sich** *dat* ~ karşı karşıya durmak
gegenüberstellen *vt* 1.(*konfrontieren*) karşısına koymak (*jdn jdm* -i -in); (*vor Gericht*) yüzleştirmek (*jdn jdm* -i ile) 2.(*vergleichen*) karşılaştırmak (*etw einer Sache* -i ile)
Gegenverkehr *m* karşı (yöndeki) trafik
Gegenvorschlag *m* karşı teklif
Gegenwart *f* 1.(*Jetztzeit*) şimdiki zaman 2.(*Anwesenheit*) bulunma; **in** ~ **eines Notars** noter huzurunda
gegenwärtig I. *adj* 1.(*jetzig*) şimdiki 2.(*anwesend*) hazır (bulunan), mevcut II. *adv* şimdi, halen
Gegenwehr *f* savunma, karşı koyma
Gegenwert *m* bedel, karşı değer
Gegenwind *m* ters rüzgar
gegessen *vi, vt s.* **essen**
geglichen *vi s.* **gleichen**
geglimmt *vi s.* **glimmen**
geglitten *vi s.* **gleiten**
geglommen *vi s.* **glimmen**
Gegner(in) *m(f)* 1.(*Opponent*) karşıt, muhalif 2.(SPORT) rakip 3.(*Feind*) düşman
gegnerisch *adj* karşıt, muhalif, (SPORT) rakip; (*feindlich*) düşman
gegolten *vi s.* **gelten**
gegoren *vi s.* **gären**
gegossen *vi, vt s.* **gießen**
gegraben *vi, vt s.* **graben**
gegriffen *vi, vt s.* **greifen**
gegrillt *adj* ızgara(da)
gehabt *vt s.* **haben**
Gehackte(s) *nt* (*Fleisch*) kıyma
Gehalt[1] *m* (*Inhalt*) içerik, kapsam
Gehalt[2] *nt* (*Einkommen*) maaş; (*Monats-*) aylık
Gehaltsempfänger *m* aylık alan, aylıkçı
Gehaltserhöhung *f* maaş zammı
gehangen *vi, vt s.* **hängen**
gehässig *adj* kinci
Gehässigkeit *f* kin(cilik)
Gehäuse *nt* 1.(*Etui*) kılıf, zarf 2.(*Büchse, Uhr-, Radio*) dolap 3.(*Schnecke*) kabuk
gehbehindert *adj* topal
geheim *adj* gizli, saklı; **im Geheimen**^{RR} gizli olarak; ~ **halten**^{RR} gizli tutmak, gizlemek, saklamak (*etw vor jdm* -i -den)
Geheimdienst *m* gizli servis, istihbarat (servisi)
Geheimfach *nt* gizli çekmece
geheimhalten *vt s.* **geheim**
Geheimnis *nt* sır, gizem, esrar; **ein offenes** ~ herkesçe bilinen sır
geheimnisvoll *adj* esrarlı, gizemli, esrarengiz
Geheimpolizei *f* sivil polis
Geheimzahl *f* gizli numara, şifre
gehemmt *adj* tutuk
gehen <ging, gegangen> *vi sein* 1.(*allgemein*) gitmek 2.(*wandern*) yürümek 3.(*funktionieren*) işlemek, çalışmak; **wie geht's?** nasılsın(ız)?; **es geht mir gut** iyiyim; **es geht** (*Befinden*) şöyle böyle; **das geht nicht** olmaz; **das wird schon** ~ bu iş olur; **an die Arbeit** ~ işe koyulmak; **es geht um ...** konu şu ...; **sich** ~ **lassen**^{RR} kendini kapıp koyuvermek
geheuer *adj*: **nicht** ~ tekin değil
Gehhilfe *f* yürüteç
Gehilfe, -fin *m, f* yardımcı
Gehirn *nt* beyin
Gehirnblutung *f* beyin kanaması
Gehirnerschütterung *f* beyin sarsılması
Gehirnschlag *m* beyin sektesi
Gehirnwäsche *f* beyin yıkama
gehoben *vt s.* **heben**
geholfen *vi s.* **helfen**
Gehör *nt* işitim
gehörlos *adj* sağır
gehorchen *vi* itaat etmek (*jdm* -e), dinlemek (*jdm* -i)
gehören I. *vi* (*Besitz*) ait olmak (*jdm* -e); (*als Teil*) dahil olmak (*zu etw* -e); **das gehört mir** bu bana ait, bu benim II. *vr*: **sich** ~ yakışık almak; **das gehört sich (nicht)** bu yakışık alır (almaz)
gehorsam *adj* söz dinleyen; (*fügsam*) uysal, uyan
Gehorsam *m* itaat, söz dinleme
gehupft *adj*: **das ist** ~ **wie gesprungen** ha Ali Hoca, ha Hoca Ali
Gehweg *m* yaya yolu
Geier *m* akbaba
Geige *f* keman; **die erste** ~ **spielen** sözü

Geiger geçmek
Geiger(in) *m(f)* kemancı
Geigerzähler *m* Geiger sayacı (*radyoaktivite ölçme aracı*)
geil *adj* 1.(*fam: toll*) enfes 2.(*wollüstig*) şehvetli, kösnül
Geisel *f* rehine, tutak
Geiselnahme *f* rehine alma
Geiß *f* dişi keçi
Geißbock *m* erkek keçi, teke
Geißel *f* 1.(*Peitsche*) kırbaç, kamçı 2.(*Plage*) afet, bela
Geist *m* 1.(*Seele*) can, ruh 2.(*Intellekt*) zihin, akıl, zeka 3.(*Gespenst*) hayalet; **der Heilige** ~ Ruhülkudüs
geistesabwesend *adj* dalgın
Geistesblitz *m* birdenbire akla esen fikir
Geistesgegenwart *f* uyanıklık
geistesgestört *adj,* **geisteskrank** *adj* akıl hastası
Geisteskranke(r) *mf* akıl hastası, deli
Geisteswissenschaften *fpl* kültür bilimleri *pl*
Geisteszustand *m* ruh haleti
geistig *adj* 1.(*gedanklich*) düşünsel 2.(*den Intellekt betreffend*) akli, zihinsel 3.(*immateriell*) manevi, tinsel; ~ **behindert** zihinsel özürlü; ~**es Eigentum** fikri ve sınai mülkiyet; ~**er Vater** fikir babası
geistlich *adj* dini; (*kirchlich*) ruhani
Geistliche(r) *m* 1.(*christlich*) papaz, rahip 2.(*islamisch*) imam
geistlos *adj* aptal
geistreich *adj,* **geistvoll** *adj* akıllı
Geiz *m* cimrilik, hasislik, pintilik
geizen *vi* kısırganmak (*mit etw* -i)
Geizhals *m* pinti, cimri, hasis
geizig *adj* pinti, cimri, hasis
Geizkragen *m* cimri, eli sıkı, pinti
gekachelt *adj* fayanslı, çinili
gekannt *vt s.* **kennen**
geklommen *vi s.* **klimmen**
geklont *adj* klonlanan, kopyalanan, kopyalanmış
geklungen *vi s.* **klingen**
gekniffen *vi, vt s.* **kneifen**
gekocht *adj* pişmiş
gekonnt I. *vi, vt s.* **können** II. *adj: das war sehr* ~ bu çok iyiydi
gekränkt *adj:* ~ **sein** incinmek (*über etw/jdn* -den), gücenmek, alınmak (*über etw/jdn* -e)

Gekritzel *nt* karalama
gekrochen *vi s.* **kriechen**
gekünstelt *adj* yapmacık
Gel *nt* jöle
Gelächter *nt* gülme, gülüş; (*lautes*) kahkaha
geladen *vt s.* **laden**
gelähmt *adj* kötürüm
Gelände *nt* arazi
Geländer *nt* 1.(*Treppen-*) tırabzan 2.(*Schutzgitter*) korkuluk
Geländewagen *m* arazi arabası, jip
gelang *vi s.* **gelingen**
gelangen *vi sein* (*auch fig*) varmak, ulaşmak, erişmek (*zu etw* -e)
gelassen I. *vt s.* **lassen** II. *adj* sakin, soğukkanlı
Gelassenheit *f* sakinlik, soğukkanlılık
Gelatine *f* jelatin
gelaufen *vi s.* **laufen**
geläufig *adj* 1.(*bekannt*) bilinen 2.(*allgemein üblich*) yaygın
gelaunt *adj:* **gut/schlecht** ~ keyifli/keyifsiz, neşeli/neşesiz
gelb *adj* sarı
Gelbfieber *nt* sarı humma
gelblich *adj* sarımtırak, sarımsı, sarıca
Gelbsucht *f* sarılık
Geld *nt* para; ~ **regiert die Welt** altın anahtar her kapıyı açar; **das** ~ **zum Fenster hinauswerfen** parayı sokağa atmak
Geldanlage *f* yatırım
Geldanweisung *f* para havalesi
Geldaufwertung *f* revalorizasyon
Geldautomat *m* paramatik
Geldbetrag *m* para miktarı
Geldbeutel *m* cüzdan
Geldbuße *f* para cezası
Geldentwertung *f* devalüasyon
Geldkarte *f* parakartı, kredi kartı
Geldpolitik *f* para politikası
Geldschein *m* banknot
Geldschrank *m* kasa
Geldstrafe *f* para cezası
Geldstück *nt* madeni para
Geldtasche *f* para çantası
Geldwechsel *m* para değiştirme
Gelee *nt* jöle
gelegen I. *vi s.* **liegen** II. *adj* bulunan; (*passend*) uygun
Gelegenheit *f* fırsat; **bei passender** ~ uygun bir fırsatta; **die** ~ **ergreifen** [*o* **nutzen**]

Gelegenheitsarbeit fırsattan yararlanmak; **die ~ verpassen** fırsatı kaçırmak
Gelegenheitsarbeit *f* geçici iş
Gelegenheitskauf *m* kelepir
gelegentlich *adv* arasıra, bazen, kimi zaman [*o* vakit]
gelehrt *adj* bilgili
Gelehrte(r) *mf* bilgin, alim
Gelenk *nt* mafsal, eklem
gelenkig *adj* (*elastisch*) esnek
gelernt *adj* (*Arbeiter*) kalifiye
gelesen *vt s.* **lesen**
Geliebte(r) *mf* sevgili, dost; (*Mätresse*) metres
geliehen *vt s.* **leihen**
gelingen <gelang, gelungen> *vi sein* başarıyla sonuçlanmak; **es ist mir endlich gelungen das Auto zu reparieren** en sonunda arabayı tamir etmeyi başardım
gelitten *vi, vt s.* **leiden**
geloben *vt* andetmek, ahdetmek (*etw zu tun* -meye); **das Gelobte Land** Arzı Mevut
gelogen *vi s.* **lügen**
gelten <gilt, galt, gegolten> *vi* 1.(*gültig sein*) geçerli olmak, geçmek 2.(*Gesetz*) yürürlükte olmak 3.(*sich beziehen auf*) yönelik olmak (*jdm/einer Sache* -e) 4.(*wert sein*) değerli olmak; **für** [*o* **als**] **etw ~ ...** olarak [*o* diye] sayılmak; **~ für ...** için geçerli olmak; **~ lassen** tanımak, kabul etmek, hoş görmek (*etw* -i); **das gilt nicht** bu sayılmaz; **jetzt gilt es durchzuhalten** şimdi dayanmak gerek
Geltung *f* 1.(*Wert*) değer 2.(*Ansehen*) sayılma, itibar 3.(*Gültigkeit*) geçerlik
Gelübde *nt* adak
gelungen I. *vi s.* **gelingen** II. *adj* başarılı
gemahlen *vt s.* **mahlen**
Gemälde *nt* resim, tablo
gemäß *präp +dat* -e göre, -e nazaran, ... gereğince
gemäßigt *adj* ılımlı, ölçülü
gemein *adj* (*unfein*) bayağı; **er hat mit seinem Bruder vieles ~** onun kardeşi ile birçok ortak yanları var
Gemeinde *f* 1.(*Ort*) belde 2.(*Verwaltung*) belediye 3.(REL) cemaat
Gemeindebezirk *m* belde arazisi
Gemeinderat *m* 1.(*Körperschaft*) belediye meclisi 2.(*Person*) belediye meclisi üyesi
Gemeindewahl *f* belediye seçimi
gemeingefährlich *adj* kamu düzeni için tehlikeli; (*fig*) son derece tehlikeli

Gemeinheit *f* alçaklık, bayağılık
gemeinnützig *adj* kamuya yararlı
gemeinsam I. *adj* ortak II. *adv* birlikte, beraber, ortaklaşa
Gemeinsamkeit *f* 1.(*gemeinsame Eigenschaft*) ortaklık 2.(*Zusammenhalt*) ortaklık
Gemeinschaft *f* 1.(*Zusammensein*) beraberlik 2.(*Gruppe*) topluluk
Gemeinschaftskunde *f* (*in Deutschland*) sosyal bilgiler; (*in Türkei*) yurttaşlık bilgileri
Gemeinwohl *nt* kamu yararı
gemessen *vt s.* **messen**
Gemetzel *nt* katliam, kırım
gemieden *vt s.* **meiden**
Gemisch *nt* karışım
gemischt *adj* karışık
gemocht *vt s.* **mögen**
gemolken *vt s.* **melken**
Gemse *f s.* **Gämse**
Gemüse *nt* sebze
Gemüsegarten *m* bostan
Gemüsehändler(in) *m(f)* sebzeci, manav
Gemüsesuppe *f* sebze çorbası
gemusst[RR] *vi s.* **müssen**
gemustert *adj* desenli
gemütlich *adj* 1.(*Ort*) rahat 2.(*Zusammensein*) samimi 3.(*Person*) iyi kalpli; **hier ist es ~** burası rahat; **es sich ~ machen** keyfine [*o* rahatına] bakmak; **eine ~e Ecke** rahat bir köşe
Gemütlichkeit *f* rahat, huzur
Gen *nt* gen
genannt *vt s.* **nennen**
genas *vi s.* **genesen**
genau I. *adj* 1.(*exakt*) tam 2.(*richtig*) doğru 3.(*sorgfältig*) özenli; (*aufmerksam*) dikkatli 4.(*penibel*) titiz II. *adv* tam, tıpkı; **~ um 7 Uhr** tam saat 7'de; **~ kennen** iyi tanımak (*jdn/etw* -i); **etw ~ nehmen** bir şeyi eksiksiz yapmak; **~ genommen**[RR] doğrusu, aslında
Genauigkeit *f* 1.(*Bestimmtheit*) kesinlik 2.(*Richtigkeit*) doğruluk 3.(*Sorgfalt*) özen, dikkat
genauso *adv* aynen, aynı şekilde; **~ viel**[RR] aynı derecede çok; **~ wenig**[RR] aynı derecede az
genehm *adj* hoş
genehmigen *vt* 1.(*erlauben*) izin vermek (*etw* -e) 2.(*billigen*) ona(yla)mak, tasvip etmek (*etw* -i)
Genehmigung *f* 1.(*Erlaubnis*) izin 2.(*Billi-*

General 97 **Geranie**

gung) onay, tasvip **3.** (COM, ADM) ruhsat
General *m* general
Generalprobe *f* genel [*o* son] prova
Generalsekretär(in) *m(f)* genel sekreter
Generalstreik *m* genel grev
Generalüberholung *f* (*Fahrzeug*) genel revizyon
Generaluntersuchung *f* genel muayene
Generalversammlung *f* **1.** (*Ausschuss*) genel kurul **2.** (*Tagung*) genel toplantı
Generation *f* nesil, kuşak
Generationenkonflikt *m* kuşaklar çatışması
Generator *m* jeneratör
generell *adj* genel
genesen <genas, genesen> *vi sein* (*geh*) şifa bulmak, iyileşmek
Genesung *f* iyileşme, şifa (bulma)
Genetik *f* genetik
Genf *nt* Cenevre; ~**er Abkommen** Cenevre Sözleşmesi
genial *adj* dahi
Genick *nt* (*Nacken*) ense (kökü); (*Hals*) boyun (kökü)
Genie *nt* deha, dahi
genieren *vr:* **sich ~** utanmak (*etw zu tun* -meye), çekinmek (*vor jdm* -den), sıkılmak
genießen <genoss, genossen> *vt* (*mit Genuss verzehren*) zevkle yemek (*etw* -i); (*Freude empfinden an*) zevkini çıkarmak (*etw* -in); **nicht zu ~** (*fig*) yenir yutulur şey değil
Genitalien *pl* üreme organları
Genitiv *m* tamlayan durumu, -in hali
Genmanipulation *f* gen manipülasyonu
genmanipuliert *adj* genleri değiştirilmiş (olan)
genommen *vt s.* **nehmen**
genoss[RR] *vt s.* **genießen**
Genosse, -in *m, f* yoldaş
genossen *vt s.* **genießen**
Genossenschaft *f* kooperatif
Genozid *m* soykırım, jenozid
Gentechniker(in) *m(f)* genetik mühendis(i)
Gentechnologie *f* gen teknolojisi, genetik mühendislik
Gentherapie *f* gen tedavisi [*o* terapisi]
genug *adv* yeter, kafi
genügen *vi* yetmek (*jdm* -e), kafi gelmek (*für etw* ... için)
genügend *adj* yeterli, kafi

Genuss[RR] *m* **1.** (*Vergnügen*) zevk **2.** (*guter Geschmack*) lezzet **3.** (*von Lebensmitteln*) yeme, içme **4.** (*von Vorteilen*) yararlanma
geöffnet *adj* açık, açılmış
Geograf[RR](**in**) *m(f)* coğrafyacı
Geografie[RR], **Geographie** *f* coğrafya
geografisch[RR] *adj* coğrafi
Geologe *m* jeolog, yer bilimcisi
Geologie *f* jeoloji, yerbilim
Geologin *f* jeolog, yer bilimcisi
Geometrie *f* geometri
geometrisch *adj* geometrik
Gepäck *nt* bagaj
Gepäckabfertigung *f* bagaj işlemleri [*o* muamelesi]
Gepäckannahme *f* bagaj yeri
Gepäckaufbewahrung *f* bagaj deposu, emanet
Gepäckausgabe *f* bagaj yeri
Gepäcknetz *nt* eşya filesi
Gepäckschein *m* bagaj kuponu
Gepäckschließfach *nt* bagaj dolabı
Gepäckstück *nt* eşya
Gepäckträger *m* **1.** (*Person*) hamal **2.** (*am Auto, Fahrrad*) bagaj koyma yeri, portbagaj
Gepäckwagen *m* (*Waggon*) bagaj vagonu; (*am Flughafen*) bagaj arabası
gepanzert *adj* zırhlı
Gepard *m* gepar
gepfiffen *vi, vt s.* **pfeifen**
gepflegt **I.** *vi, vt s.* **pflegen II.** *adj* bakımlı; (*Kleidung*) temiz
Gepflogenheit *f* alışkanlık, adet
gepriesen *vt s.* **preisen**
geprüft *adj:* ~**er Elektrotechniker** diplomalı elektrik teknisyeni
gequollen *vi s.* **quellen**
gerade **I.** *adj* **1.** (*nicht krumm*) doğru, düz **2.** (*Zahl*) çift **II.** *adv* **1.** (*genau*) tam **2.** (*soeben*) biraz önce; ~ **umgekehrt** tam tersi; ~ **gegenüber** tam karşıda; **nun ~!** inadına!; **ich bin ~ gekommen** daha şimdi [*o* yeni] geldim; **wir waren ~ dabei zu frühstücken** kahvaltı etmek üzereydik; ~ **stehen**[RR] dik durmak; (*verantworten*) sorumlu olmak (*für etw* -den)
Gerade *f* doğru çizgi
geradeaus *adv* doğru, dosdoğru, doğruca
geradestehen *vi s.* **gerade**
geradezu *adv* (*sozusagen*) adeta, sanki
gerammelt *adv:* ~ **voll** tıka basa dolu
Geranie *f* sardunya

gerannt vi s. **rennen**
Gerät nt (Werkzeug) alet; (Apparat) cihaz
geraten[1] irr vi sein (zufällig kommen) yolu düşmek (in etw -e); **gut/schlecht ~** başarıyla/başarısızlıkla sonuçlanmak; **außer sich ~** kendinden geçmek
geraten[2] I. vi, vt s. **raten**; **geraten**[1] II. adj (ratsam) tavsiyeye değer
Geräteturnen nt aletli cimnastik
Geratewohl nt: **aufs ~** gelişigüzel, rasgele
geräuchert adj tütsülenmiş, füme
geräumig adj geniş, açık, ferah
Geräusch nt ses; (lautes) gürültü, patırtı
geräuschlos adj sessiz, gürültüsüz
gerben vt tabaklamak (etw -i)
Gerber m tabak
gerecht adj adil, adaletli; (Strafe) haklı, yerinde
Gerechtigkeit f adalet
Gerede nt 1.(Klatsch) dedikodu 2.(Geschwätz) gevezelik, boş laf
gereizt adj öfkeli, sinirli
Gereiztheit f sinirlilik
Gericht nt 1.(Speise) yemek 2.(Institution) mahkeme 3.(Gebäude) adliye sarayı
gerichtet adj yönelik (auf/gegen etw/jdn -e)
gerichtlich adj adli
Gerichtshof m mahkeme, yargı yeri
Gerichtskosten pl mahkeme masrafları
Gerichtsmedizin f adli tıb
Gerichtssaal m mahkeme salonu
Gerichtsverhandlung f yargılama; (Hauptverhandlung) duruşma
Gerichtsvollzieher(in) m(f) icra memuru
gerieben I. vt s. **reiben** II. adj (Apfel) rende(lenmiş)
gering adj 1.(Menge) küçük, ufak 2.(unbedeutend) önemsiz, değersiz 3.(Preis) düşük; **nicht im Geringsten**[RR] hiç bir surette, asla; **nicht das Geringste** izi bile yok
geringfügig adj ufak, önemsiz
geringschätzig adj aşağılayıcı, küçümseyici
gerinnen irr vi sein pıhtılaşmak; (Milch) kesilmek
Gerinnsel nt (Blut-) kan pıhtısı
gerissen I. vi, vt s. **reißen** II. adj (durchtrieben) cingöz, açıkgöz, pişkin
geritten vi s. **reiten**
Germane, -nin m, f Cermen
Germanistik f Alman Dili ve Edebiyatı, Alman Filolojisi
gern <lieber, am liebsten> adv memnuniyetle, seve seve; **sehr** [o **herzlich**] **~!** baş üstüne!; **~ geschehen!** bir şey değil!; **~ mögen** sevmek (jdn/etw -i); **sie isst ~ Schokolade** çikolata beğeniyor; **ich möchte/hätte ~ ein Kilo Äpfel** bir kilo elma isterdim; **jdn ~ haben** birinden hoşlanmak; (lieben) birini sevmek
gerochen vi, vt s. **riechen**
geronnen vi s. **rinnen**
geröstet adj (Kaffee, Zwiebel) kavrulmuş; (Fleisch) kızartılmış, kebap edilmiş
Gerste f arpa
Gerstenkorn nt (im Auge) arpacık
Geruch m 1. koku 2.(Sinn) koklam
geruchlos adj kokusuz
Gerücht nt söylenti
gerufen I. vi, vt s. **rufen** II. adj: **das kommt wie ~** hızır gibi yetişti
gerührt adj duygulanmış
Gerümpel nt pılı pırtı, eski [o kırık dökük] eşya
gerungen vi s. **ringen**
Gerüst nt iskele, çatı
gesamt adj bütün, tüm
Gesamtbetrag m toplam, yekun
Gesamteindruck m genel izlenim [o intiba]
Gesamtheit f bütün, tüm, tamam
Gesamtübersicht f genel bakış
Gesamtvolumen nt toplam hacim
gesandt vt s. **senden**
Gesandte(r) mf elçi
Gesandtschaft f elçilik
Gesang m (Lied) şarkı; (der Vögel) ötüş, ötme
Gesäß nt makat, kıç, kaba et
Gesäßtasche f pantalonun arka cebi
geschaffen vi, vt s. **schaffen**
Geschäft nt 1.(Laden) dükkân, mağaza 2.(Firma) firma 3.(Vorgang) iş 4.(Handel) ticaret; **ein ~ abschließen** iş [o ticaret] yapmak; **~ ist ~** iş iştir; **großes ~** (fam: Stuhlgang) büyük aptes; **sein ~ verrichten** (fam) aptes etmek
geschäftlich I. adj ticari II. adv iş için
Geschäftsbrief m ticari mektup
Geschäftsführer(in) m(f) müdür, yönetici
Geschäftsjahr nt iş yılı, mali yıl
Geschäftsleitung f işletme yönetimi
Geschäftsmann <-leute> m iş adamı

Geschäftsreise *f* iş yolculuğu
Geschäftsviertel *nt* piyasa
Geschäftswelt *f* iş dünyası
Geschäftszeiten *fpl* iş saatleri *pl*
geschah *vi s.* **geschehen**
geschehen <geschieht, geschah, geschehen> *vi sein* olmak, cereyan etmek; **das geschieht dir (ganz) recht** oh olsun; **gern ~!** bir şey değil!
Geschehen *nt* olay
gescheit *adj* akıllı, zeki
Geschenk *nt* hediye, armağan
Geschenkartikel *mpl* hediyelik eşya *sing*
Geschichte *f* 1.(*Historie*) tarih 2.(*Erzählung*) hikaye, öykü 3.(*Angelegenheit*) mesele; **mach keine ~n!** (*Umstände*) zahmet etme!
geschichtlich *adj* tarihi, tarihsel
geschichtsträchtig *adj* tarihi
Geschick[1] *nt* (*Schicksal*) talih, kader, yazgı
Geschick[2] *nt* (*Eignung*) yetenek, beceri
Geschicklichkeit *f* beceri, beceriklilik
Geschicklichkeitsspiel *nt* beceri oyunu
geschickt *adj* becerikli; (*behände*) çevik, atik
geschieden I. *vi, vt s.* **scheiden** II. *adj* boşanmış
geschieht *vi s.* **geschehen**
geschienen *vi s.* **scheinen**
Geschirr *nt* 1.(*Küche*) kap kacak 2.(*Pferd*) koşum
Geschirrspülmaschine *f* bulaşık makinası
Geschirrtuch *nt* bulaşık kurulama bezi
geschissen *vi s.* **scheißen**
geschlafen *vi s.* **schlafen**
geschlagen *vi, vt s.* **schlagen**
Geschlecht *nt* 1.(BIOL) cins(iyet) 2.(*Abstammung*) soy, asıl 3.(*Generation*) kuşak, nesil 4.(GRAM) cins
geschlechtlich *adj* cinsi, cinsel
Geschlechtsakt *m* cinsel birleşme
Geschlechtskrankheit *f* zührevi hastalık
Geschlechtsorgan *nt* cinsel organ
Geschlechtsteile *pl* ut yerleri *pl*
Geschlechtsverkehr *m* sevişme
Geschlechtswort *nt* tanımlık
geschlichen *vi s.* **schleichen**
geschliffen *vi, vt s.* **schleifen**
geschlossen I. *vi, vt s.* **schließen** II. *adj* kapalı; (*fig: Gesellschaft*) özel, dışarıdan kimseyi kabul etmeyen III. *adv* (*gemeinsam*) birlikte
Geschmack *m* tat, lezzet; (*fig*) zevk; **an etw ~ finden** bir şeyden hoşlanmak; **nach jds ~** birinin zevkine göre
geschmacklos *adj* tatsız (tuzsuz), yavan; (*fig*) zevksiz
Geschmacklosigkeit *f* (*fig*) zevksizlik
Geschmack(s)sache *f* zevk meselesi
Geschmackssinn *m* tadım, tatma duyusu
Geschmacksstoff *m* tatlandırıcı (madde)
geschmackvoll *adj* (*fig*) zevkli
geschmissen *vt s.* **schmeißen**
geschmolzen *vi s.* **schmelzen**
geschnitten *vt s.* **schneiden**
geschoben *vt s.* **schieben**
gescholten *vt s.* **schelten**
Geschöpf *nt* yaratık, varlık, mahluk
geschoren *vt s.* **scheren**
Geschoss[RR] *nt* 1. mermi, kurşun 2. (*Stockwerk*) (bina) kat(ı)
geschossen *vi, vt s.* **schießen**
geschreckt *vt s.* **schrecken**
Geschrei *nt* bağrışma, çığlık, haykırış
geschrieben *vt s.* **schreiben**
geschrie(e)n *vi s.* **schreien**
geschritten *vi s.* **schreiten**
Geschwätz *nt* (*Klatsch*) dedikodu
geschwätzig *adj* 1.(*schwatzhaft*) geveze 2.(*klatschsüchtig*) dedikoducu
geschweige *adv:* **~ denn** nerede kaldı ki, ... bile değil
geschwiegen *vi s.* **schweigen**
geschwind *adv* çabuk, tez, hızlı
Geschwindigkeit *f* hız, sürat
Geschwindigkeitsbegrenzung *f* hız sınırlaması
Geschwister *pl* kardeş(ler *pl*)
geschwollen I. *vi s.* **schwellen** II. *adj* şiş(miş), kabarık, kabarmış; (*fig*) cafcaflı
geschwommen *vi s.* **schwimmen**
geschworen *vi, vt s.* **schwören**
Geschworene(r) *mf* jüri üyesi
Geschwulst *f* ur, tümör
geschwungen *vi, vt s.* **schwingen**
Geschwür *nt* çıban, ülser
gesehen *vi, vt s.* **sehen**
Geselle *m* 1.(*Handwerks-*) kalfa 2.(*Freund*) arkadaş
gesellig *adj* 1.(*unterhaltsam*) hoşsohbet 2.(*sozial*) sosyal
Geselligkeit *f* hoşsohbetlik; (*Vergnügen*) eğlenti

Gesellschaft *f* 1. (*soziologisch*) toplum, topluluk 2. (*Versammlung*) toplantı 3. (*Organisation*) birlik, kurum, dernek 4. (*Handels-*) şirket, ortaklık 5. (*vornehme ~*) sosyete; **jdm ~ leisten** birine arkadaşlık etmek; **~ mit beschränkter Haftung** limitet şirket
Gesellschafter *m* 1. (*allg*) musahip 2. (ECON) ortak
gesellschaftlich *adj* sosyal, toplumsal
Gesellschaftsanzug *m* bayram giysisi
Gesellschaftsreise *f* topluluk halinde seyahat
Gesellschaftsspiel *nt* grup oyunu
gesendet *vt s.* **senden**
gesessen *vi s.* **sitzen**
Gesetz *nt* yasa, kanun
Gesetzbuch *nt* kanun(name)
Gesetzentwurf *m* kanun tasarısı
Gesetzesvorlage *f* kanun tasarısı
gesetzgebend *adj* yasamalı
Gesetzgeber *m* yasa koyucu
Gesetzgebung *f* yasama
gesetzlich *adj* yasal, kanuni, meşru
gesetzmäßig *adj* meşru, kanuni, yasalı
gesetzt *adj* 1. (*reif*) olgun, ağırbaşlı 2. (*ruhig*) sakin 3. **~ den Fall** farzedelim ki, tutalım ki
gesetzwidrig *adj* yasa dışı, kanuna aykırı
Gesicht *nt* 1. (*Antlitz*) yüz, çehre 2. (*Anblick, Äußeres*) çehre, (dış) görünüş; **wir haben es ihm ins ~ gesagt** onun yüzüne karşı söyledik; **sie ist ihrer Mutter wie aus dem ~ geschnitten** hık demiş annesinin burnundan düşmüş; **~er schneiden** yüzünü gözünü oynatmak; **das ~ verlieren** (*fig*) itibardan düşmek; **sein wahres ~ zeigen** gerçek yüzünü göstermek
Gesichtsausdruck *m* yüz ifadesi
Gesichtspunkt *m* bakım, görüş
Gesichtszug *m* yüz çizgisi
gesiedet *vi s.* **sieden**
Gesinnung *f* düşünüş tarzı, görüş
Gesöff *nt* (*pej*) salamura [*o* bulaşık] suyu
gesoffen *vi, vt s.* **saufen**
gesogen *vi, vt s.* **saugen**
gesollt *vi s.* **sollen**
gesondert *adj* ayrı(lmış)
gesonnen *vi s.* **sinnen**
gespalten, gespaltet *vt s.* **spalten**
Gespann *nt* (*Zugtiere*) çift koşum; (*fig*) çift
gespannt *adj* gergin; **auf etw ~ sein** bir şeyi merakla [*o* sabırsızlıkla] beklemek

gespeichert *adj* (INFORM: *Daten*) saklanan
Gespenst *nt* hayalet; **~er sehen** kuşkuya düşmek
gesperrt *adj* (*Weg, Konto*) kapalı
gespien *vi, vt s.* **speien**
gesponnen *vi, vt s.* **spinnen**
Gespräch *nt* 1. (*Besprechung*) konuşma, görüşme 2. (*Unterhaltung*) sohbet, söyleşi
gesprächig *adj* konuşkan
gesprochen *vi, vt s.* **sprechen**
gesprossen *vi s.* **sprießen**
gesprungen *vi s.* **springen**
gestaffelt *adj* derecelere ayrılmış
Gestalt *f* 1. (*Figur*) biçim, şekil 2. (*Wuchs*) boy, endam 3. (*Person*) kişi, figür
gestalten *vt* biçimlendirmek (*etw* -i), şekil vermek (*etw* -e)
Gestaltung *f* biçimlendirme, şekil verme
gestanden I. *vi s.* **stehen** II. *adj:* **ein ~er Mann** yetişkin bir adam
geständig *adj:* **~ sein** suçunu itiraf etmek
Geständnis *nt* itiraf
Gestank *m* pis koku
gestatten *vt* izin vermek (*jdm etw* -e ... için), müsaade etmek (*jdm etw* -e -i); **~ Sie!** müsaadenizle!, izninizle!
Geste *f* jest
gesteckt *vi, vt s.* **stecken**
gestehen *irr vt* itiraf etmek (*etw* -i); **offen gestanden** açıkçası
Gestein *nt* kütle
Gestell *nt* 1. sehpa 2. (*Brillen-*) çerçeve
gestern *adv* dün; **~ früh** [*o* **Morgen**RR]/**Abend**RR dün sabah/akşam; **ich bin nicht von ~** dünkü çocuk değilim ki
gestiegen *vi s.* **steigen**
gestikulieren *vi* jest yapmak, el kol hareketi yapmak
Gestirn *nt* takımyıldız
gestochen *vi, vt s.* **stechen**
gestohlen *vi, vt s.* **stehlen**
gestorben *vi s.* **sterben**
gestoßen *vi, vt s.* **stoßen**
gestreift *adj* çizgili
gestresstRR *adj* stresli
gestrichen I. *vt s.* **streichen** II. *adj:* **frisch ~!** yeni boyanmış!
gestrig *adj* dünkü
gestritten *vi s.* **streiten**
Gestrüpp *nt* (*Dickicht*) çalılık, fundalık
gestunken *vi s.* **stinken**
Gesuch *nt* dilekçe

gesund *adj* sağlıklı, sıhhatli, sağ(lam); (*Gegensatz zu krank*) iyi; (*heilsam und fig*) şifalı, yararlı; **wieder ~ werden** iyileşmek; **bleiben Sie ~!** esen kalın!; **~er Menschenverstand** sağduyu

Gesundheit *f* sağlık, sıhhat; **~!** (*beim Niesen*) çok yaşa(yın)!

gesundheitlich *adj* sıhhi, sağlıksal

Gesundheitsamt *nt* sağlık dairesi

Gesundheitsminister(in) *m(f)* sağlık bakanı

gesundheitsschädlich *adj* sağlığa zararlı

Gesundheitszustand *m* sağlık durumu

gesundschreiben[RR] *vt* sağlam diye bildirmek

gesungen *vi s.* **singen**

gesunken *vi s.* **sinken**

getan *vt s.* **tun**

geteert *adj* katranlı

getragen I. *vt s.* **tragen** II. *adj* (*Kleidung*) kullanılmış

Getränk *nt* içecek; (*alkoholisches*) içki

getrauen *vr*: **sich ~** cesaret etmek (*etw zu tun* -meye)

Getreide *nt* tahıl

getrennt I. *adj* ayrı II. *adv* ayrı ayrı

getreten *vi, vt s.* **treten**

Getriebe *nt* 1. (*lebhaftes Treiben*) canlılık 2. (TECH) şanjman

getrieben *vi, vt s.* **treiben**

getrieft *vi s.* **triefen**

getroffen *vi, vt s.* **treffen**

getrogen *vt s.* **trügen**

getrunken *vt s.* **trinken**

Getue *nt* yapmacık; (*Ziererei*) cilveleşme

Gewächs *nt* (*Pflanze*) bitki

gewachsen I. *vi s.* **wachsen** II. *adj*: **jdm/einer Sache ~ sein** birinin/bir şeyin hakkından gelmek; **gut ~ sein** boyu bosu yerinde olmak

Gewächshaus *nt* ser(a), limonluk

gewagt *adj* tehlikeli, rizikolu

Gewähr *f* garanti, inanca; **ohne ~** garanti verilmez

gewähren *vt* (*geben*) vermek, bağışlamak (*jdm etw* -e -i)

gewährleisten *vt* garanti etmek (*etw* -i)

Gewalt *f* 1. (*Macht, Kraft*) kuvvet, güç 2. (*Zwang*) zor, şiddet; **gesetzgebende/ausübende ~** yasama/yürütme kuvveti; **höhere ~** zorlayıcı nedenler; **mit ~** zorla, şiddetle; **mit aller ~** (*fig*) ne olursa olsun, hangi şartlar altında olursa olsun

Gewaltanwendung *f* kaba kuvvet, zor kullanma

Gewaltenteilung *f* (POL) kuvvetler ayrılığı

Gewaltherrschaft *f* despotluk, zorbalık

gewaltig *adj* 1. (*mächtig*) kuvvetli 2. (*sehr groß*) koskoca 3. (*heftig*) şiddetli

gewaltlos *adj* şiddetsiz

Gewaltlosigkeit *f* şiddetsizlik

gewaltsam *adj, adv* zorlu

Gewalttat *f* şiddet eylemi

gewalttätig *adj* zorba

Gewaltverzicht(svertrag) *m* zor kullanmama anlaşması

gewandt I. *vi, vt s.* **wenden** II. *adj* (*geschickt*) becerikli

Gewandtheit *f* beceri, beceriklilik

gewann *vt s.* **gewinnen**

gewaschen *vt s.* **waschen**

Gewässer *nt* su (*ırmaklar, göller, denizler*)

Gewebe *nt* 1. (*Textil*) dokuma 2. (BIOL) doku

gewebt *vt s.* **weben**

geweckt *adj* uyanık

Gewehr *nt* tüfek

Geweih *nt* geyik boynuzu

gewendet *vi, vt s.* **wenden**

Gewerbe *nt* 1. (*Handwerk*) sanat 2. (ECON) endüstri, sanayi 3. (*Beruf*) meslek

Gewerbegebiet *nt* sanayi bölgesi

Gewerbeschein *m* sanat tezkeresi

Gewerbeschule *f* sanat okulu

Gewerbesteuer *f* sanayi vergisi

gewerblich *adj* sınai, mesleki

Gewerkschaft *f* sendika

Gewerkschaft(l)er(in) *m(f)* sendikacı

gewerkschaftlich *adj* sendikal, sendikacı

gewesen *vi s.* **sein**

gewichen *vt s.* **weichen**

Gewicht *nt* ağırlık; (*bei Personen auch*) kilo; (*fig*) ağırlık, önem; **nach ~** tartı ile; **ins ~ fallen** önemli olmak, ağır basmak

Gewichtheben *nt* haltercilik

Gewichtheber(in) *m(f)* halterci

gewichtig *adj* (*fig*) önemli

gewieft *adj* uyanık, pişkin

gewiesen *vt s.* **weisen**

gewillt *adj*: **~ sein, etw zu tun** -mek niyetinde olmak

Gewimmel *nt* (*Durcheinander*) kargaşalık; (*Gedränge*) kalabalık

Gewinde *nt* 1. vida dişi 2. (*Blumen-*) çelenk

gewinkt *vi s.* **winken**

Gewinn *m* 1. (ECON) kazanç, kar 2. (*Nutzen*) yarar 3. (*Vorteil*) çıkar 4. (*Lotterie*) kazanma; ~ **bringen** kar getirmek; ~ **bringend**^RR (*Geschäft*) karlı, kazançlı; (*nützlich*) yararlı
Gewinnanteil *m* kar payı
Gewinnbeteiligung *f* kara katılma
gewinnbringend *adj s.* **Gewinn**
gewinnen <gewann, gewonnen> I. *vi* (*siegen*) zafer kazanmak II. *vt* 1. (*erlangen*) kazanmak, kar etmek (*etw* -i) 2. (*jds Interesse*) bağlamak (*jdn für etw/jdn* -i -e) 3. (MIN, CHEM) çıkarmak (*etw* -i)
Gewinner(in) *m(f)* kazanan
Gewinnmarge *f* (ECON) kar marjı
Gewinnpotential *nt* kazanç potensiyeli
gewiss^RR I. *adj* belli; **gewisse Leute** bazı insanlar; **ein gewisser ... ...** diye biri II. *adv* şüphesiz, elbette; **ganz ~!** muhakkak!; **aber ~!** elbette!
Gewissen *nt* vicdan; **mit gutem ~** iç [*o* gönül] rahatlığı ile; **nach bestem Wissen und ~** vicdanen; **ein gutes** [*o* **ruhiges**] **~ haben** içi [*o* vicdanı] rahat olmak; **ein schlechtes ~ haben** vicdan azabı duymak [*o* çekmek]
gewissenhaft *adj* özenli
gewissenlos *adj* vicdansız, insafsız
Gewissensbisse *mpl* vicdan azabı *sing*
Gewissensfrage *f* vicdan meselesi
Gewissensfreiheit *f* vicdan özgürlüğü [*o* hürriyeti]
Gewissenskonflikt *m* vicdanıyla çatışma (durumu)
gewissermaßen *adv* adeta, sanki
Gewissheit^RR *f* kesinlik
Gewitter *nt* fırtına
gewoben *vt s.* **weben**
gewogen *vi, vt s.* **wiegen**
gewöhnen I. *vt:* **jdn an etw ~** birini bir şeye alıştırmak II. *vr:* **sich an etw ~** bir şeye alışmak
Gewohnheit *f* 1. (*Angewohnheit*) alışkanlık 2. (*Sitte*) adet; **aus ~** alışkanlıktan
Gewohnheitsrecht *nt* görenek töresi
gewöhnlich I. *adj* 1. (*üblich*) olağan 2. (*alltäglich*) günlük 3. (*mittelmäßig*) sıradan, orta 4. (*unfein, gemein*) kaba, bayağı, adi II. *adv* (*im Allgemeinen*) genellikle; **wie ~** alışıldığı gibi
gewohnt *adj* (*Sache*) alışılmış; (*Person*) alışık, alışkın; **etw ~ sein** bir şeye alışık olmak
Gewöhnung *f* alış(tır)ma
Gewölbe *nt* kubbe

gewollt *vi, vt s.* **wollen**
gewonnen *vt s.* **gewinnen**
geworben *vi s.* **werben**
geworden *vi s.* **werden**
geworfen *vi, vt s.* **werfen**
gewrungen *vi, vt s.* **wringen**
Gewühl *nt* (*Durcheinander*) karışıklık; (*Menschen-*) kalabalık
gewunden *vt s.* **winden**
Gewürz *nt* bahar(at)
Gewürzgurke *f* kornişon
Gewürzmischung *f* harç, bahar
gewürzt *adj* baharatlı
gewusst^RR *vi, vt s.* **wissen**
Gezeiten *pl* gelgit, kabarma-alçalma
geziert *adj* (*gekünstelt*) yapmacık
gezogen *vi, vt s.* **ziehen**
Gezwitscher *nt* (*Vögel*) ötüşme
gezwungen I. *vt s.* **zwingen** II. *adj* zoraki
Ghetto *nt* getto
gibt *vt s.* **geben**
Gicht *f* gut, damla hastalığı, nıkris
Giebel *m* alınlık
gierig *adj* hırslı, haris
gießen <goss, gegossen> I. *vt* dökmek (*etw in/auf etw* -i -e); (*Blumen*) sulamak (*etw* -i) II. *vi:* **es gießt** şakır şakır [*o* bardaklardan boşanırcasına] yağmur yağıyor
Gießkanne *f* ibrik
Gift *nt* zehir
Giftgas *nt* zehirli gaz
giftig *adj* 1. zehirli 2. (*gehässig*) kinci
Giftmüll *m* zehirli atık
Giftmülldeponie *f* zehirli atıklar deposu
Giftschlange *f* zehirli yılan
Gigabyte *nt* gigabayt
Gigant *m* dev
gigantisch *adj* dev, devasa
gilt *vi s.* **gelten**
Gin *m* cin
ging *vi s.* **gehen**
Ginster *m* katırtırnağı
Gipfel *m* 1. (*eines Berges*) tepe, zirve, doruk 2. (*fig: Höhepunkt*) en yüksek nokta; **das ist doch der ~!** bu kadarı da fazla!
Gipfelkonferenz *f*, **Gipfeltreffen** *nt* zirve konferansı
Gips *m* alçı; **in ~ legen** (MED) alçıya koymak (*etw* -i)
Gipsverband *m* alçı (sargı)
Giraffe *f* zürafa
Girlande *f* (*Frucht-*) hevenk; (*Blumen-*) çi-

Giro 103 **Glied**

çek dizisi
Giro *nt* ciro
Girokonto *nt* cari hesap, ciro hesabı
Gischt *f* dalga serpintisi
Gitarre *f* gitar
Gitter *nt* parmaklık, kafes
Gitterfenster *nt* kafesli pencere
Gladiole *f* glayöl
glamourös *adj* göz alıcı, cazip
Glanz *m* 1.(*das Glänzen*) parıltı, parlaklık, pırıltı 2.(*Politur*) cila 3.(*fig: Pracht*) görkem, debdebe
glänzen *vi* parlamak, parıldamak
glänzend *adj* 1.parlak 2.(*hervorragend*) enfes, kusursuz
Glas *nt* 1.(*Material*) cam 2.(*Trink-*) bardak; **ein ~ Wein** bir bardak şarap
Glaser *m* camcı
Glaserei *f* camcılık
Glasfaser *f* camipliği
Glasmalerei *f* cam resim sanatı
Glasscheibe *f* cam
Glasscherbe *f* cam kırığı
Glassplitter *m* (kırık) cam parçası
Glastür *f* camlı kapı
Glasur *f* 1.(*Keramik*) sır, mine 2.(*Email*) emaye 3.(*Kuchen-*) parlaklık veren madde
glatt I. *adj* 1.(*ohne Unebenheiten*) pürüzsüz 2.(*eben*) düz, düzgün, engebesiz 3.(*rutschig*) kaygan 4.(*einfach*) kolay II. *adv* 1.(*rundweg*) doğrudan doğruya 2.(*offen*) açıktan açığa
Glatteis *nt* donmuş kırağı
glätten *vt* düzeltmek, düzlemek (*etw* -i)
Glatze *f* başın saçsız kalan yeri
glatzköpfig *adj* dazlak kafalı
Glaube *m* 1.(*das Glauben*) inanç, iman 2.(*religiöser ~*) iman, din 3.(*Vertrauen*) güven; **jdm ~n schenken** birine inanmak [*o* güvenmek]; **in gutem ~n** iyi niyetle
glauben I. *vt* 1.(*für wahr halten*) inanmak (*dass* -diğine) 2.(*meinen*) sanmak, zannetmek (*dass* -diğini) 3.(*vermuten*) tahmin etmek (*dass* -diğini); **ich glaube es Ihnen** size inanıyorum II. *vi* inanmak; **jdm/an jdn ~** birine inanmak; **an etw ~** bir şeye inanmak; **ich glaube ja** öyle sanıyorum
Glaubensbekenntnis *nt* (*christlich*) dini dogmaların özeti; (*islamisch*) kelime-i şahadet
Glaubenskrieg *m* din savaşı
glaubhaft *adj* inandırıcı, inanılır

gläubig *adj* dindar, inançlı
Gläubige(r) *mf* (REL) mümin, inanan
Gläubiger *m* (ECON) alacaklı
glaubwürdig *adj* güvenilir, inanılır
Glaubwürdigkeit *f* güvenilirlik
gleich I. *adj* aynı; **er ist immer der Gleiche**RR hep aynı; **es ist ~** aynı II. *adv* 1.(*ebenso*) aynı şekilde; **~ groß/breit** aynı büyüklükte/genişlikte 2.(*sofort*) derhal, hemen 3.(*recht bald*) biraz sonra; **~!** derhal!; **ich komme ~!** hemen geliyorum!; **~ darauf** hemen sonra; **bis ~!** biraz sonra görüşmek üzere!; **sie wird ~ kommen** biraz sonra gelecek
gleichaltrig *adj* yaşıt, aynı yaşta
gleichartig *adj* bircinsten, birtürden
gleichberechtigt *adj* eşit haklara sahip
Gleichberechtigung *f* haklarda eşitlik
gleichen <glich, geglichen> *vi* benzemek (*jdm/einer Sache* -e), andırmak (*jdm/einer Sache* -i)
gleichermaßen *adv* aynı şekilde
gleichfalls *adv* keza; **danke, ~** ben de teşekkür ederim
Gleichgewicht *nt* denge; **ins ~ bringen** dengelemek, denkleştirmek (*etw* -i)
Gleichgewichtsstörung *f* denge bozukluğu
gleichgültig *adj* 1.(*teilnahmslos*) ilgisiz, kayıtsız 2.(*belanglos*) önemsiz
Gleichgültigkeit *f* ilgisizlik, kayıtsızlık
Gleichheit *f* eşitlik
gleichkommen *vi:* **jdm in etw ~** birine bir şeyde eşit olmak
gleichmäßig *adj* düzgün
gleichschalten *vt* 1.(*fig*) aynı yaşam biçime uydurmak 2.(TECH) aynı cereyana bağlamak
gleichsetzen *vt*, **gleichstellen** *vt* (*rechtlich*) eşit haklar vermek (*jdn* -e)
Gleichung *f* denklem
gleichwertig *adj* eş değerli
gleichzeitig I. *adj* eşzamanlı II. *adv* aynı zamanda
Gleis *nt* ray
gleiten <glitt, geglitten> *vi sein* kaymak; (*Flugzeug*) süzülmek
Gleitzeit *f* esnek çalışma saatleri *pl*
Gletscher *m* buzul
Gletscherspalte *f* buzul yarığı
glich *vi s.* **gleichen**
Glied *nt* 1.(*Körper-*) organ; (*Finger-*) boğ-

mak kemiği 2.(*Penis*) erkeklik organı 3.(*Teil*) parça; (*Ketten-*) halka
gliedern *vt* bölümlemek (*etw in etw* -i -e)
Gliederung *f* 1.(*Aufbau*) yapı(lış), bünye 2.(*Einteilung*) bölümleme
glimmen <glomm, geglommen> *vi* kor halinde yanmak
glimpflich *adv:* ~ **davonkommen** ucuz kurtulmak, yakasını kurtarmak [*o* sıyırmak]
glitschig *adj* kaygan
glitt *vi s.* **gleiten**
global *adj* (*weltweit*) evrensel; (COM, POL) küresel, global; ~**e Erwärmung** global ısınma
globalisieren *vt* küreselleştirmek (*etw* -i)
globalisiert *adj* küreselleştirilmiş
Globalisierung *f* 1.(*das Globalisieren*) küreselleştirme 2.(*das Globalisiertwerden*) küreselleşme, globalleşme
Globalisierungsgegner(in) *m(f)* küreselleşme karşıtı
Globus *m* yerküre
Glocke *f* 1.(*in Kirchen*) çan; (*Vieh*) çıngırak 2.(*Klingel*) zil; **etw an die große** ~ **hängen** bir şeyi herkese duyurmak
Glockenblume *f* çançiçeği, boruçiçeği
Glockenspiel *nt* tınlak
Glockenturm *m* çan kulesi
glomm *vi s.* **glimmen**
Glossar *nt* sözcük listesi, sözlük
glotzen *vi* dik dik bakmak (*auf jdn/etw* -e)
Glück *nt* 1.(*Glücklichsein*) mutluluk 2.(*Glücksfall*) şans, talih, kısmet 3.(*Erfolg*) başarı; **auf gut** ~ rasgele, gelişigüzel; **zum** ~ Allah'tan; **viel** ~**!** bol şanslar!; ~ **bringen** şans [*o* uğur] getirmek
glücken *vi sein* başarıyla sonuçlanmak
glücklich *adj* (*allg*) mutlu; (*vom Glück gesegnet*) şanslı, talihli, kısmetli
glücklicherweise *adv* bereket versin, şans eseri olarak
Glücksbringer *m* uğur; (*Amulett*) tılsım; (*islamisch*) muska
Glücksfall *m* şans, talih, kısmet
Glückssache *f* şans meselesi
Glücksspiel *nt* kumar
Glückwunsch *m* kutlama, tebrik; **herzlichen** ~**!** kutlarım!, tebrik ederim!
Glühbirne *f* ampul
glühen *vi* 1.kız(ar)mak 2.(*vor Begeisterung*) yanıp tutuşmak, heyecan içinde olmak
glühend *adj* 1.kızgın; (*Kohlen*) kor halinde 2.(*Gesicht*) kıpkırmızı 3.(*begeistert*) ateşli
Glühwein *m* baharatlı ve şekerli sıcak kırmızı şarap
Glühwürmchen *nt* ateş böceği
Glut *f* 1.(*auch fig: Hitze*) şiddetli sıcak 2.(*Feuer*) kor
GmbH *f Abk. von* **Gesellschaft mit beschränkter Haftung** Ltd.Şti. (*Limited Şirketi*)
Gnade *f* 1.(*Schonung*) acıma, merhamet, aman 2.(*von Gott*) rahmet
Gnadenfrist *f* son mühlet
Gnadengesuch *nt* af dilekçesi
gnädig *adj* 1.(*nachsichtig*) hoşgörücü, hoşgörülü 2.(*barmherzig*) merhametli; ~**e Frau!** hanımefendi!; ~**es Fräulein!** küçük hanım!
Gobelin *m* goblen
Gold *nt* altın
Goldbarren *m* külçe altın
golden *adj* altın; ~**e Hochzeit** ellinci evlilik yıldönümü; **das Goldene Horn** Haliç
Goldfisch *m* kırmızı süs balığı
Goldgrube *f* altın madeni
goldig *adj* (*fig*) tatlı, şirin
Goldmedaille *f* altın madalya
Goldschmied *m* kuyumcu
Golf[1] *m* (GEOG) körfez
Golf[2] *nt* (SPORT) golf (oyunu)
Golfplatz *m* golf sahası
Golfschläger *m* golf değneği
Golfspieler(in) *m(f)* golf oyuncusu, golfcu
Golfturnier *nt* golf turnuvası
Gondel *f* gondol
Gong *m* gonk
gönnen *vt* çok görmemek (*jdm etw* -e -i), kıskanmamak (*jdm etw* -in bir şeyini); **ich gönne es ihm** bunu ona çok görmüyorum; **sich** *dat* **etw** ~ kendine bir şey için izin vermek
gor *vi s.* **gären**
goss[RR] *vi, vt s.* **gießen**
Gotik *f* Gotik (sanatı)
gotisch *adj* Gotik dönemi
Gott *m* 1.(*ein einzelner*) tanrı 2.(*der einzige*) Allah, Tanrı; **du lieber** ~**!** aman Allahım!; ~ **sei Dank!** Allah'a şükür!; **um** ~**es willen!** Allah aşkına!; **wenn** ~ **(es) will** Allah bilir
Gottesdienst *m* ibadet, dini ayin
Gotteshaus *nt* ibadethane
Gotteslästerung *f* Tanrı'ya küfretme

Gottheit *f* tanrı, ilah
Göttin *f* tanrıça, ilahe
Gottlosigkeit *f* dinsizlik, imansızlık, kafirlik
Götze *m* put
Götzendiener(in) *m(f)* putperest
Götzendienst *m* putperestlik
GPS *nt Abk. von* **Global Positioning System** Küresel Konumlandırma Sistemi
Grab *nt* mezar, kabir, gömüt
graben <gräbt, grub, gegraben> *vi, vt* kazmak; (*Brunnen*) açmak (*etw* -i)
Graben *m* 1. hendek 2. (*Schützen-*) siper
Grabmal *nt* türbe
Grabstätte *f* mezar, kabir, gömüt
Grabstein *m* mezar taşı
gräbt *vi, vt s.* **graben**
Grabung *f* (*archäologische*) kazı
Grad *m* 1. (*Temperatur*) derece 2. (*Rang*) rütbe; (**bei**) **10 ~ Wärme/Kälte** 10 derece sıcakta/soğukta; **Verwandte(r) ersten ~es** birinci dereceden akraba
Graf *m* kont
Grafik *f* grafik
Grafiker(in) *m(f)* grafikçi
Grafiklösung *f* (INFORM) grafik çözümü
Gräfin *f* kontes
grafisch *adj* grafik
Grafologeᴿᴿ *m* grafolog, yazıbilimcisi
Grafologieᴿᴿ *f* grafoloji, yazıbilim
Gramm *nt* gram
Grammatik *f* gramer, dilbilgisi
grammatisch *adj* gramere ait
Granatapfel *m* nar
Granate *f* obüs
Granit *m* granit
Grapefruit *f* greyfrut, greyfurt
Graphit *nt* grafit
Graphologe *m* grafolog, yazıbilimcisi
Graphologie *f* grafoloji, yazıbilim
Gras *nt* 1. ot 2. (*Rasen*) çim(en); **über etw ~ wachsen lassen** (*fig*) bir şeyi unut(tur)maya çalışmak
grasen *vi* otla(n)mak
Grashalm *m* ot sapı
Grashüpfer *m* çekirge
grassieren *vi* hüküm sürmek
grässlichᴿᴿ *adj* 1. (*schrecklich*) müthiş, feci 2. (*scheußlich*) iğrenç
Gräte *f* kılçık
Gratifikation *f* ikramiye; (*Zulage*) zam
gratis *adv* bedava, parasız, caba

Gratulation *f* kutlama, tebrik
gratulieren *vi:* **jdm zu etw ~** birini bir şeyden dolayı kutlamak [*o* tebrik etmek]
grau *adj* gri, kurşuni, külrengi; **~ meliert**ᴿᴿ (*Haar*) kırçıl, kır karışmış
Graubrot *nt* kepekli ekmek
Gräuelᴿᴿ *m* 1. (*Abscheu*) nefret 2. (*Tat*) zulüm, kıyıcılık
grauenhaft *adj*, **grauenvoll** *adj* dehşetli, korkunç
grauhaarig *adj* kır saçlı
gräulichᴿᴿ *adj* korkunç, tüyler ürpertici
graumeliert *adj s.* **grau**
graupeln *vi:* **es graupelt** bulgur (gibi kar) yağıyor
Graupeln *fpl* ebe bulguru *sing*
grausam *adj* acımasız, zalim, gaddar
Grausamkeit *f* zulüm, gaddarlık
gravieren *vt* oymak (*etw* -i)
gravierend *adj* ağırlaştıran
Gravierung *f* oyma
Greenfee *nt* (*Golf*) alan ücreti
greifbar *adj* (*fig*) somut
greifen <griff, gegriffen> I. *vt* tutmak, yakalamak, kapmak (*etw* -i) II. *vi* el uzatmak (*nach etw* -e); **jdm unter die Arme ~** birine destek olmak, birine el uzatmak
Greis(in) *m(f)* ihtiyar
grell *adj* (*Licht*) göz kamaştırıcı; (*Farbe*) göze batan, çok parlak; (*Stimme*) cırtlak
Gremium *nt* heyet, encümen, kurul, meclis
Grenzbahnhof *m* sınır istasyonu
Grenze *f* (*auch fig*) sınır
grenzen *vi* 1. (*Land*) sınırdaş olmak (*an etw* -e) 2. (*gleichen*) yaklaşmak, yakın olmak (*an etw* -e)
grenzenlos *adj* sınırsız, sonsuz, ölçüsüz
Grenzfall *m* olağanüstü bir durum veya olay
Grenzgänger(in) *m(f)* çalışmak için sınır geçen
Grenzgebiet *nt* sınır bölgesi
Grenzpolizei *f* sınır polisi
grenzüberschreitend *adj* hudut aşırı
Grenzübergang *m* sınır geçme yeri
Grenzverkehr *m* sınır trafiği
Greuel *m s.* **Gräuel**
greulich *adj s.* **gräulich**
Grieche *m*, **Griechin** *f* Yunanlı; (*in der Türkei*) Rum
Griechenland *nt* Yunanistan
griechisch *adj* 1. (*Sprache*) Yunanca 2. (*Art*) Yunan 3. (*Herkunft*) Yunan(lı)

griesgrämig adj somurtkan
Grieß m irmik
griff vi, vt s. **greifen**
Griff m 1.(zum Festhalten) tutamaç, tutamak 2.(Tür-) kol 3.(Messer-) kabza 4.(Stiel) sap 5.(Henkel) kulp 6.(Judo, Ringen) tutma; **etw im ~ haben** bir şeyinin püf noktasını bilmek
griffig adj ele yatkın; (Autoreifen) tırmanmaya elverişli
Grillanzünder m ızgara kavı
Grill m ızgara
Grille f cırcırböceği
grillen I. vi ızgara yapmak II. vt ızgarasını yapmak (etw -i)
Grillplatte f (Gericht) karışık ızgara
Grimasse f yüz göz oynatma; **~n schneiden** yüzünü gözünü oynatmak
grinsen vi sırıtmak
Grippe f grip
Grippeimpfung f grip aşısı
grob adj 1.(Sache) iri 2.(Person) kaba 3.(fig: schwerwiegend) ağır; **~er Fehler** ağır yanlış; **~e Fahrlässigkeit** ağır ihmalcilik
Grobheit f kabalık
Grönland nt Grönland
Groschen m 1. Avusturya şilinginin yüzde biri 2.(fam) F. Almanya'da on feniklik madeni para 3.(fig) metelik
groß <größer, am größten> adj 1. büyük, iri 2.(Mensch: Körpergröße) uzun boylu; (Mensch: bedeutend) büyük 3.(wichtig) önemli; **~er Bruder** ağabey; **~e Schwester** abla; **~er Buchstabe** büyük harf; **~e Hitze/Kälte** korkunç sıcak/soğuk; **Groß und Klein** genci(yle) yaşlısı(yla); **gleich ~** aynı boyda; **wie ~ ist sie?** boyu ne kadar?; **größer werden** büyümek
großartig adj harika, enfes, şahane
Großbetrieb m büyük işletme
Großbritannien nt Büyük Britanya
Großbuchstabe m büyük harf
Größe f 1.(auch fig) büyüklük, irilik 2.(Format) boy, boyut 3.(Ausdehnung) genişlik 4.(Stärke) kuvvet, güç 5.(Körper-) boy; (von Bäumen, Gebäuden) yükseklik; (Hemd-, Schuh-) numara; (Kleider-) beden 6.(Rauminhalt) hacim 7.(fig: Bedeutung) önem; **welche ~ haben Sie?** bedeniniz ne kadar?
Großeltern pl büyük anne-baba
Großenkel(in) m(f) torun oğlu
Größenordnung f çap; (Dimension) boyut
Größenwahn m büyüklük tutkusu, megalomani
größenwahnsinnig adj megaloman
Großgrundbesitz m geniş toprak mülkü
Großgrundbesitzer(in) m(f) geniş arazi sahibi; (türk.) toprak ağası
Großhandel m toptancılık
Großhändler m toptancı
großherzig adj yüce ruhlu
großjährig adj ergin, reşit
Großmacht f büyük devlet
Großmaul nt palavracı
Großmut f yüce gönüllülük [o ruhluluk]; (Großzügigkeit) cömertlik
großmütig adj yüce gönüllü [o ruhlu]; (großzügig) cömert
Großmutter f (allg) nine, büyükanne; (mütterlicherseits) anne; (väterlicherseits) babaanne
Großonkel m büyük amca [o dayı]
großspurig adj çakalı, kibirli
Großstadt f büyük şehir
Großtante f büyük teyze [o hala]
größtenteils adv en büyük; (meistens) çoğunlukla
Großtuerei f kuru kibarlık
Großvater m dede, büyükbaba
großziehen irr vt büyütmek, yetiştirmek (jdn -i)
großzügig adj 1.(freigiebig) eli açık, cömert 2.(tolerant) hoşgörülü
Großzügigkeit f 1.(Freigiebigkeit) cömertlik 2.(Toleranz) hoşgörü
grotesk adj tuhaf, garip
Grotte f mağara
grub vi, vt s. **graben**
Grube f 1.(Loch) çukur 2.(Bergwerk) ocak
Gruft f 1.(Grabgewölbe) kubbeli türbe 2.(Familiengrab) aile kabri
grün I. adj yeşil; (frisch) taze; (fig: unerfahren) tecrübesiz, toy; **~ werden** yeşermek; **sie sind sich nicht ~** (fam) araları şekerrenk; **auf keinen ~en Zweig kommen** başarıya ulaşmamak; **jdn über den ~en Klee loben** birini överek göklere çıkarmak II. pl: **die Grünen** (POL) Yeşiller (Partisi)
Grünanlage f yeşil alan; (nur Rasen) çimenlik
Grund m 1.(Ursache) neden, sebep 2.(Beweg-) gerekçe 3.(Erdboden) yer, zemin; (Erdreich) toprak 4.(eines Gewässers, Gefä-

ßes) dip **5.**(*Grundstück*) arsa **6.**(*Hintergrund*) fon, dip yüzey; **auf ~ von …** nedeniyle, -in gereğince; **im ~e genommen** aslında, esasen; **von ~ auf** kökten, temelden; **einer Sache auf den ~ gehen** bir işin sırrına varmak; **(allen) ~ haben, etw zu tun** bir şeyi yapmak için yeteri kadar sebep bulunmak

Grundbegriff *m* temel kavram
Grundbesitz *m* mülk, emlak, taşınmaz mal
Grundbuch *nt* tapu sicili
gründen I. *vt* kurmak (*etw* -i) **II.** *vr:* **sich auf etw ~** (*fig*) bir şeye dayanmak
Gründer(in) *m(f)* kurucu
Grundgedanke *m* ana fikir
Grundgesetz *nt* anayasa
Grundlage *f* (*auch fig*) temel, esas, zemin
grundlegend *adj* köklü, esaslı; (*radikal*) kökten
gründlich I. *adj* (*sorgfältig*) özenli, dikkatli **II.** *adv* **1.**(*sorgfältig*) özenle **2.**(*ordentlich*) iyice, adamakıllı
Gründlichkeit *f* özen, dikkat
grundlos *adj* sebepsiz
Grundnahrungsmittel *ntpl* temel gıda malzemeleri
Gründonnerstag *m* Paskalya'dan önceki perşembe günü
Grundordnung *f* (*eines Staates*) anayasal düzen
Grundrecht *nt* temel hak
Grundregel *f* temel kural, düstur
Grundriss^{RR} *m* **1.** yatay kesit **2.**(*Abhandlung*) özet
Grundsatz *m* ilke, prensip; (*Norm, Regel*) düstur
grundsätzlich I. *adj* ilkesel **II.** *adv* esas itibariyle, prensip olarak
Grundschule *f* ilkokul
Grundstück *nt* arsa
Gründung *f* kuruluş
grundverschieden *adj* çok farklı, apayrı
Grundwasser *nt* yeraltı [*o* zemin [*o* taban]] suyu
Grundwissen *nt* ön bilgi
Grundzahl *f* asıl sayı
Grundzüge *mpl* ana hatlar *pl*
Grünfläche *f* yeşil alan
Grünkohl *m* yeşil lahana
grünlich *adj* yeşilimtırak, yeşilimsi
grunzen *vi* (*Schwein*) homurdanmak
Gruppe *f* grup

Gruppenbild *nt* grup halinde alınmış resim
gruppenweise *adv* grup grup
gruppieren *vt* gruplandırmak (*jdn/etw* -i)
Gruß *m* selam; **einen ~ ausrichten** selam söylemek (*jdm von jdm* -e -den); **mit freundlichen Grüßen** (*im Brief*) (en) içten selamlarla
grüßen *vt* selamlamak (*jdn* -i), selam vermek (*jdn* -e); **~ Sie Paul von mir!** Paul'a benden selam söyleyin!
Guatemala *nt* Guatemala
Guerillakämpfer(in) *m(f)* gerillacı
gucken *vi* (*fam*) bakmak (*auf jdn/etw* -e)
Guckloch *nt* gözetleme deliği
Gulasch *nt* gulaş
gültig *adj* **1.** geçer, geçerli **2.**(JUR) yürürlükte olan
Gültigkeit *f* **1.** geçerlik **2.**(ADM, JUR) yürürlük
Gültigkeitsdauer *f* **1.** geçerlik süresi **2.**(ADM, JUR) yürürlük süresi
Gummi *m/nt* **1.**(*Material*) lastik **2.**(*Kautschuk*) kauçuk **3.**(*Radier-*) silgi, lastik
Gummiband *nt* lastik şerit
Gummibaum *m* kauçuk ağacı; (*blauer*) okaliptüs
Gummihandschuh *m* lastik eldiven
Gummiknüppel *m* cop
Gummistiefel *m* lastik çizme
günstig *adj* uygun; (*passend*) elverişli
Gurgel *f* gırtlak, boğaz
gurgeln *vi* gargara etmek
Gurgelwasser *nt* gargara (ilacı)
Gurke *f* salatalık, hıyar; **saure ~** hıyar turşusu
Gurkensalat *m* hıyar salatası
Gurt *m* **1.**(*Band*) kuşak, kemer **2.**(*Trag-*) kayış
Gürtel *m* kuşak, kemer, kayış; **den ~ enger schnallen** (*fig*) kemerini sıkmak
Gürtellinie *f:* **unter der ~** (*unfair, schlüpfrig*) belden aşağı
Gürtelreifen *m* radyal lastik
Gürtelrose *f* zona (hastalığı)
Guru *m* guru
Guss^{RR} *m* **1.**(*Wasser*) dök(ül)me **2.**(*Regen*) sağanak **3.**(*für Kuchen*) pasta üzerine dökülerek dondurulan tatlı **4.**(TECH) döküm, dökme
Gusseisen^{RR} *nt* dökme demir
gut <besser, am besten> **I.** *adj* iyi; (*Leben, Wetter*) güzel; **eine ~e Stunde** bir saat-

Gut

ten biraz fazla; **~en Mutes sein** cesaretli olmak; **seien Sie so ~ und ...** lütfen bana şu iyiliği yapın; **im Guten**[RR] iyilikle; **alles Gute!** esen kal(ın)!; **es ist ganz ~** oldukça iyi **II.** *adv* iyi; **kurz und ~** kısacası; **auf ~ Deutsch** işin doğrusu; **~ gelaunt**[RR] keyifli; **sie lässt es sich ~ gehen** keyfi yerinde; **es ~ haben** tuzu kuru olmak; **mach's ~!** hoşça kal!; **~ gehend**[RR] dört başı mamur; **das tut Ihnen ~** bu size iyi gelir, bu size yarar

Gut *nt* 1. (*Besitz*) mal, mülk, eşya 2. (*Land-*) çiftlik

Gutachten *nt* rapor

Gutachter(in) *m(f)* bilirkişi, uzman

gutartig *adj* (*Geschwulst*) selim

Gutdünken *nt:* **nach ~** keyfine göre, nasıl işine gelirse

Güte *f* 1. (*das Gütigsein*) iyilik 2. (*Ware*) kalite; **du meine ~!** aman Allahım!

Güterabfertigung *f* eşya sevki

Güterbahnhof *m* yük istasyonu

Gütergemeinschaft *f* mal ortaklığı

Gütertrennung *f* mal ayrılığı

Güterwagen *m* yük vagonu

Güterzug *m* yük katarı, marşandiz

gutgehend *adj s.* **gut**

gutgelaunt *adj s.* **gut**

Guthaben *nt* alacak

gutheißen *vt* tasvip etmek (*etw* -i)

gutherzig *adj* iyi kalpli

gütig *adj* iyi, iyi niyetli, iyi kalpli

gutmachen *vt* (*Verluste*) kapatmak, karşılamak; (*Unrecht*) düzeltmek (*etw* -i)

gutmütig *adj* iyi, iyi kalpli

Gutmütigkeit *f* iyi kalplilik

Gutsbesitzer(in) *m(f)* çiftlik sahibi

Gutschein *m* bono, fiş

gutschreiben *irr vt:* **jdm etw ~** birinin alacağına geçirmek

Gutschrift *f* alacak yaz(ıl)ma

guttun *vi s.* **gut**

Gymnasiast(in) *m(f)* lise öğrencisi, liseli

Gymnasium *nt* lise

Gymnastik *f* jimnastik, beden eğitimi

gymnastisch *adj* jimnastik

Gynäkologe, -gin *m, f* kadın doktoru, jinekolog

H

H *pl Abk. von* **Herren** Baylar

ha *nt/m Abk. von* **Hektar** hektar

Haar *nt* 1. (*Kopf-*) saç 2. (*Körper-*) kıl; (*feine Härchen*) tüy; **um ein ~** hemen hemen, neredeyse; **sich die ~e schneiden lassen** saçını kestirmek; **mir standen die ~e zu Berge** tüylerim diken diken oldu

Haarausfall *m* saç dökülmesi

Haarbürste *f* saç fırçası

Haarentfernungsmittel *nt* tüy dökücü ilaç

Haarfestiger *m* saç sertleştirici

Haargel *nt* jöle

haargenau *adv* tıpatıp, noktası noktasına

Haargummi *m* saç lastiği

haarig *adj* 1. (*behaart*) tüylü, kıllı 2. (*fig: schwierig*) çetin; (*schlimm*) kötü, berbat

Haarklammer *f* saç tokası

Haarnadel *f* firkete

Haarpflege *f* saç bakımı

Haarschneiden *nt:* **~, bitte!** saçımı kesin, lütfen

Haarschnitt *m* saç kesme

Haarsieb *nt* kıl süzgeç

Haarspalterei *f* (*fig*) kılı kırk yarma

Haarspange *f* saç tokası

Haarspray *nt* saç spreyi

haarsträubend *adj* tüyler ürpertici

Haarteil *nt* takma saç parçası

Haartrockner *m* saç kurutma aleti

Haarwaschmittel *nt* şampuan

Haarwasser *nt* losyon

haben <hat, hatte, gehabt> *vt* sahip olmak (*etw* -e), var; **ich habe ein/kein Auto** arabam var/yok; **ich habe Geld/kein Geld dabei** yanımda para var/yok; **gern ~** sevmek (*etw/jdn* -i), hoşlanmak (*etw/jdn* -den); **ich hätte gern ... ...** isterdim; **lieber ~** (*bevorzugen*) tercih etmek (*etw/jdn* -i); **was hat sie?** neyi var?; **wir ~ nichts zu tun** işimiz yok; **was ~ wir davon?** bundan ne elimize geçer ki?; **zu ~ sein** elde edilebilir olmak; **diese Arbeit hat es in sich** bu çalışma kendini gösteriyor; **dafür bin ich nicht zu ~**

habgierig

bu işte ben yokum; da ~ wir's! işte gördün mü şimdi!; **hab dich nicht so!** nazlanma!
habgierig *adj* hırslı, açgözlü
Habicht *m* atmaca
Hackbraten *m* köfte
Hacke *f* 1.(*Gartengerät*) çapa 2.(*Ferse*) topuk 3.(*Absatz*) ökçe
hacken *vt* 1.(*Fleisch*) kıymak (*etw* -i) 2.(*Holz*) yarmak, kesmek (*etw* -i) 3.(*den Boden*) çapalamak (*etw* -i)
Hacker *m* (INFORM) hacker, şifre kırıcı
Hackfleisch *nt* kıyma (et)
Hafen *m* liman
Hafenarbeiter *m* dok amelesi
Hafenstadt *f* liman şehri [*o* kenti]
Hafer *m* yulaf
Haferflocken *fpl* yulaf ezmesi *sing*
Haft *f* tutukluluk, (hafif) hapis
Haftanstalt *f* cezaevi
haftbar *adj* sorumlu
Haftbefehl *m* tutuklama emri
haften *vi* (*kleben*) yapışmak (*an etw* -e); **für etw ~** (JUR) bir şeyden sorumlu olmak
Haftentlassung *f* (tutukluluktan) serbest bırakılma
Häftling *m* mahpus, tutuklu
Haftpflicht *f* mali sorumluluk
Haftpflichtversicherung *f* mali sorumluluk sigortası, mali mesuliyet sigortası
Haftschale *f* (*Kontaktlinse*) (göze takılan) mercek, kontakt lens
Haftung *f* (JUR) sorumluluk
Hagebutte *f* (yabangülü meyvası olan) kuşburnu
Hagel *m* dolu
hageln *vi:* **es hagelt** dolu yağıyor
Hagelschauer *m* dolu fırtınası
Hahn *m* 1.(*Tier*) horoz 2.(*Wasserhahn*) musluk
Hähnchen *nt* (*gebraten*) piliç
häkeln *vi, vt* tığla örmek (*etw* -i)
Häkelnadel *f* tığ
Haken *m* 1.(*zum Anhaken*) çengel, kanca 2.(*für Ösen*) erkek kopça 3.(*Kleider-*) elbise askısı 4.(*fig: Schwierigkeit*) pürüzlü nokta
Hakenkreuz *nt* gamalı haç
halb I. *adj* yarım, yarı; (*bei Uhrzeiten*) buçuk; **~ offen/voll**[RR] yarı açık/dolu; **eine ~e Stunde** yarım saat; **um ~ eins** saat yarımda; **um ~ zwei/drei** (saat) bir/iki buçukta; **5 vor/nach ~ 10** dokuz buçuğa beş var/do-

Halluzination

kuz buçuğu beş geçiyor; **das ~e Leben** hayatın yarısı; **zum ~en Preis** yarı fiyatına II. *adv* yarı yarıya; **~ nackt** yarı çıplak; **~ öffnen** aralamak (*etw* -i); **es ist ~ so schlimm** o kadar kötü değil; **nicht ~ so groß** yarısı kadar bile değil; **~ und ~** yarı yarıya
halbamtlich *adj* yarı resmi
halbautomatisch *adj* yarı otomatik
Halbbruder *m* üvey kardeş
halber *präp* +*gen* (*wegen*) -den dolayı; (*um ... willen*) uğrun(d)a; **der Gesundheit ~** sağlık uğruna
Halbfinale *nt* yarı final
halbieren *vt* yarımlamak, ikiye bölmek (*etw* -i)
Halbinsel *f* yarımada
Halbjahr *nt* yarıyıl
Halbkreis *m* yarım daire
Halbkugel *f* yarımküre; (*der Erde a.*) yarıküre
Halbleiter *m* yarı iletken
halbmast *adv:* **die Fahne wurde auf ~ gesetzt** bayrak yarıya indirildi
Halbmond *m* yarım ay, hilal
halboffen *adj s.* **halb**
Halbpension *f* yarım pansiyon
Halbschuh *m* iskarpin
Halbschwester *f* üvey kardeş
Halbstarker *m* terbiyesiz genç
halbstündig *adj* yarım saatlik
halbtags *adv* yarım gün
Halbtagsarbeit *f* yarım günlük iş
Halbtagskraft *f* yarım gün çalışan eleman
halbvoll *adj s.* **halb**
halbwegs *adv* (*einigermaßen*) oldukça, bir dereceye kadar
Halbwertszeit *f* yarılanma müddeti
Halbzeit *f* (*beim Fußball*) devre; **erste/zweite ~** birinci/ikinci devre
half *vi s.* **helfen**
Hälfte *f* yarı; **zur ~** yarı yarıya; **meine bessere ~** (*fam*) karım, eşim
Hall *m* çınlama
Halle *f* 1.(*Aufenthaltsraum*) hol, büyük salon; (*Eingangs-*) giriş salonu; (*in einem Hotel*) otel salonu 2.(*Ausstellungs-*) pavyon
hallen *vi* çınlamak, tınlamak
Hallenbad *nt* kapalı yüzme havuzu
hallo *interj* 1.(*Gruß*) selam, merhaba 2.(*zum Kellner*) bakar mısınız 3.(*am Telefon*) alo
Halluzination *f* halüsinasyon, sanrı

Halm *m* 1.(*Pflanze*) sap 2.(*Stroh-*) saman çöpü

Hals *m* 1.(*Körperteil*) boyun 2.(*Kehle*) boğaz, gırtlak; **~ über Kopf** palas pandıras, apar topar; **aus vollem ~** cıyak cıyak, avaz avaz; **etw in den falschen ~ bekommen** bir şeyi yanlış anlamak; **jdm um den ~ fallen** birinin boynuna atlamak; **es hängt mir zum ~ heraus** canıma yetti; **sich jdn/etw vom ~e schaffen** birini/bir şeyi başından atmak; **~- und Beinbruch!** bol şanslar!

Halsband *nt* 1.(*Schmuck*) gerdanlık 2.(*Hunde-*) tasma

Halsentzündung *f* boğaz iltihabı

Halskette *f* kolye

Hals-Nasen-Ohren-Arzt, -ärztin *m, f* burun, boğaz, kulak doktoru

Halsschlagader *f* şahdamarı

Halsschmerzen *mpl* boğaz ağrısı *sing;* **ich habe ~** boğazım ağrıyor

halsstarrig *adj* inatçı, dik başlı [*o* kafalı]

Halstablette *f* boğaz hapı

Halstuch *nt* (boyun) atkı(sı), şal, kaşkol

halt[1] *interj* (*genug*) yeter!; (*bleib stehen*) dur!; **~, wer da?** hey, kim var orada?

halt[2] *adv:* **sie will ~ nicht** istemiyor işte

Halt *m* 1.(*das Halten*) mola 2.(*Pause*) mola 3.(*Stütze*) dayanak, destek 4.(*Festigkeit*) dayanıklılık

hält *vt s.* **halten**

haltbar *adj* 1.(*stabil*) sağlam, dayanıklı 2.(*Obst*) çürümez

Haltbarkeit *f* dayanıklılık, sağlamlık

halten <hält, hielt, gehalten> **I.** *vt* 1. tutmak (*etw/jdn* -i) 2.(*zurück-*) alıkoymak, tutmak (*jdn* -i) 3.(*Tiere*) beslemek (*etw* -i); **den Mund ~** ağzını tutmak; **eine Rede halten** bir konuşma yapmak; **sein Wort ~** sözünü tutmak; **viel/wenig ~ von ...** -e çok/az değer vermek; **nichts ~ von ...** -i hiçe saymak; **ich halte ihn für einen Lügner** onu yalancı olarak görüyorum; **für etw gehalten werden** bir şey sanılmak **II.** *vi* 1.(*Halt machen*) durmak 2.(*Farbe, Nagel*) tutmak 3.(*Wetter*) sürmek; devam etmek 4.(*haltbar sein*) dayanmak; **Halten verboten!** durmak yasaktır! **III.** *vr:* **sich ~** (*Zustand*) sürmek, devam etmek

Haltestelle *f* durak (yeri); (*Bahnhof*) istasyon

Halteverbot *nt* durma yasağı

Haltung *f* 1.(*Körper-*) duruş 2.(*Einstellung*) düşünce 3.(*Benehmen*) tutum, davranış

Hammel *m* (iğdiş) koyun

Hammelbraten *m* koyun kızartması

Hammelfleisch *nt* koyun eti

Hammelkeule *f* koyun budu

Hammer *m* çekiç

hämmern *vi* çekiçlemek, çekiçle dövmek

Hammerwerfen *nt* çekiç atma

Hämorrhoiden, Hämorriden[RR] *fpl* basur (hastalığı), (h)emoroit

Hampelmann *m* 1. kukla 2.(*pej*) insan bozuntusu

Hamster *m* harman sıçanı, cırlak sıçan

hamstern *vi, vt* istifçilik etmek (*etw* -i)

Hand *f* 1. el 2.(*Handfläche*) avuç; **an ~ gen** ... vasıtasıyla, ... sayesinde; **aus erster ~** ilk elden; **aus zweiter ~** ikinci elden; (*beim Kaufen*) elden düşme; **bei der ~, zur ~** hazır; **unter der ~** el altından; **zu Händen von Herrn X** Bay X'in kendisine verilecektir; **Hände hoch!** eller yukarı!; **Hände weg!** elini çek!; **~ in ~ gehen** el ele gitmek; **jdm die ~ drücken** birinin elini sıkmak; **freie ~ haben** hareket serbestliği olmak; **weder ~ noch Fuß haben** başı kıçı belli olmamak; **von der ~ in den Mund leben** günlük rızkla yaşamak; **die ~ auf etw legen** bir şeye el koymak; **~ an sich legen** (kendi) canına kıymak, intihar etmek; **das liegt auf der ~** hesap meydanda; **eine ~ voll**[RR] avuç dolusu

Handarbeit *f* 1.(*Arbeit*) el ile görülen iş, el emeği 2.(*Produkt*) el işi

Handball *m* el topu, hentbol

Handbesen *m* el süpürgesi

Handbewegung *f* el hareketi

Handbremse *f* el freni

Handbuch *nt* el kitabı

Handcreme *f* el kremi

Händedruck *m* el sık(ış)ma, toka

Handel *m* 1.(*mit Waren*) ticaret 2.(*Geschäft*) iş, muamele

handeln **I.** *vi* 1.(*etw tun*) davranmak, hareket etmek 2.(*Handel treiben*) ticaret yapmak, ticaretini yapmak (*mit etw* -in) 3.(*feilschen*) pazarlık etmek (*um etw* için); **das Buch handelt von der Liebe** kitabın konusu aşk **II.** *vr:* **es handelt sich um ...** konu şudur ...

Handelsabkommen *nt* ticaret anlaşması

Handelsbeziehungen *fpl* ticari ilişkiler *pl*

Handelskammer *f* ticaret odası

Handelsmarine *f* ticaret filosu
Handelsschule *f* ticaret okulu
Handelsvertrag *m* ticaret anlaşması
Handelsvertreter(in) *m(f)* acenta, ticari temsilci
Handelsware *f* ticari eşya
Handfläche *f* avuç
Handgelenk *nt* bilek
Handgelenktasche *f* (*für Herren*) el çantası (*baylar için*)
handgemacht *adj* elle yapılmış
Handgemenge *nt* boğuşma
Handgepäck *nt* el eşyası
Handgranate *f* el bombası
handgreiflich *adj*: ~ **werden** yaka yakaya gelmek, dövüşe başlamak
handhaben *vt* 1. (*Angelegenheit*) idare etmek (*etw* -i) 2. (*Gerät*) kullanmak (*etw* -i)
Handhabung *f* kullanış
Handicap *nt* handikap
Händler(in) *m(f)* satıcı, tüccar
handlich *adj* kullanışlı
Handlung *f* 1. (*Tat*) hareket, eylem 2. (*Roman, Film*) olay 3. (*Geschäft*) dükkan
Handschellen *fpl* kelepçe *sing*
Handschlag *m* el sıkma, toka
Handschrift *f* 1. (el) yazı(sı) 2. (*Manuskript*) el yazması
handschriftlich *adj, adv* elle yazılı
Handschuh *m* eldiven
Handschuhfach *nt* (*Auto*) torpido gözü
Handtasche *f* el çantası
Handtuch *nt* havlu
Handtuchhalter *m* havluluk
Handvoll *f s.* **Hand**
Handwäsche *f* el yıkama
Handwerk *nt* zanaat, sanat
Handwerker(in) *m(f)* esnaf, emekçi
Handwerkskammer *f* esnaf odası
Handy *nt* (*fam*) cep telefonu
Hanf *m* kenevir, kendir
Hang *m* 1. (*Ab-*) bayır, iniş 2. (*Vorliebe*) eğilim (*zu etw* -e)
Hängebrücke *f* asma köprü
Hängematte *f* hamak
hängen <hing, gehangen> I. *vi* 1. (*aufgehängt sein*) asılı olmak [*o* durmak] (*an etw* -de) 2. (*herab~*) sarkmak 3. (*Verbundenheit, Sucht*) bağlı [*o* düşkün] olmak (*an etw/jdm* -e); **den Kopf** ~ **lassen** boynunu bükmek II. *vt* asmak (*etw an etw* -i -e); **an den Galgen** ~ ipe çekmek, asmak (*jdn* -i); ~ **bleiben**[RR] asılı [*o* takılı] kalmak (*an etw* -e); (*Schule*) sınıfta kalmak
hantieren *vi* kullanmak (*mit etw* -i)
Happen *m* lokma
happig *adj* (*fam: Preis*) fahiş, yüksek
Hardliner *m* (POL) şahin
Hardware *f* (INFORM) donanım
Harem *m* harem (dairesi)
Harfe *f* harp
Harke *f* tırmık
harmlos *adj* zararsız
Harmonie *f* (*auch fig*) uyum, ahenk, uygunluk, düzen
harmonieren *vi* 1. uymak (*mit etw/jdm* -e) 2. (*miteinander auskommen*) uyuşmak
harmonisch *adj* ahenkli, uyumlu
Harn *m* idrar, sidik
Harnblase *f* mesane, sidik torbası
Harnleiter *m* sidik borusu
Harnröhre *f* siyek, ihlil
Harpune *f* zıpkın
hart I. *adj* 1. (*nicht weich*) sert, katı 2. (*heftig*) şiddetli, keskin 3. (*schwierig*) zor, güç, ağır; **ein ~er Winter** koyu bir kış; ~ **werden** sertleşmek, katılaşmak II. *adv:* **wenn es** ~ **auf** ~ **geht** durum zorlaşırsa; ~ **gekochtes**[RR] **Ei** (hazır)lop yumurta
Härte *f* sertlik, katılık; (*bei Metallen*) tav
härten *vt* sertleştirmek (*etw* -i)
hartgekocht *adj s.* **hart**
hartherzig *adj* sert kalpli
Hartkäse *m* kaşar
hartnäckig *adj* inatçı, dik kafalı
Hartnäckigkeit *f* inat, inatçılık, dik kafalılık
Harz[1] *nt* reçine, çamsakızı
Harz[2] *m* (*Gebiet*) Harz Yöresi
Haschisch *nt* haşiş, esrar
Hase *m* tavşan; **ein alter** ~ (*fig*) kaçın kurası, eski kurt
Haselnuss[RR] *f* fındık
Haselstrauch *m* fındık ağacı
Hasenscharte *f* tavşan dudağı
Hass[RR] *m* 1. (*Abscheu*) nefret 2. (*Gehässigkeit*) kin, hınç
hassen *vi, vt* 1. (*verabscheuen*) nefret etmek (*jdn/etw* -den) 2. (*Groll hegen*) kin beslemek [*o* gütmek] (*jdn/etw* -e)
hässlich[RR] *adj* çirkin
Hässlichkeit[RR] *f* çirkinlik
hast *vt s.* **haben**
Hast *f* acele, telaş

hastig I. *adj* aceleci, hızlı II. *adv* alelacele
hat *vt s.* **haben**
hatte *vt s.* **haben**
Hauch *m* nefes, soluk
hauchen *vi* hohlamak, üflemek
hauen <hieb, gehauen> *vt* 1.(*schlagen*) vurmak (*etw auf etw* -i -e) 2.(*verprügeln*) dövmek (*jdn* -i) 3.(*Holz*) yarmak, kesmek (*etw* -i) 4.(*Steine*) oymak, yontmak (*etw* -i)
Haufen *m* yığın, küme, öbek; **ein ~** (*fam: eine Menge*) bir alay, bir yığın
häufen I. *vt* yığmak, istif etmek (*etw* -i) II. *vr*: **sich ~** yığılmak, birikmek, toplanmak
häufig I. *adj* sık II. *adv* sık sık, çoğu kez, çok defa
Häufigkeit *f* sıklık, çokluk
Haupt *nt* 1.(*geh*) baş 2.(*Oberhaupt*) baş, reis
Hauptbahnhof *m* merkez istasyonu, gar
Hauptdarsteller(in) *m(f)* baş oyuncu
Haupteingang *m* büyük kapı, ana giriş
Hauptgang *m* baş yemek
Hauptgebäude *nt* ana bina
Hauptgericht *nt* baş yemek
Hauptgewinn *m* büyük ikramiye
Hauptgrund *m* başlıca sebep
Häuptling *m* kabile reisi
Hauptmann *m* (MIL) yüzbaşı
Hauptperson *f* en önemli kişi
Hauptpostamt *nt* ana postane
Hauptquartier *nt* genel karargah
Hauptredner *m* ana konuşmacı
Hauptrisiko *nt* ana risk
Hauptrolle *f* (*auch fig*) başrol
Hauptsache *f* asıl konu, en önemli şey
hauptsächlich I. *adj* başlıca, belli başlı, esaslı II. *adv* esasen, özellikle, bilhassa
Hauptsaison *f* yüksek sezon
Hauptschule *f* ortaokul
Hauptspeise *f* baş yemek
Hauptstadt *f* başkent, başşehir
Hauptstraße *f* (*in einer Stadt*) ana cadde
Hauptthema *nt* ana tema
Hauptverhandlung *f* duruşma
Hauptverkehrszeit *f* trafiğin kalabalık saatleri
Hauptwort *nt* isim, ad
Haus *nt* 1.(*Heim*) ev 2.(*Gebäude*) bina 3.(*Familie*) yuva 4.(*Firma*) firma, ticarethane 5.(*Schnecken-*) kabuk; **außer ~** dışar(ı)da; **nach ~e** eve; **von ~ zu ~** evden eve; **zu ~e** evde; **wo sind Sie zu ~e?** yurdunuz neresi?; **tun Sie, als ob Sie zu ~e wären!** evinizdeymiş gibi hareket edin!
Hausangestellte(r) *m/f* hizmetçi
Hausarbeit *f* 1. ev işi 2.(*eines Schülers*) ev ödevi
Hausarzt, -ärztin *m, f* aile doktoru
Hausaufgabe *f* ev ödevi, ders
Hausbesitzer(in) *m(f)* ev sahibi
Häuschen *nt* küçük ev, kulübe; **jdn aus dem ~ bringen** birini zıvanadan çıkarmak
Häuserblock *m* evler bloku
Hausfrau *f* ev kadını
Hausfreund *m* 1.(*Freund der Familie*) aile dostu 2.(*Liebhaber*) dost, sevgili, aşık
Hausfriedensbruch *m* meskene tecavüz
Haushalt *m* 1.(*Hausarbeiten*) ev işleri *pl* 2.(*Wirtschaftsführung*) ev idaresi 3.(*Etat*) bütçe
Haushälterin *f* ev işlerine bakan hanım
Haushaltsgeld *nt* ev idaresi parası
Haushaltssperre *f* (ECON) blokaj
Hausherr(in) *m(f)* ev sahibi
hausieren *vi* seyyar satıcılık etmek
häuslich *adj* 1.(*zu Hause bleibend*) evcimen 2.(*im Haus*) eve ait
Hausmädchen *nt* hizmetçi kız
Hausmannskost *f* basit, fakat lezzetli ve kuvvetli yemek
Hausmeister(in) *m(f)* kapıcı; (*bei Behörden*) hademe
Hausmittel *nt* kocakarı ilacı
Hausnummer *f* ev numarası
Hausordnung *f* (*einer Anstalt*) iç tüzük; (*einer Wohnanlage*) bina yönetim düzeni
Hausrat *m* ev eşyası
Hausschuh *m* terlik
Haustier *nt* evcil hayvan, ev hayvanı
Haustür *f* sokak kapısı
Haut *f* 1.(*eines Menschen*) deri, cilt; (*Gesichts-*) cilt, ten 2.(*Fell*) post 3.(*Obst*) kabuk; **aus der ~ fahren** zıvanadan [*o* çileden] çıkmak; **er ist nur ~ und Knochen** bir deri bir kemik; **mit heiler ~ davonkommen** ucuz kurtulmak; **sich auf die faule ~ legen** minder çürütmek
Hautarzt, -ärztin *m, f* cildiyeci, cilt doktoru
Hautcreme *f* cilt kremi
Hautkrebs *m* cilt kanseri
Hbf. *m Abk. von* **Hauptbahnhof** merkez istasyonu
h.c. *adv* (*ehrenhalber*) *Abk. von* **honoris**

causa fahri
HDD *f Abk. von* **high density disk** (INFORM) yüksek yoğunluklu disket
Header *m* (INFORM) başlık
Hebamme *f* ebe
Hebebock *m* kriko
Hebel *m* kaldıraç, kol, manivela
heben <hob, gehoben> *vt* kaldırmak, yükseltmek; (*an-*) yukarı kaldırmak (*etw* -i); **einen** ~ (*fam*) demlenmek, kafa çekmek
hebräisch *adj* (*Sprache*) İbranice
Hecht *m* turna balığı
Hechtsprung *m:* **einen** ~ **machen** kaplan atlaması yapmak
Heck *nt* **1.** (*Schiffs-*) kıç, pupa **2.** (*Flugzeug-*) kuyruk **3.** (*von Auto*) (otomobilin) arka kısmı
Hecke *f* çit
Heckenrose *f* yabangülü
Heckscheibe *f* (*Fahrzeug*) (otomobilin) arka penceresi
Hedschra *f* (ISLAM) hicret
Heer *nt* ordu
Hefe *f* maya
Heft *nt* **1.** (*Schreib-*) defter **2.** (*Zeitschriften-*) sayı **3.** (*Broschüre*) broşür **4.** (*Messergriff*) sap
heften *vt* **1.** tutturmak, iliştirmek; (*mit Nadel*) iğnelemek (*etw an etw* -i -e) **2.** (*vornähen*) teyellemek (*etw* -i) **3.** (*Buch*) dikmek (*etw* -i)
heftig *adj* **1.** (*intensiv*) şiddetli, sert **2.** (*leidenschaftlich*) coşkulu **3.** (*stark*) kuvvetli
Hefter *m* **1.** (*Ordner*) dosya **2.** (*Heftmaschine*) tel raptiye makinesi
Heftklammer *f* tel raptiye
Heftpflaster *nt* plaster
Heftzwecke *f* raptiye
Hehler *m* çalıntı mal alıp satan
Hehlerei *f* çalıntı mal ticareti
Heide, -din *m, f* pagan (*çok tanrıya tapan kimse*)
Heide *f* (GEOG) çalılık, fundalık
Heidekraut *nt* funda, süpürge otu
Heidelbeere *f* yaban mersini
heidnisch *adj* pagan, çok tanrılı
heikel *adj* **1.** (*schwierig*) müşkül, çetin **2.** (*unangenehm*) tatsız, sakıncalı
heil *adj* **1.** (*unbeschädigt*) sağlam, bozulmamış **2.** (*unverwundet*) yaralanmamış **3.** (*gesund*) sağ (salim) **4.** (*geheilt*) iyileşmiş
Heil *nt* **1.** (*Wohlbefinden*) sağlık; (*Wohltat*) hayır **2.** (*Gottes-*) kurtuluş

Heiland *m* Mesih
Heilanstalt *f* sanatoryum, prevantoryum
Heilbad *nt* kaplıca, ılıca, içmeler
heilbar *adj* iyileştirilebilen
Heilbutt *m* büyük dilbalığı
heilen **I.** *vt* iyileştirmek (*etw* -i), tedavi etmek (*etw/jdn* -i) **II.** *vi* iyileşmek
heilig *adj* kutsal; (*Person*) aziz
Heiligabend *m* Noel gecesi
Heilige(r) *mf* evliya
Heiligtum *nt* **1.** (*Ort*) kutsal yer **2.** (*Gegenstand*) kutsal şey
Heilkraut *nt* şifalı bitki
Heilmittel *nt* ilaç, deva
Heilpraktiker(in) *m(f)* diplomasız pratik doktor
heilsam *adj* iyileştirici, şifalı; (*fig: nützlich*) yararlı
Heilsarmee *f* Selamet Ordusu
Heilung *f* iyileşme, şifa
heim *adv* (*nach Hause*) eve
Heim *nt* **1.** (*Haus*) ev, aile ocağı, yuva **2.** (*Zuflucht*) barınak **3.** (*soziale Einrichtung*) yurt
Heimarbeit *f* evde yapılmak üzere verilen iş
Heimat *f* yurt, vatan
Heimatland *nt* anayurt, anavatan
heimatlich *adj* **1.** (*die Heimat betreffend*) yurtsal **2.** (*vertraut*) yurdu andıran
heimatlos *adj* yurtsuz, vatansız
heimbegleiten *vt* evine götürmek (*jdn* -i)
heimbringen *irr vt* (*Personen*) ev(in)e götürmek (*jdn* -i); (*Sachen*) eve getirmek (*etw* -i)
Heimfahrt *f* **1.** (*nach Hause*) eve dönüş **2.** (*in die Heimat*) yurda dönüş
heimgehen *irr vi sein* eve gitmek
heimisch *adj* yerli; **sich** ~ **fühlen** kendini evinde hissetmek
heimkommen *irr vi sein* eve dönmek
heimlich **I.** *adj* gizli, saklı **II.** *adv* gizlice
Heimreise *f* dönüş yolculuğu
heimtückisch *adj* **1.** sinsi **2.** (JUR) kötü niyetli
Heimweg *m* dönüş (yolu); **auf dem** ~ eve dönerken
Heimweh *nt* sıla hasreti [*o* özlemi]
heimzahlen *vt:* **jdm etw** ~ birinden bir şeyin acısını çıkarmak
Heirat *f* evlenme, nikah
heiraten *vt* evlenmek (*jdn* ile)
Heiratsantrag *m* evlenme teklifi; (*bei den Eltern*) kız isteme

Heiratsanzeige *f* evlenme ilanı
Heiratsurkunde *f* evlenme belgisi
heiser *adj* boğuk, kısık
Heiserkeit *f* boğukluk, kısıklık
heiß *adj* (çok) sıcak; (*brennend*) kızgın, yakıcı; (*Wetter*) şiddetli sıcak; **kochend** ~ kaynar; **es ist** ~ hava çok sıcak; **mir ist** ~ çok sıcak
heißen <hieß, geheißen> I. *vt* (*nennen*) adlandırmak (*jdn* -i); **jdn willkommen** ~ birine hoş geldin demek II. *vi* 1. (*sich nennen*) adı ... olmak 2. (*bedeuten*) ... anlamına gelmek; **das heißt** demek (ki), yani; **es heißt, dass** yani şu demek; **wie heißt das auf Türkisch?** bunun Türkçesi ne?; **was soll das** ~? bu ne demek oluyor?
Heißluft *f* sıcak hava
heiter *adj* 1. (*fröhlich*) şen, neşeli 2. (*Himmel*) açık, bulutsuz
heizbar *adj* ısıtılabilir
Heizdecke *m* elektrikli battaniye
heizen *vi, vt* ısıtmak (*etw* -i)
Heizkörper *m* radyatör
Heizöl *nt* kalorifer yakıtı
Heizung *f* ısıtma; (*Zentral-*) kalorifer
Hektar *nt* hektar
Hektik *f* acele, telaş
hektisch *adj* telaşlı
Held *m* kahraman, yiğit
Heldentat *f* kahramanlık, yiğitlik
Heldin *f* kadın kahraman
helfen <hilft, half, geholfen> *vi* 1. (*unterstützen*) yardım etmek (*jdm* -e) 2. (*nützen*) yaramak (*jdm* -e); **sich zu** ~ **wissen** işini bilmek; **ihm ist nicht zu** ~ o artık kurtarılmaz
Helfer(in) *m(f)* yardımcı
Helikopter *m* helikopter
Helium *nt* helyum
hell *adj* 1. (*Himmel, Farbe*) açık 2. (*erleuchtet*) aydın(lık), ışıklı 3. (*Stimme*) tiz, ince 4. (*fig: aufgeweckt*) uyanık, açıkgöz; **es wird** ~ ortalık [*o* hava] aydınlanıyor; **am** ~**en Tage** güpegündüz; ~**es Bier** beyaz bira
hellhörig *adj* (*Person*) iyi işiten; (*fig*) kulağı delik; **die Wohnung ist sehr** ~ ev çok ses aksettiriyor
Hellseher(in) *m(f)* kâhin
Helm *m* miğfer
Hemd *nt* gömlek
hemdsärmelig *adj* (*ungezwungen*) laubali
Hemisphäre *f* yarıküre

hemmen *vt* 1. (*aufhalten*) durdurmak, alıkoymak (*etw* -i) 2. (*verlangsamen*) yavaşlatmak (*etw* -i) 3. (*verhindern*) engel olmak, ket vurmak (*etw* -e), kösteklemek (*etw* -i)
Hemmnis *nt* engel, mani
Hemmung *f* 1. (*Verhinderung*) köstekle(n)me 2. (*Gehemmtheit*) tutukluk, (aşırı) çekingenlik; (**keine**) ~**en haben** çekin(me)mek
hemmungslos *adj* kendini tutamayan, frensiz
Hengst *m* aygır
Henkel *m* kulp, sap
Henker *m* cellat
Henne *f* (dişi) tavuk
Hepatitis *f* hepatit
her *adv* (*örtlich*) buraya, bu tarafa, beri(ye); **von** *dat* **...** ~ -den; **es ist lange** ~, **dass** -diğinden beri çok zaman geçti
herab *adv* aşağı(ya); **von oben** ~ yukarıdan aşağıya; (*behandeln*) yukarıdan [*o* tepeden] bakarak, hor bakarak
herabfallen *irr vi* (yukarıdan aşağıya) düşmek
herablassen *irr vr:* **sich zu etw** ~ (*fig*) bir şeyi yapmaya tenezzül etmek
herabsehen *irr vt:* **auf jdn** ~ birine tepeden bakmak
herabsetzen *vt* 1. (*Preis*) indirmek (*etw* -i) 2. (*herabwürdigen*) aşağılamak (*jdn* -i)
herabwürdigen *vt* aşağılamak (*jdn* -i)
heran *adv* buraya, yanına
herankommen *irr vi sein* yaklaşmak (*an jdn/etw* -e)
heranreichen *vi* yetişmek (*an jdn/etw* -e)
herantreten *irr vi sein* yaklaşmak (*an jdn/etw* -e)
heranwachsen *irr vi sein* gelişmek, büyümek, serpilmek
heranziehen *irr vt* 1. (*Tiere, Pflanzen*) büyütmek, yetiştirmek (*etw* -i) 2. (*um Rat fragen*) baş vurmak (*jdn* -e)
herauf *adv* yukarı(ya)
heraufbeschwören *irr vt* (*fig: verursachen*) neden olmak, yol açmak (*etw* -e)
heraufholen *vt* yukarı(ya) getirmek (*etw/jdn* -i)
heraufkommen *irr vi sein* yukarı çıkmak
heraufsetzen *vt* (*Preis*) yükseltmek, artırmak (*etw* -i)
heraus *adv* dışarı(ya); **von innen** ~ içeriden dışarıya; ~ **damit!** [*o* ~ **mit der Sprache!**]

haydi çıkar baklayı ağzından!
herausbekommen *irr vt* **1.**(*Gegenstand*) sökmek, söküp çıkarmak (*etw* -i) **2.**(*Aufgabe*) halletmek (*etw* -i) **3.**(*entdecken*) bulmak, keşfetmek (*etw* -i) **4.**(*Rätsel*) çözmek (*etw* -i); **drei Euro** ~ üç euro geri almak
herausbringen *irr vt* **1.**(*Buch*) yayımlamak, çıkarmak (*etw* -i) **2.**(*auf den Markt bringen*) piyasaya çıkarmak (*etw* -i) **3.**(*finden*) bulmak, çözmek (*etw* -i)
herausfinden *irr vt* bulup çıkarmak, fark etmek (*etw* -i)
herausfordern *vt* meydan okumak (*jdn* -e)
herausfordernd *adj* meydan okuyan
Herausforderung *f* meydan okuma
herausgeben *irr vt* **1.**(*zurückerstatten*) teslim etmek, geri vermek (*jdm etw* -e -i); **Geld** ~ paranın üstünü vermek **2.**(*Buch*) yayımlamak, çıkarmak (*etw* -i)
Herausgeber(in) *m(f)* yayımcı, editör
heraushalten *irr vr:* **sich aus etw** ~ bir şeye karışmamak
herausholen *vt* çıkarmak (*etw aus etw* -i -den)
herauskommen *irr vi sein* **1.**(*nach draußen kommen*) (dışarı) çıkmak (*aus etw* -den) **2.**(*Geheimnis*) ortaya [*o* meydana] çıkmak **3.**(*Buch*) çıkmak, yayımlanmak
herausnehmen *irr vt* çıkarmak (*etw aus etw* -i -den), içinden almak (*etw aus etw* -i -in)
herausragen *vi* **1.** dışarı çıkmak [*o* fırlamak], çıkıntılı olmak **2.**(*hervorstechen*) sivrilmek, kendini göstermek
herausreden *vr:* **sich** ~ bahane [*o* kaçamak] bulmak
herausreißen *irr vt* çekip koparmak, sökmek (*etw* -i)
herausstellen **I.** *vt* (*fig: hervorheben*) vurgulamak (*etw* -i) **II.** *vr:* **sich** ~ (*sich zeigen*) meydana çıkmak, anlaşılmak
herausstrecken *vt* çıkarmak (*etw* -i)
heraustreten *irr vt sein* **1.**(*herauskommen*) çıkmak (*aus etw* -den) **2.**(*hervortreten*) gözükmek
herausziehen *irr vt* çekip çıkarmak (*etw aus etw* -i -den), sökmek (*etw* -i)
herb *adj* buruk, kekremsi; (*Wein*) sek
herbei *adv* buraya (doğru), bu tarafa
herbeiführen *vt* (*fig: verursachen*) neden olmak, sebep vermek [*o* olmak] (*etw* -e)
Herbst *m* sonbahar, güz

Herd *m* ocak
Herde *f* sürü
herein *adv* içeri(ye); ~! giriniz!
hereinbitten *irr vt* buy(u)run demek (*jdn* -e)
hereinbrechen *irr vi sein:* **die Nacht bricht herein** gece oluyor
hereinfallen *irr vt sein* (*sich täuschen lassen*) faka basmak, oyuna gelmek, kazıklanmak
hereinkommen *irr vi sein* içeri gelmek, girmek (*in etw* -e)
hereinlassen *irr vt* içeri(ye) almak (*jdn* -e)
hereinlegen *vt* **1.** içine yerleştirmek (*etw in etw* -e -in) **2.**(*täuschen*) kafese koymak, faka bastırmak, kazıklamak (*jdn* -i)
hereinstürzen *vi sein* içeri(ye) atılmak
herfallen *irr vi sein:* **über jdn** ~ birinin üzerine atılmak
hergeben *irr vt* (*weggeben*) vermek (*etw* -i)
hergebracht *adj* (*herkömmlich*) geleneksel
Hering *m* **1.**(*Fisch*) ringa balığı **2.**(*Camping*) kazık
herkommen *irr vi sein* **1.**(*hierher kommen*) buraya [*o* beri] gelmek **2.**(*herrühren*) ileri gelmek, çıkmak (*von etw* -den)
herkömmlich *adj* geleneksel
Herkunft *f* köken, asıl; (*aus Familie*) soy
Heroin *nt* eroin
Herpes *m* herpes, uçuk
Herr *m* **1.**(*nach dem Vornamen*) bey; (*vor dem Nachnamen*) bay **2.**(*Besitzer*) sahip **3.**(*der Lage*) hakim; **der** ~ (*Gott*) Allah; **sehr geehrter** ~! Sayın Bay!; ~ **und Frau X** Bay ve Bayan X; **sein eigener** ~ **sein** kendi kendinin efendisi olmak; **einer Sache** ~ **werden** bir şeyin hakkından gelmek
herreichen *vt* vermek, uzatmak (*etw* -i)
Herrenanzug *m* erkek elbisesi
Herrenmode *f* erkek modası
herrichten *vt* (*in Ordnung bringen*) derlemek, düzenlemek (*etw* -i)
Herrin *f* hanımefendi; (*Besitzerin*) sahibe
herrisch *adj* baskıcı, sert
herrlich *adj* enfes, harika, kusursuz
Herrlichkeit *f* görkem, heybet, harikalık
Herrschaft *f* egemenlik, hakimiyet, saltanat; **die** ~**en** bayanlar baylar
herrschen *vi* hüküm [*o* saltanat] sürmek, egemen [*o* hakim] olmak (*über jdn/etw* -e)
herrschend *adj* egemen
Herrscher(in) *m(f)* hükümdar

herrühren *vi* ileri gelmek (*von etw* -den)
hersagen *vt* (*auswendig*) ezberden söylemek (*etw* -i)
herstammen *vi* (*aus Familie*) ... soyundan gelmek; (*aus Ort*) -li olmak
herstellen *vt* **1.** (*örtlich*) buraya koymak (*etw* -i) **2.** (*erzeugen*) yapmak, üretmek (*etw* -i); **eine Verbindung** ~ bağlantı kurmak **3.** (*wieder-*) eski haline getirmek (*etw* -i)
Hersteller(in) *m(f)* üretici
Herstellung *f* yapım, üretim, imal
Herstellungsdatum *nt* üretim tarihi
Herstellungskosten *pl* imalat fiyatı
Hertz *nt* (TECH) hertz
herüber *adv* beri(ye), bu tarafa
herum *adv* etrafta; **um** *akk* ... ~ -in etrafın(d)a; (*ungefähr*) aşağı yukarı
herumdrehen **I.** *vt* çevirmek (*etw* -i) **II.** *vr*: **sich** ~ dönmek
herumführen *vt* (*Fremde*) dolaştırmak, gezdirmek (*jdn in etw* -i -de)
herumfummeln *vi* (*fam*) kurcalamak (*an etw* -i)
herumgehen *irr vi sein* gezmek, dolaşmak, dolanmak
herumirren *vi sein* şaşkın gibi dolaşmak
herumkommen *irr vi sein:* **in der Welt** ~ dünyayı gezmek
herumlaufen *irr vi sein* gezmek, dolaşmak
herumliegen *irr vi* (*unordentlich*) yerlerde sürünmek
herumreisen *vi sein* dolaşmak
herumsprechen *irr vr:* **sich** ~ yayılmak, duyulmak
herumstehen *irr vi sein* dikilip durmak
herumtreiben *irr vr:* **sich** ~ (*pej*) sürtmek, avare dolaşmak
herunter *adv* aşağı(ya)
herunterfallen *irr vi sein* aşağı(ya) düşmek, dökülmek
heruntergehen *irr vi sein* **1.** (*nach unten gehen*) aşağı(ya) inmek **2.** (*Preis*) inmek, alçalmak, düşmek
herunterholen *vt* indirmek (*etw* -i); **sich** *dat* **einen** ~ (*vulg*) otuz bir çekmek
herunterkommen *irr vi* **1.** (*nach unten kommen*) aşağı(ya) inmek **2.** *sein* (*fig: körperlich*) takattan düşmek; (*sozial*) sefalete düşmek, düşkünleşmek
herunterladen *vt* (INET) indirmek, çekmek (*etw* -i)
herunterspielen *vt* önemsiz göstermek (*etw* -i)
hervor *adv* dışarı(ya); (*heraus*) içinden
hervorbringen *irr vt* var etmek, yaratmak, meydana çıkarmak; (*Ton, Wort*) güç bela söylemek (*etw* -i)
hervorgehen *irr vi sein* (*sich ergeben, folgen*) doğmak, anlaşılmak (*aus etw* -den)
hervorheben *irr vt* (*fig: betonen*) vurgulamak (*etw* -i)
hervorragend *adj* (*fig*) olağanüstü; (*Note*) parlak
hervorrufen *irr vt* (*verursachen*) neden [*o* sebep] olmak (*etw* -e), yaratmak (*etw* -i)
hervortreten *irr vi sein* **1.** (*nach vorne treten*) çıkmak (*aus etw* -den) **2.** (*in Erscheinung treten*) kendini göstermek, göze çarpmak
hervortun *irr vr:* **sich** ~ kendini göstermek, sivrilmek
Herz *nt* **1.** (*Organ*) kalp, yürek **2.** (*Seele*) gönül, ruh, can **3.** (*Mut*) yürek, cesaret **4.** (*Mittelpunkt*) merkez; **von** (**ganzem**) ~**en** (bütün) içtenlikle; **schweren** ~**ens** yüreği sızlayarak; **Hand aufs** ~! elini vicdanına koy!; **jdm etw ans** ~ **legen** birine bir şeyi hararetle tavsiye etmek; **sich etw zu** ~**en nehmen** bir şeyi ciddiye almak; **ein** ~ **und eine Seele sein** canciğer dost olmak
Herzanfall *m* kalp krizi
Herzfehler *m* kalp hastalığı
Herzinfarkt *m* kalp enfarktüsü
Herzklappe *f* kalp kapakçığı
Herzklopfen *nt* yürek [*o* kalp] çarpıntısı
herzlich **I.** *adj* içten, samimi, candan; **mit** ~**en Grüßen** içten [*o* candan] selamlar(la) **II.** *adv:* ~ **gerne** büyük bir sevinçle
Herzlichkeit *f* içtenlik, samimiyet
herzlos *adj* kalpsiz, duygusuz, katı yürekli
Herzoperation *f* kalp operasyonu, kalp amaliyatı
Herzrhythmusstörungen *fpl* aritmi *sing*
Herzschlag *m* **1.** (*Anfall*) kalp sektesi [*o* krizi] **2.** (*Schlagen*) kalbin çarpması
Herzschrittmacher *m* kalp pili
Herzspezialist(in) *m(f)* kalp hastalıkları uzmanı
Herztransplantation *f* kalp nakli
herzzerreißend *adj* acıklı, yürek yakıcı
Hessen *nt* Hessen (Eyaleti)
Heterosexualität *f* heteroseksüellik, karşıcinsellik
heterosexuell *adj* heteroseksüel, karşıcin-

sel
Hethither pl Hititler pl
Hetze f **1.**(*Eile*) acele, telaş **2.**(*Aufwiegelung*) kışkırtma, tahrik
hetzen I. vt **1.**(*jagen*) kovalamak (*jdn* -i) **2.**(*anstacheln*) saldırtmak (*jdn auf jdn* -i -in üzerine); **aufeinander** ~ birbirlerine katmak (*jdn* -i) II. vi (*Streit schüren*) ara bozmak
Heu nt kuru ot; **Geld wie** ~ **haben** para babası olmak
Heuchelei f ikiyüzlülük
heucheln I. vt taslamak, yalandan göstermek (*etw* -i) II. vi ikiyüzlülük etmek
Heuchler(in) m(f) ikiyüzlü
heuchlerisch adj ikiyüzlü
Heuhaufen m samanlık; **die Stecknadel im** ~ **suchen** (*fig*) samanlıkta iğne aramak
heulen vi **1.**(*Tiere*) ulumak **2.**(*Wind*) uğuldamak **3.**(*weinen*) ağlamak
Heuschnupfen m bahar [*o* saman] nezlesi
Heuschrecke f çekirge
heute adv bugün; ~ **Morgen/Abend/Nacht**RR bu sabah/akşam/gece; ~ **Vormittag**RR bugün öğleden önce; ~ **Mittag**RR bugün öğleyin; ~ **Nachmittag**RR bugün öğleden sonra; ~ **vor 8 Tagen** bir hafta önce; ~ **in 14 Tagen** iki hafta sonra; **noch** ~ hemen bugün; (*noch immer*) hala
heutig adj bugünkü; (*gegenwärtig*) şimdiki
heutzutage adv bu zamanlarda
hexadezimal adj 16 tabanlı
Hexadezimalsystem nt 16 tabanlı sayı sistemi
Hexe f **1.**(*in Märchen*) cadı, büyücü (kadın) **2.**(*böses Weib*) cadaloz
Hexenjagd f (*fig*) cadı avı
HexenschussRR m lumbago
Hexerei f büyü(cülük), sihir(bazlık)
hieb vt s. **hauen**
hielt vi, vt s. **halten**
hier adv burada; ~! (*Aufruf*) burada, mevcut; (*nimm!*) işte!; ~ **ist/sind ...** ... burada; ~ **bin ich** buradayım; ~ **und da** (*örtlich*) orada burada; (*zeitlich*) arasıra, bazen
Hierarchie f hiyerarşi
hierarchisch adj hiyerarşik
hierauf adv bunun üzerine
hierher adv, **hierhin** adv buraya, bu tarafa, beri(ye)
hiermit adv bununla beraber
hiesige(r, s) adj buralı, buradaki
hieß vi, vt s. **heißen**

Hi-Fi-Anlage f stereo müzik seti
Highsociety f sosyete
HightechRR nt/f yüksek teknoloji
Hilfe f yardım; (*gegenseitige*) yardımlaşma; ~! imdat!; **erste**RR ~ ilk yardım; **jdn um** ~ **bitten** birinden yardım istemek; **jdm** ~ **leisten** birine yardım etmek; **um** ~ **rufen** yardıma çağırmak
Hilfeleistung f yardım; (*gegenseitige*) yardımlaşma
hilflos adj çaresiz, güçsüz
Hilflosigkeit f çaresizlik
hilfreich adj yardımcı
Hilfsaktion f yardım aksiyonu
Hilfsarbeiter(in) m(f) yardımcı işçi
hilfsbedürftig adj yardıma muhtaç
hilfsbereit adj yardımsever, yardıma hazır
Hilfskraft f yardımcı eleman
Hilfsmittel nt araç, çare
Hilfsverb nt yardımcı fiil
hilft vi s. **helfen**
Himbeere f ahududu, ağaç çileği
Himmel m gök; (*sichtbarer Himmel*) gökyüzü; **am** ~ gökyüzünde; **unter freiem** ~ açık havada; **in den** ~ **heben** göklere çıkarmak (*jdn/etw* -i); **im siebenten** ~ **sein** sevinçten göklere uçmak
himmelblau adj gök mavisi, havai mavi
Himmelfahrt f: (**Christi**) ~ Urucu İsa; **Mariä** ~ Urucu Meryem; **Mohammeds** ~ Miracı Nebi
Himmelskörper m gök cismi
Himmelsrichtung f yön
himmlisch adj **1.**(*göttlich*) ilahi **2.**(*großartig*) harika, çok güzel
hin adv (*örtlich*) oraya, o tarafa, şuraya; ~ **und zurück** gidiş dönüş; ~ **und wieder** arasıra; ~ **und her** bir aşağı bir yukarı, oraya buraya; **das Hin und Her** gidip gelme; ... **ist** ~ (*kaputt*) ... bozulmuş [*o* kırılmış]
hinab adv aşağı(ya)
hinauf adv yukarı(ya); **die Treppe/den Hang** ~ merdivenden/bayırdan yukarı
hinaufbringen irr vt yukarı getirmek (*etw* -i)
hinauffahren irr vi sein yukarı çıkmak
hinaufgehen irr vi sein yukarı çıkmak; (*Preis*) yükselmek
hinaufsteigen irr vi sein yukarı çıkmak
hinauftragen irr vt yukarı taşımak (*etw* -i)
hinaus adv dışarı(ya); ~! çık dışarı!; **da** ~ oraya dışarıdan; **zum Fenster/zur Tür** ~

pencereden/kapıdan dışarı; **über** ... ~ (*örtlich*) -den yukarı; **darüber** ~ (*fig*) bundan başka, bunun ötesinde; **worauf will sie** ~? neyi kastediyor?
hinausbegleiten *vt* yolu göstermek (*jdn* -e)
hinausgehen *irr vi sein* (dışarı) çıkmak (*aus etw* -den); (*Zimmer, Fenster*) açılmak, bakmak (*auf etw* -e); **über etw** ~ bir şeyi aşmak
hinauslaufen *irr vi sein* **1.** dışarı koşmak (*aus etw* -den) **2.** (*enden*) sonuçlanmak (*auf etw* ile)
hinauslehnen *vr:* **sich** ~ dışarı sarkmak
hinausragen *vi sein* **1.** (*überstehen*) dışarı çıkmak **2.** (*bedeutend sein*) kendini göstermek
hinauswerfen *irr vt* dışarı atmak (*etw/jdn* -i)
hinausziehen *irr vt* (*fig: verzögern*) geciktirmek, ertelemek (*etw* -i)
Hinblick *m:* **im** ~ **auf** *akk* -e göre, -e nazaran
hinderlich *adj* engel olan
hindern *vt* engel olmak (*jdn/etw* -e)
Hindernis *nt* **1.** (*Behinderung, Hürde*) engel, mani **2.** (*Schwierigkeit*) güçlük, zorluk
Hindernislauf *m*, **Hindernisrennen** *nt* engelli koşu
Hinduismus *m* Hinduizm
hindurch *adv* **1.** **durch** *akk* ... ~ -in arasından, -in içinden, -in ortasından (geçerek) **2.** (*zeitlich*): **das ganze Jahr** ~ bütün yıl boyunca
hinein *adv:* **in** *akk* ... ~ -in içine, -in içerisine; **bis tief in die Nacht** ~ gece yarılarına kadar
hineingehen *irr vi sein* **1.** (*in etw gehen*) içeri girmek **2.** (*hineinpassen*) içine sığmak (*in etw* -in)
hineinlegen *vt* içine koymak (*etw in etw* -i -in), yerleştirmek (*in etw* -i -e)
hineinstecken *vt* (içine) sokmak, koymak, daldırmak (*etw in etw* -i -e)
hineinziehen *irr vt* içine çekmek (*etw* -i); **jdn in etw** ~ (*fig*) birini bir şeye karıştırmak [*o* sürüklemek]
Hinfahrt *f* gidiş
hinfallen *irr vi sein* (yere) düşmek
hinfällig *adj* (*ungültig*) hükümsüz
Hinflug *m* (bir yere) uçuş
hinführen *vt* götürmek, sevk etmek (*jdn zu etw/jdm* -i -e); (*Weg*) çıkmak (*zu etw* -e)
hing *vi, vt s.* **hängen**
Hingabe *f*, **Hingebung** *f* fedakarlık, özveri

hingegen *adv* ise, diğer taraftan
hingehen *irr vi sein* (bir yere) gitmek
hinken *vi* topallamak; (*auch fig*) aksamak
hinkend *adj* aksak, topal
hinlegen **I.** *vt* koymak, yatırmak (*etw* -i) **II.** *vr:* **sich** ~ yatmak, uzanmak
hinnehmen *irr vt* **1.** (*akzeptieren*) kabul etmek (*etw* -i) **2.** (*sich gefallen lassen*) hazmetmek, kendine yedirmek (*etw* -i)
hinreichend *adv* yeterli, kafi
Hinreise *f* gidiş
hinreißen *irr vt:* **sich von etw** ~ **lassen** bir şeye kapılmak
hinreißend *adj* coşturucu; (*anziehend*) çekici, etkileyici
hinrichten *vt* idam etmek (*jdn* -i)
Hinrichtung *f* idam
hinsehen *irr vi* (bir yere) bakmak
hinsetzen *vr:* **sich** ~ (bir yere) oturmak
Hinsicht *f:* **in dieser** ~ bu bakımdan; **in** ~ **auf** *akk* ... bakımından
hinsichtlich *präp* +*gen* ... bakımından, ... konusunda, -e dair
hinstellen *vt* (bir yere) koymak, dikmek (*etw* -i)
hinten *adv* geri(de), gerisinde, arka(da); (*im Hintergrund*) arka planda; **nach** ~ arkaya; **von** ~ arkadan
hinter **I.** *präp* (*Ort*) -in arkasında; ~ **jds Rücken** birinin arkasından, birinden gizlice; **etw** ~ **sich lassen** bir şeyi arkasında bırakmak; ~ **etw her sein** bir şeyin peşinde koşmak; ~ **jdm her sein** birinin peşinden koşmak **II.** *präp* (*Richtung*) -in arkasına; ~ **etw kommen** bir sırrı meydana çıkarmak
Hinterachse *f* arka dingil
Hinterbein *nt* arka bacak
Hinterbliebenen *pl* hayatta kalanlar *pl*
hintereinander *adv* arka arkaya, art arda, sırayla
Hintergedanken *mpl* art düşünce [*o* fikir [*o* niyet]]
hintergehen *irr vt* (*betrügen*) aldatmak (*jdn* -i), ihanet etmek (*jdn* -e)
Hintergrund *m* **1.** arka plan **2.** (*verborgener Zusammenhang*) içyüz **3.** (*inform*) arka fon, artalan
Hintergrundfarbe *f* (INFORM) artalan rengi
Hinterhalt *m* pusu
hinterhältig *adj* sinsi, ikiyüzlü
Hinterhaus *nt* evin arka kısmı
hinterher *adv* (*örtlich*) arka(sın)dan; (*zeit-*

lich) sonradan
Hinterkopf *m* arka kafa
Hinterland *nt* art bölge
hinterlassen *irr vt* **1.** (geriye) bırakmak, terketmek (*etw* -i) **2.** (*als Erbe*) miras olarak bırakmak (*jdm etw* -e -i); **eine Nachricht** ~ haber bırakmak (*jdm* -e)
hinterlegen *vt* (*als Pfand*) emaneten bırakmak (*etw* -i); **jdm etw** ~ (*zum Abholen*) bir şeyi birisinin alması üzere bırakmak
hinterlistig *adj* hilekar, sinsi, ikiyüzlü
Hintern *m* (*fam*) kıç, kaba et, makat
Hinterrad *nt* arka tekerlek
Hinterradantrieb *m* arkadan çekiş
Hinterteil *nt* (*Gesäß*) kıç, kaba et, makat
Hintertür *f* arka kapı
hinterziehen *vt:* **Steuern** ~ vergi kaçırmak
Hinterziehung *f* (*Steuer-*) zimmetine geçirme
hinüber *adv* **1.** öbür [*o* karşıl] tarafa, öteye **2.** (*fam: tot*) ölmüş; (*kaputt*) bozmuş
hinübergehen *irr vi sein* **1.** öteye geçmek **2.** (*fig: sterben*) ölmek, vefat etmek
hinunter *adv* aşağı(ya)
hinunterbringen *irr vt* aşağı indirmek [*o* getirmek] (*etw* -i)
hinuntergehen *irr vi sein* aşağı inmek [*o* gitmek]
hinunterlaufen *irr vi sein* aşağı(ya) koşmak
hinunterschlucken *vt* (*auch fig*) yutmak (*etw* -i)
hinweg *adv:* **ich bin darüber** ~ bu üzüntüyü (acıyı vs.) unuttum artık
Hinweg *m* gidiş (yolu); **auf dem** ~ gidiş yolunda
hinweggehen *irr vi sein:* **über etw** ~ (*fig*) bir şeyi dikkate almamak; (*Nachsicht üben*) bir şeye göz yummak
hinwegkommen *irr vi sein:* **er kommt nicht darüber hinweg** acısını unutamıyor
hinwegsehen *irr vi* (*fig*) görmemezlikten gelmek (*über etw* -i), göz yummak (*über etw* -e)
hinwegsetzen *vr* (*fig*): **sich über etw** ~ bir şeye aldırmamak [*o* aldırış etmemek]; (*mit Füßen treten*) bir şeyi çiğnemek
Hinweis *m* **1.** (*Anhaltspunkt*) işaret **2.** (*Anspielung*) ima
hinweisen *irr vi* göstermek (*auf etw* -i), işaret etmek (*auf etw* -e)
hinwerfen *irr vt* (yere) atmak, fırlatmak (*etw* -i)

hinwirken *vi:* **auf etw** ~ bir şeyin yoluna açmak
hinzufügen *vt* eklemek, katmak (*etw einer Sache* -i -e)
hinzukommen *irr vi sein* (*Sache*) eklenmek (*zu etw* -e); (*Person*) katılmak (*zu jdm/etw* -e)
hinzuziehen *irr vt* (*Arzt*) baş vurmak (*jdn* -e)
Hippie *m* hippi
Hirn *nt* beyin
Hirngespinst *nt* kuruntu, uydurmasyon
Hirnhautentzündung *f* menenjit
hirnverbrannt *adj* (*fam*) zırdeli
Hirsch *m* geyik
Hirse *f* darı
Hirte *m* çoban
hissen *vt* (*Flagge*) çekmek (*etw* -i); **die Segel** ~ yelken açmak
Historiker(in) *m(f)* tarihçi
historisch *adj* tarihi, tarihsel
Hitze *f* **1.** şiddetli sıcak **2.** (*starke Emotion*) heyecan, taşkınlık
hitzebeständig *adj* ısıya dayanıklı
hitzeempfindlich *adj* sıcağa karşı hassas
Hitzewelle *f* sıcak dalgası
hitzig *adj* taşkın, ateşli; (*Debatte*) şiddetli, sert
Hitzschlag *m* güneş çarpması
Hj. *nt Abk. von* **Halbjahr** yarı yıl
hl. *adj Abk. von* **heilig** aziz
hob *vt s.* **heben**
Hobby *nt* merak, hobi
Hobel *m* rende
hobeln *vi, vt* rendelemek (*etw* -i)
hoch <höher, am höchsten> **I.** *adj* yüksek; (*Zahl*) kabarık; (*Gehalt*) dolgun; **50 Meter** ~ **sein** 50 metre yüksekliğinde olmak; **auf hoher See** açık denizde **II.** *adv:* **zwei** ~ **drei** iki üssü üç; ~ **entwickelt** çok gelişkin; ~ **spielen** büyük oynamak; (**er lebe**) ~! yaşasın!; **wenn es** ~ **kommt** olsa olsa; ~ **und heilig versprechen** büyük yeminler etmek; **zu** ~ **hinaus wollen** gözü yükseklerde olmak
Hoch *nt* **1.** (*Wetter*) yüksek basınç **2.** (*Hochruf*) yaşasın diye bağırma
Hochachtung *f* saygı
hochachtungsvoll *adv* derin saygılarımla
hochauflösend *adj* (INFORM) yüksek çözünürlükteki
Hochbetrieb *m* (aşırı) işleklik

Hochburg f merkez
Hochdeutsch nt Alman yazı dili
Hochdruck m yüksek basınç
Hochebene f yayla, plato
Hochgebirge nt yüksek dağlar pl
Hochhaus nt yüksek bina, gökdelen
hochleben vi: jdn ~ **lassen** birini yaşa sesleriyle alkışlamak
Hochmut m kibir, gurur, kurum
hochmütig adj kibirli, gururlu, kurumlu
hochnäsig adj burnu büyük
Hochofen m yüksek fırın
Hochsaison f yüksek sezon
Hochschule f yüksek okul, akademi
Hochschullehrer(in) m(f) profesör
Hochschulstudium nt yüksek tahsil
Hochsommer m yaz ortası
Hochspannung f yüksek gerilim
Hochspannungsleitung f yüksek gerilim hattı
Hochsprung m yüksek atlama
höchst adv son derece
Hochstapler m (Betrüger) dolandırıcı
Höchstbelastung f en fazla yük derecesi
höchste(r, s) adj Superlativ von **hoch** en yüksek; es ist ~ **Zeit** vakit daraldı
höchstens adv en fazla, olsa olsa, haydi haydi
Höchstgeschwindigkeit f azami hız
höchstpersönlich adv bizzat kendisi
höchstwahrscheinlich adv pek muhtemel olarak
Hochverrat m vatana ihanet
Hochwasser nt su baskını
hochwertig adj yüksek kaliteli
Hochzeit f düğün; silberne/goldene/diamantene ~ evlenmenin gümüş/ellinci/altmışıncı yıldönümü
Hochzeitsreise f balayı seyahati
Hochzeitstag m (jährlich) evlenme yıldönümü
hocken I. vi oturmak II. vr: sich ~ çömelmek (auf etw -e)
Hocker m iskemle, tabure
Höcker m (Kamel) hörgüç
Hockey nt hokey (oyunu)
Hoden m haya
Hodensack m haya torbası
Hof m 1.(eines Gebäudes) avlu 2.(Bauern-) çiftlik 3.(Fürsten-) saray; jdm den ~ **machen** birine kur yapmak
hoffen vi ümit etmek, ummak; **auf etw ~** bir şeyi beklemek
hoffentlich adv inşallah, umarım, ümit ederim (ki); ~ **kommt er** umarım gelir
Hoffnung f 1.(das Hoffen) umut, ümit 2.(Traum) hayal; **guter ~ sein** (zuversichtlich) ümitvar olmak; (schwanger) hamile olmak
hoffnungslos adj umutsuz, ümitsiz
Hoffnungslosigkeit f umutsuzluk, ümitsizlik
hoffnungsvoll adj (Hoffnung habend) umutlu, ümitli; (Hoffnung machend) umut verici
höflich adj nazik, ince
Höflichkeit f nezaket, naziklik, incelik
Höhe f 1.(Hochsein) yükseklik 2.(An-) tepe 3.(Erhebung) tümsek 4.(Höhepunkt) zirve, doruk 5.(über Meeresspiegel) rakım, yükselti 6.(einer Summe) tutar, miktar; **das ist die ~!** bu kadarı da fazla!
Hoheitsgewässer nt kara suları
Höhepunkt m en yüksek nokta; (fig) zirve, doruk
hohl adj 1.(ausgehöhlt) oyuk 2.(innen leer) (içi) boş; **die ~e Hand** avuç içi
Höhle f mağara; (Tier-) in
Höhlenmensch m mağara insanı
Hohlraum m boşluk, oyuk
höhnisch adj alaycı, alaylı
Hokuspokus m (pej) göz boyama
Holding(gesellschaft) f holding
holen vt almak, (gidip) getirmek (etw -i); (den Arzt) çağırmak (jdn -i); ~ **lassen** getirtmek (etw -i)
Holland nt Hollanda
Holländer(in) m(f) Hollandalı
holländisch adj 1.(Art) Hollanda 2.(Herkunft) Hollandalı
Hölle f cehennem
höllisch adj cehennem gibi
Hologramm nt hologram
holp(e)rig adj 1.(uneben) eğri büğrü 2.(Sprechen, Lesen) langır lungur
Holunder m mürver (ağacı)
Holz nt 1.(Nutz-) tahta 2.(Brenn-) odun
holzen vi (roh oder regelwidrig spielen) sert oynamak
Holzfäller m oduncu
holzfrei adj (Papier) selülozsuz
Holzkohle f odun [o mangal] kömürü; (schwelende) marsık
Holzschnitt m tahta oyması

Holzschnitzer(in) *m(f)* tahta oymacısı
Holzschuh *m* tahta pabuç; (*türkischer*) nalın, takunya
Holzsplitter *m* kıymık
Holzstapel *m* odun istifi
Holztäfelung *f,* **Holzverkleidung** *f* tahta kaplama
Holzweg *m* (*fig*): **auf dem ~ sein** yanlış yolda olmak
Holzwolle *f* ambalaj talaşı
Holzwurm *m* ağaç kurdu
Homebanking *nt* ev bankacılığı
Homepage *f* (INET) ana sayfa, ev sayfası
homogen *adj* homogen, homojen, bircinsten
homogenisieren *vt* homojenize etmek (*etw* -i)
homogenisiert *adj* homojenize
Homogenisierung *f* homojenizasyon
Homöopath(in) *m(f)* homeopat
Homöopathie *f* homeopati
homöopathisch *adj* homeopatik
Homosexualität *f* eşcinsellik, homoseksüalite
homosexuell *adj* eşcinsel, homoseksüel
Honig *m* bal
Honigkuchen *m* ballı çörek
Honigmelone *f* kavun
Honorar *nt* ücret
Honoratioren *pl* ileri gelenler *pl*
honorieren *vt* **1.** ücret vermek (*jdn* -e) **2.** (*würdigen*) takdir etmek (*etw* -i)
Hooligan *m* holigan
Hopfen *m* şerbetçiotu
hörbar *adj* duyulabilen, işitilebilen
Hörbrille *f* aynı zamanda işitme olanağını sağlayan gözlük
horchen *vi* dinlemek
Horde *f* sürü, güruh
hören **I.** *vt* **1.** (*wahrnehmen*) duymak, işitmek (*etw* -i) **2.** (*erfahren*) duymak (*dass* -diğini), haber almak (*von jdm/etw* -den) **II.** *vi* (*zu-*) dinlemek; **auf jdn ~** birinin sözünü dinlemek; **hör mal!** dur bakalım!; **(nichts) von sich ~ lassen** kendinden işittir(me)mek
Hörensagen *nt:* **vom ~** söylenti olarak
Hörer *m* (*Telefon-*) ahize
Hörer(in) *m(f)* (*Person*) dinleyici
Hörfehler *m* **1.** (*Irrtum*) yanlış duyma **2.** (*Gehörfehler*) işitme rahatsızlığı
Hörfunk *m* radyo
Hörgerät *nt* kulaklık
hörgeschädigt *adj* işitme özürlüsü
hörig *adj:* **jdm ~ sein** birine bağımlı olmak
Horizont *m* ufuk
horizontal *adj* yatay
Hormon *nt* hormon
hormonell *adj* hormonal
Horn *nt* **1.** (*eines Tieres*) boynuz; **jdm Hörner aufsetzen** (*fam*) birine boynuz takmak **2.** (*Musikinstrument*) boru
Hornbrille *f* bağa gözlük
Hörnchen *nt* (*Gebäck*) kruvasan
Hornhaut *f* **1.** (*Schwiele*) nasır **2.** (*Auge*) saydam tabaka
Hornisse *f* (büyük) eşekarısı
Horoskop *nt* horoskop; (*Tierkreiszeichen*) burç; (*nach einer Konstellation bestimmtes Schicksal*) yıldız falı
Horrorfilm *m* korku filmi
Hörsaal *m* konferans salonu; (*in der Universität*) amfi, ders odası
Hörspiel *nt* piyes, radyo tiyatrosu
Hort *m* **1.** (*Zufluchtsort*) sığınak **2.** (*Schatz*) hazine, define, gömü **3.** (*Kinder-*) çocuk yuvası, kreş
Hörverständnis *nt* söyleneni anlama
Hörweite *f:* **in/außer ~** sesi işittire(meye)cek kadar uzaklıkta
Hose *f* pantalon; **die ~n anhaben** (*fig*) evde hakim olmak, dizginler elinde olmak
Hosenanzug *m* bayanlar için pantalon ceket takım giysi
Hosenboden *m* pantalon kıçı
Hosenschlitz *m* pantalonun ön yırtmacı
Hosentasche *f* pantalon cebi
Hosenträger *mpl* pantalon askısı *sing*
Hospital *nt* hastane
Hospitant(in) *m(f)* (*Gasthörer*) misafir öğrenci
hospitieren *vi* misafir olarak birinin derslerine devam etmek
Host *m* (INET) host
Hostess *f* hostes
Hotdog *f* hot dog
Hotel *nt* otel
Hotelboy *m* otel boy
Hotelfachschule *f* otelcilik okulu
Hotelführer *m* (*Buch*) otel rehberi
Hotelier *m* otelci
Hotelzimmer *nt* otel odası
Hotline *f* tüketici danışma hattı
Hrsg. *m Abk. von* **Herausgeber** yayınlayan
Hubraum *m* silindir hacmi

hübsch adj güzel, şirin; (*reizend*) alımlı, çekici
Hubschrauber m helikopter
huckepack adv: ~ **tragen** sırtında taşımak (*jdn* -i)
Hufeisen nt nal
Hüfte f kalça
Hüftgelenk nt kalça mafsalı
Hüfthalter m (*Mieder*) korsaj
Hügel m tepe; (*kleinerer*) tümsek
hügelig adj 1.(*mit Hügeln*) tepeli(k) 2.(*uneben*) engebeli, inişli yokuşlu
Huhn nt tavuk; (*junges*) piliç, yarga
Hühnerauge nt nasır
Hühneraugenpflaster nt nasır plasteri
Hühnerbrühe f tavuk suyu
Hühnerbrust f tavuk göğsü
Hühnerhof m tavuk çiftliği
Hühnerstall m kümes
Hülle f 1.(*Verpackung*) ambalaj 2.(*Umschlag*) zarf 3.(*Schutz*-) kılıf; **in ~ und Fülle** bol bol
Hülse f 1.(*Samenkapsel*) koza 2.(*Schale*) kabuk 3.(*Patronen*-) kovan
Hülsenfrüchte fpl baklagiller pl
human adj insanca, insani
Humanismus m insancıllık, hümanizm
humanistisch adj insancıl, hümanist
humanitär adj insancıl, insani
Humanität f insanlık, insaniyet
Human Resources pl insan kaynakları
Hummel f yabanarısı
Hummer m ıstakoz
Humor m mizah
Humorist(in) m(f) mizahçı
humoristisch adj mizahi
humorlos adj esprisiz
humorvoll adj (*Person*) şakacı, nükteci; (*Erzählung auch*) esprili
humpeln vi sein/haben topallayarak yürümek
Humus m humus
Hund m köpek; **bekannt wie ein bunter ~** herkes tarafından tanınan; **vor die ~e gehen** mahvolmak, telef olmak; **auf den ~ kommen** (*gesundheitlich*) kuvvetten düşmek; (*herunterkommen*) mahvolmak; **wie ~ und Katze sein** kedi köpek gibi hırlaşmak
Hundefutter nt köpek maması
Hundeheim nt köpek yuvası
Hundehütte f köpek kulübesi
Hundeleben nt (*fig*) sefil hayat
hundemüde adj (*fam*) bitkin, (yorgun) argın
hundert num yüz
Hundert nt yüz; **zu ~en** yüzlerce
hundertfach adj yüz misli [*o* katı]
hundertjährig adj yüzyıllık
hundertmal adv yüz kere
hundertprozentig adj yüzde yüz
hundertste(r, s) adj yüzüncü
Hundertstel nt yüzde (bir)
Hundestaffel f arama kurtarma köpekli tim
Hundesteuer f köpek vergisi
Hündin f dişi köpek
Hunger m açlık; **ich habe ~** karnım acıktı; **~ leiden** açlık çekmek
hungern vi acıkmak; (*Diät halten*) perhiz yapmak
Hungersnot f açlık sıkıntısı; (*Knappheit*) kıtlık
Hungerstreik m açlık grevi
hungrig adj aç, karnı aç, acıkmış; **ich bin ~** ben açım
Hupe f korna, klakson
hupen vi korna [*o* klakson] çalmak
hüpfen vi sein sıçramak, hoplamak, zıplamak
Hürde f 1.(*Hecke*) çit 2.(SPORT) engel
Hürdenlauf m engelli koşu
Hure f (*pej*) fahişe, orospu
hurra interj yaşa(sın)
husten vi öksürmek
Husten m öksürük; **ich habe ~** öksürüğüm var
Hustenbonbon nt öksürük pastili [*o* şekeri]
Hustensaft m öksürük şurubu
Hut[1] m şapka; **den ~ aufsetzen/abnehmen** şapkayı giymek/çıkarmak; **unter einen ~ bringen** birleştirmek, iki ucunu bir araya getirmek (*etw* -i)
Hut[2] f: **vor etw auf der ~ sein** bir şeyden sakınmak
hüten I. vt korumak, esirgemek; (*Tiere*) gütmek, otlatmak (*etw* -i) II. vr: **sich vor etw ~** bir şeyden sakınmak; **ich werde mich ~!** sakınmasını bilirim!
Hütte f 1.(*Haus*) kulübe 2.(*Hüttenwerk*) demirhane
Hyäne f sırtlan
Hyazinthe f sümbül
Hydrant m yangın musluğu
hydraulisch adj hidrolik
Hygiene f sağlık bilgisi [*o* bakımı], hijyen

hygienisch *adj* sağlığa uygun, sıhhi, hijyenik
Hymne *f* (*Preisen*) övgü
Hyperinflation *f* hiperenflasyon, dörtnala enflasyon
Hyperlink *m* (INET) bağlantı noktası
hypermodern *adj* son derece modern
Hypertext *m* (INET) hiper doküman

Hypnose *f* hipnoz, hipnotizma
hypnotisieren *vt* hipnotize etmek (*jdn* -i)
Hypothek *f* ipotek; **mit einer ~ belastet** ipotekli
Hypothese *f* varsayım
hypothetisch *adj* varsayımlı
Hysterie *f* isteri
hysterisch *adj* isterik

I

i. A. *m Abk. von* **im Auftrag** adına
iberisch *adj:* **Iberische Halbinsel** İberik Yarımadası
IC *m Abk. von* **Intercityzug** Mavi Tren, Fatih Expres
ICE *m Abk. von* **Intercityexpresszug**^RR *es gibt keine Züge dieser Art in der Türkei*
ich *pron* ben; **~ selbst** kendim; **~ bin es** ben'im; **hier bin ~** buradayım; **~ Armer!** zavallı ben!
ideal *adj* (*ausgezeichnet*) mükemmel, ideal; (*rein gedanklich*) ideal, ülküsel
Ideal *nt* ideal, ülkü
Idealgewicht *nt* ideal kilo
Idealismus *m* idealizm, ülkücülük
Idealist(in) *m(f)* idealist, ülkücü
idealistisch *adj* idealist, ülkücü
Idee *f* 1. (*Einfall*) (ani) fikir, buluş 2. (*Gedanke, Meinung*) düşünce, fikir; **fixe ~** sabit fikir, saplantı; **jdn auf eine ~ bringen** birinin aklına bir fikir getirmek
Identifikation *f* (*einer Person*) kimlik tespiti
identifizieren I. *vt* teşhis etmek, seçmek (*jdn* -i) II. *vr:* **sich mit jdm ~** biriyle özdeşleşmek
Identifizierung *f* 1. (*Identifikation*) teşhis 2. (*Gleichsetzung*) özdeşleş(tir)me
identisch *adj* aynı, eşit, özdeş
Identität *f* özdeşlik; (*bei Personen*) kimlik
Ideologie *f* ideoloji
ideologisch *adj* ideolojik
Idiot *m* 1. deli, çılgın 2. (MED) ebleh
Idiotie *f* 1. eşeklik, enayilik 2. (MED) eblehlik
idiotisch *adj* 1. (*dumm*) aptal, ahmak, enayi 2. (MED) ebleh
idyllisch *adj* 1. (*ländlich*) kırsal 2. (*friedlich und beglückend*) sakin, cennet gibi

IG *f Abk. von* **Industriegewerkschaft** Sanayi Sendikası
Igel *m* kirpi
ignorieren *vt* 1. (*bewusst übersehen*) bilmemezlikten [*o* görmemezlikten] gelmek (*etw/jdn* -i) 2. (*nicht beachten*) aldırış etmemek (*etw/jdn* -e)
IHK *f Abk. von* **Industrie- und Handelskammer** Sanayi ve Ticaret Odası
ihm *pron* ona
ihn *pron* onu
ihnen *pron* onlara
Ihnen *pron* size
ihr *pron* 1. (*Einzahl*) ona 2. (*Mehrzahl*) siz
ihr(e) *pron* 1. (*Einzahl*) onun 2. (*Mehrzahl*) onların; **der, die, das ~(ig)e** onunki
Ihr(e) *pron* sizin
ihrerseits, Ihrerseits *adv* sizin tarafınızdan, sizce
ihrethalben *adv,* **ihretwegen** *adv* 1. (*Einzahl*) onun için, onun yüzünden 2. (*Mehrzahl*) onların yüzünden
illegal *adj* yasa [*o* kanun] dışı, kanuna aykırı
illegitim *adj* gayri meşru
Illusion *f* hayal, hulya, kuruntu
Illustration *f* resim
illustriert *adj* resimli
Illustrierte *f* magazin, resimli dergi
im *präp* = **in dem in**
Image *nt* imaj
Imam *m* imam
Imbiss^RR *m* hafif bir yemek
Imbissstube^RR *f* büfe
Imitation *f* taklit, benzetme, imitasyon
imitieren *vt* taklit etmek (*jdn/etw* -i)
Imker(in) *m(f)* arı yetiştirici, arıcı
Immatrikulation *f* üniversiteye kayıt
immatrikulieren *vr:* **sich ~** üniversiteye

immer *adv* daima, hep, her zaman; **auf** [*o* **für**] ~ temelli; ~ **mehr** gittikçe fazla; ~ **weniger** gittikçe daha az; ~ **noch** hala; ~ **wieder** tekrar tekrar; ~ **wenn** -dikçe; **wer/wo/was auch** ~ kim/nerede/ne olursa olsun

immerhin *adv* 1.(*trotzdem*) buna rağmen [*o* karşın] 2.(*wenigstens*) hiç olmazsa 3.(*schließlich*) ne de olsa

immerzu *adv* boyuna, hiç durmadan

Immobilien *fpl* emlak *sing*, taşınmaz mal *sing*

immun *adj* 1.(*auch fig*) bağışık 2.(POL) dokunulmaz

Immunität *f* 1.(*auch fig*) bağışıklık 2.(POL) dokunulmazlık

Immunsystem *nt* bağışıklık sistemi

Imperativ *m* emir kipi [*o* sıygası]

Imperfekt *nt* hikaye (zamanı)

Imperialismus *m* 1. emperyalizm 2.(*Kolonisierung*) sömürgecilik

Imperialist *m* 1. emperyalist 2.(*Kolonist*) sömürgeci

imperialistisch *adj* 1. emperyalist 2.(*kolonialistisch*) sömürgeci

impfen *vt* aşılamak (*jdn* -i)

Impfpass[RR] *m* aşı kâğıdı

Impfstoff *m* aşı (maddesi), serum

Impfung *f* aşı

imponieren *vi:* **jdm** ~ birini etkilemek

Import *m* (COM) ithal, dışalım

Importeur *m* (COM) ithalatçı, dışalımcı

importieren *vt* (COM) ithal etmek (*etw* -i)

importiert *adj* ithal

imposant *adj* empozan, heybetli

impotent *adj* iktidarsız

Impotenz *f* iktidarsızlık

Improvisation *f* 1. hazırlıksız yaratma, uydurma 2.(MUS) doğaçlama, emprovize

improvisieren *vt* 1. hazırlıksız yaratmak, uydurmak (*etw* -i) 2.(*Lied*) doğaçtan şarkı söylemek; (*Musik*) doğaçtan çalmak

improvisiert *adj* (MUS) doğaçlama, emprovize

Impuls *m* 1.(*Antrieb*) içtepi 2.(EL) darbe

impulsiv *adj* tezcanlı, atılgan

imstande, im Stande[RR] *adv:* ~ **sein etw zu tun** bir şeyi yapabilecek durumda olmak

in I. *präp* +*dat* (*Ort*) -de/-da, -in içinde; **im Garten** bahçede; ~ **der Ferne** uzakta; ~ **eurer Mitte** ortanızda; ~ **2 Jahren** iki yıl içinde; ~ **der Nacht** geceleyin; ~ **diesem Jahr** bu yıl; **im März** martta II. *präp* +*akk* (*Richtung*) -e/-a, içine; ~ **die Schule gehen** okula gitmek

inakzeptabel *adj* kabul edilemez

inbegriffen *adv* dahil olmak üzere

indem *konj* 1.(*dadurch dass*) -erek/-arak; ~ **er das sagte** bunu söyleyerek 2.(*während*) -irken

Inder(in) *m(f)* Hintli

Indianer(in) *m(f)* kızılderili

indianisch *adj* kızılderili

Indien *nt* Hindistan

Indikativ *m* bildirme kipi

Indikator *m* gösterge

indirekt *adj* dolaylı, endirek(t)

indisch *adj* 1.(*Sprache*) Hintçe 2.(*Art*) Hint 3.(*Herkunft*) Hintli; **der Indische Ozean** Hint Okyanusu

indiskret *adj* 1.(*nicht verschwiegen*) sır saklamaz 2.(*taktlos*) densiz

Individualismus *m* bireycilik

Individualist(in) *m(f)* bireyci

Individualität *f* bireysellik, ferdiyet

individuell *adj* 1.(*des Individuums*) bireysel, ferdi 2.(*persönlich*) kişisel

Individuum *nt* birey, fert

Indiz *nt* belirti, emare

Indochina *nt* Çin Hindi(stanı)

Indonesien *nt* Endonezya

industrialisieren *vt* sanayileştirmek, endüstrileştirmek (*etw* -i)

Industrialisierung *f* sanayileş(tir)me, endüstrileş(tir)me

Industrie *f* sanayi, endüstri; ~- **und Handelskammer** Sanayi ve Ticaret Odası; **verarbeitende** ~ imalat sanayii

Industriegebiet *nt* endüstri bölgesi

Industrieland *nt* endüstri ülkesi

industriell *adj* sınai, endüstriyel

Industrielle(r) *mf* sanayici

ineinander *adv* iç içe, birbiri içine; ~ **passen**[RR] iç içe sığmak; ~ **schieben**[RR] içine itmek [*o* kaydırmak] (*etw* -i)

Infanterie *f* piyade

infantil *adj* 1.(*pej*) çocukça 2.(*dümmlich*) budala(ca)

Infarkt *m* enfarktüs

Infektion *f* enfeksiyon, bulaşma

Infektionskrankheit *f* bulaşıcı hastalık

Infinitiv *m* mastar

infizieren I. *vt* bulaştırmak (*jdn/etw mit etw* -e -i) II. *vr:* **sich** ~ enfekte olmak

infiziert *adj* enfekte
Inflation *f* enflasyon
Inflationsniveau *nt* enflasyon seviyesi
Inflationsrate *f* enflasyon oranı
infolge *präp +gen* ... sonucu (olarak), ... nedeniyle, -den dolayı
infolgedessen *adv* bundan dolayı, bu yüzden
Informatik *f* bilişim
Informatiker(in) *m(f)* bilişimci
Information *f* 1.(*Auskunft*) bilgi, haber 2.(*Informationsbüro*) danışma (bürosu)
Informationsaustausch *m* (INET) bilgi alışverişi
Informationstechnik *f* enformasyon teknolojisi
Informationszeitalter *nt* bilgi çağı
informativ *adj* bilgi verici, bilgilendirici
informell *adj* şekilsiz
informieren *vt* bilgi [*o* haber] vermek (*jdn* -e), bilgilendirmek (*jdn* -i)
infrarot *adj* kızılötesi
Infrastruktur *f* altyapı
Infusion *f* enfüzyon
Ing. *m Abk. von* **Ingenieur**
Ingenieur(in) *m(f)* mühendis
Ingwer *m* zencefil
Inhaber *m* sahip; (*einer Urkunde*) hamil
inhaftieren *vt* hapsetmek (*jdn* -i)
Inhaftierung *f* hapsetme
Inhalation *f* (nefesle beraber) içeri çekme
inhalieren *vt* (nefesle beraber) içeri çekmek (*etw* -i)
Inhalt *m* 1.(*Gehalt*) içerik, kapsam 2.(*Raum-*) hacim
Inhaltsangabe *f* özet
Inhaltsverzeichnis *nt* içindekiler listesi, fihrist
Initiative *f* girişim, teşebbüs
Initiator *m* fikir babası
Initiatorin *f* fikir annesi
Injektion *f* enjeksiyon, içitim
injizieren *vt* enjekte etmek (*jdm etw* -e -i)
inkl. *adv Abk. von* **inklusive**
inklusive *adv* dahil olmak üzere
inkompatibel *adj* birbirine uymayan
inkonsequent *adj* tutarsız
Inkonsequenz *f* tutarsızlık
Inkraftsetzung *f* yürürlüğe koyma
Inkrafttreten *nt* yürürlüğe girme
Inkubationszeit *f* kuluçka süresi
Inland *nt* yurt içi

Inländer(in) *m(f)* yerli
inländisch *adj* yerli, iç
Inlandsflug *m* yurt içi uçuş
Inliner *m* inliner, tek sıra tekerlekli paten
inlineskaten *vi* inline pateni yapmak
Inlineskating *nt* inline pateni
inmitten *präp +gen* -in ortasında, -in arasında
innehaben *irr vt* (*Amt, Stellung*) tutmak (*etw* -i)
innen *adv* içinde, içerisinde; **nach** ~ içeri(ye); **von** ~ içeriden
Innenarchitekt(in) *m(f)* iç mimar, dekoratör
Inneneinrichtung *f* iç döşeme
Innenhof *m* iç avlu
Innenminister(in) *m(f)* içişleri bakanı
Innenpolitik *f* iç politika
Innenstadt *f* 1.(*Gegensatz zu Außenbezirken*) şehiriçi 2.(*Zentrum*) şehir merkezi
Innere *nt* iç
innere(r, s) *adj* iç; (*Gefühl*) içten, özünlü
Innereien *pl* sakatat *sing*
innerhalb *präp +gen* (*örtlich*) içinde; (*zeitlich*) içinde, zarfında
innerlich I. *adj* iç; (*Gefühl*) içten, özünlü II. *adv* içten(likle)
innerparteilich *adv* parti içi
innig *adj* içten, candan, samimi
Innovation *f* yenilik
innovativ *adj* yenilikçi
Innung *f* esnaf birliği, lonca
inoffiziell *adj* resmi olmayan
Input *m* (*Daten-*) girdi
ins *präp* = *in das* **in**
Insasse *m* 1.(*Bewohner*) içinde oturan 2.(*Fahrgast*) yolcu 3.(*Gefängnis*) mahpus
insbesondere *adv* özellikle, bilhassa
Inschrift *f* yazıt
Insekt *nt* böcek
Insektenmittel *nt* böcek ilacı
Insel *f* ada
Inselgruppe *f* takımada
Inserat *nt* ilan
inserieren *vt* (gazetede) ilan etmek (*etw* -i)
insgeheim *adv* gizlice
insgesamt *adv* hepsi birden, topu topu
insofern *adv,* **insoweit** *adv* 1.(*was dies betrifft*) o noktaya kadar 2.(*unter der Bedingung*) şu şartla
Inspektion *f* 1.(*Kontrolle*) teftiş, denetim 2.(*Amt*) müfettişlik 3.(*Auto*) kontrol

Inspektor(in) *m(f)* müfettiş
Instabilität *f* (COM, POL) istikrarsızlık
Installateur(in) *m(f)* **1.** (*Klempner*) muslukçu, lehimci, tenekeci **2.** (*Elektro-*) elektrikçi, tesisatçı
Installation *f* tesisat; (*eines Computerprogramms*) kurulum
installieren *vt* **1.** kurmak, tesis etmek, yerleştirmek (*etw* -i) **2.** (*Computerprogramm*) kurulumunu yapmak (*etw* -in)
instand, in Stand[RR] *adj:* ~ **halten** iyi durumda bulundurmak, korumak (*etw* -i), bakmak (*etw* -e)
Instandhaltung *f* bakım, koruma
Instantkaffee *m* hazır kahve, neskafe, instant kahve
Instanz *f* mahkeme derecesi
Instinkt *m* içgüdü
instinktiv **I.** *adj* içgüdüsel **II.** *adv* içgüdüsel olarak
Institut *nt* enstitü; (*Einrichtung*) kuruluş, kurum
Institution *f* enstitü, müessese, kuruluş
institutionalisieren *vt* kurumsallaştırmak (*etw* -i)
Institutionalisierung *f* **1.** (*das Institutionalisieren*) kurumsallaştırma **2.** (*das Institutionalisiertwerden*) kurumsallaşma
institutionell *adj* kurumsal
Instruktion *f* direktif, yönerge
Instrument *nt* **1.** alet **2.** (*Musik-*) çalgı, enstrüman; **ein ~ spielen** bir çalgı [*o* enstrüman] çalmak
instrumentalisieren *vt* alet etmek (*jdn/etw für etw* -i -e)
Insulin *nt* ensülin
inszenieren *vt* (*Stück*) sahneye koymak (*etw* -i)
Inszenierung *f* sahneye koyma, oyun düzeni
intakt *adj* işler durumda, sağlam
Integration *f* **1.** (*Eingliederung*) entegrasyon, kaynaşma **2.** (*Vervollständigung*) bütünleştirme, tamamlama
integrieren **I.** *vt* (*ergänzen*) bütünleştirmek (*etw in etw* -i ile) **II.** *vr:* **sich ~** entege olmak (*in etw* -e)
Intellekt *m* akıl
intellektuell *adj* zihni, akli, entellektüel
Intellektuelle(r) *mf* aydın, entellektüel
intelligent *adj* zeki, akıllı
Intelligenz *f* zeka, akıl, anlayış; **künstliche ~** yapay zeka
Intelligenzler(in) *m(f)* (*pej*) entel
Intelligenzquotient *m* zeka oranı
Intendant(in) *m(f)* (radyo, televizyon) müdürü
Intensität *f* yoğunluk, şiddet
intensiv *adj* yoğun, şiddetli
intensivieren *vt* yoğunlaştırmak, pekiştirmek, şiddetlendirmek (*etw* -i)
Intensivmedizin *f* yoğun tıb
Intensivstation *f* yoğun bakım (koğuşu)
interaktiv *adj* etkileşimli, interaktif
interdisziplinär *adj* disiplinerarası, multidispliner
interessant *adj* enteresan, ilginç
Interesse *nt* **1.** (*an einer Sache*) ilgi, alaka **2.** (*Hobby*) merak
Interesselosigkeit *f* ilgisizlik
Interessengemeinschaft *f* menfaat birliği
Interessent(in) *m(f)* ilgili, istekli
interessieren **I.** *vt* ilgilendirmek (*jdn* -i) **II.** *vr:* **sich ~** ilgilenmek (*für etw/jdn* ile)
Interface *nt* (INFORM) arabirim, arayüz, arayüzey
interkontinental *adj* kıtalararası
Interkontinentalrakete *f* kıtalararası füze
intern *adj* iç
Internat *nt* yatılı okul
international *adj* uluslararası, milletlerarası, enternasyonal; **die Internationale Raumstation** Uluslararası Uzay İstasyonu, UUİ; **der Internationale Währungsfonds** Uluslararası Para Fonu, IMF
Internet *nt* internet
Internetanschluss[RR] *m* internet bağlantısı
Internetbanking *nt* internet bankacılığı
Internetnutzung *f* internet kullanımı
Internet-Service-Provider *m* (INET) interent servis sağlayıcı
Internetsucht *f* internet bağımlılığı
internetsüchtig *adj* internet bağımlısı
Internetsüchtige(r) *mf* internet bağımlısı
Internetzugang *m* internet erişimi
Internist(in) *m(f)* iç hastalıkları uzmanı
Interpol *f* İnterpol
Interpret(in) *m(f)* yorumcu
Interpretation *f* yorum
interpretieren *vt* yorumlamak (*etw* -i)
Interpunktion *f* noktalama

Interpunktionszeichen *nt* noktalama işareti
Intervention *f* müdahale
Interview *nt* görüşme, konuşma
interviewen *vt* görüşme yapmak (*jdn* ile)
intim *adj* 1.(*eng befreundet*) içli dışlı, sıkı fıkı 2.(*sexuell*) cinsi 3.(*privat*) gizli, mahrem
Intimbereich *m*, **Intimsphäre** *f* mahrem alan
intolerant *adj* hoşgörüsüz
Intoleranz *f* hoşgörmezlik
Intonation *f* vurgu
Intranet *nt* intranet
intransitiv *adj* geçişsiz
introvertiert *adj* içe dönük
Intuition *f* sezgi
intuitiv I. *adj* sezgili, sezgisel II. *adv* sezerek
Invalide *m* sakat, malul
Invasion *f* baskın, akın
Inventar *nt* demirbaş (eşya)
Inventur *f* mal sayımı, envanter
investieren *vi*, *vt* para yatırmak (*in etw* -e)
Investition *f* yatırım
Investor(in) *m(f)* yatırımcı
inwiefern *adv*, **inwieweit** *adv* ne dereceye kadar; (*wieso*) ne yönden
Inzucht *f* akraba evliliği
inzwischen *adv* bu [*o o*] arada
Ion *nt* iyon
IP-Nummer *f* (INET) sayısal adres
i. R. *m Abk. von* **im Ruhestand** emekli
Irak *m* Irak
Iran *m* İran
irdisch *adj* 1.(*die Erde betreffend*) dünyasal 2.(*vergänglich*) geçici
Ire *m*, **Irin** *f* İrlandalı
irgend *adv s.* **irgendetwas, irgendjemand**
irgendein *pron, adj* herhangi bir; (*x-beliebiger*) rasgele, gelişigüzel
irgendeine(r) *pron* herhangi birisi
irgendetwas^{RR} *pron* herhangi bir şey
irgendjemand^{RR} *pron* herhangi biri
irgendwann *adv* herhangi bir zaman(da)
irgendwas *pron* (*fam*) herhangi bir şey
irgendwelche *pron* herhangi
irgendwer *pron* herhangi biri
irgendwie *adv* herhangi bir şekilde
irgendwo *adv* herhangi bir yerde
irgendwoher *adv* herhangi bir yerden
irgendwohin *adv* herhangi bir yere
irisch *adj* 1.(*Sprache*) İrlandaca 2.(*Art*) İrlanda 3.(*Herkunft*) İrlandalı
Irland *nt* İrlanda
Ironie *f* (ince) alay, istihza
ironisch *adj* alaylı, ironik
irr(e) *adj* 1.(*verwirrt*) şaşkın 2.(*verrückt*) deli, çılgın; **das ist ~!** (*fam*) harika!
Irre(r) *mf* deli, çılgın
irreal *adj* gerçek dışı
Irrealität *f* gerçek dışılık
irreführen *vt* yolunu şaşırtmak (*jdn* -in); (*betrügen*) aldatmak, yanıltmak (*jdn* -i)
irregulär *adj* kurallara aykırı
irremachen *vt* şaşırtmak (*jdn* -i)
irren I. *vi sein* 1.(*vom Weg abweichen*) yolundan şaşmak 2.(*umherschweifen*) serserice dolaşmak 3.(*sich ~*) yanılmak, aldanmak II. *vr*: **sich** ~ yanılmak, aldanmak; **sich in etw ~** bir şeyi şaşırmak; **wenn ich (mich) nicht irre** eğer yanılmıyorsam
Irrenanstalt *f* (*pej*) tımarhane
irreparabel *adj* onarılmaz, tamir edilemez
irrewerden^{RR} *vi* şaşırmak; **an etw ~** bir şeyden şüphelenmek
irritieren *vt* şaşırtmak (*jdn* -i), aklını karıştırmak (*jdn* -in)
Irrsinn *m* delilik, kaçıklık, çılgınlık
irrsinnig *adj* deli, kaçık, çılgın
Irrtum *m* yanlış(lık), yanıltı, hata
irrtümlich I. *adj* yanlış, hatalı II. *adv* yanlışlıkla
Ischias *m/f* siyatik
Islam *m* İslam, Müslümanlık
islamisch *adj* Müslüman
Islamist(in) *m(f)* şeriatçı, islamcı
islamistisch *adj* şeriatçı, islamcı
Island *nt* İslanda
Isländer(in) *m(f)* İslandalı
Isolation *f* izolasyon
Isolierband *nt* izole bant
isolieren *vt* 1.(*auch fig*) izole etmek (*etw* -i) 2.(*Häftling, Kranken*) ayırmak (*jdn* -i)
Isolierung *f* izolasyon
ISP *m Abk. von* **Internet Service Provider** internet servis sağlayıcısı
Israel *nt* İsrail
Israeli *mf* İsrailli
israelisch *adj* 1.(*Art*) İsrail 2.(*Herkunft*) İsrailli
ISS *f Abk. von* **International Space Station** UUİ, Uluslararası Uzay İstasyonu
isst^{RR} *vi, vt s.* **essen**
ist *vt s.* **sein**

Italien

Italien *nt* İtalya
Italiener(in) *m(f)* İtalyan
italienisch *adj* **1.** (*Sprache*) İtalyanca **2.** (*Art*) İtalyan
i. V. *f Abk. von* **in Vertretung** vekil olarak

J

ja *adv* evet; **o ~!** tabii!; **ich glaube ~** öyle sanıyorum; **~ doch!** elbette!; **aber ~!** öyle tabii!; **da ist er ~!** işte geldi!
Jacht *f* yat
Jachtklub *m* deniz kulübü
Jacke *f* **1.** ceket **2.** (*Strick-*) hırka
Jackett *nt* ceket
Jagd *f* av
Jagdbeute *f* av ganimeti
Jagdflinte *f,* **Jagdgewehr** *nt* av tüfeği
Jagdhund *m* av köpeği
Jagdrevier *nt* av yatağı, avlak
Jagdschein *m* av tezkeresi
Jagdzeit *f* av mevsimi
jagen I. *vt* **1.** (*Tier*) avlamak (*etw* -i) **2.** (*fig: verfolgen*) kovalamak, takip etmek (*jdn* -i) **II.** *vi* **1.** (*auf die Jagd gehen*) avlanmak **2.** (*eilen*) acele etmek
Jäger *m* **1.** (*Mensch*) avcı **2.** (MIL) avcı eri; (AERO) avcı uçağı
Jaguar *m* jaguar
Jahr *nt* yıl, sene; **voriges ~** geçen yıl [*o* sene]; **nächstes ~** gelecek yıl [*o* sene]; **jedes ~, alle ~e** her yıl [*o* sene]; **das ganze ~** (**hindurch**) bütün yıl (boyunca); **von ~ zu ~** seneden seneye; **seit ~ und Tag** çoktan beri; **in den besten ~en** en iyi yaşlarda; **sie ist 9 ~e alt** dokuz yaşında
jahrelang *adv* yıllarca, senelerce
Jahreseinkommen *nt* yıllık gelir
Jahrestag *m* yıldönümü
Jahreszeit *f* mevsim
Jahrgang *m* **1.** (*einer Zeitschrift*) yıl **2.** (*Geburtsjahr*) doğum yılı
Jahrhundert *nt* yüzyıl, asır
-jährig *adj* (*Lebensalter*) ... yaşında; (*soundso viele Jahre dauernd*) ... yıllık; **eine vierzigjährige Frau** kırk yaşında bir kadın; **ein vierzigjähriger Frieden** kırk yıllık bir barış
jährlich I. *adj* yıllık, senelik **II.** *adv* her yıl [*o* sene]
Jahrmarkt *m* kermes, panayır
Jahrtausend *nt* binyıl
Jahrzehnt *nt* onyıl
Jalousie *f* panjur
Jammer *m* **1.** (*Wehklagen*) feryat **2.** (*Elend*) sefalet, perişanlık
jämmerlich *adj* **1.** (*bemitleidenswert*) acınacak **2.** (*erbärmlich*) sefil, perişan
jammern *vi* feryat etmek
Januar *m* ocak (ayı)
Japan *nt* Japonya
Japaner(in) *m(f)* Japon
japanisch *adj* **1.** (*Sprache*) Japonca **2.** (*Art*) Japon **3.** (*Herkunft*) Japon(yalı)
Jasmin *m* yasemin
Jastimme *f* 'evet' oyu
jäten *vi* yabani ot ayıklamak
jawohl *adv* baş üstüne, hayhay
Jawort *nt* (*Zustimmung*) onay
Jazz *m* caz
je *adv* **1.** (*jemals*) herhangi bir zamanda **2.** (*in Fragesätzen*) hiç; **~ eher, desto besser** ne kadar erken olursa o kadar iyi olur; **habt ihr ~ so etwas gesehen?** hiç böyle bir şey gördünüz mü?; **~ nachdem** (*als Antwort*) duruma göre; **~ zwei/drei** ikişer/üçer
Jeans *pl* blucin *sing*
jede(r, s) I. *adj* her; **~n Augenblick** her an; **ohne ~n Zweifel** hiç kuşkusuz; **~s zweite Wort** her ikinci kelime; **~s Mal**[RR] her defa **II.** *pron* herkes; **~r von uns** her birimiz
jedenfalls *adv* her ne olursa olsun
jedermann *pron* herkes
jederzeit *adv* her zaman, daima
jedesmal *adv s.* **jede(r, s)**
jedoch *adv* halbuki, ama, fakat
Jeep *m* cip
jemals *adv* herhangi bir zamanda; (*in Fragesätzen*) hiç
jemand *pron* biri(si), (bir) kimse; **~ anders** başka biri(si)
Jemen *m* Yemen
jene(r, s) *adj, pron* o, öbür, şu
jenseits *präp* +*gen* -in ötesinde
Jenseits *nt* öbür dünya, ahiret

Jerusalem *nt* Kudüs
Jesuit *m* Cizvit
Jesus *m* (Hazreti) İsa
Jet *m* jet
Jetset *m* jet sosyete
jetzige(r, s) *adj* 1.(*von jetzt*) şimdiki 2.(*heutig*) bugünkü
jetzt *adv* şimdi; **bis ~** şimdiye kadar, daha; **von ~ an** bundan böyle, şimdiden sonra; **eben** [*o* **gerade**] **~** tam şimdi
jeweilig *adj* o anki
jeweils *adv* her defa(sında)
Jg. *m Abk. von* **Jahrgang** yıl
Jh. *nt Abk. von* **Jahrhundert** yy (*yüzyıl*)
jhrl. *adv Abk. von* **jährlich** her sene, senelik
Job *m* (*fam*) iş
Joch *nt* (*auch fig*) boyunduruk
Jochbein *nt* elmacık kemiği
Jod *nt* (CHEM) iyot
jodiert, jodhaltig *adj* iyotlu
Jodsalz *nt* iyotlu tuz
Joga *m* yoga
joggen *vi* jogging yapmak
Jogging *nt* jogging
Jogginganzug *m* jogging takımı
Jogginghose *f* eşofman altı
Joghurt, Jogurt[RR] *m/nt* yoğurt
Jog(h)urtbereiter *m* (*Gerät*) yoğurt yapma aleti
Johannisbeere *f* frenküzümü
Johannisbrot *nt* keçiboynuzu
Johannisbrotbaum *m* keçiboynuzu ağacı
Joint *m* esrarlı sigara
Jordan *m* (*Fluss*) Şeria (nehri)
Jordanien *nt* Ürdün
Journalismus *m* gazetecilik
Journalist(in) *m(f)* gazeteci
Jubel *m* 1.(*große Freude*) büyük sevinç 2.(*Rufe*) sevinç çığlıkları *pl*
jubeln *vi* sevinç çığlıkları atmak
Jubiläum *nt* jübile, yıldönümü şenliği
jucken *vi* kaşınmak
Jucken *nt*, **Juckreiz** *m* kaşıntı
Jude, Jüdin *m, f* Yahudi
Judentum *nt* Yahudilik, Musevilik
jüdisch *adj* Yahudi, Musevi
Judo *nt* judo
Jugend *f* 1.(*Zustand*) gençlik 2.(*junge Leute*) gençler *pl* 3.(*Jünglingsalter*) delikanlılık; **von ~ auf** küçüklükten beri
Jugendarbeitslosigkeit *f* gençlerde işsizlik
jugendfrei *adj* (*Film*) gençlerin seyretmesi serbest
Jugendfreund(in) *m(f)* çocukluk [*o* gençlik] arkadaşı
Jugendgericht *nt* gençlik mahkemesi
Jugendhaus *nt*, **Jugendheim** *nt* gençlik yurdu
Jugendherberge *f* gençler için özel otel
jugendlich *adj* genç
Jugendliche(r) *mf* genç
Jugoslawien *nt* Yugoslavya
Juli *m* temmuz (ayı)
jun. *adj Abk. von* **junior** oğul
jung <jünger, am jüngsten> *adj* genç; **~er Mann** genç adam, delikanlı; **~es Mädchen** genç kız; **die ~en Leute** gençler; **~ machen** gençleştirmek (*jdn* -i); **wieder ~ werden** gençleşmek
Junge *m* erkek çocuk; (*Bursche*) oğlan; **kleiner ~** küçük çocuk
jünger *adj Komparativ von* **jung** daha genç; (*Bruder, Schwester*) küçük; **mein jüngerer Bruder** küçük erkek kardeşim; **sie ist ein Jahr ~ als ich** o benden bir yaş küçük
Jungfer *f*: **alte ~** (*pej*) evlenmemiş kadın
Jungfrau *f* 1. bakire 2. (*Sternzeichen*) Başak (burcu); **die Heilige ~** Meryem Ana, Hazreti Meryem
Junggeselle *m* bekar; **eingefleischter ~** müzmin bekar
Junggesellin *f* bekar kız
Jüngste(r) *mf* en genç; (*Schwester, Bruder*) en küçük kardeş
Juni *m* haziran (ayı)
Junior *m* (*fam*) oğul
Junkmail *f* istenmeyen e-postalar
Junta *f* cunta
jur. *adj Abk. von* **juristisch** hukuki
Jura *nt:* **~ studieren** hukuk okumak
Jurist(in) *m(f)* hukukçu
juristisch *adj* hukuki; **~e Person** tüzelkişi
Jury *f* jüri
justierbar *adj* ayar edilebilir
justieren *vt* ayarlamak (*etw* -i)
Justiz *f* adliye, adalet
Justizministerium *nt* adalet bakanlığı
Jute *f* jüt
Juwel *nt* mücevher, kıymetli taş
Juwelier *m* kuyumcu
Juweliergeschäft *nt* kuyumcu (dükkanı)

K

Kabarett *nt* kabare
Kabel *nt* kablo
Kabelfernsehen *nt* yerel kablolu televizyon
Kabeljau *m* morina (balığı)
Kabine *f* 1. kabin 2. (*Schiffs-*) kamara
Kabinett *nt* bakanlar kurulu, kabine
Kabinettsumbildung *f* kabine revizyonu
Kachel *f* çini; (*glasierte*) fayans
Kachelofen *m* çini soba
Kadaver *m* leş, kadavra
Kader *m* (POL) kadro
Kadmium *nt* kadmiyum
Käfer *m* böcek
Kaff *nt* (*pej*) cansıkıcı köy
Kaffee *m* kahve; **schwarzer** ~ sade kahve; ~ **mit Milch** sütlü kahve
Kaffeebohnen *fpl* çekirdek kahve
Kaffeefilter *m* kahve filtresi [*o* süzgeci]
Kaffeekanne *f* kahve ibriği; (*türkische* ~ *mit langem Stil*) cezve
Kaffeelöffel *m* kahve kaşığı
Kaffeemaschine *f* kahve (yapma) makinesi
Kaffeemühle *f* kahve değirmeni
Kaffeesatz *m* kahve telvesi
Kaffeeservice *nt* kahve takımı
Kaffeetasse *f* kahve fincanı
Käfig *m* kafes
kahl *adj* 1. (*Kopf, Mensch*) kel 2. (*Baum*) yapraksız 3. (*Ausstattung*) çıplak; ~ **geschoren** sıfır numara
Kahn *m* kayık, sandal
Kai *m* rıhtım
Kairo *nt* Kahire
Kaiser *m* imparator
Kaiserin *f* imparatoriçe
kaiserlich *adj* imparator(a ait)
Kaiserreich *nt* imparatorluk
Kaiserschnitt *m* sezaryen
Kajüte *f* (MAR) kamara
Kakao *m* kakao
Kakerlak *m* hamamböceği
Kaktus *m* kaktüs
Kaktusfeige *f* Mısır inciri
Kalaschnikow *f* (*Gewehr*) kalaşnikof
Kalb *nt* dana, buzağı
Kalbfleisch *nt* dana eti
Kalbsbraten *m* dana kızartması [*o* rostosu]

Kalbsschnitzel *nt* dana şinitseli
Kalender *m* takvim
Kaliber *nt* kalibre, çap
Kalif *m* halife
Kalifat *nt* halifelik
Kalk *m* kireç; (*zum Tünchen*) badana
kalken *vt* (*tünchen*) badanalamak (*etw* -i)
Kalkstein *m* kireçtaşı, kalker
Kalkulation *f* hesaplama, kalkülasyon
kalkulieren *vi, vt* hesap etmek (*etw* -i)
Kalorie *f* kalori
kalorienarm *adj* az kalorili
Kaloriengehalt *m* kalori miktarı
kalt <kälter, am kältesten> *adj* 1. soğuk 2. (*eis-*) buz gibi; **mir ist** ~ üşüyorum; **es ist** ~ hava soğuk; ~ **werden** soğumak; **es wird** ~ hava soğuyor
kaltblütig *adj* (*Mensch*) soğukkanlı, serinkanlı
Kaltblütigkeit *f* soğukkanlılık
Kälte *f* soğuk(luk); **wir haben 5 Grad** ~ ısı beş derece
Kältewelle *f* soğuk dalgası
Kaltmiete *f* çıplak kira
Kalzium *nt* (CHEM) kalsiyum
kam *vi s.* **kommen**
Kambodscha *nt* Kamboçya
Kamel *nt* deve
Kamera *f* 1. (*Fotoapparat*) fotoğraf makinesi 2. (*Film-*) kamera
Kamerad(in) *m(f)* arkadaş, dost, yoldaş
Kameradschaft *f* arkadaşlık, dostluk
kameradschaftlich *adj* arkadaşça, dostça
Kamerafrau *f,* **Kameramann** *m* kameraman
Kamille *f* papatya
Kamillentee *m* papatya çayı
Kamin *m* 1. (*Schornstein*) baca 2. (*offener Kamin*) şömine
Kamm *m* 1. (*Haar-*) tarak 2. (*Hahn*) horozibiği 3. (*Gebirgs-*) dağ sırtı; **alles über einen** ~ **scheren** fark gözetmeksizin aynı şekilde davranmak
kämmen I. *vt* taramak (*etw* -i) II. *vr:* **sich** ~ taranmak, saçını taramak
Kammer *f* (*Raum*) küçük oda
Kammermusik *f* oda müziği
Kampagne *f* kampanya
Kampf *m* 1. (*zwischen einzelnen*) dövüş

kämpfen — **131** — **Karosserie**

2. (*Krieg*) savaş; (*Schlacht*) çarpışma **3.** (*Streiten für/gegen*) mücadele **4.** (SPORT) yarışma
kämpfen *vi* savaşmak; (*sich schlagen*) çarpışmak (*mit jdm* ile)
Kampfflugzeug *nt* savaş uçağı
Kampfhahn *m* dövüş horozu
Kampfrichter(in) *m(f)* hakem
kampieren *vi* geceyi açıkta geçirmek, kamp yapmak
Kanada *nt* Kanada
Kanadier(in) *m(f)* Kanadalı
kanadisch *adj* **1.** (*Art*) Kanada **2.** (*Herkunft*) Kanadalı
Kanal *m* **1.** (*Wasserlauf*) kanal **2.** (*Bewässerungs-*) suyolu **3.** (*Abwasser-*) lağım; **der ~** (GEOG) Manş Denizi
Kanalisation *f* (*städtische*) kanalizasyon
kanalisieren *vt* **1.** (*Ortschaft*) kanalizasyonunu yapmak (*etw* -in) **2.** (*Fluss*) kanallaştırmak; (*fig*) kanalize etmek (*etw* -i)
Kanarienvogel *m* kanarya
kanarisch *adj:* **die Kanarischen Inseln** Kanarya Adaları
Kandidat(in) *m(f)* aday
Kanditatenstatus *m* (*EU*) adaylık statüsü
Kandidatur *f* adaylık
kandidieren *vi* (kendi) adaylığını koymak (*für etw* -e)
kandiert *adj:* ~e Früchte meyve şekerlemesi
Kandiszucker *m* nöbet şekeri
Känguru^{RR} *nt* kanguru
Kaninchen *nt* adatavşanı
Kanister *m* bidon, teneke
kann *vi, vt s.* **können**
Kanne *f* güğüm; (*mit Schnabel*) ibrik
Kannibale *m* yamyam
Kannibalismus *m* yamyamlık
kannte *vt s.* **kennen**
Kanone *f* top
Kante *f* kenar
Kantine *f* kantin
Kanton *m* (*Schweiz*) kanton
Kanu *nt* kayık, kano
Kanzel *f* **1.** (*in Kirche*) mimber **2.** (*Piloten-*) pilot kabini
Kanzlei *f* kalem odası, yazıhane
Kanzler(in) *m(f)* başkan
Kap *nt* burun
Kapazität *f* (*auch fig*) kapasite
Kapelle *f* **1.** (*Kirche*) küçük kilise **2.** (*Musik-*) orkestra, bando
Kapellmeister(in) *m(f)* orkestra şefi
Kaper *f* kapari, kebere, gebre
kapieren *vi, vt* (*fam*) kavramak, anlamak, çakmak (*etw* -i)
Kapital *nt* sermaye, anamal
Kapitalanlage *f* sermaye yatırımı
Kapitalanleger(in) *m(f)* sermaye yatırımcısı
Kapitalismus *m* kapitalizm
Kapitalist(in) *m(f)* kapitalist
kapitalistisch *adj* kapitalist
Kapitän *m* **1.** (*Schiffs-*) kaptan **2.** (*von Flugzeug*) pilot
Kapitel *nt* bölüm
Kapitell *nt* (ARCH) sütun başlığı
Kapitulation *f* teslim (olma)
kapitulieren *vi* teslim olmak
Kappe *f* **1.** (*Mütze*) başlık, kasket; (*bes isl.*) takke **2.** (*Verschluss*) kapak
Kapsel *f* kapsül
kaputt *adj* **1.** (*nicht funktionierend*) bozuk **2.** (*zerbrochen*) kırık **3.** (*fig fam: erschöpft*) bitkin, yorgun argın
kaputtgehen *irr vi sein* **1.** (*nicht funktionieren*) bozulmak **2.** (*zerbrechen*) kırılmak **3.** (*zerreißen*) yırtılmak
kaputtlachen *vr:* **sich ~** (*fam*) gülmekten patlamak [*o* kırılmak]
kaputtmachen *vt* bozmak, kırmak (*etw* -i)
Kapuze *f* kapüşon, kukuleta
Karacho *nt:* **mit ~** (*fam*) hızla, süratle
Karaffe *f* sürahi
Karambolage *f* karambol, çarpışma
Karamell^{RR} *m* karamela
Karamellpudding^{RR} *m* krem karamel
Karat *nt* kırat
Karate *nt* karate
Karawane *f* kervan
Karfreitag *m* Paskalya'dan önceki cuma günü
karg *adj* **1.** (*Boden*) kuru, kısır **2.** (*Mahlzeit*) fakir(ane)
kariert *adj* kareli
Karies *f* diş çürüklüğü
Karikatur *f* **1.** (*Zeichnung*) karikatür **2.** (*fig: Zerrbild*) bozuntu
karikieren *vt* karikatürize etmek, karikatürleştirmek (*jdn/etw* -i)
Karneval *m* karnaval
Karo *nt* kare
Karosserie *f* karoseri

Karotte f (küçük) havuç
Karpfen m sazan balığı
Karre(n) f(m) küçük araba; (*Hand-*) el arabası
Karriere f kariyer
Karrierefrau f kariyerist
Karrieremacher m kariyerist
Karte f 1.(*Post-*) kart(postal), posta kartı 2.(*Visiten-*) kartvizit 3.(*Speise-*) yemek listesi 4.(*Eintritts-, Fahr-*) bilet 5.(*Land-*) harita 6.(*Spiel-*) oyun kâğıdı, iskambil; **nach der ~ essen** alakart yemek yemek; **~n spielen** iskambil oynamak
Kartei f kartotek
Karteikarte f fiş
Kartell nt (ECON) kartel
Kartenspiel nt 1.(*Spiel*) iskambil (oyunu) 2.(*Spielkarten*) oyun [o iskambil] kâğıtları
Kartentelefon nt kartlı telefon
Kartoffel f patates
Kartoffelbrei m patates ezmesi
Kartoffelchips pl patates cipsi *sing*
Kartoffelpüree nt patates püresi
Kartoffelsalat m patates salatası
Kartoffelschäler m patates soyma aleti, soyguç
Karton m 1.(*Material*) karton, mukavva 2.(*Schachtel*) karton [o mukavva] kutu
Karussell nt atlıkarınca, dönme dolap
Karwoche f Paskalya'dan önceki yas haftası
Kasachstan nt Kazakistan
Kaschmir m Keşmir
Käse m peynir
Kaserne f kışla
Kasino nt 1.(*Offiziers-*) orduevi 2.(*Spiel-*) kumarhane
Kaskoversicherung f kasko sigortası
Kasperletheater nt kukla oyunu
Kaspisches Meer nt Hazar Denizi
Kasse f 1.(*Geschäft*) kasa 2.(*Bank*) vezne 3.(*Theater-*) bilet gişesi
Kassenarzt, -ärztin m, f sigorta doktoru
Kassenzettel m (alışveriş) fiş(i)
Kassette f 1.(*Behältnis*) küçük mahfaza 2.(*Musik-*) kaset
Kassettenrekorder m teyp
kassieren I. vt (*Geld*) tahsil etmek (*etw* -i) II. vi (*viel Geld einnehmen*) parayı toplamak
Kassierer(in) m(f) kasiyer; (*Bank*) veznedar
Kastanie f kestane
Kastanienbaum m kestane ağacı
kastanienbraun adj kestane rengi

Kaste f kast
Kasten m 1.(*Kiste*) sandık 2.(SPORT) kasa
Katakombe f katakomp
Katalog m katalog
Katalysator m katalizatör
katastrophal adj feci, dehşetli, korkunç
Katastrophe f felaket, facia
Katastrophengebiet nt felaket bölgesi
Katechese f din dersleri
Katechismus m ilmihal
Kategorie f kategori, sınıf
kategorisch adj (*bestimmt*) kesin
Kater m 1. erkek kedi 2.(*nach Alkoholgenuss*) mahmurluk; **einen ~ haben** (*fig*) (sarhoşluktan gelen) mahmurluğu olmak
Kathedrale f katedral
Katheter m sonda
Katholik(in) m(f) Katolik
katholisch adj Katolik
Katholizismus m Katolisizm
Kätzchen nt 1.(*Katze*) kedi yavrusu 2.(*Weiden-*) tırtılsı
Katze f (dişi) kedi; **die ~ im Sack kaufen** (*fig*) bir şeyi görmeden satın almak; **die ~ aus dem Sack lassen** (*fig*) baklayı ağzından çıkarmak
Katz-und-Maus-Spiel nt 'tavşan kaç, tazı tut' oyunu
Kauderwelsch nt çetrefil dil
kauen I. vt çiğnemek (*etw* -i) II. vi (*fig*) kemirmek (*an etw* -i)
Kauf m satın alma, alım
kaufen vt (satın) almak (*etw bei jdm* -i -den)
Käufer(in) m(f) alıcı, müşteri
Kauffrau f tüccar
Kaufhaus nt bonmarşe, büyük mağaza
Kaufkraft f alım gücü
käuflich adj satın alınabilir, satılık
Kaufmann <-leute> m tüccar
kaufmännisch adj ticari
Kaufpreis m alış fiyatı
Kaufvertrag m satış anlaşması
Kaugummi m ciklet
kaum adv 1.(*beinahe nicht*) hemen hemen değil 2.(*nur wenig*) pek az, ancak 3.(*nur schwer*) güçbela
Kaution f depozito
Kautschuk m kauçuk
Kavalier m kavalye
Kaviar m havyar
keck adj 1.(*verwegen*) cesur, atılgan, gözüpek 2.(*frech*) küstah

Kegel m 1.(*Form*) koni 2.(SPORT) kiy
Kegelbahn f kiy oyunu sahası
kegeln vi kiy oynamak
Kehle f gırtlak, boğaz
Kehlkopf m gırtlak, hançere
Kehlkopfkrebs m gırtlak kanseri
kehren vt 1.(*fegen*) süpürmek (*etw* -i) 2.(*wenden*) çevirmek (*etw* -i); **jdm den Rücken** ~ birine arkasını çevirmek; (*fig*) birine sırt [*o* dirsek] çevirmek
Kehrseite f ters taraf, öbür yüz
Keil m kama
Keilriemen m motor kayışı
Keim m 1.(*Keimling*) tohum 2.(*Krankheits-*) mikrop
keimen vi çimlenmek
keimfrei adj mikropsuz, steril
keine(r, s) pron 1.(*substantivisch*) hiç biri 2.(*adjektivisch, mit sein*) ... değil; (*mit haben*) ... yok; **er ist kein Türke** o Türk değil; **sie hat kein Geld** onun parası yok; **kein Mensch** hiç kimse; ~**r von beiden** ikisinden hiç biri, ne biri ne diğeri
keinerlei adj hiç bir
keinesfalls adv, **keineswegs** adv asla, katiyen, hiç
Keks m bisküvi
Kelch m çanak
Kelle f 1.(*Schöpflöffel*) kepçe 2.(*des Maurers*) mala
Keller m 1.(*eines Hauses*) bodrum 2.(*Vorrats-*) kiler 3.(*Kohlen-*) kömürlük 4.(*Wein-*) şarap mahzeni
Kellner m garson
Kelten pl Keltler pl
Kelter f cendere, mengene
keltern vt sıkıp suyunu çıkarmak (*etw* -i)
keltisch adj 1.(*Art*) Kelt 2.(*Sprache*) Keltçe
Kenia nt Kenya
kennen <kannte, gekannt> vt tanımak, bilmek (*jdn/etw* -i); ~ **lernen**RR tanımak (*jdn/etw* -i), tanışmak (*jdn* ile)
Kenner m bilirkişi
Kenntnis f bilgi
Kennwort nt 1. rumuz; (MIL) parola 2.(*Computer*) anahtar kelime [*o* sözcük]
Kennzeichen nt belirti, işaret; **amtliches** ~ (*Auto*) plaka numarası; **besondere** ~ (*Passvermerk*) önemli özellikler pl
kennzeichnen vt 1.(*mit Zeichen versehen*) işaretlemek (*etw* -i) 2.(*charakterisieren*) nitelemek (*etw* -i)
kennzeichnend adj karakteristik, niteleyici
kentern vi sein alabora olmak
Keramik f seramik, çinicilik
Kerker m zindan
Kerl m adam, herif; (*pej*) hergele
Kern m (*auch fig*) çekirdek
Kernenergie f nükleer enerji
kerngesund adj sapasağlam
Kernkraftwerk nt nükleer santral, atom enerji santrali
Kernreaktor m nükleer reaktör
Kernspaltung f atom çekirdeğinin parçalanması
Kernwaffe f nükleer silah
Kerze f (*auch Zünd-*) mum
Kerzenhalter m, **Kerzenleuchter** m şamdan, mumluk
Kerzenlicht nt mum ışığı
Kerzenständer m şamdan
Kessel m 1.(*Gefäß*) kazan 2.(*Tal-*) dağlar tarafından kuşatılmış ova
Ket(s)chup m/nt ketçap
Kette f 1.(*aus Metall*) zincir 2.(*Hals-*) kolye
Kettenraucher(in) m(f) sigara tiryakisi
Kettenreaktion f (*auch fig*) zincirleme reaksiyon
Ketzer(in) m(f) zındık
keuchen vi solumak
Keuchhusten m boğmaca
Keule f 1.(*Knüppel*) çomak 2.(*von Tier*) but
keusch adj 1.(*züchtig*) iffetli 2.(*jungfräulich*) el değmemiş, bakire
Keuschheit f bakirelik
Keyword nt (INFORM) anahtar kelime [*o* sözcük]
Kfz nt Abk. von **Kraftfahrzeug** motorlu taşıt
Kfz-Schein m trafik kâğıdı
Kfz-Zulassung f trafik ruhsatı
kg nt Abk. von **Kilogramm** kg (*kilogram*)
KG f Abk. von **Kommanditgesellschaft** Komandit Şirketi
khakifarben adj haki (renkli)
kHz nt Abk. von **Kilohertz** kilohertz
Kichererbse f nohut; (*geröstete*) leblebi
kichern vi kıkırdamak
kidnappen vt kaçırmak (*jdn* -i)
Kidnapper(in) m(f) (*Entrührer*) kaçıran; (*Kindesentführer*) çocuk hırsızı
Kiefer[1] m (ANAT) çene (kemiği)
Kiefer[2] f çam (ağacı)

Kiefernwald *m* çam ormanı
Kiemen *fpl* solungaç *sing*
Kies *m* **1.** iri kum **2.** (*fam: Geld*) mangır
Kieselstein *m* çakıl
Kiesgrube *f* çakıl ocağı
Killer *m* katil; (*gedungener* ~) kiralık katil
Kilo *nt* kilo
Kilobyte *nt* kilobayt
Kilogramm *nt* kilogram
Kilohertz *nt* kilohertz
Kilokalorie *f* kilokalori
Kilometer *m* kilometre
Kilowatt *nt* kilovat
Kilowattstunde *f* kilovatsaat
Kind *nt* çocuk; (*im Verhältnis zu den Eltern*) evlat; **kleines** ~ bebek, yavru; **von** ~ **auf** çocukluktan beri; **ein** ~ **erwarten** bebek beklemek; **mit** ~ **und Kegel** çoluk çocuk
Kinderarzt, -ärztin *m, f* çocuk doktoru
Kinderbett *nt* çocuk yatağı
Kinderbuch *nt* çocuk kitabı
Kinderermäßigung *f* çocuk indirimi
Kinderfahrkarte *f* çocuk bileti
Kindergarten *m* anaokulu
Kindergärtnerin *f* anaokulu öğretmeni
Kindergeld *nt* çocuk zammı
Kinderheim *nt* çocuk yuvası
Kinderhort *m* kreş
Kinderkleidung *f* çocuk giysisi
Kinderkrankheit *f* çocuk hastalığı
Kinderlähmung *f* çocuk felci
kinderleicht *adj* çok kolay, kopkolay; **das ist** ~ bu iş çocuk oyuncağı (gibi kolay)
kinderlos *adj* çocuksuz
Kindermädchen *nt* çocuk hizmetçisi; (*auch als Erzieherin*) mürebbiye
kinderreich *adj*: ~**e Familie** çok çocuklu bir aile
Kinderschuh *m* (*für Babys*) patik; **den** ~**en entsteigen** (*fig*) adam olmak
Kinderspiel *nt* (*fig*) çocuk oyuncağı
Kinderspielplatz *m* çocuk bahçesi
Kinderteller *m* çocuk tabağı
Kinderwagen *m* çocuk arabası
Kinderzimmer *nt* çocuk odası
Kindesmissbrauch *m* çocuklara cinsel taciz
Kindheit *f* çocukluk
kindisch *adj* (*pej*) budala(ca)
kindlich *adj* çocuksu, çocuk gibi; (*fig*) saf
Kinn *nt* çene
Kinnbart *m* çene sakalı

Kino *nt* sinema
Kinokarte *f* sinema bileti
Kiosk *m* küçük satış kulübesi
Kippe *f* (*Zigaretten-*) izmarit
kippen **I.** *vt* devirmek (*etw* -i) **II.** *vi sein* devrilmek
Kirche *f* kilise
Kirchensteuer *f* kilise vergisi
kirchlich *adj* kiliseye ait
Kirchturm *m* kilise kulesi
Kirgisien *nt* Kırgızistan
Kirmes *f* panayır, kermes
Kirschbaum *m* kiraz ağacı
Kirsche *f* kiraz
Kirschwasser *nt* kiraz rakısı
Kissen *nt* yastık
Kissenbezug *m* yastık kılıfı
Kiste *f* sandık, kasa
Kitsch *m* değersiz eser
kitschig *adj* değersiz, zevksiz
Kitt *m* macun
Kittel *m* iş önlüğü
kitzeln **I.** *vt* gıdıklamak (*jdn/etw* -i) **II.** *vi* gıdıklanmak
kitz(e)lig *adj* gıdıklanan
Kiwi *f* kivi
Klage *f* **1.** (*Beschwerde*) şikayet **2.** (JUR) dava
Klagemauer *f* Ağlama Duvarı
klagen *vi* **1.** (*sich beschweren*) şikayet etmek, yakınmak (*über etw/jdn* -den) **2.** (JUR) dava açmak (*gegen jdn* -e karşı)
Kläger(in) *m(f)* davacı
kläglich *adj* **1.** (*Ton*) ağlamaklı **2.** (*Zustand*) acınacak
Klammer *f* **1.** (*Wäsche-*) mandal **2.** (*Büro-, Heft-*) raptiye **3.** (*Haar-*) saç tokası **4.** (MED) yara çengeli **5.** (*Satzzeichen*) parantez, ayraç; **in** ~**n** parantez içinde
Klammeraffe *m* (INET: *fam: Name des Buchstabens a mit Kringel, der in E-Mail-Adressen verwendet wird*) kulak, gül
klammern *vr*: **sich an etw** ~ bir şeye sarılmak
Klamotten *pl* (*fam: Kleider*) üstbaş *sing*
klang *vi s.* **klingen**
Klang *m* **1.** (*Ton*) ton, nağme **2.** (*Stimme*) ses **3.** (*fig: Leumund*) ad, nam, şöhret
klangvoll *adj* tınlayan
Klappbett *nt* açılır kapanır karyola
Klappe *f* **1.** (*Vorrichtung*) kapak **2.** (*fam: Mund*) ağız, çene
klappen *vi* (*fig*): **es klappt** iş yolunda [*o* tı-

klappern — **135** — **klingeln**

kırında]; **es hat geklappt** iş oldu
klappern *vi* takırdamak, tıkırdamak, şangırdamak
Klapperschlange *f* çıngıraklı yılan
Klappfahrrad *nt* açılır kapanır bisiklet
Klappmesser *nt* çakı
klapp(e)rig *adj* 1.(*halb kaputt*) hurda 2.(*hinfällig*) cılız
Klappstuhl *m* açılır kapanır sandalye
klar I. *adj* 1.(*hell*) aydınlık, açık 2.(*Wetter, Himmel*) açık 3.(*Flüssigkeit*) duru, berrak 4.(*offenbar*) belli 5.(*Aussage*) açık, net II. *adv*: ~! tabii!
Kläranlage *f* arıtma tesisi
klären *vt* (*Angelegenheit*) aydınlatmak (*etw* -i)
Klarheit *f* (*Deutlichkeit*) açıklık, bellilik
Klarinette *f* klarnet
Klarsichtfolie *f* streç film
klarstellen *vt* açıklamak, belirtmek (*etw* -i)
Klarstellung *f* açıklama, belirtme
klasse *adj* (*fam*) harika, birinci sınıf
Klasse *f* sınıf; **erste/zweite** ~ (*im Zug*) birinci/ikinci mevki; **eine** ~ **überspringen** sınıf atlamak
Klassenkampf *m* sınıf mücadelesi
Klassenlehrer(in) *m(f)* sınıf öğretmeni
Klassenzimmer *nt* sınıf (odası)
Klassik *f* klasisizm
klassisch *adj* klasik
Klatsch *m* dedikodu
klatschen *vi* 1.(*Beifall*) alkışlamak 2.(*schwatzen*) dedikodu yapmak
klatschnass^{RR} *adj* yamyaş, sırsıklam
Klaue *f* 1. pençe 2.(*fam: schlechte Handschrift*) kötü el yazısı
klauen *vt* (*fam*) aşırmak (*etw* -i)
Klausel *f* şart, kayıt, özel hüküm
Klaustrophobie *f* kapalı yer korkusu
Klausur *f* (*Prüfungsarbeit*) yazılı sınaf [*o* imtihan]
Klavier *nt* piyano; ~ **spielen** piyano çalmak
Klavierspieler(in) *m(f)* piyanist
Klebeband *nt* yapıştırıcı bant, zamklı şerit
kleben I. *vt* yapıştırmak (*etw an/auf etw* -i -e); **jdm eine** ~ (*fam*) birine tokat yapıştırmak II. *vi* (*haften*) yapışmak (*an/auf etw* -e)
klebrig *adj* (*auch fig*) yapışkan
Klebstoff *m* yapıştırıcı, zamk
Klebstreifen *m* yapıştırıcı bant
kleckern *vi* leke bırakmak
Klecks *m* leke

Klee *m* yonca
Kleid *nt* (*Damen-*) elbise, giysi
Kleider *pl* elbiseler *pl*, giyim *sing*
Kleiderbügel *m* elbise askısı
Kleiderbürste *f* elbise fırçası
Kleidergröße *f* beden
Kleiderschrank *m* elbise dolabı, gardırop
Kleidung *f* giyim (kuşam), kıyafet, üst baş
Kleidungsstück *nt* elbise parçası
klein I. *adj* 1.(*nicht groß*) küçük, ufak 2.(*Wuchs*) kısa boylu, ufak tefek 3.(*Fehler*) ufak, önemsiz II. *adv*: **ein** ~ **wenig** bir parça(cık)
Kleinanzeige *f* küçük ilan
Kleinbuchstabe *m* küçük harf
Kleinbus *m* minibüs
Kleingeld *nt* bozuk para
Kleinhandel *m* (COM) perakendecilik
Kleinigkeit *f* ufak tefek şey, önemsiz şey, önemsizlik
kleinkariert *adj* küçük kareli; (*fig: engstirnig*) darkafalı
Kleinkind *nt* küçük [*o* ufak] çocuk
Kleinkram *m* kıvır zıvır
Kleinkunstbühne *f* oda tiyatrosu, küçük sahne
kleinlich *adj* 1.(*geizig*) pinti 2.(*genau*) titiz
Kleinstaat *m* devletçik
Kleinstadt *f* kasaba
Kleister *m* çiriş, kola
Klemme *f* (*Klammer*) kıskaç; **in der** ~ **sitzen** (*fig*) başı belada [*o* dertte] olmak
klemmen *vi* (*Tür usw*) sıkışmak
Klempner *m* tenekeci, musluçu, lehimci
klettern *vi sein* tırmanmak (*auf etw* -e)
Kletterpflanze *f* sarmaşık, sarılgan bitki
Klick *m* (*Maus-*) tıklama
klicken *vi* (*mit Computermaus*) tıklamak
Klima *nt* iklim
Klimaanlage *f* klima (tesisatı)
Klimaschutz *m* iklim koruma
Klimasteuer *f* iklim vergisi
klimatisch *adj* iklimsel
klimatisiert *adj* klimalı
Klimaveränderung *f* iklim değişikliği
klimmen <klomm, geklommen> *vi sein* tırmanmak (*auf etw* -e)
Klinge *f* 1.(*Messer-*) bıçak ağzı; (*Schwert-*) kılıç namlusu 2.(*Rasier-*) tıraş bıçağı, jilet
Klingel *f* çıngırak; (*Tür-, Fahrrad-*) zil
Klingelknopf *m* zil düğmesi
klingeln *vi* çalmak; **es klingelt** kapı çalıyor

klingen <klang, geklungen> *vi* çınlamak, tınlamak, ses çık(ar)mak
Klinik *f* klinik
klinisch *adj* klinik
Klinke *f* kapı kolu
klipp *adv:* ~ **und klar** besbelli, apaçık
Klippe *f* kayalık
klirren *vi* takırdamak, şakırdamak
Klischee *nt* klişe
Klo *nt* (*fam*) hela, yüznumara, ayakyolu
Klobrille *f* (*fam*) klozet kapağı
klomm *vi s.* **klimmen**
Klon *m* klon
Klon- *adj* klonlanan, klonlanmış
klonen *vt* klonlamak (*etw* -i); **geklont** klonlanmış
klopfen I. *vi* vurmak (*auf etw* -e); (*Herz*) çarpmak; **an die Tür** ~ kapıyı çalmak; **es klopft** kapı çalınıyor, kapıya vuruluyor II. *vt* **1.** (*schlagen*) dövmek, vurmak (*etw* -i) **2.** (*Teppich*) dövmek (*etw* -i)
Klöppel *m* (*von Glocke*) çan tokmağı
klöppeln *vi* dantela işlemek
Klosett *nt* ayakyolu
Klo(sett)bürste *f* hela (temizleme) fırçası
Klo(sett)papier *nt* tuvalet kâğıdı
Kloß *m* **1.** (*Klumpen*) topak **2.** (*Knödel*) hamur köftesi
Kloster *nt* (*christlich*) manastır; (*islamisch*) tekke
Klotz *m* odun kütüğü, ağaç yarması; **ein** ~ **am Bein** (*fig*) ayakbağı
Klub *m* kulüp
Kluft *f* **1.** toprak [*o* kaya] yarığı **2.** (*tiefe Kluft*) uçurum **3.** (*Gegensatz*) ayrılık, tutmazlık
klug <klüger, am klügsten> *adj* **1.** (*intelligent*) akıllı, zeki **2.** (*schlau*) kurnaz **3.** (*vernünftig*) aklı başında **4.** (*vorsichtig*) dikkatli, uyanık
Klugheit *f* akıl, zeka
Klumpen *m* (*Erde*) topak
Klumpfuß *m* sakat ayak
km *m Abk. von* **Kilometer** km
km/h *m Abk. von* **Kilometer pro Stunde** km/saat
knabbern *vi, vt* kıtır kıtır [*o* çıtırdatarak] yemek (*etw* -i)
Knäckebrot *nt* ince perhiz ekmeği
knacken I. *vi* çatırdamak II. *vt* (*Nüsse*) kırmak (*etw* -i)
Knackpunkt *m* (*fam*) püf noktası
Knall *m* patlama, çatlama; (*Peitsche*) şaklama; (*Waffe*) patlama; (*Tür*) çarpma
knallen *vi* patlamak, çatlamak; (*Peitsche*) şaklamak
Knallkörper *m* kestanefişeği
knallrot *adj* kıpkırmızı
knapp I. *adj* **1.** (*eng*) dar, sıkı **2.** (*kaum vorhanden*) kıt, eksik II. *adv* güçbela, ancak
Knappheit *f* (*Mangel*) kıtlık, darlık, azlık
knarren *vi* gıcırdamak
knattern *vi* çatırdamak, takırdamak
Knäuel *nt/m* yumak
knauserig *adj* (*fam*) cimri, pinti
Knebel *m* (*im Mund*) ağız tıkacı
knebeln *vt* ağzını tıkamak (*jdn* -in)
Knecht *m* uşak
kneifen <kniff, gekniffen> I. *vt:* **jdm die Wange** ~ birinin yanağını çimdiklemek II. *vi* (*fig fam*) kaçınmak (*vor etw/jdm* -den)
Kneifzange *f* kerpeten, kıskaç
Kneipe *f* meyhane
kneten *vt* (*Teig*) yoğurmak (*etw* -i)
Knick *m* (*Falte*) kıvrım, büküm, buruşuk
knicken *vt* bükmek (*etw* -i)
knick(e)rig *adj* (*fam: geizig*) pinti
Knie *nt* diz
Kniebeuge *f* diz bükme
Kniefall *m* diz çökme
Kniekehle *f* dizin iç tarafı
knien *vi* diz çökmek
Kniescheibe *f* diz kapağı (kemiği)
Kniestrumpf *m* spor çorabı
kniff *vi, vt s.* **kneifen**
Kniff *m* **1.** (*Kneifen*) çimdik; (*im Stoff*) buruşukluk, büküm **2.** (*fig: Trick*) manevra; (*eines Betrügers*) hile
knipsen I. *vt* (*lochen*) delmek, zımbalamak (*etw* -i) II. *vi* (*fotografieren*) fotoğraf çekmek
knirschen *vi* gıcırdamak, cızırdamak, çatırdamak; **mit den Zähnen** ~ dişlerini gıcırdatmak
knistern *vi* çıtırdamak; (*Seide, Papier*) fışırdamak; (*Feuer*) çıtır çıtır yanmak
knitterfrei *adj* buruşmaz
Knoblauch *m* sarmısak
Knoblauchzehe *f* sarmısak dişi
Knöchel *m* (*Fuß-*) ayak bileği kemiği; (*Finger-*) parmak orta mafsalı
Knochen *m* kemik
Knochenbruch *m* kemik kırılması
Knochenmark *nt* ilik
knochig *adj* kemikli
Knödel *m* hamur köftesi

Knopf m düğme
knöpfen vt düğmelemek, iliklemek (*etw* -i)
Knopfloch nt düğme iliği
Knorpel m kıkırdak
Knospe f tomurcuk, konca, gonca
knoten vt düğümlemek (*etw* -i)
Knoten m 1. düğüm 2. (MAR) deniz mili
Knotenpunkt m düğüm noktası
Knüller m (*fam: Nachricht*) bomba gibi haber
knüpfen vt 1. (*knöpfen*) düğmelemek (*etw* -i) 2. (*binden*) bağlamak (*etw an etw* -i -e)
Knüppel m sopa, değnek; (*Polizei-*) cop
knurren vi (*Hund*) hırlamak; (*Magen*) guruldamak
knusprig adj gevrek
k.o. adv: ~ **sein** (*fam*) bitkin olmak; **jdn ~ schlagen** birini nakavt etmek
Koalition f koalisyon
Koalitionär m koalisyon ortağı
Koalitionspartner(in) m(f) koalisyon ortağı
Koch m aşçı
Kochbuch nt yemek kitabı
kochen I. vi 1. (*Flüssigkeit*) kaynamak 2. (*Eier*) haşlanmak; (*Essen*) pişmek II. vt (*Wasser*) kaynatmak; (*Kaffee, Essen*) pişirmek (*etw* -i)
Kocher m ocak
kochfest adj (*Wäsche*) kaynatılmaya dayanıklı
Kochgelegenheit f: **mit** ~ yemek pişirme imkanı olan
Köchin f aşçı kadın
Kochkunst f yemek pişirme sanatı, aşçılık
Kochlöffel m kepçe
Kochnische f minik mutfak
Kochsalz nt yemek tuzu
Kochtopf m tencere
Kode m kod
Köder m yem
kodieren vt kodlamak (*etw* -i)
Koexistenz f yanyana var olma
Koffein nt kafein
koffeinfrei adj kafeinsiz
Koffer m (*Reise-*) bavul; (*Hand-*) valiz; (*kleiner*) seyahat çantası
Kofferradio nt el radyosu
Kofferraum m bagaj yeri
Kognak m konyak, kanyak
Kohl m 1. lahana 2. (*fam: Unsinn*) saçma, zırva

Kohle f kömür
Kohlehydrat nt (CHEM) karbonhidrat
Kohlekraftwerk nt kömür santrali
Kohlenbecken nt 1. (*Becken*) mangal 2. (GEOG) kömür havzası
Kohlendioxid nt karbon diyoksit
kohlendioxidfrei adj karbon diyoksitten arınmış
Kohlensäure f (CHEM) karbonik asit
Kohlenstoff m karbon
Kohlenwasserstoff m hidrokarbür
Kohlepapier nt karbon kâğıdı
Kohlrabi m alabaş
Koitus m cinsi ilişki
Koje f (MAR) karyola (*gemide*)
Kokain nt kokain
Kokosnuss^{RR} f Hindistan cevizi
Koks m 1. (*Brennstoff*) kok kömürü 2. (*fam: Kokain*) kokain
Kolben m 1. (TECH) piston 2. (*Mais-*) koçan 3. (*Gewehr-*) dipçik
Kolik f kolik
Kollege, -gin m, f 1. (*Berufs-*) meslektaş 2. (*Arbeits-*) iş arkadaşı
kollegial adj arkadaşça
Kollekte f (*in der Kirche*) iane toplama
kollektiv adj kolektif, ortaklaşa, toplu
Köln nt Kolonya (şehri)
Kölnischwasser nt kolonya
Kolonialismus m sömürgecilik
kolonialistisch adj sömürgeci
Kolonie f sömürge, koloni
kolonisieren vt sömürgeleştirmek (*etw* -i)
Kolonisierung f sömürgeleştirme
Kolonne f kafile, konvoy
kolossal adj (*riesig*) kocaman, koskoca; (*fig*) çok, pek
Kolumbien nt Kolombiya
Kolumbus m Kolomp
Koma nt koma; **jdn ins ~ versetzen** birini komaya sokmak
Kombination f 1. (*Verbinden*) birleştirme 2. (*Produkt*) bi(r)leşim
kombinieren vi (*auch fig*) birleştirmek (*etw* -i)
Komet m kuyruklu yıldız
Komfort m konfor
komfortabel adj konforlu
Komiker(in) m(f) komik
komisch adj 1. (*zum Lachen*) komik, güldürücü 2. (*seltsam*) tuhaf, garip
Komitee nt kurul, heyet, komite

Komma *nt* virgül
Kommandant *m,* **Kommandeur** *m* komutan, kumandan
kommandieren *vt* kumanda [*o* komuta] etmek (*jdn* -e)
Kommanditgesellschaft *f* (COM) komandit şirketi
Kommando *nt* **1.** (*Befehl*) komut, kumanda **2.** (*hohe Befehlsstelle*) komutanlık, kumandanlık **3.** (*Abteilung*) komando
kommen <kam, gekommen> *vi sein* gelmek; (*an-*) varmak, gelmek (*zu jdm/in etw* -e); **auf etw** (**zu sprechen**) ~ bir konuya gelmek; **hinter etw** ~ bir şeyin farkına varmak; ~ **lassen** getirtmek (*jdn* -i); **etw** ~ **sehen** bir şeyi önceden sezmek; **um etw** ~ bir şeyinden olmak; **es kommt davon, dass** bu şundan ileri geliyor; (**wieder**) **zu sich** ~ ayılmak, kendine gelmek; **ich komme schon** geliyorum; ~ **Sie gut nach Hause!** uğurlar olsun!; **dazu kommt, dass** buna bir de şu ekleniyor ki; **wie kommst du darauf?** bunu da nereden çıkardın?; **es musste so** ~ olacağı buydu
Kommentar *m* yorum
Kommentator(in) *m(f)* yorumcu
kommentieren *vt* yorumlamak (*etw* -i)
kommerziell *adj* ticari
Kommilitone, -nin *m, f* üniversite arkadaşı
Kommissar(in) *m(f)* (*Polizei*) komiser
Kommissariat *nt* (*Polizei*) komiserlik
kommissarisch *adj* geçici
Kommission *f* (*Ausschuss*) kurul, heyet, komisyon; **etw in** ~ **nehmen** bir şeyi siparişe almak
Kommode *f* komot
kommunal *adj* belediyeye ait
Kommunalpolitik *f* yerel politika, belediyecilik
Kommunalwahlen *fpl* belediye seçimleri
Kommune *f* (*Gemeinde*) belediye
Kommunikation *f* iletişim, haberleşme
Kommunikationstechnik *f* komünikasyon teknolojisi
kommunikativ *adj* konuşkan
Kommunikee[RR] *nt* resmi bildiri
Kommunion *f* komünyon
Kommuniqué *nt* resmi bildiri
Kommunismus *m* komünizm
Kommunist(in) *m(f)* komünist
kommunistisch *adj* komünist
kommunizieren *vi:* **miteinander** ~ birbirine bağlı olmak
Komödie *f* (*auch fig*) komedi
Kompagnon *m* (ECON) ortak
kompakt *adj* sıkı, yoğun, kompakt
Kompanie *f* bölük
Kompass[RR] *m* pusula
kompatibel *adj* uyumlu (*mit etw* ile)
kompetent *adj* **1.** (*fähig*) yeterli **2.** (*zuständig*) yetkili
Kompetenz *f* **1.** (*Sachkenntnis*) yeterlik **2.** (*Zuständigkeit*) yetki
komplett *adj* tam, komple
komplex *adj* karışık
Komplex *m* **1.** (*Gesamtheit*) bütünlük **2.** (*Baublock*) blok, ada **3.** (PSYCH) kompleks
Komplikation *f* **1.** (*Verwicklung*) karmaşıklık **2.** (*Erschwerung*) güçleştirme
Kompliment *nt* iltifat, kompliman
Komplize *m* suç ortağı
komplizieren *vt* **1.** (*verwickeln*) karıştırmak (*etw* -i) **2.** (*erschweren*) güçleştirmek, zorlaştırmak (*etw* -i)
kompliziert *adj* **1.** (*verwickelt*) karışık, dolaşık **2.** (*schwierig*) güç, zor
Komplizin *f* suç ortağı
Komplott *nt* gizli tertip, komplo
komponieren *vi, vt* bestelemek (*etw* -i)
Komponist(in) *m(f)* besteci
Komposition *f* beste
Kompost *m* komposto (gübre)
Kompott *nt* komposto
Kompresse *f* kompres
komprimieren *vt* (INFORM: *Daten*) sıkıştırmak (*etw* -i)
Komprimierung *f* (INFORM: *von Daten*) sıkıştırma
Kompromiss[RR] *m* anlaşma [*o* uyuşma] yolu
kompromittieren **I.** *vt* rezil etmek (*jdn* -i) **II.** *vr:* **sich** ~ kendini rezil etmek
Kondensator *m* kondansatör
Kondensmilch *f* kondanse süt
Konditor(in) *m(f)* pastacı
Konditorei *f* pastane, pasta salonu
kondolieren *vi* başsağlığı dilemek (*jdm* -e)
Kondom *m* prezervatif, kaput, lastik
Konfektion *f* konfeksiyon, hazır giyim
Konfektionsanzug *m* hazır (takım) elbise
Konferenz *f* toplantı, konferans
Konferenzraum *m* konferans salonu, odası
Konfession *f* mezhep

Konfirmation f din cemaatine kabul töreni
konfirmieren vt resmen din cemaatine kabul etmek
konfiszieren vt el koymak (*etw* -e), toplatmak (*etw* -i)
Konfitüre f reçel, konfitür
Konflikt m 1.(*Streit*) çekişme 2.(*Widerspruch*) çelişme 3.(PSYCH) çatışma
konform adj uygun
Konformismus m uymacılık
konformistisch adj konformist, uymacı
Konfrontation f yüzleş(tir)me, karşılaş(tır)ma
konfrontieren vt yüzleştirmek, karşılaştırmak (*jdn mit jdm/etw* -i ile)
konfus adj 1.(*Sache*) karışık 2.(*Person*) şaşırmış
Kongress^{RR} m kongre, kurultay
König m kral; **die Heiligen Drei ~e** Hazreti İsa'nın doğumuna gelen üç Doğulu kral
Königin f kraliçe
königlich adj kral gibi, şahane
Königreich nt krallık, kraliyet
Konjugation f fiil çekimi
konjugieren vt (*fiil*) çekmek (*etw* -i)
Konjunktion f bağlaç
Konjunktiv m dilek-şart kipi
Konjunktur f konjonktür
konkret adj somut
konkretisieren vt somutlaştırmak (*etw* -i)
Konkurrent(in) m(f) rakip, yarışçı
Konkurrenz f rekabet, yarışma
konkurrenzfähig adj rekabetçi
konkurrieren vi rekabet etmek, yarışmak (*mit jdm* ile)
Konkurs m iflas; **~ machen** iflas etmek
können <kann, konnte, gekonnt> vi (*als Hilfsverb*) -ebilmek; (*als Vollverb*) bilmek; **Türkisch ~** Türkçe bilmek; **gut schwimmen ~** iyi yüzme bilmek; **ich kann nicht mehr** artık dayanamıyorum; **ich kann nichts dafür** benim elimden bir şey gelmez; **so gut ich kann** yapabildiğim kadar; **sie hat nicht kommen ~** gelemedi; **er kann es nicht gewesen sein** o olamazdı
Konsens m görüş birliği, konsensüs
konsequent adj 1.(*Sache*) tutarlı 2.(*Person*) sebatlı, direşken
Konsequenz f 1.(*Folge*) sonuç 2.(*Folgerichtigkeit*) tutarlık
konservativ adj tutucu
Konservatorium nt konservatuvar
Konserve f konserve
Konservenbüchse f, **Konservendose** f konserve kutusu
konservieren vt 1.(*einmachen*) konserve yapmak (*etw* -den) 2.(*bewahren*) tutmak, korumak (*etw* -i)
Konservierungsstoff m koruyucu (maddesi)
konsolidieren vt sağlamlaştırmak (*etw* -i)
Konsolidierung f sağlamlaştırma
Konsonant m ünsüz
konstant adj 1.(*unveränderlich*) sabit, durağan 2.(*fest*) dayanıklı
Konstitution f 1.(*körperliche*) yapı, bünye 2.(*eines Staates*) anayasa
konstitutionell adj yapısal, bünyevi
konstruieren vt 1.(*aufbauen*) kurmak, yapmak (*etw* -i) 2.(*zusammensetzen*) birleştirmek (*etw* -i)
Konstruktion f 1.(*Aufbau*) yapı(lış), kuruluş 2.(*Bauweise*) yapı
konstruktiv adj kurucu, yapıcı
Konsul m konsolos
Konsulat nt konsolosluk
konsultieren vt danışmak (*jdn* -e)
Konsum m tüketim
Konsument(in) m(f) tüketici, müstehlik
Konsumgesellschaft f tüketim toplumu
Konsumgüter pl tüketim malları pl
konsumieren vt tüketmek (*etw* -i)
Kontakt m 1.(*Berührung*) dokunma, temas 2.(*Beziehung*) ilişki 3.(*elektrisch*) kontak; **mit jdm ~ aufnehmen** biriyle temasa geçmek, biriyle kontak kurmak
Kontaktlinse f kontakt lens
Kontext m bağlam, bağlantı
Kontinent m anakara, kıta
kontinental adj karasal, kıtasal
Kontinentalklima nt step ve çöl iklimi
kontinuierlich adj sürekli, devamlı, kesiksiz
Kontinuität f süreklilik
Konto nt hesap
Kontoauszug m dekont (*banka hesabı durumunun tespiti*)
Kontobuch nt hesap cüzdanı
Kontoinhaber(in) m(f) hesap sahibi
Kontonummer f hesap numarası
Kontrabass^{RR} m kontr(a)bas
Kontrast m karşıtlık, tezat, zıddiyet; (*großer Unterschied*) büyük fark
Kontrollabschnitt m kontrol kuponu

Kontrolle f kontrol, denetleme, denet(im); **außer ~ geraten** kontrolden çıkmak
Kontrolleur(in) m(f) kontrolcü, denetçi; (*Schaffner*) biletçi
kontrollieren vt kontrol etmek, denetlemek (*jdn/etw* -i)
Konvention f 1.(*Übereinkunft*) anlaşma 2.(*Herkommen, Brauch*) gelenek
konventionell adj 1.(*herkömmlich*) geleneksel; (*Waffen*) konvansiyonel 2.(*förmlich*) resmi
Konversation f konuşma
konvertieren vt (INFORM) dönüştürmek (*etw in etw* -i -e)
Konvoi m kafile, konvoy
Konzentrat nt konsantre [o koyulaştırılmış] madde
Konzentration f 1.(*geistige*) dikkatini toplama, konsantrasyon 2.(*Zusammenballung*) toplama, yığma
Konzentrationslager nt toplama kampı
konzentrieren I. vt toplamak, merkezileştirmek (*etw auf etw* -i -e) II. vr: **sich ~** toplanmak, merkezileşmek; (*geistig*) dikkatini toplamak, konsantre olmak (*auf etw* -e)
konzentriert I. adj 1.(CHEM) koyultulmuş 2.(*geistig*) konsantre II. adv (*arbeiten, zuhören*) dikkatle
Konzept nt taslak, karalama; **jdn aus dem ~ bringen** birini şaşkına döndürmek
Konzeption f 1.(*Entwurf*) taslak, karalama 2.(*Leitidee*) ana düşünce
Konzern m holding
Konzert nt 1.(*Aufführung*) konser 2.(*Musikstück*) konçerto
Konzession f ruhsat
Konzil nt ruhaniler meclisi
konziliant adj geçimli, uysal
koordinieren vt bağdaştırmak (*etw* -i)
Koordinierung f bağdaştırma
Kopf m 1.baş, kafa 2.(*Münze*) tu(ğ)ra; **pro ~** adam başına; **von ~ bis Fuß** tepeden tırnağa (kadar), baştan aşağı; **~ hoch!** ha cesaret!; **er ist einen ~ größer als ich** benden bir baş daha uzun; **das geht mir nicht aus dem ~** aklımdan çıkmıyor; **das will mir nicht in den ~ gehen** bir türlü kafama sokamıyorum; **Geld auf den ~ hauen** (*fam*) para çarçur etmek
Kopfende nt (*eines Bettes*) (yatağın) başucu
Kopfhörer m kulaklık
Kopfkissen nt baş [o yüz] yastığı
kopflos adj kafasız
Kopfrechnen nt akıldan hesap
Kopfsalat m göbekli salata
Kopfschmerzen pl baş ağrısı sing; **ich habe ~** başım ağrıyor
Kopfschmerztablette f baş ağrısı hapı
Kopfsteinpflaster nt parke kaldırımı
Kopfstütze f (*im Auto*) baş desteği
Kopftuch nt başörtü(sü); (*streng islamisch*) türban
kopfüber adv baş aşağı, tepe taklak
Kopfzerbrechen nt kafasını kurcalama
Kopie f kopya
kopieren vt kopya etmek, kopyalamak (*etw* -i); (*nachahmen*) taklit etmek (*jdn/etw* -i)
Kopiergerät nt çoğaltma aleti; (*Fotokopierer*) fotokopi makinesi
kopiergeschützt adj kopyalanamaz
Kopilot(in) m(f) yardımcı pilot
koppeln vt bir araya bağlamak (*etw* -i)
Kopp(e)lung f bir araya bağlama
Koralle f mercan
Korb m 1.(*Behälter*) sepet 2.(*Trag-*) küfe 3.(*Einkaufs-*) zembil; **einem Mann einen ~ geben** (*fig*) bir erkeği sepetlemek, erkeğin teklifini reddetmek
Korbball m basketbol
Korbsessel m hasır koltuk
Kordsamt m yollu kadife
Korea nt Kore
Kork m (*Material*) mantar
Korkeiche f mantar ağacı [o meşesi]
Korken m mantar tıpa
Korkenzieher m tirbuşon
Korn nt 1.(*Sand-*) tane 2.(*Samen-*) tohum 3.(*Getreide*) tahıl 4.(*Schnaps*) buğdaydan yapılmış sert içki
Kornblume f (mavi) peygamberçiçeği
Kornfeld nt tahıl tarlası
Körper m 1.vücut, beden 2.(PHYS) cisim, özdek
Körperbau m (vücut) yapı(sı), bünye
körperbehindert adj bedensel özürlü
Körpergewicht nt vücut ağırlığı
Körpergröße f boy
körperlich adj bedensel
Körperpflege f vücut bakımı, tuvalet
Körperteil m organ
Körperverletzung f yarala(n)ma
korpulent adj göbekli
korrekt adj 1.(*Sache*) doğru, kusursuz

Korrektur

2. (*Person*) dürüst
Korrektur *f* düzeltme
Korrekturband *nt* silgi şeridi
Korrespondent(in) *m(f)* (*Presse-*) haberci
Korrespondenz *f* (*Briefwechsel*) mektuplaşma, yazışma
korrespondieren *vi* **1.** (*übereinstimmen*) uymak (*mit etw* -e) **2.** (*in Briefwechsel stehen*) mektuplaşmak, yazışmak (*mit jdm* ile)
Korridor *m* koridor, geçenek
korrigieren *vt* düzeltmek (*etw* -i)
korrupt *adj* rüşvet alan, yiyici
Korruption *f* rüşvetçilik
Korsett *nt* korse
Korsika *nt* Korsika
Kosename *m* sevgi ifade eden takma ad
Kosmetik *f* kozmetik
Kosmetikartikel *m* kozmetik eşyalar
Kosmetikerin *f* kozmetikçi
Kosmetiksalon *m* güzellik salonu
kosmetisch *adj* kozmetik
kosmisch *adj* evrensel
Kosmonaut(in) *m(f)* kozmonot, uzay adamı
Kosmopolit(in) *m(f)* kozmopolit
kosmopolitisch *adj* kozmopolit
Kosmos *m* evren
Kosovare *m*, **Kosovarin** *f* Kosovalı
kosovarisch *adj* Kosovalı
Kosovo *nt* Kosova
Kosovo-Albaner(in) *m(f)* Kosovalı Arnavut
Kost *f* gıda, besin; ~ **und Logis** yedirip içirme ve barındırma
kostbar *adj* değerli, kıymetli
kosten *vt* **1.** (*Preis*) fiyatı … olmak **2.** (*erfordern*) mal olmak (*etw* -e) **3.** (*probieren*) tadına bakmak (*etw* -in); **diese Hose kostet 50 Euro** bu pantolonun fiyatı 50 eurodur; **wie viel kostet das?** bu kaça? bu ne kadar?; **sein Mut kostete ihn das Leben** cesareti hayatına mal oldu; **koste es, was es wolle** her ne pahasına olursa olsun
Kosten *pl* **1.** gider, masraflar *pl* **2.** (*Gerichts-*) mahkeme masrafları; **auf ~ gen** -in sırtından; **auf seine ~ kommen** (*Ausgaben lohnen sich*) masrafını çıkarmak; (*fig*) memnun kalmak
Kostenaufwand *m* masraf(lar *pl*)
Kostenerstattung *f* masraf tazmini
kostengünstig *adj* uygun fiyatlı
kostenlos *adj, adv* bedava, parasız, ücretsiz

Kraftwerk

Kostenvoranschlag *m* masraf tahmini
köstlich **I.** *adj* şahane, enfes; (*Speisen auch*) lezzetli, enfes **II.** *adv:* **sich ~ amüsieren** çok iyi eğlenmek
Kostprobe *f* (*Essen*) tadımlık, çeşni; (*fig*) örnek, eşantiyon
kostspielig *adj* pahalı, masraflı
Kostüm *nt* kostüm; (*Damen-*) tayyör, döpiyes
Kot *m* dışkı, kazurat
Kotelett *nt* pirzola
Koteletten *pl* (*Backenbart*) favori *sing*
Köter *m* (*pej*) it
Kotflügel *m* çamurluk
Kotzbrocken *m* (*vulg*) pis bıyık, bok soyu
kotzen *vi* (*vulg*) kusmak; **zum Kotzen** (*vulg*) leş gibi
Krabbe *f* karides
krabbeln *vi sein* **1.** (*klettern*) tırmanmak (*auf etw* -e) **2.** (*kriechen*) sürünmek
Krach *m* **1.** (*Lärm*) gürültü; (*Krachen*) çatırtı; (*Knall*) gümbürtü, patırtı **2.** (*fam: Streit*) kavga, hırgür
krachen *vi* çatırdamak, gümbürdemek
kraft *präp +gen* … sayesinde
Kraft *f* **1.** (*Stärke*) güç, kuvvet, kudret **2.** (TECH) güç **3.** (*Arbeitskraft*) eleman; **in ~ treten** yürürlüğe girmek; **etw außer ~ setzen** bir şeyi yürürlükten çıkarmak
Kraftaufwand *m* çaba harcama
Kraftausdruck *m* ağır ve kaba söz
Kraftbrühe *f* et suyu
Kräftegleichgewicht *nt* (POL) güç dengesi
Kraftfahrer(in) *m(f)* kamyon (veya otomobil) sürücüsü, şoför
Kraftfahrzeug *nt* motorlu taşıt
Kraftfahrzeugsteuer *f* motorlu taşıt vergisi
Kraftfahrzeugversicherung *f* araba sigortası
kräftig *adj* güçlü, kuvvetli, kudretli; (*gesund, stabil*) sağlam
kräftigen *vt* güçlendirmek, kuvvetlendirmek (*jdn/etw* -i)
kraftlos *adj* güçsüz, kuvvetsiz
Kraftprobe *f* kuvvet denemesi
Kraftstoff *m* akaryakıt
Kraftstoffverbrauch *m* akaryakıt tüketimi
kraftvoll *adj* kuvvetli, dinç
Kraftwerk *nt* santral, enerji santrali

Kragen m yaka
Krähe f karga
krähen vi (Hahn) ötmek
Kralle f tırnak; (von Raubtier, Raubvogel) pençe
krallen vr: sich an etw ~ bir şeye tutunmak
Kram m (fam) pılı pırtı
Krampf m kramp
Krampfader f varis
krampfhaft adj 1. kramplı 2. (verbissen) inatçı
Kran m vinç
Kranich m turna (kuşu)
krank <kränker, am kränksten> adj hasta; ~ **werden** hastalanmak, hasta düşmek
Kranke(r) mf hasta
kränkeln vi hastalıklı olmak
kränken vt incitmek, gücendirmek (jdn -i)
Krankengeld nt hastalık parası
Krankengeschichte f bir doktorun bir hastası hakkındaki hastalık nedenleri
Krankenhaus nt hastane
krankenhausreif adj hastanelik; **jdn ~ schlagen** birini hastanelik etmek [o edinceye kadar dövmek]
Krankenkasse f sağlık sigortası
Krankenpfleger m hasta bakıcı
Krankenschein m sağlık sigortası kâğıdı
Krankenschwester f hemşire
Krankenversicherung f sağlık sigortası
Krankenwagen m cankurtaran (arabası), ambülans
krankhaft adj hasta
Krankheit f hastalık
kränklich adj hastalıklı
krankmelden[RR] vt: **sich ~** kendini hasta diye bildirmek
krankschreiben[RR] vt: **jdn ~** birini hasta diye bildirmek
Kranz m çelenk
krass[RR] adj 1. göze batan; (grob) kaba; 2. (toll) enfes
Krater m yanardağ [o volkan] ağzı, krater
kratzen I. vt kaşımak; (Katze) tırmalamak (etw -i) II. vi (Wolle) dalamak III. vr: sich ~ kaşınmak
Kratzer m 1. (Kratzwunde) tırmık 2. (Schramme) sıyrık
kratzig adj kaşıntılı, kaşıntı veren, cızırtılı
kraus adj (Haar) kıvırcık
Kraut nt ot
Krawall m 1. (Lärm) gürültü, şamata 2. (Aufruhr) ayaklanma, isyan
Krawatte f kravat, boyunbağı
Krawattennadel f kravat iğnesi
Kreation f (Mode-) kreasyon
kreativ adj yaratıcı
Kreativität f yaratıcılık
Krebs m 1. (Tier) yengeç, çağanoz 2. (Krankheit) kanser; ~ **erregend** kanser yapıcı 3. (Sternzeichen) Yengeç
Krebserreger m kanserojen
krebskrank adj kanserli, kanser hastası
Kredit m kredi; **auf ~** veresiye
Kreditbrief m kredi mektubu, akreditif
Kreditgeber(in) m(f) kredi veren
Kreditkarte f kredi kartı
Kreditwürdigkeit f kredibilite
Kreide f tebeşir
kreidebleich adj sapsarı
Kreis m 1. (Form) daire 2. (fig: Bereich) alan, saha, bölge 3. (Land-) ilçe; **im ~e (herum)** daire etrafında dönerek
Kreisel m topaç, fırıldak
kreisen vi dönmek, dolaşmak
kreisförmig adj daire şeklinde, dairevi, yuvarlak
Kreislauf m (Blut-) kan dolaşımı
Kreislaufmittel nt kan dolaşımı ilacı
Kreislaufstörungen fpl kan dolaşımı aksaması [o rahatsızlığı]
Kreißsaal m doğum odası
Kreisumfang m daire çevresi
Kreisverkehr m tek yönlü dairevi yol
Krematorium nt krematoryum
Kreml m Kremlin
Kreta nt Girit adası
Kreuz nt 1. (Zeichen) haç, ıstavroz 2. (Rücken) sağrı kemiği 3. (fig: Plage) baş belası; **das ~ schlagen** haç çıkarmak; **kreuz und quer** bucak bucak
kreuzen I. vt 1. (Arme) kavuşturmak (etw -i) 2. (Weg) kesmek (etw -i) 3. (Rassen) melezleştirmek (etw -i) II. vr: **sich ~** (Wege) kesişmek; (Briefe, Züge) karşılaşmak
Kreuzfahrer m (HIST) Haçlı
Kreuzfahrt f deniz yolculuğu
Kreuzgang m manastır avlusunda sütunlu yol
Kreuzschmerzen pl bel ağrısı sing
Kreuzstich m kruvaze dikiş
Kreuzung f 1. (Straße) dörtyol ağzı 2. (Schnittpunkt) kesişme noktası 3. (von Rassen) melezleştirme 4. (Mischling) kırma

Kreuzworträtsel *nt* çapraz kelime bulmacası
Kreuzzug *m* (HIST) Haçlı seferi
kriechen <kroch, gekrochen> *vi sein* **1.** (yerde) sürünmek **2.** (*schleimen*) dalkavukluk etmek
Kriechtier *nt* sürüngen (hayvan)
Krieg *m* savaş, harp, cenk
kriegen *vt* (*fam: bekommen*) almak, elde etmek (*etw* -i); **Hunger** ~ acıkmak
Kriegsausbruch *m* savaş çıkması
Kriegsbeschädigte(r) *m* harp malulü
Kriegsdienstverweigerer *m* askerlik görevini reddeden
Kriegserklärung *f* savaş [*o* harp] ilanı
Kriegsgefangene(r) *m* savaş esiri
Kriegsgefangenschaft *f* savaş esirliği
Kriegsgegner(in) *m(f)* savaş karşıtı
Kriegsmarine *f* deniz kuvvetleri
Kriegsschiff *nt* savaş gemisi
Kriegsverbrechen *nt* savaş suçu
Kriegsverbrecher(in) *m(f)* savaş suçlusu
Kriegsversehrte(r) *m(f)* savaş malülü
Krimi *m* (*Film*) polisiye film; (*Buch*) polisiye roman
Kriminalbeamte(r) *m* sivil polis memuru
Kriminalfilm *m* polisiye film
Kriminalität *f* kanunlara karşı hareket
Kriminalpolizei *f* sivil polis
Kriminalroman *m* polisiye roman
Kripo *f Abk. von* **Kriminalpolizei**
Krippe *f* **1.** (*Futtertrog*) yemlik **2.** (*Weihnachts-*) Hazreti İsa'nın doğumunu canlandıran tasvir **3.** (*Kinder-*) çocuk yuvası, kreş
Krise *f* kriz, buhran, bunalım
Krisenhilfe *f* kriz [*o* acil] yardım
Kristall[1] *m* (*Stein*) billur
Kristall[2] *nt* (*Glas*) kristal
Kristallglas *nt* kristal cam
Kriterium *nt* kıstas, ölçüt, kriter
Kritik *f* eleştiri, kritik, tenkit
Kritiker(in) *m(f)* eleştirici, eleştirmeci, tenkitçi
kritisch *adj* **1.** eleştirici, eleştirel **2.** (*heikel*) kritik, nazik
kritisieren *vt* eleştirmek, tenkit etmek (*etw/jdn* -i)
kritzeln *vi, vt* karalamak (*etw* -i)
Kroate *m* Hırvat
Kroatien *nt* Hırvatistan
Kroatin *f* Hırvat kadını
kroch *vi s.* **kriechen**
Krokette *f* kroket
Krokodil *nt* timsah
Krokus *m* safran
Krone *f* **1.** (*eines Königs*) taç **2.** (*Baum-*) tepe, uç **3.** (*Zahn-*) kuron **4.** (*dänische Währung*) kron
krönen *vt* taçlandırmak (*jdn* -i), taç giydirmek (*jdn* -e)
Kronleuchter *m* avize
Kronprinz, -prinzessin *m, f* veliaht
Krönung *f* (*Feier*) taç giyme töreni
Kronzeuge, -zeugin *m, f* baş şahit
Kropf *m* **1.** (*von Geflügel*) kursak **2.** (MED) guvatr
Kröte *f* kara kurbağa
Krücke *f* koltuk değneği
Krug *m* testi
Krümel *m* kırıntı
krümeln **I.** *vi* ufalanmak **II.** *vt* ufalamak (*etw* -i)
krumm *adj* **1.** (*schief, schräg*) eğri, çarpık **2.** (*verbogen*) bükük; **jdm etw** ~ **nehmen**[RR] (*fam*) kusura bakmak
krümmen **I.** *vt* eğmek, bükmek, kıvırmak (*etw* -i) **II.** *vr:* **sich** ~ (*krumm werden*) eğrilmek, bükülmek; (*vor Schmerz*) kıvranmak (*vor etw* -den); **sich vor Lachen** ~ gülmekten kırılmak
krummnehmen *vt s.* **krumm**
Krüppel *m* sakat, kötürüm
Kruste *f* kabuk
Krypta *f* yeraltı mezarlık
Kuba *nt* Küba
Kübel *m* tekne, kova
Kubikmeter *m/nt* metre küp
Küche *f* mutfak; **kalte** ~ soğuk yemekler, büfe
Kuchen *m* pasta
Küchenbenutzung *f:* **mit** ~ mutfağı kullanma hakkıyla
Küchenchef *m* aşçıbaşı
Kuchenform *f* pasta [*o* kek] kalıbı
Kuchengabel *f* pasta çatalı
Küchenherd *m* mutfak fırını
Kuchenteller *m* pasta tabağı
Kuckuck *m* guguk kuşu
Kuckucksuhr *f* guguklu saat
Kufe *f* **1.** (*am Schlitten*) kayma kızağının taban ağacı **2.** (AERO) kızaklı inme tertibatı
Kugel *f* **1.** (*runder Körper*) küre, top **2.** (*Geschoss*) mermi, kurşun **3.** (*zum Stoßen*) gülle

Kugellager *nt* bilyeli yatak, rulman
Kugelschreiber *m* tükenmez (kalem)
kugelsicher *adj* kurşun işlemez [*o* geçmez]
Kugelstoßen *nt* gülle atma
Kuh *f* inek
Kuhfladen *m* inek gübresi
Kuhglocke *f* ineklerin boynuna takılan çan
kühl *adj* **1.** serin **2.** (*Mensch*) soğuk (neva); **es ist ~** hava serin; **~ werden** serinle(ş)mek
kühlen I. *vt* soğutmak (*etw* -i) **II.** *vi* soğumak
Kühler *m* radyatör
Kühlerhaube *f* motor kapağı
Kühlhaus *nt* buzhane
Kühlschrank *m* buzdolabı
Kühltasche *f* termos çanta
Kühltruhe *f* derin dondurucu
Kühlung *f* serinleme
Kühlwasser *nt* radyatör suyu
kühn *adj* yürekli, cesur, atak
Kühnheit *f* cesaret, cüret, ataklık
Kuhstall *m* inek ahırı
Küken *nt* civciv
Kuli *m* (*Kugelschreiber*) tükenmez
Kulisse *f* kulis; **hinter den ~n** (*auch fig*) kulis arkasında
Kult *m* tapma
kultivieren *vt* (*Acker*) işlemek (*etw* -i)
kultiviert *adj* (*fig*) kültürlü, uygar
Kultur *f* **1.** kültür, uygarlık **2.** (*Anbau*) tarım, toprağı işleme
kulturell *adj* kültürel
Kulturgeschichte *f* uygarlık tarihi
Kultusminister(in) *m(f)* eğitim bakanı
Kultusministerium *nt* eğitim bakanlığı
Kümmel *m* **1.** kimyon **2.** (*Schwarz-*) çöreotu
Kummer *m* **1.** (*Betrübnis*) dert, keder, gam **2.** (*Sorge*) endişe, kaygı
kümmerlich *adj* **1.** (*ärmlich*) yoksul, sefil **2.** (*erbärmlich*) acınacak, biçare
kümmern I. *vt* ilgilendirmek (*jdn* -i) **II.** *vr:* **sich ~** bakmak (*um jdn* -e), önemsemek (*um etw* -i); **sich um nichts ~** hiç bir şeye aldırış etmemek
Kumpel *m* **1.** (*Bergbau*) madenci, maden işçisi **2.** (*fam: Kamerad*) arkadaş
kündbar *adj* (*Vertrag*) feshi kabil olan
Kunde¹ *f* (*Nachricht*) haber, bilgi
Kunde² *m* (*Käufer*) müşteri, alıcı
Kundendienst *m* müşteri servisi
Kundgebung *f* gösteri, miting
kündigen *vi, vt* **1.** (*Vertrag*) feshini ihbar etmek (*etw* -in) **2.** (*Arbeitnehmer*) işten çıkarmak (*jdm* -i) **3.** (*Mieter*) evden çıkarmak (*jdm* -i)
Kündigung *f* **1.** (*Vertrag*) fesih; (*Kündigungsschreiben*) feshi ihbar **2.** (*Arbeit*) işten çıkarma
Kündigungsfrist *f* feshi ihbar süresi
Kündigungsschutz *m* işten çıkarmaya karşı koruma
Kundin *f* bayan müşteri
Kundschaft *f* (*Kundenkreis*) müşteriler *pl*
künftig I. *adj* gelecek, ileri(de)ki **II.** *adv* ilerde, bundan böyle, şimdiden sonra
Kunst *f* **1.** (*bildende, schöne*) sanat; **die schönen Künste** güzel sanatlar **2.** (*Können*) beceri, ustalık
Kunstakademie *f* güzel sanatlar akademisi
Kunstausstellung *f* sanat sergisi
Kunstfaser *f* sentetik lif
Kunstfehler *m* (MED) tıbbi hata
Kunstgeschichte *f* sanat tarihi
Kunstgewerbe *nt* el işleri *pl*
Kunstgriff *m* manevra
Kunsthandwerk *nt* el sanatları *pl*
Künstler(in) *m(f)* sanatçı, sanatkar
künstlerisch *adj* sanatsal
künstlich *adj* **1.** (*nicht natürlich*) yapma **2.** (*nachgemacht*) taklit **3.** (*unecht*) sahte
Kunstlicht *nt* tabii olmayan ışık
Kunststoff *m* suni madde
Kunststück *nt* hüner, marifet
kunstvoll *adj* ustalıklı, sanatlı
Kunstwerk *nt* sanat eseri
kunterbunt *adj* rengarenk; (*durcheinander*) karmakarışık
Kupfer *nt* bakır
Kupferstich *m* gravür
Kuppe *f* **1.** (*Berg-*) yuvarlak dağ tepesi **2.** (*Finger-*) parmağın etli ön kısmı
Kuppel *f* kubbe
Kuppelei *f* pezevenklik; (JUR) fuhuşa tahrik
kuppeln I. *vi* (MOT) akuple etmek **II.** *vt* (TECH) bağlamak (*etw an etw* -i -e)
Kupplung *f* şanjman
Kur *f* tedavi, kür
Kurbel *f* manivela, kol
Kurbelwelle *f* krank mili, ana mil
Kürbis *m* kabak
Kurde *m*, **Kurdin** *f* Kürt
kurdisch *adj* **1.** (*Sprache*) Kürtçe **2.** (*Art*) Kürt
Kurdistan *nt* Kürdistan

Kurgast *m* bir dinlenme yerine iyileşmek için gelen kimse
Kurhaus *nt* hastalar için dinlenme evi
kurios *adj* garip, tuhaf
Kurort *m* kaplıca, ılıca(lar), içmeler
Kurpfuscher(in) *m(f)* şarlatan
Kurs *m* 1. (*Lehrgang*) kurs 2. (MAR, AERO) rota 3. (FIN) kur, rayiç
Kursaal *m* dinlenme evinin eğlence salonu
Kursbuch *nt* tren rehberi
Kürschner(in) *m(f)* kürkçü
kursiv *adj* italik
Kurswagen *m* hareket istasyonundan varış istasyonuna giden direkt vagon
Kurusch *m* (*türkische Währungseinheit*) kuruş
Kurve *f* 1. viraj, dönemeç 2. (MATH) eğri çizgi
kurvenreich *adj* (çok) virajlı
kurz <kürzer, am kürzesten> **I.** *adj* kısa; **kürzer machen/werden** kısaltmak/kısalmak; **in ~em** yakında; **vor ~em** az zaman önce, geçenlerde **II.** *adv:* **über ~ oder lang** er geç; **~ darauf** hemen arkasından; **~ und gut** uzun sözün kısası, kısacası; **zu ~ kommen** payını alamamak
Kurzarbeit *f* çalışma saatlerinin kısaltılması
kurzärmelig *adj* kısa kollu
Kürze *f* kısalık; **in ~** yakında
Kürzel *nt* (*Steno*) stenoda kullanılan kısaltma işareti
kürzen *vt* 1. (*kürzer machen*) kısaltmak (*etw* -i) 2. (*verringern*) azaltmak (*etw* -i) 3. (MATH) sadeleştirmek (*etw* -i)

kurzerhand *adv* duraksamadan
Kurzfilm *m* kısa metrajlı film
kurzfristig *adj, adv* kısa vadeli
Kurzgeschichte *f* kısa hikaye
kurzlebig *adj* kısa ömürlü
kürzlich *adv* geçenlerde
Kurznachricht *f* (*Handy*) (kısa) mesaj; **jdm eine ~ schicken** birine kısa mesaj göndermek [*o* yollamak]
Kurzparkzone *f* kısa süre için park yeri
Kurzschluss^{RR} *m* kontak, kısa devre
Kurzschrift *f* stenografi
kurzsichtig *adj* miyop
Kurzsichtigkeit *f* miyopluk
kurzum *adv* sözün kısası
Kürzung *f* kısalt(ıl)ma; (*von Geldern*) kesinti
Kurzurlaub *m* kısa tatil
Kurzwaren *fpl* tuhafiye *sing*
Kurzwelle *f* kısa dalga
Kusine *f* amca (dayı, teyze, hala) kızı, kuzin
Kuss^{RR} *m* öpücük
küssen *vt* öpmek (*jdn/etw* -i)
Küste *f* 1. (*Streifen*) kıyı, sahil, deniz kenarı 2. (*Gebiet*) kıyı bölgesi
Küster *m* (*christlich*) zangoç; (*islamisch*) kayyum
Kutsche *f* fayton, (binek) araba(sı); (*stattliche*) kupa
Kutteln *pl* işkembe *sing*
Kutter *m* kotra
Kuvert *nt* (mektup) zarf(ı)
Kuwait *nt* Kuveyt

L

l *m Abk. von* **Liter** lt. (*litre*)
labil *adj* (*Mensch*) dengesiz
Labor *nt* laboratuvar
Labyrinth *nt* labirent
lächeln *vi* gülümsemek
Lächeln *nt* gülümseme
lächelnd *adj* gülümseyen
lachen *vi* gülmek (*über etw/jdn* -e); **ich muss darüber ~** buna gülmem lazım
Lachen *nt* gülüş, gülme; **das ist nicht zum ~** bu gülünecek bir şey değil
lächerlich *adj* gülünç; (*Preis*) komik; **~ machen** maskaraya çevirmek (*jdn/etw* -i); **sich ~ machen** kendini gülünç duruma düşürmek

lachhaft *adj* gülünç, komik
Lachs *m* som balığı
Lack *m* vernik, cila
lackieren *vi, vt* verniklemek, cilalamak (*etw* -i)
Lackschuh *m* rugan pabuç
Ladegerät *nt* akü doldurma aleti
Laden *m* 1. (*Geschäft*) dükkan; (*größerer*) mağaza 2. (*Fenster-*) pancur 3. (*Rollladen*) kepenk
laden <lädt, lud, geladen> *vt* 1. (*auffül-*

len) doldurmak (*etw* -i); (*Fracht*) yüklemek (*etw auf/in etw* -i -e) **2.**(*Waffe*) doldurmak (*etw* -i) **3.**(*elektrisch*) şarj etmek (*etw* -i) **4.**(*ein*-) davet etmek, çağırmak (*jdn* -i) **5.**(INFORM) yüklemek (*etw* -i)
Ladendiebstahl *m* mağaza hırsızlığı
Ladenhüter *m* sürümsüz mal
Ladenschluss^{RR} *m* dükkan kapanma saati
Ladentisch *m* (dükkan) tezgah(ı)
Ladeterminal *m* yükleme terminali
lädt *vt s.* **laden**
Ladung *f* (*auch elektrische*) şarj
lag *vi s.* **liegen**
Lage *f* **1.**(*Zustand*) durum, hal **2.**(*Körper*-) durum **3.**(*Standort*) yer, konum **4.**(*Umstände*) şartlar *pl* **5.**(*Schicht*) kat, tabaka; **in der ~ sein zu** -mek durumda olmak; **versetzen Sie sich in meine ~** kendinizi benim yerime koyun
Lager *nt* **1.**(*Depot*) depo, ambar, ardiye **2.**(*Zelt*-) kamp **3.**(MIL: *Feld*-) ordugah **4.**(POL) grup **5.**(*Ruhe*-) yatak, döşek; **auf ~** (COM) depoda bulunan
Lagerfeuer *nt* kamp ateşi
lagern I. *vi* **1.**(*kampieren*) kamp yapmak **2.**(*Ware*) depoda bulunmak **II.** *vt* (*Ware*) depo etmek (*etw* -i)
Lagerplatz *m* **1.**(*Depot*) ardiye **2.**(*mit Zelten*) kamp yeri
lahm *adj* **1.**(*nicht beweglich*) bir tarafı tutmaz **2.**(*hinkend*) topal, aksak; (*fig*) miskin, uyuşuk; **etw ~ legen**^{RR} (*fig*) bir şeyi felce uğratmak
lähmen *vt* felç etmek; (*fig*) aksatmak (*jdn/ etw* -i)
lahmlegen *vt s.* **lahm**
Lähmung *f* **1.**(MED) felç, inme; **halbseitige ~** yarım felç **2.**(*Lahmlegung*) aksatma
Laich *m* (*Frosch*-) kurbağa yumurtası; (*Fisch*-) balık yumurtası
Laie *m* **1.**(*Nichtfachmann*) uzman olmayan, amatör **2.**(REL) ruhbandan olmayan
Laizismus *m* laiklik
laizistisch *adj* laik
Laken *nt* yatak çarşafı
Lakritze *f* meyanköküü
Lama *nt* lama
Lamm *nt* (*Schaf*) kuzu; (*Ziegen*-) keçi yavrusu
Lammfleisch *nt* kuzu eti
Lampe *f* **1.**(*Licht*) lamba **2.**(*Öl*-) kandil **3.**(*Laterne*) fener

Lampenfieber *nt* (THEAT) sahneye çıkmadan önceki heyecan
Lampenschirm *m* abajur
Lampion *m* kâğıt fener
LAN *nt* (INFORM: *lokales Netzwerk*) yerel alan ağı
Land *nt* **1.**(*Staat*) ülke, devlet **2.**(*Bundesland*) eyalet **3.**(*Gelände*) toprak; (*Acker*-) tarla **4.**(*Grundstück*) arsa **5.**(*Festland*) kara **6.**(*Gegensatz zur Stadt*) kırsal kesim, köy; **auf dem ~e** köyde; **zu ~e** karada; **an ~ gehen** karaya çıkmak
Landarbeiter(in) *m(f)* rençper
Landebahn *f* (iniş) pist(i)
landen *vi sein* **1.**(*Schiff*) karaya yanaşmak **2.**(*Flugzeug*) inmek (*in etw* -e); **auf dem Wasser ~** suya iniş yapmak; **auf dem Mond ~** Ay'a inmek; **schließlich landeten wir in einer Kneipe** sonunda bir meyhaneye düştük
Landenge *f* kıstak
Landeplatz *m* iniş yeri
Länderspiel *nt* milletlerarası maç
Landesfarben *pl* milli renkler *pl*
Landessprache *f* milli dil
Landesverrat *m* yurda ihanet
landesweit *adv* yurt çapında
Landflucht *f* köyden kente [*o* şehre] göç
Landgut *nt* çiftlik
Landhaus *nt* sayfiye
Landkarte *f* harita
ländlich *adj* (*Gebiet*) kırsal; (*Sitten, Leute*) köylü
Landschaft *f* **1.**(*Gebiet*) civar, bölge **2.**(*Anblick*) manzara
Landsmann, -männin *m, f* **1.**(*aus der gleichen Gegend*) hemşeri **2.**(*aus demselben Land*) vatandaş, yurttaş
Landstraße *f* şose
Landstreicher *m* (*pej*) serseri, avare
Landtag *m* eyalet meclisi
Landung *f* iniş
Landwein *m* yalnız bir bölgede tanınan basit bir şarap
Landwirt(in) *m(f)* tarımcı, çiftçi
Landwirtschaft *f* tarım
landwirtschaftlich *adj* zirai, tarımsal
lang <länger, am längsten> **I.** *adj* uzun; **5 Meter ~** 5 metre uzunluğunda; **gleich ~** aynı uzunlukta; **vor ~er Zeit** uzun zaman önce; **seit ~er Zeit** uzun zamandan beri **II.** *adv:* **drei Monate ~** üç ay boyunca; **das**

langärmelig 147 **lauern**

ganze Leben lang yaşam boyu
langärmelig *adj* uzun kollu
langatmig *adj* (aşırı) uzun, fazla ayrıntılı
lange *adv* uzun zaman [*o* süre]; **wie ~?** ne kadar?; (*seit wann?*) ne zamandan beri?; **schon ~, seit ~m** uzun zamandan beri, uzun süredir
Länge *f* 1.(*räumlich*) uzunluk 2.(*Gegensatz zu Breite*) boy 3.(GEOGR, ASTR) boylam 4.(*Dauer*) süre; **von 3 Meter ~** 3 metre uzunluğunda [*o* boyunda]; **sich in die ~ ziehen** uzamak
langen I. *vt* (*geben*) vermek, uzatmak (*jdm etw* -e -i) II. *vi* 1.(*ausreichen*) yet(iş)mek (*jdm/für etw* -e) 2.(*ergreifen*) uzanmak (*nach etw* -e)
Längengrad *m* boylam
Längenkreis *m* meridyen dairesi
Längenmaß *nt* uzunluk ölçüsü
länger I. *adj* daha uzun; **~e Zeit** daha uzun süre; **~ machen** uzatmak (*etw* -i); **~ werden** uzamak II. *adv* (*zeitlich*) daha uzun zamandır
Langeweile *f* can sıkıntısı
langfristig *adv* uzun dönemli [*o* vadeli]
langhaarig *adj* uzun saçlı; (*bei Körperhaaren*) uzun tüylü [*o* kıllı]
langjährig *adj* yıllarca süren
Langlauf *m* uzun mesafe kayak yürüyüşü
länglich *adj* uzunca
längs *präp* +*gen* boyunca
langsam I. *adj* yavaş, ağır II. *adv* yavaş; (*allmählich*) yavaş yavaş; **~er fahren** daha yavaş gitmek; **ganz ~** yavaş yavaş, ağır ağır
Langsamkeit *f* yavaşlık, ağırlık
Langschläfer(in) *m(f)* uykucu
Langspielplatte *f* uzunçalar, longpley
längst *adv:* (**schon**) **~** çoktan(dır)
Langstreckenrakete *f* uzun menzilli füze
Languste *f* makassız ıstakoz
langweilen I. *vt* canını sıkmak (*jdn* -in) II. *vr:* **sich ~** (canı) sıkılmak
langweilig *adj* (can) sıkıcı
Langwelle *f* uzun dalga
langwierig *adj* 1.(*lange dauernd*) uzun süren 2.(*mühsam*) zahmetli
Lappen *m* 1.(*Wisch-*) bez 2.(*für Wandtafel*) tahta silgisi 3.(*Lumpen*) bez parçası, paçavra
Laptop *m* dizüstü (bilgisayar), laptop
Lärche *f* karaçam
Lärm *m* gürültü (patırtı), şamata; **viel ~ um nichts** kuru gürültü

lärmen *vi* gürültü yapmak [*o* koparmak], şamata yapmak
Larve *f* 1.(*Maske*) maske 2.(*Insekten-*) kurtçuk
las *vi, vt s.* **lesen**
Laser *m* lazer
Laserdrucker *m* lazerli yazıcı
Laserstrahl *m* lazer ışını
lassen <lässt, ließ, gelassen> I. *vt* bırakmak (*etw/jdn* -i); **jdn in Ruhe ~** birini rahat bırakmak; **sich Zeit ~** acele etmemek; **lass das!** yapma! II. *als Hilfsverb:* **jdn etw tun ~** (*erlauben*) birinin bir şeyi yapmasına izin vermek; (*ermöglichen*) birinin bir şeyi yapmasına engel olmamak; (*veranlassen: Kausativ*) birine bir şeyi yaptırmak; **jdn etw wissen ~** birine bir şeyi bildirmek; **ich habe mir sagen ~, dass** bana anlattılar ki ...; **lasst uns tanzen** dans edelim
lässig *adj* (*ungezwungen*) teklifsiz; (*ohne Sorgfalt*) özensiz
lässt[RR] *vt s.* **lassen**
Last *f* yük
lasten *vi* ağır gelmek (*auf jdm* -e)
Lastenaufzug *m* yük asansörü
Laster[1] *m* (*fam*) kamyon
Laster[2] *nt* ayıp, kötü huy
lästern I. *vi* çekiştirmek, kötülemek (*über jdn* -i) II. *vt:* **Gott ~** Tanrı'ya küfretmek
Lästerung *f* çekiştirme, kötüleme
lästig *adj* (can) sıkıcı, usandırıcı, eziyetli; (*Person auch*) sırnaşık
Last(kraft)wagen *m* kamyon, yük arabası
Last-Minute-Urlaub *m* son dakika tatili
Lastzug *m* tır
Latein *nt* Latince
Lateinamerika *nt* Latin Amerika
Lateinamerikaner(in) *m(f)* Latin Amerikalı
lateinisch *adj* (*Sprache*) Latince
Laterne *f* fener, lamba
Latte *f* lata, çıta; (*Fußball*) lata
Latz *m* (*Brust-*) göğüslük, önlük; (*Hosen-*) pantalonun ön yırtmacı
Lätzchen *nt* bebek önlüğü
Latzhose *f* bahçıvan pantalonu
lau *adj* ılık
Laub *nt* ağaç yaprakları
Laube *f* (*Garten-*) kameriye
Lauch *m* pırasa
Lauer *f:* **auf der ~ liegen** pusuda yatmak
lauern *vi* pusuda beklemek (*auf jdn* -i) kolla-

Lauf mak, gözetmek (*auf etw* -i)
Lauf *m* **1.** (*das Laufen*) koşuş **2.** (*Wett-*) koşu **3.** (*Ver-*) gidiş, akış **4.** (*von Schusswaffe*) namlu; **im ~e der Zeit** zamanla; **den Dingen freien ~ lassen** olayları kendi akışına bırakmak
Laufbahn *f* **1.** (*eines Planeten*) yörünge **2.** (*im Beruf*) kariyer
laufen <läuft, lief, gelaufen> *vi sein* **1.** (*rennen*) koşmak **2.** (*zu Fuß gehen*) (yaya) gitmek, yürümek **3.** (*Maschine*) işlemek, çalışmak **4.** (*Zeit*) geçmek, geçip gitmek
laufend I. *adj* (*Monat, Kosten*) cari; **auf dem Laufenden**[RR] **sein** günü gününe haberdar olmak II. *adv* **1.** (*rennend*) koşarak **2.** (*andauernd*) daima
Läufer *m* **1.** (*Person*) koşucu **2.** (*Schach*) fil **3.** (*Teppich*) merdiven halısı
läufig *adj* kızgın, kösnük
Laufkundschaft *f* geçici müşteriler *pl*
Laufmasche *f* kaçık
Laufpass[RR] *m:* **jdm den ~ geben** birinin pasaportunu eline vermek, birini sepetlemek
Laufschritt *m* koşar adım
läuft *vi s.* **laufen**
Laufwerk *nt* (INFORM) sürücü
Laufzeit *f* **1.** (*Dauer*) süre **2.** (FILM) oynama süresi **3.** (ECON) vade
Lauge *f* **1.** (CHEM) alkalik sıvı **2.** (*Seifen-*) sabunlu su
Laune *f* **1.** (*gute*) keyif, neşe **2.** (*Stimmung*) ruh hali; **Launen** (*wechselhafte Stimmung*) geçici heves, kapris *sing*; **gute/schlechte ~ haben** neşeli/neşesiz olmak
launenhaft *adj,* **launisch** *adj* kaprisli, kararsız, oynak
Laus *f* bit
Lauschangriff *m* (POL) telekulak
lauschen *vi* dinlemek, kulak vermek
laut I. *adj* **1.** (*Stimme*) yüksek; (*Musik*) yüksek sesli **2.** (*lärmend*) gürültülü, şamatalı II. *adv* yüksek sesle; **das Radio ~er stellen** radyoyu açmak III. *präp* +*gen* (*nach, gemäß*) -e göre
Laut *m* ses
Laute *f* ut
lauten *vi* şöyle olmak
läuten I. *vt* çalmak (*etw* -i) II. *vi* çalınmak, çıngırdamak; **es hat geläutet** kapı çalındı
lauter I. *adj* (*rein*) saf, temiz II. *adv* (*nichts als*) sırf, hepsi; **vor ~ Freude** büyük sevinçle
lautlos *adj* sesiz sedasız, patırtısız

Lautschrift *f* fonetik yazı
Lautsprecher *m* hoparlör
Lautstärke *f* ses yoğunluğu
lauwarm *adj* ılık
Lava *f* lav
Lavendel *m* **1.** lavanta (çiçeği) **2.** (*Lavendelöl*) karabaşyağı
Lawine *f* (*auch fig*) çığ
Lawinengefahr *f* çığ tehlikesi
Lazarett *nt* askeri hastane
LCD-Bildschirm *m* LCD ekranı
leasen *vt* kiralamak (*etw* -i)
Leasing *nt* finansal kiralama
leben *vi* **1.** (*allg*) yaşamak **2.** (*am Leben sein*) hayatta olmak **3.** (*wohnen*) oturmak; **es lebe der König!** yaşasın kral!; **~ Sie wohl!** sağlıcakla kalın!
Leben *nt* **1.** (*Existenz*) yaşam, hayat **2.** (*Lebensdauer*) ömür **3.** (*Lebenskraft*) can **4.** (*Lebhaftigkeit, Geschäftigkeit*) canlılık; **ums ~ kommen** canından olmak, ölmek; **jdm das ~ schwer machen** birinin hayatını zehir etmek [*o* zehretmek]; **sich das ~ nehmen** (kendi) canına kıymak, intihar etmek
lebend *adj* canlı, yaşayan
lebendig *adj* **1.** (*lebend*) sağ, diri, hayatta (olan) **2.** (*fig: rege*) canlı, hareketli; (*Straße, Geschäft*) işlek
Lebensabend *m* yaşlılık
Lebensart *f* hayat tarzı
Lebensaufgabe *f* yaşamanın gayesi
Lebensbedingungen *pl* yaşam koşulları *pl,* hayat şartları *pl*
Lebensdauer *f* yaşam süresi
Lebenserfahrung *f* yaşam tecrübesi
Lebenserwartung *f* beklenen yaşam süresi
Lebensfreude *f* yaşama sevinci
Lebensgefahr *f* ölüm tehlikesi
lebensgefährlich *adj* ölüm tehlikesi olan
Lebenshaltungskosten *pl* geçim masrafları *pl*
lebenslänglich *adj, adv* ömür boyu
Lebenslauf *m* hayatın gidişi; (*für Bewerbung*) özgeçmiş, CV (*Aussprache: sivi*)
Lebensmittel *ntpl* yiyecekler, besin [*o* gıda] maddeleri *pl;* (*als Vorrat auch*) erzak *sing*
Lebensmittelgeschäft *nt* bakkal, yiyecek(ler) satan dükkan
Lebensmittelvergiftung *f* besin [*o* gıda] zehirlenmesi
lebensmüde *adj* hayattan bezgin (olan)

lebensnotwendig *adj* hayati önemi olan
Lebensqualität *f* hayat kalitesi
Lebensraum *m* hayat sahası
Lebensstandard *m* geçim seviyesi, hayat standardı
Lebensunterhalt *m* geçim
Lebensversicherung *f* hayat sigortası
Lebensweise *f* yaşam biçimi, yaşayış, hayat tarzı
lebenswichtig *adj* hayati önemi olan
Lebenswille *m* yaşama isteği
Lebenszeichen *nt* yaşama belirtisi
Leber *f* karaciğer
Leberpastete *f* ciğer ezmesi
Lebertran *m* balıkyağı
Leberwurst *f* karaciğer ezmesi sucuğu
Lebewesen *nt* yaratık, canlı
lebhaft *adj* **1.**(*rege*) canlı, hareketli; (*Straße*) işlek **2.**(*temperamentvoll*) ateşli, coşkun
Lebkuchen *m* baharatlı bir çörek
leblos *adj* cansız, ruhsuz
leck *adj* (*undicht*): ~ **sein** su geçirmek
lecken **I.** *vt* yalamak (*etw* -i) **II.** *vi* (*Boot*) su almak; (*Eimer*) damlamak
lecker *adj* (*schmackhaft*) lezzetli
Leckerbissen *m* lezzetli yiyecek
Leder *nt* deri; (*mit Lohe gegerbt*) meşin; **zäh wie** ~ kayış gibi
Lederhose *f* deri pantolon
Lederjacke *f* deri ceket
Ledermantel *m* deri manto [*o* palto]
Lederwaren *pl* deri eşyalar *pl*
Lederwarengeschäft *nt* deri eşya mağazası
ledig *adj* (*unverheiratet*) bekar
lediglich *adv* yalnız, sade(ce), salt
leer **I.** *adj* **1.**(*auch Platz*) boş **2.**(*Fläche*) çıplak **3.**(*hohl*) içi boş **4.**(*fig: nichtssagend*) kuru, saçma **II.** *adv*: ~ **ausgehen** ağzını havaya açmak, hava almak, avucunu yalamak
Leere *f* boşluk
leeren *vt* boşaltmak; (*Glas: trinken*) dikmek, devirmek (*etw* -i)
Leerlauf *m* (*Motor*) boş vites
Leerung *f* (*des Briefkastens*) boşalt(ıl)ma
legal *adj* yasal, kanuni, meşru
legalisieren *vt* yasalaştırmak, kanunlaştırmak, meşru kılmak (*etw* -i)
Legalität *f* yasallık
Legasthenie *f* legasteni
Legastheniker(in) *m(f)* legastenik
legen **I.** *vt* **1.**(*allg*) koymak (*etw auf/in etw* -i -e) **2.**(*hinein-*) içine koymak (*etw in etw* -i -in), sokmak (*etw in etw* -i -e); **Haare** ~ saçını sarmak; **Eier** ~ yumurtlamak **II.** *vr*: **sich** ~ (*allg*) yatmak, uzanmak (*auf/in etw* -e); (*aufhören*) dinmek, durmak, kesilmek; **sich ins Bett** ~ yatağa yatmak
legendär *adj* efsanevi
Legende *f* **1.** efsane **2.**(*Bildunterschrift*) resim alt yazısı
Leggings *pl* tayt *sing*
Legierung *f* halita, alaşım
Legislative *f* yasama erki
Legislaturperiode *f* yasama dönemi
legitim *adj* yasalı, kanuni, meşru
Legitimation *f* **1.**(*Rechtfertigung*) haklı çık(ar)ma **2.**(*Beglaubigung*) belgeleme
legitimieren **I.** *vt* (*rechtfertigen*) haklı göstermek (*etw* -i) **II.** *vr*: **sich** ~ (*sich ausweisen*) kimliğini ispat etmek
Lehm *m* **1.**(*Bodenart*) balçık **2.**(*zum Hausbau*) kerpiç **3.**(*Ton*) lüleci [*o* tuğlacı] çamuru
Lehmziegel *m* kerpiç tuğla
Lehne *f* (*Rücken-*) arkalık; (*Arm-*) dirseklik
lehnen **I.** *vt* dayamak, yaslamak (*etw an etw* -i -e) **II.** *vi, vr*: (**sich**) ~ dayanmak, yaslanmak (*an etw* -e)
Lehnsessel *m*, **Lehnstuhl** *m* koltuk
Lehrbuch *nt* ders kitabı
Lehre *f* **1.**(*Ausbildung*) öğrenim **2.**(*Theorie*) öğreti, kuram **3.**(*Glaubens-*) dogma, kaide **4.**(*etw, aus dem man lernen kann*) ibret, ders
lehren *vi, vt* öğretmek (*jdn etw* -e -i)
Lehrer *m* öğretmen, hoca *fam*
Lehrerin *f* bayan öğretmen
Lehrfach *nt* öğretim kolu
Lehrgang *m* kurs
Lehrling *m* çırak
Lehrplan *m* ders programı
lehrreich *adj* öğretici, aydınlatıcı
Lehrstelle *f* çıraklık yeri
Lehrstoff *m* ders konusu
Lehrstuhl *m* kürsü, profesörlük
Leib *m* **1.**(*Körper*) beden, vücut, gövde **2.**(*Bauch*) karın **3.**(*Mutter-*) rahim; **mit** ~ **und Seele** canla başla
Leibeserziehung *f* beden eğitimi
Leibeskraft *f*: **aus Leibeskräften** olanca kuvvetiyle
Leibesvisitation *f* üst aranması
Leibgericht *nt* en çok sevdiği yemek
leibhaftig *adj* **1.**(*wirklich*) gerçek

2. (*selbst*) kendisi
Leibschmerzen *pl* karın ağrısı *sing;* **ich habe ~** karnım ağrıyor
Leibwächter *m* koruma, özel koruyucu
Leiche *f* ceset, ölü
Leichenhalle *f*, **Leichenschauhaus** *nt* morg
Leichenwagen *m* cenaze arabası
leicht I. *adj* **1.** (*von geringem Gewicht und fig*) hafif; (*nicht schwierig*) kolay **2.** (*Krankheit, Fehler*) önemsiz II. *adv* kolayca, kolaylıkla; **das ist ~er gesagt als getan** söylemesi kolay; **~ verständlich**^{RR} kolay anlaşılır
Leichtathlet(in) *m(f)* atlet
Leichtathletik *f* atletizm
leichtfertig *adj* **1.** (*unbedacht*) dikkatsiz, düşüncesiz **2.** (*Mädchen*) hoppa, hafifmeşrep
leichtfüßig *adj* çevik, zarif
leichtgläubig *adj* saf(dil), çabuk kanan; (*negativ*) avanak
Leichtigkeit *f* **1.** (*eines Gegenstandes*) kolaylık **2.** (*Mühelosigkeit*) külfetsizlik, zahmetsizlik
Leichtmetall *nt* hafif metal
Leichtsinn *m* dikkatsizlik, düşüncesizlik
leichtsinnig I. *adj* **1.** (*fahrlässig*) dikkatsiz, düşüncesiz **2.** (*Mädchen*) hoppa, hafifmeşrep II. *adv* dikkatsizce, düşüncesizce
leid *adj:* **ich bin es ~** usandım, bıktım
Leid *nt* (*Kummer*) dert, keder, elem; **es tut mir (sehr) ~**^{RR} (çok) üzgünüm
leiden <leidet, litt, gelitten> I. *vi* acı çekmek (*an etw* -den); **sehr ~** ıstırap çekmek II. *vt* (*erleiden*) dayanmak, katlanmak (*etw* -e), çekmek (*etw* -i); **jdn (gut) ~ können** birinden hoşlanmak; **jdn nicht ~ können** birini çekememek, birinden hoşlanmamak
Leiden *nt* **1.** (*körperlich*) hastalık **2.** (*seelisch*) dert, ıstırap, acı
Leidenschaft *f* **1.** (*Trieb*) hırs, tutku; (*erotisch*) (cinsel) ateşlilik **2.** (*Begeisterung*) coşku(nluk), heyecan
leidenschaftlich *adj* **1.** (*feurig*) ateşli **2.** (*begeistert*) coşkulu
Leidensweg *m* üzüntülü yaşam
leider *adv* maalesef, (ne) yazık ki
leidig *adj* **1.** (*unangenehm*) nahoş **2.** (*lästig*) can sıkıcı, usandırıcı
Leier *f* lir
Leierkasten *m* laterna
leihen <lieh, geliehen> *vt* (*ver-*) ödünç vermek (*jdm etw* -e -i); **sich** *dat* **etw von jdm ~** birinden bir şeyi ödünç almak
Leihgabe *f* ödünç verilen şey
Leihgebühr *f* kira bedeli
Leihhaus *nt* emniyet sandığı (*rehin karşılığında para veren kurum*)
Leihmutter *f* taşıyıcı anne
Leihwagen *m* kiralık otomobil
leihweise *adv* ödünç olarak; (*mit Gebühr*) kira ile
Leim *m* tutkal, zamk
leimen *vt* tutkallamak (*etw* -i); **jdn ~** (*fam*) birini kazıklamak [*o* aldatmak]
Leine *f* ip, sicim
Leinen *nt* keten bezi
Leinsamen *m* keten tohumu
Leinwand *f* **1.** (*Malerei*) tu(v)al **2.** (FILM) beyaz perde **3.** (*Stoff*) keten bezi
leise I. *adj* **1.** (*Stimme*) yavaş, alçak **2.** (*still*) sessiz **3.** (*sanft*) ince II. *adv* yavaşça; (*sprechen*) alçak sesle; **bitte ~!** sessiz olun lütfen!; **das Radio ~(r) stellen** radyoyu kısmak
Leiste *f* **1.** (*Holz-*) pervaz **2.** (ANAT) kasık
leisten *vt* (*tun*) yapmak, becermek (*etw* -i); **Dienst/Eid/Hilfe ~** hizmet/yemin/yardım etmek; **sich** *dat* **etw ~** kendine bir şeyi çok görmemek; **das kann ich mir nicht ~** bunu yapmaya kalkışamam
Leisten *m* (*Schuhform*) kundura kalıbı
Leistenbruch *m* fıtık
Leistung *f* **1.** (*Ausführung*) yapma, yürütüm **2.** (*Arbeits-*) verim, randıman **3.** (*Arbeit*) yapılan iş (*Erfolg*) başarı **5.** (*Werk*) yapıt **6.** (SPORT) performans **7.** (*Motor*) güç **8.** (*Dienst-*) hizmet
leistungsfähig *adj* **1.** (*Person*) yetenekli, yaratıcı **2.** (*Wirtschaft*) verimli, randımanlı **3.** (*Motor*) güçlü
Leistungsfähigkeit *f* **1.** (*Person*) yetenek, yeterlik **2.** (*Wirtschaft*) verimlilik, randıman **3.** (*Motor*) güçlülük
Leistungsgesellschaft *f* randımanlı çalışmaya yönelik toplum düzeni
Leistungsprämie *f* başarılı çalışma yüzünden ücret artışı
Leitartikel *m* başyazı, başmakale
leiten *vt* **1.** yönetmek, idare etmek (*etw* -i) **2.** (*Strom*) iletmek (*etw* -i)
leitend *adj* **1.** (*führend*) yönetici **2.** (*Strom*) iletken **3.** (*Gedanke*) esas, temel
Leiter(in) *m(f)* yönetici, idareci
Leiter *f* merdiven

Leitfaden *m* ana çizgi; (*Lehrbuch*) ders kitabı

Leitgedanke *m* ana [*o* esas] fikir

Leitmotiv *nt* laytmotif

Leitplanke *f* bariyer

Leitung *f* **1.**(*Führung*) yönetim **2.**(ADM) başkanlık **3.**(*Wasser-, Gas-*) boru **4.**(*Telefon-*) hat **5.**(PHYS) iletme; **die ~ ist besetzt** hat meşgul

Leitungswasser *nt* musluk suyu

Lektion *f* ders; (*fig auch*) ibret

Lektor(in) *m(f)* **1.**(*Verlags-*) lektör **2.**(*Lehrbeauftragter*) okutman

Lektüre *f* **1.**(*das Lesen*) okuma **2.**(*Lesestoff*) okunacak kitap, gazete v.b.

Lende *f* **1.**(ANAT) bel, boş böğür **2.**(*Hüfte*) kalça

Lendenbraten *m* fileto

lenken *vt* (*leiten*) yönetmek; (*Fahrzeug*) kullanmak, sürmek (*etw* -i)

Lenker *m* **1.**(*Fahrer*) sürücü **2.**(*Lenkstange*) gidon

Lenkrad *nt* direksiyon, dümen *fam*

Lenkstange *f* gidon

Lenkung *f* **1.**yönetim, idare **2.**(TECH) idare, güdüm

Leopard *m* pars

Lerche *f* tarlakuşu, çayırkuşu

lernen **I.** *vt* öğrenmek; (*studieren*) okumak (*etw* -i) **II.** *vi* (*üben*) çalışmak

Lernfähigkeit *f* öğrenme yetisi

lesbar *adj* okunaklı; (INFORM) okunabilen

Lesbe *f* lezbiyen, sevici *fam*

lesbisch *adj* lezbiyen, sevici

Lese *f* (*Wein-*) bağ bozumu

Lesebuch *nt* okuma kitabı

lesen <liest, las, gelesen> **I.** *vt* **1.**(*Buch*) okumak (*etw* -i) **2.**(*ernten*) toplamak (*etw* -i) **II.** *vi* (*als Professor*) ders vermek

Leser(in) *m(f)* okuyucu, okur

Leseratte *f* (*fam*) kitap kurdu

leserlich *adj* okunaklı

Lesung *f* okuma

Lethargie *f* **1.**(*Trägheit*) uyuşukluk **2.**(MED) letarji

Lettland *nt* Letonya

letzte(r, s) *adj* **1.**(*in Reihenfolge*) son(uncu) **2.**(*vorig*) geçen **3.**(*äußerst*) son; **das ~ Mal** son defa; (*voriges Mal*) geçen defa; **in ~r Zeit** son zamanlarda; **~ Woche** geçen hafta; **zu guter Letzt** eninde sonunda

letztere(r, s) *adj* sonuncu

letztlich *adv* (*letzten Endes*) eninde sonunda

Leuchte *f* lamba, fener

leuchten *vi* parlamak, parıldamak, ışıldamak

leuchtend *adj* (*auch fig*) parlak; (*Zifferblatt*) fosforlu

Leuchter *m* (*Kerzen-*) şamdan; (*Kron-*) avize

Leuchtfarbe *f* ışıklı [*o* fosforlu] boya

Leuchtreklame *f* ışıklı reklam

Leuchtturm *m* fener kulesi

leugnen *vt* inkar etmek, yadsımak (*etw* -i)

Leukämie *f* lösemi, kan kanseri

Leumund *m* ad, ün, şan

Leute *pl* insanlar *pl*, halk *sing;* **die alten ~** yaşlılar; **die jungen ~** gençler

Leutnant *m* teğmen

Lexikon *nt* sözlük

lfd. *adj Abk. von* **laufend** cari

Liaison *f* (*von Personen*) ilişki

Libanon *m* Lübnan

Libelle *f* kızböceği, yusufçuk

liberal *adj* liberal, erkinci, hür fikirli

liberalisieren *vt* serbestleştirmek, liberalleştirmek (*etw* -i)

Liberalisierung *f* (COM, POL) serbestleştirme

Liberalismus *m* liberalizm, erkincilik

Libyen *nt* Libya

Licht *nt* **1.**(*Schein von Lichtquelle*) ışık **2.**(*Beleuchtung*) aydınlatma, ışıklandırma; **gegen das ~** ışığa karşı; **jdm im ~ stehen** birine gölge etmek; **jdn hinters ~ führen** birinin gözünü boyamak; **mir geht ein ~ auf** şimdi anlamaya başlıyorum

Lichtbild *nt* fotoğraf

Lichtbildervortrag *m* slayt gösterisi

Lichtblick *m* ümit ışığı

Lichtgeschwindigkeit *f* ışık hızı

Lichthupe *f* motorlu taşıtın far sinyali

Lichtjahr *nt* ışık yılı

Lichtmaschine *f* dinamo

Lichtschalter *m* elektrik anahtarı [*o* düğmesi]

Lichtschein *m* ışık

Lichtsignal *nt* ışık işareti

Lichtstrahl *m* ışın

Lichtung *f* ağaçsız saha

Lid *nt* gözkapağı

Lidschatten *m* far, göz boyası

lieb *adj* **1.**(*wert, teuer*) sevgili, değerli **2.**(*liebenswürdig*) sevimli, cana yakın, şirin

3. (*nett*) nazik, ince; **seien Sie so ~ und ...** lütfen ... yapar mısınız; **~er Kurt!** sevgili Kurt!; **jdn ~ gewinnen**^{RR} birini sevmeye başlamak; **jdn ~ haben**^{RR} birini sevmek

liebäugeln *vi:* **mit etw ~** bir şeye eğilimi olmak

Liebe *f* **1.** (*Gefühl*) aşk, sevgi **2.** (*Zuneigung*) sevgi **3.** (*Nächsten-*) hayırseverlik; **aus ~ zu ...** aşkından

lieben *vt* **1.** (*Liebe empfinden*) sevmek (*jdn/etw* -i) **2.** (*gern mögen*) hoşlanmak (*jdn/etw* -den), beğenmek (*jdn/etw* -i)

liebenswert *adj* sevimli, şirin, cana yakın

liebenswürdig *adj* nazik, ince

Liebenswürdigkeit *f* naziklik, incelik, nezaket

lieber *adv* tercihan; **~ haben, ~ wollen** tercih etmek (*jdn/etw* -i); **ich trinke ~ Kaffee** kahve içmeyi tercih ederim

Liebesbrief *m* aşk mektubu

Liebeserklärung *f* aşk ilanı

Liebeskummer *m* aşk derdi, gönül acısı

Liebeslied *nt* aşk şarkısı

Liebespaar *nt* sevişen çift

liebevoll *adj* sevecen

liebgewinnen *vt s.* **lieb**

liebhaben *vt s.* **lieb**

Liebhaber(in) *m(f)* **1.** (*Geliebter*) âşık, dost **2.** (*Amateur*) amatör, meraklı, düşkün

Liebhaberei *f* hobi, merak

lieblich *adj* şirin, sevimli, tatlı; (*Wein*) hoş, yumuşak; (*Landschaft*) iç açıcı

Liebling *m* **1.** (*Person*) sevgili **2.** (*Kosewort*) hayatım, şekerim, canım

Lieblings- *adj* (*in Zusammensetzungen*) en çok sevilen

lieblos *adj* **1.** (*ohne Liebe*) sevgisiz **2.** (*hartherzig*) katı yürekli **3.** (*unsympathisch*) soğuk neva

liebste(r, s) *adj* en sevdiği; **am ~n** hepsine tercihan, en çok

Liechtenstein *nt* Liechtenstein

Lied *nt* şarkı; (*Volks-*) türkü; **davon kann ich ein ~ singen** benim de başımdan geçti

Liederbuch *nt* şarkı kitabı

liederlich *adj* **1.** (*nachlässig*) ihmalci, kayıtsız, dikkatsiz **2.** (*unordentlich*) pasaklı, derbeder, çapaçul

lief *vi s.* **laufen**

Lieferant *m* (COM) mal teslimcisi

lieferbar *adj* teslim olunabilir

Lieferbedingungen *fpl* (COM) teslim şartları *pl*

Lieferfrist *f* (COM) teslim süresi

liefern *vt* **1.** (*zustellen*) teslim etmek (*jdm etw* -e -i) **2.** (*beschaffen*) sağlamak, temin etmek (*etw* -i)

Lieferschein *m* (COM) teslim kâğıdı

Lieferung *f* **1.** (*Zustellung*) teslim **2.** (*Beschaffung*) sağlama

Lieferwagen *m* kamyonet

Liege *f* divan

liegen <lag, gelegen> *vi* **1.** (*Personen*) yatmak; (*Sachen*) (yatay) durmak **2.** (*sich befinden*) bulunmak; **etw ~ lassen** bir şeye el sürmemek; **hier liegt ... ...** burada; **nach dem Hof ~** (*Zimmer*) avluya bakmak; **woran liegt das?** bu neden ileri geliyor?; **es liegt mir viel daran** buna çok önem veriyorum; **so wie die Dinge ~** durumun göründüğü gibi; **das liegt mir (nicht)** bundan hoşlanırım/hiç hoşlanmam; **~ bleiben**^{RR} (*Gegenstand*) olduğu yerde kalmak; (*nicht aufstehen*) kalkmamak; (*unerledigt bleiben*) sürüncemede kalmak; (*Auto*) yolda kalmak; **~ lassen**^{RR} (*vergessen*) unutmak (*etw* -i); **die Arbeit ~ lassen**^{RR} işi sermek

Liegestuhl *m* şezlong

Liegewagen *m* kuşetli vagon

Liegewiese *f* çim

lieh *vt s.* **leihen**

ließ *vt s.* **lassen**

liest *vi, vt s.* **lesen**

Lifestyle *m* yaşam felsefesi

Lift *m* asansör

Likör *m* likör

lila *adj* eflatun

Lilie *f* zambak

Limonade *f* limonata; (*mit Kohlensäure*) gazoz

Limousine *f* limuzin

Linde *f* ıhlamur ağacı

Lindenblütentee *m* ıhlamur (çayı)

lindern *vt* **1.** (*mildern*) yumuşatmak, hafifletmek, yatıştırmak (*etw* -i) **2.** (*Schmerz*) dindirmek (*etw* -i)

Lineal *nt* cetvel

Linie *f* **1.** (*Strich*) çizgi **2.** (*Reihe*) sıra, dizi **3.** (*Verkehr*) hat **4.** (*Verwandtschaft*) taraf; **in erster ~** her şeyden önce; **auf seine ~ achten** şişmanlamamaya dikkat etmek

Linienmaschine *f* tarifeli uçak

Linienrichter(in) *m(f)* yan hakemi

Link *m* (INET) bağlantı (noktası), link

linke(r, s) *adj* sol; ~ **Seite** (*von Stoff*) kumaşın ters yüzü
Linke *f* 1.(*Hand*) sol el 2.(POL) solcular *pl*
Linke(r) *mf* (POL) solcu
links *adv* 1.(*nach links*) sola 2.(*auf der linken Seite*) solda 3.(*von links*) soldan; ~ **von mir** benim solumda
Linksaußen *m* solaçık
Linkshänder(in) *m(f)* solak
linkshändig *adj* solak
linksradikal *adj* aşırı solcu
Linoleum *nt* (yer) muşamba(sı)
Linse *f* 1.(*fürs Auge*) mercek 2.(*Hülsenfrucht*) mercimek
Linsensuppe *f* mercimek çorbası
Lippe *f* dudak
Lippenstift *m* ruj
lispeln *vi* peltek konuşmak
Lissabon *nt* Lizbon
List *f* hile, düzen
Liste *f* 1.(*von Personen od. Sachen*) liste 2.(*Verzeichnis*) fihrist, dizin 3.(*Aufstellung*) cetvel, dizin
listig *adj* hileci, kurnaz
Litauen *nt* Litvanya
Liter *m/nt* litre
literarisch *adj* edebi, yazınsal
Literatur *f* edebiyat, yazın
Litfaßsäule *f* ilan sütunu
Lithographie *f* taş baskısı, litografya
litt *vi, vt s.* **leiden**
Liturgie *f* liturya
Live- *adj* canlı
Livemusik *f* canlı müzik
Livesendung *f*, **Liveübertragung** *f* canlı yayın
Lizenz *f* ruhsat, lisans
Lkw, LKW *m Abk. von* **Lastkraftwagen** kamyon
Lob *nt* övgü, övme
loben *vt* övmek (*jdn/etw* -i)
lobenswert *adj* övgüye değer
Loch *nt* 1.(*allg*) delik; (*im Stoff*) yırtık 2.(*Öffnung*) aralık 3.(*Höhlung*) oyuk 4.(*Vertiefung*) çukur 5.(*auf Straßen*) yarık 6.(*fam: Gefängnis*) kodes
lochen *vt* delmek (*etw* -i)
Locher *m* (*Büro*) zımba
Lochkarte *f* (INFORM) delikli kart
Locke *f* bukle, (saç) lüle(si)
locken *vt* (*anziehen*) (kendine) çekmek (*jdn* -i)

Lockenkopf *m* kıvırcık saçlı (insan)
Lockenwickler *m* bigudi
locker *adj* 1.(*nicht straff*) gevşek 2.(*wackelig*) oynak; (*Zahn*) sallanan 3.(*zwanglos*) teklifsiz 4.(*Teig, Backware*) yumuşak
lockerlassen *irr vi:* **nicht** ~ tuttuğunu koparmamak
lockern I. *vt* 1.(*locker machen*) gevşetmek (*etw* -i) 2.(*fig: mildern*) hafifletmek (*etw* -i) II. *vr:* **sich** ~ (*sich locker machen*) gevşemek, laçka olmak; (*sich mildern*) hafiflemek
lockig *adj* kıvırcık, bukleli
Lockmittel *nt*, **Lockvogel** *m* (tuzak) yem(i)
Loden *m* kaba çuha
Löffel *m* kaşık; **ein** ~ **voll**[RR] bir kaşık dolusu
log[1] *vi s.* **lügen**
log[2] *m s.* **Logarithmus**
Logarithmus *m* logaritma
Loge *f* loca
Logik *f* mantık
logisch *adj* mantıklı, mantıki
logistisch *adj* lojistik
Logo *nt* logo
Lohn *m* 1.(*Arbeits-*) ücret 2.(*Belohnung*) ödül
Lohnarbeit *f* gündelik iş
Lohnempfänger(in) *m(f)* ücretli, ücret alan
lohnen *vr:* **sich** ~ yararlı olmak, (zahmete) değmek
lohnend *adj* (*lukrativ*) kazançlı, karlı, verimli
Lohnerhöhung *f* ücret artışı
Lohnsteuer *f* ücret vergisi
Lohnsteuer(jahres)ausgleich *m* yıllık ücret vergisi denkleştirmesi
Loipe *f* kayak parkuru [*o* yolu]
lokal *adj* yerel
Lokal *nt* 1.(*Raum*) lokal 2.(*Gastwirtschaft*) lokanta; (*Kneipe*) meyhane
lokalisieren *vt* yerini belirlemek (*etw* -in)
Lokativ *m* kalma durumu, -de hali
Lokomotive *f* lokomotif
Lokomotivführer(in) *m(f)* makinist
London *nt* Londra
Lorbeer *m* defne
Loser *m* (*fam: Versager*) pısırık
los *adj* (*abgegangen*) ayrılmış, kopmuş; ~**!** haydi!; **was ist** ~**?** ne oldu?, ne var?; **etw** ~ **sein** bir şeyden kurtulmak
Los *nt* 1.(*Auslosung*) kura 2.(*Lotterie-*) pi-

losbinden yango bileti **3.** (*Schicksal*) kader, yazgı, talih; **das große** ~ büyük ikramiye; **etw durch das** ~ **entscheiden** bir şeyi kuraya bırakmak
losbinden *irr vt* çözmek (*etw* -i)
Löschblatt *nt* kurutma kâğıdı
löschen *vt* **1.** (*Feuer, Licht*) söndürmek (*etw* -i) **2.** (*Durst*) gidermek (*etw* -i) **3.** (*Geschriebenes, Daten*) silmek (*etw* -i) **4.** (*Tinte*) kurutmak (*etw* -i)
Löschpapier *nt* kurutma kâğıdı
lose *adj* **1.** (*losgelöst*) çözük **2.** (*Gegensatz zu verpackt*) açık **3.** (*locker*) gevşek
Lösegeld *nt* fidye
losen *vi* kura çekmek; (*durch Münzwurf*) yazı tura atmak
lösen *vt* **1.** (*Problem, Rätsel*) çözmek (*etw* -i) **2.** (*Fahrkarte*) almak (*etw* -i) **3.** (*Vertrag*) feshetmek (*etw* -i)
losfahren *irr vi sein* (*abfahren*) hareket etmek, yola çıkmak; **auf jdn** ~ birinin üstüne yürümek
losgehen *irr vi sein* **1.** (*Schuss*) patlamak **2.** (*fam: anfangen*) başlamak; **aufeinander** ~ (*fig*) birbirine girmek, kapışmak
loskaufen *vt* fidye ödeyerek kurtarmak (*jdn* -i)
loskommen *irr vi sein* kurtulmak (*von etw/jdm* -den)
loslassen *irr vt* **1.** (*nicht festhalten*) salmak, bırakmak (*etw* -i) **2.** (*freilassen*) serbest bırakmak (*jdn* -i)
löslich *adj* çözülebilir; (*im Wasser*) suda erir
loslösen **I.** *vt* çözmek, sökmek, ayırmak (*etw* -i) **II.** *vr:* **sich** ~ çözülmek, sökülmek, ayrılmak
losmachen **I.** *vt* çözmek (*etw* -i) **II.** *vi* (*Schiff*) fora etmek (*etw* -i) **III.** *vr:* **sich** ~ kurtulmak, ayrılmak (*von etw/jdm* -den)
Losung *f* parola
Lösung *f* **1.** (*Problem-*) çözüm **2.** (CHEM) çözelti
Lösungsmittel *nt* solvent, çözücü
loswerden *irr vt sein* **1.** (*sich losmachen von*) baştan savmak (*jdn* -i), kurtulmak (*etw/jdn* -den) **2.** (*verlieren*) kaybetmek (*etw* -i)
Lot *nt* (*Senkblei*) çekül
löten *vi, vt* lehimlemek (*etw* -i)
Lothringen *nt* Loren
Lotion *f* losyon
Lotse *m* **1.** (MAR) gemi kılavuzu **2.** (*Flug-*) uçak kılavuzu
lotsen *vt* kılavuzluk etmek

Lotterie *f* piyango
Lotteriegewinn *m* ikramiye
Lotterielos *nt* piyango bileti
Lotto *nt* loto
Love Parade *f* Aşk Yürüyüşü [*o* Geçidi]
Löwe *m* **1.** aslan **2.** (*Sternzeichen*) Aslan (burcu)
Löwenanteil *m* aslan payı
Löwenzahn *m* karahindiba
Löwin *f* dişi aslan
loyal *adj* sadık, vefalı
Loyalität *f* sadakat, vefa
LP *f Abk. von* **Langspielplatte** uzunçalar
Luchs *m* vaşak
Lücke *f* **1.** (*leere Stelle*) boşluk **2.** (*Mangel*) eksik(lik), noksan(lık)
lückenhaft *adj* eksik, noksan
lückenlos *adj* eksiksiz
lud *vt s.* **laden**
Luft *f* hava; **frische** ~ temiz hava; ~ **holen** nefes [*o* soluk] almak; **in die** ~ **jagen/fliegen** havaya uçurmak/uçmak; **in die** ~ **gehen** (*vor Wut*) küplere binmek; **das ist aus der** ~ **gegriffen** aslı astarı yok; **die** ~ **ist rein** (*fig*) tehlike yok
Luftabwehr *f* hava savunması
Luftangriff *m* hava saldırısı [*o* hücumu]
Luftballon *m* balon
Luftblase *f* hava kabarcığı
luftdicht *adj* hava kaçırmaz [*o* geç(irmez)]
Luftdruck *m* hava basıncı
lüften *vt* havalandırmak (*etw* -i)
Luftfahrt *f* havacılık
Luftfeuchtigkeit *f* hava nemi [*o* rutubeti]
Luftfracht *f* (COM) kargo
Luftgewehr *nt* yel tüfeği
luftig *adj* **1.** (*Raum*) havalı, havadar **2.** (*Kleid*) hafif
Luftkissenfahrzeug *nt* hoverkraft
Luftkorridor *m* yabancı devletlerin üstünden uçarak geçme yolu
Luftkurort *m* temiz havalı dinlenme yeri
Luftlinie *f* **1.** iki yer arasındaki en kısa mesafe **2.** (AERO) havayolları *pl*
Luftmatratze *f* hava yatağı, şişirme yatak
Luftpirat(in) *m(f)* hava korsanı
Luftpost *f* uçak postası; **mit** ~ uçakla
Luftpumpe *f* pompa
Luftraum *m* hava sahası
Luftröhre *f* nefes borusu
Luftschlag *m* (MIL) hava saldırısı
Luftschutzkeller *m* sığınak

Luftstützpunkt *m* hava üssü
Lüftung *f* havalandır(ıl)ma
Luftveränderung *f* hava değişimi
Luftverkehr *m* hava trafiği
Luftverschmutzung *f* hava kirliliği
Luftwaffe *f* hava kuvvetleri
Luftweg *m* hava yolu
Luftwiderstand *m* hava direnci
Luftzug *m* hava cereyanı
Lüge *f* yalan; **faustdicke** ~ maval, martaval; **jdn ~n strafen** birinin yalanını çıkarmak
lügen <log, gelogen> *vi* yalan söylemek
Lügendetektor *m* yalan makinesi
Lügner(in) *m(f)* yalancı
Luke *f* 1.(*Dach*-) çatı penceresi 2.(*Schiffs*-) lombar
lukrativ *adj* kazançlı, karlı
Lümmel *m* 1.(*Rohling*) yontulmamış herif 2.(*Frechling*) terbiyesiz, utanmaz herif
Lump *m* sefil, ahlaksız
Lumpen *m* (*Fetzen*) paçavra
Lunge *f* akciğer
Lungenentzündung *f* zatürree, akciğer iltihabı
Lungenkrebs *m* akciğer kanseri
Lunte *f* (ateşleme) fitil(i); ~ **riechen** (*fam*) kokusunu almak
Lupe *f* büyüteç; **etw scharf unter die** ~ **nehmen** bir şeyi inceden inceye tetkik etmek
Lust *f* 1.(*Verlangen*) istek, arzu, heves 2.(*Genuss*) zevk 3.(*Freude*) sevinç; **ich habe Lust auf eine Partie Schach** canım bir parti satranç istiyor; **ich habe heute keine** ~ **zu arbeiten** bugün canım çalışmayı istemiyor
lustig *adj* 1.(*vergnügt*) neşeli, keyifli 2.(*unterhaltsam: Person*) tatlı dilli 3.(*Sache*) eğlenceli 4.(*witzig: Person*) şakacı 5.(*komisch*) komik, güldürücü; **sich über jdn** ~ **machen** biriyle alay etmek, biriyle eğlenmek
lustlos *adj* isteksiz, hevessiz
Lustspiel *nt* (THEAT) komedi, güldürü
lutschen *vi, vt* emmek (*etw/an etw* -i)
Lutscher *m* lolipop, çubuklu şekerleme
Luxemburg *nt* Lüksemburg
luxemburgisch *adj* Lüksemburglu, Lüksemburglu
luxuriös *adj* lüks
Luxus *m* lüks
Luxusartikel *m* lüks eşya
Luxuskarosse *f* lüks oto(mobil)
Luxussteuer *f* lüks vergisi
Lymphdrüse *f* lenf bezi
lynchen *vt* linç etmek (*jdn* -i)
Lynchjustiz *f* linç adaleti [*o* usulü]
Lyrik *f* lirik şiir
lyrisch *adj* lirik

M

m *m/nt Abk. von* **Meter** m (*metre*)
machbar *adj* yapılabilir
machen I. *vt* 1.(*tun*) yapmak, etmek (*etw* -i) 2.(*herstellen*) yapmak, imal etmek (*etw* -i) 3.(*verursachen*) neden olmak (*etw* -e) 4.(*ernennen*) atamak, tayin etmek (*jdn zu etw* -i -e) 5.(*kosten*) etmek; **wie viel macht das?** bu ne kadar ediyor?; **es macht mich wütend** bu beni çok öfkelendiriyor; **das macht nichts** zararı yok; **da ist nichts zu** ~ bunda artık yapılabilecek bir şey yok; **mach's gut!** hoşça kal!; **ich mache mir nichts daraus** buna hiç aldırış etmem; (*es gefällt mir nicht*) bundan hoşlanmıyorum II. *vr: sich* ~ (*fortschreiten*) ilerlemek; **sich an etw** ~ bir şeye girişmek, bir işe koyulmak
Macht *f* 1.(*Fähigkeit der Durchsetzung*) güç, kuvvet, kudret 2.(POL) iktidar 3.(*Staat als Macht*) devlet 4.(*Einfluss*) nüfuz, fors; **das steht nicht in meiner** ~ buna benim gücüm yetmez; **an der** ~ **sein** iktidarda olmak; **an die** ~ **kommen** iktidara gelmek
Machtergreifung *f* iktidara geçme
mächtig I. *adj* 1.(*stark*) güçlü, kuvvetli, kudretli 2.(*einflussreich*) nüfuzlu II. *adv* (*fig fam: sehr groß*) dev gibi, koskoca, kocaman
Machtkampf *m* iktidar kavgası
machtlos *adj* güçsüz, kuvvetsiz, kudretsiz
Machtübernahme *f* iktidarı ele alma
Mädchen *nt* kız; **kleines** ~ küçük kız; **junges** ~ genç kız
mädchenhaft *adj* kız gibi
Mädchenname *m* bir kadının evlenmeden önceki soyadı

Made f kurt(çuk)
Mafia f mafya
mag vt s. **mögen**
Magazin nt **1.** (*Lager*) ambar, depo **2.** (*Waffe*) şarjör **3.** (*Zeitschrift*) dergi, magazin
Magen m mide; **auf nüchternen ~** aç karnına; **ich habe mir den ~ verdorben** midem bozuldu
Magenbitter m amer
Magengeschwür nt mide ülseri
Magenschmerzen pl mide ağrısı *sing*
Magentropfen pl mide damlası *sing*
mager adj zayıf, cılız, sıska, kuru; (*Fleisch*) yağsız
Magermilch f yağsız süt
Magersucht f zafiyet
Magie f büyü, sihir
Magier m sihirbaz, büyücü
magisch adj büyülü, sihirli
Magister m master
Magistrat m belediye meclisi
Magnesium nt magnezyum
Magnet m mıknatıs
Magnetband nt manyetik bant
Magnetfeld nt manyetik alan
magnetisch adj mıknatıslı, manyetik
magnetisieren vt mıknatıslamak (*etw* -i)
Mahagoni nt maun
Mähdrescher m biçerdöver
mähen vt **1.** (*Gras*) biçmek (*etw* -i) **2.** (*Getreide*) oraklamak, tırpanlamak (*etw* -i)
Mäher m **1.** (*Person*) orakçı, tırpancı, ekin biçici **2.** (*Maschine*) biçme makinesi
Mahl nt yemek; (*festliches*) ziyafet
mahlen <mahlte, gemahlen> vt **1.** (*Getreide*) öğütmek (*etw* -i) **2.** (*Kaffee, Pfeffer*) dövmek, çekmek (*etw* -i)
Mahlzeit f (bir öğünlük) yemek; **~!** afiyet olsun!
Mähmaschine f biçme makinesi
Mähne f **1.** (*Pferd*) yele **2.** (*Mensch, fam*) uzun saçlar *pl*
mahnen **I.** vt (*ermahnen*) uyarmak, ikaz etmek (*jdn* -i), ihtarda bulunmak (*jdn* -e) **II.** vi (*erinnern*) hatırlatmak (*jdn an etw* -e -i)
Mahnmal nt anıt
Mahnung f uyarı, ikaz; (COM) ihtar
Mai m mayıs (ayı)
Maiglöckchen nt inciçiçeği
Maikäfer m mayısböceği
Mail f (*E-Mail*) (e-)mail, e-posta
Mailbox f (INET) mail kutusu

mailen vt (*E-Mail versenden*) maillemek (*jdm etw* -e -i)
Mailingliste f (INET) posta(lama) listesi
Mailserver m (INET) posta sunucusu
Mais m mısır
Maiskolben m mısır koçanı
majestätisch adj heybetli, haşmetli
Major m binbaşı
Majoran m mercanköşk
makellos adj kusursuz
mäkeln vi kusur bulmak (*an etw* -de), tenkit etmek (*an etw* -i)
Makkaroni pl düdük makarnası *sing*
Makler(in) m(f) komisyoncu, simsar
Makrele f uskumru
Makro nt (INFORM) makro
makrobiotisch adj makrobiyotik
Makrovirus m (INFORM) makro virüsü
mal adv **1.** (*mit voranstehender Zahl*) kere, defa **2.** (*beim Malnehmen*) kere, çarpı; **2 ~ 2 ist 4** iki kere iki dört eder; **hör ~** hele bir dinle; **sag ~** söyle bakalım
Mal¹ nt (*nur in adverbialen Bestimmungen*) kere, defa, kez; **zum ersten/letzten ~** ilk/son defa; **das wievielte ~?** kaçıncı defa?; **ein für alle ~** RR ilk ve son defa olmak üzere
Mal² nt **1.** (*Zeichen*) işaret, nişan, belirti **2.** (*Mutter-*) ben
Malaria f sıtma
Malbuch nt boyama kitabı
malen **I.** vi resim yapmak **II.** vt **1.** resmini yapmak (*etw/jdn* -in) **2.** (*tünchen*) badana etmek, boyamak (*etw* -i); **bunt ~** boyamak
Maler m **1.** (*Kunst-*) ressam **2.** (*Anstreicher*) boyacı
Malerei f **1.** (*Tätigkeit*) ressamlık **2.** (*Produkt*) resim, tablo
malerisch adj pitoresk
Malkasten m boya kutusu
Malta nt Malta (adası)
Malve f ebegümeci
Malz nt malt
Malzbier nt malt birası
Mama f (*fam*) ana, anne; (*Anrede*) anne(ciğim)
Mammographie f mamografi (*kanser tehlikesinde yapılan göğüs röntgeni*)
man pron: **~ spricht Türkisch** Türkçe konuşulur; **~ sagt** derler, deniliyor; **~ hat mir gesagt** bana dediler; **~ fragt sich** insan kendine soruyor; **~ muss ...** -mek lazım [*o* gerek]; **~ nehme ... ...** alın

Management *nt* yönetim
Manager(in) *m(f)* yönetici
manche(r, s) *pron* (*adjektivisch*) bazı, kimi; (*substantivisch*) bazısı, kimisi, bazıları *pl*
mancherlei *adj* türlü türlü, çeşitli
manchmal *adv* bazen, bazı defa, arasıra
Mandant(in) *m(f)* müvekkil
Mandarine *f* mandalina
Mandel *f* 1. badem 2. (ANAT) bademcik; **gebrannte** ~ badem şekeri
Mandelbaum *m* badem ağacı
Mandelentzündung *f* bademcik iltihabı
Manege *f* manej
Mangel[1] *f* (*Wäsche-*) ütü cenderesi, mengene; **jdn in die** ~ **nehmen** (*fig fam*) birini cendereye sokmak
Mangel[2] *m* 1. (*Fehlen*) eksik(lik), noksan 2. (*Knappheit*) kıtlık, azlık, darlık 3. (*Fehler*) kusur, hata
mangelhaft *adj* 1. (*unvollständig*) eksik, noksan 2. (*fehlerhaft*) kusurlu, hatalı 3. (*Schulnote*) zayıf, yetersiz
mangeln I. *vt* (*Wäsche*) ütü cenderesinden geçirmek (*etw* -i) II. *vi:* **es mangelt an ... ...** eksik geliyor; **es mangelt mir an ...** -e ihtiyacım var
mangels *präp* +*gen* -in bulunmadığından dolayı
Mangelware *f* piyasada az bulunmayan mal
Mangold *m* pazı
Manieren *pl* (*Benehmen*) davranış *sing;* **gute** ~ görgü *sing;* **er hat keine** ~ o, görgüsüzün biri
Manifest *nt* beyanname, manifesto
Maniküre *f* 1. (*Pflege*) manikür 2. (*Person*) manikürcü
manikühren *vt* manikür yapmak
Manipulation *f* manipülasyon
manipulieren *vt* manipüle etmek (*jdn/etw* -i)
Mann *m* 1. (*Mensch*) erkek, adam 2. (*Ehe-*) koca, eş 3. (*Person*) kişi; **seinen** ~ **stehen** yararlık göstermek; **zehn** ~ on kişi
Männchen *nt* 1. (*Person*) adamcık 2. (*Tier*) erkek; ~ **machen** salta durmak
Mannequin *nt* manken
mannigfach *adj,* **mannigfaltig** *adj* çeşitli
männlich *adj* 1. erkek 2. (GRAM) eril 3. (*mannhaft*) erkekçe, mertçe, yiğitçe
Männlichkeit *f* erkeklik; (*fig*) mertlik, yiğitlik

Mannschaft *f* 1. (SPORT) takım, ekip 2. (AERO, MAR) mürettebat
Mannschaftssport *m* takım sporu
Manöver *nt* manevra
manövrieren *vi* manevra yapmak
Mansarde *f* tavanarası [*o* çatı arası] oda
Manschette *f* kolluk, manşet
Manschettenknopf *m* kol düğmesi
Mantel *m* 1. (*Herren-*) palto; (*Damen-*) manto; (*Regen-*) yağmurluk 2. (*Reifen-*) dış lastik
Manteltarif(vertrag) *m* tarife üzerinden iskelet anlaşma
manuell *adj* elle yapılan
Manuskript *nt* el yazması
Mappe *f* 1. (*Akten-, Schul-*) çanta 2. (*Ordner*) klasör
Marathonlauf *m* Maraton koşusu
Marathonsitzung *f* çok uzun süren oturum
Märchen *nt* 1. masal 2. (*Lügengeschichte*) maval, martaval
märchenhaft *adj* (*auch fig*) masal gibi
Marder *m* sansar
Margarine *f* margarin (yağı)
Margerite *f* (*çayır*) papatya(sı)
Marienkäfer *m* hanımböceği, uğurböceği
Marihuana *nt* esrar, ot *fam*
Marinade *f* salamura
Marine *f* 1. bahriye 2. (MIL) deniz kuvvetleri *pl*
marinieren *vt* salamuraya yatırmak (*etw* -i)
Marionette *f* (*auch fig*) kukla
Marionettentheater *nt* kukla tiyatrosu
Mark[1] *nt* 1. (*Knochen-*) ilik 2. (*Frucht-*) meyvenin etli kısmı
Mark[2] *f* Mark
markant *adj* göze çarpan
Marke *f* 1. (*Fabrikat*) marka 2. (*Spiel-*) fiş 3. (*Brief-, Gebühren-*) pul; **ein Wagen der** ~ **Mercedes** Mercedes marka araba
Markenartikel *nt* marka malı
Marker *m* (*Markierstift*) markör, fosforlu kalem
Marketing *nt* pazarlama
Markise *f* (*Sonnendach*) (güneş) tente(si)
Markt *m* 1. (*Marktplatz*) pazar (yeri), çarşı 2. (*Handel*) piyasa 3. (*Jahr-*) kermes; **schwarzer** ~ karaborsa; **Gemeinsamer** ~ Ortak Pazar; **etw auf den** ~ **bringen** bir şeyi piyasaya çıkarmak; **auf den** ~ **kommen** piyasaya çıkmak

Marktbude *f* pazar barakası
Markteinführung *f* lansman
Markthalle *f* üstü kapalı pazar yeri, hal
Marktordnung *f* piyasa düzeni
Marktplatz *m* pazar (yeri)
Markttag *m* hafta pazarı olan gün
Marktwert *m* piyasa değeri
Marktwirtschaft *f* piyasa ekonomisi; **freie ~** serbest piyasa ekonomisi
Marmarameer *nt* Marmara Denizi
Marmelade *f* reçel, marmelat
Marmor *m* mermer
Marokkaner(in) *m(f)* Faslı
marokkanisch *adj* 1.(*Art*) Fas 2.(*Herkunft*) Faslı
Marokko *nt* Fas
Marone *f* kestane
Mars *m* Mars, Merih
Marsch *m* 1. yürüyüş 2.(*Musik*) marş
marschieren *vi sein* yürümek
März *m* mart (ayı)
Marzipan *nt/m* badem ezmesi
Masche *f* 1.(*Schlinge*) ilmik 2.(*pej: Kniff*) hile, düzen, dolap
Maschine *f* 1.(*Wasch-, Näh-*) makine, makina 2.(*Flugzeug*) uçak; **auf** [*o* **mit**] **der ~ schreiben** daktiloyla yazmak
maschinell *adj* mekanik
Maschinenbau *m* makine mühendisliği, makinecilik
Maschinenfabrik *f* makine fabrikası
Maschinenschlosser *m* makine tesviyecisi
Maschinenschreiben *nt* daktilo (yazma)
Maschinensprache *f* (INFORM) makine dili
Masern *pl* kızamık *sing*
Maske *f* maske
Maskenball *m* maskeli balo
maskieren I. *vt* maskelemek (*jdn/etw* -i) II. *vr:* **sich ~** (*auch fig*) maskelenmek, maske takmak
Maskottchen *nt* maskot
masochistisch *adj* mazoşist
maß *vt s.* **messen**
Maß *nt* 1. ölçü 2.(*Verhältnis*) oran, nispet 3.(*Maßstab*) ölçek 4.(*Ausdehnung*) genişlik, kaplam, kapsam; **nach ~** ısmarlama; **~ nehmen** ölçü almak; **in hohem ~e** gayet; **in höchstem ~e** son derece(de)
Massage *f* masaj
Massaker *nt* kırım
Maßarbeit *f* ısmarlama iş

Masse *f* 1.(*Menschen-*) kitle 2.(*bei Sachen*) kütle, yığın 3.(*Materie*) madde
Massengrab *nt* toplu mezar
massenhaft *adj, adv* 1.(*Sache*) bol bol 2.(*Personen*) akın akın
Massenkarambolage *f* birçok taşıtın karıştığı kaza
Massenmedien *pl* kitlesel medya *sg*
Massenmord *m* (kitlesel) katliam
Massenvernichtungswaffe *f* kitle imha silahı
Massenware *f* sıra malı
massenweise *adv* 1.(*Sachen*) bol bol 2.(*Personen*) akın akın
Masseur *m* masör
Masseurin *f* masöz
maßgeblich *adj* esas olan
maßhalten *irr vi* ölçüyü aşmamak
massieren *vt* masaj yapmak (*jdn/etw* -e), ovmak (*jdn/etw* -i)
mäßig *adj* 1.(*gemäßigt*) ölçülü, ılımlı 2.(*Preis*) ehven 3.(*mittel-*) orta, vasat
mäßigen I. *vt* 1.(*herabmindern*) azaltmak, indirmek, kısmak (*etw* -i) 2.(*mildern*) yatıştırmak (*etw* -i) II. *vr:* **sich ~** (*sich beherrschen*) kendine hakim olmak; (*Maß halten*) ölçüyü aşmamak
massiv *adj* som; (*fig: grob*) kaba
Massiv *nt* masif, dağ kütlesi
maßlos I. *adj* ölçüsüz II. *adv* son derece(de)
Maßnahme *f* önlem, tedbir; **~n ergreifen** önlem almak
Maßstab *m* 1. ölçek; (*Lineal*) cetvel 2.(*Verhältnis*) oran, nispet 3.(*fig: Kriterium*) kıstas, ölçüt
maßvoll *adj* ölçülü; (*gemäßigt*) ılımlı
Mast[1] *m* (*Strom-, Schiffs-*) direk
Mast[2] *f* (*Schweine-*) semizletme, semirtme, besi
mästen *vt* (*Tiere*) semirtmek, besiye çekmek (*etw* -i)
masturbieren *vi* mastürbasyon yapmak, otuzbir çekmek *fam*
Match *nt* maç
Material *nt* 1.(*Stoff*) madde 2.(*Hilfsmittel*) malzeme, gereç
Materialismus *m* maddecilik, materyalizm
Materialist *m* maddeci, materyalist
materialistisch *adj* maddeci, materyalist
Materie *f* madde
materiell *adj* maddi
Mathematik *f* matematik

Mathematiker(in) *m(f)* matematikçi
mathematisch *adj* matematik(sel)
Matjeshering *m* küçük ringa balığı
Matratze *f* şilte, döşek; (*Sprungfeder-*) somya
matriarchalisch *adj* anaerkil
Matrose *m* tayfa
Matsch *m* çamur
matschig *adj* çamurlu
matt *adj* 1.(*glanzlos*) donuk, sönük; (*Farbe auch*) uçuk 2.(*erschöpft*) yorgun, bitkin, dermansız 3.(*Schach*) mat
Matte *f* 1.(*Stroh-*) hasır 2.(*Fuß-*) paspas 3.(*Turn-*) minder
Mattscheibe *f* (TV: *fam*) ekran
Mätzchen *pl* (*fam*) saçmalık *sing*, numara *sing*
Mauer *f* duvar; (*Stadt-*) sur
Maul *nt* 1.(*vom Tier*) hayvan ağzı 2.(*pej*) ağız; **halt's ~!** (*vulg*) çeneni tut!
Maulbeerbaum *m* dut ağacı
Maulbeere *f* dut
maulen *vi* (*fam*) somurtmak, homurdanmak
Maulkorb *m* tasma, burun maskesi
Maulesel *m*, **Maultier** *nt* katır
Maul- und Klauenseuche *f* şap hastalığı
Maulwurf *m* köstebek
Maurer(in) *m(f)* duvarcı
Maus *f* (*auch Computer-*) fare
Mausefalle *f* fare kapanı
Mauseloch *nt* fare deliği
Mausklick *m* tıklama
Mausköder *m* fare yemi
Mausoleum *nt* mozole, anıtkabir
max. *adj Abk. von* **maximal**
maximal **I.** *adj* en yüksek **II.** *adv* en fazla
Maximum *nt* maksimum, en yüksek derece
Mayonnaise *f* mayonez
Mazedonien *nt* Makedonya
MdB, M. d. B. *nt Abk. von* **Mitglied des Bundestages** Federal Alman Parlamentosu üyesi
MdL, M. d. L. *nt Abk. von* **Mitglied des Landtages** Federal Eyalet Meclisi Üyesi
Mechanik *f* mekanik
Mechaniker(in) *m(f)* makineci, makine ustası
mechanisch **I.** *adj* 1. mekanik 2.(*automatisch*) otomatik **II.** *adv* (*automatisch*) otomatikman
Mechanisierung *f* makineleştirme
Mechanismus *m* mekanizma

Meckerer *m* (*fam*) mızmız, dırdırcı
meckern *vi* 1.(*Ziege*) melemek 2.(*fam: Mensch*) mızmızlanmak, dırdır etmek
Medaille *f* madalya
Medien *pl* medya *sg*
Medienmogul *m*, **Medienzar** *m* medya imparatoru [*o* devi]
Medikament *nt* ilaç
Meditation *f* meditasyon
meditieren *vi* meditasyon yapmak
Medium *nt* 1.(*spirististisch*) medyum 2.(*Zeitung, TV etc.*) medya
Medizin *f* 1.(*Arznei*) ilaç 2.(*Wissenschaft*) tıp
Mediziner(in) *m(f)* doktor
medizinisch *adj* tıbbi
Meer *nt* deniz
Meerenge *f* boğaz
Meeresboden *m* denizin dibi
Meeresspiegel *m* deniz seviyesi; **unter/über dem ~** deniz seviyesinin altında/üstünde
Meerrettich *m* bayırturpu
Meerschweinchen *nt* kobay
Meeting *nt* miting
Megabyte *nt* (INFORM) megabayt
Megahertz *nt* megahertz
Megaphon *nt* megafon
Megatonne *f* megaton
Megawatt *nt* megavat
Mehl *nt* un
mehlig *adj* unlu, un gibi
mehr *adv* 1. *Komparativ von* **viel** daha çok, fazla; **~ als ...** -den daha çok [*o* fazla]; **~ als 2 Wochen** iki haftadan fazla; **~ als du glaubst** sandığından daha fazla; **immer ~** gitgide 2. **nicht ~** artık değil; **er arbeitet nicht ~** artık çalışmıyor
mehrdeutig *adj* çok anlamlı
mehrere *adj, pron* (*adjektivisch*) birçok; (*substantivisch*) bazıları
mehrfach **I.** *adj* 1.(*viele*) birçok 2.(*wiederholt*) tekrar **II.** *adv* 1.(*mehr als einmal*) birkaç kere 2.(*wiederholt*) tekrar tekrar
Mehrfachbeschäftigung *f* çok yönlü çalış(tır)ma
Mehrfahrtenkarte *f* birçok gidiş için geçerli bilet
Mehrheit *f* çoğunluk, ekseriyet
mehrmalig *adj* tekrar edilen
mehrmals *adv* birkaç defa
mehrsprachig *adj* 1.(*Person*) çok dil bilen

2. (*Buch*) çok dilde basılmış
Mehrwert *m* (ECON) katma değer
Mehrwertsteuer *f* katma değer vergisi
Mehrzahl *f* **1.** (*Mehrheit*) çoğunluk **2.** (*Plural*) çoğul
Mehrzweckhalle *f* çeşitli amaçlar için kullanılan bina
Mehrzwecksportanlage *f* çeşitli amaçlar için kullanılan spor tesisi
meiden <meidet, mied, gemieden> *vt* sakınmak, kaçınmak, çekinmek (*jdn/etw* -den)
mein(e) *pron* benim; **der, die, das ~e** benimki; **~ Gott!** aman Allahım!; **~e Damen und Herren!** bayanlar, baylar!
Meineid *m* yalan yere yemin; **einen ~ schwören** yalan yere yemin etmek
meinen *vt* **1.** (*glauben*) sanmak, zannetmek (*dass* -diğini) **2.** (*denken*) düşünmek (*dass* -diğini) **3.** (*sagen*) söylemek, demek (*dass* -diğini) **4.** (*sich beziehen auf*) kastetmek (*etw* -i) **5.** (*sagen wollen*) demek istemek (*etw* -i); **ganz wie Sie ~** siz bilirsiniz; **so war es nicht gemeint** böyle demek istememiştim
meinerseits *adv* benim tarafımdan, bence
meinetwegen *adv* **1.** (*wegen mir*) benim için **2.** (*von mir aus*) bence [*o* bana göre] hava hoş
Meinung *f* düşünce, fikir, görüş; **öffentliche ~** kamuoyu; **vorgefasste ~** önyargı; **meiner ~ nach** bence, bana kalırsa; **seine ~ ändern** fikrini değiştirmek
Meinungsaustausch *m* fikir alışverişi
Meinungsbildung *f* fikir geliştirme
Meinungsforschung *f* halk fikirlerinin yoklanması
Meinungsfreiheit *f* fikir özgürlüğü
Meinungsumfrage *f* anket, kamuoyu yoklaması
Meinungsverschiedenheit *f* fikir ayrılığı, anlaşmazlık
Meise *f* (*Vogel*) iskete (kuşu); **eine ~ haben** (*fam*) kaçık olmak
Meißel *m* kalem, keski
meist **I.** *adj* çoğu; **die ~en Menschen** çoğu insanlar, insanların çoğu; **die ~en (von ihnen)** (onların) çoğu **II.** *adv* (*meistens*) çoğunlukla, genellikle; **diese CD gefällt mir am ~en** bu CD en çok hoşuma gidiyor
meistens *adv* çoğunlukla, genellikle
Meister(in) *m(f)* **1.** (*im Handwerk*) usta **2.** (*in der Kunst, als Anrede*) üstat **3.** (SPORT) rekortmen, şampiyon
meistern *vt* **1.** (*beherrschen*) (çok iyi) becermek (*etw* -i) **2.** (*Schwierigkeit*) yenmek (*etw* -i), hakkından gelmek (*etw* -in)
Meisterschaft *f* **1.** (*meisterhaftes Können*) ustalık **2.** (SPORT) şampiyona
Meisterstück *nt*, **Meisterwerk** *nt* usta işi, şaheser
Melancholie *f* melankoli
melancholisch *adj* melankolik, hüzünlü
Meldefrist *f* kayıt süresi
melden **I.** *vt* bildirmek (*jdm etw* -e -i) **II.** *vr*: **sich ~** (*zu Wort ~*) söz istemek; (*erscheinen*) geldiğini haber vermek (*bei jdm* -e); (*am Telefon*) cevap vermek; (*zu einem Dienst*) yazılmak (*zu/für etw* -e)
Meldepflicht *f* haber verme zorunluluğu
Meldung *f* **1.** (*Ankündigung*) bildiri **2.** (*Bericht*) rapor **3.** (*Nachricht*) haber
melken <melkte *o* molk, gemolken> *vt* sağmak (*etw* -i)
Melodie *f* melodi, ezgi
melodisch *adj* melodik, ezgisel
Melone *f* **1.** (*Honig-*) kavun; (*Wasser-*) karpuz **2.** (*Hut*) melon
Membran *f* ince zar, diyafram, membran
Memoiren *pl* hatıralar *pl*
Menge *f* **1.** (*bestimmtes Quantum*) miktar **2.** (*Haufen, Masse*) yığın, kütle **3.** (*Menschen-*) kalabalık; **eine große ~** (**von**) bir sürü
Mengenlehre *f* kümeler teorisi
mengenmäßig *adv* miktar olarak
Meningitis *f* menenjit
Meniskus *m* menisküs
Menopause *f* menopoz, adetten kesilme
Mensa *f* öğrenci yemekhanesi
Mensch *m* insan; **kein ~** hiç kimse
Menschenaffe *m* insanımsı maymun
Menschenalter *nt* yetmiş, seksen yıllık bir süre
menschenfeindlich *adj* insan karşıtı
Menschenkenntnis *f* insan sarraflığı
Menschenleben *nt* insan ömrü
Menschenmenge *f* kalabalık
Menschenrechte *pl* insan hakları *pl*
Menschenrechtsaktivist(in) *m(f)* insan hakları savunucusu
Menschenrechtsverletzung *f* insan haklarının çiğnenmesi
Menschenschmuggel *m* insan kaçakçılı-

Menschenverstand *m:* **gesunder** ~ sağduyu
Menschenwürde *f* insanlık onuru
Menschheit *f* insanlık
menschlich *adj* insanca
Menschlichkeit *f* insanlık
Menstruation *f* aybaşı, adet (görme)
Mentalität *f* zihniyet, anlayış
Menthol *nt* mentol
Menü *nt* 1.(*Speisefolge*) mönü 2.(INFORM) menü
merken *vt* 1.(*wahrnehmen*) farkına varmak (*etw* -in), fark etmek, algılamak (*etw* -i) 2.(*spüren*) hissetmek, duymak, sez(in-le)mek (*etw* -i); **sich** *dat* **etw** ~ bir şeyi aklında tutmak, bir şeyi bellemek; **jdn etw** ~ **lassen** birine bir şeyi hissettirmek [*o* sezdirmek]
Merkmal *nt* 1.(*Kennzeichen*) belirti, işaret 2.(*Eigenschaft*) özellik 3.(*Unterscheidungs-*) fark
merkwürdig *adj* (*seltsam*) garip, tuhaf
messbar^RR *adj* ölçülebilir
Messe *f* 1.(*Gottesdienst*) kudas ayini 2.(*Ausstellung*) sergi, fuar, panayır
Messegelände *nt* fuar alanı
Messehalle *f* fuar hali
messen <misst, maß, gemessen> *vt* ölçmek (*etw* -i)
Messer *nt* bıçak; (*Taschen-*) çakı
Messerschnitt *m* (*Frisur*) bıçak kesiği
Messestand *m* stant
Messing *nt* (*Metall*) pirinç
Messinstrument^RR *nt* ölçü aleti
Messung *f* ölç(ül)me
Metall *nt* metal
Metallarbeiter(in) *m(f)* metal sanayiinde çalışan işçi
Metallindustrie *f* metal sanayii
Metallwaren *pl* metal eşyalar *pl*
metaphysisch *adj* metafizik
Metastase *f* metastaz
Meteor *m* akanyıldız
Meteorit *m* göktaşı, meteortaşı
Meteorologe, -gin *m, f* meteorolog
Meteorologie *f* meteoroloji
meteorologisch *adj* meteorolojik
Meter *m* metre
Metermaß *nt* (*Zollstock*) (açılır kapanır) metre; (*Bandmaß*) mezura
Methode *f* yöntem, metot, sistem
methodisch *adj* yöntemli, metotlu
Metro *f* metro
Metronom *nt* metronom
Metropole *f* metropol
Metzger(in) *m(f)* kasap
Metzgerei *f* kasap dükkanı
Meute *f* köpek sürüsü
Meuterei *f* isyan, ayaklanma
Meuterer *m* asi
meutern *vi* isyan etmek, ayaklanmak
Mexikaner(in) *m(f)* Meksikalı
mexikanisch *adj* 1.(*Art*) Meksika 2.(*Herkunft*) Meksikalı
Mexiko *nt* 1.(*Land*) Meksika 2.(*Stadt*) Meksiko
MEZ *f* *Abk. von* **mitteleuropäische Zeit** Orta Avrupa saati
MHz *nt Abk. von* **Megahertz** (*megahertz*)
miauen *vi* miyavlamak
mich *pron* beni; (~ *selbst*) kendimi
mied *vt s.* **meiden**
Mieder *nt* 1.(*Leibchen*) küçük korse, sıkı iç yeleği 2.(*Korsett*) korse
Miene *f* (*Gesicht*) yüz, çehre; (*Gebärde*) yüz ifadesi; **ohne eine** ~ **zu verziehen** gözünü bile kırpmadan
mies *adj* (*fam*) berbat
Miesmuschel *f* kara kabuk midyesi
Miete *f* kira
mieten *vt* kiralamak, (kira ile) tutmak (*etw* -i)
Mieter(in) *m(f)* kiracı
Mietshaus *nt* apartman
Mietvertrag *m* kira kontratı
Mietwagen *m* kiralık otomobil
Mietwohnung *f* kiralık daire
Migräne *f* migren, yarım baş ağrısı
Migrant(in) *m(f)* göçmen
Migration *f* göç
Mikrochip *m* mikroyonga, mikroçip
Mikroelektronik *f* mikro elektronik
Mikrofilm *m* mikrofilm
Mikrofon *nt,* **Mikrophon** *nt* mikrofon
Mikroprozessor *m* mikroişlemci
Mikroskop *nt* mikroskop
mikroskopisch *adj* mikroskopik
Mikrowelle *f* mikrodalga
Mikrowellenherd *m* mikrodalga fırını
Milch *f* süt
Milcherzeugnisse *pl* süt ürünleri [*o* mamulleri]
Milchflasche *f* süt şişesi
Milchgeschäft *nt* sütçü (dükkanı)

Milchkaffee m sütlü kahve
Milchmädchenrechnung f hayali hesap, çömlek hesabı
Milchmann m sütçü
Milchmixgetränk nt sütle karıştırılmış içecek
Milchpulver nt süt tozu
Milchstraße f samanyolu
Milchzahn m sütdişi
mild adj 1.(*allgemein*) yumuşak 2.(*nachsichtig*) hoşgörülü 3.(*barmherzig*) merhametli 4.(*Klima*) ılıman, yumuşak 5.(*Strafe*) hafif
mildernd adj: ~e **Umstände** hafifletici sebepler
Milieu nt ortam, çevre
militant adj savaşçı, militan
Militär nt asker(ler), silahlı kuvvetler
Militärdienst m askerlik (hizmeti); ~ **mit Loskaufoption** (*in der Türkei*) bedelli askerlik
Militärdiktatur f askeri diktatörlük
militärisch adj askeri
Militärpolizei f askeri polis
Militärregierung f askeri rejim
Mill. f Abk. von **Million(en)** milyon
Millenium nt milenyum
Milliardär(in) m(f) milyarder
Milliarde f milyar
Milligramm nt miligram
Millimeter m milimetre
Million f milyon
Millionär(in) m(f) milyoner
Milz f dalak
Milzbrand m şarbon
Mimik f mimik
min. adj Abk. von **minimal** en az
Min. f Abk. von **Minute(n)** d (*dakika*)
Minarett nt minare
minderbemittelt adj 1.(*geistig*) ahmak 2.(*finanziell*) dar gelirli
Minderheit f azınlık
minderjährig adj reşit olmayan
Minderjährigkeit f reşit olmayış
mindern vt azaltmak, indirmek (*etw* -i)
Minderung f azaltma, indirme
minderwertig adj aşağılık, bayağı, adi
Minderwertigkeitskomplex m aşağılık kompleksi
mindest adj en az; **das Mindeste**^{RR} en az yapılabilecek şey; **nicht im Mindesten**^{RR} hiç bir şekilde

mindestens adv 1.(*nicht weniger*) en az; (*nicht niedriger*) en aşağı 2.(*wenigstens*) hiç olmazsa, bari
Mindestlohn m asgari ücret
Mine f 1.(*Bergwerk*) maden ocağı 2.(MIL) mayın
Mineral nt mineral, maden
Mineralbad nt mineralli kaynakları olan ılıca
Mineralogie f mineraloji
Mineralquelle f madensuyu kaynağı; (*warme*) kaplıca, ılıca, kaynarca
Mineralwasser nt madensuyu; (*mit Kohlensäure*) soda
Minibar f minibar
Minigolf nt minigolf
minimal adj en az [o aşağı]
Minimum nt minimum
Minister(in) m(f) bakan
ministeriell adj bakanlıktan gelen
Ministerium nt bakanlık
Ministerpräsident(in) m(f) başbakan
Ministerrat m bakanlar kurulu, kabine
Minorität f az(ın)lık
minus adv eksi; **sechs ~ zwei ist vier** altı eksi iki dört eder
Minute f dakika; **auf die ~ (genau)** dakikası dakikasına
Minutenzeiger m yelkovan
mir pron bana; ~ **nichts, dir nichts** apansızın, kestirmeden
Mirabelle f küçük sarı erik
Mischehe f yabancıyla evlilik
mischen **I.** vt karıştırmak, katıştırmak (*etw mit etw* -i -e); (*Karten*) karıştırmak **II.** vr: **sich** ~ karışmak (*mit etw* -e); (*unter Leute*) katılmak (*unter jdn* -e)
Mischling m melez
Mischmasch m karmakarışıklık
Mischung f karışım
miserabel adj berbat
Mispel f muşmula
missachten^{RR} vt 1.(*nicht achten*) hiçe saymak (*etw/jdn* -i) 2.(*nicht beachten*) aldırış etmemek (*etw/jdn* -e)
Missachtung^{RR} f 1. hiçe sayma 2.(*eines Gesetzes*) riayet etmeme
Missbildung^{RR} f biçimsizlik
missbilligen^{RR} vt 1.(*nicht billigen*) tasvip etmemek (*etw* -i) 2.(*ablehnen*) reddetmek (*etw* -i) 3.(*tadeln*) ayıplamak, kınamak (*etw* -i)

MissbrauchRR *m* kötüye kullanım; **sexueller** ~ cinsel taciz
missbrauchenRR *vt* kötüye kullanmak (*jdn/etw* -i); (*sexuell*) taciz etmek (*jdn* -i), ırzına geçmek (*jdn* -in)
MisserfolgRR *m* başarısızlık
MissgeschickRR *nt* aksilik
missglückenRR *vi sein* başarısızlığa uğramak
MissgriffRR *m* hata, falso, gaf
MissgunstRR *f* kıskançlık
misshandelnRR *vt* kötü davranmak (*jdn* -e), hırpalamak (*jdn* -i)
MisshandlungRR *f* kötü davranma
Mission *f* 1.(*Auftrag*) görev, vazife 2.(*Gesandtschaft*) elçilik 3.(REL) dini propaganda
Missionar(in) *m(f)* misyoner
MisskreditRR *m* itibardan düşme; **jdn in ~ bringen** birini itibardan düşürmek
misslichRR *adj* 1.(*heikel*) müşkül, nazik, sakıncalı 2.(*unangenehm*) nahoş, aksi, can sıkıcı
misslingenRR <misslang, misslungen> *vi sein* (*Vorhaben*) boşa gitmek; **es ist mir misslungen** başaramadım
misstRR *vt s.* **messen**
misstrauenRR *vi* güvenmemek (*jdm* -e)
MisstrauenRR *nt* güvensizlik
MisstrauensvotumRR *nt* güvensizlik oyu
misstrauischRR *adj* güvensiz
MissverhältnisRR *nt* denksizlik, oransızlık
missverständlichRR *adj* yanlış anlaşılmaya yol açan, çok anlamı olan, açık [*o* belli] olmayan
MissverständnisRR *nt* yanlış anlama
missverstehenRR *irr vt* yanlış anlamak (*jdn/etw* -i)
MisswirtschaftRR *f* kötü idare
Mist *m* 1.(*Düngemittel*) gübre, fışkı 2.(*fam: wertloses Zeug*) değersiz şey(ler); (*Unsinn*) saçma sapan; ~! tüh!, Allah kahretsin!
Misthaufen *m* gübre yığını
mit *präp+dat* ile; (*als Suffix*) -le/-la; (*zusammen* ~) ile birlikte [*o* beraber]; ~ **mir** benimle; ~ **dir** seninle; ~ **ihm**, ~ **ihr** onunla; ~ **jdm gehen** biriyle gitmek; (*fig: Freundschaft*) biriyle çıkmak; ~ **dem Flugzeug** uçakla; ~ **dem Kugelschreiber** tükenmez kalemle; ~ **der Maschine/Hand schreiben** daktiloyla/el yazısıyla yazmak; ~ **der Post** postayla; ~ **Gewalt** zorla; ~ **einem Wort** tek kelimeyle; ~ **20 Jahren** yirmi yaşında; ~ **schwarzen Augen** kara gözlü; ~ **dabei sein** (*sich beteiligen*) katılmak; **was ist ~ ihm?** onun nesi var?
Mitarbeit *f* işbirliği
mitarbeiten *vi* birlikte çalışmak, işbirliği yapmak; **an etw ~** bir şeye katılmak
Mitarbeiter(in) *m(f)* eleman
mitbekommen *irr vt* 1.(*auf den Weg*) yanına verilmek 2.(*fig: verstehen*) anlamak, kavramak (*etw* -i)
Mitbenutzung *f* birlikte kullanma
Mitbestimmung *f* yönetime katılma
mitbringen *irr vt* (yanında) getirmek (*etw* -i)
Mitbringsel *nt* küçük hediye
Mitbürger(in) *m(f)* yurttaş, vatandaş
miteinander *adv* 1.(*zusammen*) birlikte, beraber 2.(*einer mit dem anderen*) birbir(ler)iyle; **alle ~** hepsi birlikte [*o* beraber]
Mitesser *m* (*Talgabsonderung*) komedon
mitfahren *irr vi sein* birlikte gitmek (*mit jdm* ile)
mitfühlen *vi:* **mit jdm ~** birinin duygularını paylaşmak, birine sempati [*o* yakınlık] göstermek
Mitgefühl *nt* duygudaşlık, sempati; (*Beileid*) başsağlığı
mitgenommen *adj* (*fig*) sarsılmış, hırpalanmış
Mitgift *f* çeyiz, drahoma
Mitglied *nt* üye; ~ **werden** üye olmak
Mitgliedskarte *f* üyelik kartı
mithören *vt* 1.(*heimlich*) gizlice dinlemek (*etw* -i) 2.(*aufschnappen*) kulak misafiri olmak (*etw* -e)
mitkommen *irr vi sein* 1.(*begleiten*) birlikte gelmek (*mit jdm* ile), eşlik etmek (*mit jdm* -e) 2.(*verstehen*) anlamak; (*hören*) duymak
mitkriegen *vt* (*verstehen*) anlamak, kavramak; (*hören*) duymak (*etw* -i)
Mitläufer(in) *m(f)* içten angaje olmayan yandaş/üye
Mitlaut *m* ünsüz
Mitleid *nt* acıma
Mitleidenschaft *f:* **etw in ~ ziehen** bir şeyi sarsmak [*o* bozmak]
mitmachen I. *vi* (*sich beteiligen*) katılmak (*bei etw* -e) II. *vt* (*Mode*) izlemek (*etw* -i); **viel ~ müssen** (dert) çekmek
Mitmenschen *mpl* (birlikte yaşanılan) insanlar, yakınlar
mitnehmen *irr vt* 1.(*auf einen Weg*) yanına almak, (beraberinde) götürmek (*etw/jdn* -i)

mitreden 2. (*fig: seelisch*) sarsmak; (*körperlich*) yormak (*jdn* -i)
mitreden *vi* söze katılmak
Mitreisende(r) *mf* yol arkadaşı
mitreißen *irr vt* 1. (*mit sich fortreißen*) sürüklemek (*etw* -i) 2. (*begeistern*) coşturmak, heyecanlandırmak (*jdn* -i)
mitschreiben *irr vi, vt* not etmek (*etw* -i)
Mitschuld *f* suç ortaklığı
mitschuldig *adj* suç ortağı
mitspielen *vi* 1. oyuna katılmak 2. (*mit eine Rolle spielen*) rol oynamak
Mitspieler(in) *m(f)* oyun arkadaşı; (SPORT) takım arkadaşı
Mittag *m* öğle(n); **zu ~ essen** öğle yemeği yemek; **heute Mittag**ᴿᴿ bugün öğleyin
Mittagessen *nt* öğle yemeği
mittags *adv* öğleyin, öğle(n)leri
Mittagsruhe *f*, **Mittagsschlaf** *m* öğle uykusu; **~ halten** öğle uykusuna yatmak
Mitte *f* 1. (*Zentrum*) orta 2. (*Mittelpunkt*) merkez 3. (*zwischen zwei Punkten*) ara; **~ Mai** mayısın ortasında; **~ Vierzig** kırk yaşlarının ortasında; **in unserer ~** ortamızda, aramızda
mitteilen *vt* bildirmek (*jdm etw* -e -i)
mitteilsam *adj* konuşkan
Mitteilung *f* 1. (*Nachricht*) haber, bildirme 2. (*Bekanntgabe*) bildiri, duyuru
Mittel *nt* 1. (*Hilfs-*) araç 2. (*Heil-*) ilaç 3. (*Durchschnitt*) orta(lama) 4. (*Geld-*) para; **~ und Wege finden um zu** -menin yolunu bulmak, -meye çare bulmak
Mittelalter *nt* ortaçağ
mittelalterlich *adj* ortaçağa ait
Mittelamerika *nt* Orta Amerika
mittelbar *adj* dolaylı
Mitteleuropa *nt* Orta Avrupa
mitteleuropäisch *adj* 1. (*Art*) Orta Avrupa('ya ait) 2. (*Herkunft*) Orta Avrupalı; **~e Zeit** Orta Avrupa saati
Mittelfinger *m* ortaparmak
mittelfristig *adj* orta vadeli
Mittelgebirge *nt* orta yükseklikte sıradağlar
mittelgroß *adj* orta büyüklükte; (*Mensch*) orta boylu
Mittelklasse *f* orta sınıf
mittellos *adj* fakir, yoksul
mittelmäßig **I.** *adj* orta (karar); (*negativ*) sıradan, alelade **II.** *adv* şöyle böyle
Mittelmeer *nt* Akdeniz
Mittelohrentzündung *f* ortakulak iltihabı
Mittelpunkt *m* merkez, orta
mittels *präp +gen* ... sayesinde
Mittelstand *m* orta tabaka
mittelständisch *adj:* **~er Betrieb** orta ölçekli girişim
Mittelstürmer(in) *m(f)* santrfor
mittelsüß *adj* (*türkischer Kaffee*) orta
Mittelwelle *f* orta dalga
Mittelwort *nt* sıfatfiil, ortaç
mitten *adv:* **~ in** (*Ort*) -in ortasında; (*Richtung*) -in ortasına; **~ in der Nacht** gece yarısı
Mitternacht *f* gece yarısı
mittlere(r, s) *adj* 1. (*durchschnittlich*) orta(lama) 2. (*im Mittelpunkt*) merkezi 3. (*zwischen zwei Punkten*) aradaki; **der Mittlere Osten** Orta Doğu
Mittwoch *m* çarşamba (günü)
mitunter *adv* arasıra, bazen
mitwirken *vi* katılmak (*an/bei etw* -e)
Mitwisser(in) *m(f)* sırdaş
Mixer *m* (*Gerät*) mikser
Mixgetränk *nt* karışık içki
MKS *f Abk. von* **Maul- und Klauenseuche** şap hastalığı
Möbel *ntpl* mobilya *sing*
Möbelgeschäft *nt* mobilya mağazası
Möbelstück *nt* möble
mobil *adj* gezici, yer değiştiren
Mobile *nt* tavana asılan havada oynayan oda süsü
Mobilfunkstation *f* baz istasyonu
Mobiliar *nt* mobilya, ev eşyası
Mobilmachung *f* seferberlik
Mobiltelefon *nt* mobil telefon
möblieren *vt* döşemek (*etw* -i)
möbliert *adj* mobilyalı
möchte *vt s.* **mögen**
Mode *f* moda; **nach der** (**neuesten**) **~** (son) modaya göre; **in ~ sein** moda olmak; **aus der ~ kommen** modası geçmek
Modegeschäft *nt* moda mağazası
Model *nt* (*Modeschau*) manken; (*Fotomodell*) fotomodel
modeln *vi* 1. (*als Fotomodell*) fotomodellik yapmak 2. (*bei Modenschau*) mankenlik yapmak
Modell *nt* model, örnek; (*weibliches*) model; **~ stehen** modellik yapmak
modellieren *vt* şekillendirmek, biçimlendirmek (*etw* -i)

Modem *nt* (INET) modem; **externes** ~ dış modem

Mode(n)schau *f* defile

Moderator(in) *m(f)* sunucu

moderieren *vi, vt* sunmak (*etw* -i)

modern *adj* modern

modernisieren *vt* modernleştirmek, modernize etmek (*etw* -i)

Modernisierung *f* modernleştirme

Modeschöpfer(in) *m(f)* modacı

modisch *adj* moda(ya uygun)

Mofa *nt* motorlu bisiklet

mogeln *vi* hile yapmak; (*beim Würfeln*) zar tutmak

mögen <mag, mochte, gemocht/mögen> *vt* **1.**(*haben wollen, wünschen*) istemek (*etw* -i) **2.** (*gern haben*) sevmek, beğenmek (*etw/jdn* -i), hoşlanmak (*etw/jdn* -den); **ich möchte (gern) einen Tee** bir çay ister(d)im; **lieber mögen** tercih etmek (*etw/jdn* -i); **was möchten Sie?** ne arzu ediyorsunuz?; **ich mag das nicht** bunu sevmiyorum, bunu beğenmiyorum, bundan hoşlanmıyorum; **ich mag die Hitze nicht** sıcağı sevmem; **es mag sein** olabilir; **er mag 30 Jahre alt sein** 30 yaşlarında olabilir; **es mag 7 Uhr sein** her halde saat 7 olmalı; **mag sie auch noch so hübsch sein** ne kadar güzel olursa olsun

möglich **I.** *adj* mümkün, olabilir, olanaklı; **nicht ~!** imkansız!; **alles Mögliche**[RR] (*vielerlei*) olur olmaz her şey; **alles Mögliche versuchen** her çareye başvurmak **II.** *adv*: **so gut/viel wie** ~ mümkün olduğu kadar iyi/çok; **so bald wie** ~ bir an önce; **so schnell wie** ~ mümkün olduğu kadar çabuk

möglicherweise *adv* belki

Möglichkeit *f* imkan, olanak

möglichst *adv*: ~ **viel/bald** mümkün olduğu kadar çok/çabuk

Mohammed *m* Muhammed

Mohammedaner(in) *m(f)* Müslüman

mohammedanisch *adj* Müslüman, İslami

Mohn *m* (*Schlaf-*) haşhaş; (*Klatsch-*) gelincik

Möhre *f*, **Mohrrübe** *f* havuç

Mokka *m* Türk kahvesi

Mole *f* rıhtım, dalgakıran

Molekül *nt* molekül

molk *vt s.* **melken**

Molkerei *f* süthane

mollig *adj* **1.**(*weich*) yumuşak, yumuşacık **2.** (*rundlich*) tombul, (etine) dolgun

Moment *m* an; **im** ~ bu [*o* şu] anda; ~ **mal!** bir dakika!; **jeden** ~ her an

momentan **I.** *adj* şimdiki **II.** *adv* şimdilik

Monaco *nt* Monako

Monarchie *f* monarşi

Monat *m* ay; **am 10. dieses ~s** bu ayın 10'unda

monatelang *adv* aylarca

monatlich **I.** *adj* aylık **II.** *adv* her ayda bir

Monatsgehalt *nt* aylık, maaş

Monatskarte *f* aylık kart

Monatsrate *f* aylık taksit

Mönch *m* keşiş

Mond *m* ay; **abnehmender/zunehmender** ~ küçülen/büyüyen ay

Mondfinsternis *f* ay tutulması

Mondlandung *f* aya iniş

Mondschein *m* ay ışığı

monieren *vt* kusurlu bulmak (*etw* -i)

Monitor *m* (*komplettes Gerät*) monitör; (*Bildschirm*) ekran

Monogamie *f* tekevlilik, monogami

Monogramm *nt* monogram (*bir adın baş harflerinden yapılan marka*)

Monolog *m* monolog

Monopol *nt* tekel

Monotheismus *m* tektanrıcılık

monoton *adj* tekdüze, monoton

Monotonie *f* tekdüzelik, monotonluk

Monstrum *nt* canavar

Montag *m* pazartesi (günü)

Montage *f* montaj, kurma, takma

Monteur *m* montajcı

montieren *vt* monte etmek (*etw* -i)

Monument *nt* anıt, abide

monumental *adj* anıtsal

Moor *nt* bataklık

Moos *nt* yosun

Moped *nt* hafif motosiklet

Moral *f* **1.** (*Sittlichkeit*) ahlak **2.** (*Lehre*) ders **3.** (*seel. Verfassung*) moral

moralisch *adj* (*sittlich*) ahlaki

Morast *m* bataklık

Mord *m* cinayet

Mordanschlag *m* suikast

Mörder(in) *m(f)* katil

mörderisch *adj* öldürücü; (*fig: furchtbar*) korkunç, dehşetli

Mordversuch *m* katle teşebbüs

morgen *adv* yarın; ~ **früh** yarın sabah; ~ **Mittag**[RR]/**Abend**[RR] yarın öğleyin/akşam;

Morgen

heute Morgen^{RR} bu sabah; **von heute auf ~** bugünden yarına; **~ ist auch ein Tag** bu iş yarın da olur
Morgen *m* 1.(*Tageszeit*) sabah; **guten ~!** günaydın!; **am anderen** [*o* **nächsten**] **~** ertesi sabah 2.(*Feldmaß*) *25 ile 36 ar arasında olan bir arazi ölçüsü*
Morgendämmerung *f* şafak, gün ağarması
Morgenland *nt* Doğu, Şark
morgenländisch *adj* Doğu('ya ait), Şark('a ait)
Morgenrock *m* sabahlık
Morgenröte *f* sabah kızıllığı
morgens *adv* 1.(*am Morgen*) sabahleyin 2.(*jeden Morgen*) sabahları; **um 8 Uhr ~** sabah saat 8'de
Morgenstern *m* sabah yıldızı
morgig *adj* yarınki
Morphium *nt* morfin
morsch *adj* çürük; (*baufällig*) yıkılmak üzere
Morsealphabet *nt* mors alfabesi
Mörser *m* havan
Mörtel *m* yapı harcı
Mosaik *nt* mozaik
Moschee *f* cami
Mosel *f* Mozel (nehri)
Moses *m* Musa
Moskau *nt* Moskova
Moskito *m* sivrisinek
Moskitonetz *nt* cibinlik
Moslem(in) *m(f)* Müslüman
moslemisch *adj* İslam, Müslüman
Most *m* (*Trauben-*) şıra; (*Apfel-*) elma suyu
Motel *nt* motel
Motiv *nt* 1.(*Beweggrund*) güdü, gerekçe 2.(*Malerei*) motif 3.(*Musik*) motif, tem(a)
Motivation *f* motivasyon (*davranışı yöneten etki*)
motivieren *vt* 1.(*antreiben*) teşvik etmek (*jdn* -i), özendirmek (*jdn zu etw* -i -e) 2.(*begründen*) sebebini göstermek (*etw* -in)
Motor *m* motor
Motorboot *nt* motorbot, motor
Motorhaube *f* motor kılıfı, kaput
motorisieren *vt* motorlaştırmak, motorize etmek (*etw* -i)
Motorisierung *f* motorlaştırma
Motorjacht *f* motorlu yat
Motorrad *nt* motosiklet
Motorradfahrer(in) *m(f)* motosikletçi
Motorroller *m* skuter
Motorschiff *nt* motorlu gemi
Motorsport *m* motor sporu
Motte *f* güve
Motto *nt* parola, vecize
Mountainbike *nt* dağ bisikleti
Möwe *f* martı
MP *f Abk. von* **Maschinenpistole** makineli tabanca
Mrd. *f Abk. von* **Milliarde(n)** milyar
mtl. *adj Abk. von* **monatlich** her ayda bir
Mücke *f* sivrisinek; (*kleine ~*) tatarcık
Mückenstich *m* sivrisinek sokması
müde *adj* yorgun; **~ sein** yorgun olmak; **~ werden** yorgun düşmek
Müdigkeit *f* yorgunluk
Muezzin *m* müezzin
muffig *adj* 1.(*stinkend*) kokmuş, kokuşuk 2.(*Luft*) küflü 3.(*mürrisch*) somurtkan
Mühe *f* 1.(*Anstrengung*) zahmet, külfet, güçlük 2.(*Bemühung*) çaba, gayret 3.(*Arbeit*) emek 4.(*Plage*) sıkıntı, eziyet; **mit Müh und Not** zar zor, güçbela; **~ kosten** emek istemek; **sich** *dat* **~ geben** çaba göstermek, çabalamak, gayret etmek; **das ist nicht der ~ wert** bu zahmete değmez; **machen Sie sich keine ~!** zahmet etmeyin!
mühelos *adv* kolaylıkla
Mühle *f* değirmen
Mühlrad *nt* değirmen çarkı
mühsam *adj,* **mühselig** *adj* zahmetli, yorucu, ağır
Mulde *f* çukur(luk)
Müll *m* çöp, süprüntü; (*Industrie-*) atık
Müllabfuhr *f* çöplerin kaldırılması
Müllbeutel *m* çöp torbası
Mullbinde *f* gaz bezi
Müllcontainer *m* çöp bidonu
Mülldeponie *f* çöplük, çöp deposu
Mülleimer *m* çöp tenekesi
Müller(in) *m(f)* değirmenci
Müllhaufen *m* çöplük, çöp yığını
Mülltonne *f* çöp bidonu
Müllwagen *m* çöp arabası
Multi *m* (*fam*) dünya devi
multifunktional *adj* çok fonksiyonlu
multikulti *adj* (*fam*) çok kültürlü
multikulturell *adj* çok kültürlü
multilateral *adj* çok taraflı
Multimedia *nt* çoklu ortam, multimedya
Multimediadatei *f* multimedya dosyası
multinational *adj* çokuluslu, multinasyo-

multiple Sklerose nal
multiple Sklerose f mültipl skleroz
Multiplikation f çarpma
multiplizieren vt çarpmak (*etw mit etw* -i ile)
Multitasking nt çok görevlilik
Multivitamin- adj multivitaminli
Mumie f mumya
Mumps m kabakulak (hastalığı)
München nt Münih
Mund m ağız; **den ~ halten** ağzını [o çenesini] tutmak, susmak; **nicht auf den ~ gefallen sein** hazırcevap olmak; **jdm nach dem ~e reden** birine yaltaklanmak; **jdm Honig** [o **Brei**] **um den ~ schmieren** (*fam*) birine yağ çekmek; **von der Hand in den ~ leben** akşama kavurup sabaha savurmak; **einen ~ voll**[RR] ağız dolusu
Mundart f ağız, lehçe
münden vi **1.** (*Fluss*) dökülmek, kavuşmak (*in etw* -e); (*Straße*) birleşmek (*in etw* ile) **2.** (*in ein Ergebnis*) varmak (*in etw* -e)
Mundgeruch m ağız kokusu
Mundharmonika f ağız armonikası
mündig adj reşit, ergin
mündlich **I.** adj sözlü **II.** adv sözlü olarak
Mundstück nt (*Zigarette*) ağızlık
Mündung f (*von Fluss, Gewehr*) ağız
Mundwasser nt gargara (*için ilaç*)
Mund-zu-Mund-Beatmung f ağızdan ağıza nefes verme
Munition f cephane
Münster nt katedral, başkilise
munter adj **1.** (*wach*) uyanık **2.** (*lebhaft*) canlı **3.** (*fröhlich*) neşeli, şen
Münze f **1.** (*Geldstück*) madeni para **2.** (*Gedenk-*) madalya **3.** (*Telefon-, Automaten-*) jeton; **etw für bare ~ nehmen** bir şeye ciddi olarak inanmak; **es mit gleicher ~ heimzahlen** kısasa kısasla karşılık vermek
Münzeinwurf m para atılan delik
Münzfernsprecher m kasalı [o jetonlu] telefon
mürbe adj **1.** (*zart*) yumuşak **2.** (*brüchig*) yıpranmış, aşınmış
Murmel f bilya, zıpzıp
murmeln vi mırıldanmak
Murmeltier nt dağ sıçanı; **wie ein ~ schlafen** ölü gibi uyumak
murren vi homurdanmak, söylenmek
mürrisch adj somurtkan, aksi, huysuz
Mus nt ezme; (*Frucht-*) marmelat

Muschel f **1.** (*Schalentier*) midye **2.** (*Telefonhörer*) kulaklık
Museum nt müze
museumsreif adj müzelik
Musical nt müzikal
Musik f müzik
musikalisch adj (*Mensch*) müzikten anlar
Musikant(in) m(f) çalgıcı
Musikbox f müzik dolabı
Musiker(in) m(f) müzisyen
Musikgeschäft nt müzik aletleri mağazası
Musikhochschule f konservatu(v)ar
Musikinstrument nt müzik aleti, çalgı, enstrüman
Musiklehrer(in) m(f) müzik öğretmeni
Musikstück nt (müzik) parça(sı)
musizieren vi müzik yapmak
Muskatnuss[RR] f küçük hindistancevizi
Muskel m adale, kas
Muskelkater m kas tutulması
Muskelkrampf m kramp
Muskulatur f kaslar pl
muskulös adj adaleli, kaslı
Muslim(in) m(f) Müslüman
muslimisch adj Müslüman
müssen <muss, musste, gemusst/ müssen> vi (*Notwendigkeit*) -meye mecbur olmak, -mek zorunda olmak, -mek gerek(mek); **man muss**[RR] ... -mek gerek; **ich muss**[RR] **fort** gitmem gerek(iyor), gitmek zorundayım; **wenn es sein muss**[RR] eğer gerekliyse; **ich muss**[RR] **es tun** (*moralische Pflicht*) bunu yapmalıyım; (*Notwendigkeit*) yapmam gerek; **ich muss**[RR] **Ihnen folgendes sagen ...** size şunu söylemeliyim ki, ...; **er muss**[RR] **fort sein** (*Annahme*) gitmiş olmalı; **er muss**[RR] **es gewesen sein** herhalde oydu
Muster nt **1.** (*auf Stoffen*) desen **2.** (*Modell*) model **3.** (*Probe*) eşantiyon, göstermelik **4.** (*Beispiel*) örnek
Musterbeispiel nt (iyi) örnek
Musterbild nt ideal
Musterbrief m mektup şeması
Mustergatte m örnek [o ideal] koca
mustergültig adj, **musterhaft** adj kusursuz
Mustermesse f örnekler sergisi
mustern vt **1.** (*prüfend*) gözden geçirmek (*etw* -i) **2.** (*neugierig*) süzmek (*jdn* -i)
Mut m cesaret, yüreklilik; **~ fassen** cesaretlenmek, yüreklenmek; **den ~ verlieren** ce-

saretini kaybetmek; **nur** ~! ha, cesaret!
Mutant *m* mutant
Mutation *f* mutasyon
mutieren *vi* değişmek, mutasyon geçirmek
mutiert *adj* mutasyon geçirmiş, mutant
mutig *adj* cesur, yürekli, mert
mutlos *adj* cesaretsiz, yüreksiz
mutmaßlich *adj* 1. tahmini 2. (*Täter*) sanık, zanlı
Mutmaßung *f* tahmin, sanı
Mutter *f* 1. (*Frau*) anne, ana 2. (*Schrauben-*) (vida) somun(u)
Muttergottes *f* Meryem Ana
Mutterland *nt* anavatan, anayurt
mütterlich *adj* anaya özgü, ana gibi
mütterlicherseits *adv* anne tarafından
Mutterliebe *f* ana [*o* anne] sevgisi
Muttermal *nt* büyük ben
Mutterschaft *f* analık, annelik
Mutterschutz *m* iş hukuku açısından anneler için sosyal yardım
Muttersöhnchen *nt* ana kuzusu, hanım evladı
Muttersprache *f* anadili
Muttersprachler(in) *m(f)* anadili konuşan
Muttertag *m* Anneler Günü
mutwillig *adv* kasten
Mütze *f* kasket
MW *f Abk. von* **Mittelwelle** orta dalga
MwSt. *f Abk. von* **Mehrwertsteuer** KDV (*katma değer vergisi*)
mysteriös *adj* esrarengiz, gizemli, tılsımlı
Mystik *f* (REL) gizemcilik
Mystiker(in) *m(f)* (REL) gizemci
mythisch *adj* efsanevi
Mythologie *f* mitoloji
mythologisch *adj* mitolojik
Mythos *m* efsane, mit

N

N *m Abk. von* **Norden** küzey
na *interj* (*fam: Staunen*) hayrola?; (*begütigend und abwehrend*) haydi bakalım!; ~ **ja!** eh!; ~ **und?** ne olmuş yani?; ~ **so was!** olmaz böyle şey!
Nabel *m* göbek
Nabelschnur *f* göbek kordonu
nach I. *präp* +*dat* 1. (*Richtung*) -e/-a; ~ **Istanbul** İstanbul'a; ~ **Ankara abreisen** Ankara'ya hareket etmek; ~ **Süden** güneye; **die Straße** ~ **Antalya** Antalya'ya giden yol 2. (*Zeit und Reihenfolge*) sonra; ~ **einer halben Stunde** yarım saat sonra; ~ **14 Tagen** 14 gün [*o* iki hafta] sonra; **Viertel** ~ **acht** sekizi çeyrek geçe; ~ **Ihnen!** sizin arkanızdan! 3. (*zufolge, gemäß*) -e göre; **meiner Meinung** ~ bana göre, bence; **ihrem Aussehen** ~ görünüşüne göre II. *adv:* ~ **und** ~ yavaş yavaş, azar azar; ~ **wie vor** eskisi gibi
nachahmen *vt* taklit etmek (*etw/jdn* -i)
Nachahmung *f* taklit
Nachbar(in) *m(f)* komşu
Nachbarhaus *nt* komşu ev
Nachbarschaft *f* 1. (*Gesamtheit*) komşuluk; (*Leute*) komşular *pl* 2. (*Nähe*) yakınlık
nachbezahlen *vt* sonradan ödemek (*etw* -i)
Nachbildung *f* taklit, benzeti, kopya
nachdem *konj* -dikten sonra
nachdenken *irr vi* düşünüp taşınmak, düşünmek (*über etw/jdn* -i)
nachdenklich *adj* düşünceli, düşüncelere dalmış
Nachdruck *m* 1. (*Betonung*) vurgu 2. (*eines Buches*) tıpkıbasım
nachdrücklich I. *adj* kuvvetli, şiddetli II. *adv* kuvvetle, şiddetle
nacheinander *adv* arka arkaya, art arda, üst üste
nacherzählen *vt* (kendi sözleriyle) anlatmak (*etw* -i)
Nacherzählung *f* (kendi sözleriyle) anlatma
Nachf. *m Abk. von* **Nachfolger**
Nachfolge *f* yerine geçme
Nachfolger(in) *m(f)* yerine geçen
nachforschen *vi* araştırmak
Nachforschung *f* araştırma
Nachfrage *f* 1. (*Erkundigung*) sor(uştur)ma 2. (*nach Waren*) talep, rağbet
nachgeben *irr vi* 1. (*sich fügen*) boyun eğmek 2. (*schwächer werden*) gevşemek
nachgehen *irr vi sein* 1. (*jdm folgen*) peşinden gitmek ((*hinter*) *jdm* -in) 2. (*einer Beschäftigung*) uğraşmak (*einer Sache* ile)

Nachgeschmack 3.(*nachforschen*) araştırmak (*einer Sache* -i) 4.(*etw verfolgen*) bir işe el koymak 5.(*Uhr*) geri kalmak [*o* gitmek]
Nachgeschmack m ağızda kalan tat
nachgiebig adj (*Mensch*) uysal, yumuşak
Nachgiebigkeit f uysallık, yumuşaklık
nachhaltig adj etkisi süren; (*Wachstum*) sürdürülebilir
Nachhaltigkeit f sürdürebilirlik
nachher adv sonra(dan), ondan sonra
Nachhilfestunden pl, **Nachhilfeunterricht** m özel ders sing
nachholen vt 1.(*Versäumtes*) telafi etmek (*etw* -i) 2.(*nachträglich holen*) sonradan getirtmek (*etw* -i)
Nachkomme m evlat
nachkommen irr vi sein 1.(*später kommen*) sonradan gelmek 2.(*einer Forderung*) yerine getirmek (*einer Sache* -i)
Nachkriegszeit f savaş [*o* harp] sonrası zamanı
Nachlass^RR m 1.(*Preis-*) tenzilat, iskonto, indirim 2.(*Erbschaft*) miras
nachlassen irr I. vt 1.(*lockern*) gevşetmek (*etw* -i) 2.(*Preis*) tenzilat [*o* indirim] yapmak II. vi 1.(*sich vermindern*) azalmak 2.(*aufhören*) dinmek, durmak 3.(*Sturm, Lärm, Schmerz*) hafiflemek
nachlässig adj 1.(*unordentlich*) düzensiz 2.(*schlampig*) derbeder, pasaklı
Nachlässigkeit f (*Unordentlichkeit*) düzensizlik
nachmachen vt 1.(*nachahmen, kopieren*) taklit etmek, kopya etmek (*etw/jdn* -i) 2.(*später machen*) sonradan yapmak (*etw* -i)
Nachmittag m öğleden sonra; **heute** ~^RR bugün öğleden sonra; **am frühen/späten** ~ öğleden sonranın erken/geç saatlerinde
nachmittags adv (*am Nachmittag*) öğleden sonra; (*jeden Nachmittag*) öğleden sonraları
Nachnahme f: **gegen** ~ ödemeli
Nachname m soyadı
nachprüfen vt 1.(*überprüfen*) gözden geçirmek, yoklamak (*etw* -i) 2.(*kontrollieren*) kontrol etmek (*etw* -i)
Nachprüfung f gözden geçirme, kontrol; (*Schule*) bütünleme sınavı
Nachrede f: **üble** ~ iftira
Nachricht f haber; (*offizielle*) bildiri, duyuru; **Nachrichten** (TV, RADIO) haberler pl
Nachrichten pl (TV, RADIO) haberler pl

Nachrichtenagentur f haber ajansı
Nachrichtendienst m (*Geheimdienst*) istihbarat servisi
Nachrichtensatellit m haberleşme uydusu
Nachrichtentechnik f haberleşme tekniği
nachrüsten I. vt (TECH) hazırlamak, tertip etmek (*etw* -i) II. vi (MIL) silahlanmak
Nachrüstung f 1.(TECH) hazırlama, tertip 2.(MIL) silahlanma
nachsagen vt birinin sözlerini tekrarlamak; **jdm etw** ~ birisi hakkında kötü konuşmak
Nachsaison f sezon sonrası
nachschicken vt (bir şeyi birinin) yeni adresine göndermek
nachschlagen irr vt (*Wort*) (sözlükte) bir kelimeye bakmak
nachsehen irr vt (*prüfen*) kontrol etmek, denetlemek (*etw* -i)
nachsenden irr vt (bir şeyi birinin) yeni adresine göndermek; **bitte** ~! lütfen yeni adresine yollayınız
Nachsicht f hoşgörü
nachsichtig adj hoşgörücü, hoşgörülü
Nachspeise f (*süße*) tatlı; (*kalte*) soğukluk
nachspionieren vi: **jdm** ~ (birinin arkasından) gözetlemek
nachsprechen irr vt birinin söylediklerini tekrarlamak
nächstbeste(r, s) adj gelişigüzel
nächste(r, s) adj 1.(*räumlich*) en yakın 2.(*zeitlich*) gelecek, (bundan) sonraki 3.(*darauffolgend*) ertesi; ~**n Sonntag** gelecek pazar; **in der** ~**n Zeit** bu [*o* şu] günlerde, bugün yarın 4.(*in der Reihenfolge*) sırası gelen; **der Nächste**^RR, **bitte!** sırada olan, lütfen!; **wer ist der Nächste**^RR? sıra kimde?
Nächste m (*Mitmensch*) (birlikte yaşanılan) insan
nachstehen irr vi: **jdm** ~ birinden aşağı [*o* geri] kalmak
nachstehend adj aşağıdaki
Nächstenliebe f (*Liebe zu Mitmenschen*) hayırseverlik
nächstliegend adj (*räumlich*) en yakın
Nacht f gece; **heute** ~^RR bu gece; **gute** ~! iyi geceler!; **bei** ~, **in der** ~ geceleyin, gece; **über** ~ gece; **es wird** ~ gece oluyor
Nachtarbeit f gece işi
Nachtclub m gece kulübü
Nachtdienst m gece nöbeti
Nachteil m sakınca, zarar, dezavantaj

nachteilig *adj* sakıncalı, zararlı, dezavantajlı
Nachtessen *nt* akşam yemeği
Nachthemd *nt* gecelik
Nachtigall *f* bülbül
Nachtisch *m* (*süßer*) tatlı; (*kalter*) soğukluk
Nachtleben *nt* gece hayatı
nächtlich *adj* gece(ki)
Nachtlokal *nt* gece kulübü, pavyon
Nachtportier *m* gece kapıcısı
Nachtrag *m* 1.(*Ergänzung*) ek, ilave 2.(*Beifügung, Randbemerkung*) eklenti, çıkma
nachtragen *irr vt* (*hinzufügen*) (sonradan) eklemek (*etw* -i); **jdm etw ~** birine kin beslemek
nachtragend *adj* kinci
nachträglich I. *adj* 1.(*ergänzend*) tamamlayıcı 2.(*später*) sonradan yapılan, sonraki II. *adv* sonradan
nachtrauern *vi* ardından üzülmek (*einer Sache* -in), aramak (*einer Sache* -i)
nachts *adv* 1.(*in der Nacht*) gece(leyin) 2.(*jede Nacht*) geceleri, her gece; **um 3 Uhr ~** gece saat 3'te
Nachtschicht *f* 1.(*Arbeit*) gece işi 2.(*Arbeitergruppe*) gece işçi takımı
Nachtschwester *f* gece hemşiresi, nöbetçi hemşire
Nachttisch *m* komodin
Nachttopf *m* lazımlık
Nachtwächter *m* gece bekçisi
nachweinen *vi* arkasından ağlamak (*einer Sache* -in)
Nachweis *m* ispat, delil, kanıt
nachweisen *irr vt* ispatlamak, kanıtlamak (*etw* -i)
nachweislich *adj* ispat edilebilir, kanıtlanabilir
nachwirken *vi* sonradan etkisini göstermek
Nachwirkung *f* dolaylı etki
Nachwort *nt* sonsöz
Nachwuchs *m* (*Kinder*) çocuklar *pl*; (*im Fachgebiet*) yeni elemanlar *pl*
nachzahlen I. *vt* sonradan ödemek (*etw* -i) II. *vi* üstünü ödemek
nachzählen *vi, vt* tekrar saymak (*etw* -i)
Nachzahlung *f* sonradan ödeme; (*zusätzliche Zahlung*) ek ödeme
nachziehen *irr vt* 1.(*hinter sich herziehen*) arkasından sürüklemek (*etw* -i) 2.(*Schraube*) sıkıştırmak (*etw* -i) 3.(*Augenbrauen*) çizmek (*etw* -i)
Nachzügler(in) *m(f)* geç kalan
Nacken *m* ense, boyun
Nackenstütze *f* enselik
nackt *adj* çıplak
Nadel *f* 1.(*Näh-*) iğne 2.(*Kompass-*) ibre 3.(*Baum-*) iğneyaprak
Nadelbaum *m* iğneyapraklı ağaç, çam (ağacı) *fam*
Nadelöhr *nt* iğne deliği [*o* gözü]
Nadelstich *m* 1.(*Stich*) iğne batması 2.(*Loch*) iğne deliği
Nagel *m* 1.(*Metallstift*) çivi; (*großer*) mıh 2.(*Finger-, Fuß-*) tırnak; **den ~ auf den Kopf treffen** taşı gediğine koymak
Nagelbürste *f* tırnak fırçası
Nagelfeile *f* tırnak törpüsü
Nagellack *m* tırnak cilası, oje
Nagellackentferner *m* aseton
nageln *vt* çivilemek (*etw* -i)
nagelneu *adj* yepyeni
Nagelschere *f* tırnak makası
nagen *vi* kemirmek (*an etw* -i)
Nagetier *nt* kemirgen
nah <**näher, am nächsten**> *adj* yakın (*an/bei etw* -e); **der Nahe Osten** Yakın Doğu
nahe *adv* yakında; **~e daran sein zu ...** -mesine ramak kalmak; **jdm ~e kommen**^{RR} (*menschlich*) birine yaklaşmak; **jdm etw ~e legen**^{RR} (*empfehlen*) ısrarla tavsiye etmek, salık vermek (*jdm etw* -e -i); **~e liegen**^{RR} (*einleuchten*) akla yakın gelmek; **jdm ~e stehen**^{RR} biriyle içlidışlı olmak; **~e stehend**^{RR} yakın; (*Freund*) samimi, içlidışlı
Nahaufnahme *f* yakın çekim
Nähe *f* 1.(*örtl.*) yakınlık 2.(*Nachbarschaft*) komşuluk 3.(*Umgebung*) çevre, civar; **aus der ~** yakından; **in der ~ von** -in yakınında; **es ist ganz in der ~** çok yakında, şuracıkta
nähen I. *vi* dikiş dikmek II. *vt* dikmek (*etw* -i)
näher I. *adj* daha yakın II. *adv* (*genau*) inceden inceye; **jdn ~ kennen** birini yakından tanımak; **sich ~ kommen**^{RR} yakınlaşmak; **jdm ~ treten**^{RR} birine yaklaşmak; **einer Sache ~ treten**^{RR} bir şeye yanaşmak; **treten Sie ~!** yaklaşın!
Naherholungsgebiet *nt* bir şehrin yakınındaki dinlenme bölgesi
Näherin *f* dikişçi kadın
nähern *vr*: **sich ~** yak(ın)laşmak (*jdm/einer Sache* -e)

nahezu *adv* **1.** (*beinahe*) hemen hemen **2.** (*geradezu*) adeta
Nähgarn *nt* iplik, dikiş tiresi
Nähkasten *m* dikiş kutusu
nahm *vt s.* **nehmen**
Nähmaschine *f* dikiş makinesi
Nähnadel *f* dikiş iğnesi
nahrhaft *adj* besleyici, gıdalı
Nahrung *f* besin, yiyecek
Nahrungsmittel *ntpl* besin [*o* gıda] maddeleri, yiyecekler *pl*, erzak *sing*
Nährwert *m* besleyicilik
Naht *f* **1.** dikiş (yeri) **2.** (*Schweiß-*) kaynak [*o* lehin] yeri
nahtlos *adj* **1.** (*ohne Naht*) dikişsiz **2.** (*ohne Schweißnaht*) kaynaksız
Nahtstelle *f* (*fig*) ek yeri
Nahverkehr *m* banliyö trafiği
Nahverkehrszug *m* banliyö treni
Nähzeug *nt* dikiş takımı
naiv *adj* saf(dil); (*negativ*) budala
Naivität *f* saflık; (*negativ*) budalalık
Name *m* **1.** (*Wort*) ad, isim **2.** (*Vorname*) ön ad; (*Familienname*) soyadı; (*Ruf-*) hitabedilen isim; **wie ist Ihr ~?** adınız ne?; **mein ~ ist ...** adım ...
Namenstag *m* isim günü
namentlich **I.** *adj* (*Abstimmung*) adla çağrılarak yapılan **II.** *adv* **1.** (*mit Namen*) ismen **2.** (*insbesondere*) özellikle, bilhassa, her şeyden önce
Nameserver *m* (INET) isim sunucusu
namhaft *adj* **1.** (*berühmt*) tanınmış, meşhur **2.** (*bedeutend*) önemli
nämlich *adv* yani, demek (ki)
nannte *vt s.* **nennen**
nanu *interj* bak hele!
Narbe *f* yara izi
Narkose *f* narkoz
Narr *m*, **Närrin** *f* **1.** (*Mensch*) deli, çılgın, kaçık **2.** (*im Theater*) soytarı, şaklaban, maskara; **jdn zum ~en halten** biriyle eğlenmek, biriyle alay etmek
närrisch *adj* deli, kaçık, çılgın
Narzisse *f* nergis, zerrin, fulya
naschen *vi, vt* **1.** (*Süßes essen*) tatlı yemek; **an etw ~** bir şeyden alıp tatmak **2.** (*heimlich*) gizlice yemek (*etw* -i)
Nase *f* **1.** (ANAT) burun **2.** (*Geruchssinn*) koklam **3.** (*fig: Spürsinn*) sezme yeteneği, sezgi; **direkt vor seiner ~** burnunun dibinde; **sich die ~ putzen** burnunu silmek; **die ~ voll haben** (*fam*) canına yetmek; **pro ~** (*fam*) kafa başına
Nasenbluten *nt* burun kanaması
Nasenring *m* halka
Nasentropfen *pl* (MED) burun damlası
naseweis *adj* arsız, saygısız, küstah
nass^RR *adj* ıslak, yaş; (*durchnässt*) sır(ıl)sıklam; **~ machen** ıslatmak (*etw* -i); **~ werden** ıslanmak
Nässe *f* ıslaklık, yaşlık
nasskalt^RR *adj* soğuk ve yağışlı
Nassstaubsauger^RR *m* ıslak-kuru elektrikli süpürge
Nation *f* millet, ulus; **die Vereinten ~en** Birleşmiş Milletler
national *adj* milli, ulusal; **Nationaler Sicherheitsrat** (*in der Türkei*) Milli Güvenlik Konseyi, MGK
Nationalelf *f* (*Fußball*) milli takım
Nationalgericht *nt* (*Speise*) milli yemek
Nationalhymne *f* milli marş; (*türkische*) İstiklal Marşı
nationalisieren *vt* millileştirmek, uluslaştırmak (*etw* -i)
Nationalismus *m* milliyetçilik
nationalistisch *adj* milliyetçi
Nationalität *f* milliyet
Nationalitätskennzeichen *nt* (*am Auto*) milli plaka
Nationalpark *m* milli park
Nationalsozialismus *m* nasyonalsosyalizm
Nationalsozialist(in) *m(f)* nasyonalsosyalist
nationalsozialistisch *adj* nasyonalsosyalist
Nationalstaat *m* ulusal devlet
Nato *f* NATO
Natrium *nt* sodyum
Natter *f* engerek (yılanı), karayılan
Natur *f* **1.** (*allgemein*) tabiat, doğa **2.** (*körperl. Zustand*) bünye **3.** (*Veranlagung*) mizaç, huy
Naturalien *pl* (*Bodenerzeugnisse*) toprak ürünleri *pl*
naturalisieren *vt* (POL) vatandaşlığa kabul etmek (*jdn* -i)
Naturalismus *m* (*Literatur und Kunst*) doğacılık, natüralizm
naturbelassen *adj* doğal, işlenmemiş
Naturereignis *nt* tabiat olayı
Naturforscher(in) *m(f)* doğa araştırmacısı

Naturfreund(in) *m(f)* doğasever
naturgemäß *adj* doğa [*o* tabiat] kanunlarına uygun
Naturgeschichte *f* doğa tarihi
Naturgesetz *nt* doğa kanunu
naturgetreu *adj* gerçeğe uygun
naturidentisch *adj* doğala özdeş
Naturkatastrophe *f* doğal afet
Naturkunde *f* tabiat bilgisi
natürlich I. *adj* 1. doğal, tabii 2. (*schlicht*) sade, basit II. *adv* tabii, elbet(te)
Natürlichkeit *f* tabiilik
Naturprodukt *nt* doğa ürünü
naturrein *adj* katıksız
Naturschutz *m* tabiatı koruma
Naturschutzgebiet *nt* tabiatı koruma alanı
Naturwissenschaften *fpl* fen [*o* doğa] bilimleri *pl*
Nazi *m* nazi
Nazismus *m* nazilik, nazizm
nazistisch *adj* nazist
NC *m Abk. von* **Network Computer** ağ bilgisayarı
n. Chr. *adv Abk. von* **nach Christus** M.S. (*Milattan sonra*)
Nebel *m* sis; (*Dunst*) pus, hafif sis
Nebelscheinwerfer *m* sis farı
neben I. *präp* +*dat* 1. (*Ort*) -in yanında 2. (*außer*) -in dışında 3. (*verglichen mit*) -e oranla, -e nispetle II. *präp* +*akk* (*Richtung*) -in yanına
nebenan *adv* bitişikte
nebenbei *adv* (*beiläufig*) söz arasında
Nebenberuf *m* ikinci meslek
nebenberuflich I. *adj* ikinci meslekte çalışan II. *adv* ikinci meslek olarak
nebeneinander *adv* yan yana
Nebeneingang *m* yan giriş
Nebenfach *nt* yan bilim dalı
Nebenfluss^RR *m* nehir kolu
Nebenkosten *pl* yan [*o* ek] masraflar *pl*
Nebenprodukt *nt* yan ürün
Nebenraum *m* yan oda
Nebensache *f* önemsiz şey
nebensächlich *adj* önemsiz
Nebensatz *m* yan cümle, yantümce
nebenstehend *adj* yandaki
Nebenstraße *f* yan sokak
Nebenwirkung *f* yan etki [*o* tesir]
Nebenzimmer *nt* yan oda
neblig *adj* sisli; (*leicht*) puslu; **es ist ~** hava sisli
nebst *präp* +*dat* ... ile beraber [*o* birlikte]
necken I. *vt* takılmak (*jdn* -e) II. *vr:* **sich ~** şakalaşmak
Neffe *m* (erkek) yeğen
negativ *adj* olumsuz, negatif
Negativ *nt* negatif
nehmen <nimmt, nahm, genommen> *vt* 1. (*allgemein*) almak (*etw* -i) 2. (*packen*) tutmak, kapmak, yakalamak (*etw* -i); **jdm etw ~** bir şeyi birinin elinden almak; **etw an sich ~** (*aufbewahren*) bir şeyi saklamak [*o* korumak]; **etw auf sich ~** (*als Aufgabe übernehmen*) bir işi üstüne almak; **etw zu sich ~** (*essen*) bir şeyi yemek; **sich** *dat* **das Leben ~** intihar etmek, kendi canına kıymak
Neid *m* kıskançlık; (*gehässiger*) haset
neidisch *adj* kıskanç; **auf jdn ~ sein** birine kıskanmak
neigen I. *vt* (*beugen*) eğmek (*etw* -i) II. *vi:* **zu etw ~** bir şeye eğilim göstermek III. *vr:* **sich ~** eğilmek
Neigung *f* 1. (*Gefälle*) eğim, meyil, eğiklik 2. (*Hang, Vorliebe*) eğilim, heves, merak
nein *adv* hayır, yok; **ich glaube ~** sanmıyorum; **~ sagen** hayır demek, reddetmek
Neinstimme *f* 'hayır' oyu
Nelke *f* (*Blume und Gewürz*) karanfil
nennen <nannte, genannt> *vt* 1. (*be-*) demek (*etw/jdn* -i), adını vermek (*etw/jdn* -e) 2. (*erwähnen*) bahsetmek (*etw/jdn* -i) 3. (*bezeichnen als*) nitele(ndir)mek (*etw/jdn* -i); **er nannte seinen Hund Kastor** köpeğine Kastor adını verdi; **man nennt sie X** ona X diyorlar; **sie nennt ihn einen Schwätzer** onu boşboğaz olarak niteliyor
nennenswert *adj* kayda değer, hatırı sayılır
Nenner *m* payda; **gemeinsamer ~** ortak payda
Neofaschismus *m* neofaşizm
Neologismus *m* yeni(cil) deyim
Neonazi *m* neonazi
Neonröhre *f* neon tüpü, flöresan lamba
Nerv *m* sinir; **jdm auf die ~en gehen** birinin sinirine dokunmak
nerven *vt* (*fam*) sinirlendirmek (*jdn* -i)
Nervenarzt, -ärztin *m, f* sinir doktoru
Nervenbündel *nt* (*fig*) sinir küpü
Nervenentzündung *f* sinir iltihabı
Nervenheilanstalt *f* sinir hastalıkları kliniği
Nervenkrankheit *f* sinir hastalığı

Nervenkrieg *m* sinir harbi
Nervensystem *nt* sinir sistemi, sinirsel sistem
Nervenzusammenbruch *m* sinir krizi
nervös *adj* sinirli; ~ **machen** sinirlendirmek (*jdn* -i); ~ **werden** sinirlenmek
Nervosität *f* sinirlilik, asabiyet
Nerz *m* (*Tier und Pelz*) vizon
Nest *nt* yuva; (*pej: Kaff*) cansıkıcı köy [*o* kasaba]
Nesthäkchen *nt* ana(sının) kuzusu
nett *adj* 1.(*freundlich*) nazik, ince 2.(*hübsch*) güzel, zarif, şirin 3.(*sympathisch*) cana yakın
netto *adv* safi, net
Nettodividende *f* (FIN) net temettü
Nettoeinkommen *nt* net gelir
Nettogehalt *nt* net aylık
Nettogewicht *nt* safi ağırlık
Nettopreis *m* kesintisiz fiyat
Network *nt* (INFORM) network, ağ
Netz *nt* 1.(*allgemein und Verkehr*) ağ 2.(*Computer-*) ağ 3.(*Telefon-, Strom-*) şebeke 4.(*Haar-, Einkaufs-*) file
Netzadapter *m* ağ adaptörü
Netzanschlussᴿᴿ *m* şebeke bağlantısı
Netzhaut *f* ağtabaka
Netzkarte *f* (INFORM) ağ kartı
Netzwerk *nt* 1.(POL) şebeke, ağ örgüsü, örgütlenme 2.(INFORM) network, ağ
Netzwerkadministrator *m* ağ yöneticisi
Netzzugang *m* (INET) ağ erişimi
Netzzugangsprotokoll *nt* (INET) ağ erişim protokolü
neu *adj* 1.(*nicht alt*) yeni; (*frisch*) taze 2.(*neuzeitlich*) modern; ~ **anfangen** yeniden başlamak; ~**este Nachricht/Mode** en son haber/moda; **aufs** ~**e** yeniden; **von** ~**em** yeniden
Neubau *m* 1.(*Gebäude*) yeni yapı 2.(*Tätigkeit*) yeniden yapma
neuerdings *adv* 1.(*neulich*) geçenlerde, son zamanlarda 2.(*wiederum*) yine, yeniden
Neuerer(in) *m(f)* yenilikçi
Neuerscheinung *f* yeni çıkan eser
Neuerung *f* yenileme
neugeboren *adj* yeni doğan
Neugier(de) *f* merak; **jds** ~ **wecken** birinin merakını uyandırmak
neugierig *adj* meraklı
neuhebräisch *adj* Musevice, Yahudice
Neuheit *f* yenilik

Neuigkeit *f* (yeni) haber
Neujahr *nt* yılbaşı
neulich *adv* geçenlerde
Neuling *m* 1.(*Neuankömmling*) yeni gelen 2.(*Anfänger*) acemi
Neumond *m* yeniay, hilal
neun *num* dokuz
neunte(r, s) *adj* dokuzuncu
neunzehn *num* on dokuz
neunzig *num* doksan; **die** ~**er Jahre** doksanlı yıllar
Neuralgie *f* nevralji
neuralgisch *adj* nevraljik
Neureiche(r) *mf* yeni zengin, sonradan görme
Neurologe, -gin *m, f* nörolog, asabiyeci, sinir doktoru
Neurologie *f* nöroloji
Neurose *f* nevroz, sinirce
Neurotiker(in) *m(f)* nevrozlu hasta
neurotisch *adj* nevrotik
Neuseeland *nt* Yeni Zelanda
neutral *adj* 1. tarafsız, yansız 2.(CHEM) nöt(ü)r
neutralisieren *vt* 1.(POL) tarafsızlaştırmak (*etw* -i) 2.(CHEM) nöt(ü)rlemek (*etw* -i)
Neutralisierung *f* (POL) tarafsızlaş(tır)ma
Neutralität *f* tarafsızlık, yansızlık
Neutron *nt* nötron
Neutronenbombe *f* nötron bombası
Neutrum *nt* (GRAM) yansız cins
neuvermählt *adj* yeni evli
neuwertig *adj* yeni gibi
Neuzeit *f* Yeniçağ
Newsgroup *f* (INET) haber grubu
Nicaragua *nt* Nikaragua
nicht *adv* değil; ~ (**ein**)**mal** bile (değil), hatta (değil); (**ganz und**) **gar** ~ asla, hiç bir surette; ~ **mehr** (*zeitlich*) artık değil; ~ **mehr als ...** -den fazla değil; ~ **ganz** tamamen öyle değil; ~ **nur** yalnız ... değil; **wenn** ~ öyle değilse; ~ **wahr?** değil mi?
Nichtangriffspakt *m* saldırmazlık paktı
Nichtbeachtung *f* riayet etmeme
Nichte *f* (kız) yeğen
Nichteinmischung *f* karışmazlık
Nichterfüllung *f* yerine getir(il)meme
nichtig *adj* 1.(*ungültig*) hükümsüz 2.(*wirkungslos*) etkisiz
Nichtraucher(in) *m(f)* sigara içmeyen
Nichtraucherabteil *nt* sigara içmeyen kompartıman

nichtrostend adj paslanmayan
nichts adv hiç bir şey; **gar** [o **überhaupt**] ~ hiç; ~ **mehr** artık hiç bir şey; ~ **zu danken!** bir şey değil!; **mir** ~, **dir** ~ kestirmeden giderek; **für** ~ **und wieder** ~ yokyere; ~ **sagend**^{RR} önemsiz, değersiz; (*Gesicht*) anlamsız, sönük
Nichtschwimmer(in) *m(f)* yüzme bilmeyen
nichtsdestoweniger adv bununla beraber, buna rağmen
nichtssagend adj s. **nichts**
Nichtzutreffendes nt: ~ **streichen** uymayan sözleri çizmek
Nickel *m* nikel
nicken vi başını sallamak
nie adv hiç bir zaman, asla; ~ **mehr** bir daha asla; ~ **und nimmer** hiç bir zaman
nieder adv: **nieder mit ...!** kahrolsun ...!
niedere(r, s) adj alçak, aşağı; (*Rang*) düşük
Niedergang *m* 1. (*Rückgang*) gerileme 2. (*Untergang*) çökme, yıkılma
niedergeschlagen adj cesareti kırık, ümitsiz
Niedergeschlagenheit *f* cesaret [o ümit] kırıklığı
Niederkunft *f* doğurma
Niederlage *f* yenilgi, bozgun; **jdm eine** ~ **zufügen** birini bozguna uğratmak
Niederlande *pl* Hollanda
niederländisch adj Hollanda
niederlassen irr vr: **sich** ~ (*sich setzen*) oturmak (*auf etw* -e); (*Wohnsitz*) yerleşmek (*in etw* -e)
Niederlassung *f* (*Filiale*) şube
niederlegen vt 1. (*hinlegen*) yere koymak (*etw* -i) 2. (*Amt*) istifa etmek, çekilmek (*etw* -den)
niederreißen irr vt devirmek, yıkmak (*etw* -i)
Niedersachsen nt Aşağı Saksonya
Niederschlag *m* yağış
niederschlagen irr vt yere sermek (*jdn* -i); (*Aufstand*) bastırmak (*etw* -i)
niederschlagsfrei adj yağışsız
niedersetzen vr: **sich** ~ oturmak
niederträchtig adj alçak, hain
niedlich adj çıtı pıtı, minyon, cici
niedrig adj 1. (*Gegenstand*) alçak, basık 2. (*Wert*) düşük 3. (*gemein*) adi, aşağı(lık)
niemals adv hiç bir zaman, asla
niemand pron (hiç) kimse, hiç biri; **sonst** ~ / ~ **anders** başka biri(si); **es ist** ~ **da** hiç kimse yok, kimsecikler yok *fam*
Niere *f* böbrek
Nierenentzündung *f* böbrek iltihabı
Nierenstein *m* böbrek taşı
nieseln vi: **es nieselt** yağmur çiseliyor [o serpiştiriyor]
Nieselregen *m* çise, çisenti
niesen vi aksırmak, hapşırmak
Niete *f* 1. (*Los*) boş numara 2. (*fam: Versager*) beceriksiz, başarısız
Niger *m* Nijer
Nigeria nt Nijerya
Nikotin nt nikotin
nikotinarm adj az nikotinli
nikotinfrei adj nikotinsiz
Nil *m* Nil (nehri)
Nilpferd nt su aygırı, hipopotam
nimmt vt s. **nehmen**
nirgend(s) adv, **nirgendwo** adv hiç bir yerde; **sonst** ~ başka hiç bir yerde
nirgendwohin adv hiç bir yere
Nische *f* 1. (*in der Wand*) duvarda hücre; (*Gebets-*) mihrap 2. (*fig*) niş
nisten vi yuva yapmak, yuvalamak
Nitrat nt nitrat
Niveau nt (*auch fig*) düzey, seviye
nivellieren vt düzlemek, eşit düzeye getirmek (*etw* -i)
Nixe *f* su perisi
NO *m Abk. von* **Nordost(en)** kuzeydoğu
nobel adj 1. (*großzügig*) asil 2. (*luxuriös*) lüks
Nobelpreis *m* Nobel ödülü
Nobelpreisträger(in) *m(f)* Nobel ödüllü
noch adv daha, henüz; **weder ... ~ ...** ne ... ne (de) ...; ~ **einmal** bir (kere) daha; ~ **heute** (*gleich*) hemen, derhal; (*bis heute*) bugüne kadar; ~ **immer** hala; ~ **nie** şimdiye kadar hiç; ~ **etwas?** başka?; ~ **ein Brot** bir ekmek daha
nochmal(s) adv bir (kere) daha
Nomade, -din *m, f* göçebe
nomadisch adj göçebe gibi
Nominativ *m* yalın durum [o hal]
Nominierung *f* (*als Kandidat*) aday göster(il)me; (*Ernennung*) atama, tayin
No-Name(-Produkt) nt adsız, isimsiz (üretim)
Nonne *f* rahibe
Nord *m* kuzey
Nordamerika nt Kuzey Amerika

Nordamerikaner(in) *m(f)* Kuzey Amerikalı
nordamerikanisch *adj* **1.**(*Art*) Kuzey Amerika **2.**(*Herkunft*) Kuzey Amerikalı
Norddeutschland *nt* Kuzey Almanya
Norden *m* kuzey
Nordeuropa *nt* Kuzey Avrupa
Nordirland *nt* Kuzey İrlanda
nordisch *adj* kuzey
Nordkorea *nt* Kuzey Kore
nördlich *adj* kuzey; ~ **von** -in kuzeyinde
Nordost(en) *m* kuzeydoğu
Nordpol *m* kuzey kutbu
Nordrhein-Westfalen *nt* Kuzey Ren-Westfalya
Nordsee *f* Kuzey Denizi
Nordseite *f* kuzey tarafı
Nordwest(en) *m* kuzeybatı
Nordwind *m* kuzey rüzgarı
Nordzypern *nt* Kuzey Kıbrıs; (*Staat*) Kuzey Kıbrıs Türk Cumhuriyeti (KKTC)
nörgeln *vi* mızmızlanmak, dırdır etmek
Nörgler(in) *m(f)* mızmız, dırdırcı
Norm *f* norm
normal *adj* normal
Normal *nt* (*Benzin*) normal
normalerweise *adv* normal olarak
normalisieren *vt* normalleştirmek (*etw* -i)
Normalisierung *f* normalleştirme
Normalität *f* normallik, tabiilik; **zur ~ zurückkehren** normale dönmek
Normalverbraucher(in) *m(f)* ortalama tüketici
normen *vt* standartlaştırmak (*etw* -i)
Norwegen *nt* Norveç
Norweger(in) *m(f)* Norveçli
norwegisch *adj* **1.**(*Sprache*) Norveççe **2.**(*Art*) Norveç **3.**(*Herkunft*) Norveçli
Nostalgie *f* (*Sehnsucht nach der Vergangenheit*) geçmişe özlem, nostalji
nostalgisch *adj* nostaljik
Not *f* **1.**(*Armut*) yoksulluk, fakirlik **2.**(*Elend*) sefalet, düşkünlük **3.**(*Mangel*) eksik(lik), noksan, yokluk **4.**(*Bedrängnis*) sıkıntı, darlık; **zur ~** (*notfalls*) gerekirse; **~ leiden, in ~ sein** sıkıntı çekmek; **~ leidend**^{RR} yokluk [*o* sıkıntı] çeken
Notar(in) *m(f)* noter
notariell *adj* noterlikçe yapılmış; **unter ~er Aufsicht** noter huzurunda
Notarzt, -ärztin *m, f* acil doktor
Notausgang *m* imdat kapısı, tehlike çıkış kapısı
Notausstieg *m* tehlike iniş kapısı
Notbehelf *m* geçici çare
Notbremse *f* imdat freni
Notdurft *f* (*geh*) dışarı çıkma, aptes etme; **seine ~ verrichten** dışarı çıkmak, aptes etmek
notdürftig *adj* (*kaum ausreichend*) güçbela yeten; (*provisorisch*) eğreti
Note *f* **1.**(*Schul-*) not **2.**(*Bank-*) banknot **3.**(*Musik-*) nota
Notenschlüssel *m* nota anahtarı
Notenständer *m* nota sehpası
Notfall *m* acil durum
notfalls *adv* gerekirse, başka çare yoksa
notgedrungen *adv* ister istemez, çaresizce
notieren *vt* not etmek; (*Börse*) kote etmek (*etw* -i)
Notierung *f* (*Börse*) kote
nötig *adj* gerekli, lazım; **es ist ~ zu** -mek gerek [*o* lazım]; **etw ~ haben** bir şeye ihtiyacı olmak, bir şeyi gereksinmek
nötigen *vt* **1.**(*zwingen*) zorlamak, mecbur etmek (*jdn zu etw* -i -e) **2.**(*drängen*) sıkıştırmak (*jdn* -i)
Nötigung *f* zorlama
Notiz *f* not; **sich ~en machen** not almak
Notizbuch *nt* not defteri, bloknot; (*mit Kalender*) takvimli not defteri
Notlage *f* **1.**(*Bedrängnis*) sıkıntılı durum **2.**(*Zwangslage*) zorunlu(luk) durum(u)
notlanden *vi sein* mecburi iniş yapmak
Notlandung *f* mecburi iniş
notleidend *adj s.* **Not**
Notlösung *f* geçici çare
Notlüge *f* hayırlı yalan
notorisch *adj* **1.**(*allgemein bekannt*) belli **2.**(*berüchtigt*) adı çıkmış
Notruf *m* (*Polizei*) polis çağırma; (*Feuerwehr*) itfaiye çağırma
Notrufsäule *f* (*an der Autobahn*) otobanda yardım isteme telefonu
Notrutsche *f* (*von Flugzeug*) imdat kızağı
Notstand *m* devleti tehlikeye koyan durum
Notverband *m* acil sargı
Notwehr *f* meşru müdafaa
notwendig *adj* gerekli, zorunlu
Notwendigkeit *f* gereklilik, mecburiyet, zorunluluk
Notzucht *f* (JUR) ırza geçme
Novelle *f* **1.**(*Erzählung*) öykü, hikaye **2.**(*Gesetzes-*) ek kanun

November *m* kasım (ayı)
Nr. *f Abk. von* **Nummer** no.
Nu *m:* **im ~** bir anda [*o* çırpıda], kaşla göz arasında
nüchtern *adj* **1.** (*ohne Frühstück*) midesi boş **2.** (*ohne Alkohol*) ayık **3.** (*mäßig*) ölçülü **4.** (*besonnen*) temkinli **5.** (*fantasielos*) kuru, cansıkıcı
Nüchternheit *f* **1.** (*ohne Alkohol*) ayıklık **2.** (*Mäßigkeit*) ölçülülük
Nudeln *fpl* erişte, şehriye, makarna; (*Faden-*) tel şehriye *sing*
Nudelsuppe *f* şehriye çorbası
Nudist(in) *m(f)* nüdist
nuklear *adj* nükleer, çekirdeksel
null *num* sıfır; **~ Fehler** hatasız; **~ und nichtig** (*ungültig*) geçersiz; **zwei zu ~** iki sıfır; **~ zu ~** sıfır sıfır
Null *f* **1.** (*Zahl*) sıfır **2.** (*pej: unfähiger Mensch*) hiç; **unter/über ~** sıfırın altında/üstünde; **in ~ Komma nichts** (*fam*) kaşla göz arasında
Nulltarif *m* ücretsiz tarife
numerieren *vt s.* **nummerieren**
Numerierung *f s.* **Nummerierung**
Nummer *f* **1.** (*Ziffer*) numara, sayı **2.** (*Auto*) otomobil plakası **3.** (*Größe*) beden, boy; (*Schuhe, Hut*) boy numarası **4.** (*Zeitung*) sayı; **Bus ~ 13** 13 numaralı [*o* nolu] otobüs
nummerieren[RR] *vt* numaralamak (*etw* -i)
Nummerierung[RR] *f* numaralama
Nummernschild *nt* plaka
nun *adv* (*jetzt*) şimdi; **und ~?** şimdi ne yapalım?; **von ~ an** bundan böyle; **~ (gut)!** eh, peki öyleyse!
nunmehr *adv* artık, bundan böyle
Nuntiatur *f* Papa'nın mümessilliği
nur *adv* yalnız, sırf, sade(ce); **~ noch** ancak; **nicht ~ ..., sondern auch ...** yalnız ... değil, aynı zamanda ...; **~ nicht!** sakın ha!
Nuss[RR] *f* (*Wal-*) ceviz; (*Hasel-*) fındık; **das ist eine harte ~** (*fig*) bu, çetin bir ceviz
Nussbaum[RR] *m* ceviz ağacı
Nussknacker[RR] *m* fındıkkıran
Nutte *f* (*pej*) orospu, fahişe
nutzbar *adj* faydalı, yararlı
nutzbringend *adj* faydalı, kazançlı, yararlı
Nutzen *m* **1.** (*Nützlichkeit*) fayda, yarar **2.** (*Gewinn*) kazanç, kar **3.** (*Vorteil*) çıkar, avantaj; **~ bringen, von ~ sein** faydası olmak; **aus etw ~ ziehen** bir şeyden faydalanmak
nutzen, nützen I. *vt* yararlanmak, faydalanmak (*etw* -den) II. *vi* yaramak (*jdm* -e); **das nützt nichts** bunun hiç bir yararı [*o* faydası] olmaz
nützlich *adj* faydalı, yararlı
Nützlichkeit *f* fayda, yarar, çıkar
nutzlos *adj* faydasız, yararsız
Nutzlosigkeit *f* faydasızlık, yararsızlık
Nutznießer *m* kar çıkaran
Nutzung *f* yararlanma, faydalanma; (*Benutzung*) kullanma
Nutzungsrecht *nt* (JUR) yararlanma hakkı
NW *m Abk. von* **Nordwest(en)** kuzeybatı
Nylon *nt* naylon

O

O *m Abk. von* **Osten** doğu
Oase *f* vaha
OB *m Abk. von* **Oberbürgermeister** büyükşehir belediye başkanı
ob *konj* -ip -mediğini, -ip -meyeceğini; **ich weiß nicht, ~ er kommt** gelip gelmediğini bilmiyorum; **~ er wohl morgen kommt?** acaba yarın gelir mi?; **als ~** sanki, güya; **es ist, als ~** sanki ... gibi; **so tun als ~** -r gibi yapmak
Obacht *f* dikkat
Obdach *nt* barınak
obdachlos *adj* evsiz barksız, yersiz yurtsuz; **~ sein** açıkta olmak
Obdachlose(r) *mf* yersiz yurtsuz, evsiz barksız
Obduktion *f* otopsi
obduzieren *vt* otopsisini yapmak (*jdn* -in)
oben *adv* yukarıda, üstte; **nach ~** yukarı(ya); **von ~** yukarıdan; **da/dort ~** orada yukarıda; **von ~ herab** (*verächtlich*) tepeden bakarak; **von ~ bis unten** baştan aşağıya, tepeden tırnağa (kadar); **siehe ~** yukarıya bak; **~ genannt** yukarıda adı geçen; **weiter ~** daha yukarıda; **~ ohne** üstsüz
obendrein *adv* üstelik, bir de, üstüne üstlük

obengenannt adj yukarıda adı geçen
Ober m (Kellner) garson; **Herr** ~! Garson!
Oberarm m üst kol
Oberbefehlshaber m başkomutan, başkumandan
Oberbürgermeister(in) m(f) büyükşehir belediye başkanı
obere(r, s) adj üst, yüksek
Oberfläche f yüz(ey)
oberflächlich adj 1. (an der Oberfläche) yüzeysel 2. (fig: ohne Sorgfalt) üstünkörü, özensiz
Oberflächlichkeit f yüzeysellik; (fig: Nachlässigkeit) özensizlik
oberhalb I. präp +gen -in yukarısında, -in üstünde II. adv üstünde
Oberhaupt nt başkan
Oberhemd nt frenkgömleği; (allgemein auch) gömlek
Oberin f (eines Klosters) başrahibe
Oberkellner m şefgarson
Oberkiefer m üst çene
Oberklasse f üst sınıf
Oberkörper m üst gövde
Oberleutnant m üsteğmen
Oberlippe f üst dudak
Oberprima f lisenin son sınıfı
Oberschenkel m uyluk
Oberschicht f üst tabaka
Oberschule f lise
Oberschwester f başhemşire
Oberst m albay
oberste(r, s) adj baş, en yüksek; **der Oberste Gerichtshof** (in der Türkei) Yargıtay
Oberstleutnant m yarbay
Oberstufe f (Gymnasium) lisenin son sınıfları
Oberteil m/n üst kısım
obgleich konj -diği halde, -mesine rağmen [o karşın]
obige(r, s) adj yukarıdaki
Objekt nt 1. nesne 2. (Satz-) tümleç
objektiv adj 1. (sachlich) nesnel 2. (unparteiisch) tarafsız, objektif
Objektiv nt objektif
obligatorisch adj yükümlü, mecburi, zorunlu
Oboe f (europäische) obua; (türkische) zurna
Observatorium nt rasathane, gözlemevi
Obst nt meyve, yemiş

Obstbaum m meyve ağacı
Obstgeschäft nt manav (dükkanı), meyveci (dükkanı)
Obstkuchen m meyveli pasta
Obstmesser nt meyve bıçağı
Obstsalat m meyve salatası
Obstschale f meyvelik
obszön adj müstehcen, açık saçık
Obus m troleybüs
obwohl konj -diği halde, -mesine rağmen [o karşın]
Ochse m öküz
Ochsenschwanzsuppe f öküz kuyruğu çorbası
ockerfarben adj aşıboyası (rengi)
OCR f Abk. von **Optical Character Recognition** (INFORM) optik karakter tanıma
öde adj (menschenleer) ıssız, tenha; (langweilig) (can) sıkıcı
oder konj veya; (in Fragesätzen) yoksa; (sonst) yoksa
OEZ f Abk. von **Osteuropäische Zeit** Doğu Avrupa saati
Ofen m soba; (Back-) fırın
offen I. adj 1. (Gegensatz zu geschlossen) açık 2. (öffentlich) açık 3. (freimütig) açıksözlü 4. (aufrichtig) içten, candan, samimi 5. (Stelle) boş, açık; **weit ~** (Tür) sonuna kadar açık; **~er Wein** açık şarap; **auf ~er See** açık denizde; **auf ~er Straße** sokak ortasında; **jdn mit ~en Armen empfangen** birine kollarını açmak II. adv (fig): **ganz ~** açıktan açığa; **~ gesagt, ~ gestanden** açıkça söylemek gerekirse, doğrusu
offenbar adv galiba, görünüşe bakılırsa
Offenheit f 1. (Freimut) açık sözlülük 2. (Aufrichtigkeit) içtenlik, açıklık, samimiyet
offenkundig adj açık, belli, aşikar
offensichtlich I. adj besbelli II. adv görünüşe bakılırsa
offensiv adj saldırgan
Offensive f saldırı, hücum
öffentlich I. adj 1. (publik) açık 2. (Gegensatz zu privat) resmi, kamu(sal), genel II. adv alenen, açıkta
Öffentlichkeit f 1. (Leute) halk, insanlar pl 2. (eines Gemeinwesens) kamuoyu; **in aller ~** herkesin gözü önünde, alenen
Offerte f arz, teklif
offiziell adj resmi
Offizier m subay

offiziös *adj* yarı resmi
offline *adv* bağlantısız
öffnen *vt* açmak (*etw* -i); **hier ~!** buradan açılır!
Öffnung *f* 1.(*offene Stelle*) açık(lık) 2.(*Politik und Geschäfte*) açılma
Öffnungszeit *f* açılış saatleri *pl*
oft <öfter, am häufigsten> *adv* sık sık, çoğu zaman, çok defa; **wie ~?** ne kadar sık?
öfter *adv* daha sık
öfters *adv* (bir)çok defa [*o* kere]
OHG *f Abk. von* **Offene Handelsgesellschaft** Kol. Şti. (*Kolektif Şirketi*)
ohne *präp* +*akk* -siz (-sız/-suz/-süz); **~ dass** -meden/-meksizin
ohnehin *adv* zaten
Ohnmacht *f* 1.(*Machtlosigkeit*) kudretsizlik, güçsüzlük 2.(*Bewusstlosigkeit*) bayılma, baygınlık; **in ~ fallen** bayılmak
ohnmächtig *adj* 1.(*machtlos*) kudretsiz, güçsüz 2.(*bewusstlos*) baygın; **~ werden** bayılmak
Ohr *nt* kulak; **ganz ~ sein** kulak kesilmek; **jdm etw ins ~ flüstern/sagen** birinin kulağına bir şey fısıldamak/söylemek; **jdn übers ~ hauen** birine kazık atmak; **es faustdick hinter den ~en haben** anasının gözü olmak
Öhr *nt* (*einer Nadel*) iğne deliği
Ohrenarzt, -ärztin *m, f:* **Hals-Nasen-Ohren-Arzt** burun, boğaz, kulak doktoru
ohrenbetäubend *adj* kulakları sağır edecek kadar gürültülü
Ohrentropfen *pl* kulak damlası *sing*
Ohrfeige *f* tokat; (*stärker*) sille
ohrfeigen *vt* tokatlamak (*jdn* -i), tokat atmak (*jdn* -e)
Ohrläppchen *nt* kulak memesi
Ohrring *m* küpe
okay *interj* okey
Öko *m* (*fam*) çevreci
Ökologe, -gin *m, f* ekolog, çevrebilimci
Ökologie *f* ekoloji, çevrebilim
ökologisch *adj* 1.(*die Ökologie betreffend*) ekolojik, çevrebilimsel 2.(*umweltschonend*) çevre koruyucu
Ökonomie *f* ekonomi, iktisat
ökonomisch *adj* (*Sache*) ekonomik, iktisadi; (*Mensch*) tutumlu, idareli
Ökosystem *nt* ekosistem
Oktanzahl *f* oktan sayısı
Oktober *m* ekim (ayı)
ökumenisch *adj* evrensel

Öl *nt* 1.(*Speise-*) (sıvı) yağ 2.(*Erd-*) petrol 3.(*Malerei*) yağlıboya
Ölbaum *m* zeytin ağacı
Ölbild *nt* yağlıboya resim
Oleander *m* zakkum (ağacı)
ölen *vt* yağlamak (*etw* -i)
Ölfeld *nt* sondaj alanı
Ölgemälde *nt* yağlıboya tablo
Ölhafen *m* petrol limanı
Ölheizung *f* mazotlu kalorifer
ölig *adj* yağlı
Olive *f* zeytin
Olivenhain *m* zeytinlik
Olivenöl *nt* zeytinyağı
olivgrün *adj* zeytin yeşili, zeytuni
Ölleitung *f* petrol borusu
Ölofen *m* gaz sobası
Ölpest *f* petrol kirliliği
Ölporträt *nt* yağlıboya portre
Ölsardine *f* kutu sardalyesi
Ölstand *m* yağ seviyesi
Öltank *m* yağ deposu
Öltanker *m* petrol tankeri
Ölvorkommen *nt* petrol bulunması
Ölwechsel *m* yağ değiştirme
Olympiade *f* Olimpiyat
olympisch *adj:* **die Olympischen Spiele** Olimpiyat oyunları
Oma *f* (*fam*) nine
Omelett *nt,* **Omelette** *f* omlet
Omnibus *m* otobüs
Onanie *f* mastürbasyon
onanieren *vi* mastürbasyon yapmak
Onkel *m* 1.(*väterlicherseits*) amca 2.(*mütterlicherseits*) dayı 3.(*angeheirateter*) enişte
online *adv* online
Onlinebibliothek[RR] *f* elektronik kütüphane
ontologisch *adj* ontolojik, varoluşsal
OP *m Abk. von* **Operationssaal** ameliathane
Opa *m* (*fam*) dede
Oper *f* 1.(*Musikstück*) opera 2.(*Gebäude*) opera binası
Operation *f* 1.(MED) ameliyat, operasyon 2.(*Unternehmung*) operasyon
Operationssaal *m* ameliyathane
operativ *adj* ameliyatla
Operette *f* operet
operierbar *adj:* (**nicht**) **~** ameliyat edilebilir (edilemez)
operieren I. *vt* ameliyat etmek (*jdn* -i) II. *vi* 1.(MED) ameliyat etmek 2.(*vorgehen*)

operasyon yapmak
Opernglas *nt* tiyatro dürbünü
Opernsänger(in) *m(f)* opera şarkıcısı
Opfer *nt* 1.(*Handlung*) fedakarlık, özveri 2.(*Opfertier, Menschenleben*) kurban; **ein ~ bringen** fedakarlık yapmak [*o* göstermek]; **~ fordern** (*Unglück*) kazaya kurban etmek
Opferfest *nt* (*islamisch*) Kurban Bayramı
opfern *vt* kurban etmek; (*fig: Geld, Gesundheit*) feda etmek (*etw* -i), kıymak (*etw* -e)
Opfertier *nt* kurban, kurbanlık hayvan
Opium *nt* afyon
opportun *adj* uygun, elverişli
Opportunist(in) *m(f)* oportünist, fırsatçı
Opposition *f* 1.(*Parteien*) muhalefet 2.(*Widerstand*) direniş
Oppositionsführer(in) *m(f)* muhalefet lideri
Optik *f* optik
Optiker(in) *m(f)* gözlükçü
optimal *adj* en iyi, optimal
Optimismus *m* iyimserlik
Optimist(in) *m(f)* iyimser, optimist
optimistisch *adj* iyimser, optimist
optisch *adj* optik
orange *adj* turuncu, portakal rengi
Orange *f* portakal
Orangeade *f* portakal suyu
Orangenbaum *m* portakal ağacı
Orangensaft *m* portakal suyu
Orchester *nt* orkestra
Orchidee *f* orkide
Orden *m* 1.(REL) tarikat 2.(*Auszeichnung*) nişan, madalya
ordentlich *adj* 1.(*ordnungsliebend*) düzenli, tertipli 2.(*geordnet*) düzgün, düzenli 3.(*anständig*) namuslu 4.(*beachtlich*) hatırı sayılır; **~er Professor** ordinaryüs (profesör)
ordinär *adj* bayağı, adi
ordnen *vt* 1.düzenlemek (*etw* -i) 2.(*in eine Reihenfolge*) dizmek, sıralamak (*etw* -i) 3.(*aufräumen*) toplamak, düzeltmek (*etw* -i)
Ordner *m* 1.(*für Dokumente*) klasör, dosya 2.(*Person*) görevli
Ordnung *f* 1.(*Aufstellung*) düzen 2.(*Reihenfolge*) sıra(lama), dizi 3.(*An-*) düzenleme, tertip; **in ~** yolunda; (*Pass, Papiere*) tamam; (*Maschinen*) işliyor; **in ~!** tamam!, peki!, oldu!; **er ist in ~** (*fam*) iyi bir insan; **in ~ bringen** (*aufräumen*) derleyip toplamak (*etw* -i), çekidüzen vermek (*etw* -e); (*regeln*) yoluna koymak (*etw* -i); **in ~ kommen** yoluna girmek
ordnungsgemäß I. *adj* kurala uygun II. *adv* yolunca
Ordnungsstrafe *f* disiplin cezası
Ordnungszahl *f* sıra sayısı
Organ *nt* organ
Organisation *f* 1.(*Organisieren*) örgütleme, organizasyon 2.(*Gruppe*) örgüt, organizasyon
Organisator(in) *m(f)* organizatör
organisch *adj* organik
organisieren I. *vt* 1.(*Fest, Aktion*) düzenlemek, organize etmek (*etw* -i) 2.(*in Organisation vereinen*) örgütle(ndir)mek, organize etmek (*jdn* -i) II. *vr*: **sich ~** örgütlenmek
organisiert *adj* organize; **~e Tour** organize tur; **~es Verbrechen** organize suç
Organismus *m* organizm(a)
Organist(in) *m(f)* orgcu, organist
Organizer *m* organizer
Organspende *f* organ bağışı
Orgasmus *m* orgazm, boşalma
Orgel *f* org
Orient *m* Şark, Doğu
orientalisch *adj* Şark(a özgü), doğulu; (*Tanz*) oryantal
orientieren *vr*: **sich ~** (*auch fig*) yönünü tayin etmek
Orientierung *f* yöneltim, yönelim, yönelme
original *adj* asıl, orijinal
Original *nt* 1.(*eines Gemäldes*) asıl, orijinal 2.(*Mensch*) garip adam
originell *adj* orijinal
Orkan *m* bora, kasırga
Ort *m* 1.(*Stelle*) yer, nokta 2.(*Ortschaft*) köy, belde; **an ~ und Stelle** (yerli) yerinde
Örtchen *nt* (*fam: Toilette*) hela, aptesane, ayakyolu
orthodox *adj* (*griech./russ.*) Ortodoks; (*strenggläubig*) koyu
Orthografie[RR], **Orthographie** *f* imla, yazım
orthografisch[RR], **orthographisch** *adj* imlaya ait
Orthopäde, -din *m, f* ortopedist
orthopädisch *adj* ortopedik
örtlich *adj* 1.yerel 2.(MED) lokal
Ortschaft *f* köy, belde
Ortsgespräch *nt* şehiriçi telefon konuşması
ortskundig *adj* çevreyi bilen
Ortsschild *nt* yer gösteren levha

Ortszeit *f* yerel saat (ayarı)
Oscar *m* (*Filmpreis*) Oskar
Öse *f* dişi kopça
Osmane *m* Osmanlı
osmanisch *adj* Osmanlı; **das Osmanische Reich** Osmanlı İmparatorluğu
Ossi *m* (*fam*) Doğu Almanyalı
Ost *m* doğu
Ostblock *m* (HIST) Doğu Bloku
Ostdeutschland *nt* (HIST) Doğu Almanya
Osten *m* doğu; **der Nahe/Mittlere/Ferne ~** Yakın/Orta/Uzak Doğu
Osterei *nt* paskalya yumurtası
Osterglocke *f* 1. (*Kuhschelle*) rüzgar çiçeği 2. (*Narzisse*) nergis
Ostern *nt* Paskalya
Österreich *nt* Avusturya
Österreicher(in) *m(f)* Avusturyalı
österreichisch *adj* 1. (*Art*) Avusturya 2. (*Herkunft*) Avusturyalı
Osteuropa *nt* Doğu Avrupa
östlich I. *adj* doğu II. *adv:* **~ von** -in doğusunda
Ostsee *f* Baltık denizi
Ostseite *f* doğu tarafı
Ostwind *m* gündoğusu (rüzgarı)
Outing *nt* açılma
Output *m* çıktı
Outsourcing *nt* (ECON) dış kaynak kullanımı
oval *adj* oval
Overheadprojektor *m* tepegöz
Oxyd *nt* oksit
oxydieren *vi* oksitlenmek
Ozean *m* okyanus; **Stiller/Atlantischer/ Indischer ~** Pasifik/Atlantik/Hint Okyanusu
Ozon *nt* ozon
Ozonloch *nt* ozon deliği
ozonschädigend *adj:* **~e Substanzen** ozon tabakasına zarar veren maddeler
Ozonschicht *f* ozon tabakası

P

paar *adj:* **ein ~** birkaç
Paar *nt* (*Sachen, Personen, Tiere*) çift; **ein ~ Schuhe** bir çift pabuç
paaren *vr:* **sich ~** (*Tiere*) çiftleşmek
paarmal *adv:* **ein ~** birkaç defa
paarweise *adv* çifter çifter
Pacht *f* 1. kira 2. (*Pachtzins*) kira (bedeli)
pachten *vt* kira ile tutmak, kiralamak (*etw* -i)
Pächter *m* kiracı
Pack¹ *nt* (*pej: Gesindel*) ayaktakımı
Pack² *m* (*Packen*) deste, paket
Päckchen *nt* 1. (*kleines Paket*) paketçik 2. (*Zigaretten*) paket, kutu 3. (*Post*) koli
Packeis *nt* deniz buzulu
packen *vt* 1. (*ergreifen*) yakalamak, tutmak, kapmak (*jdn/etw* -i) 2. (*erschüttern*) duygulandırmak, heyecanlandırmak (*jdn* -i); **den Koffer ~** bavul hazırlamak 3. (*ein-*) yerleştirmek (*etw in etw* -i -e)
Packen *m* deste; (*Bündel*) bohça, çıkın
packend *adj* (*ergreifend*) duygulandırıcı, heyecanlandırıcı
Packpapier *nt* paket kağıdı
Packung *f* 1. (*Verpackung*) ambalaj 2. (*Zigaretten*) paket 3. (*Kompresse*) pansuman, kompres
Packungsbeilage *f* prospektüs
Pädagoge, -gin *m, f* pedagog, eğitimci
Pädagogik *f* pedagoji, eğitbilim
pädagogisch *adj* pedagojik, eğitsel; **Pädagogische Hochschule** Yüksek Öğretmen Okulu
Pädophile(r) *mf* oğlancı, sübyancı
Pädophilie *f* oğlancılık, sübyancılık
Paddel *nt* (kısa) kürek; (SPORT) padıl
Paddelboot *nt* hafif sandal; (SPORT) padılbot
paddeln *vi* kürek çekmek
Paket *nt* paket
Paketkarte *f* paket kartı
Pakistan *nt* Pakistan
Pakt *m* antlaşma, pakt
Palast *m* saray, şato; (*kleinerer*) konak, köşk
Palästina *nt* Filistin
Palästinenser(in) *m(f)* Filistinli
Palette *f* palet
Palisanderholz *nt* pelesenk ağacı
Palme *f* palmiye; **jdn auf die ~ bringen** birini çileden çıkarmak
Palmsonntag *m* Paskalya'dan önceki pazar

günü
Palmzweig *m* palmiye dalı
Pampelmuse *f* greyfurt, greyfrut
Pamphlet *nt* hiciv, yergi
panieren *vt* pane etmek (*etw* -i)
Paniermehl *nt* graten
Panik *f* panik; **in ~ geraten** paniğe kapılmak; **keine ~!** paniğe kapılmayın!
panisch *adj:* **~e Angst/Entsetzen** büyük korku/dehşet
Panne *f* arıza
Pannendienst *f* arıza [*o* tamir] servisi
Panorama *nt* panorama, genel görünüş [*o* manzara]
panschen *vt* (*Wein usw.*) (şaraba vs.) su katmak
Panterᴿᴿ, **Panther** *m* panter
Pantoffel *m* terlik
Pantoffelheld *m* kılıbık
Pantomime *f* pantomim
Panzer *m* **1.** (*Kampfwagen*) tank **2.** (HIST: *Rüstung*) zırh **3.** (*von Schildkröte*) kabuk
Panzerschrank *m* kasa
Papa *m* (*fam*) baba; (*als Anrede*) baba, babacığım
Papagei *m* papağan
Papier *nt* kâğıt *pl;* (*Ausweise*) kimlik (kâğıdı)
Papierflieger *m* kâğıt uçak
Papiergeld *nt* kâğıt para
Papiergeschäft *nt* kâğıtçı (dükkanı), kırtasiye mağazası
Papierkorb *m* kâğıt sepeti
Papierkrieg *m* kırtasiyecilik
Papiertaschentuch *nt* kâğıt mendil
Papiertüte *f* kesekâğıdı
Pappe *f* karton, mukavva
Pappel *f* kavak (ağacı)
Paprika *m* (*Gemüse*) (yeşil) biber; (*Gewürz*) kırmızıbiber
Paprikaschote *f* dolmalık biber
Papst *m* Papa
Parabel *f* (MATH) parabol
Parade *f* geçit töreni
Paradies *nt* cennet
paradiesisch *adj* cennet gibi
Paradigma *nt* (PHIL) paradigma
paradox *adj* çelişik, tezatlı, paradoks
Paradoxie *nt* paradoks
Paragrafᴿᴿ, **Paragraph** *m* **1.** (JUR) madde, fıkra, paragraf **2.** (*Absatz*) paragraf
parallel *adj* paralel, koşut

Parallele *f* **1.** paralel, koşut **2.** (*Gleichartigkeit*) uygunluk
Parameter *m* parametre
paramilitärisch *adj* paramiliter
Parasit *m* parazit, asalak
parat *adj:* **~ sein** hazır olmak; **etw ~ haben** elinde hazır bulunmak
Parcours *m* (*Golf*) parkur
Parfüm *nt* parfüm, esans
Parfümerie *f* parfümeri
parfümieren *vr:* **sich ~** parfüm sürünmek [*o* güzel kokul]
Park(anlage) *m* (*f*) park
parken **I.** *vt* park etmek (*etw* -i) **II.** *vi* park yapmak
Parken *nt* park etme; **~ verboten!** park yapılmaz!
Parkett *nt* (*Fußboden*) parke; (*Theater*) parter
Parkgebühr *f* park ücreti
Parkhaus *nt* katlı otopark
Parkinsonsche Krankheit *f* Parkinson (hastalığı)
Parklücke *f* park edebilecek (*dar*) bir yer
Parkplatz *m* park yeri, otopark
Parkscheibe *f* park süresi göstergesi
Parkuhr *f* park saati
Parkverbot *nt* park (etme) yasağı
Parlament *nt* parlamento, meclis; (*in der Türkei*) (Büyük) Millet Meclisi
Parlamentarier(in) *m(f)* milletvekili, mebus
parlamentarisch *adj* parlamentoya ait
Parodie *f* parodi, alaylı benzeti
parodieren *vt* alay ederek taklidini yapmak
Parodontose *f* dişeti çekilmesi
Parole *f* **1.** (*Losung*) parola **2.** (*Leitspruch*) slogan
Partei *f* **1.** (*politische*) parti **2.** (*in einem Rechtsstreit*) taraf; **für jdn ~ ergreifen** birinin tarafını tutmak
parteiisch *adj* taraflı, tarafgir, yanlı
Parteilichkeit *f* taraftarlık, yandaşlık
Parteitag *m* genel parti toplantısı
Parterre *nt* (*Erdgeschoss*) zemin katı, alt kat
Partie *f* **1.** (*Schach*) oyun, parti **2.** (SPORT) oyun
Partikel *f* **1.** (*Teilchen*) zerre, tanecik **2.** (*Wortart*) ilgeç
Partisan(in) *m(f)* çeteci, gerilla(cı)
partitionieren *vt* (INFORM) bölümlemek

(*etw* -i)
partitioniert *adj* (INFORM) bölümlenmiş
Partitur *f* partitur
Partizip *nt* ortaç, sıfatfiil
Partner(in) *m(f)* **1.** (*Ehe, Spiel, Sport*) eş **2.** (*Kompagnon*) ortak
Partnerschaft *f* eşlik; (*Geschäfts-*) ortaklık
Partnerstadt *f* kardeş şehir
Party *f* parti
PassRR *m* **1.** (*Reise-*) pasaport **2.** (*Gebirgs-*) geçit
Passage *f* **1.** (*Durchgang*) geçit **2.** (*Laden-*) pasaj; (*in einem Musikstück/einem Text*) pasaj
Passagier(in) *m(f)* yolcu
Passagierschiff *nt* yolcu gemisi
PassbildRR *nt* vesikalık fotoğraf
passen *vi* **1.** uymak, yakışmak (*zu etw/jdm* -e) **2.** (*Kleider*) uymak (*jdm* -e) **3.** (*Spiel*) oyunu bırakmak; **zueinander** ~ birbirine uymak [*o* yakışmak]; **das passt**RR **mir** (**nicht**) bu, işime gelir (gelmez); **das könnte dir so** ~**!** tam sana göre!
passend *adj* **1.** (*angebracht*) uygun, elverişli, yakışık alır **2.** (*Zeit*) uygun
passieren I. *vt haben* (*vorbeigehen*) geçmek (*etw* -i/-den) **II.** *vi sein* (*geschehen*) olmak, cereyan etmek
Passierschein *m* sınır geçme izni
passiv *adj* **1.** (*untätig*) pasif **2.** (GRAM) edilgen
Passiv *nt* (GRAM) edilgen çatı
Passiva *pl* (*Bilanz*) pasif (bilanço) *sing*
Passivität *f* pasiflik
Passivrauchen *nt* pasif içicilik
Passivraucher(in) *m(f)* pasif içici
PasskontrolleRR *f* pasaport kontrolü
Passwort *nt* (INFORM) şifre, parola
Pastellfarbe *f* pastel boya
Pastete *f* börek, poğaça
pasteurisieren *vt* pastörize etmek (*etw* -i)
pasteurisiert *adj* pastörize
Pastor(in) *m(f)* papaz (*Protestan*)
Pate *m* vaftiz babası
Patenkind *nt* vaftiz evladı
Patenschaft *f* vaftiz babalığı
Patent *nt* patent
Patentamt *nt* patent dairesi [*o* bürosu]
patentieren *vt:* **sich etw** ~ **lassen** bir şeyin patentini almak
Pater *m* **1.** (*Pfarrer*) papaz (*Katolik*) **2.** (*Mönch*) rahip
pathetisch *adj* coşkulu

Pathologe *m*, **Pathologin** *f* patolog
Pathologie *f* patoloji
pathologisch *adj* patolojik; (*krankhaft*) hastalıklı
Patience *f* (*Spiel*) pasyans
Patient(in) *m(f)* hasta
Patin *f* vaftiz anası
Patriarch *m* (*orthodoxer Bischof*) patrik
patriarchalisch *adj* (*vaterrechtlich*) patriarkal, ataerkil
Patriot(in) *m(f)* yurtsever, vatanperver
patriotisch *adj* vatanperver, yurtsever
Patriotismus *m* vatanperverlik, yurtseverlik
Patrone *f* fişek
Patronenhülse *f* kovan
Patrouille *f* devriye
patrouillieren *vi* devriye gezmek
Patsche *f* (*fam*): **in der** ~ **sitzen** başı belada [*o* dertte] olmak; **jdm aus der** ~ **helfen** birini zor durumdan kurtarmak
patschen *vi* (*im Wasser*) çıpı çıpı etmek
Pauke *f* davul
pauken *vi*, *vt* (*fam: lernen*) ineklemek (*etw* -i)
pauschal *adv* **1.** (*alles zusammen*) hepsi beraber, toptan (olarak) **2.** (*verallgemeinernd*) genelleştirerek
Pauschalpreis *m* toptan [*o* götürü] fiyat
Pause *f* ara; (*Schule*) teneffüs; (*Theater*) perde arası
Pavillon *m* pavyon
Pazifik *m* Büyük Okyanus, Pasifik (Okyanusu)
Pazifismus *m* pasifizm
Pazifist(in) *m(f)* pasifist
pazifistisch *adj* pasifist
PC *m* Abk. von **Personalcomputer** PC, kişisel bilgisayar
Pech *nt* **1.** zift **2.** (*fam: Unglück*) talihsizlik, şanssızlık, bahtsızlık; (**da hast du**) ~ **gehabt!** şansına küs!
Pechvogel *m* (*fam*) talihsiz
Pedal *nt* pedal
Pedant(in) *m(f)* titiz, müşkülpesent
pedantisch *adj* titiz, müşkülpesent
Pediküre *f* pedikür
peinlich *adj* (*Lage*) üzücü; ~ **genau** (aşırı) titiz
Peitsche *f* kamçı, kırbaç
peitschen *vi*, *vt* kamçılamak, kırbaçlamak (*etw/jdn* -i)

Peitschenhieb *m* kırbaç darbesi
Pelikan *m* pelikan
Pelle *f* zar
pellen *vt* kabuğunu soymak (*etw* -in)
Pellkartoffeln *fpl* kabuğuyla haşlanan patates *sing*
Pelz *m* kürk
Pelzgeschäft *nt* kürkçü (dükkanı)
Pelzmantel *m* kürk manto
Pendel *nt* sarkaç
pendeln *vi* (sarkaç gibi) sallanmak; (*hin- und herlaufen*) iki yer arasında devamlı gidip gelmek
Pendelverkehr *m* kısa mesafede sık işleyen trafik
Pendler(in) *m(f)* iş yeri ile konutu ayrı yerlerde bulunan kimse
penetrant *adj* 1.(*durchdringend*) keskin 2.(*aufdringlich*) usandırıcı, sırnaşık
Penis *m* penis, erkeklik organı
Penizillin *nt* penisilin
pennen *vi* (*fam*) uyumak
Penner(in) *m(f)* (*fam*) serseri, berduş
Pension *f* 1.(*Hotel*) pansiyon 2.(*Ruhegehalt*) emekli aylığı
Pensionär(in) *m(f)* (*Rentner*) emekli
Pensionat *nt* yatılı okul
pensioniert *adj* emekli
Pensionierung *f* emekliye ayırma
Pensum *nt* (*Aufgabe*) görev, ödev
per *präp* +*akk* ... vasıtasiyle; ~ **Adresse** eliyle
perfekt *adj* kusursuz, mükemmel, yetkin
Perfekt *nt* (*im Deutschen*) ikinci geçmiş zaman; (*im Türkischen*) -di'li geçmiş zaman
Perfektion *f* mükemmellik
perforieren *vt* zımbalamak, delmek (*etw* -i)
Pergament *nt* parşömen
Pergamon *nt* Bergama
Periode *f* 1.(*Zeitraum*) devre, devir, dönem 2.(*Menstruation*) aybaşı
periodisch *adj* periyodik
Peripherie *f* 1.(MATH) çevre 2.(*Außenseite*) dışkenar
Peripheriegerät *nt* (INFORM) çevre birimi
Perle *f* inci; (*Glas*~) boncuk
Perlmutt *nt* sedef
Perser(in) *m(f)* İranlı
Persien *nt* İran
persisch *adj* (*Art*) İran; (*Sprache*) Farsça
Person *f* kişi; **pro** ~ kişi başına
Personal *nt* personel

Personalabteilung *f* personel servisi
Personalausweis *m* kimlik (kartı)
Personalbüro *nt* personel bürosu
Personalchef(in) *m(f)* personel şefi
Personalien *pl* kimlik bilgileri *pl;* **jds ~ feststellen** birinin kimliğini tespit etmek
personalisieren *vt* (INET) özelleştirmek (*etw* -i)
Personenkraftwagen *m* binek otomobili
Personenkult *m* kişiyi tanrılaştırma
Personenzug *m* yolcu treni
personifizieren *vt* canlandırmak (*etw* -i)
persönlich **I.** *adj* kişisel, şahsi; (*privat*) özel **II.** *adv* şahsen
Persönlichkeit *f* kişilik, şahsiyet; (*maßgebende Person*) şahsiyet, önemli kişi
Persönlichkeitsentwicklung *f* kimlik gelişimi
Perspektive *f* 1. perspektif 2.(*Aussicht auf Erfolg*) şans, ümit, imkan
Peru *nt* Peru
Perücke *f* peruka, takma saç
pervers *adj* sapık
Pessimismus *m* karamsarlık, kötümserlik, bedbinlik
Pessimist(in) *m(f)* karamsar, kötümser, bedbin
pessimistisch *adj* karamsar, kötümser, bedbin
Pest *f* 1.(*Krankheit*) veba 2.(*Unheil*) bela, felaket
Pestizid *nt* biosit
Petersilie *f* maydanoz
Petroleum *nt* petrol, gazyağı
Petroleumlampe *f* gazyağı lambası
petzen **I.** *vt* (*kneifen*) sıkıştırmak (*etw* -i) **II.** *vi* (*fam: denunzieren*) gammazlamak
Petzer *m* (*fam*) gammaz, ihbarcı
Pf *m Abk. von* **Pfennig** fenik
Pfad *m* 1.(*kleiner Fußweg*) patika, keçiyolu 2.(INFORM) yol
Pfadfinder(in) *m(f)* izci
Pfahl *m* kazık, direk
Pfalz *f* Palatina
Pfand *nt* rehin; (*Flaschen-*) depozito
pfänden *vt* haczetmek (*etw* -i)
Pfandflasche *f* depozitolu şişe
Pfandhaus *nt* emniyet sandığı (*rehin karşılığında para veren kurum*)
Pfändung *f* haciz
Pfanne *f* 1.(*Küche*) tava 2.(ANAT) mafsal oyuğu

Pfannkuchen *m* tatlı bir omlet çeşidi
Pfarrei *f,* **Pfarrgemeinde** *f* bir papazın idaresi altında bulunan kilise cemaati
Pfarrer(in) *m(f)* papaz
Pfarrkirche *f* papazlık dairesinin başkilisesi
Pfau *m* tavus kuşu
Pfeffer *m* biber; (*schwarzer* ~) karabiber; **gemahlener** ~ dövülmüş biber
Pfefferkuchen *m* ballı ve baharatlı bir çörek
Pfefferminze *f* nane
Pfefferminzlikör *m* nane likörü
Pfefferminztee *m* nane çayı, naneli çay
Pfefferstreuer *m* biberlik
Pfeife *f* 1. (*Triller-*) düdük 2. (*Tabaks-*) pipo; ~ **rauchen** pipo içmek
pfeifen <pfiff, gepfiffen> *vi* 1. (*mit Pfeife*) düdük öttürmek 2. (*ohne Pfeife*) ıslık çalmak; **auf etw** ~ bir şeye aldırış etmemek; **ich pfeife darauf** bana vız gelir
Pfeifenreiniger *m* pipo teli
Pfeifentabak *m* pipo tütünü
Pfeil *m* ok
Pfeiler *m* 1. direk, destek 2. (*fig: Stütze*) dayanak
Pfennig *m* fenik
Pferch *m* ağıl; (*für Schafe*) mandıra
Pferd *nt* 1. at; (*Last-*) beygir 2. (SPORT) beygir
Pferdeäpfel *mpl* at gübresi *sing*
Pferderennen *nt* at yarışı
Pferdeschwanz *m* (*auch Frisur*) at kuyruğu
Pferdestall *m* at tavlası
Pferdestärke *f* beygir gücü
Pferdewagen *m* atlı araba, at arabası
pfiff *vi, vt s.* **pfeifen**
Pfiff *m* ıslık; (*einer Pfeife*) düdük sesi
Pfifferling *m* horozmantarı
pfiffig *adj* açıkgöz
Pfingsten *nt* Pantkot yortusu
Pfingstrose *f* şakayık
Pfirsich *m* şeftali
Pfirsichbaum *m* şeftali ağacı
Pflanze *f* bitki
pflanzen *vt* (toprağa) dikmek (*etw* -i)
Pflanzenöl *nt* bitkisel yağ
pflanzlich *adj* bitkisel
Pflanzung *f* (*von Bäumen*) fidan dikme; (*Pflanzenzucht*) bitki yetiştirme
Pflaster *nt* 1. (*Straßen-*) kaldırım 2. (*Heft-*) (yapışıcı) yakı, plaster
Pflasterstein *m* kaldırım taşı; (*Kopfstein*) parke taşı
Pflaume *f* erik; (*Damaszener-*) mürdümeriği
Pflaumenbaum *m* erik ağacı
Pflege *f* 1. (*Pflegen*) bakım; (*besonders sorgsame*) özen 2. (*Fürsorge*) koruma
pflegebedürftig *adj* bakıma muhtaç
Pflegeeltern *pl* evlat edinen anababa
Pflegeheim *nt* bakım yurdu
Pflegekind *nt* evlatlık, besleme
pflegeleicht *adj* bakımı kolay
pflegen I. *vt* 1. bakmak (*jdn/etw* -i) 2. (*fig*) bakmak (*etw* -e), korumak, iyi durumda tutmak (*etw* -i); **gesund** ~ iyileştirmek (*jdn* -i) II. *vi:* **pflegen zu ...** (*Gewohnheit*) -meye alışmış olmak
Pflicht *f* 1. (*Aufgabe*) görev, ödev 2. (*obliegende*) borç 3. (*Verpflichtung*) yüküm(lülük)
pflichtbewusst[RR] *adj* görevine bağlı
pflücken *vt* koparmak, toplamak (*etw* -i)
Pflug *m* saban; (*schwerer*) pulluk; (*aus Holz*) karasaban
pflügen *vi, vt* çift [*o* toprağı] sürmek
Pforte *f* kapı; **die Hohe** ~ Babıali
Pförtner *m* (*Magen-*) mide kapısı
Pförtner(in) *m(f)* kapıcı
Pfosten *m* direk, destek, kazık
Pfote *f* 1. (*Hund, Katze*) el, ayak; (*Raubtiere*) pençe 2. (*pej: Hand*) el 3. (*schlechte Handschrift*) kötü el yazısı
Pfropf(en) *m* tıpa, tıkaç
Pfründe *f* arpalık
pfui *interj* tüh, ayıp
Pfund *nt* 1. (*Gewicht*) yarım kilo 2. (*Währung: türk.* ~) lira; (*engl.* ~) sterlin(g)
pfuschen *vi* kötü [*o* üstünkörü] iş görmek
Pfuscher(in) *m(f)* üstünkörü iş gören
Pfütze *f* (küçük) su birikintisi
PH *f Abk. von* **Pädagogische Hochschule** yüksek öğretmen okulu
Phänomen *nt* görüngü
phänomenal *adj* (*großartig*) eşsiz
Phantasie *f* 1. (*Einbildungskraft*) hayal gücü 2. (*Trugbild*) hayal, görüntü
phantasieren *vi* 1. (*im Fieber*) sayıklamak 2. (*in Gedanken ausmalen*) hayal kurmak
phantastisch *adj* 1. (*unwirklich*) hayali, düşsel 2. (*großartig*) harika
Phantom *nt* hayal
Phantombild *nt* robot resim
pharm. *adj Abk. von* **pharmazeutisch**

pharmazeutisch adj ecza(sal)
Phase f 1.(*Periode*) devre, dönem, devir 2.(*Stadium*) evre, safha 3.(*beim Wechselstrom*) dalgalı akım
Philippinen pl: **die ~** Filipinler, Filipin Adaları pl
Philologe(in) m(f) filolog
Philologie f filoloji
Philosoph(in) m(f) filozof
Philosophie f felsefe
philosophisch adj felsefi
phlegmatisch adj ağır hareketli; (*negativ*) mıymıntı
Phonetik f fonetik, sesbilim
phonetisch adj fonetik, sesbilimsel
Phosphat nt fosfat
Phosphor m fosfor
Photo nt s. **Foto**
Physik f fizik
physikalisch adj fiziksel, fiziki
Physiker(in) m(f) fizikçi
Physiognomie f fizyonomi
Physiologie f fizyoloji
physisch adj fiziksel; (*den Körper betreffend*) bedensel, bedeni
Pianist(in) m(f) piyanist
Piano(forte) nt (konsol) piyano
Piaster m kuruş
Pickel m sivilce
picken vt gagalamak (*etw* -i)
Picknick nt piknik
piepen vi (*junge Vögel*) cıvıldamak; (*Maus, Küken*) cik cik etmek
pikant adj 1.(*Speise*) baharatlı 2.(*Witz*) açık saçık, müstehcen
Pilger(in) m(f) hacı
Pilgerfahrt f hac
pilgern vi sein 1.(*wallfahren*) hacca gitmek 2.(*zu Fuß gehen*) yaya gitmek
Pilgerort m, **Pilgerstätte** f ziyaretgah, ziyaret [o hac] yeri
Pille f 1. hap 2.(*Antibabypille*) doğum kontrol hapı
Pilot(in) m(f) pilot
Pilotprojekt nt pilot projesi
Pilz m mantar
Pilzvergiftung f mantar zehirlenmesi
Pinie f fıstık çamı
Pinienkern m çam fıstığı
Pinienwald m çamlık
pinkeln vi (*fam*) işemek, çiş etmek
Pinsel m (*zum Malen*) (resim) fırça(sı); (*zum Streichen*) badana fırçası
Pinzette f cımbız
Pionier(in) m(f) (*Wegbereiter*) öncü
Pipeline f boru hattı
Pirat m korsan
pissen vi (*vulg*) işemek
Pistazie f şamfıstığı, antepfıstığı
Piste f pist
Pistole f tabanca
Pixel nt piksel
Pizza f pizza; (*türkische ~*) lahmacun
Pkw, PKW m s. **Personenkraftwagen** binek otomobili
plädieren vi savunmak (*für etw/jdn* -i)
Plädoyer nt (*für*) savunma söylevi
Plage f 1.(*Qual*) azap, üzüntü, dert 2.(*Land-*) afet, felaket
plagen I. vt 1.(*quälen*) üzmek (*jdn* -i), üzüntü [o azap] vermek (*jdn* -e) 2.(*belästigen*) taciz [o rahatsız] etmek (*jdn* -i) II. vr: **sich ~** (*körperlich*) yorulmak, zahmet çekmek; (*seelisch*) üzülmek
Plakat nt afiş, duvar ilanı
Plakette f plaket
Plan m plan; **einen ~ schmieden** plan kurmak
Plane f (*allgem.*) su geçirmez koruma örtüsü; (*für einen Wagen*) araba örtüsü
planen vt planlamak, tasarlamak (*etw* -i)
Planet m gezegen
Planetarium nt planetaryum
Planierraupe f buldozer
Planke f tahta, kalas
planlos adj plansız
planmäßig I. adj plana uygun II. adv (*fahr-*) tarifeye göre
Planschbecken nt çocuk havuzu
planschen vi su içinde oynamak; (*mit Wasser spritzen*) su fışkırtmak
Plantage f plantasyon
Planung f planlama
Planwirtschaft f planlı ekonomi
plappern vi gevezelik etmek
plärren vi cırıldamak, cır cır etmek; (*laut weinen*) hüngür hüngür ağlamak
Plastik[1] f 1.(*Kunst*) heykeltıraşlık 2.(*Werk*) heykel
Plastik[2] nt (*Werkstoff*) plastik
Plastikbecher m plastik bardak
Plastikflasche f plastik şişe
Plastikgabel f plastik çatal
Plastiktüte f plastik torba

plastisch *adj* (*greifbar*) canlı, elle tutulur
Platane *f* çınar (ağacı)
Platin *nt* platin
platonisch *adj* (*auch fig*) platonik
plätschern *vi* **1.** (*planschen*) suda oynamak **2.** (*Bach*) çağıldamak, şarıldamak, şırıl şırıl akmak
platt *adj* **1.** (*flach*) düz, yassı **2.** (*Nase*) basık **3.** (*Reifen*) havası kaçan [*o* boşalan] **4.** (*erstaunt*) şaşkın, alıklaşmış; **der Reifen ist ~** lastikte hava yok; **sie war (einfach) ~** (*fam*) şaşkınlıktan donakaldı
Plattdeutsch *nt* Kuzey Almanya şivesi
Platte *f* **1.** (*Scheibe*) levha **2.** (*Schall-*) plak **3.** (*Holz-*) tabla **4.** (*Metall-*) tepsi **5.** (*Stein-*) döşeme taşı **6.** (*flache Schüssel*) yayvan kap
plätten *vt* (*allgemein*) yassıltmak; (*Wäsche*) ütülemek (*etw* -i)
Plattenspieler *m* pikap
Plattform *f* platform
Plattfuß *m* **1.** (MED) düztaban **2.** (*fam: platter Reifen*) havası kaçmış lastik
Platz *m* **1.** (*offener*) alan **2.** (*in einer Stadt*) meydan **3.** (*Stelle, Raum, Sitz*) yer; **~ finden** yer bulmak; **am ~e sein** yerinde olmak; **~ machen** yer açmak (*jdm* -e); **~ nehmen** yerini almak, oturmak
Platzangst *f* agorafobi, meydan korkusu
Platzanweiser(in) *m(f)* yer gösterici
Plätzchen *nt* (*Teegebäck*) kurabiye
platzen *vi sein* **1.** (*explodieren*) patlamak **2.** (*Risse bekommen*) yırtılmak, çatlamak; **vor Ärger/Wut ~** kızgınlıktan patlamak
Platzkarte *f* (*Eisenbahn*) numaralı bilet
plaudern *vi* sohbet etmek
Play-off *nt* (SPORT) play-off
Play-off-Gruppe *f* play-off grubu
Pleite *f* **1.** (*Bankrott*) iflas **2.** (*Misserfolg*) başarısızlık, fiyasko; **~ machen** iflas etmek
pleite *adv:* **~ sein** (*fam*) meteliğe kurşun atmak
Plenarsitzung *f* genel kurul toplantısı
Plenum *nt* genel kurul
Plexiglas® *nt* pleksiglas
Plombe *f* **1.** (*Verschluss*) kurşun damga **2.** (*Zahn-*) dolgu
plombieren *vt* kurşunlamak; (*Zahn*) doldurmak (*etw* -i)
plötzlich **I.** *adj* ani, beklenmeyen **II.** *adv* birdenbire, ansızın, aniden
Plug and Play *nt* (INFORM) tak çalıştır
plump *adj* **1.** (*unfein: Person und Sache*) hantal, kaba saba **2.** (*ungeschickt*) beceriksiz, hantal, hoyrat
plündern **I.** *vt* yağma etmek (*etw* -i) **II.** *vi* çapulculuk etmek
Plünderung *f* yağma(cılık)
Plural *m* çoğul
Pluralismus *m* plüralizm, çokçuluk
pluralistisch *adj* plüralist, çokçu
plus *adv* artı; **zwei ~ zwei ist vier** iki artı iki dört eder
Plus *nt* artı
Plüsch *m* pelüş
Plutonium *nt* plütonyum
PLZ *f Abk. von* **Postleitzahl** posta kod numarası
Pöbel *m* (*pej*) ayaktakımı
pöbelhaft *adj* (*pej*) bayağı, kaba (saba)
pochen *vi* **1.** (*klopfen*) vurmak, çalmak **2.** (*Herz*) çarpmak, atmak; (*Schläfen*) atmak; **auf etw ~** (*fig*) bir şeyde fazla ısrar etmek
Pocken *pl* çiçek (hastalığı) *sing*
Podest *nt,* **Podium** *nt* podyum
Podiumsdiskussion *f* panel
Poesie *f* şiir sanatı
poetisch *adj* şairane, ozansı
Poet(in) *m(f)* şair
Pokal *m* kupa
Pokalspiel *nt* kupa maçı
pol. *adj Abk. von* **politisch; polizeilich**
Pol *m* kutup
Polarisierung *f* (*auch fig*) kutuplaş(tır)ma
Polarkreis *m* kutuplar dairesi
Polaroidkamera *f* polaroid makine
Pole, -in *m, f* Polonyalı
Polemik *f* tartışma, polemik
polemisch *adj* polemik
polemisieren *vi* polemik yapmak
Polen *nt* Polonya
polieren *vt* cilalamak, parlatmak (*etw* -i)
Poliklinik *f* poliklinik
Politesse *f* (*fam*) kadın trafik polisi
Politik *f* politika, siyaset
Politiker(in) *m(f)* politikacı
politisch *adj* politik, siyasi, siyasal
Politologie *f* siyasal bilgiler *pl*
Politur *f* **1.** (*Material*) cila, vernik, parlatıcı **2.** (*Glanz*) parlaklık
Polizei *f* polis; (*besonders städtische*) zabıta
Polizeigewahrsam *m* gözaltı; **jdn in ~ nehmen** birini gözaltına almak
polizeilich **I.** *adj* polis **II.** *adv* polisç
Polizeipräsidium *nt* emniyet müdürlüğü

Polizeistaat *m* polis devleti
Polizeiwache *f* (polis) karakol(u)
Polizeiwagen *m* polis arabası
Polizist(in) *m(f)* polis (memuru)
Pollen *m* çiçek tozu
polnisch *adj* 1.(*Sprache*) Polonyaca 2.(*Art*) Polonya 3.(*Herkunft*) Polonyalı
Polster *nt* (*Kissen*) yastık
Polstergarnitur *f* koltuk takımı
polstern *vt* kıtıkla doldurmak (*etw* -i)
Polterabend *m* düğünden önceki bir eğlence
poltern *vi* 1.(*rumpeln*) gümbürdemek 2.(*lärmen*) gürültü [*o* patırtı] etmek 3.(*schelten*) bağırıp çağırmak
Polyester *nt* poliester
polygam *adj* poligam, çokkarılı
Polygamie *f* poligami, çokkarılılık
Polyp *m* 1.(MED) polip, ahtapot 2.(*Krake*) ahtapot 3.(*fam: Polizist*) aynasız
Pommes frites *pl* patates kızartması *sing*
Pony¹ *nt* (*Kleinpferd*) midilli
Pony² *m* (*Stirnfransen*) kakül, perçem
Popcorn *nt* patlamış mısır
Popmusik *f* pop müziği
Popo *m* (*fam*) kıç, popo, kaba et
populär *adj* popüler; ~ **werden** popülerleşmek
Popularität *f* popülarite
populistisch *adj* popülist
Pore *f* gözenek
Pornofilm *m* porno film
Pornografie[RR], **Pornographie** *f* pornografi
pornografisch[RR], **pornographisch** *adj* pornografik
Pornoring *m* porno şebekesi
porös *adj* gözenekli
Porree *m* pırasa
Port *nt* (INFORM) bağlantı noktası
Portal *nt* 1.(büyük) kapı, anakapı 2.(*Homepage*) portal, ana sayfa
Portemonnaie *nt* cüzdan
Portier *m* kapıcı
Portion *f* porsiyon
Porto *nt* posta ücreti; ~ **bezahlt Empfänger** posta ücreti alıcıya ait
Portogebühr(en) *f (pl)* posta ücretleri *pl*
Porträt *nt* portre
porträtieren *vt* portresini yapmak (*jdn* -in)
Portugal *nt* Portekiz
Portugiese, -sin *m, f* Portekizli

portugiesisch *adj* 1.(*Sprache*) Portekizce 2.(*Art*) Portekiz 3.(*Herkunft*) Portekizli
Portwein *m* porto şarabı
Porzellan *nt* porselen
Posaune *f* trombon
Position *f* (*Stellung, Lage*) durum, pozisyon
positiv *adj* 1. olumlu 2.(MATH) pozitif
Possessivpronomen *nt* iyelik zamiri
Post *f* 1.(*Einrichtung*) posta 2.(*Amt, Gebäude*) postane 3.(*Briefe*) posta; **mit der** ~ postayla; **mit getrennter** ~ ayrı postayla
postalisch *adj* posta(yla ilgili)
Postamt *nt* postane
Postanschrift *f* posta adresi
Postanweisung *f* posta havalesi
Postbote, -botin *m, f* postacı
Posten *m* 1.(*Anstellung*) görev; (*Amt*) memuriyet 2.(*Waren-*) parti 3.(*Wach-*) nöbetçi
Poster *nt* poster
Postf. *nt Abk. von* **Postfach**
Postfach *nt* posta kutusu
Postkarte *f* kartpostal, posta kartı
postlagernd *adv* postrestant
Postleitzahl *f* posta kod numarası
postmodern *adj* postmodern
Postscheckkonto *nt* posta çeki hesabı
Postskript(um) *nt* eklenti
Poststempel *m* posta damgası
postwendend *adv* ilk posta ile
Potenz *f* 1.(*Leistungskraft*) güç, kuvvet, kudret 2.(*sexuelle*) (cinsel) iktidar
potenziell[RR] *adj* potansiyel
Potpourri *nt* (*Musik-*) potpuri
Poularde *f* semiz yarga
Pracht *f* debdebe, tantana, görkem
prächtig *adj*, **prachtvoll** *adj* debdebeli, tantanalı, görkemli
Prädikat *nt* yüklem
prägen *vt* 1.(*Münzen*) basmak, darp etmek (*etw* -i) 2.(*fig: gestalten*) şekil vermek (*etw* -e), kalıba sokmak (*etw* -i)
Pragmatiker(in) *m(f)* pragmacı, pragmatist, yararcı
pragmatisch *adj* pragmacı, pragmatik, yararcı
Pragmatismus *m* pragmacılık, pragmatizm, yararcılık
prägnant *adj* (*kurz*) kısa (ve özlü)
prähistorisch *adj* tarih öncesinden kalma
prahlen *vi* övünmek (*mit etw* ile)
Praktikant(in) *m(f)* stajyer
Praktikum *nt* staj

praktisch I. *adj* pratik; (*Gerät auch*) kullanışlı; ~**er Arzt** pratisyen doktor II. *adv* (*in der Tat*) fiilen
Praline *f* çikolatalı şekerleme
prall *adj:* **in der ~en Sonne** kızgın güneşte
prallen *vi sein* çarpmak (*auf/gegen jdn* -e)
Prämie *f* 1.(*Auszeichnung*) ödül, mükafat 2.(ECON) prim
präm(i)ieren *vt* ödüllendirmek (*jdn/etw* -i)
Präparat *nt* (CHEM) bileşim
Präposition *f* edat, ilgeç
Präsens *nt* (GRAM) şimdiki zaman (kipi)
Präservativ *nt* prezervatif
Präsident(in) *m(f)* başkan, reis
Präsidentschaftskandidat(in) *m(f)* başkanlık adayı
Präsidium *nt* başkanlık
prasseln *vi* (*Regen*) şakırdamak
Präventivmaßnahme *f* önleme tedbiri
Praxis *f* 1.(*Durchführung*) pratik, uygulama 2.(*Arzt-*) muayenehane
Präzedenzfall *m* (haklar yaratan) emsal
präzis *adj* 1.(*sorgfältig*) özenli 2.(*genau*) belirgin 3.(*Uhrwerk*) dakik
präzisieren *vt* belirlemek (*etw* -i)
Präzision *f* 1.(*Sorgfalt*) özen, itina 2.(*Uhrwerk*) dakiklik
predigen *vi* 1.(*Predigt*) vaaz etmek 2.(*ermahnen*) öğütlemek
Prediger(in) *m(f)* vaiz, hatip
Predigt *f* vaaz
Preis *m* 1.(*Kauf-*) fiyat, eder 2.(*Gegenwert*) bedel, karşılık 3.(*Wert*) değer, kıymet 4.(*Auszeichnung*) ödül, mükafat; **um jeden** ~ her ne pahasına olursa olsun
Preisausschreiben *nt* ödüllü yarışma duyurusu
Preiselbeere *f* kırmızı yaban mersini
preisen <pries, gepriesen> *vt* övmek (*jdn/etw* -i)
preisgeben *irr vt* terk etmek, bırakmak; (*Geheimnis*) açığa vurmak, dile vermek (*etw* -i)
Preisschild *nt* fiyat fişi
preiswert *adj* ucuz, ehven
prekär *adj* 1.(*misslich*) nahoş 2.(*bedenklich*) sakıncalı 3.(*schwierig*) müşkül
prellen *vt* (*finanziell*) dolandırmak (*jdn* -i); **sich** *dat* **den Arm/das Knie** ~ kolunu/dizini incitmek
Prellung *f* ezik
Premiere *f* (*Theater, Film*) gala, prömiyer

Premierminister(in) *m(f)* başbakan
Presse *f* 1.(*Zeitungswesen*) basın 2.(*Druckmaschine*) basım [*o* matbaa] makinesi
Pressefreiheit *f* basın özgürlüğü
Pressekonferenz *f* basın toplantısı [*o* konferansı]
pressen *vt* 1.(*drücken*) basmak, sık(ıştır)mak (*etw* -i) 2.(*aus-*) sıkmak; (*Früchte*) sıkıp suyunu çıkarmak (*etw* -i) 3.(*in eine Form*) kalıba vurmak (*etw* -i)
Prestige *nt* prestij
prestigeträchtig *adj* prestijli
Preuße, -ßin *m, f* Prusyalı
Preußen *nt* Prusya
preußisch *adj* 1.(*Art*) Prusya 2.(*Herkunft*) Prusyalı
pries *vt s.* **preisen**
Priester(in) *m(f)* (*allgemein*) rahip; (*christlicher*) papaz
prima I. *adj* birinci kalite, enfes, kusursuz II. *adv* (*fam*) çok iyi, kusursuz, mükemmel; ~! harika!
Primel *f* çuhaçiçeği
primitiv *adj* 1.(*urtümlich*) ilkel 2.(*ungehobelt*) kaba, ham 3.(*einfach*) basit, sade
Prinz *m* prens; (*im Orient auch*) şehzade
Prinzessin *f* prenses
Prinzip *nt* 1.(*Grundsatz*) ilke, prensip 2.(*Norm, Regel*) düstur, kural; **im/aus** ~ esas itibariyle, prensip olarak
prinzipiell *adv* prensip olarak, esas itibariyle
Priorität *f* öncelik; ~**en setzen** öncelik tanımak
Prise *f* 1.(*Tabak*) çekimlik 2.(*kleine Menge*) tutam
Prisma *nt* prizma
privat I. *adj* 1.(*eigen*) özel 2.(*persönlich*) kişisel, şahsi II. *adv* özel (olarak); (*persönlich*) şahsen
Privatdetektiv(in) *m(f)* (özel) detektif
Privateigentum *nt* özel mülkiyet
privatisieren *vt* özelleştirmek (*etw* -i)
Privatisierung *f* özelleştirme
Privatleben *nt* özel hayat
Privatsache *f* özel mesele
Privatschule *f* özel okul
Privatsphäre *f* mahremiyet, kişisel dokunulmazlık
Privatunterricht *m* özel ders
Privileg *nt* imtiyaz, ayrıcalık
privilegiert *adj* imtiyazlı, ayrıcalı

pro *präp:* ~ **Kopf** adam başına
Probe *f* 1.(*Versuch*) deneme, tecrübe 2.(*Prüfung*) sınav, imtihan 3.(*Theater-*) prova 4.(*Waren-*) örnek, eşantiyon; **auf die ~ stellen** denemek, tecrübe etmek (*jdn* -i)
Probefahrt *f* deneme seferi
proben *vi, vt* prova yapmak
probeweise *adv* 1.(*als Versuch*) deneme olarak 2.(*auf Probe*) prova olarak
Probezeit *f* deneme süresi
probieren *vt* denemek, tecrübe etmek (*etw* -i); (*Speisen*) tadına bakmak (*etw* -in)
Problem *nt* 1.(*Aufgabe*) problem, sorun, mesele 2.(*Schwierigkeit*) güçlük
Problematik *f* güçlük
problematisch *adj* (*schwierig*) güç; (*fragwürdig*) şüpheli
problemlos *adj* problemsiz, sorunsuz
Produkt *nt* 1.(*Erzeugnis*) ürün 2.(MATH) çarpım
Produktion *f* üretim
produktiv *adj* 1.(*ergiebig*) verimli 2.(*besonders Leistung*) randımanlı 3.(*schöpferisch*) yaratıcı
Produktivität *f* 1.(*Ergiebigkeit*) verimlilik 2.(*besonders Leistung*) randıman 3.(*schöpferische*) yaratıcılık
Produktpalette *f* ürün yelpazesi
Produzent(in) *m(f)* 1. üretici, yetiştirici 2.(*Film-*) prodüktör, yapımcı
produzieren *vt* üretmek, imal etmek; (*landwirtschaftlich*) yetiştirmek (*etw* -i); **einen Film ~** film yapmak
Prof. *m Abk. von* **Professor**
professionell *adj* profesyonel
Professor(in) *m(f)* profesör
Profi *m* (*fam*) profesyonel
Profil *nt* 1.(*des Gesichts*) yandan görünüş, profil 2.(*am Reifen*) tırtıl
Profit *m* kazanç, kar, yarar
profitieren *vi* yararlanmak (*von etw* -den)
Proformarechnung *f* proforma
Prognose *f* (önceden) tahmin
Programm *nt* program
programmieren *vt* programlamak (*etw* -i)
Programmierer(in) *m(f)* programcı
Programmiersprache *f* bilgisayar program dili
Programmierung *f* programlama
Programmvorschau *f* program takdimi
Progression *f* 1.(*Fortschreiten*) ilerleme; (*Steigerung*) yükselme, artış 2.(MATH) dizi

progressiv *adj* 1.(*fortschrittlich*) ilerici 2.(*fortschreitend*) azar azar ilerleyen
Projekt *nt* tasarı, proje; (*Entwurf*) taslak
Projektion *f* projeksiyon, izdüşüm
Projektor *m* projektör
projizieren *vt* (*auch psychisch*) yansıtmak (*etw auf etw/jdn* -i -e)
Pro-Kopf-Einkommen *nt* kişi başına gelir
Prokura *f* ticari temsil
Prokurist(in) *m(f)* vekil, temsilci
Proletariat *nt* proletarya
Proletarier(in) *m(f)* proleter
proletarisch *adj* proleter
Prolet *m* (*pej fam*) ayı, koyun, kaba saba kişi
Promenade *f* gezinti yeri
Promille *nt* binde; (*Alkohol*) promil; **fünf ~ binde** beş, beş promil
Promillegrenze *f* alkol duvarı
prominent *adj* seçkin, ileri gelen
Prominenz *f* kalburüstü (sınıf)
Promotion *f* (*Erlangung der Doktorwürde*) doktor unvanını alma
promovieren *vi* 1.(*Promotionsstudium*) doktora yapmak 2.(*die Doktorwürde erlangen*) doktor unvanını almak
Pronomen *nt* zamir, adıl
Propaganda *f* propaganda
propagieren *vt* propaganda yapmak (*etw ... için*)
Propan(gas) *nt* propan (gazı)
Propeller *m* pervane
Prophet *m* peygamber
prophezeien *vt* kehanette bulunmak
Prophezeiung *f* kehanet
Proportion *f* oran; (MATH) orantı
proportional *adj* oran(tı)lı
Prosa *f* düzyazı
prosaisch *adj* (*fig: nüchtern, trocken*) kuru, yavan
Prospekt *m* broşür
prost *interj* (*beim Trinken*) şerefe!; **~ Neujahr!** yeni yılın(ız) kutlu olsun!
Prostata *f* prostat
Prostatakrebs *m* prostat kanseri
prostituieren *vr:* **sich ~** fahişelik yapmak
Prostituierte *f* hayat kadını, fahişe
Prostitution *f* fahişelik, fuhuş
Protein *nt* protein
Protektionismus *m* himayecilik
Protest *m* protesto, itiraz
Protestant(in) *m(f)* 1.(REL) Protestan 2.(POL) protesto eden

protestantisch *adj* Protestan
Protestantismus *m* Protestanlık
protestieren *vi* protesto etmek (*gegen etw* -i), karşı çıkmak (*gegen etw/jdn* -e)
Protestkundgebung *f* protesto gösterisi
Prothese *f* protez, takma organ
Protokoll *nt* 1.(*diplomatisches*) protokol 2.(*Niederschrift, Unfall-*) zabıt, tutanak 3.(INFORM) protokol
protokollarisch *adj* zapta geçirilmiş
Proton *nt* proton
Prototyp *m* prototip
protzen *vi* böbürlenmek, çalım satmak
Proviant *m* erzak, yiyecek; (*Reise-*) yolluk
Provider *f* (INET) sunucu
Provinz *f* 1.(*Verwaltungsbezirk*) vilayet, il 2.(*pej: ländliche Gegend*) taşra
provinziell *adj* (*pej*) taşralı
Provinzler *m* (*pej*) taşralı
Provision *f* komisyon
provisorisch *adj* geçici, eğreti, iğreti
Provisorium *nt* geçici durum
Provokation *f* kışkırtma, kışkırtı
provozieren *vi, vt* kışkırtmak (*jdn* -i)
provozierend *adj* kışkırtıcı
Prozedere *nt* muamele, işlem, prosedür
Prozedur *f* işlem
Prozent *nt* yüzde; **fünf ~** yüzde beş
Prozentsatz *m* yüzdelik
prozentual *adj* yüzde nispetinde
ProzessRR *m* 1.(*Vorgang*) süreç 2.(*Gerichtsverhandlung*) dava 3.(*Rechtsgang*) mahkeme usulü; **mit etw kurzen ~ machen** bir şeyi kısa kesmek
prozessieren *vi* dava etmek (*gegen jdn* -i)
Prozession *f* (REL) dini alay
Prozessor *f* işlemci, prosesor
prüde *adj* aşırı iffetli; (*Mädchen, Frau*) horozdan kaçan
prüfen *vt* 1.(*erproben*) denemek (*jdn/etw* -i) 2.(*untersuchen*) incelemek, yoklamak (*etw* -i) 3.(*kontrollieren*) kontrol etmek (*etw* -i) 4.(*erwägen*) düşünüp taşınmak (*etw* -i) 5.(*testen, examinieren*) sınamak, imtihan etmek (*jdn* -i); **prüfender Blick** süzen bakış
Prüfstein *m* (*fig: Kriterium*) ölçüt
Prüfung *f* 1.(*Untersuchung*) inceleme 2.(*Test, Examen*) sınav, imtihan 3.(*Versuch*) deneme; **eine ~ ablegen** sınav [*o* imtihan] vermek
Prüfungskommission *f* imtihan komisyonu [*o* heyeti]

Prügel *m* 1.(*Stock*) değnek, sopa 2.(*pl: Schläge*) dayak, kötek *sing*
Prügelei *f* dövüş(me)
prügeln I. *vt* dövmek (*jdn* -i), dayak atmak (*jdn* -e) II. *vr*: **sich ~** dövüşmek
PS[1] *f s.* **Pferdestärke** beygir gücü (*BG*)
PS[2] *nt s.* **Postskript(um)** eklenti
Psalm *m* mezmur, mizmar
Pseudonym *nt* takma ad, mahlas
pst *interj* hişşt!
Psyche *f* ruh
Psychiater(in) *m(f)* psikiyatr(ist), ruh doktoru
Psychiatrie *f* psikiyatri
psychiatrisch *adj* psikiyatrik
psychisch *adj* ruhsal, ruhi
Psychoanalyse *f* psikanaliz, ruhçözüm
Psychologe, -gin *m, f* psikolog, ruhbilimci
Psychologie *f* psikoloji, ruhbilim
psychologisch *adj* psikolojik, ruhsal
Psychopath(in) *m(f)* psikopat
Psychose *f* psikoz
psychosomatisch *adj* psikosomatik
Psychotherapie *f* psikoterapi
Pubertät(salter) *f (nt)* buluğ [*o* erinlik] (çağı)
Public-Domain-Software *f* (INET) herkesin kullanımına açık yazılım
publik *adj*: **etw ~ machen** bir şeyi herkese duyurmak
Publikation *f* yayın
Publikum *nt* 1.(*Zuhörer*) dinleyiciler *pl* 2.(*Zuschauer*) seyirciler *pl* 3.(*Leute*) halk
publizieren *vt* yayınlamak (*etw* -i)
Publizistik *f* yayıncılık
Pudding *m* puding; (*türk. Reismehl-*) muhallebi
Pudel *m* kaniş köpeği
Puder *m* pudra
Puderdose *f* pudralık
pudern *vr*: **sich ~** pudralanmak, pudra sürünmek
Puff[1] <Püffe> *m* (*Stoß*) itiş, dürtüş
Puff[2] <Puffs> *m* 1.(*Hocker*) puf 2.(*fam: Bordell*) genelev, kerhane
Pufferzone *f* (POL) tampon bölge
Pulli *m*, **Pullover** *m* kazak
Pullunder *m* bluz üzerine giyilen kolsuz kazak
Puls *m* nabız; **jdm den ~ fühlen** birinin nabzına bakmak
Pult *nt* kürsü

Pulver *nt* 1. toz 2. (*Schieß-*) barut
Pulverkaffee *m* neskafe
Pulverschnee *f* toz halinde kar
Pump *m:* **auf ~ kaufen** veresiye almak (*etw* -i); **auf ~ leben** borç yemek
Pumpe *f* 1. (*Luft-*) pompa 2. (*Wasser-*) tulumba
pumpen *vi, vt* 1. pompalamak (*etw* -i) 2. (*fam: entleihen*) ödünç almak (*etw von jdm* -i -den) 3. (*ausleihen*) ödünç vermek (*etw jdm* -i -e)
Pumpgun *nt* pompalı tüfek
Pumphose *f* (*türkische*) şalvar
Punkt *m* 1. (*allgemein*) nokta 2. (*Tüpfelchen*) benek 3. (*Vertrags-*) madde 4. (*Bewertungs-*) puan 5. (*Ort*) nokta, yer 6. (*Gesprächsgegenstand*) konu 7. (*Hinsicht*) bakım; **springender ~** püf noktası; **toter ~** ölü nokta; **wunder ~** bamteli; **~ für ~** (*durchnehmen*) madde madde; (*sich bestätigen*) noktası noktasına; **~ 7 Uhr** tam saat 7'de
pünktlich I. *adj* dakik II. *adv* (tam) vaktinde
Pünktlichkeit *f* dakiklik
Pupille *f* gözbebeği
Puppe *f* 1. (*Spielzzeug*) (oyuncak) bebek 2. (*Marionette*) kukla 3. (*von Insekt*) krizalit
Puppenspiel *nt* kukla oyunu
Puppentheater *nt* kukla tiyatrosu
pur *adj* katıksız, halis, arı
Püree *nt* püre
Purzelbaum *m* takla; **einen ~ schlagen** takla atmak
Puste *f* soluk, nefes
pusten *vi* üflemek
Pute *f* (dişi) hindi
Puter *m* baba hindi
Putsch *m* (hükümet) darbe(si)
Putschist(in) *m(f)* darbeci
Putz *m* (*Ver~*) sıva
putzen *vt* 1. (*reinigen*) temizlemek (*etw* -i) 2. (*wischen*) silmek (*etw* -i); **sich** *dat* **die Nase ~** burnunu silmek; **sich** *dat* **die Zähne ~** dişini fırçalamak
Putzfrau *f* temizlikçi kadın
Putzlappen *m* (temizlik) bez(i), tahta bezi
Putzmittel *nt* temizlik malzemesi
Puzzle *nt* yap-boz oyunu
Pyjama *m* pijama
Pyramide *f* piramit
Pyrenäen *pl* Pireneler, Pirene Dağları *pl*

Q

qkm *m Abk. von* **Quadratkilometer** kilometre kare
qm *m Abk. von* **Quadratmeter** metre kare
Quadrat *nt* kare
quadratisch *adj* kare şeklinde
Quadrat(kilo)meter *m* (kilo)metre kare; **ein 20 Quadrameter großes Zimmer** 20 metrekarelik bir oda
quaken *vi* (*Frosch, Ente*) vakvak etmek
Qual *f* ıstırap, azap
quälen I. *vt* 1. (*seelisch*) üzmek (*jdn* -i), eziyet etmek, üzüntü [*o* azap] vermek (*jdn* -e) 2. (*foltern*) işkence etmek [*o* yapmak] (*jdn* -e) II. *vr:* **sich ~** (*sich abmühen*) kendini çok yormak; (*seelisch*) üzülmek
quälend *adj* üzücü
Quälerei *f* 1. (*Grausamkeit*) gaddarlık, zulüm 2. (*Folter*) işkence 3. (*mühsame Umstände*) eziyet, cefa 4. (*empfundene*) üzüntü, azap
Qualifikation *f* 1. (*Befähigung*) yeterlik 2. (*Kennzeichnung*) nitele(ndir)me
qualifizieren I. *vt* (*kennzeichnen*) nitele(ndir)mek (*jdn/etw als etw* -i ... olarak) II. *vr:* **sich ~** yeterlik kazanmak, kalifiye olmak
Qualität *f* 1. (*Beschaffenheit*) nitelik 2. (*gute ~*) kalite 3. (*besondere Eigenschaft*) özellik
Qualitätsverlust *m* kalite düşüklüğü
qualitativ *adj* nitel
Qualle *f* deniz anası
Qualm *m* (koyu) duman
qualmen *vi* 1. (*Schornstein*) tütmek; (*stärker*) koyu duman çıkarmak 2. (*fam: stark rauchen*) fosur fosur sigara içmek
Quantität *f* nicelik
quantitativ *adj* nicel
Quarantäne *f* karantina
Quark *m* 1. (*Milchprodukt*) ekmeğe sürülen bir çeşit beyaz peynir 2. (*fam: Unsinn*) saçma, zırva

Quartal *nt* üç aylık süre
Quartett *nt* kuartet
Quartier *nt* 1. (*zeitweilige Wohnung*) konak (yeri) 2. (MIL) karargah, ordugah, konak
Quarz *m* kuvars
quasi *adv* adeta, sanki
Quatsch *m* (*fam*) saçma, zırva; **so ein ~!** ne saçma şey!
quatschen *vi* 1. (*fam: Blödsinn reden*) saçmalamak, zırvalamak 2. (*fam: plaudern*) çene çalmak
Quecksilber *nt* cıva
Quellcode *m* (INFORM) kaynak kod
Quelle *f* kaynak, pınar; (*fig: Beleg*) kaynak; **aus erster/guter/sicherer ~** ilk/iyi/emin kaynaktan
quellen <quillt, quoll, gequollen> *vi sein* fışkırmak, kaynamak
quengeln *vi* mızmızlanmak, sızlanmak
quer *adv* enine; **~ durch**, **~ über** -in ortasından, -in içinden, -in arasından; **kreuz und ~** bir sağa bir sola, bucak bucak
Querflöte *f* flüt
Querformat *nt* eni yükseklikten büyük olan boy
Querschiff *nt* (*Teil einer Kirche*) çapraz [*o* karşıt] sahın
Querschnitt *m* enine kesit
querschnittgelähmt *adj* belden aşağı kötürüm [*o* inmeli]
Querstraße *f* ara sokak
quetschen *vt* 1. (*zerdrücken*) ezmek, sıkıştırmak (*etw* -i) 2. (*aus-*) sıkmak (*etw* -i) 3. (*Haut*) berelemek, zedelemek (*etw* -i)
Quetschung *f* bere, ezilme
quietschen *vi* 1. (*laut schreien*) acı acı bağırmak 2. (*Tür*) gıcırdamak
quillt *vi s.* **quellen**
Quintett *nt* kuintet, kentet
Quirl *m* çalkalama aleti
quitt *adj:* **sie sind ~** uzlaştılar
Quitte *f* ayva
Quittengelee *nt* ayva jölesi
quittieren *vt* 1. (*Empfang*) makbuzunu vermek (*jdm etw* -e -in) 2. (*Dienst*) istifa etmek (*etw* -den)
Quittung *f* makbuz, alındı
Quiz *nt* soru-cevap oyunu
Quizmaster *m* sunucu (*sorulu-cevaplı yarışmayı sunan*)
quoll *vi s.* **quellen**
Quote *f* oran
Quotient *m* bölüm sonucu

R

Rabatt *m* indirim, iskonto
Rabbiner *m* haham
Rabe *m* karga; **weißer ~** (*fig*) bulunmaz Bursa kumaşı
rabiat *adj* öfkeli, hiddetli
Rache *f* öç, intikam
Rachen *m* 1. (*Kehle*) gırtlak, boğaz 2. (*eines Raubtiers*) hayvan ağzı
rächen I. *vt* öcünü [*o* intikamını] almak (*jdn/etw* -in) II. *vr:* **sich an jdm ~** birinden öç [*o* intikam] almak; **sich für etw ~** bir şeyin acısını çıkarmak
Rachsucht *f* hınç, kin
rachsüchtig *adj* kinci
Rad *nt* 1. (*allgemein*) tekerlek 2. (TECH) çark 3. (*Fahr-*) bisiklet; **~ fahren**[RR] bisiklete binmek
Radar *m/nt* radar
Radarkontrolle *f* radar kontrolü
Radarschirm *m* radar ekranı
Radarstation *f* radar istasyonu
radeln *vi sein* bisiklete binmek
radfahren *vi s.* **Rad**
Radfahrer(in) *m(f)* bisikletçi
radieren *vi, vt* (*aus-*) silmek (*etw* -i)
Radiergummi *m* (lastik) silgi
Radierung *f* iğne kazısı
Radieschen *nt* kırmızı turp
radikal *adj* 1. (POL: *extrem*) kökten 2. (*gründlich*) esaslı
Radikalismus *m* köktencilik, radikalizm
Radio *nt* radyo; **im ~** radyoda
radioaktiv *adj* radyoaktif
Radioaktivität *f* radyoaktivite
Radioapparat *m* radyo
Radiorecorder *m* kasetli radyo
Radiotherapie *f* (MED) radyoterapi
Radkappe *f* jant kapağı

Radrennbahn *f* velodrom
Radrennen *nt* bisiklet yarışı
Radrennfahrer(in) *m(f)* bisiklet yarışçısı
Radsport *m* bisiklet sporu
Radtour *f* bisiklet turu
Radweg *m* bisiklet yolu
Raffinerie *f* rafineri
raffiniert *adj* **1.** (*schlau*) kurnaz, pişkin **2.** (CHEM) rafine
Ragout *nt* yahni
Rahm *m* kaymak, krema
rahmen *vt* çerçevelemek (*etw* -i)
Rahmen *m* çerçeve
Rahmenabkommen *nt* çerçeve anlaşması
Rakete *f* **1.** (*Feuerwerk*) (havai) fişek, maytap **2.** (*Flugkörper*) roket, füze
RAM *nt Abk. von* **Random Access Memory** (INFORM) ana bellek, rastgele erişimli bellek
Ramadan *m* ramazan
Ramadanfest *nt* Ramazan Bayramı
rammen *vt* çarpmak (*etw/jdn* -e)
Rampe *f* **1.** (*Verlade-, Auffahrts-*) rampa; (*Startrampe*) rampa **2.** (THEAT) ön sahne kenarı
Rampenlicht *nt* (THEAT) ön sahne lambaları *sing;* **im ~** (*fig*) kamuoyunun gözleri önünde
ramponieren *vt* zedelemek (*etw* -i)
ran *adv* (*fam*) *s.* **heran**
Rand *m* **1.** kenar; (*äußerster*) kıyı, uç, sınır **2.** (*Seiten-*) kenar; **bis an den ~** ağzına kadar, tepeleme; **außer ~ und Band sein** zıvanadan çıkmak
randalieren *vt* şamata etmek
Randbemerkung *f* **1.** (*Notiz*) çıkma **2.** (*Notiz*) öylesine söylenmiş bir şey
Randgruppe *f* (*der Gesellschaft*) toplum dışı kalan grup
rang *vi s.* **ringen**
Rang *m* **1.** derece **2.** (*Dienstgrad*) rütbe **3.** (*Stand*) (sosyal) sınıf; **ersten ~es** birinci derece
rangieren *vi* (*Waggons*) manevra yapmak (*etw* ile)
Rangordnung *f* hiyerarşi, aşama sırası
rann *vi s.* **rinnen**
rannte *vi s.* **rennen**
Ranzen *m* sırt çantası; (*Schul-*) okul çantası
ranzig *adj* acı(laş)mış; **~ werden** acı(laş)mak
Rap *m* rap müziği
rapide *adv* çok hızlı, tez
Rappel *m* (*fam*) öfke nöbeti

rappen *vi* rap söylemek
Rappen *m* (CH) santim (*İsviçre parası küçük birimi*)
Rapper(in) *m(f)* rapçi
Raps *m* kolza
rar *adj* **1.** (*selten*) nadir, seyrek **2.** (*knapp*) az bulunur, kıt
Rarität *f* nadir bulunan şey
rasch **I.** *adj* çabuk, tez, hızlı **II.** *adv* çabuk, hızla
rascheln *vi* hışırdamak
rasen *vi* **1.** *sein* (*schnell fahren*) delice bir hızla gitmek **2.** *haben* (*vor Wut*) kudurmak, çıldırmak
Rasen *m* çimen(lik)
rasend *adj* (*wütend*) çılgın, kudurmuş, azgın
Rasenmäher *m* çimen biçme makinesi
Raser(in) *m(f)* (*rücksichtsloser Fahrer*) trafik canavarı
Raserei *f* (*schnelles Fahren*) delice bir süratle gidiş
Rasierapparat *m* tıraş makinesi
Rasiercreme *f* tıraş kremi
rasieren **I.** *vt* tıraş etmek (*jdn* -i) **II.** *vr:* **sich ~** tıraş olmak
Rasierklinge *f* tıraş bıçağı, jilet
Rasiermesser *nt* ustura
Rasierpinsel *m* tıraş fırçası
Rasierschaum *m* tıraş köpüğü
Rasierseife *f* tıraş sabunu
Rasierwasser *nt* tıraş losyonu
Rasse *f* ırk; (*Abstammung*) soy
Rassel *f* kaynana zırıltısı
rasseln *vi* takırdamak, şakırdamak; (*Atem*) hırıldamak
Rassentrennung *f* ırk ayrımı
Rassenunruhen *fpl* etnik çatışmalar *pl*
rassig *adj* **1.** (*von edler Art*) cins **2.** (*feurig*) ateşli
rassisch *adj* ırksal
Rassismus *m* ırkçılık
Rassist(in) *m(f)* ırkçı
rassistisch *adj* ırkçı
Rast *f* mola, dinlenme
rasten *vi* mola vermek
rastlos *adj* (*unablässig*) ara(lık)sız
Rastplatz *m* mola [*o* dinlenme] yeri
Raststätte *f* dinlenme tesisi
rät *vi, vt s.* **raten**
Rat *m* **1.** (*Ratschlag*) öğüt **2.** (*Empfehlung*) tavsiye **3.** (*Kollegium*) kurul, meclis, konsey;

jdn um ~ fragen birine akıl danışmak; **kommt Zeit, kommt ~** gün doğmadan neler doğar
Rate *f* **1.**(*Quote*) oran **2.**(*Teilzahlung*) taksit; **in ~n** taksitle
raten <rät, riet, geraten> *vt* **1.**(*Rätsel*) çözmek (*etw* -i) **2.**(*einen Rat geben*) öğütlemek (*jdm etw* -e -i) **3.**(*empfehlen*) tavsiye etmek, salık vermek (*jdm zu etw* -e -i) **4.**(*mutmaßen*) tahmin etmek (*etw* -i)
Ratgeber(in) *m(f)* danışman, müşavir
Rathaus *nt* belediye dairesi
Ratifikation *f* resmi tasdik
ratifizieren *vt* (resmen) tasdik etmek (*etw* -i)
Ration *f* **1.**(*bei Mangelwaren*) vesika ile verilen miktar **2.**(MIL: *Essens-*) tayın
rational *adj* akıllıca, akla yakın, makul
rationalisieren *vi, vt* rasyonalize etmek (*etw* -i)
Rationalisierung *f* rasyonalizasyon
rationell *adj* amaca uygun, rasyonel
rationieren *vt* tayınlamak, tayına bağlamak (*etw* -i)
Rationierung *f* (*von Mangelwaren*) tayınlama (usulü)
ratlos *adj* çaresiz
Ratlosigkeit *f* şaşkınlık, çaresizlik
ratsam *adj* tavsiyeye değer
Ratschlag *m* öğüt
Rätsel *nt* **1.**(*Rateaufgabe*) bilmece, bulmaca **2.**(*Mysterium*) gizem, sır
rätselhaft *adj* **1.**(*unverständlich*) akıl ermez **2.**(*geheimnisvoll*) esrarengiz
Ratte *f* (büyük) sıçan; (**miese kleine**) ~ (*pej vulg*) mikrop
Rattengift *nt* fare zehiri
rattenschlecht *adj* (*vulg*) (siktiri) boktan
rattern *vi* takırdamak
rau[RR] *adj* **1.**(*nicht glatt*) pürüzlü **2.**(*Stimme*) kısık, boğuk **3.**(*Klima*) sert **4.**(*Umgangsformen*) kaba
Raub *m* **1.**(*Tat*) soygun **2.**(*Beute*) ganimet
Raubdruck *m* korsan kitap
rauben *vt* çalmak (*etw* -i)
Räuber(in) *m(f)* haydut, eşkıya, soyguncu; **~ und Gendarm spielen** hırsız polis oynamak
Raubkopie *f* korsan kopya
Raubmord *m* hırsızlık için adam öldürme
Raubtier *nt* yırtıcı hayvan, etobur
Raubüberfall *m* soygun
Raubvogel *m* yırtıcı kuş

Rauch *m* duman
rauchen **I.** *vt* (*Zigaretten*) içmek, kullanmak (*etw* -i); **Rauchen verboten!** sigara içmek yasaktır **II.** *vi* (*Ofen*) tütmek
Raucher(in) *m(f)* sigara içen
Raucherabteil *nt* sigara içilen kompartıman
räuchern *vt* tütsülemek (*etw* -i)
Rauchfleisch *nt* füme et
Rauchverbot *nt* sigara içme yasağı
Rauchwolke *f* duman bulutu
rauf *adv* (*fam*) *s.* **herauf; hinauf**
raufen *vr:* **sich ~** boğuşmak, dövüşmek (*mit jdm* ile)
Rauferei *f* boğuşma, dövüşme
rauh *adj s.* **rau**
Rauhreif *m s.* **Raureif**
Raum *m* **1.**(*Platz*) yer **2.**(*Zimmer*) oda **3.**(*Gebiet*) bölge **4.**(*Welt-*) uzay
räumen *vt* **1.**(*leer machen*) boşaltmak (*etw* -i) **2.**(*verlassen*) terk etmek (*etw* -i)
Raumfähre *f* uzay mekiği
Raumfahrer(in) *m(f)* astronot
Raumfahrt *f* uzay uçuşu
Raumgestaltung *f* içmimarlık
Rauminhalt *m* hacim
räumlich *adj* yerle ilgili
Raumschiff *nt* uzay gemisi
Raumstation *f* uzay istasyonu
Räumung *f* boşaltma
Räumungsverkauf *m* tasfiye satışı
Raumzeitalter *nt* uzay çağı
Raupe *f* tırtıl
Raureif[RR] *m* kırç
raus **I.** *adv* (*fam*) *s.* **heraus; hinaus II.** *interj:* **~!** dışarı!
Rausch *m* sarhoşluk; **seinen ~ ausschlafen** uyuyarak sarhoşluğunu gidermek
rauschen *vi* **1.**(*Wasser*) şarıldamak **2.**(*Bäume*) hışırdamak
Rauschgift *nt* uyuşturucu (madde)
Rauschgifthändler(in) *m(f)* uyuşturucu tüccarı
rauschgiftsüchtig *adj* uyuşturucu bağımlısı
Rauschgiftsüchtige(r) *mf* uyuşturucu bağımlısı
räuspern *vr:* **sich ~** (hafifçe) öksürmek
Raute *f* **1.**(*Viereck*) eşkenar dörtgen **2.**(*Pflanze*) sedefotu
Razzia *f* baskın
reagieren *vi* **1.** tepki göstermek (*auf etw/*

jdn -e) **2.** (CHEM) tepkimek
Reaktion *f* **1.** (*Reagieren*) tepki, reaksiyon **2.** (CHEM) tepkime **3.** (POL: *Rückschrittlichkeit*) gericilik; (*islamische* ~ *in der Türkei*) irtica
reaktionär *adj* gerici
Reaktionär(in) *m(f)* gerici
Reaktor *m* reaktör
real *adj* gerçek
realisierbar *adj* gerçekleşir
realisieren *vt* gerçekleştirmek (*etw* -i)
Realisierung *f* gerçekleştirme
Realismus *m* gerçekçilik
Realist(in) *m(f)* gerçekçi, realist
realistisch *adj* gerçekçi, realist
Realität *f* gerçek, realite
realitätsfern *adj* gerçek dışı
Realo *m* (POL: *fam*) gerçekçi politikacı
Realpolitik *f* realpolitik
Realschule *f* (bir çeşit) ortaokul
Rebe *f* asma çubuğu
Rebell(in) *m(f)* asi, isyancı
rebellieren *vi* isyan etmek, ayaklanmak, baş kaldırmak
Rebellion *f* isyan, ayaklanma, baş kaldırma
rebellisch *adj* asi, isyancı
Rebhuhn *nt* keklik
Rechen *m* tırmık
Rechenaufgabe *f* matematik ödevi
Rechenfehler *m* hesap yanlışlığı
Rechenmaschine *f* hesap makinesi
Rechenschaft *f:* ~ **ablegen/verlangen** hesap vermek/sormak
Rechenzentrum *nt* bilgisayar merkezi
Recherche *f* araştırma, bilgi toplama
recherchieren *vt, vi* araştırmak (*etw* -i), bilgi toplamak
rechnen *vi* hesap etmek; **mit etw** ~ bir şeyi beklemek; **auf jdn** ~ birine güvenmek
Rechnen *nt* hesap
Rechner *m* hesap makinesi; (*Computer*) bilgisayar
Rechnung *f* **1.** (MATH) hesap; (Rechenoperation, -art) işlem **2.** (*für verkaufte Ware*) fatura; **die** ~ **stimmt** (**nicht**) hesap doğru (değil); **in** ~ **stellen** hesaba katmak, göz önünde bulundurmak (*etw* -i); **es geht auf meine** ~ hesaplar benden; **einer Sache** ~ **tragen** bir şeyi hesaba katmak
Rechnungsbetrag *m* hesap tutarı
recht *adv* **1.** (*sehr*) pek **2.** (*ziemlich*) oldukça, epey(ce), bir hayli **3.** (*zu Recht*) haklı olarak; **das geschieht dir** ~ oh olsun!; **nun erst** ~! şimdi haydi haydi olur!; **nun erst** ~ **nicht!** hele şimdi hiç olmaz; **das ist mir** (**ganz**) ~ benim için (çok) uygun; **wenn es Ihnen** ~ **ist** eğer size uygunsa
Recht *nt* **1.** hak; (*Rechtswesen, Rechtssystem*) hukuk **2.** (*Gerechtigkeit*) adalet; **zu** ~ haklı olarak; ~^{RR} **haben** haklı olmak; **er hat ein** ~ **darauf** buna hakkı var; **jdm** ~^{RR} **geben** birine hak vermek
rechte(r, s) *adj* **1.** (*nicht links*) sağ **2.** (*richtig*) doğru **3.** (*Winkel*) dik; **die** ~ **Seite** sağ taraf; (*beim Stoff*) yüz tarafı; **zur** ~**n Zeit** zamanında
Rechte *f* **1.** (*rechte Hand*) sağ el **2.** (POL) sağcılar *pl*
Rechte(r) *mf* (POL) sağcı
Rechteck *nt* dik dörtgen
rechteckig *adj* dik dörtgenli
rechtfertigen **I.** *vt* haklı çıkarmak (*etw* -i) **II.** *vr:* **sich** ~ kendini haklı göstermek
Rechtfertigung *f* haklı çıkar(ıl)ma
rechthaberisch *adj* dik kafalı, daima haklı olduğunu iddia eden
rechtlich *adj* hukuki
rechtmäßig *adj* yasal, meşru, kanuni
Rechtmäßigkeit *f* yasallık
rechts *adv* sağda, sağ tarafta; **nach** ~ sağa; **von** ~ sağdan; ~ **gehen/fahren** sağdan yürümek/gitmek
Rechtsanwalt, -anwältin *m, f* avukat
Rechtsaußen *m* sağaçık
rechtschaffen *adj* doğru, dürüst, namuslu
Rechtschreibfehler *m* imla yanlışı
Rechtschreibung *f* imla, yazım
Rechtsextremismus *m* aşırı sağcılık
rechtsradikal *adj* aşırı sağcı
Rechtsschutz *m* hukuki himaye
Rechtsstaat *m* hukuk devleti
Rechtsweg *m* yargı yolu
rechtswidrig *adj* yasaya aykırı
Rechtswissenschaft *f* hukuk (ilmi)
rechtzeitig **I.** *adj* (zamanı) uygun **II.** *adv* (tam) zamanında
Reck *nt* barfiks
recken **I.** *vt* (*Kopf, Hals*) uzatmak; (*Glieder*) germek (*etw* -i) **II.** *vr:* **sich** ~ uzanmak; (*beim Aufwachen*) gerinmek
Recycling *nt* geri [*o* yeniden] kazanım
Redakteur(in) *m(f)* redaktör
Redaktion *f* **1.** (*Zeitung*) yazı işleri (kurulu) **2.** (*Verlag*) redaksiyon

Rede f (*Ansprache*) konuşma, nutuk, söylev; **direkte/indirekte** ~ dolaysız/dolaylı anlatım; **eine** ~ **halten** konuşma yapmak, nutuk söylemek; **davon kann keine** ~ **sein!** bu söz konusu bile olmaz!; **das ist nicht der** ~ **wert** sözünü etmeye bile değmez; **jdn zur** ~ **stellen** birinden hesap sormak
Redefreiheit f söz özgürlüğü
redegewandt adj lafını, sözünü bilen
reden vi, vt konuşmak; **Rede halten** konuşma yapmak; **mit sich** ~ **lassen** söz dinlemek; **von sich** ~ **machen** kendisinden bahsettirmek
Redensart f, **Redewendung** f deyim
redigieren vt (*Text*) basılacak hale getirmek (*etw* -i)
redlich adj namuslu, dürüst, temiz kalpli
Redlichkeit f namusluluk, dürüstlük, temiz kalplilik
Redner(in) m(f) konuşmacı
redselig adj konuşkan; (*negativ*) geveze
reduzieren vt azaltmak, eksiltmek (*etw* -i)
Reeder(in) m(f) armatör
Reederei f vapur şirketi
reell adj 1. (*zuverlässig*) sağlam 2. (*ehrlich*) namuslu 3. (*wirklich*) hakiki
Referat nt 1. (*Bericht*) rapor 2. (*Abteilung*) daire şubesi
Referendar(in) m(f) stajyer
Referendum nt referandum, halkoylaması
Referenzen fpl referans sing
referieren vi rapor vermek
reflektieren vt 1. (*Licht*) yansıtmak (*etw* -i) 2. (*geh: nachdenken*) düşünmek (*über etw* hakkında)
Reflex m 1. (*Widerschein*) yansıma 2. (*unwillkürlich*) refleks
Reflexbewegung f refleks hareketi
reflexiv adj dönüşlü
Reform f reform, ıslahat
Reformanhänger(in) m(f) reformcu
Reformation f Reformasyon
Reformhaus nt doğal besinler satan dükkan
reformieren vt ıslah etmek, düzeltmek (*etw* -i)
Refrain m nakarat
Regal nt raf, etajer
Regatta f yelken yarışı
Reg.-Bez. m *Abk. von* **Regierungsbezirk** il, vilayet
Regel f 1. (*Richtlinie*) kural 2. (*Grundsatz*) ilke, düstur 3. (*Menstruation*) aybaşı, adet; **in der** ~ (*gewöhnlich*) genellikle
regelmäßig adj düzgün, kurallı, düzenli
Regelmäßigkeit f düzen(lilik), düzgünlük, kurallılık
regeln vt düzenlemek, düzeltmek, yoluna koymak (*etw* -i)
regelrecht I. adj 1. (*ordnungsgemäß*) kurala uygun 2. (*richtiggehend*) tam II. adv (*in vollem Maße*) adamakıllı, iyice
Regelung f düzenleme
regelwidrig adj kurala aykırı
regen vr: **sich** ~ kımılda(n)mak, hareket etmek
Regen m yağmur; **feiner** ~ çisenti; **im** ~ yağmurda
Regenbogen m gökkuşağı, ebe(m)kuşağı
Regenmantel m yağmurluk
Regenschauer m sağanak
Regenschirm m şemsiye
Regentropfen m yağmur damlası
Regenwald m tropik orman
Regenwasser nt yağmur suyu
Regenwetter nt yağmurlu hava
Regenwurm m yer solucanı
Regenzeit f yağmur mevsimi
Reggae m reggi
Regie f reji
regieren I. vt (*verwalten*) idare etmek, yönetmek (*etw* -i) II. vi (*herrschen*) hüküm sürmek, iktidarda bulunmak
Regierung f hükümet
Regierungsbezirk m il, vilayet
Regierungschef(in) m(f) hükümet başkanı
Regierungssprecher(in) m(f) hükümet sözcüsü
Regierungsumbildung f hükümet değişikliği
Regime nt rejim
Regimegegner(in) m(f) rejim muhalifi
Regiment nt alay
Region f bölge, yöre
regional adj bölgesel, yerel
Regisseur(in) m(f) rejisör, yönetmen
Register nt 1. (*Verzeichnis*) dizin 2. (*amtliches*) sicil, kütük 3. (*Orgel*-) org düdüğü
Registertonne f tonilato
registrieren vt kaydetmek, tescil etmek (*etw/jdn* -i)
regnen vi: **es regnet** yağmur yağıyor
regnerisch adj yağmurlu, yağışlı

regulär *adj* düzenli
regulieren *vt* (*einstellen*) ayarlamak, ayar etmek (*etw* -i)
regungslos *adj* hareketsiz, durgun
Reh *nt* karaca
Rehabilitation *f* (MED) rehabilitasyon
rehabilitieren *vt* **1.** (POL) saygınlığını (veya yasak edilmiş haklarını) geri vermek (*jdn* -in) **2.** (MED) rehabilite etmek (*jdn* -i)
Rehabilitierung *f* (POL) *saygınlığın* (*veya yasak edilmiş hakların*) *geri verilmesi*
Rehrücken *m* karaca etinden kızartma
Reibe *f*, **Reibeisen** *nt* (mutfak) rende(si)
reiben <rieb, gerieben> *vt* **1.** ov(uştur)mak (*etw* -i) **2.** (*Käse, Äpfel*) rendelemek (*etw* -i)
Reibereien *fpl* anlaşmazlık, geçimsizlik, sürtüşme *sing*
Reibung *f* (PHYS, TECH) sürtünme
reibungslos **I.** *adj* (*problemlos*) sürtüşmesiz **II.** *adv* zorluk çıkmadan
reich *adj* zengin, varlıklı
Reich *nt* devlet; (*Kaiser-*) imparatorluk
reichen **I.** *vt* (*geben*) uzatmak (*jdm etw* -e -i); **könnten Sie mir bitte das Salz ~?** lütfen bana tuzu uzatabilir misiniz? **II.** *vi* **1.** (*sich erstrecken*) erişmek, uzanmak (*bis zu etw* -e (kadar)) **2.** (*genügen*) yet(iş)mek, kafi gelmek (*jdm* -e); **es reicht** yeter; **jdm nicht das Wasser ~ können** birinin eline su bile dökememek
reichhaltig *adj* zengin, bol
reichlich **I.** *adj* bol **II.** *adv* bol bol, doyasıya; (*ziemlich*) oldukça
Reichtum *m* zenginlik; (*großer*) varlık, servet
Reichweite *f* menzil, erim, erilebilecek uzaklık; **in ~** el yetişecek kadar yakın; **außer ~** menzil [*o* erim] dışında
reif *adj* olgun; (*Mensch auch*) ergin; **~ werden** olgunlaşmak
Reif *m* **1.** (*Rau-*) kırağı **2.** (*Arm-*) bilezik **3.** (*Ring*) yüzük
Reife *f* olgunluk
Reifen *m* **1.** (*Spielzeug*) çember **2.** (*Rad-*) lastik (tekerlek); **der ~ ist geplatzt** lastik patlamış
reifen *vi sein* (*reif werden*) olgunlaşmak
Reifendruck *m* lastik basıncı
Reifenpanne *f* lastik patlaması
Reifenwechsel *m* lastik değiştirme
Reifeprüfung *f* (*Schule*) lise bitirme sınavı, devlet lise imtihanı
reiflich *adv:* (**sich**) **etw ~ überlegen** bir şeyi düşünüp taşınmak
Reihe *f* **1.** (*Aufstellung*) dizi, sıra **2.** (*Linie, Zeile*) satır **3.** (*Menschenschlange*) sıra, kuyruk **4.** (*Folge*) sıra, seri; **der ~ nach** sırayla; **außer der ~** sıra dışında; **wer ist an der ~?** sıra kimde?; **ich bin an der ~** sıra bende
Reihenfolge *f* sıra(lama); **in alphabetischer/zeitlicher ~** alfabe/tarih sırasıyla
Reihenhaus *nt* sıra ev
Reim *m* kafiye, uyak
reimen *vr:* **sich ~** (*Gedicht*) kafiyeli [*o* uyaklı] olmak; (*fig: miteinander harmonieren*) uy(uş)mak
rein[1] *adj* **1.** (*unvermischt, unverfälscht*) saf, salt, arı, halis **2.** (*sauber, unbefleckt*) temiz, pak **3.** (*Gewinn*) safi, net; **aus ~em Mitleid** sırf acımadan; **ein ~es Gewissen** masun vicdan; **etw ins Reine**[RR] **bringen** bir şeyi yoluna koymak; **etw ins Reine**[RR] **schreiben** bir şeyi temize çekmek
rein[2] *adv* (*fam*) *s.* **herein; hinein**
Reinemachefrau *f* temizlikçi (kadın)
Reinertrag *m* safi hasılat
Reinfall *m* **1.** (*Misserfolg*) fiyasko **2.** (*Enttäuschung*) hayal kırıklığı
reinfallen *irr vi sein* (*fam: überlistet werden*) faka basmak
Reinheit *f* **1.** (*Sauberkeit*) temizlik **2.** (*Unverfälschtheit*) arılık, saflık **3.** (*Keuschheit*) iffet
reinigen *vt* (*auch chemisch*) temizlemek (*etw* -i)
Reinigung *f* **1.** (*auch chemische*) temizleme **2.** (*Geschäft*) kuru temizleme salonu
Reinigungslösung *f* (*für Kontaktlinsen*) temizleme suyu
Reinigungsmittel *nt* deterjan, temizleyici
reinlegen *vt* (*fam: überlisten*) faka bastırmak (*jdn* -i)
reinlich *adj* temiz (pak)
reinrassig *adj* safkan
Reinschrift *f* temize çekilmiş yazı
reinwaschen *irr vr:* **sich ~** (*fig*) kendini temize çıkarmak
Reis *m* **1.** (*Pflanze und deren Körner*) pirinç **2.** (*Gericht*) pilav
Reise *f* seyahat, yolculuk; **auf ~n** seyahatte, yolculukta; **gute ~!** iyi yolculuklar!
Reiseandenken *nt* seyahat hatırası, yolculuk anısı

Reiseapotheke *f* bir yolcunun ecza kutusu
Reisebüro *nt* seyahat acentası
Reisebus *m* seyahat otobüsü
Reisefieber *nt* seyahat heyecanı
Reiseführer(in) *m(f)* (*Buch oder Person*) rehber, kılavuz
Reisegepäck *nt* bagaj, yolcu eşyası
Reisegesellschaft *f* turist kafilesi
Reiseleiter(in) *m(f)* rehber, kılavuz
reisen *vi sein* seyahat etmek, yolculuk yapmak [*o* etmek]
Reisende(r) *mf* 1.(*Passagier*) yolcu 2.(*Handelsvertreter*) gezici ticari temsilci
Reisepass[RR] *m* pasaport
Reiseroute *f* seyahat yolu
Reisescheck *m* seyahat çeki
Reisetasche *f* yolculuk çantası
Reiseziel *nt* yolculuk hedefi, gidilecek yer
Reisfeld *nt* çeltik tarlası
reißen <riss, gerissen> **I.** *vt* 1.(*ziehen*) (şiddetle) çekmek (*etw* -i) 2.(*ab-*) koparmak, sökmek (*etw* -i) 3.(*zer-*) yırtmak (*etw* -i); **in Stücke** ~ parçalamak (*etw* -i); **an sich** ~ (*fig*) zorla almak (*etw* -i) **II.** *vi* 1.(*Risse bekommen*) çatlamak, yarılmak 2.(*Stoff*) yırtılmak **III.** *vr:* **sich um etw** ~ (*fig*) bir şey için can atmak
reißfest *adj* kopmaya dayanıklı
Reißnagel *m* raptiye
Reißverschluss[RR] *m* fermuar
Reißzwecke *f* raptiye
Reitbahn *f* manej
reiten <ritt, geritten> *vt sein* ata binmek, atla gitmek
Reiten *nt* ata binme, binicilik
Reiter(in) *m(f)* atlı; (SPORT) binici
Reitpferd *nt* binek atı
Reitsport *m* binicilik sporu
Reiz *m* 1.(*Nerven-*) uyarma 2.(*An-*) teşvik 3.(*Zauber*) cazibe, çekicilik, albeni
reizbar *adj* öfkeci, hırçın
reizen *vt* 1.(*erregen*) uyandırmak; (*sexuell*) tahrik etmek (*jdn* -i) 2.(*ärgern*) öfkelendirmek (*jdn* -i) 3.(*locken*) çekmek, cezp etmek (*jdn* -i)
reizend *adj* (*entzückend*) alımlı, cilveli
Reizklima *nt* analeptik iklim
reizlos *adj* tatsız, yavan, zevksiz
Reizmittel *nt* uyaran, uyarıcı
reizvoll *adj* çekici, cazibeli
Reklamation *f* şikayet
Reklame *f* reklam
reklamieren *vi* şikayet etmek (*etw* -i)
Rekord *m* rekor; **einen** ~ **brechen/aufstellen** rekor kırmak/tesis etmek
Rekorder *m* (*Kassetten-*) (kasetli) teyp; (*Video-*) video aleti
Rekordhalter(in) *m(f)* rekortmen
Rekrut *m* acemi er
Rektor *m* (*Uni*) rektör; (*Schule*) başöğretmen
Rel. *f Abk. von* **Religion** din
Relation *f* ilişki, bağlantı
relational *adj:* **~e Datenbank** (INFORM) ilişkisel veritabanı
relativ *adj* göreli, nispi
relevant *adj* önemli, mühim
Relief *nt* kabartma
Religion *f* din
Religionsfreiheit *f* din özgürlüğü
Religionswissenschaftler(in) *m(f)* dinbilimci
religiös *adj* (*Sache*) dini; (*Person*) dindar
Religiosität *f* dindarlık
Reling *f* küpeşte
Reliquie *f* kutsal emanet
Remouladensoße *f* mayonez sosu
Ren *nt* ren geyiği
Renaissance *f* Rönesans
Rendezvous *nt* randevu
Rennbahn *f* yarış meydanı [*o* pisti]; (*Pferde-*) hipodrom
rennen <rannte, gerannt> *vi sein* koşmak; **um die Wette** ~ yarışmak
Rennen *nt* (*Wett-*) yarış, koşu; **aus dem** ~ **sein** (*fig*) safdışı kalmak
Rennfahrer(in) *m(f)* otomobil yarışçısı; motosiklet yarışçısı
Rennpferd *nt* yarış atı
Rennrad *nt* yarış bisikleti
Rennsport *m* yarışçılık
Rennstrecke *f* parkur, yarış mesafesi [*o* yolu]
Rennwagen *m* yarış otomobili
renovieren *vt* 1. yenileştirmek (*etw* -i) 2.(*Gebäude*) restore etmek (*etw* -i)
Renovierung *f* 1. yenileştirme 2.(*eines Gebäudes*) restore etme
rentabel *adj* kazançlı, karlı, verimli
Rentabilität *f* karlılık, verimlilik
Rente *f* 1.(*Alters-*) emekli aylığı 2.(*Ruhestand*) emeklilik 3.(*aus angelegtem Kapital*) gelir, kazanç 4.(*arbeitsfreies Einkommen*) rant

Rentenalter *nt* emeklilik yaşı
Rentenversicherung *f* emeklilik sigortası
Rentier *nt* ren geyiği
rentieren *vr:* **sich ~** (*Gewinn abwerfen*) kar getirmek [*o* bırakmak]; (*sich lohnen*) (zahmete) değmek
Rentner(in) *m(f)* emekli
Reparatur *f* tamir, onarım
Reparaturwerkstatt *f* tamirhane
reparieren *vt* tamir etmek, onarmak (*etw* -i)
Reportage *f* röportaj
Reporter(in) *m(f)* muhabir, röportajcı
Repräsentant(in) *m(f)* temsilci
Repräsentation *f* temsil
repräsentativ *adj* temsil eden, tipik
repräsentieren *vt* temsil etmek (*jdn/etw* -i)
Repressalien *fpl* zorlama tedbirleri *pl*
Repression *f* (*Unterdrückung*) tazyik, baskı
repressiv *adj* ezici, baskıcı
Reproduktion *f* çoğaltma, röprodüksiyon
reproduzieren *vt* kopya etmek (*etw* -i)
Republik *f* cumhuriyet
Republikaner(in) *m(f)* cumhuriyetçi
republikanisch *adj* cumhuriyetçi
Reserve *f* **1.** (*Vorrat*) yedek **2.** (*Zurückhaltung*) sakınganlık **3.** (ECON: *Geld-*) rezerv
Reservekanister *m* yedek bidon
Reserverad *nt* yedek tekerlek
reservieren *vt* **1.** (*Platz*) ayırmak, rezerve et(tir)mek (*etw* -i) **2.** (*Gegenstand*) saklamak, korumak (*etw* -i)
reserviert *adj* **1.** (*Platz*) ayrılmış **2.** (*fig: zurückhaltend*) sakıngan
Reservierung *f* rezervasyon
Residenz *f* hükümet merkezi
Resignation *f* boyun eğme, yılma
resignieren *vi* boyun eğmek (*vor etw* -e), yılmak (*vor etw* -den)
Resistenz *f* direnç, dayanıklılık
Respekt *m* saygı
respektabel *adj* saygıdeğer
respektieren *vt* **1.** saymak (*jdn/etw* -i), saygı göstermek (*jdn/etw* -e) **2.** (*Gesetz*) uymak (*etw* -e)
respektive *konj* veya
respektlos *adj* saygısız
respektvoll *adj* saygılı
Ressentiment *nt* kin(cilik), hınç duygusu
Ressort *nt* görev alanı
Ressourcen *fpl* kaynaklar *pl*
Rest *m* artık (miktar), kalan, kalıntı

Restaurant *nt* restoran
restaurieren *vt* restore etmek (*etw* -i)
Restaurierung *f* restorasyon
restlich *adj* geri kalan
Resultat *nt* sonuç
Retorte *f* (CHEM) karni
Retortenbaby *nt* tüp bebek
retten I. *vt* kurtarmak (*jdn/etw vor jdm/etw* -i -den) **II.** *vr:* **sich ~** kurtulmak (*vor jdm/etw* -den); **rette sich, wer kann!** canını seven kurtarsın!
Retter(in) *m(f)* kurtarıcı
Rettich *m* turp
Rettung *f* **1.** (*Retten*) kurtarma; (*Gerettetwerden*) kurtarılma **2.** (*Heil, Befreiung*) kurtuluş
Rettungsboot *nt* cankurtaran sandalı
Rettungsring *m* cankurtaran simidi
Reue *f* pişmanlık
reuig *adj,* **reumütig** *adj* pişman
revanchieren *vr:* **sich ~** (*freundlich*) karşılık vermek (*für etw* -e); (*feindlich*) acısını çıkarmak (*für etw* -in)
Revers *nt* (*Jacke*) devrik yaka
revidieren *vt* **1.** (*nachprüfen*) gözden geçirmek (*etw* -i) **2.** (*abändern*) değiştirmek (*etw* -i)
Revier *nt* **1.** (*Bezirk*) bölge, saha **2.** (*Polizei-*) (polis) karakolu **3.** (*Jagd-*) av yatağı, avlak
Revision *f* **1.** (*Änderung, Überprüfung*) revizyon **2.** (JUR) temyiz
Revolte *f* isyan, ayaklanma
Revolution *f* devrim, ihtilal
Revolutionär(in) *m(f)* devrimci
Revolver *m* tabanca, revolver
Revue *f* revü
Rezensent(in) *m(f)* eleştirmen, tenkitçi
rezensieren *vt* eleştirmek, tenkit etmek (*etw* -i)
Rezension *f* eleştiri, tenkit
Rezept *nt* **1.** (*ärztliches*) reçete **2.** (*Koch-*) yemek tarifi
Rezeption *f* resepsiyon
Rezession *f* (ECON) resesyon, konjonktürün gerilemesi
R-Gespräch *nt* ödemeli konuşma
rh *m Abk. von* **Rhesusfaktor negativ** resus faktörü negatif
Rh *m Abk. von* **Rhesusfaktor positiv** resus faktörü pozitif
Rhabarber *m* ravent
Rhein *m* Ren (nehri)

Rheinland *nt* Ren bölgesi; (HIST) Renanya
Rheinland-Pfalz *nt* Rheinland-Pfalz
Rhesusfaktor *m* resus faktörü
Rhetorik *f* söz sanatı
Rheuma(tismus) *nt (m)* romatizma
Rhodesien *nt* Rodezya
Rhodos *nt* Rodos
rhythmisch *adj* ritmik
Rhythmus *m* rit(i)m
richten I. *vt* 1. (*Frage, Bitte, Brief*) yöneltmek (*etw an jdn* -i -e) 2. (*Essen*) hazırlamak (*etw* -i) 3. (*in Ordnung bringen*) hazırlamak, onarmak, düzeltmek (*etw* -i); **die Aufmerksamkeit auf etw ~** bir şeye dikkat etmek II. *vi* (JUR) yargılamak (*über jdn* -i) III. *vr:* **sich nach jdm ~** birini örnek almak; **sich nach etw ~** bir şeye uymak
Richter(in) *m(f)* hakim, yargıç
Richter-Skala *f* Richter ölçeği
Richterspruch *m* yargı, hüküm
Richtgeschwindigkeit *f* (*otoyolda*) önerilen hız
richtig I. *adj* 1. (*korrekt*) doğru 2. (*echt*) gerçek, halis; **ein ~er Münchner** halis bir Münihli; **im ~en Augenblick** (tam) zamanında II. *adv:* **~ gehen** (*Uhr*) doğru gitmek; **(ganz) ~!** (çok) doğru!; **etw ~ machen** bir şeyi doğru yapmak; **etw ~ stellen**^{RR} (*klarstellen*) bir şeyi düzeltmek [*o* açıklamak]
Richtigkeit *f* doğruluk, gerçeklik
richtigstellen *vt s.* **richtig**
Richtigstellung *f* bir iddianın düzeltilmesi
Richtlinien *fpl* yönerge *sing*
Richtung *f* 1. yön, taraf 2. (*pol. Einstellung*) görüş 3. (*Kunst etc.*) akım; **in alle ~en** her tarafa
Richtwert *m* kılavuz değer
rieb *vt s.* **reiben**
riechen <roch, gerochen> I. *vt* (*auch fig*) kokusunu almak (*etw* -in); **jdn nicht ~ können** birini çekememek II. *vi* 1. (*an etw*) koklamak (*an etw* -i) 2. (*nach etw*) kokmak; **er riecht nach Knoblauch** sarmısak kokuyor; **es riecht gut/schlecht** iyi/fena kokuyor
rief *vi, vt s.* **rufen**
Riegel *m* sürgü, sürme
Riemen *m* kayış
Riese *m* dev
rieseln *vi sein* 1. (*Regen*) çiselemek 2. (*Wasser*) çağıldamak
Riesenerfolg *m* parlak başarı
Riesenrad *nt* (büyük) dönme dolap
riesig *adj* 1. (*sehr groß*) dev gibi, koskoca, muazzam 2. (*fam: großartig*) şahane, enfes, mükemmel
riet *vi, vt s.* **raten**
rigoros *adj* sert, katı, şiddetli
Rille *f* oluk, oyuk, yiv; (*Schallplatte*) yiv
Rind *nt* sığır
Rinde *f* 1. (*Baum-*) kabuk 2. (*Brot-*) ekmek kabuğu
Rinderbraten *m* sığır kızartması
Rinderwahn(sinn) *m* deli dana hastalığı, delibaş
Rindfleisch *nt* sığır eti
Rindvieh *nt* 1. (*Rinder*) büyük baş hayvanlar *pl* 2. (*fam: Schimpfwort*) enayi (dümbeleği), eşoğlu eşek
Ring *m* 1. (*allgemein*) halka 2. (*Finger-*) yüzük 3. (*Box-*) ring; **~e** (*Turnen*) halka (aleti) *sing*
Ringelnatter *f* su yılanı
ringen <rang, gerungen> *vi* 1. (SPORT) güreşmek (*mit jdm* ile) 2. (*kämpfen*) savaşmak (*mit jdm* ile)
Ringer *m* güreşçi, pehlivan
Ringfinger *m* yüzükparmağı
Ringkampf *m* güreş
rings *adv,* **rings(her)um** *adv* çepeçevre, fırdolayı
Rinne *f* 1. (*Dach-*) oluk 2. (*Wasser-*) ark, su yolu
rinnen <rann, geronnen> *vi sein* (*Flüssigkeit*) sızmak, akmak
Rippchen *nt* pirzola
Rippe *f* (ANAT) kaburga
Rippenfellentzündung *f* zatülcenp
Risiko *nt* risk, riziko; **ein ~ eingehen** bir rizikoyu göze almak
riskant *adj* rizikolu
riskieren *vt* göze almak (*etw* -i)
riss^{RR} *vi, vt s.* **reißen**
Riss^{RR} *m* 1. (*Stoff*) yırtık 2. (*in einer Mauer*) çatlak 3. (*Spalte*) yarık
rissig *adj* çatlak, yarık
ritt *vi s.* **reiten**
Ritter *m* şövalye
rituell *adj* ibadet kurallarına uygun
Ritus *m* 1. (*Brauch*) (dini) adet 2. (*Gesamtheit religiöser Bräuche*) dini töreler *pl*
Rivale *m* rakip
Rivalin *f* rakibe
rivalisieren *vi* rekabet etmek, yarışmak (*mit jdm* ile)

Rivalität *f* rekabet, rakiplik, yarışma
Roastbeef *nt* rozbif
Robbe *f* fok, ayıbalığı
Roboter *m* robot
robust *adj* dinç; (*groß und stark*) iriyarı
roch *vi, vt s.* **riechen**
röcheln *vi* hırıldamak, hırıldayarak (zorla) nefes almak
Rock[1] <Röcke> *m* 1.(*Damen-*) etek(lik); (*Unter-*) jüpon 2.(*Jacke*) ceket
Rock[2] *m* (*Musik*) rok [*o* rock] müziği
Rockmusik *f* rok [*o* rock] müziği
Rockstar *m* rok [*o* rock] yıldızı
Rodel *m* kızak
Rodelbahn *f* kızak kayma yolu [*o* pisti]
rodeln *vi* kızak(la) kaymak
roden *vt* (*Wald*) açmak (*etw -i*)
Rodung *f* açma
Roggen *m* çavdar
Roggenbrot *nt* çavdar ekmeği
Roggenmehl *nt* çavdar unu
roh *adj* 1.(*ungekocht*) çiğ, pişmemiş 2.(*unbearbeitet*) ham 3.(*Mensch*) kaba, yontulmamış
Rohbau *m* kaba yapı (*içi henüz döşenmemiş yapı*)
Rohkost *f* çiğ bitkisel besin
Rohöl *nt* ham yağ
Rohr *nt* 1.(*Schilf-*) kamış, saz; (*Bambus-*) bambu 2.(TECH) boru; (*großes Abfluss-*) künk 3.(*Pistolen-, Kanonen-*) namlu
Röhre *f* boru; (*kleine*) tüp
Rohrleitung *f* boru hattı
Rohrspatz *m* çil ardıcı; **wie ein ~ schimpfen** sövüp saymak, ağız dolusu sövmek
Rohrzange *f* boru kerpeteni
Rohrzucker *m* kamış şekeri
Rohstoff *m* hammadde
Rokoko *nt* rokoko
Rolladen *m s.* **Rollladen**
Rollbahn *f* pist
Rolle *f* 1.(*auch fig: Theater-*) rol 2.(*Walze*) silindir 3.(*Spule*) makara 4.(*Papier-*) tomar, rulo 5.(*Draht-*) kangal; **eine ~ spielen** rol oynamak
rollen I. *vi* 1. *sein* yuvarlanmak 2. *haben* (*Donner*) gümbürdemek, gürlemek II. *vt* yuvarlamak (*etw -i*)
Roller *m* 1.(*Spielzeug*) trotinet 2.(*Motor-*) skuter
Rollfeld *nt* uçuş pisti
Rollkragen *m* balıkçı yaka
Rollkragenpullover *m* balıkçı yakalı kazak
Rollladen[RR] *m* kepenk
Rollo *m* istor
Rollschuh *m* (tekerlekli) paten; **~ laufen** paten kaymak
Rollsplitt *m* çok ince taş kırıntısı
Rollstuhl *m* tekerlekli sandalye
Rollstuhlfahrer(in) *m(f)* tekerlekli sandalye kullanan kişi
Rolltreppe *f* yürüyen merdiven
Rom *nt* Roma
ROM *nt Abk. von* **read-only memory** (INFORM) sadece okunabilen bellek
Roman *m* roman
romanisch *adj* Roman; **~e Sprachen** Roman [*o* Latin] dilleri
Romanist(in) *m(f)* Latin dilleri ve edebiyatı uzmanı
Romantik *f* 1.(*Kunst*) romantizm 2.(*Atmosphäre*) romantiklik
romantisch *adj* romantik
Romanze *f* 1.(*Liebesabenteuer*) aşk macerası 2.(MUS) romans
Römer(in) *m(f)* Romalı
römisch *adj* 1.(*Art*) Roma 2.(*Herkunft*) Romalı
röntgen *vt* röntgenini çekmek (*etw/jdn -in*)
Röntgenaufnahme *f* röntgen (filmi), radyografi
Röntgenstrahlen *mpl* röntgen ışınları *pl*
rosa *adj* pembe
Rose *f* gül
Rosé *m* (*Wein*) pembe şarap
Rosenkohl *m* Brüksel lahanası
Rosenkranz *m* tespih
Rosenmontag *m* karnavaldaki pazartesi
Rosenstock *m*, **Rosenstrauch** *m* gül ağacı
rosig *adj* 1.(*Gesichtsfarbe*) pembe, gül gibi 2.(*fig: schön*) hoş, sevindirici
Rosine *f* kuru üzüm
Rosmarin *m* biberiye
Rost *m* 1.(*Eisenoxid*) pas 2.(*Gitter, Brat-*) ızgara; **vom ~** (*gegrillt*) ızgara
rosten *vi* paslanmak, pas tutmak
rösten *vt* kızartmak; (*Kaffee*) kavurmak (*etw -i*)
rostfrei *adj* paslanmaz
Rostschutzmittel *nt* paslanmaya engel olan madde
rot <röter, am rötesten> *adj* kırmızı; (*in*

eher übertragenen Bedeutungen) kızıl, al; ~ **werden** kızarmak; ~ **sehen** gözünü kan bürümek; **der Rote Halbmond** Kızılay; **das Rote Kreuz** Kızılhaç; **das Rote Meer** Kızıldeniz; **bei Rot halten** kırmızıda durmak
Röteln *pl* kızamıkçık *sing*
rothaarig *adj* kızıl saçlı
rotieren *vi* **1.** dönmek **2.** (POL) parlamentoda sırayla değişmek
Rotkäppchen *nt* kırmızı başlıklı kız
Rotkehlchen *nt* kızıl gerdan (kuşu)
Rotkohl *m* kırmızı lahana
Rotlicht *nt* (*Verkehr*) kırmızı ışık (*trafik lambasının durma işareti*)
Rotlichtviertel *nt* genelevlerin bulunduğu semt
Rotstift *m* kırmızı kalem
Rotwein *m* kırmızı şarap
Rotz *m* (*fam: Nasenschleim*) sümük
rotzig *adj* (*frech*) küstah
Rotznase *f* (*fam*) **1.** (*mit laufender Nase*) sümüklü (çocuk) **2.** (*freches Kind*) şımarık çocuk
Rouge *nt* ruj, allık
Roulade *f* sarma
Roulett *nt* rulet
Route *f* yol; (*Schiff auch*) rota
Routine *f* rutin, pratik, alışma, el yatkınlığı
Rowdy *m* apaş, külhanbeyi, baldırı çıplak
RT *f Abk. von* **Registertonne** tonilato
rubbeln *vi* ovmak (*an etw* -i)
Rubbellos *nt* kazı kazan kartı
Rübe *f* **1.** şalgam; **Gelbe**^{RR} ~ havuç; **Rote**^{RR} ~ pancar **2.** (*fam: Kopf*) kelle
Rubel *m* ruble
rüber *adv* (*fam*) *s.* **herüber; hinüber**
Rubin *m* yakut
Rubrik *f* **1.** (*Kategorie*) sınıf, bölüm **2.** (*Spalte*) sütun
Ruck *m* sarsma
ruckartig *adv* aniden
Rückblick *m* (*fig*) geçmişe bakış
rücken **I.** *vt* yerinden oynatmak, itmek, çekmek (*etw* -i); **näher** ~ yaklaştırmak (*etw* -i) **II.** *vi* kımılda(n)mak, hareket etmek; **näher** ~ yaklaşmak
Rücken *m* **1.** (ANAT) sırt, arka; (*Tier*) bel **2.** (*Messer, Buch*) ters; **hinter jds** ~ birinin arkasından; **auf den** ~ **fallen** arkaüstü düşmek; **jdm den** ~ **kehren** birine arkasını dönmek; (*fig*) birine dirsek çevirmek; **einen breiten** ~ **haben** (*auch fig*) sığır yürekli olmak
Rückendeckung *f* arka siper
Rückenlehne *f* arkalık
Rückenmark *nt* omurilik
Rückenschmerzen *pl* sırt ağrısı *sing*
Rückenschwimmen *nt* sırtüstü yüzme
Rückenwind *m* arkadan esen rüzgar
Rückerstattung *f* geri verme
Rückfahrkarte *f* dönüş bileti
Rückfahrt *f* dönüş
Rückfall *m* **1.** (*bei Verbrechern*) suçun tekrarlanması **2.** (*Krankheit*) nüksetme
rückfällig *adj:* ~ **werden** (*Verbrecher*) suçu tekrarlamak
Rückflug *m* dönüş uçuşu
Rückfrage *f* karşı soru
Rückgabe *f* geri ver(il)me
Rückgang *m* azalma
rückgängig *adj:* **etw** ~ **machen** bir şeyi iptal etmek
Rückgrat *nt* **1.** (ANAT) belkemiği, omurga **2.** (*fig: wesentlicher Teil von etw*) belkemiği
Rückhalt *m* destek, arka
rückhaltlos *adj* kayıtsız şartsız
Rückkehr *f* dönüş
rückläufig *adj* geri giden
Rücklicht *nt* arka lambası
Rückporto *nt* iade ücreti
Rückreise *f* dönüş (seyahati)
Rucksack *m* sırt çantası
Rückschau *f* geçmişe bakış
Rückschlag *m* (*fig*) tersine gelişme
Rückschritt *m* gerileme
rückschrittlich *adj* gerici
Rückseite *f* ters (taraf), arka (taraf)
Rücksicht *f* saygı; **mit** ~ **auf** -e dikkat göstererek; **auf jdn** ~ **nehmen** birine saygı göstermek
rücksichtslos **I.** *adj* saygısız, kaba **II.** *adv* saygısızca
rücksichtsvoll *adj* saygılı
Rücksitz *m* arka koltuk
Rückspiegel *m* dikiz aynası
Rückspiel *nt* rövanş maçı
Rücksprache *f* danışma, görüşme
Rückstand *m:* **im** ~ **sein** gecikmek
rückständig *adj* **1.** (*fortschrittsfeindlich*) geri kafalı, gerici **2.** (*unterentwickelt*) geri kalmış
Rückstrahler *m* kedi gözü
Rücktritt *m* (*vom Amt*) istifa, çekilme, ayrılma

rückwärts *adv* geri(ye), geriye (doğru)
Rückwärtsgang *m* geri vites
Rückweg *m* dönüş yolu; **auf dem** ~ dönüşte
rückwirkend *adj* önceyi kapsayan
Rückwirkung *f:* **mit** ~ önceye geçerlikli
Rückzahlung *f* geri ödeme
Rückzieher *m:* **einen** ~ **machen** caymak
Rückzug *m* geri çekilme
rüde *adj* kaba, yontulmamış
Rüde *m* erkek köpek
Ruder *nt* 1.(*vom Boot*) kürek 2.(*Steuer*) dümen
Ruderboot *nt* sandal
rudern *vi* kürek çekmek
Ruf *m* 1.ses; (*laut*) bağırış 2.(*fig: Ansehen*) nam, ün; **guter/schlechter** ~ iyi/kötü nam
rufen <rief, gerufen> I. *vi* 1.(*allgemein*) seslenmek 2.(*schreien*) bağırmak 3.(*Kuckuck*) ötmek II. *vt* çağırmak (*jdn zu etw/ jdm* -i -e)
Rüffel *m* azar(lama), çıkışma, paylama
Rufname *m* hitap olarak kullanılan (*ilk*) ad
Rufnummer *f* telefon numarası
Rugby *nt* rugbi
Rüge *f* azar, zılgıt; (*Tadel*) tekdir
rügen *vt* 1.(*tadeln*) azarlamak (*jdn* -i) 2.(*verurteilen*) kınamak, ayıplamak (*etw* -i)
Ruhe *f* 1.(*Behaglichkeit*) rahat 2.(*Ausruhen, Erholung*) dinlenme 3.(*Schweigen*) sessizlik 4.(*Stille, Reglosigkeit*) durgunluk, sakinlik 5.(*innere* -) huzur, sakinlik; **in aller** ~ huzur içinde, rahat rahat; ~**!** sus(un)!; **angenehme** ~**!** Allah rahatlık versin!; ~ **bewahren** sakin durmak; **jdn in** ~ **lassen** birini rahat bırakmak
ruhelos *adj* huzursuz, rahatsız, endişeli
ruhen *vi* 1.(*aus*-) dinlenmek 2.(*Arbeit*) durmak
Ruhestand *m* emeklilik; **im** ~ emekli; **jdn in den** ~ **versetzen** birini emekliye ayırmak; **in den** ~ **treten** emekli olmak
Ruhetag *m* dinlenme günü
ruhig I. *adj* 1.(*behaglich*) rahat, huzurlu 2.(*bewegungslos*) durgun, hareketsiz 3.(*schweigsam, still*) sessiz, sakin 4.(*friedliebend*) sakin, uysal; **sei** ~**!** rahat dur!, sakin ol! II. *adv:* ~ **schlafen** sakince uyumak; **du kannst** ~ **noch bleiben** istersen daha kalabilirsin
Ruhm *m* şan, şöhret, ün
Ruhr¹ *f* (*Fluss*) Ruhr (nehri)
Ruhr² *f* (MED) dizanteri
Rührei *nt* sahanda yumurta (*akı sarısıyla karıştırılmış sahanda yumurta*)
rühren I. *vt* 1.(*um*-) karıştırmak; (*Teig*) çalkalamak (*etw* -i) 2.(*fig: seelisch*) duygulandırmak (*jdn* -i), dokunmak (*jdn* -e) II. *vr:* **sich** ~ (*sich bewegen*) kımılda(n)mak; (*sich bemerkbar machen*) kendini hissettirmek
rührend *adj* dokunaklı, acıklı
Ruhrgebiet *nt* Ruhr Havzası
rührig *adj* 1.(*fleißig*) çalışkan 2.(*Frau im Haushalt*) hamarat, eteği belinde 3.(*flink*) çevik
Ruin *m* çöküş, çökme, yıkılış
Ruine *f* harabe, yıkıntı
ruinieren *vt* yıkmak (*etw/jdn* -i)
rülpsen *vi* (*fam*) geğirmek
rum *adv* (*fam*) *s.* **herum**
Rum *m* rom
Rumäne, -nin *m, f* Romanyalı
Rumänien *nt* Romanya
rumänisch *adj* 1.(*Art*) Romanya 2.(*Sprache*) Rumence 3.(*Herkunft*) Romanyalı
Rummel *m* gürültü patırtı; (*Jahrmarkt*) panayır
Rummelplatz *m* lunapark
Rumpelkammer *f* sandık odası
Rumpf *m* gövde, beden
Rumpsteak *nt* rumstik
rund I. *adj* yuvarlak, toparlak II. *adv* (*ungefähr*) aşağı yukarı, tahminen, takriben
Rundblick *m* panorama
Runde *f* 1.(*Rundgang*) tur 2.(*Gesellschaft*) meclis 3.(*Rennsport*) tur 4.(*Boxen*) raunt, dönem; **eine** ~ **machen** tur atmak
Rundfahrt *f* tur, dolaşma
Rundfunk *m* radyo; **Nord-/Süd-/Westdeutscher** ~ Kuzey-/Güney-/Batıalmanyalı Radyo
Rundfunkgerät *nt* radyo
Rundfunksender *m* radyo istasyonu
Rundfunkübertragung *f* radyo yayını
Rundgang *m* dolaşma, gezinti, tur
rundherum *adv* çepeçevre; (*fig: ganz und gar*) tamamen
rundlich *adj* yuvarlacık, toparlacık; (*Mensch*) dolgun, tombul, tıknaz
Rundreise *f* tur
Rundschreiben *nt* genelge
runter *adv* (*fam*) *s.* **herunter; hinunter**
runzelig *adj* kırışık, buruşuk
runzeln *vt* buruşturmak (*etw* -i); **die Stirn** ~

kaş çatmak
Rüpel *m* kaba [*o* yontulmamış] herif
rüpelhaft *adj* kaba, yontulmamış, edepsiz
rupfen *vt* (*Geflügel und fig*) yolmak (*etw* -i)
Rüsche *f* pasta, kırmalı dantela
Ruß *m* is, kurum
Russe *m*, **Russin** *f* Rus
Rüssel *m* (*Elephant*) hortum; (*Insekt, Schwein*) burun
russisch *adj* 1. (*Art*) Rus 2. (*Sprache*) Rusça 3. (*Herkunft*) Rus(yalı); **~e Eier** Rus yumurtası
Russland[RR] *nt* Rusya
rüsten *vi* silahlanmak

rüstig *adj* dinç, sağlam, zinde; (*flink*) çevik, atik; **noch ~ für sein Alter sein** yaşına göre hala dinç olmak
rustikal *adj* köy tarzında
Rüstung *f* silahlanma
Rüstungsindustrie *f* harp sanayii
Rutschbahn *f* kaydırak
rutschen *vi sein* kaymak; (*Auto*) patinaj yapmak
Rutschgefahr *f* kayma tehlikesi
rutschig *adj* kaygan
rütteln I. *vt* sarsmak, sallamak (*etw/jdn* -i) II. *vi* sallamak, kurcalamak (*an etw* -i)

S

S *m Abk. von* **Süden** güney
S. *f Abk. von* **Seite** s. (*sayfa*)
s. *vt Abk. von* **siehe** bkz. (*bakınız*)
Saal *m* (büyük) salon
Saar *f* (*Fluss*) Sar nehri
Saarland *nt* Sar Havzası
Saat *f* 1. (*Aus-*) ekim, tohum ekme 2. (*Saatgut*) tohum
Saatgut *nt* tohumluk tahıl
Sabotage *f* baltalama, sabotaj
sabotieren *vt* baltalamak, sabote etmek (*etw* -i)
Sachbearbeiter(in) *m(f)* daire şubesi şefi
Sachbuch *nt* öğretici kitap
Sache *f* 1. (*Ding*) şey 2. (*Gegenstand*) eşya 3. (*Angelegenheit*) iş, mesele 4. (JUR) dava; **mit jdm gemeinsame ~ machen** biriyle beraber iş çevirmek; **bei der ~ bleiben** konunun dışına çıkmamak; **zur ~ kommen** konuya gelmek; **das ist meine ~** bu benim bileceğim iş; **das tut nichts zur ~** bunun önemi yok
sachgemäß *adj* uygun, yerinde
Sachkenntnis *f* uzmanlık, ihtisas
sachkundig *adj* uzman
Sachlage *f* 1. (*Situation*) (iş) durum(u) 2. (*Tatsachenbestand*) gerçek
sachlich *adj* nesnel, objektif
Sachlichkeit *f* nesnellik
Sachschaden *m* maddi hasar
Sachse *m*, **Sächsin** *f* Saksonyalı
Sachsen *nt* Saksonya

Sachverhalt *m* gerçek
Sachverstand *m* uzmanlık
Sachverständige(r) *mf* uzman, bilirkişi
Sachwert *m* fiili değer
Sack *m* çuval, torba
Sackgasse *f* 1. (*Straße*) çıkmaz (sokak) 2. (*fig: Ausweglosigkeit*) çıkmaz
Sackhüpfen *nt* çuval yarışı
Sadismus *m* sadizm
Sadist(in) *m(f)* sadist
sadistisch *adj* sadist
säen I. *vi* tohum ekmek II. *vt* (*auch fig*) ekmek (*etw* -i)
Safe *m* kasa
Safran *m* safran
Saft *m* 1. su 2. (*Pflanzen-*) özsu
saftig *adj* sulu
Sage *f* efsane
Säge *f* testere; (*Wald-*) bıçkı
Sägemehl *nt* testere talaşı [*o* tozu]
sagen *vt* 1. (*äußern, aussprechen*) demek, söylemek (*jdm etw* -e -i) 2. (*erzählen, mitteilen*) anlatmak, bildirmek (*jdm etw* -e -i); **ja/nein ~** evet/hayır demek; **was ich ~ wollte** demek istediğim şu; **~ Sie mal!** söyleyin bakalım!; **was ~ Sie dazu?** buna ne dersiniz?; **was du nicht sagst!** deme yahu!; **das hat nichts zu ~** bunun önemi yok
sägen *vi* (testere ile) kesmek (*etw* -i)
sagenhaft *adj* 1. (*fantastisch*) harika 2. (*legendär*) efsanevi
sah *vi, vt* s. **sehen**

Sahne *f* **1.** (*Rahm*) kaymak, krema **2.** (*Schlag-*) kremşanti
Sahnetorte *f* kremalı pasta
Saison *f* sezon, mevsim
Saisonarbeiter(in) *m(f)* sezon işçisi
Saite *f* tel; (*Darm-*) kiriş
Saiteninstrument *nt* telli çalgı [*o* saz]
Sakko *m* erkek ceketi
Sakrament *nt* kutsama töreni (*Hıristiyanlarda*)
Salami *f* salam
Salat *m* salata; ~ **der Saison** mevsim salatası; **gemischter** ~ karışık salata
Salatschüssel *f* (çukur) salata tabağı
Salbe *f* merhem, melhem
Salbei *m* adaçayı, meryemiye
Saldo *m* hesap bakiyesi
Salmiak *m* nışadır, amonyak tuzu
Salon *m* salon
salopp *adj* **1.** (*zwanglos*) laubali, teklifsiz **2.** (*schlampig*) pasaklı
Salpeter *m* güherçile
Salto *m* (havada) takla [*o* perende]; ~ **rückwärts** ters perende; **einen** ~ **springen** (havada) takla [*o* perende] atmak
Salvador *nt* Salvador
Salz *nt* tuz
salzen *vt* tuzlamak (*etw* -i)
salzig *adj* tuzlu
Salzkartoffeln *fpl* *kabuğu soyulup tuzlu suda pişirilmiş patates*
Salzsäure *f* hidroklorik asit
Salzstreuer *m* tuzluk
Sambia *nt* Zambia
Samen *m* **1.** (*Saatgut*) tohum **2.** (*Sperma*) sperma, meni
sammeln **I.** *vt* **1.** (*zusammentragen*) toplamak, derlemek (*etw* -i) **2.** (*ein-*) toplamak (*etw* -i) **3.** (*aus Liebhaberei*) biriktirmek (*etw* -i) **II.** *vr:* **sich** ~ (*sich anhäufen*) toplanmak
Sammelsurium *nt* karışıklık
Sammler(in) *m(f)* (*aus Liebhaberei*) koleksiyoncu
Sammlung *f* **1.** (*Sammeln*) toplama, toplayış **2.** (*eines Liebhabers*) koleksiyon
Samstag *m* cumartesi (günü)
Samt *m* kadife
sämtliche *adj* bütün
Sanatorium *nt* sanatoryum, prevantoryum
Sand *m* kum
Sandale *f* sandal(et)
Sandbank *f* kum bankı, kumluk, kumsal

sandig *adj* kumlu
Sandkasten *m* kum sandığı
Sandpapier *nt* zımpara kağıdı
Sandsack *m* kum torbası
Sandstrand *m* kumsal
sandte *vt s.* **senden**
Sanduhr *f* kum saati
Sandwich *nt* sandviç
sanft *adj* (*weich*) yumuşak
sang *vi s.* **singen**
Sänger(in) *m(f)* şarkıcı
sang- und klanglos *adv* gösterişsiz, sessiz sedasız
sanieren *vt* (*reparieren*) onarmak; (*modernisieren*) modernleştirmek (*etw* -i)
Sanierung *f* onarım, modernleştirme
sanierungsbedürftig *adj* (*Gebäude*) onarıma muhtaç
sanitär *adj* sıhhi, sağlıksal
Sanitäter *m* sağlık memuru
sank *vi s.* **sinken**
Sanktion *f* (*Zwangsmaßnahme*) zorlama tedbiri
sanktionieren *vt* (*genehmigen*) tasdik ve kabul etmek (*etw* -i)
sann *vi s.* **sinnen**
Saphir *m* gökyakut
Sardelle *f* sardalye, hamsi
Sardine *f* sardalye, ateş balığı
Sardinien *nt* Sardenya (adası)
Sarg *m* tabut
Sarkasmus *m* acı ince alay, sarkazm
sarkastisch *adj* iğneleyici, istihzalı
Sarkophag *m* lahit, sanduka
saß *vi s.* **sitzen**
Satan *m* şeytan, iblis
Satellit *m* (*auch fig*) uydu, peyk
Satellitenschüssel *f* (*fam*) çanak (anten)
Satellitentelefon *nt* uydu telefonu
Satin *m* saten
Satire *f* yergi, hiciv, hicviye
satirisch *adj* hicivli, yergili, taşlayıcı
satt *adj* **1.** (*nicht hungrig*) tok, doymuş **2.** (*fig: überdrüssig*) bıkkın, usanmış; **ich bin** ~ karnım doydu, doydum; **sich** ~ **essen** doyuncaya kadar yemek; **etw** ~ **haben** (*fig*) bir şeyden bıkmak [*o* usanmak], bir şeyden gına getirmek
Sattel *m* **1.** (*Sitz*) eyer **2.** (*Pack-*) semer **3.** (*Fahrrad-*) sele
sättigen *vt* doyurmak (*jdn/etw* -i)
Sättigungsgefühl *nt* doyum hissi

Satz *m* 1.(*Wortfolge*) cümle, tümce 2.(MUS) bir müzik eserinin bölümü 3.(*zusammengehörige Dinge*) takım 4.(*Sprung*) sıçrayış 5.(*Kaffee-*) telve 6.(*Schrift-*) yazı dizisi
Satzung *f* yönetmelik
Satzzeichen *nt* noktalama işareti
Sau *f* 1.(*Tier*) dişi domuz 2.(*pej: Mensch*) pis herif [*o* karı]
sauber *adj* temiz; ~ **machen**^RR temizlemek (*etw* -i)
Sauberkeit *f* temizlik
säuberlich *adj* temiz, özenle yapılan
säubern *vt* temizlemek (*etw* -i)
Saubohne *f* bakla
Sauce *f* sos, salça
Saudi-Arabien *nt* Suudi Arabistan
sauer *adj* 1. ekşi; (*Milch*) kesilmiş 2.(CHEM) asitli; **saure Gurken** hıyar turşusu; **saurer Regen** asit yağmuru; ~ **sein/werden** ekşimek; (*Milch*) kesilmek; (*sich ärgern*) bozuk çalmak
Sauerbraten *m* sirkeli sığır kızartması
Sauerei *f* (*fam*) 1.(*Unsauberkeit*) pislik 2.(*Benehmen*) rezalet
Sauerkirsche *f* vişne
Sauerkraut *nt* lahana salamurası
säuerlich *adj* ekşimtırak
Sauerstoff *m* oksijen
Sauerstoffflasche^RR *f* oksijen tüpü
saufen <säuft, soff, gesoffen> *vi, vt* 1.(*Tier*) içmek (*etw* -i) 2.(*pej: Mensch*) fazla içmek (*etw* -i); (*pej: Alkohol*) içki içmek
Säufer(in) *m(f)* (*pej*) ayyaş
säuft *vi, vt s.* **saufen**
saugen <sog *o* saugte, gesogen *o* gesaugt> *vi, vt* 1.(*allgemein*) içine çekmek (*etw* -i) 2.(*Säugling, Tierjunges*) emmek (*etw* -i)
säugen *vt* emzirmek (*etw* -i)
Säugetier *nt* memeli hayvan
Säugling *m* bebek
Säule *f* sütun
Saum *m* 1.(*Kleider-*) etek (baskısı) 2.(*Rand*) kenar
Sauna *f* sauna, Fin hamamı
Säure *f* (CHEM) asit
sausen *vi* 1. *sein* hızla geçip gitmek; (*Geschoss*) vınlamak 2. *haben* (*Wind*) uğuldamak
Saustall *m* (*fig*) 1.(*Durcheinander*) (karma)karışıklık 2.(*schmutziger Ort*) pis yer
Sauwetter *nt* (*fam*) pis hava

Saxofon^RR, **Saxophon** *nt* saksofon
S-Bahn *f* banliyö treni
scannen *vt* taramak (*etw* -i)
Scanner *m* tarayıcı
schaben *vt* (*abkratzen*) kazımak (*etw* -i)
schäbig *adj* 1.(*Kleidungsstück*) yırtık pırtık 2.(*Aussehen*) hırpani, kılıksız, pejmürde 3.(*gemein*) alçak, bayağı
Schablone *f* şablon, kalıp, örnek
Schach *nt* satranç; ~! şah!
Schachbrett *nt* satranç tahtası
Schachfigur *f* satranç taşı
schachmatt *adj* şahmat
Schachspiel *nt* satranç oyunu
Schachtel *f* 1.(*zum Verpacken*) kutu 2.(*Zigaretten-*) paket
Schachzug *m* 1.(*im Schach*) taş sürme 2.(*geschickte Maßnahme*) manevra
schade *adj*: (*das ist*) ~ yazık; **wie** ~! ne yazık!; ~ **um die Zeit** harcanan zamana yazık
Schädel *m* kafatası; (*Toten-*) kurukafa
schaden *vi* zarar vermek (*jdm* -e); (*nachteilig sein*) zararlı olmak
Schaden *m* zarar; (*besonders materieller*) hasar
Schadenersatz *m* tazminat, zarar ödeneği [*o* bedeli]
Schadenfreude *f* başkalarının zararına sevinme
Schadensanzeige *f* zarar bildirmesi
schädigen *vt* zarar vermek (*jdn/etw* -e)
schädlich *adj* zararlı
Schädlingsbekämpfungsmittel *nt* haşarat ilacı
Schadstoff *m* (*Giftstoff*) zararlı madde; (*umweltverschmutzend*) kirletici madde
Schaf *nt* koyun
Schafbock *m* koç
Schäfchen *nt*: **seine** ~ **ins Trockene bringen** küpünü doldurmak
Schäfer(in) *m(f)* çoban
Schäferhund *m* çoban köpeği
schaffen¹ <schuf, geschaffen> *vt* yaratmak (*etw* -i); **für etw wie geschaffen sein** bir şey için biçilmiş kaftan olmak
schaffen² I. *vi* (*arbeiten*) çalışmak; **frohes Schaffen!** kolay gelsin! II. *vt* 1.(*bewältigen*) becermek (*etw* -i), hakkından gelmek (*etw* -in) 2.(*bringen*) getirmek, götürmek (*etw zu jdm/etw* -i -e); **etw aus der Welt** ~ bir şeyi ortadan kaldırmak; **sich** *dat* **etw vom Halse** ~ bir şeyi başından atmak, bir şeyden yakası-

nı [o paçasını] kurtarmak
Schaffner(in) *m(f)* biletçi
Schaffung *f* yaratma, var etme
Schafherde *f* koyun sürüsü
Schafskäse *m* beyaz peynir
Schafspelz *m* koyun postu
Schaft *m* 1.(*Stiel*) sap 2.(*Fahnen-*) direk
Schakal *m* çakal
Schal *m* 1.(*Halstuch*) (boyun) atkı(sı), kaşkol 2.(*Damen-*) şal
Schale *f* 1.(*Gefäß*) kase, çanak 2.(*Obst-, Nuss-, Eier-*) kabuk
schälen *vt* kabuğunu soymak (*etw* -in)
Schall *m* (*Ton*) ses; (*Widerhall*) yankı
Schalldämpfer *m* 1.(*für Schusswaffe*) susturucu 2.(*für Motor*) susturucu tertibatı
schalldicht *adj* ses geçirmez
schallen *vi* tınlamak, çınlamak
Schallgeschwindigkeit *f* ses hızı
Schallmauer *f* ses duvarı
Schallplatte *f* plak
Schallplattengeschäft *nt* plakçı (dükkanı)
schalt *vt s.* **schelten**
Schaltbrett *nt* (elektrik) dağıtım levhası
schalten *vi* 1.(*Strom*) çevirmek (*auf etw* -e) 2.(*Gänge*) vites değiştirmek
Schalter *m* 1.(*Bank-, Post-*) gişe 2.(*Strom-*) şalter, devre anahtarı
Schalthebel *m* 1.(*Strom*) anahtar kolu 2.(*Gangschaltung*) vites kolu
Schaltjahr *nt* artıkyıl
Schaltung *f* 1.(*Strom*) bağlama 2.(*Gang-*) vites
Scham *f* utanma, utanç
schämen *vr*: **sich vor jdm ~** birinden utanmak; **sich ~ etw zu tun** -meye utanmak
Schamgefühl *nt* utanç duygusu
schamhaft *adj* utangaç, mahcup
Schamhaftigkeit *f* utangaçlık, utanç
schamlos *adj* (*unverschämt*) utanmaz, rezil, arsız
Schande *f* 1.(*Benehmen*) ayıp 2.(*Unehre*) namussuzluk, yüzkarası
schändlich *adj* ayıp, rezil
Schandtat *f* rezalet, kepazelik
Schanze *f* 1.(MIL) toprak tabya 2.(*Skisport*) atlama seddi
Schar *f* küme, sürü, öbek
scharf <schärfer, am schärfsten> *adj* 1.(*schneidend, auch fig*) keskin 2.(*Speise*) baharatlı 3.(*Foto*) net 4.(*Worte, Kritik*) ağır, sert 5.(*Protest*) sert, şiddetli; **auf etw ~ sein** (*fam: heftig wünschen*) bir şeye can atmak, bir şey burnunda tütmek; **auf jdn ~ sein** (*sexuell*) birisi için yanıp tutuşmak
Scharfblick *m* sağgörü, seziş
Schärfe *f* 1.(*Messer*) keskinlik 2.(*Bild, Umrisse*) netlik 3.(*Sinnesorgan*) keskinlik 4.(*Strenge*) sertlik, şiddet
schärfen *vt* 1.(*Messer*) bilemek (*etw* -i) 2.(*Sinne*) keskinleştirmek (*etw* -i)
Scharfschütze *m* keskin nişancı
scharfsichtig *adj* 1.(*gute Sehschärfe*) keskin bakışlı 2.(*scharfsinnig*) sağgörülü
scharfsinnig *adj* sağgörülü, keskin zekalı
Scharlach *m* kızıl (hastalığı)
scharlachrot *adj* erguvan renkli
Scharnier *nt* menteşe, reze
Schatten *m* (*dunkle Fläche*) gölge; **im ~** gölgede; **jdn/etw in den ~ stellen** (*fig*) birini/bir şeyini gölgede bırakmak; **auf etw einen ~ werfen** bir şeyi gölgelemek; (*fig*) bir şeye gölge düşürmek
Schattenseite *f* 1.gölge tarafı 2.(*Kehrseite*) madalyanın ters tarafı
Schattentheater *nt* gölge oyunu; (*traditionelles türkisches ~*) karagöz
Schattenwirtschaft *f* gölge [*o* yeraltı] ekonomi, kayıt dışı ekonomi
Schattierung *f* 1.(*Farb-*) nüans, ince fark 2.(*Zeichnung*) gölgeleme
schattig *adj* gölgeli
Schatulle *f* küçük sandık; (*besonders für Schmuck*) mücevher kutusu
Schatz *m* 1.(*Juwel*) hazine; (*vergrabener*) define, gömü 2.(*Kosewort*) sevgili; **mein ~** sevgilim
schätzen *vt* 1.(*ab-*) tahmin etmek, kestirmek (*etw* -i) 2.(*achten*) saymak (*jdn/etw* -i); **wie alt schätzt du ihn?** onu kaç yaşında tahmin edersin?
Schatzmeister(in) *m(f)* (*bei Verein, Partei*) haz(i)nedar
Schätzung *f* tahmin, kestirme, hesap
schätzungsweise *adv* tahminen
Schau *f* (*Ausstellung*) sergi; **etw zur ~ stellen** bir şeyi sergilemek
schauderhaft *adj* 1.(*schrecklich*) korkunç 2.(*abscheulich*) iğrenç
schaudern *vi* ürpermek
schauen *vi* bakmak (*auf jdn/etw* -e); **nach jdm ~** birine bakmak
Schauer *m* (*Regen-*) sağanak

schauerlich *adj* korkunç
Schaufel *f* kürek; (*Kehricht-*) faraş
Schaufenster *nt* (mağaza) vitrin(i), camekan
Schaukel *f* salıncak
schaukeln I. *vt* sallamak (*etw/jdn* -i) II. *vi* sallanmak
Schaukelpferd *nt* salıncaklı at
Schaukelstuhl *m* salıncaklı koltuk
Schaum *m* köpük
Schaumgummi *m* lastik sünger
schaumig *adj* köpüklü
Schaumstoff *m* köpük
Schaumwein *m* köpüklü şarap, şampanya
Schauplatz *m* (*auch fig*) sahne
schaurig *adj* tüyler ürpertici
Schauspiel *nt* 1.(*Stück*) oyun, piyes 2.(*Augenweide*) manzara
Schauspieler *m* (erkek) oyuncu [*o* artist], aktör
Schauspielerin *f* (kadın oyuncu) [*o* artist]
Schauspielhaus *nt* tiyatro (binası)
Scheck *m* çek
Scheckbuch *nt*, **Scheckheft** *nt* çek defteri [*o* karnesi]
Scheckkarte *f* çek kartı
Scheck- und Aktienmafia *f* (*in der Türkei*) çek-senet mafyası
Scheibe *f* 1.yuvarlak levha 2.(*Fenster-*) cam 3.(*Brot, Fleisch*) dilim
Scheibenbremse *f* diskli fren
Scheibenwischer *m* silecek
Scheich *m* şeyh
Scheide *f* dölyolu, kadınlık organı
scheiden <schied, geschieden> I. *vt* 1.(*trennen*) ayırmak (*etw von etw* -i -den) 2.(*Ehe*) boşa(ndır)mak (*etw* -i); **sich (von jdm)** ~ **lassen** (birinden) boşanmak II. *vi sein* (*geh: weggehen*) ayrılmak, (bırakıp) gitmek (*von jdm* -den)
Scheideweg *m* dörtyol ağzı
Scheidung *f* (*Ehe-*) boşanma
Schein *m* 1.(*Bescheinigung*) belge, kâğıt 2.(*Geld-*) banknot 3.(*Licht*) ışık 4.(*Glanz*) parıltı 5.(*An-*) görünüş; (**nur**) **zum** ~ yalancıktan; **der** ~ **trügt** görünüşe aldanmamalı
scheinbar I. *adj* görünen; (*unecht*) sahte, yapmacık II. *adv* görünüşe göre, görünürde
scheinen <schien, geschienen> *vt* 1.(*leuchten*) ışık vermek 2.(*glänzen*) parlamak, parıldamak 3.(*fig: den Anschein haben*) görünmek; **der Mond/die Sonne scheint** ay/güneş parlıyor; **es scheint** (**mir**) **so, dass** (bana) öyle görünüyor ki
scheinheilig *adj* 1.(*heuchlerisch*) ikiyüzlü 2.(*scheinbar fromm*) sahte dindar
Scheintod *m* ölmüş gibi görünme
Scheinwerfer *m* 1.(*allgemein*) projektör, ışıldak 2.(*von Kraftfahrzeug*) far
Scheiße *f* (*vulg*) bok
scheißen <schiss, geschissen> *vi* (*vulg*) sıçmak
Scheißkerl *m* (*pej*) boktan herif
Scheitel *m* (*Haar-*) saç ayrığı
scheitern *vi sein* 1.(*Person*) başarısızlığa uğramak 2.(*Sache*) boşa çıkmak; **etw zum Scheitern bringen** bir şeyi boşa çıkarmak
schellen *vi* çıngırdamak
Schellfisch *m* morina balığı
Schelte *f* azar
schelten <schilt, schalt, gescholten> *vt* azarlamak, paylamak (*jdn* -i), çıkışmak (*jdn* -e)
Schema *nt* şema; (*Muster*) örnek, model
schematisch *adj* şematik
Schemel *m* tabure, arkalıksız iskemle
Schenke *f* meyhane, taverna
Schenkel *m* 1.(*Ober-*) uyluk; (*Unter-*) baldır 2.(MATH) kenar
Schenkelknochen *m* uyluk kemiği
schenken *vt* hediye [*o* armağan] etmek (*jdm etw* -e -i)
Scherbe *f* kırık; (*Glas-*) cam kırığı
Schere *f* makas
scheren[1] <schor, geschoren> *vt* 1.(*Haare*) (kısa) kesmek, makaslamak (*etw* -i) 2.(*Schafe*) kırkmak, kırpmak (*etw* -i)
scheren[2] *vt*: **was schert mich das!** beni ilgilendirmez!; **scher dich zum Teufel!** cehennem ol!
Scherereien *fpl* külfet, zahmet *sing*
Scherz *m* şaka; (*übler Scherz*) muziplik; **aus** [*o* **im**] ~ şakadan; ~ **beiseite!** şaka bir tarafa!
scherzen *vi* şaka etmek; (*miteinander*) şakalaşmak
scherzhaft *adj* 1.(*nicht ernst gemeint*) ciddi olmayan 2.(*lustig*) güldürücü, eğlendirici
scheu *adj* 1.(*schüchtern*) çekingen, utangaç, sıkılgan 2.(*furchtsam*) korkak, ürkek 3.(*menschen-*) insandan kaçan
Scheu *f* 1.(*Schüchternheit*) çekingenlik, utangaçlık, sıkılganlık 2.(*Furcht*) ürkeklik, korku
scheuen I. *vt* (*fürchten*) çekinmek, kork-

mak (*etw* -den) **II.** *vi* (*Pferd*) ürkmek
scheuern *vt* **1.** (*reiben*) ovmak (*etw* -i) **2.** (*Boden, Geschirr*) silmek (*etw* -i)
Scheune *f* samanlık; (*Getreide-*) tahıl ambarı
Scheusal *nt* **1.** (*Unmensch*) canavar **2.** (*widerwärtige Person*) gudubet
scheußlich *adj* **1.** (*fürchterlich*) korkunç **2.** (*abscheulich*) iğrenç
Schi *m* kayak; ~ **fahren** kayak kaymak
Schicht *f* **1.** (*allgemein*) tabaka, kat **2.** (*Erd-*) tabaka **3.** (*Arbeits-*) iş devresi, vardiya **4.** (*Arbeits-: Team*) çalışma grubu **5.** (*soziale*) tabaka
schichten **I.** *vt* istif etmek, dizmek (*etw* -i) **II.** *vi* (*fam: Schichtarbeit machen*) iş devresi [*o* vardiya] yapmak
Schichtwechsel *m* vardiya değişimi
schick *adj* şık, zarif
Schick *m* şıklık, zarafet
schicken **I.** *vi, vt* göndermek, yollamak (*jdm etw* -e -i) **II.** *vr:* **es schickt sich zu ...** (*sich geziemen*) -mek yakışık alıyor
Schickeria *f* sosyete
schicklich *adj* yakışık alır [*o* alan]
Schicksal *nt* kader, yazgı, talih, kısmet
schicksalhaft *adj* yazgısal
Schicksalsschlag *m* (feleğin) darbe(si)
Schiebedach *nt* açılır kapanır tavan
Schiebefenster *nt* sürme pencere
schieben <schob, geschoben> *vt* itmek, sürmek (*etw* -i)
Schiebetür *f* sürme kapı
Schiebung *f* hileli iş
schied *vi, vt* s. **scheiden**
Schiedsrichter(in) *m(f)* hakem
schief **I.** *adj* **1.** (*krumm*) eğri **2.** (*geneigt*) meyilli, eğik, inişli **3.** (*fig: Ausdruck*) hatalı, yanlış; **auf die ~e Bahn kommen** yoldan çıkmak, yolunu sapıtmak **II.** *adv:* **jdn ~ ansehen** birine yan bakmak; ~ **gehen**ᴿᴿ ters gitmek
Schiefer *m* şist
schiefgehen *vi* s. **schief**
schielen *vi* şaşı bakmak
schien *vi* s. **scheinen**
Schienbein *nt* kaval kemiği
Schiene *f* **1.** (*Eisenbahn-*) ray **2.** (*Stahlbalken*) putrel **3.** (*bei Knochenbruch*) kırık tahtası **4.** (*Gliederstütze*) demir kenet
Schießbude *f* lunapark atış barakası
schießen <schoss, geschossen> **I.** *vt* (*Tiere*) vurmak (*etw* -i); **ein Tor** ~ gol atmak **II.** *vi* ateş etmek, kurşun sıkmak; **es ist zum Schießen** buna köpekler bile güler
Schießerei *f* silahlı çatışma
Schießpulver *nt* barut
Schießscheibe *f* hedef levhası
Schießsport *m* atış sporu
Schiff *nt* **1.** gemi; (*Motor-*) vapur **2.** (*Kirchen-*) kilise binasının uzunlamasına bölümü
Schiffahrt *f* s. **Schifffahrt**
schiffbar *adj* gemi seferlerine elverişli
Schiffbruch *m* **1.** (*eines Schiffes*) deniz kazası **2.** (*fam: Misserfolg*) boşa çıkma, fiyasko
Schifffahrtᴿᴿ *f* gemicilik; (*auf dem Meer*) denizcilik
Schiffsschraube *f* gemi pervanesi, uskur
Schiffsverkehr *m* gemi [*o* deniz] trafiği; (*auf Flüssen*) nehir trafiği
Schiit(in) *m(f)* Şii
schiitisch *adj* Şii
Schikane *f* eziyet (etme); **mit allen ~n** (*fam*) takım taklavat
schikanieren *vt* eziyet etmek (*jdn* -e)
Schild¹ *m* (*Schutz-*) kalkan
Schild² *nt* **1.** (*Plakat*) levha **2.** (*Laden-*) levha, tabela
Schilddrüse *f* kalkanbezi, tiroit (guddesi)
schildern *vt* anlatmak, tasvir etmek (*etw* -i)
Schilderung *f* tasvir
Schildkröte *f* kaplumbağa, tosbağa
Schilf(rohr) *nt* kamış, saz
schillern *vi* (renk renk) parıldamak
schillernd *adj* (*Farbe*) şanjan(lı)
Schilling *m* şilin(g)
schilt *vt* s. **schelten**
Schimmel *m* **1.** (*Pferd*) beyaz at **2.** (*Pilz*) küf
schimmeln *vi* küflenmek, küf tutmak
Schimmer *m* **1.** (*Licht*) ışık **2.** (*Glanz*) pırıltı **3.** (*fig: Spur*) iz, eser
schimmern *vi* (hafif) pırıldamak
schimm(e)lig *adj* küflü
Schimpanse *m* şempanze
schimpfen *vi* **1.** (*schelten*) azarlamak (*mit jdm* -e), çıkışmak (*mit jdm* -e) **2.** (*fluchen*) küfretmek **3.** (*sich beklagen*) sövüp saymak (*auf/über jdn/etw* -i)
Schimpfwort *nt* küfür
Schinken *m* jambon
Schinkenspeck *m* yağ miktarı az olan domuz yağı

Schirm *m* **1.** (*Regen-, Sonnen-*) şemsiye **2.** (*Mützen-*) siper **3.** (*Lampen-*) abajur
Schirmherr(in) *m(f)* koruyucu
Schirmmütze *f* siperli kasket
Schirmständer *m* şemsiyelik
schiss *vi s.* **scheißen**
schizophren *adj* şizofren
Schizophrenie *f* şizofreni
Schlacht *f* **1.** (MIL) meydan savaşı **2.** (*Prügelei*) dövüş
schlachten *vt* (*Vieh*) kesmek (*etw* -i)
Schlachtenbummler *m* takımının başka şehirdeki maçlarına giden koyu taraftar
Schlachter *m* kasap
Schlachterei *f* kasap dükkanı
Schlachtfeld *nt* savaş meydanı [*o* yeri]
Schlachthof *m* mezbaha
Schlachtvieh *nt* kasaplık hayvanlar *pl*
Schlaf *m* uyku
Schlafanzug *m* pijama
Schläfe *f* şakak
schlafen <schläft, schlief, geschlafen> *vi* **1.** (*im Schlaf liegen*) uyumak **2.** (*übernachten*) gecelemek, yatmak; ~ **gehen** (uykuya) yatmak; ~ **Sie gut!** hayırlı [*o* iyi] geceler!, Allah rahatlık versin!
schlaff *adj* **1.** (*locker*) gevşek, gergin olmayan **2.** (*wabbelig*) sarkık **3.** (*kraftlos*) güçsüz
Schlafkrankheit *f* uyku hastalığı
Schlaflied *nt* ninni
schlaflos *adj* uykusuz
Schlaflosigkeit *f* uykusuzluk
Schlafmittel *nt* uyku ilacı
Schlafmütze *f* (*fig: Person*) miskin, uyuntu, mıymıntı
schläfrig *adj* **1.** (*Person*) uyku basmış, uykusu gelmiş **2.** (*Augen, Stimme*) uykulu
Schlafsaal *m* yatakhane
Schlafsack *m* uyku tulumu
Schlafstadt *f* dükkanları ve işyerleri olmayan semt
schläft *vi s.* **schlafen**
Schlaftablette *f* uyku hapı
schlaftrunken *adj* uykulu
Schlafwagen *m* yataklı vagon
Schlafwandler *m* uyurgezer
Schlafzimmer *nt* yatak odası
Schlag *m* **1.** (*allgemein*) vuruş; (*auch fig*) darbe **2.** (*Ohrfeige*) tokat, sille, şamar **3.** (*fig: Art, Wesen*) cins, tür, biçim **4.** (*Schlaganfall*) inme, felç **5.** (*Strom-*) elektrik çarpması; ~ **ins Wasser** başarısızlıkla sonuçlanan iş

Schlagader *f* atardamar
Schlaganfall *m* inme, felç
schlagartig **I.** *adj* ani **II.** *adv* aniden, birdenbire, apansızın
Schlagbaum *m* bariyer
schlagen <schlägt, schlug, geschlagen> **I.** *vt* **1.** (*einen Schlag versetzen*) vurmak (*jdn* -e) **2.** (*verprügeln*) dövmek (*jdn* -i) **3.** (*besiegen*) yenmek (*jdn* -i) **4.** (*Eier, Sahne*) çalkalamak (*etw* -i); **zwei Fliegen mit einer Klappe** ~ bir taşla iki kuş vurmak **II.** *vi* **1.** (*Herz*) çarpmak **2.** (*Uhr*) çalmak, vurmak **3.** (*Nachtigall*) şakımak; **nach jdm** ~ (*ähneln*) birine çekmek **III.** *vr:* **sich mit jdm** ~ (*prügeln*) biriyle dövüşmek
Schlager *m* (günün) şarkı(sı)
Schläger *m* **1.** (*Raufbold*) dövüşken, kavgacı **2.** (*Tennis-*) raket
Schlägerei *f* dövüş(me)
Schlagerfestival *nt* şarkı festivali
schlagfertig *adj* hazırcevap
Schlagfertigkeit *f* hazırcevaplık
Schlaginstrument *nt* vurma çalgı
Schlagkraft *f* etki
Schlagloch *nt* (*in der Straße*) yolun çukurluk [*o* çökük] yeri
Schlagsahne *f* kremşanti
schlägt *vi, vt s.* **schlagen**
Schlagwort *nt* slogan
Schlagzeile *f* manşet
Schlagzeug *nt* bateri
Schlagzeuger(in) *m(f)* baterist
Schlamm *m* çamur, balçık
schlammig *adj* çamurlu
Schlamperei *f* düzensizlik
schlampig *adj* **1.** (*unordentlich*) pasaklı, derbeder **2.** (*nachlässig*) düzensiz, kayıtsız
Schlange *f* **1.** (*Tier*) yılan **2.** (*Menschen-*) kuyruk; ~ **stehen** kuyrukta beklemek
schlängeln *vr:* **sich** ~ kıvrılmak
schlank *adj* ince (ve uzun boylu), narin, zayıf; ~ **machen** (*Kleid*) inceltmek (*etw* -i); ~(**er**) **werden** incelmek, zayıflamak
schlapp *adj* (*müde*) yorgun (argın), bitkin
Schlappe *f* (*fam*) başarısızlık
schlau *adj* **1.** (*klug*) zeki, akıllı **2.** (*verschlagen*) kurnaz, sinsi, açıkgöz
Schlauch *m* **1.** (*Wasser-*) hortum **2.** (*Behälter*) tulum; (*von Auto*) iç lastik
Schlauchboot *nt* lastik sandal
schlecht **I.** *adj* **1.** (*allgemein*) fena, kötü **2.** (*bösartig*) hain **3.** (*verdorben: Speise*) bo-

zuk, bozulmuş 4. (*Luft*) kirli 5. (*Zeiten*) buhranlı; **mir ist** (*o* **wird**) ~ fenalaşıyorum; ~ **werden** (*verderben, auch Essen*) bozulmak **II.** *adv* fena, kötü; ~ **aussehen** (*Person*) fena [*o* kötü] görünmek

Schlehe *f* çakaleriği

schleichen <schlich, geschlichen> *vi sein* gizlice sokulmak

schleichend *adj* (*fig: Krankheit*) yavaş yavaş ilerleyen

Schleichwerbung *f* örtülü reklam

Schleier *m* 1. (*auch fig*) örtü; (*oriental.*) yaşmak, peçe 2. (*Braut-*) duvak

schleierhaft *adj* (*unbegreiflich*) anlaşılmaz, esrarlı

Schleife *f* (*Schlinge*) ilmik, düğüm

schleifen[1] <schliff, geschliffen> *vt* 1. (*schärfen*) bilemek (*etw* -i) 2. (*Diamant, Glas*) yontmak, tıraş etmek (*etw* -i) 3. (*mit Schmirgelpapier*) zımparalamak (*etw* -i)

schleifen[2] **I.** *vt* (*ziehen*) sürüklemek (*etw* -i) **II.** *vi* yere sürünmek

Schleifpapier *nt* zımpara kâğıdı

Schleim *m* 1. (*Nasen-*) sümük 2. (*Auswurf*) balgam

schleimen *vi* dalkavukluk etmek

Schleimer(in) *m(f)* dalkavuk

Schleimhaut *f* sümüksel zar, mükoza

schleimig *adj* 1. sümüklü, sümüksel 2. (*fig: kriecherisch*) yaltakçı

Schlemmer(in) *m(f)* boğazına düşkün

schlendern *vi sein* (rahat rahat) dolaşmak [*o* dolanmak]

Schlendrian *m* (*fam*) kayıtsızlık, ihmalcilik

schlenkern *vt* sallamak ((*mit*) *etw* -i)

Schleppe *f* (*am Kleid*) elbise kuyruğu

schleppen *vt* (*auch fig*) sürüklemek (*etw* -i)

schleppend *adj* (*auch fig*) çok ağır

Schlepper *m* 1. (*Schiff*) römorkör 2. (*Traktor*) traktör

Schlepplift *m* (*Skisport*) çeken teleferik

Schlepptau *nt* yedek halatı

Schleswig-Holstein *nt* Schleswig-Holstein Eyaleti

Schleuder *f* 1. (*Stein-*) sapan 2. (*Wäsche-*) santrifüj

schleudern I. *vt* 1. (*werfen*) fırlatmak, savurmak (*etw* -i) 2. (*Wäsche*) santrifüjle çevirmek (*etw* -i) **II.** *vi* (*Auto*) patinaj yapmak

Schleuderpreis *m* sudan ucuz fiyat

Schleudersitz *m* otomatik koltuk

schleunigst *adv* bir an önce

Schleuse *f* savak

schlich *vi s.* **schleichen**

schlicht *adj* (*einfach*) basit, sade

schlichten *vi, vt* (*Streit*) yatıştırmak (*etw* -i)

Schlichter(in) *m(f)* aracı

Schlichtung *f* uzlaştırma

schlief *vi s.* **schlafen**

schließen <schloss, geschlossen> **I.** *vt* 1. (*zumachen*) kapa(t)mak (*etw* -i) 2. (*mit Schlüssel*) kilitlemek (*etw* -i) 3. (*fig: beenden*) bitirmek (*etw* -i) 4. (*Vertrag, Frieden, Ehe*) akdetmek (*etw* -i) 5. (*Sitzung*) kapamak (*etw* -i) 6. (*folgern*) sonucunu çıkarmak (*aus etw dass* -den -diği); **jdn in die Arme** ~ birini kucaklamak **II.** *vi* (*Geschäft*) kapanmak

Schließfach *nt* 1. (*Bahnhof*) emanet kutusu 2. (*Tresor*) kasa

schließlich *adv* sonunda, nihayet; ~ **etw tun** nihayet bir şeyi yapmak

schliff *vi, vt s.* **schleifen**[1]

Schliff *m* 1. (TECH) cilalandırma, perdahlatma 2. (*fig: gutes Benehmen*) terbiye, edep

schlimm I. *adj* 1. (*schlecht, übel*) fena, kötü; (*stärker*) berbat 2. (*schwer, ernst*) ağır, ciddi; **es ist nicht** (**so**) ~ (o kadar) fena değil; **es ist** (**nur**) **halb so** ~ sanıldığı kadar kötü değil **II.** *adv* fena, kötü

schlimmer *adj* (*Komparativ*) (daha) beter; ~ **werden** daha beter olmak; **um so** ~ daha fena ya

schlimmstenfalls *adv* olsa olsa, işin en kötü tarafı düşünülürse

Schlinge *f* 1. (*Knoten*) ilmik, düğüm 2. (*Falle*) tuzak 3. (MED, ANAT) kangal, büklüm

Schlingpflanze *f* sarılgan bitki

Schlips *m* kravat, boyunbağı

Schlitten *m* kızak; ~ **fahren** kızak kaymak

Schlittschuh *m* paten; ~ **laufen** (buz üzerinde) paten kaymak

Schlittschuhläufer(in) *m(f)* patenci, patinajcı

Schlitz *m* 1. (*Spalt*) yarık 2. (*Riss*) yırtık 3. (*Hosen-*) yırtmaç

schloss[RR] *vi, vt s.* **schließen**

Schloss[RR] *nt* 1. (*Palast*) saray 2. (*Burg*) şato 3. (*Verschluss*) kilit

Schlosser(in) *m(f)* çilingir; (*Maschinen-*) tesviyeci

Schlosserei *f* çilingir atölyesi

Schlot *m* baca

Schlucht *f* (dağ) boğaz(ı)

schluchzen *vi* hıçkırmak, hıçkıra hıçkıra

ağlamak
Schluck *m* yudum
Schluckauf *m* hıçkırık; **er hat einen ~ ** onu hıçkırık tutuyor
schlucken *vt* (*auch fig*) yutmak (*etw* -i)
Schluckimpfung *f* çocuk felcine karşı ağızdan verilen şeker aşısı)
schlug *vi, vt s.* **schlagen**
schlummern *vi* uyumak
Schlund *m* gırtlak, boğaz
schlüpfen *vi sein* **1.** (*hinein-*) girmek (*in etw* -e) **2.** (*heraus-*) sıyrılıp çıkmak (*aus etw* -den)
Schlüpfer *m* külot
schlüpfrig *adj* **1.** (*glitschig*) kaygan **2.** (*fig: unanständig*) açık saçık, müstehcen
schlürfen *vt* höpürdete höpürdete içmek (*etw* -i)
Schluss^{RR} *m* **1.** (*Ende*) son **2.** (*Folgerung*) vargı, sonuç çıkarma; **mit etw ~ machen** bir şeyi bitirmek; (*aufgeben*) bir şeyi bırakmak; **~ damit!** yeter!
Schlüssel *m* anahtar
Schlüsselbein *nt* köprücük kemiği
Schlüsselblume *f* çuhaçiçeği
Schlüsselbund *m/n* anahtar destesi, anahtarlık
schlüsselfertig *adj* (*Neubau*) anahtar teslim
Schlüsselloch *nt* anahtar deliği
Schlüsselrolle *f* kilit rol
Schlüsselstellung *f* kilit noktası
Schlüsselübergabe *f* anahtar teslimi
Schlussfolgerung^{RR} *f* vargı, sonuç çıkarma, çıkarsama
schlüssig *adj* (*logisch*) mantıki; (*überzeugend*) inandırıcı; (*sich über etw ~ werden*) bir şey hakkında karara varmak
Schlusslicht^{RR} *nt* **1.** (*vom Zug*) arka feneri **2.** (*fig: der Letzte in einer Gruppe*) dümen neferi
Schlusspfiff^{RR} *m* bitirme düdüğü
Schlusspunkt *m:* **einen ~ unter/hinter etw setzen** (*fig*) bir şeyi noktalamak
Schlussverkauf^{RR} *m* mevsim sonu satışı
schmächtig *adj* ince, zayıf, cılız
schmackhaft *adj* leziz, lezzetli
schmal *adj* **1.** (*nicht breit*) dar, ensiz **2.** (*knapp*) kıt **3.** (*schlank*) zayıf
schmälern *vt* değerinden düşürmek (*etw* -i)
Schmalspur *f* dar hat
Schmalz *nt* eritilmiş yağ; (*Schweine-*) domuz yağı; (*Gänse-*) kaz yağı
schmarotzen *vi* otlakçılık etmek
Schmarotzer *m* **1.** (*Tier, Pflanze*) parazit, asalak **2.** (*Mensch*) otlakçı
schmecken **I.** *vt* (*kosten*) tadına bakmak (*etw* -in) **II.** *vi:* **das Essen schmeckt gut/ sauer** yemeğin tadı iyi/ekşi; **schmeckt's?** tadı nasıl?
Schmeichelei *f* gönül okşama
schmeichelhaft *adj* gönül okşayıcı
schmeicheln *vi* gönlünü okşamak (*jdm* -in), koltuklamak (*jdm* -i); (*unterwürfig*) dalkavukluk etmek (*jdm* -e)
Schmeichler(in) *m(f)* (*negativ*) dalkavuk, yaltakçı, yağcı
schmeißen <schmiss, geschmissen> *vt* atmak, fırlatmak, savurmak (*etw* -i); **den Laden ~** (*fam*) becermek, idare etmek
schmelzen <schmilzt, schmolz, geschmolzen> *vi sein* erimek
Schmelzpunkt *m* erime noktası
Schmerz *m* **1.** (*körperlich*) ağrı, acı **2.** (*in inneren Organen*) sancı **3.** (*stechender, ziehender -*) sızı **4.** (*seelisch*) acı, ıstırap, dert
schmerzen **I.** *vt* **1.** (*betrüben*) üzmek (*jdn* -i) **2.** (*kränken*) incitmek, gücendirmek (*jdn* -i) **II.** *vi* **1.** (*körperlich*) ağrımak, acımak, sancımak **2.** (*seelisch*) acı vermek
Schmerzensgeld *nt* tazminat (*cismani veya manevi zarar için*)
schmerzhaft *adj* acı, ağrılı, sızılı
schmerzlich *adj* dokunaklı, acı(klı); (*stärker*) yürek yakıcı
schmerzlos *adj* ağrısız, acısız, sancısız
Schmerzmittel *nt* ağrı kesici
schmerzstillend *adj* ağrı dindirici
Schmerztablette *f* ağrı hapı
Schmetterling *m* kelebek; (*Nachtfalter*) pervane
schmettern *vt: jdn zu Boden ~* birini yere çarpmak
Schmied *m* demirci; (*Huf-*) nalbant
Schmiede *f* demirhane
Schmiedeeisen *nt* dövme demir
schmieden *vt* **1.** (*Metall*) (çekiçle) dövmek (*etw* -i) **2.** (*Pläne*) kurmak (*etw* -i)
schmieren **I.** *vt* **1.** sürmek (*etw auf etw* -i -e) **2.** (*mit Fett oder Öl*) yağlamak (*etw* -i) **3.** (*fam: bestechen*) rüşvet vermek (*jdn* -e) **II.** *vi* (*miserabel schreiben/malen*) karalamak, kötü resim yapmak
Schmiergeld *nt* rüşvet

schmierig *adj* 1.(*fettig*) yağlı 2.(*schmutzig*) kirli, pis, pasaklı
Schmieröl *nt* makine yağı
Schmierseife *f* arapsabunu
Schmierzettel *m* karalama kâğıdı
schmilzt *vi s.* **schmelzen**
Schminke *f* makyaj
schminken I. *vt* makyaj etmek (*etw* -i) II. *vr:* **sich ~** makyaj yapmak
Schmirgelpapier *nt* zımpara kâğıdı
schmiss[RR] *vt s.* **schmeißen**
schmollen *vi* darılmak, gücenmek
schmolz *vi s.* **schmelzen**
Schmorbraten *m* (buğuda pişirilen) sığır kızartması
schmoren *vt* buğuda pişirmek (*etw* -i)
Schmuck *m* süs; (*Juwelen*) mücevher
schmücken *vt* süslemek, bezemek (*etw* -i)
Schmuckkästchen *nt* mücevher kutusu
schmucklos *adj* süssüz; (*Stil*) sade
Schmuckstück *nt* 1.(*Schmuck*) takı 2.(*fig*) en güzel parça
Schmuddelwetter *nt* (*fam*) pis hava
Schmuggel *m* kaçakçılık
schmuggeln I. *vi* kaçakçılık etmek II. *vt* (gümrükten) kaçırmak (*etw* -i)
Schmuggler(in) *m(f)* kaçakçı
schmunzeln *vi* bıyık altından gülmek
schmusen *vi* okşamak (*mit jdm* -i)
Schmutz *m* kir, pislik, pasak
Schmutzfleck *m* (kir) leke(si)
schmutzig *adj* kirli, pis, pasaklı; **~ machen** kirletmek (*etw* -i); **~ werden** kirlenmek
Schmutzkampagne *f* karalama kampanyası
Schnabel *m* gaga
Schnake *f* sivrisinek
Schnalle *f* toka
schnallen *vt* 1.(*festmachen*) tokalamak (*etw an etw* -i -e) 2.(*fam: kapieren*) kavramak (*etw* -i); **den Gürtel enger ~** (*auch fig*) kemerini sıkmak
schnappen *vt* 1.(*fassen*) yakalamak, kapmak (*etw/jdn* -i) 2.(*fam: erwischen*) ele geçirmek (*jdn* -i)
Schnappschuss[RR] *m* şıpşak
Schnaps *m* sert içki
schnarchen *vi* horlamak, horuldamak
schnattern *vi* (*Gänse*) vakvak etmek
schnaufen *vi* solumak
Schnauzbart *m* bıyık
Schnauze *f* 1.(*eines Tieres*) hayvan ağzı ve burnu 2.(*pej: Mensch*) ağız
Schnecke *f* 1.(*mit Haus*) sümüklüböcek, salyangoz 2.(*Nackt-*) bizaka, kabuksuz sümüklüböcek; **jdn zur ~ machen** (*fam*) birini adamakıllı paylamak
Schneckenhaus *nt* sümüklüböcek kabuğu
Schneckentempo *nt:* **im ~** kaplumbağa gibi
Schnee *m* kar
Schneeball *m* kar topu
Schneedecke *f* kar tabakası
Schneefall *m* kar yağışı
Schneeflocke *f* kar tanesi
Schneeglöckchen *nt* kardelen
Schneekette *f* kar zinciri
Schneemann *m* kardan adam
Schneepflug *m* kar temizleme pulluğu
Schneeverwehung *f* kar yığıntısı
schneeweiß *adj* kar gibi, bembeyaz
Schneewittchen *nt* Pamuk Prenses
Schneide *f* kesin taraf
schneiden <schnitt, geschnitten> I. *vt* 1. kesmek (*etw* -i) 2.(*fig: nicht beachten*) görmemezlikten gelmek (*jdn* -i); **sich** *dat* **die Haare ~ lassen** saçını kestirmek; **sich** *dat* **in den Finger ~** parmağını kesmek II. *vr:* **sich ~** (*Linien*) kesişmek
schneidend *adj* keskin
Schneider(in) *m(f)* terzi
schneidern I. *vi* terzilik etmek II. *vt* (*Kleid*) biçip dikmek (*etw* -i)
Schneidezahn *m* kesicidiş
schneien *vi:* **es schneit** kar yağıyor
Schneise *f* (*im Wald*) (ağaçsız) orman yolu
schnell I. *adj* hızlı, tez, süratli; **~e Eingreiftruppe** acil müdahale gücü II. *adv* çabuk, hızla
Schnelligkeit *f* hız, sürat, çabukluk
Schnellkochtopf *m* düdüklü tencere
schnellstens *adv* bir an önce
Schnellstraße *f* çok şeritli şehirlerarası yol
Schnellverband *m* acele sargı
Schnellzug *m* ekspres
schnitt *vi, vt s.* **schneiden**
Schnitt *m* 1.(*Schneiden*) kesme 2.(*Verletzung*) kesik 3.(*Kleidung*) biçim 4.(*Haar-*) saç kesme 5.(*Frisur*) saç tuvaleti 6.(*Durch-*) orta(lama)
Schnitte *f* dilim
Schnittlauch *m* soğancık
Schnittmuster *nt* patron, elbise modeli
Schnittstelle *f* 1.(INFORM) arabirim, arayüz

2. *(fig)* arayüzey
Schnittwunde *f* kesik (yarası)
Schnitzel *nt* şnitsel
schnitzen *vi, vt* oymak *(etw* -i)
Schnitzer *m* **1.** *(Person)* oymacı **2.** *(fam: Fehler)* falso
Schnitzerei *f* **1.** *(Tätigkeit)* oymacılık **2.** *(Figur)* heykel
Schnorchel *m* şnorkel
schnorren I. *vt (fam)* otlayarak elde etmek *(etw* -i) **II.** *vi* otlamak
Schnorrer(in) *m(f) (fam)* otlakçı, beleşçi
schnüffeln *vi* **1.** *(schnuppern)* koklamak *(an etw* -i) **2.** *(fam: spionieren)* casusluk etmek
Schnüffler(in) *m(f) (fam: Spion)* casus
Schnuller *m* emzik
Schnulze *f* acıklı *(ve sanat değeri olmayan)* şarkı veya film
schnupfen *vt:* **Tabak/Kokain** ~ enfiye/kokain çekmek
Schnupfen *m* nezle
Schnupftabak *m* enfiye
schnuppe *adj (fam)*: **das ist mir** ~ bana vız gelir
Schnuppe *f (Stern-)* akanyıldız
schnuppern *vi (Hund)* koklamak *(an etw* -i)
Schnur *f* sicim
Schnurrbart *m* bıyık
schnurren *vi (Katze)* mırıldamak
Schnürsenkel *m* pabuç bağı
schob *vt s.* **schieben**
Schock *m* şok
schockieren *vt* şoke etmek *(jdn* -i)
Schokolade *f* çikolata; **heiße** ~ *(Getränk)* (sıcak) çikolata
Schokoriegel *m* çikolatalı bar
Scholle *f* **1.** *(Erd-)* kesek **2.** *(Eis-)* buz kütlesi **3.** *(Fisch)* dilbalığı
schon *adv* **1.** *(- längst)* çoktan, bile **2.** *(- früher)* önceden; **heute** ~ daha bugünden; ~ **immer** hep; ~ **wieder!** gene mi!; **es ist** ~ **lange her** aradan çok zaman geçti; **sie ist** ~ **4 Wochen hier** dört haftadır burada; ~ **gut!** peki, pekala!; ~ **der Gedanke** düşüncesi bile; **sie wird** ~ **kommen** neredeyse gelir; **na, wenn** ~! ne olmuş yani!; **wenn** ~, **denn** ~! *(fam)* oldu olacak, kırıldı nacak!
schön *adj* güzel; **bitte** ~! *(Einladung)* buyurun!; *(als Antwort)* bir şey değil!
Schonbezug *m* koruyucu kılıf

schonen I. *vt* korumak, sakınmak *(jdn/etw* -i) **II.** *vr:* **sich** ~ güçlerini idareli kullanmak
Schönheit *f* güzellik
Schönheitsfehler *m* ufak kusur
Schonkost *f* pehriz
Schonung *f* **1.** *(Schutz)* koruma **2.** *(Baumschule)* fidanlık
schonungslos *adj* **1.** *(erbarmungslos)* acımasız, merhametsiz **2.** *(unnachsichtig)* hoşgörüsüz
schöpfen I. *vt:* **Wasser** ~ su çekmek; **Luft** ~ hava almak; **Verdacht** ~ şüphelenmek **II.** *vi:* **aus dem vollen** ~ bol keseden harcamak
Schöpfer *m* **1.** *(Gott)* Yaradan **2.** *(Urheber)* yaratıcı, kurucu
schöpferisch *adj* yaratıcı
Schöpfkelle *f,* **Schöpflöffel** *m* kepçe
Schöpfung *f* **1.** *(Tätigkeit)* yaratım, yaratma **2.** *(Ergebnis)* yaratılış
schor *vt s.* **scheren**[1]
Schorf *m (einer Wunde)* kabuk
Schornstein *m* baca
Schornsteinfeger(in) *m(f)* baca temizleyicisi
Schoß *m* **1.** *(Körpermitte)* kucak, koyun **2.** *(Mutterleib)* ana rahmi; **auf dem** ~ kucakta
Schoss[RR] *m (Schössling)* filiz
schoss[RR] *vi, vt s.* **schießen**
Schoßkind *nt* gözbebeği
Schote *f* **1.** *(Hülse)* bezelye [o fasulye] kabuğu **2.** *(Erbse)* bezelye
Schotte *m,* **Schottin** *f* İskoçyalı
Schotter *m* taş kırıkları *pl*
schottisch *adj* **1.** *(Art)* İskoçya **2.** *(Sprache)* İskoçyaca **3.** *(Herkunft)* İskoçyalı
Schottland *nt* İskoçya
schräg I. *adj* **1.** *(schief)* eğri **2.** *(quer)* çapraz, verev **II.** *adv:* ~ **gegenüber** çaprazlama karşı
Schrägstrich *m* taksim işareti
Schramme *f* yırtık, sıyrık
Schrank *m* dolap
Schrankbett *nt (hochklappbar)* açılır kapanır yatak
Schranke *f* **1.** *(Stange)* bariyer **2.** *(Hindernis, Grenze)* engel, sınır; **jdn in seine** ~**n verweisen** birine haddini bildirmek
Schrankenwärter(in) *m(f)* demiryolu geçidi bekçisi
Schrankwand *f* gömme dolap
Schraube *f* **1.** (TECH) vida **2.** *(Schiff-)* perva-

schrauben ne; **bei ihm ist eine ~ locker** tahtası eksik, kafadan kontak

schrauben *vt* vidalamak (*etw* -i)

Schraubenmutter *f* (vida) somun(u)

Schraubenschlüssel *m* vida [*o* somun] anahtarı

Schraubenzieher *m* tornavida

Schrebergarten *m* (şehir kenarında) küçük bostan

Schreck *m* korku, ürküntü

schrecken *vt* korkutmak, ürkütmek (*jdn* -i)

Schrecken *m* 1.(*Schreck*) korku, ürküntü 2.(*Entsetzen*) dehşet; **er ist mit dem ~ davongekommen** ucuz kurtuldu

schreckhaft *adj* korkak, ürkek

schrecklich *adj* korkunç, dehşetli, müthiş

Schrei *m* 1.(*Ruf*) haykırış, bağırma 2.(*Weh-*) çığlık, feryat

schreiben <schrieb, geschrieben> *vt* 1. yazmak (*etw in/auf etw* -i -e) 2.(*abfassen*) kaleme almak (*etw* -i)

Schreiben *nt* (*Brief*) mektup

schreibfaul *adj* yazmaya üşenen

Schreibfehler *m* yazı hatası; (*Recht-*) imla hatası

Schreibmaschine *f* yazı makinesi, daktilo

Schreibpapier *nt* yazı kâğıdı

Schreibtisch *m* yazı masası

Schreibwaren(handlung) *pl(f)* kırtasiye (mağazası)

schreien <schrie, geschrien> *vi* 1.(*Schreie ausstoßen*) bağırmak, haykırmak 2.(*rufen*) seslenmek 3.(*Esel*) anırmak

schreiend *adj* (*Farbe*) göze batan

Schreiner(in) *m(f)* marangoz; (*Bau-*) dülger, doğramacı

Schreinerei *f* marangozhane

schreiten <schritt, geschritten> *vi sein* adım atmak

schrie *vi s.* **schreien**

schrieb *vt s.* **schreiben**

Schrift *f* 1. yazı 2.(*Hand-*) el yazısı 3.(*-typ*) yazı tipi; **die** (**Heilige**) **~** Tevrat ve İncil

Schriftart *f* yazı tipi, yazı karakteri seti, font

schriftlich I. *adj* yazılı II. *adv* yazı ile

Schriftsetzer(in) *m(f)* dizici

Schriftsprache *f* yazı dili

Schriftsteller(in) *m(f)* yazar

Schriftstück *nt* belge

Schriftzeichen *nt* harf

schrill *adj* keskin, sivri, tiz

schritt *vi s.* **schreiten**

Schritt *m* 1.(*beim Gehen*) adım 2.(*fig: Initiative*) girişim, adım; **~ für ~** adım adım

Schrittmacher *m* 1.(SPORT) bisiklet yarışında öncü 2.(*Wegbereiter*) çığır [*o* yol] açan, öncü 3.(*Herz-*) kalp pili

schrittweise *adv* adım adım; (*sehr langsam*) gayet yavaş

schroff *adj* 1.(*Abhang*) sarp, yalçın, dik 2.(*fig: barsch*) haşin, aksi, ters

Schrott *m* hurda demir

schrubben *vi, vt* fırçalamak, fırçalayarak [*o* ovarak] temizlemek (*etw* -i)

schrumpfen *vi sein* 1.(*Gewebe*) büzülmek 2.(*fig: sich vermindern*) azalmak

Schub *m* 1.(*Stoß*) itme, itiş 2.(PHYS) itiş (gücü)

Schubfach *nt* çekmece

Schubkarre *f* el arabası

Schublade *f* çekmece

schubsen *vi, vt* itmek, itip kakmak (*jdn* -i)

schüchtern *adj* utangaç, mahcup, çekingen

Schüchternheit *f* utangaçlık, sıkılganlık, çekingenlik

schuf *vt s.* **schaffen**

Schuft *m* alçak herif

schuften *vi* (*fam*) eşek gibi çalışmak

Schuh *m* ayakkabı, pabuç, kundura; **jdm etw in die ~e schieben** suçu birinin üstüne atmak

Schuhband *nt* papuç bağı

Schuhbürste *f* ayakkabı fırçası

Schuhgeschäft *nt* ayakkabı mağazası

Schuhgröße *f* ayakkabı numarası

Schuhkrem *f* ayakkabı boyası

Schuhlöffel *m* çekecek

Schuhmacher(in) *m(f)* ayakkabıcı, kunduracı

Schuhputzer(in) *m(f)* (ayakkabı) boyacı(sı)

Schuhwerk *nt* ayakkabılar *pl*

Schulaufgaben *fpl* ders, ev ödevi *sing*

Schulbank *f* (okul) sırası(ı)

Schulbildung *f* okumuşluk

Schulbuch *nt* ders kitabı

schuld *adj:* **an etw ~ sein** bir şeyden sorumlu olmak

Schuld *f* 1.(*Verschulden*) kusur, hata, suç(luluk) 2.(JUR) suç, cürüm

schulden *vt:* **jdm etw ~** birine bir şey borçlu olmak

Schulden *pl* borç *sing;* **~ machen** borçlanmak (*bei jdm* -e), borca girmek

schuldenfrei *adj* borçsuz

Schuldgefühl *nt* suçluluk duygusu
schuldig *adj* 1.(*die Schuld tragend*) suçlu 2.(*verpflichtet*) borçlu (*jdm etw* -e -i); **jdn ~ sprechen** birini mahkum etmek; **was bin ich Ihnen ~?** borcum ne kadar?; **er ist mir noch 100 Euro ~** bana daha 100 euro borçludur
schuldlos *adj* suçsuz
Schuldner(in) *m(f)* borçlu, verecekli
Schule *f* okul
schulen *vt* ders vermek (*jdn* -e), eğitmek (*jdn* -i)
Schüler(in) *m(f)* öğrenci
Schulferien *pl* okul tatili *sing*
schulfrei *adj*: **wir haben heute ~** bugün dersimiz yok
Schulfreund(in) *m(f)* okul arkadaşı, okuldaş
Schulgeld *nt* okul ücreti
Schulhof *m* okul bahçesi
schulisch *adj* okulsal
Schuljahr *nt* öğretim yılı
Schulkind *nt* okul çocuğu
Schulleiter(in) *m(f)* okul müdürü
Schulpflicht *f* mecburi öğrenim
schulpflichtig *adj* mecburi öğrenim çağında olan
Schulranzen *m* (okul) sırt çantası
Schultasche *f* okul çantası
Schulter *f* omuz; **etw auf die leichte ~ nehmen** bir şeye fazla önem vermemek
Schulterblatt *nt* kürek kemiği
Schulung *f* öğretim
Schulwesen *nt* okul işleri *pl*
Schulzeugnis *nt* okul karnesi
schummeln *vi* hile yapmak, aldatmak
Schuppe *f* 1.(*Fisch*) pul 2.(*Kopf*-) kepek
Schuppen *m* 1.(*Wagen*-) arabalık 2.(*Holz*-) odunluk 3.(*Kohlen*-) kömürlük 4.(*Flugzeug*-) hangar
schüren *vt* 1.(*Feuer*) karıştırmak, alevlendirmek (*etw* -i) 2.(*Emotionen*) alevlendirmek (*etw* -i)
Schurke *m* alçak herif, hinoğlu hin
Schurwolle *f* yapağı
Schürze *f* önlük
Schürzenjäger *m* (*pej*) çapkın, zampara
Schuss[RR] *m* 1.(*Schießen*) atım, atış 2.(*Knall*) silah sesi, patlama 3.(*Fußball*) şut, vuruş
Schüssel *f* 1.(*Behälter*) çanak, kase, kap 2.(*Wasch*-) leğen

Schusswaffe[RR] *f* (ateşli) silah
Schuster *m* ayakkabıcı, kunduracı
Schutt *m* 1.(*Bau*-) moloz 2.(-*haufen*) enkaz
Schüttelfrost *m* nöbet titremesi
schütteln *vt* 1.(*heftig bewegen*) sallamak (*etw/jdn* -i) 2.(*auch fig*) sarsmak (*etw/jdn* -i) 3.(*Flasche*) çalkalamak (*etw* -i); **jdm die Hand ~** birinin elini sıkmak; **den Kopf ~** (hayır anlamında) başını sallamak
schütten I. *vt* dökmek, akıtmak (*etw in/auf etw* -i -e) II. *vi*: **es schüttet** yağmur boşanıyor
Schutz *m* 1.(*Schützen*) koruma 2.(*Rückhalt*) kayırış, arka 3.(*Obdach*) sığınak, barınak 4.(*Verteidigung*) savunma; **jdn in ~ nehmen** birini korumak [*o* savunmak]
Schütze *m* 1.(*Person*) nişancı 2.(*Sternzeichen*) Yay (burcu)
schützen I. *vt* 1.(*Schutz schaffen*) korumak (*etw/jdn vor etw* -i -den) 2.(*verteidigen*) savunmak (*jdn* -i) 3.(*bewahren*) korumak, saklamak (*etw* -i) II. *vr*: **sich vor/gegen etw ~** bir şeyden korunmak
Schutzhelm *m* miğfer
Schutzimpfung *f* koruyucu aşı
schutzlos *adj* korunmasız
Schutzmann *m* polis memuru
schwach *adj* 1.zayıf, güçsüz, dermansız 2.(*Stimme, Ton*) yavaş 3.(*Beweis*) çürük; **schwächer werden** zayıflamak, zayıf düşmek
Schwäche *f* 1.(*Kraftlosigkeit*) zayıflık, güçsüzlük 2.(*fig: Vorliebe*) düşkünlük
Schwächeanfall *m* zafiyet
schwächen *vt* zayıflatmak; (*körperlich*) güçten düşürmek (*jdn/etw* -i)
Schwachkopf *m* (*pej*) aptal
schwächlich *adj* 1.(*schwach*) zayıf, cılız, sıska 2.(*kränklich*) hastalıklı
Schwachsinn *m* 1.(PSYCH) akıl zayıflığı 2.(*Unsinn*) saçmalık
schwachsinnig *adj* 1.(*pej: Mensch*) aptal; (*Sache*) saçma 2.(PSYCH) geri zekalı
Schwachsinnige(r) *mf* 1.(*pej: Dummkopf*) ahmak 2.(PSYCH) zayıf akıllı
Schwachstelle *f* zayıf nokta
Schwager *m* 1.(*Bruder des Ehepartners*) kayınbirader 2.(*Gatte der Schwester*) enişte 3.(*Gatte der Schwester der Ehefrau*) bacanak
Schwägerin *f* 1.(*Schwester der Ehefrau*) baldız 2.(*Schwester des Ehemannes*) görümce 3.(*Gattin des Bruders*) yenge 4.(*Gat-*

tin des Bruders des Ehemannes) elti
Schwalbe *f* kırlangıç
schwamm *vi s.* **schwimmen**
Schwamm *m* 1.(*Bade-*) sünger 2.(*Pilz*) mantar
schwammig *adj* 1.(*wie ein Schwamm*) sünger gibi 2.(*aufgedunsen*) şişkin, kabarık
Schwammtuch *nt* sünger bez
Schwan *m* kuğu
schwang *vi, vt s.* **schwingen**
schwanger *adj* gebe, hamile; **im dritten Monat** ~ üç aylık hamile
Schwangerschaft *f* gebelik, hamilelik
Schwangerschaftsabbruch *m* çocuk aldırma
Schwank *m* kaba komedi, fars
schwanken *vi* 1.(*schwingen*) sallanmak, sendelemek 2.(*Boden*) sarsılmak 3.(*unschlüssig sein*) kararsız olmak 4.(*Preise*) inip çıkmak
Schwankung *f* 1.(*Hin und Her-*) sallanma 2.(*fig: Abweichung*) farklılık
Schwanz *m* 1.(*bei Tieren*) kuyruk 2.(*vulg: Penis*) sik
schwänzen *vt:* **die Schule** ~ okulu kırmak [*o* asmak]
Schwarm *m* 1.(*Menge, auch Vögel*) sürü 2.(*Fische, Bienen*) oğul 3.(*Menschen*) kalabalık
schwärmen *vi* (*fig*): **für etw/jdn** ~ bir şeye/birine bayılmak [*o* hayran olmak]
Schwärmerei *f* coşkunluk, hayranlık
schwarz <schwärzer, am schwärzesten> *adj* 1.(*Farbe*) siyah; (*in übertragener Bedeutung*) kara 2.(*fig: dunkel, finster*) karanlık 3.(*heimlich, verdeckt*) gizli, karanlık; ~ **auf weiß** yazılı olarak; ~ **sehen**[RR] karamsar olmak; ~**e Kasse** (POL) örtülü ödenek; **das** ~**e Schaf der Familie** (*fig*) ailenin yüzkarası; ~**er Markt** karaborsa; ~**es Loch** (*im Weltall*) kara delik; **das Schwarze Meer** Karadeniz; **ins Schwarze treffen** turnayı gözünden vurmak
Schwarzarbeit *f* kaçak iş [*o* çalışma]
schwarzarbeiten *vi* kaçak çalışmak
Schwarzbrot *nt* siyah ekmek
Schwarze(r) *mf* (*Farbiger*) siyah
schwarzfahren *irr vi sein* biletsiz yolculuk yapmak
Schwarzgeld *nt* kara para
Schwarzhandel *m* karaborsa
Schwarzhändler *m* karaborsacı
Schwarzmarkt *m* karaborsa
Schwarzwald *m* Karaorman
schwarz-weiß[RR] *adj* siyah-beyaz
Schwarzweißfilm *m* siyah-beyaz film
Schwarzwurzel *f* kara iskorçina
schwatzen *vi* 1.(*plaudern*) sohbet etmek, söyleşmek 2.(*plappern*) gevezelik etmek
Schwätzer(in) *m(f)* geveze
Schwebebalken *m* denge kalası
schweben *vi* süzülmek; **in Gefahr** ~ tehlike içinde bulunmak
Schwede, -din *m, f* İsveçli
Schweden *nt* İsveç
schwedisch *adj* 1.(*Art*) İsveç 2.(*Sprache*) İsveççe 3.(*Herkunft*) İsveçli
Schwefel *m* kükürt
Schwefeldioxid *nt* kükürtdioksit
Schwefelsäure *f* sülfürik asit
schweigen <schwieg, geschwiegen> *vi* 1.(*nicht reden*) susmak 2.(*Lärm: aufhören*) kesilmek
Schweigen *nt* susma, sessizlik
Schweigepflicht *f* sır saklama yükümlülüğü
schweigsam *adj* sessiz, suskun
Schwein *nt* 1.(*Tier*) domuz 2.pis herif [*o* kadın] 3.(*Glück*) şans
Schweinebraten *m* domuz kızartması
Schweinefleisch *nt* domuz eti
Schweinehund *m* (*fam pej*) köpoğlu (köpek), itoğlu it
Schweinerei *f* 1.(*Schmutz*) pislik 2.(*Handlung*) alçaklık, ahlaksızlık
Schweinestall *m* 1.(*auch fig*) domuz ahırı 2.(*fig: schmuziger Ort*) pis yer
Schweinsborste *f* domuz kılı
Schweiß *m* ter
Schweißausbruch *m* ter basması
schweißbedeckt *adj* ter içinde
schweißen *vt* kaynak etmek (*etw*-i)
Schweißer(in) *m(f)* kaynakçı
schweißgebadet *adj* kan ter içinde
Schweiz *f* İsviçre
Schweizer(in) *m(f)* İsviçreli
Schweizerdeutsch *nt* İsviçre Almancası
schweizerisch *adj* 1.(*Art*) İsviçre 2.(*Sprache*) İsviçrece 3.(*Herkunft*) İsviçreli
schwelen *vi* için için yanmak
Schwelle *f* 1.(*Tür-*) eşik 2.(*Bahn-*) travers
schwellen <schwillt, schwoll, geschwollen> *vi* şişmek, kabarmak
Schwellung *f* (MED) şiş, şişme, şişkinlik

schwenken I. *vt* 1.(*wehen lassen*) sallamak (*etw* -i) 2.(*ausspülen*) çalkalamak (*etw* -i) II. *vi* sapmak (*nach rechts* sağa)
schwer I. *adj* 1.(*Gewicht, Krankheit*) ağır 2.(*schwierig*) güç, zor, müşkül 3.(*beschwerlich*) zahmetli, külfetli 4.(*Essen*) ağır, hazmı güç; ~ **von Begriff** anlayışı kıt, kalın kafalı; **5 Kilo** ~ **sein** beş kilo ağırlığında olmak II. *adv* 1.(*mühselig*) zorla 2.(*ernstlich*) cidden 3.(*fam: sehr*) fena halde; ~ **bewaffnet**[RR] tırnaklarının ucuna kadar silahlı; ~ **krank/verletzt** ağır hasta/yaralı; ~ **arbeiten** ağır (işte) çalışmak; **es fällt mir schwer** bana zor geliyor; **es** (**sehr**) ~ **haben** durumu (çok) zor olmak
Schwerarbeit *f* ağır iş
Schwerbehinderte(**r**) *mf* ağır sakat
Schwerelosigkeit *f* ağırlıksızlık
schwerfällig *adj* 1.(*unbeholfen*) hantal 2.(*träge*) ağır, mızmız 3.(*beschränkt*) kalın kafalı
Schwergewicht *nt* ağır sıklet
schwerhörig *adj* ağır işiten
Schwerkraft *f* yerçekimi
schwermütig *adj* hüzünlü, melankolik
Schwerpunkt *m* (PHYS) ağırlık noktası [*o* merkezi]
Schwert *nt* kılıç
Schwertfisch *m* kılıçbalığı
Schwertlilie *f* süsen, mavi zambak
Schwerverbrecher *m* cani (*ağır suç işleyen*)
schwerwiegend *adj* ağır, ciddi
Schwester *f* 1.kız kardeş; (*ältere*) abla 2.(*Kranken-*) hemşire 3.(*Nonne*) rahibe
schwieg *vi s.* **schweigen**
Schwiegereltern *pl* kaynata-kaynana
Schwiegermutter *f* kayınvalide, kaynana *fam*
Schwiegersohn *m* damat
Schwiegertochter *f* gelin
Schwiegervater *m* kayınpeder, kaynata *fam*
schwierig *adj* 1.(*nicht einfach*) güç, zor, müşkül 2.(*beschwerlich*) zahmetli, külfetli
Schwierigkeit *f* 1.(*einer Sache*) güçlük, zorluk 2.(*Mühe*) zahmet, külfet
schwillt *vi s.* **schwellen**
Schwimmbad *nt* yüzme havuzu
Schwimmbecken *nt* yüzme havuzu
schwimmen <schwamm, geschwommen> *vi sein* 1.yüzmek 2.(*treiben*) sürüklenmek 3.(*fig: unsicher werden*) rolünü iyi bilmemek; ~ **gehen** yüzmeye gitmek
Schwimmer(**in**) *m(f)* yüzücü
Schwimmflosse *f* (*Fisch*) yüzgeç; (*Taucher*) palet
Schwimmring *m* can simidi
Schwimmsport *m* yüzme sporu
Schwimmweste *f* cankurtaran yeleği
Schwindel *m* 1.(*Betrug*) hile, düzen 2.(MED) baş dönmesi, göz kararması, dolandırıcılık; ~ **erregend**[RR] baş döndürücü
Schwindelanfall *m* ani baş dönmesi
schwindelerregend *adj s.* **Schwindel**
schwindelfrei *adj* başı dönmez
schwindeln *vi* 1.(*lügen*) yalan söylemek 2.(*betrügen*) dolandırıcılık yapmak
Schwindler(**in**) *m(f)* 1.(*Lügner*) yalancı 2.(*Betrüger*) dolandırıcı
schwind(**e**)**lig** *adj* başı dönen; **mir ist** ~ başım dönüyor
schwingen <schwang, geschwungen> I. *vt* (*Fahne etc.*) sallamak; (*Schwert*) savurmak (*etw* -i) II. *vi* 1.(*Ton*) titreşmek 2.(*Pendel*) sallanmak, salınmak
Schwingung *f* 1.(*Ton*) titreşim 2.(*Pendel*) salınım, sağa sola sallanma
Schwips *m* (*fam*) hafif sarhoşluk; **ich habe einen** ~ çakırkeyfim
schwirren *vi sein* vızıldamak, vızlamak
schwitzen *vi* terlemek
schwoll *vi s.* **schwellen**
schwören <schwor, geschworen> *vi, vt* yemin etmek
schwul *adj* (*fam*) eşcinsel, homoseksüel, gay
schwül *adj* bunaltıcı, boğucu, sıkıntılı
Schwüle *f* bunaltıcı hava
Schwuler *m* eşcinsel, gay
Schwung *m* 1.(*Bewegung*) hızlı hareket 2.(*fig: Elan*) hamle, atılış 3.(*Lebendigkeit*) canlılık, hareketlilik
Schwur *m* yemin
Schwurgericht *nt* ağır ceza mahkemesi
Sciencefiction *f* bilimkurgu
sechs *num* altı
Sechseck *nt* altıgen
sechseckig *adj* altı köşeli
sechshundert *num* altı yüz
sechste(**r, s**) *adj* altıncı
Sechstel *nt* altıda bir
sechzehn *num* on altı
sechzig *num* altmış; **die** ~**er Jahre** altmışlı

yıllar
SED f (HIST) Abk. von **Sozialistische Einheitspartei Deutschlands** Almanya Sosyalist Birlik Partisi
See[1] m (Binnengewässer) göl
See[2] f (Ozean) deniz; **auf hoher** [o **offener**] ~ açık denizde; **ruhige/schwere** ~ sakin/dalgalı deniz
Seefahrt f 1. (Reise) deniz seyahatı 2. (Ozeanschifffahrt) denizcilik
Seegang m dalgalı deniz
Seehafen m deniz limanı
Seehecht m barlam
Seehund m fok (balığı), ayıbalığı
Seeigel m deniz kestanesi
seekrank adj deniz tutmuş; **ich werde** ~ beni deniz tutar
Seele f ruh, can, gönül
seelisch adj 1. (psychisch) ruhsal 2. (spirituell) manevi, tinsel
Seelöwe m deniz aslanı
Seelsorge f din adamları tarafından bakım ve korunma
Seelsorger(in) m(f) 1. (katholisch) papaz 2. (protestantisch) pastör 3. (islamisch) imam
Seemann m denizci, gemici
Seemeile f deniz mili
Seepferdchen nt denizatı
Seereise f deniz yolculuğu
Seerose f nilüfer
Seestern m denizyıldızı
Seeweg m: **auf dem** ~ deniz yoluyla
Seezunge f dilbalığı
Segel nt yelken
Segelboot nt yelkenli
Segelflugzeug nt planör
Segeljacht f yelkenli yat
segeln vi sein 1. (mit dem Schiff) yelkenle gitmek 2. (Vogel) süzülmek
Segelschiff nt yelkenli (gemi)
Segeltörn m yelkenli gezisi
Segeltuch nt branda bezi
Segen m 1. (Segenswunsch) hayırdua 2. (fig: Wohl) bereket
segnen vt 1. (heiligen) takdis etmek (etw/jdn -i) 2. (Segen aussprechen) hayırdua etmek (jdn -e)
Segnung f takdis
sehbehindert adj görsel özürlü
sehen <sieht, sah, gesehen> I. vt 1. görmek (etw/jdn -i) 2. (Film) seyretmek (etw -i) II. vi (schauen) bakmak; **nach jdm** ~ (sich kümmern um) birine bakmak, biriyle ilgilenmek; **gut/schlecht** ~ iyi/kötü görmek; **etw** ~ **lassen** (zeigen) bir şeyi göstermek; **das kann sich** ~ **lassen** (fig) bir şeye benziyor; **aus dem Fenster** ~ pencereden bakmak; **wie man sieht** görüldüğü gibi; **lass mal** ~! göster bakayım!; **sieh mal an!** bak hele!; **ich kenne ihn vom Sehen** onunla göz tanışıklığım var, onu görüşten tanıyorum
sehenswert adj, **sehenswürdig** adj görülmeğe değer
Sehenswürdigkeit f görülmeye değer şey
sehgeschädigt adj görme özürlü
Sehgeschädigte(r) mf görme özürlü
Sehne f kiriş
sehnen vr: **sich** ~ özlemek (nach jdm/etw -i)
Sehnenzerrung f kiriş gerilmesi
sehnlich I. adj (Wunsch) şiddetli II. adv özlemle
sehnlichst adv büyük bir özlemle
Sehnsucht f 1. (Sich-sehnen) özlem, hasret 2. (starker Wunsch) şiddetli arzu 3. (Heimweh) sıla özlemi [o hasreti]
sehnsüchtig adj özlemli, hasretli; (Lied, Stimme) yanık
sehr adv çok, pek; ~ **viel** pek çok; **so** ~, **dass** öyle çok ... ki; **wie** ~ ne kadar (çok); **zu** ~ fazla; **so** ~ **sie auch arbeitet** ne kadar çalışırsa çalışsın
Seide f ipek
Seidenstraße f (HIST) ipekyolu
Seife f sabun; **ein Stück** ~ bir parça sabun
Seifendose f sabunluk
Seifenpulver nt sabun tozu
Seil nt 1. (Leine) ip 2. (Tau) halat
Seilbahn f teleferik
sein <ist, war, gewesen> vi sein 1. (allgemein) olmak 2. (sich befinden) bulunmak; **bist du es?** sen misin?; **ich bin es** benim; **2 und 2 ist 4** iki iki daha dört eder; **sie ist nicht zu Hause** o, evde yok; **da bin ich** buradayım; **Ali ist da** Ali burada(dır); **es sind viele Menschen dort** orada çok insanlar var; **mir ist kalt** üşüyorum; **sie ist 20 Jahre alt** 20 yaşında; **es ist schönes Wetter** hava güzel; **es sei denn, dass** meğerki
sein(e) pron onun; **der, die, das Sein(ig)e** onunki
seinerseits adv onun tarafından
seinerzeit adv vaktiyle

seinesgleichen *pron* onun gibileri
seinethalben *adv*, **seinetwegen** *adv* onun için [*o* yüzünden]
seit I. *präp* +*dat* 1.(*Zeitpunkt*) -den beri 2.(*Zeitraum*) -dir; **ich warte ~ einer Stunde** bir saattir bekliyorum; **er wartet seit gestern** dünden beri bekliyor; **~ kurzem/langem** kısa/uzun zamandan beri II. *konj* -diğinden beri
seitdem I. *adv* o zamandan beri II. *konj* -diğinden beri
Seite *f* 1.(*allgemein*) yan, taraf 2.(*Richtung*) yön 3.(*Buch-, Internet-*) sayfa 4. (MATH) kenar; **schwache/starke ~** zayıf/güçlü yön [*o* taraf]; **auf jds ~ stehen** (*fig*) birinin tarafında olmak; **von der ~** yandan; **von allen ~n** her taraftan [*o* yandan]; **von ~en**RR *gen* -in tarafından; **geh zur ~!** kenara çekil!
Seitenairbag *m* yan hava yastığı
Seitenblick *m* yandan bakış
Seitenhieb *m* (*fig*) alaylı ima
seitens *präp* +*gen* -in tarafından
Seitensprung *m* geçici macera olarak eşini aldatma
Seitenstechen *nt* böğür sancısı
Seitenstraße *f* yan sokak
Seitenwind *m* yandan esen rüzgar
seither *adv* o zamandan beri
seitlich *adj* yan
Seitpferd *nt* (SPORT) kulplu beygir
Sek., sek. *f s.* **Sekunde** saniye
Sekretär *m* sekreter; (*Möbel*) yazı masası
Sekretariat *nt* sekreterlik
Sekretärin *f* (bayan) sekreter
Sekt *m* köpüklü şarap, şampanya
Sekte *f* mezhep
Sektglas *nt* şampanya kadehi
Sektor *m* sektör
sekundär *adj* ikinci derecede olan, ikincil
Sekundarschule *f* (*in der Schweiz*) ortaokul
Sekunde *f* saniye
Sekundenzeiger *m* saniye göstericisi
selbe(r, s) *adj* aynı; **im ~en Moment** aynı anda
selber *pron* kendi(si)
selbst I. *adj* kendi(si) II. *adv* bile, dahi; **~ wenn** -se bile [*o* dahi]; **~ seine Freunde** arkadaşları bile [*o* dahi]; **von ~** kendiliğinden; **das versteht sich von ~** bu kendiliğinden anlaşılıyor; **~ gebacken**RR kendi eliyle pişirilmiş; **~ gemacht**RR kendi eliyle yapılmış
selbständig *adj* bağımsız; **sich ~ machen** kendini (iktisadi olarak) bağımsız hale getirmek
Selbständigkeit *f* bağımsızlık
Selbstauslöser *m* otomatik deklanşör
Selbstbedienung *f* kendi işini görme, self-servis
Selbstbedienungsladen *m* müşterinin kendi kendine hizmet ettiği dükkan
Selbstbefriedigung *f* mastürbasyon
Selbstbeherrschung *f* kendine hakim olma, serinkanlılık
Selbstbestimmung *f* özerklik
Selbstbetrug *m:* **das ist ~** bu, kendi kendini aldatmadır
selbstbewusstRR *adj* kendini bilen, kendine güvenen, kendinden emin
selbstgebacken *adj s.* **selbst**
selbstgemacht *adj s.* **selbst**
Selbstkontrolle *f* özdenetim
Selbstkritik *f* özeleştiri
Selbstlaut *m* ünlü
selbstlos *adj* fedakar, özgecil
Selbstmord *m* intihar; **~ begehen** intihar etmek
Selbstmordanschlag *m* kamikaze saldırısı
Selbstmörder(in) *m(f)* intihar eden
Selbstmordversuch *m* intihar teşebbüsü
Selbstschutz *m* kendi kendini koruma
selbstsicher *adj* kendine güvenen, kendinden emin
selbstständigRR *adj* bağımsız; **sich ~ machen** kendini (iktisadi olarak) bağımsız hale getirmek
SelbstständigkeitRR *f* bağımsızlık
Selbstsucht *f* bencillik
selbstsüchtig *adj* bencil
selbsttätig *adj* otomatik
Selbsttäuschung *f* kendi kendini aldatma
selbstverständlich I. *adj* kendiliğinden anlaşılan, tabii II. *adv* elbette
Selbstverständlichkeit *f* kendiliğinden anlaşılma
Selbstvertrauen *nt* (kendine) güven(me)
Selbstverwaltung *f* özerklik, otonomi
Selbstzweck *m* kendine yeten gaye
Seldschuke *m* (HIST) Selçuk
seldschukisch *adj* (HIST) Selçuklu
selig *adj* 1.(*glücklich*) mutlu 2.(*verstorben*) rahmetli, merhum

Seligkeit f sonsuz mutluluk
Sellerie m/f kereviz
selten I. adj 1. (*nicht oft*) nadir, seyrek, ender 2. (*knapp*) kıt II. adv nadir olarak, nadiren; **nicht ~** oldukça sık
Seltenheit f seyreklik, azlık, nadir oluş; (*Rarität*) nadir bulunan şey
Selter(s)wasser nt soda, maden suyu
seltsam adj garip, tuhaf, acayip
Semester nt sömestr, yarıyıl
Semikolon nt noktalı virgül
Seminar nt 1. (*Universitäts-*) seminer 2. (*Lehrer-*) öğretmen okulu 3. (*Priester-*) papaz okulu 4. (*islamisch*) imam hatip okulu
Semit(in) m/f Sami
semitisch adj Sami
Semmel f küçük beyaz ekmek
sen. adj Abk. von **senior** baba
Senat m 1. senato; (*in Berlin, Hamburg, Bremen*) eyalet hükümeti 2. (JUR) hakimler heyeti
Senator(in) m/f senatör
senden¹ <sandte o sendete, gesandt o gesendet> vt (*schicken*) göndermek, yollamak (*jdm etw* -e -i)
senden² vt (*Programm*) yayınlamak (*etw* -i)
Sender m 1. (TECH) verici 2. (RADIO, TV) radyo/televizyon istasyonu
Sendung f 1. (*Gesandtes*) gönder(il)me, yolla(n)ma 2. (RADIO, TV) yayın, program
Senegal m Senegal
Senf m hardal
sengen vt 1. (*verbrennen*) yakmak (*etw* -i) 2. (*an der Oberfläche*) alazlamak (*etw* -i)
senior adj: **Herr X ~** Baba X
Senioren mpl yaşlılar pl
Senke f (arazi) çöküntü(sü)
senken I. vt 1. (*Kopf, Blick*) yere eğmek (*etw* -i) 2. (*Stimme*) yavaşlatmak (*etw* -i) 3. (*Preise*) indirmek (*etw* -i) II. vr: **sich ~** (*niedriger werden*) inmek, alçalmak; (*einsinken*) çökmek
senkrecht adj dikey
Sensation f 1. (*Ereignis*) heyecanlı olay, sansasyon 2. (*Tagesgespräch*) günün konusu
sensationell adj heyecan verici, sansasyonel
Sense f tırpan
sensibel adj duygulu, duyarlı, hassas
Sensibilität f duygululuk, duyarlık
sensitiv adj aşırı duygulu
sentimental adj duygusal, hissi

Sentimentalität f duygusallık
separat adj 1. (*getrennt*) ayrı, ayrılmış 2. (*gesondert*) özel 3. (*Eingang*) ayrı
Separatismus m ayrılıkçılık, bölücülük
Separatist(in) m/f ayrılıkçı, bölücü
September m eylül (ayı)
Sequenz f 1. (*Reihenfolge*) sıra 2. (*Kartenspiel*) terse, sekans
Serbe, -bin m, f Sırp
Serbien nt Sırbistan
Serbin f Sırp kadını
serbisch adj 1. (*Sprache*) Sırpça 2. (*Art*) Sırp 3. (*Herkunft*) Sırplı
Serenade f serenat
Serie f sıra, dizi, seri; **etw in ~ produzieren** bir şeyi seri halde üretmek
seriell adj: **~e Schnittstelle** (INFORM) seri arabirim
Serienkiller m seri katili
serienmäßig adj seri halinde
Serienproduktion f seri üretimi
seriös adj ciddi; (*vertrauenswürdig*) güvenilir
Serotonin nt serotonin
Serum nt serum
Server m (INET) sunucu, (web) server
Service¹ nt sofra takımı
Service² m servis, hizmet
servieren I. vt sofraya koymak (*etw* -i) II. vi (sofrada) hizmet etmek
Serviette f peçete
Serviettenring m peçetelik
Servolenkung f hidrolik direksiyon
servus interj (*Gruß*) selam; (*beim Abschied*) hoşça kal!
Sessel m koltuk
Sessellift m telesiyej
Setzei nt sahanda yumurta
setzen I. vt 1. (*allgemein*) koymak, oturtmak (*etw in/auf etw* -i -e) 2. (*Text*) dizmek (*etw* -i) II. vr: **sich ~** (*Mensch*) oturmak; (*Vogel*) konmak, tünemek (*auf etw* -e); (*Bodensatz*) çök(el)mek
Setzer(in) m/f dizici
Seuche f salgın
seufzen vt inlemek, göğüs geçirmek, içini çekmek
Seufzer m inilti
Sex m seks, cinsellik
Sexismus m cinsel ayrımcılık
sexistisch adj cinsiyetçi, cinsel ayrımcı
Sexobjekt nt cinsel obje

Sexualität *f* seks, cinsellik
Sexualkunde(**unterricht**) *f (m)* cinsel açıklama dersi
sexuell *adj* cinsi, cinsel; **~e Belästigung** cinsel taciz
sexy *adj* seksi
Shampoo *nt* şampuan
Sherry *m* şeri
Shorts *pl* şort *sing*
Show *f* gösteri, şov
Sibirien *nt* Sibirya
sich *pron* 1.(*sich selbst: akk*) kendini; (*dat*) kendine 2.(*einander: akk*) birbirini; (*dat*) birbirine; **für ~ selbst** kendisi için; **an ~** aslında, esasen
Sichel *f* 1.(*Gerät*) orak 2.(*Mond-*) hilal
sicher I. *adj* 1.(*zuverlässig*) emin, güvenilir 2.(*überzeugt*) emin 3.(*bestimmt*) kesin 4.(*fest*) sağlam 5.(*geborgen*) emniyetli, korunmuş II. *adv* 1.(*gewiss*) muhakkak 2.(*zweifellos*) şüphesiz 3.(*wahrscheinlich*) her halde, muhtemelen 4.(*als Antwort*) elbette; **so ~ wie das Amen in der Kirche** hiç şüphe götürmez
sichergehen *irr vi sein* işini sağlam kazığa bağlamak
Sicherheit *f* 1.(*allgemein*) emniyet, güvenlik 2.(*Festigkeit*) sağlamlık 3.(*Bestimmtheit*) kesinlik 4.(*Garantie*) garanti, inanca, teminat 5.(*Pfand*) rehin, depozito; **in ~ bringen** emniyete almak (*etw/jdn* -i)
Sicherheitsabstand *m* (*im Verkehr*) emniyet aralığı
Sicherheitsgurt *m* emniyet kemeri
sicherheitshalber *adv* emin olmak için
Sicherheitskontrolle *f* emniyet kontrolü
Sicherheitskräfte *pl* güvenlik güçleri [*o* kuvvetleri] *pl*
Sicherheitsnadel *f* çengelliiğne
Sicherheitsrat *m* (*der UNO*) Güvenlik Konseyi
Sicherheitsschloss[RR] *nt* emniyet kilidi
Sicherheitsventil *nt* emniyet supabı
Sicherheitsvorschriften *fpl* güvenlik talimatları *pl*
sicherlich *adv* muhakkak, şüphesiz
sichern *vt* 1.(*in Sicherheit bringen*) emniyet altına almak (*etw* -i) 2.(*befestigen*) sağlamlaştırmak (*etw* -i) 3.(*gewährleisten*) sağlamak, temin etmek (*etw* -i)
sicherstellen *vt* 1.(*beschlagnahmen*) el koymak (*etw* -e) 2.(*gewährleisten*) sağlamak (*etw* -i)

Sicherstellung *f* 1.(*Beschlagnahme*) haciz 2.(*Gewehrteil*) emniyet
Sicherung *f* sigorta
Sicherungsseil *nt* (*Bergsteigen*) emniyet halatı
Sicht *f* 1.(*Ausblick*) görünüş, manzara 2.(*Möglichkeit, zu sehen*) görüş; **auf kurze/lange ~** kısa/uzun vadede
sichtbar *adj* görünen
sichten *vt* (*durchsehen*) gözden geçirmek (*etw* -i)
sichtlich *adj* belli, aşikar
Sichtvermerk *m* (*im Pass*) pasaport vizesi
Sichtweite *f* gözün seçebildiği uzaklık
sickern *vi sein* sızmak (*in etw* -e)
sie *pron* 1.(*weiblich*) o; (*akk*) onu 2.(*Plural*) onlar; (*akk*) onları 3.(*sie selbst*) kendisi
Sie *pron* (*Höflichkeitsform*) siz; (*akk*) sizi; **jdn mit ~ anreden** birine siz diye hitap etmek
Sieb *nt* kalbur; (*fein*) süzgeç; (*Sand-*) elek
sieben[1] *num* yedi
sieben[2] *vt* süzmek, elemek (*etw* -i)
siebenfach *adj* yedi kat [*o* misli]
siebenhundert *num* yedi yüz
siebenmal *adv* yedi kere [*o* defa]
Siebenmonatskind *nt* vaktinden önce doğan bebek
siebte(**r, s**) *adj* yedinci
Siebtel *nt* yedide bir
siebzehn *num* on yedi
siebzig *num* yetmiş; **die ~er Jahre** yetmişli yıllar
sieden <siedete, gesiedet> I. *vt* kaynatmak, haşlamak (*etw* -i) II. *vi* kaynamak, haşlanmak
Siedepunkt *m* kaynama noktası
Siedler(**in**) *m(f)* 1.(*Neu-*) yeni yerleşen 2.(*Kolonist*) sömürgeci
Siedlung *f* yerleşim bölgesi
Sieg *m* zafer, yengi
Siegel *nt* mühür, damga
Siegellack *m* mühür mumu
siegeln *vt* mühürlemek (*etw* -i)
siegen *vi* zafer kazanmak, yenmek (*über jdn* -i)
Sieger(**in**) *m(f)* yenen, galip
siegreich *adj* yenen, galip gelen
sieht *vi, vt s.* **sehen**
Siesta *f* (*fam*) öğle uykusu
siezen *vt* siz diye hitap etmek (*jdn* -e)

Signal *nt* sinyal, işaret
Silbe *f* hece
Silber *nt* gümüş
silbern *adj* gümüş(ten)
Silberpapier *nt* yaprak kalay
Silicon Valley *nt* Silikon Vadisi
Silikon *nt* silikon
Silhouette *f* siluet
Silo *nt/m* silo, tahıl ambarı
Silvester(abend) *m* yılbaşı gecesi
Simbabwe *nt* Zimbabve
simpel *adj* basit, sade
Sims *m/nt* pervaz; *(Wandbrett)* raf
Simulation *f* *(Computer-~)* simülasyon
simulieren *vi* sahte tavır takınmak
simultan *adj* aynı zamanda olan
Simultanübersetzung *nt* simultane tercüme
sin *m Abk. von* **Sinus** sinüs
Sinfonie *f* senfoni
Sinfonieorchester *nt* filarmonik orkestra
singen <sang, gesungen> *vi* şarkı söylemek; *(Vögel)* ötmek; *(Nachtigall)* şakımak
Single[1] *mf* *(unverheiratete Person)* yalnız yaşayan
Single[2] *f* *(Schallplatte)* kısaçalar
Singular *m* tekil
sinken <sank, gesunken> *vi sein* **1.** *(sich vermindern)* azalmak, eksilmek **2.** *(sich senken)* inmek, alçalmak **3.** *(Sonne, Schiff)* batmak **4.** *(Preis)* düşmek, inmek
Sinn *m* **1.** *(Sinnesempfindung)* duyu **2.** *(Bedeutung)* anlam **3.** *(Gefühl)* duygu **4.** *(Verständnis)* anlayış **5.** *(Verstand)* akıl **6.** *(Empfänglichkeit)* duyarlık; **im wahrsten ~e des Wortes** kelimenin tam anlamıyla; **etw im ~ haben** aklında bir şey olmak; **weder ~ noch Verstand haben** abuk sabuk olmak; **nicht recht bei ~en sein** aklı başında olmamak; **sie hat ~ für Humor** şakadan anlıyor; **das geht mir nicht aus dem ~** aklımdan çıkmıyor; **aus den Augen, aus dem ~** gözden ırak, gönülden ırak
Sinnbild *nt* sembol, simge
sinnen <sann, gesonnen> *vi* *(nachdenken)* düşünüp taşınmak *(über etw -i)*
Sinnesorgan *nt* duyu organı
Sinnestäuschung *f* yanılsama
sinngemäß *adj* anlamına uygun
sinnlich *adj* **1.** *(körperlich)* bedensel **2.** *(erotisch)* erotik **3.** *(die Sinne betreffend)* duyumsal, duyusal
Sinnlichkeit *f* *(Erotik)* erotizm
sinnlos *adj* **1.** *(ohne Sinn)* anlamsız **2.** *(vergeblich)* boş
sinnvoll *adj* *(vernünftig)* makul, akla yakın
Sintflut *f* tufan
Sinus *m* sinüs
Sippe *f* *(Verwandtschaft)* akrabalık
Sirene *f* *(Alarm-)* canavar düdüğü; *(Polizei-)* siren
Sirup *m* şurup
Sitte *f* **1.** *(Brauch)* örf, töre **2.** *(Anstand)* edep, terbiye **3.** *(fam: Sittenpolizei)* ahlak zabıtası
sittlich *adj* ahlaki, törel
Sittlichkeitsverbrechen *nt* ırza tecavüz
sittsam *adj* edepli, terbiyeli
Situation *f* durum
Sitz *m* **1.** *(Sitzgelegenheit)* oturuş **2.** *(Sitzplatz)* oturacak yer **3.** *(Regierungs-, Bischofs-)* makam
sitzen <saß, gesessen> *vi* **1.** *(auf Stuhl)* oturmak **2.** *(sich befinden)* bulunmak **3.** *(Vogel)* tünemek, konmak **4.** *(Kleid)* (vücuda iyi) oturmak **5.** *(fam: im Gefängnis)* hapis yatmak; **~ bleiben**[RR] *(nicht aufstehen)* yerinden kalkmamak; *(in der Schule)* sınıfta kalmak; **~ lassen**[RR] *(im Stich lassen)* yarı yolda [*o* ortada] bırakmak; *(Schüler)* sınıfta bırakmak
Sitzgelegenheit *f* oturacak yer
Sitzplatz *m* oturacak yer
Sitzung *f* oturum, toplantı
Sizilien *nt* Sicilya
Skala *f* cetvel
Skalpell *nt* neşter
Skandal *m* rezalet, skandal, kepazelik
skandalös *adj* rezil, skandallı
Skandinavien *nt* İskandinavya
Skandinavier(in) *m(f)* İskandinavyalı
skandinavisch *adj* **1.** *(Art)* İskandinav **2.** *(Sprache)* İskandinavca **3.** *(Herkunft)* İskandinavyalı
Skat *m Alman iskambil oyunu*
Skateboard *nt* skateboard; **~ fahren** skateboarda binmek
Skelett *nt* iskelet
Skepsis *f* şüphe
skeptisch *adj* şüpheci
Sketch *m* skeç
Ski *m* kayak; **~ fahren** kayak kaymak
Skianzug *m* kayak elbisesi
Skiausrüstung *f* kayak takımı

Skibindung *f* kayak bağı
Skibrille *f* kayak gözlüğü
Skifahrer(in) *m(f)* kayakçı
Skigebiet *nt* kayak bölgesi
Skikurs *m* kayak kursu
Skilehrer(in) *m(f)* kayak öğretmeni
Skilift *m* teleski
Skinhead *m* dazlak
Skipiste *f* kayak pisti
Skisport *m* kayak (sporu), kayakçılık
Skistiefel *m* kayak kundurası
Skistock *m* kayak değneği
Skizze *f* taslak, eskiz
skizzieren *vt* **1.** (*darstellen*) taslağını yapmak (*etw* -in); (*grob*) karalamak (*etw* -i) **2.** (*umreißen*) ana hatlarıyla anlatmak (*etw* -i)
S-Klasse *f* (*gesellschaftliche Oberklasse*) zenginler *pl,* üst kesim
Sklave, -vin *m, f* köle
Sklerose *f* katılaşma, skleroz
Skonto *m/nt* iskonto, indirim, tenzilat
Skorpion *m* **1.** (*Tier*) akrep **2.** (*Sternzeichen*) Akrep (burcu)
Skrupel *m* **1.** (*Zweifel*) şüphe **2.** (*Gewissensnot*) vicdan azabı
skrupellos *adj* vicdansız, insafsız
Skulptur *f* heykel
Slalom *m* slalom
Slang *m* argo
Slawe *m,* **Slawin** *f* Slav, İslav
slawisch *adj* Slav, İslav
Slip *m* don, külot, slip
Slipeinlage *f* orkid®
Slogan *m* slogan
Slowake *m,* **Slowakin** *f* Slovak
Slowakei *f* Slovakya
slowakisch *adj* Slovak
Slowenien *nt* Slovenya
Slums *pl* gecekondu semti *sing*
sm *f Abk. von* **Seemeile** deniz mili
Smaragd *m* zümrüt
SMS(-Nachricht) *f* (*Handynachricht*) SMS, (kısa) mesaj; **jdm eine ~ schicken** birine kısa mesaj göndermek [*o* yollamak]
s. o. *vt Abk. von* **siehe oben** yukarıya bakınız
so **I.** *adv* **1.** (*derartig*) böyle, öyle, şöyle; (*Ausmaß, Grad*) bu [*o* şu [*o* o]] kadar **2.** (*in dieser Weise*) böylece, öylece, şöylece **3.** (*geh: also, folglich*) bundan dolayı; ~ **ein(e)** böyle bir; ~ **etwas** böyle bir şey; ~ **sehr,** ~ **viel** öyle; (*Ausmaß, Grad*) o kadar çok; ~ **..., dass** o kadar ... ki; **doppelt ~ viel**^{RR} (**wie ...**) (-in) iki misli [*o* katı]; ~ **groß wie ...** ... kadar büyük; ~ **weit**^{RR} **wie möglich** olabildiği kadar; ~ **ist es!** işte böyle!; **wenn es ~ ist** öyleyse, o halde; ~ **oder ~ mutlaka;** ~ **gut wie nichts** hiç denilecek kadar az; **bist du ~ weit**^{RR}**?** hazır mısın?; **es ist ~ weit**^{RR} tamam; ~ **genannt**^{RR} denilen; (*angeblich*) sözde **II.** *konj* (*geh*) eğer; ~ **Gott will** inşallah **III.** *interj:* ~**?** öyle mi?; ~**, ~!** demek öyle!; ~ **was!** böyle şey olmaz!; **ach ~!** ah, şimdi anladım!
sobald *konj* -r -mez; ~ **meine Mutter nach Hause kommt** annem eve gelir gelmez
Socke *f* kısa çorap, şoset
Sockel *m* sütun tabanı, temel
Soda *nt/f* soda
Sodbrennen *nt* mide yanması [*o* ekşimesi]; **ich habe ~** midem yanıyor
soeben *adv* demin, biraz önce
Sofa *nt* kanepe
sofern *konj* eğer, şayet
soff *vi, vt s.* **saufen**
sofort *adv* derhal, hemen
Sofortbildkamera *f* polaroid makine
sofortige(r, s) *adj* derhal yapılan, acil
Sofortmaßnahme *f* acil tedbir
Software *f* yazılım, bilgisayar programı
Softwareentwickler(in) *m(f)* yazılım geliştiricisi
Softwarepiraterie *f* yazılım korsanlığı
sog *vi, vt s.* **saugen**
sogar *adv* hatta, bile
sogenannt *adj s.* **so**
sogleich *adv* derhal, hemen
Sohle *f* **1.** (*Fuß-*) taban **2.** (*Schuh-*) taban, pençe
Sohn *m* oğul, erkek evlat
Sojabohne *f* soya fasulyesi
Sojaöl *nt* soya (fasulyesi) yağı
Sojasoße *f* soya sosu
solange *konj* -diği sürece [*o* müddetçe], -dikçe
Solarenergie *f* güneş enerjisi
Solarium *nt* solaryum tesisatı
solch *pron* böyle, bu gibi
Sold *m* ücret
Soldat(in) *m(f)* asker
Söldner *m* kiralık asker
solidarisch *adj* dayanışık
solidarisieren *vr:* **sich ~** dayanışma göster-

mek (*mit jdm* -e), dayanışmak (*mit jdm* ile)
Solidarität *f* dayanışma, beraberlik
solide *adj* 1.(*fest*) sağlam 2.(*haltbar*) dayanıklı 3.(*Mensch*) ciddi, ağırbaşlı
Solist(in) *m(f)* solist
Soll *nt* borç; ~ **und Haben** alacak ve verecek
sollen <sollte, gesollt/sollen> *vi* 1.(*Pflicht*) -meli; **du sollst mehr arbeiten** daha fazla çalışmalısın 2.(*Befehl, Wunsch*): **er soll kommen** gelsin; **ihr hättet es uns erzählen sollen** bize bunu anlatmalıydınız 3.(*Möglichkeit, Vermutung*): **falls es regnen sollte** yağmur yağacak olsa; **er soll reich sein** zenginmiş 4.(*Zweifel*): **was soll ich tun?** ne yapayım?; **was soll ich ihm sagen?** ona ne söyleyeyim; **was soll das heißen?** bu ne demek oluyor?
solo *adv* (*fam*) solo
Solo *nt* solo
Somalia *nt* Somali
somit *adv* böylece
Sommer *m* yaz
Sommerfahrplan *m* yaz tarifesi
Sommerferien *pl* yaz tatili *sing*
Sommerkleid *nt* yazlık elbise
Sommerkurs *m* yaz kursu
sommerlich *adj* yaz gibi
Sommerschlussverkauf *m* yaz sonu satışı
Sommersmog *m* (yazın yaşanan) egzoz gazı kirliliği
Sommersprossen *fpl* çil *sing*
Sommerzeit *f* 1.(*Sommer*) yaz mevsimi 2.(*Uhrzeit*) yaz saati
Sonate *f* sonat
Sonde *f* sonda
Sonderangebot *nt* indirimli mal
sonderbar *adj* garip, tuhaf, acayip
Sonderfall *m* müstesna durum
Sondermarke *f* özel pul
sondern I. *konj* bilakis; **nicht nur ..., ~ auch ...** sadece [*o* yalnız] ... değil, aynı zamanda ... II. *vt* ayırmak (*etw* -i)
Sonderpreis *m* özel fiyat
Sonderschule *f* özürlü çocuklara mahsus okul
Sonderzug *m* özel tren
sondieren *vt* sondalamak (*etw* -i)
Sonett *nt* sone
Sonnabend *m* cumartesi (günü)
Sonne *f* güneş; **in der ~** güneşte; **die ~ scheint** güneş parlıyor
sonnen *vr*: **sich ~** güneşlenmek
Sonnenaufgang *m* gün(eş) doğması [*o* doğuşu]
Sonnenbad *nt* güneş banyosu
Sonnenblende *f* parasoley
Sonnenblume *f* ayçiçeği
Sonnenbrand *m* güneş yanığı
Sonnenbrille *f* güneş gözlüğü
Sonnencreme *f* güneş kremi
Sonnendach *nt* güneşlik, tente
Sonnendeck *nt* güneşlenme güvertesi
Sonnenenergie *f* güneş enerjisi
Sonnenfinsternis *f* güneş tutulması
Sonnenhut *m* güneş şapkası
Sonnenkraftwerk *nt* güneş santralı
Sonnenlicht *nt* güneş ışığı
Sonnenöl *nt* güneş yağı
Sonnenplatz *m* güneş tarafı
Sonnenschein *m* güneş ışığı
Sonnenschirm *m* şemsiye
Sonnenschutzmittel *nt* güneş yağı [*o* kremi]
Sonnenstich *m* güneş çarpması [*o* vurması]
Sonnenstrahl *m* güneş ışını
Sonnenuhr *f* güneş saati
Sonnenuntergang *m* gün(eş) batması [*o* batışı], gurup
sonnig *adj* güneşli
Sonntag *m* pazar (günü); **an Sonn- und Feiertagen** pazar ve tatil günlerinde
sonntags *adv* pazar günleri
Sonntagsfahrer *m* (*pej*) kötü sürücü
sonst *adv* 1.(*andernfalls*) yoksa, aksi takdirde 2.(*außerdem*) (bundan) başka, ayrıca 3.(*gewöhnlich*) alışıldığı üzere; **wer ~?** başka kim?; **~ niemand** başka hiç kimse; **~ noch etwas?** başka bir şey de var mı?; **~ wo**[RR] başka bir yerde
sonstige *adj* başka, diğer
sonstwo *adv s.* **sonst**
sooft *konj* -dikçe
Sopran *m* soprano
Sopranistin *f* soprano
Sorge *f* 1.(*Kummer*) üzüntü, keder, dert 2.(*Besorgnis*) endişe, kaygı, merak; **jdm ~ bereiten** birine üzüntü vermek; **sich ~n machen** kaygılanmak, meraklanmak, merak etmek; **lass das meine ~ sein!** merak etme, o işe ben bakarım
sorgen I. *vi* bakmak (*für jdn/etw* -e) II. *vr*: **sich ~** kaygılanmak, endişelenmek (*um jdn/*

etw için)
Sorgfalt *f* özen, itina, ihtimam
sorgfältig *adj* 1.(*Arbeit*) pürüzsüz 2.(*Person*) özenli, itinalı, dikkatli 3.(*peinlich genau*) titiz
sorglos *adj* 1.(*sorgenfrei*) kedersiz 2.(*ohne Sorgfalt*) dikkatsiz
Sorglosigkeit *f* 1.(*Freiheit von Sorgen*) kedersizlik 2.(*fehlende Sorgfalt*) dikkatsizlik
Sorte *f* 1.(*Art*) cins, tür, çeşit 2.(*Zigaretten*) marka
sortieren *vt* çeşitlere göre ayırmak; (*ordnen*) düzenlemek (*etw* -i)
Sortiment *nt* mal çeşitleri *pl*
sosehr (**auch**) *konj* her ne kadar ... (ise de)
Soße *f* sos, salça
Soundkarte *f* ses kartı
soufflieren *vi* suflörlük yapmak
Souvenir *nt* suvenir
soviel *konj*, **soweit** *konj* -diği kadarıyla; ~ **ich weiß** bildiğim kadarıyla
sowie *konj* 1.(*und auch*) hem de 2.(*sobald*) -r -mez
sowieso *adv* zaten
sowjetisch *adj* (HIST) Sovyet
Sowjetunion *f* (HIST) Sovyetler Birliği
sowohl *konj*: ~ ... **als auch** ... hem ... hem (de) ...
sozial *adj* sosyal, toplumsal
Sozialabgaben *fpl* sosyal vergiler *pl*
Sozialarbeit *f* sosyal hizmet
Sozialdemokrat(in) *m(f)* sosyaldemokrat
sozialdemokratisch *adj* sosyaldemokrat
Sozialfürsorge *f* sosyal yardım
Sozialhilfe *f* sosyal yardım
Sozialismus *m* sosyalizm
Sozialist(in) *m(f)* sosyalist
sozialistisch *adj* sosyalist
Sozialkunde *f* (*in Deutschland*) sosyal bilgiler; (*in der Türkei*) yurttaşlık bilgileri
Sozialleistungen *fpl* sosyal hizmetler *pl*
Sozialpartner *mpl* sosyal ortaklar *pl*
Sozialpolitik *f* sosyal politika
Sozialprodukt *nt* milli gelir
Sozialversicherung *f* sosyal sigorta
Sozialwohnung *f* sosyal konut
Soziologe, -**gin** *m*, *f* sosyolog, toplumbilimci
Soziologie *f* sosyoloji, toplumbilim
soziologisch *adj* sosyolojik, toplumbilimsel
sozioökonomisch *adj* sosyoekonomik
sozusagen *adv* adeta

Spaceshuttle *f* Uzay Mekiği, Mekik
Spachtel *m/f* 1.(*des Malers od. Apothekers*) mablak 2.(*des Anstreichers*) macun malası
Spagetti[RR], **Spaghetti** *pl* ince makarna *sg*, spageti *sg*
Spalier *nt* (*Gitterwand*) ispalya; ~ **stehen** (yolun iki tarafında) safa dizilmek
Spalt *m* 1.(*Riss*) yarık, çatlak 2.(*Öffnung*) aralık, açıklık 3.(*Schlitz*) yarık
Spalte *f* (*Zeitung, Buch*) sütun, kolon
spalten <gespaltet/gespalten> I. *vt* 1.(*teilen*) bölmek, (ikiye) ayırmak (*etw* -i) 2.(*Atom*) bölmek (*etw* -i) II. *vr*: **sich** ~ bölünmek, (ikiye) ayırmak
Spaltung *f* 1.(*auch Atom-*) bölünme 2.(*Zerwürfnis*) anlaşmazlık, ayrılık 3.(POL) birliğin bozulması
Span *m* yonga, talaş
Spanferkel *nt* henüz süt emen domuz yavrusu
Spange *f* 1.(*Schnalle*) toka 2.(*Haar-*) saç tokası
Spanien *nt* İspanya
Spanier(in) *m(f)* İspanyol
spanisch *adj* 1.(*Art*) İspanyol 2.(*Sprache*) İspanyolca 3.(*Herkunft*) İspanyalı, İspanyol; ~**e Wand** paravana; **das kommt mir** ~ **vor** bu bana biraz şüpheli görünüyor
spann *vi*, *vt s.* **spinnen**
Spann *m* ağım
Spanne *f* 1.(*Zeit-*) (kısa) süre 2.(*Handels-*) kar marjı
spannen *vt* 1.(*dehnen*) germek (*etw* -i) 2.(*Feder*) kurmak (*etw* -i); **auf etw gespannt sein** bir şeyi merak etmek, bir şeyi sabırsızlıkla beklemek
spannend *adj* heyecanlı
Spanner *m* (*pej fam: Voyeur*) röntgenci, dikizci
Spannung *f* 1.(*allgemein*) gerginlik 2.(*gespannte Neugier*) merak 3.(*Konflikt*) gerginlik 4.(*Unruhe*) gerilim 5.(*Film*) heyecan 6.(*elektrische*) gerilim, voltaj
spannungsgeladen *adj*, **spannungsreich** *adj* gerilim dolu
Spannweite *f* 1.(*Flügel-*) kanat uçları arasındaki mesafe 2.(*fig*) ilgi sahası
Sparbuch *nt* tasarruf cüzdanı
Sparbüchse *f* kumbara
sparen I. *vt* 1.(*Geld*) biriktirmek, artırmak (*etw* -i) 2.(*Zeit*) kazanmak (*etw* -i) II. *vi* para

biriktirmek
Sparer(in) *m(f)* para biriktiren
Spargel *m* kuşkonmaz
Spargelsuppe *f* kuşkonmaz çorbası
Sparkasse *f* tasarruf sandığı, tutum bankası
Sparkonto *nt* tasarruf hesabı
spärlich *adj* seyrek, tek tük
Sparmaßnahme *f* tasarruf tedbiri
sparsam *adj* tutumlu, idareli, ekonomik
Sparsamkeit *f* tutumluk, tasarruf, idare
Sparte *f* bölüm, dal
Sparvertrag *m* tasarruf akdi
Spaß *m* 1.(*Vergnügen*) eğlence 2.(*Scherz*) şaka; (*grober ~*) muziplik; **viel ~!** iyi eğlenceler!; **~ beiseite** şaka bir yana; **aus** [*o* **zum**] **~** şakadan, yalancıktan; **~ machen** zevk vermek (*jdm* -e); (*scherzen*) şaka etmek; **~ verstehen** [*o* **vertragen**] şaka kaldırmak; **jdm den ~ verderben** birinin neşesini bozmak
spaßen *vi* şaka etmek
spaßeshalber *adv* şakadan
spaßig *adj* eğlenceli, güldürücü
Spaßmacher *m* şakacı, muzip; (*Clown*) şaklaban, soytarı
Spaßvogel *m* şakacı, muzip
spät **I.** *adj* geç; **zu ~er Stunde** geç vakit; **im ~en Sommer** yaz sonunda **II.** *adv* geç; **wie ~ ist es?** saat kaç?; **es wird ~** geç oluyor; **fünf Minuten zu ~ kommen** beş dakika gecikmek [*o* geç kalmak]
später *adv* (daha) sonra, sonradan; **bis ~!** sonra görüşmek üzere!
spätere(r, s) *adj* sonraki
spätestens *adv* en geç
Spatz *m* serçe
spazieren *vi:* **~ fahren**^{RR} taşıtla dolaşmak; **~ gehen**^{RR} dolaşmak, gezinmek, gezmek
Spazierfahrt *f* taşıtla gezme
Spaziergang *m* (yaya) gezinti
Spaziergänger(in) *m(f)* (yaya) dolaşan
Spazierstock *m* baston
SPD *f Abk. von* **Sozialdemokratische Partei Deutschlands** Almanya Sosyal Demokrat Partisi
Specht *m* ağaçkakan
Speck *m* 1. deri ile et arasındaki yağ tabakası 2.(*Schweine-*) domuz yağı
Spediteur(in) *m(f)* nakliyeci, taşımacı
Speditionsfirma *f* nakliyat [*o* taşıma] firması
Speer *m* kargı; (SPORT) cirit
Speerwerfen *nt* cirit atma

Speiche *f* 1.(*Rad-*) tekerlek parmağı 2.(ANAT) önkol kemiği
Speichel *m* tükürük, salya
Speichellecker(in) *m(f)* (*pej*) çanak yalayıcı, dalkavuk
Speicher *m* 1.(*Dachboden*) tavan arası 2.(*Lagerraum*) depo, ardiye, ambar 3.(*eines Computers*) bellek
Speicherkapazität *f* (INFORM) bellek kapasitesi
speichern *vt* 1.(*lagern*) biriktirmek, yığmak (*etw* -i) 2.(*Daten*) saklamak, belleğe geçirmek, kaydetmek, yüklemek (*etw* -i)
speien <spie, gespie(e)n> *vi, vt* 1.(*geh: spucken*) tükürmek 2.(*erbrechen*) kusmak
Speise *f* 1.(*Gericht*) yemek 2.(*geh: Nahrung*) gıda, besin
Speiseeis *nt* dondurma
Speisekammer *f* kiler
Speisekarte *f* yemek listesi
speisen *vi* (*geh*) yemek yemek
Speiseröhre *f* yemek borusu
Speisesaal *m* yemek salonu
Speisewagen *m* yemekli [*o* lokantalı] vagon
Spektrum *nt* 1.(PHYS) tayf 2.(*Vielfalt*) çeşitlilik
Spekulant(in) *m(f)* spekülasyoncu, spekülatör
Spekulation *f* spekülasyon
spekulieren *vi* spekülasyon yapmak
Spende *f* bağış(lama); (*Almosen*) sadaka
spenden *vi, vt* bağışlamak (*etw für etw* -i -e)
Spender(in) *m(f)* bağışçı
spendieren *vt* ikram [*o* hediye] etmek (*jdm etw* -e -i)
Sperling *m* serçe
Sperma *nt* sperma, meni, bel suyu
Sperre *f* 1.(*Schranke*) bariyer 2.(*Straßen-*) barikat 3.(*Strom-*) elektrik kesintisi 4.(*Handels-*) ambargo
sperren **I.** *vt* 1.(*schließen*) kapamak, kilitlemek (*etw* -i) 2.(*versperren*) tıkamak (*etw* -i) 3.(*Gas, Wasser, Strom*) kesmek (*etw* -i) 4.(*Konto, Kredit*) dondurmak (*etw* -i) **II.** *vr:* **sich gegen etw ~** bir şeye karşı direnmek
Sperrgebiet *nt* yasak bölge
Sperrgut *nt* havaleli eşya
Sperrholz *nt* kaplama tahta
sperrig *adj* havaleli
Sperrung *f* kapa(n)ma
Spesen *pl* masraf(lar)

spezialisieren *vr:* **sich ~ uzmanlaşmak** (*auf etw* -de)
Spezialist(in) *m(f)* uzman
Spezialität *f* özellik
speziell *adj* özel
spezifisch *adj* özgül, bağıl
spicken **I.** *vt* **1.** (*mit Speck*) domuzyağı parçaları sokmak (*etw* -e) **2.** (*ausstatten*) donatmak (*etw mit etw* -i ile) **II.** *vi* (*Schule*) kopya çekmek
Spickzettel *m* (*Schule*) üstüne kopya yazılan kâğıt
spie *vi, vt s.* **speien**
Spiegel *m* ayna
Spiegelei *nt* sahanda yumurta
spiegeln **I.** *vt* yansıtmak (*etw* -i) **II.** *vr:* **sich ~ yansımak** (*in etw* -e)
Spiegelteleskop *nt* yansıtıcı teleskop
Spiel *nt* **1.** oyun; (*Sport auch*) maç **2.** (*Partie*) oyun, parti **3.** (*Spielkarten*) iskambil [*o* oyun] kâğıdı; **etw aufs ~ setzen** bir şeyi tehlikeye sokmak; **auf dem ~ stehen** tehlikede olmak
Spielautomat *m* oyun otomatı
Spielbank *f* kumarhane
spielen **I.** *vi* **1.** (*allgemein*) oynamak **2.** (*so tun als ob*) taslamak **3.** (*stattfinden*) olmak, vukubulmak; **mit dem Gedanken ~, zu ...** fikrini aklından geçirmek; **mit jdm ~** biri ile oynamak; **um etw ~** bir şeyine oynamak **II.** *vt* **1.** (THEAT) oynamak (*etw* -i) **2.** (*Instrument*) çalmak (*etw* -i); **eine Rolle ~** rol oynamak; **den Kranken ~** hastayı oynamak
spielend *adv* (*fig: mit Leichtigkeit*) kolaylıkla; **es ist ~ leicht** çocuk oyuncağı gibi kolay
Spieler(in) *m(f)* oyuncu
Spielerei *f* (*nicht ernst genommene Sache*) ciddiye alınmayan iş
Spielfeld *nt* oyun sahası
Spielfilm *m* (uzun metrajlı) film
Spielkamerad(in) *m(f)* oyun arkadaşı
Spielkarte *f* iskambil [*o* oyun] kâğıdı
Spielkonsole *f* oyun konsolu
Spielmarke *f* fiş, jeton, marka
Spielplan *m* repertuvar
Spielplatz *m* çocuk bahçesi
Spielraum *m* **1.** (TECH) makine parçaları arasındaki boşluk **2.** (*Bewegungsfreiheit*) hareket serbestliği
Spielregel *f* oyun kuralı
Spielsachen *fpl* oyuncaklar *pl*

Spielstand *m* skor
Spielverderber(in) *m(f)* oyunbozan
Spielwarengeschäft *nt* oyuncakçı dükkanı
Spielzeug *nt* oyuncak
Spieß *m* **1.** (*Lanze*) mızrak **2.** (*Speer*) kargı **3.** (*Brat-*) (kebap) şiş(i); **am ~** kebap
Spießbürger(in) *m(f)* (*pej*) darkafalı adam [*o* kadın]
spießig *adj* darkafalı
Spinat *m* ıspanak
Spinne *f* örümcek
spinnen <spann, gesponnen> **I.** *vt* (*Gewebe*) eğirmek, bükmek (*etw* -i) **II.** *vi* **1.** (*fam: Unsinn reden*) saçmalamak **2.** (*verrückt sein*) kaçık olmak
Spinnennetz *nt* örümcek ağı
Spinner(in) *m(f)* (*pej: Verrückter*) kaçık
Spinnerei *f* **1.** (*Fabrik*) iplik fabrikası **2.** (*fam: Quatsch*) saçmalama, zırvalama
Spinnrad *nt* çıkrık
Spion(in) *m(f)* casus, ajan
Spionage *f* casusluk
spionieren *vi* casusluk etmek
Spirale *f* helezon
Spiritismus *m* ispritizma
Spirituosen *pl* alkollü [*o* sert] içkiler *pl*
Spiritus *m* (*Brenn-*) ispirto
Spirituskocher *m* ispirto ocağı, ispirtoluk
spitz *adj* **1.** sivri **2.** (*Winkel*) dar **3.** (*Worte*) iğneli
Spitzbart *m* sivrisakal, keçisakal
Spitze *f* **1.** (*spitzes Ende*) (sivri) uç **2.** (*Berg-, Baum-*) tepe **3.** (*Zigaretten-*) ağızlık **4.** (*Führungs-*) baş **5.** (*Gewebe*) dantel(a); (*Häkel-*) oya; **an der ~ liegen** başta gelmek; **etw auf die ~ treiben** bir şeyi ifrata vardırmak; **das ist ~!** (*fam*) harika!
Spitzel *m* (*Zuträger*) hafiye, ajan, ispiyon
spitzen *vt* **1.** (*an-*) sivriltmek (*etw* -i) **2.** (*Bleistift*) yontmak (*etw* -i); **die Ohren ~** kulak kabartmak
Spitzengeschwindigkeit *f* en yüksek hız, azami sürat
Spitzenleistung *f* **1.** en yüksek randıman **2.** (SPORT) rekor
Spitzenreiter *m* **1.** (*allgemein*) başta gelen **2.** (SPORT) lig lider
Spitzenverkehr *m* en işlek saatlerdeki trafik
spitzfindig *adj* kılı kırk yaran
Spitzname *m* takma ad, lakap

Splitt *m* taş kırıntısı
Splitter *m* 1.(*Holz-*) kıymık, çöp 2.(*Granat-*) mermi parçası 3.(*Bruchstück*) kırıntı
Splitterbombe *f* parça tesirli bomba
splittern *vi sein* parçalanmak
splitternackt *adj* (*fam*) anadan doğma, çır(ıl)çıplak
Sponsor(in) *m(f)* sponsor
Sponsoring *nt* sponsorluk
spontan *adj* kendiliğinden olan
sporadisch *adj* tek tük, dağınık
Sport *m* spor
Sportanlage *f* spor tesisi
Sportartikel *mpl* spor eşyası *sing*
Sportflugzeug *nt* spor uçağı
Sportgeschäft *nt* spor mağazası
Sporthalle *f* spor salonu
Sporthemd *nt* spor gömleği
Sportlehrer(in) *m(f)* spor öğretmeni
Sportler(in) *m(f)* sporcu, sportmen
sportlich *adj* 1.(*Angelegenheit*) sportif 2.(*Person*) sporsever
Sportplatz *m* spor sahası
Sportverein *m* spor kulübü
Sportwagen *m* spor otomobili [*o* arabası]
Spott *m* alay
spottbillig *adj* (*fam*) sudan ucuz
spotten *vi* alay etmek (*über jdn/etw* ile)
Spottname *m* alaylı takma ad
Spottpreis *m* çok ucuz fiyat
sprach *vi, vt s.* **sprechen**
sprachbegabt *adj:* ~ **sein** lisan yeteneği olmak
Sprache *f* 1.dil, lisan 2.(*Ausdrucksweise*) konuşma (biçimi); **etw zur** ~ **bringen** bir şeyi dile getirmek; **zur** ~ **kommen** konu edilmek, görüşülmek
Sprachenschule *f* dil okulu
Sprachfehler *m* dil arızası
Sprachführer *m* dil rehberi
Sprachkenntnisse *pl* lisan bilgisi *sing*
Sprachkurs *m* dil kursu
Sprachlabor *nt* dil laboratuvarı
Sprachlehrer(in) *m(f)* dil [*o* lisan] öğretmeni
sprachlich *adj* dille ilgili, dilsel
sprachlos *adj* dilsiz
Sprachwissenschaft *f* dilbilim
sprang *vi s.* **springen**
Spray *nt* sprey
Sprechanlage *f* otomatik konuşma tesisatı
Sprechblase *f* konuşma balonu

sprechen <spricht, sprach, gesprochen> I. *vi* 1.(*reden*) konuşmak (*von/über jdn/etw* -den) 2.(*plaudern*) sohbet etmek, söyleşmek (*mit jdm* ile) 3.(*Unterredung*) görüşmek (*mit jdm* ile); **für/gegen jdn** ~ birinin lehinde/aleyhinde konuşmak; **auf etw zu** ~ **kommen** bir şeye değinmek II. *vt* 1.(*sagen*) söylemek (*etw* -i) 2.(*aussprechen*) telaffuz etmek (*etw* -i); **für niemanden zu** ~ **sein** hiç kimseyle görüşmek istememek; **kann ich Sie kurz** ~**?** sizinle biraz görüşebilir miyim?
Sprecher(in) *m(f)* 1.(*Wortführer*) sözcü 2.(*Nachrichten-*) spiker
Sprechstunde *f* 1.(*allgemein*) kabul saati 2.(*beim Arzt*) muayene saati
Sprechstundenhilfe *f* doktor yardımcısı
Sprechzeit *f* (*beim Arzt*) muayene saati
Sprechzimmer *nt* konuşma odası; (*beim Arzt*) muayenehane
spreizen *vt* (*Beine, Finger*) ayırmak (*etw* -i)
sprengen *vt* 1.(*Schloss, Tür*) zorla açmak, kırmak (*etw* -i) 2.(*bewässern*) sulamak (*etw* -i); **in die Luft** ~ havaya uçurmak (*etw* -i); **Wasser auf etw** ~ bir şeye su serpmek
Sprengkopf *m* başlık
Sprengkraft *f* patlama gücü
Sprengstoff *m* patlayıcı madde
Sprengung *f* 1.(*durch Sprengstoff*) havaya uçurma 2.(*mit Wasser*) sulama
spricht *vi, vt s.* **sprechen**
Sprichwort *nt* atasözü
sprichwörtlich *adj* atasözü halinde
sprießen <spross, gesprossen> *vi sein* (*geh*) filiz sürmek, filizlenmek
Springbrunnen *m* fıskiye
springen <sprang, gesprungen> *vi sein* 1.(*Mensch, Tier*) atlamak, sıçramak 2.(*auf-*) fırlamak 3.(*hervorschießen*) fışkırmak 4.(*zerbrechen*) çatlamak
springend *adj:* **der** ~**e Punkt** (*fig*) püf noktası
Springer *m* (*Schach*) at
Sprinter(in) *m(f)* kısa mesafe koşucusu
Sprit *m* (*fam*) benzin
Spritze *f* iğne, şırınga; **jdm eine** ~ **geben** birine iğne yapmak
spritzen I. *vt* 1.(*Wasser*) serpmek, sıkmak (*etw auf etw* -i -e) 2.(MED) iğne yapmak (*jdn* -e) 3.(*Rasen*) sulamak (*etw* -i) II. *vi* 1.(*Wasser*) sıçramak 2.(*hervor-*) fışkırmak 3.(*Schreibfeder*) mürekkep sıçratmak

spritzig *adj* (*gewitzt*) esprili, nükteli
spröde *adj* 1. (*brüchig*) çabuk kırılır 2. (*Haut*) çatlak 3. (*Person*) çekingen, ürkek
spross^RR *vi s.* **sprießen**
Spross^RR *m* 1. (*Trieb*) filiz, sürgün 2. (*junge Pflanze*) fidan
Sprosse *f* (*einer Leiter*) basamak
Sprossenwand *f* yatay parmaklık
Sprössling^RR *m* 1. (*Spross*) filiz, sürgün, fidan 2. (*fam: Sohn*) oğul, çocuk
Sprotte *f* çaçabalığı; (*getrocknete*) çiroz
Spruch *m* 1. (*Aus-*) vecize, özdeyiş 2. (*Urteils-*) hüküm, yargı
Sprudel *m* maden suyu
sprudeln *vi* 1. (*plätschern*) şarıldamak 2. (*aufwallen*) kaynamak 3. (*hervor-*) fışkırmak
sprühen I. *vt* püşkürtmek (*etw* -i) II. *vi* (*Funken*) püşkürmek, saçılmak
Sprühregen *m* yağmur serpintisi, çisenti
Sprung *m* 1. (*das Springen*) atlayış, atlama 2. (*plötzlicher*) fırlayış 3. (*Satz*) sıçrayış, hamle 4. (*im Glas*) çatlak
Sprungbrett *nt* 1. (SPORT) tramplen 2. (*fig: zum Erfolg*) basamak
sprunghaft *adj* 1. (*unausgeglichen*) dengesiz 2. (*plötzlich*) ani
Sprungschanze *f* atlama tepesi
Spucke *f* tükürük
spucken *vi, vt* 1. (*aus-*) tükürmek (*etw* -i) 2. (*sich erbrechen*) kusmak
spuken *vi:* **hier/dort spukt es** burası/orası tekin değil
Spülbecken *nt* delikli taş
Spule *f* makara, bobin
spülen *vt* 1. (*Wäsche, Gläser, Mund*) çalkalamak (*etw* -i) 2. (*Geschirr*) bulaşık yıkamak
Spüllappen *m* bulaşık bezi
Spülmaschine *f* bulaşık yıkama makinesi
Spülmittel *nt* bulaşık deterjanı
Spur *f* 1. (*Fährte*) iz 2. (*fig: verbliebenes Zeichen*) iz, eser 3. (*Merkmal*) belirti, alamet 4. (*kleine Menge*) nebze, zerre 5. (*Tonband*) şerit halinde ses kaydı; (*markierte Fahrbahn*) şerit
spürbar *adj* hissedilir, sezilir
spüren *vt* hissetmek, duymak, sezmek (*etw* -i)
spurlos *adv:* ~ **verschwunden** yer yarılıp içine girmiş
Spürsinn *m* sezgi
Spurt *m* bir yarışın sonunda kuvvet katımı

Spurweite *f* hat genişliği
Squash *nt* skoş
St. *m Abk. von* **Sankt** Aziz
St. *nt Abk. von* **Stück** tane
Staat *m* devlet
staatenlos *adj* vatansız, uyruksuz
staatlich *adj* 1. (*vom Staat*) devletle ilgili 2. (*offiziell*) resmi 3. (*national*) milli, ulusal
Staatsangehörige(r) *mf* vatandaş, yurttaş, uyruk
Staatsangehörigkeit *f* vatandaşlık, yurttaşlık, uyrukluk
Staatsanwalt, -anwältin *m, f* savcı
Staatsexamen *nt* devlet sınavı
Staatsfernsehen *nt* devlet televizyonu
Staatshaushalt *m* devlet bütçesi
Staatsmacht *f* devlet iktidarı
Staatsmann <-männer> *m* devlet adamı
Staatsoberhaupt *nt* devlet başkanı
Staatssicherheitsgericht *nt* (*in der Türkei*) Devlet Güvenlik Mahkemesi, DGM
Staatsverschuldung *f* devlet borcu
Stab *m* 1. (*Stange*) değnek, sopa 2. (SPORT) sırık 3. (*General-*) (genel) kurmay 4. (*Stabsquartier*) karargah 5. (*Führungsgruppe*) önderler *pl*
Stäbchen *nt* çubuk, çomak; (*Ess-*) çubuk
Stabhochsprung *m* sırıkla yüksek atlama
stabil *adj* 1. (*fest*) sağlam 2. (*widerstandsfähig*) dayanıklı 3. (*dauerhaft*) sürekli
stabilisieren *vt* sağlamlaştırmak, yerleştirmek (*etw* -i)
stach *vi, vt s.* **stechen**
Stachel *m* diken; (*Biene*) iğne
Stachelbeere *f* bektaşiüzümü
Stacheldraht *m* dikenli tel
Stachelschwein *nt* oklukirpi
Stadion *nt* stadyum, stat
Stadium *nt* evre, safha
Stadt *f* şehir, kent
Stadtbus *m* belediye otobüsü
Städtebau *m* şehircilik
Städtepartnerschaft *f* kardeş şehirlik
städtisch *adj* 1. (*von der Stadt*) kentsel, şehre ait 2. (*kommunal*) belediyeye ait, belediye
Stadtkern *m* şehrin iç kısmı
Stadtmauer *f* sur
Stadtmitte *f* şehir merkezi
Stadtplan *m* şehir haritası
Stadtrundfahrt *f* şehir turu
Stadtteil *m* semt, mahalle

Staffel *f* 1. (MIL) bölük 2. (SPORT) bayrak yarışı takımı
Staffelei *f* ressam sehpası
Staffellauf *m* bayrak yarışı
staffeln *vt* derecelere ayırmak (*etw* -i)
Stagnation *f* 1. durgunluk 2. (ECON) kesatlık
stagnieren *vi* 1. (*stillstehen*) durmak, durgunlaşmak 2. (ECON) kesat gitmek
stahl *vi, vt s.* **stehlen**
Stahl *m* çelik
Stahlwerk *nt* çelik fabrikası
Stall *m* ahır; (*Hühner-*) kümes
Stamm *m* 1. (*Baum-*) (ağaç) gövde(si) 2. (*Geschlecht, Familie*) soy, aile 3. (*Volks-*) kabile, aşiret, boy
Stammbaum *m* şecere, soyağacı
Stammbuch *nt* (*Familien~*) aile albümü
stammen *vi* 1. (*herrühren*) çıkmak, gelmek (*aus/von* -den); (*Abstammung*) -in soyundan gelmek 2. (*örtlich*) -li olmak; **seine Mutter stammt aus Hamburg** annesi Hamburgludur 3. (*zeitlich*) -in zamanından olmak
Stammgast *m* devamlı müşteri
Stammhalter *m* ilk erkek evlat
stämmig *adj* 1. (*Baum*) kalın gövdeli 2. (*stark*) kuvvetli 3. (*untersetzt*) tıknaz
Stammkunde, -kundin *m, f* devamlı müşteri
Stammkundschaft *f* devamlı müşteriler *pl*
Stammlokal *nt* birinin her zaman gittiği lokanta veya meyhane
Stammplatz *m* birinin her zaman oturduğu yer
Stammtisch *m* devamlı müşterilere ayrılan masa
Stammzelle *f* (BIOL) kök hücre
stampfen I. *vt* (*Kartoffel*) ezmek (*etw* -i) II. *vi* (*mit den Füßen*) tepinmek
stand *vi s.* **stehen**
Stand *m* 1. (*Stehen*) ayakta durma 2. (*Zustand*) durum, vaziyet, hal 3. (SPORT: ~ *des Spiels*) (maç) durum(u) 4. (*Verkaufs-*) satış yeri, tezgah 5. (*Messe-*) stant; **etw auf den neuesten ~ bringen** bir şeyi en yeni duruma getirmek; **einen schweren ~ haben** (söz geçirmede) güçlük çekmek
Standard *m* standart
Standby-Dauer *f* standby süresi
Ständchen *nt* serenat
Ständer *m* sehpa

Standesamt *nt* nüfus dairesi
standesamtlich *adj*: **~e Trauung** medeni nikah
standfest *adj* sabit, durağan
Standgericht *nt* harp divanı
standhaft *adj* 1. (*widerstandsfähig*) dayanıklı 2. (*unerschütterlich*) sarsılmaz
Standhaftigkeit *f* dayanıklılık, sarsılmazlık
standhalten *irr vi* dayanmak, karşı koymak (*einer Sache* -e)
ständig I. *adj* devamlı, sürekli; **~er Vertreter** (POL) daimi temsilci II. *adv* daima, durmadan
Standlicht *nt* park ışığı
Standort *m* 1. (*Ort*) birinin/bir şeyin bulunduğu yer 2. (MIL) garnizon
Standpunkt *m* görüş (açısı), bakım
Stange *f* 1. (*Holz-*) sırık 2. (*Stab*) değnek, çubuk; (*Metall-*) demir çubuk 3. (*Pfahl*) kazık, direk; **eine ~ Zigaretten** bir karton sigara; **Anzug von der ~** hazır elbise; **eine ~ Geld kosten** pahalıya oturmak
Stängelᴿᴿ *m* (*einer Pflanze*) sap
stank *vi s.* **stinken**
stänkern *vi* (*Streit anfangen*) kavga çıkarmak
Stanniol *nt* kalay yaprak
Stapel *m* yığın, istif
Stapellauf *m* (*eines Schiffes*) kızaktan in(diril)me
stapeln *vt* yığmak, istif etmek (*etw* -i)
Star¹ <Stare> *m* (*Vogel*) sığırcık kuşu
Star² *m* (*Augenkrankheit*) katarakt
Star³ <Stars> *m* (*Film-*) yıldız
starb *vi s.* **sterben**
stark <stärker, am stärksten> I. *adj* 1. (*kräftig*) kuvvetli, güçlü 2. (*mächtig*) kudretli 3. (*dick*) kalın 4. (*intensiv*) şiddetli, yoğun 5. (*beträchtlich*) büyük, dikkate değer 6. (*Tabak, Alkohol*) sert 7. (*Motor*) güçlü; **das ist ein ~es Stück** bu kadarı da fazla II. *adv* (*sehr*) çok, pek, fazla
Stärke *f* 1. (*Kraft*) kuvvet, güç, kudret 2. (*Intensität*) şiddet, yoğunluk 3. (*Dicke*) kalınlık 4. (*Motor*) güç 5. (*Stärkemehl, Wäsche-*) kola 6. (*fig: starke Seite*) kuvvetli taraf; **ein Erdbeben der ~ 6,5** 6.5 şiddetindeki bir deprem
stärken *vt* 1. (*allgemein*) kuvvetlendirmek, güçlendirmek (*etw/jdn* -i) 2. (*seelisch*) canlandırmak (*jdn* -i) 3. (*Wäsche*) kolalamak

(*etw* -i)
Starkstrom *m* yüksek gerilimli [*o* voltajlı] akım
Stärkungsmittel *nt* kuvvet ilacı
starr *adj* **1.**(*unbeweglich*) hareketsiz **2.**(*unbeugsam*) eğilmez, bükülmez **3.**(*steif*) katı, sert **4.**(*vor Kälte*) donmuş **5.**(*Blick*) durgun, cam gibi
starren *vi* dik dik bakmak (*auf jdn/etw* -e)
Starrkopf *m* inatçı, dik başlı
starrköpfig *adj* inatçı, dik başlı
Starrköpfigkeit *f* inat, inatçılık
starrsinnig *adj* dik kafalı [*o* başlı]
Start *m* **1.**(*Beginn*) başlangıç **2.**(SPORT) start **3.**(*Abflug*) havalanma **4.**(*Abfahrt*) kalkış, hareket, yola çıkma
Startbahn *f* uçuş pisti
startbereit *adj* **1.**(*Fahrzeug*) harekete hazır **2.**(*Flugzeug*) havalanmaya hazır
starten *vi sein* **1.**(*beginnen*) başlamak **2.**(*Fahrzeug*) hareket etmek **3.**(*Flugzeug*) havalanmak
Starter *m* marş (düğmesi)
Starthilfekabel *nt* yardım kablosu
Startrampe *f* havalanma rampası
Startschuss[RR] *m* yarış başlangıcını bildiren silah sesi
Star Wars *pl* (*a. fig*) Yıldız Savaşları *pl*
Station *f* **1.**(*Haltestelle*) istasyon, durak **2.**(*Krankenhaus*) koğuş
stationär *adj:* ~e **Behandlung** hastanede tedavi
stationieren *vt* (*Truppen*) yerleştirmek (*jdn in etw* -i -e)
Statist(in) *m(f)* figüran
Statistik *f* istatistik
statistisch *adj* istatistiksel, sayısal
statt *präp* +*gen* -in yerine; ~ **dessen** bunun [*o* onun] yerine
stattfinden *irr vi* olmak, vukubulmak
statthaft *adj* yasal, meşru
stattlich *adj* **1.**(*gut aussehend*) gösterişli **2.**(*Mann*) yakışıklı
Statue *f* heykel
Statur *f* boy (bos), endam
Status *m* statü
Stau *m* (*Verkehrs-*) tıkanıklık, tıkanma
Staub *m* toz; ~ **fangen** toz tutmak
staubig *adj* tozlu
Staublappen *m* toz bezi
staubsaugen *vi* elektrikli süpürgeyle süpürmek

Staubsauger *m* elektrikli süpürge
Staubtuch *nt* toz bezi
Staubwolke *f* toz bulutu
Staudamm *m* baraj
Staude *f* büyücek bitki, otsul bitki
stauen I. *vt* (*Wasser*) biriktirmek (*etw* -i) II. *vr:* sich ~ (*Verkehr*) tıkanmak
staunen *vi* şaşmak, hayret etmek (*über jdn/etw* -e)
Staunen *nt* hayret, şaşkınlık
Stausee *m* baraj gölü
Std. *f Abk. von* **Stunde** saat
stdl. *adv Abk. von* **stündlich** her saat
stechen <sticht, stach, gestochen> I. *vt* **1.**(*hinein-*) batırmak (*etw in etw* -i -e) **2.**(*Insekt*) sokmak (*etw/jdn* -i) **3.**(*Messer*) saplamak (*etw in etw* -i -e) II. *vi* **1.**(*Sonne*) yakmak **2.**(*Dorn*) dalamak
stechend *adj* (*Schmerz*) keskin
Stechmücke *f* sivrisinek
Stechuhr *f* kontrol saati
Steckdose *f* priz
stecken I. *vt* **1.**(*hinein-*) sokmak, (içine) koymak (*etw in etw* -i -e) **2.**(*pflanzen*) dikmek (*etw* -i) II. *vi* (*sich befinden*) bulunmak; **wo steckt sie denn?** nerede kaldı?; **der Schlüssel steckt** anahtar sokulu duruyor; **da steckt etw dahinter** bunda bir iş var; ~ **bleiben**[RR] saplanmak, saplanıp kalmak; (*unterwegs*) yolda kalmak
Steckenpferd *nt* (*Liebhaberei*) merak, hobi
Stecker *m* fiş
Stecknadel *f* toplu iğne
Steckschlüssel *m* bir çeşit somun anahtarı
Steg *m* **1.**(*Brücke*) yaya köprüsü **2.**(*Pfad*) patika, keçiyolu
stehen <stand, gestanden> *vi* **1.**durmak; (*Mensch*) (ayakta) durmak **2.**(*sein*) olmak **3.**(*sich befinden*) bulunmak **4.**(*Uhr: nicht gehen*) durmak **5.**(*Kleidung: passen*) yakışmak (*jdm* -e); **jdm teuer zu** ~ **kommen** birine pahalıya oturmak; **das Spiel steht 1:1** oyun 1:1 gidiyor; ~ **bleiben**[RR] (*anhalten*) durmak; ~ **lassen**[RR] (*nicht wegbewegen*) olduğu yerde bırakmak (*etw* -i); (*nicht berühren*) el sürmemek (*etw* -e); (*vergessen*) unutmak (*etw* -i)
Stehlampe *f* ayaklı lamba
stehlen <stiehlt, stahl, gestohlen> *vi, vt* çalmak (*etw* -i)

Stehplatz *m* ayakta durulan yer

steif *adj* **1.** (*nicht weich*) katı, sert **2.** (*stock-*) kaskatı **3.** (*förmlich*) resmi **4.** (*-gefroren*) donmuş

steigen <stieg, gestiegen> *vi sein* **1.** (*hinauf-*) çıkmak (*auf etw* -e) **2.** (*ab-, hinab-*) inmek (*aus/von etw* -den) **3.** (*klettern*) tırmanmak (*auf etw* -e) **4.** (*Flugzeug, Drachen*) havalanmak **5.** (*Fieber, Preise*) yükselmek **6.** (*zunehmen*) artmak, çoğalmak; **in den Wagen** ~ arabaya binmek; **aus dem Wagen** ~ arabadan inmek; **jdm zu Kopf** ~ birinin başına vurmak; **einen Drachen** ~ **lassen** uçurtma uçurmak

steigern *vt* **1.** (*erhöhen*) yükseltmek (*etw* -i) **2.** (*vermehren*) çoğaltmak, artırmak (*etw* -i) **3.** (*Miete, Preise*) yükseltmek, artırmak (*etw* -i)

Steigerung *f* artış

Steigung *f* **1.** (*nach oben*) yokuş **2.** (*Gefälle*) meyil, eğim

steil *adj* yalçın, sarp, dik; (*Küste*) yalıyar

Steilhang *m* sarp [*o* dik] yamaç

Stein *m* **1.** (*auch Spiel-*) taş **2.** (*Fels*) kaya **3.** (*Obstkern*) çekirdek **4.** (*Nieren-, Gallen-*) taş; **den** ~ **ins Rollen bringen** bir işi harekete geçirmek; **jdm einen** ~ **in den Weg legen** birine güçlük çıkarmak; **mir fällt ein** ~ **vom Herzen** yüreğime su serpildi

steinalt *adj* (*Person*) çok yaşlı

Steinbock *m* **1.** (*Tier*) dağkeçisi **2.** (*Sternzeichen*) Oğlak (burcu)

Steinbruch *m* taş ocağı

Steinbutt *m* kalkan (balığı)

steinern *adj* taş(tan)

Steingut *nt* adi cinsten çanak çömlek

steinhart *adj* taş gibi, kaskatı

steinig *adj* taşlı

steinigen *vt* taşlamak (*jdn* -i)

Steinkohle *f* taşkömürü, madenkömürü

steinreich *adj* çok zengin

Steinschlag *m* taş düşmesi

Steinschleuder *f* sapan

Steinzeit *f* taş devri

Steißbein *nt* kuyruk kemiği

Stelldichein *nt* randevu

Stelle *f* **1.** (*Platz, Ort*) yer, konum, nokta **2.** (*Arbeitsplatz, Posten*) işyeri, iş **3.** (*eines Beamten*) memuriyet **4.** (*Behörde*) makam **5.** (*in einem Buch*) pasaj; **an** ~ **gen** -in yerine; **auf der** ~ (*sofort*) tez elden, çabucak; **auf der** ~ **treten** (*auch fig*) yerinde saymak; **offene** ~ açık işyeri

stellen **I.** *vt* **1.** (*hin-, auf-*) koymak (*etw auf/in etw* -i -e) **2.** (*Maschine, Waage ein-*) ayar etmek (*etw* -i) **3.** (*Uhr*) kurmak (*etw* -i) **4.** (*Verbrecher*) yakalamak (*jdn* -i); **Bedingungen** ~ şartlar koşmak; **Fragen** ~ soru sormak; **etw in Frage** ~ bir şeyden şüphelenmek [*o* şüphe etmek]; **auf sich selbst gestellt** kendi başına kalmış **II.** *vr:* **sich** ~ (*irgendwohin*) bir yere gidip durmak; (*zur Festnahme*) teslim olmak; **sich dumm** ~ aptallığa vurmak; **sich taub** ~ işitmemezlikten gelmek

Stellenangebot *nt* **1.** (*Angebot*) iş teklifi **2.** (*Inserat*) iş ilanı

Stellenanzeige *f* iş ilanı

Stellengesuch *nt* (*Inserat*) iş arama ilanı

stellenweise *adv* (*teilweise*) kısmen

Stellung *f* **1.** (*Lage, Position*) durum, vaziyet **2.** (*Körperhaltung*) duruş **3.** (*Beruf*) iş, görev, meslek **4.** (*eines Beamten*) memuriyet **5.** (MIL) mevzi; **zu etw** ~ **nehmen** bir konu hakkında fikir yürütmek

Stellungnahme *f* **1.** (*Meinung*) fikir, görüş, düşünce **2.** (*Gutachten*) rapor

stellv. *adj Abk. von* **stellvertretend**

stellvertretend *adj* vekalet eden, yardımcı

Stellvertreter(in) *m(f)* vekalet eden, yardımcı

Stelze *f* ayaklık

stemmen **I.** *vt* (*heben*) kaldırmak (*etw* -i) **II.** *vt:* **sich gegen etw** ~ (*sich anlehnen*) bir şeye dayanmak [*o* yaslanmak]; (*sich widersetzen*) bir şeye karşı koymak

Stempel *m* **1.** (*auch fig*) mühür, damga **2.** (*Post-*) posta damgası

stempeln **I.** *vt* **1.** (*mit Stempel versehen*) damgalamak, mühürlemek (*etw* -i) **2.** (*Post: entwerten*) mühür basmak (*etw* -e) **II.** *vi:* ~ **gehen** (*fam*) hükümetten işsizlik parası almak

Stengel *m s.* **Stängel**

Stenografie, **Stenographie** *f* stenografi

stenografieren, **stenographieren** **I.** *vt* steno ile yazmak (*etw* -i) **II.** *vi* steno yazmak

Stenotypistin *f* stenodaktilo

Steppe *f* bozkır, step

sterben <stirbt, starb, gestorben> *vi sein* ölmek (*aus/an etw* -den)

Sterbeurkunde *f* ölüm ilmühaberi

sterblich *adj* ölümlü

Sterblichkeit *f* (~*srate*) ölüm oranı

stereo *adj* stereo
Stereoanlage *f* stereo müzik seti
stereofon^RR, **sterophon** *adj* sterofonik
steril *adj* **1.** (*keimfrei*) steril **2.** (*unfruchtbar*) kısır
Sterilisation *f* **1.** (*unfruchtbar machen*) kısırlaştırma **2.** (*keimfrei machen*) sterilize etme
sterilisieren *vt* **1.** (*unfruchtbar machen*) kısırlaştırmak (*jdn/etw* -i) **2.** (*keimfrei machen*) sterilize etmek (*etw* -i)
Stern *m* yıldız
Sternschnuppe *f* akanyıldız
Sternwarte *f* rasathane, gözlemevi
Sternzeichen *nt* burç
stetig *adj* devamlı, sürekli, kalımlı
stets *adv* hep, daima, her zaman
Steuer¹ *nt* **1.** (*im Auto*) direksiyon **2.** (*im Schiff*) dümen
Steuer² *f* (*Abgabe*) vergi
Steuerausgleich *m* vergi denkleştirmesi
Steuerberater(in) *m(f)* vergi danışmanı [*o* uzmanı]
Steuerbord *nt* sancak
Steuererklärung *f* vergi beyanı
steuerfrei *adj* vergiden muaf, vergisiz
Steuerhinterziehung *f* vergi kaçakçılığı
Steuerklasse *f* vergi derecesi
Steuerknüppel *m* (*im Flugzeug*) levye, kumanda kolu
steuerlich *adj* vergilerle ilgili
Steuermann *m* dümenci, deniz gedikli subayı, ikinci kaptan
steuern *vt* **1.** kullanmak, idare etmek (*etw* -i) **2.** (*Auto*) sürmek (*etw* -i)
steuerpflichtig *adj* **1.** (*Einkommen*) vergiye tabi **2.** (*Person*) vergi ile mükellef
Steuerrad *nt* **1.** (*eines Kraftfahrzeugs*) direksiyon **2.** (*eines Schiffes*) dümen dolabı
Steuerreform *f* vergi reformu
Steuerrückerstattung *f* vergi iadesi
Steuersenkung *f* vergi indirimi
Steuerung *f* (direksiyon) kullanma
Steuerzahler *m* vergi mükellefi
Steward *m* (*auf einem Schiff*) kamarot
Stewardess^RR *f* hostes
StGB *nt Abk. von* **Strafgesetzbuch** Ceza Kanunu
Stich *m* **1.** (*mit Dorn*) dalama, batma **2.** (*Insekt*) sokma, ısırma **3.** (*Messer-*) bıçak darbesi **4.** (*beim Nähen*) iğne deliği **5.** (*Kupfer-*) gravür; **einen ~ haben** (*Lebensmittel*) bozulmağa başlamak; (*fam: verrückt sein*) tahtası eksik olmak; **jdn im ~ lassen** birini yarı yolda bırakmak
Stichelei *f* (*fig*) iğneleme
stichhaltig *adj* (*Argument*) (temeli) sağlam, çürütülemez
Stichprobe *f* rasgele alınmış örneklerin gözden geçirilmesi
sticht *vi, vt s.* **stechen**
Stichtag *m* başlangıç tarihi (*bir konu hakkında önceden kararlaştırılmış*)
Stichwort *nt* (*im Lexikon*) madde
sticken *vi, vt* (nakış) işlemek
Stickerei *f* nakış, işleme
Stickstoff *m* azot, nitrojen
Stiefbruder *m* üvey (erkek) kardeş
Stiefel *m* çizme
Stiefmutter *f* üvey ana [*o* anne], analık
Stiefmütterchen *nt* (*Blume*) hercaimenekşe
Stiefschwester *f* üvey (kız) kardeş
Stiefsohn *m* üvey oğul
Stieftochter *f* üvey kız
Stiefvater *m* üvey baba, babalık
stieg *vi s.* **steigen**
stiehlt *vi, vt s.* **stehlen**
Stiel *m* (*Griff*) tutamaç, tutamak; (*auch Pflanzen-*) sap
Stier *m* **1.** (*Tier*) boğa **2.** (*Sternzeichen*) Boğa (burcu)
stieß *vi, vt s.* **stoßen**
Stift¹ *m* **1.** (*Schreib-*) kalem **2.** (*Nagel*) (ince ve başsız) çivi **3.** (*fam: Lehrling*) çırak
Stift² *nt* (*Kloster*) manastır
stiften *vt* **1.** (*gründen*) kurmak (*etw* -i) **2.** (*schenken*) bağışlamak (*jdm etw* -e -i)
Stifter(in) *m(f)* **1.** (*Gründer*) kurucu **2.** (*Spender*) vakfeden, hayır sahibi
Stiftung *f* vakıf, hayrat
Stil *m* üslup, stil; (*Art*) tarz
stilistisch *adj* stilistik
still *adj* **1.** (*ruhig*) sakin, rahat **2.** (*reglos*) durgun, sakin, hareketsiz **3.** (*schweigsam, lautlos*) sessiz; **~!** sus(un)!; **Stiller Ozean** Pasifik Okyanusu; **im Stillen**^RR sessizce; (*heimlich*) gizlice
Stille *f* sessizlik, durgunluk, sakinlik
Stillleben *nt s.* **Stillleben**
stilllegen *vt s.* **stilllegen**
Stilllegung *f s.* **Stilllegung**
stillen *vt* **1.** (*Blut*) dindirmek, durdurmak (*etw* -i) **2.** (*Hunger, Durst*) gidermek, bastır-

mak (*etw* -i) **3.**(*Kind*) emzirmek (*jdn* -i), meme vermek (*jdn* -e)
stillgestanden *interj* (MIL) hazır ol!
Stillhalteabkommen *nt* moratoryum
stillhalten *irr vi* kımıldamamak
Stillleben[RR] *nt* natürmort, cansız doğa
stilllegen[RR] *vt* **1.**(*Verkehr, Maschinen*) durdurmak (*etw* -i) **2.**(*schließen*) kapatmak (*etw* -i)
Stilllegung[RR] *f* durdurma, kapatma
Stillschweigen *nt* **1.**(*Schweigen*) susma **2.**(*Diskretion*) sır saklama
stillschweigend **I.** *adj* **1.**(*schweigend*) sessiz **2.**(*fig: unausgesprochen*) üstü kapalı **II.** *adv* ses çıkarmadan; (*fig*) üstü kapalı olarak
Stillstand *m* durma, duraklama
stillstehen *irr vi* **1.**(*sich nicht rühren*) yerinden kımıldamamak **2.**(*stocken*) dur(akla)mak **3.**(*Maschine*) işlememek
Stimmbänder *ntpl* ses telleri *pl*
stimmberechtigt *adj* oy kullanma hakkı olan
Stimmbruch *m* sesin kalınlaşması
Stimme *f* **1.** ses **2.**(*bei einer Wahl*) oy, rey
stimmen **I.** *vt* (*Musikinstrument*) akort etmek (*etw* -i) **II.** *vi* **1.**(*richtig sein*) doğru olmak **2.**(*votieren*) oy vermek (*für/gegen jdn* -in lehine/aleyhine); **da stimmt etwas nicht** bunda bir yanlışlık var
Stimmenthaltung *f* çekimser oy
stimmhaft *adj* (*Laut*) ötümlü
stimmlos *adj* (*Laut*) ötümsüz
Stimmrecht *nt* oy (verme) hakkı
Stimmung *f* **1.**(*Gemütslage*) ruh hali **2.**(*Atmosphäre*) atmosfer **3.**(*Musikinstrument*) akort; **guter/schlechter** ~ **sein** neşeli/neşesiz olmak
Stimmzettel *m* oy pusulası
stimulieren *vt* canlandırmak, uyarmak (*etw* -i)
stinken <stank, gestunken> *vi* pis kokmak; **vor Geld** ~ (*fam*) para babası olmak
stinknormal *adj* (*fam*) basbayağı, adi
stinkreich *adj* (*fam*) altın babası
Stipendiat(in) *m(f)* bursiyer
Stipendium *nt* burs
stirbt *vi s.* **sterben**
Stirn *f* alın
Stirnhöhlenentzündung *f* sinüzit
stöbern *vi* köşe bucak aramak
Stock *m* **1.**(*Stange*) sırık **2.**(*Knüppel*) sopa, değnek **3.**(*Spazier-*) baston **4.**(*Stockwerk*) kat, bina katı
stockdunkel *adj* kapkaranlık
Stöckelschuh *m* yüksek topuklu ayakkabı
stocken *vi* **1.**(*stillstehen*) durmak **2.**(*zeitweilig*) duraklamak **3.**(*Verkehr*) tıkanmak
Stockfisch *m* kurutulmuş morina balığı
Stockung *f* dur(akla)ma; (*besonders Verkehr*) tıkanıklık
Stockwerk *nt* kat, bina katı
Stoff *m* **1.**(*Gewebe*) kumaş **2.**(*Materie*) madde **3.**(*Thema*) konu
Stoffrest *m* parça kumaş
Stofftier *nt* kumaştan yapılmış oyuncak hayvan
Stoffwechsel *m* metabolizma, özümle(n)me, özümseme
stöhnen *vi* inlemek, göğüs geçirmek, içini çekmek
Stollen *m* **1.**(*Bergwerk*) galeri **2.**(*Kuchen*) Noel bayramında yapılan bir çeşit kek
stolpern *vi sein* tökezlemek, sendelemek
stolz *adj* **1.** gururlu, onurlu **2.**(*auf andere*) kıvanç duyan (*auf jdn* ile) **3.**(*hochmütig*) kibirli, kurumlu, gururlu; ~ **sein** gurur duymak (*auf etw/jdn* ile)
Stolz *m* **1.**(*Selbstachtung*) gurur, onur **2.**(*berechtigter* -) kıvanç **3.**(*Hochmut*) kurum, kibir, gurur
stopfen *vt* **1.**(*hineinstecken*) sokmak (*etw in etw* -i -e) **2.**(*Pfeife*) doldurmak (*etw* -i) **3.**(*Loch*) tıkamak (*etw* -i) **4.**(*Kleidungsstück*) örmek (*etw* -i)
Stopfgarn *nt* örme ipliği
Stopfnadel *f* örme iğnesi
stopp *interj* dur!
Stopp *m* dur(dur)ma
stoppen **I.** *vt* **1.**(*anhalten*) durdurmak (*etw/jdn* -i) **2.**(*Preise, Löhne*) dondurmak (*etw* -i); **die Zeit** ~ saat tutmak **II.** *vi* durmak, stop etmek
Stoppuhr *f* kronometre
Stöpsel *m* tıkaç, tapa
Storch *m* leylek
stören *vt* **1.** rahatsız etmek (*jdn* -i) **2.**(*Radiosender u. Ä.*) karıştırmak (*etw* -i); **lassen Sie sich nicht** ~! rahatsız olmayın!
Störenfried *m* oyunbozan
Störgerät *nt* (*gegen Radios, Handys*) karıştırıcı
stornieren *vt* iptal etmek; (~ *lassen*) iptal ettirmek (*etw* -i)

störrisch *adj* inatçı, dik kafalı
Störsender *m* karıştırıcı
Störung *f* 1.(*das Stören*) rahatsız etme 2.(*gesundheitliche ~*) rahatsızlık 3.(*im Radio*) parazit 4.(*Panne*) arıza; **psychische ~** ruhsal rahatsızlık
Stoß *m* 1.(*Stoßen*) itiş 2.(*Schlag*) darbe 3.(*Erschütterung*) sarsıntı, sarsma 4.(*Haufen*) yığın
Stoßdämpfer *m* amortisör
stoßen <stößt, stieß, gestoßen> **I.** *vt* 1. itmek, kakmak, dürtmek (*jdn/etw* -i) 2.(*Messer*) saplamak (*etw in etw* -i -e) 3.(*mit den Hörnern*) toslamak (*jdn/etw* -i), tos vurmak (*jdn/etw* -e); **jdn vor den Kopf ~** birini rencide etmek **II.** *vi sein* çarpmak (*gegen jdn/etw* -e); **auf jdn/etw ~** (*antreffen*) birini/bir şeyi karşılamak, birine/bir şeye rastlamak **III.** *vr:* **sich ~** çarpmak (*an etw* -e)
Stoßstange *f* tampon
stößt *vi, vt s.* **stoßen**
stoßweise *adv* aralıklı sarsıntılarla
Stoßzeiten *fpl* trafiğin sıkışık olduğu saatler
Stotterer *m* kekeme, pepe
stottern *vi* kekelemek, pepelemek
StPO *f Abk. von* **Strafprozessordnung** Ceza Davası Kanunu
Str. *f Abk. von* **Straße** Sok. (*sokak*)
Strafanstalt *f* cezaevi, hapishane
Strafantrag *m:* **einen ~ stellen** ceza talebinde bulunmak
strafbar *adj* cezayı gerektiren; **sich ~ machen** suç işlemek
Strafe *f* ceza
strafen *vt* cezalandırmak (*jdn* -i)
straff *adj* 1.(*steif*) sert, katı 2.(*gespannt*) gergin 3.(*fig: streng*) sert, sıkı
straffen *vt* (*spannen*) germek (*etw* -i)
Strafgefangene(r) *mf* mahpus, mahkum, hükümlü
Strafgesetzbuch *nt* Ceza Kanunu
Strafmandat *nt* ceza müzekkeresi
Strafporto *nt* cezalı posta ücreti
Strafprozess[RR] *m* ceza davası
Strafprozessordnung[RR] *f* ceza davası kanunu
Strafraum *m* ceza sahası
Strafrecht *nt* ceza hukuku
Strafstoß *m* penaltı
Straftat *f* suç, cürüm

Strahl *m* 1.(*Licht-*) ışın 2.(*Wasser-*) fışkıran su
strahlen *vi* 1.(*leuchten*) ışın salmak, ışıl(lda)mak 2.(*glänzen*) parlamak; **er strahlte übers ganze Gesicht** yüzü pırıl pırıldı
Strahlenbehandlung *f* ışın tedavisi, radyoterapi
strahlend *adj* 1.(*glänzend*) parlak, ışıl ışıl 2.(*fig: Gesicht*) parlayan
Strahlung *f* radyasyon
Strähne *f* (*Haar*) perçem, bir tutam saç
stramm *adj* 1.(*straff*) gergin 2.(*kerzengerade*) dimdik 3.(*kräftig*) kuvvetli
Strampelhose *f* bebek tulumu
strampeln *vi* tepinmek
Strand *m* deniz kıyısı [*o* kenarı], sahil, yalı; (*Bade-*) plaj
stranden *vi sein* (*Schiff*) karaya oturmak
Strandschuhe *mpl* plaj ayakkabıları
Strang *m* 1.(*Strick*) ip 2.(*bei Garn, Wolle*) çile
strangulieren *vt* (*erdrosseln*) boğmak (*jdn* -i)
Strapaze *f* büyük zahmet, sıkıntı
strapazieren *vt* 1.(*überanstrengen*) aşırı yormak (*jdn* -i) 2.(*abnutzen*) aşındırmak (*etw* -i)
Straße *f* 1.(*einer Stadt*) sokak, yol, cadde 2.(*Land-*) şose 3.(*zwischen den Städten*) karayolu 4.(*Fahrdamm, -bahn*) araba yolu 5.(*Meerenge*) boğaz; **auf offener ~** sokak ortasında
Straßenarbeiten *pl* yol yapım çalışmaları *pl*
Straßenbahn *f* tramvay
Straßenbelag *m* bir yolun (*asfalt gibi*) kaplaması
Straßenecke *f* yol köşesi
Straßenfeger *m* (sokak) çöpçü(sü)
Straßengraben *m* şarampol
Straßenhändler(in) *m(f)* işportacı, sokak satıcısı
Straßenkarte *f* karayolları haritası
Straßenkind *nt* sokak çocuğu
Straßenlaterne *f* sokak lambası
Straßenrand *m* yol kenarı
Straßenschäden *mpl* yol hasarı *sing*
Straßenverkehrsordnung *f* trafik nizamnamesi
Straßenzustandsbericht *m* yol durumu raporu
Strategie *f* strateji

strategisch *adj* stratejik
Stratosphäre *f* stratosfer, katyuvarı
sträuben *vr:* **sich** ~ (*Haare*) diken diken olmak; (*sich widersetzen*) (şiddetle) dayanmak [*o* direnmek] (*gegen etw/jdn* -e)
Strauch *m* çalı
Strauß¹ <Sträuße> *m* (*Blumen-*) buket, (çiçek) demet(i)
Strauß² <Sträuße> *m* (*Vogel*) devekuşu
streben *vi* gayret göstermek, çabalamak
Streber(in) *m(f)* (*pej*) hırslı; (*Schule*) hırslı öğrenci
strebsam *adj* 1. (*fleißig*) çalışkan, gayretli 2. (*ehrgeizig*) hırslı
Strecke *f* 1. (MATH) doğru parçası, sınırlı doğru 2. (*Entfernung*) uzaklık, mesafe 3. (*Route*) yol; **auf der** ~ **bleiben** yarı yolda kalmak
strecken I. *vt* 1. (*dehnen*) germek, uzatmak (*etw* -i) 2. (*Vorrat*) eklemek (*etw* -i) II. *vr:* **sich** ~ (*beim Aufwachen*) gerinmek
streckenweise *adv* yer yer
Streich *m* 1. (*Schlag*) darbe, vuruş 2. (*dummer-*) eşeklik; (*übler~*) muziplik, oyun; **jdm einen** ~ **spielen** birine (fena bir) oyun oynamak
streicheln *vt* okşamak (*jdn/etw* -i)
streichen <strich, gestrichen> I. *vt* 1. (*mit Farbe*) boyamak (*etw* -i) 2. (*be-, auf-*) sürmek (*etw auf etw* -i -in üzerine) 3. (*aus-, durch-*) çizmek, silmek (*etw* -i); **frisch gestrichen!** dikkat boyalı! II. *vi* (*mit der Hand*) (elle) sıvazlamak (*über etw* -i)
Streichholz *nt* kibrit (çöpü)
Streichholzschachtel *f* kibrit kutusu
Streichkäse *m* sürme peyniri
Streife *f* (*Patrouille*) devriye
streifen I. *vt* (*leicht berühren*) sıyırıp geçmek (*etw* -i) II. *vi sein* (*umher-*) dolaşmak
Streifen *m* 1. (*in einem Stoff*) yol, çizgi 2. (*Band*) şerit, bant
Streifenwagen *m* polis arabası
Streik *m* grev
Streikbrecher(in) *m(f)* grev bozan
streiken *vi* grev yapmak
Streikende(r) *mf* grevci
Streikposten *m* grev nöbetçisi
Streit *m* 1. (*Zank*) kavga 2. (*Auseinandersetzung*) tartışma 3. (*Unstimmigkeit*) bozuşma, geçimsizlik 4. (*Wort-*) ağız kavgası, atışma; **mit jdm** ~ **anfangen** [*o* **suchen**] biriyle kavga çıkarmak
streiten <stritt, gestritten> I. *vi* kavga etmek II. *vr:* **sich** ~ kavga etmek, dalaşmak, atışmak (*mit jdm* ile); **darüber lässt sich** ~ bu konu üzerinde tartışılabilir
Streitfall *m* 1. (*allgemein*) anlaşmazlık, çekişme 2. (JUR) ihtilaf
Streitfrage *f* (tartışma) mesele(si)
Streitigkeit *f* (*meist pl*) tartışma
Streitkräfte *fpl* askeri kuvvetler *pl*
streng I. *adj* 1. (*hart*) sert 2. (*unnachsichtig*) katı 3. (*Gesicht*) ciddi 4. (*Kälte, Geschmack*) keskin II. *adv:* ~ **verboten!** kesinlikle yasak!; ~ **genommen**^RR aslına bakılırsa
Strenge *f* 1. (*Heftigkeit*) şiddet 2. (*Schärfe*) keskinlik 3. (*Härte*) sertlik
strenggenommen *adv s.* **streng**
strenggläubig *adj* sofu
Stress^RR *m* stres
stressig *adj* stresli
streuen *vt* serpmek; (*Salz*) ekmek (*etw auf etw* -i -e)
strich *vt s.* **streichen**
Strich *m* çizgi; **jdm einen** ~ **durch die Rechnung machen** birinin işlerini karıştırmak [*o* altüst etmek]; **das geht mir gegen den** ~ bu hoşuma gitmiyor, bu gücüme gidiyor; **auf den** ~ **gehen** (*fam*) sokakta fahişelik etmek
Stricher *m* erkek fahişe
Strichkode *m* barkod
Strichkode-Lesegerät *nt* barkod okuyucu
Strichpunkt *m* noktalı virgül
strichweise *adv* bazı yerlerde
Strick *m* (kalın) sicim
stricken *vi, vt* (örgü) örmek (*etw* -i)
Strickjacke *f* hırka
Stricknadel *f* (örgü) şiş(i)
Strickwaren *fpl* örgü (eşyaları), örgü (eşyaları *pl*)
strikt *adj* kesin
Striptease *m/nt* striptiz
stritt *vi s.* **streiten**
strittig *adj* tartışmalı, çekişmeli, şüpheli
Stroh *nt* saman; ~ **im Kopf haben** saman kafalı olmak
Strohblume *f* saman çiçeği, altın otu
Strohhalm *m* saman çöpü; (*für Getränke*) kamış; **bei dem Unwetter wurden Bäume wie** ~**e geknickt** fırtınada ağaçlar çöp gibi kırıldı; **sich an einen** ~ **klammern** son çareye sarılmak

Strohhut *m* hasır şapka
Strohmann *m* (*fig*) kukla, maşa (*başka birinin yerine öne çıkan veya çıkarılan kimse*)
Strohmatte *f* hasır
Strohwitwer, -witwe *m, f* (*fam*) karısı (*kocası*) seyahatte bulunan
Strom *m* 1.(*großer Fluss*) büyük ırmak [*o* nehir] 2.(*elektrisch*) akım, cereyan; **mit dem/gegen den** ~ akıntıyla/akıntıya karşı; **der** ~ **ist ausgefallen** elektrik kesildi; **es regnet in Strömen** bardaktan boşanırcasına yağmur yağıyor
Stromanschluss[RR] *m* cereyan bağlantısı
Stromausfall *m* cereyan [*o* elektrik] kesilmesi
strömen *vi sein* 1.(*Wasser*) çağlamak 2.(*Menschen*) akın etmek; **bei ~dem Regen** şakır şakır yağmurda
Stromerzeugung *f* elektrik üretimi
Stromquelle *f* elektrik kaynağı
Stromspannung *f* voltaj, gerilim
Strömung *f* (*Wasser*) akıntı; (*geistige*) akım, hareket
Stromverbrauch *m* elektrik tüketimi
Stromversorgung *f* elektriklendirme
Strophe *f* kıta, dörtlük
Strudel *m* 1.(*Wasserwirbel*) girdap, burgaç 2.(*Süßspeise*) bir çörek çeşidi
Struktur *f* içyapı, yapılış, kuruluş
strukturell *adj* yapısal
Strukturreform *f* (POL) yapısal reform
Strumpf *m* çorap
Strumpfhalter *m* jartiyer
Strumpfhose *f* külotlu çorap
struppig *adj* (*Haare*) taranmamış; (*Hund*) kaba tüylü
Stube *f* 1.oda 2.(MIL) koğuş
Stuck *m* mermer sıva
Stück *nt* 1.parça, kısım 2.(*als Zählmaß*) adet, tane, baş 3.(*Theater-*) piyes, oyun 4.(*Musik-*) eser, kompozisyon; **aus freien ~en** kendi isteğiyle; **große ~e auf jdn halten** birini adam yerine koymak
stückweise *adj* parça parça
stud. *m Abk. von* **Student(in)**
Student(in) *m(f)* öğrenci, yüksekokul [*o* üniversite] öğrencisi
Studentenfutter *nt* bir çeşit karışık kuruyemiş
Studententenverbindung *f* üniversiteliler [*o* öğrenci] birliği
Studentenwohnheim *nt* öğrenci yurdu

Studie *f* inceleme, araştırma
Studienfach *nt* öğrenim dalı
Studienrat, -rätin *m, f* lise öğretmeni
studieren *vt* 1.(*Fach*) okumak (*etw* -i) 2.(*untersuchen*) incelemek (*etw* -i); **an einer Hochschule** ~ yüksek öğrenim yapmak, yüksek okula devam etmek
Studio *nt* stüdyo
Studium *nt* (*Untersuchung*) inceleme, araştırma; (*Hochschul-*) öğrenim, tahsil
Stufe *f* 1.(*einer Treppe*) basamak 2.(*Grad*) derece 3.(*Rang*) rütbe, aşama 4.(*Entwicklungs-*) gelişim seviyesi 5.(*Niveau*) seviye, düzey
Stufenschnitt *m* (*Frisur*) kat kat kesim
stufenweise *adv* basamak basamak, derece derece, yavaş yavaş
Stuhl *m* sandalye, iskemle
Stuhlgang *m* dışarı çıkma, büyük aptes
stumm *adj* 1.(*Behinderung*) dilsiz 2.(*nichts sagend*) sessiz
Stummel *m* (*Zigaretten-*) izmarit
Stummfilm *m* sessiz film
stumpf *adj* 1.(*nicht spitz*) küt 2.(*nicht scharf*) kör, kesmez; **~er Winkel** geniş açı
Stumpf *m* (*Baum-*) ağaç kütüğü
stumpfsinnig *adj* 1.(*Person*) ahmak, kalın kafalı 2.(*Arbeit*) cansıkıcı, monoton
Stunde *f* 1.saat 2.(*Unterrichts-*) ders (saati); **eine halbe** ~ yarım saat; **eine viertel** ~ çeyrek saat; **anderthalb ~n** bir buçuk saat; **jede volle** ~ saat başında
stunden *vt* (*Geld*) mühlet vermek (*jdm etw* -e … için)
Stundengeschwindigkeit *f* bir saatteki hız
Stundenkilometer *m:* **mit 100 ~n** saatte 100 kilometre(lik) hızla
stundenlang *adv* saatlerce
Stundenlohn *m* saat ücreti
Stundenplan *m* ders programı
Stundenzeiger *m* akrep
stündlich *adv* her saat
Stundung *f* ödemeyi erteleme, mühlet, tecil
stupide *adj* (*Person*) ahmak, aptal; (*Arbeit*) aptallaştıran, sıkıcı
stupsen *vt* hafifçe itmek (*jdn/etw* -i)
Stupsnase *f* küçük ve biraz kalkık burun
stur *adj* 1.(*eigensinnig*) inatçı, dik başlı [*o* kafalı] 2.(*unbelehrbar*) söz anlamaz [*o* dinlemez] 3.(*unnachgiebig*) eğilmez, bükülmez
Sturm *m* fırtına; (*Orkan*) bora; ~ **im Was-**

serglas bardaktaki fırtına
stürmen I. *vi* (*rasen*) koşmak II. *vt* (*überfallen*) hücum etmek (*etw*-e); **es stürmt** fırtına var
Stürmer(in) *m(f)* forvet
Sturmflut *f* fırtınalı met
stürmisch *adj* 1. (*See*) fırtınalı, boralı 2. (*lärmend*) gürültülü patırtılı 3. (*erregt*) heyecanlı, ateşli 4. (*draufgängerisch*) atılgan
Sturz *m* 1. (*Fall*) düşme 2. (*Zusammenbruch*) yıkılma 3. (*der Regierung*) devrilme
stürzen I. *vi sein* düşmek, devrilmek, yıkılmak II. *vt* düşürmek, devirmek, yıkmak (*jdn/etw* -i) III. *vr:* **sich auf jdn/etw ~** birinin/bir şeyin üstüne atılmak
Sturzhelm *m* pilot [*o* motosikletçi] miğferi
Stute *f* kısrak
Stütze *f* 1. (*Pfosten*) destek, dayak 2. (*fig: Unterstützung*) yardım, muavenet
stutzen I. *vt* (*kürzen*) kısaltmak, kırpmak, kırkmak (*etw* -i) II. *vi* 1. (*staunen*) şaşmak 2. (*argwöhnisch werden*) şüphelenmek, kuşkulanmak
stützen I. *vt* desteklemek (*etw* -i) II. *vr:* **sich ~** dayanmak, yaslanmak (*gegen/auf etw* -e)
stutzig *adj* 1. (*verwundert*) şaşkın 2. (*argwöhnisch*) kuşkulu; **~ machen** (*verwundern*) şaşırtmak; (*argwöhnisch machen*) kuşkulandırmak (*jdn* -i)
Stützpunkt *m* 1. dayanak (noktası), istinat (noktası) 2. (MIL) üs
StVO *f Abk. von* **Straßenverkehrsordnung** trafik nizamnamesi
s. u. *adv Abk. von* **siehe unten** aşağıya bakınız
Subjekt *nt* özne
subjektiv *adj* öznel, sübjektif
Subkultur *f* alt kültür
substantiell *adj* 1. (*nahrhaft*) besleyici 2. (PHILOS) cevheri, tözel 3. (JUR) esaslı
Substantiv *nt* ad, isim
Substanz *f* 1. (*Materie*) madde 2. (*Kern einer Sache*) asıl, esas 3. (PHILOS) cevher, öz, töz
subtil *adj* ince, narin, dakik
subtrahieren *vt* çıkarmak (*etw* -i)
Subtraktion *f* çıkarma
subtropisch *adj* astropikal
Subvention *f* sübvansiyon, tahsisat
subventionieren *vt* sübvanse etmek (*etw/jdn* -i)
subversiv *adj* yıkıcı

Suche *f* arama, arayış; **auf der ~ nach ...** -i ararken
suchen *vt* 1. aramak (*etw/jdn* -i) 2. (*im Internet*) arama yapmak
Suchmaschine *f* (INET) arama motoru
Sucht *f* düşkünlük, tutku
süchtig *adj* düşkün, bağımlı (*nach etw* -e)
Süchtige(r) *m, f* bağımlı, düşkün, tutkun
Südafrika *nt* Güney Afrika
Südamerika *nt* Güney Amerika
Sudan *m* Sudan
Süddeutschland *nt* Güney Almanya
Süden *m* güney
Südeuropa *nt* Güney Avrupa
Südfrüchte *fpl* sıcak ülkelerde yetişen meyveler
südlich I. *adj* güney II. *adv:* **~ von ...** -in güneyinde
Südostasien *nt* Güneydoğu Asya
Südosten *m* güneydoğu
Südwesten *m* güneybatı
Südwestfunk *m* Güneybatı Federal Almanya Radyo ve Televizyonu
Südwind *m* güney rüzgarı
Südzypern *nt* Güney Kıbrıs
Sufi *m* mutasavvıf, sofi
Sufismus *m* tasavvuf, sofilik, İslam gizemciliği
suggerieren *vt* telkin etmek (*jdm etw* -e -i), fikrine [*o* kulağına] koymak (*jdm etw* -in -i)
Sühne *f* 1. (*Buße*) kefaret 2. (*Strafe*) ceza 3. (*Abbitte*) tarziye; **Schuld und ~** cürüm ve ceza
sühnen *vt* (*büßen*) kefaretini ödemek (*etw* -in)
Sülze *f* jöleli et
Sumerer(in) *m(f)* Sümerli
Summe *f* tutar, toplam, miktar
summen I. *vi* (*Insekt*) vızıldamak II. *vt* (*ein Lied*) (bir şarkı) kendi kendine söylemek
Summen *nt* vızıltı
summieren I. *vt* toplamak (*etw* -i) II. *vr:* **sich ~** birikmek
Sumpf *m* bataklık
sumpfig *adj* batak, sulak
Sünde *f* günah; (*Vergehen*) suç
Sündenbock *m* (*fig*) şamar oğlanı
sündigen *vi* günah işlemek
Sunnit(in) *m(f)* Sünni
sunnitisch *adj* Sünni
super *adj* (*fam*) süper
Super(benzin) *nt* süper (benzin)

Superlativ *m* üstünlük derecesi
Supermacht *f* süper güç
Supermarkt *m* süpermarket
Suppe *f* çorba; (*Brühe*) et suyu
Suppenfleisch *nt* çorbalık et
Suppengrün *ntpl* çorbaya katılan sebzeler
Suppenlöffel *m* 1. (*Esslöffel*) çorba kaşığı 2. (*Schöpflöffel*) kepçe
Suppenschüssel *f* çorba kasesi
Suppenteller *m* çukur tabak
Sure *f* (*des Korans*) sure
Surfbrett *nt* sörf tahtası
surfen *vi* 1. (SPORT) sörf yapmak 2. (*im Internet*) sörf yapmak, (internette) gez(in)mek
surren *vi* vızıldamak
suspekt *adj* şüpheli, zanlı
süß *adj* 1. (*nicht sauer*) tatlı, şekerli 2. (*fig: reizend, niedlich*) şirin, hoş, sevimli
süßen *vt* tatlılaştırmak (*etw* -i)
Süßholz *nt* meyan kökü; ~ **raspeln** (*fig*) yaltaklanmak, gazel okumak
Süßigkeit *f* 1. (*Leckerei*) tatlı 2. (*Süße*) tatlılık
süßlich *adj* 1. (*leicht süß*) tatlımsı 2. (*fig: gekünstelt*) yapmacık
süßsauer *adj* mayhoş
Süßspeise *f* tatlı
Süßstoff *m* tatlandırıcı
Süßwarengeschäft *nt* şekerci dükkanı, tatlıcı
Süßwasser *nt* tatlısu
SW *m Abk. von* **Südwest(en)** güneybatı
Symbol *nt* sembol, simge
symbolisch *adj* sembolik, simgesel
symmetrisch *adj* simetrik
Sympathie *f* sempati; (*Mitgefühl*) duygudaşlık
Sympathisant(in) *m(f)* sempatizan, yandaş
sympathisch *adj* sempatik, sevimli, cana yakın; **er ist mir** ~ ondan hoşlanıyorum
sympathisieren *vi* sempati duymak, duygudaş olmak (*mit jdm/etw* -e)
Symphonie *f* senfoni
Symphonieorchester *nt* senfoni orkestrası
Symposium *nt* sempozyum
Symptom *nt* belirti, semptom
Synagoge *f* havra, sinagog
synchron *adj* senkron, eşzaman(lı)
synchronisieren *vt* eşlemek (*etw* -i); (*Film*) dublajını yapmak (*etw* -in)
Synchronisierung *f* eşzamanlık, senkronizasyon; (*Film*) dublaj
Syndrom *nt* sendrom
Synode *f* ruhani meclis
synonym *adj* eşanlamlı, sinonim
Synonym *nt* eşanlamlı [*o* sinonim] kelime
Syntax *f* sözdizimi, sentaks
Synthese *f* sentez, bireşim, terkip
synthetisch *adj* sentetik, bireşimli
Syphilis *f* frengi, sifilis
Syr(i)er(in) *m(f)* Suriyeli
Syrien *nt* Suriye
syrisch *adj* 1. (*Sprache*) Süryanice 2. (*Herkunft*) Suriyeli, Şamlı
System *nt* 1. (*Schema*) sistem, dizge 2. (*Methode*) yöntem, metot 3. (*Regierungsform*) rejim
systematisch *adj* sistemli, yöntemli, metotlu
Szene *f* 1. (THEAT) sahne 2. (*Anblick*) manzara, görünüm 3. (*Streit*) sitem 4. (*Vorgang*) olay, hadise

T

t *f Abk. von* **Tonne** ton
Tabak *m* tütün; (*für Wasserpfeife*) tömbeki
Tabakladen *m* tütüncü dükkanı
Tabelle *f* cetvel, çizelge
Tablett *nt* tepsi
Tablette *f* hap, tablet
tabu *adj* tabu
Tabu *nt* tabu
Tacho(meter) *m* takometre
Tadel *m* 1. (*Rüffel*) azar, çıkışma 2. (*geh: Makel*) kusur
tadellos *adj* kusursuz, eksiksiz, özürsüz
tadeln *vt* 1. (*rügen*) azarlamak, paylamak (*jdn/etw* -i) 2. (*sich missbilligend äußern*) kınamak, ayıplamak (*jdn/etw* -i)
Tadschikistan *nt* Tacikistan
Tafel *f* 1. (*Schreib-*) (yazı) tahta(sı) 2. (*Schild*) levha 3. (*Schokolade*) tablet

Tafel-

4. (*gedeckter Tisch*) sofra
Tafel- *adj* (*zum Verzehr bestimmt*) sofralık
täfeln *vt* (*Wand*) tahta ile kaplamak (*etw* -i)
Tafelsalz *nt* sofralık tuz
Tafelwein *m* yemekte içilen hafif şarap
Tag *m* gün; (*Gegensatz zu Nacht*) gündüz; **den ganzen ~ (lang** [*o* **über**]) bütün gün; **~ für ~** günbegün; **jeden zweiten ~** gün aşırı; **dieser ~e** bugünlerde; **~ und Nacht** gecegündüz; **heute in 14 ~en** iki hafta sonra bugün; **eines (schönen) ~es** günün birinde, günlerden bir gün; **bei ~** gündüzün; **von ~ zu ~** günden güne; **guten ~!** günaydın!; (*ab Mittag*) iyi günler!, merhaba!; **es wird ~** gün doğuyor; **etw an den ~ bringen** bir şeyi meydana [*o* açığa] çıkarmak; **sie hat ihre ~e** aybaşı olmuş; **in den ~ hinein leben** günü gününe yaşamak
Tagebuch *nt* hatıra defteri, günlük; **ein ~ führen** günlük tutmak
Tagegeld *nt* harcırah
tagelang *adv* günlerce
Tagelöhner(in) *m(f)* gündelikçi
tagen *vi* (*eine Tagung abhalten*) toplanmak, miting yapmak
Tagesanbruch *m* gün doğması, şafak; **bei ~** gün doğarken, şafakla beraber
Tagesausflug *m* günlük gezi
Tagesgericht *nt* günün yemeği
Tageskarte *f* günlük bilet
Tageskurs *m* günün rayici
Tageslauf *m* bir günün geçişi
Tageslicht *nt* gün ışığı
Tageslichtprojektor *m* tepegöz
Tagesordnung *f* gündem
Tagesschau *f* (TV) günün haberleri
Tageszeit *f* günün saati
Tageszeitung *f* günlük gazete
tägl. *adv Abk. von* **täglich**
täglich I. *adj* günlük, gündelik II. *adv* her gün
tagsüber *adv* gündüzün
Tagung *f* toplantı, oturum
Taille *f* bel
Takt *m* 1. (MUS) ölçü; (*türkisch*) usul 2. (*-gefühl*) incelik, denlilik, takt
Taktik *f* taktik, tabiye
taktisch *adj* taktik, tabiyevi
taktlos *adj* densiz, patavatsız, düşüncesiz
Taktlosigkeit *f* densizlik, patavatsızlık; **eine ~ begehen** koz kırmak
taktvoll *adj* ince ruhlu, nazik, denli

Tal *nt* vadi, dere
Talent *nt* yetenek, kabiliyet
talentiert *adj* yetenekli, kabiliyetli
Talg *m* içyağı, donyağı, mumyağı
Talisman *m* tılsım; (*gegen den bösen Blick*) nazarlık
Talkessel *m* çukur vadi
Talkmaster(in) *m(f)* sunucu
Talkshow *f* söyleşi programı, tolkşov
Talsperre *f* bent, baraj, su seddi
Tamburin *nt* tef
Tampon *m* 1. (*für Frauen*) tampon 2. (*zur Wundbehandlung*) fitil
Tandem *nt* tandem, iki kişilik bisiklet
Tank *m* depo, tank; (*Benzin-/Wasser-*) benzin/su deposu
tanken *vt* (*Benzin*) benzin almak
Tanker *m* tanker
Tankstelle *f* benzin istasyonu
Tankwart, -wärtin *m, f* benzinci
Tanne *f* çam, köknar
Tannenbaum *m* Noel ağacı
Tannenzapfen *m* çam kozalağı
Tansania *nt* Tanzanya
Tante *f* (*Mutterschwester*) teyze; (*Vaterschwester*) hala; (*angeheiratete*) yenge
Tanz *m* dans, oyun *fam*
tanzen *vi* dans etmek, oynamak *fam*
Tänzer(in) *m(f)* 1. dans eden, dansçı 2. (*Berufs-*) dansör; (*weiblich*) dansöz
Tanzfläche *f* (dans) pist(i)
Tanzlokal *nt* dans salonu
Tanzmusik *f* dans müziği
Tanzschule *f* dans okulu
Tanzstunde *f* dans dersi
Tapete *f* duvar kâğıdı
tapezieren *vt* (duvarları) kâğıtla kaplamak
tapfer *adj* cesur, mert, yürekli
Tapferkeit *f* cesaret, mertlik, yüreklilik
Tarif *m* 1. (*allgemein*) tarife 2. (*Preisliste*) fiyat listesi 3. (*Gebührenverzeichnis*) ücret cetveli
Tariflohn *m* tarife ücreti
Tarifvertrag *m* ücret anlaşması
tarnen I. *vt* gizlemek, kamufle etmek (*etw/jdn* -i) II. *vr:* **sich ~** maskelenmek, örtünmek
Tarnung *f* gizleme, kamuflaj
Tasche *f* 1. (*in einem Kleidungsstück*) cep 2. (*Hand-, Akten-*) çanta 3. (*Beutel*) torba
Taschenbuch *nt* cep kitabı
Taschencomputer *m* cep bilgisayarı
Taschendieb(in) *m(f)* yankesici

Taschengeld *nt* harçlık
Taschenkalender *m* cep takvimi
Taschenlampe *f* cep feneri
Taschenmesser *nt* çakı
Taschenrechner *m* cep hesap makinesi
Taschentuch *nt* mendil
Taschenuhr *f* cep saati
Tasse *f* fincan; **eine ~ Kaffee** bir fincan kahve; **nicht alle ~n im Schrank haben** kafadan kontak [*o* keçileri kaçırmış] olmak
Tastatur *f* klavye
Taste *f* tuş
tasten *vi* (parmakla) dokunmak (*nach etw* -e)
Tastsinn *m* dokunma duyusu, dokunum
tat *vt s.* **tun**
Tat *f* 1.(*Handlung*) eylem, hareket, fiil 2.(*Straf-*) suç, cürüm 3.(*Helden-*) kahramanlık; **in der ~** gerçekten, sahiden; **jdn auf frischer ~ ertappen** birini suçüstü yakalamak
Tatbestand *m* gerçeklik, hakikat, hadisenin unsurları
Tatendrang *m* girişim hevesi, sabırsızlık
Täter(in) *m(f)* fail, yapan; (*Übel-*) suçlu, mücrim
tätig *adj* etkin, faal, aktif; **als ... ~ sein** ... olarak çalışmak
Tätigkeit *f* etkinlik, faaliyet, hareket; (*berufliche*) iş, meslek, görev
Tatkraft *f* enerji, azim
tatkräftig *adj* enerjik, azimli
tätlich *adj* saldırgan, fiili, tecavüzi; **~ werden** zora başvurmak; **gegen jdn ~ werden** birine saldırmak
Tatort *m* olay yeri, vaka yeri
tätowieren *vt* dövme yapmak (*auf* -e); **sich ~ lassen** dövme yaptırmak
tätowiert *adj* dövmeli
Tätowierung *f* dövme
Tatsache *f* olgu, gerçek, vakıa
tatsächlich I. *adj* gerçek, vaki II. *adv* gerçekten, sahiden; **~?** sahi mi?, öyle mi?
Tau[1] *m* (*Niederschlag*) çiy, jale, şebnem
Tau[2] *nt* (*starkes Seil*) halat, urgan
taub *adj* 1.(*gehörlos*) sağır 2.(*gefühllos*) uyuşuk; **sich ~ stellen** duymamazlıktan gelmek
Taube *f* güvercin; (*Turtel-*) kumru
Taubenschlag *m* güvercinlik
taubstumm *adj* sağır-dilsiz
tauchen I. *vt* daldırmak, batırmak; (*tunken*) banmak (*etw in etw* -i -e) II. *vi sein* dalmak, batmak (*in etw* -e)
Taucher(in) *m(f)* dalgıç
Taucheranzug *m* dalgıç elbisesi
Taucherausrüstung *f* dalgıç takımı
Taucherbrille *f* dalgıç gözlüğü
Taucherflosse *f* palet
Tauchsieder *m* elektrikli su ısıtıcısı
tauen *vi* (*Schnee*) erimek; (*Eis*) çözülmek; **es taut** (*Schnee*) kar eriyor
Taufe *f* vaftiz
taufen *vt* vaftiz etmek (*jdn* -i)
Taufname *m* vaftiz adı
Taufpate *m* vaftiz babası
Taufpatin *f* vaftiz anası
taugen *vi* yaramak, elverişli olmak (*für/zu etw* -e); **zu nichts ~** hiç bir işe yaramamak
tauglich *adj* yararlı, elverişli, kullanışlı; (*Person*) yetenekli
Tauglichkeit *f* yararlık, elverişlilik; (*Person*) yetenek
taumeln *vi sein* sallanmak, sendelemek, sersem sersem yürümek
Taurus *m* Toros
Taurusgebirge *nt* Toroslar *pl*
Tausch *m* değişme, mübadele; (*Aus-*) değiş tokuş
tauschen *vt* değiştirmek, değiş (tokuş) etmek (*etw gegen etw* -i ile)
täuschen I. *vt* aldatmak, yanıltmak, dolandırmak (*jdn* -i) II. *vr:* **sich ~** aldanmak, yanılmak
Täuschung *f* 1.(*Betrug*) aldat(ıl)ma 2.(*Irrtum*) yanılma, yanılgı
tausend *num* bin; **zu ~en** binlerce; **~e von Menschen** binlerce insan
Tausendfüßler *m* kırkayak
tausendste(r, s) *adj* bininci
Tausendstel *nt* binde bir
Tauwetter *nt* çözülme
Tauziehen *nt* halat çek(iş)me; (*fig*) çekişme
Taxe *f* 1.(*Festpreis*) kesin konmuş fiyat 2.(*Schätzung*) tahmin 3.(*Taxi*) taksi
Taxi *nt* taksi
taxieren *vt* tahmin etmek, kestirmek (*etw* -i)
Taxierung *f* değer tahmini
Taxifahrer(in) *m(f)* taksi şoförü
Taxistand *m* taksi durağı
Tb(c) *f Abk. von* **Tuberkulose** tüberküloz
Team *nt* ekip, takım
Teamarbeit *f* grup çalışması
Technik *f* teknik

Techniker(in) *m(f)* tekniker, teknisiyen, teknikçi
technisch *adj* teknik
Techno *m* tekno
Technokrat(in) *m(f)* teknokrat
Technokratie *f* teknokrasi
Technologie *f* teknoloji
Technologietransfer *m* teknoloji transferi
Teddybär *m* oyuncak ayı
TEE *m Abk. von* **Trans-Europa-Express** Transavrupa Ekspresi
Tee *m* çay; ~ **mit Zitrone** limonlu çay; **grüner** ~ yeşil çay
Teebeutel *m* çay poşeti
Teekanne *f* demlik
Teekessel *m* çaydanlık
Teelöffel *m* çay kaşığı; **einen** ~ **voll** bir çay kaşığı dolusu
Teer *m* katran
Teeservice *nt* çay takımı
Teesieb *nt* çay süzgeci
Teich *m* küçük göl; (*künstlicher* -) havuz
Teig *m* hamur
Teigwaren *fpl* hamur işleri *pl*
Teil[1] *m* 1. bölüm, kısım 2. (*Stück*) parça 3. (*Anteil*) pay, hisse; **zu gleichen** ~**en** eşit parçalar halinde; **zum** ~ kısmen; **zum großen** ~ büyük çoğunlukla
Teil[2] *nt* 1. (*Einzel-*) parça 2. (*Anteil*) pay, hisse
teilbar *adj* bölünebilen
Teilbetrag *m* yekunun bir kısmı
teilen *vt* 1. ayırmak, bölmek (*etw in etw* -i -e) 2. (MATH) bölmek (*etw durch etw* -i -e); **etw mit jdm** ~ biriyle bir şeyi bölüşmek
teilhaben *irr vi:* **an etw** ~ bir şeye katılmak
Teilhaber(in) *m(f)* ortak, hissedar, paydaş
Teilkasko *f* kısmi kasko (sigortası)
Teilnahme *f* 1. (*Beteiligung*) katılma, katılım 2. (*Interesse*) ilgi 3. (*Mitgefühl*) duygudaşlık
Teilnahmebedingungen *fpl* katılım şartları *pl*
Teilnahmegebühr *f* katılım ücreti
teilnahmslos *adj* 1. (*ohne Interesse*) ilgisiz 2. (*ohne Gefühl*) duygusuz
teilnehmen *irr vi* katılmak (*an etw* -e)
Teilnehmer(in) *m(f)* katılan, katılımcı; (*an einem Wettbewerb*) yarışmacı
teils *adv* kısmen
Teilung *f* 1. (*Ein-*) bölünme 2. (*Trennung*) ayırma, ayrılma 3. (*in Anteile*) paylaşma
teilweise *adv* kısmen
Teilzahlung *f* 1. (*Rate*) taksit 2. (*Abzahlung in Raten*) taksitle ödeme
Tekkno *m* tekno
Tel. *nt Abk. von* **Telefon** telefon
Telearbeit *f* teleiş
Telearbeitsplatz *m* tele işyeri
Telefax *nt* faks
Telefon *nt* telefon
Telefonauskunft *f* danışma, enformasyon, bilinmeyen numaralar servisi
Telefonbuch *nt* telefon rehberi
Telefongebühren *fpl* telefon ücreti *sing*
Telefongespräch *nt* telefon konuşması
Telefonhörer *m* ahize
telefonieren *vi* telefon etmek (*mit jdm* -e)
telefonisch I. *adj* telefonlu II. *adv* telefonla
Telefonist(in) *m(f)* telefoncu, telefonist
Telefonkarte *f* telefon kartı
Telefonnummer *f* telefon numarası
Telefonverzeichnis *nt* telefon fihristi
Telefonzelle *f* telefon kabinesi
telegrafieren vi tel(graf) çekmek
telegrafisch I. *adj* telgraflı II. *adv* telgrafla
Telegramm *nt* telgraf
Telekommunikation *f* telekomünikasyon
Teleobjektiv *nt* teleobjektif
Teleshopping *nt* telefonla alışveriş
Teleskop *nt* teleskop, dürbün
Telex *nt* teleks
Teller *m* tabak; **flacher** ~ düz tabak; **tiefer** ~ çukur tabak
Tempel *m* tapınak
Temperament *nt* 1. (*Veranlagung*) huy, mizaç, yaradılış 2. (*Lebhaftigkeit*) canlılık, hareketlilik
temperamentvoll *adj* 1. (*lebhaft*) atılgan, canlı, hareketli 2. (*feurig*) ateşli
Temperatur *f* 1. (*Wärmegrad*) sıcaklık derecesi 2. (*Fieber*) ateş
Tempo *nt* 1. (*Geschwindigkeit*) hız, sürat 2. (*Rhythmus*) tempo
Tempolimit *nt* hız sınırı
Tendenz *f* (*Neigung*) eğilim
tendenziös *adj* taraflı
Teneriffa *nt* Tenerif
Tenne *f* harman yeri
Tennis *nt* tenis
Tennisball *m* tenis topu
Tennisplatz *m* tenis sahası, kort
Tennisschläger *m* tenis raketi

Tennisspieler(in) *m(f)* tenis oyuncusu, tenisçi
Tenor *m* 1. (*Stimmlage od. Sänger*) tenor 2. (*Inhalt*) mana; **der ~ der Rede war der, dass** nutkun havası o idi ki
Teppich *m* halı; (*Gebets-*) seccade; (*Wand-*) kilim
Teppichboden *m* duvardan duvara halı
Teppichweberei *f* halıcılık
Termin *nt* kararlaştırılan saat [*o* gün]; (*bei Arzt*) randevu
Terminal *nt* terminal
Terminkalender *m* takvimli defter, ajanda
Terpentin *nt* terebentin, terementi
Terrakotta *f* terakota
Terrasse *f* 1. teras, taraça 2. (*Geländestufe*) seki
Territorialgewässer *nt* karasuları *pl*
Territorium *nt* 1. (*Gebiet*) bölge 2. (*Staatsgebiet*) devlet toprakları *pl*
Terror *m* terör, tedhiş
terrorisieren *vt* korkutmak, yıldırmak (*jdn* -i)
Terrorismus *m* terorizm
Terrorist(in) *m(f)* terörist
terroristisch *adj* terörist
Tesafilm® *m* seloteyp
Test *m* test
Testament *nt* vasiyet(name); **das Alte ~** Tevrat; **das Neue ~** İncil
testen *vt* denemek (*jdn/etw* -i)
Testosteron *nt* testosteron
Tetanus *m* tetanos
teuer I. *adj* 1. (*nicht billig*) pahalı, masraflı, fiyatlı 2. (*kostbar*) değerli, kıymetli 3. (*lieb*) sevgili, aziz; **wie ~ ist diese Jacke?** bu ceket kaça?; **teurer werden** pahalılaşmak II. *adv* pahalı; (**jdm**) **~ zu stehen kommen** (birine) pahalıya mal olmak
Teufel *m* şeytan, iblis; **pfui ~!** tüh!; **scher dich zum ~!** cehenneme git!; **in ~s Küche kommen** hapı yutmak; **den ~ an die Wand malen** belayı davet etmek
Teufelskreis *m* kısır döngü
Text *m* 1. (*allgemein*) metin, yazı 2. (*Lied-*) şarkı sözü, güfte
Textdatei *f* metin dosyası
Textilien *pl* tekstil *sing*
Textilindustrie *f* tekstil (sanayii)
Texttreue *f* orijinal metne sadakat
Textverarbeitungsprogramm *nt* kelime işlemci program

TH *f Abk. von* **Technische Hochschule** yüksek teknik okul
Thailand *nt* Tayland
Theater *nt* 1. tiyatro 2. (*fam: Getue*) yapmacık 3. (*fam: Aufregung*) telaş
Theaterkarte *f* tiyatro bileti
Theaterstück *nt* piyes, tiyatro oyunu
Theatervorstellung *f* tiyatro temsili
theatralisch *adj* (*fig*) sahte [*o* yapmacık] tavırlı
Theke *f* tezgah
Thema *nt* konu, mevzu, madde
Theologe, -gin *m, f* ilahiyatçı
Theologie *f* teoloji, tanrıbilim, ilahiyat
theoretisch *adj* kuramsal, teorik
Theorie *f* kuram, teori
Therapeut(in) *m(f)* tedavici
therapeutisch *adj* terapötik, iyileştirici
Therapie *f* terapi, tedavi
Thermalquelle *f* kaplıca, ılıca
Thermometer *nt* termometre, derece *fam*
Thermosflasche *f* termos
Thermostat *m* termostat
Thrakien *nt* Trakya
Thriller *m* 1. (*Film*) gerilim filmi 2. (*Roman*) gerilim romanı
Thrombose *f* tromboz
Thron *m* taht
Thunfisch *m* tonbalığı, orkinos
Thüringen *nt* Thüringen (eyaleti)
Thymian *m* kekik(otu)
Tick *m* 1. tuhaf alışkanlık 2. (*med*) tik
ticken *vi* (*Uhr*) tiktak etmek
Ticket *nt* bilet
tief I. *adj* 1. (*nicht flach*) derin 2. (*niedrig*) alçak 3. (*Teller*) çukur 4. (*Stimme*) kalın; **es ist 5 Meter ~** 5 metre derinliğinde II. *adv* derin olarak; **~ fliegen** alçaktan uçmak
Tief *nt* (*Wetter*) alçak basınç
Tiefbau *m* yeraltı inşaatı
Tiefe *f* 1. (*allgemein*) derinlik 2. (*Abgrund*) uçurum 3. (*Stimme*) kalınlık
Tiefebene *f* ova
Tiefflug *m* alçak uçuş; **im ~** alçak uçuşla
Tiefgarage *f* yeraltı garajı
tiefgefroren *adj,* **tiefgekühlt** *adj* derin dondurulmuş
Tiefkühltruhe *f* derin dondurucu
Tiefpunkt *m* en düşük nokta
Tiefschlag *m* (*Boxen*) alçak vuruş; (*fig*) yenilgi
Tiefstand *m* düşük düzey

Tier *nt* hayvan
Tierart *f* hayvan türü
Tierarzt, -ärztin *m, f* baytar, veteriner
Tierfreund(in) *m(f)* hayvansever
Tiergarten *m* hayvanat bahçesi
tierisch *adj* hayvansal, hayvani; (*pej*) vahşi, hayvanca
Tierkreiszeichen *nt* burç
Tierquälerei *f* hayvanlara kötü muamele
Tierschützer(in) *m(f)* hayvansever
Tierschutzverein *m* hayvanları koruma derneği
Tierversuch *m* hayvanlarla yapılan deney, hayvan deneyi
Tierwelt *f* hayvanlar alemi
Tierzucht *f* hayvancılık
Tiger(in) *m(f)* kaplan
Tigris *m* Dicle
tilgen *vt* 1.(*beseitigen*) silmek (*etw* -i) 2.(*Schuld*) amorti etmek (*etw* -i)
Tilgung *f* amorti(sman)
Tinte *f* mürekkep
Tintenfisch *m* mürekkep balığı
Tintenklecks *m* mürekkep lekesi
Tipp[RR] *m* 1.(*Ratschlag*) öğüt, tavsiye 2.(*Fingerzeig*) işaret; **jdm einen ~ geben** birine akıl vermek
tippen I. *vi* 1.(*leicht klopfen*) parmakla hafifçe dokunmak (*auf etw* -e) 2.(*Maschine schreiben*) daktilo etmek 3.(*Lotto*) lotto oynamak 4.(*raten*) tahmin etmek II. *vt* (*mit Maschine schreiben*) daktilo ile yazmak (*etw* -i)
Tippfehler *m* daktilo yanlışı
Tisch *m* masa; **bei ~** sofra başında; **den ~ decken/abdecken** sofrayı kurmak/kaldırmak; **etw unter den ~ fallen lassen** bir şeye aldırış etmemek
Tischbein *nt* masa ayağı
Tischdecke *f* masa örtüsü
Tischlampe *f* masa lambası
Tischler(in) *m(f)* marangoz
Tischtennis *nt* masa tenisi, pingpong
Tischtuch *nt* masa örtüsü
Titel *m* 1.(*Namenszusatz*) unvan 2.(*Überschrift*) başlık 3.(*Name*) ad
Titelblatt *nt* ilk [*o* baş] sayfa
Toast *m* 1.(*Brot*) tost 2.(*Trinkspruch*) kadeh tokuşturma sırasında söylenenler
Toastbrot *nt* tost ekmeği
toasten *vt* (*Brot*) kızartmak (*etw* -i)
Toaster *m* tost makinesi

toben *vi* 1.(*wütend werden*) azmak, kudurmak 2.(*Kinder*) gürültü etmek
Tobsucht *f* kudurma
Tochter *f* kız (evlat)
Tochtergesellschaft *f* bir şirketin şubesi
Tod *m* ölüm
Todesanzeige *f* ölüm ilanı
Todesfall *m* ölüm
Todesfasten *nt* ölüm orucu
Todesgefahr *f* ölüm tehlikesi
Todeskampf *m* can çekişme
Todesstrafe *f* idam cezası
Todestag *m* ölüm günü; (*Jahrestag*) ölüm günü yıldönümü
Todesursache *f* ölüm nedeni
Todesurteil *nt* idam kararı
todkrank *adj* ölüm derecesinde hasta
tödlich I. *adj* öldürücü II. *adv:* **~ verunglücken** kazada ölmek, kazaya kurban gitmek
todmüde *adj* yorgun argın, (ölgün) bitkin
todsicher *adj* şüphe götürmez
Tohuwabohu *nt* (*fam*) karmakarışıklık, anababa günü
Toilette *f* tuvalet; (*europäische Toilette*) alafranka tuvalet
Toilettenartikel *mpl* tuvalet eşyası *sing*
Toilettenpapier *nt* tuvalet kâğıdı
Toilettentisch *m* tuvalet masası
tolerant *adj* hoşgörücü, toleranslı
Toleranz *f* hoşgörü, tolerans
tolerieren *vt* hoşgörmek (*etw/jdn* -i), tolerans göstermek (*etw/jdn* -e)
toll *adj* 1.(*verrückt*) kaçık, çılgın 2.(*großartig*) harika, enfes
Tollwut *f* kuduz
tollwütig *adj* kudurmuş, kuduz
Tomate *f* domates
Tomatenmark *nt* domates salçası
Tomatensaft *m* domates suyu
Tomatensauce *f* domates sosu
Tomatensuppe *f* domates çorbası
Tombola *f* tombala
Ton *m* 1.(*Erde*) balçık, kil 2.(MUS) ton 3.(*Laut*) ses 4.(*Betonung*) vurgu 5.(*Abtönung*) nüans 6.(*Redeweise*) şive; **den ~ angeben** (*fig*) etrafına hakim olmak
tonangebend *adj* (*fig*) etrafına hakim
Tonband *nt* ses bandı
Tonbandgerät *nt* teyp
tönen I. *vi* (*klingen*) çınlamak, tınlamak II. *vt* (*Haare*) renk vermek (*etw* -e), hafifçe boyamak (*etw* -i)

Tonfall *m* şive, aksan
Tonfilm *m* sesli film
Tonkarte *f* (INFORM) ses kartı
Tonne *f* **1.** (*1000 kg*) ton **2.** (*Fass*) fıçı, varil
Tönung *f* **1.** (*Farbton*) renk tonu **2.** (*Haar*) saçın hafifçe boyanması
Tonwaren *fpl* toprak çanak çömlek *sing*
Topf *m* **1.** (*Ton-*) çömlek, çanak **2.** (*Koch-*) tencere **3.** (*Blumen-*) saksı; **alles in einen ~ werfen** (*fig*) fark gözetmemek
Töpfer(in) *m(f)* çömlekçi, çanakçı
Töpferei *f* **1.** (*Tätigkeit*) çömlekçilik **2.** (*Werkstatt*) çömlek tezgahı
Töpferwaren *fpl* çanak çömlek *sing*
topfit *adj* (*fam*) formunda
Topflappen *m* tutacak
Topmodel *nt* top model
Tor¹ *m* (*törichter Mensch*) ahmak, budala, akılsız
Tor² *nt* **1.** (*große Tür*) büyük kapı **2.** (SPORT) kale; (*geschossenes*) gol; **ein ~ schießen** gol atmak
Torf *m* turba, bataklık kömürü
Torhüter(in) *m(f)* kaleci
töricht *adj* ahmak, budala, akılsız
torlos *adj* (SPORT) golsüz
Törn *m* yelkenli gezisi
torpedieren *vt* torpillemek (*etw* -i)
Torpedo *m* torpido, torpil
Torschütze *m* gol atan
Torso *m* kırık heykel; (*fig*) tamamlanmamış eser
Torte *f* yaş pasta
Tortenboden *m* pasta altlığı
Tortenform *f* pasta kalıbı
Tortur *f* işkence, azap
Torwart *m* kaleci
tot *adj* **1.** (*leblos*) ölü, ölmüş **2.** (*nicht rege*) cansız, hareketsiz **3.** (*glanzlos*) sönük, donuk **4.** (*öde*) ıssız **5.** (*unergiebig*) verimsiz; **~ geboren**[RR] ölü doğmuş; **sich ~ stellen**[RR] kendini ölmüş gibi göstermek
total I. *adj* bütün, tam II. *adv* tamamen, büsbütün
totalitär *adj* totaliter, bütüncül
Totalitarismus *m* totalitarizm, bütüncüllük
totarbeiten *vr:* **sich ~** ölesiye çalışmak
Tote(r) *mf* ölü
töten *vt* öldürmek (*jdn/etw* -i)
totenblass[RR] *adj*, **totenbleich** *adj* ölü benizli, sapsarı

Totenkopf *m* kurukafa
Totenschein *m* ölüm ilmühaberi
Totenstille *f* ölüm sessizliği, ölümsü bir sessizlik
totgeboren *adj s.* **tot**
totlachen *vr:* **sich ~** gülmekten katılmak [*o* kırılmak]
Toto *nt* (*Fußball*) sportoto
Totoschein *m* sportoto bileti
Totschlag *m* adam öldürme
totschlagen *irr vt* vurarak [*o* döverek] öldürmek (*jdn* -i); **die Zeit ~** vakit öldürmek
Tötung *f* (JUR) öldürme; **fahrlässige ~** kasıtsız ama ihmal nedeniyle öldürme; **vorsätzliche ~** kasıtlı öldürme
Touchscreen *m* (INFORM) dokunmatik ekran
tough *adj* sert
Toupet *nt* takma saç
toupieren *vt* (*Haar*) saçları kabartmak
Tour *f* **1.** (*Ausflug*) gezi(nti) **2.** (*Rundreise*) tur
Tourismus *m* turizm
Tourist(in) *m(f)* turist
Touristenklasse *f* turistik mevki
Touristenmenü *nt* turist mönüsü
Touristenvisum *nt* turist vizesi
Tournee *f* turne
toxisch *adj* toksik
Trab *m* tırıs; **im ~** tırıs giderek
Trabantenstadt *f* kentin etrafında gelişen, şehirleşen büyük semt
Tracht *f* **1.** (*Kleidung*) giyim, kılık, kıyafet **2.** (*Volks-*) milli kıyafet
trächtig *adj* (*Tier*) gebe
Trackball *m* (INFORM) iz topu
Tradition *f* gelenek, anane
Traditionalist(in) *m(f)* gelenekçi
traditionalistisch *adj* gelenekçi
traditionell *adj* geleneksel
traf *vi, vt s.* **treffen**
Tragbahre *f* sedye
tragbar *adj* **1.** (*zum Tragen*) taşınır, portatif **2.** (*Kleid*) giyilebilir **3.** (*erträglich*) katlanılır, çekilir
träge *adj* **1.** (*faul*) üşengeç, uyuntu, miskin **2.** (*schwerfällig*) ağır, mızmız, mıymıntı
tragen <trägt, trug, getragen> *vt* **1.** (*fortbewegen*) taşımak (*etw* -i) **2.** (*stützen*) desteklemek (*etw* -i) **3.** (*Kleidung*) giymek (*etw* -i); **Früchte ~** meyve vermek; **etw bei sich ~** bir şeyi yanında taşımak
Träger *m* **1.** (*Gepäck-*) hamal **2.** (*Balken*) di-

rek, destek **3.**(*an einem Kleidungsstück*) askı
Trägersignal *nt* (INFORM) taşıyıcı sinyal
Tragetüte *f* naylon torba
Tragfläche *f* uçağ kanatlarının kapladığı alan
Trägheit *f* **1.**(*Faulheit*) üşengeçlik **2.**(*Schwerfälligkeit*) ağırlık, mıymıntılık
Tragik *f* trajedi, feci durum
tragisch *adj* feci, trajik, acıklı; ~ **nehmen** çok önemseyip dertlenmek (*etw* -i)
Tragkorb *m* sepet; (*für Babys*) portbebe
Tragödie *f* trajedi; (*Unglück*) felaket, facia
trägt *vt s.* **tragen**
Tragweite *f* önem
Trainer(in) *m(f)* antrenör
trainieren I. *vt* antrenman yaptırmak, çalıştırmak (*jdn* -i) **II.** *vi* antrenman [*o* idman] yapmak
Training *nt* antrenman, idman
Trainingsanzug *m* eşofman
Traktor *m* traktör
trampeln *vi* **1.**(*stampfen*) tepinmek **2.**(*schwerfällig gehen*) ağır ağır yürümek
trampen *vi sein* otostopla yolculuk etmek
Tramper(in) *m(f)* otostopçu
Träne *f* gözyaşı
Tränengas *nt* gözyaşartıcı gaz
Tränengasbombe *f*, **Tränengasgranate** *f* göz yaşartıcı bomba
trank *vt s.* **trinken**
Tränke *f* yalak
tränken *vt* (*Tiere*) su içirmek (*etw* -e)
Transaktion *f* işlem
transatlantisch *adj* denizaşırı
Transfer *m* transfer, aktar(ıl)ma
Transferbus *m* servis otobüsü
transferieren *vt* transfer etmek (*etw* -i)
Transformator *m* transformatör
Transistor *m* transistor
transitiv *adj* geçişli, oldurgan
Transitverkehr *m* transit trafiği
transparent *adj* saydam
Transparent *nt* pankart
Transplantation *f* transplantasyon, nakil
transplantieren *vt* (*Organ*) nakletmek, aktarmak (*jdm etw* -e -i)
Transport *m* taşıma, nakil
Transportflugzeug *nt* nakliye uçağı
transportieren *vt* taşımak, nakletmek (*etw* -i)
Transportunternehmen *nt* nakliyat şirketi
Transvestit *m* travesti
Trapez *nt* **1.**(*im Zirkus*) trapez **2.**(*math*) yamuk
Trasse *f* **1.**(*Bahn-*) demir yolu hattı **2.**(*Straßenplanung*) yer ölçme sırıklarıyla işaretlenmiş hat
trat *vi, vt s.* **treten**
Traube *f* **1.**(*Blütenstand*) salkım **2.**(*Weinbeere*) üzüm
Traubensaft *m* üzüm suyu
Traubenzucker *m* glikoz, nişasta şekeri
trauen I. *vi* güvenmek, inanmak (*jdm/einer Sache* -e) **II.** *vr:* **sich** ~ cesaret etmek (*etw zu tun* -meye) **III.** *vt* **1.**(*verheiraten*) nikahlamak (*jdn* -i) **2.** **sich** ~ **lassen** nikah kıydırmak, nikahlanmak
Trauer *f* **1.**(*um einen Toten*) yas, matem **2.**(*Kummer*) üzüntü, keder, gam; ~ **tragen** matem [*o* yas] tutmak
Trauerflor *m* matem bandı
Trauerkleid *nt* matem elbisesi
trauern *vi* **1.**(*über etw*) üzülmek (*über etw* -e) **2.**(*um einen Toten*) yas tutmak, yasını tutmak (*um jdn* -in)
Trauerspiel *nt* trajedi, ağlatı
Trauerweide *f* salkımsöğüt
träufeln *vt* damlatmak (*etw auf etw* -i -e)
Traum *m* **1.**düş, rüya **2.**(*Fantasie, Illusion*) hayal, hulya; **wie im** ~ rüya gibi
Trauma *nt* travma
traumatisch *adj* travmalı
träumen *vi* rüya [*o* düş] görmek
Träumer(in) *m(f)* (*Fantast*) hayalci
traumhaft *adj* rüya gibi
traumwandlerisch *adv* uykuda gezer gibi
traurig *adj* **1.**(*Person*) üzgün, kederli, hüzünlü **2.**(*Sache*) acıklı; ~ **machen** üzmek (*jdn* -i)
Trauring *m* nikah yüzüğü
Trauschein *m* evlenme kâğıdı
Trauung *f* (*Hochzeit*) düğün; **kirchliche** ~ kilise nikahı; **standesamtliche** ~ medeni nikah
Trauzeuge, -zeugin *m, f* nikah şahidi
treffen <trifft, traf, getroffen> **I.** *vt* **1.**(*begegnen*) karşılaşmak (*jdn* ile); (*zufällig*) rastlamak, rast gelmek (*jdn* -e) **2.**(*an-*) bulmak (*jdn* -i) **3.**(*Schütze*) isabet ettirmek (*etw* -e); (*Geschoss*) isabet etmek (*etw* -e); **eine Maßnahme** ~ tedbir almak; **eine Entscheidung** ~ karar vermek; **es gut** ~ (*Glück ha-*

Treffen   248   **Trödelmarkt**

ben) şansı olmak; **sich getroffen fühlen** kendi üstüne almak **II.** *vr:* **sich mit jdm ~** biriyle buluşmak; **es traf sich, dass** öyle oldu ki; **das trifft sich gut** bu, çok isabetli
Treffen *nt* **1.** (*Begegnung*) karşılaşma **2.** (*Verabredung*) buluşma, randevu
treffend *adj* (*angemessen*) uygun
Treffer *m* **1.** (*Fußball*) gol **2.** (*beim Schießen*) (tam) isabet
Treffpunkt *m* buluşma yeri
treffsicher *adj* (*Schütze*) iyi nişan alan
treiben <trieb, getrieben> **I.** *vt* **1.** (*Tierherde*) sürmek (*etw* -i) **2.** (*jagen*) kovmak (*jdn* -i) **3.** (*in Bewegung setzen*) harekete geçirmek, yürütmek (*jdn/etw* -i) **4.** (*Geschäfte, Sport*) yapmak (*etw* -i) **II.** *vi* **1.** *haben* (*keimen*) çimlenmek **2.** *sein* (*auf dem Wasser*) sürüklenmek
Treiben *nt* (*auf der Straße*) kalabalık
Treibhaus *nt* ser(a), limonluk
Treibhauseffekt *m* sera etkisi
Treibhausgas *nt* sera gazı
Treibmittel *nt* (*Hefe*) maya
Treibstoff *m* akaryakıt, yakıt
Trend *m* trent
Trendwechsel *m* trentteki değişim
trennbar *adj* ayrılabilir
trennen I. *vt* **1.** ayırmak (*etw/jdn von etw/jdm* -i -den) **2.** (*entzweien*) (ikiye) ayımak (*jdn* -i) **3.** (*Telefongespräch*) bağlantıyı kesmek **II.** *vr:* **sich ~** birbirinden ayrılmak; **sich von jdm ~** birinden ayrılmak
Trennung *f* (*Vorgang*) ayrılma; (*Ergebnis*) ayrılık
Treppe *f* merdiven
Treppenabsatz *m* merdiven başı
Treppengeländer *nt* merdiven tırabzanı [*o* korkuluğu]
Treppenhaus *nt* merdiven holü
Tresor *m* kasa
Tretboot *nt* pedallı [*o* kayık] bot
treten <tritt, trat, getreten> **I.** *vt* (*mit dem Fuß stoßen*) tekmelemek (*jdn/etw* -i), tekme atmak (*jdn/etw* -e) **II.** *vi sein* (*be-, hinein-*) girmek (*in etw* -e); **auf etw ~** bir şeye (ayak) basmak; **etw mit Füßen ~** (*missachten*) bir şeyi çiğnemek
treu *adj* **1.** (*loyal*) vefalı, bağlı, sadakatlı **2.** (*ergeben*) sadık **3.** (*Kunde*) sadık
Treue *f* vefa, bağlılık, sadakat; **jdm die ~ halten/brechen** birine sadık kalmak/kalmamak

treulos *adj* vefasız
Tribüne *f* **1.** (*Redner-*) kürsü **2.** (*Zuschauer-*) tribün
Trichine *f* trişin, domuz kurdu
Trichter *m* huni
Trick *m* **1.** (*Kniff*) manevra **2.** (*eines Betrügers*) hile, düzen, dolap
Trickfilm *m* çizgi film
trieb *vi, vt s.* **treiben**
Trieb *m* **1.** (PSYCH) dürtü **2.** (*An-*) (iç)güdü **3.** (*von Pflanze*) filiz, sürgün
Triebkraft *f* itici güç
triefen *vi* damlamak
trifft *vi, vt s.* **treffen**
triftig *adj* inandırıcı
Trikot *nt* triko, atlet, fanila
Trilogie *f* üçleme
Trimester *nt* trimestr (*üç aylık öğrenim devresi*)
trinkbar *adj* içil(ebil)ir
trinken <trank, getrunken> *vt* içmek; (*Säugling*) emmek (*etw* -i); **was möchten Sie ~?** ne içmek istiyorsunuz?
Trinker(in) *m(f)* içki düşkünü, ayyaş
Trinkgeld *nt* bahşiş; (*im Restaurant*) garsoniye
Trinkspruch *m* kadeh tokuşturma sırasında söylenenler
Trinkwasser *nt* içme suyu
Trio *nt* triyo, üçlü
Trip *m* küçük gezinti, dolaşma
trippeln *vi sein* tıpış tıpış yürümek
tritt *vi, vt s.* **treten**
Tritt *m* **1.** (*Schritt*) adım **2.** (*Fuß-*) tekme **3.** (*Huf-*) çifte
Trittbrett *nt* basamak
Triumph *m* zafer
Triumphbogen *m* zafer takı
trocken *adj* **1.** kuru; (*Boden*) kurak **2.** (*langweilig*) kuru, yavan
Trockenhaube *f* saç kurutma başlığı
Trockenheit *f* **1.** (*Zustand*) kuruluk **2.** (*Dürre*) kuraklık, susuzluk
trockenlegen *vt* **1.** (*Kind*) bebeğin altını değiştirmek **2.** (*Sumpf*) kurutmak (*etw* -i)
Trockenmasse *f:* **in der ~** kurutulmuş madde
trocknen I. *vt* kurutmak; (*ab-*) kurulamak (*etw* -i) **II.** *vi sein* kurumak
Trockner *m* kurutucu
Trödel *m* pılı pırtı, ıvır zıvır
Trödelmarkt *m* bitpazarı

trödeln *vi* (*Zeit vertun*) oyalanmak
Trödler(in) *m(f)* 1.(*Altwarenhändler*) eskici, hurdacı 2.(*langsame Person*) mıymıntı
troff *vt s.* **triefen**
trog *vt s.* **trügen**
Troja *nt* Truva
Trommel *f* 1.(*allgemein*) trampet 2.(*große*) davul; (*kleine türkische*) dümbelek; (*arab. Hand-*) darbuka; (*Schellen-*) tef
Trommelfell *nt* kulakzarı
trommeln *vi* davul [*o* trampet] çalmak
Trommler *m* trampetçi, davulcu
Trompete *f* trompet; (MIL) boru
trompeten *vi* trompet [*o* boru] çalmak
Tropen *pl* tropikal bölgeler *pl*
tropfen *vi* damlamak
Tropfen *m* damla
tropfenweise *adv* damla damla
tropfnass[RR] *adj* sır(ıl)sıklam
Tropfsteinhöhle *f* damlataş mağarası
tropisch *adj* tropikal
Trost *m* teselli, avuntu; **nicht recht bei ~ sein** keçileri kaçırmış olmak
trösten *vt* teselli etmek, avutmak (*jdn* -i)
tröstlich *adj* teselli edici, avutucu
trostlos *adj* 1.(*öde*) ıssız, kasvetli 2.(*verzweifelt*) ümitsiz
Trostpreis *m* teselli ödülü
Trott *m* 1.(*Pferdegang*) yorga 2.(*Einerlei*) tekdüze yaşama biçimi
Trottel *m* (*pej*) salak, sümsük, pısırık
trotten *vi sein* 1.(*Pferd*) yorga gitmek 2.(*langsam gehen*) ağır ağır gitmek
Trottoir *nt* (yaya) kaldırım(ı)
trotz *präp* +*gen, dat* -e rağmen, -e karşın
Trotz *m* (*Eigensinn*) inat(çılık), dik kafalılık
trotzdem *adv* buna rağmen [*o* karşın]
trotzen *vi* 1.(*eigensinnig sein*) inat etmek 2.(*Widerstand leisten*) direnmek (*jdm/einer Sache* -e)
trotzig *adj* 1.(*eigensinnig*) inatçı, dik kafalı 2.(*schmollend*) somurtkan
trüb(e) *adj* 1.(*Flüssigkeit*) bulanık 2.(*Himmel*) kapalı, puslu, bulutlu
Trubel *m* hayhuy, curcuna
trüben **I.** *vt* bulandırmak (*etw* -i) **II.** *vr:* **sich ~** (*Himmel*) kapanmak, bulutlanmak; (*Wasser*) bulanmak
Trübsinn *m* hüzün
trübsinnig *adj* hüzünlü
Trüffel *f* 1.(*Pilz*) yermantarı 2.(*Praline*) bir çeşit fondan

trug *vt s.* **tragen**
trügen <trog, getrogen> *vi, vt* aldatmak, yanıltmak (*jdn* -i); **der Schein trügt** görünüşe aldanmamalı
trügerisch *adj* aldatıcı, yanıltıcı
Trugschluss[RR] *m* yanlış vargı
Truhe *f* sandık; (*kleinere*) kutu, mahfaza
Trümmer *pl* 1.(*Ruine*) harabe *sing*, yıkıntı *sing* 2.(*Schutt*) enkaz *sing*, moloz *sing*
Trümmerhaufen *m* enkaz yığını, yıkıntı
Trumpf *m* koz; **seine Trümpfe ausspielen** kozlarını oynamak
Trunkenheit *f* sarhoşluk; **wegen ~ am Steuer** içkili araba kullandığındau dolayı
Trupp *m* (*Arbeiter*) ekip, takım
Truppe *f* 1.(*Soldaten*) kıta, birlik 2.(*Theater-*) trup
Truthahn *m* (baba) hindi
Truthenne *f* dişi hindi
Tschad *m* Çad
Tscheche *m,* **Tschechin** *f* Çek
tschechisch *adj* 1.(*Art*) Çek 2.(*Sprache*) Çekçe; **Tschechische Republik** Çek Cumhuriyeti
Tschechoslowakei *f* (HIST) Çekoslovakya
tschüss *interj* eyvallah, hoşça kal
Tsd. *nt Abk. von* **Tausend** bin
T-Shirt *nt* tişört, T-şört
Tube *f* tüp
Tuberkulose *f* verem, tüberküloz
Tuch *nt* 1.(*Stoff*) kumaş 2.(*Staub-, Spül- etc.*) bez 3.(*Kopf-*) başörtü(sü); (*Hals-*) (boyun) atkı(sı); **wie ein rotes ~ auf jdn wirken** birini hiddetlendirmek
Tuchfühlung *f:* **in ~ bleiben** irtibatta kalmak
tüchtig *adj* 1.(*fleißig*) çalışkan 2.(*fähig*) becerikli, yetenekli 3.(*geschickt*) maharetli 4.(*nur bei Frauen*) hamarat
Tüchtigkeit *f* beceri, yararlık, çalışkanlık; (*nur bei Frauen*) hamaratlık
tückisch *adj* 1.(*boshaft*) kötü 2.(*hinterhältig*) sinsi
tugendhaft *adj* erdemli, namuslu, faziletli
Tüll *m* tül
Tulpe *f* lale
tumb *adj* salak, dingil, bön
tummeln *vr:* **sich ~** (*Kinder*) sıçrayıp oynamak, koşup tozmak
Tumor *m* tümör, yumru, ur
Tumult *m* şamata, curcuna
tun <tut, tat, getan> *vt* 1.(*machen*) yap-

mak, etmek (*etw* -i) **2.** (*bewirken*) meydana getirmek (*etw* -i) **3.** (*setzen, legen, stellen, stecken*) koymak (*etw in/auf etw* -i -e); **sein Bestes ~** elinden geleni yapmak; **ich habe zu tun** işim var; **ich habe damit nichts zu ~** bu işle hiç bir ilgim yok; **mit etwas zu ~ haben** bir şeyle ilgisi [*o* ilişkisi] olmak; **~ und lassen, was man will** istediğini yapmak; **so ~ als ob ...** -miş gibi yapmak; **Sie ~ gut daran zu ...** -mekle iyi edersiniz; **er tut nur so** öyleymiş gibi yapıyor; **das tut mir gut** bana iyi geliyor
tünchen *vt* badanalamak (*etw* -i)
Tunesien *nt* Tunus
Tunesier(in) *m(f)* Tunuslu
tunesisch *adj* **1.** (*Art*) Tunus **2.** (*Herkunft*) Tunuslu
Tunfisch^{RR} *m* tonbalığı, orkinos
Tunke *f* sos
tunken *vt* banmak (*etw in etw* -i -e)
Tunnel *m* tünel
tupfen I. *vi* (*leicht berühren*) hafifçe dokunmak (*an/auf etw* -e) II. *vt* (*tüpfeln*) lekelemek, beneklemek (*etw* -i)
Tür *f* kapı; (*Schrank-, Ofen-*) kapak; **zwischen ~ und Angel** ayak üstü; **jdn vor die ~ setzen** (*fam*) birini kapı dışarı etmek; **vor der ~ stehen** kapı önünde durmak; **von ~ zu ~ gehen** kapı kapı dolaşmak
Turban *m* kavuk, sarık
Turbine *f* türbin
Türcode *m* kapı kodu
Türgriff *m* kapı kolu
Türke *m*, **Türkin** *f* Türk
Türkei *f* Türkiye
Türkis *m* firuze, türkuaz
türkis *adj* firuze rengi

türkisch *adj* **1.** (*Art*) Türk **2.** (*Sprache*) Türkçe; **~er Honig** helva; **~er Kaffee** Türk kahvesi; **~-deutsche Beziehungen** Türk-Alman ilişkileri
türkischstämmig *adj* Türk kökenli
Türklinke *f* kapı mandalı
Turkmene, -nin *m, f* Türkmen
Turkologe, -gin *m, f* Türkolog
Turkologie *f* Türkoloji
Turm *m* kule
turnen *vi* jimnastik [*o* idman] yapmak
Turnen *nt* jimnastik, beden eğitimi, idman
Turner(in) *m(f)* jimnastikçi
Turngerät *nt* jimnastik aleti
Turnhalle *f* jimnastik salonu
Turnier *nt* turnuva; (*Reit-*) at yarışı, binicilik yarışması
Turnlehrer(in) *m(f)* jimnastik öğretmeni
Turnschuh *m* spor ayakkabısı
Turnverein *m* jimnastik kulübü
Türöffner *m* (*elektrisch*) kapı otomatiği
Türrahmen *m* kapı sövesi
Türschwelle *f* kapı eşiği
Tusche *f* çini mürekkebi
tut *vt s.* **tun**
Tüte *f* torba; (*Papier-*) kesekâğıdı; (*Spitz-*) külah
TÜV *m Abk. von* **Technischer Überwachungsverein** Teknik Denetleme Derneği
TV *f Abk. von* **Television** televizyon
Typ *m* **1.** tip, biçim **2.** (*fam: Mann*) herif
Typhus *m* tifo; (*Fleck-*) tifüs
typisch *adj* tipik
Tyrann(in) *m(f)* zalim, despot
tyrannisch *adj* gaddar, zalim, despot
tyrannisieren *vt* kasıp kavurmak (*jdn* -i), gaddarlık etmek, zulmetmek (*jdn* -e)

U

u. a. *adv Abk. von* **und andere(s)**; **unter anderem** ve saire; ve de ayrıca
U-Bahn *f* metro, yeraltı treni; (*alte Istanbuler ~ in Beyoğlu*) Tünel
U-Bahnstation *f* metro durağı
übel *adj, adv* kötü, fena; (**das ist**) (**gar**) **nicht** (**so**) **~** (hiç de) fena değil; **mir ist** [*o* **wird**] **~** fenalaşıyorum; (*Magen*) midem bulanıyor; **wohl oder ~** ister istemez; **es jdm ~ nehmen**^{RR} birine darılmak [*o* gücenmek]
Übel *nt* kötülük, fenalık; **das kleinere ~** ehvenişer
Übelkeit *f* fenalaşma, rahatsızlık; (*Brechreiz*) mide bulantısı
übelnehmen *vt s.* **übel**
üben I. *vi* (*wiederholen und lernen*) alıştırma yapmak; (SPORT) antrenman yapmak II. *vt* çalışmak (*etw* -i)

über I. *präp* +*dat* (*Ort*) -in üzerinde, -in üstünde II. *präp* +*akk* 1. (*Richtung*) -in üzerine, -in üstüne; ~ **die Brücke gehen** köprüden geçmek 2. (*mehr als ...*) -den fazla; ~ **50 Jahre alt sein** 50 yaşından fazla olmak; **es geht nichts ~ ...** -in üzerine hiç bir şey yoktur 3. (*über ... hinaus*) -in ötesinde 4. (*betreffs*) hakkında, üzerine, hususunda; ~ **jdn reden** biri hakkında konuşmak 5. (*durch*) sayesinde, yardımıyla 6. (*während*) sırasında, esnasında; ~ **Nacht** gece boyunca; (*plötzlich*) birdenbire

überall *adv* her yerde [*o* tarafta]

überaltert *adj* 1. (*Gesellschaft*) yaş ortalaması yüksek 2. (*veraltet*) eskimiş

überanstrengen I. *vt* fazla yormak, yıpratmak (*jdn/etw* -i) II. *vr:* **sich ~** fazla yorulmak

Überanstrengung *f* aşırı yorulma

überarbeiten I. *vt* (*Text, Buch*) yeniden gözden geçirmek (*etw* -i) II. *vr:* **sich ~** sürmenaj olmak, aşırı çalışmak

Überarbeitung *f* 1. (*Revision*) revizyon 2. (*Person*) sürmenaj

überaus *adv* son derece(de), gayet

überbacken *irr vt* (*im Rohr*) gratine etmek (*etw* -i)

überbelasten *vt* fazla yüklemek (*etw* -i)

überbelichtet *adj* (*Foto*) aşırı ışık almış

überbewerten *vt* fazla değer vermek (*etw* -e)

überbieten *irr vt* (*übertreffen*) üstün gelmek (*jdn* -e), aşmak (*etw* -i)

Überblick *m* 1. (*auf Landschaft*) panorama 2. (*Übersicht*) genel [*o* toplu] bakış; **sich über etw einen ~ verschaffen** bir konu hakkında genel bir fikir edinmek

überblicken *vt* bir bakışta kavramak, kapsamıyla görmek (*etw* -i)

überbringen *irr vt* iletmek, teslim etmek, nakletmek (*jdm etw* -e -i)

Überbringer(in) *m(f)* getiren; (*Amtssprache*) hamil

überdenken *irr vt* iyice düşünmek (*etw* -i)

überdies *adv* bundan başka, fazla olarak

Überdosis *f* aşırı doz, sürdozaj

Überdruck *m* fazla basınç

überdurchschnittlich *adj* 1. (*über dem Durchschnitt*) ortalamanın üstünde 2. (*außergewöhnlich*) olağanüstü

übereilt *adj* düşüncesizce [*o* aceleyle] yapılan

übereinander *adv* 1. (*örtlich*) üst üste; **die Beine ~ schlagen** ayak ayak üstüne atmak 2. (*fig*) birbiri hakkında

übereinkommen *irr vi sein* anlaşmak, uzlaşmak, uyuşmak (*mit jdm* ile)

übereinstimmen *vi* 1. (*Personen*) aynı fikirde olmak (*mit jdm* ile) 2. (*Sachen*) uymak (*mit etw* -e)

überempfindlich *adj* aşırı hassas; (*leicht gekränkt*) alıngan

überfahren *irr vt* 1. (*Menschen*) çiğnemek, ezmek (*jdn* -i) 2. (*Signal*) dur işaretini görmeden (*veya* önemsemeden) basıp geçmek

Überfahrt *f* karşıdan karşıya geçiş

Überfall *m* baskın; (*Raub-*) soygun

überfallen *irr vt* basmak (*jdn* -i), saldırmak (*jdn* -e); ~ **werden** baskına uğramak

überfällig *adj* 1. fazla geciken 2. (*Rechnung*) günü geçmiş

überfliegen *irr vt* 1. (*über etw fliegen*) üzerinden uçmak (*etw* -in) 2. (*Text*) göz gezdirmek (*etw* -e)

überfließen *irr vi sein* taşmak

überflügeln *vt* (*fig*) geçmek, bastırmak, geride bırakmak (*jdn* -i)

Überfluss^RR *m* bolluk, bereket; **im ~** bol bol

überflüssig *adj* (gereğinden) fazla, gereksiz

überfluten *vt* su basmak (*etw* -i)

überfordern *vt* (*Person*) yapabileceğinden fazlasını istemek (*jdn* -den)

überführen *vt* 1. (başka bir yere) nakletmek [*o* sevketmek] (*etw* -i) 2. (*Täter*) suçunu kanıtlamak (*jdn* -in)

Überführung *f* 1. (*eines Angeklagten*) suçunun kanıtlanması 2. (*Brücke*) üstgeçit

überfüllt *adj* tıka basa dolu

Übergabe *f* 1. (*Aushändigung*) eline verme, teslim 2. (*Kapitulation*) teslim

Übergang *m* 1. (*Überqueren*) geçme 2. (*Bahn-*) geçit 3. (*Wechsel*) geçiş

Übergangsmantel *m* mevsimlik manto

Übergangszeit *f* geçiş devresi

übergeben *irr* I. *vt* 1. (*aushändigen*) vermek, teslim etmek (*jdm etw* -e -i) 2. (*Aufgabe, Amt*) bırakmak (*jdm etw* -e -i) II. *vr:* **sich ~** (*erbrechen*) kusmak, istifrağ etmek

übergehen¹ *irr vi sein* (*Thema*) geçmek (*zu etw* -e)

übergehen² *irr vt* (*auslassen*) atlamak, ihmal etmek (*etw* -i)

Übergewicht *nt* 1. (*Person*) fazla kilo 2. (*Vorherrschaft*) üstünlük; **Ihr Gepäck**

hat ~ bagaj fazlanız var
überglücklich *adj* son derece mutlu
übergreifen *irr vi* (*Feuer, Krankheit*) geçmek (*auf jdn/etw* -e)
überhaupt *adv* (*letzten Endes*) eninde sonunda; ~ **nicht** asla, hiç; ~ **nichts** hiç (mi hiç)
überheblich *adj* kibirli, kurumlu
Überheblichkeit *f* kibir, kendini üstün görme
überhitzen *vt* fazla ısıtmak [*o* kızdırmak] (*etw* -i)
überholen *vt* 1.(*vorbeigehen an*) geçmek, geride bırakmak (*jdn* -i) 2.(*Fahrzeug: links* ~) sollamak; (*rechts* ~) sağlamak (*etw* -i) 3.(*Maschine*) revizyonunu yapmak (*etw* -in)
Überholen *nt* (*Verkehr*) sollama; ~ **verboten!** sollamak yasaktır!
Überholspur *f* sollama şeridi
überholt *adj* (*veraltet*) eskimiş
Überholung *f* revizyon
überhören *vt* 1. dikkatsizlik yüzünden bir şeyi işitememek 2.(*absichtlich*) işitmemezlikten [*o* duymamazlıktan] gelmek (*etw* -i)
überkochen *vi* (kaynarken) taşmak
überladen *irr vt* fazla doldurmak (*etw* -i)
überlassen *irr vt* 1.(*abtreten*) bırakmak, terk etmek (*jdm etw* -e -i) 2.(JUR) devretmek (*jdm etw* -e -i); ~ **Sie es mir** o işi bana bırakın
überlasten *vt* fazla yüklemek (*etw* -i); (*Person*) çok yormak (*jdn* -i)
Überlastung *f* fazla yükle(n)me; (*einer Person*) çok yor(ul)ma [*o* zorla(n)ma]
überlaufen *irr vi sein* (*Flüssigkeit*) taşmak; **zum Feind** ~ düşman tarafına geçmek
Überläufer(in) *m(f)* 1.(POL) karşı partiye geçen 2.(MIL) asker kaçağı
überleben I. *vt* (*jdn*) (*birinden*) daha uzun yaşamak; (*Unfall*) kurtulmak (*etw* -den) II. *vi* sağ kalmak [*o* hayatta]
Überleben *nt* sağ [*o* hayatta] kalma; **ums** ~ **kämpfen** yaşam mücadelesi vermek
Überlebende(r) *mf* artakalan, sağ [*o* hayatta] kalan
Überlebenskampf *m* yaşam mücadelesi
überlegen[1] I. *vi, vt* düşünmek (*etw* -i) II. *vr:* **sich etw reiflich** ~ bir şeyi iyice düşünmek, bir şeyi ölçüp biçmek
überlegen[2] *adj* üstün (*jdm* -den)
Überlegenheit *f* üstünlük
Überlegung *f* düşünce, fikir; **nach reiflicher** ~ iyice düşünüp taşındıktan sonra

überliefert *adj* geleneksel
Überlieferung *f* 1.(*Tradition*) gelenek 2.(*mündliche* ~) rivayet
überlisten *vt* aldatmak (*jdn* -i)
überm *präp* = *über dem* s. **über**
Übermacht *f* üstünlük
Übermaß *nt:* **im** ~ ifrat derecede
übermäßig *adj* aşırı; (*Preis*) çok yüksek, fahiş
Übermensch *m* üstinsan
übermitteln *vt* 1.(*mitteilen*) bildirmek (*jdm etw* -e -i) 2.(*weiterleiten*) aktarmak, iletmek (*jdm etw* -e -i)
Übermittlung *f* aktarma, iletme
übermorgen *adv* öbür gün, yarından sonraki gün
übermüdet *adj* bitkin, son derece yorgun
Übermüdung *f* bitkinlik, aşırı yorgunluk
übermütig *adj* 1.(*vor Freude*) taşkın, coşkun 2.(*anmaßend*) kibirli
übern *präp* = *über den* s. **über**
übernächste(r, s) *adj* (*Straße*) birinci değil ikinci; (*Tag, Woche*) öbür; **am** ~**n Tage** öbür gün
übernachten *vi* gecelemek, konaklamak, geceyi geçirmek
Übernachtung *f* geceleme, konaklama
Übernahme *f* 1.(*Entgegennahme*) teslim alış 2.(*Zitat*) alıntı 3.(*Annahme*) kabul
übernatürlich *adj* doğaüstü
übernehmen *irr* I. *vt* 1.(*in Empfang nehmen*) teslim almak (*etw* -i) 2.(*Textstelle*) almak (*etw* -i) 3.(*Aufgabe, Kosten*) üstüne almak (*etw* -i) II. *vr:* sich ~ ifrata kaçmak
überparteilich *adj* partiler üstü
überprüfen *vt* gözden geçirmek, yoklamak, denetlemek (*etw* -i)
Überprüfung *f* gözden geçirme, yoklama, denetleme
überqueren *vt* (*Straße, Fluss*) karşı tarafına geçmek (*etw* -in); (*Brücke*) geçmek (*etw* -den); (*Platz*) ortasından geçmek (*etw* -in); (*Berg*) aşmak (*etw* -i)
überragen *vt* 1.(*Berg, Haus*) daha yüksek olmak (*etw* -den) 2.(*Person: größer sein*) boyunu geçmek (*jdn* -in); (*übertreffen*) daha üstün olmak (*jdn* -den)
überragend *adj* üstün
überraschen *vt* sürpriz yapmak (*jdn* -e), şaşırtmak, hayrete düşürmek (*jdn* -i)
überraschend *adj* şaşırtıcı, sürprizli
überrascht *adj* şaşırmış, hayret içinde

Überraschung f sürpriz
überreden vt ikna etmek (*jdn zu etw* -i -e), kandırmak (*jdn* -i), aklını çelmek (*jdn* -in)
überreichen vt uzatmak, sunmak (*jdm etw* -e -i)
überreif adj 1.(*sehr reif*) çok olgun 2.(*leicht faulend*) çürümek üzere
überrumpeln vt gafil avlamak, (aniden) basmak (*jdn* -i)
überrunden vt geçmek (*jdn* -i)
übers präp = *über das* s. **über**
Überschallflugzeug nt süpersonik uçak
Überschallgeschwindigkeit f süpersonik hız (*ses hızını geçen hız*)
überschätzen vt fazla değer vermek (*jdn/etw* -e), (gözünde) büyütmek (*jdn/etw* -i)
überschauen vt 1.(*Gelände*) her yanını görmek (*etw* -in) 2.(*begreifen*) bir bakışta kavramak (*etw* -i)
Überschlag m 1.(*Schätzung*) tahmin, kestirme 2.(SPORT) takla, perende
überschlagen¹ vt: die Beine ~ ayak ayak üstüne atmak
überschlagen² I. vt 1.(*beim Lesen*) okumayarak geçmek (*etw* -i) 2.(*ungefähr berechnen*) tahmini hesaplamak (*etw* -in) II. vr: sich ~ (*Auto*) takla atmak; (*sich bemühen*) gayret göstermek; (*schrill werden*) tizleşmek
überschneiden irr vr: sich ~ kesişmek
überschreiben irr vt 1.(*mit Titel*) başlık koymak (*etw* -e) 2.(JUR) devretmek (*jdm etw* -e -i) 3.(INFORM: *Datei*) üstüne yazmak (*etw* -in)
überschreiten irr vt 1.(*Ort*) geçmek (*etw* -den); (*Frist, Grenze*) aşmak (*etw* -i) 2.(*fig: Gesetz*) bozmak, çiğnemek (*etw* -i)
Überschrift f başlık
Überschuss^RR m artık, kalan, fazla
überschüssig adj arta kalan, fazla
überschütten vt 1.(*mit Flüssigkeit*) üstüne dökmek (*etw mit etw* -in -i) 2.(*mit Komplimenten, Vorwürfen*) yağdırmak (*jdn mit etw* -e -i), boğmak (*jdn mit etw* -i -e)
überschwänglich^RR adj 1.(*begeistert*) coşkun, heyecanlı 2.(*übertrieben*) mübalağalı
überschwemmen vt su basmak (*etw* -i); den Markt mit Waren ~ piyasaya mal yağdırmak
Überschwemmung f su baskını
überschwenglich adj s. **überschwänglich**

Übersee pl denizaşırı ülkeler pl
überseeisch adj denizaşırı
übersehen irr vt 1.(*Gelände*) her yanını görmek (*etw* -in) 2.(*nicht sehen*) gözden kaçırmak; (*absichtlich*) görmemezlikten gelmek (*etw* -i)
übersenden irr vt yollamak, göndermek (*jdm etw* -e -i)
übersetzen¹ vt (*über einen Fluss*) öbür tarafa geçirmek (*etw/jdn* -i)
übersetzen² vt 1.(*schriftlich*) çevirmek (*etw in etw* -i -e) 2.(*dolmetschen*) çevirmek, tercüme etmek (*etw aus etw in etw* -i -den -e)
Übersetzer(in) m(f) çevirmen, tercüman
Übersetzung f çeviri, tercüme
Übersicht f 1.(*Überblick*) toplu bakış 2.(*Zusammenfassung*) özet
übersichtlich adj açık, belirgin
Übersichtlichkeit f açıklık, belirginlik
übersiedeln vi sein yerleşmek, göçmek (*nach/in etw* -e)
überspannt adj 1.(*extrem*) aşırı 2.(*verrückt*) kaçık, delişmen
überspielen vt (*Tonband*) kaydetmek (*etw* -i) (*bir teypten diğerine*)
überspitzt adj (*fig*) abartmalı
überspringen irr vt 1.(*springen über*) üstünden atlamak (*etw* -in) 2.(*auslassen*) atlamak (*etw* -i)
überstehen irr vt 1.(*Gefahr*) atlatmak, savmak (*etw* -i) 2.(*durchmachen*) dayanmak (*etw* -e), çekmek (*etw* -i)
übersteigen irr vt aşmak, geçmek (*etw* -i)
überstimmen vt oy sayısıyla yenmek (*jdn* -i)
Überstunden fpl fazla mesai; ~ **arbeiten** fazla mesai çalışmak
überstürzen vr: sich ~ (*Ereignisse*) hızla birbirini izlemek
überstürzt adj düşüncesizce [*o* aceleyle] yapılan
Übertrag m aktarılacak toplam
übertragbar adj (JUR) devredilebilir; **nicht** ~ devredilmez
übertragen¹ irr vt 1.(*Sendung*) yayınlamak (*etw* -i) 2.(*übersetzen*) çevirmek, tercüme etmek (*etw in etw* -i -e) 3.(JUR) devretmek (*jdm etw* -e -i) 4.(*Buchhaltung*) başka bir hesaba geçirmek (*etw* -i)
übertragen² adj: in ~er Bedeutung mecazi anlamda
Übertragung f 1.(*Übersetzung*) çeviri, ter-

cüme 2.(JUR) devretme 3.(*Sendung*) yayın
Übertragungsgeschwindigkeit *f* (INET) aktarım hızı
Übertragungsrate *f* (INET: *von Daten*) veri hızı
Übertragungswagen *m* canlı yayın aracı
übertreffen *irr vt* aşmak, bastırmak, geride [*o* arkada] bırakmak (*jdn/etw* -i)
übertreiben *irr vt* abartmak, büyütmek (*etw* -i)
Übertreibung *f* abartma
übertreten¹ *irr vi sein* 1.(*Fluss*) taşmak 2.(*Religion, Partei wechseln*) geçmek (*zu etw* -e)
übertreten² *irr vt* (*Regel*) uymamak (*etw* -e)
Übertretung *f* 1.(*Straffall*) suç 2.(*eines Gesetzes*) kanuna aykırı hareket
übertrieben *adj* abartmalı, aşırı
überwachen *vt* kontrol etmek, gözetim altında bulundurmak (*jdn/etw* -i)
Überwachung *f* gözetim, denetleme
überwältigen *vt* 1.(*besiegen*) yenmek (*jdn/etw* -i) 2.(*sehr beeindrucken*) çok etkilemek (*jdn* -i)
überwältigend *adj* muhteşem, heybetli; (*Mehrheit*) ezici
Überweg *m* (*Fußgänger-*) yaya geçidi
überweisen *irr vt* (*Geld*) havale etmek (*jdm etw* -e -i)
Überweisung *f* 1.(*Geld-*) havale 2.(*zu Facharzt*) nakil
überwiegen *irr vi* üstün olmak
überwiegend I. *adj* en büyük II. *adv* (*hauptsächlich*) genellikle
überwinden *irr* I. *vt* 1.(*besiegen*) yenmek (*jdn/etw* -i) 2.(*Hindernis*) aşmak (*etw* -i) 3.(*Zorn*) bastırmak (*etw* -i) II. *vr:* **sich** ~ nefsini kırmak; **sich** ~ **etw zu tun** kendini bir şey yapmaya zorlamak
Überwindung *f* 1. yenme, aşma 2.(*Selbst-*) kendini zorlama
überwintern *vi* kışı geçirmek
Überzahl *f* sayıca üstünlük
überzeugen I. *vt* inandırmak (*jdn von etw* -i -e), kandırmak (*jdn* -i) II. *vr:* **sich von etw** ~ bir şeyden emin olmak; ~ **Sie sich selbst!** kendiniz emin olun!
überzeugend *adj* inandırıcı, ikna edici
überzeugt *adj* emin (*von etw* -den), inanmış
Überzeugung *f* 1.(*das Überzeugen*) inandırma 2.(*Meinung*) kanı 3.(*Glaube*) inanç

überziehen¹ *irr vt:* **sie zog (sich) eine Jacke über** üzerine bir ceket geçirdi
überziehen² *irr vt* (*mit Stoff*) kaplamak (*etw mit etw* -i ile); (*das Konto* ~) banka hesabından fazla para çekmek
Überzug *m* 1.(*Bespannung*) örtü 2.(*über Möbel*) kılıf
üblich I. *adj* 1.(*gewohnt*) alışagelmiş 2.(*gebräuchlich*) kullanılan II. *adv:* **wie** ~ her zamanki gibi
U-Boot *nt* denizaltı
übrig *adj* (*verbleibend*) geri kalan, artan; (*andere*) diğer, başka; **das Übrige**ᴿᴿ geri kalan; (*einer Entwicklung, Erzählung*) devamı; **die Übrigen**ᴿᴿ diğerleri; **im Übrigen**ᴿᴿ ayrıca; **etwas für jdn** ~ **haben** birini sevmek, birinden hoşlanmak; ~ **bleiben**ᴿᴿ (arta)kalmak, artmak; **mir bleibt nichts anderes** ~ yapacak başka hiç bir şeyim kalmadı; **etw** ~ **lassen**ᴿᴿ bir şeyi (artık) bırakmak, hepsini bitirmemek; (**sehr**) **zu wünschen** ~ **lassen**ᴿᴿ (çok) pürüzlü olmak
übrigens *adv* ayrıca, hem (de)
übriglassen *vt s.* **übrig**
Übung *f* 1. alıştırma, egzersiz 2.(SPORT) idman, antrenman 3.(*Ausüben*) yapma, uygulama; **aus der** ~ **kommen** formdan düşmek, hamla(ş)mak
Übungsbuch *nt* alıştırma [*o* egzersiz] kitabı
UdSSR *f* (HIST) *Abk. von* **Union der Sozialistischen Sowjetrepubliken** SSCB (*Sovyet Sosyalist Cumhuriyetler Birliği*)
UEFA-Pokal *m* UEFA Kupası
Ufer *nt* sahil, kıyı; (*Fluss-*) nehir kenarı [*o* kıyısı]
Ufo *nt* ufo
Ufologe, -gin *m, f* ufocu
Ufologie *f* ufoloji
Uganda *nt* Uganda
U-Haft *f Abk. von* **Untersuchungshaft** tutukluluk
Uhr *f* saat; **wie viel** ~ **ist es?** saat kaç?; **um wie viel** ~? saat kaçta?; **es ist ein/zwei** ~ saat bir/iki
Uhrmacher(in) *m(f)* saatçi
Uhrwerk *nt* saat mekanizması
Uhrzeiger *m* saat ibresi
Uhrzeit *f* saat (ayarı)
Uhu *m* puhu
Ukraine *f* Ukrayna
UKW *f Abk. von* **Ultrakurzwelle** çok kısa dalga

ulkig *adj* (*spaßig*) eğlendirici, güldürücü; (*pej*) tuhaf, garip
Ulme *f* karaağaç
Ultrakurzwelle *f* çok kısa dalga
Ultraschall *m* ültrason
Ultraschalluntersuchung *f* ültrason muayenesi
ultraviolett *adj* ültraviyole, morötesi
um I. *präp* +*akk* 1. (*Ort*) (-in) etrafında 2. (*Richtung*) (-in) etrafına 3. (*Zeit*): ~ **fünf Uhr** saat beşte; **ungefähr um 5 Uhr** saat beş sularında; ~ ... **willen** (-in) uğruna; ~ **alles in der Welt nicht** dünya bir araya gelse; ~ **ein Haar** kıl payı II. *konj:* ~ **zu** -mek için; ~ **so besser/schlimmer!** daha iyi/kötü ya!
umarmen *vt* kucaklamak (*jdn* -i), sarılmak (*jdn* -e)
Umarmung *f* kucaklama, sarılma
Umbau *m* değiştirme, yeniden düzenleme
umbauen¹ *vt* değiştirmek, yeniden düzenlemek (*etw* -i)
umbauen² *vt* etrafını binalarla çevirmek (*etw* -in)
umbilden *vt* değiştirmek, yeniden düzenlemek, düzeltmek (*etw* -i)
umbinden *irr vt* (*Krawatte, Schürze*) bağlamak (*etw* -i)
umblättern *vt* sayfayı çevirmek
umblicken *vr:* **sich** ~ (*nach allen Seiten*) etrafına bakınmak; (*rückwärts*) arkasına bakmak
umbringen *irr vt* öldürmek (*jdn* -i)
umdrehen I. *vt* döndürmek, çevirmek (*etw* -i) II. *vr:* **sich** ~ dönmek; (*nach hinten schauen*) arkasına bakmak
Umdrehung *f* dönme, devir, devre
umfallen *irr vi sein* (yere) düşmek
Umfang *m* 1. (MATH) çevre 2. (*Ausdehnung*) genişlik, kapsam
umfangreich *adj* geniş, kapsamlı
umfassen *vt* (*enthalten*) kapsamak (*etw* -i)
umfassend *adj* geniş, kapsamlı
umformen *vt* (biçimini) değiştirmek
Umfrage *f* soruşturma, anket
Umgang *m:* **mit jdn** ~ **haben** biriyle görüşür olmak
umgänglich *adj* geçimli, cana yakın
Umgangsformen *fpl* davranış (tarzı) *sing*
Umgangssprache *f* konuşma dili, hergünkü dil
umgeben *irr vt* etrafını çevirmek (*etw* -in), kuşatmak, çevrelemek (*etw* -i)
Umgebung *f* çevre, civar, etraf
umgehen¹ *vi* (*Gerücht*) dolaşmak; **mit jdm gut/schlecht** ~ birine iyi/kötü davranmak
umgehen² *vt* 1. (*Ort*) etrafından dolaşmak (*etw* -in) 2. (*fig: vermeiden*) çekinmek, sakınmak (*etw* -den)
umgehend *adv* bir an önce, derhal
Umgehungsstraße *f* çevre yolu
umgekehrt I. *adj* ters II. *adv* ters (olarak)
umgestalten *vt* (biçimini) değiştirmek
Umgestaltung *f* değiştir(il)me
umgraben *irr vt* çapalamak, bellemek (*etw* -i)
umgruppieren *vt* yeniden gruplandırmak (*etw* -i)
Umhang *m* pelerin
Umhängetasche *f* askılı çanta
umher *adv* etraf(ın)a, etrafında
umhin *adv:* **nicht** ~ **können etw zu tun** -mekten kendini alamamak
Umkehr *f* dönüş
umkehren I. *vt* döndürmek, çevirmek (*etw* -i) II. *vi sein* (geri) dönmek
umkippen I. *vt* devirmek (*etw* -i) II. *vi sein* devrilmek, yere düşmek
umkleiden *vr:* **sich** ~ üstünü değiş(tir)mek
Umkleideraum *m* soyunma odası
umkommen *irr vi sein* ölmek
Umkreis *m* çevre; **im** ~ çepeçevre, fırdolayı
umkreisen *vt* etrafında dönmek (*etw/jdn* -in)
umkrempeln *vt* 1. (*Ärmel*) sıvamak, kıvırmak (*etw* -i) 2. (*verändern*) (esaslı bir şekilde) değiştirmek (*etw/jdn* -i)
Umlage *f* (*von Kosten*) (masraf) bölüştürme
Umlauf *m* (*Rundschreiben*) genelge; **im** ~ **sein** kullanılmak, geçmek; **in** ~ **setzen** (*Geld*) piyasaya çıkarmak; (*Gerücht*) yaymak (*etw* -i)
Umlaufbahn *f* yörünge
Umlaut *m* Almancada ä, ö, ü harflerinin genel adı
umlegen *vt* 1. (*Kosten*) ilgililer arasında bölüşmek (*etw* -i) 2. (*fam: töten*) öldürmek (*jdn* -i)
umleiten *vt* (*Verkehr*) başka bir yola yöneltmek (*etw* -i)
Umleitung *f* 1. (*Strecke*) varyant 2. (*als Verkehrstafel*) geçit başka yerden!
umpflanzen¹ *vt* bir bitkiyi başka yere dikmek
umpflanzen² *vt* etrafını bitkilerle çevirmek

umrechnen *vt* (*Geld*) çevirmek (*etw in etw* -i -e)

Umriss^RR *m* (*Silhouette*) kenar çizgisi, siluet; **etw in Umrissen schildern** bir şeyi topluca anlatmak

umrühren *vt* karıştırmak, çalkalamak (*etw* -i)

ums *präp* = *um das* s. **um**

Umsatz *m* satış miktarı [*o* karı]

Umsatzsteuer *f* muamele vergisi

umschalten I. *vt* (*Strom, Gang*) değiştirmek (*etw* -i) II. *vi* (*fig: sich umstellen*) alışmak (*auf etw* -e)

Umschau *f:* ~ **halten** etrafına bakınmak; (*nach etw*) bir şeyi kollamak [*o* gözlemek]

umschauen *vr:* **sich** ~ etrafına bak(ın)mak; (*nach hinten*) arkasına bakmak

Umschlag *m* 1. (*Buch-*) kapak 2. (*Brief-*) zarf 3. (MED) pansuman

umschlagen *irr vt* 1. (*Ärmel*) sıvamak, kıvırmak (*etw* -i) 2. (*Seite*) çevirmek (*etw* -i); **sie schlug sich ein Halstuch um** atkı ile boynunu sardı

umschreiben¹ *irr vt* (*Eigentum*) devretmek (*jdm etw* -e -i)

umschreiben² *irr vt* (*erläutern*) (başka kelimelerle) anlatmak (*etw* -i)

umschulen *vt* 1. (*für Beruf*) yeni bir meslek için eğitmek 2. (*Schüler*) başka okula göndermek

Umschulung *f* 1. (*beruflich*) yeniden eğitim 2. (*Schüler*) okul değiştirme

Umschweife *pl:* **ohne** ~ dolambaçsız, kapı yapmadan

umsehen *irr vr:* **sich** ~ (*herum*) etrafına bakmak; (*nach hinten*) arkasına bakmak; **sich nach etw** ~ (*suchen*) bir şeyi aramak

umsetzen *vt* 1. (*versetzen*) başka bir yere koymak (*etw* -i) 2. (*verkaufen*) satmak (*etw* -i)

Umsicht *f* uyanıklık, sağgörü

umsichtig *adj* uyanık, sağgörülü, dikkatli

umsonst *adv* 1. (*vergeblich*) boşuna, beyhude (yere), nafile 2. (*gratis*) bedava, parasız

Umstand *m* (*Situation*) durum

Umstände *mpl* 1. (*Bedingungen*) şartlar *pl* 2. (*Mühe, Aufwand*) zahmet, külfet 3. (*Förmlichkeiten*) resmiyet, teklif tekellüf; **unter ~n** gerekirse; **unter diesen ~n** bu şartlar altında; **unter keinen ~!** asla; **machen Sie keine ~!** zahmet etmeyin!; **in anderen ~n** (*schwanger*) gebe, hamile

umständlich *adj* zahmetli, külfetli

Umstandskleid *nt* gebelik elbisesi

Umstandswort *nt* zarf, belirteç

umsteigen *irr vi sein* aktarma yapmak

umstellen¹ *vt* 1. (*ändern*) değiştirmek (*etw* -i) 2. (*Möbel*) yer(ler)ini değiştirmek (*etw* -in)

umstellen² *vt* kuşatmak (*etw* -i); (*umzingeln*) etrafını almak (*etw* -in)

Umstellung *f* (*Veränderung*) değişiklik

umstimmen *vt* caydırmak (*jdn* -i), fikrini değiştirmek (*jdn* -in)

umstoßen *irr vt* devirmek (*etw* -i)

umstritten *adj* kavgalı, çekişmeli

Umstrukturierung *f* yapısını değiştirme

Umsturz *m* devrim, ihtilal

umstürzen *vt* devirmek, yıkmak (*jdn/etw* -i)

Umtausch *m* değiş(tir)me

umtauschen *vt* değiştirmek (*etw gegen etw* -i ile)

umwandeln *vt* değiştirmek, dönüştürmek (*etw in etw* -i -e)

umwechseln *vt* (*Geld*) boz(dur)mak (*etw* -i)

Umweg *m* dolaşık yol; **auf ~en** (*fig*) dolambaçlı yollardan

Umwelt *f* çevre

umweltbewusst^RR *adj* çevreci

umweltfreundlich *adj* çevre dostu

Umweltpolitik *f* çevre politikası

umweltschonend *adj* çevre koruyucu

Umweltschutz *m* çevre koruma

Umweltschutzbewegung *f* çevre koruma hareketi

Umweltschützer(in) *m(f)* çevreci

Umweltschutzorganisation *f* çevre koruma organizasyonu

Umweltverschmutzung *f* çevre kirliliği

umwenden *irr* I. *vt* döndürmek, çevirmek (*etw* -i) II. *vr:* **sich** ~ dönmek

umwerfen *irr vt* 1. (*umkippen*) devirmek, düşürmek (*etw* -i) 2. (*fig: Plan*) vazgeçmek (*etw* -den)

umwerfend *adj* çok etkileyici

umziehen *irr* I. *vi sein* taşınmak, göçmek (*nach* -e) II. *vr:* **sich** ~ üstünü değiş(tir)mek

Umzug *m* 1. (*Festzug*) alay, kortej 2. (*Wohnung*) taşınma, göç

unabänderlich *adj* değiş(tirile)mez

unabdingbar *adj* zorunlu, olması gereken

unabhängig *adj* bağımsız; **sich** ~ **machen** bağımsızlığına kavuşmak

Unabhängigkeit *f* bağımsızlık, istiklal, egemenlik
unabkömmlich *adj* vazgeçilemez
unabsichtlich I. *adv* istemeyerek II. *adj* kasti olmayan
unachtsam *adj* dikkatsiz, düşüncesiz, kayıtsız
unanfechtbar *adj* 1.(*Entscheidung*) kesin 2.(*unbezweifelbar*) şüphe götürmez
unangebracht *adj* yersiz, sırasız, uygunsuz
unangenehm *adj* nahoş, tatsız, (can)sıkıcı
unannehmbar *adj* kabul edilemez
Unannehmlichkeit *f* (can) sıkıntı(sı), rahatsızlık, tatsızlık
unanständig *adj* 1.(*nicht anständig*) terbiyesiz, uygunsuz 2.(*unmoralisch*) ahlaksız 3.(*obszön*) müstehcen
Unanständigkeit *f* terbiyesizlik
unantastbar *adj* dokunulmaz
unappetitlich *adj* iğrenç
Unart *f* terbiyesizlik, yakışıksız davranış; (*Kinder*) yaramazlık
unartig *adj* (*Kind*) yaramaz, haylaz, arsız
unattraktiv *adj* çekici olmayan, gösterişsiz
unauffällig I. *adj* gösterişsiz, silik II. *adv* usulca(cık)
unaufgefordert *adv* kendiliğinden
unaufgeklärt *adj* (*Verbrechen*) faili meçhul
unaufhaltsam *adj* durdurulamaz
unaufhörlich I. *adj* sonsuz II. *adv* durmadan, durmaksızın, boyuna
unaufmerksam *adj* dikkatsiz, dalgın
unaufschiebbar *adj* ertelenemez
unausgeglichen *adj* dengesiz
unausgereift *adj* (*Plan*) yarım yamalak
unausstehlich *adj* çekilmez, dayanılmaz
unausweichlich *adj* kaçınılmaz
unbarmherzig *adj* merhametsiz, acımasız, gaddar
unbeabsichtigt I. *adj* kasti olmayan II. *adv* istemeyerek
unbeachtet *adj:* **etw ~ lassen** bir şeyi hesaba katmamak, bir şeye değer vermemek
unbedeutend *adj* önemsiz, ufak
unbedingt I. *adj* kayıtsız şartsız II. *adv* mutlaka, muhakkak; **nicht ~** şart değil
unbefangen *adj* 1.(*unparteiisch*) tarafsız 2.(*natürlich*) tabii, tutuk olmayan
unbefleckt *adj* lekesiz
unbefriedigend *adj* hoşnut [*o* tatmin] etmeyen
unbefristet *adj* süresiz
unbefugt *adj:* **Unbefugten ist der Zutritt verboten** işi olmayanların içeri girmesi yasaktır
unbegabt *adj* yeteneksiz
unbegreiflich *adj* anlaşılmaz, kavranılmaz
unbegrenzt *adj* sınırsız, sonsuz
unbegründet *adj* asılsız, temelsiz
Unbehagen *nt* rahatsızlık, huzursuzluk, sıkıntı
unbehaglich *adj* rahatsız, huzursuz, sıkıntılı
unbehelligt I. *adj* rahatsız edilmeyen II. *adv* rahatsız edilmeden
unbeholfen *adj* beceriksiz, hantal
unbekannt *adj* tanınmayan, bilinmeyen, meçhul
unbekümmert *adj* 1.(*sorgenfrei*) kedersiz 2.(*bedenkenlos*) düşüncesiz, aldırışsız
unbeliebt *adj* sevilmeyen
unbemannt *adj* (*Flugzeug*) insansız
unbemerkt I. *adj* fark edilmeyen II. *adv* gizlice
unbenommen *adv:* **es bleibt Ihnen ~, zu ...** -mek sizin kararınıza bağlıdır
unberechenbar *adj* hesap olunamayan; (*Person*) günü gününe uymayan
unberechtigt *adj* 1.(*unbefugt*) yetkisiz 2.(*nicht berechtigt*) haksız
unberücksichtigt *adj:* **etw ~ lassen** bir şeyi hesaba katmamak, bir şeyi dikkate almamak
unberührt *adj* el değmemiş
unbeschädigt *adj* zarara uğramamış, sağlam kalmış
unbeschrankt *adj:* **~er Bahnübergang** bariyersiz tren yolu geçidi
unbeschränkt *adj* 1.(*grenzenlos*) sınırsız 2.(*uneingeschränkt*) mutlak, kayıtsız şartsız
unbeschreiblich *adj* tanımı güç, tarif olunamayan
unbeschwert *adj* kaygısız, dertsiz, kedersiz
unbesorgt *adj:* **seien Sie ~!** merak etmeyiniz!
unbeständig *adj* 1.(*veränderlich*) kararsız, oynak 2.(*wankelmütig*) dönek 3.(*Wetter*) değişken
Unbeständigkeit *f* kararsızlık, değişkenlik
unbestechlich *adj* rüşvet kabul etmez
unbestimmt *adj* 1.(*Artikel*) belirsiz 2.(*ungewiss*) şüpheli
unbestreitbar *adj* belli, inkar edilemez,

şüphe götürmez
unbeteiligt *adj* **1.** (*nicht beteiligt*) katılmayan, katılmamış **2.** (*gleichgültig*) ilgisiz
unbetont *adj* vurgusuz
unbewaffnet *adj* silahsız
unbeweglich *adj* hareketsiz, durgun, sabit
Unbeweglichkeit *f* hareketsizlik
unbewohnbar *adj* oturulamayacak durumda
unbewohnt *adj* (*Haus*) boş, içinde oturulmayan; (*Gegend*) ıssız
unbewusst^{RR} **I.** *adj* bilinçsiz **II.** *adv* bilmeden
unbezahlbar *adj* **1.** (*zu teuer*) fiyatı ödenemez **2.** (*sehr wertvoll*) paha biçilmez
unblutig **I.** *adj* kansız **II.** *adv* kan akıtmadan
unbrauchbar *adj* işe yaramaz, kullanılmaz
und *konj* ve; ~ **zwar** ve bu da; ~ **so weiter** ve saire, ve başkaları; **na** ~**?** ee?, ne yapalım yani?; **er kam** ~ **holte mich ab** geldi ve beni karşıladı
undankbar *adj* nankör, iyilik bilmez
Undankbarkeit *f* nankörlük, iyilik bilmezlik
undenkbar *adj* akla (hayale) sığmayan
undeutlich *adj* **1.** (*unbestimmt*) belirsiz **2.** (*verworren*) karışık
undicht *adj:* ~ **sein** su kaçırmak; ~**e Stelle** su [*o* hava] kaçıran yer; (*fig*) sır ifşa eden
Unding *nt* anlamsızlık, münasebetsizlik, manasızlık
undiszipliniert *adj* disiplinsiz, sıkıya alışmamış
undurchführbar *adj* yapılması mümkün olmayan
undurchlässig *adj* su [*o* hava] geçirmez, su [*o* hava] sızdırmaz
undurchsichtig *adj* **1.** saydam olmayan **2.** (*fig: unklar*) belirsiz; (*dubios*) şüpheli
unecht *adj* **1.** (*falsch*) sahte, yapma(cık) **2.** (*künstlich*) suni, yapay **3.** (*nachgemacht*) taklit
unehelich *adj* (*Kind*) evlilik dışı
unehrlich *adj* **1.** (*unredlich*) namussuz **2.** (*betrügerisch*) hileci
uneigennützig *adj* kendi çıkarını düşünmeyen, özgecil
uneingeschränkt *adj* kayıtsız şartsız
uneinig *adj:* (**in einer Sache**) ~ **sein** (bir şey üzerinde) anlaşamamak
unempfindlich *adj* duygusuz, hissiz
Unempfindlichkeit *f* duygusuzluk, hissizlik
unendlich *adj* sonsuz, sınırsız
unentbehrlich *adj* vazgeçilemez, zorunlu
unentgeltlich **I.** *adj* parasız, ücretsiz **II.** *adv* ücretsiz olarak
unentschieden **I.** *adj* karara bağlanmamış, kesin olmayan **II.** *adv:* ~ **spielen** berabere kalmak
Unentschieden *nt* beraberlik
unentschlossen *adj* kararsız
unentwegt *adv* durmadan, alabildiğine
unerbittlich *adj* amansız, insafsız, acımasız
unerfahren *adj* acemi, tecrübesiz
unerfreulich *adj* hoşa gitmeyen
unergründlich *adj* anlaşılması imkansız
unerhört *adj* **1.** (*unglaublich*) görülmedik, duyulmadık **2.** (*empörend*) ayıp
unerkannt *adv* tanınmadan, gizlice
unerklärlich *adj* açıklanamaz, akla (hayale) sığmayan
unerlässlich^{RR} *adj* zorunlu, mutlaka gerekli
unerlaubt **I.** *adj* izinsiz **II.** *adj* izin almadan
unermesslich^{RR} *adj* sonsuz, sınırsız
unermüdlich *adj* yorulmaz
unerschöpflich *adj* bitmez, tükenmez
unerschütterlich *adj* sarsılmaz
unerschwinglich *adj* (*Preis*) fahiş, çok yüksek, yanına varılmaz
unersetzbar *adj,* **unersetzlich** *adj* yerine başkası konamaz, eşi bulunmaz
unerträglich *adj* çekilmez, dayanılmaz
unerwartet *adj* beklenmeyen, beklenmedik, ummadık
unerwünscht *adj* istenmeyen, arzulanmayan
unfähig *adj* yetersiz, yeteneksiz
Unfähigkeit *f* yetersizlik
unfair *adj* yakışık almaz; (SPORT) spor kurallarına aykırı
Unfall *m* kaza
Unfallanzeige *f* kaza bildirisi
Unfallflucht *f* *kazadan sonra şoförün kaçması*
Unfallgegner(in) *m(f)* *yapılan kazada karşı taraf*
Unfallopfer *nt* *kazazede*
Unfallprotokoll *nt* *kazadan sonra tutulan zabıt*
Unfallversicherung *f* kaza sigortası
unfassbar^{RR} *adj* anlaşılmaz, akıl ermez
unfehlbar *adj* yanılmaz, şaşmaz; (*Sache*)

aksamaz
Unfehlbarkeit *f* yanılmazlık, aksamazlık
unförmig *adj* biçimsiz, şekilsiz, çirkin
unfreiwillig I. *adj* isteksiz, gönülsüz II. *adv* istemeyerek, gönülsüz olarak
unfreundlich *adj* nezaketsiz, sevimsiz; (*Wetter*) soğuk
Unfreundlichkeit *f* nezaketsizlik
unfruchtbar *adj* 1.(*Mensch*) kısır 2.(*Boden*) çorak 3.(*ohne Ertrag*) verimsiz
Unfug *m* 1.(*Unsinn*) saçma 2.(*übler Streich*) muziplik
Ungar(in) *m(f)* Macar
ungarisch *adj* 1.(*Art*) Macar 2.(*Sprache*) Macarca
Ungarn *nt* Macaristan
ungeachtet *präp+gen* -e rağmen, -e karşın, -e bakmayarak
ungeahnt *adj* beklenmedik
ungebeten *adj:* **~er Gast** davetsiz misafir [*o* konuk]
ungebildet *adj* 1.(*nicht gebildet*) kültürsüz 2.(*unwissend*) bilgisiz, cahil
ungebräuchlich *adj* kullanılmayan
ungedeckt *adj* (*Scheck*) karşılıksız
Ungeduld *f* sabırsızlık
ungeduldig *adj* sabırsız; **~ werden** sabırsızlanmak
ungeeignet *adj* yersiz, uygunsuz
ungefähr I. *adj* yaklaşık, takribi II. *adv* yaklaşık olarak, aşağı yukarı
ungefährlich *adj* tehlikesiz
ungehalten *adj* dargın, gücenik
ungeheuer *adj* 1.(*furchtbar*) müthiş, dehşetli 2.(*riesengroß*) kocaman
Ungeheuer *nt* canavar
ungeheuerlich *adj* (*empörend*) ayıp, rezil
Ungeheuerlichkeit *f* ayıp, rezalet
ungehindert *adj* engelsiz
ungehörig *adj* uygunsuz, yakışıksız, ayıp; (*grob*) kaba
ungehorsam *adj* söz dinlemeyen, serkeş, itaatsiz
Ungehorsam *m* itaatsizlik
ungelegen I. *adj* vakitsiz, yersiz, uygunsuz II. *adv:* **~ kommen** vakitsiz gelmek
ungelernt *adj:* **~er Arbeiter** uzman olmayan işçi
ungelöst *adj* çözülmemiş
ungemütlich *adj* rahatsız, huzursuz
ungenau *adj* kesin olmayan, belirsiz
ungeniert I. *adj* serbest, teklifsiz, senli benli II. *adv* serbestçe, sıkılmadan
ungenießbar *adj* 1.(*Essen*) tatsız tuzsuz, yavan 2.(*fig: Person*) huysuz
ungenügend *adj* yetersiz, yetmez; (*Schulnote*) yetersiz
ungepflegt *adj* bakımsız; (*Person*) pasaklı
ungerade *adj* (*Zahl*) tek
ungerecht *adj* haksız, adaletsiz
ungerechtfertigt *adj* haksız, sebepsiz, nedensiz
Ungerechtigkeit *f* haksızlık, adaletsizlik
ungern *adv* isteksizce, istemeyerek
ungesäuert *adj* (*Brot*) mayasız, hamursuz
Ungeschicklichkeit *f* beceriksizlik, sakarlık
ungeschickt *adj* beceriksiz, sakar
ungesetzlich *adj* kanun [*o* yasa] dışı, gayri meşru
ungestraft *adj* cezasız
ungestüm *adj* atılgan, sert, şiddetli
ungesund *adj* sağlıksız
Ungetüm *nt* biçimsiz yaratık, canavar
ungewiss^{RR} *adj* belirsiz, şüpheli
Ungewissheit^{RR} *f* belirsizlik, şüphe
ungewöhnlich *adj* 1.(*nicht gewöhnlich*) müstesna 2.(*eigenartig*) garip
ungewohnt *adj* alış(ıl)mamış
Ungeziefer *nt* haşarat, zararlı böcekler *pl*
ungezogen *adj* terbiyesiz, yaramaz
Ungezogenheit *f* terbiyesizlik, yaramazlık
ungezwungen *adj* serbest, teklifsizce
ungläubig *adj* dinsiz, imansız, kafir
unglaublich *adj* inanılmaz
unglaubwürdig *adj* inanılmaz; (*Person*) güvenilmez
ungleich *adj* eşit olmayan, farklı
Unglück *nt* 1.(*Katastrophe*) felaket, facia 2.(*Unfall*) kaza 3.(*Pech*) talihsizlik
unglücklich *adj* 1.(*traurig*) üzgün, üzüntülü 2.(*ohne Glück*) talihsiz, şanssız 3.(*verhängnisvoll*) uğursuz
unglücklicherweise *adv* maalesef, ne yazık ki
ungültig *adj* geçersiz, hükümsüz
Ungunst *f* aksilik, terslik; **zu jds ~en** birinin aleyhin(d)e [*o* zararına]
ungünstig *adj* uygunsuz, elverişsiz
ungut *adj:* **nichts für ~!** ayıp olmasın!, kusura bakma(yın)!
unhaltbar *adj* dayanıksız
Unheil *nt* felaket, facia
unheilbar *adj* iyileştirilemez, çaresiz

unheilvoll *adj* uğursuz, felaketli
unheimlich I. *adj* korkutucu; (*Ort*) tekin olmayan II. *adv* (*sehr*) gayet, son derece
unhöflich *adj* nezaketsiz, kaba
Unhöflichkeit *f* nezaketsizlik, kabalık
unhygienisch *adj* sağlığa aykırı
Uni *f* üniversite
Uniform *f* üniforma
uniformiert *adj* üniformalı
Uniklinik *f* üniversite kliniği
Union *f* birlik, birleşme
universal *adj* 1. (*weltweit*) evrensel 2. (*umfassend*) genel
Universität *f* üniversite
Universum *nt* evren
Unkenntnis *f* bilmezlik
unklug *adj* akılsız
unkompliziert *adj* basit
Unkosten *pl* masraflar *pl*, giderler *pl*
Unkraut *nt* yabani ot; ~ **vergeht nicht** acı patlıcanı kırağı çalmaz
Unkrautvernichtungsmittel *nt* herbisit (*yabani otları yok etme ilacı*)
Unkultur *f* kültürsüzlük
unkündbar *adj* 1. (*Vertrag*) feshi ihbar olunamaz 2. (*Stellung*) daimi
unlängst *adv* geçenlerde
unlauter *adj* (*Geschäft*) kanuna aykırı, dürüst olmayan; ~**er Wettbewerb** haksız yarışma
unleidlich *adj* çekil(e)mez; (*Mensch*) huysuz, kötü huylu
unleserlich *adj* okunaksız
unlogisch *adj* mantıksız
Unlust *f* neşesizlik, hevessizlik
Unmenge *f* büyük miktar; **eine** ~ **von** bir sürü, dünya kadar
Unmensch *m* 1. (*Rohling*) hayvan gibi adam 2. (*Scheusal*) canavar
unmenschlich *adj* insanlık dışı
unmissverständlich[RR] I. *adj* yanlış anlaşılmaz, açık, belirgin II. *adv* yanlış anlaşılmayacak biçimde
unmittelbar I. *adj* dolaysız, direkt II. *adv* doğrudan doğruya
unmodern *adj* (*altmodisch*) modası geçmiş; (*unzeitgemäß*) çağdışı
unmöglich *adj* imkansız, olanaksız
Unmöglichkeit *f* imkansızlık, olanaksızlık
unmoralisch *adj* ahlaksız
unmündig *adj* reşit olmayan
Unmut *m* 1. (*Unzufriedenheit*) can sıkıntısı, hoşnutsuzluk 2. (*Verdruss*) bezginlik, usanç
unnachahmlich *adj* taklit edilemez
unnachgiebig *adj* boyun eğmez
unnachsichtig *adj* hoşgörüsüz, sert
unnahbar *adj* yanına yaklaşılamaz
unnatürlich *adj* tabii olmayan
unnormal *adj* normal dışı, anormal
unnötig *adj* gereksiz
unnötigerweise *adv* boş yere, gereksiz olarak
unnütz *adj* yararsız, faydasız
unordentlich *adj* düzensiz; (*Person, Zimmer*) dağınık
Unordentlichkeit *f* dağınıklık
Unordnung *f* düzensizlik, dağınıklık, karışıklık
unparteiisch *adj* tarafsız
unpassend *adj* 1. (*ungünstig*) uymayan, uygunsuz 2. (*unschicklich*) yakışıksız 3. (*unangebracht*) yersiz
unpassierbar *adj* geçil(e)mez
unpässlich[RR] *adj* rahatsız, keyifsiz
unpersönlich *adj* kişisel olmayan; (*fig*) soğuk
unpopulär *adj* halk tarafından sevilmeyen
unpraktisch *adj* 1. (*Sache*) kullanışsız 2. (*Person*) beceriksiz
unpünktlich *adj* tam vaktinde gelmeyen, dakik olmayan
Unpünktlichkeit *f* dakik olmama
unqualifiziert *adj* kalifiyesiz
unrealistisch *adj* 1. (*Plan*) gerçek dışı 2. (*Person*) gerçekçi olmayan
unrecht *adj* 1. (*ungerecht*) haksız 2. (*falsch*) yanlış; **jdm** ~ **tun** birine haksızlık etmek
Unrecht *nt* haksızlık; **zu** ~ haksız yere; ~ **haben**[RR] haksız olmak, haklı olmamak
unrechtmäßig *adj* gayri meşru
unregelmäßig *adj* 1. (*ungleichmäßig*) düzensiz 2. (*ohne Regel*) kuralsız
Unregelmäßigkeit *f* düzensizlik, kuralsızlık
unreif *adj* ham; (*fig*) olgun olmayan
unrentabel *adj* karsız, verimsiz
unrichtig *adj* yanlış, doğru değil
Unruhe *f* 1. (*Bewegung*) hareket 2. (*innere* ~) huzursuzluk, rahatsızlık; (*Besorgnis*) kaygı, endişe 3. (*Durcheinander*) kargaşalık 4. (*Aufstand*) ayaklanma
Unruhestifter(in) *m(f)* arabozucu
unruhig *adj* 1. (*in Bewegung*) hareketli

2. (*beunruhigt*) huzursuz, rahatsız **3.** (*besorgt*) kaygılı, endişeli
uns *pron* (*akk*) bizi; (*dat*) bize
unsachlich *adj* **1.** (*Person*) tarafgir, taraf tutan **2.** (*Argument*) konu dışı
unsauber *adj* kirli, pis
unschädlich *adj* zararsız
unscharf *adj* net olmayan
unschätzbar *adj* paha biçilmez, çok değerli
unscheinbar *adj* **1.** (*unauffällig*) göze çarpmayan **2.** (*unbedeutend*) önemsiz
unschlüssig *adj* kararsız
Unschuld *f* **1.** (*Schuldlosigkeit*) suçsuzluk **2.** (*Keuschheit*) bekaret, kızlık
unschuldig *adj* suçsuz; (*keusch*) bakire
unselig *adj* uğursuz
unser(e) *pron* bizim
unsereiner *pron*, **unsereins** *pron* bizim gibiler *pl*
unsererseits *adv* bizim tarafımızdan, bizce
unsertwegen *adv* bizim için
unsicher *adj* **1.** (*gefahrvoll*) emniyetsiz **2.** (*ohne Sicherheit*) emin olmayan; (*nicht selbstsicher*) güvensiz **3.** (*ungewiss*) şüpheli, belirsiz
Unsicherheit *f* **1.** (*Gefahr*) emniyetsizlik **2.** (*keine Selbstsicherheit*) güvensizlik **3.** (*Zweifel*) şüphe
unsichtbar *adj* görünmez, görünmeyen
Unsinn *m* saçma; **mach keinen ~!** saçmalama!
unsinnig *adj* **1.** (*ohne Sinn*) anlamsız **2.** (*unvernünftig*) saçma (sapan), abuk sabuk
Unsitte *f* kötü alışkanlık
unsittlich *adj* **1.** (*unmoralisch*) ahlaksız **2.** (*obszön*) açık saçık, müstehcen
unsportlich *adj* **1.** (*Verhalten*) sportmenliğe yakışmaz **2.** (*sportl. inaktiv*) spor yapmayan
unsre *pron* = **unsere** s. **unser**
unsterblich *adj* ölümsüz
Unstimmigkeit *f* **1.** (*Meinungsverschiedenheit*) anlaşmazlık **2.** (*Widerspruch*) tutmazlık
Unsumme *f* çok büyük miktar
unsympathisch *adj* sevimsiz; **er ist mir ~** ondan hiç hoşlanmıyorum
untadelig *adj* kusursuz, lekesiz
untätig *adj* **1.** (*nicht aktiv*) faal olmayan **2.** (*müßig*) tembel, avare
untauglich *adj* işe yaramaz, elverişsiz
unteilbar *adj* bölün(e)mez

unten *adv* aşağıda; **weiter ~** daha aşağıda
unter **I.** *präp* + *dat* **1.** (*Ort*) -in altında **2.** (*zwischen*) -in arasında **3.** (*weniger als*) -den aşağı; **~ ... hindurch** -in altından; **~ Null** sıfırın altında; **~ anderem** ve de ayrıca; **~ Umständen** gerekirse; **~ uns gesagt** söz [*o* laf] aramızda (kalsın); **was verstehen Sie ~ ...?** -den ne anlıyorsunuz? **II.** *präp* + *akk* **1.** (*Richtung*) -in altına **2.** (*zwischen*) -in arasına
Unterarm *m* önkol
Unterbewusstseinᴿᴿ *nt* bilinçaltı
unterbinden *irr vt* önlemek (*etw* -i)
unterbrechen *irr vt* **1.** ara vermek (*etw* -e) **2.** (*beim Reden*) sözünü kesmek (*jdn* -in)
Unterbrechung *f* ara (verme)
unterbreiten *vt* sunmak, vermek (*jdm etw* -e -i)
unterbringen *irr vt* **1.** (*beherbergen*) yerleştirmek, barındırmak (*jdn in etw* -i -e) **2.** (*Sachen*) yerleştirmek (*etw in etw* -i -e) **3.** (*verstauen*) sığdırmak (*etw in etw* -i -e)
unterbrochen *adj* kesik
unterdessen *adv* bu [*o o*] arada
unterdrücken *vt* **1.** (*Menschen*) baskı yapmak, ezmek (*jdn* -e); (*stärker*) zulmetmek (*jdn* -e) **2.** (*Aufstand, Gefühl*) bastırmak (*etw* -i)
Unterdrückung *f* baskı (yapma), zulüm
untere(r, s) *adj* aşağı, alt
untereinander *adv* **1.** (*räumlich*) alt alta **2.** (*unter sich*) aralarında
unterentwickelt *adj* geri kalmış
unterernährt *adj* yetersiz beslenmiş
Unterernährung *f* gıdasızlık, yetersiz beslenme
Unterführung *f* altgeçit
Untergang *m* **1.** (*Gestirn, Schiff*) batma, batış **2.** (*Niedergang*) çökme, yıkılış
Untergebene(r) *mf* ast (*birinin emri altında bulunan*)
untergehen *irr vi sein* **1.** (*Gestirn, Schiff*) batmak **2.** (*fig*) çökmek
Untergeschossᴿᴿ *nt* bodrum katı
Untergewicht *nt* (*Mensch*) kilo eksikliği, zayıflık
untergraben *irr vt* (*fig*) sarsmak, yıkmak (*etw* -i)
Untergrund *m* yeraltı
Untergrundorganisation *f* **1.** (*politische*) komita **2.** (*kriminelle*) yeraltı suç örgütü
Untergrundbahn *f* metro

Untergrundbewegung f gizli örgüt hareketi

unterhalb präp +gen -in aşağısında, -in altında

Unterhalt m geçim

unterhalten irr **I.** vt **1.** (ernähren) beslemek (jdn -i), geçimini sağlamak (jdn -in) **2.** (vergnügen) eğlendirmek (jdn -i) **II.** vr: **sich ~** (miteinander sprechen) sohbet etmek, söyleşmek; (sich vergnügen) eğlenmek

unterhaltend adj, **unterhaltsam** adj eğlendirici, eğlenceli; (Person) tatlı dilli

Unterhaltszahlungen fpl nafaka

Unterhaltung f **1.** (Gespräch) konuşma, sohbet **2.** (Vergnügen) eğlence **3.** (Instandhaltung) bakım

Unterhaltungsmusik f hafif müzik

Unterhändler(in) m(f) aracı

Unterhemd nt fanila, atlet

Unterhose f (iç) don(u), külot

unterirdisch adj yeraltı, toprakaltı

Unterkiefer m altçene

Unterklasse f alt sınıf

Unterkunft f **1.** (Ort) barınak **2.** (Vorgang, z.B. in Hotel) konaklama; **~ und Verpflegung** barındırma ve yedirip içirme

Unterlage f **1.** altlık **2.** (TECH) temel; **Unterlagen** belgeler pl, dokümanlar pl

unterlassen irr vt **1.** (nicht tun) yapmamak **2.** (vernachlässigen) ihmal etmek (etw -i)

Unterlassung f yapmama; ihmal

unterlegen[1] vt (darunterlegen) altına koymak (etw -i)

unterlegen[2] adj **1.** (besiegt) yenik **2.** (zahlenmäßig) sayıca az

Unterleib m karnın alt kısmı, belden aşağısı

unterliegen irr vi sein (besiegt sein) yenilmek, altta kalmak

Unterlippe f altdudak

unterm präp = unter dem s. **unter**

untermauern vt (fig) sağlam temele dayandırmak (etw -i)

Untermieter(in) m(f) kiracının kiracısı

untern präp = unter den s. **unter**

unternehmen irr vt **1.** (ausführen) yapmak (etw -i) **2.** (in Angriff nehmen) girişmek (etw -e)

Unternehmen nt **1.** (Unternehmung) girişim **2.** (Firma) kuruluş

Unternehmer(in) m(f) girişimci, işadamı, müteşebbis

Unternehmertum nt girişimcilik

unternehmungslustig adj atılgan, girişken

Unteroffizier m astsubay

unterordnen I. vt bağımlı kılmak (etw -i) **II.** vr: **sich jdm ~** birinin emri altına girmek

Unterredung f görüşme, danış

Unterricht m ders(ler), öğretim

unterrichten vt **1.** (lehren) ders vermek (jdn -e), öğretmek, alıştırmak (jdn -i) **2.** (informieren) bildirmek (jdn von/über etw -e -i), haber vermek (jdn -e)

Unterrock m jüpon

unters präp = unter das s. **unter**

untersagen vt yasak etmek, yasaklamak (etw -i)

unterschätzen vt küçümsemek, azımsamak, aşağı görmek (etw/jdn -i)

unterscheiden irr **I.** vt ayırmak, ayırt [o fark] etmek (etw von etw -i -den) **II.** vr: **sich ~** ayrılmak, farklı olmak (von etw -den)

Unterscheidung f ayırt etme; farklı olma

Unterschicht f (sozial) alt tabaka [o sınıf]

unterschieben[1] irr vt (darunterschieben) alt tarafına sürmek (etw -i)

unterschieben[2] irr vt (Schuld) üstüne atmak (jdm etw -in -i), yüklemek (jdm etw -e -i)

Unterschied m fark, ayrım, ayrılık; **im ~ zu ...** -den farklı olarak

unterschiedlich adj farklı, ayrımlı, değişik

unterschlagen irr vt (Geld) zimmetine geçirmek (etw -i)

Unterschlagung f zimmetine geçirme

Unterschlupf m sığınak

unterschreiben irr vt imzalamak, imza etmek (etw -i), altına imza atmak (etw -in)

Unterschrift f imza

Unterseeboot nt denizaltı

Unterseite f alt taraf

Untersetzer m altlık

untersetzt adj bodur, tıknaz

unterste(r, s) adj en alt, en aşağıdaki

unterstellen vt **1.** (unterordnen) emrine vermek (jdn jdm -i -in) **2.** (annehmen) varsaymak **3.** (beschuldigen) üstüne atmak (jdm etw -in -i), yüklemek (jdm etw -e -i)

Unterstellung f (Beschuldigung) haksız suçlama, iftira

unterstreichen irr vt **1.** altını çizmek (etw -in) **2.** (fig: hervorheben) vurgulamak (etw -i)

Unterstufe f Almanyada lisenin ilk sınıfları

unterstützen vt **1.** desteklemek, korumak (jdn -i), yardım etmek (jdn -e) **2.** (INFORM: For-

mat u. Ä.) desteklemek (*etw* -i)
Unterstützung *f* destek, yardım, koruma
untersuchen *vt* **1.**(*prüfen*) yoklamak, araştırmak (*etw* -i) **2.**(*erforschen*) incelemek, araştırmak (*etw* -i) **3.**(MED) muayene etmek (*etw/jdn* -i)
Untersuchung *f* **1.**(*Erforschung*) araştırma, inceleme **2.**(*Nachprüfung*) araştırma, yeniden gözden geçirme **3.**(MED) muayene **4.**(*Ermittlung*) soruşturma
Untersuchungsgefangene(r) *mf* tutuklu
Untersuchungshaft *f* tutukluluk
Untersuchungsrichter(in) *m(f)* sorgu hakimi [*o* yargıcı]
Untertasse *f* fincan tabağı; **fliegende** ~ uçan daire
untertauchen *vi sein* **1.**dalmak **2.**(*verschwinden*) ortadan kaybolmak
Unterteil *nt* alt bölüm
Untertitel *m* **1.**(*Buch*) alt başlık **2.**(FILM) altyazı; **mit deutschen** ~**n** Almanca altyazılı
untertreiben *irr vt* olduğundan küçük [*o* az] göstermek (*etw* -i)
Unterverzeichnis *nt* (INFORM) alt dizin
unterwandern *vt* küçük bir grup olarak bir toplumun içine girip kuvvet kazanmak
Unterwäsche *f* iç çamaşırı
unterwegs *adv* yolda
Unterwelt *f* (*fig: Kriminelle*) yeraltı dünyası
unterwerfen *irr* **I.** *vt* **1.**(*besiegen*) yenmek (*jdn* -i) **2.**(*unterjochen*) boyunduruk altına almak, tabi kılmak (*jdn* -i) **II.** *vr:* **sich** ~ boyun eğmek
unterwürfig *adj* dalkavuk, köle gibi
unterzeichnen *vt* imza etmek, imzalamak (*etw* -i)
Unterzeichnete(r) *mf* imza eden [*o* sahibi]
Unterzeichnung *f* imza(lama)
unterziehen *irr vr:* **sich einer Sache** ~ bir şeyi üstüne almak
untrennbar *adj* ayrılmaz
untreu *adj* vefasız
Untreue *f* vefasızlık; (*in der Ehe*) ihanet
untröstlich *adj* avutulamaz
untrüglich *adj* sağlam, şüphesiz
unüberbrückbar *adj* (*fig*) bağdaş(a)maz
unüberlegt *adj* düşüncesiz, akılsız
unübersichtlich *adj* **1.**(*nicht übersichtlich*) bir bakışta kavranmayan **2.**(*verworren*) karışık, dolambaçlı **3.**(*Kreuzung, Kurve*) sonu görünmeyen

unübertrefflich *adj* üstün, kusursuz, eksiksiz
unüberwindlich *adj* (*Hindernis*) başa çıkılamaz, atlatılamaz
ununterbrochen **I.** *adj* devamlı, arası kesilmeyen **II.** *adv* durmadan, durmaksızın
unveränderlich *adj* değişmez
unverantwortlich *adj* sorumsuz, sorumlu olmayan
unverbesserlich *adj* düzelmez
unverbindlich *adj* yükümlü kılmayan
unverblümt *adv* açıkça, dobra dobra
unverdaulich *adj* sindirimi güç
unvereinbar *adj* bağdaş(a)maz
Unvereinbarkeit *f* bağdaşmazlık
unverfroren *adj* arsız, yüzsüz, pişkin
Unverfrorenheit *f* arsızlık, yüzsüzlük
unvergänglich *adj* ölmez, ebedi
unvergesslich[RR] *adj* unutul(a)maz
unvergleichlich *adj* eşsiz
unverhofft *adj* ummadık, umulmayan
unverkäuflich *adj* satıl(a)maz
unvermeidbar *adj*, **unvermeidlich** *adj* çaresiz
unvermutet *adj* beklenmeyen, ummadık
unvernünftig *adj* akılsız
unveröffentlicht *adj* yayınlanmamış
unverpackt *adj* paketlenmemiş, ambalajsız
unverschämt *adj* utanmaz, arsız, yüzsüz
Unverschämtheit *f* arsızlık, yüzsüzlük, edepsizlik
unversehens *adv* ansızın
unversehrt *adj* sağlam
unversöhnlich *adj* barışmaz, uzlaşmaz
unverständlich *adj* **1.**(*unklar*) anlaşılmaz **2.**(*nicht nachvollziehbar*) akıl ermez
unversucht *adj:* **nichts** ~ **lassen um etw zu tun** bir şey yapmak için denemedik yol [*o* yöntem] bırakmamak
unverzeihlich *adj* affolunmaz, affedilmez
unverzollt *adj* gümrüksüz
unverzüglich *adv* derhal, hemen, tez elden
unvollendet *adj* tamamlanmamış
unvollkommen *adj* noksan, eksik
unvollständig *adj* bitmemiş, eksik, noksan
unvorbereitet **I.** *adv* hazırlanmadan **II.** *adj* hazırlıksız
unvorhergesehen *adj* beklenmedik, ummadık
unvorsichtig *adj* **1.**(*unachtsam*) dikkatsiz **2.**(*unklug*) akılsız
Unvorsichtigkeit *f* dikkatsizlik; akılsızlık

unvorstellbar *adj* akla (hayale) sığmayan, akıl almaz

unwahr *adj* **1.** (*falsch*) yanlış **2.** (*gelogen*) yalan

Unwahrheit *f* (*Lüge*) yalan

unwahrscheinlich *adj* muhtemel olmayan, ihtimal dışı

unweigerlich *adv* mutlaka

unweit *präp* +*gen* -in yakında, -in civarında

unwesentlich *adj* esaslı olmayan, önemsiz

Unwetter *nt* fırtına, kasırga

unwichtig *adj* önemsiz

unwiderruflich *adj* geri alınamaz; (*Beschluss*) kesin

unwiderstehlich *adj* dayanılmaz, karşı konulmaz

Unwille *m* öfke, kızgınlık

unwillig I. *adj* öfkeli, kızgın II. *adv* istemeyerek

unwillkürlich I. *adj* **1.** (*absichtslos*) kasti olmayan **2.** (*von innen getrieben*) iradedışı II. *adv* bilinçsizce

unwirsch *adj* ters, haşin, hırçın

unwirtschaftlich *adj* ekonomik olmayan, idaresiz

unwissend *adj* bilgisiz, cahil

Unwissenheit *f* bilmezlik, bilgisizlik, cahillik

unwissentlich *adv* bilmeyerek

unwohl *adj* rahatsız, keyifsiz; **mir ist ~** rahatsızım, fenalaşıyorum

Unwohlsein *nt* rahatsızlık, keyifsizlik, kırıklık

unwürdig *adj* **1.** (*nicht würdig*) layık olmayan (*einer Sache* -e) **2.** (*skandalös*) rezil, rezaletli

unzählig *adj* sayısız

unzeitgemäß *adv* çağdışı

unzerbrechlich *adj* kırıl(a)maz

unzertrennlich *adj* ayrılmaz

Unzucht *f* fuhuş

unzüchtig *adj* ahlaksız

unzufrieden *adj* memnun olmayan, hoşnutsuz (*mit jdm/etw* -den)

Unzufriedenheit *f* hoşnutsuzluk, memnuniyetsizlik

unzulänglich *adj* yetersiz, yetmez

unzulässig *adj* yasak

unzumutbar *adj* yapılması istenemez [*o* beklenemez]

unzurechnungsfähig *adj* (JUR) (hukuki açıdan) sorumsuz

unzureichend *adj* yetersiz, yetmez

unzuverlässig *adj* güvenilmez

Unzuverlässigkeit *f* güvenilmezlik

üppig *adj* **1.** (*reichhaltig*) bol, gümrah, bereketli **2.** (*Pflanzenwuchs*) dolgun, üreyen, bereketli **3.** (*Mahl*) bol bereketli

UPS *nt Abk. von* **Uninterruptible Power Supply** (INFORM) KGK (*Kesintisiz Güç Kaynağı*)

Urabstimmung *f* bir örgütün bütün üyelerinin katıldığı oylama süreci

uralt *adj* **1.** (*Sache*) son derece eski **2.** (*Person*) çok yaşlı

Uran *nt* uranyum

Uraufführung *f* ilk temsil [*o* oynanış], prömiyer

Ureinwohner *mpl* yerliler *pl*, asıl halk *sing*

Urenkel(in) *m(f)* torunun çocuğu

Urgroßeltern *pl* büyük dede ve büyük nine

Urgroßmutter *f* büyükannenin veya büyükbabanın annesi

Urgroßvater *m* büyükannenin veya büyükbabanın babası

Urheber(in) *m(f)* **1.** (*Täter*) (asıl) fail, yapan **2.** (*Autor*) yazar

Urheberrecht *nt* telif hakkı

Urin *m* idrar, sidik

urinieren *vi* işemek (*fam*)

Urkunde *f* belge; (*notarielle*) senet

URL *f* (INET) URL adresi

Urlaub *m* **1.** (*Ferien*) tatil **2.** (*Beruf*) izin; **in ~ gehen** tatile [*o* izne] gitmek; **~ haben** tatili [*o* izni] olmak; **~ machen** tatil yapmak

Urlauber(in) *m(f)* **1.** (*Ferienreisender*) tatil (yolculuğu) yapan **2.** (*Sommerfrischler*) yazlıkçı

Urlaubsgeld *nt* izin parası

Urne *f* **1.** (*Wahl*) oy sandığı **2.** (*Aschenkrug*) kül kavanozu

Urologe *m* ürolog, bevliyeci

Ursache *f* neden, sebep; **keine ~!** bir şey değil!

Ursprung *m* asıl, köken, başlangıç noktası

ursprünglich I. *adj* asıl, ilk(el) II. *adv* köken olarak, esasen

Urteil *nt* hüküm, yargı; **sich ein ~ bilden** fikir [*o* kanı] edinmek

urteilen *vi* yargılamak, hüküm vermek (*über* hakkında); (*meinen*) fikrini söylemek

Urteilskraft *f* yargı yeteneği

Urteilsspruch *m* mahkeme kararı

Uruguay *nt* Urugu(v)ay
Uruguayer(in) *m(f)* Urugu(v)aylı
uruguayisch *adj* **1.** (*Art*) Urugu(v)ay **2.** (*Herkunft*) Urugu(v)aylı
Urwald *m* balta girmemiş orman
urwüchsig *adj* tabii, doğal, sade
USA *pl* ABD (*Amerika Birleşik Devletleri*)
User(in) *m(f)* (INFORM) kullanıcı
usw. *adv Abk. von* **und so weiter** vs. (*ve saire*)
Utility *f* (INFORM) yardımcı yazılım
utopisch *adj* ütopik
u. U. *adv Abk. von* **unter Umständen** gerektiğinde
UV *adj Abk. von* **ultraviolett** ültraviyole
UV-Strahlung *f* ültraviyole ışını
Ü-Wagen *m Abk. von* **Übertragungswagen** canlı yayın aracı

V

V *nt Abk. von* **Volt** volt
vage *adv* belirsiz(ce)
Vagina *f* vagina
Vakuum *nt* vakum, boşluk, havası alınmış
Vampir *m* vampir
Vanille *f* vanilya
Vanilleeis *nt* vanilyalı dondurma
Varieteeᴿᴿ *nt* varyete
variieren *vi* değişmek
Vase *f* vazo; (*große*) çiçeklik
Vater *m* **1.** (*Elternteil*) baba **2.** (*Stamm-, Vorfahr*) ata; ~ **Staat** devlet baba
Vaterland *nt* anayurt, (ana)vatan
Vaterlandsverräter(in) *m(f)* vatan haini
väterlich *adj* baba gibi, babacan
väterlicherseits *adv* baba tarafından
Vaterschaft *f* babalık
Vatikan *m* Vatikan
VB *f Abk. von* **Verhandlungsbasis** görüşme temeli
v. Chr. *adv Abk. von* **vor Christus** M.ö. (*Milattan önce*)
VEB *m* (HIST) *Abk. von* **Volkseigener Betrieb** (*eski Doğu Almanya'da*) Kamu İşletmesi
Veganer(in) *m(f)* vegan
Vegetarier(in) *m(f)* vejetaryen
vegetarisch *adj* vejetaryen
vegetativ *adj:* ~**es Nervensystem** vejetatif sinir sistemi
vegetieren *vi* ot gibi (bilinçsiz, sefalet içinde) yaşamak
Veilchen *nt* menekşe
Vene *f* toplardamar, verit
Venenentzündung *f* verit iltihabı
Venezuela *nt* Venezüela
Ventil *nt* valf, supap, vana

Ventilator *m* vantilatör
verabreden **I.** *vt* (*vereinbaren*) kararlaştırmak (*etw* -i) **II.** *vr:* **sich** (**mit jdm**) ~ (biriyle) sözleşmek
Verabredung *f* **1.** (*Treffen*) randevu, buluşma **2.** (*Vereinbarung*) kararlaştırma, sözleşme; **ich habe eine** ~ randevum var
verabscheuen *vt* tiksinmek, nefret etmek (*etw/jdn* -den)
verabschieden **I.** *vt* (*entlassen*) işten çıkarmak (*jdn* -i); **ein Gesetz** ~ kanun çıkarmak **II.** *vr:* **sich** ~ veda etmek (*von jdm* -e); **sich voneinander** ~ vedalaşmak
verachten *vt* küçümsemek, aşağı [*o* hor] görmek (*jdn/etw* -i)
Verachtung *f* küçümseme, aşağılamak
verallgemeinern *vt* genelle(ştir)mek (*etw* -i)
Verallgemeinerung *f* genelle(ştir)me
veraltet *adj* eskimiş
Veranda *f* veranda
veränderlich *adj* değişken; (*unbeständig*) kararsız
verändern **I.** *vt* değiştirmek, başkalaştırmak (*etw/jdn* -i) **II.** *vr:* **sich** ~ değişmek, başkalaşmak
Veränderung *f* **1.** (*Verändern*) değiştirme **2.** (*Anderswerden*) değişme **3.** (*Wechsel*) değişiklik
verängstigt *adj* yılgın, yılmış, gözü korkmuş
verankern *vt* **1.** (*Schiff*) demirlemek (*etw* -i) **2.** (TECH) kenetlemek (*etw* -i) **3.** (*fig*) sağlama bağlamak (*etw* -i)
Veranlagung *f* **1.** (*Temperament*) huy, mizaç **2.** (*Begabung*) yetenek
veranlassen *vt* neden olmak, sebep vermek

(*etw* -e); **jdn zu etw** ~ birini bir şeye özendirmek [*o* teşvik etmek]
Veranlassung *f* 1.(*Grund*) neden, sebep 2.(*Anlass*) vesile 3.(*Anregung*) özendirme, teşvik
veranschaulichen *vt* canlandırmak, canlandırarak anlatmak (*etw* -i)
veranstalten *vt* düzenlemek, tertiplemek, tertip etmek (*etw* -i)
Veranstalter(in) *m(f)* düzenleyici, tertipleyen, organizatör
Veranstaltung *f* 1.(*Handlung*) organizasyon 2.(*Ereignis*) gösteri
verantworten I. *vt* sorumluluğunu üstlenmek (*etw* -in) II. *vr:* **sich für etw** ~ bir şeyden dolayı hesap vermek
verantwortlich *adj* sorumlu
Verantwortung *f* sorumluluk; **die** ~ **für etw übernehmen** bir şeyin sorumluluğunu üstlenmek
verantwortungsbewusst[RR] *adj* sorumluluk bilinci olan
verantwortungslos *adj* sorumluluk duygusu olmayan
verarbeiten *vt* işlemek (*etw* -i); ~**de Insustrie** imalat sanayii
Verarbeitung *f* işleme
verärgern *vt* kızdırmak (*jdn* -i)
verärgert *adj* kızgın
verausgaben *vr:* **sich** ~ (*Geld*) bütün parasını tüketmek; (*Kraft*) gücünü tüketmek
Verb *nt* fiil, eylem
Verband *m* 1.(MED) sargı, pansuman 2.(*Vereinigung*) birlik
Verband(s)kasten *m* ilk yardım kutusu
Verband(s)zeug *nt* sargı malzemesi
verbat *vt s.* **verbitten**
verbergen *irr vt* gizlemek, saklamak (*etw* -i)
verbessern *vt* 1.(*Fehler*) düzeltmek (*etw* -i) 2.(*Ertrag*) yükseltmek (*etw* -i)
Verbesserung *f* 1.(*Verbessern*) düzeltme 2.(*Besserwerden*) düzelme, iyileşme
verbesserungsfähig *adj* düzelmeye elverişli
verbeten *vt s.* **verbitten**
verbeugen *vr:* **sich** ~ eğilmek, reverans yapmak (*vor jdm* -in önünde)
Verbeugung *f* eğilme, reverans
verbiegen *irr vt* (biçimini bozarak) bükmek, eğ(rilt)mek (*etw* -i)
verbieten *irr vt* yasak etmek, yasaklamak (*etw* -i)

verbinden *irr* I. *vt* 1.(*zusammenfügen*) bağlamak (*etw mit etw* -i -e), birleştirmek (*etw mit etw* -i ile) 2.(*telefonisch*) bağlamak (*jdn mit jdm* -i -e) 3.(*Wunde*) sarmak (*etw* -i) 4.(*Augen*) bağlamak (*etw* -i); ~ **Sie mich mit …** bana … i verin(iz); **falsch verbunden!** yanlış numara! II. *vr:* **sich** ~ birleşmek; (CHEM) bileşmek (*mit etw* ile)
verbindlich *adj* 1.(*bindend*) bağlayıcı, zorunlu 2.(*höflich*) nazik
Verbindlichkeit *f* 1.(*Verpflichtung*) yükümlülük 2.(*Gefälligkeit*) nezaket, hatır
Verbindung *f* 1.(*Verbinden*) bağlama 2.(*Verbundenwerden*) bağlanma 3.(*Zusammenhang*) bağlantı, ilgi 4.(*Verein*) birlik, kurum 5.(CHEM) bileşim 6.(*Telefon-*) bağlantı 7.(*Zug-*) aktarma; **eine** ~ **herstellen** (*zum Internet u. Ä.*) bağlamak; **sich in** ~ **setzen** (**mit**) (ile) temasa geçmek
verbissen *adj* (*hartnäckig*) inatçı
Verbissenheit *f* inat
verbitten <verbat, verbeten> *vt:* **sich** *dat* **etw** ~ yapılmamasını istemek
verbittert *adj* küskün
Verbleib *m* (*Unterkunft*) kalınan yer
verbleiben *irr vi sein* 1.(*übrig bleiben*) kalmak 2.(*vereinbaren*) kararlaştırmak
verblüffen *vt* şaşırtmak, hayrette bırakmak (*jdn* -i)
verblüffend *adj* şaşırtıcı, afallatıcı
verblüfft *adj* şaşkın, afallamış
verbluten *vi sein* çok kan kaybederek ölmek
verborgen *adj* gizli, saklı
Verbot *nt* yasak
verboten *adj* yasak; **Eintritt/Rauchen** ~ girmek/sigara içmek yasaktır
verbrach *vt s.* **verbrechen**
verbracht(e) *vt s.* **verbringen**
Verbrauch *m* tüketim
verbrauchen *vt* tüketmek (*etw* -i)
Verbraucher(in) *m(f)* (*Konsument*) tüketici
Verbraucherpreis *m* tüketici fiyatı
Verbraucherschutz *m* tüketicinin korunması
Verbraucherverband *m* tüketici korunması birliği
verbraucht *adj* (*aufgebraucht*) tükenmiş; (*Luft*) bozulmuş
verbrechen <verbricht, verbrach, verbrochen> *vt* (*fam: anstellen*) yapmak (*etw* -i)

Verbrechen *nt* suç
Verbrecher(in) *m(f)* suçlu; (*stärker*) cani
verbrecherisch *adj* canice
verbreiten I. *vt* 1.(*Nachricht*) yaymak (*etw* -i) 2.(*Geruch*) saçmak (*etw* -i) II. *vr:* **sich ~** (*sich ausbreiten*) yayılmak
verbreitern *vt* genişletmek (*etw* -i)
verbreitet *adj* yaygın
verbrennen *irr* I. *vt* yakmak (*etw* -i) II. *vi sein* yanmak
Verbrennung *f* 1.(*Verbrennen*) yakma 2.(*Verbranntwerden*) yakılma, yanma 3.(MED) yanık
verbringen <verbrachte, verbracht> *vt* (*Zeit*) geçirmek (*etw* -i)
verbrochen *vt s.* **verbrechen**
Verbrüderung *f* kardeşleşme
verbunden *adj:* **jdm sehr ~ sein** birine müteşekkir olmak
verbünden *vr:* **sich ~** birleşmek (*mit jdm* ile)
Verbundenheit *f* bağlılık
Verbündete(r) *mf* müttefik, bağlaşık
verbüßen *vt:* **eine Strafe ~** bir cezayı çekmek
verchromt *adj* kromlu, krom kaplı
Verdacht *m* şüphe
verdächtig *adj* şüpheli
verdächtigen *vt* suçlamak (*jdn einer Sache* -i ile)
Verdächtigung *f* suçlama
verdammen *vt* lanetlemek (*jdn/etw* -i)
verdammt *adj* (*verflucht*) lanetli; **~!** Allah belasını versin!
verdampfen *vi sein* buharlaşmak
verdanken *vt:* **jdm etw ~** birine bir şeyi borçlu olmak
verdarb *vi, vt s.* **verderben**
verdauen *vi* sindirmek, hazmetmek (*etw* -i)
verdaulich *adj:* **schwer/leicht ~** sindirimi güç/kolay
Verdauung *f* sindirim, hazım
Verdauungsstörungen *fpl* sindirim bozukluğu *sing*, hazımsızlık *sing*
Verdeck *nt* 1.(*Schiff*) üst güverte 2.(*Auto*) açılır kapanır tavan
verdecken *vt* 1.(*zudecken*) örtmek (*etw* -i) 2.(*verbergen*) gizlemek, saklamak (*etw* -i)
verderben <verdirbt, verdarb, verdorben> I. *vi sein* 1.(*Speise*) bozulmak 2.(*verfaulen*) çürümek II. *vt haben* 1.(*beschädigen*) bozmak, zarara sokmak (*etw* -i) 2.(*fig:*

sittlich) ahlakını bozmak (*jdn* -in); **jdm die Freude ~** birinin sevincini bozmak; **sich** *dat* **den Magen ~** midesini bozmak
verdeutlichen *vt* açıklamak (*jdm etw* -e -i)
verdienen *vt* 1.(*Geld*) kazanmak (*etw* -i) 2.(*fig: wert sein*) hak etmek (*etw* -i), layık olmak (*etw* -e)
Verdienst¹ *m* 1.(*Gewinn*) kazanç, kar 2.(*Gehalt*) aylık 3.(*Lohn*) ücret
Verdienst² *nt* yararlık, yararlı hizmet
verdienstlich *adj,* **verdienstvoll** *adj* takdire değer
verdient *adj:* **sich um etw ~ machen** bir şey için yararlık göstermek
verdirbt *vi, vt s.* **verderben**
verdoppeln I. *vt* iki katına çıkarmak (*etw* -i) II. *vr:* **sich ~** ikiye katlanmak
verdorben¹ *vi, vt s.* **verderben**
verdorben² *adj* bozuk, bozulmuş; (*Mensch*) ahlaksız, sefil
verdrängen *vt* 1.(*weg-*) atmak, defetmek (*jdn* -i) 2.(*Erlebnis*) unutmaya çalışmak (*etw* -i)
verdrehen *vt* (*Arm*) burkmak (*etw* -i); **die Worte ~** lafı çevirmek
verdreifachen I. *vt* üç katına çıkarmak (*etw* -i) II. *vr:* **sich ~** üçe katlanmak
verduften *vi sein* 1.(*Duft verlieren*) kokusunu kaybetmek [*o* yitirmek], uçmak 2.(*fam: abhauen*) sıvışmak, tüymek
verdunkeln *vt* 1.(*dunkel machen*) karartmak (*etw* -i) 2.(*verschleiern*) örtmek, gizlemek (*etw* -i)
verdünnen *vt* (*Flüssigkeit*) sulandırmak (*etw* -i)
verdunsten *vi sein* buharlaşmak
verdursten *vi sein* susuzluktan ölmek
verdutzt *adj* (*fam*) şaşkın, sersem, afallamış
verehren *vt* 1.(*hoch schätzen*) saymak (*jdn* -i) 2.(*anbeten*) tapmak (*jdn* -e)
Verehrer(in) *m(f)* 1.(*Bewunderer*) hayran 2.(*Liebhaber*) aşık
vereidigen *vt* yemin ettirmek (*jdn* -e)
Vereidigung *f* yemin ettirme
Verein *m* dernek, kurum, birlik
vereinbar *adj* birliş(tiril)ebilir
vereinbaren *vt* kararlaştırmak (*etw* -i)
Vereinbarung *f* sözleşme; **nach ~** sözleşmeye göre
vereinen *vt* birleştirmek (*jdn/etw* -i); **die Vereinten Nationen** Birleşmiş Milletler
vereinfachen *vt* basitleştirmek, sadeleştir-

mek (*etw* -i)
Vereinfachung *f* basitleştirme, sadeleştirme
vereinigen I. *vt* birleştirmek (*jdn* -i) II. *vr:* **sich ~** birleşmek
vereinigt *adj* birleşik, toplu; **die Vereinigten Arabischen Emirate** Birleşik Arap Emirlikleri; **das Vereinigte Königreich** Birleşik Krallık; **die Vereinigten Staaten von Amerika** Amerika Birleşik Devletleri
Vereinigung *f* 1.(*Verein*) birlik, dernek 2.(*das Vereinen*) birleşme
vereinnahmen *vt:* **etw für sich ~** bir şeyi sahiplenmek
vereinsamen *vi* yalnızlaşmak
vereinsamt *adj* yalnız kalmış
Vereinsamung *f* yalnızlaşma
vereint *adj* birleşmiş; **die Vereinten Nationen (UN)** Birleşmiş Milletler (BM)
vereinzelt *adj* 1.(*zerstreut*) dağınık 2.(*~ auftretend*) tek tük
vereist *adj* buzlu, buzla örtülü
vereiteln *vt* 1.(*zunichte machen*) boşa çıkarmak (*etw* -i) 2.(*verhindern*) engel olmak (*etw* -e), önlemek (*etw* -i)
verenden *vi sein* ölmek
verenge(r)n I. *vt* daraltmak, darlaştırmak (*etw* -i) II. *vr:* **sich ~** daralmak, darlaşmak
Verengung *f* 1.(*Verengen*) daraltma, darlaştırma 2.(*Engerwerden*) daralma, darlaşma 3.(*verengte Stelle*) darlık, dar yer
vererben I. *vt* miras bırakmak (*jdm etw* -e -i); (*Krankheit*) geçirmek (*jdm etw* -e -i) II. *vr:* **sich ~** (*Krankheit*) geçmek (*von jdm auf jdn* -den -e)
Vererbung *f* kalıtım, soyaçekim
verewigen *vt* sonsuzlaştırmak (*etw* -i)
Verf. *m Abk. von* **Verfasser** yazar
verfahren I. *vi sein* (*vorgehen*) davranmak, hareket etmek II. *vr:* **sich ~** yolunu şaşırmak III. *adj* (*verworren*) karışık, dolambaçlı
Verfahren *nt* 1.yöntem 2.(JUR) mahkeme usulü; (*Prozess*) dava
Verfall *m* 1.(*körperlicher*) zayıf düşme, çökme 2.(*Untergang*) yıkılma, çökme 3.(*eines Rechtes*) düşme 4.(*Fristablauf*) mühlet sonu 5.(*Sitten*) yozlaşma
verfallen I. *vi* 1.(*Bauwerk*) çökmek üzere olmak 2.(*körperlich*) çökmek 3.(*entarten*) yozlaşmak 4.(*ungültig werden*) süresi dolmak II. *adj* 1.(*Gebäude*) harap 2.(*nicht mehr gültig*) süresi dolmuş

Verfallsdatum *nt* (*Lebensmittel*) son kullanım tarihi
verfälschen *vt* sahtesini yapmak (*etw* -in)
verfänglich *adj* 1.(*gefährlich*) tehlikeli 2.(*peinlich*) talihsiz, ayıp
verfärben *vr:* **sich ~** rengi değişmek; (*Gesicht*) benzi atmak
verfassen *vt* yazmak, kaleme almak (*etw* -i)
Verfasser(in) *m(f)* yazar
Verfassung *f* 1.(*Zustand*) durum 2.(POL) anayasa
verfassungsmäßig *adj* anayasaya uygun
verfassungswidrig *adj* anayasaya aykırı
verfaulen *vi sein* çürümek
verfehlen *vt* 1.(*nicht erreichen*) kaçırmak (*etw* -i) 2.(*nicht treffen*) isabet ettirememek (*etw* -e)
verfilmen *vt* filme almak (*etw* -i)
Verfilmung *f* filme al(ın)ış
verflixt *adj* lanetli; **~ noch mal!** lanet olsun!
verfluchen *vt* lanet etmek, beddua etmek, ilenmek (*jdn* -e)
verflucht *adj* lanetli
verfolgen *vt* 1.izlemek, takip etmek (*jdn* -i) 2.(*hinterherjagen*) kovalamak (*jdn* -i) 3.(*politisch*) zulmetmek (*jdn* -e); **jdn gerichtlich ~** birini kovuşturmak
Verfolger(in) *m(f)* takibeden, takipçi
Verfolgung *f* 1.takip 2.(*politische ~*) zulüm
verfroren *adj* çok üşüyen
verfrüht *adj* vakitsiz, zamansız, çok erken
verfügbar *adj* elde bulunan
verfügen I. *vt* (*anordnen*) emretmek (*etw* -i) II. *vi:* **über etw ~** bir şey elinde (hazır) bulunmak, bir şeye sahip olmak
Verfügung *f* (*Erlass*) emir, karar; **jdm zur ~ stehen** birinin emrinde olmak; **jdm etw zur ~ stellen** bir şeyi birinin emrine vermek
verführen *vt* baştan çıkar(t)mak, ayartmak; (*Frau*) iğfal etmek (*jdn* -i)
Verführer(in) *m(f)* baştan çıkaran, ayartan; (*einer Frau*) iğfal eden
verführerisch *adj* ayartıcı, baştan çıkarıcı
Verführung *f* 1.ayartma, baştan çıkarma 2.(*einer Frau*) iğfal
verfünffachen *vt* beş katına çıkarmak (*etw* -i)
vergammelt *adj* 1.(*verdorben*) bozulmuş 2.(*verwahrlost*) bakımsız
vergangen *adj* geçmiş, geçmişe karışmış
Vergangenheit *f* geçmiş (zaman)

vergänglich *adj* geçici
Vergaser *m* karbüratör
vergaß *vi, vt s.* **vergessen**
vergeben *irr vt* (*verzeihen*) bağışlamak (*jdm* -i); **einen Auftrag** ~ sipariş vermek
vergebens *adv* boşuna, boş yere, nafile
vergeblich I. *adj* boş II. *adv* boşuna, boş yere, nafile
Vergebung *f* (*Verzeihung*) af, özür
vergegenwärtigen *vt:* **sich** *dat* **etw** ~ bir şeyi hatırına getirmek
vergehen *irr vi sein* (*Zeit*) geçmek, geçip gitmek; **die Lust ist mir vergangen** hevesim kaçtı
Vergehen *nt* suç, cürüm
Vergeltung *f* misilleme; (*Rache*) intikam, öç
Vergeltungsmaßnahmen *fpl* misilleme tedbirleri *pl*
vergessen <vergisst, vergaß, vergessen> *vt* unutmak (*etw/jdn* -i)
Vergessenheit *f:* **in** ~ **geraten** unutulmak
vergesslichᴿᴿ *adj* unutkan
vergeuden *vt* (*Geld*) saçıp savurmak (*etw* -i); **Zeit** ~ çok vakit kaybetmek
Vergeudung *f* saçıp savurma, savurganlık
vergewaltigen *vt* ırzına geçmek (*jdn* -in), tecavüz etmek (*jdn* -e)
Vergewaltigung *f* ırza geçme, tecavüz
vergewissern *vr:* **sich** ~ emin olmak (*einer Sache* -den)
vergiften I. *vt* zehirlemek (*jdn/etw* -i); (*Atmosphäre*) zehretmek (*etw* -i) II. *vr:* **sich** ~ zehirlenmek; (*absichtlich*) kendini zehirlemek
Vergiftung *f* 1.(*Vergiften*) zehirleme 2.(*Vergiftetwerden*) zehirlenme
vergilbt *adj* sararmış, rengi atmış, solgun
Vergissmeinnichtᴿᴿ *nt* (*Blume*) unutmabeni
vergisstᴿᴿ *vt s.* **vergessen**
vergittert *adj* parmaklıklı
Vergleich *m* 1.(*Vergleichen*) karşılaştırma 2.(*als Stilmittel*) benzetme 3.(JUR) barış(ma); **im** ~ **zu ...** -e nispetle, -e kıyasla
vergleichbar *adj* benzetilebilen, karşılaştırılabilen
vergleichen *irr vt* 1.(*gegenüberstellen*) karşılaştırmak (*etw mit etw* -i ile) 2.(*Ähnlichkeiten finden*) benzetmek (*etw/jdn mit etw/jdm* -i -e)
Vergnügen *nt* 1.(*Spaß*) eğlence 2.(*Genuss*) zevk 3.(*Freude*) sevinç, memnuniyet; **mit** ~ seve seve, memnuniyetle; **viel** ~! iyi eğlenceler!
Vergnügungspark *m* lunapark
Vergnügungsviertel *nt* eğlence yerlerinin bulunduğu semt
vergolden *vt* altınlamak, altınla kaplamak (*etw* -i)
vergoldet *adj* yaldızlı
vergöttern *vt* tapmak (*jdn* -e), göklere çıkarmak (*jdn* -i)
vergraben *irr vt* 1.(*eingraben*) (toprağa) gömmek (*etw* -i) 2.(*verstecken*) gömüp saklamak (*etw* -i)
vergrätzen *vt* canını sıkmak (*jdn* -in)
vergreifen *irr vr:* **sich an jdm** ~ birine el kaldırmak
vergriffen *adj* (*Buch*) nüshası kalmamış
vergrößern *vt* 1.(*größer machen*) büyütmek (*etw* -i) 2.(*erweitern*) genişletmek (*etw* -i) 3.(*vermehren*) çoğaltmak (*etw* -i) 4.(*Foto*) büyültmek (*etw* -i)
Vergrößerung *f* 1.(*Größermachen*) büyütme 2.(*Erweitern*) genişletme 3.(*Vermehren*) çoğaltma 4.(*Zunahme*) artış 5.(*eines Fotos*) agrandisman, büyültme
Vergrößerungsglas *nt* büyüteç
Vergünstigung *f* 1.(*Vorteil*) ucuzlatma 2.(*Privileg*) ayrıcalık, imtiyaz
vergüten *vt* (*bezahlen*) ödemek (*etw* -i)
Vergütung *f* ödeme
verh. *adj Abk. von* **verheiratet** evli
verhaften *vt* tutuklamak, tevkif etmek (*jdn* -i)
Verhaftung *f* tutuklama, tevkif
verhalten *irr vr:* **sich** ~ davranmak, hareket etmek; **sich ruhig** ~ sakin davranmak
Verhalten *nt* davranış, tutum, hareket
Verhältnis *nt* 1.(*Proportion*) oran, nispet 2.(*Beziehung*) ilgi, ilişki, bağlantı 3.(*Liebes-*) (aşk) ilişki(si); (*fam*) aşıktaşlık; **im** ~ **zu ...** -e oranla, -e nispetle
Verhältnisse *ntpl* (*Umstände*) durum *sing*, şartlar *pl,* koşullar *pl;* **über seine** ~ **leben** ayağını yorganına göre uzatmamak
verhältnismäßig I. *adj* oranlı, nispi II. *adv* nispeten
Verhältnismäßigkeit *f* uygunluk
Verhältniswahl *f* nispi seçim
verhandeln *vi* görüşmek, konuşmak (*über etw* hakkında)
Verhandlung *f* 1.(*Verhandeln*) görüşme

Verhandlungsbasis 2.(JUR) duruşma
Verhandlungsbasis f görüşme temeli
verhängen vt: **über jdn eine Strafe** ~ birini cezaya çarptırmak
verhängnisvoll adj uğursuz
verharmlosen vt tehlikesiz göstermeğe çalışmak (etw -i)
verhärten vr: **sich** ~ katılaşmak, sertleşmek, pekişmek
verhasst^{RR} adj 1.(unbeliebt) hiç sevilmeyen, nefret edilen 2.(widerlich) iğrenç
verhätscheln vt şımartmak, pohpohlamak (jdn -i)
verheddern vr: **sich** ~ (fam) bulaşmak
verheerend adj 1.(zerstörend) yıkıcı 2.(schrecklich) korkunç, dehşetli
verhehlen vt (Wahrheit, Meinung) gizlemek, saklamak (etw -i)
verheilt adj (Wunde) iyileşmiş, kapanmış
verheimlichen vt 1.(verbergen) gizlemek, saklamak (etw -i) 2.(nicht zeigen) belli etmemek (etw -i)
verheiraten I. vt evlendirmek (jdn mit jdm -i ile) II. vr: **sich** ~ evlenmek (mit jdm ile)
verheiratet adj evli
verheißungsvoll adj umdurucu, ümit verici
verhelfen irr vi: **jdm zu etw** ~ birine bir şeyi elde etmesi için yardımcı olmak
verherrlichen vt övmek, göklere çıkarmak (jdn -i)
verhexen vt büyülemek (jdn/etw -i)
verhindern vt 1.(behindern) engel olmak (etw -e) 2.(vorbeugen) önlemek (etw -i)
verhöhnen vt alay etmek (jdn/etw ile)
Verhör nt sorgu
verhören vt sorguya çekmek (jdn -i)
verhungern vi sein açlıktan ölmek
verhüten vt önlemek (etw -i), engel olmak (etw -e)
Verhütung f 1. önleme 2.(Empfängnis-) gebelikten korunma
Verhütungsmaßnahme f önleyici tedbir
Verhütungsmittel nt (Empfängnis-) doğum kontrol ilacı [o aracı]
verirren vr: **sich** ~ yolunu şaşırmak [o kaybetmek]
verjagen vt kov(ala)mak, defetmek (jdn -i)
verjähren vi sein zamanaşımına uğramak
Verjährung f zamanaşımı
verjubeln vt (Geld) saçıp savurmak (etw -i)
verjüngen I. vt gençleştirmek (jdn -i) II. vr:

sich ~ (schmaler werden) incelmek, sivrilmek
Verjüngung f 1.(Verjüngen) gençleştirme 2.(Sichverjüngen) gençleşme 3.(Säule) incelmek, sivrilmek
verkabeln vt kablolamak (etw -i)
verkalkt adj kireçlenmiş; (fig) beyni sulanmış
Verkalkung f 1. kireçlenme 2.(der Gefäße) damar sertleşmesi
Verkauf m satış
verkaufen vt satmak (jdm etw -e -i); **zu** ~ satılık
Verkäufer(in) m(f) satıcı
Verkaufsanalyse f satış analizi
Verkaufserlös m satış bedeli
Verkaufspreis m satış fiyatı
Verkehr m 1.(von Fahrzeugen) trafik, ulaşım, ulaştırma 2.(Umgang) ilişki 3.(Geschlechts-) cinsel ilişki
verkehren vi (Verkehrsmittel) işlemek; **mit jdm** ~ biri ile ilişkide olmak
Verkehrsader f ulaşım yolu
Verkehrsampel f trafik ışığı
Verkehrsamt nt, **Verkehrsbüro** nt turizm bürosu
Verkehrserziehung f trafik eğitimi
Verkehrsknotenpunkt m ulaşım merkezi
Verkehrsleitsystem nt trafik koordine sistemi
Verkehrsministerium nt Ulaştırma Bakanlığı
Verkehrsmittel nt taşıt, ulaşım aracı
Verkehrspolizist(in) m(f) trafik polisi
Verkehrsregeln fpl trafik kuralları pl
Verkehrsregelung f trafik düzenlenmesi
Verkehrsrowdy m trafik canavarı
Verkehrsschild nt trafik levhası
Verkehrsstau m trafik tıkanıklığı
Verkehrsteilnehmer(in) m(f) trafiğe katılan
Verkehrsunfall m trafik kazası
Verkehrszeichen nt trafik işareti
verkehrt adj (falsch) yanlış; (verkehrt herum) ters
verkennen irr vt değerini anlamamak (jdn/etw -in)
verklagen vt dava etmek (jdn -i), dava açmak (jdn -e karşı)
verkleiden I. vt (Wand) tahta (veya başka bir şey) ile kaplamak (etw -i) II. vr: **sich** ~ (tanınmamak için) kıyafet değiştirmek

Verkleidung f 1.(*Kleidung*) tanınmamak için kıyafet değiştirme 2.(TECH) tahta (veya başka bir şey) ile kaplama
verkleinern vt 1.(*kleiner machen*) küçültmek, ufaltmak (*etw* -i) 2.(*verringern*) azaltmak (*etw* -i)
Verkleinerung f 1.(*Verkleinern*) küçültme, ufaltma 2.(*Verringerung*) azaltma
verknallt adj (*fam*): **in jdn ~ sein** birine abayı yakmak
Verknappung f 1.(*Knappwerden*) kıtlaşma, azalma 2.(*in der Produktion*) kesatlık
verkneifen irr vt (*fam*): **er konnte sich das Lachen nicht ~** kendini gülmekten alıkoyamadı
verknittert adj buruşuk
verknüpfen vt bağlamak (*etw mit etw* -i -e), birleştirmek (*etw mit etw* -i ile)
verkommen adj (*Dinge*) bakımsız; (*Mensch*) sefil, düşkün; (*moralisch*) ahlaksız
verkörpern vt (*darstellen*) canlandırmak (*jdn/etw* -i)
Verkörperung f tecessüm, cisimlenme
verkrachen vr (*fam*): **sich ~** bozuşmak
verkraften vt hakkından gelmek (*etw* -in), gücü yetmek (*etw* -e)
verkrampfen vi: **sich ~** kasınmak
verkrüppelt adj kötürüm, sakat
verkühlen vr: **sich ~** üşütmek, soğuk almak *fam*
verkümmern vi sein 1.(MED) körelmek, dumura uğramak 2.(*geistig*) körelmek, körlenmek, körleşmek 3.(*Pflanzen*) sararıp solmak
verkünd igen vt 1.(*mitteilen*) bildirmek (*etw* -i) 2.(*öffentlich*) ilan etmek (*etw* -i)
verkuppeln vt çöpçatanlık etmek; (*gegen Bezahlung*) pezevenklik etmek
verkürzen vt 1.(*kürzer machen*) kısaltmak (*etw* -i) 2.(*vermindern*) azaltmak (*etw* -i)
Verl. m Abk. von **Verlag, Verleger** yayınevi, yayımcı
verladen irr vt yüklemek, bindirmek (*etw* -i)
Verlag m yayınevi
verlagern vt 1.(*verlegen*) yerini değiştirmek (*etw* -in), kaydırmak (*etw* -i) 2.(*überführen*) nakletmek (*etw* -i)
verlangen I. vt (*fordern*) istemek (*etw* -i) II. vi (*wünschen*) arzu etmek (*nach etw* -i), istek [o arzu] duymak (*nach etw* -e)
verlängern vt 1.(*Pass, Frist*) uzatmak (*etw* -i) 2.(*durch Ansatzstück*) eklemek (*etw* -i)
Verlängerung f 1.(*Pass, Frist*) uzatma

2.(-*stück*) uzantı, ilave, ek (parçası)
Verlängerungskabel nt uzatma kablosu
verlangsamen vt yavaşlatmak, ağırlaştırmak (*etw* -i)
VerlassRR m güven, itimat, emniyet; **auf ihn ist kein ~** ona güven olmaz
verlassen I. vt bırakmak, terk etmek (*etw/jdn* -i); **das Haus ~** evden çıkmak II. vr: **sich auf jdn ~** birine güvenmek III. adj 1.(*Person*) kimsesiz, yalnız 2.(*Ort*) ıssız, tenha
verlässlichRR adj güvenil(ebil)ir
Verlauf m 1.(*einer Sache*) gelişme, süreç, gidiş 2.(*einer Strecke*) güzergah
verlaufen irr I. vi sein 1.(*Ereignis*) geçmek, geçip gitmek 2.(*Straße*) gitmek, geçmek II. vr: **sich ~** yolunu şaşırmak
verlaust adj bitli, bitlenmiş
verlauten vi: **etw ~ lassen** bir şeyi duyurmak
verleben vt (*Zeit*) geçirmek, görmek (*etw* -i)
verlegen I. vt 1.(*an eine andere Stelle legen*) yerini değiştirmek (*etw* -in) 2.(*nicht mehr finden*) bulamamak (*etw* -i) 3.(*zeitlich verschieben*) ertelemek (*etw* -i) 4.(*Leitung, Fliesen*) döşemek (*etw* -i) 5.(*Buch*) yayımlamak (*etw* -i) II. adj (*schüchtern*) mahcup, sıkılgan, utangaç
Verlegenheit f 1.(*Schüchternheit*) mahcupluk, sıkılganlık, utangaçlık 2.(*missliche Lage*) kötü durum, sıkıntı; **jdn in ~ bringen** birini mahcup etmek
Verleger(in) m(f) yayımcı
verleiden irr vt: **jdm etw ~** birine bir şeyi zehretmek
Verleih m 1.(*Verleihen*) kiralama 2.(*Firma*) eşya kiralayan kurum
verleihen irr vt 1.(*leihen*) ödünç vermek (*jdm etw* -e -i) 2.(*Titel, Orden, Preis*) vermek (*jdm etw* -e -i)
Verleihung f (*von Preis, Titel*) ödül [o ünvan] ver(il)me
verleiten vt yöneltmek (*jdn zu etw* -i -e) (*bir kötülüğe*)
verlernen vt unutmak (*etw* -i) (*öğrendiği bir şeyi*)
verletzen I. vt yaralamak; (*seelisch*) incitmek, gücendirmek (*jdn* -i) II. vr: **sich ~** yaralanmak
verletzt adj yaralı; (*fig*) gücenmiş
Verletzte(r) mf yaralı
Verletzung f 1.(*Wunde*) yara 2.(*Verletzen*) yaralama 3.(*von Regel, Gesetz*) çiğne-

me
verleugnen *vt* inkar etmek, yadsımak, reddetmek (*etw* -i)
verleumden *vt* iftira etmek [*o* atmak], kara çalmak (*jdn* -e)
verleumderisch *adj* (*Nachricht*) yalan
Verleumdung *f* iftira
verlieben *vr:* **sich** ~ aşık olmak, tutulmak, vurulmak (*in jdn* -e)
verliebt *adj* aşık, tutkun
verlieren <verlor, verloren> *vt* kaybetmek, yitirmek (*etw/jdn* -i)
verloben *vr:* **sich** ~ nişanlanmak (*mit jdm* ile)
Verlobte(r) *mf* nişanlı
Verlobung *f* 1.(*Feier*) nişan 2.(*Handlung*) nişanlanma 3.(*Verlobtsein*) nişanlılık
verlockend *adj* 1.(*anziehend*) çekici, cazip 2.(*verführend*) ayartıcı
verlogen *adj* yalancı
verlor *vt s.* **verlieren**
verloren I. *vt s.* **verlieren** II. *adj* kayıp, yitik; ~**e Eier** az suda haşlanmış yumurta(lar); **der ~e Sohn** müsrif çocuk; ~ **gehen**^RR kaybolmak, yitmek
verlosen *vt* kura çekmek (*etw* ... için)
Verlust *m* 1.(*Einbuße*) kayıp 2.(*Schaden*) zarar, ziyan, hasar
vermachen *vt* (*als Erbe*) miras bırakmak (*jdm etw* -e -i)
Vermächtnis *nt* 1.(*letzter Wille*) vasiyet 2.(*Schriftstück*) vasiyetname
vermag *vt s.* **vermögen**
Vermählung *f* (*Heirat*) evlenme
Vermählungsanzeige *f* evlilik ilanı
vermarkten *vt* pazarlamak (*etw* -i)
Vermarktung *f* pazarlama
vermasseln *vt* berbat etmek (*etw* -i)
vermehren I. *vt* çoğaltmak, artırmak (*etw* -i) II. *vr:* **sich** ~ çoğalmak, artmak; (*geschlechtlich*) üremek
Vermehrung *f* 1.(*Vermehren*) çoğaltma, artırma 2.(*Vermehrtwerden*) çoğalma, artış, artma 3.(*geschlechtlich*) üreme
vermeidbar *adj* kaçınılabilir
vermeiden *irr vt* kaçınmak, sakınmak, çekinmek (*etw* -den)
vermeintliche(r) *adj* sanılan, zannedilen
Vermerk *m* kayıt, not
vermieten *vt* kiraya vermek, kiralamak (*jdm etw* -e -i); **zu** ~ (*Schild*) kiralık
Vermieter(in) *m(f)* kiralayan; (*einer Wohnung*) ev sahibi
Vermietung *f* kiralama
vermindern *vt* azaltmak, eksiltmek, kısmak (*etw* -i)
vermischen *vt* karıştırmak (*etw mit etw* -i ile)
vermissen *vt* aramak (*jdn/etw* -i), yokluğunu hissetmek (*jdn/etw* -in); **ich vermisse dich sehr** seni çok arıyorum, yokluğunu hissediyorum
vermisst^RR *adj* kayıp
Vermisste(r)^RR *mf* kayıp
vermitteln I. *vt* (*beschaffen*) sağlamak (*jdm etw* -e -i) II. *vi* (*als Vermittler*) aracılık yapmak; (*zwischen Gegnern*) arabuluculuk yapmak, zwischen jdm, -in arasında
Vermittler(in) *m(f)* 1.(*Mittelsperson*) aracı 2.(*zwischen Gegnern*) arabulucu
Vermittlung *f* 1.(*einer Mittelsperson*) aracılık 2.(*Friedensstiftung*) arabuluculuk 3.(*Beschaffen*) sağlama 4.(*Telefon-*) telefon santralı
vermöbeln *vt* (*fam*) tartaklamak (*jdn* -i)
vermögen <vermag, vermochte, vermocht> *vt* (*können*) yapabilmek (*etw* -i), -ebilek
Vermögen *nt* 1.(*Fähigkeit*) güç, kudret, yetenek 2.(*großer Besitz*) servet, varlık
vermögend *adj* (*reich*) varlıklı
Vermögensbildung *f* işalanların devlet teşvikiyle para biriktirmesi
Vermögenssteuer *f* varlık vergisi
vermuten *vt* sanmak, zannetmek, tahmin etmek (*dass* -diğini)
vermutlich I. *adj* olasılı II. *adv* tahminen, galiba
Vermutung *f* sanı, tahmin
vernachlässigen *vt* ihmal etmek, savsaklamak (*etw* -i)
vernehmbar *adj* duyulabilen, işitilebilen
vernehmen *irr vt* 1.(*Zeugen*) ifadesini almak (*jdn* -in) 2.(*Angeklagten*) sorguya çekmek (*jdn* -i) 3.(*hören, erfahren*) duymak, işitmek (*etw* -i)
Vernehmung *f* 1.(*Zeugen*) ifade alınması 2.(*eines Angeklagten*) sorgu
verneinen *vi, vt* 1.(*nein sagen*) hayır demek 2.(*ablehnen*) reddetmek (*etw* -i)
verneinend *adj* olumsuz
Verneinung *f* 1.(*Ablehnung*) ret 2.(GRAM) olumsuzluk
vernichten *vt* 1.yok etmek, imha etmek

(*etw/jdn* -i) **2.**(*Menschen: ruinieren*) yıkmak (*jdn* -i)

Vernichtung *f* yok etme, imha

Vernunft *f* (*Verstand*) akıl, us; ~ **annehmen** aklını başına toplamak, akıllanmak, yola gelmek; **jdn zur ~ bringen** birinin aklını başına getirmek, birini yola getirmek

vernünftig *adj* **1.**(*klug*) akıllı **2.**(*einleuchtend*) makul, akla yakın **3.**(*besonnen*) aklı başında

veröffentlichen *vt* **1.**(*Buch*) yayımlamak, çıkarmak (*etw* -i) **2.**(*bekannt geben*) ilan etmek (*etw* -i)

Veröffentlichung *f* yayın

verordnen *vt* **1.**(*anordnen*) emretmek, kararlaştırmak (*etw* -i) **2.**(MED) ilaç yazmak

Verordnung *f* **1.**(*Erlass*) kararname **2.**(*amtliche Bestimmungen*) yönerge, yönetmelik, tüzük

verpachten *vt* kiraya vermek (*jdm etw* -e -i)

verpacken *vt* paketlemek, ambalajlamak (*etw* -i)

Verpackung *f* (*Packhülle*) ambalaj

verpassen *vt* **1.**(*versäumen*) kaçırmak (*etw* -i) **2.**(*Hieb*) aşketmek, indirmek (*jdm etw* -e -i)

verpetzen *vt* (*fam*) gammazlamak (*jdn* -i)

verpfänden *vt* rehne koymak (*etw* -i)

verpfeifen *irr vt* (*fam*) ele vermek (*jdn* -i)

verpflanzen *vt* **1.**(*Pflanze*) bir yerden alıp başka bir yere dikmek; (*Jungpflanze*) şaşırtmak (*etw* -i) **2.**(*Organ*) nakletmek, aktarmak (*etw* -i)

Verpflanzung *f* **1.**başka yere dikme **2.**(*Organ-*) organ nakli

verpflegen *vt* yedirip içirmek (*jdn* -i)

Verpflegung *f* **1.**(*Verpflegen*) yedirip içirme **2.**(*Proviant*) erzak; (*für die Reise*) yolluk

verpflichten **I.** *vt* yükümlendirmek (*jdn* -i); (*für eine Tätigkeit*) görevlendirmek (*jdn für etw* -i ile) **II.** *vr:* **sich ~ etw zu tun** bir şeyi yapmayı üstlenmek

verpflichtet *adj:* **zu etw ~ sein** bir işle yükümlü olmak

Verpflichtung *f* yüküm(lülük), mecburiyet; (*moralische*) borç, görev

verplempern *vt* saçıp savurmak (*etw* -i)

verpönt *adj* ayıp kabul edilen

verprügeln *vt* dayak atmak (*jdn* -e), pataklamak (*jdn* -i); (*mit Stock*) sopa çekmek (*jdn* -e)

verpulvern *vt* (*Geld*) har vurup harman savurmak, çarçur etmek (*etw* -i)

Verputz *m* sıva

verputzen *vt* **1.**(*mit Putz*) sıva(la)mak (*etw* -i) **2.**(*fam: ganz aufessen*) silip süpürmek (*etw* -i)

Verrat *m* ihanet, hainlik, kalleşlik

verraten <verrät, verriet, verraten> *vt* **1.**ihanet etmek (*jdn/etw* -e), ele vermek (*jdn/etw* -i) **2.**(*Geheimnis*) açığa vurmak [*o* vermek] (*etw* -i) **3.**(*erkennen lassen*) belli etmek (*etw* -i)

Verräter(in) *m(f)* hain, kalleş, kancık

verräterisch *adj* hain, kalleş, kancık

verräuchert *adj* dumanlı

verrechnen **I.** *vt* takaslamak (*etw* -i) **II.** *vr:* **sich ~** yanlış hesaplamak

Verrechnung *f* takas

Verrechnungsscheck *m* takas ve mahsup çeki

verrecken *vi sein* (*Tier, pej: Mensch*) gebermek

verregnet *adj* yağmurlu; **verregneter Urlaub** izin boyunca yağmur yadığı için bozulan izin

verreisen *vi sein* yolculuk yapmak, seyahate çıkmak; **verreist sein** yolculukta [*o* seyahatte] olmak

verrenken *vt:* **sich** *dat* **den Arm ~** kolunu burkmak

verrichten *vt* (*Arbeit*) yapmak, yürütmek, yerine getirmek (*etw* -i)

verriegeln *vt* sürgülemek (*etw* -i)

verriet *vt s.* **verraten**

verringern **I.** *vt* azaltmak, eksiltmek (*etw* -i) **II.** *vr:* **sich ~** azalmak, eksilmek

Verringerung *f* **1.**(*Verringern*) azaltma, eksiltme **2.**(*Sichverringern*) azalma, eksilme

verrosten *vi sein* paslanmak, pas tutmak

verrostet *adj* paslı

verrückt *adj* deli, çılgın

Verrückte(r) *mf* deli, çılgın

Verrücktheit *f* delilik, çılgınlık

Verruf *m* kötü ün [*o* ad]; **jdn in ~ bringen** birinin adını kötüye düşürmek

verrufen *adj* ünü kötü, adı kötüye çıkmış

Vers *m* **1.**(*Zeile*) mısra, dize **2.**(*Strophe*) kıta

versagen **I.** *vt* (*nicht gewähren*) yoksun bırakmak (*jdm etw* -i -den) **II.** *vi* **1.**(*Mensch*) başaramamak **2.**(*Maschine*) işlememek **3.**(*Schusswaffe*) patlamamak

Versagen *nt* **1.**(*Misserfolg*) başarısızlık **2.**(*Panne*) arıza; **menschliches ~** insan ha-

tası
Versager(in) *m(f)* başarısız
versalzen¹ <versalzen> *vt* **1.**(*Speisen*) fazla tuzlamak (*etw* -i) **2.**(*Pläne*) berbat etmek; (*Freude*) bozmak (*etw* -i)
versalzen² *adj* aşırı tuzlu
versammeln **I.** *vt* toplamak, bir araya getirmek (*jdn* -i) **II.** *vr:* **sich** ~ toplanmak, bir araya gelmek
Versammlung *f* toplantı
Versammlungsfreiheit *f* toplanma hürriyeti [*o* özgürlüğü]
Versand *m* gönder(il)me, sevk
Versandabteilung *f* gönderme işleri dairesi
Versandhaus *nt posta ile mal gönderen ticarethane*
versäumen *vt* (*Gelegenheit, Zug*) kaçırmak (*etw* -i)
verschaffen **I.** *vt* sağlamak (*jdm etw* -e -i) **II.** *vr:* **sich etw** ~ bir şeyi elde etmek
verschärfen **I.** *vt* **1.**(*verstärken*) şiddetlendirmek (*etw* -i) **2.**(*Lage*) ciddileştirmek, nazikleştirmek (*etw* -i) **II.** *vr:* **sich** ~ (*stärker werden*) şiddetlenmek; (*Lage*) ciddileşmek, nazikleşmek
verschenken *vt* hediye etmek (*etw an jdn* -i -e)
verschicken *vt* göndermek, yollamak (*etw an jdn* -i -e)
verschieben *irr vt* (*zeitlich*) ertelemek (*etw auf etw* -i -e)
verschieden *adj* **1.**(*verschiedenartig*) çeşitli, değişik, farklı; (*sich unterscheidend*) ayrı, farklı; (~ *von*) -den başka **2.**(*einige*) bazı, birkaç
verschiedenartig *adj* çeşitli, çeşit çeşit
Verschiedenheit *f* **1.**(*verschiedene Art*) fark(lılık), ayrım, değişiklik **2.**(*Mannigfaltigkeit*) çeşitlilik
verschiedentlich *adv* birçok defa
verschiffen *vt* gemi ile taşımak; (*verladen*) gemiye yüklemek (*etw* -i)
Verschiffung *f* gemiye yükleme
verschimmeln *vi sein* küflenmek, küf tutmak
verschlafen **I.** *vt* (*verpassen*) uyuyarak kaçırmak (*etw* -i) **II.** *vi* (*zu spät aufwachen*) geç uyanmak, uyuyakalmak **III.** *adj* (*schläfrig*) uykulu, mahmur
verschlagen **I.** *vt:* **es verschlug ihm die Sprache** dili tutuldu **II.** *adj* (*listig*) kurnaz, açıkgöz, hileci
verschlampen *vt* (*fam*) *dikkatsizlik yüzünden bir şeyi kaybetmek veya unutmak*
verschlechtern **I.** *vt* fenalaştırmak, kötüleştirmek (*etw* -i) **II.** *vr:* **sich** ~ fenalaşmak, kötüleşmek
Verschlechterung *f* kötüleşme
verschleiern *vt* örtmek; (*fig*) gizlemek (*etw* -i)
Verschleiß *m* aşınma, eskime
verschleißen <verschliss, verschlissen> *vt* aşındırmak, eskitmek (*etw* -i)
verschleppen *vt* **1.**(*schleppen*) sürükleyerek bir yere götürmek (*etw* -i) **2.**(*verzögern*) sürüncemede bırakmak, uzatmak (*etw* -i) **3.**(*Menschen*) kaçırmak (*etw* -i)
verschleudern *vt* düşük fiyatla satmak (*etw* -i)
verschließen *irr vt* kapamak; (*mit Schlüssel*) kilitlemek (*etw* -i)
verschlimmern **I.** *vt* kötüleştirmek, ağırlaştırmak (*etw* -i) **II.** *vr:* **sich** ~ kötüleşmek, ağırlaşmak; (*Krankheit*) azmak
verschlingen *irr vt* (*schlucken*) yutmak (*etw* -i)
verschliss^{RR} *vt s.* **verschleißen**
verschlissen **I.** *s.* **verschleißen** **II.** *adj* (*Kleidung*) eskimiş, aşınmış
verschlossen **I.** *s.* **verschließen** **II.** *adj* **1.**(*zu*) kapalı; (*mit Schlüssel*) kilitli **2.**(*Mensch*) içine kapanık
verschlucken **I.** *vt* yutmak (*etw* -i) **II.** *vr:* **sich** ~ genzine kaçırmak
Verschluss^{RR} *m* **1.**(*Schloss*) kilit **2.**(*einer Flasche*) tapa, mantar, tıkaç; **unter** ~ (**halten**) kilit altında (tutmak)
verschlüsselt *adj* şifreli
verschmerzen *vt* (üzüntüsünü) yenebilmek [*o* unutabilmek]
verschmutzen *vt* kirletmek, pisle(t)mek; (*Umwelt*) kirletmek (*etw* -i)
verschmutzt *adj* kirli, pis
Verschmutzung *f* kirletme, pisletme; (*Zustand*) kirlilik
Verschmutzungsgrad *m* kirlilik derecesi
verschnaufen *vr, vi:* (**sich**) ~ dinlenmek, nefes [*o* soluk] almak
verschneit *adj* karlı, karla örtülü
verschnupft *adj* nezleli
verschollen *adj* **1.**(*Person*) kayıp, ölü sanılan **2.**(*Sache*) unutulmuş
verschonen *vt* **1.**(*am Leben lassen*) canını

bağışlamak (*jdn* -in) **2.** (*nicht belästigen*) rahatsız etmemek (*jdn* -i)
verschönern *vt* **1.** (*schöner machen*) güzelleştirmek (*etw* -i) **2.** (*verzieren*) bezemek, süslemek (*etw* -i)
verschreiben *irr* **I.** *vt* (*Medikament*) reçetesini yazmak (*etw* -in) **II.** *vr:* **sich** ~ yazarken hata etmek
verschulden **I.** *vt* neden olmak (*etw* -e) **II.** *vr:* **sich** ~ borçlanmak
Verschulden *nt* suç, hata, kusur
verschuldet *adj* borçlu
Verschuldung *f* borçlanma
verschütten *vt* **1.** (*Flüssigkeit*) dökmek (*etw* -i) **2.** (*Weg*) kapamak (*etw* -i) **3.** (*Person*) yıkıntı altına gömmek (*jdn* -i)
verschwägert *adj* evlenmeyle akraba olmuş
verschweigen *irr vt* söylemeden geçmek, anmamak (*etw* -i); (*verheimlichen*) gizlemek (*jdm etw* -den -i)
verschwenden *vt* **1.** (*Geld*) saçıp savurmak (*etw* -i) **2.** (*Zeit*) vakit harcamak
verschwenderisch *adj* savurgan, tutumsuz
Verschwendung *f* savurganlık
verschwiegen **I.** *vt s.* **verschweigen** **II.** *adj* **1.** (*Person*) ağzı sıkı, ketum **2.** (*Ort*) gizli, saklı
Verschwiegenheit *f* ağız sıkılığı, ketumluk
verschwinden *irr vi sein* **1.** ortadan kaybolmak, yok olmak **2.** (*abhauen*) sıvışmak, tüymek
verschwommen *adj* bulanık, belirsiz, hayal meyal
Verschwörer(in) *m(f)* komplocu
Verschwörung *f* komplo
versehen *irr* **I.** *vt* (*ausrüsten, ausstatten*) donatmak (*etw mit etw* -i ile) **II.** *vr:* **sich** ~ (*einen Fehler machen*) hata etmek, yanılmak; **sich mit etw** ~ kendine bir şey sağlamak
Versehen *nt* (*kleiner Fehler*) dikkatsizlik, (ufak) yanlış, hata; **aus** ~ yanlışlıkla, istemeyerek
versehentlich *adv* yanlışlıkla, dikkatsizlik yüzünden, istemeyerek
Versehrte(r) *m* sakat(lanan) kimse
versenden *irr vt* göndermek, yollamak (*etw an jdn* -i -e)
versenken *vt* **1.** (*Schiff*) batırmak (*etw* -i) **2.** (*untertauchen*) daldırmak (*etw* -i)
versessen *adj* düşkün, tutkun (*auf etw/jdn* -e)
versetzen *vt* **1.** (*Standort ändern*) başka bir yere koymak (*etw* -i) **2.** (*Schüler*) sınıf geçirmek (*jdn* -i) **3.** (*Beamten*) başka bir göreve kaydırmak (*jdn* -i) **4.** (*als Pfand geben*) rehin vermek (*etw* -i); **jdm einen Schlag** ~ birine tokat atmak
Versetzung *f* **1.** (*eines Schülers*) sınıf geçirme **2.** (*eines Beamten*) başka bir yere tayin etme
verseuchen *vt* (*Seuche*) bulaştırmak (*etw/jdn mit etw* -e -i); (*Gift*) zehirlemek (*etw/jdn mit etw* -i ile)
Verseuchung *f* (*Seuche*) bulaşma; (*Gift*) zehirlenme
versichern *vt* **1.** (*Versicherung*) sigorta etmek (*jdn gegen etw* -i -e karşı) **2.** (*beteuern*) temin [*o* tasdik] etmek (*etw* -i)
Versicherte(r) *mf* sigortalı
Versicherung *f* **1.** sigorta **2.** (*Beteuerung*) temin [*o* tasdik] etme
Versicherungsgesellschaft *f* sigorta şirketi
Versicherungspolice *f* sigorta poliçesi
Versicherungsprämie *f* sigorta primi
versilbert *adj* gümüş kaplama(lı), gümüşlü
versickern *vi* **1.** (*Wasser*) sızmak **2.** (*fig: Geld*) batmak; ~ **lassen** (*Geld*) batırmak (*etw* -i)
versinken *irr vi sein* batmak
versöhnen **I.** *vt* barıştırmak, uzlaştırmak (*jdn* -i) **II.** *vr:* **sich** ~ barışmak, uzlaşmak (*mit jdm* ile)
versöhnlich *adj* **1.** (*Person*) barışçı, uysal **2.** (*Worte*) barıştırıcı, yatıştırıcı
Versöhnung *f* barışma
versorgen *vt* **1.** (*unterhalten*) beslemek (*jdn* -i), geçimini sağlamak (*jdn* -in) **2.** (*betreuen*) bakmak (*jdn* -e)
Versorgung *f* **1.** (*Pflege*) bakma, bakım **2.** (*Sicherung der Existenz*) besleme, geçimini sağlama
verspäten *vr:* **sich** ~ gecikmek, geç kalmak
verspätet *adj* gecikmiş
Verspätung *f* gecikme; (*Zug*) rötar
versperren *vt* **1.** (*unpassierbar machen*) kapa(t)mak, tıkamak (*etw* -i) **2.** (*zuschließen*) kilitlemek (*etw* -i)
verspielt *adj* oyuna düşkün
verspotten *vt* alay etmek (*jdn/etw* ile)

versprechen *irr* **I.** *vt* söz vermek (*etw zu tun* -meye) **II.** *vr:* **sich ~** konuşurken yanlış yapmak; **sich** *dat* **viel von etw ~** bir şeyden çok şey ummak

Versprechen *nt* **1.**(*Zusage*) söz **2.**(*im Reden*) konuşma yanlışı

verstaatlichen *vt* devletleştirmek (*etw* -i)

Verstaatlichung *f* devletleştirme

Verstand *m* **1.**(*Vernunft*) akıl, us **2.**(*Denkfähigkeit*) zeka, zihin **3.**(*gesunder Menschen-*) sağduyu

verstand(en) *vt s.* **verstehen**

verständig *adj* **1.**(*einsichtig*) anlayışlı **2.**(*vernünftig, klug*) akıllı, zeki

verständigen I. *vt:* **jdn von** [*o* **über**] **etw ~** birine bir şey hakkında haber [*o* bilgi] vermek, birini bir şeyden haberdar etmek **II.** *vr:* **sich ~** (*sich verständlich machen*) anlaşmak; (*sich einigen*) anlaşmak, uzlaşmak (*über etw* ... üzerinde)

Verständigung *f* **1.**(*Benachrichtigung*) haber verme **2.**(*Sich-Verständlichmachen*) meramını anlatma **3.**(*Übereinkunft*) anlaşma, uzlaşma

verständlich *adj* **1.**(*einleuchtend*) anlaşılır **2.**(*hörbar*) duyulabilen **3.**(*deutlich*) açık, belirli; **jdm etw ~ machen** birine bir şeyi açıklamak

Verständnis *nt* **1.**(*Verstehen*) anlayış **2.**(*Einfühlungsvermögen*) duyarlık; **für etw/jdn ~ haben** bir şeye/birine anlayış göstermek

verständnislos *adj* anlayışsız

verständnisvoll *adj* anlayışlı

verstärken I. *vt* **1.**(*stärker machen*) kuvvetlendirmek (*etw* -i) **2.**(*festigen*) sağlamlaştırmak (*etw* -i) **3.**(*zahlenmäßig*) çoğaltmak (*etw* -i) **II.** *vr:* **sich ~** (*stärker werden*) kuvvetlenmek; (*zahlenmäßig*) çoğalmak; (*an Intensität*) şiddetlenmek

Verstärker *m* amplifikatör

Verstärkung *f* **1.**(*Verstärken*) kuvvetlendirme **2.**(MIL) takviye **3.**(*Steigerung*) çoğaltma

verstauchen *vt:* **sich** *dat* **den Fuß ~** ayağını burkmak [*o* incitmek], ayağı burkulmak

verstaucht *adj* burkulmuş, incinmiş

Versteck *nt* saklanma yeri; **~ spielen** saklambaç oynamak

verstecken *vt* saklamak, gizlemek (*etw* -i)

versteckt *adj* saklı, gizli

verstehen <verstand, verstanden> **I.** *vi, vt* **1.**(*begreifen*) anlamak, kavramak (*etw/jdn* -i) **2.**(*deutlich hören*) anlamak, duymak (*jdn/etw* -i); **jdm etw zu ~ geben** birine bir şeyi sezdirmek; **was ~ Sie unter ...?** -den ne anlarsınız?; **etwas/nichts von Chemie ~** kimyadan anlamak/anlamamak **II.** *vr:* **sich mit jdm ~** biriyle anlaşmak [*o* uyuşmak]; **das versteht sich von selbst** bu kendiliğinden anlaşılır

versteifen *vt* katılaştırmak, sertleştirmek, pekiştirmek (*etw* -i)

versteigern *vt* artırmaya çıkarmak (*etw* -i)

Versteigerung *f* artırma

Versteinerung *f* (*Vorgang*) taşlaşma; (*Gegenstand*) fosil

verstellbar *adj* ayar edilebilir

verstellen I. *vt* (*anders stellen*) yerini değiştirmek (*etw* -in) **II.** *vr:* **sich ~** sahte tavır takınmak

versteuern *vt* vergisini ödemek (*etw* -in)

verstimmt *adj* **1.**(*Instrument*) akordu bozuk **2.**(*Mensch*) neşesiz, keyifsiz

verstohlen *adj* gizli; (*Blick*) kaçamak

verstopfen *vt* tıkamak, kapatmak (*etw* -i)

verstopft *adj* (*Straße*) tıkalı

Verstopfung *f* **1.**(*Verstopftsein*) tıkanıklık **2.**(MED) kabızlık; **ich habe eine ~** kabız oldum

verstorben *adj* merhum

verstört *adj* şaşkın, yılgın

Verstoß *m* çiğneme, ihlal (*gegen etw* -i)

verstoßen *irr* **I.** *vt* **1.**(*vertreiben*) kovmak, atmak, defetmek (*jdn* -i) **2.**(*Kind*) (evlatlıktan) reddetmek; (*Frau*) boşamak (*jdn* -i) **II.** *vi* (*Gesetz, Regel*) çiğnemek, ihlal etmek (*gegen etw* -i)

verstreichen *irr vi sein* **1.**(*Zeit*) geçmek, geçip gitmek **2.**(*Frist*) süresi dolmak

verstreuen *vt* dağıtmak, saçmak (*etw* -i)

verstümmeln *vt* **1.**(organlarını keserek) yaralamak, sakatlamak; (*Leiche*) parçalamak (*jdn* -i) **2.**(*Text*) bozmak (*etw* -i)

Versuch *m* deneme; (*wissenschaftlicher*) deney

versuchen *vt* **1.**(*probieren*) denemek (*etw* -i) **2.**(*kosten*) tadına bakmak (*etw* -in); **~ etw zu tun** bir şeyi yapmaya çalışmak

Versuchskaninchen *nt* (*fig fam*) kobay, deneme tahtası

Versuchsperson *f* denek

Versuchstier *nt* deney hayvanı

versuchsweise *adv* deneme ile

Versuchung f şeytana uyma; **in ~ führen** baştan çıkarmak, ayartmak (*jdn* -i)
versüßen vt tatlılaştırmak, güzelleştirmek (*etw* -i)
vertagen vt sonraya bırakmak (*etw* -i), ertelemek (*etw auf etw* -i -e)
vertauschen vt değiştirmek; (*irrtümlich*) karıştırmak (*etw* -i)
verteidigen vt savunmak (*jdn* -i)
Verteidiger(in) m(f) 1.(*allgemein*) savunucu 2.(JUR) avukat, dava vekili 3.(SPORT) bek
Verteidigung f savunma
Verteidigungsminister(in) m(f) Savunma Bakanı
verteilen vt 1.(*austeilen*) dağıtmak (*etw an jdn* -i -e) 2.(*aufteilen*) paylaştırmak (*etw* -i)
Verteiler(in) m(f) 1.dağıtan 2.(*Zünd-*) distribütör
Verteilung f (*Austeilen*) dağıtma, dağıtım
Verteilungskampf m paylaşım savaşı
verteuern I. vt pahalılaştırmak (*etw* -i) II. vr: **sich ~** pahalanmak, pahalılaşmak
vertiefen I. vt derinleştirmek (*etw* -i) II. vr: **sich in etw ~** bir şeye dalmak
Vertiefung f derinlik
vertikal adj dikey
Vertrag m 1.kontrat, sözleşme 2.(POL) antlaşma
vertragen irr I. vt (*aushalten*) dayanmak, katlanmak (*etw* -e); **nicht viel ~** (*Wein*) fazla kaldırmamak II. vr: **sich gut/schlecht mit jdm ~** biriyle iyi geçinmek/geçinememek
vertraglich adj sözleşmeli
verträglich adj 1.(*Mensch*) geçimli, uysal 2.(*Speise*) sindirimi kolay, zararsız
Vertragsbruch m sözleşmenin bozulması
Vertragspartner(in) m(f) (sözleşmede) karşı taraf
vertrauen vi güvenmek, inanmak (*jdm/einer Sache* -e)
Vertrauen nt güven; **im ~ gesagt** aramızda kalsın
Vertrauensfrage f güvenoyu sorusu
Vertrauensmann, -frau m, f (*im Betrieb*) mutemet, inal
Vertrauensperson f mutemet, inal
Vertrauenssache f güven meselesi
vertrauensvoll adv tamamen güvenerek
vertrauenswürdig adj güvenilir, emin, emniyetli
vertraulich adj 1.(*Umgang*) senli benli, teklifsiz, samimi 2.(*Mitteilung*) gizli

Vertraulichkeit f 1.(*Umgang*) samimiyet 2.(*Mitteilung*) gizlilik 3.(*Zudringlichkeit*) sırnaşıklık
verträumt adj 1.(*Person*) dalgın 2.(*Ort*) kuytu, sessiz
vertraut adj (*intim*) içlidışlı, sıkı fıkı; **mit etw ~ sein** bir şeye alışık olmak; **sich mit etw ~ machen** bir şeyi öğrenmek, bir şeye alışmak
vertreiben irr vt 1.(*verjagen*) defetmek, kovmak, atmak (*jdn* -i) 2.(MIL) püskürtmek (*jdn* -i) 3.(*verkaufen*) satmak, sürmek (*etw* -i); **sich** dat **die Zeit ~** vakit geçirmek, eğlenmek
Vertreibung f 1.(*Vertreiben*) defetme, kovma 2.(*Vertriebenwerden*) kovulma
vertreten irr vt 1.(*repräsentieren*) temsil etmek (*jdn* -i) 2.(*ersetzen*) yerini tutmak (*jdn* -in) 3.(*verteidigen*) savunmak (*jdn* -i); **sich** dat **den Fuß ~** ayağını burkmak; **sich** dat **die Beine ~** fazla oturmaktan uyuşan bacaklarını yürüyerek açmak
Vertreter(in) m(f) 1.(*Repräsentant*) temsilci 2.(*im Amt*) vekil 3.(*Handels-*) acenta
Vertretung f 1.(*Repräsentieren*) temsil(cilik) 2.(*im Amt*) vekillik; **in ~** gen -e velaketen
Vertrieb m satış, sürüm
Vertriebene(r) mf 1.(*Heimat-*) ülkesinden atılan kimse 2.(*Asylant*) sığınan, mülteci
vertrocknen vi sein kurumak
vertrösten vt (*hinhalten*) oyalamak, atlatmak (*jdn* -i)
vertun irr I. vt (*vergeuden*) boş yere harcamak, saçıp savurmak (*etw* -i) II. vr: **sich ~** yanılmak
vertuschen vt örtmek, örtbas etmek (*etw* -i)
verübeln vt: **jdm etw ~** birinin davranışını fenaya çekmek
verunglücken vi sein kazaya uğramak, kaza geçirmek; **tödlich ~** kazada ölmek
verunreinigen vt kirletmek, pisle(t)mek (*etw* -i)
verunsichern vt güvenini sarsmak (*jdn* -in)
veruntreuen vt zimmetine geçirmek (*etw* -i)
verursachen vt neden olmak (*etw* -e)
verurteilen vt 1.(*Urteil abgeben*) hüküm giydirmek (*jdn* -e), mahkum etmek (*jdn zu etw* -i -e) 2.(*ablehnen*) reddetmek (*jdn/etw* -i); **zu einer Geld-/Gefängnisstrafe verurteilt werden** para/hapis cezasına çarptırıl-

mak
Verurteilung *f* yargılama, mahkumiyet
vervielfachen *vt* çoğaltmak, artırmak (*etw* -i)
vervielfältigen *vt* çoğaltmak, teksir etmek (*etw* -i)
Vervielfältigung *f* çoğalt(ıl)ma, teksir
vervollständigen *vt* tamamlamak, bütünlemek, bitirmek (*etw* -i)
verw. *adj Abk. von* **verwitwet** dul
verwackelt *adj* (*Foto*) net olmayan
verwählen *vr:* **sich** ~ (*falsche Nummer*) yanlış numara çevirmek
verwahren **I.** *vt* (*sicher aufbewahren*) saklamak (*etw* -i) **II.** *vr:* **sich gegen etw** ~ bir şeye karşı itiraz etmek
verwahrlost *adj* (*Sache*) bakımsız; (*Haus*) harap; (*Person*) perişan
verwaist *adj* **1.** yetim, öksüz **2.** (*fig: Posten*) boş; (*Gegend*) tenha, ıssız
verwalten *vt* idare etmek, yönetmek (*etw* -i)
Verwalter(in) *m(f)* **1.** idareci, yönetici **2.** (*Guts-*) kahya
Verwaltung *f* **1.** (*Handlung*) idare, yönetim **2.** (*Personen*) yönetim kurulu
verwandeln **I.** *vt* değiştirmek (*etw/jdn* -i), dönüştürmek (*etw in etw* -i -e) **II.** *vr:* **sich** ~ değişmek; **sich in etw** ~ bir şeye dönüşmek
verwandt **I.** *vt s.* **verwenden** **II.** *adj* **1.** akraba, hısım **2.** (*fig: ähnlich*) benzer, yakın
verwandte *vt s.* **verwenden**
Verwandte(r) *mf* akraba, hısım; **ein ~r von mir** benim bir akrabam
Verwandtschaft *f* **1.** (*Verwandtsein*) akrabalık **2.** (*die Verwandten*) akrabalar *pl,* hısım akraba *fam* **3.** (*fig: Ähnlichkeit*) benzerlik, yakınlık
verwarnen *vt* uyarmak; kaz etmek (*jdn* -i)
Verwarnung *f* uyarı, ihtar
verwaschen *adj* **1.** (*Farben*) rengi atmış, soluk **2.** (*fig*) belirsiz
verwechseln *vt* karıştırmak (*etw mit etw* -i ile); **jdn mit jdm** ~ birini birine benzetmek
Verwechs(e)lung *f* karıştırma, benzetme
verweigern *vt* reddetmek (*etw* -i)
Verweigerung *f* ret
Verweis *m* **1.** (*Tadel*) azar, tekdir **2.** (*Hinweis*) işaret
verweisen *irr vt* (*hinweisen*) işaret etmek (*auf etw* -e); **jdn des Landes** ~ birini sınır dışı etmek; **jdn des Platzes** ~ (SPORT) birini sahadan çıkarmak
verwelken *vi sein* solmak, sararmak
verwendbar *adj* kullanılabilir
verwenden <verwendete, verwendet *o* verwandte> **I.** *vt* **1.** (*gebrauchen*) kullanmak (*etw* -i) **2.** (*benützen*) yararlanmak (*etw* -den) **3.** (*Zeit, Mühe*) harcamak (*etw* -i) **II.** *vr:* **sich für jdn** ~ birinin iyiliği için aracılık etmek
Verwendung *f* kullanış, kullanım
verwerfen *irr vt* **1.** (*ablehnen*) reddetmek (*etw* -i) **2.** (JUR) bozmak, feshetmek (*etw* -i)
Verwerfung *f* (GEOG) fay
Verwerfungslinie *f* (GEOG) fay hattı
verwerflich *adj* ayıp(lı), çirkin, kötü
verwerten *vt* değerlendirmek (*etw* -i), yararlanmak (*etw* -den)
verwickeln **I.** *vt* (*Faden*) karıştırmak, dolaştırmak (*etw* -i); **jdn in etw** ~ birini bir şeye karıştırmak **II.** *vr:* **sich** ~ (*Faden*) karışmak, dolaşmak
verwickelt *adj* karışık, dolaşık, çapraşık
verwildert *adj* **1.** (*Tier*) vahşileşmiş **2.** (*Garten*) bakımsız, harap
verwirklichen **I.** *vt* gerçekleştirmek (*etw* -i), **II.** *vr:* **sich** ~ gerçekleşmek
Verwirklichung *f* **1.** (*Verwirklichen*) gerçekleştirme **2.** (*Wahrwerden*) gerçekleşme
verwirren *vt* **1.** (*Garn*) dolaştırmak, karıştırmak (*etw* -i) **2.** (*Person*) şaşırtmak (*jdn* -i)
verwirrt *adj* **1.** (*Sache*) karışık **2.** (*Person*) şaşkın, şaşırmış
Verwirrung *f* **1.** (*Durcheinander*) karışıklık **2.** (*Verstörtheit*) şaşkınlık
verwitwet *adj* dul
verwöhnen *vt* şımartmak, nazlı alıştırmak (*jdn* -i), yüz vermek (*jdn* -e)
verwöhnt *adj* şımarık, nazlı (alışmış)
verworren *adj* (karma)karışık, dolambaçlı, darmadağın
verwundbar *adj* yaralanabilir; (*Stelle*) zayıf
verwunden *vt* yaralamak (*jdn/etw* -i)
verwunderlich *adj* şaşılacak
verwundern *vr:* **sich** ~ şaş(ır)mak, hayret etmek
Verwunderung *f* şaşkınlık, hayret
verwundet *adj* yaralı
Verwundete(r) *mf* yaralı
verwüsten *vt* yakıp yıkmak, kırıp geçirmek, tahrip etmek (*etw* -i)
Verwüstung *f* (yakıp) yıkma, tahrip

verzählen *vr:* **sich ~** yanlış saymak, sayıda yanılmak

verzaubern *vt* büyülemek, sihirlemek (*jdn/etw* -i)

Verzehr *m* yiyip içme; **nicht zum ~ geeignet** yenilip içilmeye elverişli değil

verzehren *vt* yiyip bitirmek (*etw* -i)

verzeichnen *vt* **1.**(*aufzeichnen*) yazmak, not etmek (*etw* -i) **2.**(*falsch zeichnen*) yanlış çizmek (*etw* -i)

Verzeichnis *nt* **1.** liste **2.** (INFORM: *Daten~*) dizin

verzeihen <verzieh, verziehen> **I.** *vi* bağışlamak, affetmek (*jdm* -i) **II.** *vt:* **jdm etw ~** birinin bir şeyini affetmek [*o* hoş görmek], birinin bir şeyine bakmamak

Verzeihung *f:* (**ich bitte um**) **~!** affedersiniz!

verzetteln *vr:* **sich ~** emeklerini birçok işlere harcamak

Verzicht *m* vazgeçme

verzichten *vi* **1.**(*Anspruch aufgeben*) vazgeçmek (*auf etw* -den) **2.**(*zurücktreten*) caymak (*auf etw* -den)

verzieh(en) *vt s.* **verzeihen**

verziehen *irr* **I.** *vt* (*Kind*) şımartmak, nazlı alıştırmak (*jdn* -i) **II.** *vr:* **sich ~** (*Wolken, Gewitter*) geçmek, kaybolmak, uzaklaşmak; (*fam: sich entfernen*) uzaklaşmak

verzieren *vt* süslemek, bezemek (*etw* -i)

Verzierung *f* süs, dekor

verzinsen *vt* faizini ödemek (*etw* -in)

Verzinsung *f* faiz miktarı

verzogen I. *s.* **verziehen II.** *adj* (*Kind*) şımartılmış, nazlı alışmış; **unbekannt ~** (*Postvermerk*) adresi belli değil

verzögern I. *vt* geciktirmek, uzatmak, sürüncemede bırakmak (*etw* -i) **II.** *vr:* **sich ~** gecikmek, uzamak, sürüncemede kalmak

Verzögerung *f* gecikme, uzama

verzollen *vt* gümrüklemek (*etw* -i); **haben Sie etwas zu ~?** gümrüğe tabi eşyanız var mı?

Verzug *m* gecikme

verzweifeln *vi sein* ümitsizliğe düşmek; **es ist zum Verzweifeln** insanın çıldırası geliyor

verzweifelt *adj* çaresiz, umarsız

Verzweiflung *f* ümitsizlik, umutsuzluk; **jdn zur ~ bringen** birini ümitsizliğe düşürmek

Veteran *m* eski asker

Veterinär(in) *m(f)* veteriner

Veto *nt:* **gegen etw sein ~ einlegen** bir şeyi veto etmek [*o* vetolamak]

Vetorecht *nt* veto hakkı

Vetter *m* amca (dayı, teyze, hala) oğlu, kuzen

Vetternwirtschaft *f* akraba kayırıcılığı

vgl. *vt Abk. von* **vergleiche** karşılaştırınız

v. H. *adv Abk. von* **vom Hundert** yüzde

VHS *f Abk. von* **Volkshochschule** Halk Eğitim Merkezi

Viadukt *m* kemer köprü

Viagra *nt* viagra

Vibration *f* titreşim, vibrasyon

vibrieren *vi* titreşmek

Video *nt* video

Videoclip *m* klip, video klipi

Videofilm *m* video filmi

Videokamera *f* video kamerası

Videokarte *f* (INFORM) video kartı

Videokassette *f* video kaseti

Videokonferenz *f* telekonferans

Videorekorder *m* video aleti

Videospiel *nt* video oyunu

Videothek *f* video dükkanı

Vieh *nt* **1.**(*Groß-*) büyük baş hayvanlar *pl*; (*Klein-*) davar **2.**(*pej: Tier*) hayvan

Viehzucht *f* hayvancılık, hayvan yetiştirme

viel *adj, adv* çok, fazla; **recht ~** birçok; **sehr ~** pek çok; **ziemlich ~** oldukça çok, bir hayli; **so ~** o kadar çok; **zu ~** fazla, çok, aşırı; **~e Leute** birçok kişi; **so ~e Bücher** bir sürü kitap; **~ versprechend**^RR çok şey vadeden

vieldeutig *adj* çok anlamlı

vielfach I. *adj* katmerli **II.** *adv* çok defa, sık sık

Vielfalt *f* çeşitlilik

vielfältig *adj* çeşitli

vielfarbig *adj* çok renkli

vielleicht *adv* belki; (*etwa*) acaba; **das ist ~ schön!** aman ne güzel!

vielmals *adv* çok defa, sık sık

vielmehr *adv* (*im Gegenteil*) bilakis, tam tersine

vielseitig *adj* çok yönlü

vielversprechend *adj s.* **viel**

Vielzahl *f:* **eine ~ von ...** -den çok sayıda

vier *num* dört; **auf allen Vieren gehen** emeklemek

Viereck *nt* dörtgen, dörtkenar

viereckig *adj* dört köşeli

vierhundert *num* dört yüz

Vierlinge *mpl* dördüzler *pl*
viermal *adv* dört defa [*o* kere]
vierspurig *adj* dört şeritli
vierstellig *adj* dört basamaklı
vierte(r, s) *adj* dördüncü
Viertel *nt* **1.** (*Bruchzahl*) çeyrek, dörtte bir **2.** (*Stadt-*) semt, mahalle; **drei viertel**^{RR} (*Liter, Stunde*) üç çeyrek; **viertel vor zwei, drei viertel**^{RR} **zwei** ikiye çeyrek var; **viertel nach zwei** ikiyi çeyrek geçiyor
Viertelfinale *nt* çeyrek final (maçı)
Vierteljahr *nt* üç ay, çeyrek yıl
vierteljährlich *adj* üç aylık
Viertelliter *nt* çeyrek litre
Viertelstunde *f* çeyrek saat
viertens *adv* dördüncü olarak
vierzehn *num* on dört; ~ **Tage** on dört gün
vierzehntägig *adj* onbeş günlük, iki haftalık
vierzig *num* kırk
Vietnam *nt* Vietnam
Villa *f* **1.** (*Haus*) villa; (*größere*) köşk **2.** (*Strand-*) yalı
violett *adj* menekşe rengi(nde), mor
Violine *f* keman
Violoncello *nt* viyolonsel
Viper *f* Avrupa engereği
viral *adj* (MED) viral
Virenprogramm *nt* virüs programı
Virenscanprogramm *nt* (INFORM) virüs tarama programı
virenverseucht *adj* (INFORM) virüs bulaşmış olan
virtuell *adj* sanal; ~**e Realität** sanal gerçeklik
Virtuose, -sin *m, f* virtüoz
Virus *m* virüs
Virusinfektion *f* virüs enfeksiyonu
Vision *f* **1.** (*Erscheinung*) hayal **2.** (*Halluzination*) sanrı **3.** (*Zukunftsvorstellung*) vizyon
Visionär(in) *m(f)* vizyon sahibi
Visite *f* vizite
Visitenkarte *f* kartvizit
Viskose *f* viskoz
visuell *adj* görsel
Visum *nt* vize
Vitalität *f* canlılık
Vitamin *nt* vitamin
Vitaminmangel *m* vitamin eksikliği, vitaminsizlik
vitaminreich *adj* çok vitaminli

Vitrine *f* vitrin, camekan
Vizekanzler(in) *m(f)* başbakan yardımcısı
Vizepräsident(in) *m(f)* başkan yardımcısı
Vogel *m* kuş; **er hat einen** ~ (*fam*) tahtası eksik, kafadan kontak
Vogelbauer *nt* kuş kafesi
vogelfrei *adj* kanun dışı
Vogelhaus *nt* kuş(h)ane
Vogelkäfig *m* kuş kafesi
Vogelscheuche *f* korkuluk
Vogelschutzgebiet *nt* kuş cenneti
Vogelschwarm *m* kuş sürüsü
Vokabel *f* söz(cük), kelime
Vokal *m* ünlü
Volk *nt* **1.** (*Leute*) halk **2.** (*Nation*) millet, ulus
Völkerbund *m* Milletler Cemiyeti
Völkerkunde *f* etnoloji, budunbilim
Völkermord *m* soykırım
Völkerrecht *nt* devletlerarası hukuk
Völkerwanderung *f* Kavimler Göçü
Volksabstimmung *f* halk oylaması
volkseigen *adj:* ~**er Betrieb** (HIST: *in der DDR*) devletleştirilmiş işletme
Volksentscheid *m* halk oylaması
Volksfest *nt* şenlik
Volksfront *f* halk cephesi
Volksheld(in) *m(f)* halk kahramanı
Volkshochschule *f* Halk Eğitim Merkezi, Halk Yüksek Okulu
Volkskunde *f* halkbilgisi, folklor
Volkslied *nt* halk şarkısı
Volksmusik *f* halk müziği
Volksrepublik *f* halk cumhuriyeti
Volksschule *f* ilkokul
Volksschullehrer(in) *m(f)* ilkokul öğretmeni
Volkssprache *f* halk dili [*o* ağzı]
Volkstanz *m* halk dansı, milli oyun
volkstümlich *adj* (*populär*) popüler
Volksweisheit *f* halk bilgeliği
Volkswirt(in) *m(f)* iktisatçı
Volkswirtschaft(slehre) *f* iktisat, ekonomi
voll I. *adj* **1.** (*gefüllt*) dolu **2.** (*Wangen*) toplu, dolgun **3.** (*reichlich*) bol **4.** (*vollständig, ganz*) bütün, tam **5.** (*besetzt*) meşgul **6.** (*satt*) tok **7.** (*fam: betrunken*) sarhoş; **der Bus ist** ~ otobüs doldu; **jdn (nicht) für** ~ **nehmen** birini ciddiye al(ma)mak II. *adv:* ~ **und ganz** tamamen
vollautomatisch *adj* (tam) otomatik

Vollbart *m* top [*o* çember] sakal
Vollbeschäftigung *f* tam çalışma
Vollblut *nt* (*Pferd*) safkan
vollbringen *irr vt* **1.**(*beenden*) tamamlamak (*etw* -i) **2.**(*ausführen*) yerine getirmek (*etw* -i)
vollenden *vt* bitirmek, tamamlamak (*etw* -i)
vollendet *adj* bit(iril)miş; (*vollkommen*) kusursuz, mükemmel, yetkin; **~e Tatsache** emrivaki, oldubitti
Volleyball *m* voleybol
Vollgas *nt:* **mit ~** tam hızla
Vollidiot *m* tam kaçık
völlig **I.** *adj* tam **II.** *adv* tamamen, tamamıyla, büsbütün
volljährig *adj* reşit, ergin
Volljährigkeit *f* erginlik, reşitlik, rüşt
Vollkaskoversicherung *f* tam kasko sigortası
vollkommen **I.** *adj* kusursuz, mükemmel, yetkin **II.** *adv* tamamıyla
Vollkommenheit *f* mükemmellik
Vollkornbrot *nt* kepekli ekmek
Vollmacht *f* tam yetki; (*Dokument*) vekaletname
Vollmilch *f* kaymağı alınmamış süt
Vollmitgliedschaft *f* (*in EU*) tam üyelik
Vollmond *m* dolunay
Vollpension *f* tam pansiyon
vollständig **I.** *adj* tam, bütün, eksiksiz **II.** *adv* tamamen, tamamıyla
Vollständigkeit *f* tamamlık, eksiksizlik, noksansızlık
vollstrecken *vt* yerine getirmek, yürütmek (*etw* -i)
volltanken *vi, vt* benzin deposunu tam doldurmak
Volltreffer *m* tam isabet
Vollversammlung *f* genel kurul toplantısı
Vollwaise *f* öksüz, anası ve babası ölmüş
vollzählig *adj* tam sayılı, eksiksiz
vollziehen *irr* **I.** *vt* yerine getirmek (*etw* -i) **II.** *vr:* **sich ~** olmak, cereyan etmek
Volontär(in) *m(f)* gönüllü stajyer
Volt *nt* volt
Volumen *nt* hacim
vom *präp* = *von dem* s. **von**
von *präp* +*dat* **1.**(*räumlich und zeitlich*) -dan/-den **2.**(*Herkunft*) -li/-lı/-lu/-lü **3.**(*Bildung des Genitivs*) -in/-ın/-un/-ün **4.**(*beim Passiv*) (-in) tarafından **5.**(*über*) ... hakkında, ... üzerin(d)e; **~ ... an** -den itibaren;

vom Fenster aus pencereden; **~ da an** o zamandan itibaren; **~ heute an** bugünden itibaren; **~ Format** üstün; **was sind Sie ~ Beruf?** mesleğiniz ne(dir)?; **~ Natur aus** yaradılıştan; **einer ~ euch** sizden biri; **fünf ~ zehn Türken** (her) on Türk'ün beşi; **~ Gottes Gnaden** Allah tarafından; **~ mir aus** benim için farketmez; **ein Freund ~ mir** benim bir arkadaşım; **sie wurde ~ ihm verlassen** onun tarafından terkedildi; **wir haben gerade ~ dir gesprochen** tam şu anda senden konuştuk [*o* bahsettik]
voneinander *adv* birbir(ler)inden
vor **I.** *präp* +*dat* **1.**(*Ort*) -in önünde **2.**(*Zeit*) (-den) önce **3.**(*Ursache*) -dan/-den, -den dolayı; **~ mir** önümde; **10 Minuten ~ 7** yediye on var; **~ zwei Jahren** iki yıl önce; **~ kurzem** geçenlerde; **~ Christus** İsa'dan önce; **~ (lauter) Angst** korkudan; **aus Angst ~ ...** -in korkusundan **II.** *präp* +*akk* (*Richtung*) -in önüne
Vorabend *m* arife
Vorahnung *f* önsezi
voran *adv* (*vor den anderen*) önde, başta
vorangehen *irr vi sein* önce gitmek, önden gitmek; **gut ~** iyi gitmek; **gehen Sie voran!** önden gidiniz!
vorankommen *irr vi sein* ilerlemek; (*fig*) ilerlemek, gelişmek
Voranmeldung *f* **1.**erken kayıt **2.**(*Telefon*) istenen telefon abonesinin önceden aranması
Voranschlag *m* masraf tahmini
voraus *adv:* **im Voraus**[RR] önceden, peşin(en)
vorausbezahlen *vt* peşin(en) ödemek
vorausgegangen *adj* önden gitmiş
vorausgehen *irr vi sein* **1.**(*Person*) önden gitmek **2.**(*Sache*) önce gelmek
vorausgehend *adj* önceki
vorausgesetzt *konj:* **~, dass** şu şartla ki ...
Voraussage *f* (önceden) tahmin
voraussagen *vt* (*Voraussage machen*) (önceden) tahmin etmek (*etw* -i)
voraussehbar *adj* önceden tahmin edilebilir
voraussehen *irr vt* önceden tahmin etmek [*o* kestirmek] (*etw* -i)
voraussetzen *vt* **1.**(*annehmen*) varsaymak, farzetmek (*etw* -i) **2.**(*bedingen*) şart koşmak (*etw* -i)
Voraussetzung *f* (*Bedingung*) şart, koşul;

voraussichtlich unter der ~, dass -mesi şartıyla
voraussichtlich I. *adj* olası(lı) II. *adv* tahmin edildiğine göre
Vorauszahlung *f* peşin ödeme, avans
Vorbedacht *m:* mit ~ bile bile, kasten
Vorbedingung *f* ön koşul [*o* şart]
Vorbehalt *m* (*Einschränkung*) sakınca; unter dem ~, dass -mesi kaydıyla
vorbehalten *irr vt:* sich *dat* etw ~ bir şeyi kendisi için saklamak
vorbehaltlos *adj, adv* kayıtsız şartsız
vorbei *adv* 1.(*räuml*): an ... ~ -in önünden 2.(*zeitlich*) geçmiş; es ist ~ geçti, bitti
vorbeifahren *irr vi sein* geçmek (*an jdm/ etw* -in önünden)
vorbeigehen *irr vi sein* geçmek (*an jdm/ etw* -in önünden)
vorbeikommen *irr vi sein* (*besuchen*) uğramak (*bei jdm* -e)
vorbeireden *vi:* sie reden aneinander vorbei birbirlerine dert anlatamıyorlar
Vorbemerkung *f* ön açıklama
vorbereiten I. *vt* hazırlamak (*etw* -i) II. *vr:* sich ~ hazırlanmak
Vorbereitung *f* hazırlık
vorbestellen *vt* 1.(*Zimmer*) rezerve etmek, ayırtmak (*etw* -i) 2.(*Tisch, Platz*) önceden ayırtmak (*etw* -i)
Vorbestellung *f* rezervasyon, ayırtım
vorbestraft *adj* sabıkalı
vorbeugen *vi:* einer Sache ~ bir şeyin önünü almak, bir şeyi önlemek
vorbeugend *adj* önleyici, koruyucu
Vorbeugungsmaßnahme *f* önleyici tedbir
Vorbild *nt* 1.(*Beispiel*) örnek 2.(*Ideal*) ideal; sich jdn zum ~ nehmen birini örnek almak
vorbildlich *adj* 1.(*mustergültig*) örnek 2.(*vollkommen*) kusursuz, mükemmel
Vorderachse *f* ön dingil
Vorderbein *nt* ön bacak
vordere(r, s) *adj* ön, önde bulunan
Vordergrund *m* ön plan
Vorderrad *nt* ön tekerlek
Vorderradantrieb *m* önden çekiş
Vorderseite *f* 1.(*Seite*) ön taraf, yüz, cephe 2.(*einer Münze*) ön yüz
Vordersitz *m* ön yer
vordringen *irr vi sein* ilerlemek; (*fig: sich verbreiten*) yayılmak
vordringlich *adj* acele, acil, ivedi

Vordruck *m* (*Formblatt*) form
vorehelich *adj* evlilikten önceki
voreilig *adj* pek acele; (*Person*) aceleci
voreingenommen *adj* önyargılı
vorenthalten *irr vt:* jdm etw ~ birini bir şeyden mahrum bırakmak, birinden bir şeyi esirgemek
vorerst *adv* 1.(*zuerst*) (her şeyden) önce 2.(*vorläufig*) şimdilik
vorfahren *irr* I. *vt* (*Wagen*) arabayı evin önüne getirmek II. *vi sein* daha ileri gitmek
Vorfahren *mpl* atalar *pl*
Vorfahrt *f* (önce) geçiş hakkı; die ~ beachten geçiş hakkına dikkat etmek
Vorfahrtszeichen *nt* geçiş hakkı işareti
Vorfall *m* olay
vorfallen *irr vi sein* 1.(*sich ereignen*) olmak, cereyan etmek 2.(*nach vorne fallen*) öne düşmek, sarkmak
Vorfreude *f* önceden duyulan sevinç
vorführen *vt* 1.(*Stück*) temsil etmek, ortaya koymak, oynatmak (*etw* -i) 2.(*Film*) göstermek (*etw* -i)
Vorgang *m* 1.(*Hergang*) cereyan, gidiş, süreç 2.(*Ereignis*) olay
Vorgänger(in) *m(f)* öncel
Vorgarten *m* ön bahçe
vorgeben *irr vt* 1.(*vorschützen*) özür [*o* bahane] olarak ileri sürmek (*etw* -i) 2.(SPORT) avans vermek
Vorgebirge *nt* 1.(*Vorberge*) dağ eteklerindeki tepeler 2.(*Kap*) burun
vorgefasst[RR] *adj* (*Meinung*) önyargılı
vorgefertigt *adj* önceden hazırlanmış
vorgehen *irr vi sein* 1.(*vorwärts gehen*) ilerlemek 2.(*vorausgehen*) önden gitmek 3.(*Uhr*) ileri gitmek 4.(*handeln*) davranmak, hareket etmek, işlem yapmak 5.(*fig: wichtig sein*) önemli olmak; gehen Sie bitte vor! ilerleyin, lütfen!, önden gidin, lütfen!
Vorgehen *n* 1.(*Vorwärtsgehen*) ilerleyiş 2.(*Verhalten*) tutum, davranış 3.(*Verfahren*) işlem, yöntem
vorgerückt *adj* ilerlemiş
Vorgeschichte *f* 1.(*Wissenschaft*) tarih öncesi 2.(*fig*) (bir şeyin) önce(si)
vorgeschichtlich *adj* tarih öncesi
Vorgeschmack *m* ilk tat
Vorgesetzte(r) *mf* şef, amir, patron
vorgestern *adv* evvelki gün
vorgreifen *irr vi* önce davranmak (*einer Sache* -de)

vorhaben *irr vt* (*beabsichtigen*) niyetinde olmak, ... amacını gütmek (*etw*); **ich habe morgen nichts vor** yarın için hiç bir programım yok

Vorhalle *f* hol

vorhalten *irr vt* (*fig*): **jdm etw ~** birine bir şeyden dolayı sitem etmek

vorhanden *adj* var olan, mevcut, elde hazır

Vorhang *m* perde; **der Eiserne ~** (HIST) Demir Perde

Vorhaut *f* sünnet derisi

vorher *adv* 1. (*zeitlich*) önce 2. (*im Voraus*) peşin(en); **kurz ~** demin; **am Tage/Abend ~** bir gün/akşam önce

vorhergehende(r, s), **vorherige(r, s)** *adj* önceki

vorherrschen *vi* egemen [*o* hakim] olmak, üstün gelmek

Vorhersage *f* 1. (*das Vorhersagen*) (önceden) tahmin 2. (*Prophezeiung*) kehanet

vorhersagen *vt* 1. (*voraussagen*) (önceden) tahmin etmek [*o* haber vermek] (*etw* -i) 2. (*prophezeien*) kehanette bulunmak

vorhersehen *irr vt* (önceden) tahmin etmek [*o* kestirmek] (*etw* -i)

vorhin *adv* demin(cek), az evvel; **gerade ~** az önce, daha demin

vorige(r, s) *adj* önceki; (*vergangen*) geçen

Vorjahr *nt* geçen yıl

Vorkehrungen *fpl*: **~ treffen** (önleyici) tedbirler almak (*gegen etw* -e karşı)

Vorkenntnisse *fpl* önbilgiler *pl*

vorknöpfen *vt*: **sich** *dat* **jdn ~** (*fam*) birinden hesap sormak

vorkommen *irr vi sein* 1. (*existieren*) var olmak, bulunmak 2. (*geschehen*) olmak, cereyan etmek; **es kommt mir so vor, als ob** bana öyle geliyor ki, ...

Vorkommen *nt* çıkma, bulunma

Vorkommnis *nt* olay

Vorkriegszeit *f* savaş öncesi dönemi

vorladen *irr vt* (*vor Gericht*) celp etmek (*jdn* -i)

Vorladung *f* (*vor Gericht*) celp

Vorlage *f* 1. (*Gesetzes-*) kanun tasarısı 2. (*Muster*) örnek

vorlassen *irr vt* öne gelmesine izin vermek (*jdn* -in)

Vorläufer(in) *m(f)* öncü

vorläufig I. *adj* geçici II. *adv* şimdilik

vorlegen *vt* 1. (*nach vorne legen*) öne koymak (*etw* -i) 2. (*zur Überprüfung*) göstermek (*jdm etw* -e -i) 3. (*Schloss*) asma kilit koymak

vorlesen *irr vi, vt* (yüksek sesle) okumak (*jdm etw* -e -i)

Vorlesung *f* (üniversite) ders(i)

vorletzte(r, s) *adj* sondan önceki

vorlieb *adv*: **mit etw ~ nehmen**^{RR} bir şeyle yetinmek

Vorliebe *f* eğilim (*für etw* -e)

vorliegen *irr vi* 1. (*vorhanden sein*) var olmak 2. (*jdm*) gözü önünde bulunmak (*jdm* -in); **es liegt nichts vor** yeni bir şey yok

vorm *präp* = *vor dem* s. **vor**

vorm. *adv Abk. von* **vormittags** öğleden önce

vormachen *vt*: **jdm etw ~** birine bir şeyi göstermek; (*anlügen*) birine yalan yutturmak

vormals *adv* eski zamanda, vaktiyle

vormerken *vt* not etmek, önceden dikkate almak (*etw* -i)

Vormittag *m* öğleden önce; **heute ~**^{RR} bugün öğleden önce

vormittags *adv* öğleden önceleri

Vormund *m* veli; (JUR) vasi

Vormundschaft *f* (JUR) vasilik

vorn *präp* = *vor den* **vor**

vorn(e) *adv* önde, ileride, ön tarafta; **nach ~** öne (doğru), ileriye; **von ~** önden; (*zeitlich*) yineden, baştan; **von ~ bis hinten** başından sonuna kadar; (**wieder**) **von ~ anfangen** (yine) baştan başlamak

Vorname *m* ön ad, ilk ad, küçük isim

vornehm *adj* kibar; (*elegant*) zarif

vornehmen *irr vt*: **sich** *dat* **~ etw zu tun** bir şey yapmaya niyet etmek

vornherein *adv*: **von ~** ilk baştan

Vorort *m* dış semt, banliyö, yörekent

Vorrang *m* üstünlük, öncelik

vorrangig *adj* öncelikli

Vorrat *m* yedek malzeme, stok

vorrätig *adj* elde bulunan

Vorrecht *nt* imtiyaz, ayrıcalık

Vorrichtung *f* (*Apparatur*) mekanizma

vorrücken I. *vt* öne almak, ileri çekmek (*etw* -i) II. *vi sein* ilerlemek; (*im Rang*) yükselmek

vors *präp* = *vor das* s. **vor**

vorsagen *vt* 1. (*aussprechen*) söylemek (*etw* -i) 2. (*Schule*) (sözlü) kopya vermek (*jdm etw* -e -i)

Vorsaison *f* sezon öncesi

Vorsatz *m* (*Absicht*) maksat, niyet, kasıt

vorsätzlich I. *adj* (JUR) kasti, kasıtlı II. *adv*

(JUR) kasten, kasti olarak
Vorschau *f* gelecek program
Vorschein *m:* **zum** ~ **kommen** meydana çıkmak, görünmek
vorschießen *irr vt* (*fam: Geld*) avans vermek (*jdm etw* -e -i)
Vorschlag *m* **1.** teklif, öneri **2.** (ADM) önerge
vorschlagen *irr vt* teklif etmek, önermek (*jdm etw* -e -i)
vorschreiben *irr vt* emretmek (*jdm etw* -e -i)
Vorschrift *f* **1.** (*Anweisung*) yönerge **2.** (*Bestimmung*) hüküm, yönetmelik; **Dienst nach** ~ yönetmeliğe göre hizmet
vorschriftsmäßig *adv* yönetmeliğe uygun olarak
Vorschub *m:* **einer Sache** ~ **leisten** bir şeyi desteklemek
Vorschulalter *nt* okul öncesi yaş
Vorschule *f* hazırlık okulu
Vorschuss^{RR} *m* avans, öndelik
vorschützen *vt* özür [*o* bahane] olarak ileri sürmek (*etw* -i)
vorsehen *irr* **I.** *vt* öngörmek (*etw* -i) **II.** *vr:* **sich** ~ dikkat etmek; (*vor etw*) sakınmak (*vor etw* -den)
Vorsehung *f* alın yazısı
vorsetzen *vt* öne koymak (*etw* -i); (*auftischen*) ikram etmek, sunmak (*jdm etw* -e -i)
Vorsicht *f* **1.** (*das Aufpassen*) dikkat, tedbirlilik **2.** (*Zurückhaltung*) sakınganlık; ~! dikkat!
vorsichtig **I.** *adj* **1.** dikkatli, tedbirli **2.** (*zurückhaltend*) sakıngan **II.** *adv* usulcacık
vorsichtshalber *adv* ne olur ne olmaz, her ihtimale karşı
Vorsichtsmaßnahme *f* emniyet tedbiri
Vorsilbe *f* önek
vorsintflutlich *adj* Tufan öncesi; (*sehr alt*) Nuhu nebiden kalma
Vorsitz *m* başkanlık, reislik
Vorsitzende(r) *mf* başkan, reis
Vorsorge *f* (ön) tedbir
vorsorgen *vi* (önceden) tedbir almak
Vorspann *m* (FILM) jenerik
Vorspeise *f* çerez
Vorsprung *m* öndelik, öncelik, avantaj; **einen** ~ **vor jdm haben** birine karşı avantajlı durumda olmak
Vorstadt *f* dış mahalle
Vorstand *m* **1.** (*Rat*) yönetim kurulu **2.** (*Einzelperson*) başkan, reis

vorstehen *irr vi* **1.** (*vorspringen*) çıkıntı oluşturmak **2.** (*leiten*) yönetmek, idare etmek (*einer Sache* -i)
Vorsteher(in) *m(f)* başkan
vorstellbar *adj* düşünülebilir, düşünülebilen
vorstellen **I.** *vt:* **jdn jdm** ~ birini biriyle tanıştırmak; **sich** *dat* **etw** ~ bir şeyi tasavvur etmek [*o* göz önüne getirmek] **II.** *vr:* **sich** ~ kendini tanıtmak [*o* tanıştırmak *o* takdim etmek]
vorstellig *adj:* ~ **werden** başvurmak (*bei jdm* -e)
Vorstellung *f* **1.** (THEAT, FILM) gösterim **2.** (*Idee*) düşünce, fikir, tasarım
Vorstellungskraft *f,* **Vorstellungsvermögen** *nt* hayal gücü, imgeleme
Vortag *m* önceki gün
vortäuschen *vt* yalandan yapmak, taslamak (*etw* -i)
Vorteil *m* avantaj; (*Nutzen*) yarar(lık), çıkar, fayda
vorteilhaft *adj* **1.** (*nützlich*) yararlı, faydalı, avantajlı **2.** (*günstig*) uygun, elverişli
Vortrag *m* **1.** (*öffentlicher*) konferans **2.** (*Bericht*) rapor; **einen** ~ **halten** konferans vermek
vortragen *irr vt* **1.** (*nach vorne tragen*) ileriye taşımak (*etw* -i) **2.** (*Gedicht*) okumak (*etw* -i)
vortrefflich *adj* nefis, mükemmel; (*Person*) yetkin
vortreten *irr vi sein* öne çıkmak
Vortritt *m* öncelik
vorüber *adv* **1.** (*örtlich*): **an ...** ~ -in önünden **2.** (*zeitlich*) geçmiş
vorübergehen *irr vi sein:* **an jdm/etw** ~ birinin/bir şeyin önünden geçmek
vorübergehend **I.** *adj* geçici, eğreti **II.** *adv* şimdilik, geçici olarak
Vorurteil *nt* önyargı
vorurteilslos *adj, adv* önyargısız
Vorverkauf *m* önceden satış
vorverlegen *vt* (*Termin*) öne almak (*etw* -i)
Vorwahl(nummer) *f* şehir numarası [*o* kodu]
Vorwand *m* bahane
vorwärts *adv* ileri(ye); ~! ileri!; ~ **kommen**^{RR} ilerlemek
vorweg *adv* önceden, vaktinden önce
vorwegnehmen *irr vt* önceden yapmak [*o* söylemek] (*etw* -i)

vorweisen *irr vt* göstermek (*etw* -i)
vorwerfen *irr vt:* **jdm etw** ~ birini bir şeyle suçlamak
vorwiegend *adv* genellikle, özellikle
Vorwort *nt* önsöz
Vorwurf *m* 1.(*leichter*) sitem 2.(*Tadel*) azar 3.(*Beschuldigung*) suçlama
vorwurfsvoll *adj, adv* sitemli
Vorzeichen *nt* 1.(*Omen*) belirti, alamet 2.(*gutes*) uğur 3.(*böses*) uğursuzluk
vorzeigen *vt* göstermek (*etw* -i)
vorzeitig I. *adj* vakitsiz, zamansız II. *adv* vaktinden önce
vorziehen *irr vt* (*fig*) tercih etmek (*jdn/etw* -i), yeğlemek (*jdn/etw jdm/einer Sache* -i -e)
Vorzimmer *nt* bekleme odası
Vorzug *m* 1.(*Bevorzugung*) tercih 2.(*Vorteil*) yarar(lık), fayda, avantaj
vorzüglich *adj* enfes, mükemmel
Vorzugspreis *m* özel fiyat
Vorzugsrecht *nt* (*auf Aktien*) rüçhan hakkı
vorzugsweise *adv* tercih olarak
Voyeur(in) *m(f)* röntgenci
VP *f Abk. von* **Vollpension** tam pansiyon
vulgär *adj* bayağı, adi
Vulkan *m* yanardağ, volkan
vulkanisch *adj* volkanik

W

W *nt Abk. von* **Watt** vat
Waage *f* 1. terazi, tartı; (*Laufgewichts-, Dezimal-*) kantar 2.(*Sternzeichen*) Terazi (burcu)
waagerecht *adj* yatay
Waagschale *f* kefe
Wabe *f* petek
Wabenhonig *m* gümeç balı
wabern *vi* dalgalanmak
wach *adj* uyanık; (*fig*) uyanık, kafalı, açıkgöz; ~ **werden** uyanmak; (*fig*) gözü açılmak
Wache *f* 1.(*Person*) nöbetçi 2.(*Dienst*) nöbet 3.(*Polizei-*) karakol
wachen *vi* uyanık olmak; (*Wache halten*) nöbet tutmak
Wachhund *m* bekçi köpek
Wacholder(strauch) *m* ardıç
Wachs *nt* balmumu
wachsam *adj* uyanık, dikkatli; ~ **sein** tetikte olmak
wachsen <wächst, wuchs, gewachsen> *vi sein* 1.(*größer werden*) büyümek, gelişmek 2.(*Haare, Gras*) bitmek, çıkmak 3.(*Pflanzen*) yetişmek 4.(*zunehmen*) çoğalmak, artmak 5.(*Wirtschaft*) gelişmek; **einer Sache gewachsen sein** bir şeyin hakkından gelmek, bir şey ile başa çıkmak
wächst *vi, vt s.* **wachsen**
Wachstuch *nt* muşamba
Wachstum *nt* büyüme; (*Wirtschaft*) gelişme
Wachstumsrate *f* gelişme oranı
wachsweich *adj* pamuk gibi
Wachtel *f* bıldırcın
Wächter(in) *m(f)* bekçi
Wachtturm *m* nöbetçi kulesi
wack(e)lig *adj* 1.(*wackelnd*) sallanan 2.(*locker geworden*) gevşemiş 3.(*fig: gefährdet*) sallantıda, tehlikede
Wackelkontakt *m* gevşek kontak
wackeln *vi* sallanmak, oynamak
wacker *adj* (*tapfer*) cesur, mert, yiğit
Wade *f* baldır
Wadenbein *nt* baldır kemiği
Waffe *f* silah
Waffel *f* gofret; (*türk.*) kâğıthelvası
Waffeleisen *nt* gofret yapılan alet
Waffenbesitz *m:* **unerlaubter** ~ ruhsatsız silah taşıma
Waffengewalt *f:* **mit** ~ silah zoruyla
Waffenhandlung *f* silahçı (dükkanı)
Waffenschein *m* silah taşıma ruhsatı
Waffenstillstand *m* ateşkes
wagemutig *adj* cesur, girişken, atılgan
wagen *vt* cesaret etmek (*etw* -e)
Wagen *m* 1.(*Fahrzeug*) araba 2.(*Karren*) el arabası, çekçek 3.(*Eisenbahn-*) vagon
Wagenheber *m* kriko
Wagenpapiere *ntpl* araba kâğıtları *pl*
Waggon, Wagonᴿᴿ *m* vagon
Wagnis *nt* tehlikeli girişim [*o* teşebbüs], riziko
Wahl *f* seçim; **nach** ~ seçime göre; **jdn vor die** ~ **stellen** birine seçmeyi bırakmak; **ich**

wahlberechtigt / **wanken**

habe keine andere ~ başka çarem yok; **es bleibt keine ~** başka çare kalmadı
wahlberechtigt *adj:* **~ sein** oy hakkına sahip olmak
Wahlbeteiligung *f* seçime katılma
wählen I. *vt* **1.** (*allgemein*) seçmek (*etw/jdn* -i) **2.** (*aus-*) seçmek, beğenmek, ayırmak (*etw/jdn* -i) **3.** (*Nummer*) numarayı çevirmek II. *vi* (*zur Wahl gehen*) oy vermek
Wähler(in) *m(f)* seçmen
Wahlergebnis *nt* seçim sonucu
Wählerinitiative *f* seçmen girişimi
wählerisch *adj* güç beğenir, titiz
Wahlfach *nt* seçmeli ders
Wahlgang *m* bir seçimin gidişi
Wahlgeheimnis *nt* seçim sırrı
Wahlkampf *m* seçim kampanyası
Wahlkreis *m* seçim bölgesi
Wahllokal *nt* seçim yeri
wahllos *adv* gelişigüzel, rasgele
Wahlniederlage *f* seçim hezimeti [*o* yenilgisi]
Wahlrecht *nt* **1.** (*aktives*) seçme hakkı **2.** (*passives*) seçilme hakkı
wahlweise *adv* seçmeye göre
Wahlzettel *m* oy pusulası
Wahnsinn *m* çılgınlık, delilik, cinnet
wahnsinnig *adj* çılgın, deli
wahr *adj* **1.** (*nicht falsch*) gerçek **2.** (*eigentlich*) asıl, esas **3.** (*echt*) halis **4.** (*Tat, Bericht*) doğru; **~ machen** gerçekleştirmek; (*Wunsch*) yerine getirmek (*etw* -i); **~ werden** gerçekleşmek; (*Wunsch*) yerine gelmek; **ein ~er Freund** gerçek bir dost; **nicht ~?** değil mi?
während I. *präp +gen* ... sırasında, ... esnasında II. *konj* (*zeitlich*) -(i)ken; (*gegensätzl.*) -diği halde
wahrhaftig I. *adj* doğrucu II. *adv* gerçekten, sahiden
Wahrheit *f* **1.** (*wahrer Sachverhalt*) gerçek(lik) **2.** (*einer Aussage*) doğruluk; **um die ~ zu sagen** gerçeği söylemek gerekirse
wahrnehmen *irr vt* **1.** (*mit den Sinnen*) algılamak, duymak (*etw/jdn* -i) **2.** (*bemerken*) farkına varmak (*etw/jdn* -in), dikkat etmek (*etw/jdn* -e); **die Gelegenheit ~** fırsattan yararlanmak
Wahrnehmung *f* algı, idrak
wahrsagen *vi* fala bakmak
Wahrsager(in) *m(f)* falcı
wahrscheinlich I. *adj* olası II. *adv* galiba; **sehr ~** her halde
Wahrscheinlichkeit *f* olasılık, ihtimal
Währung *f* para (birimi [*o* ayarı])
Wahrzeichen *nt* sembol, simge
Waise *f* yetim, öksüz
Waisenhaus *nt* yetimhane, öksüzler yurdu
Wal *m* balina
Wald *m* orman
Waldbrand *m* orman yangını
Waldmeister *m* (*Pflanze*) küçük inciçiçeği
Wales *nt* Gal, Galler ülkesi
Walkman® *m* walkman
Wall *m* **1.** (*Damm*) bent, sed **2.** (*künstlicher Erdhügel*) toprak tabya
Wallfahrt *f* hac
Wallfahrtskirche *f* hacet kilisesi
Wallfahrtsort *m* ziyaretgah, ziyaret yeri
Walnuss[RR] *f* ceviz
Walnussbaum[RR] *m* ceviz ağacı
Walross[RR] *nt* mors
Walze *f* **1.** (*Zylinder*) silindir, merdane **2.** (*Straßen-*) silindir
walzen *vt* **1.** (*Metalle*) haddeden geçirmek (*etw* -i) **2.** (*Straße*) üzerinden silindir geçirmek (*etw* -in)
wälzen *vt* **1.** (*Gegenstände*) yuvarlamak, ağır ağır döndürmek (*etw* -i) **2.** (*fig: Probleme*) iyice düşünüp taşınmak (*etw* -i)
Walzer *m* vals
WAN *nt Abk. von* **Wide Area Network** (INFORM) geniş alan ağı
wand *vt s.* **winden**
Wand *f* duvar; **spanische ~** paravana; **meine vier Wände** kendi dört duvarım
Wandbild *nt* duvar tablosu
Wandel *m* değişme, değişim, değişiklik
wandeln *vr: sich ~* değişmek
Wanderer, -derin *m, f* gezgin
wandern *vi sein* yürümek, yaya gezmek
Wanderung *f* yürüyüş, gezinti
Wandkarte *f* duvar haritası
Wandlung *f* değişiklik, değişme, değişim
Wandschmiererei *f* duvarları kirletme
Wandschrank *m* gömme dolap, yüklük
wandte *vi, vt s.* **wenden**
Wandteppich *m* duvar halısı
Wanduhr *f* duvar saati
Wandzeitung *f* duvar gazetesi
Wange *f* **1.** yanak **2.** (TECH) çeşitli aletlerin yan kısmı
wanken *vi* **1.** (*schaukeln*) sallanmak, sendelemek **2.** (*bei Entschluss*) bocalamak

wann

3. (*Boden*) sarsılmak 4. (*Knie*) kesilmek
wann *adv* ne zaman
Wanne *f* (*Bade-*) küvet
Wanze *f* 1. tahtakurusu 2. (*Abhör-*) gizli dinleme aleti
Wappen *nt* arma
wappnen *vr:* **sich gegen etw** ~ bir şeye karşı hazırlıklı olmak
war *vi s.* **sein**
warb *vi s.* **werben**
Ware *f* mal, eşya
Warenautomat *m* eşya otomatı
Warenhaus *nt* alış veriş mağazası
Warenzeichen *nt* marka; **eingetragenes** ~ tescilli [*o* müseccel] marka
warf *vi, vt s.* **werfen**
warm <wärmer, am wärmsten> *adj* sıcak; **es ist** ~ hava sıcak; **mir ist** ~ bana sıcak geliyor; ~ **werden** ısınmak
Wärme *f* sıcak(lık), ısı; **18 Grad** ~ 18 derece ısı
wärmen I. *vt* ısıtmak (*etw/jdn* -i) II. *vr:* **sich** ~ ısınmak
Wärmekraftwerk *nt* termik santral
Wärmflasche *f* termofor
warmherzig *adj* sıcak kanlı, cana yakın
Warnanlage *f* tehlike işareti
Warndreieck *nt* ikaz üçgeni
warnen *vt* uyarmak, ikaz etmek (*jdn* -i) (*jdn* -i); **vor Taschendieben wird gewarnt!** yankesicilere dikkat!
Warnlicht *nt* tehlike feneri
Warnschuss[RR] *m* ikaz atışı
Warnsignal *nt* tehlike işareti
Warnstreik *m* ihtar grevi
Warschau *nt* Varşova
Wartehalle *f* bekleme salonu
Warteliste *f* yedekler listesi
warten I. *vi* 1. (*allgemein*) beklemek (*auf jdn/etw* -i) 2. (*Gelegenheit*) kollamak, gözetmek (*auf etw* -i) 3. (*verzögern*) geciktirmek (*mit etw* -i) II. *vt* (*pflegen*) bakmak (*etw* -e)
Wärter(in) *m(f)* bekçi; (*Gefängnis-*) gardiyan
Warteraum *m* bekleme odası
Wartesaal *m* bekleme salonu
Wartezimmer *nt* bekleme odası
Wartung *f* bakım
warum *adv* neden, niçin
Warze *f* siğil, et beni
was *pron:* ~ **für** (**ein**)? nasıl (bir)?; ~ **für einer?** nasıl biri?; ~ **ist das?** bu ne(dir)?; ~ **für ein Glück!** ne mutluluk!; ~ **auch immer** her ne ... ise; ~ **mich sehr stört** ..., beni rahatsız eden bu; **das ist** ~ **anderes** bu, başka bir şey; **weißt du** ~? biliyor musun, ...?; **ach,** ~! yok canım
Waschanlage *f* yıkama tesisi
waschbar *adj* yıkanabilir
Waschbecken *nt* lavabo
Wäsche *f* 1. (*Textilien*) çamaşır 2. (*Bett-*) yatak çarşafları *pl* 3. (*das Waschen*) yıkama; **frische** ~ temiz çamaşır
waschecht *adj* 1. (*Wäsche*) çamaşırda boyasını atmaz 2. (*fig*) halis muhlis, sıfır numara
Wäscheklammer *f* çamaşır mandalı
Wäschekorb *m* çamaşır sepeti
Wäscheleine *f* çamaşır ipi
waschen <wäscht, wusch, gewaschen> I. *vt* yıkamak (*etw* -i); ~ **und legen** (*Haare*) yıkamak ve sarmak (*etw* -i) II. *vr:* **sich** ~ yıkanmak
Waschen *nt* yıkama, yıkayış
Wäscherei *f* çamaşırhane
Wäschetrockner *m* çamaşır kurutma makinesi
Wäschewechsel *m* çamaşır değiştirme
Waschkorb *m* çamaşır sepeti
Waschküche *f* çamaşırhane
Waschlappen *m* 1. (banyo) kese(si) 2. (*pej: Person*) pısırık, kılıbık
Waschmaschine *f* çamaşır makinesi
waschmaschinenfest *adj* çamaşır makinesine dayanıklı
Waschmittel *nt,* **Waschpulver** *nt* (çamaşır) deterjan(ı)
Waschraum *m* yıkanma yeri
Waschschüssel *f* leğen
Waschstraße *f* oto yıkama yeri
wäscht *vt s.* **waschen**
Wasser *nt* su; **fließendes** ~ akarsu; **stehendes** ~ durgun su; **es gibt kein fließendes** ~ sular kesildi [*o* kesik]; **ein Glas** ~ bir bardak su; **kölnisch**[RR] ~ kolonya; **ins** ~ **fallen** (*fig*) suya düşmek; **sich über** ~ **halten** (*fig*) kıt kanaat geçinmek; ~ **lassen** işemek; **jdm nicht das** ~ **reichen können** birinin eline su bile dökememek; **mit allen** ~**n gewaschen sein** feleğin çemberinden geçmiş olmak; **mir läuft das** ~ **im Munde zusammen** ağzım sulanıyor; **sie ist auch so ein stilles** ~ o da yere bakan yürek yakandır

Wasserball *m* su topu
Wasserbehälter *m* su deposu, sarnıç; (*kleinerer*) (su) küp(ü)
wasserdicht *adj* su geç(ir)mez
Wasserfall *m* çağlayan; (*großer*) çavlan, şelale
Wasserfarbe *f* suluboya
Wasserflugzeug *nt* deniz uçağı
Wasserglas *nt* su bardağı; (CHEM) *potasyum karbonatı veya soda ile erimiş kum*
Wassergraben *m* su hendeği
Wasserhahn *m* musluk
wässerig *adj* sulu; **jdm den Mund ~ machen** birinin ağzını sulandırmak
Wasserkanister *m* su bidonu
Wasserkopf *m* (MED) hidrosefal; (*fig*) *ölçüsüz ağırlık taşıyan şey* (*bürokrasi*)
Wasserkraftwerk *nt* hidroelektrik santralı
Wasserleitung *f* su borusu
wasserlöslich *adj* suda eriyen
Wassermann *m* (*Sternzeichen*) Kova (burcu)
Wassermelone *f* karpuz
Wasserpfeife *f* nargile
Wasserpflanze *f* su bitkisi
Wasserrose *f* su zambağı; (*Aktinie*) deniz gülü
wasserscheu *adj* sudan korkan
Wasserski *m* su kayağı; **~ fahren** su kayağı yapmak
Wasserspiegel *m* su seviyesi
Wassersport *m* su sporu
Wasserstand *m* su seviyesi
Wasserstoff *m* hidrojen
Wasserstoffbombe *f* hidrojen bombası
Wasserstoffsuperoxyd *nt* hidrojen peroksit, oksijenli su
Wasserstrahl *m* fışkıran su
Wasserstraße *f sefere elverişli suyolu*
Wasservogel *m* su kuşu
Wasserwaage *f* kabarcıklı düzeç
Wasserwelle *f* (*Frisur*) ondüle, mizanpli
waten *vi sein:* **durch einen Fluss ~** bir ırmağın içinden bata çıka yürümek
Watt¹ *nt* (*an der Nordsee*) *Küzey Denizin'de deniz yükseldiği zaman su altında kalan sahil kısmı*
Watt² *nt* (*Einheit*) vat
Watte *f* pamuk
Wattestäbchen *nt* pamuklu çöp, pamuk uçlu çubuk
wattiert *adj* pamuklu
WC *nt* (*Toilette*) tuvalet, yüznumara
Web *nt:* **das ~** (INET) Web
Webadresse *f* (INET) ağ adresi
webbasiert *adj* Web tabanlı
Webdesign *nt* web tasarımı
weben <webte, gewebt, gewoben> *vt* dokumak; (*Spinne*) örmek (*etw* -i)
Weber(in) *m(f)* dokumacı
Weberei *f* dokuma fabrikası
Webseite *f* (INET: *Seite im Internet*) web sayfası
Website *f* (INET) web [*o* internet] sitesi, site
Webstuhl *m* dokuma tezgahı
Wechsel *m* 1.(*Veränderung*) değişme, değişiklik 2.(*Geld-*) kambiyo 3.(*Wertpapier*) poliçe, bono
Wechselgeld *nt* bozuk para
Wechseljahre *pl* (*einer Frau*) adetten kesilme yılları *pl*
Wechselkurs *m* kambiyo rayici
wechseln *vt* 1.değiştirmek (*etw* -i) 2.(*in Kleingeld*) boz(dur)mak (*etw* -i); **den Platz/ die Arbeit ~** yerini/işini değiştirmek; **können Sie ~?** bozabilir misiniz?; **ich möchte 100 Euro in türkische Lira ~** 100 euro karşılığında Türk lirası istiyorum
wechselnd *adj* değişen
Wechselstrom *m* dalgalı akım
Wechselstube *f* kambiyo bürosu
wechselweise *adv* 1.(*der Reihe nach*) sırayla 2.(*gegenseitig*) karşılıklı olarak
Wechselwirkung *f* etkileşim
wecken *vt* uyandırmak (*jdn* -i)
Wecker *m* çalar saat; **jdm auf den ~ fallen** birinin sinirine dokunmak
wedeln *vi:* **mit dem Schwanz ~** kuyruğunu sallamak
weder *adv:* **~ ... noch ...** ne ... ne (de) ...
weg *adv:* **sie ist ~** (*gegangen*) gitmiş; (*verschwunden*) kayıp; (*abwesend*) yok; **(da)!** çekil oradan!; **Hände ~!** elini sürme!
Weg *m* yol; **auf diesem ~e** (*fig*) bu yolda; **auf halbem ~e** yarı yolda; **der ~ nach Berlin** Berlin yolu; **sich auf den ~ machen** yola koyulmak; **jdm aus dem ~ gehen** birinin yolundan çekilmek, birine yol vermek; (*fig*) birinden bucak bucak kaçmak; **einer Sache im ~e stehen** bir şeye engel olmak; **auf dem richtigen ~e sein** doğru yolda olmak; **dem steht nichts im ~e** hiç bir engel yok
wegbleiben *irr vi sein* (artık) gelmemek,

wegbringen uzak kalmak
wegbringen *irr vt* (alıp) götürmek, kaldırmak (*etw* -i)
wegen *präp* +*gen* -den dolayı, -in yüzünden
wegfahren *irr vi sein* (taşıt ile bir yerden) ayrılmak, gitmek
wegfallen *irr vi sein* yapılmamak
wegfegen *vt* silip süpürmek (*etw* -i)
weggehen *irr vi sein* ayrılmak, gitmek
wegkommen *irr vi sein*: **gut/schlecht dabei** ~ bir işten karlı çıkmak/çıkmamak
weglassen *irr vt* **1.** (*auslassen*) bırakmak, çıkarmak, kaldırmak (*etw* -i) **2.** (*versehentlich*) atlamak (*etw* -i)
weglaufen *irr vi sein* koşup gitmek; (*fliehen*) kaçmak (*vor jdm/etw* -den)
weglegen *vt* bir yana koymak (*etw* -i)
wegmachen *vt* çıkarmak, kaldırmak (*etw* -i)
wegmüssen *irr vi* gitmek zorunda olmak
wegnehmen *irr vt* **1.** (*wegtun*) alıp götürmek, kaldırmak (*etw* -i) **2.** (*entwenden*) (zorla) almak (*jdm etw* -den -i)
wegräumen *vt* toparlayıp kaldırmak, ortadan kaldırmak (*etw* -i)
wegrennen *irr vi sein* koşup gitmek; (*fliehen*) kaçmak (*vor jdm/etw* -den)
wegschaffen *vt* (ortadan) kaldırmak, alıp götürmek (*etw* -i)
wegschicken *vt* **1.** (*fortschicken*) göndermek, yollamak (*jdn* -i) **2.** (*abwimmeln*) baştan savmak (*jdn* -i)
wegschmeißen *irr vt* atmak (*etw* -i)
wegsehen *irr vi* gözlerini başka tarafa çevirmek
wegstecken *vt* (*Niederlage*) sineye çekmek (*etw* -i)
wegstellen *vt* bir yana koymak (*etw* -i)
Wegweiser *m* (*Tafel*) yol işareti, yol gösteren levha
wegwerfen *irr vt* **1.** (*wegschmeißen*) atmak (*etw* -i) **2.** (*zum Müll* ~) çöpe atmak (*etw* -i) **3.** (*verschleudern*) saçıp savurmak (*etw* -i)
weh *adv s.* **wehtun**
wehe *interj*: ~ **dir!** vay haline!
wehen *vi* **1.** (*Wind*) esmek **2.** (*Fahne*) dalgalanmak
Wehen *fpl* (*Geburts-*) doğum sancıları *pl*
wehleidig *adj* aşırı hassas, nazlı alışmış
wehmütig *adj* hüzünlü

Wehr *f*: **sich zur** ~ **setzen** kendini savunmak
Wehrdienst *m* askerlik (hizmeti)
Wehrdienstverweigerer *m* askerlik hizmetini reddeden
Wehrdienstverweigerung *f* askerlik hizmetini reddetme
wehren *vr*: **sich** ~ kendini savunmak; **sich gegen etw** ~ bir şeye karşı koymak
wehrlos *adj* savunmasız, çaresiz
Wehrmacht *f* (HIST) Silahlı Kuvvetler *pl*
Wehrpflicht *f*: **allgemeine** ~ genel zorunlu askerlik hizmeti
wehtun^{RR} *vi* (*schmerzen*) ağrımak, acımak, sızlamak; **jdm** ~ birine acı vermek, birinin canını acıtmak; (*seelisch*) birini incitmek [*o* üzmek], birine acı vermek; **sich** ~ yaralanmak, canını acıtmak; **wo tut es Ihnen weh?** nereniz acıyor? [*o* ağrıyor?]; **der Hals tut mir weh** boğazım ağrıyor
Weib *nt* (*pej*) **1.** (*Frau*) karı **2.** (*altes*) kocakarı; (*altes u. hässliches*) cadaloz
Weibchen *nt* dişi
Weiberheld *m* kadın avcısı, donjuan
weibisch *adj* (*pej*) kadınsı, efemine
weiblich *adj* **1.** (*allgemein*) kadın, kız **2.** (*Pflanze, Tier*) dişi **3.** (GRAM) dişil
weich *adj* **1.** (*nicht hart*) yumuşak **2.** (*fig: zart*) ince, nazik; ~ **machen** yumuşatmak (*etw* -i); ~ **werden** yumuşamak; ~ **gekochtes**^{RR} **Ei** rafadan [*o* alakok] yumurta
Weiche *f* **1.** (boş) böğür **2.** (*bei Gleisen*) (demiryolu) makas(ı)
weichen <wich, gewichen> *vi sein* **1.** geri çekilmek **2.** (*nachgeben*) boyun eğmek (*vor jdm/etw* -e)
weichgekocht *adj s.* **weich**
weichlich *adj* **1.** (*nachgiebig*) yumuşak **2.** (*verzärtelt*) nazlı alışmış, çıtkırıldım
Weichspüler *m* (*für Wäsche*) yumuşatıcı
Weide *f* **1.** (*Baum*) söğüt ağacı **2.** (*Wiese*) otlak, mera
weigern *vr*: **sich** ~ reddetmek (*etw zu tun* -meyi)
Weigerung *f* ret
Weihnachten *nt* Noel (bayramı [*o* yortusu]); **frohe** ~! Noeliniz kutlu olsun!
weihnachtlich *adj* Noel (gibi)
Weihnachtsabend *m* Noel gecesi
Weihnachtsbaum *m* Noel ağacı
Weihnachtsferien *fpl* Noel tatili *sing*
Weihnachtsfest *nt* Noel bayramı [*o* yortu-

su]
Weihnachtsgeld *nt* Noel ikramiyesi
Weihnachtslied *nt* Noel şarkısı
Weihnachtsmann *m* Noel Baba
Weihnachtsstern *m* (*Pflanze*) sütleğen otu
weil *konj* çünkü, -diği için
Weilchen *nt:* **ein** ~ birazcık
Weile *f* süre, müddet
Wein *m* 1.(*Getränk*) şarap 2.(*Pflanze*) asma; **offener** ~ bardakla verilen şarap; **wilder** ~ (*Pflanze*) bikir asması; **jdm reinen** ~ **einschenken** birine gerçeği bütün çıplaklığıyla anlatmak
Weinbau *m* bağcılık, üzüm yetiştirme
Weinberg *m* bağ
Weinbrand *m* kanyak, konyak
weinen *vi* ağlamak (*um jdn/über etw* -e)
weinerlich *adj* ağlamaklı
Weinernte *f* bağ bozumu
Weinfass[RR] *nt* şarap fıçısı
Weinglas *nt* şarap kadehi
Weinhandlung *f* şarapçı dükkanı
Weinkarte *f* şarap listesi
Weinkeller *m* şarap mahzeni
Weinlese *f* bağ bozumu
Weinprobe *f* şarap tadına bakma
Weinrebe *f* asma
weinrot *adj* şarabi, erguvani, bordo
Weinstock *m* asma kütüğü
Weintraube *f* üzüm; (*einzelne Beere*) üzüm (tanesi)
weise *adj* bilge
Weise *f* 1.(*Art*) biçim, tarz, usul 2.(MUS) nağme, melodi, ezgi; **auf diese** ~ böylece, şöylece, öylece
Weise(r) *mf* bilge
weisen <wies, gewiesen> *vt* (*zeigen*) göstermek (*jdm etw* -e -i)
Weisheit *f* bilgelik
Weisheitszahn *m* yirmi yaş dişi, akıl dişi
weismachen *vt:* **jdm etwas** ~ (*fam*) birine bir şeyi yutturmak
weiß[1] *vi, vt s.* **wissen**
weiß[2] *adj* beyaz, ak; ~ **werden** beyazlaşmak; (*Haar*) ağarmak; **das Weiße Haus** (*in Washington*) Beyaz Saray
Weißbrot *nt* beyaz ekmek
weißen *vt* (*tünchen*) badanalamak (*etw* -i)
Weißgold *nt* beyaz altın
Weißkohl *m*, **Weißkraut** *nt* lahana
weißlich *adj* beyazımsı

Weißmehl *nt* beyaz un
Weißrussland *nt* Beyaz Rusya, Belarus
Weißwein *m* beyaz şarap
Weisung *f* (*Befehl*) emir, buyruk, direktif
weit I. *adj* 1.(*fern*) uzak 2.(*ausgedehnt*) geniş, yaygın, engin 3.(*geräumig*) geniş, ferah 4.(*Weg, Reise*) uzun 5.(*Kleidungsstück*) bol II. *adv* çok; ~ **entfernt** çok uzak(ta); ~ **gereist**[RR] çok gezmiş; ~ **verbreitet**[RR] yaygın, çok yayılmış; ~ **mehr** çok daha fazla; ~ **und breit** her tarafa, köşe bucak; **10 Kilometer** ~ **entfernt** 10 kilometre uzak(ta); **es** ~ **bringen** (*fig*) ilerlemek, yükselmek; **zu** ~ **gehen** fazla ileri gitmek; **ich bin so** ~ (*fertig*) hazırım; **bei** ~**em nicht** hiç bir şekilde; **von** ~**em** uzaktan
weitaus *adv* çok daha
Weitblick *m* sağgörü, uzgörü
Weite *f* 1.(*Entfernung*) uzaklık, mesafe 2.(*Ferne*) uzaklık, uzaklar 3.(*Breite*) genişlik
weiten I. *vt* genişletmek (*etw* -i) II. *vr:* **sich** ~ genişlemek
weiter I. *adj Komparativ von* **weit** daha uzak; (*sonstige*) diğer, başka, öteki; **alles Weitere** bundan sonrası II. *adv* (*außerdem*) ayrıca, bundan başka; ~! devam!; **bis auf** ~**es** bir değişiklik oluncaya kadar; **nichts** ~, ~ **nichts** hepsi bu kadar; **ohne** ~**es** kolaylıkla; **und so** ~ ve saire, ve başkaları; ~ **oben/unten** daha yukarıda/aşağıda; **etw** ~ **tun** bir şey yapmaya devam etmek
Weiterbildung *f* eğitimin devamı
weiterfahren *irr vi sein* yoluna devam etmek
weiterfliegen *irr vi sein* uçakla yoluna devam etmek
weitergeben *irr vt* başkalarına vermek; (SPORT) pas vermek (*etw* -i)
weitergehen *irr vi sein* 1. ilerlemek 2.(*weiterdauern*) sürmek, devam etmek
weiterkommen *irr vi sein* ilerlemek
weiterleiten *vt* (*Nachricht*) aktarmak, iletmek (*etw* -i)
weitermachen *vi, vt* devam etmek ((*mit*) *etw* -e), sürdürmek ((*mit*) *etw* -i)
weiterreichen *vt* başkalarına vermek, elden ele vermek (*etw* -i)
weitersagen *vt* başkalarına bildirmek; (*heimlich*) kulağa söylemek (*etw* -i)
Weiterverkauf *m* satın alınan malı başkasına satma

weitgehend adv geniş ölçüde
weitgereist adj s. weit
weither adv: **von** ~ uzaktan
weitsichtig adj 1.(Augen) hipermetrop 2.(fig) sağgörülü
Weitsprung m uzun atlama
weitverbreitet adj s. weit
Weitwinkelobjektiv nt geniş açılı objektif
Weizen m buğday
Weizenmehl nt buğday unu
Weizenvollkornmehl nt tam buğday unu
welch pron (was für ein!) nasıl
welche(r, s) pron hangi
welk adj solgun, solmuş, soluk
welken vi sein solmak, sararmak, pörsümek
Wellblech nt oluklu teneke
Welle f dalga
Wellenbrecher m dalgakıran
Wellenlänge f dalga boyu
Wellensittich m muhabbetkuşu
wellig adj dalgalı
Welpe m köpek yavrusu [o kurt]
Welt f dünya; (Erde) yeryüzü; **die ganze** ~ bütün dünya; **zur** ~ **bringen** dünyaya getirmek, doğurmak (jdn -i)
Weltall nt evren
Weltanschauung f dünya görüşü
Weltausstellung f dünya fuarı
weltbekannt adj, **weltberühmt** adj dünyaca tanınmış
weltfremd adj dünyadan haberi olmayan
Weltgeschichte f dünya tarihi
weltgewandt adj görmüş geçirmiş
Welthandelsorganisation f (WTO) Dünya Ticaret Örgütü
Weltkarte f dünya haritası
Weltkrieg m dünya savaşı; **der Zweite** ~ İkinci Dünya Savaşı
weltlich adj 1.(der Welt zugewandt) dünya(sal), dünyevi 2.(nicht geistlich) ruhani olmayan
Weltmacht f süper güç
Weltmeister(in) m(f) dünya şampiyonu
Weltmeisterschaft f dünya şampiyonluğu
Weltraum m uzay, feza
Weltraumstation f uzay istasyonu
Weltreise f dünya turu [o seyahati]
Weltrekord m dünya rekoru
Weltsprache f dünya dili
weltweit I. adj dünya çapında, evrensel II. adv bütün dünyada
Weltwunder nt dünya harikası

wem pron kime
wen pron kimi
Wende f 1.(als Bewegung) döndürme 2.(~punkt) dönüm noktası, dönemeç 3.(Veränderung) değişiklik
Wendekreis m dönence
Wendeltreppe f sarmal merdiven
wenden I. vt 1.(umdrehen) döndürmek, çevirmek (etw -i) 2.(Kleid) ters yüz etmek (etw -i); **bitte** ~! lütfen sayfayı çevirin! II. vi (Fahrzeug: umkehren) dönmek; **Wenden verboten!** dönmek yasaktır! III. vr: **sich an jdn** ~ birine başvurmak
Wendepunkt m (fig) dönüm noktası, dönemeç
wendig adj 1.(Auto) kullanışlı 2.(fig: flink) atik, çevik 3.(geschickt) becerikli
Wendung f 1.(Drehung) döndürme hareketi 2.(fig: Veränderung) değişme 3.(Sprache) deyim
wenig adv az; **ein** ~ biraz; **ein (ganz) klein** ~ çok az; **ein** ~ **Geduld** biraz sabır
wenige adj (ein paar) birkaç
weniger adv daha az; ~ **als** ... -den daha az; **immer** ~ hep daha az; ~ **werden** azalmak
Wenigkeit f 1.(Wenigsein) azlık 2.(Kleinigkeit) önemsizlik
wenigste I. adj: **die** ~**n** çok azları II. adv: **am** ~**n** en az
wenigstens adv hiç olmazsa, bari, en azından
wenn konj 1.(bedingend) eğer, şayet; (real) -irse; (irreal) -se(ydi) 2.(zeitlich) -(i)ken, -diği zaman; **auch** [o **selbst**] ~ -se bile [o dahi]; **außer** ~ meğerki; **immer** [o **jedes Mal**] ~ her ...-diği zaman; ~ **nicht** değilse, olmazsa, olmadığı takdirde; ~ **er auch noch so klug ist** daha da akıllı olsa bile
wer pron 1.(in Fragen) kim; ~ **von beiden?** ikisinden hangisi? 2.(als Relativpronomen) kim ... ise; ~ **auch immer** her kim (olursa olsun)
Werbeabteilung f reklam servisi
Werbeantwort f (Post) reklam kartlarının pullanmamış olarak geri gönderilmesindeki posta ücreti
Werbeberater(in) m(f) reklam(cılık) danışmanı
Werbefernsehen nt televizyonda reklam yayını
Werbefunk m radyoda reklam yayını
werben <wirbt, warb, geworben> vi

Werbespot 292 **Wettbewerb**

1. reklam yapmak (*für etw* için) **2.** kazanmaya çalışmak (*um jdn* -i) **3.** (*Mädchen*) talip olmak (*um jdn* -e)
Werbespot *m* reklam spotu
Werbung *f* reklam
Werdegang *m* gelişim
werden <wird, wurde, geworden> *vi sein* **1.** olmak; **Lehrer ~** öğretmen olmak; **er wurde Generaldirektor** genel müdür oldu; **Christ ~** Hıristiyan olmak; **~de Mutter** hamile kadın; **es wird Nacht** gece oluyor; **alt ~** yaşlanmak, ihtiyarlamak; **besser/schlimmer ~** daha iyi/kötü olmak; **böse ~** kötüleşmek; **dick ~** şişmanlamak; **gesund ~** iyileşmek; **krank ~** hasta olmak; **rot ~** kızarmak; **verrückt ~** delirmek; **es wird kalt** hava soğuyor; **es wird spät** geç oluyor; **mir wird schlecht** fenalaşıyorum **2.** (*sich wandeln*) dönüşmek (*zu etw* -e); **zu Stein ~** taşa dönüşmek; **was ist daraus geworden?** bu işin sonu ne oldu? **3.** (*Futur*) -ecek; **wir ~ es kaufen** bunu satın alacağız; **es wird gleich regnen** şimdi yağmur yağacak **4.** (*Konditional*): **würdest du es tun?** bunu yapar mıydın **5.** (*Passiv*) -ilmek/-(i)nmek; **sie wird geliebt** seviliyor; **das Kind wird gewaschen** çocuk yıkanıyor
werfen <wirft, warf, geworfen> **I.** *vt* **1.** atmak; (*schleudern*) fırlatmak, savurmak (*etw* -i) **2.** (*Licht, Bild*) vermek (*etw* -i); (**Junge**) **werfen** yavrulamak; **einen Blick auf etw ~** bir şeye göz atmak **II.** *vi* atmak **III.** *vr:* **sich ~** (*Holz*) çarpılmak, eğrilmek; **sich auf jdn/etw ~** bir şeyin/birinin üstüne atılmak
Werft *f* tersane
Werk *nt* **1.** (*Schöpfung*) eser, yapıt **2.** (*Arbeit*) iş, çalışma **3.** (*Erzeugnis*) ürün, mahsul **4.** (*Unternehmen*) tesis, kuruluş **5.** (*Fabrik*) fabrika; (*kleinere*) imalathane; **ans ~ gehen** işe koyulmak
Werkstatt *f* **1.** atölye **2.** (*Auto-*) tamirhane
Werkstätte *f* atölye
Werktag *m* işgünü, çalışma günü
werktags *adv* çalışma günleri(nde)
Werkzeug *nt* alet
Wermut *m* (*Wein*) vermut
wert *adj* **1.** (*geehrt*) sayın, değerli **2.** (*einen Wert habend*): **das ist viel ~** çok değerli; **das ist nichts ~** değersiz; **das ist Gold ~** altın değerinde; **das ist der Mühe ~** bu, zahmete değer; **das ist nicht der Mühe ~** bu, zahmete değmez; **das ist nicht der Rede ~** bunun lafı bile olmaz
Wert *m* **1.** (*auch fig*) değer, kıymet **2.** (*Preis*) fiyat, eder; **im ~e von 100 Euro** 100 euro değerinde; **auf etw ~ legen** bir şeye önem [*o* değer] vermek
Wertangabe *f* kıymet beyanı
werten *vi, vt* (*Wert zuerkennen*) değerini takdir [*o* tahmin] etmek (*etw* -in), paha biçmek (*etw* -e)
Wertgegenstand *m* değerli eşya
wertlos *adj* değersiz
Wertminderung *f* değer azalması
Wertpapier *nt* hisse senedi
Wertsachen *fpl* değerli eşya *pl*
Wertsteigerung *f* değer artışı
Wertung *f* **1.** (*das Werten*) değerlendirme **2.** (SPORT) puantaj, klasman
Werturteil *nt* değer yargısı
wertvoll *adj* değerli, kıymetli
Wertzeichen *nt* pul
Wesen *nt* **1.** (*Lebe-*) yaratık **2.** (*Existenz*) varlık, oluş **3.** (*Art, Charakter*) huy, karakter, tabiat
wesentlich I. *adj* **1.** (*hauptsächlich*) esaslı **2.** (*wichtig*) önemli; **das Wesentliche einer Sache** bir işin özü; **im Wesentlichen**[RR] esas itibariyle **II.** *adv* (*viel*) çok; **~ besser** çok daha iyi
weshalb *adv* niçin, neden (dolayı); (*und deshalb*) bundan dolayı
Wespe *f* yabanarısı
Wespennest *nt* yabanarısı yuvası
wessen *pron* kimin; **~ Buch ist das?** bu kimin kitabı?
Wessi *m* (*fam*) Batı Almanyalı
West *m* batı
Westdeutschland *nt* (HIST) Batı Almanya
Weste *f* yelek
Westen *m* batı; **der ~** (POL) Batı
Western *m* kovboy filmi
Westeuropa *nt* Batı Avrupa
Westfalen *nt* Vestfalya; **Nordrhein-~** Kuzey Ren-Vestfalya
westlich I. *adj* batı **II.** *adv:* **~ von** -in batısında
Westmächte *fpl* (HIST) Batı'nın güçlü devletleri
Westwind *m* batı rüzgarı
weswegen *adv* niçin, neden (dolayı); (*und deswegen*) bundan dolayı
Wettbewerb *m* **1.** yarışma **2.** (*Konkurrenz*) rekabet

Wette *f* bahis; **eine ~ abschließen** bahse girmek; **mit jdm um die ~ laufen** biriyle koşma yarışı yapmak
Wetteifer *m* yarış gayreti
wetteifern *vi* yarışmak (*mit jdm* ile)
wetten *vi* bahse girmek (*mit jdm um etw* ile -e); **~ (dass)?** bahse girelim mi?, iddiaya var mısın?
Wetter *nt* hava; **wie ist das ~?** hava nasıl?; **es ist schönes/schlechtes ~** hava güzel/kötü; **bei diesem ~** bu havada
Wetteraussichten *fpl* hava(nın şöyle veya böyle olma) ihtimali
Wetterbericht *m* hava raporu
Wetterfahne *f* fırıldak
wetterfest *adj* hava etkilerine dayanıklı
Wetterkarte *f* meteorolojik harita
Wetterlage *f* hava durumu
Wetterleuchten *nt* ufukta şimşek çakması
Wettersatellit *m* meteorolojik uydu
Wettervorhersage *f* hava tahmini
Wetterwarte *f* gözlemevi
Wettkampf *m* 1.(*Wettbewerb*) yarış, rekabet 2.(SPORT) maç, karşılaşma 3.(*um eine Meisterschaft*) turnuva
Wettlauf *m* koşu yarışı; **~ gegen die Uhr** zamanla yarışma
wettmachen *vt* (*ausgleichen*) karşılamak (*etw* -i)
Wettrennen *nt* koşu yarışı
Wettrüsten *nt* silahlanma yarışı
WEZ *f Abk. von* **Westeuropäische Zeit** Batı Avrupa saati
Whirlpool® *m* jakuzi
Whisky *m* viski
wich *vi s.* **weichen**
wichtig *adj* önemli; **sich ~ machen, ~ tun** gösteriş yapmak, büyüklük taslamak *fam*
Wichtigkeit *f* önem
Wichtigtuer(in) *m(f)* (*pej*) gösterişçi, büyüklük taslayan
Wicke *f* burçak
Wickel *m* (*Haar*) bigudi
wickeln *vt* 1.(*auf-, ein-*) sarmak, dolamak (*etw* -i) 2.(*Haar*) kıvırmak (*etw* -i) 3.(*ein-*) kâğıda sarmak, paketlemek (*etw* -i) 4.(*Säugling*) kundaklamak (*etw* -i)
Wickelrock *m* bedene sarılarak giyilen etek
Widder *m* 1.(*Tier*) koç 2.(*Sternzeichen*) Koç (burcu)
wider *präp* +*akk* (*gegen*) -e karşı, -in aleyhine, -e aykırı

Widerhaken *m* kancalı uç
Widerhall *m* yankı
widerhallen *vi* 1.(*Echo*) yankılanmak, çınlamak 2.(*von Geräuschen erfüllt sein*) inlemek (*von etw* -den)
widerlegen *vt* yanlışlığını kanıtlamak (*etw* -in), çürütmek (*etw* -i)
widerlich *adj* 1.(*abscheulich*) iğrenç, tiksindirici 2.(*abstoßend*) gudubet *fam*
widerrechtlich *adj* (JUR) kanuna [*o* yasaya] aykırı
Widerrede *f*: **ohne ~** itirazsız
Widerruf *m* 1.(*einer Äußerung*) geri alma 2.(*Ungültigkeitserklärung*) iptal
widerrufen *irr vt* 1.(*eine Zusage*) sözünden dönmek 2.(*Bestimmung*) geri almak, iptal etmek (*etw* -i)
widerruflich *adj* geri alınabilir
widersetzen *vr*: **sich jdm/einer Sache ~** birine/bir şeye karşı koymak
Widersinn *m* anlamsızlık, saçmalık
widersinnig *adj* anlamsız, saçma
widerspenstig *adj* dik kafalı, hırçın, aksi
widerspiegeln I. *vt* yansıtmak (*etw* -i) II. *vr*: **sich ~** yansımak
widersprechen *irr vi* 1.(*einer Person*) itiraz etmek (*jdm* -e (karşı)), karşı gelmek (*jdm* -e) 2.(*einer Sache*) aykırı olmak, uymamak (*einer Sache* -e), tutmamak (*einer Sache* -i)
widersprechend *adj* çelişik, tutarsız
Widerspruch *m* 1.(*Gegensatz*) çelişme, tutmazlık 2.(*Protest*) itiraz; **gegen etw ~ einlegen** bir şeye (karşı) itiraz etmek; **im ~ zu** -in tersine, -in aksine; (*als Verstoß*) -e aykırı olarak
widersprüchlich *adj* tutarsız
widerspruchslos *adv* itirazsız
Widerstand *m* direnç, karşı koyma; **gegen jdn/etw ~ leisten** birine/bir şeye dayanmak [*o* karşı koymak]; **auf ~ stoßen** dirençle karşılaşmak
widerstandsfähig *adj* dayanıklı
widerstandslos *adv* karşı koymadan
widerstehen *irr vi* dayanmak, karşı koymak, göğüs germek (*jdm/einer Sache* -e)
widerwärtig *adj* 1.(*ekelhaft*) iğrenç, tiksindirici 2.(*abstoßend*) gudubet
Widerwille *m* 1.(*Unwilligkeit*) isteksizlik, bıkkınlık 2.(*Ekel*) nefret, tiksinti
widerwillig *adv* istemeyerek
widmen I. *vt* 1.(*Buch*) ithaf etmek (*jdm etw* -e -i) 2.(*Zeit*) vakfetmek, ayırmak (*jdm etw* -e

-i) **II.** *vr:* **sich einer Sache** ~ kendini bir şeye vakfetmek
Widmung *f* ithaf, sunu
wie **I.** *adv* nasıl; ~ **bitte?** efendim?; ~ **geht es Ihnen?** nasılsınız?; ~ **lange (noch)?** (daha) ne kadar?; ~ **lange (schon)?** ne zamandan beri?; ~ **weit ist es bis ...?** -e ne kadar uzak?; ~ **alt sind Sie?** kaç yaşındasınız?; ~ **breit, hoch, lang ist ...?** ...-in eni, yüksekliği, boyu ne kadar?; ~ **viel**^RR kaç (tane); (*bei unzählbaren Dingen*) ne kadar; ~ **viel**^RR **Uhr ist es?** saat kaç?; ~ **viele Personen?** kaç kişi?; ~ **sehr** ne kadar çok; ~ **gut das ist!** ne kadar iyi!; **und** ~**!, aber** ~**!** hem de nasıl! **II.** *konj* **1.**(*vergleichend*) gibi, kadar **2.**(*einen Nebensatz einleitend*) -diği gibi; **so groß** ~ **ich** benim kadar uzun; ~ **man sagt** söylenildiği gibi; ~ **gesagt** dediğim gibi; ~ **dem auch sei** ne de olsa, nasılsa, ne olursa olsun
wieder *adv* yine, tekrar, gene; **immer** ~ tekrar tekrar; (*ohne Pause*) ara vermeden; **nie** ~ bir daha asla; ~ **anfangen** yeniden başlamak; **ich bin gleich** ~ **da** hemen geliyorum; ~ **aufbauen** yeniden inşa etmek (*etw* -i); **da bin ich** ~**!** işte geldim!; ~ **beleben**^RR (yeniden) canlandırmak, diriltmek (*jdn/etw* -i); ~ **eingliedern**^RR yeniden topluma katmak (*jdn* -i); ~ **erkennen**^RR tanımak (*jdn/etw* -i); ~ **gutmachen**^RR (*Fehler*) düzeltmek; (*Verluste*) telafi etmek, karşılamak (*etw* -i); **nicht** ~ **gutzumachend**^RR yerine konmaz; ~ **sehen**^RR tekrar görüşmek; ~ **vereinigen**^RR yeniden birleştirmek; (*Liebende*) kavuşturmak (*jdn* -i)
Wiederaufarbeitung *f* geri [*o* yeniden] kazanım
Wiederaufbau *m* yeniden yapma
Wiederaufbereitung *f* (*von Uran*) yeniden işleme
wiederbekommen *irr vt* geri almak, tekrar kazanmak (*etw* -i)
wiederbeleben *vt s.* **wieder**
Wiederbelebung *f* diriltme
wiederbringen *irr vt* geri getirmek (*etw* -i)
wiedereingliedern *vt s.* **wieder**
Wiedereingliederung *f* yeniden topluma katma
wiedererkennen *vt s.* **wieder**
wiedererobern *vt* geri almak (*etw* -i)
Wiedereroberung *f* yeniden fetih
Wiedergabe *f* **1.**(*Schilderung*) anlatma **2.**(*Reproduktion*) çoğaltım **3.**(MUS) resital
wiedergeben *irr vt* **1.**(*zurückgeben*) geri vermek (*jdm etw* -e -i) **2.**(MUS) çalmak (*etw* -i) **3.**(*übersetzen*) tercüme etmek, çevirmek (*etw* -i)
wiedergutmachen *vt s.* **wieder**
Wiedergutmachung *f* **1.**(*von Fehlern*) düzeltme **2.**(*von Verlusten*) telafi
wiederherstellen *vt* (INFORM: *Dateien*) kurtarmak (*etw* -i)
Wiederherstellung *f* (INFORM: *von Dateien*) dosya kurtarma
wiederholen **I.** *vt* tekrar etmek, tekrarlamak, yinelemek (*etw* -i) **II.** *vr:* **sich** ~ tekrarlanmak, yinelenmek
wiederholt *adj* tekrar edilmiş
Wiederholung *f* **1.**(*Wiederholen*) tekrarlama, yineleme **2.**(*Wiederholtwerden*) tekrarlanma, yinelenme
Wiederhören *nt:* **auf** ~**!** (*beim Telefonieren*) iyi günler!, hoşça kalın!
Wiederkäuer *m* gevişgetiren
Wiederkehr *f* **1.**(*Rückkehr*) dönüş **2.**(*eines bestimmten Tages*) yıldönümü **3.**(*nochm. Auftreten*) tekrar
wiederkehren *vi sein* dönmek; (*sich wiederholen*) tekrar etmek
wiederkommen *irr vi sein* bir daha gelmek; (*zurückkommen*) dönmek; **ich komme gleich wieder** hemen geliyorum
wiedersehen *vt s.* **wieder**
Wiedersehen *nt* (*ersehntes*) kavuşma; **auf** ~**!** Allaha ısmarladık; (*als Gegengruß*) güle güle!
wiederum *adv* **1.**(*nochmals*) yeniden, bir daha, tekrar **2.**(*dagegen*) buna karşın **3.**(*andererseits*) diğer [*o* öte] taraftan
wiedervereinigen *vt s.* **wieder**
Wiedervereinigung *f* yeniden birleştirme
Wiederverwendung *f* yeniden kullanma
Wiederwahl *f* aynı kişinin yeniden seçilmesi
Wiege *f* beşik
wiegen¹ *vt* (*sanft schaukeln*) (hafifçe) sallamak (*jdn/etw* -i)
wiegen² <wog, gewogen> **I.** *vt* (*auf der Waage*) tartmak (*jdn/etw* -i) **II.** *vi:* **70 Kilo** ~ 70 kilo ağırlığında olmak; (*Mensch*) 70 kilo gelmek
Wiegenlied *nt* ninni
wiehern *vi* (*Pferd*) kişnemek
Wien *nt* Viyana

wies vt s. **weisen**
Wiese f çayır
Wiesel nt gelincik
wieso adv neden (böyle), niçin, nasıl oluyor da
wieviel adv s. **wie**
wievielte adj: **den Wievielten haben wir (heute)?** (bugün) ayın kaçı?
wild adj 1.(*wild lebend, wachsend*) vahşi, yabani; (*Gegend*) vahşi 2.(*toll*) kudurmuş 3.(*heftig*) şiddetli 4.(*ungestüm*) atılgan, hızlı; **~er Streik** sendikanın onaylamadığı grev
Wild nt 1.(*Jagdtiere*) av hayvanı 2.(*Fleisch*) av eti
Wildbahn f: **Tiere in freier ~** yabani hayvanlar
wildern vi ruhsatsız av avlamak
Wildleder nt güderi, süet
Wildschwein nt yaban domuzu
Wildwestfilm m kovboy filmi
will vt s. **wollen**
Wille m 1.(*Wunsch*) arzu, istek; (*stärker*) irade, direngi 2.(*Absicht*) niyet; **freier ~** gönül isteği; **den festen ~n haben etw zu tun** bir şeyi yapmaya kararlı olmak; **dein ~ geschehe!** arzuna göre olsun!
willen präp +gen: **um ... ~ gen ...** uğruna; **um Gottes ~!** Allah aşkına!
willenlos adj 1.(*ohne eigenen Willen*) isteksiz 2.(*ohne Willenskraft*) iradesiz
willens adj: **~ sein etw zu tun** bir şeyi yapmak istemek
willensschwach adj iradesiz, enerjisiz
willensstark adj iradeli, enerjik
willig adj hizmete hazır; (*folgsam*) uysal
willkommen adj 1.(*Person*) sevilen 2.(*gelegen kommend*) işe gelen 3.(*begrüßenswert*) sevinç verici; **herzlich ~!** hoş geldiniz!; **jdn ~ heißen** birini karşılamak, birine hoş geldin(iz) demek
Willkür f keyfi davranış, başına buyrukluk
willkürlich adj keyfi
wimmeln vi kayna(ş)mak; **auf der Straße wimmelt es von Menschen** sokak insan kaynıyor
Wimper f kirpik; **ohne mit der ~ zu zucken** gözünü bile kırpmadan
Wimperntusche f rimel
Wind m 1.(*allgemein*) rüzgar, yel 2.(*fam: Blähung*) yel, osuruk; **sanfter ~** meltem; **jdm den ~ aus den Segeln nehmen** aslanın dişini sökmek; **in den ~ reden** (boşuna) çene yormak
Windbeutel m 1.(*Gebäck*) bir çeşit kremalı pasta 2.(*pej: Person*) palavracı
Winde f 1.(TECH) bocurgat, maçuna, çıkrık 2.(*Pflanze*) boruçiçeği; (*Acker~*) kahkahaçiçeği
Windel f kundak
winden <wand, gewunden> I. vt burmak, bükmek (*etw* -i) II. vr: **sich ~** (*Straße*) kıvrılarak uzanmak; (*Person*) kıvranmak (*vor etw* -den)
Windhund m tazı
windig adj rüzgarlı; **es ist ~** hava rüzgarlı
Windkraftwerk nt rüzgar santrali
Windmühle f yel değirmeni
Windpocken fpl suçiçeği sing
Windschutzscheibe f ön cam
Windstärke f rüzgar hızı
Windstille f rüzgarsızlık
Windstoß m birdenbire şiddetle esen rüzgar
Windsurfen nt sörf
Windung f 1.(*Krümmung*) dolambaç, dirsek, büklüm 2.(*eines Flusses*) kıvrım, dolambaç
Windverhältnisse pl rüzgar şartları pl
Wink m 1.(*mit Augen, Hand*) (göz [*o* el]) işaret(i) 2.(*Anspielung*) ima 3.(*Rat*) öğüt 4.(*Warnung*) uyarı; **~ mit dem Zaunpfahl** çok açık ima
Winkel m 1.(MATH) açı 2.(*von Zimmer*) köşe; **rechter/spitzer/stumpfer ~** dik/dar/geniş açı; **im toten ~** duvar vs. arkasında görünmeyen köşede
wink(e)lig adj dolambaçlı
Winkelmesser m iletki, minkale
winken vi 1.(*Zeichen geben*) işaret etmek [*o* vermek] 2.(*mit der Hand*) el sallamak; **mit dem Taschentuch ~** mendil sallamak
Winter m kış; **mitten im ~** kış ortasında
Winterfahrplan m kış tarifesi
winterlich adj kış gibi
Winterreifen m kış lastiği
Winterschlaf m kış uykusu
Winterschlussverkauf[RR] m kış sonu satışı
Winterspiele ntpl: **Olympische ~** Kış Olimpiyatları pl
Wintersport m kış sporu
Winzer(in) m(f) bağcı
winzig adj pek ufak [*o* küçük], ufacık (tefecik) fam, küçücük

Wipfel *m* (ağaç) tepe(si)
Wippe *f* tahterevalli
wippen *vi* (*auf der Wippe*) tahterevalli oynamak
wir *pron* biz; ~ **Deutschen** biz Almanlar
Wirbel *m* 1.(*Strömungs-*) anafor 2.(*Durcheinander*) karışıklık 3.(*Rücken-*) omur 4.(*Haar-*) saç tepesi
wirbeln *vi sein* 1.(*sich schnell drehen*) hızla dönmek 2.(*Wasser*) anafor yapmak
Wirbelsäule *f* belkemiği, omurga
Wirbelsturm *m* kasırga, tayfun, siklon
Wirbeltier *nt* omurgalı
Wirgefühl *nt* birlik ve beraberlik duygusu
wirbt *vi s.* **werben**
wird *vi s.* **werden**
wirft *vi, vt s.* **werfen**
wirken *vi* 1.(*tätig sein*) çalışmak 2.(*eine Wirkung erzielen*) etki göstermek [*o* yapmak] (*auf etw* -e) 3.(*Eindruck machen*) etki [*o* tesir] bırakmak (*auf jdn* -e), etkilemek (*auf jdn/ etw* -i)
Wirken *nt* çalışma, iş, hareket
wirklich **I.** *adj* gerçek; (*echt*) halis **II.** *adv* gerçekten, sahiden; ~? sahi mi?
Wirklichkeit *f* gerçek(lik); ~ **werden** gerçekleşmek
wirksam *adj* etkili
Wirksamkeit *f* (*eines Mittels*) etki [*o* tesir] gücü
Wirkung *f* 1.(*Einwirkung*) etki, tesir 2.(*Eindruck*) izlenim 3.(*Erfolg*) başarı 4.(*Ergebnis*) sonuç
Wirkungsbereich *m* etki sahası
wirkungslos *adj* etkisiz
wirkungsvoll *adj* (tam) etkili, etkin
wirr *adj* 1.(*durcheinander*) (karma)karışık 2.(*unklar*) belirsiz 3.(*im Kopf*) şaşkın 4.(*Haare*) dağınık
Wirrwarr *m* kargaşalık, (karma)karışıklık, keşmekeş *fam*
Wirt(in) *m(f)* (*Speisegaststätte*) lokantacı; (*Kneipe*) meyhaneci
Wirtschaft *f* 1.(*Speisegaststätte*) lokanta 2.(*Kneipe*) meyhane 3.(*Volks-*) iktisat, ekonomi 4.(*Haus-*) ev idaresi, ev işleri
wirtschaften *vi* 1.(*Haushalt führen*) ev idare etmek 2.(*fig: mit dem Geld umgehen*) (parayı) idare etmek
wirtschaftlich *adj* ekonomik, iktisadi; (*haushälterisch*) ekonomik, idareli
Wirtschaftsabkommen *nt* ticari anlaşma

Wirtschaftsberater(in) *m(f)* iktisat danışmanı
Wirtschaftsgeld *nt* ev idaresi parası
Wirtschaftskrise *f* ekonomik kriz
Wirtschaftslage *f* iktisadi durum
Wirtschaftsministerium *nt* İktisat Bakanlığı
Wirtschaftspolitik *f* iktisat politikası
wirtschaftsschwach *adj* ekonomik açıdan zayıf
Wirtschaftswissenschaft *f* ekonomi, iktisat
Wirtschaftswunder *nt* (HIST) şaşılacak iktisadi yükselme
Wirtshaus *nt* 1.(*Gaststätte*) lokanta 2.(*Kneipe*) meyhane 3.(*Bierkneipe*) birahane
wischen *vi, vt* (*putzen*) silmek (*etw* -i); **Staub** ~ toz almak
Wischlappen *m* bez
wispern *vt* fısıldamak
wissbegierig[RR] *adj* öğrenmeye hırslı
wissen <weiß, wusste, gewusst> *vt* bilmek (*etw* -i); **sehr wohl** ~ pek ala bilmek; **jdn etw** ~ **lassen** birine bir şeyi bildirmek; **nicht, dass ich wüsste** bildiğime göre öyle değil; **soviel ich weiß** (benim) bildiğim kadarıyla; **man kann nie** ~ belli olmaz; **das musst du selber** ~ bunu kendin bilmelisin; **was ich nicht weiß, macht mich nicht heiß** beni sokmayan yılan bin yıl yaşasın
Wissen *nt* bilgi; **meines** ~**s** bildiğime göre; **nach bestem** ~ **und Gewissen** yürekten, vicdanen; **ohne mein** ~ haberim olmadan
Wissenschaft *f* bilim, ilim
Wissenschaftler(in) *m(f)* bilim [*o* ilim] adamı, bilgin
wissenschaftlich *adj* bilimsel
Wissenschaftlichkeit *f* bilimsellik
wissenswert *adj* bilmeye değer
wissentlich *adv* bilerek, bile bile
wittern *vt* (*Tier*) kokusunu almak (*etw* -in); (*ahnen*) sezmek (*etw* -i)
Witterung *f* 1.(*Wetter*) hava 2.(*Geruch*) koku 3.(*fig*) seziş
Witwe *f* dul (kadın)
Witwer *m* dul (erkek)
Witz *m* şaka, espri
Witzbold *m* şakacı, espri yapan
witzig *adj* esprili; (*Person*) şakacı
witzlos *adj* 1.(*ohne Witz*) esprisiz 2.(*zwecklos*) faydasız, boş

WM *f Abk. von* **Weltmeisterschaft** Dünya Şampiyonluğu

wo *adv* **1.**(*Frage*) nerede **2.**(*im Relativsatz*) -diği yerde; **ach ~!** ne gezer!

woanders *adv* başka yerde

wob *vt s.* **weben**

wobei *adv* hangi konuda

Woche *f* hafta; **heute in einer ~** haftaya bugün

Wochenende *nt* hafta sonu

Wochenendhaus *nt* hafta sonlarında gidilen tatil evi

Wochenkarte *f* haftalık kart

wochenlang *adv* haftalarca

Wochentag *m* hafta günü; (*Arbeitstag*) işgünü, çalışma günü

wochentags *adv* işgünleri

wöchentlich **I.** *adj* haftalık **II.** *adv* her hafta

Wochenzeitung *f* haftalık gazete

Wöchnerin *f* loğusa

Wodka *m* votka

wodurch *adv* ne ile, ne suretle

wofür *adv* ne için; (*tauschend*) neye karşılık

wog *vt s.* **wiegen**

Woge *f* (büyük) dalga

wogegen *adv* neye karşı; (*während doch*) halbuki

woher *adv* nereden

wohin *adv* nereye

wohl *adv* **1.**(*angenehm, gut*) hoş, iyi **2.**(*in Fragen*) acaba **3.**(*sicherlich*) muhakkak **4.**(*wahrscheinlich*) her halde; **~ oder übel** ister istemez; **~ dem, der ...** -ene ne mutlu; **~ bekomm's!** afiyet olsun!; **sich ~ fühlen** kendini iyi hissetmek; **leben Sie ~!** hoşça [o sağlıcakla] kalın!; **~ tun**[RR] (*Wohltaten erweisen*) iyilik etmek; (*heilend wirken*) iyi gelmek (*jdm -e*)

Wohl *nt* **1.**(*Wohlbefinden*) iyilik, esenlik **2.**(*Gesundheit*) sağlık; **auf Ihr ~!** sağlığınıza!

wohlauf *adv* (*gesund*) sağlığı yerinde

Wohlbefinden *nt* iyilik, sağlık

wohlbehalten *adj* sağ salim, esen

Wohlfahrt *f* **1.**(*Sozialfürsorge*) sosyal yardım **2.**(*Einrichtung*) sosyal yardım kurumu

wohlgemeint *adj* iyi niyetle söylenmiş [o düşünülmüş]

wohlgemerkt *adv* tabii

wohlhabend *adj* varlıklı, hali vakti yerinde

Wohlstand *m* varlık, refah, zenginlik

Wohlstandsgesellschaft *f* refah toplumu

Wohltat *f* iyilik, hayırlı iş

Wohltäter(in) *m(f)* hayır sahibi, hayırsever

wohltätig *adj* **1.**(*Person*) hayırsever **2.**(*Sache*) yararlı

Wohltätigkeit *f* hayırseverlik

wohltuend *adj* ferahlatıcı, gönül açan

wohltun *vi s.* **wohl**

wohlverdient *adj* hakkıyla kazanılmış

Wohlwollen *nt* lütuf, kayra; **sein ~ für etw bekunden** bir şeye sıcak bakmak

wohlwollend *adj* iyi (niyetli [o yürekli]), kayıran; **gegenüber jdm ~ eingestellt sein** birine sıcak bakmak

Wohnblock *m* blok evler *pl*

wohnen *vi* oturmak; (*vorübergehend*) kalmak

Wohnfläche *f* oturulan alan

wohnhaft *adj* yerleşmiş, oturan

Wohnheim *nt* yurt

Wohnküche *f* oda gibi kullanılan mutfak

wohnlich *adj* rahat, konforlu

Wohnmobil *nt* karavan

Wohnort *m* oturma yeri, konut

Wohnraum *m* oda

Wohnsitz *m* oturma yeri, konut; **ohne festen ~** yeri yurdu belli değil; **ständiger ~** devamlı oturma yeri; **vorheriger ~** eski oturma yeri; **zweiter ~** ikinci oturma yeri

Wohnung *f* konut; (*Etagen-*) daire; **möblierte ~** mobilyalı daire

Wohnverhältnisse *pl* oturma durumu *sing*

Wohnviertel *nt* yerleşim yeri, semt

Wohnwagen *m* karavan

Wohnzimmer *nt* oturma odası

wölben *vr:* **sich ~** kabarmak, kubbelenmek

Wölbung *f* kubbe

Wolf *m* kurt

Wolke *f* bulut; **aus allen ~n fallen** şaşakalmak

Wolkenbruch *m* sağanak

Wolkenkratzer *m* gökdelen

wolkenlos *adj* bulutsuz

Wolldecke *f* battaniye

Wolle *f* yün

wollen[1] <will, wollte, gewollt/wollen> *vi, vt* **1.**(*als Hilfsverb*) istemek; (*als Vollverb*) -mek istemek (*etw* -i) **2.**(*wünschen*) arzu etmek, dilemek (*etw* -i) **3.**(*fordern*) istemek (*etw/jdn* -i) **4.**(*beabsichtigen*) -mek niyetinde olmak; **lieber ~** tercih etmek, yeğlemek (*etw/jdn* -i); **gerade etw tun ~** tam o sırada

wollen

bir şey yapmak istemek; **wir ~ gehen!** gitmek istiyoruz!, haydi gidelim!; **wir ~ sehen** bakalım; **(ganz) wie Sie ~** nasıl isterseniz, siz bilirsiniz; **zu wem ~ Sie?** kimi arıyorsunuz?; **so Gott will!** Allah kısmet ederse; **mach, was du willst** ne istersen yap; (*fam*) keyfin bilir

wollen² *adj* (*aus Wolle*) yün(den), yünlü

Wolljacke *f* hırka

womit *adv* ne ile; **~ kann ich dienen?** size nasıl yardımım dokunabilir?

womöglich *adv* 1.(*wenn möglich*) mümkünse 2.(*vielleicht*) her halde, belki

wonach *adv:* **~ soll ich mich richten?** neye göre hareket edeyim?

woran *adv:* **~ denkst du?** ne(yi) düşünüyorsun?; **~ liegt das?** bu neden ileri geliyor?; **nun weiß ich, ~ ich bin** şimdi anladım ne durumda olduğumu

worauf *adv:* **~ warten Sie (noch)?** (hala) ne(yi) bekliyorsunuz?

woraus *adv* 1.(*aus welchem Stoff*) neden, hangi şeyden 2.(*örtlich*) nereden

worden *vi s.* **werden**

worin *adv* neyin içinde

Workaholic *m* işkolik

Workshop *m* çalıştay, seminer

Workstation *f* (INFORM) iş istasyonu

World Trade Center *nt* Dünya Ticaret Merkezi

Wort *nt* 1.(*Vokabel*) kelime, sözcük; **~ für ~** kelime kelime 2.(*Ausspruch*) söz; **mit anderen ~en** yani; **in ~en** (*ausgeschrieben*) yazılmış; **geflügeltes ~** vecize, özdeyiş; **leere ~e** boş sözler; **sein ~ brechen** sözünde durmamak, sözünü tutmamak; **sein ~ halten** sözünü tutmak, sözünde durmak; **jdn nicht zu ~ kommen lassen** birinin ağzını bile açtırmamak; **ohne ein ~ zu sagen** ağzını bile açmadan

wortbrüchig *adj:* **~ werden** sözünden dönmek

Wörterbuch *nt* sözlük

Wortführer(in) *m(f)* sözcü

Wortgefecht *nt* söz dalaşı

wortgetreu *adj* 1.(*mündlich*) kelimesi kelimesine 2.(*schriftlich*) metne sadık kalan

wortkarg *adj* suskun, sessiz, sesi çıkmaz

Wortlaut *m* 1.(*Text*) metin 2.(*mündl.*) söz

wörtlich *adj, adv* kelimesi kelimesine

wortlos *adj* suskun, sessiz

Wortschatz *m* kelime haz(i)nesi

Wortspiel *nt* kelime oyunu

Wortwechsel *m* ağız kavgası

wortwörtlich *adv* kelimesi kelimesine

worüber *adv* 1.(*Bewegung*) neyin üzerine 2.(*Thema*) ne hakkında

worum *adv* 1.(*Position*) neyin etrafında 2.(*mit Bewegung*) neyin etrafına 3.(*Thema*) ne hakkında

worunter *adv* 1.(*Position*) neyin altında 2.(*mit Bewegung*) neyin altına 3.(*Menge*) neyin arasında

wovon *adv* neden

wovor *adv* 1.(*allgemein*) neden 2.(*Position*) neyin önünde 3.(*Bewegung*) neyin önüne

wozu *adv* hangi maksatla; (*warum*) niye [*o* neye], ne diye

Wrack *nt* 1.(*Schiff*) gemi enkazı 2.(*fig: Person*) hırtlambası çıkmış kimse *fam*

wringen <wrang, gewrungen> *vt* (*Wäsche*) sıkmak (*etw* -i)

Wucher *m* tefecilik, vurgunculuk, istifçilik

Wucherer *m* tefeci, vurguncu, istifçi

wuchern *vi sein* (*Pflanzen*) üremek, azmak, yayılmak

Wucherpreis *m* fahiş fiyat

wuchs *vi s.* **wachsen**

Wuchs *m* 1.(*Wachstum*) büyüme 2.(*Gestalt*) boy bos, endam

Wucht *f* 1.(*Schwung*) hamle, hız 2.(*Druck*) basınç; **mit voller ~** tam hızla

wuchtig *adj* 1.(*heftig*) kuvvetli, şiddetli 2.(*imposant*) heybetli

wühlen *vi* 1.(*auf-, um-*) deşelemek (*in etw* -i) 2.(*Schwein*) eş(in)mek 3.(*Papier*) karıştırmak (*in etw* -i)

wund *adj* (*Stelle*) yaralı; **~er Punkt** (*fig*) bamteli *fam;* (*stärker*) can alacak nokta

Wunde *f* yara

Wunder *nt* 1.(*Ereignis*) mucize, tansık 2.(*Sache*) harika 3.(REL) keramet 4.(*übernatürliche Erscheinung*) doğaüstü olay; **das ist kein ~** bunda şaşılacak bir şey yok

wunderbar *adj* 1.(*erstaunlich*) şaşılacak 2.(*übernatürlich*) doğaüstü 3.(*herrlich*) harika, enfes

wunderlich *adj* 1.(*sonderbar*) garip, tuhaf 2.(*grillenhaft*) huysuz, evhamlı

wundern I. *vr:* **sich ~** şaşmak, hayret etmek (*über jdn/etw* -e) II. *vt:* **das wundert mich (nicht)** bu beni şaşırtır (şaşırtmaz)

wunderschön *adj* çok güzel, harika, enfes

wundervoll *adj* son derece güzel, enfes
Wundstarrkrampf *m* tetanos
Wunsch *m* **1.**(*Wille*) arzu, istek, dilek **2.**(*Glück-*) tebrik **3.**(*Streben*) çaba, gayret; **auf ~** istek üzerine; **nach ~** isteğe göre; **haben Sie noch einen ~?** başka bir isteğiniz var mı?; **mit den besten Wünschen** en iyi dileklerle
wünschen I. *vt* **1.**(*allgemein*) dilemek (*etw* -i) **2.**(*begehren*) canı çekmek, arzulamak (*etw* -i) **3.**(*wollen*) istemek, arzu etmek (*etw* -i); **jdm Glück ~** birini kutlamak [o tebrik etmek] **II.** *vi:* **wie Sie ~** nasıl isterseniz; **das lässt (viel) zu ~ übrig** bu (çok) kusurlu
wünschenswert *adj* istenen, arzu edilen
wunschgemäß *adv* isteğe göre
wunschlos *adv:* **~ glücklich** son derece mutlu, halinden memnun
Wunschtraum *m* en büyük hayal; (*Ideal*) ideal
Wunschzettel *m* arzu edilen şeylerin listesi
wurde *vi s.* **werden**
Würde *f* **1.**(*Gemessenheit*) ağırbaşlılık **2.**(*Erhabenheit*) heybet
Würdenträger(in) *m(f)* rütbe sahibi
würdig *adj* **1.**(*wert*) değer, layık **2.**(*gemessen*) ağırbaşlı
würdigen *vt* (*schätzen*) değer vermek (*etw/jdn* -e), takdir etmek (*etw/jdn* -i); **jdn einer Sache ~** birini bir şeye layık görmek; **jdn keines Blickes ~** birinden bakışını bile esirgemek
Wurf *m* **1.**(*Werfen*) atma, atış **2.**(*die Jungen*) yavrular *pl;* **ein großer ~** (*fig*) başarı
Würfel *m* **1.**(*Spiel-*) zar **2.**(*Zucker-*) kesmeşeker **3.**(MATH) küp; **die ~ sind gefallen** olan oldu, artık sonuç değiştirilemez
würfeln *vi* zar atmak
Würfelspiel *nt* zar oyunu
Würfelzucker *m* kesmeşeker
würgen I. *vt* boğazını sıkmak (*jdn* -in) **II.** *vi* (*Kragen*) sıkmak, dar gelmek
Wurm *m* solucan; (*Made*) kurt
Wurst *f* **1.**(*Aufschnitt*) salam **2.**(*Würstchen*) sosis **3.**(*türkische*) sucuk; **das ist mir ~** bana vız gelir
Würstchen *nt* sosis; **warme ~** sıcak sosis
Würze *f* **1.**(*Gewürz*) bahar(at) **2.**(*fig*) tat, lezzet
Wurzel *f* **1.**(*einer Pflanze*) kök **2.**(MATH) karekök **3.**(*Herkunft*) köken; **~n schlagen** kök salmak; **die ~ aus ... ziehen** (MATH) -in karekökünü almak
Wurzelverzeichnis *nt* (INFORM) temel dizin
würzen *vt* bahar(at)lamak (*etw* -i)
würzig *adj* baharatlı, aromalı
wusch *vt s.* **waschen**
wusste[RR] *vi, vt s.* **wissen**
Wust *m* **1.**(*Durcheinander*) karışıklık **2.**(*Unmenge*) büyük miktar
wüst *adj* **1.**(*öde*) tenha, ıssız, boş **2.**(*wirr*) (karma)karışık **3.**(*unordentlich*) dağınık
Wüste *f* çöl
Wut *f* (*heftiger Zorn*) öfke, hiddet, hırs; **in ~ geraten** öfkelenmek, hiddetlenmek
Wutausbruch *m* öfkeden köpürme
wütend *adj* **1.**(*zornig*) öfkeli, hiddetli **2.**(*stärker*) kudurmuş, çılgın, azgın; **jdn ~ machen** birini öfkelendirmek; **~ werden** öfkelenmek; (*stärker*) azmak
WYSIWYG *adj* (INFORM: *what you see is what you get*) ne görürsen onu alırsın
Wz *nt Abk. von* **Warenzeichen** marka

X

X-Beine *ntpl* çarpık bacaklar *pl*
x-beinig *adj* X biçiminde çarpık bacaklar
x-mal *adv* çok defa, defalarca
X-Strahlen *mpl* X [o röntgen] ışınları
Xylophon *nt* ksilofon

Y

Yacht f yat

Yoga nt/m yoga

Z

Zacke f 1. (*Spitze*) (sivri) uç 2. (*Zahn*) diş
zaghaft adj 1. (*scheu*) ürkek 2. (*schüchtern*) çekingen
zäh adj 1. (*widerstandsfähig*) dayanıklı 2. (*beharrlich*) sebatlı 3. (*Fleisch*) katı, sert; ~ **wie Leder** kayış gibi
zähflüssig adj 1. (*dickflüssig*) ağdalı, yapışkan 2. (*Verkehr*) yavaş ilerleyen
Zähigkeit f 1. (*Widerstandskraft*) dayanıklılık 2. (*Beharrlichkeit*) sebat
Zahl f sayı, adet; (*Ziffer*) rakam; **gerade/ungerade** ~ çift/tek sayı
zahlbar adj ödenebilir, ödenecek
zahlen vi, vt ödemek (*etw* -i); **getrennt** ~ (*jeder für sich*) ayrı ayrı ödemek; **Herr Ober, bitte** ~! garson, hesap lütfen!
zählen I. vt saymak (*etw* -i) II. vi: **auf jdn** ~ birine güvenmek; **zu jdm** ~ -in arasında say(ıl)mak
Zahlenlotto nt sayısal lotto
zahlenmäßig I. adj sayısal, sayıca, adetçe II. adv: **überlegen sein** sayıca üstün olmak (*jdm* -den)
Zahler m: **pünktlicher** ~ vaktinde ödeyen; **säumiger** ~ ödemekte geciken
Zähler m 1. (MATH) pay 2. (TECH) sayaç
Zahlkarte f para gönderme işlemlerinde doldurulan form
zahllos adj sayısız
zahlreich I. adj pek çok II. adv bol sayıda
Zahlung f 1. (*Bezahlen*) ödeme 2. (*Bezahltwerden*) ödenme; **in** ~ **geben/nehmen** ödeme olarak vermek/almak (*etw* -i)
Zahlungsanweisung f (*Post*) havale
Zahlungsaufforderung f ödeme emri
Zahlungsbedingungen fpl ödeme koşulları [o şartları] pl
Zahlungsbefehl m ödeme emri
Zahlungsbilanz f ödeme bilançosu
Zahlungserleichterungen fpl ödeme kolaylığı pl

Zahlungsfähigkeit f ödeme kabiliyeti
zahlungsunfähig adj borcunu ödemekten aciz
Zahlungsweise f ödeme tarzı
Zahlwort nt sayı (sıfatı)
zahm adj yumuşak, uysal; (*Haustier*) evcil
zähmen vt (*Tier*) ehlileştirmek (*etw* -i); (*Mensch*) uysallaştırmak (*jdn* -i)
Zahn m diş; **falscher** ~ takma diş; **Zähne bekommen** (*Kind*) diş çıkarmak; **einen** ~ **ziehen** (bir) diş çekmek; **die Zähne zusammenbeißen** dişini sıkmak
Zahnarzt, -ärztin m, f diş doktoru, dişçi
Zahnbürste f diş fırçası
Zahnfleisch nt dişeti
Zahnfleischentzündung f dişeti iltihabı
Zahnlücke f diş boşluğu
Zahnpasta f diş macunu
Zahnprothese f eğreti diş
Zahnrad nt dişli (çark)
Zahnradbahn f dişli tren
Zahnschmelz m diş minesi
Zahnschmerzen mpl diş ağrısı sing; **ich habe** ~ diş(ler)im ağrıyor
Zahnstocher m kürdan
Zahntechniker(in) m(f) teknisyen dişçi
Zander m sudak (balığı)
Zange f 1. (TECH) kıskaç, kerpeten 2. (*Flach-*) pens(e) 3. (*Geburts-*) forseps 4. (*Feuer-*) maşa
Zank m çekişme, dalaşma
zanken vr: **sich** ~ atışmak, çekişmek, dalaşmak (*mit jdm* ile)
Zäpfchen nt 1. (MED) fitil 2. (*im Hals*) küçükdil
zapfen vt (*Bier, Wein*) fıçıdan (bira, şarap) çekmek
Zapfen m 1. (*Spund*) fıçı tapası, tıkaç 2. (*Stift*) çivi 3. (*Tannen-*) kozalak
Zapfsäule f (*für Benzin*) benzin pompası
zapp(e)lig adj oynak, yerinde duramaz
zappeln vi yerinde duramamak, çırpınmak

zappen vi (*beim Fernsehen*) zapping yapmak, geçgeçlemek
Zar *m* çar
Zarin *f* çariçe
zart adj 1.(*weich*) yumuşak, ince, narin 2.(*Haut*) yumuşak
zärtlich adj sevecen, şefkatli
Zärtlichkeit *f* 1.(*zarte Art*) sevecenlik, şefkat 2.(*Liebkosung*) okşama, sevme
Zauber *m* sihir, büyü, tılsım
Zauberei *f* sihirbazlık, gözbağcılık
Zauberer *m* sihirbaz, hokkabaz
zauberhaft adj (*bezaubernd*) büyüleyici
Zauberkünstler(in) *m(f)* hokkabaz
zaubern vi büyü [o sihir] yapmak
zaudern vi karar verememek, duraksamak
Zaum *m* at başlığı, gem, dizgin
Zaun *m* çit
z. B. adv *Abk. von* **zum Beispiel** örneğin
ZDF *nt Abk. von* **Zweites Deutsches Fernsehen** İkinci Alman Televizyon Programı
Zebra *nt* zebra, zebir
Zebrastreifen *m* çizgili yaya geçidi
Zeche *f* 1.(*Kohlenbergwerk*) kömür madeni [o ocağı] 2.(*Rechnung*) hesap, masraf 3.(*Verzehr*) yiyip bitirme
Zecke *f* kene, sakırga
Zeder *f* sedir (ağacı), katran ağacı
Zehe *f* ayak parmağı; **eine ~ Knoblauch** bir diş sarmısak
Zehenspitze *f*: **auf ~n gehen** ayak ucuna basarak yürümek
zehn *num* on
Zehnersystem *nt* ondalık [o 10 tabanlı] sayı sistemi
zehnfach adj on kat
Zehnkampf *m* dekatlon
zehnmal adv on defa [o kere]
Zehnprozenthürde *f* yüzde on barajı
zehntausend *num* on bin; **~e** on binlerce; **die oberen Zehntausend** (*fam*) sosyete
zehnte(r, s) adj onuncu
Zehntel *nt* onda bir
zehren vi (*schwächen*) aşındırmak; (*Kummer*) yiyip bitirmek, eritmek (*an jdm/etw* -i); **von etw ~** bir şeyle geçinmek, kendini bir şeyle beslemek
Zeichen *nt* 1.(*allgemein*) işaret 2.(*Signal*) sinyal 3.(*Wink*) işaret, ima 4.(*Kenn-*) belirti, ayırıcı nitelik 5.(*An-*) belirti, emare 6.(*Wahr-*) simge, sembol 7.(*Vor-*) ilk belirti; **gutes ~** uğur; **schlechtes ~** uğursuzluk; **Ihr ~** (ADM) rumuzunuz
Zeichenblock *m* resim kâğıdı bloku
Zeichenpapier *nt* resim kâğıdı
Zeichensprache *f* sağırlar dili
Zeichentrickfilm *m* çizgi film
zeichnen I. vt 1.(*Zeichnung*) çizmek (*etw* -i), resmini yapmak (*etw* -in) 2.(*unter-*) imzalamak (*etw* -i), imza atmak (*etw* -e) II. vi resim yapmak [o çizmek]
Zeichnen *nt* (*Unterrichtsfach*) resim
Zeichner(in) *m(f)* ressam; **technischer ~** teknik ressam
Zeichnung *f* resim, çizim
Zeigefinger *m* işaretparmağı
zeigen I. vt 1. göstermek (*jdm etw* -e -i) 2.(*beweisen*) kanıtlamak, ispat etmek (*etw* -i); **zeig mal!** göster bakalım! II. vi: **auf etw ~** bir şeye [o bir şeyi] işaret etmek III. vr: **sich ~** görünmek, gözükmek; (*sich herausstellen*) anlaşılmak, meydana çıkmak
Zeiger *m* ibre, iğne; (*großer Uhr-*) yelkovan; (*kleiner Uhr-*) akrep
Zeile *f* satır
zeit *präp +gen* ... süresince; **~ meines Lebens** oldum olası
Zeit *f* 1.(*allgemein*) zaman, vakit 2.(*Zeitpunkt*) zaman 3.(*Augenblick*) an 4.(*Zeitdauer*) süre 5.(*Uhr-, bestimmte*) saat; **Westeuropäische/Mitteleuropäische ~** Batı Avrupa/Orta Avrupa saati; (**nach**) **türkischer ~** Türkiye saati ile (TSİ); **in kurzer ~** kısa zamanda; **in letzter ~** son zamanlarda; **mit der ~** zamanla, yavaş yavaş, gitgide; **von ~ zu ~** arasıra, zaman zaman; **vor kurzer/langer ~** kısa/uzun zaman önce; **zur rechten ~** tam zamanında, vaktinde; **im Laufe der ~** zamanla; **die ganze ~** (**über**) bütün bu süre içinde; **die gute alte ~** eski güzel günler; **das hat noch ~** acelesi yok; **es ist (höchste) ~** vakit daraldı; **sich ~ lassen** kendine zaman ayırmak; (*langsam handeln*) çok yavaş hareket etmek; **kommt ~, kommt Rat** gün doğmadan neler doğar
Zeitabschnitt *m* devir, dönem
Zeitabstand *m* aralık, fasıla
Zeitalter *nt* devir, çağ
Zeitangabe *f* (*Datum*) tarih
Zeitansage *f* vaktin bildirilmesi; (*Radio*) saat ayarı
Zeitaufwand *m* zaman harcama
Zeitbombe *f* saatli bomba
Zeitdruck *m*: **unter ~ stehen** vakti az ol-

mak, vakit darlığı çekmek
Zeitersparnis *f* zaman tasarrufu
Zeitfahren *nt* kurada çekilen sıraya göre tek başına başlanılan yarış
Zeitgeist *m* çağın zihniyeti, devir ruhu
zeitgemäß *adj* zamana uygun
Zeitgenosse(in) *m(f)* çağdaş
zeitgenössisch *adj* çağdaş
zeitig *adj* (*früh*) erken
Zeitlang *f:* **eine** ~ bir süre, bir müddet
zeitlich *adj* zamana ait; (REL) fani, geçici
zeitlos *adj* zamana tabi olmayan, her zamana uygun
Zeitlupe *f* (FILM) yavaş çekim
Zeitmangel *m:* **aus** ~ zaman azlığından
Zeitpunkt *m* 1. (*Zeit*) zaman 2. (*Augenblick*) an 3. (*Uhrzeit*) saat 4. (*Datum*) tarih
zeitraubend *adj:* ~ **sein** çok zaman almak
Zeitraum *m* süre, müddet
Zeitrechnung *f* kronoloji
Zeitschrift *f* dergi
Zeitung *f* gazete
Zeitungskiosk *m* gazete bayii
Zeitungsnachricht *f* gazete haberi
Zeitungsstand *m* gazete bayii
Zeitungsverkäufer *m* gazeteci, gazete satıcısı
Zeitverlust *m* zaman kaybı
Zeitvertreib *m* zaman geçirme
zeitweise *adv* geçici olarak
Zeitwort *nt* fiil, eylem
Zeitzünder *m* saniyeli tapa
Zelle *f* hücre
Zellulitis *f* selülit
Zelt *nt* çadır
Zeltausrüstung *f* kamp teçhizatı
Zeltdach *nt* çadır tavanı (biçimi)
zelten *vi* kamp kurmak
Zelten *nt* kamping
Zeltlager *nt* çadır kampı
Zeltplatz *m* kamping
Zeltstange *f* çadır direği
Zement *m* çimento
zementieren *vt* çimentolamak (*etw* -i)
zensieren *vt* 1. (*vom Zensor*) sansür etmek (*etw* -i) 2. (*benoten*) not vermek (*etw* -e)
Zensor(in) *m(f)* sansür eden, sansürcü
Zensur *f* 1. sansür 2. (*Schule: Note*) not
Zentimeter *m/nt* santimetre, santim
Zentimetermaß *nt* santimetre, santim
Zentner *m* elli kiloluk tartı ölçüsü
zentral *adj* orta, merkezi

Zentrale *f* merkez
Zentralheizung *f* kalorifer
zentralisieren *vt* merkezileştirmek (*etw* -i)
Zentralismus *m* merkeziyetçilik
zentralistisch *adj* merkeziyetçi
Zentrum *nt* merkez
zerbrechen *irr* I. *vt* kırmak (*etw* -i); **sich** *dat* **den Kopf** ~ aklını yormak, kafa patlatmak II. *vi sein* kırılmak
zerbrechlich *adj* 1. kırılacak, kırılır 2. (*fig: zart*) ince, narin
zerbröckeln *vi* ufalanmak, parçalanmak
zerdrücken *vt* ezmek (*etw* -i)
Zeremonie *f* tören; (*religiöse*) ayin, dini tören
Zerfall *m* 1. (*eines Bauwerks*) yıkılma, çökme 2. (*fig: Auflösung*) çözülme 3. (CHEM) ayrışma
zerfallen *irr vi sein* 1. (*Bau*) yıkılmak 2. (CHEM) ayrışmak
zerfetzen *vt* parçalamak, yırtmak, didik didik [*o* lime lime] etmek (*etw* -i)
zergehen *irr vi sein:* **auf der Zunge** ~ dil üstünde erimek
zerhacken *vt* parçalamak (*etw* -i)
zerkleinern *vt* küçük küçük parçalara ayırmak, parçalamak (*etw* -i)
zerknittern *vt* buruşturmak (*etw* -i)
zerkratzen *vt* tırmalamak, tırmıklamak (*etw* -i)
zerlegen *vt* 1. (*auseinander nehmen*) parçalarına ayırmak, parçalamak (*etw* -i) 2. (*in zwei Teile*) ikiye ayırmak [*o* bölmek] (*etw* -i) 3. (TECH) sökmek, demonte etmek (*etw* -i)
zerlumpt *adj* 1. (*Kleidung*) yırtık pırtık, lime lime 2. (*Person*) üstü başı perişan, hırpani
zerquetschen *vt* ezmek; (*verletzen*) sıkıştırarak yaralamak (*etw* -i)
Zerrbild *nt* bozuntu, karikatür
zerreiben *irr vt* 1. (*mit den Händen*) ovalamak (*etw* -i) 2. (*zu Pulver*) toz haline getirmek (*etw* -i)
zerreißen *irr* I. *vt* 1. (*Stoff*) yırtmak; (*stärker*) paralamak (*etw* -i) 2. (*Faden*) koparmak (*etw* -i) II. *vi sein* yırtılmak; (*Faden*) kopmak
zerren I. *vt* zorla [*o* hırpalayarak] çekmek (*etw/jdn* -i) II. *vi:* **an etw** ~ bir şeyi şiddetle çekmek
Zerrung *f* (*Sehnen*-) kiriş gerilmesi; (*Muskel*-) kas gerilmesi
zerrüttet *adj:* **eine** ~**e Ehe** şiddetli geçimsiz bir evlilik

Zerrüttung *f* sarsım; ~ **der Ehe** (JUR) şiddetli geçimsizlik
zerschlagen *irr vt* (*Geschirr*) (vurup) kırmak, parçalamak (*etw* -i)
zerschlissen *adj* (*Stoff*) yırtık
zerschmettern *vt* paramparça etmek (*etw* -i)
zerschneiden *irr vt* kesip parçalamak, (boydan boya) kesmek; (*in Stücke*) doğramak (*etw* -i)
zersetzen *vr:* **sich** ~ ayrışmak, çözülmek
Zersiedlung *f* yerleşim merkezlerinin çözülmesi
zersplittern *vi sein* yarılmak, kırılmak
Zerstäuber *m* püskürgeç, atomizör, puverizatör
zerstören *vt* yıkmak, bozmak, tahrip etmek (*etw/jdn* -i)
Zerstörer(in) *m(f)* 1. tahrip eden 2. (*Schiff*) muhrip
zerstörerisch *adj* yıkıcı, tahripçi
Zerstörung *f* 1. (*Tätigkeit*) tahrip, yıkma 2. (*Ergebnis*) harap olma, yıkılma, yıkılış
zerstreiten *irr vr:* **sich** ~ bozuşmak
zerstreuen I. *vt* 1. (*ausbreiten*) dağıtmak, yaymak (*etw* -i) 2. (*ausstreuen*) saçmak, serpmek (*etw* -i) 3. (*fig: Zweifel, Bedenken*) gidermek (*etw* -i) 4. (*unterhalten*) oyalamak, eğlendirmek (*jdn* -i) II. *vr:* **sich** ~ (*Menschenmenge*) dağılmak
zerstreut *adj* (*Mensch*) dalgın
Zerstreutheit *f* dalgınlık
Zerstreuung *f* (*Unterhaltung*) eğlenme, oyalanma
zerstückeln *vt* parçalamak (*etw* -i)
Zertifikat *nt* sertifika
zertreten *irr vt* ayakla ezmek (*etw* -i)
zertrümmern *vt* yıkıntı haline getirmek; (*in kleine Stücke*) paramparça etmek (*etw* -i)
Zervelatwurst *f* çabuk bozulmayan sert bir salam cinsi
Zerwürfnis *nt* bozuşma, anlaşmazlık
Zettel *m* 1. (*Blatt*) kâğıt (parçası) 2. (*mit Notiz*) not, pusula 3. (*Preis-*) fiyat etiketi
Zeug *nt* 1. (*Sachen*) eşya, şey 2. (*pej: Kram*) pılı pırtı, ıvır zıvır; **dummes** ~ **reden** saçmalamak, zırvalamak
Zeuge *m* (JUR) tanık, şahit
zeugen *vt* (*Kinder*) çocuk yapmak, çocuk doğurmak dünyaya getirmek
Zeugenaussage *f* tanık ifadesi
Zeugenvernehmung *f* tanıkların dinlenmesi
Zeugin *f* kadın [*o* kız] tanık
Zeugnis *nt* 1. (*Bezeugung*) tanıklık, şahitlik 2. (*Bescheinigung*) tasdik belgesi 3. (*nach Prüfung*) karne
zeugungsunfähig *adj* innin, iktidarsız
z. H. *adv Abk. von* **zu Händen** -e verilmek üzere
Zichorie *f* 1. (*wilde*) acı marul 2. (*Endivie*) hindiba
Zicke *f* 1. (*junge Ziege*) oğlak 2. (*launische Frau*) cadaloz
zickig *adj* (*pej*): ~ **sein** kendini naza çekmek
Zickzack *m* zikzak; **im** ~ **gehen** zikzak gitmek
Ziege *f* keçi
Ziegel *m* 1. (*Ziegelstein*) tuğla 2. (*Dach-*) kiremit
Ziegelei *f* kiremit [*o* tuğla] ocağı
Ziegenbock *m* teke, erkeç
Ziegenkäse *m* keçi peyniri
Ziegenleder *nt* keçi derisi
ziehen <zog, gezogen> I. *vt* 1. (*allgemein*) çekmek (*etw/jdn* -i) 2. (*Linie*) çizmek (*etw* -i) 3. (*schleppen*) sürüklemek (*etw* -i) 4. (*Pflanzen*) yetiştirmek (*etw* -i); **Folgerungen** ~ sonuç çıkarmak; **die Blicke auf sich** ~ bakışları kendi üstüne çekmek; **etw ins Lächerliche** ~ bir şeyi komikliğe vurmak; **die Wurzel aus ...** ~ (MATH) -in karekökünü almak II. *vi* 1. (*gehen, reisen*) gitmek; (*Vögel*) göç etmek, göçmek (*nach* -e); **zu jdm** ~ birine taşınmak 2. (*Ofen, Pfeife*) çekmek; (*Tee*) demlenmek; **an etw** ~ bir şeyi çekmek; **es zieht** hava cereyanı var, cereyan yapıyor *fam* III. *vr:* **sich** ~ (*sich strecken*) gerilmek; (*sich erstrecken*) uza(n)mak
Ziehharmonika *f* akordeon
Ziehung *f* (*Lotterie*) çekiliş
Ziel *nt* 1. hedef, amaç, gaye 2. (*Absicht*) maksat, niyet; **sein** ~ **erreichen** amacına ulaşmak; **sich etw zum** ~ **setzen** bir şeyi hedeflemek
Zieladresse *f* (INET) hedef adres
zielbewusst[RR] *adj* amacını bilen, yolunu şaşırmayan, azimli
zielen *vi* (*beim Schießen*) nişan almak
Zielgerade *f* (SPORT) yarış yolunun son doğru parçası
Zielgruppe *f* hedef kitle
ziellos I. *adj* hedefsiz, amaçsız II. *adv* gelişi-

Zielscheibe güzel, rasgele
Zielscheibe *f* hedef levhası
Zielsetzung *f* hedef edinme
zielstrebig *adj* amacını bilen
ziemlich *adv* oldukça, epey(ce), bir hayli
Zier(de) *f* süs
zieren I. *vt* süslemek (*etw/jdn* -i) **II.** *vr:* **sich ~** nazlanmak, naz etmek
Zierleiste *f* mulür; (*an Möbeln*) kordon
zierlich *adj* **1.**(*zart*) ince, narin **2.**(*Schrift*) inci gibi **3.**(*hübsch*) güzel, şirin
Zierpflanze *f* süs bitkisi
Ziffer *f* rakam
Zifferblatt *nt* (saat) kadran(ı)
zig *num* onlarca
Zigarette *f* sigara, cıgara *fam;* **eine ~ rauchen/drehen** bir sigara içmek/sarmak
Zigarettenautomat *m* sigara otomatı
Zigarettenetui *nt* sigara tabakası
Zigarettenpapier *nt* sigara kâğıdı
Zigarettenschachtel *f* sigara kutusu
Zigarettenspitze *f* ağızlık, sigaralık
Zigarettenstummel *m* (sigara) izmarit(i)
Zigarillo *m/nt* küçük puro
Zigarre *f* puro, yaprak sigarası
Zigarrenabschneider *m* puro keseceği
Zigarrenkiste *f* puro kutusu
Zigeuner(in) *m(f)* Çingene
zigmal *adv* defalarca
zigtausend *num* on binlerce
Zimbabwe *nt* Zimbabve
Zimmer *nt* oda
Zimmerantenne *f* dahili anten
Zimmerbestellung *f* oda rezervasyonu
Zimmerlautstärke *f:* **das Radio auf ~ stellen** radyonun sesini odada duyulacak kadar açmak
Zimmermädchen *nt* hizmetçi (kız)
Zimmermann *m* doğramacı, dülger
Zimmerpflanze *f* ev içinde yetiştirilen bitki
zimperlich *adj* aşırı hassas, nazenin
Zimt *m* tarçın
Zink *nt* çinko
Zinke *f* (*der Gabel*) çatal dişi
Zinn *nt* kalay
Zinne *f* (*Mauer-*) mazgal dişi
Zinnober *m* **1.**(*Mineral*) cıva sülfidi, zincifre **2.**(*Farbe*) zincifre kırmızısı
Zinnsoldat *m* (*Spielzeug*) kalaydan yapılmış oyuncak asker
Zins *m* faiz
Zinseszins *m* faizin faizi, bileşik faiz

zinslos *adj, adv* faizsiz
Zinssatz *m* faiz fiyatı
Zionismus *m* siyonizm
Zipfel *m* **1.**(*spitzes Endstück*) (sivri) uç **2.**(*Ecke*) köşe
Zipfelmütze *f* püsküllü takke
zippen *vt* (INFORM: *Dateien*) sıkıştırmak (*etw* -i)
zirka *adv* aşağı yukarı, takriben
Zirkel *m* (*Gerät*) pergel
zirkulieren *vi* dolaşmak, dönmek; (*Geld*) piyasada bulunmak
Zirkumflex *m* uzatma işareti
Zirkus *m* sirk
zirpen *vi* (*Grillen*) cırlamak, cırıldamak
zischen *vi* **1.**(*als Ton allgemein*) cızırdamak **2.**(*Fett*) cayırdamak **3.**(*Gans*) tıslamak **4.**(*Schlange*) ıslık çalmak
ziselieren *vi, vt* kalemle kazımak (*etw* -i)
Zisterne *f* sarnıç
Zitadelle *f* iç kale
Zitat *nt* alıntı
Zither *f* kanuna benzeyen bir çalgı
zitieren *vt* **1.**(*Belegstelle anführen*) alıntılamak (*etw* -i) **2.**(*wörtlich wiedergeben*) aynen tekrarlamak (*etw* -i)
Zitrone *f* limon
Zitronenbaum *m* limon ağacı
Zitronenpresse *f* limonluk
Zitronensaft *m* limon suyu
Zitronenschale *f* limon kabuğu
Zitrusfrüchte *fpl* turunçgiller *pl*
Zittergras *nt* küçük çayırgüzeli
zitt(e)rig *adj* titrek
zittern *vi* **1.**(*vor Angst, Kälte*) titremek **2.**(*schaudern*) ürpermek **3.**(*vibrieren*) titreşmek; **vor Kälte ~** soğuktan titremek
Zitze *f* memeli hayvanların meme ucu
zivil *adj* sivil; **in Zivil** sivil olarak
Zivilbevölkerung *f* sivil halk, siviller *pl*
Zivildienst *m* askerlik yerine geçen sivil hizmet
Zivilisation *f* uygarlık, medeniyet
zivilisieren *vt* uygarlaştırmak (*etw/jdn* -i)
Zivilist(in) *m(f)* sivil
Zivilluftfahrt *f* sivil havacılık
Zivilprozess[RR] *m* hukuk mahkemeleri usulü
Zivilprozessordnung[RR] *f* hukuk mahkemeleri düzeni
Zivilrecht *nt* medeni hukuk, yurttaşlar töresi

zog vi, vt s. **ziehen**
zögern vi 1.(*zaudern*) duraksamak, tereddüt etmek 2.(*nicht den Mut haben*) çekinmek 3.(*zeitlich*) gecikmek
Zögern nt (*Zaudern*) duraksama
Zoll m 1.(*Behörde*) gümrük 2.(*Abgabe*) gümrük vergisi [o resmi] 3.(*Maß*) inç
Zollabfertigung f gümrük işlemi [o muamelesi]
Zollamt nt gümrük dairesi
Zollbeamte(r) mf gümrük memuru
Zollerklärung f gümrük beyannamesi
zollfrei adj gümrüksüz, gümrükten muaf; ~**er Laden** gümrüksüz satış yapan mağaza
Zollgebühren fpl gümrük resmi
Zollkontrolle f gümrük muayenesi [o kontrolü]
zollpflichtig adj gümrüğe tabi
Zollunion f Gümrük Birliği
Zone f 1.(*Gebiet*) bölge, mıntıka 2.(GEOG) kuşak
Zoo m hayvanat bahçesi
Zoologie f zooloji
zoologisch adj zoolojik
zoomen vt zumlamak (*etw* -i)
Zopf m (saç) örgü(sü); **alter** ~ (*fig*) dinozorluk
Zorn m öfke, hiddet, hırs
zornig adj öfkeli, hiddetli, hırslı
ZPO f Abk. von **Zivilprozessordnung** Hukuk Mahkemeleri Düzeni
z. T. adv Abk. von **zum Teil** kısmen
Ztr. m Abk. von **Zentner** 50 kilo
zu I. präp +dat 1.(*auf die Frage: wohin*) -a/-e 2.(*auf die Frage: wo*) -da/-de; ~ **Hause** evde; ~**m Bahnhof** istasyona; **der Weg** ~**m Bahnhof** istasyon yolu, istasyona giden yol; **komm morgen** ~ **mir** yarın bana gel; ~ **Mittag** öğleyin; ~ **Weihnachten** Noel'de; ~**m Beispiel** örneğin, mesela; ~**m ersten Mal** ilk defa(da); ~ **Fuß** yaya, yürüyerek; ~ **Pferde** atla; ~**m Glück** Allahtan; ~**m Teil** kısmen; **fünf** ~ **eins gewinnen** beş bir kazanmak; **das Pfund zu 500.000 Lira** yarım kilosu 500.000 Lira(ya); ~ **dritt** (*alle drei*) üçü de; (*je drei*) üçer; ~ **deinem Geburtstag** doğum gününe II. adv 1.(*geschlossen*) kapalı 2.(*allzu*) (haddinden) fazla; **die Tür/ der Laden ist** ~ kapı/dükkan kapalı; **Tür** ~**!** kapıyı kapa(yın); ~ **sehr** (pek) fazla, pek çok; ~ **viel**[RR] (çok) fazla, pek çok, aşırı; **einer** ~ **viel**[RR] fazla bir; ~ **wenig**[RR] çok az, yetmeyecek kadar; **100 Euro** ~ **wenig**[RR] 100 euro eksik

zuallererst adv en önce
zuallerletzt adv en sonra
Zubehör nt aksesuar; (*Ergänzungsteile*) ek parçalar pl
zubeißen irr vi (bütün gücüyle) ısırmak, dişlemek
zubereiten vt hazırlamak (*etw* -i)
Zubereitung f hazırlama
zubinden irr vt bağlayarak kapamak; (*Augen*) bağlamak (*etw* -i)
Zubringerstraße f ana yola çıkan sokak
Zucht f 1.(*Tätigkeit*) (hayvan [o bitki]) yetiştirme 2.(*Ergebnis*) yetiştirilen hayvan [o bitki] 3.(*strenge Ordnung*) disiplin
züchten vt 1.(*Pflanzen, Perlen*) yetiştirmek, üretmek (*etw* -i) 2.(*Tiere*) beslemek, yetiştirmek (*etw* -i)
Zuchtperle f özel üretilen bir çeşit inci
zucken vi (ani bir hareketle) titremek, sarsılmak; (*Gesichtsteil*) seğirmek; **mit den Achseln** ~ omuz silkmek
Zucker m şeker
Zuckerdose f şekerlik, şeker kutusu
zuckerkrank adj şeker hastası
Zuckerkrankheit f şeker hastalığı
zuckern vt şekerlemek (*etw* -i), şeker koymak (*etw* -e)
Zuckerrohr nt şeker kamışı
Zuckerrübe f şeker pancarı
Zuckerwatte f pamuk şeker
Zuckerzange f şeker maşası
Zuckung f kasıl sarsılma
zudecken I. vt örtmek, kapa(t)mak (*etw* -i) II. vr: **sich** ~ örtünmek; **sich mit etw** ~ üstüne bir şey örtmek
zudrehen vt (*Hahn*) kapa(t)mak (*etw* -i)
zudringlich adj sırnaşık, usandırıcı, sulu
zudrücken vt: **ein Auge** ~ göz yummak, hoş görmek
zueinander adv birbir(ler)ine
zuerst adv 1.(*zunächst*) (ilk) önce, evvela 2.(*als erstes*) ilk olarak
Zufahrt f, **Zufahrt(s)straße** f (taşıtla) giriş yolu
Zufall m tesadüf, rastlantı; **dem** ~ **überlassen bleiben** şansa kalmak
zufällig I. adj tesadüfi II. adv tesadüfen
Zuflucht f (*Ort*) barınak, sığınak
zuflüstern vt: **jdm etw** ~ birinin kulağına bir şey fısıldamak

zufolge *präp* +*dat* (*nachgestellt*) -e göre, -e nazaran, ... gereğince

zufrieden *adj* **1.**(*froh*) memnun, hoşnut (*mit jdm/etw* -den) **2.**(*genügsam*) yetingen; **sich mit etw ~ geben**^RR bir şeyle yetinmek; **jdn ~ lassen**^RR birini rahat bırakmak; **jdn ~ stellen**^RR birini memnun [*o* hoşnut [*o* tatmin]] etmek; **~ stellend**^RR memnun [*o* tatmin] edici

Zufriedenheit *f* **1.**(*Fröhlichkeit*) memnuniyet, hoşnutluk **2.**(*Genügsamkeit*) yetingenlik

zufriedenlassen *vt s.* **zufrieden**
zufriedenstellen *vt s.* **zufrieden**
zufriedenstellend *adj s.* **zufrieden**

zufrieren *irr vi sein* (tamamen) donmak, buz bağlamak

zufügen *vt:* **jdm einen Schaden ~** birine zarar vermek; **jdm eine Niederlage ~** birini bozguna uğratmak

Zufuhr *f* besleme

Zug *m* **1.**(*Ziehen*) çekme **2.**(*Eisenbahn*) tren **3.**(*Fest-*) alay **4.**(*Luft-*) (hava) cereyan(ı) **5.**(*eines Kamins od. Ofens*) çekme **6.**(*beim Rauchen*) nefes **7.**(*Schluck*) yudum **8.**(*bei einem Brettspiel*) oynama, (taş) sürme **9.**(*Gesichts-*) çizgi **10.**(*Charakter-*) özellik; **mit dem ~** trenle; **im ~e** *gen* ... çerçevesi içinde; **in einem ~e** (*auf einmal*) birden, bir defada; (*beim Trinken*) bir yudumda; (**nicht**) **zum ~e kommen** faaliyete geç(me)mek

Zugabe *f* **1.** ek, katkı, ilave **2.**(MUS) program dışı parça

Zugang *m* **1.**(*Eingang*) giriş **2.**(*Weg*) geçit yolu **3.**(*zu einer Person*) yanına varma **4.**(INFORM) erişim, giriş

Zugangsrerlaubnis *f* (INFORM) giriş izni

zugänglich *adj* **1.**(*Ort*) ulaşılır, yaklaşılır **2.**(*Person*) yanına varılır

zugeben *irr vt* **1.**(*eingestehen*) itiraf etmek (*etw* -i) **2.**(*einräumen*) kabul etmek, tanımak (*etw* -i)

zugehen *irr vi sein* **1.**(*geschehen*) olmak, cereyan etmek **2.**(*sich schließen lassen*) kapanmak; **auf jdn ~** birine doğru yürümek

Zügel *m* dizgin

zügellos *adj* azgın, ölçüsüz

Zügellosigkeit *f* azgınlık, ölçüsüzlük

zügeln *vt* gem vurmak (*jdn/etw* -e), frenlemek (*jdn/etw* -i)

Zugeständnis *nt* taviz, konsesyon

zugestehen *irr vt* kabul etmek (*etw* -i); (*stattgeben*) razı olmak (*etw* -e)

zugetan *adj:* **jdm ~ sein** birine bağlılık duymak

zugießen *irr vt* ilaveten dökmek (*etw* -i)

zugig *adj* cereyanlı

zügig *adj* **1.**(*schnell und stetig*) çabuk ve sürekli **2.**(*vorangehend*) gelişen

zugleich *adv* aynı zamanda, birden

Zugluft *f* hava cereyanı, kurander

zugreifen *irr vi* **1.**(*bei Tisch*) yemek almak **2.**(*die Gelegenheit ergreifen*) fırsatı kaçırmamak

Zugriff *m* (INFORM: *auf Daten*) erişim

zugrunde, zu Grunde^RR *adv:* **~ gehen** yok olmak, mahvolmak, telef olmak; **~ legen** temel olarak almak, dayandırmak (*etw einer Sache* -i -e); **~ liegen** temel oluşturmak, dayanmak; **~ richten** yok etmek, mahvetmek (*jdn/etw* -i)

zugunsten *präp* +*gen* (-in) lehine, (-in) yararına

zugute *adv:* **jdm etw ~ halten** birini bir şeyden dolayı affetmek; **jdm ~ kommen** birine yaramak

Zugverbindung *f* tren bağlantısı

Zugvogel *m* göçmen kuş

Zuhälter *m* pezevenk

zuhören *vi* dinlemek (*jdm/einer Sache* -i)

Zuhörer(in) *m(f)* dinleyici

zujubeln *vi* yaşa sesleriyle karşılamak (*jdm* -i)

zuklappen **I.** *vt sein* kapamak (*etw* -i) **II.** *vi* kapanmak

zukleben *vt* (yapıştırarak) kapamak, yapıştırmak (*etw* -i)

zuknallen **I.** *vt* (*Tür*) gürültüyle kapamak (*etw* -i) **II.** *vi sein* gürültüyle kapanmak

zuknöpfen *vt* düğmelemek (*etw* -i)

zukommen *irr vi sein:* **auf jdn ~** birine yaklaşmak; **jdm etw ~ lassen** birine bir şey ulaştırmak

Zukunft *f* **1.**(*Zeit*) gelecek **2.**(*Futur*) gelecek zaman; **in ~** gelecekte

zukünftig *adj* gelecek

Zulage *f* zam

zulassen *irr vt* **1.**(*Tür*) kapalı bırakmak (*etw* -i) **2.**(*erlauben*) kabul etmek (*etw* -i) **3.**(*Fahrzeug*) ruhsat vermek (*etw* -e)

zulässig *adj* **1.**(*erlaubt*) izin verilmiş [*o* verilen] **2.**(REL: *islamisch*) mubah

Zulassung *f* **1.** izin, kabul **2.**(*amtliche*) ruhsat

Zulauf m 1.(*Nachfrage*) rağbet 2.(*Andrang*) üşüşme; **großen ~ haben** rağbet görmek

zulegen vt (*hinzufügen*) eklemek, katmak, ilave etmek (*etw* -i); **sich** dat **etw ~** (*anschaffen*) bir şeyi edinmek

zuleide, zu Leideᴿᴿ adv: **jdm etw ~ tun** birine kötülük yapmak

zuletzt adv 1.(*als letzter*) son(uncu) olarak 2.(*das letzte Mal*) son defa 3.(*schließlich*) sonunda, nihayet

zuliebe präp: **jdm ~** birinin hatırı için

zum präp = **zu dem** s. **zu**

zumachen vt 1.(*allgemein*) kapa(t)mak (*etw* -i) 2.(*Loch*) tıkamak (*etw* -i) 3.(*zuknöpfen*) düğmelemek (*etw* -i)

zumal adv (*besonders*) bilhassa, özellikle; **~ da** hele çünkü

zumeist adv çoğunlukla

zumindest adv hiç olmazsa, bari

zumutbar adj (yapılması) istenebilir

zumute, zu Muteᴿᴿ adv: **mir ist nicht danach ~** bunu içim çekmiyor

zumuten vt: **jdm etw ~** birinden uygunsuz bir şey yapmasını istemek

Zumutung f 1.(*Ansinnen*) uygunsuz istek 2.(*Unverschämtheit*) küstah istek

zunächst adv 1.(*zuerst*) önce 2.(*vor allem*) her şeyden önce 3.(*als erstes*) ilk olarak

Zunahme f artış, çoğalma

Zuname m soyadı

zünden I. vt ateşlemek; (*anzünden*) tutuşturmak (*etw* -i) II. vi tutuşmak; (*Motor*) çalışmak; (*Worte*) coşturmak

Zündholz nt kibrit

Zündkerze f buji

Zündschlossᴿᴿ nt (*Auto*) kontak kilidi

Zündschlüssel m kontak anahtarı

Zündschnur f ateşleme fitili

Zündung f ateşleme

zunehmen irr vi 1.(*wachsen, sich erhöhen*) artmak, çoğalmak 2.(*Gewicht*) ağırlaşmak 3.(*Person*) kilo almak, şişmanlamak; **ich habe (drei Kilo) zugenommen** (üç) kilo aldım

zunehmend adj artan, çoğalan

Zuneigung f eğilim, meyil, sempati

zünftig adj (*fam: ordentlich*) esaslı, adamakıllı

Zunge f dil; **es liegt mir auf der ~** dilimin ucunda

Zungenbrecher m yanıltmaç, şaşırtmaca

zunichte adv: **~ machen** boşa çıkarmak, mahvetmek (*etw* -i)

zunutze, zu Nutzeᴿᴿ adv: **sich etw ~ machen** bir şeyden yararlanmak

zupfen vt, vi hafifçe çekmek (*etw/an etw* -i); **jdn am Ärmel ~** birinin kolundan çekmek

zur präp = **zu der** s. **zu**

zurechnungsfähig adj temyiz kudretine sahip, ayırtım güçlüsü

Zurechnungsfähigkeit f temyiz kudreti, cezai ehliyet

zurechtfinden irr vr: **sich ~** yolunu bulmak, yönünü belirlemek

zurechtkommen irr vi sein (*rechtzeitig kommen*) vaktinde gelmek; **mit etw ~** bir şeyin hakkından gelmek; **mit jdm ~** biriyle iyi anlaşmak

zurechtmachen I. vt hazırlamak (*etw* -i) II. vr: **sich ~** kendine çekidüzen vermek; (*sich schminken*) makyaj yapmak

zurechtweisen irr vt (*tadeln*) haddini bildirmek, terbiyesini vermek, çıkışmak (*jdn* -e)

zurichten vt hazırlamak, tertiplemek (*etw* -i); **jdn übel ~** birini (iyice) hırpalamak

zurück adv geri; (*zurückgekehrt*) geri dönmüş; **hin und ~** gidiş dönüş; **~!** geri çekil(in)!; **~ an Absender!** gönderene iade!; **ich bin gleich wieder ~** hemen döneceğim; **Sie kriegen 7 Euro ~** 7 euro geri alacaksınız

zurückbehalten irr vt alıkoymak, geri vermemek (*etw* -i)

zurückbekommen irr vt geri almak (*etw von jdm* -i -den)

zurückbezahlen vt geri ödemek (*jdm etw* -e -i)

zurückbleiben irr vi sein 1.(*übrig bleiben*) artakalmak 2.(*weiter hinten bleiben*) arkada kalmak

zurückbringen irr vt geri getirmek, geri götürmek (*etw* -i)

zurückdrängen vt 1. geri itmek (*jdn* -i) 2.(*Gefühl*) bastırmak (*etw* -i)

zurückerobern vt geri almak (*etw* -i)

zurückerstatten vt geri vermek (*jdm etw* -e -i)

zurückfahren irr vi sein (taşıtla) geri gitmek, (geri) dönmek

zurückfinden irr vi dönüş yolunu bulmak

zurückfordern vt geri verilmesini istemek (*etw* -in)

zurückführen *vt* 1. geri getirmek, geri götürmek (*jdn* -i) 2. (*fig: erklären*) dayandırmak (*etw auf etw* -i -e)

zurückgeben *irr vt* geri vermek (*jdm etw* -e -i)

zurückgeblieben *adj* geri kalmış

Zurückgebliebenheit *f* geri kalmışlık

zurückgehen *irr vi sein* 1. (*zurückkehren*) (geri) dönmek, geri gitmek 2. (*Entwicklung*) gerilemek 3. (*abnehmen*) azalmak, inmek 4. (*Preise, Fieber*) düşmek; **auf etw** ~ nedeni [*o* sebebi] ... olmak, ...-den ileri gelmek

zurückgezogen *adj:* ~**n leben** dünyadan el çekmek

zurückgreifen *irr vi* 1. (*Thema, Vorfall*) yeniden ele almak (*auf etw* -i) 2. (*auf ein Mittel*) baş vurmak (*auf etw* -e)

zurückhalten *irr* I. *vt* 1. (*festhalten*) alıkoymak, tutmak (*jdn/etw* -i) 2. (*stoppen*) durdurmak (*jdn* -i) 3. (*Gefühle*) gem vurmak (*etw* -e) II. *vr:* **sich** ~ ihtiyatlı davranmak

zurückhaltend *adj* çekingen, sakıngan; (*wortkarg*) suskun

Zurückhaltung *f* (*fig*) çekingenlik, sakınganlık

zurückholen *vt* geri almak, geri getirmek (*etw* -i)

zurückkehren *vi sein* (geri) dönmek

zurückkommen *irr vi sein* geri gelmek, (geri) dönmek; **auf etw** ~ bir konuya dönmek; **um auf ... zurückzukommen** ... konusuna dönersek

zurücklassen *irr vt* (geriye) bırakmak (*jdn/etw* -i)

zurücklegen *vt* 1. (*für später*) bir kenara koymak, ayırmak (*etw* -i) 2. (*Geld*) biriktirmek (*etw* -i) 3. (*eine Strecke*) katetmek, almak (*etw* -i)

zurücklehnen *vr:* **sich** ~ arkasına yaslanmak

zurückliegen *irr vi:* **das liegt 20 Jahre zurück** bunun 20 yıllık geçmişi var

zurücknehmen *irr vt* (*Bestellung, Antrag*) geri almak (*etw* -i)

zurückprallen *vi sein* 1. (*Ball, Stein*) (çarparak) sekmek 2. (*vor Schrecken*) ürkmek, irkilmek

zurückrufen *irr vt* geri(ye) çağırmak (*jdn* -i); **sich etw ins Gedächtnis** ~ bir şeyi hatırına getirmek

zurückschauen *vi* geriye bakmak; **auf Vergangenes** ~ geçmişe dönüp bakmak

zurückscheuen *vi sein:* **vor etw** ~ bir şeyden çekinmek [*o* sakınmak]

zurückschicken *vt* geri göndermek (*jdn/etw* -i)

zurückschlagen *irr vt* 1. geri vurmak (*jdn/etw* -i) 2. (MIL) püskürtmek (*jdn/etw* -i)

zurückschrecken *irr vi sein* ürkerek gerilemek, ürkmek (*vor etw* -den)

zurücksehnen *vr:* **sich nach etw/jdn** ~ bir şey/birisi için özlem çekmek

zurückstehen *irr vi:* **hinter jdm** ~ (değer olarak) birinden aşağı [*o* geri] kalmak

zurückstellen *vt* 1. (*an seinen Platz*) yerine koymak (*etw* -i) 2. (*Uhr*) geri(ye) almak (*etw* -i) 3. (*fig: aufschieben*) sonraya [*o* geriye] bırakmak, ertelemek (*etw* -i)

zurückstoßen I. *vt* geri itmek (*jdn* -i) II. *vi* (*Auto*) geri sarsmak

zurücktreten *irr vi sein* 1. (*zurückweichen*) (geri) çekilmek, gerilemek 2. (*von Amt*) istifa etmek (*von etw* -den) 3. (*von einem Recht*) vazgeçmek (*von etw* -den); ~, **bitte!** geri çekilin, lütfen!

zurückweichen *irr vi sein* 1. (*zurücktreten*) (geri) çekilmek, gerilemek 2. (*nachgeben*) boyun eğmek (*vor etw* -e)

zurückweisen *irr* I. *vt* reddetmek, geri çevirmek (*etw/jdn* -i) II. *vi:* **auf etw** ~ bir şeye işaret etmek

zurückzahlen *vt* geri ödemek (*etw* -i); **ich werde es ihm** ~ (*heimzahlen*) ondan öç alacağım

zurückziehen *irr* I. *vt* geri çekmek; (*Antrag*) geri almak (*etw* -i) II. *vr:* **sich** ~ (geri) çekilmek, gerilemek; **sich von etw** ~ bir işten el çekmek

Zuruf *m* 1. (*Ruf*) sesleniş, bağırma, haykırış 2. (*Beifall*) alkış

zurufen *irr vt:* **jdm etw** ~ birine ... diye seslenmek

zurzeit[RR] *adv* bu ara, bu sıra

Zusage *f* 1. (*Versprechen*) (verilmiş) söz 2. (*Einwilligung*) tasvip, onay, kabul 3. (*auf eine Einladung*) bir daveti kabul etme

zusagen I. *vt* (*versprechen*) söz vermek (*etw zu tun* -eceğine) II. *vi* (*Einladung*) kabul etmek; **jdm** ~ (*recht sein*) birine uygun gelmek

zusammen *adv* 1. (*gemeinsam*) birlikte, beraber 2. (*im Ganzen*) hepsi birden

Zusammenarbeit *f* işbirliği, birlikte çalışma

zusammenarbeiten *vi* işbirliği yapmak, birlikte çalışmak
zusammenbeißen *irr vt:* **die Zähne ~** dişlerini sıkmak
zusammenbrechen *irr vi sein* yıkılmak, çökmek; (*Person*) yığılmak; (*Verkehr*) felç olmak
Zusammenbruch *m* 1.(*das Zusammenbrechen*) çöküş, batış, yıkılış 2.(*Nerven-*) sinir krizi
zusammenfahren *irr vi sein* (*fig: erschrecken*) (korkudan) sıçramak, ürkmek
zusammenfallen *irr vi sein* (*zeitlich*) aynı zamana rastlamak (*mit etw* ile)
zusammenfassen *vt* (*fig: Text*) özetlemek (*etw* -i)
zusammenfassend I. *adj* özetleyen II. *adv* özetleyerek
Zusammenfassung *f* özet
zusammenfügen *vt* birleştirmek, birbirine geçirmek (*etw* -i)
zusammenführen *vt* bir araya getirmek, kavuşturmak (*jdn* -i)
zusammengehören *vi* 1.(*Personen*) birbirine bağlı [*o* ait] olmak 2.(*Sachen*) bir bütünün parçaları olmak 3.(*ein Paar bilden*) bir çift oluşturmak
zusammengesetzt *adj* bileşik, birleşik
zusammenhalten I. *vt* bağlamak (*etw* -i) II. *vi* (*Menschen*) birbirine bağlı olmak, dayanışmak
Zusammenhalt *m* birliktelik
Zusammenhang *m* 1.(*Verbindung*) bağlantı, ilgi, ilişki 2.(*Text*) bağlam; **mit etw in ~ stehen** birşeyle bağlantılı olmak; **in diesem ~** bu bağlantıda
zusammenhängen *irr vi* (*in Beziehung stehen*) birbirine bağlı olmak, aralarında bağlantı olmak
zusammenklappbar *adj* açılıp kapanır, katlanır
zusammenklappen *vt* katlamak, devşirmek (*etw* -i)
zusammenknüppeln *vt* (*mit Gummiknüppeln*) coplamak (*jdn* -i)
zusammenkommen *irr vi sein* 1.(*sich sammeln*) bir araya gelmek, toplanmak 2.(*sich treffen*) buluşmak
zusammenkrachen *vi sein* (*fam*) 1.(*zusammenstoßen*) çarpışmak (*mit jdm/etw* ile) 2.(*zusammenbrechen*) çökmek, yıkılmak

Zusammenkunft *f* 1.(*Begegnung*) karşılaşma 2.(*Treffen*) buluşma
zusammenleben *vi* bir arada [*o* birlikte] yaşamak (*mit jdm* ile)
Zusammenleben *nt* bir arada yaşama, birliktelik; (*harmonisches*) geçim
zusammenlegen *vt* 1.(*falten*) katlamak, devşirmek (*etw* -i) 2.(*vereinigen*) birleştirmek (*etw* -i) 3.(*Geld*) bir araya getirmek, toplamak, biriktirmek (*etw* -i)
zusammennehmen *irr vr:* **sich ~** (*Acht geben*) dikkat etmek; (*sich beherrschen*) kendine hakim olmak
zusammenpassen *vi* birbirine uymak, yakışmak
Zusammenprall *m* çarpışma
zusammenprallen *vi sein* çarpışmak
zusammenrechnen *vt* toplamak (*etw* -i)
zusammenrücken I. *vt* birbirine yaklaştırmak, sıkıştırmak (*etw* -i) II. *vi* bir araya sıkışmak
zusammenrufen *irr vt* (bir araya) toplamak (*jdn* -i)
zusammenschlagen *irr vt* 1.(*Sache*) kırmak, paramparça etmek (*etw* -i) 2.(*Person*) feci şekilde dövmek (*jdn* -i)
zusammenschließen *irr vr:* **sich ~** birleşmek; (*Firmen*) işbirliği yapmak
zusammensetzen I. *vt* 1.(*Personen*) bir araya getirmek (*jdn* -i) 2.(*aus Einzelteilen*) birleştirmek (*etw* -i) II. *vr:* **sich ~** (*Personen*) bir araya gelmek; **sich aus etw ~** bir şeyden oluşmak
Zusammensetzung *f* 1.(*das Zusammensetzen*) bileşim 2.(*Wort-*) bileşik kelime
zusammensitzen *irr vi* yan yana oturmak
zusammenstellen *vt* bir araya getirmek [*o* koymak]; (*aus Einzelteilen*) birleştirmek, derlemek (*etw* -i)
Zusammenstellung *f* derleme
Zusammenstoß *m* 1.(*Stoß*) çarpışma 2.(*Wortwechsel*) ağız kavgası
zusammenstoßen *irr vi sein* 1.(*aufeinander prallen*) çarpışmak 2.(*aneinander grenzen*) bitişmek
zusammentreffen *irr vi sein* 1.(*Personen*) buluşmak, karşılaşmak 2.(*Wege*) birleşmek 3.(*zeitlich*) aynı zamana rastlamak
Zusammentreffen *nt* buluşma, karşılaşma; (*zufälliges*) rastlantı
zusammentreten *irr vi sein* toplanmak, toplantı yapmak

zusammentrommeln vt (fig) (bir araya) toplamak (jdn -i)
zusammenzählen vt toplamak (etw -i)
zusammenziehen irr I. vt (sammeln, zusammenzählen) toplamak (etw -i) II. vi (in eine Wohnung) aynı evde oturmak için taşınmak III. vr: **sich** ~ (Gewitter) fırtına bulutları toplanmak
zusammenzucken vi sein korkudan sıçramak, ürpermek
Zusatz m (Nachtrag) ek(lenti), ilave, katkı
zusätzlich I. adj ek(lenen) II. adv ek olarak
Zusatzstoff m katkı (maddesi); **Zusatzstoffe** (in Lebensmittel) katkı maddeleri, katkılar
zuschauen vi seyretmek (jdm/einer Sache -i); (untätig) seyirci kalmak
Zuschauer(in) m(f) seyirci
zuschicken vt göndermek, yollamak (jdm etw -e -i)
Zuschlag m 1.(Vergabe) ihale 2.(zu einer Gebühr) zam, ek ücret, ücret farkı 3.(Zusatzkarte) ücret farkı bileti
zuschlagen irr I. vt 1.(Tür) şiddetle vurarak kapamak (etw -i) 2.(Auftrag) ihale etmek (etw -i) II. vi 1. sein (Tür) şiddetle kapanmak 2. haben şiddetle vurmak; (fig fam) yemeğe saldırmak
zuschließen irr vt kilitlemek (etw -i)
zuschrauben vt vida ile kapamak (etw -i)
zuschreiben irr vt: **jdm etw** ~ (Ursache, Verdienst) birinin bir hareketini neden veya yararlık olarak göstermek; (beimessen) birine bir şeyi isnat etmek
Zuschrift f yazı, mektup
zuschulden, zu Schulden[RR] adv: **sich etw** ~ **kommen lassen** kusur işlemek
Zuschuss[RR] m maddi yardım
zuschütten vt 1.(Graben) toprakla örtmek (etw -i) 2.(Flüssigkeit) ilaveten dökmek (etw -i)
zusehen irr vi seyretmek (jdm -i)
zusenden irr vt göndermek, yollamak (jdm etw -e -i)
zusetzen I. vt (Geld bei einem Geschäft) keseden eklemek (etw -i) II. vi: **jdm mit etw** ~ birini bir şeyle sıkıştırmak [o zorlamak]
zusichern vt söz vermek (etw zu tun -eceğini)
zuspitzen vr: **sich** ~ (ernst werden) nazikleşmek, ciddileşmek
zusprechen irr vt (Recht) tanımak (jdm etw -e -i)

Zuspruch m: **viel** ~ **haben** rağbet görmek, beğenilmek
Zustand m durum, hal; **in gutem/schlechtem** ~ iyi/kötü durumda
zustande, zu Stande[RR] adv: **etw** ~ **bringen** yapmak, meydana getirmek, gerçekleştirmek (etw -i); ~ **kommen** meydana gelmek, gerçekleşmek
zuständig adj 1.(kompetent) ilgili 2.(JUR) yetkili
Zuständigkeit f 1.(Kompetenz) yeterlik 2.(JUR) (görev ve) yetki
zustatten adv: **jdm** ~ **kommen** birinin işine yaramak
zustehen irr vi (gebühren) layık olmak, hakkıyla ait olmak (jdm -e)
zustellen vt (Post) teslim etmek, vermek (jdm etw -e -i)
zustimmen vi 1.(gleicher Meinung sein) aynı fikirde olmak 2.(einverstanden sein) razı olmak (einer Sache -e) 3.(gutheißen) ona(yla)mak (einer Sache -i)
zustimmend adj onaylayıcı
Zustimmung f 1.(Billigung) onay 2.(Erlaubnis) izin
zustopfen vt (Loch) tıkamak, kapamak (etw -i)
zustoßen irr vi sein (jdm) başına gelmek (jdm -in)
Zustrom m (von Menschen) akın, üşüşme
zutage, zu Tage[RR] adv: ~ **fördern** (Erze) çıkarmak (etw -i); ~ **kommen,** ~ **treten** meydana çıkmak
Zutaten fpl (Küche) malzemeler pl
zuteilen vt (zuweisen) tahsis etmek, ayırmak (jdm etw -e -i)
zutragen irr I. vt 1.(bringen) getirmek, götürmek (jdm etw -e -i) 2.(erzählen) gizlice anlatmak (jdm etw -e -i) II. vr: **sich** ~ (geschehen) olmak, cereyan etmek
zuträglich adj (gesund) sağlıklı, şifalı
zutrauen vt: **jdm etw** ~ birinden bir davranışı beklemek
zutraulich adj sokulgan
zutreffen irr vi doğru olmak
zutreffend adj doğru, yerinde, isabetli
Zutritt m giriş; ~ **verboten!** girilmez!, girmek yasaktır!
Zutun nt: **ohne mein** ~ benim işte parmağım olmadan
zuverlässig adj (vertrauenswürdig) güvenilir; (sicher) sağlam, emniyetli; **aus** ~**er**

Quelle emin kaynaktan
Zuverlässigkeit f güvenilirlik, sağlamlık
Zuversicht f 1.(*Vertrauen*) güven, sağlam ümit 2.(*Optimismus*) iyimserlik
zuversichtlich I. *adj* 1.(*hoffnungsvoll*) güvenli, ümitli, umutlu 2.(*optimistisch*) iyimser II. *adv* güvenle, ümitle, umutla
zuviel *adv s.* **zu**
zuvor *adv* önce(den); **kurz** ~ biraz önce; **nie** ~ daha önce hiç
zuvorkommen *irr vi sein:* **jdm** ~ birinden önce davranmak
zuvorkommend *adj* (*gefällig*) nazik
Zuwachs *m* 1.(*Zunahme*) çoğalma, artma, artış 2.(*Wachstum*) gelişme, büyüme
Zuwachsrate f artış oranı
zuwege, zu Wege^{RR} *adv:* **etw** ~ **bringen** bir şeyi yapmak [*o* meydana getirmek]
zuweilen *adv* arasıra, bazen
zuweisen *irr vt* tahsis etmek, ayırmak (*jdm etw* -e -i)
zuwenden *irr vr:* **sich einer Sache** ~ kendini bir şeye adamak
zuwenig *adv s.* **zu**
zuwider *adv:* **jdm** ~ **sein** birinin nefretini uyandırmak
zuwiderhandeln *vi:* **jdm** ~ birine karşı hareket etmek; **dem Gesetz** ~ kanunu çiğnemek
Zuwiderhandlung f aykırı davranış
zuwinken *vi:* **jdm** ~ birine el [*o* mendil] sallamak
zuzahlen *vt* ek olarak ödemek (*etw* -i)
zuziehen *irr vt* 1.(*Schlinge*) sık(ıştır)mak (*etw* -i) 2.(*Vorhang*) çekmek, örtmek, kapamak (*etw* -i); **sich eine Krankheit** ~ bir hastalığa tutulmak
zuzüglich *präp* +*dat* ... dahil
zwang *vt s.* **zwingen**
Zwang *m* 1.(*Zwangsläufigkeit*) zorunluluk 2.(*Druck*) baskı 3.(*Gewalt*) zor; ~ **anwenden** zor kullanmak; **sich keinen** ~ **antun** kendini zorlamamak
zwängen *vt* tık(ış)tırmak (*etw in etw* -i -e)
zwanglos I. *adj* teklifsiz, laubali II. *adv* teklifsizce, laubali olarak
Zwangsarbeit f zorla çalıştırma; (*als Gefängnisstrafe*) ağır hapis
Zwangsarbeiter(in) *m(f)* angaryaya zorlanan işçi, zorla çalıştırılan işçi
Zwangslage f zorluk, zorunlu(luk) durum(u)

zwangsläufig I. *adj* zorunlu II. *adv* ister istemez
Zwangsmaßnahme f zorlama tedbiri
Zwangsvorstellung f saplantı
zwangsweise *adv* zorla
zwanzig *num* yirmi
zwar *adv* gerçi; **und** ~ (*das heißt*) yani, demek (ki); **die Krawatte ist** ~ **schön, aber zu teuer** kravat gerçi güzel ama çok pahalı
Zweck *m* 1.(*Ziel*) amaç, maksat, hedef 2.(*Absicht*) niyet 3.(*Sinn*) anlam; **zu welchem** ~**?** ne amaçla?, hangi maksatla?; **keinen** ~ **haben** faydasız olmak; **seinen** ~ **erfüllen** işe yaramak; **der** ~ **heiligt die Mittel** gayeler araçları yasal kılar
zweckdienlich *adj* 1.(*dem Zweck dienend*) amaca uygun 2.(*nützlich*) faydalı, yararlı
zwecklos *adj* faydasız, boş(una), beyhude
zweckmäßig *adj* (*angemessen*) uygun, elverişli
zwecks *präp* ... amacıyla, ... maksadıyla
zwei *num* iki; **zu** ~**en** ikişer ikişer; **zu** ~**t** (*gemeinsam*) iki kişi beraber
zweideutig *adj* 1.(*doppeldeutig*) çift anlamlı 2.(*unklar*) belirsiz, müphem
Zweideutigkeit f 1.(*Doppeldeutigkeit*) çift anlamlılık 2.(*Unklarheit*) belirsizlik, müphemlik
zweieinhalb *adj* iki buçuk
Zweierbeziehung f ikili ilişki
zweierlei *adj* iki türlü; **das ist** ~ bunlar iki ayrı şey
zweifach *adj* iki kat, iki misli
Zweifel *m* 1.(*Ungewissheit*) şüphe 2.(*Bedenken*) endişe, kaygı; **außer** ~ şüphe dışı; **ohne** ~ şüphesiz, elbet(te); **etw in** ~ **ziehen** bir şeyi şüpheli görmek
zweifelhaft *adj* şüpheli, kuşkulu
zweifellos *adv* şüphesiz, (hiç) kuşkusuz, elbet(te)
zweifeln *vi* şüphe etmek, şüphelenmek (*an etw* -den)
Zweifelsfall *m:* **im** ~ şüpheli durumda
Zweig *m* 1.(*eines Baums*) dal, budak 2.(*fig*) kol, şube 3.(*Branche*) branş
Zweigstelle f şube
zweihundert *num* iki yüz
Zweikampf *m* düello, ikili dövüş
zweimal *adv* iki defa [*o* kere]
zweischneidig *adj* 1.(*Messer*) her iki tarafı keskin 2.(*Situation*) yarar da zarar da geti-

zweiseitig rebilecek
zweiseitig *adj* iki taraflı; (*Stoff*) tersi yüzü bir
zweispaltig *adj* iki kolonlu
zweisprachig *adj* **1.**(*Person*) iki dilli **2.**(*Text*) iki dilde yazılan
Zweisprachigkeit *f* iki dillilik
zweispurig *adj* (*Straße*) çift şeritli; (*Bahnstrecke*) çift hatlı
zweitausend *num* iki bin
zweitbeste(r, s) *adj* ikinci (derecede iyi); (*bei einem Wettkampf*) ikinciliği kazanan
zweite(r, s) *adj* ikinci; **aus ~r Hand** elden düşme; **jeden ~n Tag** günaşırı
zweiteilig *adj* iki bölümlü
zweitens *adv* ikinci olarak
zweitklassig *adj* ikinci sınıf
zweitrangig *adj* ikinci derecede gelen
Zweitschrift *f* kopya, ikinci nüsha
Zweitwohnung *f* ikinci oturma yeri
Zwerchfell *nt* diyafram
Zwetschge *f* erik
Zwetschgenbaum *m* erik ağacı
Zwetschgenwasser *nt* (*Schnaps*) erik rakısı
zwicken *vt* çimdiklemek (*jdn/etw* -i)
Zwickmühle *f* (*fig*) açmaz; **in einer ~ sein** açmaza düşmek
Zwieback *m* peksimet
Zwiebel *f* soğan
Zwiebelturm *m* soğan başlı kule
Zwiegespräch *nt* diyalog, ikili sohbet
Zwielicht *nt* alaca karanlık, loşluk; **im ~** (*unklar*) karanlık, belirsiz
Zwiespalt *m* **1.**(*Konflikt*) çelişme **2.**(*Uneinigkeit*) anlaşmazlık
Zwietracht *f* bozuşma, kavga
Zwilling *m* **1.** ikiz **2.**(*Sternzeichen*) İkizler (burcu); **siamesische ~e** yapışık ikizler
zwingen <zwang, gezwungen> **I.** *vt* zorlamak, mecbur etmek (*jdn* -i); **jdn ~ etw zu tun** birini bir şey yapmaya zorlamak **II.** *vr:* **sich zu etw ~** kendini bir şeye zorlamak; **ich bin** [*o* **sehe mich**] **gezwungen zu ...** -mek zorundayım
zwingend *adj* (*fig*) **1.**(*überzeugend*) inandırıcı **2.**(*stichhaltig*) temeli sağlam
zwinkern *vi:* **mit den Augen ~** göz kırp(ış-tır)mak
Zwirn *m* tire, iplik, bükme
zwischen I. *präp* +*dat* (*Ort und Zeit*) -in arasında **II.** *präp* +*akk* (*Richtung*) -in arasına
Zwischenablage *f* (INFORM) pano
Zwischenbemerkung *f* arasöz
Zwischenbescheid *m* arabilgi
Zwischendeck *nt* ara güverte
zwischendurch *adv* (*zeitlich*) arada bir
Zwischenfall *m* olay
Zwischenhändler(in) *m(f)* aracı tüccar
zwischenlanden *vi* ara iniş yapmak
Zwischenlandung *f* ara iniş
Zwischenlösung *f* ara çözüm
zwischenmenschlich *adj* insanlar arası
Zwischenraum *m* ara(lık), açıklık, mesafe
Zwischenstecker *m* ara fiş
Zwischenzeit *f:* **in der ~** o [*o* bu] arada
zwitschern *vi, vt* (*Vögel*) cıvıldamak; **einen ~** (*fig*) demlenmek
Zwitter *m* erselik, erdişi
zwölf *num* on iki; **um 12 Uhr mittags/nachts** öğleyin/gece (saat) on ikide
Zwölffingerdarm *m* onikiparmak ba(ğı)rsağı
zwölfte(r) *adj* on ikinci
Zwölftel *nt* on ikide bir
Zyankali *nt* potasyum siyanürü
zyklisch *adj* dönemsel, devirli
Zyklus *m* dönem, devre
Zylinder *m* **1.**(*Form, Auto*) silindir **2.**(*Hut*) silindir şapka
Zylinderkopf *m* silindir başı
Zyniker(in) *m(f)* kinik, alaycı
zynisch *adj* **1.**(*spöttisch*) alaycı **2.**(*mitleidlos*) acımasız
Zynismus *m* **1.**(*Spott*) alaycılık **2.**(*Mitleidlosigkeit*) acımasızlık
Zypern *nt* Kıbrıs (Adası)
Zypresse *f* selvi (ağacı)
Zyste *f* kist
zz., z.Z. *adv Abk. von* **zurzeit, zur Zeit** bu ara; -in zamanında

Unregelmäßige deutsche Verben

Infinitiv	2. u. 3. Person Singular Präsens	1. od. 3. Person Singular Imperfekt	Partizip Perfekt
backen	bäckst o backst, bäckt o backt	backte	gebacken
befehlen	befiehlst, befiehlt	befahl	befohlen
beginnen		begann	begonnen
beißen		biss	gebissen
bergen	birgst, birgt	barg	geborgen
bewegen *(veranlassen)*		bewog	bewogen
biegen		bog	gebogen
bieten		bot	geboten
binden		band	gebunden
bitten		bat	gebeten
blasen	bläst, bläst	blies	geblasen
bleiben		blieb	geblieben
braten	brätst, brät	briet	gebraten
brechen	brichst, bricht	brach	gebrochen
brennen		brannte	gebrannt
bringen		brachte	gebracht
denken		dachte	gedacht
dreschen	drischst, drischt	drosch	gedroschen
dringen		drang	gedrungen
empfangen	empfängst, empfängt	empfing	empfangen
empfehlen	empfiehlst, empfiehlt	empfahl	empfohlen
empfinden		empfand	empfunden
erschrecken *(vi)*	erschrickst, erschrickt	erschrak	erschrocken
essen	isst, isst	aß	gegessen
fahren	fährst, fährt	fuhr	gefahren
fallen	fällst, fällt	fiel	gefallen
fangen	fängst, fängt	fing	gefangen
fechten	fichtst o fichst, ficht	focht	gefochten
finden		fand	gefunden
flechten	flichtst o flichst, flicht	flocht	geflochten
fliegen		flog	geflogen
fliehen		floh	geflohen
fließen		floss	geflossen
fressen	frisst, frisst	fraß	gefressen
frieren		fror	gefroren

Infinitiv	2. u. 3. Person Singular Präsens	1. od. 3. Person Singular Imperfekt	Partizip Perfekt
gären		gor *o* gärte	gegoren gor *o* gärte
gebären	gebierst, gebiert	gebar	geboren
geben	gibst, gibt	gab	gegeben
gedeihen		gedieh	gediehen
gehen		ging	gegangen
gelingen		gelang	gelungen
gelten	giltst, gilt	galt	gegolten
genesen		genas	genesen
genießen		genoss	genossen
geschehen	geschieht	geschah	geschehen
gewinnen		gewann	gewonnen
gießen		goss	gegossen
gleichen		glich	geglichen
gleiten		glitt	geglitten
glimmen		glomm *o* glimmte	geglommen *o* geglimmt
graben	gräbst, gräbt	grub	gegraben
greifen		griff	gegriffen
halten	hältst, hält	hielt	gehalten
hängen (*vi*)		hing	gehangen
hauen		haute *o* hieb	gehauen *o dial* gehaut
heben		hob	gehoben
heißen		hieß	geheißen
helfen	hilfst, hilft	half	geholfen
kennen		kannte	gekannt
klimmen		klomm	geklommen
klingen		klang	geklungen
kneifen		kniff	gekniffen
kommen		kam	gekommen
kriechen		kroch	gekrochen
laden	lädst, lädt	lud	geladen
lassen	lässt, lässt	ließ	gelassen
laufen	läufst, läuft	lief	gelaufen
leiden		litt	gelitten
leihen		lieh	geliehen
lesen	liest, liest	las	gelesen
liegen		lag	gelegen
lügen		log	gelogen

Infinitiv	2. u. 3. Person Singular Präsens	1. od. 3. Person Singular Imperfekt	Partizip Perfekt
mahlen		mahlte	gemahlen
meiden		mied	gemieden
melken		melkte	gemolken
messen	misst, misst	maß	gemessen
misslingen		misslang	misslungen
nehmen	nimmst, nimmt	nahm	genommen
nennen		nannte	genannt
pfeifen		pfiff	gepfiffen
preisen		pries	gepriesen
quellen *(vi)*	quillst, quillt	quoll	gequollen
raten	rätst, rät	riet	geraten
reiben		rieb	gerieben
reißen		riss	gerissen
reiten		ritt	geritten
rennen		rannte	gerannt
riechen		roch	gerochen
ringen		rang	gerungen
rinnen		rann	geronnen
rufen		rief	gerufen
saufen	säufst, säuft	soff	gesoffen
saugen		sog *o* saugte	gesogen *o* gesaugt
schaffen		schuf	geschaffen
scheiden		schied	geschieden
scheinen		schien	geschienen
scheißen		schiss	geschissen
schelten	schiltst, schilt	schalt	gescholten
scheren		schor	geschoren
schieben		schob	geschoben
schießen		schoss	geschossen
schinden		schindete	geschunden
schlafen	schläfst, schläft	schlief	geschlafen
schlagen	schlägst, schlägt	schlug	geschlagen
schleichen		schlich	geschlichen
schleifen		schliff	geschliffen
schließen		schloss	geschlossen
schlingen		schlang	geschlungen
schmeißen		schmiss	geschmissen
schmelzen	schmilzt, schmilzt	schmolz	geschmolzen
schneiden		schnitt	geschnitten
schreiben		schrieb	geschrieben

Infinitiv	2. u. 3. Person Singular Präsens	1. od. 3. Person Singular Imperfekt	Partizip Perfekt
schreien		schrie	geschrien *o* geschrieen
schreiten		schritt	geschritten
schweigen		schwieg	geschwiegen
schwellen	schwillst, schwillt	schwoll	geschwollen
schwimmen		schwamm	geschwommen
schwinden		schwand	geschwunden
schwingen		schwang	geschwungen
schwören		schwur	geschworen
sehen	siehst, sieht	sah	gesehen
senden		sandte *o* sendete	gesandt *o* gesendet
sieden		siedete	gesiedet
singen		sang	gesungen
sinken		sank	gesunken
sinnen		sann	gesonnen
sitzen		saß	gesessen
speien		spie	gespien *o* gespieen
spinnen		spann	gesponnen
sprechen	sprichst, spricht	sprach	gesprochen
sprießen		spross *o* sprießte	gesprossen *o* gesprießt
springen		sprang	gesprungen
stechen	stichst, sticht	stach	gestochen
stehen		stand	gestanden
stehlen	stiehlst, stiehlt	stahl	gestohlen
steigen		stieg	gestiegen
sterben	stirbst, stirbt	starb	gestorben
stieben		stob	gestoben
stinken		stank	gestunken
stoßen	stößt, stößt	stieß	gestoßen
streichen		strich	gestrichen
streiten		stritt	gestritten
tragen	trägst, trägt	trug	getragen
treffen	triffst, trifft	traf	getroffen
treiben		trieb	getrieben
treten	trittst, tritt	trat	getreten
triefen		triefte	getrieft
trinken		trank	getrunken
trügen		trog	getrogen

Infinitiv	2. u. 3. Person Singular Präsens	1. od. 3. Person Singular Imperfekt	Partizip Perfekt
tun	ich tue; du tust; er/sie tut; wir, ihr, sie tun	tat	getan
verderben	verdirbst, verdirbt	verdarb	verdorben
verdrießen		verdross	verdrossen
vergessen	vergisst, vergisst	vergaß	vergessen
verlieren		verlor	verloren
verzeihen		verzieh	verziehen
wachsen	wächst, wächst	wuchs	gewachsen
waschen	wäscht, wäscht	wusch	gewaschen
weichen		wich	gewichen
weisen		wies	gewiesen
wenden		wendete *o* wandte	gewendet *o* gewandt
werben	wirbst, wirbt	warb	geworben
werfen	wirfst, wirft	warf	geworfen
wiegen		wog	gewogen
winden		wand	gewunden
winken		winkte	gewinkt *o* gewunken
wissen	ich weiß; weißt, weiß	wusste	gewusst
wringen		wrang	gewrungen
ziehen		zog	gezogen
zwingen		zwang	gezwungen

Redewendungen für den Alltag

Kennenlernen
Begrüßung

Guten Morgen!	Günaydın!
Guten Tag!	İyi günler!/Merhaba!
Guten Abend!	İyi akşamlar!
Gute Nacht!	İyi geceler!
Hallo!/Grüß dich!	Merhaba!/Selam!
Wie ist Ihr Name, bitte?	İsminiz nedir?/Adınız nedir?
Wie heißt du?	Adın ne?
Mein Name ist …/Ich heiße …	İsmim …/Adım …
Herzlich willkommen!	Hoş geldiniz!
Kann ich mit Herrn/Frau/Fräulein X sprechen?	X beyle/X hanımla konuşabilir miyim?
Kommen Sie/Komm herein.	İçeriye buyurun/buyur.
Nehmen Sie/Nimm bitte Platz.	Buyurun oturun lütfen./Buyur otur lütfen.
Möchten Sie gerne etwas trinken?	Bir şey içer misiniz?
Auf Ihr/dein Wohl!	Sağlığınıza/Sağlığına!
Können Sie/Kannst du nicht zum Mittagessen/Abendessen bleiben?	Öğlen yemeğine/Akşam yemeğine kalamaz mısınız/kalamaz mısın?
Vielen Dank. Ich bleibe gern, wenn ich nicht störe.	Teşekkür ederim. Rahatsız etmezsem, memnuniyetle kalırım.

Vorstellung

Darf ich bekannt machen? Das ist …	Tanıştırabilir miyim? Bu …
Frau X.	X hanım.
Fräulein X.	X hanım.
Herr X.	X bey.
mein Mann.	eşim/kocam.
meine Frau.	eşim/karım.
mein Sohn.	oğlum.
meine Tochter.	kızım.
mein Bruder.	(erkek) kardeşim.
meine Schwester.	(kız) kardeşim.
meine Mutter/mein Vater.	annem/babam
mein Opa.	dedem/büyük babam
meine Oma	ninem/büyük annem
mein(e) Freund(in)	(kız) arkadaşım.
mein Kollege/meine Kollegin.	iş arkadaşım.
Wie geht es Ihnen/dir?	Nasılsınız?/Nasılsın?
Wie geht's?	Nasılsın?/Ne var ne yok?

Danke. Und Ihnen/dir?	Teşekkür ederim. Siz nasılsınız?/ Sen nasılsın?
Woher kommen Sie/kommst du?	Nereden geliyorsunuz/geliyorsun?
Ich bin aus Berlin/Köln	Berlin'den/Köln'den geliyorum./ Ben Berlinliyim/Kölnlüyüm.
Wo wohnen Sie/wohnst du?	Nerede oturuyorsunuz/oturuyorsun?
Ich wohne in	... –de/–da oturuyorum.
Sind Sie/Bist du schon lange hier?	Uzun zamandan beri mi buradasınız/ buradasın?
Ich bin seit ... hier.	Ben ... -dan/-den beri buradayım.
Wie lange bleiben Sie/bleibst du?	Ne kadar kalacaksınız/kalacaksın?
Sind Sie/Bist du zum ersten Mal hier?	İlk defa mı buradasınız/buradasın?

Bitte

Ja, bitte.	Evet, lütfen.
Nein, danke.	Hayır, teşekkür ederim.
Gestatten Sie?	Müsaade eder misiniz?/İzninizle?
Können Sie mir bitte helfen?	Lütfen bana yardım eder misiniz?

Dank

Danke.	Teşekkür ederim./Sağ olun.
Vielen Dank.	Teşekkür ederim.
Danke, sehr gern.	Teşekkür ederim, memnuniyetle.
Danke, gleichfalls!	Sağ ol, sen de!/Teşekkür ederim, siz de!
Das ist nett, danke.	Çok nazik, teşekkür ederim.
Vielen Dank für Ihre Hilfe/Mühe.	Yardımınıza/Zahmetinize çok teşekkür ederim.
Nichts zu danken.	Bir şey değil.
Gern geschehen.	Rica ederim.

Entschuldigung

Entschuldigung!	Affedersiniz!/Özür dilerim.
Ich muss mich entschuldigen.	Özür dilemem lazım.
Das tut mir Leid.	Buna üzgünüm.
Es war nicht so gemeint.	Öyle demek istemedim.
Schade!	Yazık!
Es ist leider nicht möglich.	Ne yazık ki olanaksız./Maalesef mümkün değil.
Vielleicht ein andermal.	Belki başka bir zaman.

Verabredung

Ich hoffe Sie/dich bald wieder zu sehen.	Yakında tekrar görüşmek umuduyla.
Vielen Dank für den netten Abend.	Bu güzel akşam için teşekkür ederim.
Was machen Sie/machst du morgen?	Yarın ne yapıyorsunuz/yapıyorsun?
Treffen wir uns morgen/heute Abend?	Yarın/Bu akşam buluşalım mı?
Ja, gerne.	Sevinirim./Memnuniyetle.
Es geht leider nicht.	Olmaz maalesef. İşim var.
Lassen Sie mich bitte in Ruhe!	Lütfen beni rahat bırakın!
Jetzt reicht's!	Artık yeter!
Verschwinde!	Defol!

Verständigung

Wie bitte?	Efendim?/Nasıl?
Ich verstehe Sie/dich nicht. Bitte, wiederholen Sie/wiederhole es.	Sizi/Seni anlayamadım. Lütfen tekrarlar mısınız/mısın?
Bitte sprechen Sie/sprich etwas langsamer/lauter.	Lütfen daha yavaş/yüksek sesle konuşunuz/konuş.
Ich verstehe/habe verstanden.	Anlıyorum./Anladım.
Sprechen Sie/Sprichst du ...	... konuşuyor musunuz/musun?
Deutsch?	Almanca
Englisch?	İngilizce
Französisch?	Fransızca
Ich spreche nur wenig ...	Biraz ... konuşuyorum.
Was heißt ... auf Türkisch?	... Türkçe nasıl söylenir?/... Türkçede ne demek?
Was bedeutet das?	Bu ne demek?
Wie spricht man dieses Wort aus?	Bu kelime nasıl telaffuz edilir/söylenir?

Abschied

Auf Wiedersehen!	Allahaısmarladık!
Bis bald!	Yakında görüşmek üzere!
Bis später!	Görüşmek üzere!
Bis morgen!	Yarın görüşmek üzere!
Gute Nacht!	İyi geceler!
Tschüss!	Eyvallah!/Hoşça kal!
Alles Gute!	Hoşça kal!/Hoşça kalın!
Viel Vergnügen!	İyi eğlenceler!
Gute Reise!	İyi yolculuklar!
Es tut mir Leid, aber ich muss jetzt gehen.	Ne yazık ki gitmem lazım.
Ich lasse von mir hören.	Size haber vereceğim.
Grüßen Sie/Grüß ... von mir.	... –a/–e benden selam söyleyin.

Arzt

Arzt	doktor
Augenarzt	göz doktoru
Frauenarzt	kadın doktoru
Hautarzt	cilt doktoru
Kinderarzt	çocuk doktoru
Urologe	ürolog
Zahnarzt	diş doktoru
Ich fühle mich nicht wohl.	Kendimi iyi hissetmiyorum.
Ich habe Fieber.	Ateşim var.
Ich kann nicht schlafen.	Uyuyamıyorum.
Mir ist oft schlecht/schwindelig.	Sık sık kötü oluyorum/başım dönüyor.
Ich bin ohnmächtig geworden.	Bayıldım.
Ich bin stark erkältet.	Kuvvetli üşüttüm.
Ich habe Kopfschmerzen.	Başım ağrıyor.
Ich habe Halsschmerzen.	Boğazım ağrıyor.
Ich habe Husten.	Öksürüğüm var.
Ich bin gestochen/gebissen worden.	Beni bir şey soktu/ısırdı.
Ich habe mir den Magen verdorben.	Midem bozuldu.
Ich habe Durchfall/Verstopfung.	İshal/Kabız oldum.
Wo tut es weh?	Neresi acıyor?
Ich habe hier Schmerzen.	Buram ağrıyor.
Tut es hier weh?	Burası acıyor mu?
Ich habe einen hohen/niedrigen Blutdruck.	Tansiyonum yüksek/düşük.
Ich bin Diabetiker.	Şeker hastalığım var./Şekerim var.
Ich bin schwanger.	Bir bebek bekliyorum./Hamileyim.
Ich habe keinen Appetit.	Hiç iştahım yok.
Es ist nichts Ernstes.	Ciddi bir şey değil.
Können Sie mir bitte etwas gegen ... geben/verschreiben?	Bana ...-e/-a karşı bir ilaç verir misiniz/yazar mısınız, lütfen?
Normalerweise nehme ich ...	Normal olarak ... alıyorum.
Hier ist mein internationaler Krankenschein.	İnternasyonal bakım kâğıdım burada.
Können Sie mir bitte ein ärztliches Attest ausstellen?	Bana bir rapor yazar mısınız, lütfen?
Ich habe Schmerzen./Ich kann nicht einschlafen.	Ağrım var./Uyuyamıyorum.
Könnten Sie mir bitte eine Schmerztablette/Schlaftablette geben?	Ağrı hapı/Uyku hapı verir misiniz?

Zahnarzt

Ich habe (starke) Zahnschmerzen.	Dişim (şiddetli) ağrıyor.
Dieser Zahn tut weh.	Bu diş ağrıyor.
Ich habe eine Füllung verloren.	Bir dolgum düştü.
Mir ist ein Zahn abgebrochen.	Bir dişim kırıldı.
Geben Sie mir bitte eine/keine Spritze.	Bana iğne yapın/yapmayın, lütfen.

Apotheke

Wo ist die nächste Apotheke (mit Nachtdienst)?	(Gece nöbeti olan) En yakın eczane nerede?
Geben Sie mir bitte etwas gegen ...	... –e/–a karşı bir şey verin, lütfen.

Auto/Motorrad/Fahrrad
Auskunft

Entschuldigung, wie komme ich bitte nach ...?	Affedersiniz, ... –e/–a nasıl gideceğim?
Können Sie mir die Strecke/das auf der Karte zeigen?	Lütfen, yolu/bunu bana haritada gösterir misiniz?
Bitte, ist das die Straße nach ...?	Affedersiniz, ... –e/–a giden yol bu mu?
Immer geradeaus bis ... Dann ...	... –e/–a kadar hep doğru. Sonra ...
bei der Ampel	lambadan
an der nächsten Ecke	ilk köşeden
links/rechts abbiegen.	sola/sağa dönülecek.

Panne

Ich habe eine Panne/einen Platten.	Bir arıza/patlak lastik var.
Würden Sie bitte den Pannendienst anrufen?	Lütfen, arıza/tamir servisini çağırır mısınız?
Würden Sie mir bitte einen Mechaniker/einen Abschleppwagen schicken?	Lütfen, bana bir tamirci/bir çekme arabası gönderir misiniz?
Würden Sie mich bis zur nächsten Werkstatt/Tankstelle abschleppen/mitnehmen?	İlk tamirhaneye/benzinciye kadar arabamı çeker misiniz/beni götürür müsünüz?

Parken

Kann ich den Wagen hier abstellen?	Arabayı buraya bırakabilir miyim?
Ist der Parkplatz bewacht?	Park yeri bekçili mi?
Wie lange kann ich hier parken?	Ne zamana kadar burada park edebilirim?

Tankstelle

Wo ist bitte die nächste Tankstelle?	En yakın benzinci nerede acaba?
Ich möchte 20 Liter	Yirmi litre ... istiyorum.
Normalbenzin.	normal benzin
Super.	süper
Diesel.	motorin/mazot
... bleifrei/verbleit/mit ... Oktan	kurşunsuz/kurşunlu/... oktanlı ...
Voll tanken, bitte.	Doldurun/Ful, lütfen.
Prüfen Sie bitte ...	Lütfen ... kontrol eder misiniz?
den Ölstand.	yağını
den Reifendruck.	lastiklerin havasını
Sehen Sie bitte auch das Kühlwasser nach.	Lütfen, radyatör suyuna da bakınız.
Könnten Sie mir einen Ölwechsel machen?	Yağını değiştirir misiniz?
Ich möchte eine Straßenkarte dieser Gegend, bitte.	Bu yörenin bir yol haritasını istiyorum, lütfen.
Wo sind bitte die Toiletten?	Tuvalet nerede?

Unfall

Es ist ein Unfall passiert.	Bir kaza oldu.
Rufen Sie bitte schnell ...	Acele ... çağırın, lütfen.
einen Krankenwagen.	bir ambülans
die Polizei.	polisi
die Feuerwehr.	itfaiyeyi
Haben Sie Verbandszeug?	Sargı malzemeniz var mı?
Sollen wir die Polizei holen, oder können wir uns so einigen?	Polisi mi çağıralım, yoksa aramızda mı anlaşalım?
Ich möchte den Schaden durch meine Versicherung regeln lassen.	Hasarı sigortam aracılığıyla düzelttirmek istiyorum.
Ich gebe Ihnen meine Anschrift und Versicherungsnummer.	Size adresimi ve sigorta numaramı veriyorum.
Geben Sie mir bitte Ihren Namen und Ihre Anschrift.	Lütfen bana isim ve adresinizi.
Können Sie für mich Zeuge sein?	Benim için tanıklık/şahitlik yapar mısınız?
Vielen Dank für Ihre Hilfe.	Yardımınıza çok teşekkür ederim.

Werkstatt

Wo ist hier in der Nähe eine Werkstatt?	Yakında nerede bir tamirhane var?
Mein Wagen springt nicht an.	Motor hareket etmiyor./Arabam çalışmıyor.
Können Sie mit mir kommen/mich abschleppen?	Benimle gelir misiniz/arabamı çeker misiniz?
Mit dem Motor stimmt was nicht.	Motorda bir bozukluk var.
Die Bremsen funktionieren nicht.	Frenler tutmuyor.

... ist/sind defekt.	... bozuk.
Können Sie mal nachsehen?	Bir kontrol eder misiniz?/Bir bakar mısınız?
Machen Sie bitte nur die nötigsten Reparaturen.	Yalnız en gerekli tamirleri yapınız lütfen.
Wann ist der Wagen/das Motorrad fertig?	Araba/Motor ne zaman biter?

Bank

Wo ist hier bitte eine Bank?	Nerede banka var?
Ich möchte ... Euro/Schweizer Franken in türkische Lira umwechseln.	... euro/İsviçre frankı karşılığında Türk lirası istiyorum.
Ich möchte diesen Reisescheck/diese Postanweisung einlösen.	Bu seyahat çekini/posta havalesini almak istiyorum.
Auf welchen Betrag kann ich den Scheck maximal ausstellen?	En çok ne kadar yazabilirim?
Ihre Scheckkarte, bitte.	Çek kartınız, lütfen.
Darf ich bitte Ihren Pass/Ausweis sehen?	Pasaportunuzu/Kimliğinizi görebilir miyim?
Würden Sie bitte hier unterschreiben?	Şurayı imzalar mısınız, lütfen?
Ich möchte ... Euro von meinem Konto/Postsparbuch abheben.	Hesabımdan/Posta hesabımdan ... euro çekmek istiyorum.
Gehen Sie bitte zur Kasse.	Kasaya gidiniz, lütfen.
Wie wollen Sie das Geld haben?	Parayı nasıl istiyorsunuz?
Bitte nur Scheine.	Yalnız kâğıt para/banknot, lütfen.
Auch etwas Kleingeld.	Biraz da bozuk para.

Museum

Gibt es auch eine Führung in Deutsch?	Almanca rehber de var mı?
Darf man hier fotografieren?	Burada resim çekilir mi?
Ist das ...?	Bu ... mi?
Gibt es einen Katalog zur Ausstellung?	Serginin bir kataloğu var mı?

Einkaufen

Wo finde ich ... ?	Nerede ... bulabilirim?
Ich möchte ...	... istiyorum.
Haben Sie ...?	Sizde ... var mı?
Zeigen Sie mir bitte ...	Bana ... gösterir misiniz, lütfen.
ein Paar	bir çift ...
ein Stück	bir tane ...
Das gefällt mir nicht so gut.	Bu pek hoşuma gitmedi./Bunu pek beğenmedim.
Können Sie mir bitte ein anderes/eine(n) andere(n) ... zeigen?	Bana başka bir ... gösterir misiniz?

Das gefällt mir. – Ich nehme es.	Bu hoşuma gidiyor. – Alayım.
Wie viel kostet es?	Bu kaça?
Ist die Mehrwertsteuer im Preis drin?	KDV dahil mi?
Hätten Sie nicht etwas Billigeres?	Daha ucuz olanı var mı/yok mu?
Sie geben es mir doch ein bisschen billiger, oder?	Bana biraz indirim yaparsınız, değil mi?
Was ist Ihr letztes Angebot?	En son fiyatız ne olur?
Ich möchte in Lira bezahlen.	Lira ile ödeyim.
Ich muss mir das noch überlegen.	Düşünmem lazım.
Bitte geben Sie mir …	Lütfen bana … veriniz.
eine Flasche …	bir şişe …
eine Dose ….	bir kutu ….
eine Packung …	bir paket ….
ein Kilo ….	bir kilo …
einen Meter ….	bir metre …..
ein Stück ….	bir tane
ein Glas …	bir bardak …
Nehmen Sie …	… alıyor musunuz?
Euro?	Euro
Schweizer Franken?	İsviçre frankı
Kreditkarten?	Kredi kartı
Reiseschecks?	Seyahat çeki
Bitte geben Sie mir eine Quittung.	Lütfen fatura yazar mısınız.
Können Sie es mir einpacken?	Paketler misiniz?
Haben Sie eine Tragetasche?	Poşetiniz var mı?

Eisenbahn

Auf dem Bahnhof

Eine einfache Fahrt 2. Klasse/1. Klasse nach …, bitte.	… –e/–a 2. (ikinci) mevki/1. (birinci) mevki yalnız gidiş bir bilet, lütfen.
Zweimal … hin und zurück, bitte.	… –e/–a gidiş–dönüş iki bilet, lütfen.
Wo muss ich umsteigen?	Nerede aktarma yapmam lazım?
Achtung, Reisende nach …! Bitte einsteigen und die Türen schließen.	Dikkat, … yolcuları! Lütfen trene binip kapıları kapayınız.

Im Zug

Verzeihung, ist dieser Platz noch frei?	Affedersiniz, bu yer boş mu?
Können Sie mir bitte helfen?	Lütfen bana yardım eder misiniz?
Darf ich das Fenster öffnen/schließen?	Pencereyi açabilir miyim/kapatabilir miyim?
Wo sind wir jetzt?	Şimdi neredeyiz?

Öffentliche Verkehrsmittel

Welcher Bus/Welche Straßenbahn/ Welche U–Bahnlinie fährt nach …?	… –e/–a hangi otobüs/tramvay/metro gidiyor?
Bus	otobüs
Straßenbahn	tramvay
U–Bahn	metro
Sammeltaxi	dolmuş
Welche Linie fährt nach …?	… –e/–a hangi numara gidiyor?
Ist dies der richtige Bus nach …?	… –e/–a giden otobüs bu mu?
In welche Richtung muss ich fahren?	Hangi yöne/istikamete gitmem lazım?
Wie viele Haltestellen sind es?	Kaç durak var?
Wo muss ich aussteigen/umsteigen?	Nerede inmem/aktarma yapmam lazım?
Sagen Sie mir bitte, wo ich aussteigen muss?	Oraya gelince, söyler misiniz lütfen?
Bitte, einen Fahrschein nach …	… –e/–a bir bilet lütfen.

Taxi

Wo ist der nächste Taxistand?	En yakın taksi durağı nerede?
Würden Sie bitte für mich ein Taxi bestellen?	Lütfen bana bir taksi çağırır mısınız?
Zum Bahnhof.	İstasyona.
Zum … Hotel.	… oteline.
Zum Flughafen	Havaalanına./Havalimanına.
Halten Sie bitte hier.	Burada durun, lütfen.
Warten Sie bitte. – Ich bin in 5 Minuten zurück.	Lütfen bekleyin. – Beş dakika sonra döneceğim.
Das ist für Sie.	Bu size.

Polizei

Wo ist die nächste Polizeiwache?	En yakın polis karakolu nerede?
Ich möchte eine Anzeige machen.	Bildirmek istiyorum./Şikayetim var.
Mir ist …gestohlen worden.	Benim … çalındı.
die Handtasche	el çantam
die Brieftasche	cüzdanım
mein Fotoapparat	fotoğraf makinam
mein Auto	arabam
mein Fahrrad	bisikletim
Mein Auto ist aufgebrochen worden.	Arabam açılmış.
Aus meinem Auto ist … gestohlen worden.	Arabamdan … çalındı.
Ich habe … verloren.	Ben … kaybettim.
Mein Sohn/Meine Tochter ist seit … verschwunden.	Oğlum/Kızım … –dan/–den beri kayıp.
Können Sie mir bitte helfen?	Lütfen bana yardım eder misiniz?

Ich will einen Anwalt./Ich möchte meinen Anwalt sprechen.	Bir avukat istiyorum./Avukatımla konuşmak istiyorum.
Ihren Namen und Ihre Anschrift, bitte.	İsim ve adresiniz, lütfen.
Wenden Sie sich bitte an das deutsche/ österreichische/Schweizer Konsulat.	Alman/Avusturya/İsviçre konsolosluğuna baş vurun, lütfen.

Restaurant
Bestellung

Herr Ober, die Speisekarte/die Getränkekarte, bitte!	Garson, yemek listesi/içki listesi, lütfen!
Was können Sie mir empfehlen?	Bana ne tavsiye edersiniz?
Ich möchte nur eine Kleinigkeit essen.	Hafif şeyler yemek istiyorum.
Ich möchte nur etwas trinken.	Yalnız bir şey içmek istiyorum.
Gibt es auch Kinderportionen?	Çocuklara yarım porsiyon veriyor musunuz?
Haben Sie schon gewählt?	Seçtiniz mi?
Ich nehme ...	Ben ... alacağım.
Ich vertrage kein(e) ..., könnten Sie das Gericht ohne ... zubereiten?	Bana ... dokunuyor, yemeğe koymadan da olur mu?
Wie möchten Sie Ihr Steak haben?	Kızartmanızı (stekinizi) nasıl istersiniz?
gut durch	tam pişmiş
halb durch	az pişmiş
englisch	çok az pişmiş
Was wollen Sie trinken?	Ne içmek istiyorsunuz?
Bitte ein Glas ...	Lütfen, bir bardak ...
Bitte eine (halbe) Flasche ...	(Yarım) Şişe ..., lütfen.
Mit Eis, bitte.	Buzlu, lütfen.
Guten Appetit!	Afiyet olsun!
Bitte bringen Sie uns ...	Lütfen, bize ... getiriniz.
Könnten wir noch etwas Brot/Wasser/Wein bekommen?	Biraz daha ekmek/su/şarap getirebilir misiniz?

Rechnung

Bezahlen, bitte.	Hesabı lütfen.
Die Rechnung, bitte. – Wir haben es eilig.	Hesabı, lütfen. – Acelemiz var.
Bitte alles zusammen.	Hepsi beraber lütfen.
Getrennte Rechnungen, bitte.	Hesaplar ayrı ayrı, lütfen.
Ist die Bedienung inklusive?	Garson yüzdesi (bahşiş) içinde mi?
Das habe ich nicht gehabt. – Ich hatte ...	Bunu almadım. – Ben ... almıştım.
Hat es geschmeckt?	Hoşunuza gitti mi?
Das Essen war ausgezeichnet.	Yemek çok güzeldi.
Das ist für Sie.	Bu size.
Es stimmt so.	Bu tamam.

Reklamation

Hier fehlt ein(e) ….	Burada … eksik.
Das habe ich nicht bestellt.	Ben bunu ısmarlamadım.
Das Essen ist kalt/versalzen.	Yemek soğuk/çok tuzlu.
Das Fleisch ist zäh/zu fett.	Et çok sert/çok yağlı.
Der Fisch ist nicht frisch.	Balık taze değil.
Nehmen Sie es bitte zurück.	Bunu lütfen geri götürün.

Strand

Gibt es hier in der Gegend einen Badestrand?	Bu çevrede bir plaj var mı?
Wie komme ich zum Strand/Badestrand?	Sahile/Plaja nasıl gidilir?
Gibt es hier Seeigel/Quallen?	Deniz kestanesi/Denizanası var mı?
Wie weit darf man hinausschwimmen?	Nereye kadar açılınabilir?
Wie ist das Wasser?	Su nasıl?
Das Wasser ist….	Su ….
kalt/warm/schmutzig/sauber/tief.	soğuk/sıcak/kirli/temiz/derin.
Ist die Strömung stark?	Akıntı çok mu?
Ist es für Kinder gefährlich?	Çocuklar için tehlikeli mi?
Wann ist Flut/Ebbe?	Met/Cezir ne zaman?
Ich möchte … mieten.	Bir … kiralamak istiyorum.
einen Liegestuhl/einen Sonnenschirm	şezlong/güneş şemsiyesi
ein Boot	kayık
ein Paar Wasserski	çift su kayağı
Was kostet es pro Stunde/Tag?	Saati/Günlüğü kaça?

Telefon

Dürfte ich wohl Ihr Telefon benutzen?	Telefonunuzu kullanabilir miyim?
Wo ist die nächste Telefonzelle?	En yakın telefon kulübesi nerede?
Können Sie mir bitte eine Telefonmünze/Telefonkarte geben?	Lütfen, bana bir jeton/telefon kartı verir misiniz?
Haben Sie ein Telefonbuch von …?	Sizde … telefon rehberi var mı?
Ich möchte ein R–Gespräch anmelden.	Ödemeli bir konuşma yazdırmak istiyorum?
Können Sie mich bitte mit … verbinden?	Bana … –i/–ı bağlar mısınız?
Es meldet sich niemand.	Kimse çıkmıyor.
Bleiben Sie bitte am Apparat.	Telefonu lütfen kapatmayınız.
Hier spricht …	Burada …
Hallo, mit wem spreche ich?	Alo, kiminle konuşuyorum?
Kann ich bitte Herrn/Frau … sprechen?	… beyle/hanımla konuşabilir miyim?
Am Apparat.	Benim.

Ich verbinde.	Bağlıyorum.
Tut mir Leid, er/sie ist nicht da.	Maalesef burada/evde değil.
Kann er/sie Sie zurückrufen?	O sizi arayabilir mi?
Ja, meine Nummer ist ...	Evet, benim numaram ...
Möchten Sie eine Nachricht hinterlassen?	Bir haber bırakmak ister misiniz?
Würden Sie ihm/ihr bitte sagen, ich hätte angerufen?	Telefon ettiğimi ona söyler misiniz?
Ich rufe später nochmal an.	Sonra tekrar ararım.

Camping

Haben Sie noch Platz für einen Wohnwagen/ein Zelt?	Yataklı araba/çadır için daha bir yeriniz var mı?
Wie hoch ist die Gebühr pro Tag und Person?	Günlüğü kişi başına ne kadar?
Wie hoch ist die Gebühr für ...	... ücreti ne kadar?
das Auto?	Araba
den Wohnwagen/das Wohnmobil?	Yataklı araba
das Zelt?	Çadır
Wo kann ich meinen Wohnwagen aufstellen/mein Zelt aufschlagen?	Yataklı arabamı nereye yerleştirebilirim?/ Çadırımı nereye kurabilirim?
Wir bleiben ... Tage/Wochen.	... gün/hafta kalacağız.
Gibt es hier ein Lebensmittelgeschäft?	Burada bir bakkal var mı?
Wo sind die ...	... nerede?
Toiletten?	Tuvalet
Waschräume?	Yıkanma odaları
Duschen?	Duş
Gibt es hier Stromanschluss?	Burada cereyan var mı?
Haben Sie 220 oder 110 Volt?	220 (iki yüz yirmi) mi yoksa 110 (yüz on) volt mu?
Wo kann ich die Gasflaschen umtauschen?	Gaz tüplerini nerede değiştirebilirim?
Ist der Campingplatz bei Nacht bewacht?	Kamping yerinin gece bekçisi var mı?
Gibt es hier einen Kinderspielplatz?	Burada bir çocuk bahçesi var mı?
Können Sie mir bitte ... leihen?	Bana ... ödünç verebilir misiniz, lütfen?

Hotel

Anreise

Ich habe bei Ihnen ein Zimmer reserviert. – Mein Name ist ...	Ben bir oda ayırttım. – Adım ...
Haben Sie noch Zimmer frei?	Boş odanız var mı?
... für eine Nacht.	Bir gecelik ...
... für zwei Tage.	İki günlük ...
... für eine Woche.	Bir haftalık ...

Nein, wir sind leider vollständig belegt.	Hayır, maalesef tamamen doluyuz.
Ja, was für ein Zimmer wünschen Sie?	Peki, nasıl bir oda istiyorsunuz?
ein Einzelzimmer	tek kişilik bir oda
ein Zweibettzimmer	çift yataklı bir oda
ein Zweibettzimmer, aber bitte nicht mit einem französischen Bett.	çift yataklı bir oda, ama fransız yatağı olmasın lütfen.
ein ruhiges Zimmer	sakin bir oda
ein sonniges Zimmer	güneşli bir oda
ein Zimmer mit fließend Kalt- und Warmwasser	soğuk ve sıcak sulu bir oda
ein Zimmer mit Dusche	duşlu bir oda
ein Zimmer mit Bad	banyolu bir oda
ein Zimmer mit Balkon/Terrasse	balkonlu/teraslı bir oda
ein Zimmer mit Blick aufs Meer	denize bakan/deniz manzaralı bir oda
ein straßenseitig gelegenes Zimmer	cadde tarafındaki bir oda
ein hofseitig gelegenes Zimmer	avlu/bahçe tarafındaki bir oda
Kann ich das Zimmer ansehen?	Odayı görebilir miyim?
Dieses Zimmer gefällt mir nicht. – Zeigen Sie mir bitte ein anderes.	Bu oda hoşuma gitmedi. – Bir başkasını gösterin.
Dieses Zimmer ist sehr hübsch. – Ich nehme es.	Bu oda çok güzel. – Bunu alıyorum.
Können Sie noch ein drittes Bett/Kinderbett dazustellen?	Üçüncü bir yatak/çocuk yatağı koyabilir misiniz?
Was kostet das Zimmer mit ...	Bu oda ... kaça?
Frühstück?	kahvaltıyla
Halbpension?	yarım pansiyon ile
Vollpension?	tam pansiyon ile
Wollen Sie bitte den Anmeldeschein ausfüllen?	Kayıt formülünü doldurur musunuz?
Darf ich Ihren Reisepass/Personalausweis sehen?	Pasaportunuzu/Hüviyetinizi görebilir miyim?
Wo kann ich den Wagen abstellen?	Arabayı nereye koyabilirim?
In unserer Garage/Auf unserem Parkplatz.	Garajımıza/Park yerimize.
Hat das Hotel ein Schwimmbad/einen eigenen Strand?	Otelin yüzme havuzu/plajı var mı?

Reklamation

Das Zimmer ist nicht gereinigt worden.	Oda temizlenmemiş.
Die Dusche ...	Duş ...
Die Spülung ...	Sifon ...
Die Heizung ...	Kalorifer ...
Das Licht ...	Işık ...
Das Radio ...	Radyo ...

Der Fernseher … funktioniert nicht.	Televizyon … bozuk.
Der Wasserhahn tropft.	Musluk damlıyor.
Es kommt kein (warmes) Wasser.	(Sıcak) Su gelmiyor.
Die Toilette/Das Waschbecken ist verstopft.	Tuvalet/Lavabo tıkalı.
Das Fenster schließt nicht/geht nicht auf.	Pencere kapanmıyor/açılmıyor.
Der Schlüssel passt nicht.	Anahtar uymuyor.

Bar/Diskothek/Nachtclub

Gibt es hier eine gemütliche Kneipe?	Burada rahat bir meyhane var mı?
Gibt es hier eine Diskothek?	Burada bir diskotek var mı?
Wo werden Bauchtänze aufgeführt?	Nerede göbek dansı gösteriliyor?
Ein Bier, bitte.	Bir bira, lütfen.
Das gleiche noch einmal.	Aynısından bir daha.
Diese Runde übernehme ich.	Bu içkiler benden.

Verkehrsbüro

Ich möchte einen Stadtplan von … haben.	… '(n)in bir şehir planını istiyorum.
Haben Sie Prospekte von …?	… brojürü var mı?
Haben Sie einen Veranstaltungskalender für diese Woche?	Sizde bu haftanın etkinlikler programı var mı?
Gibt es Stadtrundfahrten?	Şehir turları var mı?

Wetter

Es bleibt schön/schlecht.	Hava güzel/kötü kalacak.
Es wird wärmer/kälter.	Hava daha ısınacak/soğuyacak.
Es soll regnen/schneien.	Yağmur/Kar yağacak.
Es ist kalt/heiß/schwül.	Hava soğuk/pek sıcak/bunaltıcı.
Es zieht ein Gewitter auf.	Fırtına geliyor.
Wir bekommen Sturm.	Bora çıkacak.
Es ist neblig/windig.	Hava sisli/rüzgarlı.
Die Sonne scheint.	Güneş var./Güneş açıyor.
Der Himmel ist wolkenlos/bedeckt.	Gökyüzü bulutsuz/kapalı.

Zollkontrolle

Haben Sie etwas zu verzollen?	Gümrüklü eşyanız var mı?
Nein, ich habe nur ein paar Geschenke.	Hayır, yalnızca birkaç hediyelik eşyam var.
Fahren Sie bitte rechts/links heran.	Arabayı sağa/sola çekin, lütfen.
Öffnen Sie bitte den Kofferraum/diesen Koffer.	Bagajı/Bu bavulu açın, lütfen.
Muss ich das verzollen?	Buna gümrük ödemem lazım mı?

Notizen

Notizen

Notizen

Notizen

Notizen

Notizen

Notizen

Notizen

Notizen

Inhalt und Aufbau
Deutsch–Türkisch

Birne *f* **1.**(*Obst*) armut **2.**(*Glüh-*) ampul

Alle deutschen **Stichwörter** sind durch blauen Fettdruck hervorgehoben.

Stängel[RR] *m* (*einer Pflanze*) sap

Die durch die **Rechtschreibreform bedingte neue Schreibungen** sind durch ein hoch gestelltes **RR** gekennzeichnet.

Stengel *m s.* **Stängel**

Wörter in alter Rechtschreibung sind farblich unterlegt und mit einem Verweis auf die neue Schreibweise versehen.

Mut *m* cesaret, yüreklilik; ~ **fassen** cesaretlenmek, yüreklenmek; **den ~ verlieren** cesaretini kaybetmek; **nur ~!** ha, cesaret!

Anwendungsbeispiele und **Redewendungen** sind halbfett hervorgehoben.

kalt <kälter, am kältesten> *adj* **1.** soğuk **2.** (*eis-*) buz gibi; **mir ist ~** üşüyorum; **es ist ~** hava soğuk; **~ werden** soğumak; **es wird ~** hava soğuyor

Die **Tilde** ~ ersetzt in Anwendungsbeispielen und Redewendungen das Stichwort.

rund I. *adj* yuvarlak, toparlak **II.** *adv* (*ungefähr*) aşağı yukarı, tahminen, takriben

Römische Ziffern kennzeichnen **verschiedene Wortarten** bzw. grammatische Kategorien

Stoff *m* **1.**(*Gewebe*) kumaş **2.**(*Materie*) madde **3.**(*Thema*) konu

Arabische Ziffern kennzeichnen verschiedene Bedeutungen

Tau[1] *m* (*Niederschlag*) çiy, jale, şebnem
Tau[2] *nt* (*starkes Seil*) halat, urgan

Hochgestellte arabische Ziffern bezeichnen Homografe (verschiedene Wörter gleicher Schreibung)

bleich *adj* solgun, soluk
damals *adv* o zaman(lar), o vakit(ler)

Für alle deutschen Stichwörter ist die **Wortart** angegeben

Lift *m* asansör
Linde *f* ıhlamur ağacı
Lob *nt* övgü, övme

Bei deutschen Substantiven ist das **Geschlecht** angegeben